상담을 위한

부동산세법 강의

박 형 기 지음

법률&출판

제3판 서문

2015. 7. 24. 지방세법, 지방세특례제한법의 개정이 있었고, 그에 따른 시행령의 개정이 7. 29. 마무리되었다. 소득세법은 2015. 7. 1.에, 상속세 및 증여세법은 2015. 6. 1.에 개정·시행되었습니다. 또한 최근 2015. 12.에도 위 법률들의 개정이 또 한 차례 있었다.

제3판에서는 개정법을 반영하고 예규나 선례를 다수 반영하였고 판례도 추가하여 전문가들이 참조하기에 충분한 사례들을 풍부하게 반영하는 데 주력하다 보니 또 상당량이 늘어났게 되었습니다.

많은 전문가 분들에게 도움이 되기를 바랍니다.

2015년 2월 24일

법무사 박 형 기 씀

제2판 서문

1년 새에 여러 세법이 개정되어 많은 조문을 추가하였고, 판례와 심결례, 질의·회신을 다수 보충하였습니다. 편집도 개선하여 가독성을 높였습니다. 이에 따라 지면도 150여쪽이 늘어났습니다.

여러분들의 아낌 없는 충고를 바랍니다.

2015년 4월 11일

법무사 박 형 기 씀

머 리 말

변호사, 법무사, 공인중개사, 회계사, 자산설계사 일을 하고 계시는 분들 가운데 계약실무, 소송실무, 집행·경매실무, 기업법무와 관련된 고객 상담을 하면서 세무사는 아니지만 부동산·기업 관련 세무에 대하여 알고 있어야 하겠다는 필요성을 절절이 느끼신 분들이 많을 것입니다. 특히 세법의 경우에는 조세행정을 규율하는 헌법상 조세법률주의 때문에 법적 근거와 법적 적용·해석의 문제에 항상 부닥칠 수밖에 없기 때문에 법률 규정과 판례에 대하여 체계적인 지식이 필요하다 할 것입니다.

그러나 세법 분야는, 사무실의 대법전에서도 세법전만 따로 분리되어 있는 것에서도 알 수 있듯이, 법령의 개수도 많고 조문 길이도 여타 법령보다 훨씬 길고 알 수 없는 용어로 가득차 있어 전문가라 하더라도 처음 보는 것처럼 생소한 경우도 많습니다. 또한 기존의 세법 실무서들은 저자 자신도 잘 모르는 법률지식과 세무실무지식이 난삽하게 얽혀만 있을 뿐, 체계가 잡히지 않은 채 단일세법 위주로 나열식으로 몇천 쪽에 이르는 큰 책으로 편집되어 도대체 읽어보라는 것인지 꽂아두라는 것인지 그 의도를 짐작할 수 없는 모양새를 갖고 있습니다. 물론 그러한 백과사전식 책들도 다 쓰임새는 있습니다.

하지만 이른바 전문가라면, 생각 없이 법률 제정과 개정시 발표되는 자료들을 모아서 축조식으로 편집하여 법조문을 본문 서술로 그대로 베껴넣은 책을 자기가 다 쓴 것처럼 포장하여 내던지면 조금은 문제가 있지 않을까요. 솔직히 말하면, 공부가 어느 정도 된 전문가 입장에서는 그러한 책들을 보는 것보다는 법전 자체를 읽어가면서 인터넷으로 용어사전을 찾아보는 것이 훨씬 낫습니다. 또한 이제는 세법체계가 잘 정비되어 있어 국세기본법, 지방세기본법 등을 잘 알면 나머지 개별법들은 자기에게 필요한 법부터 차근차근 뜯어보면서 의문이 생기는 지점을 하나하나 찾아보거나 조회하면 접근이 불가능한 것은 아닙니다. 물론 꽤나 어려운 문제도 있을 수 있고 실제 조세문제나 분쟁을 해결하기 위해서는 세무전문가의 도움, 그것도 여러 사람의 도움이 필요한 경우가 많이 있기도 합니다.

그렇다고 하여 전문가들이 무한정한 시간을 내어 세법 공부에 매달릴 수는 없을 것입니다. 공부라는 것이 여러 가지 목적이 있겠지만 많은 시간을 투자하여 책이나 강의를 통하여 남의 머리에 있는 지식을 자기 머리에 집어넣어 필요한 경우에 편리하게 꺼내쓰기 위한 것이라면, 머릿속에 집어넣지 않고서도 편리하게 찾아볼 수 있고 더 나아가 머릿속에 집어넣기도 좋게 잘 다듬어진 책이 있다면 전봇줄에 나란히 앉은 참새를 총알 하나로 쏘아잡는 것처럼 재미있는 공부를 할 수 있지 않을까요. 이 책은 그러한 목적으로 만든 책으로서 다음과 같은 방식으로 내용을 전개하고 있습니다.

첫 번째, 이 책에서 주요하게 서술하는 대상은 부동산 세무입니다. 그 중에서도 취득세를 비롯한 지방세와 국세인 양도소득세·상속세·증여세를 중심으로 서술하고 있습니다.

두 번째, 이 책에서 서술하는 내용은 그 시각을 법률·경제 분야 전문가(변호사, 법무사, 회계사, 세무사, 공인중개사)에게 맞추고 있습니다.

세 번째, 이 책의 서술 방식은 세무실무적 주제와 세법상의 근거법조 및 판례의 연결을 일관하여 추구하는 투 트랙(two-track) 방식입니다. 다른 책들도 다 그렇게 하지 않느냐고 할지도 모르지만 법률규정을 피상적으로 인용·배열하는 것과 조직화하는 것과는 질적으로 다르기 때문에 비교하여 보시기 바랍니다.

다른 한편으로는, 나름대로 실무 경험 속에서 부닥쳤던 문제들을 연구·해결해 나가는 과정에서 얻은 깨달음을 정리함으로써 기존 책에서는 보기 어려웠던 전문가적 상담도구나 무기가 될 도표나 핵심포인트를 새롭게 체계화하여 종합하였습니다. 또한 서울지방법무사회의 세법실무연구회의 작은 경험을 살려 실무가들에게 가장 필요한 지식만을 엄선하였습니다. 그렇다고 하여 이 책이 어떻게 창작일 수 있겠습니다. 공자는 자신의 저술을 술이부작(述而不作)이라고 말했는데 실무서를 쓸 때 누구나 명심하여야 할 자세가 아닐까요. 이러저러한 학설이나 자신의 주장을 잔뜩 늘어 놓고 있지도 않은 것을 작출하기보다는 세무 쟁점에 대하여 종래 어떠했는데 현행법과 판례는 이러하다는 것, 현행법과 판례에 흠결이 있다면 그것을 지적하여 보이고 그에 대한 현행 조세실무는 어떠한지 적확히 보여주면 될 일입니다.

이 책이 부동산 관련 컨설팅을 수행해야 하는 모든 분들에게 쓰기 좋은 핸드북이 되기를 바랍니다.

2014년 4월 7일

법무사 박 형 기 씀

● 참고서적 및 논문

1. 지방세실무 김의효 2012 한국지방세연구회(주)
2. 상속·증여세의 이론과 실무 이광재 2010 세경사
3. 상속세 및 증여세법 연구 2014 사법연수원
4. 조세법총론 2014 사법연수원
5. 소득세법의 이해와 실무 김영중, 임종은 2012 영화조세통람
6. 법인세법정해(2012) 조달영 영화조세통람
7. 부가가치세 한장석, 김용관 2012
8. 양도소득세 실무해설 권동용 2012 세연T&A
9. 양도소득세 안수남, 김동백, 김강영 2014 광교
10. 부동산등기법 유석주 2011 삼조사
11. 회사법 신천수 2012 법률&출판
12. 재개발재건축이론과 실무 송현진, 유동규 2009 법률출판사
13. 재개발·재건축·도시개발 세무실무 김영인, 정권철 2015 이택스코리아
14. 부동산세제 이론과 실무 해설 이우진, 이원주 김완태 2013 삼일인포마인
15. 상업등기실무 2011 법원행정처
16. 신민법강의 송덕수 2008 박영사
17. 민사소송법 이시윤 2009 박영사
18. 법원실무제요 민사집행실무 2003 법원행정처
19. 조세소송실무 서울행정법원 2012
20. 민법법인과 등기 권오복 2008 육법사
21. 최고경영자가 알아야 할 세무관리 국세청
22. 공익법인 세무안내 국세청
23. 알기쉬운 지방세 국세청
24. 세금절약가이드 국세청
25. 근로자와 세금 국세청
26. 부동산과 세금 국세청
27. 재개발재건축책자 국세청
28. 국제조세 공개강좌 교재 1, 2, 3권 국세청

이중교 부동산명의신탁에 따른 양도소득세와 취득세 과세에 관한 연구
백인규 M&A관련 세무 - 주식양수도 및 영업양수도를 중심으로
류보선 시행사의 회계와 세무실무

● 용 례

- 국세기본법 → 국기법
- 국세기본법시행령 → 국기령
- 소득세법 → 소세법
- 소득세법시행령 → 소세령
- 소득세법시행규칙 → 소세칙
- 부가가치세법 → 부가세법
- 부가가치세법시행령 → 부가세령
- 상속세 및 증여세법 → 상증세법
- 상속세 및 증여세법 시행령 → 상증세령
- 법인세법 → 법세법
- 법인세법시행령 → 법세령
- 조세특례제한법 → 조특법
- 조세특례제한법시행령 → 조특령
- 조세특례제한법시행규칙 → 조특칙
- 지방세특례제한법 → 지특법
- 지방세특례제한법시행령 → 지특령
- 지방세기본법 → 지기법
- 지방세기본법시행령 → 지기령
- 지방세법 → 지세법
- 지방세법시행령 → 지세령
- 부동산실권리자명의등기등에관한법률 → 부동산실명법
- 증권거래세법 → 증거세법
- 공익사업을 위한 토지등의 취득 및 보상에 관한 법률 → 공토상법 또는 토지보상법
- 부동산등기특별조치법 → 부동산등기특조법
- 부동산등기법 → 부등법
- 공인중개사의 업무 및 부동산 거래신고에 관한 법률 → 공인중개사법
- 사립학교법 → 사학법
- 비송사건절차법 → 비송법

<제목 차례>

제1편 지방세

제2편 양도소득세 등

제3편 상속세 및 증여세

[부 록]

표로 정리하는 부동산 관련 세금 일반

도 표

제1편
지 방 세

제1편 지방세

1. 부동산 유통단계별 관련세목

구 분	세 목	비 고
취득단계	취득세, 부가가치세	
보유단계	재산세(종합부동산세),종합소득(임대소득)세, (임대소득)부가가치세	
양도(처분)단계	양도소득세(법인세, 종합소득세)	
	부가가치세	양도자가 과세**사**업자 & 주택 아닌 **일**반**건**물, 또는 85㎡ **초**과 **주**택
공통	상속세·증여세	

2. 취득세

1) 취득세의 개념 변경

2011년부터 지방세법의 체계가 지방세기본법, 지방세법, 지방세특례제한법이라는 3법으로 바뀌면서 기존의 취득세, 등록세, 면허세의 3세체계가 등록세 폐지로 취득세와 등록면허세의 2세체계로 개편되었다. 따라서 2011년부터는 소유권과 관련된 등기·등록에 관하여는 취득세로 과세하지만, 세율은 종전의 취득세와 등록세를 단순 합산하였기 때문에 세부담은 동일하다. 다만, 종전에는 등기·등록시에만 부담하던 등록세 부분을 이제는 등기·등록이 없더라도 과세물건의 취득시에 취득세 명목으로 일괄하여 부담하므로 취득세 신고기간 내에 신고를 해태할 경우 신고불성실가산세가 기존 등록세 부분만큼 더 늘어난다는 점에 주의해야 한다. 또한 등기로 소유권이 이전(법률행위)하는 경우 등기접수일보다 부동산거래계약신고나 취득세신고가 늦어져 취득세납부영수증을 등기접수시에 첨부하지 못하는 일이 발생하면 가산세 폭탄을 맞게 된다.(매매에 따른 취득의 시기는 소유권이 전등기일인데 결국 등기접수일을 말한다)

취득세는 2014년 기준으로 지방세 전체에서 26.7%를 차지하는 가장 중요한 세목이다. 취득세의 특성을 살펴보면, 법률적 측면에서 행위세, 경제적 측면에서 유통세, 재산 취득에 따라 증가되는 담세력에 상응하여 과세하는 응능과세이자 납세의무자의 조세부담능력을 고려하지 않는 대물세이다.

2) 취득의 개념

지방세법 제6조(정의) 취득세에서 사용하는 용어의 뜻은 다음 각 호와 같다. <개정 2014.11.19.>

1. "취득"이란 매매, 교환, 상속, 증여, 기부, 법인에 대한 현물출자, 건축, 개수(改修)(*), 공유수면의 매립, 간척에 의한 토지의 조성 등과 그 밖에 이와 유사한 취득으로서 원시취득, 승계취득 또는 유상·무상의 모든 취득을 말한다.
6. "개수"란 다음 각 목의 어느 하나에 해당하는 것을 말한다.
   가. 「건축법」 제2조제1항제9호에 따른 대수선
   나. 건축물 중 레저시설, 저장시설, 도크(dock)시설, 접안시설, 도관시설, 급수·배수시설, 에너지 공급시설 및 그 밖에 이와 유사한 시설(이에 딸린 시설을 포함한다)로서 대통령령으로 정하는 것을 수선하는 것
   다. 건축물에 딸린 시설물 중 대통령령으로 정하는 시설물을 한 종류 이상 설치하거나 수선하는 것

(*) 건축물의 대수선 결과 면적이 감소되었다 하더라도 부동산에 대한 취득행위가 이미 성립되어 과세요건사실이 충족된 이상, 개수에 따른 취득세 납세의무는 당연히 존재하는 것이고, 이 건 건축물 대수선에 따른 취득세 과세표준은 「지방세법」 제111조 제3항에 따라 개수로 인하여 증가한 가액이 되는 것이다.(조심2010지0161)

지방세법 제7조(납세의무자 등) ② 부동산 등의 취득은 「민법」, 「자동차관리법」, 「건설기계관리법」, 「항공법」, 「선박법」, 「입목에 관한 법률」, 「광업법」 또는 「수산업법」 등 관계 법령에 따른 등기·등록 등을 하지 아니한 경우라도 사실상 취득(*)하면 각각 취득한 것으로 보고 해당 취득물건의 소유자 또는 양수인을 각각 취득자로 한다. 다만, 차량, 기계장비, 항공기 및 주문을 받아 건조하는 선박은 승계취득인 경우에만 해당한다.

(*)토지 매수인이 매도인과 사이에 지상 건물을 매도인이 철거하기로 약정한 후, 그 철거의무이행의 담보를 위하여 매수인 앞으로 건물에 대한 무상양여계약을

체결하고 소유권이전청구권 보전을 위한 가등기를 마친 경우, 이 사건 건물에 대한 사용·수익·처분권은 원고에게 있다고 보아야 하고, 따라서 원고는 이 사건 건물에 대한 '사실상의 소유자'라고 봄이 상당하며, 매수인이 위 건물에 대하여 구 지방세법(2005. 1. 5. 법률 제7332호로 개정되기 전의 것) 제182조 제1항에서 정한 '사실상의 소유자'에 해당한다.(대법원 2005두15045)

취득세는 '재화의 이전'이라는 사실(행위) 자체를 포착하여 부과하는 유통세의 일종으로서 부동산의 취득자가 그 부동산을 사용·수익·처분함으로써 얻을 이익을 포착하여 부과하는 것이 아니므로(cf. 양도소득세) '취득'이란 취득자가 민법에서 말하는 실질적으로 완전한 내용의 소유권(사용·수익·처분할 수 있는 권리)을 취득하는가의 여부에 관계없이 소유권이전의 형식에 의한 취득의 모든 경우를 포함한다.(대법원 2000두7896, 2003두13342) 지방세법에서도 부동산등의 취득은 관계 법령에 따른 등기·등록 등을 하지 아니한 경우라도 사실상 취득하면 각각 취득한 것으로 보고 해당 취득물건의 소유자 또는 양수인을 각각 취득자로 한다고 규정하고 있다.(지세법제7조②) '사실상 취득'이란 소유권 취득의 형식적 요건(등기, 등록)을 갖추지 못하였으나 대금의 지급과 같은 소유권 취득의 실질적 요건을 갖춘 것을 의미한다.(대법원 2000두9311) 여기에서 볼 때 지방세법상의 '취득'이란 소유권 변동에 관한 법령상 법률행위의 효력요건이 충족되지 못한 경우라도 사실상 당해 물건에 대한 사용·수익·처분권을 배타적으로 행사할 수 있는 지위를 갖게 되면 취득으로 보는 실질주의(*)를 취하고 있다 할 것이다.

따라서 취득행위가 일단 적법하게 성립한 이후에 **해제**가 된다 하여도 세법상으로는 소급효가 없고 당연무효(**)가 아닌 한 취소할 수 없다.[cf. 양도소득세 : 소득세법에서는 소득이 발생한 시점이 취득 및 양도시기이므로 양도계약에 따라 소유권이전등기까지 경료하였으나 잔대금을 지급하지 않아 채무불이행으로 계약이 해제되면 양도소득세도 취소되어야 하는 것이 원칙이다(대법원 83누243, 2001두5972)] 그러나 매매계약을 체결하고 잔금을 지급하고 이전등기 후 계약이 해제되어 매도인은 대금을 반환하고 매수인은 물건을 반환하여 말소등기 방식으로 원상회복이 되었다 하면 과거에는 재매매로 보아 두 번째로 취득이 성립하는 것으로 보았으나 최근의 유권해석은 원상회복으로 보아 취득으로 보지 않는다. (***) 취득의 개념은 민법상 소유권 취득의 개념을 바로 적용할 수는 없고 지방세법상 취득의 시기가 사실상 성립한 때를 말한다. 결국 승계취득의 경우에는 사실상 잔금지급이나 이전등기가 '취득'에 해당한다.

예외적으로 무상승계취득 및 개인간 유상승계취득의 경우, 소유권이전등기를 하지 아니하고 지방세법 제10조 제5항 1호부터 4호(국·수·공·판·장)에 해당하지 않는 취득의 경우에는 취득 후의 사정변경을 일부 인정하여 취득일(계약상 잔금지급일)로부터 60일 내 계약이 해제된 사실을 화해조서, 인낙조서, 공정증서 등으로 입증하는 경우 취득으로 보지 않도록 규정한 바 있다.(지세령제20조①②) 일단 지방세법 제10조 제5항에 해당하는 취득(사실상 취득가격이 과세표준이 되는 경우)의 경우에는 아예 사정변경이 고려되지 않는다. 나아가 지방세법 제10조 제5항에 해당하는 취득이 아니더라도 취득세는 부동산의 취득행위를 과세객체로 하여 부과하는 행위세이므로 그에 대한 조세채권은 그 취득행위라는 과세요건 사실이 존재함으로써 당연히 발생하며, 일단 적법하게 취득한 다음에는 그 후 합의에 의하여 계약을 해제하고 그 재산을 반환하는 경우에도 이미 성립한 조세채권의 행사에 영향을 줄 수 없다 할 것이며(대법원 95누7970), 「지방세법시행령」 제20조 제2항 제2호 단서는 그 규정취지가 계약상 잔금지급일에 실제로 잔금이 지급되지 아니한 상태에서 계약이 해제되어 사실상 취득하였다고 보기 어려운 경우까지 계약상 잔금지급일에 취득한 것으로 보아 취득세를 과세하게 되는 불합리한 점을 보완하기 위한 점에 비추어 사실상의 잔금지급이 이루어진 경우나 등기를 마침으로써 취득이 이루어진 경우에는 이를 적용할 여지가 없다 할 것이다.(대법원 2005두4212)

양도담보계약 해제, 명의신탁 해지, 자기 소유 물건을 경락받는 경우에도 권리의 인수자가 취득하는 것으로 본다.(지방세기본통칙 7-1) → cf. 소유자산을 경매·공매로 인하여 자기가 재취득하는 경우에는 양도로 보지 아니한다.

법인이 매수인으로서 농지에 대한 매매계약을 체결하고 잔금을 지급하였으나 농지취득자격증명서를 발급받지 못함에 따라 소유권이전등기를 이행할 수 없어 매매계약 해제에 따른 인증서를 제출하였다 하더라도 개인간의 유상승계취득이 아니므로 이미 성립한 취득세의 조세채권 행사에 영향을 줄 수 없다. 강제경매절차에서 매각허가결정을 받아 대금을 완납한 이후 매수인이 집행법원에 매매계약 해제의 의사표시를 하여 집행법원이 매각허가를 취소하고 매각대금을 매수인에게 반환하였다 하더라도 강제경매 자체의 무효로 인한 것이 아닌 이상 이미 성립한 취득세 납세의무에는 영향이 없다. 사해행위취소 확정판결로 인하여 쟁점주택에 대한 청구인의 소유권이전등기가 말소되어 소유권이 증여자에게 환원되었다 하더라도, 청구인 명의로 등기된 이상 청구인이 쟁점주택을 취득했다고 볼 수밖에 없고, 당초 체결된 쟁점주택의 증여계약이 무효가 되는 것이 아니라 취소된 것이므로, 청구인은 증여계약서상의 증여일에 쟁점주택에 대한 취득행위가 이루어졌을 뿐 아니라, 일단 적법하게 성립한 취득행위가 사후에 취소·변경된다 하여도 이미 성립된 조세채권에는 영향을 미치지 않는다.(조심2013지1012)

판결에 기하여 매매계약의 **원인무효(취소, 해제)**에 따른 말소등기나 진정명의 회복 이전등기 방식으로 과세물건이 당초의 소유자에게 원상회복된 경우, 새로운 취득으로 볼 수 없으므로 취득세 납세의무가 성립하지 않으므로 무효인 행위에 대하여 취득세가 부과되었다면 그 취득세는 취소하거나 환급해야 한다는 것이 대법원의 견해이다.(대법원 2008두11716, 감심-2009-67)(판결, 화해조서, 조정조서는 ○, 인낙조서는 ×, 청구의 포기 또는 의제자백 판결은 ×, 사해행위취소판결은 불포함) 이러한 경우에는 매도인에게 원상회복되는 경우의 등기에는 취득이 성립하지 않아 (구)취득세 납부의무가 없다. 같은 취지에서 이혼에 따른 재산분할로 이혼 상대방에게 소유권 이전 (세율특례적용) 이후 재협의에 따라 해당 부동산을 다시 이전받았다면 이혼에 따른 재산 분할을 해제하고 소유권을 회복하는 경우에도 합의해제에 해당한다고 볼 수 있는바 이혼에 따른 재산분할을 합의해제하고 분할한 재산의 소유권을 원상회복하는 것은, 취득세 과세대상 부동산을 취득한 것으로 볼 수 없다.(지방세운영과-3120, 2015.10.05.) 이와 같이 당초의 소유자에게 소유권이 환원되는 경우에는 새로운 취득이라 볼 수 없으나, 그렇더라도 당초의 취득세를 취소하거나 환급할 수 없는 경우에는 새로운 취득이 성립한다.(2009년 감심제67호, 2011년 감심제93호)

(*) 지번착오를 이유로 주택을 서로 교환하여 소유권이전등기를 한 경우 이를 새로운 취득으로 보아 취득세를 부과한 처분의 당부

청구인들의 주민등록표에 의하면 청구인들은 각각 이 건 제1, 2주택으로 전입한 후 실제지번을 정정한 것으로 기재되어 있고, 청구인들간에 작성된 교환계약서상 정산금 등의 지급 없이 동일가액으로 교환하고 있는 점 등에 비추어 볼 때, 청구인의 주장이 신빙성이 있는 것으로 보여지므로 사정이 이와 같다면 청구인들은 당초부터 실제상으로는 이 건 제1, 2주택을 취득하여 거주하고 있었으므로 교환등기를 통해 이 건 제1, 2주택의 소유권을 이전등기 하였다하더라도 취득세 과세대상이 되는 새로운 주택 등의 취득이 있었다고 볼 수 없다 할 것임.(조심 2011지0952)

(**) 대법원 2009.02.12 선고 2008두11716 판결 【취득세부과처분무효확인】

【판시사항】

신고납부방식의 조세인 취득세 납세의무자의 신고행위의 하자가 중대하지만 명백하지는 않은 때 예외적으로 당연무효라고 할 수 있는 경우

【판결요지】

취득세 신고행위는 납세의무자와 과세관청 사이에 이루어지는 것으로서 취득세 신고행위의 존재를 신뢰하는 제3자의 보호가 특별히 문제되지 않아 그 신고행위를 당연무효로 보더라도 법적 안정성이 크게 저해되지 않는 반면, 과세요건 등에 관한 중대한 하자가 있고 그 법적 구제수단이 **국세**에 비하여 상대적으로 미비함에도 위법한 결과를 시정하지 않고 납세의무자에게 그 신고행위로 인한 불이익을 감수시키는 것이 과세행정의 안정과 그 원활한 운영의 요청을 참작하더라도 납세의무자의 권익구제 등의 측면에서 현저하게 부당하다고 볼 만한 특별한 사정이 있는 때에는 예외적으로 이와 같은 하자 있는 신고행위가 당연무효라고 함이 타당하다.

① 취득세와 등록세의 신고·납부에 있어서, '무상취득'에 의한 세액만을 신고·납부하면 되는데도 이를 초과하여 '유상취득'임을 전제로 하여 계산된 세액을 신고·납부한 경우, 그 초과 부분에 해당하는 신고·납부행위에는 조세채무의 확정력을 인정하기 어려운 중대하고 명백한 하자가 있어 당연무효에 해당한다.(대법원 2004다64340 판결)

② 납세의무자가 자진신고납부에 앞서 취득세가 조례에 의한 면제대상임을 주장하여 과세관청에 대하여 면제신청을 하였으나, 과세관청이 그 면제를 거부함에 따라 납세의무자는 자진신고납부 해태에 따른 부가세의 부담회피와 신속한 소유권보존등기의 필요성에 의하여 부득이 자진신고납부를 하고, 그 구제수단으로 바로 민사소송에 의하여 위 세액의 반환을 청구하기에 이르게 되었다면, 이러한 특별한 사정으로 인하여 위 신고행위에 조세채무의 확정력을 인정할 여지가 없는 중대하고 명백한 하자가 있어 당연무효에 해당한다.(대법원 94다31419 판결)

③ 발행주식총수의 50%만을 소유하고 있는 주식회사 000와 △△△이 □□ 주식회사의 과점주주에 해당한다고 잘못 판단하고 이 사건 부과처분을 한 것은 과세대상이 되는 법률관계나 사실관계가 전혀 없는 자에게 한 과세처분으로서 그 하자가 중대하고도 명백하여 당연무효라고 판단하여, 원고의 청구를 인용한 것은 정당한 것으로 수긍이 가고, 거기에 상고이유의 주장과 같이 논리와 경험의 법칙을 위반하고 자유심증주의의 한계를 벗어나거나 행정처분의 당연무효 여부에 관한 법리를 오해하는 등의 위법이 없다.(대법 2012다990 판결)

④ 실체적인 법률관계에 있어서 그 소유권을 취득한 것이라고 볼 수 없는 원인무효의 등기명의자는 취득세의 납세의무자가 될 수 없다 할 것(대법원 2006두14384)이어서 판등기가 결 등에 의하여 원인무효인 것으로 확정되는 것이라면 취득한 것으로 볼 수 없어 기 납부한 취득세는 취소대상이다.(서울특별시청 세제과-2411)

(***) 지방세운영과-2043, 2015. 07. 09

<질의요지> A에서 B로의 소유권 이전등기 후 계약해제 사유로 소유권이 다시 A에게 환원된 경우 A의 취득세 납세의무 성립 여부

〈답변 내용〉 지방세법 제6조 제1호 및 제7조 제1항에 따르면, "취득"이란 매매, 교환, 상속, 증여, 기부, 법인에 대한 현물출자, 건축, 개수, 공유수면의 매립, 간척에 의한 토지의 조성 등과 그 밖에 이와 유사한 취득으로서 원시취득, 승계취득 또는 유상 . 무상의 모든 취득을 말하며, 부동산을 취득한 자는 취득세를 납부해야 합니다. 여기서, '부동산 취득'이란 부동산 취득자가 실질적으로 완전한 내용의 소유권을 취득하는지 여부와 관계없이 소유권이전의 형식에 의한 부동산 취득의 모든 경우를 포함한다 할 것(대법원 2005두9491, 2007. 4. 12.)이나, 소유권이전등기의 원인이었던 계약을 소급적으로 실효시키는 합의해제 약정에 기초하여 소유권 이전등기를 말소하는 원상회복 조치의 결과로 그 소유권을 취득한 것은 지방세법 제6조 제1호의 취득세 과세대상이 되는 부동산 취득에 해당하지 않으며(대법원 93누11319, 1993.9.1., 조심2014지930, 2014.10.6. 등), 합의해제가 계약의 소급적 소멸을 목적으로 했다면, 그 합의해제로 인하여 매수인 앞으로 이전되었던 부동산의 소유권이 당연히 매도인에게 복귀되는 것이므로 매도인이 원상회복의 방법으로 소유권이전등기를 했다고 하더라도 부동산 취득에 해당하지 않는다(대법원 85누1008, 1986. 3. 25)는 등의 판시내용을 감안할 때 이미 자기 앞으로 소유권을 표상하는 등기가 되어 있었던 자가 원인 무효 등기의 외관을 제거하고 소유권을 원상회복할 경우 취득세 과세대상 부동산을 취득한 것으로 볼 수 없다 할 것입니다. ※ 기존 유권해석(지방세운영과-3006, 2013.11.20.) 소급변경 → 매도인의 경우. 그러나 이것은 이미 등기가 경료된 경우 진정명의회복의 소를 제기하여 판결로 이전등기를 할 경우에 (구)취득세 없이 (구)등록세만을 납부하면 된다는 것이지, 지방세법시행령 제20조 제2항 2호 나목을 배제하는 것은 아니므로 이전등기 후 합의해제를 주장하여 공동신청으로 말소등기나 이전등기를 하는 경우, 취득일부터 60일 이내에 화해조서, 인낙조서, 취득일부터 60일 이내에 작성된 공정증서 또는 부동산거래신고에 관한 법률 제3조에 따라 시장·군수·구청장이 교부한 거래계약 해제를 확인할 수 있는 서류에 의하여 계약이 해제된 사실이 입증되는 경우가 아니라면 유상이전의 취득세를 납부하여야 한다.

(지방세운영과-3120, 2015.10.05.)

이혼에 따른 재산분할로 이혼 상대방에게 소유권 이전(세율특례적용) 이후 재협의에 따라 해당 부동산을 다시 이전받았다면 이혼에 따른 재산 분할을 해제하고 소유권을 회복하는 경우에도 합의해제에 해당한다고 볼 수 있는바 이혼에 따른 재산분할을 합의해제하고 분할한 재산의 소유권을 원상회복하는 것은, 취득세 과세대상 부동산을 취득한 것으로 볼 수 없다.

지방세운영과-3006, 2013.11.20

[제목] 증여계약 해제에 따른 당초 증여자의 취득세 납세의무 회신

〈질의요지〉 증여를 원인으로 소유권 이전등기를 경료한 후 합의해제에 의해 증여했던 부동산을 당초 증여자에게 반환하는 경우 당초 증여자에게 취득세 납세의무가 있는지의 여부

〈답변 내용〉

○ 「지방세법」 제6조제1호 및 제7조제1항에 따르면,"취득"이란 매매, 교환, 상속, 증여, 기부, 법인에 대한 현물출자, 건축, 개수(改修), 공유수면의 매립, 간척에 의한 토지의 조성 등과 그 밖에 이와 유사한 취득으로서 원시취득, 승계취득 또는 유상·무상의 모든 취득을 말하므로 부동산, 차량, 기계장비 등을 증여로 취득한 자는 취득세를 납부해야 합니다.

○ 또한, 같은 법 시행령 제20조제1항 및 제11항에 따르면, 무상 승계취득의 경우에는 그 계약일과 등기·등록일 중 빠른 날에 취득한 것으로 보되, 해당 취득물건을 등기·등록하지 아니하고 취득일로부터 60일 이내에 계약이 해제된 사실이 화해조서·인낙조서·공정증서 등으로 입증되는 경우에는 취득한 것으로 보지 않는 것입니다.

○ 한편, 취득세는 재화의 이전이라는 사실 자체를 포착하여 거기에 담세력을 인정하고 부과하는 유통세의 일종으로서 취득자가 실질적으로 완전한 내용의 소유권을 취득하는가의 여부와 관계없이 사실상의 취득 행위 자체를 과세객체로 하는 것이며(대법원 98두14228, 1998.12.8), 여기에서 말하는 "취득"이란 소유권 이전 형식에 의한 취득의 경우를 포함하는 것입니다.

○ 「민법」 제554조에 따르면, 증여는 당사자 일방이 무상으로 재산을 상대방에 수여하는 의사를 표시하고 상대방이 이를 승낙함으로써 효력이 생기는 것으로써 이로 인한 취득은 무상 승계취득에 해당하므로 그 계약일에 취득세 납세의무가 성립되는 것이며, 그 계약이 원인무효가 되거나 등기·등록을 하지 않고 계약일로부터 60일 이내에 화해조서·인낙조서·공정증서 등으로 해제된 사실이 입증되는 경우가 아니라면 수증자는 증여 받은 부동산 등을 사실상 취득하였다고 보아야 할 것임.

○ 따라서, 증여계약을 해제하고 수증자의 소유권이전등기를 말소하여 당초 증여자가 소유권을 회복한다고 하더라도 당초 증여자는 수증자의 부동산 등을 새롭게 취득하는 것으로 보는 것이 타당하므로 당초 증여자에게 다시 취득세 납세의무가 성립된다고 판단됩니다.

[요약] 소유권 이전등기를 경료한 후 증여계약을 합의해제하고 소유권이전등기를 말소하여 증여자가 소유권을 회복한 경우 당초 증여자는 수증자의 부동산을 새로 취득한 것으로 당초 증여자에게 다시 취득세 납세의무가 성립된다.

※ 청구인의 쟁점아파트는 재건축조합으로부터 분양권을 배정받아 2012.1.6. 사용승인을 받은 후 2012.8.30. 청구인 명의로 소유권보존등기를 경료하였는바, 쟁점아파트의 취득일은 지방세법 시행령 제20조 제6항의 규정에 의거 사용승인일인 2012.1.6.에 해당되므로, 이때 이미 쟁점아파트에 대한 취득세 등의 납세의무가 성립되었다 할 것이므로, 청구인이 쟁점아파트에 대한 분담금을 제때 납부하지 못하여 재건축조합으로부터 분양계약 해제통보를 받고 어쩔 수 없이 2012.7.2. 분양계약을 합의해제한 후 2012.9.4. 재건축조합으로 소유권이 이전되었다 할지라도, 당초의 쟁점아파트 취득에 중대하고 명백한 하자가 있어 당연 무효의 사유가 있지 아니하는 이상 이미 적법하게 성립한 취득세 등의 납세의무에 영향을 줄 수는 없다.(조심 2012지0711) → 매수인의 경우

※ 부동산 매매계약에 의하여 소유권이전등기를 경료한 후 당사자 간 매매대금 지급 불이행 사유로 합의해제하고 소유권말소등기를 이행하여 당초 소유자에게 소유권을 환원하였다 하더라도 매수인은 등기에 의한 부동산취득을 한 것이어서 취득세 납세의무는 적법하게 성립된 것이라 하겠으므로 이미 납부한 취득세는 환부되지 아니하는 것이다.(행안부 지방세운영과-129.2008.6.18.) → 매수인의 경우

※ 대법원 1990.3.27. 선고 88누4591 판결 [취득세등부과처분취소]

【판시사항】

가. 신고납부하는 취득세와 등록세의 수납행위가 행정처분인지 여부(소극)

나. 과세관청이 신고납부하는 취득세와 등록세를 수령한 후 이를 확인하는 통지를 하면서 납세자의 면제신청을 거부하는 취지의 회시를 보낸 경우 그 확인통지나 거부회시가 항고소송의 대상인 행정처분인지 여부(소극)

【판결요지】

가. 지방세법에 있어서는 취득세와 등록세는 모두 신고납부방식의 조세이고 납세의무자가 취득세와 등록세를 신고납부하는 과정에서 과세관청이 이를 수납하는 행위는 단순한 사무적 행위에 불과할 뿐, 행정처분이라고 볼 수 없다.

나. 과세관청이 납세자가 신고납부하는 취득세와 등록세를 수령한 후 이를 확인하는 통지를 하면서, 납세자가 구 지방세법(1986.12.31. 법률 제3878호로 개정되기 전의 것) 제110조의3 제3항 제5호, 제128조의2 제3항 제6호에 기하여 한 취득세 및 등록세의 면제신청을 거부하는 취지의 회시를 보냈다고 하더라도 취득세와 등록세가 모두 신고납부방식의 조세인 이상 그 신고납부를 확인하여 통지한 것을 가리켜 항고소송의 대상이 되는 행정처분이라고 할 수 없고, 위 규정들에 따른 취득세 및 등록세의 면제에 관하여는 감면신청 및 이에 대한 통지에 관한 절차규정이 없으므로 이와 같은 취득세 및 등록세는 법률상 당연히 면제되는 것이지 과세관청의 조세면제처분에 의하여

비로소 면제되는 것은 아니라 할 것이고, 따라서 면제신청을 거부하는 취지의 회시를 가리켜 항고소송의 대상이 되는 행정처분이라고 할 수 없다.

※ **시공사가 토지의 추가대금을 정산하지 않고 아파트를 분양·신축한 후 최종 부도로 없어진 상태에서 수분양자들이"계약자 지위이전 계약"등을 체결하여 그 추가대금을 대납한 후 시공사의 중간등기를 생략하고 직접 LH공사로부터 토지를 이전등기 하는 경우, 이에 대한 취득세 납세의무가 있는지의 여부**

한국토지공사가 관련법령에 따라 택지를 공급하면서 위치와 경계가 확정된 토지에 대하여 일정한 금액을 매매대금으로 정하고 추후 사업비와 확정측량 등에 따라 대금을 정산하되 소유권이전등기시 매도금액은 정산금액으로 한다는 조건으로 매매계약을 체결한 경우에는, 매수인이 당초의 매매대금은 지급하였으나 추후 정산절차에 따른 정산금을 미지급하였다면「부동산등기특별조치법」제2조제1항에 따른 반대급부를 이행한 것이라고 볼 수 없으므로 매수인이 제3자와 계약당사자의 지위를 이전하는 계약을 체결하였다면 한국토지공사로부터 매수인을 거치지 않고 직접 제3자에게 하는 소유권이전등기신청은 가능하다.(대법원 등기선례 등기 3402-97) 따라서 "계약자 지위이전 계약"등을 체결하고 시공사의 계약자 지위를 승계 받는 경우라면, 단순히 "계약자 지위이전 계약"을 체결한다고 하여 수분양자들이 시공사로부터 토지를 새로이 승계취득 한다고 볼 수는 없으므로 이에 대한 취득세 납세의무는 없다.(행정안전부 지방세운영과-2161)

※ 특별법에 설립근거를 두고 있는 비영리법인의 조직 통·폐합을 위한 법령개정으로 한국기술거래소 등 4개 기관을 폐지하고 이들 기관의 업무를 통합하여 수행할 목적으로 한국산업기술진흥원과 한국산업기술평가관리원이 신설함에 따라 신설법인이 포괄승계 받는 부동산 등은 실질적으로 소유권이 이전되는 것이 아니어서 (구)지방세법 제104조 제8호 및 제105조에서 규정하는 취득으로 볼 수 없어 부동산 등 취득에 따른 (구)취득세 납세의무는 없는 것이라 할 것이다.(행정안전부 지방세운영과-357, 2009.1.23.)

※ 매수인의 잔금미지급을 이유로 매매계약해제에 따른 원상회복으로 매도인 앞으로 소유권이전등기를 마친 경우에는 (구)취득세 납부의무는 성립하지 않고 (구)등록세는 기타등기에 해당하는 3000원을 내면 된다.

※ 상속재산의 재협의분할은 협의분할계약의 해제에 해당하기는 하나 재협의분할 후의 협의분할의 소급효에 따라 상속개시시에 원상회복이 아닌 새로운 취득이 발생하여 경정등기명의인은 취득세 납부의무가 있다.(이전등기에 해당하는 (구)취득세와 기타등기에 해당하는 (구)등록세 납부의무, 당초의 등기명의인이 납부한 (구)취득세는 환부하나 (구)등록세는 환부×, 국민주택채권도 환부, 6개월 전후 불문)

3) 관련문제 : 명의신탁과 명의신탁해지의 경우 취득세

유효한 부동산 명의신탁에 따른 소유권이전의 경우 등기원인은 ① '매매' ② '증여' ③ '명의신탁' 일 것이고, 소유권환원의 경우에는 ① '명의신탁해지' ② 진정명의회복 ③ 증여나 ④ 매매일 것이다. 그러나 부동산실명법 시행 이후의 무효인 명의신탁의 경우는 '명의신탁'이든 '명의신탁해지'가 등기원인이 될 수 없으므로 ① 매매 ② 증여 ③ 진정명의회복 ④ 채권자대위 ⑤ 원인무효 말소 등이 될 것이다. 어느 경우나 매매나 증여의 경우에는 당연히 양도소득세나 증여세, 취득세가 과세된다.

문제는 무효인 부동산 명의신탁의 경우 첫 번째로, 거래외관상 명의신탁 사실이 드러나지 않아(등기원인을 매매나 증여로 하는 경우) 소유권 취득 또는 소유권이전등기 이후 명의신탁 사실이 판명되는 경우 ① 어떠한 세금(주로 양도소득세 또는 매매가 부정될 경우에는 증여세, 그리고 취득세)이 부과되며, ② 이미 내려진 과세처분이나 징수처분, 이미 납부된 세금 등에 대하여 세법상 어떻게 처리할 것이냐이다. 두 번째로, 명의신탁 해지의 경우 재차 세금(양도소득세, 취득세)이 부과되는지 문제된다. 세 번째로, 명의수탁자의 제3자에 대한 명의신탁목적물의 처분시 양도소득세의 부과의무자가 누구인지 문제된다.

우선 부동산실명법 시행 이전의 유효한 부동산 명의신탁의 경우와 무효인 명의신탁의 논의를 2자간 등기명의신탁, 3자간 등기(중간생략)명의신탁, 계약명의신탁으로 나누어 살펴보기로 한다.

명의신탁과 취득세

구 분	유효인 명의신탁		무효인 명의신탁	
2자간 명의신탁	명의신탁	수탁자: 무상 취득세	매매등 소유권이전	수탁자: 유·무상 취득세
	명의신탁해지	신탁자: 무상 취득세	소유권환원(원인무효 말소)	신탁자: ×
3자간 명의신탁	명의신탁	신탁자(수탁자): 무상 취득세	매매등 소유권이전	신탁자(수탁자): 유·무상 취득세
	명의신탁해지	신탁자: 무상 취득세	말소→매도인→신탁자	매도인·신탁자: ×
			수탁자→신탁자	신탁자: ×

<table>
<tr><td rowspan="3">계약
명의신탁</td><td rowspan="2">명의신탁</td><td rowspan="2">신탁자(수탁자):
무상 취득세</td><td rowspan="2">매매등
소유권
이전</td><td>매도인 선의</td><td>수탁자: ○
신탁자: ×</td></tr>
<tr><td>매도인 악의</td><td>수탁자: ○
신탁자: ×</td></tr>
<tr><td>명의신탁해지</td><td>신탁자: 무상 취득세</td><td colspan="2">수탁자→신탁자</td><td>신탁자: ○</td></tr>
</table>

가. 유효한 명의신탁의 경우

(1) 2자간 등기명의신탁

명의신탁자에서 명의수탁자로의 소유권이전등기와 거꾸로 명의수탁자에서 명의신탁자로의 소유권환원 등기의 경우 취득세를 과세하는지 문제된다.

먼저 판례는 부동산취득세는 재화의 이전이라는 사실 자체를 포착하여 거기에 담세력을 인정하고 부과하는 유통세의 일종으로서 부동산의 취득자가 그 부동산을 사용, 수익, 처분함으로써 얻어질 이익을 포착하여 부과하는 것이 아니므로 구 지방세법 제105조 제1항의 '부동산의 취득'이란 부동산의 취득자가 실질적으로 완전한 내용의 소유권을 취득하는가의 여부에는 관계없이 소유권이전의 형식에 의한 부동산취득의 모든 경우를 포함한다고 해석함이 상당하다고 하면서 명의신탁자에서 명의수탁자로의 소유권이전등기와 명의수탁자에서 명의신탁자로의 소유권환원등기(명의신탁 해지)의 경우 모두 취득세 과세대상으로 본다.(대법원 84누52, 89누3489) 취득시기는 명의신탁의 경우 사실상의 잔금청산일이다.(대법원 2005두13360) 명의신탁 해지의 경우 취득시기는 확정판결선고일이 아닌 명의신탁자로의 소유권이전등기접수일이다.(대법원 2000두9311) 또한 취득세율은 무상취득의 경우에 준하여 적용한다.(대법원 98두6364) 두 가지 경우 다 과세표준액은 주택공시가격이나 공시지가에 따르고, 세율은 무상승계취득의 세율 3.5%를 적용한다.

(2) 3자간명의신탁(중간생략명의신탁)

취득세란 취득자가 재화를 사용·수익·처분함으로써 얻을 수 있는 이익을 포착하여 부과하는 것이 아니어서 취득자가 실질로 완전한 내용의 소유권을 취득하는가의 여부에 관계없이 사실상 취득행위 자체를 과세객체로 하는 것이고, 따라서 3자간 명의신탁에서 등기를 하지 않은 명의신탁자도 매매계약의 체결과 매매대금의 지급으로 당해 부동산을 취득한 것이어서 취득세가 부과된다. 한편, 명의수탁자의 취득행위도 소유권이전등기를 경료함으로써 형식적으로 성립하였는바 취득세 과세대상이다.(대법원 87누22)

신탁자가 유효한 3자간 명의신탁을 해지하는 것은 결국 자신 명의로 이전등기해 오는 것이므로 새롭게 취득세를 납부하여야 하는 것은 당연하다.

(3) 계약명의신탁

명의신탁이 유효한 경우이므로 3자간 등기명의신탁의 경우와 동일하다.

나. 무효인 명의신탁의 경우

부동산실명법 시행 이후의 무효인 명의신탁의 경우를 살펴보도록 하자.

(1) 2자간 등기명의신탁

명의신탁약정이 무효이고 그에 따른 수탁자 명의의 등기도 무효이므로 수탁자가 취득세 과세대상인지 문제된다. 서울고등법원의 판례는 이른바 가장매매에 의한 소유권이전등기가 있는 경우 민법 제108조 제2항에 의하여 그 무효는 선의의 제3자에게 대항할 수 없고, 명의신탁약정에 의한 소유권이전등기가 있는 경우 그 명의신탁약정 및 그에 따른 등기의 무효는 부동산실권리자명의등기에 관한 법률 제4조 제3항에 의하여 제3자에게 대항할 수 없는바, 가장매매에 있어서의 매수인 또는 명의수탁자가 매도인이나 명의신탁자 소유의 부동산을 선의의 제3자 또는 제3자에게 처분하는 경우 그 처분은 유효하게 되므로 가장매매에 있어서의 매수인 또는 명의수탁자는 매도인이나 명의신탁자 소유의 부동산을 사실상 유효하게 처분할 수 있는 지위에 있게 된다. 따라서 가장매매에 있어서의 매수인 또는 명의수탁자는 지방세법 제105조 제1항의 '부동산의 취득자'에 해당하거나 지방세법 제105조 제2항 소정의 '부동산을 사실상으로 취득한 자'에 해당한다고 할 것이므로 명의수탁자에게 취득세 납부의무가 있다고 한다.(서울고등법원 2004누18216) 이 경우 취득시기는 사실상의 잔금지급일이 될 것이다. 명의신탁자의 취득세 납부의무는 실질적 소유자이므로 문제될 것이 없겠다.

명의신탁약정이 무효이므로 명의신탁 해지는 있을 수 없는바, 수탁자를 상대로 명의신탁 해지에 기한 소유권이전등기를 청구할 수는 없다. 다만, 명의수탁자의 등기가 원인무효로 말소되어 명의신탁자 앞으로 등기가 회복되는 것이 취득인지 문제되나 이는 유효한 명의신탁의 경우와는 달리 새로운 취득이 아니고 단순한 소유권의 회복이므로 취득세 납부의무도 없다. 명의신탁자가 진정명의회복을 원인으로 소유권이전등기를 경료한 경우도 마찬가지이다.

(2) 3자간 등기명의신탁

3자간 명의신탁의 경우 명의신탁은 무효이나 매도인과 명의신탁자 사이의 매매계약은 유효하므로 명의신탁자는 자신 앞으로 소유권이전등기를 마치지 않았다고 하더라도 매도인에게 매매대금 전부를 지급하여 소유권이전등기청구권을 가지게 되었으므로 그 부동산을 사실상 취득하였다고 볼 것이어서 취득세 납세의무가 있다.(대법원 2005두13360) 무효인 명의신탁의 경우에도 명의수탁자는 부동산을 사실상 유효하게 처분할 수 있는 지위에 있으므로 취득세 납부의무가 있다고 해야 할 것이다.(서울고등법원 2004누18216, 대구지방법원 2011구합3977)

그러나 무효인 명의신탁 사실이 문제되어 매도인이 명의수탁자에게 원인무효로 소유권이전등기 말소 청구(또는 진정명의회복에 의한 이전등기 청구)를 하거나 명의신탁자가 매도인을 대위하여 명의수탁자에게 등기말소 청구를 하여 매도인 앞으로 등기가 회복된 경우에는 단순한 소유권의 회복에 지나지 않으므로 취득세 과세대상이라고 할 수 없다.(조심 2010지0535)

그런데 위에서 매도인 앞으로 등기가 회복된 후 명의신탁자가 소유권이전등기를 경료받은 경우 또다시 취득세를 납부해야 하는지 문제된다. 이 경우에는 이미 명의신탁 사실이 문제되어 회복된 것이므로 소유권의 회복에 지나지 않고 부동산실명법상 제재를 받을 뿐 취득세 납부의무는 없다고 보아야 할 것이다. 같은 결과로 매도인 앞으로 회복등기를 거치지 않고 명의수탁자로부터 명의신탁자로 소유권이전등기가 막바로 회복되었다 하여도 마찬가지로 보아여 할 것이다.(대법원 2010두28151)

(3) 계약명의신탁

(ㄱ) 매도인이 선의인 경우

대법원은 부동산실명법의 해석상 명의수탁자는 부동산에 대한 소유권을 유효하게 취득하고, 명의신탁자는 매도인이나 명의수탁자 누구에게도 소유권이전등기청구를 행사할 수 없어, 설사 명의신탁자가 부동산 매수대금을 실질적으로 부담하였더라도 그 부동산을 '사실상 취득'했다고 보기 어렵다(대법원 2012두14804 판결)고 판시하면서 실질과세의 원칙상 명의수탁자에게만 취득세 납부의무가 있다고 한다. 이 경우 명의신탁자에 대한 취득세 부과처분은 중대·명백한 하자가 있어 **당연무효**라고 한다.(2011가합6203) 따라서 국가를 상대로 부당이득반환의 조세환급소송도 가능할 것이다. 나아가 앞의 판례에 따르면 명의신탁자는 명의수탁자나 매도인에게 소유권이전등기를 청구할 수 있는 지위를 갖지 못한다고 하므로 명의수탁자의 이전등기 후 반환하는 의미에서 임의로 명의신탁자로 다시 이전등기를 경료한 경우 명의신탁자의 취득은 소유권의 회복으로서가 아니라 새로운 취득이라고 보아야 하므로 명의신탁자에게 취득세 납부의무가 있다고 할 것이다.

(ㄴ) 매도인이 악의인 경우

명의수탁자에 대한 소유권이전등기는 무효이더라도 매도인이 명의신탁 사실을 알았다 하더라도 매매계약의 효력에는 아무 영향을 미칠 수 없고 매도인과 명의수탁자 사이의 매매계약은 유효하고 매매대금도 명의수탁자가 지급하므로 사실상의 취득행위가 있고, 명의수탁자가 제3자에게 처분하는 경우 제3자는 소유권을 유효하게 취득하므로 취득세 납부의무가 있다고 보아야 하겠다. 이 경우 명의신탁자는 취득의 전제가 되는 애당초 법률상 원인인 매매계약의 당사자가 아니므로 취득세 과세대상이 아니라고 보아야 할 것이다. 이 경우에도 명의수탁자로부터 명의신탁자로 소유권이전등기가 경료된다면 새로운 취득행위라 보아야 할 것이므로 역시 명의신탁자에게 취득세 납세의무가 있다고 보아야 한다.

대법원 1984.11.27. 선고 84누52 판결 【지방세부과처분취소】

【판시사항】

명의신탁에 의하여 취득한 부동산이 취득세 과세대상인지 여부

【판결요지】

부동산취득세는 재화의 이전이라는 사실자체를 포착하여 거기에 담세력을 인정하고 부과하는 유통세의 일종으로서 부동산의 취득자가 그 부동산을 사용, 수익, 처분함으로써 얻어질 이익을 포착하여 부과하는 것이 아니므로 지방세법 제105조 제1항의 「부동산의 취득」이란 부동산의 취득자가 실질적으로 완전한 내용의 소유권을 취득하는가의 여부에는 관계없이 소유권이전의 형식에 의한 부동산취득의 모든 경우를 포함한다고 해석함이 상당하다 할 것이므로 부동산이전이 명의신탁에 의한 것이었다 하더라도 이는 신탁법상의 신탁과는 달리 대외관계에 있어서는 수탁자가 위 부동산에 대한 완전한 소유권을 취득하고 유효한 처분행위도 할 수 있는 것이니 명의신탁에 의한 부동산의 취득도 위 법 제105조 제1항 소정의 부동산 취득에 해당한다.

대법원 1990.3.9. 선고 89누3489 판결 【취득세부과처분취소】

【판시사항】

부동산의 명의신탁해지를 원인으로 한 소유권이전등기의 경우 취득세의 과세여부(적극)

【판결요지】

취득세의 납세의무를 규정한 지방세법 제105조 제1항에서 말하는 부동산의 취

득이란 부동산의 취득자가 실질적으로 완전한 내용의 소유권을 취득하는가의 여부에 관계없이 소유권이전의 형식에 의한 부동산취득의 모든 경우를 포함한다고 해석함이 상당하므로, 명의신탁에 의한 부동산의 취득도 이에 해당하는 바, 부동산의 명의신탁자가 수탁자명의의 부동산에 관하여 신탁해지를 원인으로 소유권이전등기를 마쳤다면 이와 같은 부동산의 취득은 취득세 비과세대상인 지방세법 제110조 제1항 제4호 소정의 취득에 해당한다고 할 수 없고, 새로운 부동산취득으로 보아야 한다.

대법원 2002.07.12 선고 2000두9311 판결 【취득세등부과처분취소】

【판시사항】

구 지방세법 제105조 제1항, 제2항 소정의 '부동산의 취득'과 '사실상의 취득'의 의미 및 명의신탁관계를 해지한 단계이거나 명의신탁해지를 원인으로 한 소유권이전등기청구의 소에서 승소판결을 받고 그로 인한 소유권이전등기를 마치지 아니한 경우, 위 '부동산 취득'이나 '사실상 취득'에 해당하는지 여부(소극)

【판결요지】

구 지방세법(1994. 12. 22. 법률 제4794호로 개정되기 전의 것) 제105조 제1항에서 규정하는 '부동산의 취득'이란 소유권 이전의 형식에 의한 부동산 취득의 모든 경우를 포함하는 것으로서 명의신탁이나 명의신탁해지로 인한 소유권이전등기를 마친 경우도 여기에 해당되고, 그 제2항에서 규정하는 '사실상 취득'이란 소유권 취득의 형식적 요건(등기·등록)을 갖추지 못하였으나 소유권 취득의 실질적 요건을 갖춘 것을 뜻하는 것인바, 명의신탁관계를 해지한 단계이거나 명의신탁해지를 원인으로 한 소유권이전등기청구의 소에서 승소판결을 받고 그로 인한 소유권이전등기를 마치지 아니한 경우에는 같은 법 제105조 제1항의 '부동산 취득'에 해당하지 아니함은 물론, 소유권 취득의 실질적 요건을 갖추었다고 볼 수도 없어 같은 법조 제2항의 '사실상 취득'을 하였다고도 할 수 없다.

대법원 1999. 9. 3. 선고 98다12171 판결 【부당이득금반환】

【판시사항】

신탁자가 명의신탁 해지를 원인으로 수탁자 명의의 소유권이전등기를 말소함으로써 소유권을 회복한 경우, 구 지방세법 소정의 취득세 과세대상인 부동산의 취득에 해당하는지 여부(적극)

【판결요지】

명의신탁에 의하여 신탁자로부터 수탁자에게로 경료된 부동산에 관한 소유권이전등기를 그 해지를 원인으로 하여 말소하는 경우라면 이로써 명의신탁에 의하여 대외관계에 있어서 수탁자에게 이전되었던 당해 부동산의 소유권이 다시 신탁자에게로 회복되어 신탁자는 그 소유권을 새로이 취득하는 것이라 할 것이고, 따라서 이는 위 지방세법의 규정에서 말하는 부동산의 취득에 해당한다 할 것이므로, 신탁자인 원고가 명의신탁 해지를 원인으로 하여 수탁자 앞으로의 부동산 소유권이전등기를 말소함으로써 그 소유권을 회복한 것이 부동산의 취득에 해당한다고 본 원심의 판단은 옳고, 거기에 상고이유에서 지적하는 바와 같은 위 지방세법의 규정에서 말하는 '부동산의 취득'에 관한 법리오해나 판례 위반의 잘못이 있다고 할 수 없다.

대법원 2013.3.14.선고 2010두28151 판결 [취득세등부과처분취소]

【판시사항】

부동산에 관한 매매계약을 체결하고 소유권이전등기에 앞서 매매대금을 모두 지급한 매수인이 그 후 매매를 원인으로 한 소유권이전등기를 마친 경우 잔금지급일에 성립한 취득세 납세의무와 별도로 등기일에 새로운 취득세 납세의무가 성립하는지 여부(소극) 및 위 법리가 부동산 실권리자명의 등기에 관한 법률 시행 전에 매매대금을 모두 지급한 자가 3자간 등기명의신탁 약정에 따라 명의수탁자 명의로 소유권이전등기를 마쳤다가 위 법에서 정한 유예기간의 경과로 무효가 된 명의수탁자 명의의 등기를 말소한 다음 당초 매매를 원인으로 그 명의로 소유권이전등기를 마친 경우에도 마찬가지로 적용되는지 여부(적극)

【이 유】

상고이유를 판단한다.

구 지방세법(1984. 12. 24. 법률 제3757호로 개정되기 전의 것, 이하 '법'이라 한다) 제105조 제1항은 취득세는 부동산 등의 '취득'에 대하여 그 취득자에게 부과한다고 규정하고, 제2항은 부동산 등의 취득에 있어서는 민법 기타 관계 법령에 의한 등기·등록 등을 이행하지 아니한 경우라도 '사실상 취득'한 때에는 이를 취득한 것으로 본다고 규정하고 있다.

그리고 법 제111조 제7항의 위임에 따른 구 지방세법 시행령(1988. 12. 31. 대통령령 제12573호로 개정되기 전의 것) 제73조는 취득세에 있어 취득시기에 관하여 제1항에서 유상승계취득의 경우에는 그 계약상의 잔금지급일이나 사실상의 잔금지급일에 취득한 것으로 본다고 규정하고, 제3항 본문에서 제1항에 의한 취득일 전에 등기 또는 등록을 한 경우에는 그 등기일 또는 등록일에 취득한 것으로 본다고 규정하고 있다.

위와 같은 관련 규정의 문언 내용과 아울러 취득세는 본래 재화의 이전이라는 사실 자체를 포착하여 거기에 담세력을 인정하고 부과하는 유통세의 일종으로 법 제105조 제1항에서 규정한 '취득'이란 소유권 이전의 형식에 의하여 부동산 등을 취득하는 모든 경우를 포함하는 것이고, 제2항에서 규정한 '사실상 취득'이란 일반적으로 등기와 같은 소유권 취득의 형식적 요건을 갖추지는 못하였으나 대금의 지급과 같은 소유권 취득의 실질적 요건을 갖춘 경우를 말하는 점(대법원 2002. 6. 28. 선고 2000두7896 판결, 대법원 2002. 7. 12. 선고 2000두9311 판결 등 참조) 등에 비추어 보면, 부동산에 관한 매매계약을 체결하고 소유권이전등기에 앞서 매매대금을 모두 지급한 매수인은 계약상 또는 사실상의 잔금지급일에 법 제105조 제2항에서 규정한 '사실상 취득'에 따른 취득세 납세의무가 성립하는 것이고,

그 후 그 사실상의 취득자가 그 부동산에 관하여 매매를 원인으로 한 소유권이전등기를 마치더라도 이는 잔금지급일에 '사실상 취득'을 한 부동산에 관하여 소유권 취득의 형식적 요건을 추가로 갖춘 것에 불과하므로, 잔금지급일에 성립한 취득세 납세의무와 별도로 그 등기일에 법 제105조 제1항에서 규정한 '취득'을 원인으로 한 새로운 취득세 납세의무가 성립하는 것은 아니라고 할 것이다. 그리고 이러한 법리는 부동산 실권리자명의 등기에 관한 법률(1995. 3. 30. 법률 제4944호로 제정된 것, 이하 '부동산실명법'이라 한다)의 시행 전에 매매대금을 모두 지급하여 부동산을 사실상 취득한 자가 3자간 등기명의신탁 약정에 따라 명의수탁자 명의로 소유권이전등기를 마쳤다가 그 후 부동산실명법 제11조에서 정한 유예기간의 경과에 따라 **무효**가 된 명의수탁자 명의의 소유권이전등기를 말소한 다음 그 부동산에 관하여 당초 매매를 원인으로 하여 그 명의로 소유권이전등기를 마친 경우에도 마찬가지로 적용된다고 할 것이다.

같은 취지에서 원심이, 원고가 1981. 5. 8. 매도인인 소외 1로부터 이 사건 각 부동산을 매수한 후 늦어도 3자간 등기명의신탁 약정에 따라 명의수탁자인 소외 2 명의로 소유권이전등기를 마친 1981. 6. 23.에는 그 매매대금을 모두 지급하여 이를 사실상 취득함으로써 취득세 납세의무가 성립하였고, 원고가 2007. 1. 2. 부동산실명법에서 정한 유예기간의 경과에 따라 무효가 된 소외 2 명의의 등기를 말소한 다음 위 매매를 원인으로 하여 원고 명의로 소유권이전등기를 마쳤다고 해서 취득세 납세의무가 새롭게 성립하였다고 볼 수 없다고 판단한 것은 정당하고, 거기에 상고이유에서 주장하는 바와 같은 취득세의 납세의무 성립에 관한 법리오해 등의 위법이 없다. 상고이유에서 들고 있는 대법원 1999. 9. 3. 선고 98다12171 판결은 사안이 달라 이 사건에 원용하기에 적절한 것이 아니다.

그러므로 상고를 기각하고, 상고비용은 패소자가 부담하도록 하여 관여 대법관의 일치된 의견으로 주문과 같이 판결한다.

대법원 1999. 12. 10. 선고 98두6364 판결 【등록세부과처분취소】

【판시사항】

명의신탁약정에 의하여 수탁자 명의로 소유권에 관한 등기를 경료하였다가 명의신탁을 해지한 후 명의신탁자 앞으로 매매를 원인으로 한 소유권이전등기를 경료한 경우, 구 지방세법 제131조 제1항 제2호 소정의 '무상으로 인한 소유권의 취득'에 해당하는지 여부(적극)

【판결요지】

구 지방세법(1995. 12. 6. 법률 제4995호로 개정되기 전의 것) 제131조 제1항은 '부동산에 관한 등기를 받을 때에는 다음 각 호의 표준세율에 의하여 등록세를 납부하여야 한다'고 하면서, 제2호에서 제1호(상속으로 인한 소유권의 취득) 이외의 '무상으로 인한 소유권의 취득'의 경우에는 부동산가격의 1,000분의 15로, 제3호 제2목에서 제1호 및 제2호 이외의 원인으로 인한 농지 이외의 부동산 소유권의 취득의 경우 부동산 가액의 1,000분의 30으로 각 규정하고 있고, 같은 법 제131조 제1항 제2호가 다른 등록세율보다 낮은 1,000분의 15의 세율을 적용하기 위한 요건으로 '무상으로 인한 소유권의 취득'이라고 규정하면서 이에 관한 증거방법을 특별히 제한하고 있지 아니할 뿐만 아니라, 같은 법 제65조에 의하여 지방세에 준용되는 실질과세 원칙의 정신에 비추어 볼 때 등기신청서 또는 등기부의 형식적인 기재에 불구하고 등기원인 또는 권리관계의 실질에 따라 '무상으로 인한 소유권의 취득'에 해당하는지 여부를 판단하여야 할 것이고, 따라서 부동산에 관하여 명의신탁약정에 의하여 명의수탁자 명의로 소유권에 관한 등기를 경료하였다가 명의신탁을 해지하고 명의신탁자 앞으로 소유권이전등기를 경료하면서 그 등기원인을 매매로 하였다고 하더라도 그 등기의 실질이 명의신탁해지로 인한 소유권이전등기인 이상 같은 법 제131조 제1항 제2호 소정의 등록세율이 적용된다.

대법원 2002. 7. 12. 선고 2000두9311 판결 【취득세등부과처분취소】

【판시사항】

구 지방세법 제105조 제1항, 제2항 소정의 '부동산의 취득'과 '사실상의 취득'의 의미 및 명의신탁관계를 해지한 단계이거나 명의신탁해지를 원인으로 한 소유권이전등기청구의 소에서 승소판결을 받고 그로 인한 소유권이전등기를 마치지 아니한 경우, 위 '부동산 취득'이나 '사실상 취득'에 해당하는지 여부(소극)

【판결요지】

구 지방세법(1994. 12. 22. 법률 제4794호로 개정되기 전의 것) 제105조 제1항에서 규정하는 '부동산의 취득'이란 소유권 이전의 형식에 의한 부동산 취득의 모든 경우를 포함하는 것으로서 명의신탁이나 명의신탁해지로 인한 소유권이전등기를 마친 경우도 여기에 해당되고, 그 제2항에서 규정하는 '사실상 취득'이란 소유권 취득의 형식적 요건(등기·등록)을 갖추지 못하였으나 소유권 취득의 실질적 요건을 갖춘 것을 뜻하는 것인바, 명의신탁관계를 해지한 단계이거나 명의신탁해지를 원인으로 한 소유권이전등기청구의 소에서 승소판결을 받고 그로 인한 소유권이전등기를 마치지 아니한 경우에는 같은 법 제105조 제1항의 '부동산 취득'에 해당하지 아니함은 물론, 소유권 취득의 실질적 요건을 갖추었다고 볼 수도 없어 같은 법조 제2항의 '사실상 취득'을 하였다고도 할 수 없다

대법원 2002두2079 취득세등부과처분취소

【판시사항】

구분소유적 공유관계를 해소하기 위하여 명의신탁해지를 원인으로 한 지분이전등기를 마친 경우 취득세 과세대상인지 여부(적극)

【판결요지】

구 지방세법(1999. 12. 28. 법률 제6060호로 개정되기 전의 것) 제105조 제1항에 따라 취득세의 부과대상이 되는 부동산의 취득은 원칙적으로 소유권이전의 형식에 의한 부동산취득의 모든 경우를 포함하므로 명의신탁해지를 원인으로 소유권이전등기를 마친 경우도 여기에 해당하고, 또 토지의 특정부분을 구분하여 취득

하고 편의상 그 토지 전체에 대하여 지분이전등기를 마친 이른바 구분소유적 공유관계에 있는 등기부상의 공유자가 공유자들 상호간의 명의신탁관계를 해소하기 위하여 명의신탁해지를 원인으로 한 지분이전등기를 마친 경우도 취득세 비과세대상을 한정적으로 규정한 같은 법 제110조 제4호의 '공유권의 분할로 인한 취득'에 해당하지 아니하므로 취득세 부과대상에 해당한다

대법원 1987.7.7. 선고 87누22 판결 【취득세부과처분취소】

【판시사항】

토지에 관하여 명의신탁을 받아 매매계약을 체결한 **명의수탁자**가 취득세납세의 무자인지 여부

【판결요지】

부동산취득세는 재화의 이전이라는 사실 자체를 포착하여 거기에 담세력을 인정하고 부과하는 유통세의 일종으로서 부동산의 취득자가 그 부동산을 사용, 이익, 처분함으로써 얻어질 이익을 포착하여 부과하는 것이 아니므로 지방세법 제105조 제1항의 부동산의 취득이란 부동산의 취득자가 실질적으로 완전한 내용의 소유권을 취득하는가의 여부와는 관계없으며 또 위 법 제2항의 규정에 의하면 부동산의 취득에 있어서는 민법의 규정에 의한 등기 등을 이행하지 아니한 경우라도 사실상으로 취득한 때에는 취득한 것으로 보고 있으므로 갑이 을의 명의신탁을 받아 갑명의로 토지매매계약을 체결하고 그 명의로 대금을 납부하였으면 그 명의신탁이 지방세법 제110조 제1항 제3호에서 말하는 신탁재산의 취득에 해당하는 경우라는 등 특단의 사정이 없는 한 이는 갑이 취득한 것으로 보아야 할 것이며 중간생략등기에 의하여 을 앞으로 직접 소유권이전등기를 거친 경우에도 마찬가지라고 할 것이다.

대구지방법원 2011구합3977 취득세부과처분취소[원고청구기각]

【이 유】

1. 처분의 경위

가. 원고는 농지인 포항시 ○○리 ○○ 전 4,728㎡ 외 13필지(이하 통틀어 '이 사건 농지'라 한다)를 골프장 예정부지로 보유하기 위하여 **매수인을 원고**로 하는 매매계약서(갑 제9호증의 1)를 작성하여 이를 매수한 후 그 등기부상 소유자 명의는 **대표이사인 소외 1**로 하여 소유권이전등기를 마쳤고, **소외 1**은 이 사건 농지 취득에 따른 **취득세** 및 농어촌특별세 합계 20,499,070원을 **납부**하였다. → 이른바 '3자간 등기명의신탁'

나. 피고는 2011. 3. 10. 원고가 이 사건 농지를 소외 1에게 **명의신탁**한 것이고, 실질적으로 이 사건 토지를 취득한 것은 원고라는 이유로 **원고에게 취득세** 28,178,600원(가산세 9,543,080원 포함) 및 농어촌특별세 2,817,830원(가산세 954,280원 포함)을 **부과**하였는데(이하 '이 사건 처분'이라 한다), 그 구체적인 내역은 별지 1 '취득세 및 농어촌특별세 부과내역' 기재와 같다.

다. 원고는 2011. 3. 31. 위 취득세 및 농어촌특별세 합계 30,996,430원(= 28,178,600원 + 2,817,830원)을 납부한 다음, 경상북도지사에게 이의신청을 하였으나 2011. 7. 19. 기각되었다.

2. 판단

가. 원고의 주장에 대한 판단

취득세는 사실상의 취득행위를 과세객체로 하여 부과하는 행위세로서 그에 대한 조세채권은 취득행위라는 과세요건사실이 존재함으로써 등기·등록 여부와는 상관없이 발생하므로 지방세법 제105조 제2항은 부동산의 취득에 있어서 민법 등 관계 법령의 규정에 의한 등기 등을 이행하지 아니한 경우라도 사실상 취득한 때에는 이를 취득한 것으로 본다고 규정하고 있으며, 위 규정 소정의 사실상 취득이란 일반적으로 등기와 같은 소유권 취득의 형식적 요건을 갖추지는 못하였으나 대금의 지급과 같은 소유권 취득의 실질적 요건을 갖춘 경우를 말한다(대법원 2003. 10. 23. 선고 2002두5115 판결 등 참조).

갑 제9호증, 을 제6호증의 각 기재에 의하면, 원고는 2008. 2.~ 2008. 6.경 이 사건 농지의 매매대금을 지급하고 2008. 12. 31. 기준 유형고정자산 명세서에 이 사건 농지를 원고의 자산으로 기재한 사실이 인정되므로, 원고는 매매대금을 전부 지급한 날 이 사건 농지를 사실상 취득하였다고 할 것이다.

따라서 소외 1의 행위와 원고의 행위는 별개이므로 피고로서는 각 행위자에게 취득세를 부과할 수 있고, 소외 1이 취득세 및 농어촌특별세를 납부하였다 하더라도 명의신탁자인 원고도 취득세 및 농어촌특별세의 납부의무를 부담한다고 할 것이니, 원고의 주장은 이유 없다. → 이중과세 문제

대법원 2007.5.11. 선고 2005두13360 판결 【취득세등부과처분취소】

【판시사항】

취득세의 과세객체인 사실상 취득행위의 의미 및 **3자간 등기명의신탁** 약정에 의하여 수탁자 명의로 소유권이전등기를 경료하고 자신의 명의로는 소유권이전등기를 경료하지 않은 **신탁자**가 취득세 납부의무를 부담하는지 여부(적극)

【판결요지】

취득세는 본래 재화의 이전이라는 사실 자체를 포착하여 거기에 담세력을 인정하고 부과하는 유통세의 일종으로 취득자가 재화를 사용·수익·처분함으로써 얻을 수 있는 이익을 포착하여 부과하는 것이 아니어서 취득자가 실질로 완전한 내용의 소유권을 취득하는가의 여부에 관계없이 사실상 취득행위 자체를 과세객체로 하는 것이고, 구 지방세법(2000. 12. 29. 법률 제6312호로 개정되기 전의 것) 제105조 제2항은 취득세의 과세객체가 되는 부동산 취득에 관하여 민법 기타 관계 법령에 의한 등기·등록 등을 이행하지 아니한 경우라도 사실상 취득한 때에는 이를 취득한 것으로 본다고 규정하고 있는데, 여기에서 사실상의 취득이라 함은 일반적으로 등기와 같은 소유권 취득의 형식적 요건을 갖추지는 못하였으나 대금의 지급과 같은 소유권 취득의 실질적 요건을 갖춘 경우를 말한다고 할 것이고, 그 사실상의

취득자가 3자간 등기명의신탁 약정에 의하여 수탁자 명의로 소유권이전등기를 경료하고 자신의 명의로는 소유권이전등기를 경료하지 않았다고 하여 달리 볼 것은 아니다.

서울동부지법 2011.8.26. 선고 2011가합6203 판결 [부당이득금반환]

【판시사항】

[1] 부동산을 취득하려는 사람이 제3자와 명의신탁약정을 한 다음, 수탁자가 명의신탁약정 사실을 알지 못하는 매도인과 매매계약을 체결하고 자신 앞으로 소유권이전등기를 마친 경우, 취득세 납세의무자(=명의수탁자) 및 명의신탁자가 명의수탁자에게 매매대금을 지급하였다면 구 지방세법 제105조 제2항에 따라 명의신탁자가 취득세 납세의무를 부담하는지 여부(소극)

[2] 갑 교회가 경매절차에서 대표자인 을 명의로 부동산을 매수하여 소유권이전등기를 마친 후, 을이 관할 구청에 취득세, 농어촌특별세를 신고·납부하였는데, 관할 구청장이 갑 교회가 명의신탁자로서 부동산을 취득하였다는 이유로 갑 교회에 대하여 취득세, 농어촌특별세 부과처분을 한 사안에서, 명의수탁자인 을이 부동산을 완전히 취득한 자로서 구 지방세법 제105조 제1항에 따라 취득세 납세의무를 부담한다고 한 사례

[3] 과세요건 사실을 오인한 과세처분이 당연무효가 되기 위한 요건

[4] 갑 교회가 경매절차에서 대표자인 을 명의로 부동산을 매수하여 소유권이전등기를 마친 후, 을이 관할 구청에 취득세, 농어촌특별세를 신고·납부하였는데, 관할 구청장이 갑 교회가 명의신탁자로서 부동산을 취득하였다는 이유로 갑 교회에 대하여 취득세, 농어촌특별세 부과처분을 하자, 갑 교회가 이를 모두 납부한 다음 부과처분의 무효를 주장하며 납부한 취득세 등에 대하여 부당이득 반환을 구한 사안에서, 위 부과처분이 하자가 중대하고도 명백하여 무효이므로, 관할 구청과 국가는 취득세와 농어촌특별세 상당액을 지연손해금과 함께 갑 교회에 부당이득 반환하라고 한 사례

【판결요지】

[1] 부동산을 취득하려는 사람이 제3자와 명의신탁약정을 한 다음, 명의수탁자가 매도인과 매매계약을 체결하고 자신 앞으로 소유권이전등기를 마친 경우, 즉 계약명의신탁의 경우에는 매도인이 명의신탁약정 사실을 알지 못하였다면, 명의수탁자는 매도인이나 명의신탁자와의 관계에서 당해 부동산 소유권을 완전하게 취득하므로 구 지방세법(2009. 4. 1. 법률 제9576호로 개정되기 전의 것, 이하 '구 지방세법'이라 한다) 제105조 제1항에 따라 명의수탁자가 취득세 납세의무를 부담하고, 비록 명의신탁자가 명의수탁자에게 매매대금을 지급하였다 하더라도 명의신탁자는 명의수탁자와 사이에서 그 부동산 자체를 취득하지 못하고(명의수탁자가 그 명의로 등기를 마친 후 임의로 명의신탁자에게 소유권이전등기를 해 준 경우에 명의신탁자가 취득세 납세의무를 부담하게 되는지 여부는 별론으로 한다), 매도인과 사이에서는 계약당사자가 아니어서 소유권이전등기청구권도 가질 수 없어 명의신탁자는 아무런 권리를 취득하지 못하므로,

구 지방세법 제105조 제2항에 따른 취득세 납세의무도 없다.

[2] 갑 교회가 경매절차에서 대표자인 을 명의로 부동산을 매수하여 소유권이전등기를 마친 후, 을이 관할 구청에 취득세, 농어촌특별세를 신고·납부하였는데, 관할 구청장이 갑 교회가 명의신탁자로서 부동산을 취득하였다는 이유로 갑 교회에 대하여 취득세, 농어촌특별세 부과처분을 한 사안에서, 갑 교회와 을 사이에 명의신탁관계가 성립된다 하더라도 경매절차의 매수인인 을 명의로 마쳐진 소유권이전등기는 매도인뿐만 아니라 명의신탁자인 갑 교회에 대하여도 유효하므로 을이 부동산을 완전히 취득한 자로서 구 지방세법(2009. 4. 1. 법률 제9576호로 개정되기 전의 것, 이하 '구 지방세법'이라 한다) 제105조 제1항에 따라 취득세 납세의무를 부담하고, 비록 명의신탁자인 갑 교회가 매매대금 지급 명목으로 명의수탁자인 을에게 돈을 주었다 하더라도 갑 교회는 부당이득으로 그 돈의 반환을 구할 수 있을 뿐 부동산 자체를 취득하는 것이 아니어서 부동산을 처분할 수도 없고, 매매계약의 당사자도 아니어서 매도인을 상대로 소유권이전등기를 청구할 지위에 있지도 않으므로, 갑 교회는 부동산에 관하여 어떠한 권리를 취득하였다고 볼 수 없어 구 지방세법 제105조 제2항에 따른 취득세 납세의무도 부담하지 않는다고 한 사례.

[3] 과세처분이 당연무효라고 하기 위하여는 처분에 위법사유가 있다는 것만으로는 부족하고 하자가 중요한 법규를 위반한 것이고 객관적으로 명백한 것이어야 하며, 하자가 중대하고도 명백한 것인가를 판별할 때에는 당해 과세처분의 근거가 되는 법규의 목적, 의미, 기능 등을 목적론적으로 고찰함과 동시에 구체적 사안 자체의 특수성에 관하여도 합리적으로 고찰함을 요하는데, 과세대상이 되는 법률관계나 사실관계가 전혀 없는 사람에게 한 과세처분은 하자가 중대하고도 명백하다고 할 것이나 과세대상이 되지 아니하는 어떤 법률관계나 사실관계에 대하여 이를 과세대상이 되는 것으로 오인할 만한 객관적인 사정이 있는 경우에 그것이 과세대상이 되는지가 사실관계를 정확히 조사하여야 비로소 밝혀질 수 있는 경우라면 하자가 중대한 경우라도 외관상 명백하다고 할 수 없어 위와 같이 과세요건 사실을 오인한 위법의 과세처분을 당연무효라고는 볼 수 없다.

[4] 갑 교회가 경매절차에서 대표자인 을 명의로 부동산을 매수하여 소유권이전등기를 마친 후, 을이 관할 구청에 취득세, 농어촌특별세를 신고·납부하였는데, 관할 구청장이 갑 교회가 명의신탁자로서 부동산을 취득하였다는 이유로 갑 교회에 대하여 취득세, 농어촌특별세 부과처분을 하자, 갑 교회가 이를 모두 납부한 다음 부과처분의 무효를 주장하며 납부한 취득세 등에 대하여 부당이득 반환을 구한 사안에서, 부동산 경매절차에서 매수인은 명의인이고 소유권 역시 매수인이 취득한다는 법리가 확립되어 있어 을이 위 부동산을 취득하였다는 법률관계 또는 사실관계는 오인의 여지없이 외관상 명백하고, 지방세법에 규정된 취득이라는 과세요건이 완성되지 않았음에도 부과처분한 중대한 하자가 있어 위 부과처분이 당연무효이므로, 관할 구청과 국가는 갑 교회가 납부한 취득세와 농어촌특별세 상당액을 지연손해금과 함께 갑 교회에 부당이득 반환하라고 한 사례.

대법원 2012. 10. 25. 선고 2012두14804 판결

【판결요지】

명의신탁자가 명의수탁자와 사이에 명의신탁약정을 맺고 명의수탁자가 매매계약의 당사자가 되어 매도인과 사이에 매매계약을 체결한 후 등기를 매도인으로부터 명의수탁자 앞으로 이전하는 형식의 이른바 계약명의신탁에 있어서, 명의신탁약정은 부동산실명법에 위반되는 것이어서 무효가 된다. 한편, 매도인이 위와 같은 명의신탁약정사실을 모르는 경우에는 법률상으로 명의수탁자가 부동산의 소유자가 되는 것이고, 명의신탁자는 매도인이나 명의수탁자에게 소유권이전등기청구를 할 수 있는 지위를 갖지 못한다. 명의신탁자는 명의수탁자를 상대로 매수대금에 대한 부당이득반환청구를 할 수 있을 뿐이다. 따라서 위 사건에서 명의신탁자인 원고가 수탁자에게 부동산의 매수대금을 실질적으로 지급하였다고 하더라도 원고는 위 부동산을 사실상 취득하였다고 보기 어려우므로, 실질과세원칙에 따르더라도 명의신탁자인 원고에게는 취득세 납세의무가 성립할 수 없다.

대법원 2013. 3. 28. 선고, 2012두28117 판결

【판시사항】

3자간 명의신탁에서 사실상 취득자로서 이미 취득세를 납부한 명의신탁자가 부동산실명법에 따라 해당 토지의 소유권을 신탁자 명의로 등기한 것을 새로운 취득으로 보아 다시 취득세를 부과할 수 있는지 여부(소극)

【사건내용】

원고는 2006. 4. 11. 이 사건 토지를 구입하였으나 자신의 명의로 등기하지 아니하고 명의수탁자 명의로 등기하였고 취득세도 명의수탁자 명의로 납부하였다.(제1차처분) 그런데 2010년경 위 명의신탁 사실이 밝혀져 관할세무서가 원고에게 이 사건 토지의 사실상 취득자라는 이유로 취득세를 부과하는 한편(제2차처분), 부동산실명법 위반으로 과징금을 부과하고 이 사건 토지의 소유권을 원고 명의로 등기하지 아니하면 이행강제금을 부과한다는 통지를 하였다.

그래서 원고는 취득세와 과징금을 각 납부하고 형식적으로 증여를 등기원인으로 하여 명의수탁자에게서 원고로 소유권이전등기를 경료하였다. 그러자 관할세무서는 원고의 소유권이전등기를 새로운 취득으로 보아 다시 취득세를 부과하였고(제3차처분) 원고는 그에 불복하여 소송을 제기하였다.

대법원 2013. 4. 25. 선고, 2013두1027 판결

【판시사항】

부동산실명법을 위반하여 명의수탁자가 스스로 취득세를 신고·납부한 것이 당연무효에 해당하는지 여부(소극)

【판결요지】

이 사건 처분 당시에는 명의수탁자에 대한 취득세 비과세 법리가 명백히 밝혀져 있지는 않았던 것으로 보일 뿐만 아니라 피고로서는 별도의 사실관계에 대한 조사 없이 이 사건 건물에 대하여 소유권보존등기를 마친 원고들이 명의수탁자에 불과하다는 사정을 알 수는 없었다고 볼 것이므로, 설령 원고들의 주장과 같이 명의수탁자는 취득세등의 비과세대상에 해당한다고 보더라도 이 사건 처분에 당연무효라고 볼 정도로 명백한 하자가 있다고 볼 수는 없는 점, 비록 이 사건 처분 후에 이 사건 명의신탁자도 이 사건 건물을 사실상 취득하였음을 이유로 취득세등을 납부하였다고 하더라도 원고들에 대한 이 사건 처분과 이 사건 명의신탁자에 대한 취득세등의 부과처분은 지방세법 제105조 제1항과 같은 조 제2항에 따라 그 납세의무의 성립요건과 납세의무자를 달리하는 것이고, 지방세법 등에서 이 사건 건물의 명의수탁자인 원고들에 대한 취득세 부과와 이 사건 명의신탁자에 대한 취득세 부과를 이중과세로 보아 이를 배제하는 명시적 규정도 없는 이상, 이 사건 처분과 이 사건 명의신탁자에 대한 취득세등의 부과가 반드시 이중과세로 무효라고 해석할 것도 아니라고 보이는 점 등을 앞서 본 법리와 종합해 볼 때 원고들이 제출한 모든 증거와 그 주장의 사정만으로는 이 사건 처분이 당연무효라고는 볼 수 없다.

※ 주식이 명의신탁된 경우 명의신탁된 주식의 실질적인 주주는 신탁자라 할 것이어서 명의신탁자가 명의신탁된 주식에 관하여 주주명부상의 명의를 자기로 개서한다고 하여도 이는 실질주주가 주주명부상의 명의를 회복한 것에 불과하므로 구 지방세법 제105조 제6항에서 말하는 주식을 취득한 경우에 해당하지 않는다.(2013감심36, 대법원 98두7619, 2009두7448))

4) 과세대상

부동산, 차량, 기계장비, 항공기, 선박, 입목, 광업권, 어업권, 골프회원권, 승마회원권, 콘도미니엄 회원권, 종합체육시설 이용회원권 또는 요트회원권.(열거주의, 지세법제7조①)

※ 송전철탑은 송전선로의 일부로서 전기사업법에 의한 인가를 받아야만 설치할 수 있으므로, 구 지방세법 시행령 제73조 제4항에서 정한 '건축허가를 받아 건축하는 건축물'에 준하는 것으로 해석함이 상당하다.(대법원 2009두5343)

※ 재개발·재건축 아파트나 주택조합 아파트의 입주권은 토지의 거래로 보아 취득세를 과세한다.

5) 납세의무자

(1) 원칙 : 등기·등록 여부에 관계 없이 사실상 취득한 자
(2) 예외 : 선박의 경우에는 승계취득한 자, 간주취득한 자(지목변경, 과점주주)

지방세법 제7조(납세의무자 등) ① 취득세는 부동산, 차량, 기계장비, 항공기, 선박, 입목, 광업권, 어업권, 골프회원권, 승마회원권, 콘도미니엄 회원권, 종합체육시설 이용회원권 또는 요트회원권(이하 이 장에서 "부동산등"이라 한다)을 취득한 자에게 부과한다. <개정 2014.1.1.>

② 부동산등의 취득은「민법」,「자동차관리법」,「건설기계관리법」, 「항공법」,「선박법」,「입목에 관한 법률」,「광업법」또는「수산업법」등 관계 법령에 따른 등기·등록 등을 하지 아니한 경우라도 사실상 취득하면 각각 취득한 것으로 보고 해당 취득물건의 소유자 또는 양수인을 각각 취득자로 한다. 다만, 차량, 기계장비, 항공기 및 주문을 받아 건조하는 선박은 승계취득인 경우에만 해당한다.

③ 건축물 중 조작 설비, 그 밖의 부대설비에 속하는 부분으로서 그 주체구조부(主體構造部)와 하나가 되어 건축물로서의 효용가치를 이루고 있는 것에 대하여는 주체구조부 취득자 외의 자가 가설(加設)한 경우에도 주체구조부의 취득자가 함께 취득한 것으로 본다. <개정 2013.1.1.>

④ 선박, 차량과 기계장비의 종류를 변경하거나 토지의 지목을 사실상 변경함으로써 그 가액이 증가한 경우에는 취득으로 본다.

⑤ 법인의 주식 또는 지분을 취득함으로써 「지방세기본법」 제47조제2호에 따른 과점주주(이하 "과점주주"라 한다)가 되었을 때에는 그 과점주주가 해당 법인의 부동산등(법인이 「신탁법」에 따라 신탁한 재산으로서 수탁자 명의로 등기·등록이 되어 있는 부동산등을 포함한다)을 취득(법인설립 시에 발행하는 주식 또는 지분을 취득함으로써 과점주주가 된 경우에는 취득으로 보지 아니한다)한 것으로 본다. 이 경우 과점주주의 연대납세의무에 관하여는 「지방세기본법」 제44조를 준용한다. <개정 2015.12.29.>

⑥ 외국인 소유의 취득세 과세대상 물건(차량, 기계장비, 항공기 및 선박만 해당한다)을 직접 사용하거나 국내의 대여시설 이용자에게 대여하기 위하여 임차하여 수입하는 경우에는 수입하는 자가 취득한 것으로 본다.

⑦ 상속(피상속인이 상속인에게 한 유증 및 포괄유증과 신탁재산의 상속을 포함한다. 이하 이 장과 제3장에서 같다)으로 인하여 취득하는 경우에는 상속인 각자가 상속받는 취득물건(지분을 취득하는 경우에는 그 지분에 해당하는 취득물건을 말한다)을 취득한 것으로 본다. 이 경우 상속인의 납부의무에 관하여는 「지방세기본법」 제44조제1항 및 제5항을 준용한다.

⑧ 「주택법」 제32조에 따른 주택조합과 「도시 및 주거환경정비법」 제16조제2항에 따른 주택재건축조합(이하 이 장에서 "주택조합등"이라 한다)이 해당 조합원용으로 취득하는 조합주택용 부동산(공동주택과 부대시설·복리시설 및 그 부속토지를 말한다)은 그 조합원이 취득한 것으로 본다.(*) 다만, 조합원에게 귀속되지 아니하는 부동산(이하 이 장에서 "비조합원용 부동산"이라

한다)은 제외한다.

⑨ 「여신전문금융업법」에 따른 시설대여업자가 건설기계나 차량의 시설대여를 하는 경우로서 같은 법 제33조제1항에 따라 대여시설이용자의 명의로 등록하는 경우라도 그 건설기계나 차량은 시설대여업자가 취득한 것으로 본다.

⑩ 기계장비나 차량을 기계장비대여업체 또는 운수업체의 명의로 등록하는 경우(**)라도 해당 기계장비나 차량의 구매계약서, 세금계산서, 차주대장(車主臺帳) 등에 비추어 기계장비나 차량의 취득대금을 지급한 자가 따로 있음이 입증되는 경우 그 기계장비나 차량은 취득대금을 지급한 자가 취득한 것으로 본다.

⑪ 배우자 또는 직계존비속의 부동산등을 취득하는 경우에는 증여로 취득한 것으로 본다. 다만, 다음 각 호의 어느 하나에 해당하는 경우에는 유상으로 취득한 것으로 본다.

1. 공매(경매를 포함한다. 이하 같다)를 통하여 부동산등을 취득한 경우
2. 파산선고로 인하여 처분되는 부동산등을 취득한 경우
3. 권리의 이전이나 행사에 등기 또는 등록이 필요한 부동산등을 서로 교환한 경우
4. 해당 부동산등의 취득을 위하여 그 대가를 지급한 사실이 다음 각 목의 어느 하나에 의하여 증명되는 경우
   가. 그 대가를 지급하기 위한 취득자의 소득이 증명되는 경우
   나. 소유재산을 처분 또는 담보한 금액으로 해당 부동산을 취득한 경우
   다. 이미 상속세 또는 증여세를 과세(비과세 또는 감면받은 경우를 포함한다) 받았거나 신고한 경우로서 그 상속 또는 수증 재산의 가액으로 그 대가를 지급한 경우
   라. 가목부터 다목까지에 준하는 것으로서 취득자의 재산으로 그 대가를 지급한 사실이 입증되는 경우

⑫ 증여자의 채무를 인수하는 부담부 증여의 경우에는 그 채무액에 상당하는 부분은 부동산등을 유상으로 취득하는 것으로 본다. <신설 2014.1.1.>

⑬ 상속개시 후 상속재산에 대하여 등기·등록·명의개서 등(이하 "등기등"이라 한다)에 의하여 각 상속인의 상속분이 확정되어 등기등이 된 후, 그 상속재산에 대하여 공동상속인이 협의하여 재분할한 결과 특정 상속인이 당초 상속분을 초과하여 취득하게 되는 재산가액은 그 재분할에 의하여 상속분이 감소한 상속인으로부터 증여받아 취득한 것으로 본다. 다만, 다음 각 호의 어느 하나에 해당하는 경우에는 그러하지 아니하다. <신설 2014.1.1.>

1. 제20조에 따른 신고·납부기한 내에 재분할에 의하여 취득한 경우
2. 상속회복청구의 소에 의한 법원의 확정판결에 의하여 상속인 및 상속재산에 변동이 있는 경우
3. 「민법」 제404조에 따른 채권자대위권의 행사에 의하여 공동상속인들의 법정상속분대로 등기등이 된 상속재산을 상속인사이의 협의분할에 의하여 재분할하는 경우

⑭ 「공간정보의 구축 및 관리 등에 관한 법률」 제67조에 따른 대(垈) 중 「국

토의 계획 및 이용에 관한 법률」 등 관계 법령에 따른 택지공사가 준공된 토지의 지목을 건축물과 그 건축물에 접속된 정원 및 부속시설물의 부지로 사실상 변경함으로써 그 가액이 증가한 경우에는 취득으로 본다. <신설 2015.12.29.>

⑮ 「신탁법」 제10조에 따라 신탁재산의 위탁자 지위의 이전이 있는 경우에는 새로운 위탁자가 해당 신탁재산을 취득한 것으로 본다. 다만, 위탁자 지위의 이전에도 불구하고 신탁재산에 대한 실질적인 소유권 변동이 있다고 보기 어려운 경우로서 대통령령으로 정하는 경우에는 그러하지 아니하다. <신설 2015.12.29.>

(*) 따라서 주택조합 등이 조합주택을 신축하기 위하여 취득하는 토지를 승계취득하는 경우와 신축 후의 주택 가운데 조합원분에 대한 납세의무는 그 취득 명의자가 주택조합 등이라 하여도 조합원이 취득한 것으로 보아 조합원이 취득세 납세의무자가 된다.(신축주택은 조합원이 원시취득) 이 때 취득의 시기는 신축주택이든 부속토지이든'주택법'제29조에 따른 사용검사를 받은 날, '도시 및 주거환경정비법'제54조 제2항에 따른 재건축조합은 소유권이전고시일의 다음날이다. 과세표준은 (직장, 지역)주택조합은 법인이 아니므로 신고가액과 시가표준액 중 큰 가액, 재건축조합은 법인이므로 사실상 취득가격이 적용된다. 조합에는 조합원분은 과세되지 않고 상가 및 일반분양분만 과세된다.(조합이 원시취득) 도시및주거환경정비등기처리규칙에서는 재건축조합이 조합원분은 조합원 명의로, 일반분양분은 조합 명의로 각각 소유권보존등기를 일괄 신청하도록 규정하고 있다.

(**) 지입차주 등을 말한다. 취득대금을 지급한 자를 입증하는 데에는 지입차주의 사업자등록증도 해당한다.(서울특별시청 세제과-11430)

6) 취득의 시기

납세의무의 성립과 확정을 구분하여야 한다. 납세의무의 성립이란 세법이 정한 과세요건을 충족함으로써 추상적 납세의무가 발생한 상태를 말한다. 이는 추상적 납세의무이므로 납세의무의 성립만으로는 과세권자가 징수권을 행사할 수 없다. 납세의무의 확정이란 구체적 납세의무가 확정되는 것을 말하는데, 신고주의, 부과주의, 자동확정의 세 가지 방식이 있다. 신고주의란 납세의무자의 신고에 따라 과세표준과 세액을 확정하는 제도로서 당해 과세관청에 신고서를 제출하는 때가 확정시기가 된다. 국세로는 종합소득세, 양도소득세, 법인세, 부가가치세, 지방세로는 취득세, 등록면허세가 그에 해당된다. 부과주의는 과세권자가 결정하여 부과처분으로써 과세표준과 세액을 확정하는 제도로서 과세권자가 결정하는 때가 납세의무의 확정시기이다. 이 경우 납세의무자의 신고가 있더라도 협력의무의 이행에 불과하므로 세액을 확정시키는 효력은 없다. 국세로는 상속세 및 증여세, 종합부동산세(신고주의의 선택도 가능하다), 지방세로는 재산세가 이에 해당된다. 마지막으로 인지세, 원천징수하는 소득세나 법인세의 경우에는 납세의무가 성립하는 시점에 별다른 절차 없이 자동으로 납세의무가 확정된다. 농어촌특별세나 지방교육세 등 부가세는 본세의 확정방법에 따라 자동 확정된다.

지방세기본법 제34조(납세의무의 성립시기) ① 지방세를 납부할 의무는 다음 각 호의 시기에 성립한다.

1. 취득세: 취득세 과세물건을 취득하는 때
2. 등록면허세
   가. 등록에 대한 등록면허세: 재산권 등 그 밖의 권리를 등기 또는 등록하는 때
   나. 면허에 대한 등록면허세: 각종의 면허를 받는 때와 납기가 있는 달의 1일
3. 레저세: 승자투표권, 승마투표권 등을 발매하는 때
4. 담배소비세: 담배를 제조장 또는 보세구역으로부터 반출하거나 국내로 반입하는 때
5. 지방소비세: 「국세기본법」에 따른 부가가치세의 납세의무가 성립하는 때
6. 주민세: 과세기준일
7. 지방소득세
   가. 소득분: 그 과세표준이 되는 소득세·법인세의 납세의무가 성립하는 때
   나. 종업원분: 종업원에게 급여를 지급하는 때
8. 재산세: 과세기준일
9. 자동차세
   가. 자동차 소유에 대한 자동차세: 납기가 있는 달의 1일
   나. 자동차 주행에 대한 자동차세: 그 과세표준이 되는 교통·에너지·환경세의 납세의무가 성립하는 때
10. 지역자원시설세
   가. 발전용수: 발전용수를 수력발전(양수발전은 제외한다)에 사용하는 때
   나. 지하수: 지하수를 채수(採水)하는 때
   다. 지하자원: 지하자원을 채광(採鑛)하는 때
   라. 컨테이너: 컨테이너를 취급하는 부두를 이용하기 위하여 컨테이너를 입항·출항하는 때
   마. 원자력발전: 원자력발전소에서 발전하는 때
   바. 특정부동산: 과세기준일
11. 지방교육세: 그 과세표준이 되는 세목의 납세의무가 성립하는 때
12. 가산세: 가산세를 가산할 지방세의 납세의무가 성립하는 때

② 다음 각 호의 지방세를 납부할 의무는 제1항에도 불구하고 해당하는 각 호의 시기에 성립한다.
1. 특별징수하는 지방소득세: 그 과세표준이 되는 소득세·법인세를 원천징수하는 때
2. 수시로 부과하여 징수하는 지방세: 수시부과할 사유가 발생하는 때

③ 이 조 및 제8장에서 사용되는 용어 중 이 법에서 정의되지 아니한 용어는 「지방세법」의 예를 따른다.

지방세기본법 제35조(납세의무의 확정) ① 지방세는 다음 각 호의 구분에 따른 시기에 그 세액이 확정된다.
1. 납세의무자가 과세표준과 세액을 지방자치단체에 신고·납부하는 지방세: 신고하는 때
2. 제1호의 지방세의 과세표준과 세액을 지방자치단체가 결정하는 경우: 결정하는 때
3. 제1호 외의 지방세: 해당 지방세의 과세표준과 세액을 해당 지방자치단체가 결정하는 때

② 특별징수하는 지방소득세는 제1항에도 불구하고 납세의무가 성립하는 때에 특별한 절차 없이 그 세액이 확정된다.

지방세법시행령 제20조(취득의 시기 등) ① 무상승계취득의 경우에는 그 계약일(상속 또는 유증으로 인한 취득의 경우에는 상속 또는 유증 개시일을 말한다)에 취득한 것으로 본다. 다만, 해당 취득물건을 등기·등록하지 아니하고 다음 각 호의 어느 하나에 해당하는 서류에 의하여 취득일부터 60일 이내에 계약이 **해제**된 사실이 입증되는 경우에는 취득한 것으로 보지 아니한다. <개정 2015.7.24.>
1. 화해조서·인낙조서
2. 취득일부터 60일 이내에 작성된 공정증서 등(*)

② 유상승계취득의 경우에는 다음 각 호에서 정하는 날에 취득한 것으로 본다. <개정 2014.8.12.>
1. 법 제10조제5항제1호부터 제4호까지의 규정 중 어느 하나에 해당하는 유상승계취득의 경우에는 그 사실상의 잔금지급일
2. 제1호에 해당하지 아니하는 유상승계취득의 경우에는 그 계약상의 잔금지급일(계약상 잔금지급일이 명시되지 아니한 경우에는 계약일부터 60일이 경과한 날을 말한다). 다만, 해당 취득물건을 등기·등록하지 아니하고 다음 각 목의 어느 하나에 해당하는 서류에 의하여 취득일부터 60일 이내에 계약이 해제된 사실이 입증되는 경우에는 취득한 것으로 보지 아니한다.

가. 화해조서·인낙조서
나. 취득일부터 60일 이내에 작성된 공정증서 또는 「부동산 거래신고에 관한

법률」 제3조에 따라 시장·군수·구청장이 교부한 거래계약 해제를 확인할 수 있는 서류(**) 등

③ 차량·기계장비·항공기 및 주문을 받아 건조하는 선박의 경우에는 그 제조·조립·건조 등이 완성되어 실수요자가 인도받는 날과 계약상의 잔금지급일 중 빠른 날을 최초의 승계취득일로 본다.

④ 수입에 따른 취득은 해당 물건을 우리나라에 반입하는 날(보세구역을 경유하는 것은 수입신고필증 교부일을 말한다)을 취득일로 본다. 다만, 차량·기계장비·항공기 및 선박의 실수요자가 따로 있는 경우에는 실수요자가 인도받는 날과 계약상의 잔금지급일 중 빠른 날을 최초의 승계취득일로 보며, 취득자의 편의에 따라 수입물건을 우리나라에 반입하지 아니하거나 보세구역을 경유하지 아니하고 외국에서 직접 사용하는 경우에는 그 수입물건의 등기 또는 등록일을 취득일로 본다.

⑤ 연부로 취득하는 것(취득가액의 총액이 법 제17조의 적용을 받는 것은 제외한다)은 그 사실상의 연부금 지급일을 취득일로 본다.

⑥ 건축물을 건축 또는 개수하여 취득하는 경우에는 사용승인서를 내주는 날(사용승인서를 내주기 전에 임시사용승인을 받은 경우에는 그 임시사용승인일을 말하고, 사용승인서 또는 임시사용승인서를 받을 수 없는 건축물의 경우에는 사실상 사용이 가능한 날을 말한다)과 사실상의 사용일 중 빠른 날을 취득일로 본다. 다만, 「도시개발법」에 따른 도시개발사업이나 「도시 및 주거환경정비법」에 따른 정비사업(주택재개발사업 및 도시환경정비사업만 해당한다)으로 건축한 **주택**을 「도시개발법」 제40조에 따른 환지처분 또는 「도시 및 주거환경정비법」 제54조에 따른 소유권 이전으로 취득하는 경우에는 환지처분 공고일의 다음 날 또는 소유권 이전 고시일의 다음 날과 사실상의 사용일 중 빠른 날**(***)**을 취득일로 본다. <개정 2014.8.12.>

⑦ 「주택법」 제32조에 따른 **주택조합**이 주택건설사업을 하면서 조합원으로부터 취득하는 토지 중 조합원에게 귀속되지 않은 **토지**를 취득하는 경우에는 「주택법」 제29조에 따른 사용검사를 받은 날에 그 토지를 취득한 것으로 보고, 「도시 및 주거환경정비법」 제16조제2항에 따른 **주택재건축조합**이 주택재건축사업을 하면서 조합원으로부터 취득하는 토지 중 조합원에게 귀속되지 않은 **토지**를 취득하는 경우에는 「도시 및 주거환경정비법」 제54조제2항에 따른 소유권이전 고시일의 다음 날에 그 토지를 취득한 것으로 본다.**(****)**<개정 2015.7.24.>

⑧ 관계 법령에 따라 매립·간척 등으로 토지를 원시취득하는 경우에는 공사준공인가일을 취득일로 본다. 다만, 공사준공인가일 전에 사용승낙·허가를 받거나 사실상 사용하는 경우에는 사용승낙일·허가일 또는 사실상 사용일 중 빠른 날을 취득일로 본다. <개정 2014.8.12.>

⑨ 차량·기계장비 또는 선박의 종류변경에 따른 취득은 사실상 변경한 날과 공부상 변경한 날 중 빠른 날을 취득일로 본다.

⑩ 토지의 지목변경에 따른 취득은 토지의 지목이 사실상 변경된 날과 공부상 변

경된 날 중 빠른 날을 취득일로 본다. 다만, 토지의 지목변경일 이전에 사용하는 부분에 대해서는 그 사실상의 사용일을 취득일로 본다.

⑪ 골프회원권, 승마회원권, 콘도미니엄 회원권, 종합체육시설 이용회원권 및 요트회원권의 존속기한 또는 입회기간을 연장하는 경우에는 기간이 새로 시작되는 날을 취득일로 본다. <신설 2014.8.12.>

⑫ 「민법」 제839조의2 및 제843조에 따른 재산분할로 인한 취득의 경우에는 취득물건의 등기일 또는 등록일을 취득일로 본다.**(*****)** <신설 **2015.7.24**>

⑬ 제1항, 제2항 및 제5항에 따른 취득일 전에 등기 또는 등록을 한 경우에는 그 등기일 또는 등록일에 취득한 것으로 본다. <개정 2014.8.12.>

(*) 무상계약의 경우, 「부동산 거래신고에 관한 법률」을 적용받지 않으므로 2015년 개정으로 「부동산 거래신고에 관한 법률」 제3조에 따라 시장·군수·구청장이 교부한 거래계약 해제를 확인할 수 있는 서류를 제외하였다.

(**) **부동산거래신고에 관한 법률 시행규칙 제4조(부동산등에 관한 거래계약의 해제등의 신고)** ① 제2조제1항부터 제3항까지의 규정에 따라 부동산거래계약 신고서를 제출한 후 법 제2조제1호 각 목에 따른 부동산 또는 부동산을 취득할 수 있는 권리(이하 "부동산등"이라 한다)에 관한 거래계약이 무효, 취소 또는 해제(이하 "거래계약 해제등"이라 한다)된 경우 거래당사자 또는 개업공인중개사는 별지 제6호서식의 부동산거래계약 해제등 신고서에 서명 또는 날인하여 등록관청에 제출할 수 있다. 이 경우 개업공인중개사가 전자문서로 거래계약 해제등을 신고하는 경우에는 부동산거래계약 해제등 신고서에 거래당사자의 서명 또는 날인을 받아 두어야 한다.

② 제1항에 따른 부동산거래계약 해제등을 신고받은 등록관청은 그 내용을 확인한 후 별지 제7호서식의 부동산거래계약 해제등 확인서를 신고인에게 즉시 발급하여야 한다.

(***) 재개발아파트의 경우 그 사용승인이 되었다고 하더라도 환지처분공고 이전에 조합원이 추가 분담금을 완납하지 아니하고 사실상 미사용인 상태에서 이를 매도하는 경우에는 주택의 매매가 아닌 재개발조합원의 권리를 매매하는 것으로 보는 것이므로 청구인이 주택을 취득한 것으로 보아 유상취득 감면을 적용하기는 어려움.(조심2013지0211) 재건축사업으로 건축한 주택을 취득하는 경우에는 해당이 없으므로 원칙으로 돌아가 사용승인서 교부일 또는 임시사용승인일, 사실상의 사용일 중 빠른 날이 취득의 시기가 된다.

(***) 양도소득세의 경우에는 환지처분시 취득시기는 환지 전 토지의 취득일(면적의 증감이 있는 경우에는 환지처분공고의 다음날)인 것과 비교하여 보라.

환지처분 공고일 이전이라 하더라도 체비지에 대한 잔금을 지급하였거나 체비지대장 등재 중 어느 하나의 요건을 갖추면 체비지에 대한 취득행위가 있었던 것으로 보는 것이 타당하다.(행정안전부 지방세운영과-3642)

(****) 주택조합이 조합원의 금전으로 사업부지(조합원용·비조합원용)를 확보(취득)하는 것은 일반적인 취득과 동일하므로 주택조합이 금전으로 확보하는 사업부

지는 조합원 · 비조합원 구분 없이 토지에 대한 잔금지급일에 취득하는 것으로 규정을 보완하였다. 주택조합이 조합원에게서 이전 받은 토지로서 사업시행 후 비조합원용이 되는 경우의 취득시기는 비조합용 해당 여부가 주택건설사업이 종료되어야 구체적으로 확정되는바 사용검사일이 된다.

※ 도시 및 주거환경정비법」 제54조제2항에 따라 소유권이 이전고시 되었다면 같은 항 후단 및 「지방세법 시행령」 제20조제6항 등에 의해 취득이 성립되는 것이고, 법인 취득에 있어서의 취득가격이란 취득시기를 기준으로 그 이전에 해당 물건을 취득하기 위하여 거래 상대방 또는 제3자에게 지급하였거나 지급하여야 할 일체의 직·간접비용을 말하는 것이므로 이전고시에 따라 취득세를 신고납부하고 보존등기한 후 관리처분계획이 변경되어 청산금을 일부 환급받았다 하더라도 당초 신고·납부한 취득세는 환급할 수 없다.(안전행정부 지방세운영과-3487)

(*****) 이혼에 따른 재산분할은 재산분할청구권의 행사나 판결로 성립되고 재산분할청구권은 이혼일로부터 2년 이내에 행사해야 하나, 이에 대한 소유권이전등기의 기한 제한은 없다는 것이 기존 선례였다. 통합 취득세 전에는 취득세가 비과세였으므로 이혼에 따른 재산분할과 관련한 취득의 취득시기와 관련된 구체적 사례는 없는 상태였으나 재산분할의 성격, 등기기한의 특례, 취득의 성격(형식적인 취득), 납세자 편의 등을 감안했을 때 등기일 등으로 하는 것이 합리적이라고 보고 규정하였다.

(1) 개 요

- **유상승계취득**

- 지방세법 제10조제5항제1호부터 제4호까지의 규정 중 어느 하나에 해당하는 경우(국가 등으로부터의 취득, 외국 수입에 의한 취득, 판결문·법인장부 중 취득가격이 증명되는 취득, 공매 등 - **국·수·공·판·장**) : 사실상의 잔금지급일
- 상기 외 취득하는 경우 : 계약상의 잔금지급일(계약상 잔금지급일이 명시되지 아니한 경우 계약일부터 60일이 경과한 날) → 양도소득세의 경우에는 양도·취득의 시기가 사실상 잔금지급일(대금청산일)이 원칙이고 잔금지급일이 불명이거나 소유권이전등기가 선행한 경우 등기접수일이 되는 것에 유의하라.(소세법제98조, 소세령제162조①1,2호)
- 계약서상 잔금지급일 전에 사실상 지급한 경우 : 사실상 지급일
- 잔금지급일 이전에 소유권이전등기가 경료되면 등기접수일

- 과세물건을 취득함에 있어 그 대금을 약속어음으로 받은 경우에는 대물변제일, 어음결제일과 소유권이전등기일 중 빠른 날이 취득시기가 된다.
- 甲의료법인이 건물을 신축한 후 국가소유의 다른 부동산과 소유권을 이전하기로 약정한 교환계약에 따라 취득하는 경우 교환부동산의 차액에 따른 보충금 지급이 없다면 교환등기일을 취득의 시기로 본다.(지방세운영과-1922) 보충금이 교환계약서상에서 확인이 된다면 교환계약서상의 보충금 지급일이 취득의 시기가 된다.(지방세정팀-4150)

※ 취득세는 취득행위를 과세객체로 하여 부과하는 행위세로서 그에 대한 조세채권은 취득행위라는 과세요건사실이 존재함으로써 등기·등록 여부와는 상관없이 발생하므로 구 지방세법 제105조 제2항은 부동산의 취득에 있어서 민법 등 관계 법령의 규정에 의한 등기 등을 이행하지 아니한 경우라도 사실상 취득한 때에는 이를 취득한 것으로 본다고 규정하고 있으며, 사실상 취득이란 일반적으로 등기와 같은 소유권 취득의 형식적 요건을 갖추지는 못하였으나 대금의 지급과 같은 소유권 취득의 실질적 요건을 갖춘 경우를 말하는 것이므로 (대법원 99두5955), 유상승계취득의 경우 대금의 지급과 같은 소유권 취득의 실질적 요건 또는 소유권 이전의 형식도 갖추지 아니한 이상 구 지방세법시행령(2000. 12. 29. 대통령령 제17052호로 개정되기 전의 것) 제73조 제1항 소정의 (계약상) 잔금지급일이 도래하였다고 하여도 취득세 납세의무가 성립하였다고 할 수 없다.(대법원 2002두5115)

지방세법시행령 제20조 제2항 제2호의 규정은 '사실상으로 취득한 때'가 불분명하거나 사실상의 취득이 계약상 잔금지급일과 견련되었을 때 그 취득시기에 대한 의제일 뿐 현저하고 명백한 사실상의 취득시기를 배제하는 규정은 아니라고 할 것(대법원 93누23527, 조심2013지0161)이므로 비록 부동산매매계약서상에 잔금지급일이 명시되어 있다 하더라도 사실상 잔금지급일이 금융거래내역, 등기부등본 등에 의해 확인되는 경우에는 사실상 잔금지급일을 취득시기로 보아야 할 것이다.(조심 2011지0955, 조심2014지0398)

- 무상승계취득

- 계약일(등기원인일자)(상속에 의한 취득은 상속개시일. 즉, 사망일) → 지급할 대가가 없으므로 계약일이 취득일이 된다. 증여의 경우에는 검인으로, 상속의 경우에는 사망진단서나 제적등본으로 공시가 된다. 양도소득세의 경우에는 양도·취득의 시기가 증여받은 날이라는 데 유의해야 한다.(소세령 제162조①5호)
- 계약일 전에 등기·등록이 이루어지면 그 등기접수일(지세령제73조③)

- **건축물 원시취득**(건설업자) : 신축·증축·개축·재축·이전 / 부동산을 취득할 권리에 대한 잔금완납과 물건의 성립시기를 구분해야 !
- 보통 허가건축물의 경우에는 사용승인서교부일(준공일)·임시사용승인일·사실상 사용일 중 빠른 날이다.(지방세법기본통칙 7-2) 사용승인이나 임시사용승인을 받지 않았지만 수분양자가 입주하였다면, 건설업자는 그 입주일에 원시취득을 하고 수분양자는 잔금을 입주일 전에 지급하였다면 입주일, 입주일 후에 지급하였다면 잔금지급일이 취득일이 된다.(수분양자는 원시취득일 수도 있고 승계취득일 수도 있다) 건축주가 임시사용승인일, 사실상 사용일, 사용승인서교부일 이전에 입주자로부터 잔금을 받은 경우에는 임시사용승인일, 사실상 사용일, 사용승인서교부일이 건축주의 원시취득일과 수분양자의 원시(승계)취득일이 된다. 아파트·상가 등 구분등기 대상 건축물을 원시취득하는 경우, 1동의 건축물 중 그 일부에 대하여 임시사용승인을 받거나 사실상 사용하는 경우에는 그 임시사용승인을 받은 부분과 그렇지 않은 부분을 구분하여 취득시기를 각각 판단한다.(지방세법기본통칙 7-2)

→ 토지의 원시취득, 다시 말해 매립·간척으로 인한 취득시의 취득시기는 공사준공인가일(공사준공인가일 이전에 사용승낙이나 허가를 받은 경우에는 사용승낙일 또는 허가일)이다.(지세령제20조⑧)

- 무허가건축물은 사실상 사용일.
- 아파트 · 상가 등 구분등기대상 건축물을 원시취득함에 있어 1동의 건축물 중 그 일부에 대하여 임시사용승인을 받거나 사실상 사용하는 경우에는 그 임시사용승인을 받은 부분 또는 사실상 사용하는 부분과 그렇지 않은 부분을 구분하여 취득시기를 각각 판단한다.
- 사실상 사용일을 취득의 시기로 보는 경우에도 건축물의 일부만 사용하는 경우에는 건축물 전부가 아닌 그 부분만을 사실상 사용하는 것으로 본다.

- **건축물 승계취득**

① 최초 수분양자

승계취득에 해당하므로 계약상 잔금지급일 또는 사실상 잔금지급일이 취득의 시기이고 그보다 이전등기가 일찍 경료되면 소유권이전등기접수일이다. 수분양자가 **건축물 완공 전**에 잔금을 완납한다면 건축물이 없이 **분양권**을 취득한 것이므로 취득세 납세의무가 성립하지 않는다. 다시 밀해, 건축물에 대한 사용승인(임시사용승인)이 나오지 않았다면 분양잔대금을 완납하였다 하더라도 조합이나 시행사, 신탁회사 명의로 소유권보존등기가 경료된 후 최초 수분양자에게 소유권이전등기가 경료되어야 하는 구조라면 신축건축물에 대한 취득의 시기는 도래하지 않는 것이다. 따라서 그 경우 잔금이 청산된 경우에 건축물의 승계취득에 대한 취득세 납세의무가 성립하는 취득의 시기는 건축물에 대한 취득의 시기, 다시 말해 사용승인서교부일(준공일)·임시사용승인일·사실상 사용일 중 빠른 날이 되겠다.**(*)**(지방세법기본통칙 7-2) 그러나 그 경우에도 당해 건축물의 부속토지(또는 대지사용권)에 대한 취득의 시기는 분양잔금완납일이라는 사실에 유의하여야 한다. 이 경우 토지에 대한 취득세 과세표준은 건축물 분양가액을 당해 토지 및 건물에 대한 시가표준액별로 안분 계산하여야 한다. 만약 건물이 완공되고 입주 후에 분양잔대금을 지급하였다면 잔금지급일이 취득시기가 된다.

취득의 시기에 대한 위 법리는 매년 6월 1일을 기준으로 하는 재산세 납부의무자의 판단에도 그대로 적용된다.

(*) 공동건축주로 임시사용승인을 받아 취득세를 납부한 후 그 중 1인으로 건축주를 변경하여 사용승인을 받았을 경우, 임시사용승인을 받은 공동건축주에게는 원시취득에 따른 취득세 납세의무가, 사용승인을 받은 자에게는 승계취득에 따른 취득세 납세의무가 각각 성립된다.(행정안전부 지방세운영과-3133)

② 수분양자가 금융회사의 잔금대출을 받는 경우

이 경우 수분양자가 개인적으로 금융회사에서 대출을 받아 분양잔금을 지급하는 경우에는 잔금납부일이 취득의 시기가 되는 것은 당연하다. 그러나 통상적으로는 시행사나 시공사가 금융회사로부터 PF대출을 받아 수분양자에게 분양잔금 대출을 해주는 방식이 태반이다. 그 경우에는 소유권보존등기 후 수분양자 명의로 소유권이전등기를 함과 동시에 근저당권설정등기를 한 뒤 이미 수분양자에게 지급된 분양대출금(시행사나 시공사의 대출금)을 수분양자 명의로 대환하게 된다. 따라서 이 경우에는 건축물 취득의 시기가 잔금대출에 따른 잔금납부일(대환일)소유권이전등기일이 취득의 시기가 될 것이다.(지방세기본통칙 7-2) 가끔 시행사나 신탁회사의 사정으로 소유권보존등기를 할 수 없어 수분양자도 소유권이전등기를 경료받을 수 없는 경우가 있는데 이 경우에는 근저당권설정등기가 불가능하고 융자금이 대환될 수 없다. 따라서 이 경우에는 수분양자가 시행사나 시공사가 주는 입주금을 납부하고 선입주하였다 하더라도 근저당권설정등기를 거침으로써 융자금이 대환되지 않는 한 그 입주금납부일을 건축물 취득의 시기로 볼 수는 없다.

③ 건축물 완공 전의 전매·증여·상속

건축물의 최초 수분양자가 당해 건축물이 완공되기 전에 타인에게 전매한 경우 최초 수분양자에게 취득세 납부의무가 있는지 문제된다. 대립되는 해석이 있지만 최근의 행안부 해석으로는 건축물 완공 전에 잔금을 완납한 경우에는 건축물이 완공되기 전까지 취득의 시기를 유보한 것으로 볼 수 있으므로 최초 수분양자에게 취득세 납세의무가 성립한다고 한다. 왜냐하면 최초 수분양자의 잔금 완납 이후에는 수분양자 명의변경이 불가능하므로 건축물을 취득한 것으로 보아 분양권 전매는 미등기전매에 해당하여 수분양자 명의변경을 할 수 없는 문제가 발생하기 때문이다. 따라서 분양대금이 완납된 뒤 건축물 준공 전에 증여나 상속이 개시되는 경우도 최초 수분양자에게 건축물 준공시를 취득시기로 하여 취득세 납세의무가 성립한다. 분양권 전매가 자유로운 경우이면 건물 완공 전에는 수분양자 명의변경절차를 거쳐 변경된 수분양자 앞으로 소유권이전등기를 경료한다면 분양권전매자는 프리미엄에 대한 양도소득세 납세의무는 있으나, 취득세 납세의무는 변경된 수분양자에게 있다 할 것이고 취득시기는 사용승인서교부일(준공일)·임시사용승인일·사실상 사용일 중 빠른 날이다.

대법원 2013.10.11. 선고 2013두10519 판결 [양도소득세부과처분취소]

【판시사항】

[1] 부동산 매매계약을 체결한 매수인이 대금을 청산하지 아니한 상태에서 매매계약상 권리의무관계 내지 매수인의 지위를 그대로 유지하면서 제3자와 다시 그 부동산에 관한 매매계약을 체결하여 제3자에게 소유권이전등기를 마친 경우, 구 소득세법 제104조 제1항 제3호의 미등기 양도자산에 관한 중과세율이 적용되는지 여부(적극)

[2] 구 국세기본법 제26조의2 제1항 제1호의 입법 취지 및 부동산 미등기 전매행위가 구 국세기본법 제26조의2 제1항 제1호에서 정한 '사기 기타 부정한 행위'에 해당하는 경우

【판결요지】

[1] 부동산 매매계약을 체결한 매수인이 대금을 청산하지 아니한 상태에서 매매계약상 권리의무 내지 매수인의 지위를 제3자에게 양도하고 그 매매계약 관계에서 탈퇴하는 경우에는 부동산을 취득할 수 있는 권리를 양도하는 것에 불과하여 매매당사자 간에 잔금의 완납 전이라도 소유권이전등기를 먼저 넘겨주기로 특약을 하는 등 특별한 사정이 없는 한 그 취득에 관한 등기 자체가 원칙적으로 불가능하므로 이를 양도하더라도 구 소득세법(2003. 12. 30.

법률 제7006호로 개정되기 전의 것, 이하 같다) 제104조 제1항 제3호의 미등기 양도자산에 관한 중과세율을 적용할 수 없을 것이나, 부동산 매매계약을 체결한 매수인이 대금을 청산하지 아니한 상태라고 하더라도 그 매매계약상 권리의무관계 내지 매수인의 지위를 그대로 유지하면서 제3자와 다시 그 부동산에 관한 매매계약을 체결한 경우에는 매수인의 명의로 부동산을 취득하여 양도하기로 하는 것이므로 이는 부동산의 양도에 해당하고, 그 후 매수인이 매도인에게 잔금을 완납하면 그 취득에 관한 등기가 가능하므로 매수인이 그 명의의 소유권이전등기를 하지 아니한 채 곧바로 제3자에게 소유권이전등기를 마쳐 주었다면 이에 대하여는 구 소득세법 제104조 제1항 제3호의 미등기 양도자산에 관한 중과세율을 적용하여야 한다.

[2] 구 국세기본법(2003. 12. 30. 법률 제7008호로 개정되기 전의 것, 이하 같다) 제26조의2 제1항 제1호의 입법 취지는 국세에 관한 과세요건사실의 발견을 곤란하게 하거나 허위의 사실을 작출하는 등의 부정한 행위가 있는 경우에 단순미신고와 달리 과세관청으로서는 탈루신고임을 발견하기가 더욱 어려워 부과권의 행사를 기대하기가 매우 곤란하므로 당해 국세에 대한 부과제척기간을 10년으로 연장하는 데에 있다. 따라서 부동산을 매수하여 전매한 자가 미등기전매로 인한 이익을 얻고자 매도인과 최종 매수인 사이에 직접 매매계약을 체결한 것처럼 매매계약서를 작성하는 데에 가담하고, 나아가 소유권이전등기도 매도인으로부터 최종 매수인 앞으로 직접 마치도록 하는 한편 자신의 명의로는 양도소득세 예정신고나 확정신고를 하지 아니한 채 그 신고기한을 도과시키는 등의 행위를 하는 것은 조세의 부과징수를 불능 또는 현저히 곤란하게 하는 위계 기타 부정한 적극적인 행위로서 구 국세기본법 제26조의2 제1항 제1호에서 정한 '사기 기타 부정한 행위'에 해당한다.

④ 건축물 완공 후의 전매

미등기전매이므로 당연히 금지되고 감면대상에서 제외되고 취득세를 신고납부하지 아니하면 가산세율을 80% 적용한다. 또한 부동산등기특별조치법과 공인중개사의 업무 및 부동산거래신고에 관한 법률에 저촉되어 과태료가 부과된다. 특히 건축물을 법인으로부터 취득하는 경우에는 취득의 시기가 계약상 잔금지급일이 아닌 사실상 잔금지급일이 되는데, 잔금을 일부 미납한 상태에서 전매한 경우 거래관념상 극히 미미한 금액이라면 취득한 것으로 보아야 하고 취득세 납부의무가 성립한다.

- 골프회원권·콘도미니엄회원권·승마회원권·종합체육시설이용회원권의 최초 취득

회원권에 대한 대금 완납 후에 당첨자결정이 된 때에는 당첨자결정일, 당첨자결정 후 대금을 납입하는 때에는 잔금지급일이 회원권의 취득시기이다.

(2) 각 론

1) **매매**에 따른 취득의 시기는 잔금완납일이거나 이전등기일, 즉 등기접수일이다. 잔금을 약속어음 등으로 지급하였을 경우에는 대물변제일, 어음결제일, 소유권이전등기일 중 빠른 날이 취득시기이다.(지방세법기본통칙 7-2) 매매계약이 원인무효 판결로 원상회복이 되었거나 매매계약의 합의 해제로 원상회복된 경우에는 당초 자산의 취득일이 취득시기이다. 매매잔대금을 준소비대차로 전환하였다면 준소비대차로 변경한 날이 취득시기가 된다.

교환일 경우 취득시기는 1:1 교환인 경우에는 교환성립일이고 차액의 청산이 필요한 경우(보충금이 있는 경우)에는 청산한 날이며, 불분명한 경우에는 교환등기 접수일이 된다. 다시 말하자면 부동산의 경우 인도나 등기일 중 빠른 날인데, 단순 교환이면 등기원인일이고 보충금을 지급하는 교환이면 보충금청산일이거나 등기접수일이 된다.

경매·공매절차에 따른 매각으로 인한 취득의 경우에는 대금완납일, 즉 등기원인일이다. 그러나 자기 소유의 부동산을 강제경매 절차에서 매각허가결정을 받아 소유권이 환원된 경우에는 새로운 취득으로 보지 않는다.

수용의 경우에는 보상금을 지급하므로 유상취득이고 지방세법시행령 제20조 제2항에 따라 취득시기는 사실상의 잔금지급일이므로 보상금을 공탁하여 피공탁자가 수령하는 경우에는 그 수령일이고, 피공탁자가 공탁금을 찾아가지 않는 경우 사업시행자는 수용의 개시일에 그 토지의 소유권을 취득한다(공익사업을 위한 토지 등의 취득 및 보상에 관한 법률 제45조 제1항)고 규정하고 있으므로 취득세 납세의무는 수용의 개시일에 성립한다.(서울특별시청 세제과-9146)

토지거래 허가구역지역 내의 토지에 관한 매매계약이 토지거래 허가를 받지 아니하여 유동적 무효 상태에 있다면, 지방세법시행령에서 취득 시기로 정한 사실상 또는 계약상 잔금지급일이 도래하였다고 하더라도 그 매매계약이 확정적으로 유효하게 되었다고 할 수 없으므로 취득세 신고·납부의무가 있다고 할 수 없고, 그 후 토지거래 허가를 받거나 토지거래 허가구역 지정이 해제되는 등의 사유로 그 매매계약이 확정적으로 유효하게 되었을 때 비로소 취득세 신고·납부의무가 있다고 할 것이다.(대법원 2012두16695)

현물출자의 경우에는 법인 입장에서 보면 주식 교부가 대가에 해당하므로 잔금청산일에 준하여 주식 교부시가 취득시기가 된다. 물론 주식 교부 전에 부동산 등이 등기·등록이 되었다면 등기·등록일이 취득시기이다. 다만, 법인 설립시의 현물출자와 관련해서는 설립등기일이 취득시기이다.(지방세기본통칙 7-1) 어느 경우든 현물출자계약일이 취득시기가 아니라는 데 주의하여야 한다.

부동산을 공동사업에 현물출자하는 경우에는 현물출자계약일과 소유권이전등기 접수일 중 빠른 날이 취득시기가 된다.

대물변제의 경우에는 요물계약이므로서 대물의 등기접수일이다.(대법원 98두17067)

이혼 **위자료**로 부동산을 취득한 경우에는 소유권이전등기 접수일이다.

2) **증여** 등 무상취득은 계약일, 즉 등기원인일이 취득의 시기가 된다. 물론 계약일보다 등기·등록일이 빠르다면 등기·등록일이 된다. 그러나 증여세의 경우 증여시기(증여재산의 취득시기)는 소유권이전등기일이다.

이혼시 **재산분할**로 부동산을 취득한 경우에는 형식적 취득으로 보는바 협의이혼이든 재판상 이혼이든 등기접수일이 취득의 시기가 된다.(지세령제20조⑫) 따라서 협의분할계약일이나 재판상 이혼확정일 또는 재판상 재산분할일 이후 60일이 지나 등기신청이 이루어졌다 하여도 가산세 문제는 발생하지 않는다. 다만, 이 그 부동산을 장차 양도할 경우 양도소득세상 취득시기는 상대방 배우자의 당초 부동산 취득일이다.

상속의 경우도 피상속인의 사망시, 즉 등기원인일이 된다.(공동상속인 전원의 상속포기의 경우에는 취득세납세의무가 성립하지 않으나 일부포기나 한정승인의 경우에는 취득세 납부의무가 성립하므로 주의해야 한다) 상속재산의 분할협의는 소급효가 있으므로 취득의 시기는 변함 없이 상속개시일이다. 다만, 취득일로부터 6개월이 지난 후에 상속재산분할협의를 하였다면 가산세를 물어야 할 것이다.

그러나 법정상속등기이든 협의분할상속등기이든 상속분이 확정된 이후 상속개시 후 6개월이 지나 재협의분할을 하는 경우에는 증가된 상속분에 대하여 증여세 납부의무가 성립한다. 상속개시 후 6개월이 지나 상속등기를 하는 경우 취득세를 6개월이 지나 납부한 것이라면 구 취득세분에 대하여 가산세가 부과된다.

상속인들이 유류분반환청구의 소를 제기하여 유류분을 반환받아 소유권이전등기를 이행하는 경우에도 취득의 시기는 역시 상속개시일이고 취득세율 또한 상속으로 인한 세율이 적용된다. 피상속인의 사망 이후 5년(2013. 1. 1. 이후부터는 10년)이 지나 상속등기를 하는 경우 상속인에게 납세고지가 없었다면 5년(10년)의 제척기간이 지나 구 취득세의 납세의무는 없지만, 등기에 필요한 구 등록세만은 납부하여야 한다. **유증**의 경우에도 납세의무는 유증의 효력발생시(보통 유증자의 사망)으로 성립한다.

• 토지의 유상승계취득과 상속(미등기)

매매계약	① 잔금지급	사망	② 잔금지급

※ 피상속인이 매수인인 경우 위 ①, ②의 경우 잔금지급 후 등기실행방법으로는 **<u>포괄승계인에 의한 등기</u>**(부등법제27조)로서 매도인에서 상속인으로 직접 이전등기가 경료되지만, 어느 경우나 유상취득에 대한 상속인의 취득세납부의무가 있는데, ①의 경우는 피상속인의 납세의무를 승계하는 것이고 ②의 경우는 상속인이 매수인의 지위에서 독자적인 납세의무를 부담한다. 유상승계취득이므로 취득의 시기는 잔금지급시이다. 또한 부동산취득시기와 관련하여 ①의 경우는 부동산 자체가 상속재산이 되므로 상속인은 상속에 따른 취득세납부의무가 있다. 그러나 ②의 경우는 상속개시시에는 부동산 취득시기가 도래하지 않았으므로 상속에 따른 취득세납부의무는 없다.

<u>피상속인이 매도인으로서 매매계약을 체결한 뒤 잔대금을 지급받지 않은 상태에서 사망한 경우</u>, 상속개시 시점에는 부동산의 양도가 완성되지 아니한 상태이므로 부동산 자체가 상속재산일 뿐 매매대금지급청구채권이 상속재산이 되는 것이 아니므로(서울고법 2010누38075), 매매에 따른 소유권이전등기는 피상속인으로부터 매수인에게로 직접 경료될지라도 상속개시시에 상속인에게 상속취득세가 발생하고 상속인이 잔대금을 지급받으면 매수인에게 매매에 따른 유상취득이 발생한다. 상속세 또한 매매대금에 관한 것이 아닌 부동산에 관한 것이 된다.

• 건물의 유상승계취득과 상속(미등기)

분양계약	① 잔금지급	사망	② 잔금지급	완공	③ 잔금지급

※ 피상속인이 분양계약자인 경우 위 ①, ②, ③ 모두 등기실행방법으로는 **<u>포괄승계인에 의한 등기</u>**로서 매도인에서 상속인으로 직접 이전등기가 경료되어 매

매로 인한 소유권이전등기의 (구)등록세만 부담하고 별도로 상속등기의 (구)등록세를 부담하는 것은 아니지만, ①과 같이 잔금지급 후 상속이 개시되고 그 뒤에 건물이 준공되었다면 준공시에 취득의 시기가 성립하고 상속인의 건물에 대한 유상취득의 취득세납부의무는 행안부해석으로는 피상속인에게 성립한 유상취득에 기한 납부의무를 승계하는 것이고, 최초 분양계약자를 상속인으로 변경하지 않고 포괄승계인에 의한 등기로 상속증명서류를 첨부하여 상속등기를 거치지 않고 유상취득의 등기는 경료된다.(따라서 잔금일자가 명확한 경우에는 피상속인이나 상속인이 유상취득의 취득세 납부기간 안에 취득세를 납부하지 않은 경우 가산세를 물리게 되므로 주의해야 한다) 그렇더라도 건물에 대해서는 상속개시 이전에 잔금청산으로 취득시기가 도래하여 피상속인의 상속재산에 해당하므로 상속인은 상속에 따른 취득세납부의무가 있다. 또한 ①의 경우에는 건물의 **부속토지**에 대하여는 잔금지급시에 피상속인에게 유상취득의 시기가 이미 성립하였는바 상속인은 피상속인의 유상취득에 기한 취득세납부의무를 승계하는 것이고, 건물의 부속토지는 상속재산에 해당하므로 그에 대해서는 상속에 따른 취득세납부의무가 상속인에게 독자적으로 성립한다.
②, ③의 경우에는 상속인이 잔금지급을 한 것이므로 상속인은 분양권만 포괄승계함으로써 수분양자 명의변경으로 상속인이 최초분양자가 되고 ②의 경우에는 잔금지급시에, ③의 경우에는 건물 준공시에 상속인에게 건물에 대해 독자적으로 유상취득의 취득세납부의무가 성립한다. 부속토지에 대해서는 ②, ③의 경우 모두 잔금지급시에 상속인에게 독자적으로 유상취득의 취득세납부의무가 성립한다. 그러나 ②, ③의 경우 모두 건물이든 부속토지든 상속개시 후 취득시기가 도래하여 상속재산이 아니므로 상속에 따른 취득세납부의무는 없다. 결론적으로 상속인에게 상속으로 인한 무상취득이 인정되기 위해서는 피상속인에게 지세령제20조의 취득시기가 사망 전에 성립하였어야 한다.

→ 피상속인이 사망 전에 부동산 매매계약을 체결하고 잔금까지 지급하였으나 소유권이전등기를 경료하지 못한 경우 해당 부동산은 피상속인의 상속재산에 포함된다.

→ 상속세 및 증여세법에는 재산양도계약이 이행되는 도중에 상속이 개시되는 경우 상속재산의 범위에 관하여 별도의 규정이 없고, 다만 소득세법에 양도소득세의 과세표준인 양도차익을 산정함에 있어 기준이 되는 자산의 양도시기 또는 취득시기에 관한 규정(*)이 있을 뿐이나 이들 규정은 상속재산의 귀속을 결정함에 있어서도 준용된다.(대법원 2005두13148 판결) (*) 소세법§98, 소세령§162

※ 소득세법의 양도시기 또는 취득시기는 원칙적으로 대금을 청산한 날, 대금을 청산한 날이 분명하지 아니한 경우에는 등기·등록접수일 또는 명의개서일로서 지방세법의 취득시기와 대동소이하다.

지방세법 제7조(납세의무자) ⑬ 상속개시 후 상속재산에 대하여 등기·등록·명의개서 등(이하 "등기등"이라 한다)에 의하여 각 상속인의 상속분이 확정되어 등기등이 된 후, 그 상속재산에 대하여 공동상속인이 협의하여 재분할한 결과 특정 상속인이 당초 상속분을 초과하여 취득하게 되는 재산가액은 그 재분할에 의하여 상속분이 감소한 상속인으로부터 증여받아 취득한 것으로 본다.**(*)** 다만, 다음 각 호의 어느 하나에 해당하는 경우에는 그러하지 아니하다. <신설 2014.1.1> 1. 제20조에 따른 신고·납부기한 내에 재분할에 의하여 취득한 경우 2. 상속회복청구의 소에 의한 법원의 확정판결에 의하여 상속인 및 상속재산에 변동이 있는 경우 3. 「민법」 제404조에 따른 채권자대위권의 행사에 의하여 공동상속인들의 법정상속분대로 등기등이 된 상속재산을 상속인사이의 협의분할에 의하여 재분할하는 경우

→ 재분할되더라도 과거의 취득이 소급하여 무효가 되지 않으므로 재분할로 인해 지분이 적어지는 상속자에게는 환급은 불가하다.

(*) 상속등기 후 당초 상속분을 초과하여 취득하는 경우(상속세 신고·납부기간 이후)에는 증여받아 취득한 것으로 보므로 무상취득의 취득세율을 적용하여 과세한다. 다만, 상속세 신고·납부기간이 지나지 않은 동안에 협의분할로 재분배되는 경우에는 기존 실무대로 운영한다.

상속재산협의분할과 관련된 세금문제(기존 실무)

구 분	법정상속 후 협의분할	협의분할 후 협의분할(또는 상속재산분할심판)	참 고
등기방식	소유권경정등기	소유권경정등기	
(구)취득세 등 납부의무	• 소유권이전에 대한 (구)취득세 납부의무 × • 경정등기에 대한 (구)등록세 등(3600원) • 기납부한 (구)취득세는 환부 ×, 기납부한 (구)등록세는 환부 ×	• 소유권이전에 대한 (구)취득세 납부의무 ○ • 경정등기에 대한 (구)등록세 등(3600원) • 기납부한 (구)취득세는 환부 ○, 기납부한 (구)등록세는 환부 ×	상속 개시 후 6개월 불문
(구)취득세 가산세	기납부한 취득세가 유효	취득세 기납부시 상속개시 후 6월이 지나 협의분할하여 경정등기하더라도 발생 ×	
국민주택 채권	기납부분 공제한 나머지만 납부	새로이 납부	
증여세	상속개시 후 6월이 지나 협의분할시 상속분 초과분에 과세	상속개시 후 6월이 지나 협의분할시 증가분에 과세	

3) 그러나 유상승계취득으로서 사실상 취득금액이 입증되는 지방세법 제10조 제5항 제1호부터 제4호(**국·수·공·판·장**)의 경우에는 사실상 잔금지급일을 취득일로 본다. 다만, 사실상 잔금지급일 이전에 소유권이전등기를 하였다면 소유권이전등기일, 즉 등기접수일을 취득일로 본다. 하지만 지방세법 제10조 제5항 제5호의 부동산거래계약신고에 따라 입증되는 취득의 경우에는 과세표준은 사실상 취득금액의 적용대상이지만 취득의 시기를 적용하는 때에는 사실상 잔금지급일을 취득의 시기로 보는 범위에서 제외시켰다. 따라서 그 경우에는 계약상 잔금지급일을 취득의 시기로 본다.(과세표준은 실거래가 신고가액과 다른 사실상의 가액이 입증된다면 그 가액을 적용한다)

사실상 잔금지급일을 취득일로 보는 지방세법 제10조 제5항 제3호 판결문의 경우(화해, 포기, 인낙, 의제자백에 의한 것은 제외)에 잔금지급일이 불분명하거나 무상승계취득이나 형성판결의 경우 취득의 시기는 확정판결일이고, 조정에 의한 경우에는 조정조서의 작성일, 화해에 의한 경우에는 화해조서의 작성일이 취득의 시기이다. 다만, 화해권고결정이 있다는 사실만으로는 이를 지방세법상 '취득'이 있다고 볼 수 없으므로 소유권이전등기일이 취득일이다. 또한 무변론판결에서 매매를 원인으로 한 소유권이전등기절차를 이행하라는 판결을 받아 소유권이전등기를 하는 경우 법원의 실질적 판단 없이 소유권 취득 여부를 확정하는 것이므로 판결문상 취득의 시기를 인정하기 어려우므로 소유권이전등기일을 취득의 시기로 본다.

유상승계취득으로서 판결에 의한 소유권이전등기시 판결문에 잔금지급일이 나타나는 경우 지방세법상 취득의 시기는 원칙적으로 판결문상의 잔금지급일이지만, 이 경우에도 지방세법 제10조 제5항이 경합하므로 객관적인 입증자료(법인장부 등)에 의해 사실상 잔금완납일이 확인되면 둘 가운데 빠른 날이 취득의 시기가 된다.

4) 부동산실명법을 위반한 무효의 명의신탁의 경우에도 지방세법상 취득은 성립하고, 명의신탁을 해지하여 소유권이 신탁자에게 복귀하거나 이전하는 경우에도 새로운 취득으로 본다. 또한 명의신탁 과정에서 신탁자가 사실상 잔금을 지급한 것이 확인되면 명의신탁자에게도 사실상 취득이 성립하여 사실상 잔금지급일에 취득세 납세의무가 성립하고(대법원 2005두13360), 명의수탁자는 등기이전행위에 의하여 취득세 납세의무가 성립한다. 명의신탁 해지의 경우 취득의 시기는 확정판결일이 아닌 소유권이전등기일이다. 조세심판원의 심결례에서는 명의신탁에 따른 소유권이전등기를 말소하여 신탁자에게 소유권이 복귀하는 경우 취득세 과세대상이 아니라고 하는데 대법원의 입장과는 상반된다.(cf. 진정명의회복에 의한 소유권이전등기)

5) **양도담보**의 경우에도 양도담보권자에게는 과세물건의 인도(동산)나 소유권이전등기시에 취득세 납세의무가 성립한다. 양도담보설정자에게 과세물건이 복귀하는 경우에도 소유권이전등기든 소유권말소등기든 등기시에 취득이 성립한다.

6) **가등기**의 경우에는 취득이 성립하지 않으므로 등기시 등록면허세만 부담하게 된다.

7) **대위등기**의 경우 취득세 납세의무자는 대위등기신청인이 아니라 본래의 소유자나 채무자이다. 따라서 취득의 시기는 본래의 소유자(채무자)에게 성립한 잔금지급일, 상속일, 신축건물 사용승인서교부일이 된다. 완공되지 아니한 신축건물에 대하여 사용승인일 이전에 대위등기를 신청하는 경우에는 취득이 성립하지 않아 취득세 납세의무는 없고 등록면허세만 과세되고 이 때의 납부의무자 또한 채

무자이다. '갑' 소유의 미등기 완공건물에 대하여 '을'이 채권확보를 위하여 법원의 판결에 의한 소유권보존등기를 '갑'의 명의로 등기할 경우의 취득세 납세의무는 '갑'에게 있다. 또한 법원의 가압류결정에 의한 가압류등기의 촉탁에 의하여 그 전제로 소유권보존등기가 선행된 경우 취득세 미납부에 대한 가산세납세의무자는 소유권보존등기자이다.(지방세법기본통칙 7-6)

그렇다 하더라도 대위등기를 신청하는 경우 대위등기신청인이 피대위자를 대신하여 취득세 또는 등록면허세를 납부하여야 하고, 납부한 취득세나 등록면허세액은 피대위자에 대한 구상채권이 된다. 다만, 미등기부동산에 대한 가압류·가처분 등기의 촉탁시 예전에는 직권 소유권보존등기에 대한 등록면허세는 납부할 필요가 없었지만(등기예규 제1410호), 취득세로 통합된 지금은 가압류·가처분등기 신청인이 일단 취득세를 부담하여야 하느냐 하는 문제가 있는데 사용승인 여부도 문제가 되나 현행 실무는 통합취득세도 여전히 등록면허세 미납통지로 처리하고 있다.(유석주, 632쪽)

8) 부동산소유권이전등기특별조치법에 따라 소유권이전등기가 경료된 경우 취득 및 양도시기에 대해 하급심판례는 소유권이전등기의 추정력이 등기원인에도 미치므로 등기원인일이 취득시기가 된다는 견해와 확인서에 나타난 매매일이 잔금청산일이라고 보기 어려우므로 잔금청산일이 명백히 확인되지 않는 한 등기접수일을 취득시기로 보아야 한다는 견해로 나뉘어 있다.(특히 종중의 경우 양도소득세 제척기간과 관련하여 문제)

9) **합병**의 경우에는 존속(신설)법인의 합병등기일이, 회사분할의 경우에는 단순분할의 경우 분할되어 설립되는 회사의 설립등기일이, 물적 분할은 현물출자와 같은 개념이므로 유상승계취득으로서 주식발행일과 소유권이전등기일 중 빠른 날을 취득의 시기로 본다. 현물출자의 경우에는 설립시에는 설립등기일이, 설립 후의 증자시에는 주식발행일과 소유권이전등기일, 자본변경등기일 중 빠른 날이 취득의 시기가 된다.

10) 토지의 **지목변경**의 경우 당해 토지의 가액이 증가하는 때에는 그 증가한 가액을 취득으로 보아 사실상 변경된 날과 공부상 변경일 중 빠른 날을 취득의 시기로 한다. 사실상 지목변경일은 단순히 토지의 형질을 변경하는 경우에는 형질변경공사 완료시점, 건물신축공사가 수반되는 경우에는 신축공사 완공시점을 기준으로 한다.**(*)**(지방세법기본통칙 7-2) 토지의 승계취득과 관련하여 승계취득

시기 이전에 전소유자에 의해 사실상 지목변경이 이루어지고 후소유자에게 승계 취득이 이루어진 이후 공부상 지목이 변경되더라도 후소유자에게 납세의무가 성립되지는 않는다. 그러나 승계취득 이전에 후소유자가 토지사용승낙을 받아 지목 변경공사를 한 뒤 토지를 승계취득한 경우에는 승계취득자에게 지목변경에 대한 납세의무가 성립된다.

이 경우 과세표준으로서 '가액의 증가'란 원칙적으로 지목변경 후의 시가표준액에서 지목변경 전의 시가표준액을 뺀 차액을 말한다.

신탁법 제19조는 "신탁재산의 관리·처분·멸실·훼손 기타의 사유로 수탁자가 얻은 재산은 신탁재산에 속한다."고 규정하고 있는데, 위 규정에 의하여 신탁재산에 속하게 되는 부동산 등의 취득에 대한 취득세의 납세의무자도 원칙적으로 수탁자인 점 등에 비추어 보면, 신탁법에 의한 신탁으로 수탁자에게 소유권이 이전된 토지에 있어 법 제105조 제5항이 규정한 지목의 변경으로 인한 취득세의 납세의무자는 수탁자로 봄이 타당하고, 위탁자가 그 토지의 지목을 사실상 변경하였다고 하여 달리 볼 것은 아니다.(대법원 2010두2395)

(*)사실상 지목이 변경되었다 함은 토지의 지목을 변경하고자 하는 자가 그 사용하고자 하는 의도대로 지목을 변경하였음을 의미한다고 보는 것이 타당하므로, 건축공사가 수반되는 경우에는 당해 토지가 건축물의 부속토지로서의 기능에 공여될 수 있는 시점 즉 건축공사가 완료되어 사용승인서가 교부된 때 등을 지목변경으로 인한 취득시기로 보아야 할 것임(지방세심사 2006-76)

11) 민법 제245조의 **점유시효취득**의 경우 소유권취득의 효력이 점유개시시로 소급한다고 규정되어 있으나 지방세법상으로는 무상승계취득으로 보아 취득세 일반 규정이 적용된다. 취득의 시기는 민법 제245조 제1항에서 '등기함으로써 소유권을 취득한다'고 규정하고 있으므로 취득세 일반 규정에 따라 소유권이전등기일, 즉 등기접수일이 될 것이고, 판결에 의한 경우 확정판결일과 등기접수일 중 빠른 날(대부분 확정판결일)이 될 것이다. 그러나 대법원은 점유취득시효의 완성시로 보고 있다.(대법원 2003두13342 판결) 이와 달리 민법상 등기부 시효취득의 경우에는 당초 자기명의로 등기하였을 때 이미 취득세 납세의무가 성립하였으므로 시효취득이 판결로 확정되었다 한들 그 판결은 확인적 의미에 불과한 것이므로 재차 취득세 납세의무가 성립할 여지는 없겠다. → 양도소득세의 경우에는 점유개시일이 취득시기가 된다는 데 유의하라.(소세령제162조①6호)

대법원 2004. 11. 25. 선고 2003두13342 판결 [취득세부과처분취소]

취득세는 본래 재화의 이전이라는 사실 자체를 포착하여 거기에 담세력을 인정하고 부과하는 유통세의 일종으로 취득자가 재화를 사용·수익·처분함으로써 얻을 수 있는 이익을 포착하여 부과하는 것이 아니어서 취득자가 실질적으로 완전한 내용의 소유권을 취득하는가의 여부에 관계없이 사실상의 취득행위 자체를 과세객체로 하는 것이고(대법원 1998. 12. 8. 선고 98두14228 판결 등 참조), 지방세법 제105조 제2항은 취득세의 과세객체가 되는 부동산 취득에 관하여 민법 기타 관계 법령에 의한 등기·등록 등을 이행하지 아니한 경우라도 사실상으로 취득한 때에는 이를 취득한 것으로 보도록 규정하고 있으므로, 부동산에 관한 점유취득시효가 완성되면 취득자는 유상승계취득에 있어 잔금이 청산된 경우와 같이 등기명의인에 대하여 소유권이전등기청구권을 가지게 되는 등 그 자체로 취득세의 과세객체가 되는 사실상의 취득행위가 존재한다 고 봄이 상당하다.

같은 취지에서 원심이, 원고가 이 사건 부동산을 취득한 시기는 피고의 주장과 같이 시효취득을 원인으로 원고가 제기한 소유권이전등기청구소송에서 이전등기를 명하는 법원의 결정이 확정된 2002. 7. 28.이 아니라 점유개시시로부터 20년의 점유취득시효가 완성된 1991. 6. 9.이라고 할 것이며 이에 따른 취득세의 신고납부기한 다음날인 1991. 7. 9.부터 5년의 부과제척기간이 진행되어 이 사건 처분일인 2002. 8. 2.에는 이미 제척기간이 만료되었다고 판단한 것은 정당하고, 거기에 피고가 상고이유에서 주장하는 바와 같은 시효취득에 있어서의 취득시기에 관한 법리를 오해하거나 과세요건명확성의 원칙 또는 조세형평의 원칙 등에 반하는 위법이 있다고 할 수 없다.

7) 취득세 과세표준

(1) 부동산

※ 주택 이외의 건물은 건물시가표준액 산출체계에 의한다.

지방세법 제10조(과세표준) ① 취득세의 과세표준은 취득 당시의 가액으로 한다. 다만, 연부(年賦)로 취득하는 경우에는 연부금액(매회 사실상 지급되는 금액을 말하며, 취득금액에 포함되는 계약보증금을 포함한다. 이하 이 절에서 같다)으로 한다.

② 제1항에 따른 취득 당시의 가액은 취득자가 신고한 가액으로 한다. 다만, 신고 또는 신고가액의 표시가 없거나 그 신고가액이 제4조에서 정하는 **시가표준액보다 적을 때에는 그 시가표준액**으로 한다. → 유·무상취득 공통 적용

③ 건축물을 건축(신축과 재축은 제외한다)하거나 개수한 경우와 대통령령으로 정하는 선박, 차량 및 기계장비의 종류를 변경하거나 토지의 지목을 사실상 변경한 경우에는 그로 인하여 증가한 가액을 각각 과세표준으로 한다. 이 경우 제2항의 신고 또는 신고가액의 표시가 없거나 신고가액이 대통령령으로 정

하는 시가표준액보다 적을 때에는 그 시가표준액으로 한다.

④ 제7조제5항 본문에 따라 **과점주주**가 취득한 것으로 보는 해당 법인의 부동산등에 대한 과세표준은 그 부동산등의 총가액을 그 법인의 주식 또는 출자의 총수로 나눈 가액에 과점주주가 취득한 주식 또는 출자의 수를 곱한 금액으로 한다. 이 경우 과점주주는 조례로 정하는 바에 따라 과세표준 및 그 밖에 필요한 사항을 신고하여야 하되, 신고 또는 신고가액의 표시가 없거나 신고가액이 과세표준보다 적을 때에는 지방자치단체의 장이 해당 법인의 결산서 및 그 밖의 장부 등에 따른 취득세 과세대상 자산총액을 기초로 전단의 계산방법으로 산출한 금액을 과세표준으로 한다.

⑤ 다음 각 호의 취득(증여·기부, 그 밖의 무상취득(*) 및 「소득세법」 제101조제1항 또는 「법인세법」 제52조제1항에 따른 거래(**)로 인한 취득은 제외한다)에 대하여는 제2항 단서 및 제3항 후단에도 불구하고 **사실상의 취득가격** 또는 연부금액을 과세표준으로 한다.

1. **국**가, 지방자치단체 또는 지방자치단체조합으로부터의 취득
2. 외국으로부터의 **수**입에 의한 취득
3. **판**결문(***)·법인(****)**장**부 중 대통령령으로 정하는 것에 따라 취득가격이 증명되는 취득
4. **공**매방법에 의한 취득(*****)
5. 「부동산 거래신고에 관한 법률」 제3조에 따른 신고서를 제출하여 같은 법 제6조에 따라 검증이 이루어진 취득(******) **<개정 2015.7.24>**

⑥ 법인이 아닌 자가 건축물을 건축하거나 대수선하여 취득하는 경우로서 취득가격 중 100분의 90을 넘는 가격이 법인장부에 따라 입증되는 경우에는 제2항 단서, 제3항 및 제5항에도 불구하고 대통령령으로 정하는 바에 따라 계산한 취득가격을 과세표준으로 한다.

(*)① 사실상 취득가액이 없는 무상취득의 경우에는 시가표준액에 의하여 그 과세표준을 산정하여야 하며 법인장부에 기재된 과세물건의 가격을 사실상의 취득가액이라 하여 과세표준으로 삼을 수는 없다.(대법원 2003두240 판결)

② 청구인은 이 건 주택 사용승인일 이전에 분양대금을 완납한 상태에서 이 건 주택 분양권의 2분의 1을 청구인의 배우자로부터 증여 받았으므로 이 건 주택의 사용승인일에 동 분양권을 행사하여 쟁점주택 부분을 이 건 주택 시행자로부터 유상승계취득 하였다고 주장하지만, 건축물의 사용승인 전에 분양대금을 모두 지급한 후 소유권을 이전하는 경우에는 실질적인 소유자의 지위에서 소유권을 이전한 것이고, 이 경우 잔금완납 시점에는 과세대상이 없으므로 당해 건축물을 원시취득하는 시점인 사용승인서 교부일에 사실상 취득한 것으로 보아야 할 것인바, 청구인의 배우자가 이 건 주택에 대한 분양대금을 완납한 후, 이 건 주택 일부지분의 소유권을 청구인에게 이전하였다면 이 건 주택의 사용승인일에 청구인의 배우자에게 이 건 주택의 전체에 대한 취득세 납세의무가 성립하였고 이후, 청구인이 이 건 주택의 일부를 증여받은 것으로 보아야 할 것이므로 시가표준액을 과세표준으로 하여 산출한 세액을 신고납부 하였어야

함에도 쟁점주택 부분의 취득가액을 과세표준으로 하여 산출한 취득세 등을 신고납부한 것은 잘못이 있다.(조심 2012지0625)

(**) 부당행위계산부인 거래를 말한다. 법인과 특수관계인과의 거래에서 시가와 거래가액의 차이가 3억원 이상이거나, 시가의 100분의5 이상에 상당하는 금액 이상이고 조세의 부담을 부당하게 감소시킨 것으로 판단된 때에는 지자체의 사후 검증에 의하여 부당행위 거래로 취득세의 신고가 부인 되어 취득세의 3배 이하의 과태료 처분을 받을 수 있다.(소세법제101조①②, 소세령제167조, 부동산거래신고에관한법률제8조③1호) 개인간의 거래에서도 실거래가 신고한 가액이 부당행위 계산의 요건에 해당하면 사실상 취득가액으로 인정받을 수 없으므로 주의해야 한다.

청구법인은 청구법인 대표이사의 아들 등으로부터 쟁점부동산을 취득한 사실이 확인되므로 법인장부상 확인되는 가액을 부인하고 시가표준액을 과세표준으로 하여 취득세를 부과한 것은 달리 잘못이 없다.(조심 2013지0142)

(***) 판결은 민사, 행정, 가사소송을 포함한다.

(****) 법인장부 중 대통령령으로 정하는 것에 따라 취득가격이 증명되는 취득에서 말하는 법인은 영리·비영리법인을 불문하나 <u>설립등기된 법인만</u>을 말한다.

(*****) ① 경매도 포함한다. 경매 및 공매 방법에 의한 취득시 경락대금과 경락받기 위해 지출한 간접비용(소개수수료, 연체료 등)을 합친 금액이 과세표준이 된다.(지방세운영과-2590) 그러나 중고차경매사이트와 같은 사설경매의 경우에는 세무공무원이 그 경매가액을 확인할 수 있다 하더라도 이를 사실상의 취득가격으로 할 수 없는바, 이 경우 매각가격이 시가표준액보다 낮다면 시가표준액이 과세표준이 된다.

② 경매에 참가하여 경락됨으로써 취득한 때에는 그 경락대금을 사실상 취득가액으로 보아 과세표준액으로 삼는 것이 원칙이나, 간접비용이 포함되므로 <u>경・공매 물건에 제3의 채권자(저당권자, 전세권자, 대항력 있는 임차권자, 유치권자)가 있을 때 경락대금에 그에 대한 채무가 포함되지 않았더라도 매수인이 인수하여야 한다면 매각대금에 그 채무액을 합산한 금액이</u> 사실상의 취득가격이 된다.(세정과-6314)

③ 원고 법인이 이 사건 부동산의 매각 입찰절차에 참가하여 이를 낙찰받기 위하여 다른 입찰자와 담합하면서 지급한 비용 이른바 담합입찰비는 그 낙찰가격을 저감시키는 데에 지급 목적이 있는 것으로서 실질적으로는 이 사건 부동산의 취득 대가의 일부에 해당하는 것이고, 이 사건 부동산 아닌 다른 물건이나 권리에 관하여 지급된 것은 아니라고 보아야 할 것이므로 이 사건 부동산의 취득세 과세표준인 사실상의 취득가격에 포함된다고 할 것이다.(대법원 97누10178)

④ 민사집행법상 경매의 경우, 대항력 있는 임차보증금은 매각대금에서는 제외되어 있겠지만 경매에 따른 매수인은 경락 이후 대항력 있는 임차보증금에 대한 책임을 인수하므로 대항력 있는 임차보증금 중 배당금을 제외한 금액은 경락취득 부동산을 취득하기 위하여 지급된 일체의 비용에 해당한다고 보아 취득세의 과세표준에 포함되며(세정담당관-1760) 양도소득세를 계산할 때에

도 양도(취득)가액으로 인정된다. 대항력만 있다면 그 임차인이 경락을 받아 임차권이 혼동으로 소멸하였다 하더라도 마찬가지이다. 그 경우 대항력 있는 임차보증금의 범위나 금액은 경매시에 제출된 자료나 배당표 등으로써 입증된 것에 한하며 임차보증금의 지급 여부는 불문한다. 임차권이라면 배당요구서, 유치권이라면 유치권신고서, 경락인과 유치권자 간 양도양수합의서 등으로 증명한다) 경매취득의 경우 원칙적으로 취득가액에는 매수인이 부담하는 임차보증금은 포함하는 것이지만, 임차인과 경락인이 같고 대항력이 없는 임차보증금은 실질적으로 그 부동산을 취득하는데 소요된 대가로 볼 수 없다.(서면4팀-3941, 2006.12.05)

⑤ 주택의 양도에 대한 양도차익을 계산함에 있어서 취득가액은 「소득세법」 제97조의 규정에 의하여 실지거래가액에 의하는 것으로서, 주택을 전세로 임차하여 거주하는 임차인이 당해 주택에 대한 법원의 경매에서 그 임차주택을 경락받아 양도하는 경우 당해 임차인이 회수하지 못한 전세보증금의 전부 또는 일부금액은 취득가액에 포함되지 아니한다.(부동산거래관리과-849, 2010.06.24.) 자산의 양도차익 계산시 양도가액에서 공제되는 필요경비에 대하여는 소득세법 제45조 및 동법 시행령 제94조에서 열거된 항목에 한하는바, 토지·건물의 양도에 관련하여 지급한 임차인에 대한 보상금이나 이사비용은 필요경비에 산입되지 않는 것이고(재산01254-2947, 1988.10.13.), 경매시 임차인을 내보내기 위해 권리금이나 이사비용을 지급하였다 하더라도 취득가액으로 산입할 수는 없다. 부동산의 양도에 대한 양도차익을 실거래가액에 의해 산정하는 경우 취득 및 양도가액은 그 자산의 취득 및 양도 당시 거래된 실지거래가액(경매에 의하여 취득하는 경우에는 경락가액)에 의하는 것이며, 거주자가 법원의 경매를 통하여 취득한 자산은 경락가액에 취득세 · 등록세 등 기타 부대비용을 가산한 금액을 취득가액으로 하는 것이다.(재산세과-3447, 2008.10.23.) → 취득세에서는 경락가액이 취득가액이다.

⑥ 경매입찰대리비용이나 경매컨설팅비용은 취득을 위한 필요경비에 해당하므로 취득가액에 포함된다. 주택 수리비용은 취득 후의 비용이므로 취득세의 취득가액에는 포함되지 않지만, 자본적 지출액이라면 양도차익 산정시의 취득가액에는 포함된다.

⑦ 경매부동산의 소유자가 그 부동산을 경락받은 경우에는 부동산을 새로 취득한 것이 아니므로 취득세 납세의무가 없다. 물론 양도도 아니므로 양도세 납부의무도 없다.

⑧ 2008. 2. 22. 이후부터는 공매·경매로 재화를 인도 또는 양도하는 것은 재화의 공급으로 보지 아니하므로 취득가액을 산정할 때 부가가치세를 고려할 필요가 없다.

(******) 과태료 부과기준

1) 지연신고시

단위:만원

구분	5억 이상	3억 이상 5억 미만	1억 이상 3억 미만	5천만 이상 1억 미만	5천만 미만
1개월 미만	150	100	50	25	10
3개월 미만	300	200	100	50	25
3개월 이상	500	400	200	100	50

2) 허위신고시

위반행위	분양권·입주권	부동산
1. 가격외 사항을 허위신고	취득가액의 1/100	취득세 1배
2. 가격 허위신고		
① 실제 거래가격과 신고가격 차이가 10% 미만	2/100	취득세 1배
② 실제 거래가격과 신고가격 차이가 10% 이상 20% 미만	4/100	취득세 2배
③ 실제 거래가격과 신고가격 차이가 20% 이상	5/100	취득세 3배

3) 등기 지연시(반대급부의 이행이 완료된 날 또는 계약의 효력이 발생한 날부터 60일)

부과기준	부과금액
등기만료일부터 2월 미만 해태	(구)등록세액의 5/100
등기만료일부터 5월 미만 해태	(구)등록세액의 15/100
등기만료일부터 8월 미만 해태	(구)등록세액의 20/100
등기만료일부터 10월 미만 해태	(구)등록세액의 25/100
등기만료일부터 12월 미만 해태	(구)등록세액의 30/100

지방세법시행령 제18조(취득가격의 범위 등) ③ 법 제10조제5항제3호에서 "대통령령으로 정하는 것"이란 다음 각 호에서 정하는 것을 말한다. <개정 2014.1.1>

1. 판결문: 민사소송 및 행정소송에 의하여 확정된 판결문(화해·포기·인낙 또는 자백간주에 의한 것은 제외(*)한다)
2. 법인장부: 금융회사의 금융거래 내역 또는 「부동산 가격공시 및 감정평가에 관한 법률」 제32조에 따른 감정평가서 등 객관적 증거서류에 의하여 법인이 작성한 원장·보조장·출납전표·결산서

(*) 조정조서도 제외한다.(조심2012지0556)

1) 원칙적으로 취득 당시의 가액(신고가액)으로 하되, 신고를 하지 않거나 신고가액이 시가표준액보다 적은 경우에는 시가표준액으로 한다.(지세법제10조①) 다만, 지방세법 제10조 제5항에 열거된 취득의 경우에는 신고가액이나 시가표준액보다 금액이 작더라도 그에 관계 없이 취득 당시의 사실상 취득가액에 따른다.(지세법제10조⑤, 그러나 무상취득은 제외되고 원칙에 따른다)

특수한 문제로는 건축물과 건축물의 부속토지는 보통 일괄 취득되지만 독립적인 과세객체인바, 과세표준이 사실상 취득금액이 적용되는 경우에는 아무 문제가 없겠으나 시가표준액이 적용되는 경우에는 별개로 산정해야 한다. 그 가액의 구분방법은 취득일 현재의 토지 및 건물의 시가표준액에 따라 안분한다.(지세령제19조①) 그러나 주택의 경우에는 토지와 건물을 일괄하여 개별주택가격이 시가표준액으로 공시되어 있으므로 부속토지는 국토해양부장관이 고시하는 개별공시지가, 건물은 부동산시가표준액표에 따라 산정한 가액을 적용하여 안분해야 할 것이다.

증여나 상속의 경우에도 신고가액과 시가표준액 중 큰 가액이 과세표준이 되지만, 시가표준액으로 신고하는 것이 실무이다.**(*)** 이와 달리 증여세나 상속세의 과세표준은 상증세법에 따른다.

(*) 사실상의 취득가액이 없는 무상취득의 경우에는 시가표준액에 의하여 그 과세표준을 산정하여야 하며 법인장부에 기재된 과세물건의 가격을 사실상의 취득가액이라 하여 과세표준으로 삼을 수는 없다.(대법원 98두19193)

2) 사실상 취득가격의 적용(지세법제10조⑤, 무상취득·부당행위 계산부인 거래는 제외)(**국 · 수 · 공 · 판 · 장 · 부**) → 보통은 법인간의 거래에 해당, 부동산실거래가신고를 하는 경우는 개인간의 거래도 해당

법인과 특수관계인과의 거래에서 시가와 거래가액의 차이가 3억원 이상이거나, 시가의 100분의 5 이상에 상당하는 금액 이상이고 조세의 부담을 부당하게

감소시킨 것으로 판단된 때는 지방자치단체의 사후 검증에 의하여 부당행위 거래로 취득세의 신고가 부인 되어 취득세의 3배 이하의 과태료 처분을 받을 수 있는 바, 주의하여야 한다.(지방세법제10조5항, 소세법제101조3항과 소세령제98조 ,법세법제52조1항 ,부동산거래신고에 관한 법률 제8조3항1호) 부동산 거래신고에 관한 법률 제3조에 따라 검증이 이루어진 개인 간의 거래에서도 위의 부당행위 요건에 해당하면 사실상 취득가액을 인정받지 못한다.

부동산 거래신고에 관한 법률 제3조에 따라 검증이 이루어진 취득은 사실상 취득가격이 적용되지만, 부동산거래신고 및 주택거래신고 처리가 완료된 거래정보 중 거래물건 유형이 공동주택(아파트, 연립, 다세대), 단독주택(단독, 다가구, 다중), 토지의 경우만을 말하고(공시가격이나 기준시가보다 낮더라도 상관 없겠지만 검증이 이루어지므로 그럴 경우는 드물 것이다), 검증체계가 구축되지 않은 주택 이외의 일반건축물은 제외하므로 원칙대로 신고가액과 시가표준액 중 큰 것에 따른다.(아래)

※ 실제 거래가격으로 취득세를 신고하였으나 처분청이 시가표준액에 미달함을 이유로 시사표준액을 과세표준으로 하여 취득세를 고지·납부토록 한 것이 위법한지 여부
청구인이 공인중개사의 업무 및 부동산 거래신고에 관한 법률에 따라 실제 거래가액 등을 처분청에 신고한 사실은 인정되나, 이 건 부동산은 일반건축물(상가건물) 및 그 부속토지로서 비주거용 부동산에 해당하여 이에 대한 부동산 거래가격 검증체계가 구축되지 못하여 검증이 이루어지지 않았으므로 이 건 부동산의 취득은 지방세법 제111조제5항제5호에서 규정하고 있는 공인중개사의 업무 및 부동산 거래신고에 관한 법률의 규정에 의한 신고서를 제출하여 부동산 거래가격 검증체계에 따라 검증이 이루어진 취득에 해당된다고 볼 수 없다 할 것이어서 이 건 부동산에 대해 시가표준액을 과세표준으로 하여 취득세 등을 부과한 것은 적법하다.(조심 2008지0048)→ 검증체계가 갖추어진 토지 및 주택과 달리 근린생활시설의 경우에는 거래가액이 시가표준액보다 낮다면 시가표준액을 적용하여야 한다.(대법원 2008두21560)]

※ 뉴타운개발지역의 입주권을 종전토지평가액(권리가격) 보다 마이너스프리미엄이 형성된 가격에 승계취득한 경우 「공인중개사의 업무 및 부동산 거래신고에 관한 법률」 제27조에 따른 신고서를 제출 시 분양계약서상의 금액과 해당 토지 거래금액 및 종전 재산의 권리가액을 각각 기재하여 신고하였고, 이에 대하여 해당관청에서 같은 법 제28조에 따라 검증하였다면 취득세 과세표준 적용 기준은 종전 토지가액이 되고 해당사업이 완료되고 새로이 취득하는 부

동산의 과세표준에서 종전 토지가액을 공제하고 취득신고하게 된다.(서울특별시청 세제과-8351)

※ 지방세법 제10조 5항의 1~5호의 취득방법이 경합되면 그 중 높은 가격을 사실상의 취득가격으로 한다. 예컨대 법인장부상 가액과 거래계약서 신고가액이 다르면 높은 금액을 과세표준으로 하고, 법인이 유상 승계취득할 경우 거래계약서에는 취득대금(직접비용)만 확인되고 당해 법인의 장부에서 해당 물건을 취득하기 위한 간접비용이 확인된다면 그 직접비와 간접비를 합한 금액이 사실상의 취득가격이 된다.

※ 건축물의 신축공사
일괄도급계약에 의하여 건축하는 경우에는 건축주나 건축업자 중 하나가 법인인 경우에는 사실상의 취득가액인 도급계약금액이 과세표준이 된다. 도급계약금액은 건축주와 건축업자가 최종적으로 정산 확정한 금액을 말한다. 공사비의 실제 지급 여부는 불문하고 실제로 공사에 투여된 비용도 고려하지 않는다. 임시사용승인일·사용승인서교부일·사실상사용일 중 빠른 날을 기준으로 그 이전에 지급한 또는 지급하여야 할 일체의 공사비(부대비용 포함)가 과세표준이 된다.

지방세법시행령 제18조(취득가격의 범위 등) ① 법 제10조제5항제1호부터 제4호까지(*)의 규정에 따른 취득가격 또는 연부금액은 취득시기를 기준으로 그 이전에 해당 물건을 취득하기 위하여 거래 상대방 또는 제3자에게 지급하였거나 지급하여야 할 직접비용과 다음 각 호의 어느 하나에 해당하는 간접비용의 합계액으로 한다. 다만, 취득대금을 일시급 등으로 지급하여 일정액을 할인받은 경우에는 그 할인된 금액으로 한다. <개정 2015.6.30>

1. 건설자금에 충당한 차입금의 이자 또는 이와 유사한 금융비용
2. 할부 또는 연부(年賦) 계약에 따른 이자 상당액 및 연체료. 다만, 법인이 아닌 자가 취득하는 경우는 취득가격에서 제외한다.
3. 「농지법」에 따른 농지보전부담금, 「산지관리법」에 따른 대체산림자원조성비 등 관계 법령에 따라 의무적으로 부담하는 비용
4. 취득에 필요한 용역을 제공받은 대가로 지급하는 용역비·수수료
5. 취득대금 외에 당사자의 약정에 따른 취득자 조건 부담액과 채무인수액(**)
6. 부동산을 취득하는 경우 「주택도시기금법」 제8조에 따라 매입한 국민주택채권을 해당 부동산의 취득 이전에 양도함으로써 발생하는 매각차손. 이 경우 행정안전부령으로 정하는 금융회사 등(이하 이 조에서 "금융회사등"이라 한다) 외의 자에게 양도한 경우에는 동일한 날에 금융회사등에 양도하였을 경우 발생하는 매각차손을 한도로 한다.
7. 제1호부터 제6호까지의 비용에 준하는 비용(***)

② 제1항에도 불구하고 다음 각 호의 어느 하나에 해당하는 비용은 취득가격에 포함하지 아니한다.
1. 취득하는 물건의 판매를 위한 광고선전비 등의 판매비용과 그와 관련한 부대비용
2. 「전기사업법」, 「도시가스사업법」, 「집단에너지사업법」, 그 밖의 법률에 따라 전기·가스·열 등을 이용하는 자가 분담하는 비용
3. 이주비, 지장물 보상금 등 취득물건과는 별개의 권리에 관한 보상 성격으로 지급되는 비용(****)
4. 부가가치세
5. 제1호부터 제4호까지의 비용에 준하는 비용(***)

③ 법 제10조제5항제3호에서 "대통령령으로 정하는 것"이란 다음 각 호에서 정하는 것을 말한다. <개정 2013.1.1>
1. 판결문: 민사소송 및 행정소송에 의하여 확정된 판결문(화해·포기·인낙 또는 자백간주에 의한 것은 제외한다)
2. 법인장부: 법인이 작성한 원장·보조장·출납전표·결산서

④ 법 제10조제6항에서 "대통령령으로 정하는 바에 따라 계산한 취득가격"이란 다음 각 호의 금액을 합한 금액을 말한다. <개정 2015.6.30>
1. 제3항제2호에 따른 법인장부로 증명된 금액
2. 제3항제2호에 따른 법인장부로 증명되지 아니하는 금액 중 「소득세법」 제163조에 따른 계산서 또는 「부가가치세법」 제16조에 따른 세금계산서로 증명된 금액
3. 부동산을 취득하는 경우 「주택도시기금법」 제8조에 따라 매입한 국민주택채권을 해당 부동산의 취득 이전에 양도함으로써 발생하는 매각차손. 이 경우 금융회사등 외의 자에게 양도한 경우에는 동일한 날에 금융회사등에 양도하였을 경우 발생하는 매각차손을 한도로 한다.

(*) 부동산거래계약신고는 제외됨에 유의. 따라서 부동산거래계약신고의 경우에는 지세법제10조①②이 적용되어 취득 당시의 가액(신고가액)이 과세표준이 된다. (물론 시가표준액보다 낮은 가액이면 안된다)

(**) 체육시설업자의 영업의 양도로 회원제골프장사업 및 골프장용부동산 일체가 이전되는 경우라면, 골프장용부동산과 체육시설업자가 모집한 회원들이 납입한 골프회원권에 대한 입회보증금을 분리하여 생각할 수 없고, 입회보증금은 「체육시설의 설치·이용에 관한 법률」 상 영업을 양수한 자에게 승계한 것으로 보아야 하므로 회원제골프장업을 수행하기 위한 필수시설인 골프장용부동산을 취득하는 과정에서 필수불가결하게 소요되는 당사자의 약정에 따른 취득자 조건 부담액과 채무인수액 또는 이에 준하는 비용에 해당되어 골프장용부동산의 취득가액에 포함하는 것이 타당하다.(안전행정부 지방세운영과-2653)

(***) 지목변경에 수반되는 농지전용부담금, 대체농지조성비, 대체산림조림비는 사실상 취득가격의 범위에 포함되지만, 취득일 이후에 공사의 완료로 인하여 수익이 전제가 되는 개발이익 환수에 관한 법률에 의한 개발부담금은 제외된다.

(지방세법기본통칙 10-1)

(****) 기존 건물을 철거하고 그 지상에 주상복합건물을 신축할 목적으로 토지를 취득한 경우 철거할 기존 건물에 대한 보상비와 이주보상비는 취득의 대상이 아닌 물건이나 권리에 관한 것이므로 토지에 대한 취득세 과세표준에 포함할 수 없다.(부산지법 2006구합867) 그러나 기존 건물은 취득세 과세객체인바, 이러한 토지와 건물의 일괄 취득의 경우에는 기존 건물에 대한 보상비(지장물보상비)와 이주보상비는 건물의 취득에 따른 과세표준에는 포함된다 할 것이다.

(2) 부담부증여

부담부증여의 경우 과세표준은 원칙대로 신고가액과 시가표준액 중 큰 금액을 적용하여야 하고 채무부담액이 신고가액보다 크다 할지라도 지방세법제10조의 사실상 취득가격에 해당하지 않는 한 채무부담액을 과세표준액으로 삼아서는 안된다.(대법원 2005두11128) 다시 말해, 사실상 취득가격의 적용대상이 아닐 경우, 신고가액과 시가표준액 중 높은 것으로 한다. 신고가액을 정하여 시가표준액보다 높은 채무부담합계액이나 시가표준액으로 신고하는 경우에는 그 신고가액이 과세표준이고, 신고가액이 없으면 채무부담합계액이 시가표준액보다 높더라도 시가표준액을 과세표준으로 한다.

지방세법 제7조(납세의무자 등) ⑫ 증여자의 채무를 인수하는 부담부 증여의 경우에는 그 채무액에 상당하는 부분은 부동산등을 유상으로 취득하는 것으로 본다. <신설 2014.1.1.>

→ 취득일에 임박하여 부담이 설정되는 등 고의성이 인정되는 경우에는 인정되지 않을 수 있으므로 주의해야 한다. 또한 부담은 국가·자치단체·금융기관의 채무 등 객관적이고 구체적으로 명확히 증명되는 것이어야 하고, 상환능력이 없는 미성년자, 전업주부, 노모 등에게 부담부 증여하는 경우에는 인정하지 않는다.

또 하나, 부담부증여의 경우 유·무상취득의 **세율**과 관련하여 어느 것을 적용할지도 문제이다. 조세실무(유권해석)는 ① 쌍무계약 규정이 준용되어 그 부담이 일종의 지급비용이므로 증여가액 전부에 대하여 유상취득세율을 적용하여야 한다는 견해, ② 부담 한도에서 증여자의 담보책임을 적용하므로 유상취득부분과 무상취득부분으로 나누어 세율을 적용하여야 한다는 견해로 나뉘어 있다. 현재 지방세실무 운영방안은 부담부분은 유상취득, 나머지 부분은 무상취득으로 보아 각각 해당 세율을 적용하여 합산하는 것으로 권유하고 있다.(①신고가액과 시가표준액, 채무부담액 가운데 채무부담액이 가장 높은 경우에는 신고가액과 시가표준액 중 높은 것에 전부 유상취득세율이 적용되고, ②신고가액과 시가표준액, 채무부담액 가운데 채무부담액이 가장 낮은 경우에는 채무부담액에 대하여 유상취득세율이 적용되고, 신고가액과 시가표준액 중 높은 것에서 채무부담액을 차감한 나머지 금액에 대하여 무상취득세율이 적용된다) 또한 각종 감면규정, 특히 지방세특례제한법 제40조의 2[유상거래 **주택**(1인1주택 or 일시적 1인2주택 & 9억원 이하)]나 생애최초**주택**취득 감면 규정도 적용되는지 문제되나 현행법상 취득세 영구인하가 되고(지세법제11조①8호) 지방세법 제7조 제12항이 신설되었으므로 원칙대로 부담부분은 유상거래에 해당하므로 안분하여 유상취득세율이 적용되고, 무상증여부분은 증여의 취득세율이 적용된다.

나아가 지방세실무 운영방안은 부담부증여에서 부담은 금전으로 객관적 환산이 가능한 채권으로 한정하고 있다.(부모부양이나 농지경작 등은 제외) 또한 부담부증여로 신고하여 납세한 후 부담의 승계가 없었을 경우에는 취득시기로 소급하여 추징하고 신고·납부불성실가산세를 납부하여야 한다.

(3) 개인소유 토지의 지목변경

개인 소유의 토지를 형질변경공사를 시행하여 공사비가 지방세법 제10조 5항의 증빙자료로써 확인된다면 사실상 취득금액인 공사비가 과세표준이 되지만, 그렇지 않은 경우에는 지방세법시행령 제17조에 따라 지목변경 전후의 시가표준액의 차액을 과표로 한다.

※ 토지에 대하여 아스콘포장공사와 화단정지공사를 실시한 후 이에 소요된 비용을 법인장부에 기장하였다 하더라도 지목변경을 수반하지 아니한 이상 취득세를 부과할 수는 없다.(조심2013지0267)

※ 비록 지방세법기본통칙 제111-1호에서 아파트의 정원 및 포장공사비는 지목변경이 수반되는 경우에 과세표준에 포함시키고 있다고 하더라도, 이를 아파트를 제외한 일반 건축물에 있어서는 지목변경을 수반하지 않는 정원조성과 포장공사의 경우에 그 공사비를 건물의 과세표준에 포함되는 것으로 해석할 수 없다.(대법원 2003두5433)

(4) 법인 합병

2010년까지 형식적 취득으로 보아 취득세를 비과세하였지만, 현재는 무상승계취득으로 보아 과세표준을 신고가액과 시가표준액 중 큰 금액으로 하여 무상취득에 대한 표준세율(35/1,000)에서 20/1,000(중과기준세율)을 뺀 세율(15/1,000)을 적용한다.(지방세법제15조①3호) 이 특례규정의 적용도 취득한 물건이 취득 후 5년 이내에 중과세 물건으로 전환되는 경우에는 중과세율을 적용하여 추징한다.(지세법제16조①④)

합병일 현재 소비성서비스업(소비성서비스업과 다른 사업을 겸영하고 있는 경우에는 합병일이 속하는 사업연도의 직전 사업연도의 소비성서비스업의 사업별 수입금액이 가장 큰 경우만 해당한다)을 제외한 사업을 1년 이상 계속하여 영위한 법인(이하 이 항에서 "합병법인"이라 한다) 간의 합병에 따라 양수하는 재산을 2014년 12월 31일까지 취득하는 경우에는 지방세법 제15조제1항에 따라 산출한 취득세를 면제한다. 이 경우 소비성서비스업을 1년 이상 영위한 법인이 합병으로 인하여 소멸하고 합병법인이 소비성서비스업을 영위하지 아니하는 경우에는 해당 합병을 포함한다.(조특법제120조②, 조특령제116조⑦) 이 때 농어촌특별세도 비과세된다.

대도시에서 설립 후 5년이 경과한 법인("기존법인")이어야만 다른 기존법인과 합병하는 경우에는 중과세 대상으로 보지 아니하는바(지세령제27조⑤), 조세특례제한법상 감면특례가 적용되기 위해서는 출자법인이 5년 이상이어야 하겠다.

(5) 회사분할의 경우에는 인적분할은 무상승계취득으로 보아 과세표준은 신고가액과 시가표준액 중 큰 금액이고, 물적분할은 유상승계취득으로 보아 장부상 가액을 과세표준액으로 한다.

(6) **교환**의 경우 행정안전부에서는 주로 취득의 대가를 당초의 자기 물건의 가액으로 해석하고 있으나 법인세법이나 소득세법에서는 교환하는 당초의 자기 물건은 양도에 해당하고 교환으로써 취득하는 물건을 새로운 취득으로 보므로 해석의 괴리가 발생한다.

법인 간의 거래인 경우에는 법인장부 가격을 적용하면 되지만, 개인간의 교환계약의 경우 ① 취득자가 신고한 가액이 있다면 교환 형태에 관계 없이 각각 취득자가 당초 소유하고 있던 재산의 시가표준액과 신고가액 중 더 높은 가격이 과세표준이 된다.(조심 2010지0237) 만약, ② 두 개의 부동산의 가액을 별도로 평가하지 않고 1:1로 교환하는 경우에는 취득자가 신고한 가액이 없는 거래로 보아 두 개의 부동산 중 취득 당시의 시가표준액이 높은 부동산의 시가표준액을 두 개 부동산의 취득가격으로 보아야 할 것이다.(조심 2010지0489)

그와 달리 ③ 교환거래에서 각각의 부동산 가액을 평가하고 그에 대한 차액을 보충금으로 지급하는 경우 민법 제597조에서 매매 규정을 준용한다고 하므로 그 거래는 자기 소유의 부동산을 상대방에게 유상으로 양도하고 상대방 소유의 부동산을 유상으로 취득하는 두 번의 거래가 동시에 일어나는 것이라고 보아야 할 것이바, 상대방 소유 부동산의 취득가격은 취득자가 **당해 부동산**을 취득하기 위하여 지급하였다고 신고한 가액과 **당해 부동산**의 시가표준액 중 더 높은 가액이라고 보아야 한다.(조심 2011지0895) 차액분을 보충금으로 지급한 것은 교환대상 부동산을 취득하기 위하여 지급한 비용에 해당하지도 않고, 취득세 과세대상인 부동산에도 해당하지 않는다.(조심 2011지0895) 말하자면 개인간의 거래에서 신고가액이 시가표준액을 초과하는 한, 보충금액이나 채무인수액이 신고가액보다 크더라도 과세표준으로 삼아서는 안된다.(조심 2010지0489)

④ 비등가물인 부동산을 채무를 인수하는 조건으로 교환하는 경우, 교환당사자들이 취득한 부동산의 취득세 과세표준은 당해 채무인수액과 그 부동산의 잔존가치를 합산한 금액으로 보아야 할 것으로서, 부동산을 취득하면서 상대방의 채무를 인수하였고, 그 밖에 달리 교환에 따른 차액을 지급한 사실은 없고, 부동산에 대하여 당사자들이 별도로 평가한 가액이 존재하지도 아니한다면 취득가액으로 확인되는 채무인수액과 취득하는 당해 부동산의 시가표준액 중 높은 가액이 과세표준이 된다.(조심 2013지0432)

국유재산법에 의거 행정재산의 대체시설을 제공하고 용도폐지되는 해당 행정재산을 무상양여 받는 경우, 해당 재산의 취득은 무상취득이 아닌 교환에 해당하고, 상호 교환에 의하여 새로이 취득하는 과세대상 물건에 대한 취득세의 과세표준은 취득자가 당초 소유하고 있던 재산의 가액이 되는 것이므로 조합이 상호 교환에 의하여 새로이 취득하는 과세대상 물건에 대한 취득세 과세표준은 교환할 당시 취득자가 당초 소유하고 있던 신설 공공시설의 가액으로 적용한다.(세제과-9654)

또한 교환도 매매와 같은 유상거래의 일종이므로 교환 대상 부동산에 담보가 설정되어 있다고 하여 그 채권액을 취득가액에서 차감할 수는 없다.(행정안전부 해석)

교환으로 취득한 부동산에 대한 취득세 과세표준을 취득 부동산이 아닌 종전부

동산의 가액을 적용한 처분의 당부(조심 2013지0432)

【재결요지】
개인 간 교환계약에 의하여 부동산을 취득하는 경우 취득세의 과세표준은 종전부동산의 가액이 아닌 새로이 취득하는 부동산의 가액이 되는 것임

【주문】
처분청이 2013. 2. 22. 청구인이 신고납부한 취득세 OOO, 지방교육세 OOO, 합계 OOO에 대한 경정청구를 거부한 처분은 이를 취소한다.

【이유】

1. 처분개요

가. 청구인은 2013. 2. 22. 신OOO과 청구인 소유의 서울특별시 OOO과 신OOO 소유의 서울특별시 OOO에 대한 교환계약을 체결하여 쟁점부동산을 취득하고, 같은 날 쟁점부동산에 대하여 취득신고를 하면서 종전부동산의 시가표준액 OOO을 과세표준으로 하여 산정한 취득세 OOO, 지방교육세 OOO, 합계 OOO을 신고납부하였다.

나. 그 후, 청구인은 2013. 3. 6. 쟁점부동산의 과세표준은 종전부동산의 시가표준액이 아닌 쟁점부동산의 시가표준액OOO을 적용하여야 하기 때문에 신고납부한 취득세 등을 감액하여야 한다는 취지로 경정청구를 하였으나 처분청은 2013. 3. 8. 이를 거부하는 통보를 하였다.

다. 청구인은 이에 불복하여 2013. 3. 20. 심판청구를 제기하였다.

2. 청구인 주장 및 처분청 의견

가. 청구인 주장

청구인은 취득한 쟁점부동산에 대한 시가표준액OOO을 과세표준으로 적용하지 않고 양도한 종전부동산의 시가표준액OOO을 과세표준으로 적용하는 것은 법적근거가 부족하고, 매매계약과 비교할 경우 동일하게 부동산을 취득하는 것임에도 불구하고 취득세액이 달라지는 모순이 초래되어 부당하기 때문에 종전부동산의 시가표준액을 과세표준으로 하여 과다하게 산출한 취득세 등을 쟁점부동산의 시가표준액을 과세표준으로 하여 산출한 취득세 OOO, 지방교육세 OOO, 합계 OOO으로 경정하여야 한다.

나. 처분청 의견

지방세법상 교환취득시 취득세 과세표준 적용에 대한 명시규정은 없지만, 「지방세법」 제10조 제1항 및 제2항, 같은 법 시행령 제18조 제1항의 규정을 종합하여 볼 때, 취득세 등의 과세표준이 되는 취득가액은 취득자가 당해 과

세대상 물건을 취득하기 위하여 지급하였거나 지급하여야 할 일체의 비용이 되는 것이고, 교환취득도 매매에 의하여 취득하는 것과 같이 유상승계취득이므로, 취득세 과세표준은 교환취득자가 당초 소유하고 있던 물건의 시가표준액과 교환으로 인하여 새로이 취득하는 물건의 시가표준액을 비교하여 높은 것을 적용하는 것이 타당하므로 교환부동산의 시가표준액과 쟁점부동산의 시가표준액 중 높은 가액을 과세표준으로 하여 산출하여 신고납부한 당초의 세액은 적법하므로 청구인의 경정청구는 이유없다.

3. 심리 및 판단

가. 쟁 점

교환으로 취득한 부동산에 대한 취득세 과세표준을 취득한 부동산이 아닌 양도한 부동산의 시가표준액으로 적용하는 것이 적법한지 여부

나. 사실관계 및 판단

(1) 처분청의 제출자료 및 청구인의 항변서 등에는 다음과 같은 사실들이 나타난다.

(가) 청구인은 2013. 2. 22. 청구인 소유의 종전부동산과신OOO 소유의 쟁점부동산을 교환하기로 계약을 체결하고, 2013. 2. 22. 종전부동산에 대하여 신OOO 명의로, 쟁점부동산에 대하여 청구인 명의로 각각 소유권이전등기를 경료한 것으로 부동산 등기부등본 등에서 확인된다.

나) 교환계약서를 보면, 청구인과 신OOO은 종전부동산과 쟁점부동산을 교환하면서 별도로 금전을 수수하기로 약정한 내용은 없고, 교환계약서 제6조에서“갑(청구인) 의 보증금 OOO, 현융자 OOO, 을OOO의 보증금 OOO”으로 기재되어 있고, 처분청은 2013. 4. 12. 청구인이 쟁점부동산을 취득하면서 보증금채무 OOO을 인수하고, 신OOO은 종전부동산의 보증금채무 OOO과 융자금 OOO을 인수한 사실을 확인하였다.

(다) 교환계약 체결 당시 종전부동산의 시가표준액은 OOO이고, 신OOO이 소유하는 쟁점부동산의 시가표준액은 OOO이다.

(2) 청구인은 취득한 쟁점부동산에 대한 시가표준액OOO이 아니라 양도한 교환부동산의 시가표준액OOO을 과세표준으로 적용하는 것은 법적근거가 부족하고, 매매와 동일하게 부동산을 취득하는 것임에도 산출한 취득세액이 달라져 부당하므로 교환계약에 의하여 취득하는 부동산의 시가표준액을 과세표준으로 하여 산출한 세액으로 경정하여야 한다고 주장하므로 이에 대하여 본다.

(가) 지방세법 제6조 제1호에서 취득세를 과세함에 있어 “취득”이란 매매, 교환, 상속, 증여, 기부, 법인에 대한 현물출자, 건축, 개수, 공유수면의 매립, 간척에 의한 토지의 조성 등과 그 밖에 이와 유사한 취득으로서 원시취득, 승계취득 또는 유상·무상의 모든 취득을 말한다고 규정하면서, 같은 법 제10조 제1항 및 제2항, 같은 법 시행령 제18조 제1항에서 취득세의 과세표준은 취득 당시

의 가액으로 하며, 취득 당시의 가액은 취득자가 신고한 가액으로 하지만 신고 또는 신고가액의 표시가 없거나 그 신고가액이 제4조에서 정하는 시가표준액보다 적을 때에는 그 시가표준액으로 하고, 취득가격은 취득시기를 기준으로 그 이전에 해당 물건을 취득하기 위하여 거래 상대방 또는 제3자에게 지급하였거나 지급하여야 할 직접비용과 지방세법 시행령 제18조 제1항 제1호 내지 제6호에 해당하는 간접비용의 합계액으로 한다고 규정하고 있다.

(나) 청구인의 경우를 보면, 청구인이 소유하였던 종전부동산의 시가표준액 OOO인데 신OOO이 소유한 쟁점부동산은 시가표준액 OOO이고, 청구인이 인수한 채무는 OOO인 반면, 신OOO이 인수한 청구인의 채무는 OOO으로서 종전부동산과 쟁점부동산의 교환은 비등가물의 교환으로서 청구인과 신OOO은 종전부동산과 쟁점부동산의 평가액에서 채무를 차감한 잔존가치가 동일한 부동산에 해당된다고 보아 이를 교환한 것으로 보아야 할 것이고, 교환의 경우 유상승계취득에 해당된다 할 것이므로 비등가물인 부동산을 채무를 인수하는 조건으로 교환하는 경우 교환당사자들이 취득한 부동산의 취득세 과세표준은 당해 채무인수액과 그 부동산의 잔존가치를 합산한 금액으로 보아야 할 것으로서, 청구인의 경우 쟁점부동산을 취득하면서 OOO의 채무를 인수하였고, 그 이외에 달리 교환에 따른 차액을 지급한 사실은 없고, 쟁점부동산에 대하여 당사자들이 별도로 평가한 가액이 존재하지도 아니하므로 취득가액으로 확인되는 채무인수액이 과세표준이 된다 할 것인데 당해 채무인수액이 쟁점부동산의 시가표준액보다 낮으므로 「지방세법」 제10조 제2항에 의하여 쟁점부동산의 시가표준액을 취득세 과세표준으로 보는 것이 타당하다고 할 것이다.

(다) 따라서, 처분청에서 청구인이 교환계약에 따라 취득한 쟁점부동산에 대하여 종전부동산의 시가표준액을 과세표준으로 보아 청구인의 경정청구를 거부한 처분은 잘못이라고 판단된다.

4. 결 론

이 건 심판청구는 심리결과 청구주장이 이유 있으므로 지방세기본법 제123조 제4항과 국세기본법 제81조 및 제65조 제1항 제3호에 의하여 주문과 같이 결정한다.

(7) 사실상 취득가액 적용 배제

증여·기부, 그 밖의 무상취득 및 소득세법 제101조 제1항 또는 법인세법 제52조제1항에 따른 거래로 인한 취득(특수관계에 있는 자와의 거래로 부당행위계산부인 규정이 적용되는 경우)

(8) 지방세법시행령제18조①의 취득에 따른 **간접비용**(특히 법인장부에 의한

사실상 취득가격 적용시 중요)

① 부동산 취득과 관련하여 취득 시기 전후에 걸쳐 지급된 중개수수료·부동산 컨설팅비용·부동산감정평가수수료·변호사·회계사수수료·법무사자문료·법률자문료(미지급계정에 기재하였다면 신고대상, 기재하지 않았다면 수정신고대상)는 간접비용에 해당한다.

그러나 법무사의 등기수수료는 잔금 지급 이후에 등기가 이루어지는 경우라면 취득을 위한 비용으로 볼 수 없다. 다만, 잔금 지급 이전에 등기가 이루어지는 경우라면 취득을 위한 비용으로 보아야 할 것이므로 그 경우의 법무사의 등기보수는 간접비용에 해당한다. 부동산매매계약 체결 시 '소유권이전청구권가등기'를 설정하기로 함에 따라 당해 가등기 설정을 위하여 납부한 '등록면허세'나 법무사의 등기보수는 부동산의 매수자로서의 지위를 담보받을 목적으로 제3자에게 지급한 취득 절차비용으로서 취득가격에 포함되는 간접비용에 해당한다.(행심 제2008-28호, 조심2013지0730)

② 제세공과금 : 취득세와 종전 등록세, 재산세는 취득의 시기 이후에 발생한 것이므로 과세표준에서 제외한다. 그러나 당해 물건 취득을 위한 건축허가 관련 등록면허세, 인지대, 수수료 등은 간접비용에 해당한다. 양도소득세도 매수인이 대납하기로 하였다면 간접비용에 해당한다. 건축주가 자영건설을 하면서 발생한 매입부가가치세와 도급건설의 경우 도급금액에 대한 부가가치세는 과표에서 제외한다. 그러나 도급공사시의 매입부가가치세는 해당하지 아니한다.

③ 국민주택채권매입금액 : 국민주택채권매입금액은 부동산의 취득의 시기 이후에 채권을 양도하거나 양도 없이 상환기일에 상환하는 경우에는 채권매입금액 전액이 취득세 과표에 포함되나 주택채권을 양도함으로써 매각차손(할인금)이 발생하는 경우에는 부동산의 취득 이전의 것만 과표에 산입한다.(지세령제18조①6호, 지세칙제4조의2))

※ 국민주택채권 매각차손액과 법무사 수수료는 부동산 취득 이후 등기를 위한 비용에 해당되므로 취득세 및 등록세 과세표준에서 제외하는 것이 타당함.(조심2011지0116)

→ 행정자치부 운영실무는 국민주택채권 매입비용의 경우, 개인이 시공하여 개인이 신축허가를 받는 경우나 개인이 분양하여 개인이 분양받는 경우에는 신빙성이 떨어진다 하여 취득가격에서 제외하나, 법인이 시공하거나 법인이 분양하는 경우에는 개인이 신축허가를 받거나 개인이 분양받는 경우에도 취득가격에 포함하고 있다. 또한 개인이 시공하여 법인이 신축허가를 받거나 개인이 분양을 하여 법인이 분양을 받은 경우에도 취득가격에 포함하고 있

다. 다시 말해 시공과 신축허가, 분양과 수분양의 어느 한 쪽이라도 법인장부로 채권매입비용이 확인되는 경우에는 취득가격에 모두 포함하고 있다.

또한 시행사의 토지취득 시점에서 매입하는 제1종채권 매입비용은 취득 후의 등기를 위한 비용으로 보아 토지 취득세의 과세표준에 산입하지 않는다.

④ 재건축아파트의 프리미엄은 취득에 수반한 부대비용으로 과표에 포함한다.

⑤ 개인간 거래에서 분양권을 승계취득하여 부동산을 매수하는 경우에 종전에는 취득세 과세표준을 분양가를 기준으로 하였으나 2015. 11. 9.부터는 부동산 취득시 실거래가(분양가+프리미엄)을 기준으로 부과하도록 행정자치부가 유권해석을 내린 바 있다.(지방세운영과 2016.1.17.) 법인의 경우에는 종래에도 사실상 취득가격을 기준으로 부과되었는바 개인과의 형평성을 제고하기 위한 목적이다. 그러나 마이너스 프리미엄의 경우에는 대법원 판례가 분양가를 기준으로 하고 있는바, 행정자치부는 합리적으로 제도개선을 검토할 계획이라고 한다.

⑥ 건축공사 지연으로 건축주가 수분양자에게 지급하는 지체상금은 신축건물의 취득과 관련 없는 비용으로서 건축주의 과표에서 제외한다. 또한 수분양자의 취득세 과표에서도 제외한다.

⑦ 가등기·근저당등기 설정비용 : 취득자가 잔금 완납 전에 매입의 안전성 확보 목적으로 가등기나 근저당등기를 하는 경우의 비용은 과세표준에 산입한다.

⑧ 채무인수액 : 과표에 산입한다.

⑨ 연체이자 : 승계취득의 경우 중도금이나 잔금지급기일에 대금을 지급하지 못하여 부담한 연체이자는 과표에 산입하나 취득의 시기 이후에 발생한 연체이자는 제외한다. 원시취득 또는 간주취득의 경우에는 공사대금의 지급 여부와 상관 없이 사용승인서 교부일이 취득의 시기이므로 취득일 이후의 공사대금 연체이자는 과표에서 제외한다.(건물) 그러나 사용승인서 교부일 이전에 공사대금 연체이자가 발생한다면 과표에 포함한다.

⑩ 건설자금이자 및 금융비용 : 목적물건을 취득하기 위한 차입금에서 발생하는 이자(건설자금이자)도 간접비용으로 과표에 포함된다. 또한 목적물건을 취득하기 위하여 지급되는 각종 금융비용도 과표에 포함된다.(대출수수료, 금융컨설팅비용, 토지작업용역비, 담보신탁비용, 보증보험수수료)

⑪ 기존 건축물(자기 소유, 타인 소유 불문)을 철거하고 신축하는 경우의 철거비용은 신축공사비에 포함되어 과표에 산입한다.

⑫ 임야 등을 취득할 때 지상에 취득세 과세대상인 입목(수목의 집단)이 있을 경우, 시가표준액 적용대상일 때에는 매매계약서에 매각대상에서 제외한다는 특약이 없으면 그 입목(수목의 집단)은 시가표준액을 과표로 하여 토지와 구분하여 과세하여야 한다.

⑬ 묘지, 전신주 등 지장물(支障物)보상금이나 이주(대책)비는 보상금 성격이지 기존 건축물의 취득이 아닌 토지의 취득이 목적이므로 취득세 과표에 포함하지 않지만, 건물과표에는 포함된다.

⑭ 토목공사가 아닌 토공사비의 경우 토지의 지목이 '대'이면 굴착·성토·흙막이공사와 같은 토공사비는 과표에 포함되나 지목이 '대'가 아니라면 건축비용에 들어가는 것이 아니라 지목변경에 따른 취득세 과세표준에 해당한다.

⑮ 조경공사비는 독립적으로 과세하지 않고 지목변경을 수반하는 경우에만 지목변경에 포함하여 과세한다. 단지내 도로의 공사비도 지목변경을 수반하는 경우에만 과세된다. 단지외 도로의 경우에는 기부채납될 도로일 것이므로 비과세된다. 지목변경에 수반되는 농지전용부담금, 대체농지조성비, 대체산림조림비는 과세표준에 포함되지만, 취득일 이후에 공사의 완료로 인하여 수익이 전제가 되는 「개발이익 환수에 관한 법률」에 의한 개발부담금은 제외된다.

⑯ 상·하수도원인자부담금이나 기반시설부담금은 건축을 위한 간접비용이므로 취득세 과표에 포함한다.

⑰ 담장·굴뚝공사, 붙박이 소방설비도 과표에 포함한다. 정화조도 당연히 공사비에 산입한다.

⑱ 옥내 인테리어로 고가의 그림·조각품·조명기구가 붙박이로 설치된다면 과표에 산입된다. 또한 '빌트인'(built-in) 방식의 가전제품이나 건물에 부착되는 가구 등은 과표에 포함된다.

⑲ 테니스장, 놀이터 자체에 들어가는 공사비용은 포함하지 않는다. 다만, 놀이터에 취득세 과세대상인 오락시설이 있다면 독립적으로 과세된다.

⑳ 현장사무소·견본주택 건축비(견본주택은 존속기간 1년이 초과하는 것은 독립 과세 대상이다)나 분양을 위한 선전광고비나 분양수수료는 과표에서 제외한다. 신축을 위한 건축물철거비·하수도원인자부담금·기반시설부담금은 신축에 불가결한 비용이므로 과표에 포함한다. 포장공사비·조경공사비는 지목변경을 수반하는 경우에만 과세하고, 건축물의 취득가액이 아닌 지목변경비용으로만 독립하여 과세한다.

㉑ 매매대금을 일시에 납부함으로써 대금의 일부를 할인받는 할인금액은 제외한다.

㉒ 과세대상과 비과세(감면)대상을 함께 취득하면서 과표에 산입할 부대비용이 구분 없이 공통적으로 발생한다면 다음과 같이 부대비용을 구분해 주어야 한다.

<u>과세대상 부대비용</u>= 지방세령제18조①의 간접비용 × 과세대상물건가액 / 취득물건가액합계

※ 건물신축시와 현물출자시의 과세표준 산정이나 감면신청시 농특세 계산을 위한 증빙자료 제출을 할 경우 법인장부나 위의 간접비용에 관한 자료를 빠짐없이 검토하여 신청하여야 추징을 받지 않을 것이다. 특히 현물출자시 법원에서 인가받은 감정가액을 기준으로 단순히 신고하면 안 된다.

거래유형별 취득시기와 과세표준

<table>
<tr><th colspan="2">구 분</th><th colspan="2">취득시기</th><th>과세표준</th></tr>
<tr><td rowspan="3">유상 승계 취득</td><td>국·수·공·판·장 (법인 등)</td><td>사실상 잔금지급일</td><td rowspan="3">등기일이 빠르면 등기일</td><td>사실상 취득가격</td></tr>
<tr><td>부(주택·토지)</td><td>계약상 잔금지급일(불명시의 경우 계약일부터 60일이 경과한 날)</td><td>사실상 취득가격(신고가격)</td></tr>
<tr><td>기타(사인간)</td><td>계약상 잔금지급일(불명시의 경우 계약일부터 60일이 경과한 날)</td><td>max[신고가, 시가표준액]</td></tr>
<tr><td colspan="2">무상 승계취득</td><td>계약일(상속·유증은 사망일)</td><td>등기일이 빠르면 등기일</td><td>시가표준액</td></tr>
<tr><td colspan="2">원시취득(건축물)</td><td colspan="2">사용승인일·임시사용승인일·사실상 사용일 중 빠른날</td><td>개인건설사업자: 시가표준액, 이 경우에도 취득가액의 90% 이상이 시공사 등의 법인장부로 입증된다면 그 금액
법인건설사업자: 법인장부상 가액</td></tr>
<tr><td colspan="2">부당행위계산 부인</td><td colspan="2">법인이므로 사실상 잔금지급일</td><td>허위의 법인장부의 경우 사실상 취득가격</td></tr>
</table>

(9) 일괄취득시 과세표준

지방세법시행령 제19조(토지 등의 일괄취득) ① 토지와 건축물 등을 한꺼번에 취득하여 토지 또는 건축물 등의 취득가격이 구분되지 아니하는 경우에는 한꺼번에 취득한 가격을 토지와 건축물 등의 시가표준액 비율로 나눈 금액을 각각의 취득가격으로 한다.
② 제1항의 경우에 시가표준액이 없는 과세물건이 포함되어 있으면 토지와 건축물 등의 감정가액 등을 고려하여 시장·군수가 결정한 비율로 나눈 금액을 각각의 취득가격으로 한다.

취득대상 물건을 일괄취득할 때 취득 당초부터 원인서류에서 물건별로 구분되어 있다면 문제가 없지만, 그렇지 아니할 경우에는 어떤 방법으로든 객관적으로 구분되어야 할 것이다. 왜냐하면 취득세의 과세객체는 과세대상 물건별로 독립성이 있는바, 취득의 시기, 과세표준, 세율 및 부과징수절차가 각각 독립적이어야 하기 때문이다. 또한 일괄취득시 취득세 과세대상이 아닌 물건에 대하여 취득세가 신고납부되었다면 그 가액 해당분은 과오납금 환부대상에 해당한다. 한편 공사가 완료되지 않은 상태에서 미완성건물과 함께 토지를 취득하였다면, 미완성건물에 해당하는 취득가액은 공제하고 토지에 대한 취득가액에 대해서만 과세하고, 미완성건물에 대해서는 나중에 건물이 완공될 때 총 공사비에 포함하여 과세한다.

토지와 건축물 등을 일괄취득하면서 취득가격이 구분되지 아니하는 경우에는 시가표준액 비율로 안분하여 산정한다.(지세령제19조①) 원시취득일 경우에는 공사원가에 따라 안분하여야 할 것이다. 집합건물이 아닌 주상복합건물과 대지의 일괄취득시에도 주택 부분(주택과 그 부속토지)은 공시되어 있을 것이므로 그 공시가액과 상가(건물과 그 부속토지)의 시가표준액을 조회하여 결정된 시가표준액으로 총 매매가액을 안분하여 각 취득가액을 결정하면 될 것이다.

8) 세율

(1) 부동산

<table>
<tr><th colspan="8">부동산 취득세율표</th></tr>
<tr><th colspan="3" rowspan="2">취득·등기 구분</th><th colspan="2">2010년 이전</th><th>2011년 이후</th><th>2014년 이후</th><th rowspan="2">비 고</th></tr>
<tr><th>취득세</th><th>등록세</th><th>취득세</th><th>취득세</th></tr>
<tr><td rowspan="3">상속(*)</td><td rowspan="2">농지</td><td>2년 이상 자경농민</td><td>-</td><td>3/1,000</td><td>3/1,000</td><td>좌동</td><td rowspan="3">• 수탁자가 위탁자의 상속인에게 신탁재산 이전 포함</td></tr>
<tr><td>기타</td><td>20/1,000</td><td>3/1,000</td><td>23/1,000</td><td>좌동</td></tr>
<tr><td colspan="2">농지 이외</td><td>20/1,000</td><td>8/1,000</td><td>28/1,000</td><td>좌동</td></tr>
<tr><td rowspan="2">무상취득(증여. <u>사인증여, 유증, 명의신탁 해지, 합병</u>)</td><td colspan="2">일반납세자</td><td>20/1,000</td><td>15/1,000</td><td>35/1,000</td><td>좌동</td><td rowspan="2">• <u>시효취득</u>(**) 포함</td></tr>
<tr><td colspan="2">비영리사업자</td><td>20/1,000</td><td>8/1,000</td><td>28/1,000</td><td>좌동</td></tr>
<tr><td colspan="3">원시취득</td><td>20/1,000</td><td>8/1,000</td><td>28/1,000</td><td>좌동</td><td></td></tr>
<tr><td rowspan="2">신탁 부동산 (수탁자 → 수익자 이전)</td><td colspan="2">일반 납세자</td><td>20/1,000</td><td>10/1,000</td><td>30/1,000</td><td>삭제</td><td></td></tr>
<tr><td colspan="2">비영리사업자</td><td>20/1,000</td><td>5/1,000</td><td>25/1,000</td><td>삭제</td><td></td></tr>
<tr><td colspan="3">공유물·합유물·총유물의 분할</td><td>20/1,000</td><td>3/1,000</td><td>23/1,000</td><td>좌동</td><td></td></tr>
<tr><td rowspan="6">그밖의 원인 (유상취득,부담부증여 포함)</td><td rowspan="2">농지</td><td>2년 이상 자경농민</td><td>-</td><td>15/1,000</td><td>15/1,000</td><td>좌동</td><td></td></tr>
<tr><td>신규영농</td><td>20/1,000</td><td>10/1,000</td><td>30/1,000</td><td>좌동</td><td></td></tr>
<tr><td colspan="2">농지 이외 토지, 상가건물</td><td>20/1,000</td><td>20/1,000</td><td>40/1,000</td><td>좌동</td><td></td></tr>
<tr><td rowspan="3">주택</td><td>6억원 이하</td><td></td><td></td><td></td><td>1%</td><td rowspan="3">6억원, 9억원의 판단은 지분가액이 아닌 규정된 계산식에 따른 전체주택의 취득 당시의 가액을 기준으로 한다.</td></tr>
<tr><td>9억원 이하</td><td></td><td></td><td></td><td>2%</td></tr>
<tr><td>9억원 초과</td><td></td><td></td><td></td><td>3%</td></tr>
</table>

※ 위 세율에 지방교육세와 농어촌특별세가 부가세로서 추가된다.

(*) 피상속인이 상속인에게 한 유증 및 포괄유증과 신탁재산의 상속을 포함한다.(지세법제7조⑦)]

(**) 취득시효를 원인으로 소유권이전등기를 하는 경우에는 지방세법 제11조 제1항 2호의 세율(35/1000)을 적용하나 자기소유 미등기 부동산에 대한 취득시효에 따른 소유권보존등기의 경우에는 지방세법 제28조 제1항 1호 가목의 세율(8/1000)을 적용한다.(지방세법기본통칙 28-12)

※ '진정명의회복을 원인으로 한 소유권이전등기'는 그 실질이 당초 원인무효인 청구외 갑 명의의 소유권이전등기를 말소하는 원상회복 조치의 결과라 하더라도 이는 말소등기와 달리 소유권을 취득한 자가 그 대가를 지급하지 아니하고 형식적이라도 소유권이전등기를 이행하는 것이므로 구 지방세법 제131조 제1항 제2호의 규정에 따른 무상으로 인한 소유권이전등기의 세율(1,000분의 15)을 적용하여야 할 것이다.(감심-2012-93)

→ 진정명의회복을 원인으로 한 소유권이전등기절차를 이행하는 과정에서 진정한 명의회복으로 소유권을 취득한 자가 등기명의를 회복하는 경우에는 새로운 취득으로서 취득세 납세의무가 성립한 것임.(조심 2012지0512) '진정명의회복을 원인으로 한 소유권이전등기'는 원인무효인 등기를 말소등기의 방식으로가 아닌 이전등기 방식으로 원상회복하는 절차인바, 등기권리자의 당초 취득원인이 무엇이냐에 관계 없이 등기원인은 '진정명의회복'으로 기재되고, 진정명의 회복등기에 의한 취득행위는 별개의 법률행위에 기해 소유권이전등기를 경료 함으로써 발생하는 것으로 새로운 소유권을 창설하는 것으로서 상속과는 별도의 취득이란 행위로 구별되는 것이라 할 것이므로 일률적으로 상속이 아닌 무상취득세율(35/1,000)이 적용된다.(감심-2012-93, 조심2010지0190) 만약 등기권리자의 당초 취득원인이 상속이고 제척기간이 지난 경우에는 구 취득세가 부과되지 않으므로 15/1,000의 세율이 적용된다.

※ 미등기 상태인 토지를 수용하면서 소유권보존등기를 하였다고 하더라도 실질적으로는 유상으로 승계취득한 것이라면 실질과세의 원칙에 따라 원시취득의 세율이 아닌 유상 취득세율이 적용되어야 한다.(지방세운영과-181, 2013.04.05)

※ 공부상의 등재현황과 사실상의 현황이 다른 경우에는 해당 물건을 취득하였을 때의 사실상의 현황에 따라 취득세를 부과하는 것인바, 이 건 토지는 공부상 지목이 전(田)이라 하더라도 그 사실상의 이용 현황이 잡종지와 주차장으로 이용되고 있는 사실이 확인되는 이상 농지에 대한 취득세율(1천분의 30)이 아닌 일반세율(1천분의40) 적용하여 산출한 취득세를 부과한 것은 달리 잘못이 없다.(조심2013지0506)

※ 그 밖에 지방세법제15조에 특례규정에 따른 세율이 규정되어 있다.(지방세 감면편에서 다룬다)

※ 명의신탁해지의 판결에 의하여 소유권을 이전한 경우 소유권 취득대가로 법원의 반대급부지급명령을 받거나 사실상 반대급부를 지급한 사실이 입증되는 경우에는 「지방세법」 제11조제1항제7호의 세율(40/1000)이 적용되며, 반대급부를

지급하지 않은 경우에는 「지방세법」 제11조제1항제2호의 세율(35(/1000)이 적용된다.(지방세법기본통칙 11-1)

※ 법인의 흡수합병으로 인하여 피합병법인의 부동산을 합병법인의 명의로 하는 소유권이전은 「지방세법」 제11조제1항제2호의 규정에 의거 1,000분의 35의 세율이 적용된다.(지방세법기본통칙 11-1)

※ 민법상의 사단법인이 존립기간의 만료, 정관에 정한 해산사유의 발생, 설립허가의 취소(행정관청 등) 등의 사유로 인하여 동 법인을 해산하고 법인격이 다른 새로운 법인을 설립하여 해산법인 소유의 부동산을 취득하는 경우에는 지방세법 제11조 제1항 제2호 소유권의 취득에 해당하는 세율을 적용한다.(지방세법기본통칙 11-1)

지방세법 제7조(납세의무자 등) ⑦ 상속(피상속인이 상속인에게 한 유증 및 포괄유증과 신탁재산의 상속을 포함한다. 이하 이 장과 제3장에서 같다)으로 인하여 취득하는 경우에는 상속인 각자가 상속받는 취득물건(지분을 취득하는 경우에는 그 지분에 해당하는 취득물건을 말한다)을 취득한 것으로 본다. 이 경우 상속인의 납부의무에 관하여는 「지방세기본법」 제44조제1항 및 제5항을 준용한다.

지방세법 제11조(부동산 취득의 세율) ① 부동산에 대한 취득세는 제10조의 과세표준에 다음 각 호에 해당하는 표준세율을 적용하여 계산한 금액을 그 세액으로 한다. <개정 2013.12.26., **2015.7.24.**>

1. 상속으로 인한 취득
 가. 농지: 1천분의 23
 나. 농지 외의 것: 1천분의 28
2. 제1호 외의 무상취득**(*)**: 1천분의 35. 다만, 대통령령으로 정하는 비영리사업자의 취득은 1천분의 28로 한다.
3. 원시취득: 1천분의 28
4. 삭제 <2014.1.1.> → 「신탁법」에 따른 신탁재산인 부동산을 수탁자로부터 수익자에게 이전하는 경우의 취득: 1천분의 30.
5. 공유물의 분할 또는 「부동산 실권리자명의 등기에 관한 법률」 제2조제1호 나목에서 규정하고 있는 부동산의 공유권 해소를 위한 지분이전으로 인한 취득(등기부등본상 본인 지분을 초과하는 부분의 경우에는 제외한다**(**)**): 1천분의 23
6. 합유물 및 총유물의 분할로 인한 취득: 1천분의 23
7. 그 밖의 원인으로 인한 취득
 가. 농지: 1천분의 30
 나. 농지 외의 것: 1천분의 40
8. 제7호 나목에도 불구하고 유상거래를 원인으로 제10조에 따른 취득 당시의 가액이 6억원 이하인 주택**(***)**[「주택법」 제2조제1호에 따른 주택으로서 「건축법」 제38조에 따른 건축물대장에 주택으로 기재되고, 건축물의 용도

가 주거용{「영유아보육법」 제10조제5호에 따른 가정어린이집, 「아동복지법」 제52조제1항제4호 및 제8호에 따른 공동생활가정·지역아동센터(같은 조 제2항에 따라 통합하여 설치한 경우를 포함한다) 및 「노인복지법」 제31조에 따른 노인복지시설로서 주거용으로 사용되는 시설은 제외한다}으로 사용하는 건축물과 그 부속토지를 말한다. 이하 이 조에서 같다]을 취득하는 경우에는 1천분의 10의 세율을, 6억원 초과 9억원 이하의 주택을 취득하는 경우에는 1천분의 20의 세율을, 9억원 초과 주택을 취득하는 경우에는 1천분의 30의 세율을 각각 적용한다. 이 경우 지분으로 취득한 주택의 취득 당시의 가액은 다음의 계산식에 따라 산출한 전체 주택의 취득 당시의 가액으로 한다.

$$\text{전체 주택의 취득 당시의 가액} = \text{취득지분의 취득 당시의 가액} \times \frac{\text{전체 주택의 시가표준액}}{\text{취득지분의 시가표준액}}$$

→ 취득세 영구인하조치

→ 현황과 공부가 모두 주택인 경우에만 주택으로 인정하므로 현황상 주택으로 사용하고 있더라도 공부상 주택이 아닌 무허가주택, 오피스텔, 기숙사, 고시원 등은 일반세율(4%) 적용(행자부 지방세법령적용요령)

→ 구분소유적 공유관계에 있는 주택의 특정부분을 취득한 경우에는 그 주택 전체가 아니라 취득한 특정부분에 대한 취득가액 및 주거전용면적을 기준으로 취득세 경감비율 및 농어촌특별세 비과세 여부를 판단하여야 한다.(대법원 2013두8295)

→「건축법」 제38조에 따른 건축물대장에 주택으로 기재되어 있지 아니한 주택에 대하여는 원칙적으로 주택유상거래 취득세율 적용대상 주택의 범위에서 제외하나, 종전「건축법」에 따라 건축허가 또는 신고 없이 건축이 가능한 주택[예 : 이행강제금(1992.6.1.시행 이전에는 해당 과태료) 부과 대상이 되지 아니하는 주택]은 기존과 같이 주택유상거래 세율을 적용(행자부 지방세법령적용요령)

→ 「건축법」에 따라 허가를 받거나 신고를 하여야 함에도 이를 이행하지 아니하고 건축 또는 용도변경을 하여 주택으로 사용하는 건축물에 대하여는 주택유상거래 취득세율 적용 배제(행자부 지방세법령적용요령)

→ '유상거래를 원인으로 취득하는 주택'이라 함은 주택을 소유하고 있는 자와 이를 취득하려고 하는 자가 서로 합의에 의하여 주택 인도와 대금 지급이라는 당사자 간의 급부이행을 통하여 취득하는 주택을 의미한다고 보아야 한다. 정비사업조합의 조합원이 자기 소유지분의 토지 위에 주택을 신축하는 과정에서 분담금을 자가 소유지분만큼 부담하는 것은 자기가 스스로 비용을 들여 주택을 신축 취득하는 것으로 보아야 하고, 게다가 신축주택은 조합원 개인의 명의로 소유권보존등기가 이루어지는바 타인과의 유상거래를 통한 주택 취득으로 볼 수는 없다. 따라서 재개발조합이나 재건축조합의 조합원(승계조합원 포함)이 분담금을 부담하고 주택을 신축하여 취득한 경우, 지방세법 제11조 제1항 8호의

유상거래 주택의 취득세 영구인하 규정을 적용할 수는 없다.(조심 2009지435, 2009.11.25.)

② 제1항제1호·제2호·제7호 및 제8호의 부동산이 공유물일 때에는 그 취득지분의 가액을 과세표준(****)으로 하여 각각의 세율을 적용한다. <개정 2013.12.26>
③ 제10조제3항에 따라 건축(신축과 재축은 제외한다) 또는 개수로 인하여 건축물 면적이 증가할 때에는 그 증가된 부분에 대하여 원시취득으로 보아 제1항제3호의 세율을 적용한다.
④ 주택을 신축 또는 증축한 이후 해당 주거용 건축물의 소유자(배우자 및 직계존비속을 포함한다)가 해당 주택의 부속토지를 취득하는 경우에는 제1항제8호를 적용하지 아니한다.(*****) <신설 2015.12.29.>

(*) 부부가 합유로 재산을 소유하고 있던 중 남편이 사망하여 그 합유물을 부인 단독명의로 하는 경우의 취득세율(안전행정부 지방세운영과-3488)
「민법」 제271조제1항에 따르면, 합유란 법률 규정 또는 계약에 의해 수인이 조합체로서 물건을 소유하는 것을 말하는 것으로서 그 특성상 부동산 합유자 중 일부가 사망하고 합유자 사이에 특별한 약정이 없는 경우에는 사망한 합유자의 상속인이 합유자로서의 지위를 승계하는 것이 아니라 잔존 합유자에게 사망한 합유자의 소유권이 귀속되는 것입니다(대법원 93다39225).
아울러, 「민법」 제1000조제1항 및 제1003조제1항 등에 따라 피상속인의 재산에 대한 상속은 피상속인의 직계비속, 피상속인의 직계존속의 순서로 되는 것이며 원칙적으로 피상속인의 배우자는 이와 같은 상속인과 공동상속인이 되는 것입니다.
따라서, 합유자 사이에 특별한 약정 없이 합유자 중 일부가 사망하였을 경우에는 사망한 합유자의 소유권이 잔존 합유자에게 귀속되는 점, 피상속인의 배우자라고 하여 피상속인의 재산을 당연히 단독으로 상속받는 것은 아닌 점 등을 감안했을 때, 부부가 합유로 재산을 소유하고 있던 중 남편이 사망하여 부인 단독명의가 되는 경우에는 「지방세법」 제11조제1항제2호에 따른 무상취득세율을 적용하는 것이 합리적일 것으로 판단됩니다.

→ 합유자 중 1인이 탈퇴하여 잔존자들 명의로 합유자 명의변경등기를 하였을 경우에도 지방세법제15조 제1항 4호의 공유물분할을 적용할 수는 없고 일반 무상취득의 세율을 적용하여야 한다.(조심2010지0773) 부부가 합유로 재산을 소유하고 있던 중 남편이 사망하여 부인 단독명의가 되는 경우에도 상속이 아니므로 같다.
→ 부동산 합유자 중 일부가 사망하여 잔존 합유재산의 변동이 있는 경우에는 「지방세법」 제11조제1항제2호의 무상취득세율을 적용한다.(지법통칙 11-4)

(*) 「민법」 제245조(점유로 인한 부동산의 취득) 및 수용으로 인한 부동산

취득시의 취득세율(안전행정부 지방세운영과-2427, 지방세운영과-181, 지방세운영과-3119)
「민법」 제245조에 따른 점유취득시효로 인한 취득자는 유상승계취득에 있어서 잔금이 청산된 경우와 같이 등기명의인에 대하여 소유권이전등기청구권을 가지게 되는 등 그 자체로 취득세의 과세객체가 되는 사실상 취득행위가 존재한다고 보아야 하며(대법원 2004.11.25. 선고 2003두13342 판결), 수용에 있어서도 사업시행자는 보상금을 지급하고 부동산소유자로부터 부동산을 취득하는 것이므로 사실상 취득행위가 존재한다고 보아야 할 것입니다.

따라서, 해당 취득들은 타인소유 목적물(부동산 등)의 존재를 전제로 사실상 취득행위가 있다고 보아야 하는 점, 실질과세의 원칙 등을 종합적으로 감안했을 때 승계취득에 대한 취득세율을 적용하는 것이 타당하다고 할 것입니다.
→ 점유시효취득은 무상승계취득세율, 수용은 유상승계취득세율[미등기부동산이라 소유권보존등기를 하는 경우라도 원시취득의 세율이 아닌 유상승계취득세율을 적용한다(안전행정부 지방세운영과-181)]

취득시효를 원인으로 소유권에 관한 등기를 하는 경우에는 「지방세법」 제11조제1항제2호의 규정을 적용하나, 자기소유 미등기 부동산에 대한 취득시효에 따른 소유권보존등기를 하는 경우에는 「지방세법」 제28조제1항제1호가목의 세율을 적용한다.(지방세법통칙 28-12)

(**) 공유로 되어 있는 부동산을 분할등기하는 경우에는 「지방세법」 제11조제1항제5호의 규정에 의한 세율을 적용하고, 공유토지를 단독소유로 등기하는 경우 본인지분 초과분에 대하여는 「지방세법」 제11조제1항제7호의 세율을 적용한다.(지방세법기본통칙 11-3)

(***) 과세형평성 제고 및 주택거래 활성화 입법취지를 고려하여 예외없이 현황과 공부가 모두 주택인 경우에만 주택으로 인정한다.(2015.7.24.. 시행 지방세법령 적용요령) 현황상 주택으로 사용하고 있다 하더라도 공부상 주택이 아닌 무허가주택, 오피스텔이나 기숙사, 고시원은 주택으로 보지 않는다. 기숙사의 경우에는 공동주택으로 본다. 다만, 종전 건축법에 따라 건축허가 또는 신고 없이 건축이 가능한 주택은 공부에 기재되어 있지 않더라도 인정) 지방세특례제한법상의 감면대상 공동주택에서도 기숙사는 제외된다.(지특법제2조①) 이와 달리, 양도소득세 1세대1주택 비과세의 경우의 주택은 공부상의 기재가 아닌 사실상 사용용도에 따른다.

공부상 주택으로 등재되어 있고 주택의 일부분이 건물의 요건을 형식적으로 충족하고 있다 하더라도 지붕과 벽체 등이 파손된 상태로서 사실상 주거기능이 상실되었다면 주택으로 보기 어렵다.(조심2013지0256)

'주택'은 주택과 그 부속토지를 합한 개념이지만, 주거용 건물의 소유자와 그 부속토지의 소유자가 동일한 경우에만 부속토지가 '주택'으로 취급되고 제3자 소유의 부속토지는 주택으로 볼 수 없다.(조심2013지1029, 조심2014지1404, 조심2014지0935) 청구인은 쟁점주택을, 동일한 세대별 주민등록표에 기재되어 있는 청구인의 모는 타인 소유의 주택용 건축물의 부속토지를 상속받아 취득하였으나, 타인 소유의 주택용 건축물의 부속토지는 주택으로 볼 수 없으므로 청구인은 쟁점주택을 취득하여 상속으로 인한 1가구 1주택의 취득에 해당되는 경우로 보는 것이 타당함.(조심2014지0838)

(****) 그렇지만 이와 달리 유상거래 공유주택의 지분 취득시 세율 적용의 기준이 되는 취득가액은 1구 주택 전체의 가액을 기준으로 한다.

(*****) 주택 부속토지 취득시 낮은 세율을 적용받기 위해 건축 후에 취득한 것으로 허위 신고하는 사례가 있어 건축 후에 부속토지를 매입하는 경우에는 주택 유상거래 세율의 적용을 배제하고 4%의 일반세율을 적용하는 것으로 개정하였다.

※ 청구인들은 쟁점토지에 대하여 매매를 원인으로 하여 매매계약을 체결하고, 부동산거래신고 및 소유권이전등기를 경료한 사실이 확인되므로 유상거래에 해당한다 할 것이고(매도인은 양도소득세를 신고납부), 비록 나중에 이 건 거래가 특수관계자간의 거래에 해당하므로 증여로 의제하여 청구인들에게 증여세가 과세되었다고 하더라도 매매 거래 자체가 부인되는 것은 아니므로 청구인의 무상취득 세율을 적용한 경정청구를 거부한 것은 달리 잘못이 없음.(조심2013지0411)

지방세법 제14조(조례에 따른 세율 조정) 지방자치단체의 장은 조례로 정하는 바에 따라 취득세의 세율을 제11조와 제12조에 따른 세율의 100분의 50의 범위에서 가감할 수 있다. → 이른바 '탄력세율'

주택의 취득세율(현행 2013.8.28. 이후)

구 분		취득세	농어촌특별세(*)	지방교육세	합 계
6억원 이하	85㎡ 이하	1%	비과세	0.1%	1.1%
	85㎡ 초과	1%	0.2%	0.1%	1.3%
6억원 초과~9억원 이하	85㎡ 이하	2%	비과세	0.2%	2.2%
	85㎡ 초과	2%	0.2%	0.2%	2.4%
9억원 초과	85㎡ 이하	3%	비과세	0.3%	3.3%
	85㎡ 초과	3%	0.2%	0.3%	3.5%

(*) 감면이 아닌 표준세율이므로 지방세법 제11조 및 제12조의 표준세율을 100분

의2로 적용하여 지방세법, 지방세특례제한법 및 조세특례제한법에 따라 산출한 취득세액의 10%(농특세제5조①6호)로 일률적으로 적용한다.

※ 다주택자, 고가주택 여부를 불문하고 적용한다.

▶ 2012. 01. 01.~2012. 09. 23.까지 유상 취득한 주택

분류		취득세	교육세	농어촌특별세		합계
				취득세액의 10%	감면세액의 10%	
1인 1주택/일시적 2주택, 9억원 이하	85㎡ 이하	2.00	0.20	-	-	2.20%
	85㎡ 초과	2.00	0.20	0.10	0.40	2.70%
9억원 초과 및 다주택자	85㎡ 이하	4.00	0.40	-	-	4.40%
	85㎡ 초과	4.00	0.40	0.20	-	4.60%

▶ 2012. 09, 24.~2012. 12. 31.까지 유상 취득한 주택

분류			취득세	교육세	농어촌특별세		합계
					취득세액의 10%	감면세액의 10%	
1인 1주택자 및 일시적2주택자	9억원 이하	85㎡ 이하	1.00	0.10	-	-	1.10%
		85㎡ 초과	1.00	0.10	0.05	0.60	1.75%
	9억원 초과~12억원이하	85㎡ 이하	2.00	0.20	-	-	2.20%
		85㎡ 초과	2.00	0.20	0.10	0.40	2.70%
	12억원 초과	85㎡ 이하	3.00	0.30	-	-	3.30%
		85㎡ 초과	3.00	0.30	0.15	0.20	3.65%
다주택자	12억원 이하	85㎡ 이하	2.00	0.20	-	-	2,20%
		85㎡ 초과	2.00	0.20	0.10	0.40	2.70%
	12억원 초과	85㎡ 이하	3.00	0.30	-	-	3.30%
		85㎡ 초과	3.00	0.30	0.15	0.20	3.65%

▶ 2013. 01. 01.~2013. 6. 30.까지 유상 취득한 주택

구 분		취득세	지방교육세	농어촌특별세	합 계
9억원 이하 1주택	85㎡ 이하	1%	0.1%		1.1%
	85㎡ 초과	1%	0.1%	0.65%	1.75%
12억원 이하	85㎡ 이하	2%	0.2%		2.2%

1주택 또는 다주택	85㎡ 초과	2%	0.2%	0.5%	2.7%
12억원 초과	85㎡ 이하	3%	0.3%		3.3%
	85㎡ 초과	3%	0.3%	0.35%	3.65%

▶ **2013. 07. 01.~2013. 8. 27.까지 유상 취득한 주택**

분 류		취득세	교육세	농어촌특별세		합계
				취득세액의 10%	감면세액의 10%	
1인 1주택/일시적 2주택, 9억원 이하	85㎡ 이하	2.00	0.20	-	-	2.20%
	85㎡ 초과	2.00	0.20	0.10	0.40	2.70%
9억원 초과 또는 다주택자	85㎡ 이하	4.00	0.40	-	-	4.40%
	85㎡ 초과	4.00	0.40	0.20	-	4.60%

지방세특례제한법 제40조의2(주택거래에 대한 취득세의 감면) ① 유상거래를 원인으로 2013년 1월 1일부터 2013년 6월 30일까지 「지방세법」 제10조에 따른 취득 당시의 가액이 9억원 이하인 주택을 취득하여 다음 각 호의 어느 하나에 해당하게 된 경우에는 같은 법 제11조제1항제7호나목의 세율을 적용하여 산출한 취득세의 100분의 75를, 9억원 초과 12억원 이하의 주택을 취득하여 다음 각 호의 어느 하나에 해당하는 경우나 12억원 이하의 주택을 취득하여 제2호 외의 다주택자가 되는 경우에는 같은 법 제11조제1항제7호나목의 세율을 적용하여 산출한 취득세의 100분의 50을, 12억원 초과 주택을 취득하는 경우에는 같은 법 제11조제1항제7호나목의 세율을 적용하여 산출한 취득세의 100분의 25를 각각 경감한다. 다만, 9억원 이하의 주택을 제2호의 경우로 취득하여 취득세를 경감받고 정당한 사유 없이 그 취득일부터 3년 이내에 1주택으로 되지 아니한 경우에는 경감된 취득세의 3분의 1을 추징한다.

1. 1주택이 되는 경우
2. 대통령령으로 정하는 일시적 2주택이 되는 경우

② 유상거래를 원인으로 2013년 7월 1일부터 2013년 12월 31일까지 「지방세법」 제10조에 따른 취득 당시의 가액이 9억원 이하인 주택을 취득하여 다음 각 호의 어느 하나에 해당하게 된 경우에는 같은 법 제11조제1항제7호나목의 세율을 적용하여 산출한 취득세의 100분의 50을 경감한다. 다만, 제2호의 경우로 취득하여 취득세를 경감받고 정당한 사유 없이 그 취득일부터 3년 이내에 1주택으로 되지 아니한 경우에는 경감된 취득세를 추징한다.

1. 1주택이 되는 경우
2. 대통령령으로 정하는 일시적 2주택이 되는 경우

[전문개정 2013.3.23.]

→ 지세법제11조⑧, 부칙제2조②에 따라 사실상 폐지되었다.

지방세특례제한법시행령 제17조의2(취득세 감면 대상이 되는 일시적 2주택의 범위) 법 제40조의2제2호에서 "대통령령으로 정하는 일시적으로 2주택이 되는 경우"란 이사, 근무지의 이동, 본인이나 가족의 취학, 질병의 요양, 그 밖의 사유로 인하여 다른 주택을 취득하였으나 종전의 주택을 처분하지 못한 경우를 말한다.

※ 과거와 달리 '개인간의' 유상거래가 아니므로 매매, 교환은 물론 경매, 공매도 해당되고, 매매, 분양 모두 포함한다. 따라서 상속, 증여, 재건축에 따른 취득은 적용되지 않는다.'법인'의 주택 유상거래·취득에도 적용된다. 그러나 법인이 주택 신축하여 법인 명의로 보존등기시에는 적용하지 않는다(유상거래×). 주택 생애최초취득 감면의 경우와 달리 외국인에게도 적용된다.

※ 1주택자는 세대 단위가 아닌 취득자 본인 명의의 주택이 1채인 경우(공유지분 취득도 포함)를 의미한다.

※ 6억원, 9억원 가격기준은 공유지분 가격이 아닌 주택 전체의 가격을 기준으로 한다.

※ 6억원, 9억원 이하의 기준은 부동산거래계약신고 가액이 기준이지만, 신고가액이 공시가액 미만일 수는 없다. 대물적 감면이므로 공유지분으로 취득하는 경우라도 주택 전체 가격을 기준으로 한다.

※ 1세대를 구성하는 구성원이 여러 주택을 보유한 경우라도 주택을 취득하는 자가 취득일 현재 주택을 보유하고 있지 아니하면 감면대상이다.

※ 1인 1주택의 판정시 조합원입주권·일반분양권은 주택으로 보지 아니한다.(양도세 1세대1주택 특례와 차이) 그러나 기존주택에 대한 공유자는 1주택자에 해당한다.

※ 신규주택 취득으로 1인 2주택이 되더라도 신규주택 취득일부터 3년 내에 종전 주택을 처분하여 1주택이 되는 경우라면 감면 신청 가능.(기간 내 불처분시는 추징)

※ 지방미분양주택 감면제도와는 중복 적용되고 그 중 높은 감면률이 적용된다. 또한 지방미분양주택 감면제도는 고가주택이나 다주택자에게도 적용된다.

※ 지방세특례제한법 보칙 제93조에 따르면 지특세법상의 감면규정은 지방세법 제13조 제5항(사치성재산)의 중과세 대상과는 양립하지 못한다. 따라서 사치성재산에는 애당초 감면규정이 적용될 수 없다.

지방세법 부칙 제2조(유상거래주택 취득의 세율에 관한 적용례) ① 제11조 및 제13조의 개정규정은 <u>2013년 8월 28일 이후 최초로 취득하는 분부터 적용</u>한다.

② <u>2013년 8월 28일부터 2013년 12월 31일까지 취득하는 분에 대하여는 「지방세특례제한법」 제40조의2에도 불구하고 제11조 및 제13조의 개정규정을 적용한다.</u>

지방세법 제15조(세율의 특례) ① 다음 각 호의 어느 하나에 해당하는 취득에 대한 취득세는 제11조 및 제12조에 따른 세율에서 중과기준세율을 뺀 세율로 산출한 금액을 그 세액으로 하되, 제11조제1항제8호에 따른 주택에의 취득에 대한 취득세는 해당 세율에 100분의 50을 곱한 세율을 적용하여 산출한 금액을 그 세액으로 한다. 다만, 취득물건이 제13조제2항에 해당하는 경우에는 이 항 각 호 외의 부분 본문의 계산방법으로 산출한 세율의 100분의 300을 적용한다. <개정 2015.12.29.>

1. 환매등기를 병행하는 부동산의 매매로서 환매기간 내에 매도자가 환매한 경우의 그 매도자와 매수자의 취득
2. 상속으로 인한 취득 중 다음 각 목의 어느 하나에 해당하는 취득
   가. 대통령령으로 정하는 1가구 1주택 및 그 부속토지의 취득
   나. 「지방세특례제한법」 제6조제1항에 따라 취득세의 감면대상이 되는 농지의 취득
3. .「법인세법」 제44조제2항 또는 제3항에 해당하는 법인의 합병으로 인한 취득. 다만, 법인의 합병으로 인하여 취득한 과세물건이 합병 후에 제16조에 따른 과세물건에 해당하게 되는 경우 또는 합병등기일부터 3년 이내에 「법인세법」 제44조의3제3항 각 호의 어느 하나에 해당하는 사유가 발생하는 경우(같은 항 각 호 외의 부분 단서에 해당하는 경우는 제외한다)에는 그러하지 아니하다.
4. 공유물의 분할(*) 또는 「부동산 실권리자명의 등기에 관한 법률」 제2조제1호나목에서 규정하고 있는 부동산의 공유권 해소를 위한 지분이전으로 인한 취득(등기부등본상 본인 지분을 초과하는 부분의 경우에는 제외한다)
5. 건축물의 이전으로 인한 취득. 다만, 이전한 건축물의 가액이 종전 건축물의 가액을 초과하는 경우에 그 초과하는 가액에 대하여는 그러하지 아니하다.
6. 「민법」 제834조, 제839조의2 및 제840조에 따른 재산분할로 인한 취득
7. 그 밖의 형식적인 취득 등 대통령령으로 정하는 취득

② 다음 각 호의 어느 하나에 해당하는 취득에 대한 취득세는 중과기준세율을 적용하여 계산한 금액을 그 세액으로 한다. 다만, 취득물건이 제13조제1항에 해당하는 경우에는 중과기준세율의 100분의 300을, 같은 조 제5항에 해당하는 경우에는 중과기준세율의 100분의 500을 각각 적용한다. <개정 2015.7.24.>

1. 개수로 인한 취득(제11조제3항에 해당하는 경우는 제외한다). 이 경우 과세표준은 제10조제3항에 따른다.
2. 제7조제4항에 따른 선박·차량과 기계장비 및 토지의 가액 증가. 이 경우 과세표준은 제10조제3항에 따른다.
3. 제7조제5항에 따른 과점주주의 취득. 이 경우 과세표준은 제10조제4항에 따른다.
4. 제7조제6항에 따라 외국인 소유의 취득세 과세대상 물건(차량, 기계장비,

항공기 및 선박만 해당한다)을 임차하여 수입하는 경우의 취득(연부로 취득하는 경우로 한정한다)
5. 제7조제9항에 따른 시설대여업자의 건설기계 또는 차량 취득
6. 제7조제10항에 따른 취득대금을 지급한 자의 기계장비 또는 차량 취득. 다만, 기계장비 또는 차량을 취득하면서 기계장비대여업체 또는 운수업체의 명의로 등록하는 경우로 한정한다.
7. 그 밖에 레저시설의 취득 등 대통령령으로 정하는 취득

→ 캐노피 등 신축건물이 소유권 보존등기 대상이 아닌 경우 적용되는 취득세 세율이 지방세법 제11조 제1항 제3호의 규정에 의거 과세표준에 1천분의 28 세율인지, 구 지방세법 상 등록세 납부대상이 아닌 경우 해당함으로 등록세 부분을 공제하고 과세표준에 1천분의 20 세율(지방세법 제15조)인지 여부에 대하여 조세법률주의의 원칙상 유추해석이나 확장해석은 허용되지 아니하므로 지방세법 제15조 특례에 해당하지 않는 한 지방세법 제11조 제1항 제3호의 세율이 적용도어야 할 것이다.(서울특별시청 세제과-4663)
→ 공유물분할의 경우에도 지분의 교환이 병행되는 경우는 제외한다.

(*) 대법원 1999.12.24. 선고 98두10387 판결[등록세등부과처분취소]
공유자들이 협의에 의하여 공유물을 분할하는 경우 원래의 공유지분을 초과하여 취득한 부분에 관한 권리의 이전은 단순한 소유형태의 변경에 불과하다고 볼 수는 없을 것이므로, 법 제131조 제1항 제5호 소정의 공유물의 분할에 해당한다고 볼 수 없을 것이나, 원래 공유물의 분할은 그 객체인 물건의 제반상황을 종합 고려한 합리적인 방법으로 지분비율에 따라야 할 것이고, 여기에서의 지분비율은 원칙적으로 지분에 따른 가액(교환가치)의 비율에 의하여야 할 것이므로(대법원 1992. 11. 10. 선고 92다39105 판결 등 참조), 공유물의 분할 후 자산가액의 비율이 원래의 공유지분의 범위를 넘어서는 것이라거나 또는 원래의 공유지분의 비율과 분할 후 자산가액의 비율과의 차이에 따른 정산을 하였다는 등의 특별한 사정이 없는 한, 협의에 의한 공유물분할은 원래의 공유지분에 따라 분할한 것으로서 제5호 소정의 공유물의 분할에 해당한다고 보아야 할 것이다(대법원 96누14401 판결 참조). 그리고 이러한 법리는 위와 같은 지분교환의 형식으로 한 개의 공유물을 분할하여 그 중 특정부분에 대한 단독소유권을 취득하는 경우는 물론 여러 개의 공유물 또는 공유자산을 일괄하여 분할함에 있어 각 공유물을 그 지분비율에 따라 하나하나 분할하는 대신 지분 비율과 각 공유물의 가액을 함께 고려하여 그 중 한 개 이상씩의 특정공유물 전체에 대한 단독소유권을 취득하는 경우에도 마찬가지로 적용된다 할 것이다(대법원 95누5653 판결).

지방세법시행령 제30조(세율의 특례 대상) 법 제15조제2항제7호에서 "레저시설의 취득 등 대통령령으로 정하는 취득"이란 다음 각 호의 어느 하나에 해당하는 취득을 말한다.

1. 제5조에서 정하는 시설의 취득
2. 무덤과 이에 접속된 부속시설물의 부지로 사용되는 토지로서 지적공부상 지목이 묘지인 토지의 취득
3. 법 제9조제5항 단서에 해당하는 임시건축물의 취득
4. 「여신전문금융업법」 제33조제1항에 따라 건설기계나 차량을 등록한 대여시설이용자가 그 시설대여업자로부터 취득하는 건설기계 또는 차량의 취득
5. 건축물을 건축하여 취득하는 경우로서 그 건축물에 대하여 법 제28조제1항제1호가목 또는 나목에 따른 소유권의 보존 등기 또는 소유권의 이전 등기에 대한 등록면허세 납세의무가 성립한 후 제20조에 따른 취득시기가 도래하는 건축물의 취득(*)

(*) 가처분 등기촉탁으로 소유권 보존등기가 경료된 미준공 건축물을 유상으로 승계취득하고 이전등기한 후 공사비를 추가 투입하여 준공하였을 경우의 취득세율(안전행정부 지방세운영과-195, 2014.1.16.)

「지방세법」 제23조제1호 및 제28조제1항제1호나목에 따르면"등록"이란 재산권과 그 밖의 권리의 설정·변경 또는 소멸에 관한 사항을 공부에 등기하거나 등록하는 것을 말하는 것으로서 취득을 원인으로 하는 것은 제외되는바, 미준공 건축물에 대해 소유권 이전 등기를 하는 경우에는 취득세가 아닌 등록면허세를 납부해야 하는 것입니다.

또한 같은 법 제15조제2항제7호 및 같은 법 시행령 제30조제5호에 따르면, 건축물을 취득하는 경우로서 소유권 이전 등기 등에 대한 등록면허세 납세의무가 성립한 후 그 취득시기가 도래하는 경우에는 1천분의 20에 해당하는 취득세를 납부해야 하는 것입니다.

이와 같이 등록면허세 납세의무가 성립된 미준공 건축물의 취득에 대해 상대적으로 낮은 세율이 적용되도록 하는 것은 현행 취득세가 구 취득세와 구 등록세가 합쳐진 점을 감안하여 납세자의 세부담을 기존과 동일하게 유지시키려는데 목적이 있다고 할 것입니다.

한편, 같은 법 제10조제5항제3호 및 같은 법 시행령 제18조제1항 등에 따르면 법인장부로 취득가격이 증명되는 취득의 경우에는 취득시기를 기준으로 그 이전에 해당 물건을 취득하기 위해 상대방 등에게 지급하였거나 지급하여야 할 모든 직·간접비용의 합계액이 취득세 과세표준이 되는 것입니다.

따라서 미준공 상태인 건축물을 법인이 이전 등기한 후 추가로 공사비를 투입하여 사용승인을 받은 경우라면 등기형식과는 관련 없이 실질적으로는 원시취득에 해당된다고 보는 것이 합리적일 것이므로 당초 이전 등기시의 등록면허세 과세표준이었던 매매대금에 대해서는 2%의 세율을 이전 등기 후 발생한 추가 공사비 등에 대해서는 2.8%의 세율을 각각 적용하여야 할 것으로 판단됩니다.

재개발·재건축아파트 취득세율

구분				취득세	농특세	교육세	합계	과세표준
입주권(*)	재개발 재건축		면적불문	4%	0.2%	9.4%	4.6%	건물 멸실 후 토지분(+프리미엄)
신축주택	재개발	원조합원	85㎡ 이하	-	-	-	-	100% 면제
			85㎡ 초과	2.8%	0.2%	0.16%	3.16%	청산금
		승계조합원	85㎡ 이하	2.8%	-	0.16%	2.96%	청산금
			85㎡ 초과	2.8%	0.2%	0.16%	3.16%	청산금
		일반분양자	40㎡ 이하	-	-	-	-	100% 면제(1세대1주택, 1억원 미만)
			40㎡ 초과					분양가의 1~3%(주택유상거래 세율), 85㎡ 이하는 농특세 면제
	재건축	원조합원	85㎡ 이하	2.8%	-	0.16%	2.96%	조합원별 안분건축비, 토지는 지분증가분
			85㎡ 초과	2.8%	0.2%	0.16%	3.16%	상동
		승계조합원	85㎡ 이하	2.8%	-	0.16%	2.96%	상동
			85㎡ 초과	2.8%	0.2%	0.16%	3.16%	상동
		일반분양자	40㎡ 이하	-	-	-	-	100% 면제(1세대1주택, 1억원 미만)
			40㎡ 초과					분양가의 1~3%(주택유상거래 세율), 85㎡ 이하는 농특세 면제

※ ① 입주권 : 관리처분계획인가일 이후

② 원조합원 : 정비구역지정일(2008. 3. 12. 이전이라면 사업시행인가일) 이전 부동산 소유자

③ 승계조합원 : 정비구역지정일(2008. 3. 12. 이전이라면 사업시행인가일) 이후 부동산 소유자

※ 취득세와 양도소득세의 경우 관리처분계획인가일 이전에는 주택으로 과세하고, 관리처분계획인가일 이후에는 입주권으로서 취득세는 토지로 보아 과세하고 양도소득세는 입주권으로 과세한다.

※ 입주권과 분양권을 구분하여야 한다. 부동산소유권이 관리처분계획에 따라 장차 다른 부동산으로 교환·변경되리라는 기대를 가지고 있었다고 하여 부동산에 관한 재개발 입주권에 부동산을 취득할 수 있는 권리가 포함되어 별도로 상속재산을 구성한다고 볼 수는 없다(의정부지방법원 2012구합572)고 하므로, 조합원 입주권은 부동산을 취득할 수 있는 권리로 다루는 것이 아니라 종전 토지나 건물만이 과세대상이고 과세표준 또한 종전 토지나 건물의 시가표준액이 된다. 입주권을 승계취득하는 시점에서는 종전 건물이 멸실되고, 주택재건축(재개발)사업이 진행 중에 있는 것으로 나타나는바, 청구인이 쟁점 분양권을 취득한 것은 종전 건물을 취득한 것이 아니라 종전 건물에 대한 조합원 배정분의 이 건 조합원 아파트에 입주할 수 있는 지위를 승계하면서 그 부속토지를 취득한 것으로 보는 것이다. 이 점은 상속·증여세뿐만이 아니라 상속·증여로 인한 취득세의 경우에도 마찬가지이다. 그러나 입주권 매매의 경우에는 부동산 거래신고에 관한 법률상 부동산을 취득할 수 있는 권리로 보아 부동산거래계약 신고대상으로 되어 있으나, 위의 표에서 보듯이 세율은 토지에 대한 세율을 적용하고 과세표준은 종전 토지가액에 프리미엄을 합친 실제거래가액이 된다.

그러나 조합원 입주권과 달리 일반분양자가 분양계약을 체결한 경우의 분양권은 부동산을 취득할 수 있는 권리로서 사용승인일 이전의 분양권 상태에서 상속이나 증여가 발생할 경우 상속세나 증여세 과세대상이지만 취득세 부과대상은 아니다. 이 경우 상속세 및 증여세법 제61조 제5항 및 같은 법 시행령 제51조 제2항의 규정에 의하여 부동산을 취득할 수 있는 권리는 평가기준일까지 불입한 금액과 평가기준일 현재의 프리미엄에 상당하는 금액을 합한 금액으로 평가하는 것이며, 재개발조합원으로서 아파트를 분양받을 수 있는 권리를 증여하는 경우 '평가기준일까지 불입한 금액'은 재개발조합에서 평가한 부동산가액과 평가기준일까지 불입한 계약금, 중도금 등을 합한 금액이 되는 것이며, 평가기준일 현재 상환하지 않은 시유지 불하대금 및 평기준일까지 발생한 이자 중 미지급금액을 합한 금액을 수증자가 인수하는 경우 당해 금액은 채무로서 공제하는 것임.(재산상속 46014-22) 이 경우 '평가기준일 현재의 프리미엄에 상당하는 금액'은 그 당시 불특정 다수인 간의 거래에 있어서 통상 지급되는 프리미엄이며 이는 소관 세무서장이 당해 권리에 대한 거래상황, 가격변동 등 구체적인 사실을 조사하여 판단할 사항임.(서일 46014-11442)

입주권과 달리 분양계약서의 경우에는 부동산거래계약 신고대상이 아니라 검인대상이다. 주택 분양권 전매의 경우에는 부동산거래계약 신고대상이지만,

상가나 오피스텔의 경우에는 분양권 전매의 경우 부동산거래계약 신고대상이 아니다.

부동산 거래신고에 관한 법률 제2조(정의) 이 법에서 사용하는 용어의 뜻은 다음과 같다.

1. "거래당사자"란 다음 각 목의 어느 하나에 해당하는 부동산 또는 부동산을 취득할 수 있는 권리(이하 "부동산등"이라 한다)의 매수인과 매도인을 말한다.
   가. 토지 또는 건축물
   나. 「도시 및 주거환경정비법」 제48조에 따른 관리처분계획의 인가로 취득한 입주자로 선정된 지위
   다. 「주택법」 제16조에 따른 사업계획승인을 받아 건설·공급하는 주택의 입주자의 지위

(2) 부동산 외의 취득세율

선 박

취 득 유 형	2010년 이전		2011년 이후	2014년
	취득세	등록세	취득세	취득세
상속으로 인한 취득	20/1000	5/1000	25/1000	25/1000
증여, 유증, 그 밖의 무상취득	20/1000	10/1000	30/1000	30/1000
원시취득	20/1000	0.2/1000	20.2/1000	20.2/1000
수입에 의한 취득 및 주문 건조에 의한 취득	20/1000	0.2/1000	20.2/1000	20.2/1000
신탁법에 따른 신탁재산인 선박을 수탁자로부터 수익자에게 이전하는 경우의 취득	20/1000	10/1000	30/1000	30/1000
그 밖의 원인으로 인한 취득(유상승계취득)	20/1000	10/1000	30/1000	30/1000
20톤 미만인 기선 및 범선	20/1000	0.2/1000	20.2/1000	20.2/1000
100톤 미만의 부선	20/1000	0.2/1000	20.2/1000	20.2/1000
동력수상레저기구	20/1000	0.2/1000	20.2/1000	20.2/1000
그 밖의 선박	20/1000	-	20/1000	20/1000

차량·기계장비·항공기

취 득 유 형			2010년 이전		2011년 이후	2014년
			취득세	등록세	취득세	취득세
비영업용 승용자동차	일반 승용자동차		20/1000	50/1000	70/1000	70/1000
	경자동차		20/1000	20/1000	40/1000	40/1000
-영업용 승용차 -승합차 -화물차 -이륜차 -특수자동차 등	비영업용	일반자동차	20/1000	30/1000	50/1000	50/1000
		경자동차	20/1000	20/1000	40/1000	40/1000
	영업용		20/1000	20/1000	40/1000	40/1000
	125cc 이하 이륜차		20/1000	-	20/1000	20/1000
자동차세 부과 제외 차량 (궤도, 삭도 등)			20/1000	-	20/1000	20/1000
기계장비	건설기계		20/1000	10/1000	30/1000	30/1000
	미등록 기계장비		20/1000	-	20/1000	20/1000
항 공 기	일반항공기(최대이륙중량 5,700kg 이상)		20/1000	0.1/1000	20.1/1000	20.1/1000
	일반항공기(최대이륙중량 5,700kg 미만)		20/1000	0.2/1000	20.2/1000	20.2/1000

※ 선박, 차량이나 기계장비, 항공기의 경우에는 원시취득은 제외하고 실수요자가 최초로 승계취득하는 때부터 그 이후의 유통단계마다 발생한다.(취득과 종류변경을 포함) 외국에서 수입하는 경우에는 실수요자 여부를 불문하고 취득세 납세의무가 발생한다.

기타 권리취득 등

취 득 유 형	2010년 이전		2011년 이후
	취득세	등록세	취득세
입목, 광업권, 어업권	20/1000	-	20/1000
골프회원권·승마회원권·콘도미니엄회원권·요트회원권·종합체육시설이용권	20/1000	-	20/1000

지방세법 제12조(부동산 외 취득의 세율) ① 다음 각 호에 해당하는 부동산등에 대한 취득세는 제10조의 과세표준에 다음 각 호의 표준세율을 적용하여 계산한 금액을 그 세액으로 한다. <개정 2014.1.1>

1. 선박
   가. 등기·등록 대상인 선박(나목에 따른 소형선박은 제외한다)
      1) 상속으로 인한 취득: 1천분의 25
      2) 상속으로 인한 취득 외의 무상취득: 1천분의 30
      3) 원시취득: 1천분의 20.2
      4) 수입에 의한 취득 및 주문 건조에 의한 취득: 1천분의 20.2
      5) 삭제 <2014.1.1.> → 「신탁법」에 따른 신탁재산인 선박을 수탁자로부터 수익자에게 이전하는 경우의 취득: 1천분의 30
      6) 그 밖의 원인으로 인한 취득: 1천분의 30
   나. 소형선박
      1) 「선박법」 제1조의2제2항에 따른 소형선박: 1천분의 20.2
      2) 「수상레저안전법」 제30조에 따른 동력수상레저기구: 1천분의 20.2
   다. 가목 및 나목 외의 선박: 1천분의 20
2. 차량
   가. 비영업용 승용자동차: 1천분의 70. 다만, 경자동차의 경우에는 1천분의 40으로 한다.
   나. 그 밖의 자동차
      1) 비영업용: 1천분의 50. 다만, 경자동차의 경우에는 1천분의 40으로 한다.
      2) 영업용: 1천분의 40
      3) 「자동차관리법」에 따른 이륜자동차로서 대통령령으로 정하는 자동차: 1천분의 20
   다. 가목 및 나목 외의 차량: 1천분의 20
3. 기계장비: 1천분의 30. 다만, 「건설기계관리법」에 따른 등록대상이 아닌 기계장비는 1천분의 20으로 한다.
4. 항공기
   가. 「항공법」 제3조 단서에 따른 항공기: 1천분의 20
   나. 그 밖의 항공기: 1천분의 20.2. 다만, 최대이륙중량이 5,700킬로그램 이상인 항공기는 1천분의 20.1로 한다.
5. 입목: 1천분의 20
6. 광업권 또는 어업권: 1천분의 20
7. 골프회원권, 승마회원권, 콘도미니엄 회원권, 종합체육시설 이용회원권 또는 요트회원권: 1천분의 20

② 제1항제1호의 선박 및 같은 항 제3호의 기계장비가 공유물일 때에는 그 취득지분의 가액을 과세표준으로 하여 세율을 적용한다. <개정 2010.12.27.>

9) 배우자·직계존비속간 거래의 증여의제

지방세법 제7조(납세의무자 등) ⑪ 배우자 또는 직계존비속의 부동산등을 취득하는 경우에는 증여로 취득한 것으로 본다. 다만, 다음 각 호의 어느 하나에 해당하는 경우에는 유상으로 취득한 것으로 본다. <개정 2015.12.29.>

1. 공매(경매를 포함한다. 이하 같다)를 통하여 부동산등을 취득한 경우
2. 파산선고로 인하여 처분되는 부동산등을 취득한 경우
3. 권리의 이전이나 행사에 등기 또는 등록이 필요한 부동산등을 서로 교환한 경우
4. 해당 부동산등의 취득을 위하여 그 대가를 지급한 사실이 다음 각 목의 어느 하나에 의하여 증명되는 경우
   가. 그 대가를 지급하기 위한 취득자의 소득이 증명되는 경우
   나. 소유재산을 처분 또는 담보한 금액으로 해당 부동산을 취득한 경우
   다. 이미 상속세 또는 증여세를 과세(비과세 또는 감면받은 경우를 포함한다) 받았거나 신고한 경우로서 그 상속 또는 수증 재산의 가액으로 그 대가를 지급한 경우
   라. 가목부터 다목까지에 준하는 것으로서 취득자의 재산으로 그 대가를 지급한 사실이 입증되는 경우

10) 2013. 4.1.부동산대책의 세금면제 기준과 적용시점 : 재외국민, 외국인 제외

구 분	최종 고시	적용시점
취득세 면제	6억원 이하 주택을 생애 최초 취득한 세대주로서 세대별 합산소득이 연 7,000만원 이하시(면적기준은 폐지, 아파트, 연립, 다세대, 빌라, 단독주택 포함, 오피스텔·분양권은 주거용이라도 제외), 85㎡ 초과시는 농특세 부과	사실상 잔금지급일이나 등기일 중 이른 날 기준으로 4월 1일 이후 2013년 말일까지
양도소득세 5년간 면제	6억원 이하 또는 전용면적 85㎡ 이하 주택(신규·미분양주택 포함, 기존주택의 경우에는 양도인이 1세대1주택자라면 2년 이상 보유한 주택일 것 또는 양도인이 일시적 2주택자라면 취득등기 후 1년 이후 3년 이내 양도하는 종전 주택일 것, 오피스텔 포함)	계약일 기준으로 4월 22일 이후 2013년 말일까지

지방세특례제한법 제36조의2(생애최초 주택 취득에 대한 취득세의 면제) ① 세대별 주민등록표상의 세대원 전원이 주택 취득일 현재까지 주택을 소유한 사실이 없는 경우로서 **세대별 합산 소득이 7천만원 이하**인 다음 각 호의 어느 하나에 해당하는 자가 「지방세법」 제10조에 따른 취득 당시의 가액이 **6억원 이하인 주택**을 **유상거래**를 원인으로 **2013년 12월 31일까지 생애최초로 취득**하는 경우에는 취득세를 면제한다. 다만, 면제대상이 아닌 자가 취득세를 면제받은 경우 그 면제받은 취득세를 추징한다.

1. 20세 이상으로 다음 각 목의 어느 하나에 해당하는 세대의 세대주. 이 경우 세대주의 배우자와 미혼인 35세 미만의 직계비속은 같은 세대별 주민등록표에 기재되어 있지 아니하더라도 같은 세대주에 속한 세대원으로 본다.
   가. 세대별 주민등록표상에 배우자만을 세대원으로 두고 있는 세대
   나. 세대별 주민등록표상의 배우자를 포함하여 직계존속(배우자의 직계존속을 포함한다) 또는 직계비속인 세대원으로 이루어진 세대
   다. 배우자가 사망 또는 이혼을 한 경우로서 본인·배우자의 부모 또는 직계비속을 세대원으로 두고 있는 세대
2. 제1호에 따른 세대주의 배우자
3. 35세 이상인 단독 세대주
4. 20세 이상 35세 미만인 다음 각 목의 어느 하나에 해당하는 자
   가. 세대주의 세대원으로 등록되어 있으나 주택 취득일부터 60일 이내에 혼인에 따른 세대를 분가하여 주민등록표상의 새로운 세대주 또는 배우자로 등록할 것이 예정된 자
   나. 직계존속(부모로 한정한다)이 모두 사망 또는 이와 유사한 사유로 20세 미만의 형제·자매와 동일 세대를 구성하고 있는 세대주
   다. 직계존속 중 1명 이상과 동일 세대를 구성하고 있으면서 주택 취득일 현재 세대별 주민등록표상 1년 이상 계속하여 동거한 사실이 있는 세대주

② 제1항을 적용할 때 세대별 합산 소득은 세대주 및 배우자(세대별 주민등록표에 제1항제4호가목에 따른 배우자로 기재될 예정인 사람을 포함한다)의 소득으로서 급여·상여 등 일체의 소득을 말한다.

③ 제1항을 적용할 때 다음 각 호의 어느 하나에 해당하는 경우에는 주택을 소유한 사실이 없는 경우로 본다.

1. 상속으로 인하여 주택의 공유지분을 취득하여 그 지분을 처분한 경우
2. 「국토의 계획 및 이용에 관한 법률」 제6조에 따른 도시지역(취득일 현재의 도시지역을 말한다)이 아닌 지역 또는 면의 행정구역(수도권은 제외한다)에 건축되어 있는 주택으로서 다음 각 목의 어느 하나에 해당하는 주택을 소유한 자가 그 주택소재지역에 계속 거주하거나 거주하다가 다른 지역(해당 주택소재지역인 특별시·광역시·특별자치시·특별자치도 및 시·군 이외의 지역을 말한다)으로 이주한 경우. 다만, 그 주택을 처분하였거나 주택 취득일부터 1년 이내에 처분한 경우로 한정한다.
   가. 사용승인 후 20년이 경과된 단독주택

나. 85제곱미터 이하인 단독주택
다. 상속으로 인하여 취득한 주택
3. 전용면적 20제곱미터 이하의 주택을 소유하고 있는 경우. 다만, 취득일 현재 둘 이상의 주택을 소유하고 있는 경우는 제외한다.
4. 60세 이상의 직계존속(배우자의 직계존속을 포함한다)이 취득일 현재 주택을 소유하고 있는 경우
5. 「지방세법」 제4조제2항에 따라 산출한 시가표준액이 100만원 이하의 주택(멸실된 주택을 포함한다)을 취득일 현재 소유하고 있는 경우

④ 제2항 및 제3항을 적용할 때 세대주 및 배우자의 직전 연도 소득 및 무주택자 여부 등을 확인하는 세부적인 기준은 안전행정부장관이 정하여 고시한다.
[본조신설 2013.5.10]

1. 소득금액 판단기준

- 연간소득 7,000만원 합산대상 : 세대주 및 그 배우자로 한정(60일 이내 결혼할 배우자 포함)
- 소득금액을 확인하는 증명서류의 소득발생 귀속연도 : 주택취득일이 속하는 연도의 직전연도의 소득금액, 다만종합소득과세표준 확정신고의 소득금액이 아직 확정되지 않아 직전연도의 소득금액을 확인할 수 없는 경우에는 전전연도의 소득금액.
- 실직·폐업 등으로 취득일 당해연도에 소득이 없더라도 전전연도분이ㅣ나 직전연도분 소득금액증명원의 발급이 가능하면 제출하여야 한다.

2. 감면대상 주택의 범위

- 공유지분으로 취득하는 경우 : 그 해당지분에 대하여 감면 적용.
- 1주택을 부부가 공유로 취득하는 경우 : 생애최초 취득이면 전부 면제.
- 분양형 노인복지주택도 사실상 공동주택으로 보아 감면 적용.
- 분양권은 해당 없음.

3. 거래유형

- '취득'은 유상거래에 한정.(상속·증여 등 무상취득이나 신축 등 원시취득 불포함, 다만, 부담부증여의 경우에는 부담부분에 한하여 안분 감면)

4. 생애최초취득자 취득세 면제제도와 주택유상거래 감면제도의 관계

- 중복되는 경우 둘 중 감면율이 높은 하나만 선택하여 감면 적용.(지특법 제96조)

주택유상거래감면(지특법 제40조의2)과 생애최초감면 적용세율 비교

<table>
<tr><th colspan="2" rowspan="2">구 분</th><th>법률 개정 이전</th><th colspan="4">법률 개정 이후</th></tr>
<tr><th>2013.1.1.~3.31.</th><th>2013.4.1.~6.30</th><th>2013.7.1.~12.31</th><th colspan="2">2013.8.28.~</th></tr>
<tr><td rowspan="4">적용세율</td><td>12억 초과</td><td>3%</td><td>3%</td><td rowspan="2">4%</td><td colspan="2" rowspan="2">3%</td></tr>
<tr><td>9억~12억, 다주택</td><td>2%</td><td>2%</td></tr>
<tr><td>9억 이하&1주택</td><td>1%</td><td>1%</td><td>2%</td><td colspan="2">2%(다주택자 포함)</td></tr>
<tr><td>6억 이하&생초</td><td>1%</td><td>0%</td><td>0%</td><td>1%(6억 이하, 다주택)</td><td>없음</td></tr>
</table>

* 주택유상거래감면 규정 4%, 2%는 8.28. 취득세 영구인하조치로 6억 이하는 1%, 6억 초과~9억 이하는 2%, 9억 초과는 3%로 조정하여 다주택자에도 적용된다. 2013. 12. 26. 입법·시행되어 2013. 8. 28. 이후 매수분까지 소급 적용하고 있다.

5. 생애최초 주택취득시 세목과 적용세율

6억 이하&생초 세목과 적용세율

구 분	적용세율	취득세	지방교육세	농어촌특별세	
				취득세과세분	취득세감면분
전용면적 85㎡ 이하	0%	0%	0%	비과세(농특세법제4조11호)	비과세(농특세법제4조9호)
전용면적 85㎡ 초과 (비수도권 100㎡)	0.8%	0%	0%	0%	0.8%

※ 생애최초 주택취득자 감면신청에는 무주택 세대주임을 확인하는 서류로서 주민등록등본 및 초본, 가족관계증명서(전산조회에 대한 동의서 제출시 생략 가능), 소득금액을 확인하는 서류로서 세무서장이 발급하는 소득금액증명원, 사업주가 발급하는 근로소득원천징수영수증·급여명세표·연봉(고용)계약서, 신고인이 작성한 종합소득과세표준확정신고서, 생애최초 주택취득을 확인하는 서류로서 매매계약서를 첨부하여야 한다.(안전행정부장관고시 제2013-6호)

6. 양도소득세 개정규정

조세특례제한법 제99조의2(신축주택 등 취득자에 대한 양도소득세의 과세특례) ① 거주자 또는 비거주자가 대통령령으로 정하는 신축주택, 미분양주택 또는 1세대 1주택자의 주택으로서 취득가액이 6억원 이하이거나 주택의 연면적(공동주택의 경우에는 전용면적)이 85제곱미터 이하인 주택을 2013년 4월 1일부터 2013년 12월 31일까지 「주택법」 제38조에 따라 주택을 공급하는 사업주체 등 대통령령으로 정하는 자와 최초로 매매계약을 체결하여 그 계약에 따라 취득(2013년 12월 31일까지 매매계약을 체결하고 계약금을 지급한 경우를 포함한다)한 경우에 해당 주택을 취득일부터 5년 이내에 양도함으로써 발생하는 양도소득에 대하여는 양도소득세의 100분의 100에 상당하는 세액을 감면하고, 취득일부터 5년이 지난 후에 양도하는 경우에는 해당 주택의 취득일부터 5년간 발생한 양도소득금액을 해당 주택의 양도소득세 과세대상소득금액에서 공제한다. 이 경우 공제하는 금액이 과세대상소득금액을 초과하는 경우 그 초과금액은 없는 것으로 한다. → **양수인에게 혜택**

② 「소득세법」 제89조제1항제3호를 적용할 때 제1항을 적용받는 주택은 해당 거주자의 소유주택으로 보지 아니한다. <개정 2014.1.1.> → 1세대1주택 비과세

③ 제1항은 전국 소비자물가상승률 및 전국 주택매매가격상승률을 고려하여 부동산 가격이 급등하거나 급등할 우려가 있는 지역으로서 대통령령으로 정하는 지역에는 적용하지 아니한다.

④ 제1항에 따른 양도소득세의 감면은 대통령령으로 정하는 방법에 따라 제1항에 따른 감면 대상 주택임을 확인받아 납세지 관할 세무서장에게 제출한 경우에만 적용한다. <개정 2014.1.1>

⑤ 제1항을 적용할 때 해당 주택의 취득일부터 5년간 발생한 양도소득금액의 계산과 그 밖에 필요한 사항은 대통령령으로 정한다.

[본조신설 2013.5.10]

조세특례제한법시행령 제99조의2(신축주택 등 취득자에 대한 양도소득세의 과세특례) ① 법 제99조의2제1항 전단에서 "대통령령으로 정하는 신축주택, 미분양주택"이란 다음 각 호의 어느 하나에 해당하는 주택(이하 이 조에서 "신축주택등"이라 한다)을 말한다.

1. 「주택법」 제38조에 따라 주택을 공급하는 사업주체(이하 이 항에서 "사업주체"라 한다)가 같은 조에 따라 공급하는 주택으로서 해당 사업주체가 입주자 모집공고에 따른 입주자의 계약일이 지난 주택단지에서 2013년 3월 31일까지 분양계약이 체결되지 아니하여 2013년 4월 1일 이후 선착순의 방법으로 공급하는 주택
2. 「주택법」 제16조에 따른 사업계획승인(「건축법」 제11조에 따른 건축허가를 포함한다. 이하 이 조에서 같다)을 받아 해당 사업계획과 「주택법」 제38

조에 따라 사업주체가 공급하는 주택(입주자모집공고에 따른 입주자의 계약일이 2013년 4월 1일 이후 도래하는 주택으로 한정한다)

3. 주택건설사업자(20호 미만의 주택을 공급하는 자를 말하며, 제1호와 제2호에 해당하는 사업주체는 제외한다)가 공급하는 주택(「주택법」에 따른 주택을 말하며, 이하 제4호부터 제8호까지의 규정에서 같다)
4. 「주택법」에 따른 대한주택보증주식회사(이하 이 조에서 "대한주택보증주식회사"라 한다)가 같은 법 시행령 제107조제1항에 따라 매입한 주택으로서 해당 대한주택보증주식회사가 공급하는 주택
5. 주택의 시공자가 해당 주택의 공사대금으로 받은 주택으로서 해당 시공자가 공급하는 주택
6. 「법인세법 시행령」 제92조의2제2항제1호의5, 제1호의8 및 제1호의10에 따른 기업구조조정부동산투자회사등이 취득한 주택으로서 해당 기업구조조정부동산투자회사등이 공급하는 주택
7. 「자본시장과 금융투자업에 관한 법률」에 따른 신탁업자가 「법인세법 시행령」 제92조의2제2항제1호의7, 제1호의9 및 제1호의11에 따라 취득한 주택으로서 해당 신탁업자가 공급하는 주택
8. 자기가 건설한 주택으로서 2013년 4월 1일부터 2013년 12월 31일까지의 기간(이하 이 조에서 "과세특례 취득기간"이라 한다) 중에 사용승인 또는 사용검사(임시사용승인을 포함한다)를 받은 주택. 다만, 다음 각 목의 주택은 제외한다.
   가. 「도시 및 주거환경정비법」에 따른 주택재개발사업 또는 주택재건축사업을 시행하는 정비사업조합의 조합원이 해당 관리처분계획에 따라 취득하는 주택
   나. 거주하거나 보유하는 중에 소실·붕괴·노후 등으로 인하여 멸실되어 재건축한 주택
9. 「주택법 시행령」 제2조의2제4호에 따른 오피스텔(이하 이 조에서 "오피스텔"이라 한다) 중「건축법」 제11조에 따른 건축허가를 받아 「건축물의 분양에 관한 법률」 제6조에 따라 분양사업자가 공급(분양 광고에 따른 입주예정일이 지나고 2013년 3월 31일까지 분양계약이 체결되지 아니하여 수의계약으로 공급하는 경우를 포함한다)하거나 「건축법」 제22조에 따른 건축물의 사용승인을 받아 공급하는 오피스텔(제4호부터 제8호까지의 방법으로 공급등을 하는 오피스텔을 포함한다)

② 제1항을 적용할 때 다음 각 호의 신축주택등은 제외한다.

1. 제6항제1호에 해당하는 사업자(이하 이 조에서 "사업주체등"이라 한다)와 양수자 간에 실제로 거래한 가액이 6억원을 초과하고 연면적(공동주택 및 오피스텔의 경우에는 전용면적을 말한다)이 85제곱미터를 초과하는 신축주택등. 이 경우 양수자가 부담하는 취득세 및 그 밖의 부대비용은 포함하지 아니한다.
2. 2013년 3월 31일 이전에 사업주체등과 체결한 매매계약이 과세특례 취득기간 중에 해제된 신축주택등
3. 제2호에 따른 매매계약을 해제한 매매계약자가 과세특례 취득기간 중에 계약

을 체결하여 취득한 신축주택등 및 해당 매매계약자의 배우자[매매계약자 또는 그 배우자의 직계존비속(그 배우자를 포함한다) 및 형제자매를 포함한다]가 과세특례 취득기간 중에 원래 매매계약을 체결하였던 사업주체등과 계약을 체결하여 취득한 신축주택등

4. 제1항제9호에 따른 오피스텔을 취득한 자가 다음 각 목의 모두에 해당하지 아니하게 된 경우의 해당 오피스텔
 가. 취득자가 취득일부터 60일이 지난 날부터 양도일까지 해당 오피스텔의 주소지에 「주민등록법」에 따른 주민등록이 되어 있거나 임차인의 주민등록이 되어 있는 경우
 나. 「임대주택법」 제6조에 따른 임대사업자(취득 후 「임대주택법」 제6조에 따른 임대사업자로 등록한 경우를 포함한다)가 취득한 경우로서 취득일부터 60일 이내에 임대용 주택으로 등록한 경우

③ 법 제99조의2제1항 전단에서 "1세대 1주택자의 주택"이란 다음 각 호의 어느 하나에 해당하는 주택(주택에 부수되는 토지로서 건물이 정착된 면적에 지역별로 정하는 배율을 곱하여 산정한 면적 이내의 토지를 포함하며, 이하 이 조에서 "감면대상기존주택"이라 한다)을 말한다. 이 경우 다음 각 호에 해당하는지를 판정할 때 1주택을 여러 사람이 공동으로 소유한 경우 공동소유자 각자가 그 주택을 소유한 것으로 보되, 1세대의 구성원이 1주택을 공동으로 소유하는 경우에는 그러하지 아니하다. → 기존주택 양도인 요건

1. 2013년 4월 1일 현재 「주민등록법」상 1세대(부부가 각각 세대를 구성하고 있는 경우에는 이를 1세대로 보며, 이하 이 항에서 "1세대"라 한다)가 매매계약일 현재 국내에 1주택(주택은 「주택법」에 따른 주택을 말하며, 「주택법」에 따른 주택을 소유하지 아니하고 2013년 4월 1일 현재 「주민등록법」에 따른 주민등록이 되어 있는 오피스텔을 소유하고 있는 경우에는 그 1오피스텔을 1주택으로 본다. 이하 이 항에서 "1주택"이라 한다)을 보유하고 있는 경우로서 해당 주택의 취득 등기일부터 매매계약일까지의 기간이 2년 이상인 주택
2. 국내에 1주택을 보유한 1세대가 그 주택(이하 이 항에서 "종전의 주택"이라 한다)을 양도하기 전에 다른 주택을 취득함으로써 일시적으로 2주택이 된 경우(제1호에 따라 1주택으로 보는 오피스텔을 소유하고 있는 자가 다른 주택을 취득하는 경우를 포함한다)로서, 종전의 주택의 취득 등기일부터 1년 이상이 지난 후 다른 주택을 취득하고 그 다른 주택을 취득한 날(등기일을 말한다)부터 3년 이내에 양도하는 종전의 주택. 다만, 취득 등기일부터 매매계약일까지의 기간이 2년 이상인 종전의 주택으로 한정한다.

④ 제3항 각 호 외의 부분에서 "지역별로 정하는 배율"이란 다음의 각 호의 구분에 따른 배율을 말한다.
 1. 도시지역 안의 토지: 5배
 2. 도시지역 밖의 토지: 10배

⑤ 제3항을 적용할 때 다음 각 호의 감면대상기존주택은 제외한다.

1. 감면대상기존주택 양도자와 양수자 간에 실제로 거래한 가액이 6억원을 초과

하고 연면적(공동주택 및 오피스텔의 경우에는 전용면적을 말한다)이 85제곱미터를 초과하는 감면대상기존주택. 이 경우 양수자가 부담하는 취득세 및 그 밖의 부대비용은 포함하지 아니한다.

2. 2013년 3월 31일 이전에 체결한 매매계약을 과세특례 취득기간 중에 해제한 매매계약자 또는 그 배우자[매매계약자 또는 그 배우자의 직계존비속(그 배우자를 포함한다) 및 형제자매를 포함한다]가 과세특례 취득기간 중에 계약을 체결하여 취득한 원래 매매계약을 체결하였던 감면대상기존주택

3. 감면대상기존주택 중 오피스텔을 취득하는 자가 취득 후 제2항제4호 각 목의 모두에 해당하지 아니하게 된 경우의 해당 오피스텔

⑥ 법 제99조의2제1항 전단에서 "대통령령으로 정하는 자"란 다음 각 호의 구분에 따른 자를 말한다.

1. 제1항에 해당하는 주택: 제1항제1호 및 같은 항 제2호에 따른 사업주체, 같은 항 제3호에 따른 주택건설사업자, 같은 항 제4호에 따른 대한주택보증주식회사, 같은 항 제5호에 따른 시공자, 같은 항 제6호에 따른 기업구조조정부동산투자회사등, 같은 항 제7호에 따른 신탁업자, 같은 항 제8호에 따른 주택을 건설한 자 및 같은 항 제9호에 따른 분양사업자 또는 건축주
2. 제3항에 해당하는 주택: 감면대상기존주택 양도자

⑦ 법 제99조의2제1항을 적용할 때 해당 주택의 취득일부터 5년간 발생한 양도소득금액은 제40조제1항을 준용하여 계산한 금액으로 한다.

⑧ 법 제99조의2에 따라 과세특례를 적용받으려는 자는 해당 주택의 양도소득과세표준예정신고 또는 과세표준확정신고와 함께 제11항 또는 제12항에 따라 확인하는 날인을 받아 교부받은 매매계약서 사본을 납세지 관할세무서장에게 제출하여야 한다.

⑨ 사업주체등은 기획재정부령으로 정하는 신축주택등 현황(2013년 3월 31일까지 분양계약이 체결되지 아니한 것으로 한정한다)을 2013년 6월 30일까지 시장(특별자치시장과 「제주특별자치도 설치 및 국제자유도시 조성을 위한 특별법」 제17조제2항에 따른 행정시장을 포함한다. 이하 이 조에서 같다)·군수·구청장(자치구의 구청장을 말한다. 이하 이 조에서 같다)에게 제출하여야 한다. 다만, 제1항제2호·제3호(2013년 4월 1일 이후 공급하는 것으로 한정한다)·제4호·제5호(2013년 4월 1일 이후 대물변제 받은 것으로 한정한다)·제6호·제7호 및 제9호(2013년 4월 1일 이후 공급하는 것으로 한정한다)에 해당하는 신축주택등 현황의 경우에는 사업주체등과 최초로 매매계약(매매계약이 다수인 때에는 최초로 체결한 매매계약을 기준으로 한다)을 체결한 날이 속하는 달의 말일부터 1개월 이내에 제출하여야 한다.

⑩ 시장·군수·구청장은 제9항에 따라 제출받은 신축주택등 현황을 관리하여야 하며, 그 현황을 제출일이 속하는 분기의 말일부터 1개월 이내에 주택 소재지 관할세무서장에게 제출하여야 한다.

⑪ 사업주체등은 신축주택등의 매매계약을 체결한 즉시 2부의 매매계약서에 시장·군수·구청장으로부터 기획재정부령으로 정하는 신축주택등임을 확인하는 날인을 받아 그 중 1부를 해당 매매계약자에게 교부하여야 하며, 그 내용을

기획재정부령으로 정하는 신축주택등확인대장에 작성하여 보관하여야 한다.

⑫ 감면대상기존주택 양도자는 감면대상기존주택의 매매계약을 체결한 날부터 30일 이내에 2부의 매매계약서에 시장·군수·구청장으로부터 기획재정부령으로 정하는 감면대상기존주택임을 확인하는 날인을 받아 그 중 1부를 해당 매매계약자에게 교부하여야 한다.

⑬ 국토교통부장관은 감면대상기존주택임을 확인할 수 있는 자료를 전산망 등을 통하여 시장·군수·구청장에게 제공하여야 한다.

⑭ 제11항에 따라 매매계약서에 신축주택등임을 확인하는 날인을 요청받은 시장·군수·구청장은 제10항에 따른 신축주택등 현황 및 「주택법」 제16조에 따른 사업계획승인신청서류 등에 따라 신축주택등임을 확인하고, 해당 매매계약서에 기획재정부령으로 정하는 신축주택등임을 확인하는 날인을 하여야 하며, 그 내용을 기획재정부령으로 정하는 신축주택등확인대장에 작성하여 보관하여야 한다.

⑮ 제12항에 따라 매매계약서에 감면대상기존주택임을 확인하는 날인을 요청받은 시장·군수·구청장은 제13항에 따라 국토교통부장관이 제공하는 자료(제3항에서 규정하는 1세대 1주택자 여부에 대한 판정 자료를 말한다), 매매계약서 및 「주민등록법」에 따른 주민등록표(주민등록전산정보자료를 포함한다)를 통하여 감면대상기존주택임을 확인하고, 해당 매매계약서에 기획재정부령으로 정하는 감면대상기존주택임을 확인하는 날인을 하여야 하며, 그 내용을 기획재정부령으로 정하는 감면대상기존주택 확인대장에 작성하여 보관하여야 한다.

⑯ 시장·군수·구청장과 사업주체등은 각각 기획재정부령으로 정하는 신축주택등확인대장 및 감면대상기존주택 확인대장을 2014년 3월 31일까지 정보처리장치·전산테이프 또는 디스켓·디스크 등의 전자적 형태(이하 이 조에서 "전자매체"라 한다)로 주택 소재지 관할세무서장에게 제출하여야 한다.

⑰ 제16항에 따른 전자매체 자료를 제출받은 주택 소재지 관할세무서장은 해당 자료를 기록·보관하여야 한다.

⑱ 신축주택등 및 감면대상기존주택의 확인 절차 등 그 밖에 필요한 사항은 기획재정부령으로 정한다.

[본조신설 2013.5.10]

※ 오피스텔의 양도소득세 면제 적용요건은 취득자나 임차인의 주민등록 전입신고가 되어 있거나 임대사업자라면 임대업자로 등록(세무서사업자등록증이 아니라 시·군·구청의 등록증이 필요)이 되어 있어야 한다.

※ 매수인이 1세대1주택자의 주택을 계약할 경우 나중에 양도소득세를 면제받으려면 계약 후 30일 이내에 매도인이 시·군·구청장에게 1세대1주택 매매계약서를 2부 제출하여 감면대상기존주택임을 확인하는 날인을 받아야 하고 그 중 1부를 매수인이 보관하여야 한다.(따라서 계약서에도 1세대1주택이 아닐 때에는 매수인이 계약을 취소할 수 있다는 특약조항이 필수이다)

11) 취득세 등 지방세 중과세제도

지방세법 제13조(과밀억제권역 안 취득 등 중과) ① 「수도권정비계획법」 제6조에 따른 과밀억제권역에서 대통령령으로 정하는 **본점이나 주사무소**의 사업용 부동산(본점이나 주사무소용 건축물을 신축하거나 증축하는 경우와 그 부속토지만 해당한다)을 취득하는 경우와 같은 조에 따른 과밀억제권역(*)(「산업집적활성화 및 공장설립에 관한 법률」을 적용받는 산업단지·유치지역(**) 및 「국토의 계획 및 이용에 관한 법률」을 적용받는 공업지역은 제외한다)에서 **공장**을 신설하거나 증설하기 위하여 사업용 과세물건을 취득하는 경우의 취득세율은 제11조 및 제12조의 세율에 중과기준세율의 100분의 200을 합한 세율을 적용한다. <개정 2015.12.29.>

② 다음 각 호의 어느 하나에 해당하는 부동산을 취득하는 경우의 취득세는 제11조제1항의 표준세율의 100분의 300에서 중과기준세율의 100분의 200을 뺀 세율을 적용한다. 다만, 제11조제1항제8호에 해당하는 **주택**을 취득하는 경우의 취득세는 같은 조 제1항의 표준세율과 중과기준세율의 100분의 200을 합한 세율을 적용하고, 「수도권정비계획법」 제6조에 따른 과밀억제권역(「산업집적활성화 및 공장설립에 관한 법률」을 적용받는 산업단지는 제외한다. 이하 이 조에서 "대도시"라 한다)에 설치가 불가피하다고 인정되는 업종으로서 대통령령으로 정하는 업종(이하 이 조에서 "대도시 중과 제외 업종"이라 한다)에 직접 사용할 목적으로 부동산을 취득하거나, 법인이 사원에 대한 분양 또는 임대용으로 직접 사용할 목적으로 대통령령으로 정하는 주거용 부동산(이하 이 조에서 "사원주거용 목적 부동산"이라 한다)을 취득하는 경우의 취득세는 제11조에 따른 해당 세율을 적용한다. <개정 2013.12.26>

1. 대도시에서 법인(***)을 설립[대통령령으로 정하는 휴면법인(이하 “휴면법인”이라 한다)을 인수하는 경우를 포함한다. 이하 이 호에서 같다]하거나 지점 또는 분사무소를 설치하는 경우 및 법인의 본점·주사무소·지점 또는 분사무소를 대도시로 전입함에 따라 대도시의 부동산을 취득(그 설립·설치·전입 이후의 부동산 취득을 포함한다)하는 경우
2. **대도시**(「산업집적활성화 및 공장설립에 관한 법률」을 적용받는 유치지역 및 「국토의 계획 및 이용에 관한 법률」을 적용받는 공업지역은 제외한다)에서 **공장**을 신설하거나 증설함에 따라 부동산을 취득하는 경우

③ 제2항 각 호 외의 부분 단서에도 불구하고 다음 각 호의 어느 하나에 해당하는 경우 그 해당 부분에 대하여는 제2항 본문을 적용한다.<신설 2010.12.27>

1. 제2항 각 호 외의 부분 단서에 따라 취득한 부동산이 다음 각 목의 어느 하나에 해당하는 경우. 다만, 대도시 중과 제외 업종 중 대통령령으로 정하는 업종에 대하여는 직접 사용하여야 하는 기한 또는 다른 업종이나 다른 용도에 사용·겸용이 금지되는 기간을 3년 이내의 범위에서 대통령령으로 달리 정할 수 있다. → 주택건설업

가. 정당한 사유 없이 부동산 취득일부터 1년이 경과할 때까지 대도시 중과 제외 업종에 직접 사용하지 아니하는 경우

나. 정당한 사유 없이 부동산 취득일부터 1년이 경과할 때까지 사원주거용 목적 부동산으로 직접 사용하지 아니하는 경우

다. 부동산 취득일부터 1년 이내에 다른 업종이나 다른 용도에 사용·겸용하는 경우

2. 제2항 각 호 외의 부분 단서에 따라 취득한 부동산이 다음 각 목의 어느 하나에 해당하는 경우

가. 부동산 취득일부터 2년 이상 해당 업종 또는 용도에 직접 사용하지 아니하고 매각**(****)**하는 경우

나. 부동산 취득일부터 2년 이상 해당 업종 또는 용도에 직접 사용하지 아니하고 다른 업종이나 다른 용도에 사용·겸용하는 경우

④ 제3항을 적용할 때 대통령령으로 정하는 임대가 불가피하다고 인정되는 업종에 대하여는 직접 사용하는 것으로 본다.<신설 2010.12.27>

⑤ 다음 각 호의 어느 하나에 해당하는 부동산등을 취득하는 경우(별장 등을 구분하여 그 일부를 취득하는 경우를 포함한다)의 취득세는 제11조 및 제12조의 세율과 중과기준세율의 100분의 400을 합한 세율을 적용하여 계산한 금액을 그 세액으로 한다. 이 경우 골프장은 그 시설을 갖추어 「체육시설의 설치·이용에 관한 법률」에 따라 체육시설업의 등록(시설을 증설하여 변경등록하는 경우를 포함한다. 이하 이 항에서 같다)을 하는 경우뿐만 아니라 등록을 하지 아니하더라도 사실상 골프장으로 사용하는 경우에도 적용하며, 별장·고급오락장에 부속된 토지의 경계가 명확하지 아니할 때에는 그 건축물 바닥면적의 10배에 해당하는 토지를 그 부속토지로 본다.<개정 2011.12.31>

1. 별장: 주거용 건축물로서 늘 주거용으로 사용하지 아니하고 휴양·피서·놀이 등의 용도로 사용하는 건축물과 그 부속토지(「지방자치법」 제3조제3항 및 제4항에 따른 읍 또는 면에 있는, 대통령령으로 정하는 범위와 기준에 해당하는 농어촌주택과 그 부속토지는 제외한다). 이 경우 별장의 범위와 적용기준은 대통령령으로 정한다.
2. 골프장: 「체육시설의 설치·이용에 관한 법률」에 따른 회원제 골프장용 부동산 중 <u>구분등록의 대상이 되는 토지와 건축물 및 그 토지 상의 입목</u>
3. 고급주택: 주거용 건축물 또는 그 부속토지의 면적과 가액이 대통령령으로 정하는 기준을 초과하거나 해당 건축물에 67제곱미터 이상의 수영장 등 대통령령으로 정하는 부대시설을 설치한 주거용 건축물과 그 부속토지. 다만, 주거용 건축물을 취득한 날부터 30일[상속으로 인한 경우는 상속개시일이 속하는 달의 말일부터, 실종으로 인한 경우는 실종선고일이 속하는 달의 말일부터 각각 6개월(납세자가 외국에 주소를 둔 경우에는 각각 9개월)] 이내에 주거용이 아닌 용도로 사용하거나 고급주택이 아닌 용도로 사용하기 위하여 용도변경공사를 착공하는 경우는 제외한다.
4. 고급오락장: 도박장, 유흥주점영업장, 특수목욕장, 그 밖에 이와 유사한 용도에 사용되는 건축물 중 대통령령으로 정하는 건축물과 그 부속토지. 다만, 고급

오락장용 건축물을 취득한 날부터 30일[상속으로 인한 경우는 상속개시일이 속하는 달의 말일부터, 실종으로 인한 경우는 실종선고일이 속하는 달의 말일부터 각각 6개월(납세자가 외국에 주소를 둔 경우에는 각각 9개월)] 이내에 고급오락장이 아닌 용도로 사용하거나 고급오락장이 아닌 용도로 사용하기 위하여 용도변경공사를 착공하는 경우는 제외한다.

5. 고급선박: 비업무용 자가용 선박으로서 대통령령으로 정하는 기준을 초과하는 선박

⑥ 제1항과 제2항이 동시에 적용되는 과세물건에 대한 취득세율은 제16조제5항에도 불구하고 제11조제1항에 따른 표준세율의 100분의 300으로 한다.

⑦ 제2항과 제5항이 동시에 적용되는 과세물건에 대한 취득세율은 제16조제5항에도 불구하고 제11조에 따른 표준세율의 100분의 300에 중과기준세율의 100분의 200을 합한 세율을 적용한다. 다만, 제11조제1항제8호에 따른 **주택**을 취득하는 경우에는 해당 세율에 중과기준세율의 100분의 600을 합한 세율을 적용한다. <개정 2015.12.29.>

(*) 과밀억제권역(수도권정비계획법시행령제9조 별표1)

• 서울특별시, • 인천광역시(강화군, 옹진군, 서구 대곡동·불로동·마전동·금곡동·오류동·왕길동·당하동·원당동, 인천경제자유구역 및 남동국가산업단지는 제외), • 의정부시, • 구리시, • 남양주시(호평동, 평내동, 금곡동, 일패동, 이패동, 삼패동, 가운동, 수석동, 지금동 및 도농동만 해당), • 하남시, • 고양시, • 수원시, • 성남시, • 안양시, • 부천시, • 광명시, • 과천시, • 의왕시, • 군포시, • 시흥시([반월특수지역(반월특수지역에서 해제된 지역을 포함)은 제외]

(**) "산업단지"란 「산업입지 및 개발에 관한 법률」 제6조·제7조·제7조의2 및 제8조에 따라 지정·개발된 국가산업단지, 일반산업단지, 도시첨단산업단지 및 농공단지를 말한다.(산업집적활성화 및 공장설립에 관한 법률 제2조 14호)

① 국가산업단지 : 국가산업단지는 국가기간산업 및 첨단과학기술산업의 육성, 특정산업의 집단화·계열화, 지역간 균형발전, 대규모의 항만건설, 2개 도(道) 이상에 걸치는 지역 또는 산업단지의 개발사업과 관련하여 배후 도시건설 및 교통망 정비 등 광역적 사업시행이 필요한 경우에 지정한다.

② 일반산업단지 : 일반산업단지는 산업의 적정한 지방분산과 지방산업의 개발 및 기술고도화, 지역경제의 활성화 및 도시산업기반의 확충, 지역특화산업의 육성 및 집단화·계열화 등을 위하여 필요한 경우에 지정한다.

③ 도시첨단산업단지 : 지식산업·문화산업·정보통신산업 등 첨단산업의 육성, 여러 지역에 산재한 개별 첨단산업입지의 집적화, 벤처기업전용단지·문화산업단지·소프트웨어진흥단지 등 첨단산업의 육성과 개발촉진을 위하여 도시지역 안에 지정된 산업단지를 말한다. 서울특별시는 제외된다.(산업의 입지 및 개발에 관한 법률 시행령 제8조의3)

④ 농공단지 : 농어촌지역에 농어민의 소득증대를 위한 산업을 유치·육성하기 위하여 지정된 산업단지를 말한다. 농공단지는 다음과 같은 유형으로 구분하

여 운영할 수 있다. 농공단지라고 하여 입주기업이 농업관련 제조업으로만 국한되는 것은 아니다. 다만, 해당 농어촌에서 생산되는 농수산품 등 원자재를ㄹ 가공하는 업종이 우선적인 입주 지원 대상이 될 뿐이다.

- 전문단지 : 집적이익의 실현에 필요한 규모를 갖춘 단지로서 산업시설구역 용지 면적 중 동일·유사업종과 연관업종의 입주기업(4개 이상)이 차지하는 비중이 업체수 및 면적기준으로 3/5 이상이 되는 단지
- 지역특화단지 : 집적이익의 실현에 필요한 규모를 갖춘 단지로서 산업시설 용지 면적 중 지역특화업종(향토산업 포함)을 영위하는 입주기업이 차지하는 비중이 업체수 및 면적기준으로 1/2 이상이 되는 단지
- 일반단지 : 전문단지 및 지역특화단지에 해당되지 아니하는 그 밖의 단지

전국적으로 엄청나게 많은 산업단지가 지정되어 있으므로 산업단지인지 여부는 반드시 해당 시도나 시군구청에 문의하여 확인하여야 한다.
'유치지역'이란 산업통상지원부장관이 공장의 지방 이전 촉진, 공해업종의 집단화 등의 산업단지의 조성이 필요한 경우와 산업경쟁력 강화를 위하여 공장용지 조성이 필요한 경우에 지정·고시하는 지역을 말한다.

※ 중과세 유형별 지역범위

유형별	본점·주사무소용 신증축	공장 신증설	대도시 내 설립등 승계취득
지 역	과밀억제권역	과밀억제권역 - 상업단지, 공장지역, 유치지역 제외	과밀억제권역 - 산업단지 제외

(***) 영리법인과 비영리법인을 모두 포함한다.
(****) 유상양도만을 말하고 증여 등 무상양도는 다른 업종이나 다른 용도에 사용·겸용하지 아니한 경우라면 포함되지 않는다.(지방세운영과-1247, 2015.04.27.)

지방세법시행령 제25조(본점 또는 주사무소의 사업용 부동산) 법 제13조제1항에서 "대통령령으로 정하는 본점이나 주사무소의 사업용 부동산"이란 법인의 본점 또는 주사무소의 사무소로 사용하는 부동산과 그 부대시설용 부동산(기숙사, 합숙소, 사택, 연수시설, 체육시설 등 복지후생시설과 향토예비군 병기고 및 탄약고는 제외한다)을 말한다.

체육시설의 설치·이용에 관한 법률 제20조(등록 신청) ③ 제1항에 따라 체육시설업의 등록을 하려는 자 중 회원제 골프장업의 등록을 하려는 자는 해당 골

프장의 토지 중 다음 각 호에 해당하는 토지 및 골프장 안의 건축물을 구분하여 등록을 신청하여야 한다.
1. 골프코스(티그라운드·페어웨이·러프·해저드·그린 등을 포함한다)
2. 주차장 및 도로
3. 조정지(골프코스와는 별도로 오수처리 등을 위하여 설치한 것은 제외한다)
4. 골프장의 운영 및 유지·관리에 활용되고 있는 조경지(골프장 조성을 위하여 산림훼손, 농지전용 등으로 토지의 형질을 변경한 후 경관을 조성한 지역을 말한다)
5. 관리시설(사무실·휴게시설·매점·창고와 그 밖에 골프장 안의 모든 건축물을 포함하되, 수영장·테니스장·골프연습장·연수시설·오수처리시설 및 태양열이용 설비 등 골프장의 용도에 직접 사용되지 아니하는 건축물은 제외한다) 및 그 부속토지
6. 보수용 잔디 및 묘목·화훼 재배지 등 골프장의 유지·관리를 위한 용도로 사용되는 토지

지방세법 제16조(세율 적용) ① 토지나 건축물을 취득한 후 5년 이내에 해당 토지나 건축물이 다음 각 호의 어느 하나에 해당하게 된 경우에는 해당 각 호에서 인용한 조항에 규정된 세율을 적용하여 취득세를 추징한다.
1. 제13조제1항에 따른 본점이나 주사무소의 사업용 부동산(본점 또는 주사무소용 건축물을 신축하거나 증축하는 경우와 그 부속토지만 해당한다)
2. 제13조제1항에 따른 공장의 신설용 또는 증설용 부동산
3. 제13조제5항에 따른 별장, 골프장, 고급주택 또는 고급오락장

② 고급주택, 별장, 골프장 또는 고급오락장용 건축물을 증축·개축 또는 개수한 경우와 일반건축물을 증축·개축 또는 개수하여 고급주택 또는 고급오락장이 된 경우에 그 증가되는 건축물의 가액에 대하여 적용할 취득세의 세율은 제13조제5항에 따른 세율로 한다.

③ 제13조제1항에 따른 공장 신설 또는 증설의 경우에 사업용 과세물건의 소유자와 공장을 신설하거나 증설한 자가 다를 때에는 그 사업용 과세물건의 소유자가 공장을 신설하거나 증설한 것으로 보아 같은 항의 세율을 적용한다. 다만, 취득일부터 공장 신설 또는 증설을 시작한 날까지의 기간이 5년이 지난 사업용 과세물건은 제외한다.

④ 취득한 부동산이 대통령령으로 정하는 기간에 제13조제2항에 따른 과세대상이 되는 경우에는 같은 항의 세율을 적용하여 취득세를 추징한다.

⑤ 같은 취득물건에 대하여 둘 이상의 세율이 해당되는 경우에는 그 중 높은 세율을 적용한다.

⑥ 취득한 부동산이 제1항제1호 또는 제2호와 제4항이 동시에 적용되는 경우에는 제5항에도 불구하고 제13조제6항의 세율을 적용하여 취득세를 추징한다.
→ 3배 중과세

지방세법시행령 제31조(대도시 부동산 취득의 중과세 추징기간) 법 제16조

제4항에서 "대통령령으로 정하는 기간"이란 부동산을 취득한 날부터 5년 이내를 말한다.

지방세법시행령 제26조(대도시 법인 중과세의 예외) ① 법 제13조제2항 각 호 외의 부분 단서에서 "대통령령으로 정하는 업종"이란 다음 각 호에 해당하는 업종을 말한다. <개정 2015.12.28.>

1. 「사회기반시설에 대한 민간투자법」 제2조제2호에 따른 사회기반시설사업(같은 법 제2조제8호에 따른 부대사업을 포함한다)
2. 「한국은행법」 및 「한국수출입은행법」에 따른 은행업
3. 「해외건설촉진법」에 따라 신고된 해외건설업(해당 연도에 해외건설 실적이 있는 경우로서 해외건설에 직접 사용하는 사무실용 부동산만 해당한다) 및 「주택법」 제9조에 따라 국토교통부에 등록된 주택건설사업(주택건설용으로 취득한 후 3년 이내에 주택건설에 착공하는 부동산만 해당한다)
4. 「전기통신사업법」 제5조에 따른 전기통신사업
5. 「산업발전법」에 따라 산업통상자원부장관이 고시하는 첨단기술산업과 「산업집적활성화 및 공장설립에 관한 법률 시행령」 별표 1 제2호마목에 따른 첨단업종
6. 「유통산업발전법」에 따른 유통산업, 「농수산물유통 및 가격안정에 관한 법률」에 따른 농수산물도매시장·농수산물공판장·농수산물종합유통센터·유통자회사 및 「축산법」에 따른 가축시장
7. 「여객자동차 운수사업법」에 따른 여객자동차운송사업 및 「화물자동차 운수사업법」에 따른 화물자동차운송사업과 「물류시설의 개발 및 운영에 관한 법률」 제2조제3호에 따른 물류터미널사업 및 「물류정책기본법 시행령」 제3조 및 별표 1에 따른 창고업
8. 정부출자법인 또는 정부출연법인(국가나 지방자치단체가 납입자본금 또는 기본재산의 100분의 20 이상을 직접 출자 또는 출연한 법인만 해당한다)이 경영하는 사업
9. 「의료법」 제3조에 따른 의료업
10. 개인이 경영하던 제조업(「소득세법」 제19조제1항제3호에 따른 제조업을 말한다). 다만, 행정자치부령으로 정하는 바에 따라 법인으로 전환하는 기업만 해당하며, 법인전환에 따라 취득한 부동산의 가액(법 제4조에 따른 시가표준액을 말한다)이 법인 전환 전의 부동산가액을 초과하는 경우에 그 초과부분과 법인으로 전환한 날 이후에 취득한 부동산은 법 제13조제2항 각 호 외의 부분 본문을 적용한다.
11. 「산업집적활성화 및 공장설립에 관한 법률 시행령」 별표 1 제3호가목에 따른 자원재활용업종
12. 「소프트웨어산업 진흥법」 제2조제3호에 따른 소프트웨어사업 및 같은 법 제27조에 따라 설립된 소프트웨어공제조합이 소프트웨어산업을 위하여 수행하는 사업
13. 「공연법」에 따른 공연장 등 문화예술시설운영사업

14. 「방송법」 제2조제2호·제5호·제8호·제11호 및 제13호에 따른 방송사업·중계유선방송사업·음악유선방송사업·전광판방송사업 및 전송망사업
15. 「과학관의 설립·운영 및 육성에 관한 법률」에 따른 과학관시설운영사업
16. 「산업집적활성화 및 공장설립에 관한 법률」 제28조에 따른 도시형공장을 경영하는 사업
17. 「중소기업창업 지원법」 제10조에 따라 등록한 중소기업창업투자회사가 중소기업창업 지원을 위하여 수행하는 사업. 다만, 법인설립 후 1개월 이내에 같은 법에 따라 등록하는 경우만 해당한다.
18. 「광산피해의 방지 및 복구에 관한 법률」 제31조에 따라 설립된 한국광해관리공단이 석탄산업합리화를 위하여 수행하는 사업
19. 「소비자기본법」 제33조에 따라 설립된 한국소비자원이 소비자 보호를 위하여 수행하는 사업
20. 「건설산업기본법」 제54조에 따라 설립된 공제조합이 건설업을 위하여 수행하는 사업
21. 「엔지니어링산업 진흥법」 제34조에 따라 설립된 공제조합이 그 설립 목적을 위하여 수행하는 사업
22. 「주택도시기금법」에 따른 주택도시보증공사가 주택건설업을 위하여 수행하는 사업
23. 「여신전문금융업법」 제2조제12호에 따른 할부금융업
24. 「통계법」 제22조에 따라 통계청장이 고시하는 한국표준산업분류에 따른 실내경기장·운동장 및 야구장 운영업
25. 「산업발전법」(법률 제9584호 산업발전법 전부개정법률로 개정되기 전의 것을 말한다) 제14조에 따라 등록된 기업구조조정전문회사가 그 설립 목적을 위하여 수행하는 사업. 다만, 법인 설립 후 1개월 이내에 같은 법에 따라 등록하는 경우만 해당한다.
26. 「지방세특례제한법」 제21조제1항에 따른 청소년단체, 같은 법 제45조제1항에 따른 학술연구단체·장학단체·과학기술진흥단체 및 같은 법 제52조제1항에 따른 문화예술단체·체육진흥단체가 그 설립 목적을 위하여 수행하는 사업
27. 「중소기업진흥에 관한 법률」 제69조에 따라 설립된 회사가 경영하는 사업
28. 「도시 및 주거환경정비법」 제18조에 따라 설립된 조합이 시행하는 같은 법 제2조제2호의 정비사업
29. 「방문판매 등에 관한 법률」 제38조에 따라 설립된 공제조합이 경영하는 보상금지급책임의 보험사업 등 같은 법 제37조제1항제3호에 따른 공제사업
30. 「한국주택금융공사법」에 따라 설립된 한국주택금융공사가 같은 법 제22조에 따라 경영하는 사업
31. 「민간임대주택에 관한 특별법」 제5조에 따라 등록을 한 임대사업자 또는 「공공주택 특별법」 제4조에 따라 지정된 공공주택사업자가 경영하는 주택임대사업. 다만, 「주택법」 제80조의2제1항에 따른 주택거래신고지역에서 매입임대주택사업을 하기 위하여 취득하는 임대주택은 법 제13조제2항 각

호 외의 부분 본문을 적용한다.

32. 「전기공사공제조합법」에 따라 설립된 전기공사공제조합이 전기공사업을 위하여 수행하는 사업

33. 「소방산업의 진흥에 관한 법률」 제23조에 따른 소방산업공제조합이 소방산업을 위하여 수행하는 사업

② 법 제13조제2항 각 호 외의 부분 단서에서 "대통령령으로 정하는 주거용 부동산"이란 1구(1세대가 독립하여 구분 사용할 수 있도록 구획된 부분을 말한다. 이하 같다)의 건축물의 연면적(전용면적을 말한다)이 60제곱미터 이하인 공동주택 및 그 부속토지를 말한다. <개정 2010.12.30>

③ 법 제13조제3항제1호 각 목 외의 부분 단서에서 "대통령령으로 정하는 업종"이란 제1항제3호의 주택건설사업을 말하고, 법 제13조제3항제1호 각 목에도 불구하고 직접 사용하여야 하는 기한 또는 다른 업종이나 다른 용도에 사용·겸용이 금지되는 기간은 3년으로 한다. <개정 2010.12.30>

④ 법 제13조제4항에서 "대통령령으로 정하는 임대가 불가피하다고 인정되는 업종"이란 다음 각 호의 어느 하나에 해당하는 업종을 말한다. <신설 2010.12.30>

1. 제1항제4호의 전기통신사업(「전기통신사업법」에 따른 전기통신사업자가 같은 법 제41조에 따라 전기통신설비 또는 시설을 다른 전기통신사업자와 공동으로 사용하기 위하여 임대하는 경우로 한정한다)
2. 제1항제6호의 유통산업, 농수산물도매시장·농수산물공판장·농수산물종합유통센터·유통자회사 및 가축시장(「유통산업발전법」 등 관계 법령에 따라 임대가 허용되는 매장 등의 전부 또는 일부를 임대하는 경우 임대하는 부분에 한정한다)

지방세법시행령 제5조(법인전환 기업) 영 제26조제1항제10호 단서에서 "행정자치부령으로 정하는 바에 따라 법인으로 전환하는 기업"이란 법 제13조제2항 각 호 외의 부분 단서에 따른 대도시(이하 이 조에서 "대도시"라 한다)에서 「부가가치세법」 또는 「소득세법」에 따른 사업자등록을 하고 5년 이상(*) 제조업을 경영한 개인기업이 그 대도시에서 법인으로 전환하는 경우의 해당 기업을 말한다. <개정 2014.11.19.>

(*) '5년 이상'이라 함은 부가가치세법에 의한 사업자등록증교부일로부터 법인설립등기일까지의 기간을 말한다.

지방세법시행령 제27조(대도시 부동산 취득의 중과세 범위와 적용기준) ① 법 제13조제2항제1호에서 "대통령령으로 정하는 휴면법인"이란 다음 각 호의 어느 하나에 해당하는 법인을 말한다.

1. 「상법」에 따라 해산한 법인(이하 "해산법인"이라 한다)
2. 「상법」에 따라 해산한 것으로 보는 법인(이하 "해산간주법인"이라 한다)
3. 「부가가치세법 시행령」 제10조에 따라 폐업한 법인(이하 "폐업법인"이라 한다)

4. 법인 인수(*)일 이전 1년 이내에 「상법」 제229조, 제285조, 제521조의2 및 제611조에 따른 계속등기를 한 해산법인 또는 해산간주법인
5. 법인 인수일 이전 1년 이내에 다시 사업자등록을 한 폐업법인
6. 법인 인수일 이전 2년 이상 사업 실적이 없고, 인수일 전후 1년 이내에 인수법인 임원의 100분의 50 이상을 교체한 법인

→ '법인 인수'란 해당 법인이 발행한 주식을 취득하여 과점주주가 되는 것을 말한다.(지령 제27조2항)

② 법 제13조제2항제1호에 따른 휴면법인의 인수로 보는 범위는 제1항 각 호의 어느 하나에 해당하는 법인의 과점주주가 된 때 과점주주가 인수한 주식등의 비율로 한다.

③ 법 제13조제2항제1호에 따른 대도시에서의 법인 설립, 지점·분사무소 설치 및 법인의 본점·주사무소·지점·분사무소의 대도시 전입에 따른 부동산 취득은 해당 법인 또는 행정자치부령으로 정하는 사무소 또는 사업장(이하 이 항에서 "사무소등"이라 한다)이 그 설립·설치·전입(수도권의 경우 서울특별시 외의 지역에서 서울특별시로의 전입은 대도시로의 전입으로 본다. 이하 이 조에서 같다) 이전에 법인의 본점·주사무소·지점 또는 분사무소의 용도로 직접 사용하기 위한 부동산 취득(**채권을 보전하거나 행사할 목적**으로 하는 부동산 취득은 제외한다. 이하 이 조에서 같다)으로 하고, 같은 호에 따른 그 설립·설치·전입 이후의 부동산 취득은 법인 또는 사무소등이 설립·설치·전입 이후 5년 이내(*)하는 업무용·비업무용 또는 사업용·비사업용의 모든 부동산 취득으로 한다. 이 경우 부동산 취득에는 공장의 신설·증설, 공장의 승계취득, 해당 대도시에서의 공장 이전 및 공장의 업종변경에 따르는 부동산 취득을 포함한다.

④ 법 제13조제2항제1호를 적용할 때 분할등기일 현재 5년 이상 계속하여 사업을 한 대도시의 내국법인이 법인의 분할(「법인세법 시행령」 제82조의2제2항제1호부터 제3호까지의 요건을 갖춘 경우만 해당한다)로 법인을 설립하는 경우에는 중과세 대상으로 보지 아니한다.

⑤ 법 제13조제2항제1호를 적용할 때 대도시에서 설립 후 5년이 경과한 법인(이하 이 항에서 "기존법인"이라 한다)이 다른 기존법인과 합병하는 경우에는 중과세 대상으로 보지 아니하며, 기존법인이 대도시에서 설립 후 5년이 경과되지 아니한 법인과 합병하여 기존법인 외의 법인이 합병 후 존속하는 법인이 되거나 새로운 법인을 신설하는 경우에는 합병 당시 기존법인에 대한 자산비율에 해당하는 부분을 중과세 대상으로 보지 아니한다.(**) 이 경우 자산비율은 자산을 평가하는 때에는 평가액을 기준으로 계산한 비율로 하고, 자산을 평가하지 아니하는 때에는 합병 당시의 장부가액을 기준으로 계산한 비율로 한다.

(*) 설립등기일부터 5년이라고 일률적으로 기억하면 안된다. 대도시내에서 사업한 이력(업력)을 기준으로 5년 이내라고 하여야 혼동을 피할 수 있다. 기산점은 설립의 경우에는 창설적 효력이므로 설립등기일, 본점 이전이나 지점 설치의 경우에는 대항적 효력이므로 사실상 이전일이나 사실상 설치일이 된다.

(**) 기존법인이 다른 법인과 합병하는 과정에서 피합병법인의 종전 본점이나 지점 소재지에 존속법인의 지점을 설치한 다음 그때부터 5년 이내에 그 지점에 관계되는 부동산을 취득하여 등기하는 경우에도 그 부동산등기에 대하여 시행령 제102조 제7항(현행 제27조⑤)이 적용된다고 봄이 타당하다.(대법원 2011두12726)

※ 과밀억제권역에 있는 산업단지 내에서 산업단지 밖의 과밀억제권역으로의 본점이전은 대도시 내의 전입에 해당하고 대도시내 본점 전입 후 5년 이내에 취득하는 부동산등기에 대하여는 등록세(현행 통합 취득세)를 중과세하는 것이므로 이 건 부동산등기에 대하여 등록세를 중과세한 것은 적법하다.(조심 2011지0678)

※ 본점 전입 경로에 따른 중과세 적용 여부

전입 경로	지방→대도시	서울외 대도시→서울	서울→서울/서울→서울외 대도시/서울외 대도시→서울외 대도시	대도시내 산업단지→대도시	지방→대도시내 산업단지/대도시→대도시내 산업단지	대도시내 산업단지→대도시내 산업단지
중과세 여부	○	○	×	○	×	×

대도시 내 법인 또는 지점 등의 설립·설치·전입 전·후 취득 부동산의 취득세 중과세

구 분	중과대상 부동산	기 한
설립·설치·전입 이전 취득	법인의 본점·주사무소·지점 또는 부사무소의 용도로 직접 사용하기 위한 부동산	설립·설치·전입일 소급하여 <u>5년</u>(사기 등의 경우에는 <u>10년</u>)
설립·설치·전입 이후 취득	업무용·비업무용 또는 사업용·비사업용의 모든 부동산	설립·설치·전입 이후 5년 이내 취득

※ 지점 설치와 관련한 중과세는 대도시 내 소재한 법인이 대도시 내에 지점을 설치하는 경우를 말한다.

지방세법시행규칙 제6조(사무소 등의 범위) 영 제27조제3항 전단에서 "행정자치부령으로 정하는 사무소 또는 사업장"이란 「법인세법」 제111조·「부가가치세법」 제8조 또는 「소득세법」 제168조에 따른 등록대상 사업장(「법인세법」·「부가가치세법」 또는 「소득세법」에 따른 비과세 또는 과세면제 대상 사업장과 「부가가치세법 시행령」 제11조제2항에 따라 등록된 사업자단위 과세 적용 사업장의 종된 사업장을 포함한다)으로서 인적 및 물적 설비를 갖추고 계속하여 사무 또는 사업이 행하여지는 장소를 말한다. 다만, 다음 각 호의 장소는 제외한다. <개정 2014.11.19.>

1. 영업행위가 없는 단순한 제조·가공장소
2. 물품의 보관만을 하는 보관창고
3. 물품의 적재와 반출만을 하는 하치장

지방세법 제15조(세율의 특례) ② 다음 각 호의 어느 하나에 해당하는 취득에 대한 취득세는 중과기준세율을 적용하여 계산한 금액을 그 세액으로 한다. 다만, 취득물건이 제13조제1항에 해당하는 경우에는 중과기준세율의 100분의 300을, 같은 조 제5항에 해당하는 경우에는 중과기준세율의 100분의 500을 각각 적용한다. <개정 2015.7.24.>

1. 개수로 인한 취득(제11조제3항에 해당하는 경우는 제외한다). 이 경우 과세표준은 제10조제3항에 따른다.
2. 제7조제4항에 따른 선박·차량과 기계장비 및 토지의 가액 증가. 이 경우 과세표준은 제10조제3항에 따른다.
3. 제7조제5항에 따른 과점주주의 취득. 이 경우 과세표준은 제10조제4항에 따른다.
4. 제7조제6항에 따라 외국인 소유의 취득세 과세대상 물건(차량, 기계장비, 항공기 및 선박만 해당한다)을 임차하여 수입하는 경우의 취득(연부로 취득하는 경우로 한정한다)
5. 제7조제9항에 따른 시설대여업자의 건설기계 또는 차량 취득
6. 제7조제10항에 따른 취득대금을 지급한 자의 기계장비 또는 차량 취득. 다만, 기계장비 또는 차량을 취득하면서 기계장비대여업체 또는 운수업체의 명의로 등록하는 경우로 한정한다.
7. 그 밖에 레저시설의 취득 등 대통령령으로 정하는 취득

(1) 지방세 중과세 제도

<table>
<tr><th>지역구분</th><th>사업자별</th><th>과세대상별</th><th>취득유형</th><th colspan="2">시기별</th><th>기간별</th><th>용도별</th><th>추징요건
(지세법제16조,31조)</th><th>참 고</th></tr>
<tr><td rowspan="7">과밀억제권역</td><td rowspan="7">법인</td><td rowspan="3">본점
(공장)</td><td>신축</td><td colspan="2">설립 등 시기와는 무관</td><td></td><td>사업용</td><td>비본지점용 취득 후 5년 이내 본점 신증축시</td><td>적용예외 검토(지세법제13조①)</td></tr>
<tr><td rowspan="2">승계취득</td><td colspan="2">설립 등 이전</td><td></td><td>본·지점용</td><td>비본지점용 취득 후 5년 이내 본점 신증축시, 비본지점용 취득 후 5년 이내 본지점 전입·설치</td><td rowspan="2">적용 예외 검토(지세법제13조②)</td></tr>
<tr><td colspan="2">설립 등 이후</td><td>5년 이내</td><td>사업용·비사업용불문</td><td></td></tr>
<tr><td rowspan="2">본점×</td><td rowspan="2">신축, 승계불문</td><td colspan="2">설립 등 이전</td><td></td><td>본·지점용</td><td>비본지점용 취득 후 5년 이내 본점 신증축시, 비본지점용 취득 후 5년 이내 본지점 전입·설치, 5년 이내 공장 신증설시, 5년 이내 사치성 재산</td><td>적용 예외 검토(지세법제13조①)</td></tr>
<tr><td colspan="2">설립 등 이후</td><td>5년 이내</td><td>사업용·비사업용불문</td><td></td><td>적용 예외 검토(지세법제13조②)</td></tr>
<tr><td rowspan="2">사치성 재산</td><td rowspan="2">신축, 승계불문</td><td rowspan="2">시기불문</td><td>(경합시)설립 등 이전</td><td></td><td>사업용</td><td>비사업용으로 비사치성 재산 취득 후 5년 이내 사치성 재산</td><td rowspan="2">지세법제13조②과 경합시 표준세율의 ×3+중과기준세율×2의 세율 적용</td></tr>
<tr><td>(경합시)설립 등 이후</td><td>5년 이내</td><td>사업용·비사업용불문</td><td></td></tr>
</table>

<table>
<tr><td rowspan="4"></td><td rowspan="2"></td><td rowspan="2">유상거래주택</td><td rowspan="2">승계취득</td><td>설립 등 이전</td><td></td><td>본지점용</td><td>사업용·비사업용 취득 후 5년 이내 본점 신증축시, 비본지점용 취득 후 5년 이내 본지점용, 5년 이내 공장 신증설시, 5년 이내 사치성 재산</td><td></td></tr>
<tr><td>설립 등 이후</td><td>5년 이내</td><td>사업용·비사업용 불문</td><td>사업용·비사업용 취득 후 5년 이내 본점 신증축시, 비본지점용 취득 후 5년 이내 본지점용, 5년 이내 공장 신증설시, 5년 이내 사치성 재산</td><td>표준세율+중과기준세율×2의 세율 적용, 결국 6억원 이하는 5%, 6억원 초과 9억원 이하는 6%, 9억원 초과는 7%.
※무상거래 주택은 3.5%+4%=7.5%</td></tr>
<tr><td rowspan="2">개인</td><td>공장</td><td>신축, 승계불문</td><td>시기 불문</td><td>기간불문</td><td>사업용</td><td>비공장용 취득 후 5년 이내 공장 신증설,</td><td>• 지세법 제13조② 2호, 지세령제27조③
• 적용 예외 검토(지세법제13조②)</td></tr>
<tr><td>사치성 재산</td><td>신축, 승계불문</td><td>시기 불문</td><td>기간불문</td><td>사업용·비사업용불문</td><td>비사치성 재산 취득 후 5년 이내 사치성 재산</td><td>경합 불가</td></tr>
<tr><td>기타지역</td><td>법인, 개인불문</td><td>사치성 재산</td><td>신축, 승계불문</td><td>시기 불문</td><td>기간불문</td><td>사업용·비사업용불문</td><td>비사치성 재산 취득 후 5년 이내 사치성 재산</td><td>경합 의미 없음.</td></tr>
</table>

※ 취득 이후 5년내 본점, 공장의 신설용 또는 증설용 부동산, 별장, 골프장, 고급주택 또는 고급오락장에 해당하면 추징한다.

※ 대도시는 과밀억제권역과 동일한 의미이다.(지세법제13조②본문)

※ 본점사업용 부동산의 취득의 경우에는 법인설립·설치·전입시기와 관련한 시기의 제한이 없다. 법인설립·설치·전입 후의 기한과는 관계 없이 신·증축하여 취득한 부동산을 취득 후 5년 이내 본점사무소용으로 사용하기만 하면 중과세로 추징된다.

※ 지세법제13조③ 1호의 과밀억제권역 내에 설치함이 불가피하다고 인정되는 업종 중 부동산 관련 업종은 국토해양부에 등록된 주택건설사업과 임대주택법상 등록한 주택임대사업이 있는데, 주택건설사업의 경우에는 주택건설용으로 취득한 부동산에 한하고 취득 후 3년 안에 주택건설에 착공하여야 하고 주택임대사업의 경우 주택거래신고지역의 매입임대주택은 제외한다.

※ 설립·설치·전입 이후 5년간 기간 계산시, 실무상 보수적으로 부동산 취득시점 또는 등기시점 중 늦은 날로 하는 것이 과세관청과의 마찰을 줄이는 요령이다.

※ 골프장은 체육시설의설치및이용에관한법률에 따른 회원제 골프장용 부동산 중 구분등록의 대상이 되는 토지와 건축물 및 그 토지상의 입목을 말한다.(지방세법제13조⑤) 지방세법에서 말하는 '구분등록대상이 되는 토지와 건축물'은 체육시설의설치및이용에관한법률 제19조 제1항, 동 시행령 제20조 제3항에서 회원제골프장의 등록을 하려는 자는 토지 및 건축물을 구분하여 등록을 신청하여야 한다'고 규정하고 있으므로 대중골프장은 취득세 중과세 대상이 아니며 기존 골프장을 승계취득하는 경우에도 중과세는 적용되지 않는다. 기존 골프장을 취득하여 회원제골프장을 증설하는 경우에는 중과세 대상이다. '구분등록대상이 되는 토지와 건축물'이므로 등록되지 않았다 하더라도 사실상 등록대상이면 사치성재산으로 보아야 한다.

※ 중과세율 적용방법
① 취득 후 5년 이내 중과세대상이 된 경우 : 해당 중과세율을 적용하여 산출한 세액에서 이미 납부한 세액(중가산세 제외)을 공제한 금액을 추징한다.
② 취득 후 5년 후 증축등으로 사치성 재산이 된 경우 : 증가한 건축물에 대하여 중과세한다.
③ 사치성 재산을 증축한 경우 : 증가한 건축물에 대하여 중과세한다.
④ 부동산 취득 후 5년이 지나 공장 신·증설한 경우 : 중과세 ×
⑤ 동일한 대상에 2 이상의 세율이 적용되는 경우 : 높은 세율을 적용한다.
⑥ 지세법제13조⑥, ⑦의 경우 : 경합시의 중과세율표 참조.

(2) 취득세, 등록세, 재산세 중과제도 개설

사치성 재산의 경우를 제외하면 대부분의 중과제도는 법인사업자에 해당되고 법인이 설립 5년 내, 지점설치 5년 내 취득하는 부동산의 경우에는 대부분 중과세된다고 보면 된다. 지방기업이 서울로 본점 및 지점 진출하거나 서울 소재 기업이 서울 내 다른 지역에 신규 지점을 설치할 때 중과세를 회피하는 방법으로는 ① 본점 설립, 지점 설치 후 5년이 지나서 부동산을 취득하거나 5년 내에는 당해 부동산을 장기 임대차계약 후 5년이 지나 매수하거나, ② 5년 내라도 주택건설사업용 부동산, 주택임대사업자의 주택임대용 부동산, 유통산업용, 농수산물공판장용, 화물터미널 사업용 및 창고업용, 의료업용, 공연장용 등 대중용이거나 공익·공공성을 갖는 부동산이거나, ③ 설립 후 5년이 지난 법인이 대도시에서 임대용 부동산을 취득한 후 별도의 인적·물적 시설을 설치하지 않고 본점에서 직접 임대업을 수행한다면 중과 대상이 되지 않는다.

(3) 본점·주사무소 신·증축 및 공장 신·증설(지방세법§13①)

본점 신·증축의 경우 구 취득세를 중과하고, 공장 신·증설의 경우에는 구 취득세·등록세를 모두 중과한다. 과밀억제권역 안에서 본점 또는 주사무소용 건축물을 신축 또는 증축하여 취득하면 동일한 과밀억제권역 안에 있던 기존의 본점 또는 주사무소에서 이전해 오는 경우라고 하더라도 구 지방세법 제112조 제3항에 의한 취득세 중과대상에 해당한다.(대법원 2012두6551)

대도시내 본점 신증축 및 공장신증설 세율표

구 분		개정 전		개정 후
		등록세	취득세	취득세
본점·주사무소 신증축		8/1,000	60/1,000	68/1,000
도시형업종 공장신증설		8/1,000	20/1,000	28/1,000
비도시형 업종 공장 신증설	5년 경과	8/1,000	20/1,000	28/1,000
	5년 미만	24/1,000(신축)	60/1,000	84/1,000
		60/1,000(승계)	60/1,000	120/1,000

① 본점 등 적용세율 = 표준세율(28/1000) + 중과기준세율(20/1000) × 2 = 68/1000 (표준세율이란 기존의 표준취득세율과 표준등록세율을 합한 것. 이

하 같다)
② 비도시형 공장신증설과 대도시내 중과법인 중복되는 경우 :
(공장중과 면적×84/1,000) + (본점·주사무소중과면적×68/1,000)
③ 본점 신·증축의 경우는 법인 설립기간에 관계 없이 5년 이후에도 중과세된다.

(4) 과밀억제권역내 본점사업용 부동산에 대한 중과

(1) 의의

수도권정비계획법제6조에 따른 과밀억제권역에서 법인이 본점이나 주사무소의 사업용 부동산(신축·증축하는 경우의 건물과 그 부속토지만 해당)을 취득하는 경우 취득세율은 표준세율(28/1,000)에 중과기준세율(20/1,000)의 2배를 합한 세율을 적용한다.(지방세법§13①)

(2) 과밀억제권역의 범위(수도권정비계획법시행령 별표1)

- 서울특별시
- 인천광역시(강화군, 옹진군, 서구 대곡동·불로동·마전동·금곡동·오류동·왕길동·당하동·원당동, 인천경제자유구역 및 남동국가산업단지는 제외)
- 의정부시, 구리시
- 남양주시(호평동·평내동·금곡동·일패동·이패동·삼패동·가운동·수석동·지금동 및 도농동만 해당함)
- 하남시, 고양시, 수원시, 안양시, 부천시, 광명시, 과천시, 의왕시, 군포시.
- 시흥시[반월특수지역(반월특수지역에서 해제된 지역을 포함한다)은 제외함]

(3) 본점사업용 부동산의 중과 요건

① 본점사업용 부동산의 범위

지방세법시행령 제25조(본점 또는 주사무소의 사업용 부동산) 법 제13조제1항에서 "대통령령으로 정하는 본점이나 주사무소의 사업용 부동산"이란 법인의 본점 또는 주사무소의 사무소로 사용하는 부동산과 그 부대시설용 부동산(기숙사, 합숙소, 사택, 연수시설, 체육시설 등 복지후생시설과 향토예비군 병기고 및 탄약고는 제외한다)을 말한다.

법인의 본점 또는 주사무소의 사무소로 사용하는 부동산과 그 부대시설용 부동산을 말하므로 우선 지점이나 분사무소는 제외한다. 중과 대상 법인은 영리법인, 비영리법인 불문하며 특별법에 의하여 설립된 법인도 포함한다. 중과 대상 법인의 범위와 관련하여서는 지방세법 제13조 2항도 마찬가지이다.

또한 기숙사, 합숙소, 사택, 연수시설, 체육시설 등 복리후생시설과 향토예비군 병기고와 탄약고도 제외한다. 나아가 본점 사무실용이 아닌 영업장, 판매장, 점포 등은 본점사무실과 동일 건물 내에 있다 하더라도 중과세 대상이 아니므로 면적별로 안분하여 취득세를 산정하여야 한다.(대법원 2000두222, 2001.10,23.) 법인이 건물 1층 부분을 본점 사무소용이 아닌 제품의 전시장과 판매장 및 A/S 센터로 사용하고 있는 경우에도 본점 사무소용 부동산으로 보지 아니한다.(세정 13407-561, 1999.5.10.)

② 취득 주체

취득 주체는 법인격이 있는 법인이어야 하고 그 판단은 법인등기의 유무를 기준으로 한다. 따라서 법인격 없는 사단·재단은 제외한다.

③ 본점 또는 주사무소의 범위

상법상 본점은 영리법인의 주된 사무소, 주사무소는 비영리법인의 주된 사무소를 의미하므로 주된 사무소의 여부는 본점등기를 기준으로 판단하는 것이 아니라 법인의 본점으로서의 기능을 사실상 수행하는지 여부(중추적인 업무를 수행하는 장소인가)가 판단기준이다. 또한 법인세법·부가가치세법 또는 소득세법의 규정에 따라 등록된 사업장을 말한다.(대법원 2005두13469 판결)

④ 직접 사용

건물을 취득한 후 본점사무실용으로 사용하지 않고 타인에게 임대한 부분이 있다면 중과세 대상에서 제외된다. 그러나 본점의 신·증축이 아닌 후술하는 법인 설립·설치·전입 **<u>이후</u>** 5년 내에 본점사업용 부동산의 취득(원시·승계 취득 불문)의 경우에는 임대 부분과 관계 없이(본점사무실용으로 직접 사용하느냐 여부에 관계 없이, 비사업용 불문) 부동산 전체에 대하여 중과세가 된다.

⑤ 신·증축 등 원시취득

예전에는 승계취득도 포함하였으나 1999년 1월 1일부터는 원시취득만이 중과세 대상이다.

⑥ 부동산 취득시기

후술하는 대도시내 법인설립(휴면법인인수 포함)·설치·전입 후 5년 이내 부동산 취득의 경우에는 5년이라는 기한이 있으나 본점사업용 부동산의 취득의 경우에는 시기의 제한이 없다. 법인설립·설치·전입 후의 기한과는 관계 없이 신·증축하여 취득한 부동산을 취득 후 5년 이내에 본점사무소용으로 사용하기만 하면 중과세가 적용된다.(지방세법제16조①)

(5) 관련 판례

대법원 2009두24085 상고기각
서울행법 2009.5.15. 선고 2008구합50742 판결 【취득세등부과처분취소】 항소

【판시사항】

[1] 과밀억제권역 내에 본점 또는 주사무소용 사무실을 가지고 있다가 같은 권역 내의 다른 곳으로 사무실을 이전하는 경우, 지방세법 제112조 제3항이 정한 취득세 중과 대상에 해당되는지 여부(원칙적 소극)

[2] 취득세를 중과세하는 부동산의 범위를 신축·증축하는 경우로 한정하여 승계취득의 경우에는 중과세대상에서 제외하도록 개정된 지방세법 제112조 제3항의 해석에 있어서, 과밀억제권역 내에 본점 또는 주사무소용 부동산을 **신축**하여 취득한 후 같은 권역 내에서 본점 등 사업용 부동산을 **신축**한 경우에 그 본점의 이전이 과밀억제권역 내의 인구유입 또는 경제력 집중을 유발하지 않는다면 취득세 중과대상에 해당하지 않는다고 본 사례

【판결요지】

[1] 지방세법 제112조 제3항 규정의 취지는 수도권 지역 내에서 인구유입과 산업집중을 현저하게 유발시키는 본점 또는 주사무소의 신설 및 증설을 억제하기 위하여 과밀억제권역 내에서의 법인의 본점 또는 주사무소의 사업용 부동산의 취득에 대하여 취득세를 중과하려는 것이므로, 이미 과밀억제권역 내에 본점 또는 주사무소용 사무실을 가지고 있다가 같은 권역 내의 다른 곳으로 사무실을 이전하는 경우에는 두 사무실의 규격·형태·가격 등을 비교하고 사무실 이전의 이유·경위 등 사무실 이전과 관련된 모든 사정을 종합·참작하여, 사무실의 이전이 위와 같은 입법취지에 어긋나지 아니하면 지방세법 제112조 제3항이 정한 취득세 중과대상에 해당하지 아니한다.

[2] 취득세를 중과세하는 부동산의 범위를 신축·증축하는 경우로 한정하여 승계취득의 경우에는 중과세대상에서 제외하도록 개정된 지방세법 제112조 제3항의 해석에 있어서, 최초의 부동산 취득시에 이미 취득세가 중과되어 새로운 부동산을 신축하여 본점을 이전할 때 다시 중과하지 않더라도 위 규정을 면탈할 우려가 없으므로, 과밀억제권역 내에 본점 또는 주사무소용 부동산을 신축하여 취득한 후 같은 권역 내에서 본점 등 사업용 부동산을 신축한 경우에 그 본점의 이전이 과밀억제권역 내의 인구유입 또는 경제력 집중을 유발하지 않는다면 취득세 중과대상에 해당하지 않는다고 본 사례.

[문서번호]조심2010지0328

[제목] 본점을 신·증축하여 중과세율에 의한 취득세를 납부하고 소유하고 있다가 이를 매각한 후 건물을 신축하여 본점 사무실을 이전한 경우 중과세 처분의 당부(경정)

[결정요지] 기존부동산을 신축할 당시 기존부동산을 본점 사무실로 하여 취득세를 중과세하여 신고납부 하였음에도 동일한 과밀억제권역 내에 있는 신축건물로 본점 사무실을 이전하였다고 하여 취득세를 계속 중과하는 것은 불합리하므로 취득세 등의 중과 대상은 본점용 사무실 면적의 증가분에 한함.

대법원 2012.07.12 선고 2012두6551 판결 【취득세등부과처분취소】

【주문】

원심판결을 파기하고, 사건을 서울고등법원에 환송한다.

【이유】

상고이유를 판단한다.

구 지방세법(1998. 12. 31. 법률 제5615호로 개정되어 2010. 3. 31. 법률 제10221호로 전부 개정되기 전의 것. 이하 같다) 제112조 제1항은 '취득세의 표준세율은 취득물건의 가액 또는 연부금액의 1,000분의 20으로 한다'고 규정하고, 같은 조 제3항은 ' 수도권정비계획법 제6조의 규정에 의한 과밀억제권역 안에서 대통령령이 정하는 본점 또는 주사무소의 사업용 부동산(본점 또는 주사무소용 건축물을 신축 또는 증축하는 경우와 그 부속토지에 한한다)을 취득하는 경우의 취득세율은 제1항의 세율의 100분의 300으로 한다'고 규정하고 있다.

원심은 제1심판결을 인용하여 그 판시와 같은 사실을 인정한 다음, 구 지방세법 제112조 제3항의 취지는 수도권정비계획법 제6조의 규정에 의한 과밀억제권역(이하 '과밀억제권역'이라고만 한다) 안에서 인구유입에 따른 인구팽창과 산업집중을 막기 위하여 인구팽창과 산업집중을 유발시키는 본점 또는 주사무소의 신설 및 증설을 억제하려는 것이므로 이미 과밀억제권역 안에 본점 또는 주사무소용 사무실을 가지고 있다가 같은 권역 안의 다른 곳으로 사무실을 이전하는 경우 그것이 위의 입법취지에 어긋나지 아니하면 구 지방세법 제112조 제3항이 정한 취득세 중과대상에 해당하지 않는다고 전제하고, 소재지 사옥과 이 사건 신축건물은 동일한 과밀억제권역(서울특별시) 안에 있는 점, 원고 건설부문의 본점 또는 주사무소가 그 조직과 인력의 동일성을 유지한 상태로 구의동 사옥에서 이 사건 신축건물로 이전하면서 오히려 인력 총수는 다소 감소하였고 전용 사용면적도 축소된 점, 원고는 소재지 사옥에서 완전히 퇴거한 후 제3자에게 위 건물을 임대하였고 위 건물에서 건설부문 사업은 전혀 영위하고 있지 않은 점 등을 종합하여, 원고가 구의동 사옥에서 이 사건 신축건물로 건설부문의 본점 또는 주사무소를 이전한 것이 과밀억제권역 안의 인구유입과 산업집중을 억제하려는 구 지방세법 제112조 제3항의 입법취지에 반한다고 볼 수 없다는 이유로 이 사건 신축건물은 위 규정에 의한 취득세 중과대상에 해당하지 않는다고 판단하였다.

그러나 원심의 위와 같은 판단은 다음과 같은 이유로 수긍할 수 없다.

구 지방세법 제112조 제3항은 1998. 12. 31. 법률 제5615호로 개정되기 전과 달리 그 입법취지를 반영하여 과밀억제권역 안에서 본점 또는 주사무소의 사업용 부동산을 취득하는 경우 중 인구유입과 산업집중의 효과가 뚜렷한 신축 또는 증축에 의한 취득만을 그 적용대상으로 규정하고 그 입법취지에 어울리지 않는 그 밖의 승계취득 등은 미리 그 적용대상에서 배제하였으므로 조세법률주의의 원칙상 위 규정은 특별한 사정이 없는 한 법문대로 해석하여야 하고 더 이상 함부로 축소해석하여서는 아니되는 점, 과밀억제권역 안에서 신축 또는 증축한 사업용 부동산으로 본점 또는 주사무소를 이전하면 동일한 과밀억제권역 안의 기존 사업용 부동산에서 이전해오는 경우라 하더라도 전체적으로 보아 그 과밀억제권역 안으로의 인구유입이나 산업집중의 효과가 없다고 할 수 없는 점 등을 종합하면, <u>과밀억제권역 안에서 본점 또는 주사무소용 건축물을 신축 또는 증축하여 취득하면 동일한 과밀억제권역 안에 있던 기존의 본점 또는 주사무소(*)에서 이전해 오는 경우라고 하더라도 구 지방세법 제112조 제3항에 의한 취득세 중과대상에 해당한다</u>고 봄이 타당하다.

그럼에도 원심은, 원고가 이 사건 신축건물을 취득한 것은 동일한 과밀억제권역 안에서 본점 또는 주사무소를 이전하기 위함이었다는 이유로 그것이 구 지방세법 제112조 제3항에 의한 취득세 중과대상에 해당하지 아니한다고 판단하였으니, 이러한 원심판단에는 구 지방세법 제112조 제3항에 관한 법리를 오해하여 판결결과에 영향을 미친 위법이 있다. 이 점을 지적하는 상고이유의 주장은 이유 있다.

그러므로 원심판결을 파기하고, 사건을 다시 심리·판단하게 하기 위하여 원심법원에 환송하기로 하여 관여 대법관의 일치된 의견으로 주문과 같이 판결한다.

(*) 이 사례에서는 당초 승계취득한 지점이 설치되어 있었으나 사실상의 본점으로 인정됨.

과밀억제권역내에 소재한 부동산을 승계취득하여 본점용 부동산으로 사용하다가 쟁점건축물을 신축한 후, 본점용 부동산으로 사용하였으므로 쟁점부동산으로의 본점이전이 인구유입 또는 경제력 집중을 유발하지 아니하였다 하더라도 쟁점건축물 중 증축으로 취득한 부분을 제외한 부분은 취득세 등의 중과세 대상에서 제외된다고 보기는 어려움.(조심2011지0232)

→ 지방세법통칙에 반영(지법통칙 13-2-1⑤)

타인 소유의 부동산을 임차하여 본점 또는 주사무소용 사무실로 사용하다가 본점 또는 주사무소용 사무실을 신축하여 이전하는 경우에는 중과세가 된다.(대법원 99두6309, 2000.5.30.)

(6) 과밀억제권역내 공장용 부동산에 대한 중과

(1) 개요

과밀억제권역[**산업단지, 유치지역**(산업집적활성화 및 공장설립에 관한 법률), **공업지역**(국토의 계획 및 이용에 관한 법률)**은 제외]** 내 공장건축물 연면적이 500m² 이상인 공장 신·증설에 대해서는 다음과 같이 지방세를 중과한다.(지방세 시행규칙제7조) 중과세 대상 공장은 지방세법시행규칙 별표2에 규정되어 있다. 해당 공장을 취득하는 자가 개인이든 법인이든 비법인 단체이든 불문한다.

(ㄱ) 취득세 : 공장 신·증설용 사업용 과세물건(공장용 건물, 토지, 차량, 기계장비 등) 취득시, 기본세율에 중과기준세율(2%)의 2배를 합한 세율로 중과한다.(지방세법제13조①)

(ㄴ) 재산세 : 공장용 건축물에 대한 재산세를 공장 신·증설 후 최초 과세기준일부터 5년간 5배 중과한다.(지방세법제111조②)

지방세법시행규칙 제7조(공장의 범위와 적용기준) 제7조(공장의 범위와 적용기준) ① 법 제13조제8항에 따른 공장의 범위는 별표 2에 규정된 업종의 공장(「산업집적활성화 및 공장설립에 관한 법률」 제28조에 따른 도시형 공장은 제외한다)으로서 생산설비를 갖춘 건축물의 연면적(옥외에 기계장치 또는 저장시설이 있는 경우에는 그 시설의 수평투영면적을 포함한다)이 500제곱미터 이상인 것을 말한다. 이 경우 건축물의 연면적에는 해당 공장의 제조시설을 지원하기 위하여 공장 경계 구역 안에 설치되는 부대시설(식당, 휴게실, 목욕실, 세탁장, 의료실, 옥외 체육시설 및 기숙사 등 종업원의 후생복지증진에 제공되는 시설과 대피소, 무기고, 탄약고 및 교육시설은 제외한다)의 연면적을 포함한다.

② 법 제13조제8항에 따른 공장의 중과세 적용기준은 다음 각 호와 같다.

1. 공장을 신설하거나 증설하는 경우 중과세할 과세물건은 다음 각 목의 어느 하나에 해당하는 것으로 한다.
   가. 「수도권정비계획법」 제6조제1항제1호에 따른 과밀억제권역(「산업집적활성화 및 공장설립에 관한 법률」의 적용을 받는 산업단지 및 유치지역과 「국토의 계획 및 이용에 관한 법률」의 적용을 받는 공업지역은 제외한다. 이하 이 항에서 "과밀억제권역"이라 한다)에서 공장을 신설하거나 증설하는 경우에는 신설하거나 증설하는 공장용 건축물과 그 부속토지
   나. 과밀억제권역에서 공장을 신설하거나 증설(건축물 연면적의 100분의 20 이상을 증설하거나 건축물 연면적 330제곱미터를 초과하여 증설하는 경우만 해당한다)한 날부터 5년 이내에 취득하는 공장용 차량 및 기계장비
2. 다음 각 목의 어느 하나에 해당하는 경우에는 제1호에도 불구하고 중과세 대

상에서 제외한다.

가. 기존 공장의 기계설비 및 동력장치를 포함한 모든 생산설비를 포괄적으로 승계취득(*)하는 경우

나. 해당 과밀억제권역에 있는 기존 공장을 폐쇄하고 해당 과밀억제권역의 다른 장소로 이전한 후 해당 사업을 계속 하는 경우. 다만, 타인 소유의 공장을 임차하여 경영하던 자가 그 공장을 신설한 날부터 2년 이내에 이전하는 경우 및 서울특별시 외의 지역에서 서울특별시로 이전하는 경우에는 그러하지 아니하다.

다. 기존 공장(승계취득한 공장을 포함한다)의 업종을 변경하는 경우

라. 기존 공장을 철거한 후 1년 이내에 같은 규모로 재축(건축공사에 착공한 경우를 포함한다)하는 경우

마. 행정구역변경 등으로 새로 과밀억제권역으로 편입되는 지역은 편입되기 전에 「산업집적활성화 및 공장설립에 관한 법률」 제13조에 따른 공장설립 승인 또는 건축허가를 받은 경우

바. 부동산을 취득한 날부터 5년 이상 경과한 후 공장을 신설하거나 증설하는 경우

사. 차량 또는 기계장비를 노후 등의 사유로 대체취득하는 경우. 다만, 기존의 차량 또는 기계장비를 매각하거나 폐기처분하는 날을 기준으로 그 전후 30일 이내에 취득하는 경우만 해당한다.

3. 제1호 및 제2호를 적용할 때 공장의 증설이란 다음 각 목의 어느 하나에 해당하는 경우를 말한다.

가. 공장용으로 쓰는 건축물의 연면적 또는 그 공장의 부속토지 면적을 확장하는 경우

나. 해당 과밀억제권역 안에서 공장을 이전하는 경우에는 종전의 규모를 초과하여 시설하는 경우

다. 레미콘제조공장 등 차량 또는 기계장비 등을 주로 사용하는 특수업종은 기존 차량 및 기계장비의 100분의 20 이상을 증가하는 경우

③ 시장·군수는 공장의 신설 또는 증설에 따른 중과세 상황부를 갖추어 두어야 한다.

(*) 공장의 포괄적 승계취득이란 토지, 건축물, 생산설비 등 유형고정자산을 일괄하여 양수하는 것을 말하므로 영업권, 종업원까지 인수하는 것을 의미하는 것은 아니다. 또한 기계설비를 제외하고 토지, 건축물만 취득한 경우를 말하는 것도 아니다.

(2) 실무상 주의할 점

(가) 취득 후 5년내 용도변경시도 과세함

① 부동산

과밀억제권역 내 토지, 건축물을 취득 후 5년 이내에 기존건축물을 공장용으로 용도변경하거나, 공장용 건물을 신축하는 경우, 기존공장을 증설하는 경우에는 취득세를 중과세한다.(지방세법제16조①2호) 이 때 기간은 토지나 건축물 취득일부터 공장 신·증설에 착수한 날(생산설비 설치일과 영업일, 허가일 중 빠른 날)까지로 하여 계산한다.

② 공장용 차량, 기계장비

건물 신·증설일로부터 5년 이내 취득시 중과세하나, 노후 등 사유로 대체취득하는 경우로서 매각 또는 폐기처분 전후 30일 내의 취득은 중과하지 아니한다.

(나) 과세물건의 소유자와 공장 신·증설자가 다른 경우

사업용 과세물건의 소유자와 공장을 신·증설한 자가 다른 때에는 그 사업용 과세물건의 소유자가 공장을 신, 증설한 것으로 보아 중과세율을 적용한다.(지방세법제16조③) 다시 말해 임차인이 신·증설한 경우에도 소유자가 납세의무자이다.

(다) 공장 증설의 범위(지방세시행규칙제7조)

① 공장 규모를 확장하는 경우(건축물연면적 또는 부속토지의 확장)

② 당해 대도시 내에서 공장 이전하면서 종전 규모를 초과하여 시설하는 부분

③ 레미콘 제조공장 등 특수업종은 기존차량 및 기계 장비의 20% 이상 증가시

(라) 취득세 중과세에서 제외하는 범위

산업집적활성화 및 공장설립에 관한 법률 제28조(도시형공장) 지식경제부장관은 첨단산업의 공장, 공해발생정도가 낮은 공장 및 도시민생활과 밀접한 관계가 있는 공장 등을 대통령령으로 정하는 바에 따라 **도시형공장**으로 지정할 수 있다.

산업집적활성화 및 공장설립에 관한 법률시행령 제34조(도시형공장의 구분 및 범위) 법 제28조에 따른 도시형공장은 다음 각 호의 어느 하나에 해당하는 공장(이하 "도시형공장"이라 한다)으로 한다.

1. 다음 각 목의 어느 하나에 해당하는 공장 외의 공장 → 오염사업장 제외

가. 「대기환경보전법」 제2조제9호에 따른 특정대기유해물질을 배출하는 대기오염물질배출시설을 설치하는 공장

나. 「대기환경보전법」 제2조제11호에 따른 대기오염물질배출시설을 설치하는 공장으로서 같은 법 시행령 별표 10의 1종사업장부터 3종사업장까지에 해당하는 공장. 다만, 연료를 직접 사용하지 아니하는 공장은 제외한다.
다. 「수질 및 수생태계 보전에 관한 법률」 제2조제8호에 따른 특정수질유해물질을 배출하는 폐수배출시설을 설치하는 공장. 다만, 「수질 및 수생태계 보전에 관한 법률 시행령」 제33조제2호에 따라 폐수를 전량 위탁처리하는 공장은 제외한다.
라. 「수질 및 수생태계 보전에 관한 법률」 제2조제10호에 따른 폐수배출시설을 설치하는 공장으로서 같은 법 시행령 별표 13의 1종사업장부터 4종사업장까지에 해당하는 공장

2. 별표 4에 해당하는 업종을 경영하는 공장으로서 제1호에 따른 공장에 해당하지 아니하는 공장(「환경영향평가법」 제4조에 따른 환경영향평가대상사업의 범위에 해당하는 공장만 해당한다.

(4) 대도시내 법인설립(휴면법인인수 포함)·설치·전입에 따른 또는 그 후 5년 이내 부동산 취득 및 법인등기(지방세법제 13 조②, 지방세법제 28 조)

: 실질적 내용은 종전의 등록세를 중과한다.

대도시내 법인 설립, 지점설치, 전입 관련 취득시 세율표

구 분		개정 전		개정 후
		등록세	취득세	취득세
법인설립 (휴면법인 인수), 지점설치, 본점전입	유상 5년 경과	20/1,000	20/1,000	40/1,000
	유상 5년 미만	60/1,000		80/1,000
	신축(본점 제외, 5년 미만)	24/1,000		44/1,000
	증여	45/1,000		65/1,000
	비영리법인	24/1,000		44/1,000

※ 적용세율 = (표준세율 × 3) - 중과기준세율(20/1000)×2 = 80/1,000
(=120-40)(지방세법제 13 조②)

- 신축 28/1000×3 - 20/1000×2 = 44/1000
- 증여 35/1000×3 - 20/1000×2 = 65/1000

※ 다만, 과밀억제권역(산업단지 제외)에 설치함이 불가피하다고 인정되는 업종으로서 대도시 중과 제외 업종에 직접 사용할 목적으로 부동산을 취득하거나 법

인이 사원에 대한 분양 또는 임대용으로 직접 사용할 목적으로 주거용 부동산을 취득하는 경우에는 표준세율을 적용한다.

※ 과밀억제권역 내에 설치함이 불가피하다고 인정되는 업종 중 부동산 관련 업종은 국토해양부에 등록된 주택건설사업과 임대주택법상 등록한 주택임대사업이 있는데, 주택건설사업의 경우에는 주택건설용으로 취득한 부동산에 한하고 취득 후 3년 안에 주택건설에 착공하여야 하고 주택임대사업의 경우 주택거래신고지역의 매입임대주택은 제외한다.

※ 설립(인수)·설치·전입 전·후의 부동산 취득을 포함.

※ 대도시 내의 법인이 설립 후 5년 이내에 취득하는 부동산등기에 대하여는 (구)등록세를 중과세하는 것이지만, 공유 부동산을 분할함에 따라 하는 등기는 (구)등록세 중과세 대상으로 보기는 어려움.(조심2012지0472)

(1) 개요

① 과밀억제권역(<u>산업단지 제외</u>) 내 <u>**법인**</u> 설립(휴면법인 인수도 포함)하는 경우, 지점 또는 분사무소를 설치하는 경우, 본점, 주사무소, 지점 또는 분사무소를 대도시로 전입하는 경우(수도권의 경우 서울특별시 외에서 서울특별시로 진입하는 경우에는 대도시로 전입하는 것으로 본다)에 설립·설치·전입 <u>**이전**</u>에 법인의 <u>본점·주사무소·지점 또는 분사무소의 용도로 직접 사용하기 위한</u> 부동산 취득(채권을 보전하거나 행사할 목적으로 하는 부동산 취득은 제외), ② 그 설립·설치·전입 이후의 부동산 취득은 법인 또는 사무소등이 설립·설치·전입 <u>**이후 5년 이내**</u> 하는 <u>업무용·비업무용 또는 사업용·비사업용</u>의 모든 부동산 취득은 중과세를 적용한다(공장의 신설·증설 취득, 공장의 승계취득, 해당 대도시에서의 공장 이전 및 공장의 업종변경에 따르는 부동산 취득을 포함한다).(지세법제13조제2항1호) 또한 ③ 대도시(유치지역, 공업지역 제외)에서 공장을 신설하거나 증설함에 따라 부동산을 취득하는 경우도 마찬가지이다.(지세법제13조제2항2호) 중과세율은 표준세율의 3배에서 중과기준세율(2%)의 2배를 뺀 세율을 적용한다.

이 경우 제1호와 제2호의 관계가 문제될 수 있다. 다시 말해, 법인이 설립 후 5년 이내에 취득하는 모든 부동산의 취득에 대하여 3배 중과세하는 것으로 되어 있기 때문에, 비도시형의 공장의 신설이나 증설에 해당되지 아니하더라도 5년 이내에 취득하는 것이라면 중과세가 되지 아니하는가 하는 의문이 생길 수 있다.

이에 대하여 일찍이 대법원에서는 대도시 내의 공장을 승계취득하는 경우는 지방세법 제13조 제2항 제2호 소정의 대도시 내에서의 공장의 신설 또는 증설에 따른 부동산에 해당하지 않고, 같은 항 제1호는 공장을 제외한 일반 부동산에 관한 중과세 규정으로 해석되므로 중과세할 수 없는 것으로 보았다(대판 87다카2457, 1989.3.14). 즉, 대도시 내 부동산에 대한 중과세를 크게 ① 공장과 ② 일반부동산으로 대별하여 전자는 지방세법 제13조 제2항 제2호에 의하여 중과세하고, 후자는 동항 제1호에 의하여 중과세하는 것이다. 그러나 최근 판례에서는 신설된 공장이 중과세 공장에 해당하지 아니하여 중과세할 수 없다 하더라도, 그 공장이 대도시 내에서의 법인 설립 후 5년 이내에 신설된 것으로서 일반 부동산의 중과세요건을 충족하고 있다면, 그 공장 신설에 따른 부동산에 대해서는 같은 법 제13조 제2항 제1호에 따라 중과세할 수 있는 것으로 보고 있다(대판 2008두6325, 2008.7.10).

(2) 중과대상

과밀억제권역 내에서 **법인**을 설립, 지점을 설치, 타지역으로부터 전입에 관련한 법인등기의 경우(설립등기, 증자등기, 본점이전등기, 지점설치등기)에는 등록면허세가 중과세되고, 과밀억제권역 내에서 그 설립, 설치, 전입에 관련한 부동산등기의 경우에는 취득세가 중과되는 구조이다. 여기에서는 부동산등기의 중과세만 설명하고 법인등기의 중과세는 등록면허세에서 설명하기로 한다.

취득세가 중과세되는 경우는 ① 설립, 설치 및 전입 이전에 본점, 주사무소, 지점 또는 분사무소의 용도로 직접 사용하기 위한 부동산 취득(채권 보전하거나 행사할 목적으로 하는 부동산 취득은 제외)과 ② 설립, 설치 및 전입 이후의 취득은 당해 법인(본점) 또는 당해 지점 등과 관계되어 그 설립, 설치 및 전입 후 5년 이내에 취득하는 업무용·비업무용, 사업용·비사업용을 불문한 일체의 부동산(공장도 포함) 등기를 의미한다. ①의 경우, 반드시 그 부동산의 전부가 법인 또는 지점 등의 업무에 사용되어야 하는 것은 아니라 하더라도 그 설립·설치·전입과 아무런 관련 없이 취득한 부동산의 등기는 포함되지 않는다.(대법원 99두1618, 2005두4205). 대도시내에서 부동산을 취득하여 이를 지점으로 사용하는 경우에는 취득세를 중과세하는 것이지만, 지점 설치와 관련 없이 부동산을 취득하였다가 그 후 해당 부동산을 법인의 지점으로 사용하게 된 경우까지 포함하는 것은 아니라고 할 것이다.(조심 2013지0439) 또한, 그 부동산의 전부가 당해 법인(본점) 또는 지점 등에 사용되어야 하는 것은 아니라 하더라도 다른 지점 등과 관계되어 취득한 부동산의 등기까지 포함하는 것은 아니다.(대법원 2003두7620) 사용 용도와 관련하여 대도시 내로 본점을 전입하기 이전에 취득한 부동산 중 본점용도로 직접 사용한 부동산에 대한 등기는 중과세 대상이라 할 것이나, 나머지 임대용 부동산에 대한 등기는 등록세 중과세 대상에 해당되지 않는다고 할 것이다. 그러나 ②의 경우라면 비사업용·비업무용 불문하므로 임대용이라도 중과세대상이 되므로 주의해야 한다.(조심 2009지0896) 중과대상이 되는 부동산이란 당해 법인(본점) 또는 지점등과 관계되어 그 설립·설치·전입 이후 5년 이내에 취득하는 모든 부동산을 의미하므로 설립후 5년이 경과된 대도시 외에 본점을 두고 있는 법인이 대도시 내에 지점을 설치하고 다른 부동산을 취득하여 임대용으로 사용할 경우 임대업무전반을 대도시외 본점에서 직접 관리하는 등 임대용부동산이 대도시내 지점과 무관한 경우라면 취득세 중과세율을 적용할 수 없다.(유권해석 42063, 2013.10.8.) 따라서 ①의 경우든 ②의 경우든 본점·지점 관련성이 필수적 요건이 된다.

예를 들어보기로 한다. 대도시내 설립 후 5년이 경과한 법인이 서울특별시 내에 지점을 설치하였다가 이를 폐쇄하였다면 그 폐쇄된 지점 설치일부터 5년 이내에 서울특별시 내의 부동산을 취득 등기하였다 하더라도 당해 부동산 취득 이후 5년 이내에 새로운 지점을 설치하지 아니하고 본점에서 직접 관리하면서 임대업에 사용하는 경우라면 이는 당해 지점과 관계되어 취득하는 일체의 부동산등기로 볼 수 없어 취득세 중과세대상에 해당되지 않는다.(지방세정팀-5627) 대도시내서 설립 5년 이상인 법인이 본점용 부동산을 취득해 사용하던 중 본점을 이전하고 본점용 부동산 취득일부터 5년 이내에 본점이 있던 자리에 지점을 설치한 경우 취득세 중과세 대상이 된다.(지방세정팀-4645) 대도시내에서 설립한지 5년이 경과된 법인이 부동산을 취득한 후 지점의 설치 없이 본점에서 직접 음식점을 경영하는 경우 등록세의 중과세 대상이 되지 않지만, 인적·물적 설비를 갖춘 지점을 설치하여 음식점을 경영하는 경우라면 취득세의 중과세 대상이 된다.(지방세정팀-366)

중과세에 해당하는 본점 전입에 관하여 살펴보면, 수도권정비계획법 제6조에 규정된 과밀억제권역에 속하는 도시들은 하나의 대도시에 포함되어 그 중 한 도시에서 다른 도시로 본점을 이전하더라도 이는 하나의 대도시 내에서의 이전에 불과하여 원칙적으로 대도시 내로의 전입에 해당하지 아니하지만, 예외적으로 서울특별시 이외의 과밀억제권역에 속하는 도시에서 서울특별시로 이전하는 경우에는 (구)시행령 제102조 제2항에 의하여 대도시 내로의 전입으로 간주되는바, 이는 대도시 중에서도 특히 서울특별시 내로의 인구집중이나 경제집중으로 인한 폐단을 방지하기 위한 조세정책적인 이유에서 인천광역시나 경기도지역에 있는 대도시에서 서울특별시로 전입하는 경우에는 특별히 등록세를 중과하겠다는 취지인데, 이와 같이 서울특별시 이외의 과밀억제권역에서 서울특별시로 전입한 법인의 전입 이후의 부동산등기가 등록세 중과 대상이 되는 경우에도 (구)시행령 제102조 제4항은 그 부동산등기의 범위를 <u>당해 대도시 외의 법인이 당해 대도시 내로의 전입에 따른 등기</u>를 말한다고 한정하고 있으므로, <u>그 취득하는 부동산이</u>

새로 전입하는 당해 대도시인 서울특별시 내에 소재하고 있는 경우에 한하여 그 부동산등기가 등록세 중과세 대상이 된다고 보는 것이 법령의 취지에 부합하는 타당한 해석이라고 할 것이다.(대법원 2001두10974)

본점 또는 주된 사무소의 여부는 본점등기를 기준으로 판단하는 것이 아니라 법인의 본점으로서의 기능을 사실상 수행하는지 여부(중추적인 업무를 수행하는 장소인가), 지점의 경우는 인적·물적 설비를 갖추고 계속적으로 사무 또는 사업활동이 행하여지는 장소일 것이라는 실질적 요건 이외에 어느 경우나 사업자등록이라는 형식적 요건을 갖추어야 한다.(대법원 2005두6546 판결, 지세규제6조) 지점의 사업자등록은 해당 지점의 등기 여부와 관계 없이 법인등기부등본과 이사회의사록을 첨부하여 할 수 있으므로 주의하여야 한다.

합병 후 존속법인이 피합병법인을 흡수합병함으로써 피합병법인의 자산은 물론이고 모든 권리 및 의무를 포괄하여 승계한 점과 그 합병에도 불구하고 새로운 인구 유입이나 경제력 집중을 유발하지 않는 점 등에 비추어 보면 합병 후 존속법인이 서울로 본점을 전입한 후 5년 이내에 부동산의 취득등기를 하게 되었다고 하더라도 설립된 후 5년이 훨씬 경과한 피합병법인의 자산비율에 해당하는 부분에 대해서는 등록세를 중과할 수 없다고 보는 것이 타당하다.(대법원 2003두7293)

휴면법인 인수시 그 인수로 보는 범위는 휴면법인의 과점주주가 된 때 과점주주가 인수한 주식 등의 비율로 한다. 다시 말해, 휴면법인을 인수한 경우 과점주주의 지분비율에 해당하는 만큼만 법인신설로 보아 중과세한다. 따라서 취득세 과세율은 과점비율에 대하여는 중과세하고 나머지 부분은 일반과세한다. 지방세법상 과점주주란 비상장법인에서 주식소유비율이 50%를 초과하는 주주를 말한다.

채권을 보전하거나 행사할 목적으로 하는 부동산 취득은 제외한다.(지세령제27조③)

기존 공장의 승계취득 가운데 공장의 토지, 건축물, 생산설비를 포괄승계하거나 시설규무를 축소하여 승계취득하는 경우에는 중과세대상이 아니라는 데 유의하여야 한다.(지방세법기본통칙13-3)

[문서번호] 조심 2008지0634

[제목]대도시내로의 법인 본점 전입에 따른 부동산 등기로서 등록세 중과세 대상에 해당하는지 여부(취소)

[요약]오피스텔을 법인의 본점 전입이전에 취득하였지만 오피스텔로 법인의 본점을 전입한 것이 아니며 공사비의 대가로 오피스텔을 대물변제받아 종전대로 계속 임대용에 공하고 있는 사실을 볼 때, 오피스텔의 취득 등기와 청구인의 본점 전입등기 사이에는 관련성이 없다. 따라서, 오피스텔의 등기는 대도시내로의 법인 본점 전입에 따른 부동산 등기에 해당되지 않아 지방세법 제138조 제1항 제3호에서 규정하고 있는 등록세 중과세 대상에 해당되지 않는다.

[문서번호] 조심 2005-0257

[제목]대도시 내의 법인이 본점을 이전하고 그 자리에 지점을 설치한 후 5년 이내에 부동산을 취득·등기한 경우 등록세를 중과세한 처분의 적법 여부(기각)
[요약]대도시 내의 법인이 대도시 내로 본점을 이전하고 종전 본점 소재지에 지점을 설치한 사실이 확인되므로 토지의 취득·등기는 지점설치 이후 5년 이내에 취득하는 부동산 등기에 해당되어 중과세 대상이며, 주택건설사업자인 청구인이 취득한 토지에 대해 그 사용용도가 주택건설용이 아닌 비주거용 부분에 대하여 등록세를 중과세한 처분은 타당하다.

대법 2010두19812, 2012. 3. 29. 판결

대도시 내의 법인이 기존의 공유 부동산을 분할하는 것은 실질적으로 공유 부동산에 분산된 지분을 특정 부분에 집중시켜 그 소유형태를 변경한 것에 불과하여 부동산의 새로운 취득에 따른 인구집중의 효과가 있다고 보기 어려운 점, 법 제131조 제1항은 공유물 분할에 의한 등기를 일반적인 소유권 취득에 의한 등기와 구별하여 특별히 낮은 세율을 규정하고 있으므로 그 중과규정인 이 사건 법령의 적용 여부에 있어서도 양자의 등기를 달리 취급할 수 있는 점 등을 고려하면, 대도시 내의 법인이 설립 후 5년 이내에 대도시 내의 공유 부동산을 분할함에 따라 하는 등기는 이 사건 법령에 따른 등록세 중과대상이 아니라고 보는 것이 타당하다. → 지방세법통칙 13-5-3에 반영

대법 2011두14777, 2013. 7. 12. 판결

법인과 자연인의 영업활동에 따른 인구와 경제력 집중효과의 차이, 법 제138조 제1항 제3호가 규정한 등록세 중과세의 정도 등에 비추어 보면, 자연인으로부터 영업을 양수한 법인의 부동산등기에 대하여 법 제138조 제1항 제3호, 시행령 제102조 제2항을 적용하여 등록세를 중과세하는 것이 헌법 제11조, 제15조, 제23조, 제37조 제2항 등에 위배된다고 볼 수 없으므로, 이 점에 관한 상고이유의 주장도 받아들일 수 없다.(대법 2011두14777)
→ 지방세법통칙 13-4-2에 반영(법인이 자연인으로부터 영업 일체를 양수하여 그 사업장 위에 지점을 설치한 후 종전과 동일한 사업을 영위하는 경우 그 지점과 관련한 부동산 취득은 취득세 중과대상에 해당된다)

[문서번호] 조심 2005-0251

[제목]대물변제로 취득한 부동산을 채권을 보전할 목적으로 취득하여 등기한 것으로 보지 아니하고 등록세 등을 중과세한 처분의 정당 여부(기각)
[요약]건축주로부터 건축대금을 지급받지 못해 대물변제로 취득한 부동산은 매매과정에서 지급해야 할 대금 중 일부를 공사대금 채권 변제를 실현했다고 보는 것이 타당하므로 채권 보전 목적으로 취득했다기보다 주택사업을 위해 취득한 것으로 부동산에 대한 등기를 대도시내로의 법인의 본점 전입에 따른 부동산등기로 보아 등록세 등을 중과세한 처분은 정당하다.

[문서번호] 지방세정팀-2450

[요약]대도시내 설립 5년 미만의 법인이 갑의 건축물을 도급받아 시공하였으나 공사대금을 회수하지 못하여 갑소유 부동산을 압류하여 채권을 보전한 후 경매에서 낙찰받아 소유권을 이전등기한 경우라면 "채권을 보전하거나 행사할 목적으로 하는 부동산 등기"에 해당되어 등록세 중과세 대상에서 제외되나, 갑 소유가 아닌 병 소유의 부동산을 공사비 대신 대물로 받아 이전등기한 경우라면 법인설립일부터 5년 이내에 승계취득한 것에 해당하므로 등록세의 중과세 대상이 된다.

지방세법제13조② 및 지방세법제28조의 중과세 유형

구분	1차(따른) 중과대상	2차(사후관리적) 중과대상
Ⓐ	대도시 내 법인 설립(휴면법인의 인수 포함)과 지점, 분사무소 설치에 따른 법인등기	법인설립 후 **5년내** 자본, 출자액 증가시 변경등기
Ⓑ	대도시 내로 본점, 주사무소 전입에 따른 법인등기	전입 후 **5년내** 자본, 출자액 증가시 변경등기
Ⓒ	- Ⓐ Ⓑ에 따른 부동산등기 - 대도시내로 지점, 분사무소의 전입에 따른 부동산 등기	법인 설립, 설치, 전입 이후 **5년내** 부동산 취득 등기
Ⓓ		부동산 취득일로부터 **5년 내** 그 부동산에 본점이전, 지점설치, 지점이전시 추징

※ Ⓐ의 법인 설립의 경우 5년의 기산일은 법인설립등기일을 뜻한다. 당해 부동산의 취득·등기에 따른 등록세 부과제척기간(5년)이 경과한 이후에 대도시내의 동 부동산에 법인의 본점·주사무소·지점 또는 분사무소 등을 설립·설치 또는 전입하는 경우라면 이를 이유로 새로이 (구)등록세를 중과할 수 없다.(세제과-7596, 2009.06.08)

※ Ⓐ의 지점, 분사무소란 법인·부가·소득세법 등에 의해 사업자등록한 사업장으로서 사업자등록 없는 보관창고, 하치장은 지점, 분사무소로 보지 않는다.

※ Ⓐ의 휴면법인의 범위는 상법에 따른 해산법인, 해산간주법인, 부가가치세법상 폐업법인, 법인인수일 이전 1년 이내 회사계속등기를 한 해산법인·해산간주법인, 법인인수일 이전 1년 이내 다시 사업자등록을 한 폐업법인, 법인인수일 이전 2년 이상 사업실적이 없고 인수일 전후 1년 이내에 인수법인 임원의 100분의 50 이상을 교체한 법인. 휴면법인의 인수로 보는 범위는 휴면법인의 과점주주가 된 때 그 과점주주의 지분비율만큼 법인신설로 보는 것이므로 중과세액도 부동산 취득시의 과점주주의 비율만큼이 된다. 또한 과점주주는 비상장법인에서만 인정되므로 휴면법인도 비상장법인이어야 한다.

※ 대도시 소재 법인의 조직변경의 경우 신설법인의 설립등기, 그 설립일부터 5년 이내의 자본금변경등기에 대한 등록면허세는 중과세 대상이다.

※ Ⓐ의 설립에 분할등기일 현재 5년 이상 계속하여 사업을 한 대도시의 내국법인이 법인의 분할로 법인을 설립하는 경우에는 해당되지 않는다.[지방세법시행령 제45조(대도시 법인 중과세의 범위와 적용기준) 제2항] 또한 대도시에서 설립 후 5년이 경과한 기존 법인이 다른 기존 법인과 합병하는 경우에도 중과세 대상은 아니다.(지방세법시행령 제45조 제3항) 그렇다 하더라도 기존 법인이 대도시에서 설립 후 5년이 경과하지 아니한 법인과 합병하여 기존 법인 이외의 법인이 존속법인이 되거나 신설합병하는 경우 합병 당시를 기준으로 하여 기존 법인의 자산비율에 해당하는 부분은 중과세 대상이 아니다.

※ Ⓑ, Ⓒ의 본점 전입이나 지점설치의 경우 5년의 기산일은 사실상의 이전일이나 사실상의 설치일, 사업자등록일 을 말하는 것이지 등기일이 아니다.

※ Ⓑ 서울시 외에서 서울시 내로의 전입은 대도시 외에서 대도시내로 전입한 것과 동일하게 중과한다.(지세령제27조③) 서울을 제외한 과밀억제권역 내의 어떤 지역에서 과밀억제권역 내의 또다른 지역으로 전입하는 것은 중과세대상이 되지 않는다. 그러나 수도권정비계획법 제 6 조의 규정에 의한 과밀억제권역 내의 산업단지는 중과세 지역이 아니므로 과밀억제권역에 있는 산업단지 내에서 산업단지 밖의 과밀억제권역으로의 본점 이전은 대도시내의 전입에 해당하고, 대도시내 본점 전입 후 5년 이내에 취득하는 부동산등기에 대하여는 취득세를 중과세하는 것은 적법하다.(조심 2012지0710)

※ Ⓑ 자본, 출자액 증가 중 관계법령 개정으로 면허, 등록 최저기준을 충족시키려는 목적의 경우는 중과되지 않는다.(지세령제45조①)

※ Ⓒ ⅰ)설립·설치·전입에 따른 부동산 등기란 법인 또는 지점 등이 설립·설치·전입일로부터 소급하여 5년 내에 등기한 본·지점용 부동산에 대한 추징을 말한다. 설립의 경우에는 부동산 현물출자라 하여도 취득시점이 법인설립등기일이기 때문에 설립 이후의 취득에 해당할 것이므로 거의 문제가 되는 경우가 없는 듯하다. 지점설치나 본점 전입의 경우에는 해당 사항이 있다. 본점 전입이나 지점 설치 이전에 등기가 되어 있는 부동산에 대해 중과세로 추징되는 경우에는 제척기간이 적용되어 그 제척기간의 기산일은 중과세대상이 된 날부터 30일이 경과하는 날(지기령제18조)부터 5년이 되므로 중과세분에 대해서는 부동산의 등기기간과 아무런 상관이 없이 추징이 된다. 그러나 일반과세분에 대해서는 설령 누락이 있었더라도 취득세 신고·납부기한의 다음날부터

5년의 제척기간이 기산되므로 부동산 등기시부터 5년이 지난 경우에는 추징할 수 없게 된다. ⅱ)설립·설치·전입 이후의 5년 이내에 취득한 업무용·비업무용 또는 사업용·비사업용을 불문한 일체의 부동산 등기가 중과세 대상에 해당한다.(지세령제27조③) 이 경우 일체의 부동산 등기에는 공장의 신설, 증설, 공장의 승계취득, 당해 대도시 내에서 공장의 이전 및 공장의 업종변경에 따르는 부동산등기를 포함한다.

※ © 설립·설치·전입 이후 5년간 기간 계산시, 실무상 보수적으로 부동산 취득시점 또는 등기시점 중 늦은 날로 하는 것이 과세관청과의 마찰을 줄이는 요령이다.

☞ 법인등기의 중과세는 후술한다.

(5) 고급주택 등 사치성재산(지세법§13⑤, 지세령제28조) : 실질적 내용은 종전의 취득세를 중과한다.

- 대상 : 골프장, 고급주택, 별장, 고급오락장
- 세율 : 적용세율 = 표준세율(*) + 20/1,000(중과기준세율) × 400/100

  (*) 주택의 경우에는 취득시기에 따라 다를 것이다.

고급주택 등 사치성재산

취득·등록 구분		2010 년까지		2011 년 이후
		등록세	취득세	취득세
별장	기존 별장 승계취득	20/1,000	100/1,000	40/1,000+(20/1,000×4)=120/1,000
	기존 일반건물 승계취득 후 별장변경	20/1,000	100/1,000-40/1,000=60/1,000	[40/1,000+(20/1,000×4)]-40/1,000=80/1,000
	토지 승계취득 (별장신축)	20/1,000	100/1,000	40/1,000+(20/1,000×4)=120/1,000
	지목변경	정액세 (6,000 원)	100/1,000	20/1,000×5=100/1,000
	별장신축	8/1,000	100/1,000	28/1,000+(20/1,000×4)=108/1,000
골프장	임야등 토지의 취득	20/1,000	20/1,000	40/1.000
	지목변경	정액세 (6,000 원)	100/1,000	20/1,000×5=100/1,000
	클럽하우스등 건축물 신축	8/1,000	80/1,000	28/1,000+(20/1,000×4)=108/1,000
고급오락장	기존 고급오락장 승계취득	20/1,000	100/1,000	40/1,000+(20/1,000×4)=120/1,000
	기존 일반건물 승계취득 후 고급오락장 시설	20/1,000	100/1,000-40/1,000=60/1,000	[40/1,000+(20/1,000×4)]-40/1,000=80/1,000
	토지 승계취득 (고급오락장 신축개설)	20/1,000	100/1,000	120/1,000
	건물 신축	8/1,000	100/1,000	108/1,000
	지목변경	정액세 (6,000 원)	100/1,000	20/1,000×5=100/1,000
	개수(면적증가×)		100/1,000	100/1,000
고급주택	기존고급주택 취득	20/1,000	100/1,000	40/1,000(*)+(20/1,000×4)=120/1,000
	일반주택 취득 후 고급주택 변경	20/1,000	100/1,000-40/1,000=60/1,000	[40/1,000(**)+(20/1,000×4)]-40/1,000=80/1,000
	토지 승계취득 (고급주택 신축)	20/1,000	100/1,000	120/1,000
	고급주택 신축	8/1,000	100/1,000	108/1,000
	지목변경	정액세 (6,000 원)	100/1,000	20/1,000×5=100/1,000
	개수(면적증가×)		100/1,000	100/1,000

※ 만약 위 모든 사치성재산에 대하여 지방세법 제13조 제2항이 동시에 적용되는 경우에는 [(표준세율×3)+(20/1,000×2)]를 적용한다.

(*)(**) 기존주택이 고급주택이든 일반주택이든 현행 지방세법에서는 주택의 유상 취득세율이 영구인하되었는바, 승계취득하는 주택의 취득가액에 따라 1%, 2%, 3%가 적용될 것이다. 만약 위 표대로 중과세되었다면 초과분에 대하여는 환급되어야 할 것이다.

(1) 개요

별장(농어촌주택은 제외), 골프장, 고급오락장, 고급주택, 고급선박을 취득할 경우 취득세를 중과하고, 재산세는 높은 단일세율을 적용한다.

(2) 실무상 주의할 점

(가) 취득 후 5년내 용도변경시도 과세함

토지나 건축물을 취득한 후 5년 이내에 당해 토지나 건축물이 별장, 골프장, 고급주택, 고급오락장이 된 때에는 중과세율을 적용하여 취득세를 추징하며, 사치성 재산용 건축물을 증축·개축·개수한 경우 또는 일반 건축물을 증축·개축·개수하여 고급주택, 고급오락장이 된 경우에는 그 증가된 건축물 가액에 대하여 중과세율을 적용한다.

(나) 별장(지세법제13조⑤, 지세령제28조①)

별장이란 주거용 건축물로서 늘 주거용으로 사용하지 아니하면서 휴양·피서·놀이 등의 용도로 사용하는 건축물과 그 부속토지(일정 규모의 농어촌주택과 그 부속토지는 제외)를 말한다. <u>소유자 이외의 자가 주거용 건물을 임차하여 별장으로 사용하는 경우</u>에도 중과세대상이다.(지방세법기본통칙 13-1) 별장이 되기 위한 요건은 다음과 같다.

i) **구조**가 주거용이어야 한다.
ii) 상시 거주하는 주택이 별도로 있어야 한다.
iii) 불특정 다수인이 이용하거나 영업용으로 사용되는 것이 아니어야 한다.
iv) 휴양·피서·놀이 등의 용도로 사용되어야 한다.

※ 법인이 오피스텔을 취득하여 이를 연수시설로서가 아니라 주로 종업원의 휴양 용도로 사용한 경우 별장으로 보는 것이 타당하다.(조심2013지0265)

(다) 고급주택(지세법제13조⑤, 지세령제28조④)

① 다음 주거용 건축물과 부속토지는 취득 당시의 시가표준액이 6억원을 초과하는 경우 중과세한다.

- 1구의 건축물의 연면적(주차장 면적 제외)이 331㎡를 초과하는 것으로서 그 건축물의 가액이 9천만원을 초과하는 주거용 건축물과 그 부속토지
- 1구의 건축물의 대지 면적이 662㎡를 초과하는 것으로서 그 건축물의 가액이 9천만원을 초과하는 주거용 건축물과 그 부속토지
- 1구의 건축물에 엘리베이터(적재하중 200㎏ 이하의 소형은 제외)가 설치된 주거용 건축물과 그 부속토지
- 1구의 공동주택(다가구용 주택의 경우 한 가구가 독립하여 거주할 수 있도록 구획된 부분)의 건축물 연면적(공용면적 제외)이 245㎡(복층형은 274㎡로 하되 한 층의 면적이 245㎡를 초과하는 것은 제외)를 초과하는 공동주택과 그 부속토지

② 나아가 다음의 주거용 건축물과 부속토지는 시가표준액과 상관 없이 중과세 대상이 된다.

- 1구의 건축물에 에스컬레이터 또는 67㎡ 이상의 수영장 중 1개 이상의 시설이 설치된 주거용 건축물과 그 부속토지(공동주택과 그 부속토지는 제외)

③ 다만, 주택을 취득한 날부터 30일 이내(상속의 경우에는 상속개시일이 속하는 달의 말일부터 6개월)에 주거용이 아니 용도로 사용하거나 고급주택이 아닌 용도로 사용할 목적으로 용도변경 공사에 착공하는 경우에는 고급주택의 취득으로 보지 아니한다.(지세법제13조⑤3호 단서)

④ 일반주택 취득일부터 5년 내 고급주택이 되는 경우에도 중과세로 추징한다. 이 경우에는 취득세의 신고·납부기한이 문제되는데, 고급주택으로 전환되는 날부터 30일 이내에 중과세율로 산출한 세액에서 당초 취득의 시기에 일반세율로 납부한 세액을 공제한 금액을 신고·납부하여야 한다. 그와 달리 애당초 고급주택인 건물을 승계취득하였다면 원칙대로 그 취득의 시기부터 60일 이내에 취득세를 신고·납부하면 된다.

대지 취득 후 5년 이후에 그 대지 위에 고급주택을 신축한 경우에는 고급주택만을 중과세한다. 기존의 고급주택을 증축하는 경우에는 증축부분은 당연히 중과세하고 부속토지는 기존에 중과세되었는바 다시 중과세하지 않는

다. 당초에는 고급주택이 아닌 주택을 증축하여 고급주택이 되었다면 기존 주택 및 부속토지를 각각 취득한 날부터 5년 이내라면 중과세한다.

※ 공동주택의 수분양자가 지하 3층의 창고시설인 쟁점부분(248.51㎡)을 독점적으로 분양받아 이를 음악실로 사용하고 있는 사실이 확인되는 이상 쟁점주택을 취득세가 중과세되는 고급주택으로 보아 취득세를 중과세한 것은 달리 잘못이 없음.(조심2012지0633)

고급주택과 고가주택

구 분	고급주택(지방세법시행령제28조④)	고가주택(소득세법 시행령 제156조)
적용 법률	◆ 취득 당시의 시가표준액이 6억원을 초과하는 다음의 경우 1. 1구의 건축물의 연면적(주차장면적은 제외한다)이 331㎡를 초과하는 것으로서 그 건축물의 가액이 9천만원을 초과하는 주거용 건축물과 그 부속토지 2. 1구의 건축물의 대지면적이 662㎡를 초과하는 것으로서 그 건축물의 가액이 9천만원을 초과하는 주거용 건축물과 그 부속토지 2의2. 1구의 건축물에 **엘리베이터**(적재하중 200킬로그램 이하의 소형엘리베이터는 제외한다)가 설치된 **주거용 건축물**과 그 부속토지(공동주택과 그 부속토지는 제외한다) 4. 1구의 공동주택(여러 가구가 한 건축물에 거주할 수 있도록 건축된 다가구용 주택을 포함하되, 이 경우 한 가구가 독립하여 거주할 수 있도록 구획된 부분을 각각 1구의 건축물로 본다)의 건축물 연면적(공용면적은 제외한다)이 **245㎡**(복층형은 **274㎡**로 하되, 한 층의 면적이 **245㎡를** 초과하는 것은 제외한다)를 초과하는 공동주택과 그 부속토지(*) ◆ 시가표준액에 관계 없이 다음의 경우 3. 1구의 건축물에 **에스컬레이터** 또는 67㎡ 이상의 **수영장** 중 1개 이상의 시설이 설치된 주거용 건축물과 그 부속토지(공동주택과 그 부속토지는 제외한다)	주택 및 이에 딸린 토지의 양도당시의 실지거래가액의 합계액[1주택 및 이에 딸린 토지의 일부를 양도하거나 일부가 타인 소유인 경우에는 실지거래가액 합계액에 양도하는 부분(타인 소유부분을 포함한다)의 면적이 전체주택면적에서 차지하는 비율을 나누어 계산한 금액을 말한다]이 9억원을 초과
적용 내용	취득시 일반세율의 5배 중과, 다수의 공유시에도 고급주택으로 간주	3년 이상 보유한 비과세요건을 갖춘 고가주택 양도시 9억원에 때하여는 비과세하고 9억원 초과 부분에 대하여 양도세 부과하고 장기보유특별공제 적용
세액 계산	적용세율 = 표준세율(부동산취득시) + 20/1,000(중과기준세율) × 400/100	양도차익=총 양도차익×[(양도가액-9억원)/양도가액] 장기보유특별공제액= 총 장기보유특별공제액×[(양도가액-9억원)/양도가액]

(*) 주거용 전용면적에 포함되는 범위가 문제되는데, 건축법상 발코니 및 노대가 접한 가장 긴 외벽으로부터 1.5미터를 초과하는 부분이 주거용으로 개조된 경우에는 전용면적에 포함되므로 증축 개조 부분을 포함하여 245㎡(복층형 274㎡)를 초과하는 경우에는 고급주택으로 중과세 추징이 될 수 있으므로 유의하여야 한다.(지방세법기본통칙 13-28)

(라) 골프장

골프장은 체육시설의설치및이용에관한법률에 따른 **회원제 골프장용 부동산** 중 '구분등록'의 대상이 되는 토지와 건축물 및 그 토지상의 입목을 말한다.(지방세법제13조⑤) 지방세법에서 말하는 '구분등록대상이 되는 토지와 건축물'은 체육시설의설치및이용에관한법률 제19조 제1항, 동 시행령 제20조 제3항에서 회원제골프장의 등록을 하려는 자는 토지 및 건축물을 구분하여 등록을 신청하여야 한다'고 규정하고 있으므로 대중골프장은 취득세 중과세 대상이 아니며 기존 골프장을 승계취득하는 경우에도 중과세는 적용되지 않는다. 기존골프장을 승계취득하는 방식은 법인합병이나 주식양수도 방식 또는 포괄적 사업양수도 방식이 있다.

① 사업양수도에 따른 포괄적 승계취득의 경우 골프회원권도 승계취득하는바, 그에 대한 취득세 납세의무가 성립하는지 문제된다. 그러나 이 경우에는 골프회원권을 분양할 권리를 취득한 것이지 양수인이 골프회원권 자체를 취득한 것은 아니므로 골프회원권에 대한 취득세 납세의무는 성립하지 않는다. 따라서 이 경우에는 법인장부상 사실상 취득가격을 취득세 과세대상이 되는 물건과 비과세대상 물건을 구분하거나 안분하여 계산한 금액에 대하여 취득세를 신고·납부하여야 할 것이다. ② 법인합병으로 골프장을 인수하는 경우에는 지방세법 제15조의 특례가 적용되어 과세대상 물건에 대하여 35/1,000-20/1,000= 15/1,000의 세율이 적용되어야 한다. ③ 주식양수도 방식에 따라 골프장을 인수할 경우에는 당해 법인이 비상장법인으로서 과점주주의 간주취득이 발생하는 경우에만 과세대상물건에 대한 취득세 납부의무가 성립한다. 이 경우에도 승계취득인바 중과세율이 아닌 중과기준세율 20/1,000을 적용한다.

다만, 기존 골프장을 취득하여 회원제골프장을 증설하는 경우에는 중과세 대상이다. '구분등록대상이 되는 토지와 건축물'이므로 등록되지 않았다 하더라도 사실상 골프장으로 사용하는 때에는 사치성재산으로 보아야 한다.

(마) 고급오락장의 범위 및 세입자가 고급오락장 등 영위시 유의사항

① 고급오락장의 범위

- 카지노장, 자동도박기(파친코, 슬롯머신, 아케이드이큅먼트 등) 설치 장소
- 욕실 등이 부설된 미용실
- 카바레, 나이트클럽, 디스코클럽 중 영업장 면적이 100m² 초과(관광호텔 안에 있는 관광유흥음식점은 제외)
- 유흥접객원을 두는 룸살롱 및 요정 중 객실이 영업장면적의 50% 이상이거나, 객실이 5개 이상인 것 중에서 영업장 면적이 100m² 초과(관광호텔 안에 있는 관광유흥음식점은 제외)
- 유흥주점에 대한 중과세의 시기는 건축물의 사용승인서 교부일 이후에 유흥주점이 된 때에는 그 대상업종의 영업인·허가 등을 받은날이고, 허가 등을 받지 않고 유흥주점이 된 경우에는 유흥주점을 사실상 개시한 날이 된다. 건축물의 신·증축이나 승계취득의 경우를 모두 포함한다. 취득의 시기로부터 5년 이내일 때 중과세하므로 5년의 경과 여부는 토지와 건축물을 각각 판단한다.

※ 식품위생법상 단란주점이나 일반음식점업, 음악산업진흥에 관한 법률상의 노래연습장업으로 허가를 받았더라도 사실상 영업현황으로 판단하므로 주의하여야 한다. 영업장 면적이나 유흥접객원의 유무를 따져보아야 할 것이다. 현행법상 유흥접객원은 식품위생법시행령 제22조에 따르면 부녀자로 규정되어 있으므로 남자는 제외된다. 상시・임시 고용을 불문한다.

※ 유흥주점을 일시적으로 휴업하거나 폐업한 경우, 무허가로 영업을 하거나 임차인이 영업을 하더라도 실질적으로 계속하여 유흥주점영업을 하고 있으면 중과세 대상이다.

② 세입자가 고급오락장 등 영위시 유의사항

세입자가 고급오락장 등을 영위함에 따라 임대인이 부담하게 되는 재산세 및 취득세 등 세액 증가분을 세입자에게 부담시키는 경우, 그 부담한 세액은 부가가치세 과세대상에 포함된다.

대법원 1993.1.26. 선고 92누5621 판결 [취득세추징부과처분취소]
【판시사항】

가. 건축물의 사용승낙을 받은 제3자가 고급오락장을 설치한 경우에도 건축물 취득자에 대하여 취득세를 중과할 수 있는지 여부(적극)

나. 최초의 임차인이 건축물 취득자의 승낙 없이 고급오락장을 설치하였다 하더라도 임대차관계 종료 후 그대로 다시 임대하여 호화오락장이 설치되어 있는 채로

사용수익하게 하였다면 이후에는 건축물 취득자에게 책임을 지울수 없는 제3자의 무단용도변경사용이라고 할 수 없다 한 사례

【판결요지】

가. 지방세법령에는 건축물이 취득 후 일정 기간 내에 무도유흥음식점과 룸살롱 등 고급오락장으로 이용될 경우 중과세율을 적용하여 취득세를 추징하도록 규정하고 있는데, 여기서 건축물이 고급오락장으로 이용될 경우란 취득자가 직접 오락장을 설치하는 경우는 물론 그로부터 사용승낙을 받은 제3자가 이를 설치하는 경우까지 포함한다.

나. 최초의 임차인이 건축물 취득자의 승낙 없이 고급오락장을 설치하였다 하더라도 임대차관계 종료 후 그대로 다시 임대하여 호화오락장이 설치되어 있는 채로 사용수익하게 하였다면 이후에는 건축물 취득자에게 책임을 지울 수 없는 제3자의 무단용도변경사용이라고 할 수 없다 한 사례.

과세물건별 중과세율

<table>
<tr><th colspan="3">중과세 물건</th><th>중과세 적용세율</th></tr>
<tr><td rowspan="2">과밀억제권역 내 법인의 본점사업용 신·증축
(부속토지 포함)</td><td colspan="2">지세법제15조② 물건</td><td>20/1,000×3=6/1,000</td></tr>
<tr><td colspan="2">기타 물건(a)</td><td>표준세율+(20/1,000×2)</td></tr>
<tr><td rowspan="3">과밀억제권역 내 공장의 신·증설</td><td colspan="2">지세법제15조①, 제15조② 물건,</td><td>(표준세율-20/1,000)×3</td></tr>
<tr><td rowspan="2">기타 물건(b)</td><td>부동산</td><td>표준세율×3</td></tr>
<tr><td>차량 등</td><td>표준세율+(20/1,000×2)</td></tr>
<tr><td rowspan="2">과밀억제권역 내 법인의 설립 등</td><td colspan="2">지세법제15조① 물건</td><td>(표준세율-20/1,000)×3</td></tr>
<tr><td colspan="2">기타 물건(c)</td><td>(표준세율×3)-(20/1,000×2)</td></tr>
<tr><td rowspan="2">사치성 재산</td><td colspan="2">지세법제15조② 물건</td><td>2/1,000×5=10/1,000</td></tr>
<tr><td colspan="2">기타 물건(d)</td><td>표준세율+(20/1,000×4)</td></tr>
<tr><td colspan="3">(a),(b),(c) 동시 적용시</td><td>표준세율×3</td></tr>
<tr><td colspan="3">(c),(d) 동시 적용시</td><td>(표준세율×3)+(20/1,000×2)</td></tr>
</table>

중과세경합시 중과세율

<table>
<tr><th rowspan="2">구분</th><th rowspan="2">일 반</th><th colspan="2">경 합</th></tr>
<tr><th>지방세법§13①과 §13② 동시 적용</th><th>지방세법§13②과 사치성재산 중과 동시 적용</th></tr>
<tr><td>적용세율</td><td>(표준세율×3)-(중과기준세율×2)</td><td>표준세율×3</td><td>(표준세율×3)+(20/1,000×2)</td></tr>
<tr><td>신축건물</td><td>(28/1,000×3)-(20/1,000×2)=44/1,000</td><td>28/1,000×3
=84/1,000</td><td>(28/1,000×3)+(20/1,000×2)
=124/1,000</td></tr>
<tr><td>승계토지</td><td>(40/1,000×3)-(20/1,000×2)=80/1,000</td><td>40/1,000×3
=120/1,000</td><td>(40/1,000×3)+(20/1,000×2)
=160/1,000</td></tr>
</table>

법인 명의의 부동산 취득시 취득세율(%)

<table>
<tr><th colspan="4">구 분</th><th>취득세</th><th>교육세</th><th>농특세</th><th>감면분 농특세</th><th>합계</th><th>참 고</th></tr>
<tr><td rowspan="8">근생, 토지</td><td rowspan="2" colspan="2">기본</td><td>토지, 상가(승계)</td><td>4</td><td>0.4</td><td>0.2</td><td></td><td>4.6</td><td>지세법제11조①7호 나목</td></tr>
<tr><td>신축건물</td><td>2.8</td><td>0.16</td><td>0.2</td><td></td><td>3.16</td><td>지세법제11조①3호</td></tr>
<tr><td rowspan="6">대도시중과</td><td rowspan="4">단일중과</td><td rowspan="2">토지, 상가(승계)</td><td>8</td><td>1.2</td><td>0.2</td><td></td><td>9.4</td><td>지세법제13조①</td></tr>
<tr><td>8</td><td>1.2</td><td>0.2</td><td></td><td>9.4</td><td>지세법제13조②</td></tr>
<tr><td rowspan="2">본점신축건물</td><td>6.8</td><td>0.48</td><td>0.2</td><td></td><td>7.48</td><td>지세법제13조①</td></tr>
<tr><td>4.4</td><td>0.48</td><td>0.2</td><td></td><td>5.08</td><td>지세법제13조②</td></tr>
<tr><td>경합중과</td><td>토지, 상가(승계)</td><td>12</td><td>1.2</td><td>0.2</td><td></td><td>13.4</td><td>지세법제13조①+② 경합(지세법제13조⑥: 3배중과세)</td></tr>
</table>

<table>
<tr><td></td><td></td><td></td><td>본점 신축 건물</td><td>8.4</td><td>0.48</td><td>0.2</td><td></td><td>9.08</td><td></td></tr>
<tr><td rowspan="6">일반주택</td><td rowspan="2">기본</td><td colspan="2">신축주택</td><td>2.8</td><td>0.16</td><td>0.2</td><td></td><td>3.16</td><td></td></tr>
<tr><td colspan="2">유상거래 주택</td><td></td><td></td><td></td><td></td><td></td><td>가격에 따라 1.3(1.1), 2.4(2.2), 3.5(3.2)%</td></tr>
<tr><td rowspan="4">중과</td><td colspan="2">신축주택</td><td>6.8</td><td>0.48</td><td>0.2</td><td></td><td>7.48</td><td>지세법제13조②, 대도시 중과제외업종 제외</td></tr>
<tr><td rowspan="3">유상거래주택</td><td>6억 이하</td><td>5</td><td>0.5</td><td>(0.6)</td><td></td><td>5.5 (6.1)</td><td rowspan="3">지세법제13조②, 대도시 중과제외업종 제외</td></tr>
<tr><td>9억 이하</td><td>6</td><td>0.6</td><td>(0.6)</td><td></td><td>7.2 (6.6)</td></tr>
<tr><td>9억 초과</td><td>7</td><td>0.7</td><td>(0.6)</td><td></td><td>8.3 (7.7)</td></tr>
<tr><td>주택(60㎡ 이하 공동주택)</td><td colspan="3">감면</td><td>0</td><td>0</td><td>0</td><td>0(비과세)</td><td>0</td><td>• 사업자등록증상 건설업 또는 부동산매매업을 영위하는 법인(지특법제33조, 지특령제15조①), 5세대 이상 신축시.
• 임대사업법인(건설·매입임대사업 포함)의 임대목적 신축 또는 임대목적 최초 수분양(주택거래신고지역 제외)(지특법제31조)
※ 100% 면제이므로 중과세 적용 없음.</td></tr>
<tr><td rowspan="4">일반사치성재산</td><td rowspan="4">중과</td><td rowspan="2">단일중과</td><td>토지 상가(승계)</td><td>12</td><td>1.2</td><td>0.2</td><td></td><td>13.4</td><td rowspan="2">지세법제13조⑤</td></tr>
<tr><td>신축 건물</td><td>10.8</td><td>0.48</td><td>0.2</td><td></td><td>11.48</td></tr>
<tr><td rowspan="2">경합중과</td><td>토지 상가(승계)</td><td>16</td><td>1.2</td><td>0.2</td><td></td><td>17.4</td><td rowspan="2">지세법제13조②+사치성재산(지세법제13조⑦: 3배중과세+4%)</td></tr>
<tr><td>신축 건물</td><td>12.4</td><td>0.48</td><td>0.2</td><td></td><td>13.08</td></tr>
</table>

※ 중과세 예외 부동산(기본세율 적용) : ① 법인의 채권보전·행사용 부동산 취득, ② 대도시 중과제외업종의 부동산 취득, ③ 사원 분양·임대용 공동주택(60㎡ 이하), ④ 5년 이상 대도시 내국법인의 분할, 1년 이상 대도시 내국법인간 합병시의 부동산 이전
※ 그 밖에 한국토지주택공사, 대한주택보증회사에 대한 개별적 감면혜택이 있다.(지특법제31조, 32조, 지특법제34조)
※ 법인인 과점주주의 간주취득세율은 중과세가 적용되는 경우와 적용되지 않는 경우가 있고, 감면규정이 적용되는 경우가 있으므로 주의하여야 한다. → '과점주주의 간주취득세' 참조

(7) 중과세와 신고·납부

취득시점에 중과세 대상인 경우에는 취득일부터 60일 내에, 취득 후 지점 설치 등이 되어 추징하여야 할 경우에는 중과대상이 되는 날부터 30일 내에 신고·납부하여야 한다.(지세법제20조①②)

(8) 취득세 중과세 대상에서 제외되는 법인 및 부동산

지방세법 제13조 ② 다음 각 호의 어느 하나에 해당하는 부동산을 취득하는 경우의 취득세는 제11조제1항의 표준세율의 100분의 300에서 중과기준세율의 100분의 200을 뺀 세율을 적용한다. 다만, 「수도권정비계획법」 제6조에 따른 과밀억제권역(「산업집적활성화 및 공장설립에 관한 법률」을 적용받는 산업단지는 제외한다. 이하 이 조에서 "대도시"라 한다)에 설치가 불가피하다고 인정되는 업종으로서 대통령령으로 정하는 업종(이하 이 조에서 "**대도시 중과 제외 업종**"이라 한다)**에 직접 사용할 목적으로 부동산**을 취득하거나, 법인이 사원에 대한 분양 또는 임대용으로 직접 사용할 목적으로 대통령령으로 정하는 주거용 부동산(이하 이 조에서 "**사원주거용 목적 부동산**"이라 한다)을 취득하는 경우의 취득세는 제11조에 따른 해당 세율을 적용한다.

1. 대도시에서 법인을 설립[대통령령으로 정하는 휴면법인(이하 "휴면법인"이라 한다)을 인수하는 경우를 포함한다. 이하 이 호에서 같다]하거나 지점 또는 분사무소를 설치하는 경우 및 법인의 본점·주사무소·지점 또는 분사무소를 대도시로 전입함에 따라 대도시의 부동산을 취득(그 설립·설치·전입 이후의 부동산 취득을 포함한다)하는 경우
2. 대도시(「산업집적활성화 및 공장설립에 관한 법률」을 적용받는 유치지역 및 「국토의 계획 및 이용에 관한 법률」을 적용받는 공업지역은 제외한다)

에서 공장을 신설하거나 증설함에 따라 부동산을 취득하는 경우

지방세법시행령 제26조(대도시 법인 중과세의 예외) ① ① 법 제13조제2항 각 호 외의 부분 단서에서 "대통령령으로 정하는 업종"이란 다음 각 호에 해당하는 업종을 말한다. <개정 2015.12.28.>

1. 「사회기반시설에 대한 민간투자법」 제2조제2호에 따른 사회기반시설사업(같은 법 제2조제8호에 따른 부대사업을 포함한다)
2. 「한국은행법」 및 「한국수출입은행법」에 따른 은행업
3. 「해외건설촉진법」에 따라 신고된 해외건설업(해당 연도에 해외건설 실적이 있는 경우로서 해외건설에 직접 사용하는 사무실용 부동산만 해당한다) 및 「주택법」 제9조에 따라 국토교통부에 등록된 주택건설사업(주택건설용으로 취득한 후 3년 이내에 주택건설에 착공하는 부동산만 해당한다)
4. 「전기통신사업법」 제5조에 따른 전기통신사업
5. 「산업발전법」에 따라 산업통상자원부장관이 고시하는 첨단기술산업과 「산업집적활성화 및 공장설립에 관한 법률 시행령」 별표 1 제2호마목에 따른 첨단업종
6. 「유통산업발전법」에 따른 유통산업, 「농수산물유통 및 가격안정에 관한 법률」에 따른 농수산물도매시장·농수산물공판장·농수산물종합유통센터·유통자회사 및 「축산법」에 따른 가축시장
7. 「여객자동차 운수사업법」에 따른 여객자동차운송사업 및 「화물자동차 운수사업법」에 따른 화물자동차운송사업과 「물류시설의 개발 및 운영에 관한 법률」 제2조제3호에 따른 물류터미널사업 및 「물류정책기본법 시행령」 제3조 및 별표 1에 따른 창고업
8. 정부출자법인 또는 정부출연법인(국가나 지방자치단체가 납입자본금 또는 기본재산의 100분의 20 이상을 직접 출자 또는 출연한 법인만 해당한다)이 경영하는 사업
9. 「의료법」 제3조에 따른 의료업
10. 개인이 경영하던 제조업(「소득세법」 제19조제1항제3호에 따른 제조업을 말한다). 다만, 행정자치부령으로 정하는 바에 따라 법인으로 전환하는 기업만 해당하며, 법인전환에 따라 취득한 부동산의 가액(법 제4조에 따른 시가표준액을 말한다)이 법인 전환 전의 부동산가액을 초과하는 경우에 그 초과부분과 법인으로 전환한 날 이후에 취득한 부동산은 법 제13조제2항 각 호 외의 부분 본문을 적용한다.
11. 「산업집적활성화 및 공장설립에 관한 법률 시행령」 별표 1 제3호가목에 따른 자원재활용업종
12. 「소프트웨어산업 진흥법」 제2조제3호에 따른 소프트웨어사업 및 같은 법 제27조에 따라 설립된 소프트웨어공제조합이 소프트웨어산업을 위하여 수행하는 사업
13. 「공연법」에 따른 공연장 등 문화예술시설운영사업

14. 「방송법」 제2조제2호·제5호·제8호·제11호 및 제13호에 따른 방송사업·중계유선방송사업·음악유선방송사업·전광판방송사업 및 전송망사업
15. 「과학관의 설립·운영 및 육성에 관한 법률」에 따른 과학관시설운영사업
16. 「산업집적활성화 및 공장설립에 관한 법률」 제28조에 따른 도시형공장을 경영하는 사업
17. 「중소기업창업 지원법」 제10조에 따라 등록한 중소기업창업투자회사가 중소기업창업 지원을 위하여 수행하는 사업. 다만, 법인설립 후 1개월 이내에 같은 법에 따라 등록하는 경우만 해당한다.
18. 「광산피해의 방지 및 복구에 관한 법률」 제31조에 따라 설립된 한국광해관리공단이 석탄산업합리화를 위하여 수행하는 사업
19. 「소비자기본법」 제33조에 따라 설립된 한국소비자원이 소비자 보호를 위하여 수행하는 사업
20. 「건설산업기본법」 제54조에 따라 설립된 공제조합이 건설업을 위하여 수행하는 사업
21. 「엔지니어링산업 진흥법」 제34조에 따라 설립된 공제조합이 그 설립 목적을 위하여 수행하는 사업
22. 「주택도시기금법」에 따른 주택도시보증공사가 주택건설업을 위하여 수행하는 사업
23. 「여신전문금융업법」 제2조제12호에 따른 할부금융업
24. 「통계법」 제22조에 따라 통계청장이 고시하는 한국표준산업분류에 따른 실내경기장·운동장 및 야구장 운영업
25. 「산업발전법」(법률 제9584호 산업발전법 전부개정법률로 개정되기 전의 것을 말한다) 제14조에 따라 등록된 기업구조조정전문회사가 그 설립 목적을 위하여 수행하는 사업. 다만, 법인 설립 후 1개월 이내에 같은 법에 따라 등록하는 경우만 해당한다.
26. 「지방세특례제한법」 제21조제1항에 따른 청소년단체, 같은 법 제45조제1항에 따른 학술연구단체·장학단체·과학기술진흥단체 및 같은 법 제52조제1항에 따른 문화예술단체·체육진흥단체가 그 설립 목적을 위하여 수행하는 사업
27. 「중소기업진흥에 관한 법률」 제69조에 따라 설립된 회사가 경영하는 사업
28. 「도시 및 주거환경정비법」 제18조에 따라 설립된 조합이 시행하는 같은 법 제2조제2호의 정비사업
29. 「방문판매 등에 관한 법률」 제38조에 따라 설립된 공제조합이 경영하는 보상금지급책임의 보험사업 등 같은 법 제37조제1항제3호에 따른 공제사업
30. 「한국주택금융공사법」에 따라 설립된 한국주택금융공사가 같은 법 제22조에 따라 경영하는 사업
31. 「민간임대주택에 관한 특별법」 제5조에 따라 등록을 한 임대사업자 또는 「공공주택 특별법」 제4조에 따라 지정된 공공주택사업자가 경영하는 주택임대사업. 다만, 「주택법」 제80조의2제1항에 따른 주택거래신고지역에서 매입임대주택사업을 하기 위하여 취득하는 임대주택은 법 제13조제2항 각

호 외의 부분 본문을 적용한다.

32. 「전기공사공제조합법」에 따라 설립된 전기공사공제조합이 전기공사업을 위하여 수행하는 사업
33. 「소방산업의 진흥에 관한 법률」 제23조에 따른 소방산업공제조합이 소방산업을 위하여 수행하는 사업

② 법 제13조제2항 각 호 외의 부분 단서에서 "대통령령으로 정하는 주거용 부동산"이란 1구(1세대가 독립하여 구분 사용할 수 있도록 구획된 부분을 말한다. 이하 같다)의 건축물의 연면적(전용면적을 말한다)이 60제곱미터 이하인 공동주택 및 그 부속토지를 말한다.

③ 법 제13조제3항제1호 각 목 외의 부분 단서에서 "대통령령으로 정하는 업종"이란 제1항제3호의 주택건설사업을 말하고, 법 제13조제3항제1호 각 목에도 불구하고 직접 사용하여야 하는 기한 또는 다른 업종이나 다른 용도에 사용·겸용이 금지되는 기간은 3년으로 한다.

④ 법 제13조제4항에서 "대통령령으로 정하는 임대가 불가피하다고 인정되는 업종"이란 다음 각 호의 어느 하나에 해당하는 업종을 말한다.

1. 제1항제4호의 전기통신사업(「전기통신사업법」에 따른 전기통신사업자가 같은 법 제41조에 따라 전기통신설비 또는 시설을 다른 전기통신사업자와 공동으로 사용하기 위하여 임대하는 경우로 한정한다)
2. 제1항제6호의 유통산업, 농수산물도매시장·농수산물공판장·농수산물종합유통센터·유통자회사 및 가축시장(「유통산업발전법」 등 관계 법령에 따라 임대가 허용되는 매장 등의 전부 또는 일부를 임대하는 경우 임대하는 부분에 한정한다)

지방세법 시행규칙 제5조(법인전환 기업) 영 제26조제1항제10호 단서에서 "행정자치부령으로 정하는 바에 따라 법인으로 전환하는 기업"이란 법 제13조제2항 각 호 외의 부분 단서에 따른 대도시(이하 이 조에서 "대도시"라 한다)에서 「부가가치세법」 또는 「소득세법」에 따른 사업자등록을 하고 5년 이상 제조업을 경영한 개인기업이 그 대도시에서 법인으로 전환하는 경우의 해당 기업을 말한다. <개정 2014.11.19>

지방세법시행령 제27조(대도시 부동산 취득의 중과세 범위와 적용기준) ③ 법 제13조제2항제1호에 따른 대도시에서의 법인 설립, 지점·분사무소 설치 및 법인의 본점·주사무소·지점·분사무소의 대도시 전입에 따른 부동산 취득은 해당 법인 또는 행정자치부령으로 정하는 사무소 또는 사업장(이하 이 항에서 "사무소등"이라 한다)이 그 설립·설치·전입(수도권의 경우 서울특별시 외의 지역에서 서울특별시로의 전입은 대도시로의 전입으로 본다. 이하 이 조에서 같다) 이전에 법인의 본점·주사무소·지점 또는 분사무소의 용도로 직접 사용하기 위한 부동산 취득(채권을 보전하거나 행사할 목적으로 하는 부동산 취득은 제외한다. 이하 이 조에서 같다)으로 하고, 같은 호에 따른 그 설립·설치·전입 이후의 부동산 취득

은 법인 또는 사무소등이 설립·설치·전입 이후 5년 이내에 하는 업무용·비업무용 또는 사업용·비사업용의 모든 부동산 취득으로 한다. 이 경우 부동산 취득에는 공장의 신설·증설, 공장의 승계취득, 해당 대도시에서의 공장 이전 및 공장의 업종변경에 따르는 부동산 취득을 포함한다. <개정 2014.11.19.>

④ 법 제13조제2항제1호를 적용할 때 분할등기일 현재 **5년 이상** 계속하여 사업을 한 대도시의 내국법인이 법인의 **분할**(「법인세법」 제46조제2항제1호가목부터 다목까지의 요건을 갖춘 경우만 해당한다)로 법인을 설립하는 경우에는 중과세 대상으로 보지 아니한다. <개정 2013.1.1>

⑤ 법 제13조제2항제1호를 적용할 때 대도시에서 설립 후 **5년이 경과**한 법인(이하 이 항에서 "기존법인"이라 한다)이 다른 기존법인과 **합병**하는 경우에는 중과세 대상으로 보지 아니하며, 기존법인이 대도시에서 설립 후 5년이 경과되지 아니한 법인과 합병하여 기존법인 외의 법인이 합병 후 존속하는 법인이 되거나 새로운 법인을 신설하는 경우에는 합병 당시 기존법인에 대한 자산비율에 해당하는 부분을 중과세 대상으로 보지 아니한다. 이 경우 자산비율은 자산을 평가하는 때에는 평가액을 기준으로 계산한 비율로 하고, 자산을 평가하지 아니하는 때에는 합병 당시의 장부가액을 기준으로 계산한 비율로 한다.

지방세특례제한법 제180조의2(지방세 중과세율 적용 배제 특례) ① 다음 각 호의 어느 하나에 해당하는 부동산의 취득에 대해서는 「지방세법」에 따른 취득세를 과세할 때 2018년 12월 31일까지 같은 법 제13조제2항 본문 및 같은 조 제3항의 세율을 적용하지 아니한다. <개정 2015.12.29.>

1. 「부동산투자회사법」 제2조제1호에 따른 부동산투자회사가 취득하는 재산
2. 「자본시장과 금융투자업에 관한 법률」 제229조제2호에 따른 부동산집합투자기구의 집합투자재산으로 취득하는 재산
3. 「법인세법」 제51조의2제1항제9호에 해당하는 회사

② 다음 각 호의 어느 하나에 해당하는 설립등기(설립 후 5년 이내에 자본 또는 출자액을 증가하는 경우를 포함한다)에 대해서는 「지방세법」에 따른 등록면허세를 과세할 때 2018년 12월 31일까지 같은 법 제28조제2항·제3항의 세율을 적용하지 아니한다. <개정 2015.12.29.>

1. 「자본시장과 금융투자업에 관한 법률」 제9조제18항제2호, 같은 조 제19항제1호 및 제249조의13에 따른 투자회사, 경영참여형 사모집합투자기구 및 투자목적회사
2. 「기업구조조정투자회사법」 제2조제3호에 따른 기업구조조정투자회사
3. 「부동산투자회사법」 제2조제1호에 따른 부동산투자회사(같은 호 가목에 따른 자기관리 부동산투자회사는 제외한다)
4. 대통령령으로 정하는 특수 목적 법인
5. 「법인세법」 제51조의2제1항제9호에 해당하는 회사
6. 「문화산업진흥 기본법」 제2조제21호에 따른 문화산업전문회사

7. 「선박투자회사법」 제3조에 따른 선박투자회사

1) 채권보전·행사용 부동산(지세령제27조③)

① 채권에 대한 양도담보로 제공받는 등 채권자가 그 채권의 담보를 위하여 취득하는 경우

② 채권에 대한 대물변제로 취득하는 등 채권자가 그 변제를 받는 일환으로 취득하는 경우

③ 담보목적물인 부동산에 대한 경매절차에서 채권자가 직접 경락 받는 등 채권자가 그 담보권을 실행하는 과정에서 취득하는 경우(지방세법기본통칙 13-27)

불량채권의 회수 방법으로서 일시적으로 취득하는 것을 말하므로 부동산을 취득한 후 당해 법인의 사업용이나 수익사업에 사용하는 경우에는 채권을 보전하기 위하여 일시적으로 취득하는 것으로 볼 수 없다.(행심 2006-310, 2006.7.31.) 다만, 채권보전용으로 취득한 후 매각과정에서 일시적으로 수익사업에 사용하는 경우에는 중과세 대상이 아니다.(지방세심사 2003-50, 2003.4.28.)

※ 취득세 중과세 제외대상인 채권보전용으로 부동산을 취득하여 5년 내에 지점을 설치·사용하는 경우에는 중과세 대상이다.(행정안전부 지방세운영과-3440)

2) 대도시 중과 제외업종에 직접 사용할 목적의 부동산(지세법제13조②,③, 지세령제26조①)

중과제외 업종은 제조업(개인기업의 법인전환만 해당, 법인전환에 따른 부동산의 취득은 법인전환 전의 부동산의 가액을 초과하는 부분만 중과세, 법인전환 이후 취득하는 부동산은 법인전환 후 5년 이내까지 중과세), 유통업, 주택건설사업(3년 안에 주택 건설에 착공하여야), 주택임대업(주택거래신고지역의 매입임대주택은 제외), 소프트웨어사업, 자원재활용업, 의료업, 창고업, 공연장업, 사회기반시설(사회간접자본)사업, 은행업, 전기통신사업, 방송사업, 도시형공장사업, 첨단기술산업, 유통산업, 정부·지자체 출자기업, 실내경기장(야구장)운영업, 학술·장학·과학기술진흥 단체의 목적사업 등이다.

중과세 제외업종으로 취득한 재산을 ① 정당한 사유 없이 부동산 취득일부터 1년이 경과할 때까지 대도시 중과 제외 업종에 직접 사용하지 아니하는 경우나 ② 부동산 취득일부터 1년 이내에 다른 업종이나 다른 용도에 사용·겸용하는 경

우, ③ 취득일부터 2년 이상 해당 업종 또는 용도에 직접 사용하지 아니하고 매각하는 경우, ④ 취득일부터 2년 이상 해당 업종 또는 용도에 직접 사용하지 아니하고 다른 업종이나 다른 용도에 사용·겸용하는 경우에는 중과세로 추징된다.

3) 사원에게 분양 또는 임대할 주거용 부동산(지세법제13조②, 지세령제26조②)

전용면적이 60제곱미터 이하인 공동주택 및 그 부속토지로서 원시취득, 승계취득을 불문한다. 단독주택은 해당하지 않지만, 다가구주택은 포함한다. 사원에게 분양·임대할 주거용 부동산이므로 사원용 기숙사나 합숙소는 해당하지 않는다. 취득일부터 1년이 경과할 때까지 정당한 사유 없이 분양 또는 임대 목적에 사용하지 않는 경우 또는 2년 이상 해당 목적에 사용하지 아니하고 매각하는 경우에는 중과세로 추징한다.

4) 지방세특례제한법 제180조의2(지방세 중과세율 적용 배제 특례)

(9) 중과세규정과 감면규정의 경합

1. 지방세특례제한법 또는 조세특례제한법과의 경합

(1) 100% 면제일 경우에는 감면규정이 경합하더라도 어차피 면제이므로 별다른 문제가 없다. 다만, 지특법상 감면규정을 충족하지 못하여 추징대상이 되는 경우에는 다시 법인중과세 규정이 경합되어 중과세율로 추징하게 된다.

(2) 50%나 75% 감경 대상일 경우에는 먼저 중과세율로 적용하여 세액을 산출하고 그 산출세액에 50%, 75%를 감경하는 것이 판례의 입장이다.(대법원 96누358)

2. 신탁재산의 경우

(1) 신탁법상 신탁한 재산의 경우 위탁자에서 수탁자로, 수탁자에서 위탁자로 이전하는 데 따른 취득세는 비과세이므로(지세법제9조③) 중과세규정과의 경합이 문제되지 않는다.

(2) 그러나 개발신탁의 경우 개발대상인 기존 부동산을 신탁등기와 함께 신탁사업자(수탁자) 앞으로 이전할 때에는 취득세가 면제되나 개발이 완료되어 신축건물을 신탁사업자(수탁자) 앞으로 보존등기하는 때에는 과세되고 납세의무자는 수탁자이고 대도시내 설립·설치·전입 전후 5년 내이

면 중과세대상이 된다.

12) 과점주주의 간주취득세

1. 의의

세법상 비상장법인(자본시장과 금융투자업에 관한 법률에 따르면 유가증권시장에 상장하지 않은 법인을 말하므로 코스닥상장법인은 포함한다)의 과점주주에게는 ① 세법상 법인이 국세나 지방세를 체납할 경우 그 부족액에 대하여 제2차 납세의무가 있고, ② 법인이 취득한 과세물건(부동산 등 취득세 과세대상물건)에 대하여 그 지분비율만큼의 과세물건을 그 과점주주가 새로 취득한 것으로 보아 간주취득세 납부의무가 있다.(국세기본법제39조, 지방세기본법제47조, 지방세법제7조) 이 가운데 과점주주의 간주취득세 납부의무에 대하여 설명하기로 한다. 주주가 법인의 주식을 취득하여 과점주주가 되더라도 해당 법인의 부동산을 취득한 것은 아니므로 과점주주에게 간주취득세 납부의무를 부담시키는 것은 지나친 기본권 침해가 아닌지 문제된다. 이에 대하여 헌법재판소는 합헌으로 결정한 바 있다.(헌법재판소 2005헌바45) 과점주주에게 간주취득세 납부의무를 부담시키는 데에는 다음과 같은 합리적 이유가 있다.

(1) 과점주주의 법인에 대한 지배권

과점주주가 되면 실질적으로 그 법인에 대한 지배권을 갖게 되므로 그 지배권을 행사할 수 있는 범위(지분비율) 안에서는 해당 법인의 과세물건을 취득한 것과 동일하게 본다.

(2) 비상장법인의 주식 분산 유도

유가증권시장에 상장된 법인과 달리 비상장법인이나 코스닥상장법인은 폐쇄적인 주식소유 구조(소유와 경영의 미분리)를 갖고 있고 주식 유통이 상대적으로 활발하지 않으므로 그러한 법인의 주식을 특정인과 그 특수관계자가 독점적으로 소유하는 것을 억제하고 일반인에게 분산되도록 하기 위하여 과점주주에게 취득세 납세의무를 부과하고 있다.

2. 과점주주의 간주취득 관련법령

지방세법 제7조(납세의무자 등) ⑤ 법인의 주식 또는 지분을 취득함으로써 「지방세기본법」 제47조제2호에 따른 과점주주(이하 "과점주주"라 한다)가 되었을 때에는 그 과점주주가 해당 법인의 부동산등(법인이 「신탁법」에 따라 신탁한 재산으로서 수탁자 명의로 등기·등록이 되어 있는 부동산등을 포함한다)을 취득(법인설립 시에 발행하는 주식 또는 지분을 취득함으로써 과점주주가 된 경우에는 취득으로 보지 아니한다)한 것으로 본다. 이 경우 과점주주의 연대납세의무에 관하여는 「지방세기본법」 제44조를 준용한다. <개정 2015.12.29.>

지방세기본법 제47조(출자자의 제2차 납세의무) 법인(주식을 「자본시장과 금융투자업에 관한 법률」 제9조제13항제1호에 따른 유가증권시장에 상장한 법인은 제외한다)의 재산으로 그 법인에 부과되거나 그 법인이 납부할 지방자치단체의 징수금에 충당하여도 부족한 경우에는 그 지방자치단체의 징수금의 과세기준일 또는 납세의무성립일(이에 관한 규정이 없는 세목에 있어서는 납기개시일) 현재 다음 각 호의 어느 하나에 해당하는 자는 그 부족액에 대하여 제2차 납세의무를 진다. 다만, 제2호에 따른 과점주주의 경우에는 그 부족액을 그 법인의 발행주식총수(**의결권이 없는 주식은 제외**한다. 이하 이 조에서 같다) 또는 출자총액으로 나눈 금액에 해당 과점주주가 실질적으로 권리를 행사하는 소유주식수(의결권이 없는 주식은 제외한다) 또는 출자액을 곱하여 산출한 금액을 한도로 한다. <개정 2013.1.1>

1. 무한책임사원
2. 주주 또는 유한책임사원 1명과 그의 특수관계인 중 대통령령으로 정하는 자로서 그들의 소유주식의 합계 또는 출자액의 합계가 해당 법인의 발행주식 **총수** 또는 출자**총액**의 **100분의 50을 초과**하면서 그에 관한 **권리를 실질적으로 행사하는 자들**(이하 "과점주주"라 한다)

가. 삭제 <2013.1.1>
나. 삭제 <2013.1.1>
다. 삭제 <2013.1.1.>

지방세기본법시행령제24조(2차 납세의무를 지는 특수관계인의 범위) 법 제47조제2호에서 "특수관계인 중 대통령령으로 정하는 자"란 해당 주주 또는 유한책임사원과 제2조의2의 어느 하나에 해당하는 관계에 있는 자를 말한다.[전문개정 2013.1.1.]

지방세기본법시행령 제2조의2(특수관계인의 범위) ① 법 제2조제34호가목에서 "혈족·인척 등 대통령령으로 정하는 친족관계"란 다음 각 호의 어느 하나에 해당하는 관계(이하 "친족관계"라 한다)를 말한다.

1. 6촌 이내의 혈족
2. 4촌 이내의 인척
3. 배우자(사실상의 혼인관계에 있는 사람을 포함한다)
4. 친생자로서 다른 사람에게 친양자로 입양된 사람 및 그 배우자·직계비속

② 법 제2조제34호나목에서 "임원·사용인 등 대통령령으로 정하는 경제적 연관관계"란 다음 각 호의 어느 하나에 해당하는 관계(이하 "경제적 연관관계"라 한

다)를 말한다.

1. 임원과 그 밖의 사용인
2. 본인의 금전이나 그 밖의 재산으로 생계를 유지하는 사람
3. 제1호 및 제2호의 사람과 생계를 함께하는 친족

③ 법 제2조제34호다목에서 "주주·출자자 등 대통령령으로 정하는 경영지배관계"란 다음 각 호의 구분에 따른 관계를 말한다.

1. 본인이 개인인 경우: 본인이 직접 또는 그와 친족관계 또는 경제적 연관관계에 있는 자를 통하여 법인의 경영에 대하여 지배적인 영향력을 행사하고 있는 경우 그 법인
2. 본인이 법인인 경우
   가. 개인 또는 법인이 직접 또는 그와 친족관계 또는 경제적 연관관계에 있는 자를 통하여 본인인 법인의 경영에 대하여 지배적인 영향력을 행사하고 있는 경우 그 개인 또는 법인
   나. 본인이 직접 또는 그와 경제적 연관관계 또는 가목의 관계에 있는 자를 통하여 어느 법인의 경영에 대하여 지배적인 영향력을 행사하고 있는 경우 그 법인

④ 제3항을 적용할 때 다음 각 호의 구분에 따른 요건에 해당하는 경우 해당 법인의 경영에 대하여 지배적인 영향력을 행사하고 있는 것으로 본다.

1. 영리법인인 경우
   가. 법인의 발행주식 총수 또는 출자총액의 100분의 50 이상을 출자한 경우
   나. 임원의 임면권의 행사, 사업방침의 결정 등 법인의 경영에 대하여 사실상 영향력을 행사하고 있다고 인정되는 경우
2. 비영리법인인 경우
   가. 법인의 이사의 과반수를 차지하는 경우
   나. 법인의 출연재산(설립을 위한 출연재산만 해당한다)의 100분의 30 이상을 출연하고 그 중 1인이 설립자인 경우[본조신설 2013.1.1]

지방세법 제10조(과세표준) ④ 제7조제5항 본문에 따라 과점주주가 취득한 것으로 보는 해당 법인의 부동산등에 대한 과세표준은 그 부동산등의 총가액을 그 법인의 주식 또는 출자의 총수로 나눈 가액에 과점주주가 취득한 주식 또는 출자의 수를 곱한 금액으로 한다. 이 경우 과점주주는 조례로 정하는 바에 따라 과세표준 및 그 밖에 필요한 사항을 신고하여야 하되, 신고 또는 신고가액의 표시가 없거나 신고가액이 과세표준보다 적을 때에는 지방자치단체의 장이 해당 법인의 결산서 및 그 밖의 **장부** 등에 따른 취득세 과세대상 자산총액을 기초로 전단의 계산방법으로 산출한 금액을 과세표준으로 한다.

지방세법 제15조(세율의 특례) ② 다음 각 호의 어느 하나에 해당하는 취득에 대한 취득세는 중과기준세율을 적용하여 계산한 금액을 그 세액으로 한다. 다만, 취득물건이 제13조제1항에 해당하는 경우에는 중과기준세율의 100분의 300을, 같은 조 제5항에 해당하는 경우에는 중과기준세율의 100분의 500을 각

각 적용한다.
3. 제7조제5항에 따른 과점주주의 취득. 이 경우 과세표준은 제10조제4항에 따른다.

지방세법시행령 제11조(과점주주의 취득 등) ① 법인의 과점주주(「지방세기본법」 제47조제2호에 따른 과점주주를 말한다. 이하 같다)가 아닌 주주 또는 유한책임사원이 다른 주주 또는 유한책임사원의 주식 또는 지분(이하 "주식등"이라 한다)을 **취득**하거나 **증자** 등으로 최초로 과점주주가 된 경우에는 최초로 과점주주가 된 날 현재 해당 과점주주가 소유하고 있는 법인의 주식등을 **모두** 취득한 것으로 보아 법 제7조제5항에 따라 취득세를 부과한다.

② 이미 과점주주가 된 주주 또는 유한책임사원이 해당 법인의 주식등을 취득하여 해당 법인의 주식등의 총액에 대한 과점주주가 가진 주식등의 비율(이하 이 조에서 "주식등의 비율"이라 한다)이 증가된 경우에는 그 증가분을 취득으로 보아 법 제7조제5항에 따라 취득세를 부과한다. 다만, 증가된 후의 주식등의 비율이 해당 과점주주가 이전에 가지고 있던 주식등의 최고비율보다 증가되지 아니한 경우에는 취득세를 부과하지 아니한다. <개정 2015.12.31.>

③ 과점주주였으나 주식등의 양도, 해당 법인의 증자 등으로 과점주주에 해당하지 아니하게 되었다가 해당 법인의 주식등을 취득하여 다시 과점주주가 된 경우에는 다시 과점주주가 된 당시의 주식등의 비율이 그 이전에 과점주주가 된 당시의 주식등의 비율보다 증가된 경우에만 그 증가분만을 취득으로 보아 제2항의 예에 따라 취득세를 부과한다.

④ 법 제7조제5항에 따른 과점주주의 취득세 과세자료를 확인한 시장·군수는 그 과점주주에게 과세할 과세물건이 다른 시·군 또는 구(자치구를 말한다. 이하 "시·군"이라 한다)에 있을 경우에는 지체 없이 그 과세물건을 관할하는 시장·군수에게 과점주주의 주식등의 비율, 과세물건, 가격명세 및 그 밖에 취득세 부과에 필요한 자료를 통보하여야 한다.

지방세특례제한법 제57조의2(기업합병·분할 등에 대한 감면) ⑤ 다음 각 호의 어느 하나에 해당하는 경우에는 「지방세법」 제7조제5항에 따라 과점주주가 해당 법인의 부동산등(같은 조 제1항에 따른 부동산등을 말한다)을 취득한 것으로 보아 부과하는 취득세를 2018년 12월 31일까지 면제한다. 다만, 제8호의 경우에는 2016년 12월 31일까지 해당 취득세를 면제한다. <개정 2015.12.29.>

1. 「금융산업의 구조개선에 관한 법률」 제10조에 따른 제3자의 인수, 계약이전에 관한 명령 또는 같은 법 제14조제2항에 따른 계약이전결정을 받은 부실금융기관으로부터 주식 또는 지분을 취득하는 경우
2. 금융기관이 법인에 대한 대출금을 출자로 전환함에 따라 해당 법인의 주식 또는 지분을 취득하는 경우
3. 「독점규제 및 공정거래에 관한 법률」에 따른 지주회사(금융지주회사를 포함한다. 이하 이 조에서 "지주회사"라 한다)가 되거나 지주회사가 같은 법 또는 「금융지주회사법」에 따른 자회사의 주식을 취득하는 경우. 다만, 해

당 지주회사의 설립·전환일부터 3년 이내에 「독점규제 및 공정거래에 관한 법률」에 따른 지주회사의 요건을 상실하게 되는 경우에는 면제받은 취득세를 추징한다.

4. 「예금자보호법」 제3조에 따른 예금보험공사 또는 같은 법 제36조의3에 따른 정리금융회사가 같은 법 제36조의5제1항 및 제38조에 따라 주식 또는 지분을 취득하는 경우
5. 한국자산관리공사가 「금융회사부실자산 등의 효율적 처리 및 한국자산관리공사의 설립에 관한 법률」 제26조제1항제1호에 따라 인수한 채권을 출자전환함에 따라 주식 또는 지분을 취득하는 경우
6. 「농업협동조합의 구조개선에 관한 법률」에 따른 농업협동조합자산관리회사가 같은 법 제30조제3호다목에 따라 인수한 부실자산을 출자전환함에 따라 주식 또는 지분을 취득하는 경우
7. 「조세특례제한법」 제38조제1항 각 호의 요건을 모두 갖춘 주식의 포괄적 교환·이전으로 완전자회사의 주식을 취득하는 경우. 다만, 같은 법 제38조제2항에 해당하는 경우(같은 조 제3항에 해당하는 경우는 제외한다)에는 면제받은 취득세를 추징한다.
8. 「자본시장과 금융투자업에 관한 법률」에 따른 증권시장으로서 대통령령으로 정하는 증권시장에 상장한 법인의 주식을 취득한 경우

지방세법시행령 제32조(매각 통보 등) ② 시장·군수가 과점주주에 대한 취득세를 부과하기 위하여 관할 세무서장에게 「법인세법 시행령」 제161조제6항에 따른 법인의 주식등변동상황명세서에 관한 자료의 열람을 요청하거나 구체적으로 그 대상을 밝혀 관련 자료를 요청하는 경우에는 관할 세무서장은 특별한 사유가 없으면 그 요청에 따라야 한다.

3. 과점주주의 성립시기 및 관련 문제

가) 과점주주의 간주취득세의 납세의무 성립시기

과점주주의 간주취득세의 납세의무 성립시기는 과점주주가 아닌 자가 주식 등을 취득하여 과점주주의 간주취득이 성립하거나, 과점주주의 지분비율이 증가하여 간주취득이 성립되는 시기이다.

구체적으로는 주주권의 성립시기, 주식취득(양도)의 효력발생시기와 회사법상 명의개서의 효력과 관련하여 과점주주의 간주취득이 성립하는 시기를 살펴볼 필요가 있다. 주주란 주식의 소유자로서 주주명부 등에 기재 유무와 관계없이 사실상 주주권을 가진 자를 말하고, 주권 발행 전에 주식 또는 주주권이 양도된 경우에는 양수인을 주주로 본다. 따라서 과점주주가 되는 시점은 법인의 주식을 취득하여 사실상 주주로서의 권리를 행사할 수 있는 지위를 취득한 때라고 할 수 있

다.

그러나 상법상 기명주식의 양도는 거래당사자 사이에 있어서는 주식양도의 합의만으로서 그 양도의 효력이 발생하나, 회사와의 관계에서는 취득자의 성명과 주소를 주주명부에 기재하지 아니하면 회사에 대항하지 못한다. 따라서 주주와 회사 사이에서는 주주명부에 명의개서하기 이전에는 회사에 대하여 주주임을 주장할 수 없고 주주권도 행사할 수 없는 점으로 볼 때 주식의 취득일은 주식양수대금을 완제하였는지 여부에 관계없이 주주명부에 명의개서된 날이 과점주주의 성립시기라 할 것이다.

이와 관련하여 판례는 과점주주에 대한 취득세 부과의 취지는 과점주주가 되면 그 법인의 재산을 처분하거나 관리운영할 수 있는 지위에 서게 되고 실질적으로 그 재산을 직접 소유하는 것과 다를 바 없으므로 바로 이 점에서 담세력이 나타난다고 보는 것으로서, 과점주주에 대하여 취득세를 부과하기 위해서는 지방세기본법 제47조 제2호 소정의 형식적 요건을 갖추어야 할 뿐만 아니라 해당 과점주주가 법인의 운영을 실질적으로 지배할 수 있는 지위에 있음을 필요로 하고 실질적으로 지배할 수 있는 지위라 함은 의결권 행사 등을 통하여 주주권을 실질적으로 행사할 수 있는 지위에 있으면 족하다고 한다. 따라서 회사정리절차 개시후 비로소 과점주주가 된 자는 과점주주로서의 주주권을 행사할 수 없으므로 정리회사의 운영을 실질적으로 지배할 수 있는 지위에 있지 않은 셈이 되어 지방세법상 과점주주의 요건에 해당되지 아니한다고 설시하고 있다.(대법원 78누333, 92누11138, 2006두19501)

따라서 주식 그 자체를 과세대상으로 하는 증여세와 달리 취득세는 과점주주의 형식적 요건(지방세법제7조⑤, 시행령제11조) 이외에 법인의 경영을 실질적으로 지배할 수 있어야 한다는 실질적 요건을 갖추어야 하므로, 단지 주주간의 주식매매만으로는 과점주주의 취득세 과세요건을 갖추었다고 볼 수 없고 주주명부상에 주주의 명의가 개서되었을 때 비로소 완전한 과세요건을 갖추었다 할 것이다.(명의신탁은 고려하지 않는다)

나) 관련 문제

(1) 법인의 과점주주에 대한 취득세는 과점주주 성립시점에서 당해 법인이 소유하고 있는 법인장부상의 취득세 과세대상물건에 대하여 납세의무가 발생하는 것이므로 과점주주가 된 이후에 부동산을 취득하는 경우라면 당해 부동산에 대한 과점주주의 취득세납세의무가 없다.

(2) 과점주주의 납세의무 성립 당시 당해 법인의 취득시기(잔금지급일 또는

등기접수일)가 도래되지 아니한 물건에 대하여는 과점주주에게 납세의무가 없으며, 연부취득 중인 물건에 대하여는 연부 취득시기가 도래된 부분에 한하여 납세의무가 있다.

(3) 법인의 과점주주에 대한 간주취득세를 부과하면서 그 부과대상에 해당 법인이 수탁자에게 신탁한 부동산이 포함되는지 살펴보면, 간주취득세 제도의 취지, 신탁관계 및 신탁재산의 성격에 비추어 볼 때, 신탁된 부동산은 법적 소유권이 대내외적으로 위탁자로부터 수탁자에게 이전되어 수탁자가 대내외적으로 완전한 소유자가 된다고 할 것이어서 해당 법인이나 과점주주가 임의처분하거나 관리운용할 수 있는 재산에 해당되지 않는다고 할 것이므로, 과점주주가 실질적으로 해당 부동산을 소유하고 있다고 볼 수 없어 간주취득세 과세 대상으로 삼기 어렵다.(세정 14-0577)

4. 일반적 요건

(1) 주식발행법인이 유가증권시장 상장법인이 아닐 것

(2) 주식 취득

법인의 주식을 취득하여야 한다.(시행령) 다른 주주나 유한책임사원의 주식을 취득하여야 한다. 유·무상취득도 불문한다. **무의결권주식**은 포함하지 않는다.(행안부 유권해석) 형식적으로 주주명부에 터잡아 판단하고 명의신탁이든 명의신탁 해지든 고려하지 않는다. 취득 주체는 개인·법인 불문한다. 분할과 합병에 따른 취득은 포함하지 아니한다. 납세의무 성립시점도 주식취득으로 과점주주가 되는 시점이다.

(3) 주식 취득 후 발행주식총수 또는 출자총액의 50/100을 초과

주주와 특수관계인을 합산하여 계산한다. 내부 구성원 간에는 각 소유비율만큼 납세의무가 있다. 과점주주 구성원 간 연대납세의무는 없다. 회사설립시는 포함하지 않는다.

(4) 해당 법인이 취득세 과세대상물건을 취득하여 소유

보유단계에 있을 것을 요한다. 납세의무 성립시점 이후에 당해 법인이 취득하는 물건에 대하여는 비과세한다. 과점주주가 취득한 것으로 보는 부동산 등의 범위는 사실상 당해 과점주주의 지배하에 있는 것으로 한정하는 것이 합리적인바(지방세심사 2008-30), 고유재산이 아닌 신탁법상 신탁재산은 신탁목적에 이바지하기 위한 특정 목적의 재산이므로 그 신탁재산은 과점주주의 취득세 과세표준에 포함되지 않는다.(안전행정부 지방세운영과-1012)

(5) 해당 법인이 취득할 당시 비과세 또는 감면받은 부동산의 경우에도 과점주주에게는 정상적인 취득세가 부과된다. 2005년까지는 지방세법 제105조 제6항 단서에서 과점주주에 대한 취득세 납세의무 성립시점에 당해 법인이 소유하고 있는 부동산 중 그 취득세가 비과세, 감면되는 물건에 대하여는 과점주주에게 그 취득세를 부과하지 않는다고 규정하고 있었으나 대법원은 과점주주 자신이 비과세·감면대상일 때에만 적용한다고 하여 논란이 있었다. 그 후 그 단서 조항이 삭제되었는데 최근 판례가 이에 대한 견해를 표명한 바 있다. 과점주주의 간주취득도 지방세법 기타 법령의 규정에 의하여 취득세 비과세 또는 감면요건에 해당하게 되면 취득세가 당연히 비과세 또는 감면되며, 그러한 법리는 2005. 12. 31. 지방세법의 개정으로 구 지방세법(2005. 12. 31. 법률 제7843호로 개정되기 전의 것) 제105조 제6항 단서 중 '과점주주에 대한 취득세 납세의무성립일 현재 이 법 및 기타 법령에 의하여 취득세가 비과세·감면되는 부분에 대하여는 그러하지 아니하다'는 부분이 삭제되었다고 하여 달라지지 아니한다.(대법원 2009두20816)

결국 판례의 견해는 예나 지금이나 법인이 취득세를 비과세·감면 받은 경우 과점주주의 간주취득시에도 자동으로 비과세·감면 받는다는 것이 아니고, 과점주주의 간주취득 자체가 비과세·감면요건에 해당하여야 한다는 것이다.

5. 구체적 요건

1) 회사설립시

법인설립시에 과점주주가 된 경우에는 납세의무가 없다.(지세법제7조⑤) 그렇다고 하여 과점주주가 아니라는 의미는 아니다. 나아가 법인설립시에 과점주주였으나 그 후에 지분이 증가하는 경우에는 지방세법시행령 제11조 제2항이 적용되어 지분증가분에 대하여만 납세의무가 있다.(대법원 98두7731)

2) 일반주주·비주주 → 최초 과점주주

① 비주주, ② 법인의 과점주주가 아닌 일반주주, ③ 회사의 유한책임사원이 주식 또는 지분을 취득 또는 증자함으로써 최초로 과점주주가 된 경우 취득세 납세의무가 있다. 즉, 비주주 또는 일반주주나 유한책임사원이 주식 또는 지분을 취득함으로써 최초로 과점주주가 된 날 현재 해당 과점주주가 소유하고 있는 법인의 주식 또는 지분을 모두 취득한 것으로 본다.(지세령제11조①)

2007년 12월 31일 이전에는 과점주주의 지분비율을 '당해 법인의 발행주식 총수 또는 출자총액의 100분의 51 이상인 자'로 규정하고 있었으나, 개정 지방세기본법 제47조 제2호에서 ‘주주 또는 유한책임사원 1명과 그와 대통령령으로 정하는 친족, 그 밖의 특수관계에 있는 자의 소유주식의 합계 또는 출자액의 합계가 해당 법인의 발행주식총수 또는 출자총액의 100분의 50을 초과하는 자’로 개정되었다. 개정규정은 2008년 1월 1일부터 시행하는데, 개정규정의 시행으로 인하여 과점주주가 아니었던 자가 과점주주가 된 경우에는 개정 법률 시행 후 최초로 법인의 주식 또는 지분을 취득하는 날에 해당 과점주주가 소유하고 있는 해당 법인의 주식 또는 지분을 모두 취득한 것으로 보아 개정법령을 적용한다. 예를 들어, 주식소유비율이 50.5%에서 주식취득으로 지분비율이 50.8%가 된 경우에는 해당 주식 50.8%를 모두 취득한 것으로 보고 과점주주의 간주취득에 대한 납세의무 규정을 적용한다.

과점주주가 아닌 주주가 주식 등을 취득하여 최초로 과점주주가 된 경우에는 해당 과점주주 지분율 전체에 대응하는 간주취득 취득세 납세의무를 부담한다. 예를 들어 법인설립시 45%의 지분을 취득한 상태에서 그 후 증자 및 취득 등으로 주식을 15% 추가 취득하여 지분비율이 60%로 되는 경우에는 60% 전체에 대하여 간주취득에 대한 취득세를 부담한다.

3) 과점주주(소) → 과점주주(대)(과점주주의 최초 지분비율증가, 재차 지분비율 증가)

이미 과점주주가 된 주주 또는 유한책임사원이 해당 법인의 주식 등을 취득하여 해당 법인의 주식 등의 총액에 대한 과점주주가 가진 주식 등의 비율이 증가된 경우에는 그 증가분을 취득으로 보아 법 제7조제5항에 따라 취득세를 부과한다.(지세령제11조②본문)

이미 과점주주가 된 주주 또는 유한책임사원이 해당 법인의 주식 또는 지분을 취득함으로써 해당 법인의 주식 또는 지분에 대한 소유비율이 증가한 경우에는 5년 이내의 최고지분보다 증가된 부분에 한하여 취득세를 부과한다.(지세령제11조②단서)

이 경우에는 5년의 기한이 있기 때문에 5년 이내의 최고지분보다 증가한 지분에 대하여만 납세의무가 있다. 그러나 과점주주가 주식 전체를 양도하여 지분을 전혀 갖고 있지 아니하는 경우와 일정분의 주식을 계속하여 보유하는 일반주주가 다시 과점주주가 되면 5년 여부에 상관없이 지분보다 증가한 부분만 과세한다. 예를 들어 법인설립시 주식의 60%를 소유한 과점주주가 그 후 증자 또는 주식의 취득으로 지분비율이 70%가 된 경우에는 10%의 지분에 대하여 간주취득에 대한 취득세를 부과한다.

4) 과점주주 → 비과점주주(일반주주, 비주주) → 과점주주

과점주주였으나 주식 등의 양도, 해당 법인의 증자 등으로 과점주주에 해당하지 아니하게 되었다가 해당 법인의 주식 등을 취득하여 다시 과점주주가 된 경우에는 다시 과점주주가 된 당시의 주식 등의 비율이 그 이전에 과점주주가 된 당시의 주식 등의 비율보다 증가된 경우에만 그 증가분만을 취득으로 보아 취득세를 부과한다.(지세령제11조③) 이 경우에는 5년 이내라는 기한의 제한은 없다.

예컨대, 법인의 100% 과점주주였던 자가 주식 전부를 양도하여 주주가 아니었다가 다시 주식을 100% 양수하여 과점주주가 된 경우 과점주주 취득세 납세의무가 없다.

6. 취득 등의 범위

1) 주식 등을 취득하거나 증자 등으로 지분비율이 증가하는 경우

과점주주가 아닌 다른 주주로부터 주식 등을 취득하거나 증자 등으로 지분비율이 증가하는 경우에 해당한다. 그러므로 불균등 감자로 과점주주가 되거나 증자를 하더라도 지분비율이 증가하지 않는 경우에는 과점주주의 간주취득에 해당하지 아니한다. 주식취득행위 없이 주식보율비율만 증가한 경우에는 과세요건을 충족하지 못하기 때문에 납세의무가 없는 것이다.

2) 유상증자에 의해 과점주주의 비율이 증가된 경우

유상증자로 과점주주의 비율이 증가된 경우 증가된 비율에 대한 취득세 납세의무가 있다.

3) 주식소각 등으로 대주주의 지분비율이 증가하는 경우

대주주는 별도의 일반 주식 취득 없이 주식소각 등을 위해 의결권 없는 자기주식을 취득함에 따라 주식소유 비율이 50%를 초과하게 된 때에는 과점주주의 취득세 납세의무가 없다.

4) 명의신탁 해지로 주식의 명의를 회복하는 경우

명의신탁 해지로 주식 명의를 회복하여 과점주주가 된 경우 과점주주의 간주취득세 과세대상인지 여부와 관련하여 지방세법 제7조 제5항에서 법인의 주식 또는 지분을 **취득**함으로써 과점주주가 된 경우에 과점주주 간주취득세 납세의무가

성립된다고 하므로, 명의신탁 해지로 주식 명의를 회복하여 과점주주가 되는 경우는 주식의 '취득'이 아니므로 과점주주 간주취득세 납세의무가 없다고 한다.(대법원 98두7619, 2009두7448) 다만, 명의신탁에 해당하는지 명의신탁 해지인지 여부는 납세의무자가 입증하여야 할 것이고 과세관청이 판단할 사항이다.

대법원 1999. 12. 28. 선고 98두7619 판결 [취득세등부과처분취소]

【판시사항】
'명의신탁해지로 인한 주주명부상의 명의개서'가 구 지방세법 제105조 제6항 소정의 '주주로부터의 주식취득'에 해당하는지 여부(소극)

【판결요지】
주주명부상 주식의 소유명의를 차명하여 등재하였다가 실질 주주 명의로 개서한 경우, 주주명부상 주식의 소유 명의자로 기재되어 있던 차명인은 명의상의 주주에 불과하므로 주식의 실질주주가 위 주식에 관한 주주명부상의 주주명의를 자기명의로 개서하였다고 하더라도 이는 실질주주가 주주명부상의 명의를 회복한 것에 불과하여 구 지방세법(1997. 8. 30. 법률 제5406호로 개정되기 전의 것) 제105조 제6항에서 말하는 주주로부터 주식을 취득한 경우에 해당하지 않으며, 또한 같은 항에서의 '주식의 취득행위'는 그 자체가 취득세의 과세대상이 되는 것이 아니어서 취득세의 과세대상이 되는 취득행위와 동일선상에서 그 개념을 파악할 수는 없으므로 부동산의 명의신탁해지로 인한 소유권이전이 취득세가 비과세되는 같은 법 제110조 제1호 (나)목 소정의 신탁법상의 신탁의 해지로 인한 취득에 해당하지 아니하고 과세대상이 되는 '취득'에 해당한다고 하여 '명의신탁해지로 인한 주주명부상의 명의개서'도 마찬가지라고는 할 수 없다.

5) 법인의 합병으로 과점주주가 되는 경우

지방세법 제15조 제1항 제3호에서 법인의 합병으로 인한 취득에 대하여는 기본세율에서 중과기준세율(2%)을 뺀 세율을 적용한다고 하고 있고 조세특례제한법 제120조 제2항에서 지방세법 제15조 제1항에 따라 산출한 취득세를 면제한다고 규정하고 있으므로, 갑법인이 을법인에 흡수합병됨에 따라 갑법인의 과점주주였던 X법인이 을법인의 과점주주가 되었다 하더라도 X법인은 과점주주로 인한 취득세납세의무가 없다.

6) 인적분할시의 과점주주 취득세 해당 여부

지방세특례제한법 제57조의2 제3항 제2호에서 법인세법 제46조 제2항 각 호(적격분할)의 요건을 갖춘 분할로 인하여 취득하는 재산에 대하여 취득세를 면제한다.

7) 특수관계인 간의 내부이동에 해당하는 경우

지방세기본법 제47조 제2호, 지방세기본법시행령 제2조의2 규정에 의한 특수관계인으로서 당해 과점주주간에 주식을 양도 양수하는 경우에는 과점주주의 주식소유비율이 증가하지 아니하는 특수관계인간의 내부이동에 해당되므로 취득세 납세의무가 없다. 즉, 과점주주 1인의 주식 또는 지분 증가를 기준으로 판단하는 것이 아니라, 과점주주 모두가 소유한 전체 주식 또는 지분의 비율이 증가한 경우에 그 증가부분에 대하여 취득세를 부과하는 것이다.

8) 주주가 혼인을 함으로써 과점주주가 되는 경우

비상장법인의 주주가 혼인함으로서 소유주식의 합계가 80%가 되어 과점주주가 된 경우 과점주주 취득세납세의무가 성립되지 않는다.

9) 상속을 통해 실질주주로서의 권리를 취득하여 과점주주가 된 경우

과점주주 전체가 보유한 총 주식의 비율에 아무런 변동이 없는 경우에 해당하므로 지방세법상 간주취득세의 과세대상이 될 수 없다.(대법원 2008두2989)

10) 자회사에게 타사주식을 모두 양도하는 경우

100% 출자하여 설립한 자회사와 특수관계인에 해당하므로 자회사에게 타사주식을 모두 양도하여도 특수관계에 있는 자들 전체가 보유한 총 주식의 비율에는 변동이 없으므로 과점주주의 취득세 납부의무가 없다.

11) 소유하고 있는 부동산을 당해 법인에게 현물출자한 후 그 대가로 주식을 취득하여 과점주주가 된 경우

현물출자의 경우에 있어서도 출자자산은 본래 출자자의 지배 아래 있던 것이므로 현물출자를 한 과점주주가 이를 지배할 수 있는 지위를 새롭게 취득하는 것이 아닐 뿐만 아니라, 자산의 출자와 주식의 취득이 서로 대가적 관계에 있어 출자자가 주식을 취득하지 못하는 경우 출자한 자산도 법인의 소유로 될 수 없는 것이므로(대법원 2012두331), 출자자가 주식의 취득대가로 현물출자한 부동산은 위 「지방세법」 제105조 제6항(현행 제7조 제5항)의 규정에 의한 '당해 법인의 부동산'에 포함된다고 보기는 어렵다.(조심2012지0495)

7. 과세표준 및 세율

1) 과세표준

과세표준 = 과세대상자산의 총가액 × 과점주주가 취득한 주식·출자의 수/그 법인의 주식·출자의 수

과세대상자산의 총가액은 취득가액을 적용하는 것이 아니라, '해당 법인의 결산서 및 그 밖의 장부 등에 따른 취득세 과세대상 자산총액'을 적용하는 것이므로 과점주주 성립(지분증가) 당시의 '장부가액'이다. 무상취득 또는 상속의 경우에도 주식발행 법인의 장부가액에 따라야 한다. 과세대상자산의 총가액이므로 부동산과 그 밖의 모든 취득세 과세대상을 합산하여 산정하여야 한다.

2) 세율

과점주주의 간주취득에 적용되는 세율은 중과기준세율(2%)를 적용한다.(지세법제15조②3호)

행정해석이나 대법원 판례는 지방세법 제13조의 대도시 내 본점용 부동산 취득에 대한 중과세는 법인에게만 적용되는 반면, 과점주주의 간주취득은 법인주주만이 아니라 개인주주에게도 적용되기 때문에 범위가 달라 과점주주의 간주취득이 중과세에 해당하는지 여부는 과점주주를 기준으로 판단하여야 한다고 해석하고 있다.(대법원 2000두3375, 2001.9.4.) 그에 따르면 법인뿐만 아니라 개인에게도 중과세할 수 있는 중과세 규정만 적용할 수 있다는 것이므로 법인이든 개인이든 누구에게나 적용되는 공장의 신·증설에 대한 중과세 규정이나 사치성재산에 대한 중과세 규정은 과점주주에 대한 간주취득세에도 적용할 수 있다. 그런데 사치성재산 중 골프장에 대한 중과세 규정은 회원제골프장의 원시취득시와 승계취득시 증설부분에 대하여만 적용되고 기존 골프장의 단순 승계취득은 해당사항이 없으므로(지방세법제15조⑤), 회원제골프장의 비상장주식을 취득하여 과점주주가 되는 경우도 기존 골프장의 승계취득이므로 중과세 규정이 적용되지 않고 중과기준세율 2%가 적용된다.

또한 위에서 중과세 규정이 적용되는 경우라 하더라도 법인의 과세대상물건의 취득 당시가 아니라 과점주주 납세의무의 성립시기에 위의 중과세 요건을 충족하여야 한다. 나아가 부동산을 취득한 날부터 5년 내에 중과세 요건을 갖추면 중과세율로 추징하게 되는데, 이 규정은 과점주주의 간주취득세에는 적용할 수 없다.

8. 한시적 예외

조세특례제한법제120조(취득세의 면제등)

13) 취득세 신고 및 납부

지방세법 제20조(신고 및 납부) ① 취득세 과세물건을 취득한 자는 그 취득한 날(「국토의 계획 및 이용에 관한 법률」 제117조제1항에 따른 토지거래계약에 관한 허가구역에 있는 토지를 취득하는 경우로서 같은 법 제118조에 따른 토지거래계약에 관한 허가를 받기 전에 거래대금을 완납한 경우에는 그 허가일이나 허가구역의 지정 해제일 또는 축소일**(*)**을 말한다)부터 60일[상속으로 인한 경우는 상속개시일이 속하는 달의 말일부터, 실종으로 인한 경우는 실종선고일이 속하는 달의 말일부터 각각 6개월(납세자가 외국에 주소를 둔 경우에는 각각 9개월)] 이내에 그 과세표준에 제11조부터 제15조까지의 세율을 적용하여 산출한 세액을 대통령령으로 정하는 바에 따라 신고하고 납부하여야 한다. <개정 **2014.1.1**>

② 취득세 과세물건을 취득한 후에 그 과세물건이 **제13조제1항부터 제7항**까지의 세율의 적용대상이 되었을 때에는 대통령령으로 정하는 날부터 **30일 이내**에 제13조제1항부터 제7항까지의 세율을 적용하여 산출한 세액에서 이미 납부한 세액(가산세는 제외한다)을 공제한 금액을 세액으로 하여 대통령령으로 정하는 바에 따라 신고하고 납부하여야 한다. <개정 2010.12.27.>

③ 이 법 또는 다른 법령에 따라 취득세를 비과세, 과세면제 또는 경감받은 후에 해당 과세물건이 취득세 부과대상 또는 추징 대상이 되었을 때에는 제1항에도 불구하고 그 사유 발생일부터 **30일** 이내에 해당 과세표준에 제11조부터 제15조까지의 세율을 적용하여 산출한 세액[경감받은 경우에는 이미 납부한 세액(가산세는 제외한다)을 공제한 세액을 말한다]을 대통령령으로 정하는 바에 따라 신고하고 납부하여야 한다.

④ 제1항부터 제3항까지의 신고·납부기한 이내에 재산권과 그 밖의 권리의 취득·이전에 관한 사항을 공부(公簿)에 등기하거나 등록[등재를 포함한다. 이하 같다]하려는 경우에는 등기 또는 등록을 하기 전까지 취득세를 신고·납부하여야 한다. <개정 2015.12.29.>

(*) 토지거래허가구역 내 토지를 거래하는 경우 허가를 받은 다음 잔금을 정산해야 하나 통상적으로 잔금을 정산한 후 허가 신청하는 관행으로 지방세법상의 취득시기와 판례(2012두19229)가 불부합하던 것을 고친 것이다.

지방세기본법 제41조(법인의 합병으로 인한 납세의무의 승계) 법인이 합병한 경우에 합병 후 존속하는 법인 또는 합병으로 인하여 설립된 법인은 합병으로 인하여 소멸된 법인에 부과되거나 그 법인이 납부할 지방자치단체의 징수금을 납부할 의무를 진다.

지방세기본법 제42조(상속으로 인한 납세의무의 승계) ① 상속이 개시된 경우에 그 상속인[수유자를 포함한다. 이하 같다] 또는 「민법」 제1053조에 따른 상속재산관리인은 피상속인에게 부과되거나 그 피상속인이 납부할 지방자치단체의 징수금(이하 이 조에서 "피상속인의 지방자치단체의 징수금"이라 한다)을 상속으로 인하여 얻은 재산을 한도로 하여 납부할 의무를 진다.

② 제1항의 경우 상속인이 2명 이상일 때에는 각 상속인은 피상속인의 지방자치단체의 징수금을 「민법」 제1009조·제1010조·제1012조 및 제1013조에 따른 그 상속분에 따라 안분하여 계산한 금액을 상속받은 재산을 한도로 연대하여 납부할 의무를 진다. 이 경우 각 상속인은 상속인 중에서 피상속인의 지방자치단체의 징수금을 납부할 대표자를 정하여 대통령령으로 정하는 바에 따라 지방자치단체의 장에게 신고하여야 한다.

지방세기본법 제43조(상속재산의 관리인) ① 제42조제1항의 경우 상속인이 있는지 분명하지 아니할 때에는 상속인에게 하여야 할 납세의 고지, 독촉, 그 밖에 필요한 사항은 상속재산관리인에게 하여야 한다.**(*)**

② 제42조제1항의 경우에 상속인이 있는지가 분명하지 아니하고 상속재산관리인도 없을 때에는 지방자치단체의 장은 그 상속개시지를 관할하는 법원에 상속재산관리인의 선임을 청구할 수 있다.

③ 제42조제1항의 경우에 피상속인에게 한 처분 또는 절차는 상속인 또는 상속재산관리인에게도 효력이 미친다.

(*) 상속재산관리인의 경우에도 신고기간의 기산일은 상속개시일이고, 지방세법에서 상속재산관리인에 대한 신고기간의 기산일을 별도로 규정하지 아니함에 따라 발생하는 불합리는 상속재산관리인의 선임에 따른 소요기간을 가산세를 부과하지 아니할 정당한 사유로 인정하여 해결하면 충분하다고 할 것이다.(조심2011지0863)

지방세기본법 제44조(연대납세의무) ① 공유물(공동주택은 제외한다), 공동사업 또는 그 공동사업에 속하는 재산에 관계되는 지방자치단체의 징수금은 그 공유자 또는 공동사업자가 연대하여 납부할 의무를 진다.

② 법인이 분할되거나 분할합병되는 경우 분할되는 법인에 대하여 분할일 또는 분할합병일 이전에 부과되거나 납세의무가 성립된 지방자치단체의 징수금은 다음 각 호의 법인이 연대하여 납부할 의무를 진다.

1. 분할되는 법인
2. 분할 또는 분할합병으로 인하여 설립되는 법인

3. 분할되는 법인의 일부가 다른 법인과 합병하여 그 다른 법인이 존속하는 경우 그 다른 법인(이하 "존속하는 분할합병의 상대방 법인"이라 한다)

③ 법인이 분할 또는 분할합병으로 인하여 해산되는 경우 해산되는 법인에 부과되거나 그 법인이 납부할 지방자치단체의 징수금은 다음 각 호의 법인이 연대하여 납부할 의무를 진다.

1. 분할 또는 분할합병으로 인하여 설립되는 법인
2. 존속하는 분할합병의 상대방 법인

④ 법인이 「채무자 회생 및 파산에 관한 법률」 제215조에 따라 신회사를 설립하는 경우 기존의 법인에 부과되거나 납세의무가 성립한 지방자치단체의 징수금은 신회사가 연대하여 납부할 의무를 진다.

⑤ 제1항부터 제4항까지의 연대납세의무에 관하여는 「민법」 제413조부터 제416조까지, 제419조, 제421조, 제423조 및 제425조부터 제427조까지를 준용한다.

지방세기본법 제45조(제2차납세의무자에 대한 납부고지) 지방자치단체의 장이 납세자의 지방자치단체의 징수금을 제46조부터 제49조까지의 규정에 따른 제2차납세의무자(납세보증인을 포함한다)로부터 징수하려면 제2차납세의무자에게 징수하려는 지방자치단체의 징수금의 과세연도·세목·세액 및 그 산출근거·납부기한·납부장소와 제2차납세의무자로부터 징수할 금액 및 그 산출근거, 그 밖에 필요한 사항을 기록한 납부통지서로 고지하여야 한다. 이 경우 납세자에게 그 사실을 알려야 한다.

지방세기본법 제46조(청산인 등의 제2차 납세의무) ① 법인이 해산한 경우에 그 법인에 부과되거나 그 법인이 납부할 지방자치단체의 징수금을 납부하지 아니하고 잔여재산을 분배하거나 인도함으로 인하여 그 법인에 대하여 체납처분을 집행하여도 징수할 금액보다 적은 경우에는 청산인과 잔여재산의 분배 또는 인도를 받은 자는 그 부족액에 대하여 제2차 납세의무를 진다.

② 제1항에 따른 제2차 납세의무는 청산인에게는 분배 또는 인도한 재산의 가액을, 잔여재산의 분배 또는 인도를 받은 자에게는 각자가 받은 재산의 가액을 한도로 한다.

지방세기본법 제47조(출자자의 제2차 납세의무) 법인(주식을 「자본시장과 금융투자업에 관한 법률」에 따른 증권시장으로서 대통령령으로 정하는 증권시장에 상장한 법인은 제외한다)의 재산으로 그 법인에 부과되거나 그 법인이 납부할 지방자치단체의 징수금에 충당하여도 부족한 경우에는 그 지방자치단체의 징수금의 과세기준일 또는 납세의무성립일(이에 관한 규정이 없는 세목에 있어서는 납기개시일) 현재 다음 각 호의 어느 하나에 해당하는 자는 그 부족액에 대하여 제2차 납세의무를 진다. 다만, 제2호에 따른 과점주주의 경우에는 그 부족액을 그 법인의 발행주식총수(의결권이 없는 주식은 제외한다. 이하 이 조에서 같다) 또는 출자총액으로 나눈 금액에 해당 과점주주가 실질적으로 권리를 행사하는 소유주식수(의결권이 없는 주식은 제외한다) 또는 출자액을 곱하여 산출한 금액을 한도로 한다. <개정 2013.5.28.>

1. 무한책임사원
2. 주주 또는 유한책임사원 1명과 그의 특수관계인 중 대통령령으로 정하는 자로서 그들의 소유주식의 합계 또는 출자액의 합계가 해당 법인의 발행주식 총수 또는 출자총액의 100분의 50을 초과하면서 그에 관한 권리를 실질적으로 행사하는 자들(이하 "과점주주"라 한다)

가. 삭제 <2013.1.1.>
나. 삭제 <2013.1.1.>
다. 삭제 <2013.1.1.>

지방세기본법 제48조(법인의 제2차 납세의무) ① 지방세(둘 이상의 지방세의 경우에는 납부기한이 뒤에 도래하는 지방세를 말한다)의 납부기간 종료일 현재 법인의 무한책임사원 또는 과점주주(이하 이 조에서 "출자자"라 한다)의 재산(그 법인의 발행주식 또는 출자지분은 제외한다)으로 그 출자자가 납부할 지방자치단체의 징수금에 충당하여도 부족한 경우에는 그 법인은 다음 각 호의 어느 하나에 해당하는 경우에만 그 출자자의 소유주식 또는 출자지분의 가액을 한도로 그 부족액에 대하여 제2차 납세의무를 진다.

1. 지방자치단체의 장이 출자자의 소유주식 또는 출자지분을 재공매하거나 수의계약에 따라 매각하려 하여도 매수희망자가 없을 때
2. 출자자의 소유주식 또는 출자지분이 법률 또는 그 법인의 정관에 따라 양도가 제한되어 있을 때

② 제1항에 따른 법인의 제2차 납세의무는 그 법인의 자산총액에서 부채총액을 뺀 가액을 그 법인의 발행주식총액 또는 출자총액으로 나눈 가액에 그 출자자의 소유주식금액 또는 출자액을 곱하여 산출한 금액을 한도로 한다.

지방세기본법 제49조(사업양수인의 제2차 납세의무) ① 사업의 양도·양수가 있는 경우 양도일 이전에 양도인의 납세의무가 확정된 그 사업에 관한 지방자치단체의 징수금을 양도인의 재산으로 충당하여도 부족할 때에는 양수인은 그 부족액에 대하여 양수한 재산의 가액을 한도로 제2차 납세의무를 진다.

② 제1항에서 "양수인"이란 사업장별로 그 사업에 관한 모든 권리와 의무를 포괄승계(미수금에 관한 권리와 미지급금에 관한 의무의 경우에는 그 전부를 승계하지 아니하더라도 포괄승계로 본다)한 자로서 양도인이 사업을 경영하던 장소에서 양도인이 경영하던 사업과 같거나 유사한 종목의 사업을 경영하는 자를 말한다.

지방세법시행령 제34조(중과세 대상 재산의 신고 및 납부) 법 제20조제2항에서 "대통령령으로 정하는 날"이란 다음 각 호의 구분에 따른 날을 말한다.

1. 법 제13조제1항에 따른 본점 또는 주사무소의 사업용 부동산을 취득한 경우: 사무소로 최초로 사용한 날

2. 법 제13조제1항에 따른 공장의 신설 또는 증설을 위하여 사업용 과세물건을 취득하거나 같은 조 제2항제2호에 따른 공장의 신설 또는 증설에 따라 부동산을 취득한 경우: 그 생산설비를 설치한 날. 다만, 그 이전에 영업허가·인가 등을 받은 경우에는 영업허가·인가 등을 받은 날로 한다.
3. 법 제13조제2항제1호에 따른 부동산 취득이 다음 각 목의 어느 하나에 해당하는 경우: 해당 사무소 또는 사업장을 사실상 설치한 날
   가. 대도시에서 법인을 설립하는 경우
   나. 대도시에서 법인의 지점 또는 분사무소를 설치하는 경우
   다. 대도시 밖에서 법인의 본점·주사무소·지점 또는 분사무소를 대도시로 전입하는 경우
4. 법 제13조제2항 각 호 외의 부분 단서에 따라 대도시 중과 제외 업종에 직접 사용할 목적으로 부동산을 취득하거나, 법인이 사원에 대한 분양 또는 임대용으로 직접 사용할 목적으로 사원 주거용 목적 부동산을 취득한 후 법 제13조제3항 각 호의 어느 하나에 해당하는 사유가 발생하여 법 제13조제2항 각 호 외의 부분 본문을 적용받게 되는 경우에는 그 사유가 발생한 날
5. 법 제13조제5항에 따른 별장·골프장·고급주택·고급오락장 및 고급선박을 취득한 경우: 다음 각 목의 구분에 따른 날
   가. 건축물을 증축하거나 개축하여 별장 또는 고급주택이 된 경우: 그 증축 또는 개축의 사용승인서 발급일. 다만, 그 밖의 사유로 별장이나 고급주택이 된 경우에는 그 사유가 발생한 날로 한다.
   나. 골프장: 「체육시설의 설치·이용에 관한 법률」에 따라 체육시설업으로 등록(변경등록을 포함한다)한 날. 다만, 등록을 하기 전에 사실상 골프장으로 사용하는 경우 그 부분에 대해서는 <u>사실상 사용한</u> 날로 한다.
   다. 건축물의 사용승인서 발급일 이후에 관계 법령에 따라 고급오락장이 된 경우: 그 대상 업종의 영업허가·인가 등을 받은 날. 다만, 영업허가·인가 등을 받지 아니하고 고급오락장이 된 경우에는 고급오락장 영업을 사실상 시작한 날로 한다.
   라. 선박의 종류를 변경하여 고급선박이 된 경우: 사실상 선박의 종류를 변경한 날

지방세기본법 제50조(수정신고) ① 이 법 또는 지방세관계법에 따른 법정신고기한까지 과세표준신고서를 제출한 자는 다음 각 호의 어느 하나에 해당할 때에는 지방자치단체의 장이 지방세관계법에 따라 그 지방세의 <u>과세표준과 세액을 결정 또는 경정하여 통지를 하기 전까지</u>는 <u>과세표준수정신고서</u>를 제출할 수 있다.
1. 과세표준신고서에 기재된 과세표준 및 세액이 지방세관계법에 따라 신고하여야 할 과세표준 및 세액보다 적을 때
2. 과세표준신고서에 기재된 환급세액이 지방세관계법에 따라 신고하여야 할 환급세액을 초과할 때
3. 그 밖에 특별징수의무자의 정산과정에서 누락 등이 발생하여 그 과세표준 및

세액이 지방세관계법에 따라 신고하여야 할 과세표준 및 세액 등보다 적을 때

② 제1항에 따른 수정신고로 인하여 추가납부세액이 발생한 경우에는 그 수정신고를 한 자는 수정신고와 동시에 납부하여야 한다.

지방세기본법 제51조(경정 등의 청구) ① 이 법 또는 지방세관계법에 따른 과세표준신고서를 법정신고기한까지 제출한 자는 다음 각 호의 어느 하나에 해당할 때에는 법정신고기한이 지난 후 3년 이내[「지방세법」에 따른 결정 또는 경정이 있는 경우에는 그 결정 또는 경정이 있음을 안 날(결정 또는 경정의 통지를 받은 때에는 그 받은 날)부터 90일 이내(법정신고기한이 지난 후 3년 이내로 한정한다)를 말한다]에 최초 신고 및 수정신고한 지방세의 과세표준 및 세액(「지방세법」에 따른 결정 또는 경정이 있는 경우에는 그 결정 또는 경정 후의 과세표준 및 세액 등을 말한다)의 결정 또는 경정을 지방자치단체의 장에게 청구할 수 있다.(*) <개정 2013.1.1.>

1. 과세표준신고서에 기재된 과세표준 및 세액(「지방세법」에 따라 결정 또는 경정이 있는 경우에는 그 결정 또는 경정 후의 과세표준 및 세액을 말한다)이 「지방세법」에 따라 신고하여야 할 과세표준 및 세액을 초과할 때
2. 과세표준신고서에 기재된 환급세액(「지방세법」에 따라 결정 또는 경정이 있는 경우에는 그 결정 또는 경정 후의 환급세액을 말한다)이 「지방세법」에 따라 신고하여야 할 환급세액보다 적을 때

② 과세표준신고서를 법정신고기한까지 제출한 자 또는 지방세의 과세표준 및 세액의 결정을 받은 자는 다음 각 호의 어느 하나에 해당하는 사유가 발생하였을 때에는 제1항에서 규정하는 기간에도 불구하고 그 사유가 발생한 것을 안 날부터 2개월 이내에 결정 또는 경정을 청구할 수 있다.(**)

1. 최초의 신고·결정 또는 경정에서 과세표준 및 세액의 계산근거가 된 거래 또는 행위 등이 그에 관한 소송에 대한 판결(판결과 동일한 효력을 가지는 화해나 그 밖의 행위를 포함한다)에 따라 다른 것으로 확정되었을 때
2. 조세조약에 따른 상호합의가 최초의 신고·결정 또는 경정의 내용과 다르게 이루어졌을 때
3. 제1호 및 제2호와 유사한 사유로서 대통령령으로 정하는 사유가 해당 지방세의 법정신고기한이 지난 후에 발생하였을 때

③ 제1항 및 제2항에 따라 결정 또는 경정의 청구를 받은 지방자치단체의 장은 그 청구를 받은 날부터 2개월 이내에 과세표준 및 세액을 결정 또는 경정하거나 결정 또는 경정하여야 할 이유가 없다는 것을 그 청구를 한 자에게 통지하여야 한다.

④ 결정 또는 경정의 청구 및 통지절차에 관하여 필요한 사항은 대통령령으로 정한다.

(*) 통상적 경정청구 또는 감액경정청구

(**) 후발적 사유에 의한 경정청구
→ 경정청구기간 내 경정거부가 있는 경우에는 어느 경우에나 행정소송으로 다툴 수 있다.

지방세기본법 제52조(기한 후 신고) ① 법정신고기한까지 과세표준신고서를 제출하지 아니한 자는 지방자치단체의 장이 「지방세법」에 따라 그 지방세의 과세표준과 세액(이 법 및 「지방세법」에 따른 가산세를 포함한다. 이하 이 조에서 같다)을 결정하여 통지하기 전에는 납기 후의 과세표준신고서(이하 "기한후신고서"라 한다)를 제출할 수 있다.

② 제1항에 따라 기한후신고서를 제출한 자로서 지방세관계법에 따라 납부하여야 할 세액이 있는 자는 기한후신고서의 제출과 동시에 그 세액을 납부하여야 한다.

③ 제1항에 따라 기한후신고서를 제출한 경우(납부할 세액이 있는 경우에는 그 세액을 납부한 경우만 해당한다) 지방자치단체의 장은 「지방세법」에 따라 신고일부터 3개월 이내에 그 지방세의 과세표준과 세액을 결정하여야 한다. 다만, 그 과세표준과 세액을 조사할 때 조사 등에 장기간이 걸리는 등 부득이한 사유로 신고일부터 3개월 이내에 결정할 수 없는 경우에는 그 사유를 신고인에게 통지하여야 한다.

지방세기본법 제56조(납세고지서의 발급시기) 납세고지서의 발급시기는 다음 각 호의 구분에 따른다.
1. 납부기한이 일정한 경우: 납기개시 5일 전 → 정기분
2. 납부기한이 일정하지 아니한 경우: 징수결정을 한 때 → 수시분
3. 법령에 따라 기간을 정하여 징수유예 등을 한 경우: 그 기간이 만료한 날의 다음 날

지방세기본법 제57조(납부기한의 지정) 지방자치단체의 장은 지방자치단체의 징수금의 납부기한을 납세 또는 납부의 고지를 하는 날부터 30일 이내로 지정할 수 있다.

1) 유증의 경우, 상속인이 수증자라면 상속의 경우와 마찬가지로 취급하고, 상속인이 아닌 자 또는 법인이 수증자이거나 사인증여의 경우에는 유언자의 사망일부터 60일 내에 신고·납부하여야 한다.
2) 재산권 등의 취득을 공부에 등기·등록하여야 하는 경우에는 등기·등록 전까지 취득세를 신고납부하여야 한다.
3) 분할납부 : 개인이 주택(주거용 건물과 그 부속토지)이나 차량·기계장비를 취득하는 경우에 한하여 취득일부터 30일 내에 등기하는 경우 아래와 같이 취득세액의 일부를 취득일부터 60일 이내에 분할납부할 수 있

다.(지세법제20의2)

① 2011. 1. 1.부터 2012. 12. 31.까지 취득하는 경우 : 납부할 세액의 50%

② 2013. 1. 1.부터 2013. 12. 31.까지 취득하는 경우 : 납부할 세액의 30%

대법원 2006.1.13. 선고, 2004다64340 판결 [부당이득금반환]

【판시사항】

[1] 신고납세방식의 조세인 취득세와 등록세에 있어서 납세의무자가 자진 신고·납부한 세액이 부당이득에 해당하는 경우 및 납세의무자의 신고행위가 당연무효에 해당하는지 여부의 판단 기준

[2] 취득세와 등록세의 신고·납부에 있어서, '무상취득'에 의한 세액만을 신고·납부하면 되는데도 이를 초과하여 '유상취득'임을 전제로 하여 계산된 세액을 신고·납부한 경우, 그 초과 부분에 해당하는 신고·납부행위에는 조세채무의 확정력을 인정하기 어려운 중대하고 명백한 하자가 있어 당연무효에 해당한다고 한 원심의 판단을 수긍한 사례

【판결요지】

[1] 취득세와 등록세는 신고납세방식의 조세로서 이러한 유형의 조세에 있어서는 원칙적으로 납세의무자가 스스로 과세표준과 세액을 정하여 신고하는 행위에 의하여 납세의무가 구체적으로 확정되고, 그 납부행위는 신고에 의하여 확정된 구체적 납세의무의 이행으로 하는 것이며 지방자치단체는 그와 같이 확정된 조세채권에 기하여 납부된 세액을 보유하는 것이므로, 납세의무자의 신고행위가 중대하고 명백한 하자로 인하여 당연무효로 되지 아니하는 한 그것이 바로 부당이득에 해당한다고 할 수 없고, 여기에서 신고행위의 하자가 중대하고 명백하여 당연무효에 해당하는지의 여부에 대하여는 신고행위의 근거가 되는 법규의 목적, 의미, 기능 및 하자 있는 신고행위에 대한 법적 구제수단 등을 목적론적으로 고찰함과 동시에 신고행위에 이르게 된 구체적 사정을 개별적으로 파악하여 합리적으로 판단하여야 한다.

[2] 취득세와 등록세의 신고·납부에 있어서, '무상취득'에 의한 세액만을 신고·납부하면 되는데도 이를 초과하여 '유상취득'임을 전제로 하여 계산된 세액을 신고·납부한 경우, 그 초과 부분에 해당하는 신고·납부행위에는 조세채무의 확정력을 인정하기 어려운 중대하고 명백한 하자가 있어 당연무효에 해당한다고 한 원심의 판단을 수긍한 사례.

4) 신고 · 납부장소

취득물건 소재지를 관할하는 시·도, 광역시이며 징수를 위임받은 시·군·구청장에 신고한 후 발급받은 납세고지서를 지참하여 납부기한 내 시중은행에 납부한다.

지세법제8조)

5) 납기 전 징수

지방세기본법 제73조(납기 전 징수) ① 지방자치단체의 장은 납세자에게 다음 각 호의 어느 하나에 해당하는 사유가 있을 때에는 납기 전이라도 이미 납세의무가 확정된 지방자치단체의 징수금을 징수할 수 있다.

1. 국세, 지방세, 그 밖의 공과금에 대하여 체납처분을 받을 때
2. 강제집행을 받을 때
3. 경매가 시작되었을 때
4. 법인이 해산하였을 때
5. 지방자치단체의 징수금을 포탈하려는 행위가 있다고 인정될 때
6. 「어음법」 및 「수표법」에 따른 어음교환소에서 거래정지처분을 받은 때
7. 납세자가 납세관리인을 정하지 아니하고 국내에 주소 또는 거소를 두지 아니하게 되었을 때

② 지방자치단체의 장은 제1항에 따라 납기 전에 징수하려면 납부기한을 정하여 그 취지를 납세자에게 고지하여야 한다. 이 경우 이미 납세고지를 하였으면 납부기한의 변경을 문서로 고지하여야 한다.

6) 면세점

취득가액이 50만원 미만인 경우 취득세를 부과하지 아니한다.(지세법제17조①)

7) 의무불이행시 가산세

지방세기본법 제53조의2(무신고가산세) ① 납세의무자가 법정신고기한까지 「지방세법」에 따라 산출한 세액(이하 "산출세액"이라 한다)을 신고하지 아니한 경우에는 산출세액의 100분의 20에 상당하는 금액을 가산세로 부과한다. <개정 2014.1.1>

② 제1항에도 불구하고 사기나 그 밖의 부정한 행위로 법정신고기한까지 산출세액을 신고하지 아니한 경우에는 산출세액의 100분의 40에 상당하는 금액을 가산세로 부과한다.

③ 제1항 및 제2항에도 불구하고 다음 각 호의 어느 하나에 해당하는 경우에는 해당 세목에 대하여 가산세를 부과하지 아니한다. <신설 2014.1.1>

1. 「지방세특례제한법」 제6조제3항, 제9조제3항, 제22조제3항 본문, 제29조제2항제2호나목, 제41조제3항 본문, 제43조제3항 본문, 제50조제3항 본문, 제62조제1항, 제89조제3항 본문 및 제92조제2항에 따라 등록면허세가 면제되는 경우
2. 「지방세특례제한법」 제7조제1항·제2항 및 제9조제2항·제3항에 따라 취득세가 면제되는 경우 <개정 2014.1.1.>

지방세기본법 제53조의3(과소신고가산세) ① 납세의무자가 법정신고기한까지 산출세액을 신고한 경우로서 신고하여야 할 산출세액보다 적게 신고(이하 "과소신고"라 한다)한 경우에는 과소신고분(신고하여야 할 산출세액에 미달한 금액을 말한다. 이하 같다) 세액의 100분의 10에 상당하는 금액을 가산세로 부과한다. <개정 2014.1.1>

② 제1항에도 불구하고 사기나 그 밖의 부정한 행위로 과소신고한 경우에는 다음 각 호의 금액을 합한 금액을 가산세로 부과한다.

1. 사기나 그 밖의 부정한 행위로 인한 과소신고분(이하 "부정과소신고분"이라 한다) 세액의 100분의 40에 상당하는 금액
2. 과소신고분 세액에서 부정과소신고분 세액을 뺀 금액의 100분의 10에 상당하는 금액

③ 제1항 및 제2항에도 불구하고 신고 당시 소유권에 대한 소송으로 상속재산으로 확정되지 아니하여 과소신고한 경우에는 가산세를 부과하지 아니한다.
[본조신설 2013.1.1.]

지방세기본법 제53조의4(납부불성실 가산세) 납세의무자가 지방세관계법에 따른 납부기한까지 지방세를 납부하지 아니하거나 납부하여야 할 세액보다 적게 납부(이하 "과소납부"라 한다)한 경우에는 다음의 계산식에 따라 산출한 금액을 가산세로 부과한다.

납부하지 아니한 세액 또는 과소납부분(납부하여야 할 금액에 미달하는 금액을 말한다. 이하 같다)세액 × 납부기한의 다음날부터 자진납부일 또는 납세고지일까지의 기간 × 금융회사 등이 연체대출금에 대하여 적용하는 이자율 등을 고려하여 대통령령으로 정하는 이자율

[본조신설 2013.1.1.]

지방세기본법 제53조의5(특별징수납부 등 불성실가산세) 특별징수의무자가 징수하여야 할 세액을 지방세관계법에 따른 납부기한까지 납부하지 아니하거나 과소납부한 경우에는 납부하지 아니한 세액 또는 과소납부분 세액의 100분의 10에 상당하는 금액을 한도로 하여 다음 각 호의 금액을 합한 금액을 가산세로 부과한다.

1. 납부하지 아니한 세액 또는 과소납부분 세액의 100분의 5에 상당하는 금액
2. 다음의 계산식에 따라 산출한 금액

납부하지 아니한 세액 또는 과소납부분 세액 × 납부기한의 다음날부터 자진납부일 또는 납세고지일까지의 기간 × 금융회사 등이 연체대출금에 대하여 적용하는 이자율 등을 고려하여 대통령령으로 정하는 이자율

[본조신설 2013.1.1.]

지방세기본법 제54조(가산세의 감면 등) ① 지방자치단체의 장은 이 법 또는 지방세관계법에 따라 가산세를 부과하는 경우 그 부과의 원인이 되는 사유가 제26조제1항에 따른 기한연장 사유에 해당하거나 납세자가 해당 의무를 이행하지 아니한 정당한 사유(*)가 있을 때에는 그 가산세를 부과하지 아니한다.

② 지방자치단체의 장은 다음 각 호의 어느 하나에 해당하는 경우에는 이 법 또는 지방세관계법에 따른 해당 가산세액의 100분의 50(제1호의 경우 100분의 10으로 하되, 법정신고기한이 지난 후 1년 이내에 수정신고한 경우에는 100분의 20으로, 법정신고기한이 지난 후 6개월 이내에 수정신고한 경우에는 100분의 50으로 한다)에 상당하는 금액을 감면한다. <개정 2013.1.1>

1. 법정신고기한이 지난 후 2년 이내에 제50조에 따라 수정신고를 한 경우(제53조의3에 따른 가산세만 해당하며, 과세표준수정신고서를 제출한 과세표준과 세액에 관하여 경정이 있을 것을 미리 알고 제출한 경우는 제외한다)
2. 법정신고기한이 지난 후 1개월 이내에 제52조에 따라 기한 후 신고를 한 경우(제53조의2에 따른 가산세만 해당한다)
3. 제116조에 따른 과세전적부심사 결정·통지기간 이내에 그 결과를 통지하지 아니한 경우(결정·통지가 지연됨으로써 해당 기간에 부과되는 제53조의4에 따른 가산세만 해당한다)

③ 제2항제1호 및 제2호에도 불구하고 제50조에 따른 수정신고로 인하여 추가로 납부하여야 할 세액을 그 수정신고와 동시에 납부하지 아니하거나 제52조에 따른 기한 후 신고 시 납부하여야 할 세액을 그 기한 후 신고와 동시에 납부하지 아니하는 경우에는 해당 가산세액을 감면하지 아니한다. <신설 2013.1.1.>

(*) ① 청구인들이 유류분반환청구의 소에 대한 법원의 확정 판결 및 조정결정이 있기 전까지는 사실상 이 건 토지를 상속 취득할 수 없는 사정이 있었다고 인정되므로 상속개시일부터 6월 이내에 청구인들이 취득세 등을 신고납부할 수 없는 정당한 사유가 있다고 보는 것이 타당함.(조심 2012지0781)

② 납세의무자는 과세물건을 취득한 후 기존 심사결정사례를 원용하여 비과세·감면을 신청하였고 처분청도 이를 그대로 인정하였으나, 심사결정이 사실상 지방세 실무처리의 기준이 된다고 하더라도 각 사안별 사실관계 등이 결정에 영향을 미치므로 일반적인 구속력을 가진다고 볼 수는 없고, …취득세는 신고납부세목으로서 납세의무자 스스로 조세채무의 성립요건을 조사·확인하고 관련법령에 따른 과세표준액과 세율 등을 적용하여 세액을 산출하고 신고납부하여야 하는 점 등을 감안했을 때, 처분청이 비과세·감면신청을 그대로 받아들였다 하더라도 납세의무자가 신고의무를 제대로 이행하였다고 볼 수는 없을 것이고 신고의무 불이행에 대한 정당한 사유가 있다고 보기도 어려우므로 신고불성실가산세 부과는 정당하다.(행정안전부 지방세운영과-3640)

지방세법 제21조(부족세액의 추징 및 가산세) ① 취득세 납세의무자가 제20조에 따른 신고 또는 납부의무를 다하지 아니하면 제10조부터 제15조까지의 규정에 따라 산출한 세액(이하 이 장에서 "산출세액"이라 한다) 또는 그 부족세액에 「지방세기본법」 제53조의2부터 제53조의4까지의 규정에 따라 산출한 가산세를 합한 금액을 세액으로 하여 보통징수의 방법으로 징수한다. <개정 2013.1.1. >

② 납세의무자가 취득세 **과세물건을 사실상 취득한 후 제20조**에 따른 신고를 하지 아니하고 매각하는 경우에는 제1항 및 「지방세기본법」 제53조의2, 제53조의4의 규정에도 불구하고 산출세액에 100분의 80을 가산한 금액을 세액으로 하여 보통징수의 방법으로 징수한다. 다만, 등기·등록이 필요하지 아니한 과세물건 등 대통령령으로 정하는 과세물건에 대하여는 그러하지 아니하다. <개정 2013.1.1. > → 미등기전매의 경우를 말한다.

- 무신고 가산세 : 20%(사기 또는 부정한 행위의 경우에는 40% - 미등기전매의 경우에 주로 적용)
- 과소신고가산세 : 10%(사기 또는 부정한 행위의 경우에는 40%)
- 납부불성실 가산세 : 1일 1만분의 3
- 수정신고, 기한 후 신고 : 각각 과소신고가산세, 무신고가산세의 50% 경감 (지기법제54조), 납부불성실가산세는 제외.

8) 가산금 · 중가산금

지방세기본법 제57조(납부기한의 지정) 지방자치단체의 장은 지방자치단체의 징수금의 납부기한을 납세 또는 납부의 고지를 하는 날부터 30일 이내로 지정할 수 있다.

지방세기본법 제59조(가산금) 지방세를 납부기한까지 완납하지 아니할 때에는 그 납부기한이 지난 날부터 체납된 지방세의 100분의 3에 상당하는 가산금을 징수한다. 다만, 국가와 지방자치단체(지방자치단체조합을 포함한다)에 대하여는 가산금을 징수하지 아니한다.

지방세기본법 제60조(중가산금) ① 체납된 지방세를 납부하지 아니한 때에는 납부기한이 지난 날부터 1개월이 지날 때마다 체납된 지방세의 1천분의 12에 상당하는 가산금(이하 "중가산금"이라 한다)을 제59조에 따른 가산금에 더하여 징수한다. 이 경우 중가산금을 가산하여 징수하는 기간은 60개월을 초과하지 못한다.

지연배상적 성격의 제재금이다. 납부기한이 지난 날부터 체납된 지방세의

3%.(가산금, 지기법제59조) 납부기한이 지난 날부터 1개월이 지날 때마다 체납된 지방세의 1천분의 12에 상당하는 금액을 가산금에 가산한다.(지기법제60조)

9) 지방세 환급금

지방세기본법 제76조(지방세환급금의 충당과 환급) ① 지방자치단체의 장은 납세자(*)가 납부한 지방자치단체의 징수금 중 과오납한 금액이 있거나 「지방세법」에 따라 환급하여야 할 환급세액(지방세관계법에 따라 환급세액에서 공제하여야 할 세액이 있을 때에는 공제한 후 남은 금액을 말한다)이 있을 때에는 즉시 그 오납액, 초과납부액 또는 환급세액을 지방세환급금으로 결정하여야 한다. 이 경우 착오납부, 이중납부로 인한 환급청구는 대통령령으로 정하는 바에 따른다.

② 지방자치단체의 장은 지방세환급금으로 결정한 금액을 대통령령으로 정하는 바에 따라 다음 각 호의 지방자치단체의 징수금에 충당하여야 한다. 다만, 제1호(제73조제1항 각 호에 따른 납기 전 징수 사유에 해당하는 경우는 제외한다) 및 제3호의 지방세에 충당하는 경우에는 납세자가 그 충당에 동의하여야 한다.

1. 납세고지에 따라 납부하는 지방세
2. 체납된 지방자치단체의 징수금
3. 이 법 또는 지방세관계법에 따라 신고·납부하는 지방세

③ 제2항제2호의 징수금에 충당하는 경우 체납된 지방자치단체의 징수금과 지방세환급금은 체납된 지방세의 법정납부기한과 제77조 제1항 각 호에서 정하는 지방세환급금의 발생일 중 늦은 때로 소급하여 대등액에 관하여 소멸한 것으로 본다. <신설 2013.1.1.>

④ 납세자가 지방세관계법에 따라 환급받을 환급세액이 있는 경우에는 제2항제1호 및 제3호의 지방세에 충당하기 위하여 청구할 수 있다. 이 경우 충당된 세액의 충당청구를 한 날에 그 지방세를 납부한 것으로 본다. <개정 2013.1.1.>

⑤ 지방세환급금 중 제2항에 따라 충당한 후 남은 금액은 지방세환급금의 결정을 한 날부터 지체 없이 납세자에게 환급하여야 한다. <개정 2013.1.1.>

(*) 환급금에 대한 권리자는 납세자이므로 대위등기 신청인이 각하결정을 받아 등기를 하지 못한 경우 등록면허세 환급대상자는 대위등기 신청인이다.(서울특별시청 세제과-12181)

지방세기본법 제79조(지방세환급금의 소멸시효) ① 납세자의 지방세환급금과 지방세환급가산금에 관한 권리는 이를 행사할 수 있는 때부터 5년간 행사하지 아니하면 시효로 인하여 소멸한다.

② 제1항의 소멸시효에 관하여는 이 법 또는 지방세관계법에 별도의 규정이 있는 것을 제외하고는 「민법」을 따른다.

→ 민법 제181조에는 "상속재산에 속한 권리나 상속재산에 대한 권리는 상속인의 확정, 관리인의 선임 또는 파산선고가 있는 때로부터 6월 이내에는 소멸시효가 완성하지 아니한다"고 되어 있고, 지방세기본법에서는 지방세환급금 등의 소멸시효만 규정되어 있을 뿐 시효의 중지 및 정지 등에 대해서는 민법을 따르도록 하고 있으므로 귀문의 경우와 같이 납세자가 지방세법상 감면대상인 취득세액을 납부한 다음 5년 이내에 사망하고 그 상속자가 재산을 상속받는 경우에는 민법 제181조의 규정에 따라 상속 확정일부터 6월 동안 지방세환급금 청구권의 소멸시효가 정지된다.(행정안전부 지방세분석과-643)

지방세기본법 제77조(지방세환급가산금) ① 지방자치단체의 장은 지방세환급금을 제76조에 따라 충당 또는 지급할 때에는 다음 각 호에서 정하는 날의 다음 날부터 충당하는 날 또는 지급결정을 하는 날까지의 기간과 금융회사의 예금이자율 등을 고려하여 대통령령으로 정하는 이율에 따라 계산한 금액(이하 "지방세환급가산금"이라 한다)을 지방세환급금에 가산하여야 한다. <개정 2011.12.31.>

1. 착오납부, 이중납부 또는 납부 후 그 납부의 기초가 된 신고 또는 부과를 경정하거나 취소함으로 인한 지방세환급금의 경우에는 그 납부일. 다만 그 지방세환급금이 둘 이상의 납기가 있는 경우와 2회 이상 분할납부된 것일 때에는 그 최후의 납부일로 하되, 지방세환급금이 최후에 납부된 금액을 초과하는 경우에는 그 금액이 될 때까지 납부일의 순서로 소급하여 계산한 지방세환급금의 각 납부일로 한다.
2. 「지방세법」 제128조제3항에 따라 연세액(年稅額)을 일시납부한 경우로서 같은 법 제130조에 따른 세액의 일할계산(日割計算)으로 인하여 발생한 환급금의 경우에는 소유권이전등록일·양도일 또는 사용을 폐지한 날
3. 적법하게 납부된 지방세에 대한 감면으로 인한 지방세환급금의 경우에는 그 결정일
4. 적법하게 납부된 후 법률의 개정으로 인한 지방세환급금의 경우에는 그 법률의 시행일
5. 납세자가 이 법 또는 지방세관계법에 따른 환급세액을 신고 또는 잘못된 신고에 따른 경정을 원인으로 하여 지방세를 환급하는 경우에는 그 신고를 한 날(신고한 날이 법정 신고기일 전인 경우에는 해당 법정신고기일)부터 30일이 지난 때. 다만, 환급세액을 신고하지 아니함에 따른 결정으로 발생한 환급세액을 환급할 때에는 그 결정일부터 30일이 지난 때로 한다.

② 제76조제6항에 따라 지방세에 충당하는 경우 지방세환급가산금은 지급결정을 한 날까지 가산하고, 그 밖에 지방세환급가산금에 대하여 필요한 사항은 대통령령으로 정하는 바에 따른다. <신설 2013.1.1.>

지방세기본법시행령 제66조(지방세환급금의 양도) ① 납세자는 법 제78조에 따라 지방세환급금(환급가산금을 포함한다)을 타인에게 양도하려는 경우에는 다음 각 호의 사항을 적은 신청서를 해당 지방자치단체의 장에게 제출하여야 한

다.
1. 권리자(양도인)의 주소 또는 영업소와 성명
2. 양수인의 주소 또는 영업소와 성명
3. 양도하려는 지방세환급금이 발생한 연도·세목과 금액

② 지방자치단체의 장은 제1항에 따른 신청서를 접수하였을 때에는 양도인의 다른 미납금이 없으면 이에 응하여야 한다.

③ 제1항에 따른 지방세환급금 양도 신청이 있는 경우 지방자치단체의 장은 그 처리 결과를 14일 이내에 양도인과 양수인에게 통지하여야 한다.

14) 제척기간 및 소멸시효

지방세기본법 제38조(부과의 제척기간) ① 지방세는 대통령령으로 정하는 바에 따라 부과할 수 있는 날부터 다음 각 호에서 정하는 기간이 만료되는 날까지 부과하지 아니한 경우에는 부과할 수 없다. 다만, 조세의 이중과세를 방지하기 위하여 체결한 조약(이하 "조세조약"이라 한다)에 따라 상호합의절차가 진행 중인 경우에는 「국제조세조정에 관한 법률」 제25조에서 정하는 바에 따른다. <개정 2014.1.1>

1. 납세자가 사기나 그 밖의 부정한 행위로 지방세를 포탈하거나 환급 또는 경감받은 경우에는 10년

1의2. 상속을 원인으로 취득하는 경우에는 10년

2. 납세자가 법정신고기한까지 소득세, 법인세 또는 지방소비세의 과세표준신고서를 제출하지 아니하여 해당 지방소득세 또는 지방소비세를 부과할 수 없는 경우에는 7년
3. 그 밖의 경우에는 5년

② 다음 각 호의 경우에는 제1항에도 불구하고 제1호에 따른 결정 또는 판결이 확정되거나 제2호에 따른 상호합의가 종결된 날부터 1년, 제3호에 따른 경정청구일부터 2개월이 지나기 전까지는 해당 결정·판결, 상호합의 또는 경정청구에 따라 경정결정이나 그 밖에 필요한 처분을 할 수 있다. <개정 2013.1.1>

1. 제8장에 따른 이의신청·심사청구·심판청구, 「감사원법」에 따른 심사청구 또는 「행정소송법」에 따른 소송에 대한 결정 또는 판결이 있는 경우
2. 조세조약에 적합하지 아니하는 과세의 원인이 되는 조치가 있는 경우에 그 조치가 있음을 안 날부터 3년 이내(조세조약에서 따로 규정하는 경우에는 그에 따른다)에 그 조세조약에 따른 상호합의의 신청이 있는 것으로서 그에 대한 상호합의가 있는 경우
3. 제51조제2항에 따른 경정청구가 있는 경우

③ 제2항제1호의 결정 또는 판결에서 명의대여 사실이 확인된 경우에는 제1항에도 불구하고 그 결정 또는 판결이 확정된 날부터 1년 이내에 명의대여자에 대한 부과처분을 취소하고 실제로 사업을 경영한 자에게 경정결정이나

그 밖에 필요한 처분을 할 수 있다.

④ 제1항 각 호에 따른 지방세를 부과할 수 있는 날은 대통령령으로 정한다.

⑤ 제1항제1호에 따른 "**사기나 그 밖의 부정한 행위**"란 다음 각 호의 어느 하나에 해당하는 행위로서 지방세의 부과와 징수를 불가능하게 하거나 현저히 곤란하게 하는 적극적 행위를 말한다(이 조, 제53조의2, 제53조의3 및 제129조에서 같다). <신설 2013.1.1>

1. 이중장부의 작성 등 장부의 거짓 기장
2. 거짓 증빙 또는 거짓 문서의 작성 또는 수취
3. 장부 또는 기록의 파기
4. 재산의 은닉, 소득·수익·행위·거래의 조작 또는 은폐
5. 고의적으로 장부를 작성하지 아니하거나 비치하지 아니하는 행위
6. 그 밖에 위계에 의한 행위

→ 따라서 단순히 세법상의 신고를 하지 않거나 허위의 신고를 함에 그치는 것은 해당하지 않는다.(97도2429)

지방세기본법 제39조(지방세징수권의 소멸시효) ① 지방자치단체의 징수금의 징수를 목적으로 하는 지방자치단체의 권리(이하 이 절에서 "지방세징수권"이라 한다)는 그 권리를 행사할 수 있는 때부터 5년간 행사하지 아니하면 시효로 인하여 소멸한다. 이 경우 그 권리를 행사할 수 있는 때는 대통령령으로 정한다.

② 지방세징수권의 시효에 관하여는 이 법 또는 지방세관계법에 규정되어 있는 것을 제외하고는 「민법」을 따른다.

지방세기본법시행령 제18조(제척기간의 기산일) ① 법 제38조제1항 각 호 외의 부분 본문에 따른 지방세를 부과할 수 있는 날은 다음 각 호에 해당하는 날로 한다.

1. 법 또는 지방세관계법에서 신고납부하도록 규정된 지방세의 경우에는 해당 지방세에 대한 신고기한의 다음 날. 이 경우 예정신고기한, 중간예납기한 및 수정신고기한은 신고기한에 포함되지 아니한다.
2. 제1호에 따른 지방세 외의 지방세의 경우에는 해당 지방세의 납세의무성립일

② 다음 각 호에 해당하는 날은 제1항에도 불구하고 지방세를 부과할 수 있는 날로 한다.

1. 특별징수의무자 또는 「소득세법」 제149조에 따른 납세조합(이하 "납세조합"이라 한다)에 대하여 부과하는 지방세의 경우에는 해당 특별징수세액 또는 납세조합징수세액의 납부기한의 다음 날
2. 신고납부기한 또는 제1호에 따른 법정 납부기한이 연장되는 경우에는 그 연장된 기한의 다음 날
3. 비과세 또는 감면받은 세액 등에 대한 추징사유가 발생하여 추징하는 경우에는 비과세 또는 감면받은 세액 등을 징수할 수 있는 사유가 발생한 날

지방세기본법시행령 제19조(소멸시효의 기산일) 법 제39조제1항 후단에서 "그 권리를 행사할 수 있는 때"란 납세고지에 의한 납부기한(납부기한이 연장된 경우에는 그 연장된 기한을 말한다)의 다음 날을 말한다. 다만, 특별징수의무자 또는 납세조합으로부터 징수하는 지방세의 경우에는 해당 특별징수세액 또는 납세조합징수세액의 납부기한(납부기한이 연장된 경우에는 그 연장된 기한을 말한다)의 다음 날을 말한다.

지방세기본법 제40조(시효의 중단과 정지) ① 지방세징수권의 시효는 다음 각 호의 사유로 인하여 중단된다.

1. 납세고지
2. 독촉 또는 납부최고
3. 교부청구
4. 압류

② 제1항에 따라 중단된 시효는 다음 각 호의 기간이 지난 때부터 새로 진행한다.

1. 고지한 납부기간
2. 독촉 또는 납부최고에 따른 납부기간
3. 교부청구 중의 기간
4. 압류해제까지의 기간

③ 제39조에 따른 소멸시효는 다음 각 호의 어느 하나에 해당하는 기간에는 진행되지 아니한다.

1. 분납기간
2. 징수유예기간
3. 연부연납기간
4. 체납처분유예기간
5. 지방자치단체의 장이 제97조에 따른 사해행위취소의 소송을 제기하여 그 소송이 진행 중인 기간
6. 지방자치단체의 장이 「민법」 제404조에 따른 채권자대위 소송을 제기하여 그 소송이 진행 중인 기간

④ 제3항에 따른 사해행위취소의 소송 또는 채권자대위 소송의 제기로 인한 시효정지는 소송이 각하·기각 또는 취하된 경우에는 효력이 없다.

15) 미납지방세 등의 열람신청

지방세기본법 제64조(미납지방세 등의 열람) ① 「주택임대차보호법」 제2조에 따른 주거용 건물 또는 「상가건물 임대차보호법」 제2조에 따른 상가건물을 임차하여 사용하려는 자는 그 건물에 대한 임대차계약을 하기 전에 임대인의

동의를 받아 임대인이 납부하지 아니한 지방세의 열람을 임차할 건물 소재지의 지방자치단체의 장에게 신청할 수 있다. 이 경우 지방자치단체의 장은 열람신청에 응하여야 한다.

지방세기본법시행령 제47조(미납지방세 등의 열람신청) ① 법 제64조에 따라 미납지방세 등의 열람을 신청하는 자는 다음 각 호의 사항을 적은 신청서에 임대인의 동의를 증명할 수 있는 서류와 임차하는 자의 신분을 증명할 수 있는 서류를 첨부하여 지방자치단체의 장에게 제출하여야 한다.
1. 열람을 신청하는 자의 주소 또는 영업소 및 성명
2. 임대인의 주소 또는 영업소 및 성명
3. 임차하려는 건물에 관한 사항

16) 납세증명서의 제출

지방세기본법 제63조(납세증명서의 제출 및 발급) ① 납세자(미과세된 자를 포함한다. 이하 이 조에서 같다)는 다음 각 호의 어느 하나에 해당하는 경우에는 대통령령으로 정하는 바에 따라 납세증명서를 제출하여야 한다. 다만, 제4호에 따라 납세증명서를 제출할 때에는 이전하는 부동산의 소유자에게 부과된 해당 부동산에 대한 취득세, 재산세, 지방교육세 및 지역자원시설세의 납세증명서로 한정한다. <개정 2014.1.1>
1. 국가·지방자치단체 또는 대통령령으로 정하는 정부관리기관으로부터 대금을 받을 때
2. 지방세를 납부할 의무가 있는 외국인이 출국할 때
3. 내국인이 외국으로 이주하거나 1년을 초과하여 외국에 체류할 목적으로 외교부장관에게 거주목적의 여권을 신청할 때
4. 「신탁법」에 따른 신탁을 원인으로 부동산의 소유권을 수탁자에게 이전하기 위하여 등기관서의 장에게 등기를 신청할 때

② 납세자로부터 납세증명서의 발급신청을 받으면 세무공무원은 그 사실을 확인하여 즉시 발급하여야 한다

지방세기본법시행령 제42조(납세증명서의 유효기간) ① 법 제63조에 따른 납세증명서의 유효기간은 발급일부터 30일간으로 한다. 다만, 발급일 현재 해당 신청인에게 고지된 지방세가 있거나 발급일부터 30일 이내에 법정 납부기한의 말일이 도래하는 지방세(신고납부하거나 특별징수하여 납부하는 지방세를 제외한다)가 있는 때에는 그 유효기간을 납부기한까지로 할 수 있다.

3. 등록면허세

일반적인 소유권 취득을 원인으로 이루어지는 등기 또는 등록은 제외하되, 광업권 및 어업권의 취득에 따른 등록을 포함한 재산권과 그 밖의 권리의 설정·변경 또는 소멸에 관한 사항을 공부에 등기하거나 등록하는 경우에 그 등기 또는 등록을 받는 자가 납부하는 세금이다.

※ 취득을 수반하지 않거나 취득세를 납부하지 않는 소유권보존·이전등기는 등록면허세에 존치되었다. 건축중인 미등기 건축물의 채권보전 목적의 대위보존등기, 토지개발사업에 따른 지적공부의 정리로 등기기록을 새로 개설하는 소유권보존등기(부동산등기규칙 제85조, 등기예규 제1328호, 부동산등기법 유석주 1125쪽), 부동산등기법 제65조에 따른 판결·수용에 따른 보존등기(보존등기신청적격자가 대장에 미등록된 경우를 말한다). 과세 제척기간이나 소멸시효가 지나 취득세 납세의무가 없는 미등기 상속재산에 대한 보존·이전등기(피상속인이 대장에 등록된 경우는 판결을 받을 필요가 없이 상속인 앞으로 직접 소유권보존등기를 신청하면 되고, 그 경우에는 상속으로 인한 취득이므로 과세 제척기간이나 소멸시효가 지나지 않았다면 상속 취득세로 납부하여야 한다)

1) 납세의무자

당해 등기나 등록의 권리자(형식주의, 명의만 보고 판단)로서 사실상 그 등기·등록행위만 있으면 납세의무가 성립하고 그 등기·등록행위가 원인무효로 취소된다 하여도 이미 성립한 납세의무에는 영향이 없다.(지방세법기본통칙 23-2)(*) 채권자가 등기권리자인 채무자를 대위하여 등기하는 경우에도 채무자가 납세의무자이다.(지방세법기본통칙 23-2) 채권자는 등기시 사실상 등록세를 부담하여야 하지만 채무자에게 구상할 수 있다. 신탁법상의 신탁등기의 납세의무자도 수탁자이다.

토지의 지목변경등기는 부동산등기로서 가타등기에 해당하고 납세의무자는 지목변경 당시의 등기부상 소유자이다. 근저당권, 지상권, 지역권, 전세권, 임차권 등의 설정 및 이전에 관한 등기는 권리자가 납세의무자가 된다. 경매의 경우 근저당권이나 가압류 등의 말소등기의 납세의무자는 매수인이다.

(*) 등기 또는 등록명의자와 실질적인 권리귀속 주체가 다르다거나 일단 공부에 등재되었던 등기 또는 등록이 뒤에 원인무효로 말소되었다 하더라도 그 등기 또는 등록에 따른 등록면허세 부과처분의 효력에 아무런 영향이 없는 것이나 가압

류기입 등기를 완료 후, 법원이 가압류기입 등기촉탁 각하결정을 하면서 착오발견을 이유로 가압류등기를 직권으로 말소한 경우라면 등기의 실행이라는 사실 자체가 존재하지 않은 것으로 보아야 한다. 따라서 그에 따른 등록면허세 납세의무 또한 성립되지 않은 것이므로 기 납부한 등록면허세는 환급되어야 한다.(세제과-8901, 2015.06.18.)

2) 납세의무의 성립일

등록면허세는 행위세이므로 등기·등록하는 때(등기접수일)가 납세의무 성립일자이지만 수수료적 성격을 지니므로 신고·납부는 그 전까지 하여야 한다.

3) 과세표준

취득세의 경우와 같다. 부동산·선박·항공기·자동차 및 기계장비에 관한 등록면허세의 과세표준은 등기·등록 당시의 가액. 등기·등록자의 신고에 의하며, 신고가 없거나 신고가액이 시가표준액에 미달하는 경우에는 시가표준액에 따른다. 등록면허세 신고서상의 금액과 공부상의 금액이 다를 경우에는 공부상의 금액을 과세표준으로 한다. 취득세에서 사실상의 취득가격을 적용하는 5가지 경우엔 등록면허세도 동일하게 사실상 취득가격을 적용한다.

4) 비과세

지방세법 제26조(비과세) ① 국가, 지방자치단체, 지방자치단체조합, 외국정부 및 주한국제기구가 자기를 위하여 받는 등록 또는 면허에 대하여는 등록면허세를 부과하지 아니한다. 다만, 대한민국 정부기관의 등록 또는 면허에 대하여 과세하는 외국정부의 등록 또는 면허의 경우에는 등록면허세를 부과한다.

② 다음 각 호의 어느 하나에 해당하는 등기·등록 또는 면허에 대하여는 등록면허세를 부과하지 아니한다. <개정 2015.12.29.>

1. 회사의 정리 또는 특별청산에 관하여 법원의 촉탁으로 인한 등기 또는 등록. 다만, 법인의 자본금 또는 출자금의 납입, 증자 및 출자전환에 따른 등기 또는 등록은 제외한다.
2. 행정구역의 변경, 주민등록번호의 변경(*), 지적(地籍) 소관청의 지번 변경, 계량단위의 변경, 등기 또는 등록 담당 공무원의 착오 및 이와 유사한 사유로 인한 등기 또는 등록으로서 주소, 성명, 주민등록번호, 지번, 계량단위 등의 단순한 표시변경·회복 또는 경정 등기 또는 등록

3. 그 밖에 지목이 묘지인 토지 등 대통령령으로 정하는 등록
4. 면허의 단순한 표시변경 등 등록면허세의 과세가 적합하지 아니한 것으로서 대통령령으로 정하는 면허

(*) 2015년 1월 22일부터 재외국민 주민등록제의 시행으로 재외국민이 차량등록원부상 종전 국내거소신고번호를 주민등록번호로 변경·등록하는 경우 개정전 국내거소신고번호를 주민등록번호로 대신하였으며, 재외국민의 국내생활에서의 불편함 해소를 위해 관계법령이 개정 되는 외부적 요인에 의하였음을 종합해 볼 때 「지방세법」 제26조 제2항 제2호 규정에 해당하는 것으로 보아 등록면허세를 비과세 하는 것이 타당하다.(지방세운영과-1248)

지방세법시행령 제40조(비과세) ① 법 제26조제2항제3호에서 "지목이 묘지인 토지 등 대통령령으로 정하는 등록"이란 무덤과 이에 접속된 부속시설물의 부지로 사용되는 토지로서 지적공부상 지목이 묘지인 토지에 관한 등기(*)를 말한다.

② 법 제26조제2항제4호에서 "대통령령으로 정하는 면허"란 다음 각 호의 어느 하나에 해당하는 면허를 말한다. <개정 2016.1.6.>

1. 변경하는 내용이 다음 각 목의 경우에 해당하지 아니하는 변경면허
   가. 면허를 받은 자가 변경되는 경우(사업주체의 변경 없이 단순히 대표자의 명의를 변경하는 경우는 제외한다)
   나. 해당 면허에 대한 제39조에 따른 면허의 종별 구분이 상위의 종으로 변경되는 경우다. 법 제35조제2항에 따라 면허가 갱신되는 것으로 보는 경우
2. 「의료법」 및 「수의사법」에 따라 의료업 및 동물진료업을 개설한 자의 다음 각 목의 어느 하나에 해당하는 면허
   가. 「농어촌 등 보건의료를 위한 특별조치법」에 따라 종사명령을 이행하기 위하여 휴업하는 기간 중의 해당 면허와 종사명령기간 중에 개설하는 병원·의원(조산원을 포함한다)의 면허
   나. 「수의사법」에 따라 공수의로 위촉된 수의사의 동물진료업의 면허
3. 「총포·도검·화약류 등의 안전관리에 관한 법률」 제47조제2항에 따라 총포 또는 총포의 부품이 보관된 경우 그 총포의 소지 면허. 다만, 같은 과세기간 중에 반환받은 기간이 있는 경우는 제외한다.
4. 매년 1월 1일 현재 「부가가치세법」에 따른 폐업신고를 하고 폐업 중인 해당 업종의 면허
5. 매년 1월 1일 현재 1년 이상 사실상 휴업 중인 사실이 증명되는 해당 업종의 면허
6. 마을주민의 복지증진 등을 도모하기 위하여 마을주민만으로 구성된 조직의 주민공동체 재산 운영을 위하여 필요한 면허

(*) 취득세 속에 포함된 (구)등록세가 아닌 지목을 묘지로 변경하는 경우를 말한다.

5) 세율

지방세법 제28조(세율) ① 등록면허세는 등록에 대하여 제27조의 과세표준에 다음 각 호에서 정하는 세율을 적용하여 계산한 금액을 그 세액으로 한다. 다만, 제1호부터 제5호까지 및 제5호의2의 규정에 따라 산출한 세액이 해당 각 호의 그 밖의 등기 또는 등록 세율보다 적을 때에는 그 밖의 등기 또는 등록 세율을 적용한다. <개정 2015.12.29.>

1. 부동산 등기
  가. 소유권의 보존 등기: 부동산 가액의 1천분의 8
  나. 소유권의 이전 등기
    1) 유상으로 인한 소유권 이전 등기: 부동산 가액의 1천분의 20
    2) 무상으로 인한 소유권 이전 등기: 부동산 가액의 1천분의 15. 다만, 상속으로 인한 소유권 이전 등기의 경우에는 부동산 가액의 1천분의 8로 한다.
  다. 소유권 외의 물권과 임차권의 설정 및 이전
    1) 지상권: 부동산 가액의 1천분의 2. 다만, 구분지상권의 경우에는 해당 토지의 지하 또는 지상 공간의 사용에 따른 건축물의 이용저해율(利用沮害率), 지하 부분의 이용저해율 및 그 밖의 이용저해율 등을 고려하여 행정자치부장관이 정하는 기준에 따라 시장·군수가 산정한 해당 토지 가액의 1천분의 2로 한다.
    2) 저당권(지상권·전세권을 목적으로 등기하는 경우를 포함한다): 채권금액의 1천분의 2
    3) 지역권: 요역지(要役地) 가액의 1천분의 2
    4) 전세권: 전세금액의 1천분의 2
    5) 임차권: 월 임대차금액의 1천분의 2.
  라. 경매신청·가압류·가처분 및 가등기
    1) 경매신청: 채권금액의 1천분의 2
    2) 가압류(부동산에 관한 권리를 목적으로 등기하는 경우를 포함한다): 채권금액의 1천분의 2
    3) 가처분(부동산에 관한 권리를 목적으로 등기하는 경우를 포함한다): 채권금액의 1천분의 2
    4) 가등기(부동산에 관한 권리를 목적으로 등기하는 경우를 포함한다): 부동산 가액 또는 채권금액의 1천분의 2
  마. 그 밖의 등기: 건당 6천원
2. 선박 등기 또는 등록(「선박법」 제1조의2제2항에 따른 소형선박을 포함한다)
  가. 소유권의 등기 또는 등록: 선박 가액의 1천분의 0.2

나. 저당권 설정 등기 또는 등록, 저당권 이전 등기 또는 등록: 채권금액의 1천분의 2
다. 그 밖의 등기 또는 등록: 건당 1만5천원
3. 차량의 등록
가. 소유권의 등록
1) 비영업용 승용자동차: 1천분의 50. 다만, 경자동차의 경우에는 1천분의 20으로 한다.
2) 그 밖의 차량
가) 비영업용: 1천분의 30. 다만, 경자동차의 경우에는 1천분의 20으로 한다.
나) 영업용: 1천분의 20
나. 저당권 설정 등록 또는 이전 등록: 채권금액의 1천분의 2
다. 제7조제10항에 따른 취득대금을 지급한 자 또는 운수업체의 등록
1) 운수업체의 명의를 다른 운수업체의 명의로 변경하는 경우: 건당 1만5천원
2) 운수업체의 명의를 취득대금을 지급한 자의 명의로 변경하는 경우: 건당 1만5천원
3) 취득대금을 지급한 자의 명의를 운수업체의 명의로 변경하는 경우: 건당 1만5천원
라. 그 밖의 등록: 건당 1만5천원
4. 기계장비 등록
가. 소유권의 등록: 1천분의 10
나. 저당권 설정 등록 또는 이전 등록: 채권금액의 1천분의 2
다. 제7조제10항에 따른 취득대금을 지급한 자 또는 기계장비대여업체의 등록
1) 기계장비대여업체의 명의를 다른 기계장비대여업체의 명의로 변경하는 경우: 건당 1만원
2) 기계장비대여업체의 명의를 취득대금을 지급한 자의 명의로 변경하는 경우: 건당 1만원
3) 취득대금을 지급한 자의 명의를 기계장비대여업체의 명의로 변경하는 경우: 건당 1만원
라. 그 밖의 등록: 건당 1만원
5. 공장재단 및 광업재단 등기
가. 저당권 설정 등기 또는 이전 등기: 채권금액의 1천분의 1
나. 그 밖의 등기 또는 등록: 건당 9천원
5의2. 동산담보권 및 채권담보권 등기 또는 지식재산권담보권 등록
가. 담보권 설정 등기 또는 등록, 담보권 이전 등기 또는 등록: 채권금액의 1천분의 1
나. 그 밖의 등기 또는 등록: 건당 9천원
6. 법인 등기
가. 상사회사, 그 밖의 영리법인의 설립 또는 합병으로 인한 존속법인
1) 설립과 납입: 납입한 주식금액이나 출자금액 또는 현금 외의 출자가액의

1천분의 4(세액이 11만2천5백원 미만인 때에는 11만2천5백원으로 한다. 이하 이 목부터 다목까지에서 같다)

2) 자본증가 또는 출자증가: 납입한 금액 또는 현금 외의 출자가액의 1천분의 4

나. 비영리법인의 설립 또는 합병으로 인한 존속법인

1) 설립과 납입: 납입한 출자총액 또는 재산가액의 1천분의 2

2) 출자총액 또는 재산총액의 증가: 납입한 출자 또는 재산가액의 1천분의 2

다. 자산재평가적립금에 의한 자본 또는 출자금액의 증가 및 출자총액 또는 자산총액의 증가(「자산재평가법」에 따른 자본전입의 경우는 제외한다): 증가한 금액의 1천분의 1

라. 본점 또는 주사무소의 이전: 건당 11만2천5백원

마. 지점 또는 분사무소의 설치: 건당 4만2백원

바. 그 밖의 등기: 건당 4만2백원

7. 상호 등 등기

가. 상호의 설정 또는 취득: 건당 7만8천7백원

나. 지배인의 선임 또는 대리권의 소멸: 건당 1만2천원

다. 선박관리인의 선임 또는 대리권의 소멸: 건당 1만2천원

8. 광업권 등록

가. 광업권 설정(광업권의 존속기간 만료 전에 존속기간을 연장한 경우를 포함한다): 건당 13만5천원

나. 광업권의 변경

1) 증구(增區) 또는 증감구(增減區): 건당 6만6천5백원

2) 감구(減區): 건당 1만5천원

다. 광업권의 이전

1) 상속: 건당 2만6천2백원

2) 그 밖의 원인으로 인한 이전: 건당 9만원

라. 그 밖의 등록: 건당 1만2천원

8의2. 조광권 등록

가. 조광권 설정(조광권의 존속기간 만료 전에 존속기간을 연장한 경우를 포함한다): 건당 13만5천원

나. 조광권의 이전

1) 상속: 건당 2만6천2백원

2) 그 밖의 원인으로 하는 이전: 건당 9만원

다. 그 밖의 등록: 건당 1만2천원

9. 어업권 등록

가. 어업권의 이전

1) 상속: 건당 6천원

2) 그 밖의 원인으로 인한 이전: 건당 4만2백원

나. 어업권 지분의 이전

1) 상속: 건당 3천원
2) 그 밖의 원인으로 인한 이전: 건당 2만1천원
다. 어업권 설정을 제외한 그 밖의 등록: 건당 9천원
10. 저작권, 배타적발행권(「저작권법」 제88조 및 제96조에 따라 준용되는 경우를 포함한다), 출판권, 저작인접권, 컴퓨터프로그램 저작권 또는 데이터베이스 제작자의 권리(이하 이 호에서 "저작권등"이라 한다) 등록
가. 저작권등의 상속: 건당 6천원
나. 「저작권법」 제54조(제90조 및 제98조에 따라 준용되는 경우를 포함한다)에 따른 등록 중 상속 외의 등록(프로그램, 배타적발행권, 출판권 등록은 제외한다): 건당 4만2백원
다. 「저작권법」 제54조(제90조 및 제98조에 따라 준용되는 경우를 포함한다)에 따른 프로그램, 배타적발행권, 출판권 등록 중 상속 외의 등록: 건당 2만원
라. 그 밖의 등록: 건당 3천원
11. 특허권·실용신안권 또는 디자인권(이하 이 호에서 "특허권등"이라 한다) 등록
가. 상속으로 인한 특허권등의 이전: 건당 1만2천원
나. 그 밖의 원인으로 인한 특허권등의 이전: 건당 1만8천원
12. 상표 또는 서비스표 등록
가. 「상표법」 제41조 및 제43조에 따른 상표 또는 서비스표의 설정 및 존속기간 갱신: 건당 7천6백원
나. 상표 또는 서비스표의 이전(「상표법」 제86조의30제2항에 따른 국제등록기초상표권의 이전은 제외한다)
1) 상속: 건당 1만2천원
2) 그 밖의 원인으로 인한 이전: 건당 1만8천원
13. 항공기의 등록
가. 최대이륙중량 5천700킬로그램 이상의 등록: 그 가액의 1천분의 0.1
나. 가목 이외의 등록: 그 가액의 1천분의 0.2
14. 제1호부터 제7호까지의 등기 외의 등기: 건당 1만2천원

※ 피합병 법인명의로 된 근저당권자를 합병법인 명의로 근저당권자 변경(이전)등기하는 경우는 「지방세법」 제28조 제1항 제1호 나목의 세율이 적용된다.
※ 주택건설사업자가 주택건설용 토지에 대한 소유권이전등기를 필한 후 이를 다시 주택건설사업자가 자기명의로 주택 동호별로 지분등기를 경료하는 경우에는 「지방세법」 제28조 제1항 제1호 마목의 규정에 의한 세율이 적용된다.

지방세법시행령 제41조(정의) 이 절에서 사용하는 용어의 뜻은 다음과 같다.
3. "한 건"이란 등기 또는 등록대상 건수마다를 말한다. 「부동산등기법」 등 관계 법령에 따라 여러 개의 등기·등록대상을 한꺼번에 신청하여 등기·등록하

는 경우에도 또한 같다.

※ 동일 세율이 적용되는 경우로서 법인등기부의 표시변경등기에 있어 이사의 변경(선임 및 해임)과 목적사업의 변경등기를 동시에 할 경우에는 이를 1건으로 본다.
※ 저당권 말소등기시 동일한 채권액에 대해 수개의 필지가 근저당설정 되어 있을 경우는 매 필지별로 과세하여야 한다.

지방세법시행령 제43조(법인등기에 대한 세율) ① 법 제28조제1항제6호나목1)2)외의 부분에 따른 비영리법인은 다음 각 호의 어느 하나에 해당하는 법인으로 한다. <신설 2015.7.24.>

1. 「민법」 제32조에 따라 설립된 법인
2. 「사립학교법」 제2조제2항에 따른 학교법인
3. 그 밖의 특별법에 따라 설립된 법인으로서 「민법」 제32조에 규정된 목적과 유사한 목적을 가진 법인[주주·사원·조합원 또는 출자자에게 이익을 배당할 수 있는 법인은 제외한다]

② 법인이 본점이나 주사무소를 이전하는 경우 구 소재지에는 법 제28조제1항제6호바목에 따라, 신 소재지에는 같은 호 라목에 따라 각각 법 제3장제2절의 등록에 대한 등록면허세(이하 이 절에서 "등록면허세"라 한다)를 납부하여야 한다. <개정 2015.7.24.>

③ 법인이 지점이나 분사무소를 설치하는 경우 본점 또는 주사무소 소재지에는 법 제28조제1항제6호바목에 따라, 지점 또는 분사무소의 소재지에는 같은 호 마목에 따라 각각 등록면허세를 납부하여야 한다. <개정 2015.7.24.>

④ 법 제28조제1항제6호바목에 해당하는 등기로서 같은 사항을 본점과 지점 또는 주사무소와 분사무소에서 등기하여야 하는 경우에는 각각 한 건으로 본다. <개정 2015.7.24.>

⑤ 「상법」 제606조에 따라 주식회사에서 유한회사로 조직변경의 등기를 하는 경우 또는 같은 법 제607조제5항에 따라 유한회사에서 주식회사로 조직변경의 등기를 하는 경우에는 법 제28조제1항제6호바목에 따른 등록면허세를 납부하여야 한다. <신설 2015.7.24.>

부동산 등기 등록면허세율

<table>
<tr><th colspan="2">등기·등록 구분</th><th>과세 표준</th><th>2010년 이전</th><th colspan="2">2011년 이후</th></tr>
<tr><td colspan="2">소유권보존</td><td>부동산 가액</td><td>8/1000</td><td>8/1000</td><td>취득세 납세의무는 없는 경우만 해당.</td></tr>
<tr><td colspan="2" rowspan="2">소유권이전</td><td rowspan="2">부동산 가액</td><td>유상 20/1000</td><td>유상 20/1000</td><td>취득세 납세의무는 없는 경우만 해당.</td></tr>
<tr><td>무상 15/1000</td><td>무상 15/1000</td><td>상속은 8/1000, 취득세 납세의무는 없는 경우만 해당.</td></tr>
<tr><td rowspan="5">소유권 외의 물권과 임차권의 설정 및 이전</td><td>지상권</td><td>부동산 가액</td><td>2/1000</td><td>2/1000</td><td>구분지상권의 과세표준=개별공시지가×해당 지표면적×구분지상권의 입체이용저해율</td></tr>
<tr><td>(근) 저당권</td><td>채권금액, 채권 최고액</td><td>2/1000</td><td>2/1000</td><td>증액변경등기시 증액금 기준, 담보물추가의 변경등기는 3000원. 전세권부 저당권설정의 경우에도 채권금액의 2/1,000
• 공장재단, 광업재단에 관한 저당권등기는 1/1000</td></tr>
<tr><td>지역권</td><td>요역지 가액</td><td>2/1000</td><td>2/1000</td><td></td></tr>
<tr><td>전세권</td><td>전세금액</td><td>2/1000</td><td>2/1000</td><td>전세금증액에 따른 변경등기는 증액금 기준</td></tr>
<tr><td>임차권</td><td>월차임 금액</td><td>2/1000</td><td>2/1000</td><td>기간만료시(임차권등기명령에 의한 등기)나 월차임 없이 보증금만 있을 경우 6,000원</td></tr>
<tr><td>경매 신청</td><td></td><td>채권금액 (신청서상)</td><td>2/1000</td><td>2/1000</td><td>이자도 함께 기재한 경우에는 등기접수일까지의 이자를 포함한 금액.(2003두12097)
법정상속등기 경료 후 상속재산의 분할을 위한 경매 신청을 하는 경우나 공유물분할을 위한 경매신청으로서 경매신청에 따른 채권금액이 없는 경우에는 채권의 목적이 된 부동산의 등기 당시의 부동산 가액을 기준.(세제과-원클릭, 2013.12.10.)
유치권에 의한 경매의 경우에는 그 밖의 등기로서 6,000원.</td></tr>
<tr><td>가압류</td><td></td><td>채권금액</td><td>2/1000</td><td>2/1000</td><td>가압류신청서상의 청구금액을 과세표준으로 하여 등록면허세를 신고납부 하였으나 법원의 가압류결정으로 가압류신청서상의 청구금액보다 적은 금액이 채권가액으로 등기되었다면 당초 신고납부한 금액과</td></tr>
</table>

					의 차액은 환급하여야 할 것이다.(지방세운영과-2811, 2012.09.06.)
가처분		**채권금액**	2/1000	2/1000	채권금액이 없는 경우에는 가처분 목적물의 금액.(사해행위취소를 위한 보전조치로 부동산에 처분금지 가처분등기를 촉탁신청하는 경우 당해 **부동산(지분) 가액**의 2/1,000) 수 개의 부동산에 대하여 1건으로 일괄 경매·가압류·가처분 신청시 신청서 1건을 기준으로 그 청구금액.
가등기 (*)		부동산 가액	2/1000	2/1000	청구권보전가등기 : 부동산가액과 매매예약금액 중 큰 것 기준, 담보가등기는 저당권에 준하여 채권금액 기준
기타 등기			3000원	6000원 → 현행 12,000원	근저당권에 대한 **가압류(압류)**나 가처분등기.**(**)** 근저당권 채무자변경등기, 말소등기, 지목변경등기, 건물구조변경등기, 금지사항 부기등기. 매매계약의 합의해제 후 매도인 명의의 원상회복의 이전등기, 저당권부채권에 대한 질권의 설정등기, 전세권부근저당권설정등기, 주식회사를 유한회사로 조직변경하면서 변경 전 주식회사 소유의 부동산을 변경 후 유한회사 명의로 소유권이전등기. 주택건설사업자가 주택건설용 부지에 대한 이전등기를 마친 후 다시 자기명의로 주택 동호별로 지분등기를 하는 경우. 신탁가등기, 입목에관한법률상 소유권보존등기, 항공기 임차권등록

(*) 신탁재산의 소유권이전에 대한 가등기는 신탁재산에 대한 소유권이전등기와 달리 비과세규정이 없으므로 2/1000의 세율이 적용되지만, 신탁가등기에 대하여는 기타 등기의 정액세(6000원)이 적용된다.(지방세운영과-3118, 2015.10.05.)

(**) 체납처분에 따른 압류·압류해제 등기는 국가·지자체의 등기이므로 비과세된다.(지세법제26조①) → 압류채권자가 추심명령을 받은 때에는 직접 자기의 이름으로 저당권을 실행하기 때문에 저당권에 대한 압류등기를 거쳐 등기부 갑구에 경매개시결정등기기가 기입될 것이고 등록면허세도 그와 같이 적용된다. 근저당권부 채권에 대하여 압류 및 전부명령을 받은 경우에는 근저당권이 압류채권자에게 이전되므로 실무상 근저당권 이전의 부기등기를 거쳐 근저당권 실행의 절차로 나아가게 되므로 근저당권이전 및 경매개시결정등기의 등록면

허세가 적용된다. 소유권이전등기에 대한 가압류(압류)는 현행법상 이를 등기기록에 공시하는 방법이 없으므로 등록면허세 문제는 발생할 여지가 없겠다.

각종 법인등기

등기·등록 구분		과세표준	2011년 이후	2014년 이후	중과세율
① 영리법인 설립·합병	설립과 불입 (신설합병)	납입 주식금액, 출자가액	4/1000	4/1000	12/1,000
	자본·출자증가 (흡수합병)	자본·출자증가액	4/1000	4/1000	12/1,000
② 비영리법인 설립·합병	설립과 불입	납입 재산가액, 출자가액(⁑)	2/1000	2/1000	6/1,000
	자본·출자증가	납입액, 출자가액	2/1000	2/1000	6/1,000
③재평가적립금(*)	자본·출자증가	증가금액	1/1000	1/1000	3/1,000
④ 본점·주사무소 이전		타관이전	신: 75,000원 구: 23,000원	신: 112,500원 구: 40,200원	12/1,000 (⁂)
		관내이전	75,000원	112,500원	
⑤ 지점·분사무소 설치		본점 이외 설치	본점:23,000원, 지점별로: 23,000원	본점:40,200원 지점별로: 40,200원	120,600원
		본점 관내	지점수 불문: 23,000원	지점수 불문 : 40,200원	
⑥ 기타 등기			23,000원	40,200원	중과세 제외

(*) 자산재평가법상 자산재평가일부터 3년 이내 자본전입하는 경우에는 비과세.

(⁑) 납입재산이 있으면 그 재산가액의 2/1000(6/1000), 납입재산이 없으면 112,500원(337,500원)

(⁂) 대도시 외 → 대도시 내로의 본점이전은 설립에 준한다.

※ ①~③의 경우, 산출세액이 112,500원 미만인 때에는 112,500원(최저세액) 부과하고 중과세대상인 경우에는 3배인 337,500원으로 한다.

※ 대법원 2012.02.09 선고 2010두6731 판결 【등록세등부과처분취소】

【판시사항】

주식회사의 조직변경에 따른 유한회사 설립등기가 구 지방세법 제137조 제1항

제1호 제1목 적용대상인지 여부(소극)

【판결요지】

법인에 관한 어떠한 등기가 구 지방세법(2010. 3. 31. 법률 제10221호로 전부 개정되기 전의 것, 이하 같다) 제137조 제1항 어느 호에 해당하는지는 실질과세의 원칙에 의하여 그 명칭이나 형식과 관계없이 실질 내용에 따라 판단하여야 한다. 상법상 주식회사의 유한회사로의 조직변경은 주식회사가 법인격의 동일성을 유지하면서 조직을 변경하여 유한회사로 되는 것이다. 그럼에도 주식회사의 해산등기와 유한회사의 설립등기를 하는 것은 유한회사의 등기기록을 새로 개설하는 방편일 뿐이고, 주식회사가 해산하고 유한회사가 설립되기 때문이 아니다. 또한 이러한 조직변경이 있더라도 구 지방세법 제137조 제1항 제1호 제1목에서 등록세의 과세표준으로 삼고 있는 신규출자가 이루어지지 아니한다. 이러한 점들을 종합하여 볼 때, 주식회사의 조직변경에 따른 유한회사의 설립등기는 구 지방세법 제137조 제1항 제1호 제1목의 적용대상이라고 할 수 없다.

※ 「상법」 상 주식회사의 유한회사로의 조직변경은 주식회사가 법인격의 동일성을 유지하면서 유한회사로 되는 것이고, 신규출자가 이루어지지 아니하는 점을 고려할 때 설립등기(자본금의 1,000분의 4)에 대한 등록면허세 적용대상으로 볼 수는 없다 하겠으므로 기타등기에 해당하는 등록세율(23,000원→현행 40,200원)을 적용하는 것이 타당함.(조심 2012지0684, 조심 2013지0757)
→ 개정 지세령제43조⑤에 반영

※ '납입한 주식금액이나 출자금액 또는 현금 이외의 출자금액'이라 함은 법인장부상의 금액으로 하지 아니하고 법인등기시의 법인등기부상 자본금란의 금액으로 한다.

※ 상호·목적·임원 등기 등 각종 변경등기신청을 하나의 등기부에 동시 신청하는 경우에도 변경사항 별로 각각의 등록면허세를 합산하여 납부한다. 다만, 동일한 변경사항 수개를 동일 등기부에 동시에 신청하는 경우에는 1건의 등록면허세만 납부한다.

정액분 등록면허세 과세대상별 세액

등록대상	세수추계		
	종전	개정(구간별 인상)	
		세액	비고
· 어업권 지분이전(상속)	1,500	**3,000**	**100% 인상**
· 저작권, 배타적발행권 등(기타 등록)			
· 부동산(정율 외 기타 등기)	3,000	**6,000**	
· 부동산(정율세 최저세액)			
· 어업권(상속)			
· 저작권, 배타적발행권 등(상속)			
· 상표, 서비스표 설정 및 존속기간 갱신	3,800	**7,600**	
· 공장재단, 광업재단(정율세 외 기타 등기등록)	4,500	**9,000**	
· 동산담보권, 채권담보권(설정 이외 기타 등록)			
· 어업권(설정 외 기타 등록)			
· 건설기계(정율 외 기타 등록)	5,000	**10,000**	
· 상호 등(지배인 선임, 대리권 소멸)	6,000	**12,000**	
· 상호 등(선박관리인 선임,대리권 소멸)			
· 광업권(기타 이전)			
· 조광권(기타 등록)			
· 특허권, 실용신안권, 디자인권(상속 이전)			
· 상표, 서비스표(상속 이전)			
· 기타 등기(제28조제1항제1호부터 7호 외의 등기)			
· 선박(정율 외 기타 등기)	7,500	**15,000**	
· 자동차(정율 외 기타 등록)			
· 광업권 변경(감구)			
· 특허권, 실용신안권, 디자인권(기타 이전)	9,000	**18,000**	
· 상표, 서비스표(기타 이전)			
· 저작권, 배타적발행권 등(상속 외 등록)	11,500	**20,000**	**75% 인상**
· 어업권(상속 외 지분 이전)	12,000	**21,000**	
· 광업권(이전 상속)	15,000	**26,200**	
· 조광권(이전 상속)			
· 법인(지점 또는 분사무소 설치)	23,000	**40,200**	
· 법인(기타 등기)			
· 어업권(상속 외 이전)			
· 저작권, 배타적발행권 등(저작권법 제54조 등록 중 상속 외)			
· 광업권(증구 또는 증감구)	38,000	**66,500**	
· 상호 등(설정 또는 취득)	45,000	**78,700**	
· 광업권(상속 외 이전)	60,000	**90,000**	**50% 인상**
· 조광권(기타 이전)			
· 법인(본점 또는 주사무소 이전, 설립과 납입)	75,000	**112,500**	
· 법인(정율세 최저세액)			
· 광업권 설정	90,000	**135,000**	
· 조광권 설정			

6) 법인등기와 중과세

지방세법 제28조 ② 다음 각 호의 어느 하나에 해당하는 등기를 할 때에는 그 세율을 제1항제1호 및 제6호(*)에 규정한 해당 세율(제1항제1호가목부터 라목까지의 세율을 적용하여 산정된 세액이 6천원 미만일 때에는 6천원을, 제1항제6호가목부터 다목까지의 세율을 적용하여 산정된 세액이 11만2천500원 미만일 때에는 11만2천500원으로 한다(**))의 100분의 300으로 한다. 다만, 「수도권정비계획법」 제6조에 따른 과밀억제권역(「산업집적활성화 및 공장설립에 관한 법률」을 적용받는 산업단지는 제외한다. 이하 이 조에서 "대도시"라 한다)에 설치가 불가피하다고 인정되는 업종으로서 대통령령으로 정하는 업종(이하 이 조에서 "대도시 중과 제외 업종"이라 한다)에 대해서는 그러하지 아니하다. <개정 **2015.7.24**>

1. 대도시에서 법인을 설립(설립 후 또는 휴면법인을 인수한 후 5년 이내에 자본 또는 출자액을 증가하는 경우를 포함한다)하거나 지점이나 분사무소를 설치함에 따른 등기
2. 대도시 밖에 있는 법인의 본점이나 주사무소를 대도시로 전입(전입 후 5년 이내에 자본 또는 출자액이 증가하는 경우를 포함한다)함에 따른 등기. 이 경우 전입은 법인의 설립으로 보아 세율을 적용한다.

③ 제2항 각 호 외의 부분 단서에도 불구하고 대도시 중과 제외 업종으로 법인등기를 한 법인이 정당한 사유 없이 그 등기일부터 2년 이내에 대도시 중과 제외 업종 외의 업종으로 변경하거나 대도시 중과 제외 업종 외의 업종을 추가하는 경우 그 해당 부분에 대하여는 제2항 본문을 적용한다.

④ 제2항은 제1항제6호 바목의 경우에는 적용하지 아니한다. → 법인등기 중 본점이전, 지점설치를 제외한 정액세가 적용되는 그 밖의 등기

(*) 따라서 법인등기는 물론이고, 소유권 취득과 관련 없는 지상권·저당권·지역권·전세권·임차권·경매신청·가압류·가처분·가등기 등기와 같은 부동산 등기라도 법인의 설립·지점설치·본점전입에 따라 경료되는 경우에는 등록면허세의 중과세 대상이다.

(**) 중과세의 경우에도 최저한세액의 3배 적용 : 부동산등기 6천원, 법인등기 11만2천5백원

지방세법시행령 제45조(대도시 법인 중과세의 범위와 적용기준) ① 법 제28조제2항제1호에 따른 법인의 등기로서 관계 법령의 개정으로 인하여 면허나 등록의 최저기준을 충족시키기 위한 자본 또는 출자액을 증가하는 경우에는 그 최저기준을 충족시키기 위한 증가액은 중과세 대상으로 보지 아니한다.

② 법 제28조제2항을 적용할 때 분할등기일 현재 5년 이상 계속하여 사업을 경영한 대도시 내의 내국법인이 법인의 분할(「법인세법 시행령」 제82조의2

제2항제1호부터 제3호까지의 요건을 갖춘 경우로 한정한다)로 인하여 법인을 설립하는 경우에는 중과세 대상으로 보지 아니한다.

③ 법 제28조제2항을 적용할 때 대도시에서 설립 후 5년이 경과한 법인(이하 이 항에서 "기존법인"이라 한다)이 다른 기존법인과 합병하는 경우에는 중과세 대상으로 보지 아니하며, 기존법인이 대도시에서 설립 후 5년이 경과되지 아니한 법인과 합병하여 기존법인 외의 법인이 합병 후 존속하는 법인이 되거나 새로운 법인을 신설하는 경우에는 합병 당시 기존법인에 대한 자산비율에 해당하는 부분을 중과세 대상으로 보지 아니한다. 이 경우 자산비율은 자산을 평가하는 때에는 평가액을 기준으로 계산한 비율로 하고, 자산을 평가하지 아니하는 때에는 합병 당시의 장부가액을 기준으로 계산한 비율로 한다.

④ 법 제28조제2항제2호를 적용할 때 대도시로의 전입 범위에 관하여는 제27조제3항을 준용한다.

⑤ 법 제28조제2항을 적용할 때 법인이 다음 각 호의 어느 하나에 해당하는 경우로서 법 제28조제2항 각 호의 등기에 대한 등록면허세의 과세표준이 구분되지 아니한 경우 해당 법인에 대한 등록면허세는 직전 사업연도(직전 사업연도의 매출액이 없는 경우에는 해당 사업연도, 해당 사업연도에도 매출액이 없는 경우에는 그 다음 사업연도)의 총 매출액에서 제26조제1항 각 호에 따른 업종(이하 이 항에서 "대도시 중과 제외 업종"이라 한다)과 그 외의 업종(이하 이 항에서 "대도시 중과 대상 업종"이라 한다)의 매출액이 차지하는 비율을 다음 계산식에 따라 가목 및 나목과 같이 산출한 후 그에 따라 안분하여 과세한다. 다만, 그 다음 사업연도에도 매출액이 없는 경우에는 유형고정자산가액의 비율에 따른다.

1. 대도시 중과 제외 업종과 대도시 중과 대상 업종을 겸업하는 경우
2. 대도시 중과 제외 업종을 대도시 중과 대상 업종으로 변경하는 경우
3. 대도시 중과 제외 업종에 대도시 중과 대상 업종을 추가하는 경우

지방세법시행령 제44조(대도시 법인 중과세의 예외) 법 제28조제2항 각 호 외의 부분 단서에서 "대통령령으로 정하는 업종"이란 제26조제1항 각 호의 어느 하나에 해당하는 업종을 말한다.

과밀억제권역내 법인등기 중과세율

구 분		세 율	참 고
설립등기	영리법인	12/1,000	출자금액(자본금)
	비영리법인	6/1,000	출자총액 또는 재산가액
증자변경등기	영리법인	12/1,000	**증자금액** 기준
	비영리법인	6/1,000	
본점이전등기	대도시 외→대도시 내 대도시→서울	12/1,000	이전 당시 **자본금 기준**
	대도시→대도시 대도시→대도시 외 대도시 외→대도시 외	112,500 (신본점) 40,200 (구본점)	구본점은 중과세 제외(지세법제28조④)
지점설치등기		69,000원	**+ 본점등록세 23,000원**
휴면법인 인수 후	지점설치등기	69,000원	과점주주 비율 불문
	5년내 증자변경등기	12/1,000	과점주주의 점유율만큼만 중과세(증자액×12/1,000×과점비율), 나머지는 일반과세[증자액×4/1,000×(1-과점비율)](**지세령§27②**)

법인만 해당하고 과밀억제권역 중 산업단지를 제외한 지역이 중과세 지역이다. ① 대도시 내에서 법인을 설립하거나 법인설립 후또는 휴면법인 인수 후 5년 이내에 자본 또는 출자액을 증가하는 경우, 지점이나 분사무소를 설치함에 따른 등기, ② 대도시 외의 법인이 본점이나 주사무소를 대도시로 전입하거나 전입 후 5년 이내에 자본 또는 출자액을 증가함에 따른 법인등기가 해당된다. 대도시 전입 경로의 범위는 취득세의 경우와 같다.

가. 설립등기(합병 후 존속하는 법인의 등기 포함)

나. 증자등기

설립(휴면법인 인수) 후 5년 이내 법인의 대하여 증가액에 한하여 중과세한다. 전입등기일도 설립등기일에 준하므로 전입등기일 5년 이내의 자본금증가도 포함한다. 휴면법인 인수시점은 당해 법인의 주식을 취득함으로써 과점주주가 되는 때를 말하므로 당초 휴면법인의 형식적 인수 당시에는 과점주주가 아니었으나 나중에 과점주주가 된 경우에는 그 때를 인수시점으로 보고 5년을 기산해야 할 것이다.

[문서번호] 조심 2009지0721

[제목]대도시외의 법인을 흡수합병하면서 자본금 증가에 대한 등기를 하는 경우 등록세 중과세 대상에 해당되는지 여부(취소)

[요약] 대도시내에서 설립한지 5년 미만의 법인이 같은 대도시 지역내에 소재한 부동산을 취득하여 등기하거나 대도시 외의 법인이 대도시내로의 본점 또는 주사무소의 전입 등기와 전입 후 5년 이내에 자본 또는 출자액을 증가하는 등기에 대하여 등록세를 중과세하는 것이나, 대도시내에서 설립한 지 5년 미만의 법인이라 하더라도 대도시지역이 아닌 대도시 외 지역의 부동산을 취득하여 등기하는 경우에는 상기 규정에 의한 등록세 중과세 대상이 되지 아니하는 것이므로 대도시내 본점이 소재한 법인으로서 대도시외 지역을 본점 소재지로 하여 설립된 피합병법인을 흡수합병한 것일 뿐 이를 대도시내로 전입하게 하였다 볼 수 없으며, 설립한 지 5년 이상을 경과한 법인이 합병에 의해 자본증가 등기한 경우인바, 중과세한 등록세를 부과했던 처분은 취소되는 것이 타당하다.

[문서번호] 조심2008지0329

[요지]지방세법 제138조 제1항 제1호에서 대도시 안에서의 법인의 설립(설립후 5년 이내에 자본 또는 출자액을 증가하는 경우를 포함한다)등기에 대하여 등록세를 중과세한다고 규정하고 있고, 이 건 조직변경 등기의 경우 2007.8.21. 회사형태를 주식회사에서 유한회사로 변경하면서 법인설립등기의 형식을 갖추었으나, 이 건 조직변경등기는 변경전 법인의 본점, 목적사업, 임원 및 자본금 등의 변경 없이 단순히 회사의 형태만을 주식회사에서 유한회사로 변경한 것에 불과한 것으로 보여지는바, 청구인의 법인설립은 청구외 종전법인을 회사계속등기 한 2003. 12. 26.에 이루어졌다고 보아야 하므로 이로부터 5년 이내에 자본금을 증가한 2003. 12. 31.의 증자등기와 2004. 1. 28.의 증자등기에 대한 등록세 등은 중과세 대상이라 하겠으나, 이 건 조직변경 등기에 따른 법인설립은 지방세법 제138조 제1항 제1호에서 등록세 중과세 대상으로 규정하고 있는 대도시내에서의 법인의 설립에 해당되지 아니한다 할 것임에도 처분청에서 이 건 조직변경등기가 청구인의 실질적 법인설립일인 회사계속등기일로부터 5년 이내에 이루어졌다 하여 청구인의 총자본금 10,650,000,000원에 대하여 등록세 등을 중과세한 것은 잘못이 있는 것으로 판단된다.

다. 본점이전등기

본점 이전이란 사실상의 이전을 말하나 전입일 후 5년 이내 증자등기의 경우 기산일은 전입등기일이라고 해야 할 것이다 왜냐하면 취득세와 달리 등록면허세는 등기하여야 납세의무가 발생하기 때문이다. 따라서 사실상 이전의 개념은 오로지 법인의 부동산 취득에 대한 중과세 규정에 적용된다.

라. 지점설치등기

지점소재지에서 하는 지점설치등기는 중과세하지만 본점 소재지에서 하는 등기는 그 밖의 등기에 해당하므로 중과세 대상이 아니다. 설립 또는 전입 후 5년 기간 경과 여부에 관계 없이 중과세한다.

마. 중과세 제외

취득세의 경우와 같다.

바. 세율

등록면허세를 3배 중과세한다. 중과세 업종과 중과세 제외 업종을 겸업하고 있는 경우에는 직전 사업연도의 총매출액(없으면 해당 사업연도의 총매출액, 그것도 없으면 다음 사업연도의 총매출액, 그것도 없다면 유형 고정자산가액)의 비율별로 안분하여 산출한다.

사. 사후 추징

중과 제외 업종으로 법인등기를 한 법인이 정당한 사유 없이 등기일부터 2년 이내에 중과 제외 업종이 아닌 업종으로 변경하거나 중과 제외 업종이 아닌 업종을 추가한 경우에는 해당 부분에 대하여 중과세로 추징한다.

7) 납세지 및 납부절차

등기권리자는 등기·등록일 현재 과세물건 소재지 등을 관할하는 시·군·구에 등기·등록 전에 신고·납부한다.(지세법제25조①, 지세령제49조①) 신고·납부의무 해태와 관련한 가산세·가산금에 관한 내용은 취득세와 같다.

동일채권에 대한 담보물을 추가하는 경우에는 매 담보물건별로 과세하여야 한다.(지방세법기본통칙 25-1)

지방세법 제25조(납세지) ① 등기 또는 등록에 대한 등록면허세의 납세지는 다음 각 호에서 정하는 바에 따른다. <개정 2015.12.29.>
1. 부동산 등기: 부동산 소재지
2. 선박 등기 또는 등록: 선적항 소재지
3. 자동차 등록: 「자동차관리법」에 따른 등록지. 다만, 등록지가 사용본거지와 다른 경우에는 사용본거지를 납세지로 한다.
4. 건설기계 등록: 「건설기계관리법」에 따른 등록지

5. 항공기 등록: 정치장 소재지
6. 법인 등기: 등기에 관련되는 본점·지점 또는 주사무소·분사무소 등의 소재지
7. 상호 등기: 영업소 소재지
8. 광업권 및 조광권 등록: 광구 소재지
9. 어업권 등록: 어장 소재지
10. 저작권, 출판권, 저작인접권, 컴퓨터프로그램 저작권, 데이터베이스 제작자의 권리 등록: 저작권자, 출판권자, 저작인접권자, 컴퓨터프로그램 저작권자, 데이터베이스 제작권자 주소지
11. 특허권, 실용신안권, 디자인권 등록: 등록권자 주소지
12. 상표, 서비스표 등록: 주사무소 소재지
13. 영업의 허가 등록: 영업소 소재지
14. 지식재산권담보권 등록: 지식재산권자 주소지
15. 그 밖의 등록: 등록관청 소재지
16. 같은 등록에 관계되는 재산이 둘 이상의 지방자치단체에 걸쳐(*) 있어 등록면허세를 지방자치단체별로 부과할 수 없을 때에는 등록관청 소재지를 납세지로 한다.
17. 같은 채권의 담보를 위하여 설정하는 둘 이상의 저당권을 등록하는 경우에는 이를 하나의 등록으로 보아 그 등록에 관계되는 재산을 처음 등록하는 등록관청 소재지를 납세지로 한다.
18. 제1호부터 제14호까지의 납세지가 분명하지 아니한 경우에는 등록관청 소재지를 납세지로 한다.

② 면허에 대한 등록면허세의 납세지는 다음 각 호에서 정하는 바에 따른다. <개정 2015.12.29.>

1. 해당 면허에 대한 영업장 또는 사무소가 있는 면허: 영업장 또는 사무소 소재지
2. 해당 면허에 대한 별도의 영업장 또는 사무소가 없는 면허: 면허를 받은 자의 주소지
3. 제1호 및 제2호에 따른 납세지가 분명하지 아니하거나 납세지가 국내에 없는 경우에는 면허부여기관 소재지를 납세지로 한다.

(*) 같은 채권의 담보를 위하여 등기소 및 집행법원이 상이한 부동산 2필지에 대하여 공동담보로 하는 근저당권 설정등기를 각 경료한 후, 후일 채권을 변제 받기 위하여 위 부동산에 대하여 부동산 경매신청시 납세지(서울특별시 본청, 세제과-10128호)

- 귀 질의와 같이 채권의 담보를 위하여 설정하는 둘 이상의 저당권을 등록하는 경우(공동담보)에는 지방세법 제25조 제1항 제17호에서 이를 하나의 등록으로 보아 그 등록에 관계되는 재산을 처음 등록하는 등록관청 소재지를 등록면허세의 납세지로 하도록 별도 규정하고 있으나,

- 집행법원이 등록관청이 되는 부동산 경매신청은 지방세법상 별도의 규정이 없어 같은 법 제25조 제1항 제1호 및 제16호 규정에 따라 부동산 소재지를 등록면허세의 납세지로 하되, 같은 등록에 관계되는 재산이 둘 이상의 지방자치단체에 걸쳐 있어 등록면허세를 지방자치단체별로 부과할 수 없을 때에는 등록관청 소재지를 납세지로 보아야 할 것으로서,

- 질의 내용과 같이 대상 부동산이 여러 곳에 존재하는 경우, 각각의 집행법원별로 경매신청서상의 채권금액을 과세표준으로 하여 1천분의2에 해당하는 등록면허세액을 납세지를 관할하는 지방자치단체의 장에게 신고하고 납부하여야 할 것이며, 이 때의 납세지는 각각의 집행법원별 경매신청 대상 부동산의 소재지로 하되 대상 부동산이 둘 이상의 지방자치단체에 걸쳐 있는 경우에는 해당 집행법원의 소재지를 납세지로 하여야 할 것입니다.

대법원 2000. 8. 22. 선고 98두17685 판결 [등록세등부과처분취소]

【판시사항】

[1] 등기신청서의 접수일까지 등록세를 신고납부하지 않더라도 허용된 보정기간 내에 등록세를 신고납부하여 흠결을 보정한 경우, 구 지방세법 제151조 소정의 가산세 적용대상에서 제외되는지 여부(소극)

[2] 가산세의 법적 성질 및 부과요건

[3] 납세자가 등기신청서 접수일까지 등록세 등을 신고납부하지 못한 데에 가산세를 부과할 수 없는 정당한 사유가 있다고 한 사례

【판결요지】

[1] 등기 또는 등록을 하고자 하는 사람이 등기 또는 등록의 신청서를 등기소 또는 등록의 신청서를 등기소 또는 등록관청에 접수하는 날까지 등록세를 신고납부하지 아니할 경우에는 특별한 사정이 없는 한 구 지방세법(1998. 12. 31. 법률 제5615호로 개정되기 전의 것) 제151조에서 정한 가산세의 적용대상이 되고, 등기공무원이 등기신청서의 접수일 다음날까지 등록세 등의 보정을 허용한다고 하여 달리 볼 수 없다.

[2] 세법상 가산세는 납세자가 정당한 이유 없이 법에 규정된 신고, 납세 등 각종 의무를 위반한 경우에 법이 정하는 바에 따라 부과되는 행정상 제재로서, 그 의무의 이행을 납세의무자에게 기대하는 것이 무리인 사정이 있을 때 등 그 의무해태를 탓할 수 없는 정당한 이유가 있는 경우에는 이를 과할 수 없다.

[3] 납세자가 법무사에게 등기업무를 위임하면서 그가 계산한 등록세와 교육세 상당액을 수표로 교부함에 따라 법무사 사무실 직원이 이를 가지고 관할 과세관청에 등록세 등의 세액신고를 하였는데 담당공무원이 수기로 등록세납부서를 발급하면서 임의로 신고세액보다 많은 금액을 기재하는 바람에 등록세 등을 납부하지 못하였으나 법무사는 등록세 등이 납부되었을 것으로 생각하고 같은 날 등기소에 등기신청서를 접수하였다가 이를 알고 다음날 등

록세 등을 납부하여 등기신청의 흠결을 보정한 경우, 납세자가 등기신청서 접수일까지 등록세 등을 신고납부하지 못한 데에는 그 의무해태를 탓할 수 없는 정당한 사유가 있으므로 가산세를 부과할 수 없다고 한 사례.

4. 지방세 비과세·감면제도

1) 지방세법상 비과세제도

세목	내 용	대상세목 및 비과세율(%)	관련 조문 (조·항·호)
취득세	(1) 국가·지방자치단체 등(외국정부 포함)의 취득 ※국가 또는 지방자치단체로 의제되는 법인은 제외	취득세(100)	법§9①
	(2) 국가 등에 대한 귀속 또는 기부채납 부동산과 사회기반시설의 취득 ※ 1. 국가 등에 귀속 등의 조건을 이행하지 아니하고 타인에게 매각·증여하거나 귀속 등을 이행하지 아니하는 것으로 조건이 변경된 경우, 2. 국가 등에 귀속 등의 반대급부로 국가 등이 소유하고 있는 부동산 및 사회기반시설을 무상으로 양여받거나 기부채납 대상물의 무상사용권을 제공받는 경우에는 취득세를 부과한다(동법제9조② 1,2호). ※사회기반시설이란 도로, 철도, 철도시설, 항만, 공항, 다목적댐, 중수도, 하수도, 하수처리·분뇨처리시설, 전기통신시설, 가스공급시설, 집단에너지시설, 물류터미널, 여객자동차터미널, 노외주차장, 도시공원, 생활체육시설, 청소년수련시설, 도서관, 박물관, 미술관, 국제회의시설, 초고속정보통신망, 공공건설임대주택, 어린이집, 노인주거복지시설, 공공보건의료기관, 자연휴양림, 수목원, 장애인복지시설, 산업집적기반시설을 말한다. ※피상속인이 사망 전에 기부채납 의사표시가 없었던 토지를 피상속인 사망이후 배우자가 상속받아 기부채납을 조건으로 상속등기를 한다면 비과세 대상이 아니다.(서울특별시청 세제과 2747)	취득세(100)	법§9② 사회기반시설에 대한 민간투자법 §2 1호

<table>
<tr><td rowspan="4"></td><td>(3) <u>신탁으로 인한 신탁재산 취득('신탁법'에 따른 신탁등기 병행시)</u>(*)
※명의신탁 해지는 제외.
※<u>주택조합 등(주택법상 주택조합과 도정법상 재건축조합)과 조합원 간의 부동산 취득 및 주택조합 등의 비조합원용 부동산 취득은 제외</u>
※담보, 관리, 개발, 처분신탁 등 신탁의 종류 불문
※위탁자⇨수탁자, 수탁자⇨위탁자, 수탁자⇨신수탁자(재신탁) 이전시 모두 비과세</td><td>취득세(100)</td><td>법§9③</td></tr>
<tr><td>(4) 징발재산정리에 관한 특별조치법 등에 따른 동원대상지역 내의 토지의 수용·사용에 관한 <u>환매권의 행사</u>로 매수하는 부동산</td><td>취득세(100)</td><td>법§9④</td></tr>
<tr><td>(5) <u>임시흥행장 등 임시건축물의 취득</u>
※사치성 재산은 제외
※<u>존속기간이 1년을 초과하지 않아야</u> - '존속기간 1년 초과' 판단의 기산점은 「건축법」 제20조 규정에 의하여 시장·군수에게 신고한 가설건축물 축조신고서상 존치기간의 시기(그 이전에 사실상 사용한 경우에는 그 사실상 사용일)가 되고, 신고가 없는 경우에는 사실상 사용일
※존속기간 연장신고를 하는 경우에는 그 다음날부터 60일 이내에 취득세 신고납부하여야</td><td>취득세(100)</td><td>법§9⑤</td></tr>
<tr><td>(6) <u>공동주택</u>의 <u>개수</u>로 인한 취득(건축법상 대수선은 제외) ※시가표준액 9억원 이하 공동주택</td><td>취득세(100)</td><td>법§9⑥</td></tr>
<tr><td rowspan="2">등록면허세</td><td>(7) 국가, 지방자치단체 등의 등록·면허
※<u>자기를 위하여 하는 등기, 등록</u>에 한함.
※지방세의 체납으로 인하여 압류의 등기 또는 등록을 한 재산에 대하여 압류해제의 등기 또는 등록 등을 할 경우에는 등록면허세가 비과세
※국가와 지방자치단체가 공익사업을 위한 토지 등의 취득 및 보상에 관한 법률에 따라 공공사업(도로신설 및 도로확장 등)에 필요한 토지를 수용하여 공공용지에 편입하기 위해 행하는 분필등기, 공유물분할등기는 국가와 지방자치단체가 자기를 위하여 하는 등기에 해당하므로 등록면허세가 비과세</td><td>등록면허세(100)</td><td>법§26①</td></tr>
<tr><td>(8) 회사의 정리 등 법원 촉탁 등록</td><td>등록면허세(100)</td><td>법§26②1호</td></tr>
</table>

	(9) 행정구역의 변경 등 등록	등록면허세(100)	법§26②2호
	(10) 지목이 묘지인 토지 등	등록면허세(100)	법§26②3호
	(11) 면허의 단순한 표시변경 등	등록면허세(100)	법§26②4호
	(12) 폐업·휴업 중인 면허 ※매년 1월 1일 현재 폐업·휴업신고가 되어 있어야.		
지방소득세	국가, 지방자치단체 등	지방소득세 종업원분(100)	법§88 1호
	주한외국정부기관 등	지방소득세 종업원분(100)	법§88 2호
	해당 사업소 종업원수 50명 이하	지방소득세 종업원분(100)	법§101
재산세	국가, 지방자치단체 등 소유 재산	재산세(100)	법§109①
	외국정부 및 주한국제기구 소유 재산	재산세(100)	법§109①
	국가, 지방자치단체 등이 1년 이상 공용 또는 공공용으로 사용하는 재산	재산세(100)	법§109②
	도로·하천·제방·구거 등	재산세(100)	법§109③-1
	산림보호구역 등 토지	재산세(100)	법§109③-2
	임시사용 건축물로 1년 미만의 것	재산세(100)	법§109③-3
	비상재해구조용, 무료도선용 등 선박	재산세(100)	법§109③-4
	철거명령 받은 건축물	재산세(100)	법§109③-5

(*) ① '위탁자로부터 수탁자에게 이전하는 경우의 재산권 취득의 등기'를 들고 있는바, 이 규정의 해석상으로는 위탁자로부터 수탁자에게 재산권이 이전됨으로써 재산권 취득이 일어나는 경우의 등기 또는 등록만이 등록세 비과세대상이라 할 것이고, 토지의 수탁자가 신탁계약에 따라 그 토지상에 건물을 신축한 다음 자신의 명의로 소유권보존등기를 하면서 신탁등기를 병행한 데 지나지 않는 경우에는 그 등기가 위 규정 소정의 등록세 비과세대상에 해당한다고 할 수 없다.… 신탁법상의 신탁계약에 의하여 수탁자인 부동산신탁회사 명의로

등기가 경료된 경우에 그 등기가 구 지방세법 제138조 제1항 제3호 소정의 중과세 대상에 해당하는지 여부를 판단함에 있어서는 수탁자를 기준으로 하여야 할 것(대법원 2001두2720)

② 신탁업을 주업으로 하는 비상장법인이 타인으로부터 토지를 신탁받아 신탁등기를 한 후, 신탁법인이 신탁법인 명의로 건축허가를 받아 위탁된 토지 위에 건축물을 신축하고 신탁법인 명의로 소유권보존등기를 하여 일부는 분양하고 나머지 일부는 신탁법인이 보유하던 중, 다른 법인이 신탁법인의 과점주주가 된 경우 과점주주가 된 법인은 구 「지방세법」(2011. 1. 1. 법률 제10416호로 개정되기 전의 것을 말함) 제105조제6항에 따라 신탁받은 토지 및 보존등기한 건축물을 취득한 것으로 되는바, 이 건 토지와 관련하여 신탁법인이 당초 위탁자로부터 토지를 신탁재산의 취득으로서 이전받을 때에는 구 「지방세법」 제110조 제1호 가목에 따른 형식적인 소유권의 이전에 해당하여 취득세가 과세되지 아니하고, 이러한 신탁상태는 신탁법인의 과점주주가 이른바 간주취득을 하는 때에도 여전히 동일하므로, 과점주주가 이른바 간주취득 규정에 의하여 재산을 취득한 것으로 보더라도 여전히 신탁되어 있는 재산에 대하여는 실질적으로 그 재산을 직접 소유하는 것으로 볼 수 없어 이 경우 토지에 대하여는 같은 법 제110조 제1호 가목에 따른 취득세 비과세 규정이 적용되어 취득세 비과세 대상에 해당하고, 건축물에 대하여는 같은 법 제110조 제1호 가목에 따른 취득세 비과세 규정이 적용되지 아니하여 취득세 과세 대상에 해당합니다.(법제처해석 11-0244, 2011.06.23.)

③ 지목변경에 의한 취득의 경우에는 신탁등기가 병행되는 신탁재산의 취득이라고 보기 어려울 뿐만 아니라 위탁자로부터 수탁자에게 이전되는 취득이라고 할 수도 없어 비과세대상이 되는 취득에 해당되지 않는다. 따라서, 위탁자가 부동산신탁계약에 따라 수탁자에게 토지의 소유권을 이전한 후 그 수탁된 토지 위에 건물을 신축하여 수탁된 토지의 지목이 변경된 경우에는 수탁자에게 지목변경에 따른 취득세를 부과해야 한다.(법제처해석 08-0419, 2009.02.18.)

지방세기본법 제63조(납세증명서의 제출 및 발급) ① 납세자(미과세된 자를 포함한다. 이하 이 조에서 같다)는 다음 각 호의 어느 하나에 해당하는 경우에는 대통령령으로 정하는 바에 따라 납세증명서를 제출하여야 한다. 다만, 제4호에 따라 납세증명서를 제출할 때에는 이전하는 부동산의 소유자에게 부과된 해당 부동산에 대한 취득세, 재산세, 지방교육세 및 지역자원시설세의 납세증명서로 한정한다. <개정 2014.1.1>

1. 국가·지방자치단체 또는 대통령령으로 정하는 정부관리기관으로부터 대금을 받을 때
2. 지방세를 납부할 의무가 있는 외국인이 출국할 때
3. 내국인이 외국으로 이주하거나 1년을 초과하여 외국에 체류할 목적으로 외교부장관에게 거주목적의 여권을 신청할 때

4. 「신탁법」에 따른 신탁을 원인으로 부동산의 소유권을 수탁자에게 이전하기 위하여 등기관서의 장에게 등기를 신청할 때

→ 신탁재산에 대해서는 체납처분이 곤란하므로 지방세납세증명서 제출 의무화

→ 신탁등기되는 당해 재산에 대해서만 취득세·재산세·지역자원시설세·지방교육세 체납이 없으면 발급 가능.

(1)-1. 주한미군에 납품할 목적으로 제조사로부터 차량을 매입하는 경우 납품업자는 당해 차량의 실수요자가 아니므로 차량구입에 따른 취득세 납세의무는 없음.(구 행정자치부 지방세정팀-4364, 2007.10.23.)

(1)-2.지방세법 제126조제1항의 규정에 의하여 국가가 자기를 위하여 하는 등기에 대하여는 등록세를 비과세하나, 국가가 등기권리자인 상속인 앞으로 상속으로 인한 소유권이전등기를 대위 신청하는 경우에는 등기권리자인 상속인이 등록세의 납세의무자가 되는 것이므로 비과세되지 아니함.(구 행정자치부 지방세정팀-380)

(2)-1. 기부채납은 기부자가 그의 소유재산을 국가나 지방자치단체의 공유재산으로 증여하는 의사표시를 하고 국가나 지방자치단체는 이를 승낙하는 의사표시를 함으로써 성립하는 증여계약(대법원 2006.1.26.선고, 2005두14998 판결)이고, 구체적으로 공공시설용지로 편입될 토지에 관하여 기부채납을 하도록 승인조건을 부과한 때에 비로소 기부채납에 대한 의사의 합치가 있었던 것(대법원 2005.5.12.선고, 2330다43346판결, 행심2006-0418, 행심2007-784 등 다수)으로 볼 수 있다고 할 것이므로, 도정법 제65조 제2항에서 무상귀속을 강제하고 있다고 할지라도 취득당시에 기부채납 조건을 약정하지 아니한 귀문 공원의 경우 기부채납을 조건으로 취득한 부동산으로 보기는 어렵다고 판단됨.(행정안전부 지방세운영과-1015)

(2)-2. 청구인이 2009. 4. 16. 이 사건 토지를 취득할 당시 처분청이 청구 외 주식회사 △△△△△△에게 이 사건 도시환경정비사업 시행인가(2007. 12. 20.)를 하면서 이 사건 정비기반시설 부지를 처분청에 무상귀속 시키는 조건을 부여하고 이를 대외적으로 고시함으로써 무상귀속 대상 토지로 확정되어 있었을 뿐만 아니라 처분청을 가등기권자로 무상양여에 의한 소유권이전청구권 가등기를 설정한 상태에 있었던 점, 청구인이 이 사건 도시환경정비 사업을 시행하기 위해서는 이 사건 정비기반시설 부지를 처분청에 무상귀속 시켜야 한다는 사실을 인지하고 있었고 이를 수인한 상태에서 이 사건 도시환경정비 사업을 시행할 목적으로 이 사건 토지를 취득한 점, 청

구인이 이 사건 토지를 취득하기 전에 이미 무상귀속되는 정비기반시설부지의 지번·면적이 관보에 고시되어 구체적으로 확정되어 있었고 사업시행변경인가시 그 지번·면적에 변동이 없었던 점, 「도시 및 주거환경정비법」 제10조에 따르면 종전 사업시행자의 권리·의무는 새로운 사업시행자가 이를 승계한다고 되어 있고 청구인이 종전 사업시행자에 대한 이 사건 정비기반시설부지의 무상귀속에 관한 조건을 포함한 모든 인가사항을 그대로 승계하는 내용으로 사업시행변경인가를 받은 점을 종합해 보면 비록 청구인이 이 사건 토지를 취득하기 전이나 취득할 당시에 청구인과 처분청 사이에 이 사건 정비기반시설부지의 무상귀속 또는 기부채납에 관한 신청과 승인이 별도로 없었다 하더라도 「지방세법」 제106조 제2항 및 제126조 제2항 소정의 비과세 대상인 '국가 등에 귀속을 조건으로 취득하는 부동산'에 해당한다고 보아야 할 것임.(감사원, 2011감심188)

(2)-3. 쟁점토지를 취득할 당시에 국가에 기부채납의 대상이 되는 공공시설용지의 위치나 면적을 어느 정도 특정하여 국가에게 구체적으로 공공시설용지로 편입될 토지에 관하여 기부채납을 하도록 의사의 합치가 있은 이후에 취득하는 토지만이 기부채납을 조건으로 취득하는 부동산으로서 비과세 대상이라 할 것이므로 취득하기 전에 국가에 기부채납의 의사표시를 하여 국가로부터 승낙의 의사표시를 얻었어야 하나 청구법인은 쟁점토지 및 쟁점건축물 취득 이후에 국가로부터 기부채납의 승낙을 얻었으므로 이는 비과세 조건인 기부채납의 요건을 충족하지 못하였다 할 것임.(조세심판원 2011지0311)

(2)-4. 「주택법」 제16조 및 같은 법 시행령 제15조에 따르면, 일정 규모 이상의 주택건설사업을 시행하려는 자는 사업계획승인신청서에 주택건설사업계획서, 주택과 부대시설 및 복리시설의 배치도, 공공시설의 귀속에 관한 사항을 기재한 서류 등의 서류를 첨부하여 지방자치단체의 장에게 제출하고 그 사업계획승인을 얻어야 하므로, 그 사업계획에 대한 승인이 있는 경우에 비로소 기부채납(공공시설의 귀속)에 관한 지방자치단체의 적법·유효한 의사표시가 있다고 할 것(법제처 법령해석총괄과-703, 2009. 4. 10.)임. 따라서 기부자가 주택건설사업계획승인 전에 부동산을 취득하였다면, 그 취득이 도로개설을 조건으로 하는 건축위원회의 심의 결과 이후에 취득한 것이라고 할지라도 이는 지방자치단체의 기부채납과 관련된 적법·유효한 의사표시가 있기 전, 즉 기부채납이 성립되기 전에 취득한 부동산이라 할 것이므로, 「지방세법」 제106조제2항 및 제126조제2항의 '기부채납을 조건

으로 취득하는 부동산'에 해당하지 않는다고 판단됨.(행정안전부 지방세운영과-1976)

(2)-5. 국가·지방자치단체·지방자치단체조합(이하 '국가 등'이라 한다)에 귀속 또는 기부채납(이하 '기부채납 등'이라 한다)을 조건으로 부동산을 취득한 법인의 과점주주가 되어 그 부동산을 취득한 것으로 간주되더라도 과점주주로 된 자가 그 기부채납 등의 효력을 부인할 수 없고, 따라서 …… 국가 등에 기부채납 등을 조건으로 취득하여 취득세가 비과세된 부동산을 보유한 법인의 과점주주가 됨으로써 그 부동산을 취득한 것으로 간주되는 경우에는 그 과점주주가 기부채납 등의 효력을 부인할 수 없는 이상 그 간주취득 역시 지방세법 제106조제2항 소정의 국가 등에 기부채납 등을 조건으로 취득한 경우에 해당함.(대법원 2009두20816 판결)

(3)-1. 「지방세법」 제110조제1호에서 신탁이라도 「신탁법」에 의한 신탁등기가 병행되는 것에 한정하여 비과세를 규정하고 있는데, 이는 실질적 소유권 취득이 아닌 명백하게 형식적인 취득의 경우에만 취득세를 비과세하겠다는 입법취지라고 할 것인 점, 도시개발사업의 시행자가 관리하는 체지비대장의 등재도 체비지에 관한 소유권 등 권리관계를 알리는 공시방법에 해당하고, 체비지대장의 등재요건을 먼저 갖춘 체비지의 양수인은 다른 양수인에게 그 권리의 취득을 대항할 수 있는 점(대법원 1995.3.10.선고, 93다57964 판결 참조), 「도시개발법」제42조에 의거 환지처분공고가 있으면 그 익일에 최종적으로 체비지를 점유하거나 체비지대장에 등재된 자가 그 소유권을 원시적으로 취득하게 되는 점(대법원 2003.11.28. 선고, 2002두6361 판결 참조)에 비추어 볼 때, 등기부 등본이 존재하지 아니한 환지처분공고일 이전에 체비지대장의 역할은 등기부등본과 유사하다고 할 것인바, 체비지를 신탁하면서 신탁계약서 등을 첨부하여 체비지대장상의 명의를 변경하는 경우에 한정해 신탁등기를 병행하는 것으로 의제하여 취득세를 비과세함이 타당함.(행정안전부 지방세운영과-3082)

(3)-2. 수탁자가 신탁재산인 토지를 위탁받아 개발을 위해 신탁토지상에 건축물을 신축하여 취득이 발생한 경우 동 건축물은 지방세법 규정상 신탁재산이라고 볼 수 없는 수탁자의 새로운 취득이므로 위탁자가 비과세대상자라 하더라도 수탁자를 기준으로 판단하여 수탁자는 취·등록세 납세의무가 있는 것임.(구 행정자치부 세정과-348)

(3)-3. 조합주택용으로 토지를 취득하면서 신탁등기를 경료 하였는데 이후 위 신탁재산인 토지가 일반분양용 토지로 전환되었다고 할 것인바, 이는 조합

원들로부터 일반분양용 토지를 신탁취득한 것으로 봄이 상당하므로 구 지방세법(2007. 12. 31. 법률 제8835호로 개정되기 전의 것) 제110조제1호 가목에 따라 취득세 과세대상이 아니라고 할 것임.(수원지방법원 2007구합10410)

(3)-4. 구 지방세법(1997. 8. 30. 법률 제5406호로 개정되기 전의 것) 제110조는 취득세의 비과세 대상을 열거하면서 제1호로 "신탁(신탁법에 의한 신탁으로서 신탁등기가 병행되는 것에 한한다)으로 인한 신탁재산의 취득으로서 다음 각 목의 1에 해당하는 취득"이라고 규정한 다음, (나)목에서 "신탁의 종료 또는 해지로 인하여 수탁자로부터 위탁자에게 신탁재산을 이전하는 경우의 취득"이라고 규정하고 있고, 같은 법 제128조는 등록세의 비과세 대상으로서 제1호로 "신탁(신탁법에 의한 신탁으로서 신탁등기가 병행되는 것에 한한다)으로 인한 재산권 취득의 등기 또는 등록으로서 다음 각 목의 1에 해당하는 등기·등록"이라고 규정한 다음, (나)목에서 위탁자만이 신탁재산의 원본의 수익자가 된 신탁재산을 수탁자가 수익자에게 이전할 경우의 재산권 취득의 등기 또는 등록이라고 규정하고 있는 바, 위 각 조항에서의 신탁재산은, 신탁시에 신탁등기가 병행된 신탁재산을 말한다 할 것이므로 처음에 금전을 신탁하였다가 나중에 그 돈으로 매수한 부동산은 위 지방세법 조항에서 말하는 비과세 대상으로서의 신탁재산에 해당되지 않는다.(대법원 98두10950 판결)

(4)-1. 가설건축물에 대한 취득세 과세여부 판단은 취득시점부터 1년이 되는 시점에서 과세여부를 판단하는 것이 아니라, 존치기간을 1년을 초과하여 사용할 것을 전제로 축조신고를 하는지의 여부에 따라 판단함이 타당하다 할 것임.(행정자치부 지방세정팀-5525)

(4)-2. 임시용 건축물에 대한 "존속기간 1년 초과" 판단의 기산점은 「건축법」 제20조 규정에 의하여 시장·군수에게 신고한 가설건축물 축조신고서상 존치기간의 시기(그 이전에 사실상 사용한 경우에는 그 사실상 사용일)가 되고, 신고가 없는 경우에는 사실상 사용일이 된다.(통칙 지법9-1)

채무자 회생 및 파산에 관한 법률 제25조(등기소의 직무 및 등록세 면제)

① 등기소는 제23조 또는 제24조의 규정에 의한 등기의 촉탁을 받은 때에는 지체 없이 그 등기를 하여야 한다.

② 등기소는 회생계획인가의 등기를 하는 경우 채무자에 대하여 파산등기가 있는 때에는 직권으로 그 등기를 말소하여야 한다.

③ 등기소는 회생계획인가취소의 등기를 하는 경우 제2항의 규정에 의하여 말소

한 등기가 있는 때에는 직권으로 그 등기를 회복하여야 한다.

④ 제1항 내지 제3항의 규정에 의한 등기에 관하여는 등록세를 부과하지 아니한다.

2) 지방세법상 취득세 감경특례 - 이른바 '형식상의 취득' 등

<table>
<tr><th>세목</th><th colspan="2">내 용</th><th>감경 세율(%)</th><th>조 문</th></tr>
<tr><td rowspan="7">취득세</td><td colspan="2">(1) 환매등기를 병행하는 부동산 매매로서 매도자가 환매한 경우 매도자·매수자의 취득</td><td>4-2=2%</td><td>§15①1</td></tr>
<tr><td rowspan="2">(2) 상속으로 인한 취득 중 상속개시시에</td><td>① 1가구1주택 및 부속토지의 취득(고급주택 제외)</td><td>0.8%(*)</td><td>§15①2가</td></tr>
<tr><td>② 자경농민의 농지 취득</td><td>2.3-2=0.3×1/2(지방세특례제한법§6 감면)=0.15%</td><td>§15①2나</td></tr>
<tr><td colspan="2">(3) 합병</td><td>비농지: 4-2=2%
농지: 3-2=1%</td><td>§15①3</td></tr>
<tr><td colspan="2">(4) 공유물분할, 부동산실명법상 공유권(구분소유적 공유관계) 해소를 위한 지분이전</td><td>2.3-2=0.3%</td><td>§15①4</td></tr>
<tr><td colspan="2">(5) 건축물이전으로 인한 취득(건축물가액이 종전 가액을 초과하는 부분은 제외)</td><td>2.8-2=0.8%</td><td>§15①5</td></tr>
<tr><td colspan="2">(6) 이혼으로 인한 재산분할(협의, 재판분할 포함)</td><td>3.5-2=1.5%</td><td>§15①6</td></tr>
</table>

(*) 법 제11조제1항제8호는 유상거래 주택에 대한 것이므로 상속주택의 경우에는 개정 이후에도 상속 취득세율 2.8%에서 중과기준세율 2%를 뺀 0.8%가 일률적으로 적용된다.

지방세법 제15조(세율의 특례) ① 다음 각 호의 어느 하나에 해당하는 취득에 대한 취득세는 제11조 및 제12조에 따른 세율(*)에서 중과기준세율을 뺀 세율로 산출한 금액을 그 세액으로 하되, 제11조제1항제8호에 따른 주택의 취득에 대한 취득세는 해당 세율에 100분의 50을 곱한 세율을 적용하여 산출한 금액을 그 세액으로 한다. 다만, 취득물건이 제13조제2항에 해당하는 경우에는 이 항 각 호 외의 부분 본문의 계산방법으로 산출한 세율의 100분의 300을 적용한다. <개정 2015.12.29.>

1. 환매등기를 병행하는 부동산의 매매로서 환매기간 내에 매도자가 환매한 경

우의 그 매도자와 매수자의 취득
2. 상속으로 인한 취득 중 다음 각 목의 어느 하나에 해당하는 취득(**)
가. 대통령령으로 정하는 1가구 1주택의 취득
나. 「지방세특례제한법」 제6조제1항에 따라 취득세의 감면대상이 되는 농지의 취득
3.「법인세법」 제44조제2항 또는 제3항에 해당하는 법인의 합병(***)으로 인한 취득. 다만, 법인의 합병으로 인하여 취득한 과세물건이 합병 후에 제16조에 따른 과세물건에 해당하게 되는 경우 또는 합병등기일부터 3년 이내에 「법인세법」 제44조의3제3항 각 호의 어느 하나에 해당하는 사유가 발생하는 경우(같은 항 각 호 외의 부분 단서에 해당하는 경우는 제외한다)에는 그러하지 아니하다.
4. 공유물의 분할 또는 「부동산 실권리자명의 등기에 관한 법률」 제2조제1호 나목에서 규정하고 있는 부동산의 공유권 해소를 위한 지분이전으로 인한 취득**(****)**(등기부등본상 본인 지분을 초과하는 부분의 경우에는 제외한다)
5. 건축물의 이전**(*****)**으로 인한 취득. 다만, 이전한 건축물의 가액이 종전 건축물의 가액을 초과하는 경우에 그 초과하는 가액에 대하여는 그러하지 아니하다.
6. 「민법」 제834조, 제839조의2 및 제840조에 따른 재산분할로 인한 취득 **(******)**
7. 그 밖의 형식적인 취득 등 대통령령으로 정하는 취득

② 다음 각 호의 어느 하나에 해당하는 취득에 대한 취득세는 중과기준세율을 적용하여 계산한 금액을 그 세액으로 한다. 다만, 취득물건이 제13조제1항에 해당하는 경우에는 중과기준세율의 100분의 300을, 같은 조 제5항에 해당하는 경우에는 중과기준세율의 100분의 500을 각각 적용한다. <개정 2015.7.24.>
1. 개수로 인한 취득(제11조제3항에 해당하는 경우는 제외한다). 이 경우 과세표준은 제10조제3항에 따른다.
2. 제7조제4항에 따른 선박·차량과 기계장비 및 토지의 가액 증가. 이 경우 과세표준은 제10조제3항에 따른다.
3. 제7조제5항에 따른 과점주주의 취득. 이 경우 과세표준은 제10조제4항에 따른다.
4. 제7조제6항에 따라 외국인 소유의 취득세 과세대상 물건(차량, 기계장비, 항공기 및 선박만 해당한다)을 임차하여 수입하는 경우의 취득(연부로 취득하는 경우로 한정한다)
5. 제7조제9항에 따른 시설대여업자의 건설기계 또는 차량 취득
6. 제7조제10항에 따른 취득대금을 지급한 자의 기계장비 또는 차량 취득. 다만, 기계장비 또는 차량을 취득하면서 기계장비대여업체 또는 운수업체의 명의로 등록하는 경우로 한정한다.
7. 그 밖에 레저시설의 취득 등 대통령령으로 정하는 취득

(*) 표준세율을 말한다. 주택의 경우에도 취득세 영구 인하 규정이 아닌 본래의 표준세율을 적용하여 계산한다.

(**)① 지방세법제15조의 상속에는 상속인에 대한 유증과 사인증여도 포함한다. 고급주택은 제외한다. 1가구의 판단시점은 취득일인 상속개시일이다. 따라서 상속개시일 전에 상속인이 소유하고 있던 기존주택을 처분하면 1가구1주택에 포함될 것이다. 지방세법제15조 제1항 2호 가목의 경우는 상속인을 기준으로 1가구가 1주택만을 법정(협의분할)상속받는 경우를 의미한다. 피상속인이 1가구1주택자여야 하는 것은 아니다. 따라서 피상속인이 다주택자라 하여도 상속인들이 무주택자로서 별개의 가구를 형성하여 무주택가구별로 각 1주택을 협의분할 상속받는다면 그 한도에서는 특례가 적용되는 것이다. 다만, 상속인 1가구가 2주택 이상을 상속받는다면 그 중 1주택에 대하여는 특례가 적용되는 것이 아니고, 그 경우에는 어느 주택이나 특례가 적용되지 아니하므로 모든 주택에 대하여 취득세가 기본세율로 부과된다.

② 다가구주택은 전체를 1주택으로 본다.

③ 상속인이 1주택을 공동으로 상속받는 경우에는 가장 지분이 큰 상속인(가장 지분이 큰 상속인이 두 명 이상이라면 먼저 그 주택에 거주하는 사람, 다음으로 최연장자)이 1가구 1주택자라면 특례가 적용되어 제11조제1항제8호에 따른 주택의 취득세율에 100분의 50을 곱한 세율이 적용될 것이다. 따라서 취득세감면신청을 할 경우 1가구 1주택의 확인은 1주택 단독상속자나 최대지분상속자(거주자→최연장자)의 소속 가구별로 하여야 한다.

④ 재건축사업의 진행으로 종전 주택이 멸실된 상태에서 부속토지만 상속한 경우나 상속개시 전에 이미 건축물이 철거된 주택의 부속토지만 상속한 경우 1가구1주택의 상속으로 볼 수 없다.(감심-2009-242, 조심 2009지1048) 제3자 소유주택의 부속토지만을 소유하고 있는 경우에는 주택을 소유한 것으로 보기는 어렵다.(조심2012지0337) 상속주택이 노후되어 상속주택을 멸실하고 부득이하게 새로운 주택을 신축하게 되는 경우가 많은바, 새로운 주택을 상속주택의 연장으로 보아 특례규정을 적용한다. 다만, 양도소득세를 비과세 할 수 있는 주택부수토지의 범위는 멸실된 상속주택의 정착면적에 5(10)의 배율을 곱하여 산정한 면적을 한도로 한다.

⑤ 엄격해석의 원칙상 '주택을 분양받을 수 있는 권리'도 여기의 '주택'에 해당되지 않는다.(대법원 2011두24453)

⑥ 재외국민이나 재외동포는 주민등록법에 의한 세대별 주민등록표에 기재되지 않으므로 이 규정을 적용할 수 없다(조심 2009지819) 그러나 다음과 같은 견해도 있다. 재외국민이나 외국국적동포의 경우에는 재외동포의 출입국과 법적지위에 관한 법률 제9조에 따라 주민등록등초본을 국내거소신고증이나 국내거소신고 사실증명으로 그에 갈음할 수 있으므로 그에 따라 세대원을 파악하여 다른 세대원들이 주택을 소유하고 있지 않다면 특례를 적용받을 수 있을 것이다. 순수 외국인의 경우에는 출입국관리법 제88조의 2에 따라 주민등록증이나 주민등록등초본을 외국인등록증이나 외국인등록사실증명으로 갈음하므로 그에

따라 1가구1주택 여부를 판단하여야 할 것이다. 그러나 국내에 상속인들과 동거하지 않는다면 해당하는 경우가 드물 것이다. → 엄격해석의 원칙상 조세심판원의 견해를 따르는 것이 좋다.

(***) 합병으로 인하여 존속하는 법인이 취득하는 소멸법인 소유의 과세물건 중 고급오락장 등 합병 전부터 중과세대상에 해당하는 물건인 경우에는 「지방세법」 제15조제1항제3호 단서규정에 해당되지 않는다.(지방세법기본통칙 15-1)

(****) 상호명의신탁 해지

(*****) 건축물의 주구조부분을 해체하지 아니하고 동일한 대지 안에서 위치를 옮기는 것을 말하는데, 다른 대지로 옮기는 것도 포함하는 '이축'과는 다르다. '이축'은 건축법에서 삭제되어 개념이 없어졌다.

(******) ① 협의이혼만으로 한정하다가 유권해석이나 판례에 따라 재판상 이혼의 경우에도 포함하는 것으로 개정되었다. ② 「민법」 제839조의2 제3항에 의한 2년이라는 기간은 협의이혼한 일방이 협의분할에 응하지 아니할 때 사법 판단의 보호를 받지 못하는 제척기간을 의미하는 것이지 소멸시효기간을 의미하는 것은 아니라 할 것이고(대법원 94다17536), 재산분할은 사적자치의 원칙에 의하여 2년이 경과된 시점에서도 언제든지 가능하다 할 것인바, 청구인이 이 건 아파트를 2년이 지난 후에 취득하였다고 하더라도 이 건 아파트가 협의이혼에 따른 재산분할로 취득한 사실이 확인되는 이상 (구)취득세 비과세 대상에 해당한다 할 것임.(조심 2010지0830) 이와 반대로 재산분할 청구권 행사시기는 재산분할에 의한 소유권이전등기일이 되는 것이고 이혼일부터 2년이 지나 재산분할에 의하여 소유권이전등기가 마쳐지면 재산분할청구권은 소멸되었다고 보여져 취득세 부과대상이 된다는 선례가 있었으나 위와 같이 변경되었다.(세정과-2757, 2011.02.25.) ③ 민법 제839조의2에 따른 재산분할로 인한 취득하는 재산에 대하여는 채무승계 여부에 불구하고 그 전체가 취득세 비과세대상이 되는 것이지, 채무승계 부분을 유상취득으로 볼 수는 없다.

지방세법시행령 제30조(세율의 특례 대상) 법 제15조제2항제7호에서 "레저시설의 취득 등 대통령령으로 정하는 취득"이란 다음 각 호의 어느 하나에 해당하는 취득을 말한다.

1. 제5조에서 정하는 시설의 취득
2. 무덤과 이에 접속된 부속시설물의 부지로 사용되는 토지로서 지적공부상 지목이 묘지인 토지의 취득
3. 법 제9조제5항 단서에 해당하는 임시건축물의 취득
4. 「여신전문금융업법」 제33조제1항에 따라 건설기계나 차량을 등록한 대여시설이용자가 그 시설대여업자로부터 취득하는 건설기계 또는 차량의 취득
5. 건축물을 건축하여 취득하는 경우로서 그 건축물에 대하여 법 제28조제1항제1호가목 또는 나목에 따른 소유권의 보존 등기 또는 소유권의 이전 등기에 대한 등록면허세 납세의무가 성립한 후 제20조에 따른 취득시기가 도래하는 건축물(*)의 취득

(*) 보통 미준공 건축물에 대한 소유권보존등기나 소유권이전등기는 취득을 원인으로 하는 것이 아니므로 등록면허세 2%를 납부해야 하고, 이러한 등록면허세 납부의무가 성립한 후 취득시기가 도래하는 경우에도 2%의 취득세를 납부해야 한다. 따라서 미준공 상태인 건축물을 법인이 이전등기한 후 추가로 공사비를 투입하여 사용승인을 받은 경우에는 등기형식과는 관련 없이 실질적으로는 원시취득에 해당하므로 당초 이전등기시의 등록면허세 과세표준이었던 매매대금에 대해서는 2%의 특례취득세율을, 이전등기 후 발생한 추가공사비 등에 대해서는 2.8%의 원시취득세율을 적용하여야 한다.(안전행정부 지방세운영과-195)

지방세법시행령 제5조(시설의 범위) ① 법 제6조제4호 및 같은 조 제6호나목에 따른 레저시설, 저장시설, 도크(dock)시설, 접안시설, 도관시설, 급수·배수시설 및 에너지 공급시설은 다음 각 호에서 정하는 시설로 한다. <개정 2014.1.1.>

1. 레저시설: 수영장, 스케이트장, 골프연습장(「체육시설의 설치·이용에 관한 법률」에 따라 골프연습장업으로 신고된 20타석 이상의 골프연습장만 해당한다), 전망대, 옥외스탠드, 유원지의 옥외오락시설(유원지의 옥외오락시설과 비슷한 오락시설로서 건물 안 또는 옥상에 설치하여 사용하는 것을 포함한다)
2. 저장시설: 수조, 저유조, 저장창고, 저장조 등의 옥외저장시설(다른 시설과 유기적으로 관련되어 있고 일시적으로 저장기능을 하는 시설을 포함한다)
3. 도크(dock)시설 및 접안시설: 도크, 조선대(造船臺)
4. 도관시설(연결시설을 포함한다): 송유관, 가스관, 열수송관
5. 급수·배수시설: 송수관(연결시설을 포함한다), 급수·배수시설, 복개설비
6. 에너지 공급시설: 주유시설, 가스충전시설, 송전철탑(전압 20만 볼트 미만을 송전하는 것과 주민들의 요구로 「전기사업법」 제72조에 따라 이전·설치하는 것은 제외한다)

② 법 제6조 제4호 및 같은 조 제6호나목에서 "대통령령으로 정하는 것"이란 각각 잔교(棧橋)(이와 유사한 구조물을 포함한다), 기계식 또는 철골조립식 주차장, 차량 또는 기계장비 등을 자동으로 세차 또는 세척하는 시설, 방송중계탑(「방송법」 제54조제1항제5호에 따라 국가가 필요로 하는 대외방송 및 사회교육방송 중계탑은 제외한다) 및 무선통신기지국용 철탑을 말한다. <개정 2014.8.12.>

지방세법시행령 제29조(1가구 1주택의 범위) ① 법 제15조제1항제2호가목에서 "대통령령으로 정하는 1가구 1주택"이란 상속인과 「주민등록법」에 따른 세대별 주민등록표(이하 이 조에서 "세대별 주민등록표"라 한다)에 함께 기재되어 있는 가족(동거인은 제외한다)으로 구성된 1가구(상속인의 배우자, 상속인의 미혼인 30세 미만의 직계비속 또는 상속인이 미혼이고 30세 미만인 경우 그 직계존속은 각각 상속인과 같은 세대별 주민등록표에 기재되어 있지 아니하더라도 같은 가구에 속한 것으로 본다)가 국내에 1개의 주택[「주택법」 제2조제1호에

따른 주택으로서 「건축법」 제38조에 따른 건축물대장에 주택으로 기재되고, 건축물의 용도가 주거용{「영유아보육법」 제10조제5호에 따른 가정어린이집, 「아동복지법」 제52조제1항제4호 및 제8호에 따른 공동생활가정·지역아동센터(같은 조 제2항에 따라 통합하여 설치한 경우를 포함한다) 및 「노인복지법」 제31조에 따른 노인복지시설로서 주거용으로 사용되는 시설은 제외한다}으로 사용하는 건축물과 그 부속토지를 말하되, 제28조제4항에 따른 **고급주택**은 제외한다]을 소유하는 경우를 말한다.**(*)** <개정 2015.12.31.>

② 제1항을 적용할 때 1주택을 여러 사람이 공동으로 소유하는 경우에도 공동소유자 각각 1주택을 소유하는 것으로 보고, 주택의 부속토지만을 소유하는 경우에도 주택을 소유하는 것으로 본다. <신설 2015.7.24>

③ 제1항 및 제2항을 적용할 때 1주택을 여러 사람이 공동으로 상속받는 경우에는 지분이 가장 큰 상속인을 그 주택의 소유자로 본다. 이 경우 지분이 가장 큰 상속인이 두 명 이상일 때에는 지분이 가장 큰 상속인 중 다음 각 호의 순서에 따라 그 주택의 소유자를 판정한다. <개정 2015.7.24>

1. 그 주택에 거주하는 사람
2. 나이가 가장 많은 사람

(*) 상속 특례세율 적용대상 주택의 범위를 유상주택거래 취득세율 적용대상 주택과 동일하게 규정하여 일관성을 유지하고 혼선을 방지하려 하였다. 종전과 달리 주택의 일부지분 또는 부속토지만 소유시에도 주택수 계산에 포함되도록 보완하였다. → 주택 유상취득세율 참조

지방세특례제한법 제6조(자경농민의 농지 등에 대한 감면) ① 대통령령으로 정하는 바에 따라 농업을 주업으로 하는 사람으로서 **2년 이상** 영농에 종사한 사람, 후계농업경영인, 농업계열 학교 또는 학과의 이수자 및 재학생(이하 이 조에서 "자경농민"이라 한다)이 대통령령으로 정하는 기준에 따라 직접 경작할 목적으로 취득하는 농지(논, 밭, 과수원 및 목장용지를 말한다. 이하 이 절에서 같다) 및 관계 법령에 따라 농지를 조성하기 위하여 취득하는 임야에 대하여는 취득세의 100분의 50을 경감한다. 다만, 다음 각 호의 어느 하나에 해당하는 경우 그 해당 부분에 대해서는 경감된 취득세를 추징한다.

1. 정당한 사유 없이 그 취득일부터 2년이 경과할 때까지 농지를 직접 경작하지 아니하거나 농지조성을 시작하지 아니하는 경우
2. 정당한 사유 없이 경작한 기간이 2년 미만인 상태에서 매각·증여하거나 다른 용도로 사용하는 경우

지방세특례제한법시행령 제3조(자경농민 및 직접 경작농지의 기준 등) ① 법 제6조제1항 각 호 외의 부분 본문에서 "대통령령으로 정하는 바에 따라 농업을 주업으로 하는 사람으로서 2년 이상 영농에 종사한 사람"이란 농지(「지방세법 시행령」 제21조에 따른 농지를 말한다. 이하 같다)의 소재지인 구(자치구를 말한다. 이하 같다)·시·군 및 그와 잇닿아 있는 구·시·군 또는 농지의 소재지로부터

20킬로미터 이내의 지역에 거주하면서 농지를 소유하거나 임차하여 경작한 사람과 그 동거가족(배우자 또는 직계비속으로 한정한다) 중의 1명 이상이 취득일 현재 직접 2년 이상 농업에 종사한 사람을 말한다.

② 법 제6조제1항 각 호 외의 부분 본문에서 "대통령령으로 정하는 기준"이란 다음 각 호의 요건을 갖춘 경우를 말한다.

1. 농지 및 임야의 소재지가 읍 단위 이상의 「국토의 계획 및 이용에 관한 법률」에 따른 도시지역(개발제한구역과 녹지지역은 제외한다. 이하 이 항에서 "도시지역"이라 한다) 외의 지역일 것
2. 취득자의 주소지가 농지 및 임야의 소재지인 구·시·군 및 그 지역과 잇닿아 있는 구·시·군 또는 농지 및 임야의 소재지로부터 20킬로미터 이내의 지역일 것
3. 소유 농지 및 임야(도시지역 안의 농지 및 임야를 포함한다)의 규모가 새로 취득하는 농지 및 임야를 합하여 논, 밭, 과수원은 3만제곱미터(「농지법」에 따라 지정된 농업진흥지역 안의 논, 밭, 과수원은 20만제곱미터로 한다), 목장용지는 25만제곱미터, 임야는 30만제곱미터 이내일 것. 이 경우 초과부분이 있을 때에는 그 초과부분만을 경감대상에서 제외한다.

(1)-1. 환매등기를 병행하는 부동산의 매매로서 환매기간내에 매도자가 환매한 경우의 그 매도자의 취득에 대하여는 지방세법 제110조제1항제7호의 규정에 의하여 취득세가 비과세 되는 것이나, 귀문의 경우와 같이 매매완료후 환매권을 말소한 경우는 취득세 과세대상이 되는 것임.(구 행정자치부 도세22670-78)

(1)-2. 일단 적법하게 매도한 부동산을 환매권의 행사로 재취득하는 경우 이를 형식적인 취득으로 보아 매도자나 매수자 모두에게 취득세를 부과하지 않는다는 규정으로, 여기에서의 환매권이란 환매요건이 구비된 때에 환매권자가 환매기간 내에 약정한 대금을 지급하고 일방적으로 매수(환매)의 의사표시를 함으로서 성립하는 것(같은 취지의 대법원 1987.4.14.선고, 86다324 판결)인 바, 청구인의 경우 환매기간으로 약정한 계약일로부터 3년(1994.9.30.)이내인 1994.9.16. 환매권 행사를 통보하였고, ○○조합이 환매에 불응하자 1994.9.28. 환매대금을 공탁하였으며, 그 후 이를 원인으로 소유권 이전등기가 이루어 진 이상 비록 그 등기의 시기가 환매기간이 경과된 뒤라 하더라도 지방세법 소정의 요건을 일탈한 것으로 볼 수 없음에도 이건 취득세 등을 부과고지한 처분청의 행위에는 환매권과 변제공탁의 법리를 오해한 잘못이 있음.(구 행정자치부 심사 1998-548)

(2)-1. 택지개발지구 수용으로 철거 예정인 주택에 대하여 지장물 보상금을 수령하고 주거용 주택으로 사용 중 상속으로 별개의 1주택을 상속받아

취득하였다면 수용된 주택은 소유권이전등기 여부와 관계없이 상속인이 소유한 주택이라 할 수 없으므로 1가구 1주택 감면대상에 해당된다 할 것임.(행정안전부 지방세운영과-1537)

(2)-2. 상속인이 상속으로 주택 취득시 1가구 1주택 취득세 비과세 대상을 판단함에 있어 상속받은 주택 외 다른 주거용 건축물의 부속토지만을 소유하고 있는 경우에도 주택을 소유한 것으로 봄.(행정안전부 지방세운영과-1569)

(2)-3. 결혼한 아들(주택 1채 보유)과 어머니(무주택자)가 같은 주소지(아파트 같은 호수)에서 함께 실거주하고 있으나, 세대별주민등록표는 분리하여 별도로 세대를 구성하고 있는 상태에서 무주택자인 어머니가 그 주소지의 주택을 상속받은 경우 취득세 비과세 여부와 관련, 세대별 주민등록표상에 기재되어 있는 세대주와 그 가족으로 구성된 1가구가 국내에 1개의 주택을 소유할 것을 요건으로 하고 있어 형식상으로 세대별 주민등록표를 분리하여 별도로 세대를 구성하고 있다면, 사실상 함께 거주하고 있다고 하더라도 이를 세대별 주민등록표상에 기재된 1가구로 보기는 어렵다고 할 것인 바, 귀문의 경우 상속 주택 취득세 비과세 대상에 해당된다고 할 것임.(행정안전부 지방세운영과-67)

(2)-4. 재외동포가 국내에 거소신고를 하고 국내거소 신고증을 교부받았다 하더라도, 이는 법령에 규정된 각종 절차와 거래관계에서 주민등록증, 주민등록등본·초본, 외국인등록증, 또는 외국인등록 사실증명이 필요한 경우에 국내거소신고증으로 그에 갈음할 수 있다는 것을 의미하는 것으로 보아야 하는 점, 지방세법령에서 1가구 1주택 상속취득에 대하여 취득세를 비과세하는 취지는,「주민등록법」에 의한 세대별 주민등록표에 기재되어 있는 1가구가 국내에 1주택을 소유하다가 주택 소유자의 사망으로 그 세대원이 이를 상속으로 취득하는 경우, 상속취득에 따른 취득세를 비과세함으로써 당해 가구에 대한 주거생활의 안정을 보장하려는 데 있다는 점 등에 비추어 볼 때, 상속인이 재외동포로서 세대별 주민등록표에 기재되어 있지 아니하다면 그와 같은 경우는 취득세 비과세 대상인 "「주민등록법」에 의한 세대별 주민등록표에 기재되어 있는 세대주와 그 가족으로 구성된 1가구"에 해당되지 아니하는 것으로 보는 것이 타당하다. 청구인은 미국 국적을 가진 외국국적동포로서 1979.1.19. 주민등록이 말소되어 청구인이 쟁점주택을 상속으로 취득할 당시에는 세대별 주민등록표에 기재되어 있지 아니하였음이 「주민등록표(말소자 초본)」, **국**

내거소신고사실증명에 나타나고 있는 이상, 청구인은 "「주민등록법」에 의한 세대별 주민등록표에 기재되어 있는 세대주와 그 가족으로 구성된 1가구"에 해당하지 아니한다 하겠고, 그렇다면, 처분청이 청구인의 쟁점 주택 상속취득에 대하여 (구)지방세법 제110조 제3호 가목에 따른 취득세 비과세를 배제하여 이 건 취득세 등을 부과고지한 처분은 달리 잘못이 없는 것으로 판단됨.(조세심판원 2011지0889)

(2)-5. 구 지방세법 제110조 제3호 (가)목, 구 지방세법 시행령 제79조의5 제1항의 문언 내용과 국민의 주거생활안정을 도모하려는 입법 취지 등에 비추어 보면, 「재외동포의 출입국과 법적 지위에 관한 법률」에 따른 국내거소신고사실증명을 주민등록법에 따른 세대별 주민등록표로 보아 구 지방세법 제110조 제3호 (가)목, 구 지방세법 시행령 제79조의5 제1항을 적용할 수는 없다고 봄이 타당하므로, 원고의 이 사건 아파트 취득은 위 규정들에서 정한 취득세 비과세 대상에 해당하지 아니한다. (대법 2013두27128, 2014. 4. 24. 판결) → 지방세법통칙 15-2

(2)-6. 청구인의 아들 OOO가 2008.7.22.부터 본인 소유의 빌라에 거주하여 청구인과 별도의 세대를 구성하고 있었고, 청구인이 2010.3.24. 피상속인 OOO로부터 이 건 단독주택을 취득하기 이전인 2009.11.1. OOO가 사실상 결혼한 것이 청첩장 및 성혼선언문 사본 등을 통하여 입증되며, 가족관계의 등록 등에 관한 법률에 의하여 2010.12.20. OOO와 그의 배우자 OOO과의 혼인신고가 되었고, 지방세법 시행령 제79조의5 제1항에 '미혼'의 범위에 '사실혼을 포함한다'라는 명문규정이 없는데도, 처분청이 청구인의 이 건 단독주택에 대한 상속개시일에 혼인신고가 되지 않았다는 이유로 청구인에게 취득세 등을 부과처분한 것은 수긍하기 어려운 부분이 있음.(조세심판원 2011지0463, 2011.11.11.)

(4) 쟁점부동산을 경락을 원인으로 다시 소유권이전 등기(등기원인 : 공유물 분할을 위한 경매로 인한 매각)를 경료한 사실이 등기부등본에서 입증되고 있는 이상 소유권이전등기에 해당되어 「지방세법」 제131조 제1항 제3호 2목의 세율(부동산가액의 1,000분의 20)을 적용하여 등록세를 신고하고 납부한 것은 적법하다고 판단되나, 청구법인이 원래 소유했던 지분만큼을 경매를 통해 다시 취득한 경우 취득세 납세의무가 있는지에 대해 살펴보면, 자기 소유의 부동산 소유자가 경락자의 지위에서 경락대금을 납부하였다 하더라도 이를 취득이라고 볼 수 없는 것이 타당하고 토지와 건물을 공유지분으로 소유하는 자 등 1인이 공유권을 분할하는 경우 자

기 소유의 공유지분을 초과하지 않는 범위내에서 취득세는 비과세 대상이라고 판단.(조세심판원 2011지0053)

(6)-1. 이혼에 따른 재산분할은 부부가 혼인 중에 쌍방의 협력으로 이룩한 실질상의 공동재산을 청산, 분배함과 동시에 이혼 후의 생활을 유지하는데 그 목적이 있는바(대법원 2000다58804) 이로 인한 취득을 지방세법에서는 형식적인 취득으로 보아 세율의 특례(법정세율에서 20/1000 차감)를 적용하는 것임, 따라서 「지방세법」 제15조제1항제6호에서 취득세 세율특례의 대상으로 '협의에 의한 이혼'에 대해서만 규정하고 있더라도, 「민법」에서 재판에 의한 이혼도 협의에 의한 이혼과 동일하게 재산분할을 청구할 수 있도록 규정하고 있고, 「지방세법」상으로도 재판에 의한 이혼과 협의에 의한 이혼을 달리 취급할 합리적인 이유가 없으므로 재판에 의한 이혼도 취득세의 세율특례를 적용하는 것이 합리적일 것으로 판단됨 (행정안전부 지방세운영과-5895)

(6)-2. 처분청은 협의이혼에 의한 재산분할 청구권은 이혼한 날부터 2년을 경과한 때에는 소멸하는 것이므로(「민법」제839조의2 제3항), 협의이혼일(2006.6.14.)부터 2년이 경과한 2010.5.7.에 한 재산분할은 취득세 비과세 요건에 부합하지 아니한다고 주장하지만, 「민법」제839조의2 제3항에 의한 2년이라는 기간은 협의이혼한 일방이 협의분할에 응하지 아니할 때 사법 판단의 보호를 받지 못하는 제척기간을 의미하는 것이지 소멸시효기간을 의미하는 것은 아니라 할 것이고(대법원 94다17536), 재산분할은 사적자치의 원칙에 의하여 2년이 경과된 시점에서도 언제든지 가능하다 할 것인바, 청구인이 이 건 아파트를 2년이 지난 후에 취득하였다고 하더라도 이 건 아파트가 협의이혼에 따른 재산분할로 취득한 사실이 확인되는 이상 취득세 비과세 대상에 해당한다 할 것임.(조세심판원 2010지0830)

(6)-3. 부부간 협의이혼에 따라 재산분할권 신청으로 부동산 1/2지분을 취득(대출금도 1/2분할)한 경우에 부담부증여로 보아 유상취득세율인 1,000분의 30의 세율을 적용할 수 있는지 여부에 대하여 살펴보면, 지방세법 제131조제1항제2호에서 상속이외의 무상으로 소유권취득에 대해서는 부동산가액의 1,000분의15의 세율로 등록세를 부과하도록 규정하고 있으므로, 부부간 이혼으로 재산을 분할한 후 분할된 부동산의 소유권이전 등기를 하는 경우에는 무상승계취득으로서 지방세법 제131조제1항제2호에 해당하는 세율을 적용한 등록세를 납부하는 것이 타당함.(구

행정자치부 세정과-1199)

3) 지방세특례제한법상 감면제도

※ 지방세법 제13조 5항의 사치성 재산은 제외된다, 그러나 감면 받은 부동산이 5년 이내 사치성 재산이 되면 감면액을 추징한다.
※ 중복감면 규정이 있을 경우 감면률이 높은 것 하나만 적용한다.
※ 감면신청서로써 감면 신청하여야 한다. 감면신청이 거부되었을 경우 30일 이내 적부심사청구가 가능하다.

지방세특례제한법 제2조(정의) ① 이 법에서 사용하는 용어의 뜻은 다음과 같다. <개정 2015.12.29.>
1. "고유업무"란 법령에서 개별적으로 규정한 업무와 법인등기부에 목적사업으로 정하여진 업무를 말한다.
2. "수익사업"이란 「법인세법」 제3조제3항에 따른 수익사업을 말한다.
2의2. "주택"이란 「지방세법」 제104조제3호에 따른 주택을 말한다.
3. "공동주택"이란 「주택법」 제2조제2호에 따른 공동주택을 말하되 기숙사는 제외한다.
4. "수도권"이란 「수도권정비계획법」 제2조제1호에 따른 수도권을 말한다.
5. "과밀억제권역"이란 「수도권정비계획법」 제6조제1항제1호에 따른 과밀억제권역을 말한다.
6. "지방세 특례"란 세율의 경감, 세액감면, 세액공제, 과세표준 공제(중과세 배제, 재산세 과세대상 구분전환을 포함한다) 등을 말한다.
7. "재산세"란 「지방세법」 제111조에 따라 부과된 세액을 말한다.
8. "직접 사용"이란 부동산의 소유자가 해당 부동산을 사업 또는 업무의 목적이나 용도에 맞게 사용하는 것을 말한다.

지방세특례제한법 제177조(감면 제외대상) 이 법의 감면을 적용할 때 「지방세법」 제13조제5항에 따른 부동산등은 감면대상에서 제외한다. → 사치성 재산

지방세특례제한법 제178조(감면된 취득세의 추징) 부동산에 대한 감면을 적용할 때 이 법에서 특별히 규정한 경우를 제외하고는 다음 각 호의 어느 하나에 해당하는 경우 그 해당 부분에 대해서는 감면된 취득세를 추징한다.
1. 정당한 사유 없이 그 취득일부터 1년이 경과할 때까지 해당 용도로 직접 사용하지 아니하는 경우
2. 해당 용도로 직접 사용한 기간이 2년 미만인 상태에서 매각(*)·증여하거나 다른 용도로 사용하는 경우

(*) 매각에는 경매 등도 포함된다.(서울특별시 본청 회신 21142)

지방세특례제한법 제180조(중복 감면의 배제) 동일한 과세대상에 대하여 지방세를 감면할 때 둘 이상의 감면 규정이 적용되는 경우에는 그 중 감면율이 높은 것 하나만을 적용한다. 다만, 제73조, 제74조, 제92조 및 제92조의2의 규정과 다른 규정은 두 개의 감면규정(제73조, 제74조 및 제92조 간에 중복되는 경우에는 그 중 감면율이 높은 것 하나만을 적용한다)을 모두 적용할 수 있다. → 토지수용 등에 따른 대체취득, 천재지변 등에 따른 대체취득

지방세특례제한법 제177조의2(지방세 감면 특례의 제한) 이 법에 따라 취득세 또는 재산세가 면제(지방세 특례 중에서 세액감면율이 100분의 100인 경우와 세율경감률이 「지방세법」에 따른 해당 과세대상에 대한 세율 전부를 감면하는 것을 말한다. 이하 이 조에서 같다)되는 경우에는 이 법에 따른 취득세 또는 재산세의 면제규정에도 불구하고 100분의 85에 해당하는 감면율(「지방세법」 제13조제1항부터 제4항까지의 세율은 적용하지 아니한 감면율을 말한다)을 적용한다. 다만, 다음 각 호의 어느 하나에 해당하는 경우에는 그러하지 아니하다. <개정 2015.12.29.>

1. 「지방세법」에 따라 산출한 취득세 및 재산세의 세액이 다음 각 목의 어느 하나에 해당하는 경우
   가. 취득세: **200만원 이하**
   나. 재산세: 50만원 이하(「지방세법」 제122조에 따른 세 부담의 상한을 적용하기 이전의 산출액을 말한다)
2. 제7조부터 제9조까지, 제11조제1항, 제13조제3항, 제14조제3항, 제16조, 제17조, 제17조의2, 제20조제1호, 제29조, 제30조제3항, 제33조제2항, 제35조의2, 제36조, 제41조제1항부터 제6항까지, 제50조, 제55조, 제57조의2제2항, 제57조의3제1항, 제62조, 제63조제1항 단서, 같은 조 제3항, 제66조, 제73조, 제76조제2항, 제77조제2항, 제82조, 제84조제1항, 제85조의2제1항제4호, 제87조 및 제92조에 따른 감면

※ '감면율 상한제'(취득세와 재산세의 세액 경감률이 100%인 경우 면제규정과 무관하게 결정세액의 15%는 납부하게 하는 제도)를 도입하였다. 아울러 이 규정의 적용을 받지 않는 면세요건도 함께 제시하였는데, 지방세법에 따른 (감면 이전의) 산출세액이 취득세액 200만원 이하인 경우와 재산세액 50만원 이하인 경우(1호), 대체·형식취득시 감면이나 취약계층 지원을 위한 감면 등(2호)이다. 따라서 취득세의 경우 결정세액이 200만원을 초과하는 경우에는 100% 면제의 경우에도 15%의 세액은 납부해야 한다.

지방세특례제한법 부칙 제12조(지방세 면제 특례의 제한에 관한 적용례) 제177조의2의 개정규정은 다음 각 호의 구분에 따른 시기부터 적용한다.

1. 제11조제1항, 제13조제2항제1호 · 제2호 · 제3호 · 제5호, 제13조제3항, 제18조, 제23조, 제26조, 제27조제2항, 제30조제1항 · 제3항, 제31조의3제1항제1호, 제33조제2항, 제36조, 제40조, 제42조제1항 · 제2항, 제44조, 제45조제1항, 제52조제1항, 제53조, 제54조제5항제1호, 제57조의3, 제64조제1항, 제67조제1항 · 제2항, 제68조제1항, 제70조제3항, 제75조, 제83조제1항 · 제2항, 제85조제1항 및 제86조: 2016년 1월 1일
2. 제15조제2항, 제63조제4항 및 제85조의2제2항: 2017년 1월 1일
3. 제6조제4항, 제16조 및 제82조: 2019년 1월 1일
4. 제22조제1항 · 제2항, 제72조제1항 · 제2항, 제89조 및 제90조: 2020년 1월 1일
5. 제1호부터 제4호까지에서 규정한 면제 외의 면제: **2015년 1월 1일**

→ 제6조제1항(자경농민의 농지 감면), 제9조제2항(자영어민의 소형어선 감면), 제17조제1항(장애인용 자동차 감면), 제17조의2(한센인의 주거용 건축물 감면), 제19조(영유아어린이집에 대한 감면), 제20조(노인복지시설, 청소년단체, 사회복지법인에 대한 감면), 제22조의2(3자녀 이상 출산자의 양육용 자동차 감면),제29조(국가유공자, 상이군경 감면), 제37조(공공의료기관 감면), 제38(의료법인 감면), 제39조(국민건강보험공단 감면), 제41조(학교 및 외국교육기관 감면), 제443조(평생교육단체 감면), 제46조(기업부설연구소 감면), 제50조(종교 및 제사단체 감면), 제57의2(기업합병분할, 현물출자, 법인전환 등 감면), 제73조(토지수용등에 따른 대체취득 감면), 제74조(도시개발사업, 정비사업등에 대한 감면), 제79조(법인의 지방이전에 대한 감면), 제80조(공장의 지방이전에 대한 감면), 제81조(공공기관의 지방이전에 대한 감면),제87조~제92조(새마을금고, 새마을운동조직, 정당, 마을회등, 재외외교관 자녀기숙사, 천재지변으로 인한 대체취득) 등의 경우에는 면제의 경우에도 85% 감면율로 적용하므로 유의하여야 한다.

지방세특례제한법 제182조(지방자치단체의 감면율 자율 조정) ① 지방자치단체는 이 법에 따른 지방세 감면 중 지방세 감면 기한이 연장되는 경우에는 지방자치단체의 재정여건, 감면대상자의 조세부담능력 등을 고려하여 해당 조에 따른 지방세 감면율을 100분의 50의 범위에서 조례로 인하하여 조정할 수 있다. 이 경우 면제는 감면율 100분의 100에 해당하는 것으로 본다.

② 지방자치단체는 제1항에도 불구하고 사회적 취약계층 보호, 공익 목적, 그 밖에 전국적으로 동일한 지방세 감면이 필요한 경우 등으로서 대통령령으로 정하는 사항(*)에 대해서는 지방세 감면율을 인하하여 조정할 수 없다. <개정 2015.12.29.>

(*) 법제6조(자경농민), 법제17조(장애인자동차), 법제29조(국가유공자)의 감면에 대하여는 지자체가 조정할 수 없다.

지방세특례제한법 제183조(감면신청 등) ① 지방세의 감면을 받으려는 자는

대통령령으로 정하는 바에 따라 지방세 감면 신청을 하여야 한다. 다만, 지방자치단체의 장이 감면대상을 알 수 있을 때에는 직권으로 감면할 수 있다.

② 제1항에 따른 지방세 감면 신청을 받은 지방자치단체의 장은 지방세 감면 여부를 결정하여야 하고, 감면에 따른 의무사항을 위반하는 경우 감면받은 세액이 추징될 수 있다는 내용과 함께 그 결과를 서면으로 통지하여야한다.

[본조신설 2014.1.1.]

농·어업을 위한 지원

감면제도	내 용	대상세목 및 감면율 (%)	관련 조문	참 고
자경농민 농지 감면	직접 경작·농지조성 목적의 취득 농지, 임야 등 • 제3자로부터 임차하여 농사를 짓던 농지에 본인 명의의 건축물 신축을 위하여 관할 지방자치단체로부터 개발행위허가를 받은 후 취득한 경우라면 이는 경작할 목적이 아닌 건축물 신축을 위하여 취득한 부동산에 해당된다 할 것이므로 상기 규정에 의한 감면대상으로 보기는 어렵다고 판단됨(구 행정자치부 지방세정팀-725) • 청구인은 직접 경작할 목적으로 취득한 이 건 토지를 2년 이상 직접 경작하지 아니하고 합의해제를 원인으로 소유권이전등기를 말소한 사실이 제출된 자료에 의하여 확인되는 이상 기 경감한 취득세 등을 추징한 처분은 달리 잘못이 없음.(조심2013지0114)	취득세(50)	§6①	• 자경농민이란 농업을 주업으로 2년 이상 종사한 사람, 후계농업경영인, 농업계열학교 또는 학과 이수자 및 재학생 • ①정당한 사유 없이 그 취득일부터 2년이 경과할 때까지 농지를 직접 경작하지 아니하거나 농지조성을 시작하지 아니하는 경우나 ②정당한 사유 없이 경작한 기간이 2년 미만인 상태에서 매각·증여하거나 다른 용도로 사용하는 경우에는 추징 → 따라서 농지를 임대하는 경우에는 직접 경작이 아니므로 추징대상이다. • 감면대상이 되는 "농지"의 범위는 공부상 지목이 전·답·과수원 및 목장용지로 되어 있는 농지로서 자경농민이 취득하여 직접 경작하는 농지에 한한다 할 것으로, 10년 전부터 계속하여 벼농사를 경작하고 있는 사실상 답일지라도 공부상 지목이 하천부지라면, 비록 농지법의 규정에 의한 농지에 포함된다 하더라도 지방세법상 취득세와 등록세의

				감면대상이 되는 "농지"에 해당되지 아니함(행정안전부 지방세운영과-438, 2008.6.17) • 농지취득 당시 농지소유자나 임차인이 아니더라도 취득농지 소재지 구·시·군 및 연 구·시·군 또는 농지 임야 **소재지**로부터 20㎞ 이내의 **지역**에 거주하고 농지 소유자(임차인)인 사람과 동거하면서 2년 이상 영농에 종사한 경우에는 당해 직계비속 또는 배우자도 자경농민임.(직계존속×, 지역은 주소지를 말함) • ①농지 임야의 소재지가 도시지역 이외이어야, ②취득자의 주소지가 농지 임야 소재지 구·시·군 및 연 구·시·군 또는 농지 임야 소재지로부터 20㎞ 이내여야, ③기존 소유 토지와 신취득 토지를 합하여 농지는 3만㎡ 이하, 목장용지는 25만㎡ 이하, 임야는 30만㎡ 이하(초과시 초과분만 감경 제외)→취득자가 소유한 농지만이 합산대상 → 취득세 등의 감면대상이 되는 "자경농민"이란 농지원부의 발급여부와는 상관없이 2년 이상 영농에 종사하였음이 농업소득, 농지 소유실태, 수매실적 등 관련 증빙자료에 의하여 입증되는 경우라면 이에 해당된다고 할 것이고, "농지의 소재지로부터 20㎞ 이내의 지역"의 의미란 "농지 소재지를 기준으로 직선거리로서 반경 20㎞ 이내의 지역"을 말하는 것으로, 여기서 "지역"이라 함은 거주하는 자가 둔 "주소지"를 말함(행정안전부 지방세운영과-155, 2009.1.13.)

				→ 자경농민이 취득하는 농지 등에 대한 감면요건 판단에 있어 주민등록상 주소지와 실제 주소가 다를 경우에는 실제 주소를 기준으로 감면요건을 판단하여야 하는데 처분청이 제출한 출장결과보고서 및 확인서에 의하면 주택을 임차하거나 실제 거주한 사실 없이 주민등록만 이전한 것으로 농지 소재지로부터 20킬로미터 이내의 지역 안에 주소지가 있는 경우에 해당되지 아니하므로 감면요건을 충족하지 아니한 것으로 보는 것이 타당함(조세심판원 2009지1110) • 추징요건: 정당한 사유 없이 취득 후 2년 내 직접 경작하지 않거나 양도·증여, 타 용도에 사용할 때에는 감면액 추징. → 자경농민에 대한 취득세 등을 감면 받은 후 이혼에 따른 재산분할을 원인으로 배우자에게 소유권이 이전되었다고 하더라도 유예기간 내 이혼에 따른 재산분할을 원인으로 배우자에게 소유권을 이전하는 경우는 매각이나 증여와는 그 성질상 다른 측면이 있고, 혼인중에 부부의 공동의 노력으로 취득한 재산에 대하여 이를 배분하는 과정으로 볼 수 있으므로 농지의 취득자가 2년 이상 직접 경작하지 아니한 정당한 사유에 해당한다고 할 것임(조세심판원 2012지0338) → 중병으로 인한 병원생활, 전부 수용도 정당한 사유 → 농지 취득 후, 2년간 쌀소득등보전직접지불금을 전 소유자

				가 수령한 경우에 "농지를 취득하여 2년 이상 경작하지 아니하고 다른 용도로 사용하는 경우"로 보아 처분청이 취득세 등을 추징한 처분은 잘못이 없다고 판단됨(조세심판원 2010지0510)
	농업용 창고 등 취득	취득세(50)	§6②	양잠 또는 버섯재배용 건축물, 고정식 온실, 축사, 축산폐수 및 분뇨처리시설, 창고(저온창고, 상온창고, 농기계보관용창고만 해당), 농산물 선별처리시설
	자경농민이 경작할 목적으로 받는 도로점용, 하천점용 및 공유수면점용의 면허	등록면허세(100)	§6③	
농어촌 귀농인 감면	귀농인이 직접 경작할 목적으로 3년 이내 취득하는 농지 및 농지 조성 목적의 임야	취득세(50)	§6④	• 귀농일 전 1년 이상 농어촌 이외지역 거주하고 농업에 비종사하였을 것+농어촌에 주민등록 전입신고하고 실거주할 것 • 귀농인이 직접 경작할 목적으로 3년 이내에 취득하는 농지 및 농지를 조성하기 위해 취득하는 임야 • 귀농인이 농업에 직접 종사하는 경우를 원칙으로 하되, 농업과 식품산업을 겸업하는 경우에만 감면 인정→ 슈퍼마켓도 해당 • 감면시한(**3년**) 경과 후 자경농민으로 전환되어 감면대상임 ※ 농어촌특별세 비과세 • 추징요건: 귀농일부터 3년 이내 주민등록을 농지소재지 시군구 외의 지역으로 이전하거나 농업 외의 산업에 종사하는 경우, 농지취득일로부터 2년 이내 직접 경작하지 않거나 임야취득일부터

				2년 이내 농지의 조성을 개시하지 아니하는 경우, 3년 이상 직접 경작하지 아니하고 매각·증여하거나 다른 용도로 사용하는 경우
농기계류 감면	농업용에 직접 사용하기 위한 자동경운기등 농업기계화촉진법에 따른 농업기계 → 농업용에 직접 사용하기 위한 자동경운기 등 농기계류에 대해서는 취득세 및 자동차세가 비과세 되는 것이나, 비록 농산물을 운반한다 하더라도 화물자동차를 취득·등록한 경우에는 취득세와 자동차세가 과세됨 (구 내무부 세정 22670- 8100)	취 득 세 (100)	§7①	→ 비록 농업회사법인이 항공방제용 이외의 목적으로 사용이 불가한 항공기를 취득하여 농업용으로 사용한다 하더라도 항공기는 농기계에 해당하지 아니하므로 지방세법 제262조 제1항의 농기계류 등에 대한 취득세 면제대상에 해당하지 아니함 (행정안전부 지방세운영과 -3946)
	농업용수 공급 관정시설	취 득 세 (100)·재산세(100)	§7②	
농지 확대개발 감면	농어촌정비법에 따른 농업생산기반 개량사업 및 농지확대개발사업 시행 관련 개간농지	취 득 세 (100)	§8①	
	농어촌정비법, 한국농어촌공사및농지관리기금법상 교환·분합하는 농지 및 임야	취 득 세 (100)	§8②	
	임업종사자나 임업후계자가 직접 임업을 하기 위하여 교환·분합하는 임야, 보전산지 취득	취 득 세 (100), 취득세(50)	§8③	•보전산지는 99만㎡ 이내
	공유수면매립 또는 간척에 따른 취득농지	취득세(세율 8/1000 적용)	§8④	→ 농지취득을 목적으로 하는 공유수면의 매립준공인가를 받은 자의 원시취득만을 말하고

				승계취득은 제외. 취득시기는 준공인가일(사용허가일이 빠를 때에는 그 때) → 농지를 취득한 후 2년 이내 다른 용도로 사용하면 경감된 취득세액 추징
자영어민 등 감면	직접 어업을 위한 어업권, 어선	취득세(50)	§9①	
	20톤 미만의 소형어선	취득세(100)·재산세(100) 지역자원시설세(100)	§9②	
	출원에 의한 어업권	취득세(100)	§9③	
	어업권 면허 변경등록(설정을 제외한 등록을 말함)	등록면허세(100)	§9③	
농어업인 등 융자관련 감면	**농업협동조합, 농협은행, 수산업협동조합 및 그 중앙회, 산림조합 및 그 중앙회, 신용협동조합 및 그 중앙회, 새마을금고 및 그 중앙회가 농어업인에게 융자할 경우 담보물 등기** (다만, 중앙회 및 농협은행에 대해서는 영농자금·영어자금·영림자금 또는 축산자금을 융자하는 경우로 한정) → 농·수협 등에서 융자를 받는 자가 농·어업인에 해당된다면 담보물 제공자가 융자를 받는 여부에 관계없이 담보물에 관한 등기는 등록세가 면제되는 것이 타당함(구 행정자치부 세정과-704)	등록면허세(75)	§10①	• 농어업인에는 영농·영어조합법인, 농업회사법인 포함. • 금융기관은 농업협동조합, 농협은행, 수협, 산림조합, 신용협동조합, 새마을금고 •저당권등기(담보목적이라면 지상권성정등기 가등기도 포함) → 농업협동조합 등에서 정책자금으로 사용되는 부분을 의미하는 것으로, 그 범위는 농업협동조합중앙회에서 발행하는 영농자금대출확인서 등에 의거 감면 대상 여부에 대하여 사실 확인하여야 할 것이며, 생활안정자금이나 영농과 별도의 운영자금 등은 이에 해당되지 않는다 할 것임(행정안전부 지방세운영과-1014) → 조합 등의 중앙회 및 연합회가 아닌 지역농협 등의 농어업인에게 하는 경우에 제공받는

	→ 농업협동조합으로부터 융자받는 채무자가 농어업인에 해당되지 아니하고 담보제공자가 농어업인이라면 농업협동조합에 제공한 담보물에 관한 등기에 대하여는 등록세가 면제되지 아니함(구 행정자치부 세정13470-474) → 위탁영농회사는 농어민에 해당되지 않아 등록세를 면제될 수 없음(구 내무부 세정 13407-502)			단보물에 관한 등기에 대하여는 자금의 용도에 상관없이 등록세를 감면하여야 할 것임(행정안전부 지방세운영과-7)
	농업, 임업, 축산업 및 양식, 어획 등을 영위하는 농어업인	주민세재산분(100) 종업원분(100)	§10 ②	
농업법인에 대한 감면	영농조합법인과 농업회사법인이 영농에 사용하기 위하여 설립등기 2년 이내 취득하는 부동산, 농업법인의 설립등기	취득세(100)·등록면허세(100)	§11 ①	• 1. 정당한 사유 없이 그 취득일부터 1년이 경과할 때까지 해당 용도로 직접 사용하지 아니하는 경우, 2. 해당 용도로 직접 사용한 기간이 3년 미만인 상태에서 매각·증여하거나 다른 용도로 사용하는 경우에는 추징 → 청구법인은 영농목적으로 취득한 이 건 부동산을 위탁경작방식으로 생산한 고구마의 유통·가공·판매장소로 사용하고 있으므로 구 「지방세법」 제266조 제7항 본문 단서의 규정에 의하여 추징대상이 됨(조세심판원 2009지0566) → 과수원을 농민에게 임대주어 생산하게 하는 것은 농업법인이 직접 사용하는 것이 아니므로 취득세 경감대상에 해당되지 않으나, 농민에게 과수원 경작에
	농업법인의 영농·유통·가공에 직접 사용하기 위하여 취득하는 부동산, 해당 용도에 직접 사용하는 부동산 → 영농조합법인에 대한 감면은 비록 시·도지사가 도시민 유치를 통한 농가의 소득향상 등을 위해 필요한 농촌체험기반 등을 갖추는 "녹색체험마을 조성사업"자로 선정하고 국가가 보조금 등을 지원하고 있다고 하더라도 해당 영농조합법인이 관광객들에게 약초찜질방, 숙박시설 등의 용도로 이용료를 받	취득세(50),재산세(50)	§11 ②	

	고 운영중인 약초체험관으로 사용되는 부동산은 영농·유통·가공에 직접 사용한다고 보기 어려움(행정안전부 지방세운영과-1002)			따른 수수료를 지급하고 영농용역만을 제공받는 경우라면 이는 과수원을 직접사용하는 경우 에 해당한다.(서울특별시청 세제과-5376)
어업법인에 대한 감면	영어조합법인과 어업회사법인이 영어·유통·가공에 직접 사용하기 위하여 취득하는 부동산, 해당 용도에 직접 사용하는 부동산	취득세(50), 재산세(50)	§ 12 ①	• 영어조합법인, 어업회사법인
	어업법인의 설립등기	등록면허세(100)	§ 12 ②	
한국농어촌공사 농업관련 사업 감면	농어촌공사가 농민에게 융자할 시 담보물등기, 토지 임차권등기	등록면허세(100)	§ 13 ①	• 농지관리기금, 자유무역협정이행기금 융자시 • 일몰
	한국농어촌공사 취득소유 부동산, 농지, 농업기반시설용 토지 및 시설물	취득세(100)·재산세(100)	§ 13 ②-1	
	한국농어촌공사 「한국농어촌공사 및 농지관리기금법」 제24조의3제3항에 따라 취득(환매로 취득 포함)하는 부동산	취득세(100)	§ 13 ②-2	
	한국농어촌공사가 「한국농어촌공사 및 농지관리기금법」 제24조의3제1항에 따라 임대하는 부동산	재산세(50)	§ 13 ②-2	
	한국농어촌공사가 자유무역협정 체결관련 법률에 따라 취득하는 농지	취득세(100)	§ 13 ②-3	
	한국농어촌공사가 「농어촌정비법」 제2조 제10호 따른 생활환경정비사업에 직접 사용하기 위한 일시취득 부동산	취득세(30)	§ 13 ②-4	
	한국농어촌공사가 「한국농어촌공사 및 농지관리기	취득세(100)	§ 13 ②-5	

	금법」 제24조의2제2항에 따라 취득하는 농지			
	제2항 제4호에 따라 취득하는 부동산 중 한국농어촌공사가 소유하고 국가 또는 지방자치단체에 무상으로 귀속될 공공 시설물 및 부속토지와 공공시설용지	재산세(100)(재산세 과세특례분 포함)	§13③	
농업협동조합 등의 농어업 관련 사업 감면	농업협동조합중앙회 등이 구매·판매사업 등에 직접 사용하기 위해 취득하는 부동산, 그 사업에 직접 사용하는 부동산	취득세(25), 재산세(25)	§14①	
	농업협동조합 등의 고유업무에 직접 사용하기 위해 취득하는 부동산	취득세(100)·재산세(100)	§14③	→ 임대용 부동산은 제외 → 중앙회에 대해서는 적용× → 생필품(공산품) 등의 판매시설, 일반음식점, 예식장, 양곡판매장(불특정다수를 대상)×
	농업협동조합(조합공동사업법인 포함) 등	주민세 재산분(50) 종업원분(50)	§14④	중앙회에 대해서는 적용×(§14⑤)
농업경제지주회사 등의 구매·판매사업 **등에 대한 감면**	농업경제지주회사와 그 자회사가 구매·판매사업에 직접 사용하기 위하여 취득하는 부동산, 그 사업에 직접 사용하는 부동산	취득세(25), 재산세(25)	§14의2	①구매·판매·보관·가공·무역 사업용 토지와 건축물, ②생산 및 검사 사업용 토지와 건축물, ③농어민 교육시설용 토지와 건축물
농수산물 유통공사 등의 농어업 관련 사업등에	농수산물 유통공사 등의 농수산물 유통사업과 교육훈련시설에 직접 사용하기 위해 취득하는 부동산, 그 시설에 직접 사용하는 부동산	취득세(50), 재산세(50)	§15①	

대한 감면	「지방공기업법」에 따라 농수산물의 원활한 유통 및 적정한 가격의 유지를 목적으로 설립된 지방공사("농수산물공사")가 고유업무에 직접 사용하기 위하여 취득하는 부동산, 법인등기, 고유업무에 직접 사용하는 부동산	순서대로 각 취득세·등록면허세·재산세(각 지방자치단체의 주식소유비율만금 감면)	§15②	→ 본점의 사무실이 농수산물유통시설 내에 설치되어 있다고 하더라도 위 사무실은 농수산물 종 합직판장과 같은 유통시설에 직접 사용되는 시설물에 해당되지 않을 뿐만 아니라 농수산물 유통시설의 운영을 위한 부속시설에 해당된다고 볼 수 없어 이 부분에 대하여는 지방세법상의 감면대상에서 제외된다고 할 것임(감사원 감심 2004-89)
농어촌 주택개량에 대한 감면	주택개량대상자가 해당지역에 거주할 목적으로 취득하는 전용면적 100㎡ 이하 주거용 건축 및 부속토지, 해당 주택	취득세(100)·재산세(100)	§16	→ 부속토지는 건축물 바닥면적의 7배를 초과하지 아니하는 부분 → 재산세 감면은 5년간 적용.

사회복지를 위한 지원

감면제도	내 용	대상세목 및 감 면 율(%)	관련 조문	참 고
장애인용 자동차에 대한 감면	장애인이 보철용·생업활동용으로 사용하기 위한 취득 자동차(배기량 2,000cc 이하, 승차정원 7명 이상 10명 이하 승용자동차, 1톤 이하 화물자동차 등) → 장애인 또는 장애인과 공동으로 등록한 사람이 자동차 등록일부터 1년 이내에 사망, 혼인, 해외이민, 운전면허취소, 그 밖에 이	취득세(100)·자동차세(100)	§17① 지특령 §8①	• 장애인복지법상 장애등급 1급~3급(시각장애는 4급도 포함) • 국가유공자예우법상 국가유공자로서 상이등급 1급~7급 • 5·18민주유공자예우법상 5·18민주화운동부상자로서 신체장애등급 1급~14급 • 고엽제후유증환자지원법상 경도장애 이상등급자 • 장애인 본인 명의이거나 동세대 배우자·직계존비속·형제자매, 장애인 본인의 직계비속의 배우

	와 유사한 부득이한 사유 없이 소유권을 이전하거나 세대를 분가하는 경우에는 면제된 취득세를 추징한다(§17②)			자와 공동명의로 등록할 것. • 영업용/비영업용, 신차/중고차 불문, 다만 최초로 감면신청하는 1대에 한함. 감면받은 자동차를 폐차, 매각하고 새로운 차를 대체취득하고 60일내 종전 자동차를 말소·이전등록하면 감면대상. • 취득세나 자동차세 중 하나만 감면 가능.
한센인 및 한센정착농원에 대한 감면	한센인이 한센정착농원 안의 주거용 건축물, 축사용 부동산, 재활사업 사용 부동산 취득	취득세(100)	§17의2①	• 주택은 전용면적 85㎡ 이하 • 재활사업용 부동산은 한센인정착농원의 대표자나 한센인이 취득하는 경우로 한정
	한센인이 소유하는 한센인정착농원 내의 부동산(제1항 각 호의 부동산)	재산세(100) 지역자원시설세(100)	§17의2②	
한국장애인고용공단에 대한 감면	한국장애인고용공단이 사업에 직접 사용하기 위한 부동산	취득세(100)·재산세(50)	§18	• 수익용 부동산은 제외
어린이집 및 유치원에 대한 감면	영유아보육법에 따른 어린이집 및 유치원을 설치·운영하기 위하여 취득하는 부동산	취득세(100)	§19①	→ 주택 전체를 어린이집으로 운영하기 위해 취득 시 지특법 제19조에 따라 취득세 면제, 일부만 사용시 어린이집 해당부분은 면제하고 주택부분은 요건 충족시 주택거래세 감면 적용(행정안전부 지방세운영과-559)
	해당 부동산 소유자가 유치원 등에 직접 사용하는 부동산	재산세(100)	§19②-1	→ 영유아보육시설의 운영자로서 그 취득한 당해 부동산을 취득일부터 1년 이내에 보육시설로 직접 사용하는 경우만을 의미하고 부동산 소유자가 아닌 제3자가 보육시설을 운영하는 것은 규정에 의한 취득세 등의 면제대상에 해당하지 아니함(조세심판원 2009지1036) → 청구인은 청구인의 배우자와

				이 건 부동산을 각 1/2 지분으로 하여 취득하였지만, 유치원의 설립은 청구인의 배우자 단독 명의로 설립인가를 받아 운영하고 있으므로 청구인은 유치원을 설치·운영하는 자로 보기는 어려움.(조세심판원 2011지0457) → 공동운영자라면 해당함. → 배우자 명의로 영유아보육시설인가를 받은 후 부동산 취득일부터 1년 이내에 당해 보육시설의 대표자를 공동으로 운영하고 있는 청구인 명의로 변경하였다면 취득세 등을 추징할 수 없음(조세심판원 2009지0768.)
	유치원등에 사용하는 부동산으로서 대통령령의 부동산	재 산 세 (100)	§19② -2	1. 해당 부동산의 소유자가 해당 부동산을 영유아어린이집 또는 유치원으로 사용하는 자(이하 "사용자"라 한다)의 배우자 또는 직계혈족으로서 그 운영에 직접 종사하는 경우의 해당 부동산, 2. 해당 부동산의 사용자가 그 배우자 또는 직계혈족과 공동으로 해당 부동산을 소유하는 경우의 해당 부동산, 3. 해당 부동산의 소유자가 종교단체이면서 사용자가 해당 종교단체의 대표자이거나 종교법인인 경우의 해당 부동산
<u>노인복지시설</u>에 대한 감면	노인복지법 제31조에 따른 양로당·경로당 등 **<u>무료</u>**노인복지시설을 위한 취득부동산, 직접 사용하는 부동산, 경로당 사용 부동산	취 득 세 (100)/재산세(50)/재산세·지역자원시설 세 (100)	§20-1호	→노인장기요양법에 따라 입소자가 장기요양수급자로 구성되어서 장기요양급여를 수령하여 운영하는 시설이라면 당해 장기요양급여비용의 일부를 본인이 부담하는 경우에도 무료노인복지시설로 볼 수 있다.
	제1호 외의 노인복지시설	취 득 세	§20-2	

	에 사용하기 위하여 취득하는 부동산, 직접 사용하는 부동산	(25)·재산세(25)	호	
청소년단체 등에 대한 감면	스카우트주관 단체, 한국청소년연맹, 한국해양소년단연맹 등의 고유목적에 직접 사용하기 위한 취득 부동산, 고유업무에 직접 사용하는 부동산	취득세(100)·재산세(100)	§21① - 1,2,3,4	
	청소년활동진흥법에 따라 설치허가를 받은 비영리법인이 청소년수련시설 설치 위한 취득 부동산 및 직접 사용하는 부동산	취득세(100)·재산세(50)	§21②	
사회복지법인 등에 대한 면제	사회복지사업법 등에 따라 설립된 사회복지법인 등이 사회복지사업을 목적으로 해당 사업에 사용하기 위한 취득 부동산	취득세(100)	§22①	• 법인 아닌 사단·재단, 그 밖의 단체 포함 1. 단체의 조직과 운영에 관한 규정(規程)을 가지고 대표자나 관리인을 선임하고 있을 것, 2. 단체의 계산과 명의로 수익과 재산을 독립적으로 소유·관리하고 있을 것, 3. 단체의 수익을 그 구성원에게 분배하지 아니할 것 •추징요건 : 1. 수익사업에 사용하는 경우 2. 정당한 사유 없이 그 취득일부터 3년이 경과할 때까지 해당 용도로 직접 사용하지 아니하는 경우 3. 해당 용도로 직접 사용한 기간이 2년 미만인 상태에서 매각·증여하거나 다른 용도로 사용하는 경우
	사회복지법인 등이 현재 해당사업에 직접 사용하는 부동산(유료제외)	재산세(100) 지역자원시설세(100)	§22②	• 임대의 경우에도 포함.

	사회복지법인등 및 그 사업에 직접 사용하기 위한 면허, 해당법인	등록면허세(100)/주민세재산분(100)·종업원분(100)	§22③	
	사회복지법인등에 전력 등 무료 제공하는 경우(해당 무료분)	지역자원시설세(100)	§22④	
	사회복지사업법에 따른 사회복지법인의 설립등기 및 합병등기, 해당 시설사업장	등록면허세(100)/주민세균등분	§22⑤	
	사회복지법인이 의료기관을 경영하기 위하여 취득하거나 사용하는 부동산	취득세(75, 2017년 이후 50)·재산세(75, 2017년 이후 50)	§22⑥	
출산 및 양육을 위한 지원	18세 미만의 **자녀 3명** 이상을 양육하는 자가 양육을 목적으로 취득하는 자동차 중 먼저 감면 신청하는 1대(대체취득도 포함)	취득세(140만원 이하:100, 140만원 초과:140만원)	§22의2	1. 승차정원이 7명 이상 10명 이하인 승용자동차 2. 1. 외의 승용자동차 3. 승차정원이 15명 이하인 승합자동차 4. 최대적재량이 1톤 이하인 화물자동차 5. 배기량 250cc 이하 이륜자동차 • 배우자가 감면을 받은 경우나 제3자와 공동등록하는 경우는 제외 • 추징요건 : 자동차 등록일부터 1년 이내에 사망, 혼인, 해외이민, 운전면허 취소, 그 밖에 이와 유사한 사유 없이 해당 자동
	다자녀 양육자가 제1항의 어느 하나에 해당하는 자동차를 대체취득(제1항에 따라 취득세를 감면받은 자동차를 말소등록하거나 이전등록하고 다시 취득하는 것)	취득세(140만원 이하:100, 140만원 초과:140만원)		

				차의 소유권을 이전하는 경우
휴면예금관리재단에 대한 면제	휴면예금관리재단의 설립등기	등록면허세(100)	§22의3	• 저소득층 복지사업을 목적으로 설립하는 법인 포함
사회적기업에 대한 감면	고유업무 직접 사용 목적의 취득 부동산, 법인등기, 고유업무에 직접 사용하는 부동산	취득세(50)·등록면허세(50)·재산세(25)	§22의4	• 취득세 추징사유: 사회적기업의 인증이 취소되는 경우, 정당한 사유 없이 그 취득일부터 1년이 경과할 때까지 해당 용도로 직접 사용하지 아니하는 경우, 해당 용도로 직접 사용한 기간이 2년 미만인 상태에서 매각·증여하거나 다른 용도로 사용하는 경우
권익증진 등을 위한 감면	법률구조공단 등 법률구조법인, 한국소비자원이 그 고유업무에 직접 사용하기 위한 취득 부동산, 사용 부동산	취득세(100)·재산세(100)(재산세 과세특례분)	§23	
연금공단 등에 대한 감면	국민연금법상 국민연금공단이 복지증진사업을 하기 위한 부동산	취득세(100)·재산세(100)	§24①-1	일몰
	국민연금법상 국민연기금 증진사업을 하기 위한 부동산	취득세(50)·재산세(50)	§24①-2	일몰
	공무원연금법에 따른 후생복지사업 등 부동산	취득세(100)·재산세(100)	§24②-1	일몰
	공무원연기금 증진 사업 등 부동산	취득세(50)·재산세(50)	§24②-2	일몰
	사립학교 교직원연금법에 따른 교직원 복지사업수행 부동산	취득세(100)·재산세	§24③-1	일몰

		(100)		
	사립학교 교직원연금법에 따른 자산의 운용 등 부동산	취득세(50)·재산세(50)	§24③-2	일몰
근로자 복지를 위한 감면	군인공제회, 경찰공제회, 대한지방행정공제회가 각 회원용 공동주택을 건설하기 위한 부동산	취득세(50)	§25①	일몰
	근로복지기본법에 따른 기금법인의 설립등기 및 변경등기	등록면허세(100)	§25②	
노동조합에 대한 감면	노동조합 및 노동관계조정법에 따라 노동조합이 고유업무에 직접 사용하는 부동산	취득세(100)·재산세(100)	§26	
근로복지공단 지원을 위한 감면	근로복지공단이 근로자복지증진 등 부동산	취득세(100)·재산세(50)	§27①	
	근로복지공단이 근로자의 요양, 의료사업 등 부동산	취득세(100)·재산세(50) 지역자원시설세(50)(재산세 특례분 포함)	§27②	
	근로복지공단 의료사업 및 재활사업 등을 위한 설립법인	주민세 재산분(50) 지방소득세 종업원분(50)	§27②	
산업인력 등 지원을 위한 감면	근로자직업능력개발법에 따른 직업능력개발훈련시설에 직접 사용 토지 및 건축물	취득세(100)·재산세(50)	§28①	일몰
	한국산업안전보건공단 등	취득세	§28②	

	이 교육 및 예방시설에 직접 사용 부동산	(100)·재산세(50)		
	한국산업인력공단이 근로자의 평생학습지원 등에 직접 사용 부동산	취득세(100)·재산세(50)	§28②	
<u>국가유공자 감면</u>	**국가유공자/5.18민주유공자, 특수임무수행자의 대부금 취득 <u>85㎡이하</u> 주택과 그 외 부동산**	취득세(100)	§29①	• 85㎡ 이하 주택의 경우에는 대부금 초과부분도 포함. • 그 외 부동산의 경우에는 대부금 초과부분 제외. → 국가유공자가 주거용 부동산을 <u>취득한 후</u> 국가유공자 등 예우 및 지원에 관한 법률에 의한 <u>대부금으로 취득비용을 변제한 경우</u> 취득세와 등록세를 면제할 수 없음(조세심판원 2009지1015)
	대한상이군경회 등 <u>13개 단체</u>가 취득·소유하는 부동산	취득세(100)·재산세(100) 지역자원시설세(100) 등록면허세(100) 재산세과세특례분(100)	§29②	
	국가유공자 자활용사촌에 거주하는 중상이자와 그 유족 또는 그 단체가 취득·소유하는 자활용사촌 안의 부동산	취득세(100)·재산세(100) 지역자원시설세(100)	§29③	
	국가유공자로서 상이등급 1급부터 7급까지의 판정을 받은 사람 또는 그 밖에 대통령령으로 정하는	취득세 또는 자동차세(100)		

	사람("국가유공자등")이 보철용·생업활동용으로 사용하기 위하여 취득하는 자동차로서 취득세 또는 자동차세 중 어느 하나의 세목에 대하여 먼저 감면 신청하는 1대			
한국보훈복지의료공단 등에 대한 감면	한국보훈복지의료공단이 재활교육 등 업무에 직접 사용 부동산	취득세(100)·재산세(100)	§30①	
	보훈병원이 의료업에 직접 사용하기 위하여 취득하는 부동산, 직접 사용하는 부동산	취득세(100, 2017년부터는 75)/재산세(100, 2017년부터는 75)	§30②	
	독립기념관 업무에 직접 사용 부동산 및 해당 법인	취득세(100)·재산세(100) 주민세 재산분(100)	§30③	
임대주택 등에 대한 감면	임대사업자가 임대할 목적으로 **60㎡** 이하 **공동주택**(부속토지 포함)을 **건축**하는 경우 및 60㎡ 이하 **공동주택·오피스텔**을 **최초 분양**받은 경우 → 단독주택× → 분양을 목적으로 공동주택의 부속토지를 취득한 경우라면, 취득세 납세의무 성립시기인 당해 토지의	취득세(100)	§31①-1	• 국가·지자체·한국토지주택공사·지방공사 • 임대주택법상 주택임대사업등록자(건설·매입임대사업자) • 임대주택법상 임대주택조합 • 취득일(건축허가일×)로부터 60일 이내 임대사업자 등록 • 정당한 사유 없이 2년 이내에 공동주택을 착공하지 아니한 경우는 제외 • 추징사유: 임대의무기간에 대통령령으로 정한 경우(분양전환

	취득시점에 임대할 목적으로 건축하는 공동주택이라는 위 감면요건을 충족하지 못하였다고 할 것이므로 취득시점 이후에 감면요건을 충족하였다고 하더라도 법적 안정성 측면에서 이를 소급하여 적용할 수는 없다고 할 것임(행정안전부 지방세운영과-2758) → 지방세 감면 여부는 지방세 납세의무의 성립시기를 기준으로 감면요건 충족 여부에 따라 판단하여야 할 것이므로 취득세의 경우 취득세 과세물건을 취득하는 시점에서 감면요건의 충족 여부로 판단하여야 할 것으로 취득세 납세의무 성립시기인 당해 토지의 취득시점에 '전용면적 60㎡ 이하'의 감면요건을 충족하여야 할 것(건축허가상 면적을 기준으로 한다)(서울특별시청 세제과-5934)			허가 또는 분양전환승인가) 아닌 사유로 임대 외의 용도로 사용하거나 매각·증여하는 경우 → 임대주택사업자가 임대주택을 임대의무기간 내에 다른 임대사업자에게 매각하여도 취득세 등을 추징하지 아니하는 경우는 임대주택매각당시「임대주택법」제6조에 규정에 의하여 등록된 임대사업자에게 매각하는 경우로 한정함이 타당함(조세심판원 2009지1071) → 최초로 분양받은 부동산 해당 여부(서울특별시 본청 세제과-9737) - 지방세특례제한법 제31조 제1항에서 "건축주"란 당해 부동산의 건축허가 명의인을 일컫는 것이며, "최초 분양"이란 건축물을 신축한 이후 건축주 명의로 소유권보존등기를 하고 최초의 수분양자가 자기 명의로 소유권이전등기를 하는 경우만을 의미한다 할 것이므로, 귀 문에서와 같이 신탁회사가 건축주로서 신탁회사 명의로 보존등기 후 미분양 상태에서 위탁자에게 다시 신탁재산 귀속을 원인으로 소유권을 이전한 다음 위탁자들이 각자 지분대로 공유물분할을 한 경우라면, 임대사업자가 당해 부동산을 임대할 목적으로 취득하더라도 '최초로 분양받은' 부동산에 해당되지 않는 것으로 판단됨. - 원조합원이 도시환경정비사업으로 건축된 주상복합건물의 오피스텔을 취득하는 것은 임대사

				업자등록을 하더라도 소유권보존을 통한 원시취득에 해당된다고 할 것이므로 "최초로 분양받은 경우"에 해당되지 않으므로 취득세 감면대상이 아니다.
	건설임대사업자가 장기임대 목적으로 60㎡ 초과 85㎡ 이하인 **장기임대주택**을 **20호 이상** 취득하는 경우	취득세(25)	§31①-2	• 8년 이상 장기 임대 목적
	20호 이상 장기임대주택 임대사업자가 추가로 장기임대주택을 취득하는 경우	취득세(25)	§31①-2	• 제1항의 추징사유 : 임대의무기간 내에 대통령령에 정한 경우가 아닌 사유로 임대 외의 용도로 사용하거나 매각·증여하는 경우(지특세령제13조①)
	임대사업자가 40㎡ 이하 2세대 이상의 임대용 공동주택을 건축·매입하여 임대하는 경우	재산세(100)·지역자원시설세(100)(재산세 과세특례분 포함)	§31③-1	
	임대사업자가 60㎡ 이하 2세대 이상의 임대용 공동주택을 건축·매입하여 임대하는 경우	재산세(50)·지역자원시설세(100)(재산세 과세특례분 포함)	§31③-2	
	임대사업자가 85㎡ 초과 2세대 이상의 임대용 공동주택을 건축·매입하여 임대하는 경우	재산세(25)	§31③-3	

	한국토지주택공사가 공공주택 특별법에 따라 매입하여 공급하는 다중주택·다가구주택 및 그 부속토지	취득세(100)·재산세(50)	§31④ 령§13③	• 원룸형: 연면적 330㎡ 이하 & 3층 이하 & 독립성 없을 것 • 다가구형: 연면적 660㎡ 이하 & 3층 이하 & 19세대 이하(필로티구조는 층수에서 제외) • 추징사유: 1. 정당한 사유 없이 그 매입일부터 1년이 경과할 때까지 해당 용도로 직접 사용하지 아니하는 경우, 2. 해당 용도로 직접 사용한 기간이 2년 미만인 상태에서 매각·증여하거나 다른 용도로 사용하는 경우
준공 후 미분양주택에 대한 감면	건축업자의 미분양주택의 최초 취득 → 주택을 취득하기 전에 그 주택에 다른 자의 입주 사실이 없어야	취득세(25)	§31의2①	• 사용검사 또는 임시사용승인 후에도 미분양+분양가가 6억원 이하 전용면적이 149㎡ 이하+2011. 12. 31.까지 임대차계약 체결하고 2년 이상 임대시
	임대목적의 매입취득		§31의2②	• 5년 이상 임대할 목적으로 2011. 12. 31.까지 취득시
준공공임대주택 등에 대한 감면	「민간임대주택에 관한 특별법」에 따른 기업형임대주택 및 같은 조 제5호에 따른 준공공임대주택을 임대하려는 자가 국내에 임대 목적의 공동주택을 2세대 이상 건축·매입하거나 준주택 오피스텔을 2세대 이상 매입	재산세(40㎡ 이하: 100, 40 초과 60㎡ 이하: 75, 85㎡ 이하: 50)	§31의3①	
주택임대사업에 투자하는 부동산투	「부동산투자회사법」에 따른 위탁관리 부동산투자회사(해당 부동산투자회사의 발행주식 총수	취득세(30)	§31의4①	• 추징사유: 1. 토지를 취득한 날부터 정당한 사유 없이 2년 이내에 착공하지 아니한 경우, 2. 정당한 사유 없이 해당 부동

자회사에 대한 감면	에 대한 국가, 지방자치단체, 한국토지주택공사 및 지방공사가 단독 또는 공동으로 출자한 것으로 보는 소유주식 수의 비율이 100분의 50을 초과하는 경우)가 임대할 목적으로 취득하는 부동산			산의 매입일부터 1년이 경과할 때까지 해당 용도로 직접 사용하지 아니하는 경우, 3. 해당 용도로 직접 사용한 기간이 2년 미만인 상태에서 매각·증여하거나 다른 용도로 사용하는 경우
소규모공동주택 취득에 대한 감면	한국토지주택공사가 임대를 목적으로 취득하여 소유하는 1구당 건축면적 60㎡ 이하인 공동주택 및 그 부속토지	취득세(50)·재산세(50)	§32①	• 추징사유: 소규모 공동주택용토지를 취득한 날부터 4년 내에 공동주택의 건축을 착공하지 아니하거나 소규모 공동주택이 아닌 용도에 사용하는 경우
	한국토지주택공사가 분양을 목적으로 취득하여 소유하는 1구당 건축면적 60㎡ 이하인 공동주택 및 그 부속토지	취득세(25)	§32②	
방치건축물 사업재개에 대한 감면	「공사중단 장기방치 건축물의 정비 등에 관한 특별조치법」에 따른 공사중단 건축물 정비계획(건축물 완공으로 인한 수익금이 공사중단 건축물 정비기금에 납입되는 경우에 한정)에 따라 한국토지주택공사가 공사재개를 위하여 취득하는 부동산	취득세(35)/ 재산세(25)	§32의2	
서민주택 공급확대를 위한 감면	주택건설사업자가 분양을 목적으로 건축한 60㎡ 이하인 5세대 이상 공동주택과 미분양 등으로 임대용으로 전환하는 경우 공동주택	취득세(100)	§33①	• 일몰(2014.12.31.) • 분양할 목적이므로 입주 사실이 없어야 함. • 주택건설사업자는 건설업 또는 부동산매매업의 사업자등록증을 교부받은 자를 말하는데, 부동산매매업에는 부동산개발업도 포함

<table>
<tr>
<td rowspan="2"></td>
<td>→ 공동주택을 건축하는 경우, 통상적으로 주택건설사업자는 먼저 신축할 공동주택의 부속토지를 취득한 다음 분양용 공동주택을 신축 취득하는 과정을 가지는 것에 비추어 토지부분은 이미 취득 당시에 취득세 등의 납부의무가 성립하였다고 할 것이다. 따라서 위 규정 취득세 면제대상인'건축한 공동주택'이란 사회통념상 신축 취득하는 공동주택만을 의미하고 그 부지는 건축한 공동주택에 포함되지 않는다.(행정자치부심사 2006-0299)</td>
<td></td>
<td></td>
<td>된다.(서울특별시청 세제과-2545)

→ 주택건설사업자에는 재개발·재건축조합과 같은 정비사업조합도 해당된다.</td>
</tr>
<tr>
<td>40㎡ 이하인 주거용 건축물 및 그 부속토지로서 취득가액이 1억원 미만이며 1가구 1주택인 경우</td>
<td>취 득 세 (100)</td>
<td>§33②</td>
<td>• 승계취득에 한함,
신축취득, 상속은 제외.
• 해당 주택을 취득한 날부터 60일 이내에 종전 주택을 증여 외의 사유로 매각하여 1가구1주택이 되는 경우를 포함한다.</td>
</tr>
<tr>
<td rowspan="2">주택분양 보증 등에 대한 감면</td>
<td>대한주택보증주식회사가 주택에 대한 분양보증을 이행하기 위해 취득하는 건축물로서 분양계약이 된 주거용 건축물 및 그 부속토지</td>
<td>취 득 세 (50)</td>
<td>§34①</td>
<td></td>
</tr>
<tr>
<td>부동산투자회사가 임대목적으로 취득하는 주택</td>
<td>취 득 세 (100)·
재 산 세 (1000분의1 적용)</td>
<td>§34④</td>
<td>• 일몰(2014.12.31.까지)
• ①②의 계약을 모두 체결해야
①부동산투자회사가 전용면적 85제곱미터 이하의 1가구1주택자의 주택을 매입(주택지분의 일부를 매입하는 경우를 포함)하여 해당 주택의 양도인에게 임대하되,
그 임대기간을 5년 이상으로 하는 계약
②임대기간 종료 후 양도인이 해당</td>
</tr>
</table>

				주택을 우선적으로 재매입(임대기간 종료 이전이라도 양도인이 재매입하는 경우를 포함한다)할 수 있는 권리를 부여하는 계약
	「부동산투자회사법」에 따른 기업구조조정 부동산투자회사 또는 「자본시장과 금융투자업에 관한 법률」에 따른 부동산집합투자기구가 「주택법」에 따른 사업주체로부터 직접 취득하는 미분양주택 및 그 부속토지	취 득 세(50)	§34⑦	정부의 4·1 부동산 대책 후속조치로 리츠가 취득하는 미분양주택에 대한 세제지원 신설 • 면적제한이 없음
주택담보노후연금보증대상주택에 대한 감면	한국주택금융공사와 주택금융운영위원회가 연금보증의 보증기준에 해당되는 주택을 담보로 하는 등기	등록면허세(100)	§35①	
	주택담보노후연금보증을 위하여 담보로 제공된 주택, 금융기관으로부터 연금 방식으로 생활자금 등을 지급받기 위하여 장기주택저당대출에 가입한 사람이 담보로 제공하는 주택	재 산 세(25)	§35②③	
농업인의 노후생활안정자금대상 농지에 대한 감면	「한국농어촌공사 및 농지관리기금법」 제24조의5에 따른 노후생활안정자금을 지원받기 위하여 담보로 제공된 농지	재 산 세(100)	§35의2	
무주택자주택공급사업지원을 위한	한국사랑의집짓기운동연합회가 무주택자에게 분양할 목적으로 취득하는 주택건축용 부동산,	취 득 세(100)/재 산 세(100)	§36	• 추징사유: 취득일부터 2년 이내에 정당한 사유 없이 주택건축을 착공하지 아니하거나 다른 용도에 사용하는 경우

감면	상기 부동산 중 그 업무에 직접 사용하는 부동산		§36	
공공의료기관에 대한 감면	서울대학교병원을 포함한 6개 병원이 그 고유업무를 위해 직접 사용하는 부동산	취득세(100, 2017년부터 75)·재산세(100, 2017년부터 75)	§37	
의료법인 등에 대한 과세특례 지방의료원에 대한 감면 종교재단법인의 의료업	의료법인이 의료업을 위해 **직접** 취득·사용하는 부동산(특별시·광역시 및 도청소재지인 시 지역내 의료법인은 종전 취득세(1천분의20)만 감면)	취득세(75, 2017년부터 50)·재산세(75, 2017년부터 50)	§38①	• 비영리법인 제외 • 장례식장은 × • 병원 구외의 임직원용 기숙사 × → 의료법인은 의료업무 외에「장사 등에 관한 법률」제25조 제1항에 따른 장례식장의 설치·운영을 부대사업으로 할 수 있다고 규정하고 있다고 할지라도, 장례식장의 설치 운영 사업은 의료법인의 부대사업일 뿐이므로 지방세 감면대상인 의료업에 해당되지 아니함(조세심판원 2011지0495) → 병원에 근무하는 의사 등의 복리후생을 위하여 기숙사 용도로 사용하고 있으므로 의료업에 직접 사용하는 부동산으로 보기 어려우므로 면제한 취득세 등을 부과함이 타당함(조세심판원2010지0299) → 의과대학부속병원으로 취득한 건물의 일부를 식당, 편의점, 커피점 등의 용도로 제3자에게 임대한 경우 수익사업에 사용하는 것으로 보아 기 면제한 취득세 등을 부과고지하는 것이 타당함(조세심판원 2010지0263)
	의과대학 등의 부속병원	주민세 재산분	§38	

		및 종업원 분(100)		
	지방의료원 의료업에 직접 사용 목적 취득의 부동산	취득세(100, 2017년부터 75) 재산세(100, 2017년부터 75)	§38③	
	종교목적 **재단법인**이 설립한 의료기관이 의료업 사용 목적의 취득 부동산	취득세, 재산세 감면(조례위임)	§38④	
국민건강보험사업 지원을 위한 감면	국민건강보험공단이 의료시설 등 업무를 위해 직접 사용하는 부동산	취득세(100)·재산세(50)	§39①-1	일몰(2014.12.31.)
	국민건강보험공단이 자산의 관리·운영 및 증식사업을 위해 직접 사용하는 부동산	취득세(50)·재산세(50)	§39①-2	
	건강보험심사평가원이 요양급여비용심사업무를 위해 직접 사용하는 부동산	취득세(100)·재산세(50)	§39②-1	
	건강보험심사평가원이 요양급여의 적정성에 대한 평가업무를 위해 직접 사용하는 부동산	취득세(50)·재산세(25)	§39②-2	
국민건강증진사업자에 대한 감면	인구보건복지협회, 한국건강관리협회, 대한결핵협회의 고유업무를 위해 직접 사용하는 부동산	취득세(100)·재산세(100)	§40	
주택거래에 대한 취득세의 감면	유상거래: 취득가액이 9억원 이하이고 일시적 2주택이나 1주택이 되는 경우	취득세(75)	§40의2	2013. 6. 30.까지 적용. 2013. 7. 1.~2013. 12. 31.까지는 50% 감면

		취득가액 9억 초과~12억원 이하 1주택자 또는 다주택자	취득세(50)		2013. 7. 1. 이후에는 감면 없음
		취득가액이 12억원 초과 주택이 되는 경우	취득세(25)		
대한적십자사에 대한 감면	「대한적십자사 조직법」에 따른 대한적십자사가 그 고유업무에 직접 사용하기 위하여 취득하는 부동산(임대용 부동산은 제외)		취득세(100)·재산세(100)	§40의3	의료사업, 의료외 사업 모두 포함

※ 주택 취득세율과 관련한 법령 종합

지방세법 제11조(부동산 취득의 세율) ① 부동산에 대한 취득세는 제10조의 과세표준에 다음 각 호에 해당하는 표준세율을 적용하여 계산한 금액을 그 세액으로 한다. <개정 2015.7.24.>

8. 제7호 나목에도 불구하고 유상거래를 원인으로 제10조에 따른 취득 당시의 가액이 6억원 이하인 주택[「주택법」 제2조제1호에 따른 주택으로서 「건축법」 제38조에 따른 건축물대장에 주택으로 기재되고, 건축물의 용도가 주거용{「영유아보육법」 제10조제5호에 따른 가정어린이집, 「아동복지법」 제52조제1항제4호 및 제8호에 따른 공동생활가정·지역아동센터(같은 조 제2항에 따라 통합하여 설치한 경우를 포함한다) 및 「노인복지법」 제31조에 따른 노인복지시설로서 주거용으로 사용되는 시설은 제외한다}으로 사용하는 건축물과 그 부속토지를 말한다. 이하 이 조에서 같다]을 취득하는 경우에는 1천분의 10의 세율을, 6억원 초과 9억원 이하의 주택을 취득하는 경우에는 1천분의 20의 세율을, 9억원 초과 주택을 취득하는 경우에는 1천분의 30의 세율을 각각 적용한다. 이 경우 지분으로 취득한 주택의 취득 당시의 가액은 다음의 계산식에 따라 산출한 전체 주택의 취득 당시의 가액으로 한다.

$$\text{전체 주택의 취득 당시의 가액} = \text{취득 지분의 취득 당시의 가액} \times \frac{\text{전체 주택의 시가표준액}}{\text{취득 지분의 시가표준액}}$$

지방세법 제15조(세율의 특례) ① 다음 각 호의 어느 하나에 해당하는 취득에 대한 취득세는 제11조 및 제12조에 따른 세율에서 중과기준세율을 뺀 세율로 산출한 금액을 그 세액으로 하되, 제11조제1항제8호에 따른 주택의 취득에 대한 취득세는 해당 세율에 100분의 50을 곱한 세율을 적용하여 산출한 금액을 그 세액으로 한다. 다만, 취득물건이 제13조제2항에 해당하는 경우에는 이 항 각 호 외의 부분 본문의 계산방법으로 산출한 세율의 100분의 300을 적용한다. <개정 2015.12.29.>

2. 상속으로 인한 취득 중 다음 각 목의 어느 하나에 해당하는 취득
   가. 대통령령으로 정하는 1가구 1주택 및 그 부속토지의 취득

지방세법 제13조(과밀억제권역 안 취득 등 중과) ⑤ 다음 각 호의 어느 하나에 해당하는 부동산등을 취득하는 경우(별장 등을 구분하여 그 일부를 취득하는 경우를 포함한다)의 취득세는 제11조 및 제12조의 세율과 중과기준세율의 100분의 400을 합한 세율을 적용하여 계산한 금액을 그 세액으로 한다. 이 경우 골프장은 그 시설을 갖추어 「체육시설의 설치·이용에 관한 법률」에 따라 체육시설업의 등록(시설을 증설하여 변경등록하는 경우를 포함한다. 이하 이 항에서 같다)을 하는 경우뿐만 아니라 등록을 하지 아니하더라도 사실상 골프장으로 사용하는 경우에도 적용하며, 별장·고급오락장에 부속된 토지의 경계가 명확하지 아니할 때에는 그 건축물 바닥면적의 10배에 해당하는 토지를 그 부속토지로 본다.

3. **고급주택**: 주거용 건축물 또는 그 부속토지의 면적과 가액이 대통령령으로 정하는 기준을 초과하거나 해당 건축물에 67제곱미터 이상의 수영장 등 대통령령으로 정하는 부대시설을 설치한 주거용 건축물과 그 부속토지. 다만, 주거용 건축물을 취득한 날부터 30일[상속으로 인한 경우는 상속개시일이 속하는 달의 말일부터, 실종으로 인한 경우는 실종선고일이 속하는 달의 말일부터 각각 6개월(납세자가 외국에 주소를 둔 경우에는 각각 9개월)] 이내에 주거용이 아닌 용도로 사용하거나 고급주택이 아닌 용도로 사용하기 위하여 용도변경공사를 착공하는 경우는 제외한다.

지방세법시행령 제28조(별장등의 범위와 적용기준) ④ 법 제13조제5항제3호에 따라 고급주택으로 보는 주거용 건축물과 그 부속토지는 다음 각 호의 어느 하나에 해당하는 것으로 한다. 다만, 제1호·제2호·제2호의2 및 제4호에서 정하는 주거용 건축물과 그 부속토지 또는 공동주택과 그 부속토지는 법 제4조제1항에 따른 취득 당시의 시가표준액이 6억원을 초과하는 경우만 해당한다.

1. 1구의 건축물의 연면적(주차장면적은 제외한다)이 331제곱미터를 초과하는 것으로서 그 건축물의 가액이 9천만원을 초과하는 주거용 건축물과 그 부속토지
2. 1구의 건축물의 대지면적이 662제곱미터를 초과하는 것으로서 그 건축물의 가액이 9천만원을 초과하는 주거용 건축물과 그 부속토지

2의2. 1구의 건축물에 엘리베이터(적재하중 200킬로그램 이하의 소형엘리베이터는 제외한다)가 설치된 주거용 건축물과 그 부속토지(공동주택과 그 부속토지는 제외한다)

3. 1구의 건축물에 에스컬레이터 또는 67제곱미터 이상의 수영장 중 1개 이상의 시설이 설치된 주거용 건축물과 그 부속토지(공동주택과 그 부속토지는 제외한다)
4. 1구의 공동주택(여러 가구가 한 건축물에 거주할 수 있도록 건축된 다가구용 주택을 포함하되, 이 경우 한 가구가 독립하여 거주할 수 있도록 구획된 부분을 각각 1구의 건축물로 본다)의 건축물 연면적(공용면적은 제외한다)이 245제곱미터(복층형은 274제곱미터로 하되, 한 층의 면적이 245제곱미터를 초과하는 것은 제외한다)를 초과하는 공동주택과 그 부속토지

지방세특례제한법 제33조(주택 공급 확대를 위한 감면) ① 대통령령으로 정하는 주택건설사업자가 공동주택(해당 공동주택의 부대시설 및 복리시설을 포함하되, 분양하거나 임대하는 복리시설은 제외한다. 이하 이 조에서 같다)을 분양할 목적으로 건축한 전용면적 60제곱미터 이하인 5세대 이상의 공동주택(해당 공동주택의 부속토지를 제외한다. 이하 이 항에서 같다)과 그 공동주택을 건축한 후 미분양 등의 사유로 제31조에 따른 임대용으로 전환하는 경우 그 공동주택에 대해서는 2014년 12월 31일까지 취득세를 면제한다. <개정 2014.1.1.> → 일몰

② 대통령령으로 정하는 서민주택을 취득[상속으로 인한 취득 및 원시취득은 제외한다]하여 대통령령으로 정하는 1가구 1주택에 해당하는 경우(해당 주택을 취득한 날부터 60일 이내에 종전 주택을 증여 외의 사유로 매각하여 1가구 1주택이 되는 경우를 포함한다)에는 취득세를 2018년 12월 31일까지 면제한다. <개정 2015.12.29.> → 매매나 증여의 경우

지방세특례제한법시행령 제15조(주택건설사업자의 범위 등) ① 법 제33조제1항에서 "대통령령으로 정하는 주택건설사업자"란 다음 각 호의 어느 하나에 해당하는 자를 말한다. <개정 2013.6.28>

1. 해당 건축물의 사용승인서를 내주는 날 이전에 「부가가치세법」 제8조에 따라 **건설업 또는 부동산매매업**의 사업자등록증을 교부받거나 같은 법 시행령 제8조에 따라 고유번호를 부여받은 자
2. 「주택법」 제9조제1항제6호에 따른 고용자

② 법 제33조제2항에서 "대통령령으로 정하는 **서민주택**"(*)이란 연면적 또는 전용면적이 **40제곱미터 이하인 주거용 건축물 및 그 부속토지** 로서 취득가액이 **1억원 미만**인 것을 말한다.

③ 법 제33조제2항에서 "대통령령으로 정하는 1가구 1주택"이란 취득일 현재 세대별 주민등록표에 기재되어 있는 세대주와 그 가족(동거인은 제외한다)으로 구성된 1가구(세대주의 배우자와 미혼인 30세 미만의 직계비속은 같은 세대별 주민등록표에 기재되어 있지 아니하더라도 같은 가구에 속한 것으로 본다)가 국내에 1개의 주택을 소유하는 것을 말한다. 이 경우 65세 이상인 직계존속, 「국가유공자 등 예우 및 지원에 관한 법률」에 따른 국가유공자(상이등급 1급부터 7급까지의 판정을 받은 국가유공자만 해당한다)인 직계

존속 또는 「장애인복지법」에 따라 등록한 장애인(장애등급 1급부터 3급까지의 장애인만 해당한다)인 직계존속을 부양하고 있는 사람은 같은 세대별 주민등록표에 기재되어 있더라도 같은 가구에 속하지 아니하는 것으로 본다.
→ 미혼·기혼, 연령, 동거 여부 불문하고 직계비속이 서민주택을 취득하면 취득세 면제

(*) 단독 · 공동주택 불문, 승계취득만 해당, 다만 상속은 제외(지세법제15조 특례 적용)한다.

지방세특례제한법 제74조(도시개발사업 등에 대한 감면) ① 「도시개발법」에 따른 도시개발사업과 「도시 및 주거환경정비법」에 따른 정비사업(주택재개발사업 및 도시환경정비사업으로 한정한다)의 시행으로 해당 사업의 대상이 되는 부동산의 소유자(상속인을 포함한다)가 환지계획 및 토지상환채권에 따라 취득하는 토지, 관리처분계획에 따라 취득하는 토지 및 건축물(이하 이 항에서 "환지계획 등에 따른 취득부동산"이라 한다)과 사업시행자가 취득하는 체비지 또는 보류지에 대해서는 취득세를 2019년 12월 31일까지 면제한다. 다만, 다음 각 호에 해당하는 부동산에 대해서는 취득세를 부과한다. <개정 2014.12.31.>
1. 환지계획 등에 따른 취득부동산의 가액 합계액이 종전의 부동산 가액의 합계액을 초과하여 「도시 및 주거환경정비법」 등 관계 법령에 따라 청산금을 부담하는 경우에는 그 청산금에 상당하는 부동산
2. 환지계획 등에 따른 취득부동산의 가액 합계액이 종전의 부동산 가액 합계액을 초과하는 경우에는 그 초과액에 상당하는 부동산. 이 경우 사업시행인가(승계취득일 현재 취득부동산 소재지가 「소득세법」 제104조의2제1항에 따른 지정지역으로 지정된 경우에는 도시개발구역 지정 또는 정비구역 지정) 이후 환지 이전에 부동산을 승계취득한 자로 한정한다.

② 제1항제2호의 초과액의 산정 기준과 방법 등은 대통령령으로 정한다.

③ 「도시 및 주거환경정비법」에 따른 주택재개발사업과 주거환경개선사업의 시행에 따라 취득하는 다음 각 호의 어느 하나에 해당하는 부동산에 대해서는 취득세를 2016년 12월 31일(제4호 및 제5호의 경우에는 각각 2018년 12월 31일)까지 각각 면제한다. 다만, 그 취득일부터 5년 이내에 「지방세법」 제13조제5항에 따른 과세대상이 되거나 관계 법령을 위반하여 건축한 경우에는 면제된 취득세를 추징한다. <개정 2015.12.29.>
1. 「도시 및 주거환경정비법」 제8조에 따른 주택재개발사업의 시행자가 같은 법 제2조제2호나목에 따른 주택재개발사업의 대지 조성을 위하여 취득하는 부동산
2. 「도시 및 주거환경정비법」 제8조에 따른 주택재개발사업의 시행자가 같은 법 제48조에 따른 해당 사업의 관리처분계획에 따라 취득하는 주택
3. 「도시 및 주거환경정비법」 제7조에 따른 주거환경개선사업의 시행자가 같은 법 제2조제2호가목에 따른 주거환경개선사업의 시행을 위하여 취득하는

주택

4. 「도시 및 주거환경정비법」에 따른 주택재개발사업의 정비구역지정 고시일 현재 부동산을 소유한 자가 제1호에 따른 주택재개발사업의 시행자로부터 취득하는 전용면적 85제곱미터 이하의 주택(같은 법에 따라 청산금을 부담하는 경우에는 그 청산금에 상당하는 부동산을 포함한다)
5. 「도시 및 주거환경정비법」에 따른 정비구역지정 고시일 현재 부동산을 소유하는 자가 같은 법 제6조제1항제1호에 따라 스스로 개량하는 방법으로 취득하는 주택 또는 같은 법 제6조제1항제3호에 따른 주거환경개선사업의 시행자로부터 취득하는 전용면적 85제곱미터 이하의 주택

민간임대주택에 관한 특별법 제2조 (정의) 이 법에서 사용하는 용어의 뜻은 다음과 같다.

1. "민간임대주택"이란 임대 목적으로 제공하는 주택[토지를 임차하여 건설된 주택 및 오피스텔 등 대통령령으로 정하는 준주택(이하 "준주택"이라 한다)을 포함한다. 이하 같다]으로서 임대사업자가 제5조에 따라 등록한 주택을 말하며, 민간건설임대주택과 민간매입임대주택으로 구분한다.
2. "민간건설임대주택"이란 다음 각 목의 어느 하나에 해당하는 민간임대주택을 말한다.
   가. 임대사업자가 임대를 목적으로 건설하여 임대하는 주택
   나. 「주택법」 제9조에 따라 등록한 주택건설사업자가 같은 법 제16조에 따라 사업계획승인을 받아 건설한 주택 중 사용검사 때까지 분양되지 아니하여 임대하는 주택
3. "민간매입임대주택"이란 임대사업자가 매매 등으로 소유권을 취득하여 임대하는 민간임대주택을 말한다.
4. "기업형임대주택"이란 기업형임대사업자가 **8년** 이상 임대할 목적으로 취득하여 임대하는 민간임대주택을 말한다.
5. "준공공임대주택"이란 일반형임대사업자가 8년 이상 임대할 목적으로 취득하여 임대하는 민간임대주택을 말한다.
6. "단기임대주택"이란 일반형임대사업자가 **4년** 이상 임대할 목적으로 취득하여 임대하는 민간임대주택을 말한다.
7. "임대사업자"란 「공공주택 특별법」 제4조제1항에 따른 공공주택사업자(이하 "공공주택사업자"라 한다)가 아닌 자로서 주택을 임대하는 사업을 할 목적으로 제5조에 따라 등록한 자를 말하며, 기업형임대사업자와 일반형임대사업자로 구분한다.
8. "기업형임대사업자"란 8년 이상 임대할 목적으로 100호 이상으로서 대통령령으로 정하는 호수 이상의 민간임대주택을 취득하였거나 취득하려는 임대사업자를 말한다.
9. "일반형임대사업자"란 기업형임대사업자가 아닌 임대사업자로서 1호 이상의 민간임대주택을 취득하였거나 취득하려는 임대사업자를 말한다.

지방세특례제한법 제31조(임대주택 등에 대한 감면) ① 「공공주택 특별법」에 따른 공공주택사업자 및 「민간임대주택에 관한 특별법」에 따른 임대사업자(임대용 부동산 취득일부터 60일 이내에 임대사업자로 등록한 경우를 포함한다. 이하 이 조에서 "임대사업자"라 한다)가 임대할 목적으로 공동주택(해당 공동주택의 부대시설 및 임대수익금 전액을 임대주택관리비로 충당하는 임대용 복리시설을 포함한다. 이하 이 조에서 같다)을 건축하는 경우 그 공동주택과 임대사업자가 임대할 목적으로 건축주로부터 공동주택 또는 「민간임대주택에 관한 특별법」 제2조제1호에 따른 준주택 중 오피스텔(그 부속토지를 포함한다. 이하 이 조에서 "오피스텔"이라 한다)을 최초로 분양받은 경우 그 공동주택 또는 오피스텔에 대해서는 다음 각 호에서 정하는 바에 따라 지방세를 2018년 12월 31일까지 감면한다. 다만, 토지를 취득한 날부터 정당한 사유 없이 2년 이내에 공동주택을 착공하지 아니한 경우는 제외한다. <개정 2015.12.29.>

1. 전용면적 60제곱미터 이하인 공동주택 또는 오피스텔을 취득하는 경우에는 취득세를 면제한다.
2. 「민간임대주택에 관한 특별법」 또는 「공공주택 특별법」에 따라 8년 이상의 장기임대 목적으로 전용면적 60제곱미터 초과 85제곱미터 이하인 임대주택(이하 이 조에서 "장기임대주택"이라 한다)을 20호 이상 취득하거나, 20호 이상의 장기임대주택을 보유한 임대사업자가 추가로 장기임대주택을 취득하는 경우(추가로 취득한 결과로 20호 이상을 보유하게 되었을 때에는 그 20호부터 초과분까지를 포함한다)에는 취득세의 100분의 50을 경감한다.

② 제1항을 적용할 때 「민간임대주택에 관한 특별법」 제43조제1항 또는 「공공주택 특별법」 제50조의2제1항에 따른 임대의무기간에 대통령령으로 정한 경우(*)가 아닌 사유로 임대 외의 용도로 사용하거나 매각·증여하는 경우에는 감면된 취득세를 추징한다. <개정 2015.8.28.>

③ 대통령령으로 정하는 임대사업자 등이 국내에 2세대 이상의 임대용 공동주택을 건축·매입하거나 오피스텔을 매입하여 과세기준일 현재 임대 목적에 직접 사용하는 경우에는 다음 각 호에서 정하는 바에 따라 재산세를 2018년 12월 31일까지 감면한다. <개정 2015.12.29.>

1. 전용면적 40제곱미터 이하인 「공공주택 특별법」 제50조의2제1항에 따라 30년 이상 임대 목적의 공동주택에 대해서는 재산세(「지방세법」 제112조에 따른 부과액을 포함한다)와 「지방세법」 제146조제2항에 따른 지역자원시설세를 각각 면제한다.
2. 전용면적 60제곱미터 이하인 임대목적의 공동주택 또는 오피스텔에 대해서는 재산세(「지방세법」 제112조에 따른 부과액을 포함한다)의 100분의 50을 경감하고, 「지방세법」 제146조제2항에 따른 지역자원시설세를 면제한다.
3. 전용면적 85제곱미터 이하인 임대목적의 공동주택 또는 오피스텔에 대해서는 재산세의 100분의 25를 경감한다.

④ 「한국토지주택공사법」에 따라 설립된 한국토지주택공사(이하 "한국토지주

택공사"라 한다)가 「공공주택 특별법」 제43조제1항에 따라 매입하여 공급하는 것으로서 대통령령으로 정하는 주택에 대해서는 취득세 및 재산세의 100분의 50을 각각 2016년 12월 31일까지 경감한다. 다만, 다음 각 호의 어느 하나에 해당하는 경우 그 해당 부분에 대해서는 경감된 취득세 및 재산세를 추징한다. <개정 2015.12.29.>

1. 정당한 사유 없이 그 매입일부터 1년이 경과할 때까지 해당 용도로 직접 사용하지 아니하는 경우
2. 해당 용도로 직접 사용한 기간이 2년 미만인 상태에서 매각·증여하거나 다른 용도로 사용하는 경우

⑤ 삭제 <2011.12.31.>

지방세특례제한법시행령 제13조(추징이 제외되는 임대의무기간 내 분양 등)

① 법 제31조제2항에서 "대통령령으로 정한 경우"란 「민간임대주택에 관한 특별법」 제43조제4항 또는 「공공주택 특별법 시행령」 제54조제2항제1호 및 제2호에서 정하는 경우를 말한다. <개정 2015.12.28>

② 법 제31조제3항 각 호 외의 부분에서 "대통령령으로 정하는 임대사업자 등"이란 다음 각 호의 어느 하나에 해당하는 자를 말한다. <개정 2013.6.28., 2015.12.28>

1. 주택건설사업자(해당 건축물의 사용승인서를 내주는 날 또는 매입일 이전에 「부가가치세법」 제8조에 따라 건설업 또는 부동산매매업의 사업자등록증을 교부받거나 같은 법 시행령 제8조에 따라 고유번호를 부여받은 자를 말한다)
2. 「주택법」 제9조제1항제6호에 따른 고용자
3. 「민간임대주택에 관한 특별법」 제2조제7호의 임대사업자 또는 「공공주택 특별법」 제4조에 따른 공공주택사업자

③ 법 제31조제4항 각 호 외의 부분 본문에서 "대통령령으로 정하는 주거용 건축물 및 그 부속토지"란 「건축법 시행령」 별표 1 제1호나목의 다중주택 및 그 부속토지와 같은 호 다목의 다가구주택 및 그 부속토지를 말한다. <개정 2011.12.31.>

민간임대주택에 관한 특별법 제43조 (임대의무기간 및 양도 등) ④ 제1항에도 불구하고 임대사업자는 부도, 파산, 그 밖의 대통령령으로 정하는 경제적 사정 등으로 임대를 계속할 수 없는 경우에는 임대의무기간 중에도 대통령령으로 정하는 바에 따라 시장·군수·구청장에게 허가를 받아 임대사업자가 아닌 자에게 민간임대주택을 양도할 수 있다. 〈 시행 2015.12.29, 전부개정 2015.8.28. 〉

민간임대주택에 관한 특별법시행령 제34조 (민간임대주택의 임대의무기간 등) ② 법 제43조제4항에서 "대통령령으로 정하는 경제적 사정"이란 다음 각 호의 어느 하나에 해당하는 경우를 말한다. 다만, 제3호 및 제4호는 기업형임대주택사업자인 경우로 한정한다.

1. 2년 연속 적자가 발생한 경우
2. 2년 연속 부(負)의 영업현금흐름이 발생한 경우
3. 최근 12개월간 해당 임대사업자의 전체 민간임대주택 중 임대되지 아니한 주택이 20퍼센트 이상이고 같은 기간 동안 특정 민간임대주택이 계속하여 임대되지 아니한 경우
4. 관계 법령에 따라 재개발, 재건축 등으로 민간임대주택의 철거가 예정되어 민간임대사업을 계속하기 곤란한 경우

지방세특례제한법 제31조의2(준공 후 미분양 주택에 대한 감면) ① 「주택법」 제38조제1항에 따른 사업주체가 분양하는 다음 각 호의 요건을 모두 갖춘 주택(이하 이 조에서 "준공 후 미분양 주택"이라 한다)을 2016년 12월 31일까지 최초로 취득하는 경우 취득세의 100분의 25를 경감한다. <개정 2015.12.29.>

1. 「주택법」 제29조 또는 「건축법」 제22조에 따른 사용검사 또는 임시사용승인을 받은 후에도 분양되지 아니한 주택일 것
2. 「주택법」에 따른 입주자 모집공고에 공시된 분양가격이 6억원 이하이며, 전용면적이 149제곱미터 이하의 주택(주거용 건축물 및 그 부속토지를 포함한다)으로서 실제 입주한 사실이 없을 것
3. 2011년 12월 31일까지 임대차계약을 체결하고 2년 이상 임대하였을 것

② 제1항제1호 및 제2호의 요건을 갖춘 준공 후 미분양 주택을 5년 이상 임대할 목적으로 2011년 12월 31일까지 취득하는 경우 취득세의 100분의 25를 경감한다. 다만, 정당한 사유 없이 임대한 기간이 5년 미만인 상태에서 매각·증여하거나 다른 용도로 사용하는 경우에는 경감된 취득세를 추징한다.

지방세특례제한법 제32조(한국토지주택공사의 소규모 공동주택 취득에 대한 감면 등) ① 한국토지주택공사가 임대를 목적으로 취득하여 소유하는 대통령령으로 정하는 소규모 공동주택(이하 이 조에서 "소규모 공동주택"이라 한다)용 부동산에 대해서는 취득세 및 재산세의 100분의 50을 각각 2016년 12월 31일까지 경감한다. <개정 2015.12.29.>

② 한국토지주택공사가 분양을 목적으로 취득하는 소규모 공동주택용 부동산에 대해서는 취득세의 100분의 25를 2016년 12월 31일까지 경감한다. <개정 2014.12.31.>

③ 제1항 또는 제2항을 적용할 때 토지를 취득한 후 대통령령으로 정하는 기간에 소규모 공동주택의 건축을 착공하지 아니하거나 소규모 공동주택이 아닌 용도에 사용하는 경우 그 해당 부분에 대해서는 감면된 취득세 및 재산세를 추징한다. <개정 2015.12.29.>

지방세특례제한법시행령 제14조(소규모 공동주택의 범위 등) ① 법 제32조제1항에 따른 소규모 공동주택용 부동산은 1구(1세대가 독립하여 구분 사용할 수 있도록 구획된 부분을 말한다. 이하 같다)당 건축면적(전용면적을 말한다)이 60제곱미터 이하인 공동주택(해당 공동주택의 입주자가 공동으로 사용하는 부대

시설 및 공공용으로 사용하는 토지와 영구임대주택단지 안의 복리시설 중 임대수익금 전액을 임대주택 관리비로 충당하는 시설을 포함한다) 및 그 부속토지(관계 법령에 따라 국가 또는 지방자치단체에 무상으로 귀속될 공공시설용지를 포함한다)를 말한다.

② 법 제32조제3항에서 "대통령령으로 정하는 기간"이란 제1항에 따른 소규모 공동주택용 토지를 취득한 날(토지를 일시에 취득하지 아니하는 경우에는 최종 취득일을 말하며, 최종 취득일 이전에 사업계획을 승인받은 경우에는 그 사업계획승인일을 말한다)부터 **4년**을 말한다.

* 주택임대사업자 등록의 장단점 - 아파트, 오피스텔 등 수분양자

① 장점 : 조건부 지방세 감면, 2주택자의 경우 양도세 비과세 혜택, 종부세에서 제외

② 단점 : 구청과 세무서에 임대사업자 등록, 4년(장기는 8년) 이상 사업계속 의무, 위반시 임대주택법상 벌금 또는 징역, 종합소득세(임대소득세)는 전세의 경우 불발생, 그러나 월세의 경우 소득세를 신고해야(근로소득자 월세소득공제), 임대사업자가 원래 피부양자였을 경우 피부양자 자격 상실로 건강보험 지역가입자 전환으로 건강보험료 납부의무.

→ 이에 비해 일반임대사업자는 부가가치세가 환급(약 6.5%)되는 혜택밖에 없으나 임대의무기간은 10년이고 폐업하거나 처분하더라도 환급받은 부가가치세만 반환하면 된다. 또한 업무용이므로 전입신고가 불가하므로 전입신고 없이 주거로 임대시 발각되면 부가가치세 환급분을 다시 추징당하게 된다.

교육 및 과학기술에 대한 지원

감면제도	내 용	대상세목 및 감 면 율(%)	관련 조문	참 고
학교 및 외국교육기관에 대한 면제	초·중·고등학교 및 외국교육기관을 경영하는 자가 해당사업에 사용하는 부동산	취득세(100)·재산세(100) 지역자원시설세(100)(재산세 과세특례분 포함)	§41①, ②	• 추징 사유: 정당한 사유 없이 취득일부터 3년이 경과하도록 해당 용도로 직접 사용하지 않을 경우나 해당 용도로 직접 사용한 기간이 2년 미만인 상태에서 매각·증여하거나 다른 용도로 사용시 → 「초·중등교육법」및「고등교육법」에 따른 학교를 경영하는 비영리사업자라 함은 초·중등교육법이 정하는 바에 따라 적법한 설립인가(또는 변경인가)를 받은 자를 의미하는 것인바(대법원2005두2070, 2006.1.26.), 학교법인이 아닌 이사장 개인명의로 취득한 토지는 취득세 등 납세의무 있음(조세심판원2011지0399) → 입법취지에 비추어 볼 때, 학교 구외에 위치한 이 건 부동산은 학교법인인 청구법인이 교육용에 직접 사용하는 부동산이라기보다는 학생 등을 위한 후생복지시설로서 기숙사에 해당된다고 하겠으므로 이 부동산

				이 교육용에 직접 사용되는 부동산에 해당하지 아니함이 타당함 (조세심판원 2009지0749)
	학교 등의 경영을 위하여 필요한 면허	주민세 재산분(100) 지방소득세 종업원분(100) 등록면허세(100)	§41③	
	학교 등에 생산된 전력 등을 무료로 제공하는 경우(무료부분만)	지역자원시설세(100)	§41④	
	사립학교법에 따른 학교법인의 설립등기(*) 및 합병등기, 법인이 경영하는 학교	등록면허세(100) 주민세균등분(100)	§41⑤	(*) 대도시외에서 대도시로 전입하는 경우에는 중과세 대상이다.
	의과대학(한의과대학, 치과대학 및 수의과대학을 포함한다)의 부속병원에 대한 제1항부터 제6항까지의 규정에 따른 면제		§41⑥	
기숙사 등에 대한 감면	초·중등교육법, 고등교육법에 따라 학교가 기숙사로 사용하기 위하여 사용하는 부동산	취득세(100)·재산세(100) 지역자원시설세(100) 주민세 재산분(100)(재산세 과세특례분 포함)	§42①	• 추징사유: 정당한 사유 없이 취득일부터 3년이 경과하도록 해당 용도로 직접 사용하지 않을 경우나 해당 용도로 직접 사용한 기간이 2년 미만인 상태에서 매각·증여하거나 다른 용도로 사용시 • 기숙사에 해당하는지 여부는 사실상 용도로 판단한다.(안전행정부 지방세운영과-2867)
	교육기본법에 따른 학교를 설치, 운영하는 자가 학생들의 실험·실습용 차량, 기계장비, 선박, 항공기	취득세(100)·재산세(100)	§42②	
	산학협력단이 고유업무에 직접 사용하는 부동산	취득세(100)·재산세(100) 지역자원시설세(100)(재산	§42③	

		세 과세특례분 포함)		
	산학협력단 감면	주민세 균등분(100) 주민세 재산분(100) 지방소득세 종업원분(100)	§42④	
평생교육단체 등에 대한 면제	평생교육단체 해당 사업에 사용하는 부동산	취득세(100)·재산세(100) 지역자원시설세(100)(재산세 과세특례분 포함)	§43①, ②	• 추징사유: 수익사업에 사용하는 경우 또는 정당한 사유 없이 취득일부터 3년이 경과하도록 해당 용도로 직접 사용하지 않을 경우나 해당 용도로 직접 사용한 기간이 2년 미만인 상태에서매각·증여하거나 다른 용도로 사용하는 경우
	평생교육단체, 해당사업에 직접 사용하기 위한 면허	주민세 재산분(100) 지방소득세 종업원분(100) 등록면허세(100)	§43③	
평생교육시설 등에 대한 감면	평생교육시설, 박물관 및 미술관, 도서관, 과학관 직접 사용하는 부동산 • 1. 「평생교육법」에 따라 인가·등록·신고·보고된 평생교육시설 2. 「박물관 및 미술관 진흥법」 제16조에 따라 등록된 박물관 및 미술관 3. 「도서관법」 제31조 또는 제40조에 따라 등록된 도서관 4. 「과학관의 설립·운영 및 육성에 관한 법률」 제6조에 따라 등록된 과학관	취득세(100)·재산세(100) 지역자원시설세(100)(재산세 과세특례분 포함)	§44	대형할인매장내 부설 문화센터는 평생교육법 제23조 제2항 및 동법시행령 제41조 제2항의 규정에 의거 신고된 평생교육시설이므로 우리시 시세감면조례 제7조 제1호의 규정에 의거 지방세 감면대상에 해당되어 기납부된 토지 및 건축물분 재산세 일부 감액 후 환부 조치(목포시 세정과-21104, 2008.12.05)

	•따라서 취득세를 면제받으려면 취득부동산의 매매잔금 청산시점에 앞서 등록이 되어 있어야 한다.			
학술연구단체 및 장학단체에 대한 감면	학술연구단체 등 고유업무에 직접 사용하는 부동산	취득세(100)·재산세(100) 지역자원시설세(100)(재산세 과세특례분 포함)	§45①	→ 법인의 고유업무에 직접 사용하는 부동산이라 함은 당해 부동산이 현실적으로 그 고유의 사무에 직접 사용되고 있는 경우만을 가리키는 것이고, 고유업무에 직접 사용하기 위한 준비를 위하여 사용되었음에 불과하거나 장차 고유업무에 사용될 경우를 대비하여 비워 둔 채로 보유하고 있는 경우는 여기에 포함될 수 없음(대법원 2009두18820 판결)
	장학법인이 장학금 지급 목적으로 취득·사용하는 임대용 부동산	취득세(80)·재산세(80) 지역자원시설세(80)(재산세 과세특례분 포함)	§45②	• 추징사유: 정당한 사유 없이 취득일부터 1년이 경과하도록 해당 용도로 직접 사용하지 않을 경우나 해당 용도로 직접 사용한 기간이 2년 미만인 상태에서 매각·증여하거나 다른 용도로 사용시
연구개발 지원을 위한 감면	기업부설연구소용에 직접 사용하는 부동산 →기업부설연구소용에 직접 사용하는 취득세 감면대상 부동산의 범위는 "「기초연구진흥 및 기술개발지원에 관한 법률」 제14조제1항제2호의 규정에 의한 기준을 갖춘 연구소로	취득세(100)·재산세(100)	§46①	• 추징사유: 연구소 설치 후 4년 이내에 정당한 사유 없이 연구소를 폐쇄하거나 다른 용도로 사용하는 경우

	서 교육과학기술부장관의 인정을 받은 것"을 한도로 한다.			
	기업부설연구소 등 설치 기업이 연구·개발을 위해 수입하는 자동차	취득세(100)	§46②	
한국환경공단 등에 대한 감면	한국환경공단이 재활용가능자원물류시설 등 업무를 위해 직접 사용하는 부동산	취득세(75)·재산세(50)	§47①-1	
	한국환경공단이 재활용산업의 육성지원 등 업무를 위해 직접 사용하는 부동산	취득세(25)·재산세(50)	§47①-2	
	신축·증축 등 건축물로서 녹색건축 인증등급이 우수등급 이상인 경우	취득세(50)·재산세(50)	§47②-1 령§24①	
	신축·증축 등 건축물로서 에너지효율등급이 기준이상인 경우	재산세(100분의 5에서 100분의 15까지의 범위에서 경감)	§47②-2 령§24②	에너지성능점수 80점 이상이거나 에너지효율 인증 등급이 2등급 이상인 경우
	신축·증축 등 건축물로서 에너지절약형 친환경주택	취득세(100분의 5에서 100분의 15까지의 범위에서 경감)	§47③	에너지절감률이 25% 이상임을 검사권자로부터 확인.
	신축·증축 등 건축물로서 <u>신·재생에너지 이용 건축물</u>	재산세(100분의 5에서 100분의 15까지의 범위에서 경감)	§47④	신·재생에너지 이용 건축물 인증.
국립공원관리사업에 대한 감면	국립공원관리공단이 공원관리사업을 위해 직접 사용하는 부동산	취득세(25)·재산세(25)	§48	
해양오염방제 등에 대한 감면	해양환경관리공단이 해양오염방제업무 등을 위한 부동산	취득세(75)·재산세(75)	§49 1호	
	해양환경관리공단이 오염물질 저장시설 설치 등을 위한 부동산	취득세(75)·재산세(25)	§49 2호	
	해양환경관리공단이 해양오염방제용등으로 제공하기 위한 선박	취득세(75)·재산세(25)	§49 3호	

문화 및 관광 등에 대한 지원

감면 제도	내 용	대상세목 및 감면율(%)	관련 조문	참 고
종교 및 제사 단체에 대한 면제	종교 및 제사단체가 해당 사업에 직접 사용하는 부동산 * 비영리사업자가 그 사업에 직접 사용하는 부동산 이라 함은 현실적으로 그 사업에 사용되고 있는 것만을 지칭하는 것이고, 단지 사업에 직접 사용하기 위한 준비를 하고 있는 것까지 포함한다고 볼 수 없음(대법원 2002두6491 판결) * 「제사에 직접 사용하는 부동산」이라 함은 제사에 사용하는 제실등의 시설이 위치한 부지로서 현실적으로 제사에 직접 사용되고 있는 부동산을 말하며 분묘토지 및 금양림이나 위토로 사용하는 사유만으로는 제사에 직접 사용하는 부동산이라고 볼 수 없다.(통칙) * 제사단체는 보통 향교재단을 말한다. →종중은 「종교 및 제사를 목적으로 하는 단체」에 해당되지 않는다 → 일반건축물대장에 소유자가 담임목사 개인명의로 등재되어 있는 건축물은 교회가 종교용으로 사용하기 위하여 취득한 부동산에 해당된다고 볼 수 없음(조세심판원 2009지0091) → 종교단체가 기존의 임차인이 있는 부동산을 취득한 후 임차기간 만료시점에서 임차인이 명	취득세(100)·재산세(100) 지역자원시설세(100)(재산세 과세특례분 포함)	§50①,②	·개인×, 규약이나 법인등기부상 목적이 확인되어야. 단체 여부느 대표자의 자격증명이나 정관으로 확인, • 추징사유: 수익사업에 사용하는 경우하거나 정당한 사유 없이 취득일부터 3년이 경과하도록 해당 용도로 직접 사용하지 않을 경우나 해당 용도로 직접 사용한 기간이 2년 미만인 상태에서 매각·증여하거나 다른 용도로 사용시. → 법원의 사해행위 취소 확정판결로 소유권이전등기가 말소된 경우에는 매각하는 것으로 볼 수 없다.(행정안전부 지방세운영과-2674) → 종중은 「지방세특례제한법」 제50조제1항에서 말하는 「종교 및 제사」를 목적으로 하는 단체에 해당되지 않는다. → 교회신축을 위해 부동산을 취득할 당시부터 인근 주민들의 집단적 반대는 사

	도 거부로 인하여 임차기간 만료 이후까지 임대하면서 임대료를 받고 있는 경우 수익사업에 사용하고 있는 부동산으로 보아 취득세 등을 부과한 처분은 적법함(조세심판원 2010지0541) → 비영리사업자가 용도에 직접 사용한다는 의미는 토지 내에 종교목적의 시설물이 설치되고 종교목적에 상시 공여되는 상태를 의미하나 나대지인 토지에 방문하여 예배·포교 등을 하였다하여 종교목적에 직접 사용으로 보기는 어렵고 정당한 사유가 있다 보기도 어려우므로 가산세 등을 가산하여 취득세를 부과고지한 처분은 적법함(조세심판원 2010지0743) → 목사가 거주하기 위하여 취득한 주택과 전도활동목적으로 사용하기 위하여 취득한 사무실은 선교활동에 필수적으로 수반되는 부동산이므로 취득세 등을 부과한 것은 부당함(조세심판원 2009지0696, 2010.1.29.) cf. 부목사용 사택이나 은퇴 신부의 사택은 취득세 면제 × → 종교단체가 주택을 취득하여 교회임직원 및 선교사들의 숙소로 제공하고 있는 경우 종교단체로서의 본질적 활동인 선교활동, 선교사 양성을 위한 교육 등에 이 건 주택 등이 직접 또는 일상적으로 사용되었다고 보기보다는 국내에 일시 체류하는 동안에 휴식을 취하는 쉼터 등의 부수적인 정도에 그쳤다고 봄이 상당함(조세심판원 2008지0930)			전에 어느 정도 예상이 가능하였을 것이고, 이러한 장애에 따라 교회신축사업 추진이 쉽지 아니하였을 것을 예측할 수 있었던 상황에서도 부동산을 계속하여 취득한 것이므로 이러한 경우를 정상적인 노력을 다하여도 해결할 수 없는 특별한 사정이 있었던 것으로 보기는 어렵다할 것으로, 부동산을 취득하고 유예기간(3년) 내에 종교 목적에 직접 사용하지 아니한 것으로 보아 취득세 등을 추징한 처분은 타당함(조세심판원 2012지0411) → 재산세 과세기준일 현재 종교용으로 취득한 기존건축물에 대해 종교시설로 용도변경 허가를 받아 리모델링중인 경우에는 직접 사용하는 것으로 보기 어려우므로 재산세를 비과세할 수 없음(조세심판원 2011지0606) → 어린이선교원, 유치원, 노숙자쉼터, 납골당, 마약중독자청소년상담소로 사용한 것은 정관에 사회복지사업이 명시되어 있다 하

	→ 청구법인이 성당 구외에 소재한 이 건 주택을 수녀의 숙소로 제공한다 하더라도 수녀를 당해 종교단체의 목적사업을 수행하기 위한 중추적인 역할을 하는 자로 보기는 어렵다 할 것이므로 이 건 주택을 종교용에 직접 사용하는 부동산으로 보기는 어려움(조심 2012지805) → 종교단체가 부동산을 취득한 후 도로로 사용하고 있더라도 국가 등과 귀속 또는 기부채납에 관한 약정을 한 사실을 발견할 수 없으므로 취득세를 부과한 처분은 정당함(조세심판원 2008)			더라도 해당사업에 직접 사용한 것이 아님. → 교회대표자 명의로 부동산을 취득하여 등기한 후 착오를 이유로 당해 부동산의 등기명의인을 교회명의로 경정한 경우 종전의 취득세 납부의무는 확정되어 소멸되지 아니하므로 개인이 납부한 취득세는 환부대상이 아니다.
	종교 및 제사단체, 해당 사업에 직접 사용하기 위한 면허	주민세 재산분(100) 지방소득세 종업원분(100) 등록면허세(100)	§50③	
	종교 및 제산단체에 무료로 전력을 제공하는 경우(무료분에 한함)	지역자원시설세(100)	§50④	
	사찰림과 전통사찰이 소유하고 있는 경내지	재산세(100)	§50⑤	
	법인의 사업장 중 종교의식 단체	주민세 균등분(100)	§50⑥	
신문·통신사업등에 대한 감면	신문·통신사업을 수행하는 사업소	주민세 재산분(50) 지방소득세 종업원분(50)	§51	
문화·예술 지원을 위한 과세특례	<u>문화예술단체</u> 등이 그 고유업무를 위해 직접 사용하는 부동산	취득세(100)·재산세(100) 지역자원시설세(100)(재산	§52①	

		세 과세특례분 포함)		
	도서관법에 따른 도서관	취득세(세율 1천분의 20) 등록면허세(100)	§52②	• 추징사유: 1. 수익사업에 사용하는 경우 2. 정당한 사유 없이 그 취득일부터 1년이 경과할 때까지 해당 용도로 직접 사용하지 아니하는 경우 3. 해당 용도로 직접 사용한 기간이 2년 미만인 상태에서 매각·증여하거나 다른 용도로 사용하는 경우
사회단체 등에 대한 감면	국민신탁법인이 그 고유업무를 위해 직접 사용하는 부동산	취득세(100)·재산세(100) 지역자원시설세(100)(재산세 과세특례분 포함)	§53	
관광단지 등에 대한 과세특례	관광단지개발사업시행자가 <u>관광단지개발사업 시행을 위해 취득하는 부동산</u>	취득세(50)	§54①	
	호텔업을 경영하는 자가 호텔업에 직접 사용하는 토지 및 건축물	재산세(50)	§54②	
	<u>호텔업을 하기 위해 취득하는 부동산</u>	취득세·등록면허세(<u>중과제외</u>)	§54③	• 추징사유: 1. 정당한 사유 없이 그 취득일부터 3년이 경과할 때까지 해당 용도로 직접 사용하지 아니하는 경우 2. 해당 용도로 직접 사용한 기간이 2년 미만인 상태에서 매각·증여하거나 다른 용도

				로 사용하는 경우
	2012 여수세계박람회조직위원회 고유업무에 직접 사용하는 부동산('여수세계박람회 기념 및 사후활용에 관한 특별법')	취득세(100, 50)·재산세(100) 지역자원시설세(100)(재산세 과세특례분 포함)	§54⑤	
문화재에 대한 감면	문화재보호법에 따라 사적지로 지정된 토지	재산세(100)(재산세 과세특례분 포함)	§55①	
	문화재로 지정된 부동산 및 지정된 보호구역에 있는 부동산	재산세(100)(재산세 과세특례분 포함)	§55②-1	
	문화재보호법에 따라 등록한 문화재와 그 부속토지	재산세(50)	§55②-2	

지방세특례제한법 제50조(종교 및 제사 단체에 대한 면제) ① 종교 및 제사를 목적으로 하는 단체가 해당 사업에 사용하기 위하여 취득하는 부동산에 대하여는 취득세를 면제한다. 다만, 다음 각 호의 어느 하나에 해당하는 경우 그 해당 부분에 대해서는 면제된 취득세를 추징한다.

1. 수익사업에 사용하는 경우
2. 정당한 사유 없이 그 취득일부터 3년이 경과할 때까지 해당 용도로 직접 사용하지 아니하는 경우
3. 해당 용도로 직접 사용한 기간이 2년 미만인 상태에서 매각·증여하거나 다른 용도로 사용하는 경우

② 제1항의 단체가 과세기준일 현재 해당 사업에 직접 사용(종교 및 제사를 목적으로 하는 단체가 제3자의 부동산을 무상으로 해당 사업에 사용하는 경우를 포함한다)하는 부동산(대통령령으로 정하는 건축물의 부속토지를 포함한다)에 대해서는 재산세(「지방세법」 제112조에 따른 부과액을 포함한다) 및 「지방세법」 제146조제2항에 따른 지역자원시설세를 각각 면제한다. 다만, 수익사업에 사용하는 경우와 해당 재산이 유료로 사용되는 경우의 그 재산 및 해당 재산의 일부가 그 목적에 직접 사용되지 아니하는 경우의 그 일부 재산에 대해서는 면제하지 아니한다. <개정 2014.1.1>

③ 제1항의 단체가 그 사업에 직접 사용하기 위한 면허에 대하여는 등록면허세를 면제하고, 해당 단체에 대하여는 주민세 재산분 및 종업원분을 각각 면제

한다. 다만, 수익사업에 관계되는 대통령령으로 정하는 주민세 재산분 및 종업원분은 면제하지 아니한다. <개정 2014.1.1>

④ 종교 및 제사를 목적으로 하는 단체에 생산된 전력 등을 무료로 제공하는 경우 그 부분에 대하여는 「지방세법」 제146조제1항에 따른 지역자원시설세를 면제한다.

⑤ 사찰림(寺刹林)과 「전통사찰의 보존 및 지원에 관한 법률」 제2조제1호에 따른 전통사찰이 소유하고 있는 경우로서 같은 조 제3호에 따른 경내지(境內地)에 대하여는 재산세(「지방세법」 제112조에 따른 부과액을 포함한다)를 면제한다. 다만, 수익사업에 사용하는 경우와 해당 재산이 유료로 사용되는 경우의 그 재산 및 해당 재산의 일부가 그 목적에 직접 사용되지 아니하는 경우의 그 일부 재산에 대하여는 면제하지 아니한다.

⑥ 법인의 사업장 중 종교의식을 행하는 교회·성당·사찰·불당·향교 등에 대하여는 주민세 균등분을 면제한다.

중소기업에 대한 지원

감면제도	내 용	대상세목 및 감 면 율(%)	관련 조문	참 고
기업의 신용보증 지원을 위한 감면	신용보증기금이 신용보증업무에 직접 사용하기 위하여 취득한 부동산	취득세(50)	§56①	
	기술신용보증기금이 신용보증업무에 직접 사용하기 위하여 취득하는 부동산	취득세(50)	§56②	
	지역신용보증재단이 신용보증업무에 직접 사용하기 위하여 취득하는 부동산, 법인등기	취득세(50) 등록면허세(50) 재산세(50)	§56③	
기업합병·분할 등에 대한 감면	「조세특례제한법 시행령」 제29조제3항에 따른 소비성서비스업을 제외한 사업을 1년 이상 계속하여 영위한 법인 간의 합병으로 취득하는 재산	취득세(100)	§57의2①	지방세법 제15조 제1항 단서에 해당하는 경우에는 다음 각 호에서 정하는 금액을 빼고 산출한 취득세를 면제한다. 1. 「지방세법」 제13조제1항에 따른 취득

				재산에 대해서는 같은 조에 따른 중과기준세율(이하 "중과기준세율"이라 한다)의 100분의 300을 적용하여 산정한 금액 2. 「지방세법」 제13조제5항에 따른 취득재산에 대해서는 중과기준세율의 100분의 500을 적용하여 산정한 금액 ※사후 추징 규정 없음.
	「농업협동조합법」, 「수산업협동조합법」 및 「산림조합법」에 따라 설립된 조합 간의 합병,「새마을금고법」에 따라 설립된 새마을금고 간의 합병, 「신용협동조합법」에 따라 설립된 신용협동조합 간의 합병 등으로 양수받은 재산	취득세(100) 3년 동안 부동산등기의 등록면허세(75)	§57의2②	
	「국유재산법」에 따라 현물출자한 재산, 「법인세법」 제46조제2항 각 호(물적분할의 경우에는 같은 법 제47조제1항)의 요건을 갖춘 분할로 인하여 취득하는 재산, 「법인세법」 제47조의2에 따른 현물출자(*)에 따라 취득하는 재산[「법인세법」 제47조의2제3항 각 호의 사유가 발생하는 경우(같은 항 각 호 외의 부분 단서에 해당하는 경우는 제외)에는 면제받은 취득세를 추징], 「법인세법」 제50조에 따른 자산교환에 따라 취득하는 재산, 「조세특례제한법」 제31조에	취득세(100)	§57의2③	(*) 1. 요건 ①출자법인이 현물출자일 현재 5년 이상 사업을 계속한 법인일 것 ② 피출자법인이 그 현물출자일이 속하는 사업연도의 종료일까지 출자법인으로부터 승계받은 사업을 계속할 것 ③다른 내국인 또는 외국인과 공동으로 출자하는 경우 공동으로 출자한 자가 출

	따른 중소기업 간의 통합에 따라 설립되거나 존속하는 법인이 양수하는 해당 사업용 재산, 「조세특례제한법」 제37조제1항 각 호의 요건을 모두 갖춘 자산의 포괄적 양도로 인하여 취득하는 재산[같은 법 제37조제6항 각 호의 사유가 발생하는 경우(같은 조 제7항에 해당하는 경우는 제외)에는 면제받은 취득세를 추징], 특별법에 따라 설립된 법인 중 「공공기관의 운영에 관한 법률」 제2조제1항에 따른 공공기관이 그 특별법의 개정 또는 폐지로 인하여 「상법」 상의 회사로 조직 변경됨에 따라 취득하는 사업용 재산 → 임대업 건물을 현물출자받은 피출자법인이 현물출자자산의 일부는 임대업에 사용하고 나머지는 피출자법인의 사업인 부동산공급업에 사용하고자 구 건물을 철거 한 후 건물을 신축하는 경우 「법인세법」 제47조의2에 따른 과세특례를 적용받을 수 있는 것임. 다만 피출자법인이 현물출자일의 다음 사업연도 개시일부터 2년 이내에 출자법인으로부터 승계받은 고정자산가액의 1/2이상을 처분하는 경우에는 승계한 사업의 폐지에 해당됨.[서면법규과-142(2013.02.07.)]			자법인의 제52조제1항에 따른 특수관계인이 아닐 것 ④출자법인 및 제3호에 따라 출자법인과 공동으로 출자한 자("출자법인등"이라 한다)가 현물출자일 다음 날 현재 피출자법인의 발행주식총수 또는 출자총액의 100분의 80 이상의 주식등을 보유하고, 현물출자일이 속하는 사업연도의 종료일까지 그 주식등을 보유할 것 2..내국법인이 이미 설립된 다른 내국법인에 적격현물출자하는 경우, 압축기장충당금으로 설정할 수 있는 자산양도차익은 피출자법인주식 등의 시가에서 현물출자한 순자산의 현물출자 당시 장부가액을 차감한 금액임(법인, 서면법규과-1122, 2014.10.24.) → 이것으로 보아 법인이 법인에게 현물출자하는 '유상증자'의 경우도 포함한다 할 것이다. 그러나 개인이 기존법인에 현물출자하는 경우에는 단순 유상취득으로 보아 감면대상이 되지 않는다.

				→ 증권거래세도 면제되고 농특세만 과세된다. 피출자법인의 등록면허세는 면제되지 않는다.
	「조세특례제한법」 제32조(**법인전환**)에 따른 현물출자 또는 사업 양도·양수에 따라 2018년 12월 31일까지 취득하는 사업용 재산(*) (*) 대표자가 거주하는 사택은 해당사업에 직접 사용하는 재산에 해당되지 아니하므로 취득세 감면대상에서 제외된다.(세정과-8272, 2012.08.16.) (*) 사업용 재산에 대한 취득세는 면제되지만, 법인전환시의 설립등기 등록면허세는 면제되지 않으므로 주의해야 한다. →이 규정에서 감면된 취득세의 추징사유에 해당하는 처분에 임대를 포함하는 취지는 법인전환하면서 취득한 사업용재산을 고유목적사업에 사용하지 않고 수익 등을 위하여 임대하는 경우 처분에 준하는 추징대상으로 보겠다는 의미라 할 것이므로, 귀 질의(1)의 경우 당해 법인이 직접사용 부분을 줄이고 임대면적을 증가시키는 것은 해당 부분을 종전의 고유목적사업에 사용하지 않는 것이므로 감면세액의 추징사유에 해당한다고 판단되며, 질의(2)의 경우와 같이 동일 면적의	취득세(100)	§57의2④	• 1. 해당 사업용 재산이 「공익사업을 위한 토지 등의 취득 및 보상에 관한 법률」 또는 그 밖의 법률에 따라 수용된 경우, 2. 법령에 따른 폐업·이전명령 등에 따라 해당 사업을 폐지하거나 사업용 재산을 처분하는 경우와 같은 정당한 사유가 없이 취득일부터 2년 이내에 해당 사업을 폐업하거나 해당 재산을 처분(임대를 포함한다)하는 경우에는 면제받은 취득세를 추징한다.(지특령제28조의2③) • 소비성서비스업 제외 • 해당 사업을 영위하던 자가 발기인이 되어 법인으로 전환하는 사업장의 순자산가액 이상을 출자할 것 • 순자산가액이 음수(-)로 나타나는 경우는 "0'원으로 본다(안전행정부 지방세운영과-1325) • 법인전환에 따른 자산취득 평가방법은 반드시 감정평가액으로 하는 것이 아니라 취

	직접사용 부분과 임대부분을 맞바꿔 종전 직접사용 부분을 임대하더라도 그에 상응하는 동일 면적의 임대부분을 종전의 고유목적사업에 사용한다면 추징사유에 해당하지 아니한다고 보이고, 질의(3)의 경우에서 목적사업을 그대로 유지한 채 타 법인과 합병하여 존속법인으로 소유권이 이전되는 것은 위 규정의 정당한 사유에 해당하지 아니하므로 추징사유에 해당된다고 판단됨.(서울세제-5803, 2013.05.10.)			득당시 실지거래가액이 불분명할 경우 감정평가액으로 하는 것이므로, 기준시가나 장부가액이라도 취득당시 당해자산의 실지거래가액으로 명확히 입증되면 평가가능한 금액이다.(세제과-17189, 2008.12.04.)→조특법시행규칙 제15조 • 사업양수도의 방법으로 설립한 법인이 종전 사업자로부터 취득하는 사업용 재산이 취득세 등의 면제대상이 되기 위해서는 종전사업자가 당해 법인의 발기인이 되어야 할 뿐 아니라 그 출자액 또한 종전 사업장의 순자산가액 이상이어야 한다고 보는 것이 「조세법규의 엄격해석원칙」에 비추어 볼 때 타당하다고 할 것으로 사업양수도를 통하여 법인을 설립하는 경우 자본금은 순자산가액을 초과하나 **종전 사업자의 출자액**이 순자산가액에 미달하는 경우 취득세 등 면제 대상이 아님 (조심2010지0598, 2011.3.21.) • 사업용 고정자산을 현물출자하여 법인으

				로 전환하는 경우에는 거주자의 출자금액의 크기(종전사업장의 순자산가액 이상인지 여부)와 상관없이 새로이 설립되는 법인의 자본금이 종전 개인사업장의 순자산가액 이상이면 취득세 및 등록세의 면제대상으로 보아야 할 것임.(조심 2010지516, 2011. 11. 22)
	「금융산업의 구조개선에 관한 법률」 제10조에 따른 제3자의 인수, 계약이전에 관한 명령 또는 같은 법 제14조제2항에 따른 계약이전결정을 받은 부실금융기관으로부터 주식 또는 지분을 취득하는 경우, 금융기관이 법인에 대한 대출금을 출자로 전환함에 따라 해당 법인의 주식 또는 지분을 취득하는 경우, 「독점규제 및 공정거래에 관한 법률」에 따른 지주회사가 되거나 지주회사가 같은 법 또는 「금융지주회사법」에 따른 자회사의 주식을 취득하는 경우(해당 지주회사의 설립·전환일부터 3년 이내에 「독점규제 및 공정거래에 관한 법률」에 따른 지주회사의 요건을 상실하게 되는 경우에는 추징), 「예금자보호법」 제3조에 따른 예금보험공사 또는 같은 법 제36조의3에 따른 정리금융기관이 같은 법 제36조의5제1항 및 제38조에 따라 주식 또는 지분을 취득하는 경	과점주주 간주 취득세 (100)	§57의2⑤	

	우, 한국자산관리공사가 「금융회사부실자산 등의 효율적 처리 및 한국자산관리공사의 설립에 관한 법률」 제26조제1항제1호에 따라 인수한 채권을 출자전환함에 따라 주식 또는 지분을 취득하는 경우, 「농업협동조합의 구조개선에 관한 법률」에 따른 농업협동조합자산관리회사가 같은 법 제30조제3호다목에 따라 인수한 부실자산을 출자전환함에 따라 주식 또는 지분을 취득하는 경우, 「조세특례제한법」 제38조제1항 각 호의 요건을 모두 갖춘 주식의 포괄적 교환·이전으로 완전자회사의 주식을 취득하는 경우[같은 법 제38조제2항에 해당하는 경우(같은 조 제3항에 해당하는 경우는 제외)에는 추징], 「자본시장과 금융투자업에 관한 법률」에 따른 증권시장으로서 대통령령으로 정하는 증권시장에 상장한 법인의 주식을 취득한 경우			
	법률 제10522호 농업협동조합법 일부개정법률 부칙 제3조에 따라 자본지원이 이루어지는 경우 그 자본증가에 관한 등기, 법률 제10522호 농업협동조합법 일부개정법률 부칙 제6조에 따라 경제사업을 이관하는 경우[중앙회에서 분리되는 경제자회사의 법인설립등기, 「농업협동조합법」 제134조의2에 따라	등록면허세(100)	§57의2⑥	

	설립된 농협경제지주회사가 중앙회로부터 경제사업을 이관(「상법」 제360조의2에 따른 주식의 포괄적 교환을 포함)]받아 자본이 증가하는 경우 그 자본증가에 관한 등기			
	한국산업은행법 전부개정법률 부칙 제3조제1항에 따라 한국산업은행이 산은금융지주주식회사 및 「한국정책금융공사법」에 따른 한국정책금융공사와 합병하는 경우 그 자본증가에 관한 등기	등록면허세(90)	§57의2⑦	
기업 재무구조 개선 등에 대한 감면	「금융산업의 구조개선에 관한 법률」 제2조제1호에 따른 금융기관, 한국자산관리공사, 예금보험공사, 정리금융기관이 같은 법 제10조제2항에 따른 적기시정조치(영업의 양도 또는 계약이전에 관한 명령으로 한정) 또는 같은 법 제14조제2항에 따른 계약이전결정을 받은 부실금융기관으로부터 양수한 재산, 「농업협동조합법」에 따른 조합, 「농업협동조합의 구조개선에 관한 법률」에 따른 상호금융예금자보호기금 및 농업협동조합자산관리회사가 같은 법 제4조에 따른 적기시정조치(사업양도 또는 계약이전에 관한 명령으로 한정) 또는 같은 법 제6조제2항에 따른 계약이전결정을 받은 부실조합으로부터 양수한 재산, 「수산업협동조합법」에 따른 조합 및 「수산업협동조합의 구조개선에 관한 법률」에 따른 상호금융예금자보호기금이	취득세(100)	§57의3①	

	같은 법 제4조에 따른 적기시정조치(사업양도 또는 계약이전에 관한 명령으로 한정) 또는 같은 법 제10조제2항에 따른 계약이전결정을 받은 부실조합으로부터 양수한 재산, 「산림조합법」에 따른 조합 및 「산림조합의 구조개선에 관한 법률」에 따른 상호금융예금자보호기금이 같은 법 제4조에 따른 적기시정조치(사업양도 또는 계약이전에 관한 명령으로 한정) 또는 같은 법 제10조제2항에 따른 계약이전결정을 받은 부실조합으로부터 양수한 재산			
	한국자산관리공사가 「금융회사부실자산 등의 효율적 처리 및 한국자산관리공사의 설립에 관한 법률」 제26조제1항제9호 및 제10호에 따라 취득하는 재산	취득세(100)	§57의3②	
	같은 항 제7호에 따라 한국자산관리공사가 「중소기업기본법」에 따른 중소기업이 보유한 자산을 취득하는 경우	취득세(50)	§57의3②	
<u>벤처기업</u> 등에 대한 과세특례	벤처기업집적시설 또는 신기술창업집적지역을 개발·조성하여 <u>분양 또는 임대할 목적</u>으로 취득하는 부동산	취득세(50) 재산세(50)	§58①	• 추징사유: 취득일부터 3년 이내 정당한 사유 없이 벤처기업집적시설 또는 신기술창업집적지역을 개발·조성하지 않거나 5년 이내 벤처기업집적시설 또는 신기술창업집적지역의 지정이 취소되거나 5년 이내 다른 용도로 사용시
	벤처기업집적시설 등에 대한 중과제외	취득세·재산세(중과제	§58②	

		외) 등록면허세 (중과제외)		
	신기술창업집적지역에서 산업용 건축물·연구시설 및 시험생산용 건축물로서 공장·지식산업·문화산업 등을 신축하거나 증축하려는 자가 취득하는 부동산	취득세(50)· 재산세(50)	§58③	• 추징사유: 1. 정당한 사유 없이 그 취득일부터 3년이 경과할 때까지 해당 용도로 직접 사용하지 아니하는 경우 2. 해당 용도로 직접 사용한 기간이 2년 미만인 상태에서 매각·증여하거나 다른 용도로 사용하는 경우
	벤처기업 육성촉진지구에서에서 고유업무용 부동산을 취득하는 경우	취득세(37.5) 재산세(37.5)	§58④-1,2	
지식산업센터 등에 대한 감면 (구 아파트형 공장)	지식산업센터를 <u>신축·증축</u>하여 사업시설용으로 직접 사용, 분양, 임대하기 위하여 취득하는 부동산, 신축·증축한 지식산업센터, 사업시설용으로 직접 사용하거난 분양·임대 업무에 직접 사용하는 부동산 →지식산업센터 입주시설인 제조업이 제조시설이 없이 사무실. 창고 등으로 사용될 경우에는 취득세 감면대상에 해당하지 않음.(서울특별시 본청 회신) → 승계취득한 기존공장 자체는 신축하거나 증축한 부동산에 해당되지 아니하므로 취득세 감면대상 지식산업센터로 볼 수 없다.(안전행정부 지방세행정과-1604)	취득세(50) 재산세(50)	§58의2①	• 추징사유: 정당한 사유 없이 취득일부터 1년이 경과하도록 착공하지 아니한 경우나 5년 이내 매각·증여하거나 다른 용도로 분양·임대하는 경우 → 아파트형공장에 입주할 수 있는 시설은 제조업 외에도 입주업체의 생산활동을 지원하기 위한 시설도 포함되므로 공장시설을 지원시설로 용도를 변경, 분양·임대하는 등의 경우는 도세감면조례에 의한 추징사유에 해당하지 않는다고 봄이상당함(대법원 2009두21963 판결)

				• 승계취득한 부분은 제외
	지식산업센터를 신축·증축하여 설립한 자로부터 **최초로 분양받은 입주자**(중소기업기본법상 중소기업자)가 직접 사용하기 위하여 취득하는 부동산, 사업시설용으로 직접 사용하는 부동산	취득세(50) 재산세(37.5)	§58의2②	• 추징사유 : 정당한 사유 없이 그 취득일부터 1년이 경과할 때까지 해당 용도로 직접 사용하지 아니하는 경우, 그 취득일부터 5년 이내에 매각·증여하거나 다른 용도로 사용하는 경우
창업중소기업 등에 대한 감면	수도권과밀억제권역 외의 지역에서 창업한 중소기업(창업중소기업)이나 「벤처기업육성에 관한 특별조치법」 제2조제1항에 따른 벤처기업(창업벤처중소기업) 중 대통령령으로 정하는 기업으로서 창업 후 3년 이내에 같은 법 제25조에 따라 벤처기업으로 확인받은 기업("창업벤처중소기업")이 창업일부터 4년 이내에 취득하는 사업용 재산	취득세(75)	§58의3①	취득일부터 2년 이내에 그 재산을 정당한 사유 없이 해당 사업에 직접 사용하지 아니하거나 다른 목적으로 사용·처분(임대를 포함)하는 경우 또는 정당한 사유 없이 최초 사용일부터 2년간 해당 사업에 직접 사용하지 아니하거나 처분하는 경우 추징
	창업중소기업 및 창업벤처중소기업이 해당 사업에 직접 사용(임대는 제외)하는 사업용 재산(건축물 부속토지인 경우에는 대통령령으로 정하는 공장입지기준면적 이내 또는 대통령령으로 정하는 용도지역별적용배율 이내의 부분만 해당)	재산세(50)	§58의3②	• 창업일부터 5년간 • 창업중소기업 및 창업벤처중소기업의 범위는 제100조제3항 각 호의 업종을 경영하는 중소기업
	창업중소기업의 법인설립 등기(창업일부터 4년 이내에 자본 또는 출자액을 증가하는 경우를 포함), 「벤처기업육성에 관한 특별조치법」 제2조의2제1항제2호다목에 따라 창업 중에 벤처기업으로 확인받은 중소기	등록면허세(100)	§58의3③	• 창업중소기업 및 창업벤처중소기업의 범위는 제100조제3항 각 호의 업종을 경영하는 중소기업

<table>
<tr><td></td><td>업이 그 확인을 받은 날부터 1년 이내에 하는 법인설립 등기</td><td></td><td></td><td></td></tr>
<tr><td rowspan="3">중소기업진흥공단 등에 대한 감면</td><td>중소기업진흥공단이 중소기업제품의 판로 지원사업을 위하여 취득하는 중소기업 종합유통시설용 부동산과 전문기술인력 양성을 위하여 취득하는 교육시설용 부동산</td><td>취득세(25)</td><td>§59①</td><td></td></tr>
<tr><td>중소기업진흥공단이 중소기업자에게 분양 또는 임대 목적의 취득 부동산</td><td>취득세(50)·재산세(50)</td><td>§59②</td><td rowspan="2">• 추징사유: 취득일부터 1년 이내에 정당한 사유 없이 공장용으로 직접 사용하지 아니하는 경우 및 그 취득일부터 5년 이내에 공장용 외의 용도로 양도하거나 다른 용도로 사용하는 경우
→ 협동화실천계획의 승인을 받은 자가 해당 사업에 직접 사용하기 위하여 취득하는 부동산에 대하여 취득세 등을 면제하는 것이므로 부동산을 취득한 이후에 협동화실천계획의 승인을 받은 청구법인의 경우 취득세 면제 요건을 충족한 것으로 보기는 어려움(조세심판원 2012지00309)</td></tr>
<tr><td>협동화실천계획의 승인을 받은 자가 해당 사업에 직접 사용·분양·임대를 위해 최초로 취득하는 공장용 부동산</td><td>취득세(75)·재산세(50)
재산세 감경은 3년간</td><td>§59③</td></tr>
<tr><td>중소기업협동조합 등에 대한 과세 특례</td><td>중소기업협동종합이 제품의 생산·가공 등을 위하여 취득하는 공동시설용 부동산, 전통시장의 상인이 조합원으로 서 설립한 협동조합</td><td>취득세(50, 75)</td><td>§60①</td><td>→ 주택조합과 달리 협동조합의 조합원이 공사도급금액을 부담하더라도 이를 조합이 원시취득하는 것으로 보아 취득세를 과세함은 정당하고 조합원분</td></tr>
</table>

				양분에 대하여는 경감사항이 적용되지 않음(대법원 2008두19468 판결)
	중소기업중앙회가 그 중앙회 및 회원 등에게 사용하게 할 목적으로 신축한 건축물의 취득	취득세(1000분의 20 적용)	§60②	• 추징사유: 1. 수익사업에 사용하는 경우 2. 정당한 사유 없이 그 등기일부터 1년이 경과할 때까지 해당 용도로 직접 사용하지 아니하는 경우 3. 해당 용도로 직접 사용한 기간이 2년 미만인 상태에서 매각·증여하거나 다른 용도로 사용하는 경우
	창업보육센터사업업자의 지정을 받은 자가 창업보육센터용으로 직접 사용하기 위하여 취득하는 부동산(중소기업창업지원법)	취득세(75)·재산세(50)	§60③1	
	창업보육센터에 입주하는 자	취득세·재산세(중과제외) 등록면허세(중과제외)	§60③2	
지방중소기업육성을 위한 감면	'지역균형개발및지방중소기업육성에관한법률'상 지방중소기업에 대하여 종합적으로 지원할 목적으로 설치하는 법인이 고유업무에 직접 사용하기 위하여 취득하는 부동산, 직접 사용하는 부동산. 그 법인등기	취득세(50) 재산세(50) 등록면허세(50)	§60④	
도시가스사업 등에 대한 감면	한국가스공사 등이 도시가스사업에 직접 사용하기 위하여 취득하는 가스관	취득세(50)·재산세(50)(특·광역시 제외)	§61①	
	한국지역난방공사 등이 열공급	취득세(50)·	§61-①	

	사업에 직접 사용하기 위해 취득하는 열수송관	재산세(50)(특·광역시 제외)		
광업지원을 위한 감면	광업권의 신규·변경 면허	등록면허세(100)	§62①	
	출원에 의한 취득 광업권과 광산용 사용을 위한 취득 지상임목	취득세(100)	§62②	
	한국광물자원공사가 석재기능공훈련시설 등에 직접 사용하는 부동산	재산세(25)	§62③	
석유판매업 중 주유소	알뜰주유소가 석유제품판매에 직접 사용하는 부동산	재산세(50)	§62의2	

수송 및 교통에 대한 지원

감면 제도	내 용	대상세목 및 감 면 율(%)	관련 조문	참 고
철도시설 등에 대한 감면	한국철도시설공단이 철도시설용으로 직접 사용하기 위하여 취득하는 부동산, 철도시설에 직접 사용하는 부동산	취득세(50)·재산세(50)	§63①	
	한국철도시설공단이 취득하는 철도차량, 국가 귀속 부동산	취득세(100)·재산세(100)	§63① 단서	
	한국철도공사가 해당 사업에 직접 사용하기 위하여 취득하는 부동산 및 철도차량, 해당 사업에 직접 사용하는 부동산	취득세(75)·재산세(50)	§63②	
	철도건설부지로 편입된 토지의 확정·분할에 따른 토지의 취득 및 분할등기	취득세(100)·등록면허세(100)	§63③	
	도시철도공사가 고유업무에 직접 사용하기 위하여 취득하는 부동산, 직접 사용하는 부동산. 법인등기	취득세(지방자치단체의 주식소유비율)·재산세(지방자치단체의 주식소유비율)·등록	§63④	

		면허세(지방자치단체의 주식 소유비율)		
해운항만 등 지원을 위한 과세특례	국제선박으로 등록하기 위하여 취득하는 선박, 국제선박으로 등록된 선박	취득세(세율 1천분의 20 경감), 재산세(50)·지역자원시설세(100)	§64①	선박의 취득일부터 6개월 이내에 국제선박으로 등록하지 아니하는 경우에는 추징
	연안항로에 취항하기 위하여 취득하는 화물운송용 선박과 외국항로에만 취항하기 위하여 취득하는 외국항로취항용 선박	취득세(1천분의 10경감)·재산세(50)	§64②	• 추징사유: 1. 정당한 사유 없이 그 취득일부터 1년이 경과할 때까지 해당 용도로 직접 사용하지 아니하는 경우 2. 해당 용도로 직접 사용한 기간이 2년 미만인 상태에서 매각·증여하거나 다른 용도로 사용하는 경우
항공운송사업 등에 대한 과세특례	국내·국제·소형항공운송사업 또는 항공기사용사업용 항공기, 그 사업에 직접 사용하는 항공기	취득세(1천분의 20 경감) 재산세(50)	§65	→ 항공사가 항공기를 사용하기 위하여 외국소재 시설대여업자와 리스계약에 의해 항공기를 수입하는 경우 지방세법상 과세대상이 되는 항공기의 취득으로 볼 수 없으므로 취득세가 면제될 여지가 없으며 농특세 납세의무도 없음(대법원 2006두8860 판결)
교환자동차 등에 대한 감면	자동차 제작결함으로 동일 종류의 자동차등으로 교환받는 자동차(리콜)	취득세(100)	§66①	• 교환으로 취득하는 자동차등의 가액이 종전의 자동차등의 가액을 초과하는 경우에 그 초과분에 대하여는 취득세를 부과한다
	말소된 자동차 또는 건설기계의 재등록	등록면허세(100)	§64②	
	하이브리드·전기 자동차	취득세(140만원 한도내 면제, 140만원	§64③	

		초과시 140만 원 공제)		
경형자동차 등에 대한 과세특례	**경형자동차의 비영업용 취득**	취득세(100)	§67①	배기량 1,000cc 미만, 길이 3.6m, 너비 1.6m, 높이 2.0m 이하. 다만, 동력원으로 전기만 사용하는 경우에는 길이, 너비, 높이 기준만 적용.
	승합자동차 또는 화물자동차	취득세(100)	§67②	
	승차 정원 7명 이상 10명 이하 비영업용 승용자동차로서 전방조종자동차	자동차세(소형승합자동차 세율)	§67③	
매매용 및 수출용 중고자동차 등에 대한 감면	자동차 매매업을 등록한 자, 건설기계매매업을 등록한 자가 취득하는 중고자동차 또는 중고건설기계	취득세(100)·자동차세(100)	§68①	• 추징사유: 취득일부터 2년 이내에 해당 중고선박, 중고기계장비, 중고항공기 및 중고자동차등을 매각하지 아니하거나 수출하지 아니하는 경우
	무역업자가 수출용으로 취득하는 중고선박, 중고기계장비 및 중고항공기	취득세(1천분의 20경감)	§68②	
	무역업자가 수출용으로 취득하는 중고자동차	취득세(100)	§68②	
교통안전 등을 위한 감면	교통안전공단이 자동차의 성능 및 안전도에 관한 시험연구용 및 자동차검사소용 취득 부동산	취득세(25)	§69	
운송사업 지원을 위한 감면	여객자동차운송사업자가 **시내(마을)버스운송사업** 등에 직접 사용하기 위해 취득하는 자동차, 저당권설정등록	취득세(50)·등록면허세(75)	§70①	
	여객자동차운송사업자가 사업에 직접 사용하기 위하여 취득하는 천연가스 버스	취득세(100)	§70③	
물류단지 등에 대한 감면	물류단지개발사업 시행자가 물류단지 개발을 위한 부동산	취득세(35)·재산세(35)	§71①	• 물류사업용부동산의 범위: 물류단지시설을 설치하기 위하여 물류단지 안에서 최초로 취득하는 토지와 그 토지 취득일부터 5년 이내에 취득하는 사업용 토지 및 건축물(토지 취득일 전에 그 사용승인을 받

				아 신축한 건축물을 포함하며, 기존 건축물을 취득한 경우는 제외한다)(지특령제33조)
	물류단지에서 물류사업을 직접 하려는 자가 취득하는 물류사업용 부동산, 그 사업에 직접 사용하는 부동산	취득세(50)·재산세(35)	§71②	
	복합물류터미널사업시행자로 지정된 자가 물류터미널 구조 및 설비 등에 관한 인가받은 공사계획을 시행하기 위하여 취득하는 부동산, 그 사업에 직접 사용하는 부동산	취득세(25), 재산세(25)	§71③	• 그 취득일부터 3년이 경과할 때까지 정당한 사유 없이 그 사업에 직접 사용하지 아니하는 경우에는 추징
별정우체국에 대한 과세특례	별정우체국사업에 사용하기 위하여 취득하는 부동산	취득세(1천분의 20 경감)	§72①	• 추징사유: 1. 수익사업에 사용하는 경우 2. 정당한 사유 없이 그 취득일부터 1년이 경과할 때까지 해당 용도로 직접 사용하지 아니하는 경우 3. 해당 용도로 직접 사용한 기간이 2년 미만인 상태에서 매각·증여하거나 다른 용도로 사용하는 경우
	별정우체국 및 과세기준일 현재 공용 또는 공공용으로 사용하는 부동산	재산세(100) 지역자원시설세(100) 주민세 재산분 및 종업원분(100)	§72②	→ 별정우체국이 공용 또는 공공용으로 사용하기 위하여 취득하는 부동산은 취득세가 비과세된다 할 것이나, 귀 문과 같이 별정우체국 직원이나 국장의 관사로 사용하기 위하여 취득하는 부동산은 위 규정에 의한 취득세 비과세대상에 해당된다고 볼 수는 없음(구 행정자치부 지방세정팀-1824)]

				• 수익사업에 사용하는 경우와 해당 재산이 유료로 사용되는 경우의 그 재산 및 해당 재산의 일부가 그 목적에 직접 사용되지 아니하는 경우는 제외
	별정우체국 연금관리단이 직원의 복리증진사업에 직접 사용하는 부동산	취득세(100)·재산세(100)	§72③-1	
	별정우체국 연금관리단이 자산의 운용 등 업무에 직접 사용하는 부동산	취득세(50)·재산세(50)	§72③-2	

<u>국토 및 지역개발에 대한 지원</u>

감면제도	내 용	대상세목 및 감 면 율(%)	관련 조문	참 고
토지수용 등으로 인한 대체취득에 대한 감면	**<u>토지수용 등으로 인한 대체취득</u>** → 소유 부동산 등이 수용되어 그 보상금으로 다른 부동산 등을 대체취득하는 경우, <u>수용되기 전 부동산 소유자 명의로 대체취득하는 경우에 한하여 비과세대상</u>이 되는 것이므로, 부동산이 수용되어 수용된 자 명의로 보상금을 수령한 후, 각 수용된 자가 조합을 결성하여 조합명의로 부동산을 대체취득하는 경우라면, 수용된 자와 대체취득한 자 간의 명의를 달리하였다고 할 것이므로 위 규정에 따른 대체취득 취득·등록세 비과세 대상으로 보기	취득세<u>(100)</u>	§73①②	• 매수, 수용, 철거당한 자(이주대책자 포함)또는 그 상속인 • 보상금 범위 내에서 감면(<u>초과분은 과세</u>) • 농지를 대체취득하는 경우 수용 부동산이 소재하는 도, 광역시, 특별시 내의 지역, 수용 부동산이 소재하는 시군구와 연접한 시군구 지여, 수용 부동산이 소재하는 도(특별시, 광역시)와 연접한 도(특별시, 광역시) 지역에 소재하는 부동산.

	는 어렵다고 판단.(행정안전부 지방세운영과-1505) → 피상속인이 보상금을 수령하고 사망한 경우에는 상속인이 부동산을 상속받은 것이 아니기 때문에 동 보상금으로 대체부동산을 취득하더라도 비과세 대상에 해당되지 아니함 (조세심판원 2009지0689) → 대체취득 감면 적용기간은 사업인정고시일(사업인정고시일 이전에 사업인정을 받은 자에게 협의매수된 경우에는 그 협의매수 계약일)이 시기이고, 마지막 보상금을 받은 날로부터 1년 이내가 종기이다.(통칙) → 택지개발사업으로 수용되는 부동산을 소유하고 있는 종교법인의 소속성당이 당해 부동산 내에 종교시설(성당)을 설치하고 사업인정고시일 현재 1년전부터 계속하여 사업자등록대상이 아닌 종교사업만을 영위하여 온 경우라면, 이를 부재 부동산 소유자로 보아 취득세 등 비과세를 배제하기는 어렵다고 판단됨 (행정안전부 지방세운영과-2497) → 지방세법 시행령 제79조의3제2항에서 규정한 사업자등록은 부가가치세법 제5조의 규정에 의한 사업자등록을 의미한다 할 것이고, 당해 규정에 대한 해석은 법문 그대로 엄격히 해석되어야 할 것인바, 수용당한 부동산이 위치한 지역에 사업자 등록이 되어 있지 않고 공장등록만 되어 있는 경우에 비록 공장등록을 하고 사업을 영위하고 있다고 하더라도 수용당한 부동산이 소재한 지역			• 농지 외의 부동산을 대체취득하는 경우에는 수용 부동산이 소재하는 도, 광역시, 특별시 내의 지역에 소재하는 부동산. 수용된 부동산이 소재하는 시군구와 연접한 시군구 지역에 소재하는 부동산. • 예외(비감면):사치성 재산을 취득하거나 부재지주(1년 이상 계속 주민등록 및 거주, 사업자는 1년 이상 사업자등록하고 계속 사업)가 취득하는 경우, 수용(매수, 철거), 보상 후 1년 이후 취득한 때, 종전 가액을 초과하여 취득하는 부분(지특령§34) → **부재지주** : 사업고시지구 내에 매수·수용 또는 철거되는 부동산을 소유하는 자로서 농지재지 시군구 및 연접 시군구 또는 농지소재지 20㎞ 이내 지여, 농지 이외 부동산의 소재지 구·시·읍·면 및 연접 구·시·읍·면 지역에 계약일 또는 사업인정고시일 현재 1년 전부터 계속하여 주민등록 또는 사업자등록을 하지 아니하거나 1년 전부터 계속하여 주민등록 또는 사업자등록을 한 경

	에 계약일 또는 사업인정고시일 현재 1년전부터 계속 사업자 등록을 하지 아니한 이상 부재부동산 소유자에 해당되므로 취득세 등의 감면대상에 해당되지 않음(행정안전부 도세-275) → 종중인 원고는 비법인사단으로서 이 사건 시행령 조항의 '사업자'이지만 수용된 토지에 사업자등록을 하지도 아니하고 실제 위 토지에서 사업을 수행하지도 아니한 이상 부재부동산 소유자에 해당한다고 판단한 후, 원고 자신은 법인이 아니어서 이 사건 시행령조항의 '사업자'가 아니므로 부재부동산 소유자가 될 수 없다는 원고의 주장에 대하여는 원고가 '법인 아닌 사단·재단 및 외국인의 부동산등기용 등록번호 부여절차에 관한 규정'에 따라 등록번호를 부여받았으므로 국세기본법 제13조제1항제1호 소정의 주무관청에 등록한 '법인으로 보는 단체'에 해당한다는 이유로 배척하였다. 앞서 본 법리와 관계 규정 및 기록에 비추어 살펴보면, 부동산등기용 등록번호를 부여받은 것만으로 주무관청에 등록한 것으로 볼 수 없으므로 원심이 비법인사단인 원고가 국세기본법 제13조제1항제1호 소정의 '법인으로 보는 단체'라고 판단한 부분은 잘못이다.(대법원 2008두19864 판결)			우라도 사실상 거주 또는 사업을 하고 있지 아니한 거주자 또는 사업자(법인을 포함). 상속으로 부동산을 취득하였을 때에는 상속인과 피상속인의 거주기간을 합한 것을 상속인의 거주기간으로 본다. • 감면기간: 마지막 보상금을 받은 날부터 1년 이내(보상금공탁의 경우는 해당 공탁일부터, 채권보상의 경우에는 채권상환기간 만료일부터), 단 농지의 경우에는 기산일부터 2년

대체취득부동산의 비과세지역

구분	부동산 소재지 시·도(a)	연접 시·군·구(b)	연접시·도(c)	a,b,c 이외 지역(d)
농지	면제	면제	투기지역 이외만	과세

<table>
<tr><td></td><td colspan="4">
<table>
<tr><td>이외</td><td></td><td></td><td>면제</td><td></td></tr>
<tr><td>농지</td><td>면제</td><td>면제</td><td>투기지역 이외만 면제</td><td>투기지역 이외만 면제</td></tr>
<tr><td>자경농 주택</td><td>면제</td><td>면제</td><td>투기지역 이외만 면제</td><td>투기지역 이외만 면제</td></tr>
</table>
</td></tr>
<tr><td></td><td>「공익사업을 위한 토지 등의 취득 및 보상에 관한 법률」에 따른 환매권 행사로 매수하는 부동산</td><td>취득세(100)</td><td>§73③</td><td>• 협의취득일 또는 수용 개시일부터 10년 이내</td></tr>
<tr><td>도시개발사업과 정비사업 등에 대한 감면</td><td>해당 사업의 대상이 되는 부동산의 소유자가 환지계획 및 토지상환채권에 의하여 취득하는 토지·관리처분계획에 의하여 취득하는 토지 및 사업시행자가 취득하는 건축물 및 체비지 또는 보류지

※ 「도시개발법」에 따른 도시개발사업과 「도시 및 주거환경정비법」에 따른 주택재개발사업 및 도시환경정비사업으로 한정한다 → 주택재건축사업 제외
※ '부동산의 소유자'에는 사업시행인가 당시의 소유자뿐 아니라 분양처분 이전까지 소유권을 승계취득한 자도 포함한다.(서울특별시청 세제과-4056)

→ 비과세조항에 의하여 취득세가 비과세되는 체비지 등은 사업시행자가 미리 환지계획이나 관리처분계획에서 체비지 등으로 정하여 환지처분의 공고나 분양처분의 고시가 있은 후에 취득하는 것만을 의미한다고 봄이 타당함 (대법원 2007두3275 판결)
→ 재개발조합의 조합원이 재개발조합에 종전의 토지 및 건축물을 제공함으로써 관리처분계획에</td><td>취득세(100)</td><td>§74①</td><td>• 예외 : 다음 부동산에 대하여는 취득세를 부과한다.
1. 환지계획 등에 따른 취득부동산의 가액 합계액이 종전의 부동산 가액의 합계액을 초과하여 「도시 및 주거환경정비법」등 관계 법령에 따라 청산금을 부담하는 경우에는 그 청산금에 상당하는 부동산
2. 환지계획 등에 따른 취득부동산의 가액 합계액이 종전의 부동산 가액 합계액을 초과하는 경우에는 그 초과액에 상당하는 부동산. 이 경우 사업시행인가(승계취득일 현재 취득부동산 소재지가 「소득세법」제104조의2제1항에 따른 지정지역으로 지정된 경우에는 도시개발구역 지정 또는 정비구역 지정) 이후 환지 이전에 부동산을 승계취득한 자로 한정</td></tr>
</table>

	따라 취득하게 되는 권리는, 재개발사업이 시행됨에 따라 장차 분양처분의 고시가 있은 다음날에 그 대지 또는 건축시설에 대한 소유권을 취득하기까지는 "부동산을 취득할 수 있는 권리"로 보아야 할 것이고(대법원 93누1633 판결), 종전의 토지 및 건축물에 대한 재개발조합원의 권리는 분양처분에 의하여 비로소 새로운 대지 또는 건축시설로 변환된다고 볼 수 있어 분양처분이 있기 전까지는 종전의 토지 및 건축물이나 장차 부동산을 취득할 수 있는 권리만이 취득의 대상이 될 수 있을 뿐 이 사건 아파트 자체는 그 취득의 대상이 될 수 없다고 할 것임(대법원 2003두4515 판결)			한다. → 토지와 달리 환지계획 등에 따라 분양 취득하는 주택의 경우에는 청산금을 부담하는 경우라도 소유권보존을 통한 원시취득에 해당되므로 원시취득의 세율이 적용된다.(조심 2010지0929호, 행정안전부 지방세운영과-384)
	주택재개발사업과 주거환경개선사업 등으로 취득하는 부동산	취득세(100)	§74③ 령§35③	1. 「도시 및 주거환경정비법」 제8조에 따른 주택재개발사업의 시행자가 같은 법 제2조제2호나목에 따른 주택재개발사업의 대지 조성을 위하여 취득하는 부동산 2. 제1호에 따른 주택재개발사업의 시행자가 해당 사업의 관리처분계획에 따라 취득하는 주거용 부동산 3. 「도시 및 주거환경정비법」에 따른 주택재개발사업의 정비구역지정 고시일 현재 부동산을 소유한 자가 제1호에 따른 주택재개발사업의 시행자로부터

				취득하는 전용면적 85제곱미터 이하의 주택(「도시 및 주거환경정비법」에 따라 청산금을 부담하는 경우에는 그 청산금에 상당하는 부동산을 포함한다) 4. 「도시 및 주거환경정비법」 제7조에 따른 주거환경개선사업의 시행자가 같은 법 제2조제2호가목에 따른 주거환경개선사업의 시행을 위하여 취득하는 주거용 부동산 5. 「도시 및 주거환경정비법」에 따른 정비구역지정 고시일 현재 부동산을 소유하는 자가 같은 법 제6조제1항제1호에 따라 스스로 개량하는 방법으로 취득하는 주택과 제4호에 따른 주거환경개선사업의 시행자로부터 취득하는 전용면적 85제곱미터 이하의 주거용 부동산 • 그 취득일부터 5년 이내에 「지방세법」 제13조제5항에 따른 과세대상이 되거나 관계 법령을 위반하여 건축한 경우에는 추징
개발촉진지구에 대한 감면	'지역균형개발및중소기업육성에관한법률'에 따라 개발촉진지구로 지정된 지역에서 사업시행자로 지정된 자가 개발사업을 위하여 취득하는 부동산	취득세(100) 재산세(50)-5년간	§75	• 추징사유 : 정당한 사유 없이 그 사업에 직접 사용하지 않거나 매각·증여하는 경우

택지개발용 토지 등에 대한 감면	**한국토지주택공사**가 국가 또 지방자치단체의 계획에 따라 제3자에게 **공급**할 목적으로 일시 취득하는 부동산 * 10년 임대 후 분양전환이 예정된 경우도 해당(보통 '공급'에는 '임대'가 포함되지 않으나 분양전환이나 매각 예정된 경우는 포함. 대법원 2011두6516 판결)	취득세(30)	§76①	• 토지의 취득·개발·비축·관리·공급 및 임대 • **주택(**복리시설을 포함한다)의 건설·개량·매입·비축·공급·**임대** 및 관리 • 위의 사업을 공공기관으로부터 위탁받은 것도 포함(지방세특례제한법 시행령§36①1호, 한국토지주택공사법§⑧)
	한국토지주택공사가 국가 또 지방자치단체의 계획에 따라 제3자에게 공급할 목적으로 택지개발사업에 사용하기 위하여 취득하는 택지개발사업지구 등에 있는 부동산으로서 국가 또는 지방자치단체에 무상으로 귀속될 공공시설물 및 토지와 공공시설용지	재산세(100)(재산세 과세특례분 포함)	§76②	
수자원공사의 단지조성용 토지에 대한 감면	한국수자원공사가 국가 또는 지방자치단체의 계획에 따라 분양목적으로 취득하는 단지조성용 토지	취득세(30)	§77①	
	한국수자원공사가 국가 또는 지방자치단체의 계획에 분양 목적으로 취득하는 택지개발사업지구 등에 있는 부동산으로서 국가 또는 지방자치단체에 무상으로 귀속될 공공시설물 및 토지와 공공시설용지	재산세(100)(재산세 과세특례분 포함)	§77②	
산업단지 등에 대한 감면 ※지방자치장은 조례로	산업단지 등 개발사업시행자가 산업단지 등을 조성하기 위하여 취득하는 부동산, 조성공사가 시행되고 있는 토지	취득세(35)·재산세(35, 수도권 외는 60)	§78-①	• 3년 이내에 정당한 사유 없이 산업단지 또는 산업기술단지를 조성하지 아니하는 경우 추징 • 산업단지란 '산업입지및개발에관한법률'에 따른 국가산업단지, 일

				반지방산업단지, 도시첨단산업단지, 농공단지. 유치지역이란 산업집적활성화및공장설립에관한법률에 따라 지식경제부장관이 고시한 지역. 산업기술단지란 산업기술단지지원에관한특례법에 지식경제부장관이 고시한 단지. →「경제자유구역의 지정 및 운영에 관한 특별법」제4조에 의해 산업단지로 지정된 경우 「산업입지 및 개발에 관한 법률」에 의해 지정된 산업단지로 본다.(위 법 제7조의2)
25/100의 범위에서 추가 경감할 수 있다	산업단지 등 개발사업시행자가 산업단지 또는 산업기술단지를 개발·조성하여 분양 또는 임대할 목적으로 취득하는 부동산	취득세(35)·재산세(35, 수도권 외는 60)	§78-②	• 3년 이내에 정당한 사유 없이 산업단지 또는 산업기술단지를 개발·조성하지 아니하는 경우 추징
	개발사업시행자가 조성공사를 완료한 이후 산업용 건축물의 신·증축으로 취득하는 부동산, 신·증축 건축물 및 조성이 끝난 토지 → 건축물의 승계취득은 포함하지 않는다. 따라서 기존 산업용 건축물을 취득한 뒤 일부를 철거하고 증축한 경우에는 해당하지 않는다.(감심2012-116, 2012.07.12.)	취득세(35) 재산세(35, 5년간)	§78, -2③-1	• 정당한 사유 없이 3년 이내에 산업용 건축물등을 신축하거나 증축하지 아니하는 경우 추징
	산업단지, 유치지역, 산업기술단지 안에서 산업용 건축물 등을 건축하려는 자(중소기업자에게 임대하려는 자 포함)가 취득하는 부동산, 대수선하여 취득하는 자	취득세(50, 25) 재산세(35, 건축시 5년간)	§78④	• 추징사유: 1. 정당한 사유 없이 그 취득일부터 3년이 경과할 때까지 해당 용도로 직접 사용하지 아니하는 경우 2. 해당 용도로 직접

	→ 제2항, 제4항에 따른 공장의 경우에는 건축물의 연면적(옥외에 기계장치 또는 저장시설이 있는 경우에는 그 시설물의 수평투영면적을 포함한다)이 200제곱미터 이상인 것(시행규칙제6조)			사용한 기간이 2년 미만인 상태에서 매각(해당 산업단지관리기관 또는 산업기술단지관리기관이 환매하는 경우는 제외한다)·증여하거나 다른 용도로 사용하는 경우
<u>법인의 지방이전</u>에 대한 감면	법인이 본점 또는 주사무소를 <u>대도시외의 지역으로 이전</u>하여 해당사업을 직접 하기 위해 취득하는 부동산(본점을 매각 또는 임차 종료 후)	취득세(100)·재산세(100-5년간, 50-그 후 3년)	§79①	• 본점 또는 주사무소용 부동산의 요건(제1항, 제2항 공통) ① 대도시 외의 지역으로 이전하기 위하여 매입한 본점 또는 주사무소용 부동산으로서 사업을 시작하기 이전에 취득한 것일 것 ② 과밀억제권역 내의 본점 또는 주사무소를 대도시 외의 지역으로 이전하기 위하여 사업을 중단한 날까지 6개월(임차한 경우에는 2년을 말한다) 이상 사업을 한 실적이 있을 것 ③ 대도시 외의 지역에서 그 사업을 시작한 날부터 6개월 이내에 과밀억제권역 내에 있는 종전의 본점 또는 주사무소를 폐쇄할 것 ④ 대도시 외의 지역에서 본점 또는 주사무소용 부동산을 취득한 날부터 6개월 이내에 건축공사를 시작하거나 직접 그 용도에 사용할 것. 다만, 정당한 사유

				가 있는 경우에는 6개월 이내에 건축공사를 시작하지 아니하거나 직접 그 용도에 사용하지 아니할 수 있다. • 이전 후의 부동산 가액이 이전 전의 부동산 가액을 초과하는 경우 초과액에 대하여는 과세. • 법인을 이전하여 법인이 해산된 경우(합병·분할 또는 분할합병으로 인한 경우는 제외)와 법인을 이전하여 과세감면을 받고 있는 기간에 과밀억제권역에서 이전 전에 생산하던 제품을 생산하는 법인을 다시 설치한 경우에는 추징
	법인이 대도시외의 지역으로 본점 또는 주사무소를 이전하는 경우 그 이전에 따른 법인등기 및 부동산등기	등록면허세(100)	§79②	• 본점이전등기 • 등기명의인변경등기
공장의 지방이전에 따른 감면	**공장**을 영위하는 자가 대도시외의 지역으로 이전한 후 해당사업을 계속하기 위해 취득하는 부동산	취득세(100)·재산세(100-5년간, 50-그 후 3년)	§80①	• 공장 연면적이 부대시설 포함하여 200㎡ 이상일 것 • 이전한 공장의 사업을 시작하기 이전에 취득한 부동산일 것 • 대도시 내에 있는 공장의 조업을 중단한 날까지 6개월(임차한 공장의 경우에는 2년) 이상 계속하여 조업한 실적이 있을 것 • 대도시 외에서 그 사

				업을 시작한 날부터 6개월(시운전 기간은 제외) 이내에 대도시 내에 있는 해당 공장시설을 완전히 철거하거나 폐쇄할 것 • 토지를 취득하였을 때에는 그 취득일부터 6개월 이내에 공장용 건축물 공사를 시작하여야, 토지와 건축물을 동시에 취득하였을 때에는 그 취득일부터 6개월 이내에 사업을 시작할 것. • 예외: 공장용 부동산 가액의 합계액이 이전하기 전의 공장용 부동산 가액의 합계액을 초과하는 경우 그 초과액에 대해서는 취득세를 과세(지특법규칙§8) → 토지와 건축물은 가액 비율로 안분 계산 • 추징사유: 공장을 이전하여 과세감면을 받고 있는 기간에 대도시에 이전 전에 생산하던 제품을 생산하는 공장을 다시 설치한 경우
공공기관 지방이전에 대한 감면	공공기관 지방이전에 따른 혁신도시 건설 및 지원에 관한 특별법에 따라 국토교통부장관의 지방이전계획 승인을 받아 **이전공공기관**이 이전 목적으로 취득하는 부동산	취득세(100)·재산세(100-5년간, 50-그 후 3년)	§81①	
	이전공공기관의 법인등기	등록면허세(100)	§81②	
	이전공공기관을 따라 **이주하는**	취득세(100)	§81③	• 추징사유: 사망, 혼

<table>
<tr><td rowspan="3"></td><td>소속 임직원, 이주공무원 및 행정중심복합도시건설청 및 세종청사관리소 소속 공무원이 해당 지역에 거주할 목적으로 85㎡ 이하 주거용 건축물과 그 부속토지의 취득(1가구1주택)</td><td></td><td>1</td><td rowspan="3">인, 해외이주, 정년퇴직, 파견근무 또는 부처교류로 인한 근무지역의 변동 등의 정당한 사유 없이 다음 각 호의 어느 하나에 해당하는 경우
1. 이전공공기관 또는 중앙행정기관등의 이전일(이전공공기관의 경우에는 이전에 따른 등기일 또는 업무개시일 중 빠른 날, 중앙행정기관등의 경우에는 업무개시일) 전에 주거용 건축물과 그 부속토지를 매각하거나 증여한 경우
2. 다음 각 목의 어느 하나에 해당하는 날부터 2년 이내에 주거용 건축물과 그 부속토지를 매각하거나 증여한 경우
가. 해당 기관의 이전일(이전공공기관 또는 중앙행정기관등에 소속된 임직원 또는 공무원의 경우만 해당)
나. 주거용 건축물과 그 부속토지의 취득일</td></tr>
<tr><td>85㎡ 초과 102㎡ 이하 주거용 건축물과 그 부속토지의 취득</td><td>취득세(75)</td><td>§81③</td></tr>
<tr><td>102㎡ 초과 135㎡ 이하 주거용 건축물과 그 부속토지의 취득</td><td>취득세(62.5)</td><td>§81③</td></tr>
<tr><td>개발제한구역에 있는 주택의 개량에 대한 감면</td><td>개발제한구역안에 거주하는 사람이 해당지역에 상시 거주할 목적으로 취득하는 취락지구지역의 주거용부동산으로서 개량하는 100㎡ 이하 주거용 건축물과 부속토지</td><td>재산세(100)</td><td>§82</td><td></td></tr>
<tr><td>시장정비사업에 대한 감면</td><td>시장정비사업자가 해당사업에 직접 사용하기 위하여 취득하는 부동산</td><td>취득세(100)·재산세(50-5년간)</td><td>§83①</td><td>• 전통시장 및 상점가 육성을 위한 특별법
• 시장정비사업시행자</td></tr>
</table>

				가 시장정비사업에 따라 기존 건축물을 철거하고 분양목적의 복합건물(판매시설 및 아파트)을 신축취득하는 경우 취득세 면제대상인 '해당사업에 직접 사용하기 위하여 취득하는 부동산'에 판매시설뿐만 아니라 아파트도 포함된다.(서울특별시청 세제과-1139)
	3년 전부터 계속하여 입점한 상인 또는 사업시행인가일 현재 전통시장에서 부동산을 소유한 자가 시장정비사업자로부터 최초로 취득하는 부동산	취득세(100)·재산세(50-5년간)	§83②	• 추징사유: 취득일부터 3년 이내에 정당한 사유 없이 그 사업에 직접 사용하지 아니하거나 매각·증여 또는 다른 용도에 사용하는 경우 → 시장정비구역에서 대통령령이 정하는 자가 취득하는 주거용 부동산을 제외한 도·소매업은 물론 용역업이라도 시장 내의 점포에서 영업을 위한 부동산은 감면대상에 해당함(행정안전부 지방세운영과-1227, 2011.3.17)
사권제한 토지 등에 대한 감면	도시계획시설로서 고시된 후 10년 이상 장기간 미집행된 토지, 지상건축물 등	재산세(50)(재산세 과세특례분 포함)	§84①	
	공공시설을 위한 토지로서 도시관리계획의 결정 등에 관한 지형도면의 고시가 된 토지	재산세(50)	§84②	
	철도안전법에 다른 건축 등이 제한된 토지	재산세(50)	§84③	

공공행정 등에 대한 지원

감면제도	내 용	대상세목 및 감면율(%)	관련조문	비고
한국법무보호복지공단 등에 대한 감면	한국법무보호복지공단 등이 갱생보호사업을 위해 직접 사용하는 부동산	취득세(100)·재산세(100) 지역자원시설세(100)(재산세과세특례분 포함)	§85①	
	민영교도소등을 설치·운영하기 위하여 취득·사용하는 부동산	취득세(50)·재산세(50)	§85②	→ 민영교도소 신축을 위한 건축허가를 받았으나 민영교도소 신축을 위한 준비작업만 하고 신축공사를 하지 않은 경우 재산세를 과세한 처분은 정당함(조세심판원 2008지1050)
지방공사와 지방공단 및 지방자치단체 출연법인에 대한 감면	지방공사가 고유업무에 직접 사용하기 위하여 취득하는 부동산, 법인등기, 고유업무에 직접 사용하는 부동산	취득세(50범위 내 조례로 정한 비율에 지자체의 주식비율을 곱한 금액) 등록면허세, 재산세도 동.	§85의2①	
	지방공단이 고유업무에 직접 사용하기 위하여 취득하는 부동산, 법인등기, 고유업무에 직접 사용하는 부동산	취득세(100)(조례로 정한 비율) 등록면허세, 재산세도 동.	§85의2②	
	지방자치단체 출연법인이 고유업무에 직접 사용하기 위하여 취득하는 부동산, 법인등기, 고유업무에 직접 사용하는 부동산	취득세(50범위 내 조례로 정한 비율에 지자체의 출자비율	§85의2③	

		을 곱한 금액) 등록면허세, 재산세도 동.		
	한국지역정보개발원이 그 고유업무에 직접 사용하기 위하여 취득하는 부동산	취득세(50)	§85의2④	
주한미군 임대용 주택 등에 대한 감면	한국토지주택공사가 주한미군에 임대하기 위하여 취득·사용하는 임대주택용 부동산	취득세(100)·재산세(50)	§86	
새마을금고 등에 대한 감면	신용협동조합(중앙회 제외)이 예탁 등 업무에 직접 사용하는 부동산	취득세(100)·재산세(100) 주민세 재산분(50)	§87①1	
	신용협동조합중앙회가 조합의 사업에 관한 지도·조정·조사연구 및 홍보 등 업무에 직접 사용하기 위한 취득 부동산	취득세(50)	§87①2	
	신용협동조합중앙회가 신용사업에 직접 사용하기 위한 취득 부동산	취득세(25)	§87①2	
	새마을금고(연합회 제외)가 신용사업 등 업무에 직접 사용하기 위해 취득·사용하는 부동산	취득세(100)·재산세(100) 주민세 재산분(50)	§87②-1	
	새마을금고중앙회가 금고의 사업 및 경영의 지도 등 업무에 직접 사용하기 위한 취득 부동산	취득세(50)	§87②-2	
	새마을금고연합회가 신용사업에 직접 사용하기 위한 취득 부동산	취득세(25)	§87②-2	
새마을운동조직 등에 대한 감면	새마을운동조직이 그 고유업무에 직접 사용하는 부동산, 해당 조직	취득세(100)·재산세(100) 주민세 재산분(50)(재산세	§88①	

<table>
<tr><td rowspan="2"></td><td></td><td>과세특례분 포함)</td><td></td><td></td></tr>
<tr><td>한국자유총연맹, 대한민국재향군인회가 그 고유업무에 직접 사용하는 부동산</td><td>취득세(100)·재산세(100) (재산세 과세특례분 포함)</td><td>§88②</td><td></td></tr>
<tr><td rowspan="2">정당에 대한 면제</td><td>정당법에 따른 정당이 해당 사업에 사용하기 우해 취득하는 부동산, 사업에 직접 사용하는 부동산</td><td>취득세(100)·재산세(100) 지역자원시설세(100)(재산세 과세특례분 포함)</td><td>§89①, ②</td><td>• 추징사유: 1. 수익사업에 사용하는 경우
2. 정당한 사유 없이 그 취득일부터 3년이 경과할 때까지 해당 용도로 직접 사용하지 아니하는 경우
3. 해당 용도로 직접 사용한 기간이 2년 미만인 상태에서 매각·증여하거나 다른 용도로 사용하는 경우</td></tr>
<tr><td>정당법에 따른 정당이 그 사업에 직접 사용하기 위한 면허, 정당</td><td>등록면허세(100) 주민세 재산분(100) 지방소득세 종업원분(100)</td><td>§89③</td><td>• 수익사업에 관계되는 부분은 비면제</td></tr>
<tr><td>마을회 등에 대한 감면</td><td>마을회 등 주민공동체의 주민 공동소유를 위해 취득하는 부동산 및 선박

* 아파트입주자대표회의를 마을회로 인정한 행정안전부 해석이 있음]
→ 마을회 등은 행정구역의 최하단위인 리를 구성하는 지역으로 범위를 제한해서 해석하는 것이 타당함(조세심판원 2009지0824, 2010.6.11)</td><td>취득세(100)</td><td>§90①</td><td>• 추징사유: 1. 수익사업에 사용하는 경우
2. 정당한 사유 없이 그 취득일부터 1년이 경과할 때까지 해당 용도로 직접 사용하지 아니하는 경우
3. 해당 용도로 직접 사용한 기간이 2년 미만인 상태에서 매각·증여하거나 다른 용도로 사용하는 경우</td></tr>
</table>

	마을회 등이 소유한 부동산과 임야, 마을회	재산세(100) 지역자원시설세(100) 주민세 재산분(100) 종업원분(100)(재산세 과세특례분 포함)	§90②	• 수익사업에 사용하는 경우와 해당 재산이 유료로 사용되는 경우의 그 재산 및 해당 재산의 일부가 그 목적에 직접 사용되지 아니하는 경우 비면제
재외 외교관 자녀 기숙사용 부동산에 대한 과세특례	사단법인 한국외교협회의 재외외교관 자녀 기숙사용 토지 및 건축물 및 부동산 등기	취득세(1천분의 20 적용) 등록면허세(100)	§91	• 추징사유: 1. 수익사업에 사용하는 경우 2. 정당한 사유 없이 그 취득일부터 1년이 경과할 때까지 해당 용도로 직접 사용하지 아니하는 경우 3. 해당 용도로 직접 사용한 기간이 2년 미만인 상태에서 매각·증여하거나 다른 용도로 사용하는 경우
천재지변 등으로 인한 대체취득에 대한 감면	천재지변 등으로 건축물 등 그 멸실일 또는 파손일로부터 2년 내 복구를 위한 건축물을 건축 또는 개수, 선박 건조 또는 종류 변경, 건축물·선박·자동차 및 기계장비 대체 취득	취득세(100)	§92①	• 새로이 취득하는 물건가액이 종전 물건의 가액을 초과하는 경우 초과부분은 과세 '재해'란 재난 및 안전관리기본법에 따른 재해를 말한다.
	천재지변 등으로 말소등기(등록)과 복구를 위한 건축허가 면허	등록면허세(100)	§92②	
	천재지변 등으로 소멸·멸실 또는 파손되어 해당 자동차 회수 및 사용할 수 없는 경우	자동차세(100)	§92③	
내진성능 확보 건축물에 대한 감면	「건축법」 제48조에 따른 구조안전 확인 대상 건축물이 아닌 건축물로서 내진성능확인을 받은 건축물을 신축하는 경우	취득세(10) 재산세(10)	§92의3	
	위 건축물로서 대수선을 하는 경우	취득세(50) 재산세(50)		

지방세특례제한법 제177조(감면 제외대상) 이 법의 감면을 적용할 때 「지방세법」 제13조제5항에 따른 부동산등은 감면대상에서 제외한다. [본조신설 2014.1.1.]

지방세특례제한법 제178조(감면된 취득세의 추징) 부동산에 대한 감면을 적용할 때 이 법에서 특별히 규정한 경우를 제외하고는 다음 각 호의 어느 하나에 해당하는 경우 그 해당 부분에 대해서는 감면된 취득세를 추징한다.

1. 정당한 사유 없이 그 취득일부터 1년이 경과할 때까지 해당 용도로 직접 사용하지 아니하는 경우
2. 해당 용도로 직접 사용한 기간이 2년 미만인 상태에서 매각·증여하거나 다른 용도로 사용하는 경우 [본조신설 2014.1.1.]

지방세특례제한법 제180조(중복 감면의 배제) 동일한 과세대상에 대하여 지방세를 감면할 때 둘 이상의 감면 규정이 적용되는 경우에는 그 중 감면율이 높은 것 하나만을 적용한다. 다만, 제73조, 제74조, 제92조 및 제92조의2의 규정과 다른 규정은 두 개의 감면규정(제73조, 제74조 및 제92조 간에 중복되는 경우에는 그 중 감면율이 높은 것 하나만을 적용한다)을 모두 적용할 수 있다. [본조신설 2014.1.1.]

4) 조세특례제한법상 지방세 감면제도

※ 적용기준

1) 동일한 과세대상에 대하여 조특법상 감면 규정이 둘 이상 적용는 경우에는 하나만 선택하여 적용한다(조특법제127조⑥). 지방세특례제한법이나 감면조례와 중복 적용되는 경우에도 감면율이 높은 것 하나만 적용한다. 그러나 지방세법상의 비과세 규정은 지방세특례제한법 제96조가 적용되지 않으므로 비과세규정을 우선 적용하고 과세분 또는 추징세액이 있을 경우에 감면규정을 적용한다.
2) 토지수용으로 인한 대체취득, 도시개발사업 등에 대한 감면, 천재지변 등으로 인한 대체취득(이들 사이에는 최고 감면규정 하나만 적용)과 그밖의 감면규정과는 중복 적용한다.

※ 조특법상 취득세 및 등록면허세 감면분에 대하여는 감면세액의 20%를 농어촌특별세로 부과한다. 해당 등록면허세가 중과세 대상이면 중과세율로 산출한 등록면허세액이 과세표준이 된다.

감면제도	내　　용	대상세목 및 감면율 (%)	관련 조문	비고
사회·복지 분야	영농조합 배당소득	개인지방소득세(100)	§66③	
	영어조합 배당소득	개인지방소득세-소득분(100)	§67③	
	세금우대종합저축에 대한 면제	개인지방소득세-소득분(100)	§89①	
외국인투자기업에 대한 감면	외국인투자촉진법상 산업지원서비스업이나 고도의 기술을 수반하는 사업을 영위하기 위하여 공장시설이나 사업장을 취득하거나 운영하는 경우	법인세, 소득세, 취득세, 재산세 감면	§121조의 2 ① -1	·산출세액에 외국인투자비율을 곱한 금액이 감면대상, 감면기간은 사업개시일부터 7년, 감면비율은 사업개시일부터 5년간은 전액 면제하고 그후 2년은 50% 감면. ·기존주식 등을 취득함에 따른 외국인투자는 감면배제, 대한민국 국민(법인 포함)이 당해 외국법인에 대하여 의결권 있는 주식을 10% 이상 소유하고 있을 경우 그 비율에 상당하는 부분도 감면배제.
	외국인투자촉진법상 외국인투자지역에 입주하는 외국인투자기업이 동 지역에서 일정 가액 이상의 공장시설 등을 취득하는 경우	법인세, 소득세, 취득세, 재산세 감면	§121조의 2 ① -2	
	경제자유지역에 입주하는 외국인투자기업이 일정 가액 이상의 시설을 새로이 설치하는 경우	법인세, 소득세, 취득세, 재산세 감면	§121조의2①2호의2	

	경제자유구역개발계획에 따라 일괄적으로 개발사업을 수행하기 위한 일정 가액 이상의 사업용 재산의 경우	법인세, 소득세, 취득세, 재산세 감면	§121조의2①2호의3	
	기업도시개발사업의 시행자나 입주자로 지정된 외국인투자기업의 사업용 부동산	법인세, 소득세, 취득세, 재산세 감면	§121조의2①2호의6, 7	
제주투자진흥지구 또는 제주자유무역지역 입주기업에 대한 감면	제주투자진흥지구 또는 제주자유무역지역 입주기업이 사업용으로 취득, 보유하는 재산	법인세, 소득세, 취득세, 재산세 감면	§121조의9	

5) 서울특별시 시세감면조례

지방자치단체별로 감면내용이 다를 수 있다.

지방세특례제한법 제4조(조례에 따른 지방세 감면) ① 지방자치단체는 다음 각 호의 어느 하나에 해당하는 때에는 3년의 기간 이내에서 지방세의 세율경감, 세액감면 및 세액공제(이하 이 조 및 제182조에서 "지방세 감면"이라 한다)를 할 수 있다. 다만, 이 법에서 정하고 있는 지방세 감면은 추가로 확대할 수 없다. <개정, 2014.1.1>

1. 서민생활 지원, 농어촌 생활환경 개선, 대중교통 확충 지원 등 공익을 위하여 지방세의 감면이 필요하다고 인정될 때
2. 특정지역의 개발, 특정산업·특정시설의 지원을 위하여 지방세의 감면이 필요하다고 인정될 때

② 지방자치단체는 제1항에도 불구하고 다음 각 호의 어느 하나에 해당하는 지방세 감면을 할 수 없다. <신설 2014.1.1>

1. 「지방세법」 제13조 및 제28조제2항에 따른 중과세의 배제를 통한 지방세 감면
2. 「지방세법」 제106조제1항 각 호에 따른 토지에 대한 재산세 과세대상의 구분 전환을 통한 지방세 감면

2의2. 제177조에 따른 감면 제외대상에 대한 지방세 감면 → 사치성재산

3. 과세의 형평을 현저하게 침해하거나 국가의 경제시책에 비추어 합당하지 아니한 지방세 감면 등으로서 대통령령으로 정하는 바에 따라 안전행정부장관이 정하여 고시하는 사항

③ 지방자치단체는 지방세 감면을 하려면 「지방세기본법」 제141조에 따른 지방세심의위원회의 심의를 거쳐 조례로 정하여야 한다. 이 경우 대통령령으로 정하는 일정 규모 이상의 지방세 감면을 신설 또는 연장하거나 변경하려는 경우에는 대통령령으로 정하는 조세 관련 전문기관이나 법인 또는 단체에 의뢰하여 감면의 필요성, 성과 및 효율성 등을 분석·평가하여 심의자료로 활용하여야 한다.

④ 제1항과 제3항에도 불구하고 지방자치단체의 장은 천재지변이나 그 밖에 대통령령으로 정하는 특수한 사유로 지방세 감면이 필요하다고 인정되는 자에 대하여는 해당 지방의회의 의결을 얻어 지방세 감면을 할 수 있다.

⑤ 지방자치단체는 지방세 감면에 관한 사항을 정비하여야 하며, 지방자치단체의 장은 정비 결과를 안전행정부장관에게 제출하여야 한다. 이 경우 안전행정부장관은 그 정비 결과를 지방세 감면에 관한 정책 수립 등에 활용할 수 있다. <개정 2013.3.23>

⑥ 지방자치단체는 제1항부터 제3항까지의 규정에 따라 지방세 감면을 하는 경우에는 전전년도 지방세징수 결산액에 대통령령으로 정하는 일정비율을 곱한 규모(이하 이 조에서 "지방세 감면규모"라 한다) 이내에서 조례로 정하여야 한다.

⑦ 지방자치단체는 제6항의 조례에 따라 감면된 지방세액이 지방세 감면규모를 초과한 경우 그 다음 연도의 지방세 감면은 대통령령으로 정하는 바에 따라 축소·조정된 지방세 감면규모 이내에서 조례로 정할 수 있다. 다만, 지방세 감면규모를 초과하여 정하려는 경우로서 안전행정부장관의 허가를 받아 조례로 정한 지방세 감면에 대하여는 지방세 감면규모 축소·조정 대상에서 제외한다. <신설 , 2013.3.23>

⑧ 제1항에 따른 지방세 감면을 조례로 정하는 경우 제주특별자치도에 대하여는 제2항·제6항 및 제7항을 적용하지 아니한다.

(1) 장애인 소유 자동차에 대한 감면(제2조)
취득세 및 자동차세를 면제.

(2) 종교단체의 의료업에 대한 감면(제3조)
취득세의 25/100, 재산세의 50/100 감면.

(3) 공연장에 대한 감면(제4조)
취득세, 재산세, 지역자원시설세를 면제.

(4) 문화지구 내 권장시설에 대한 감면(제5조)
인사동문화지구, 대학로 문화지구. 취득세 및 재산세의 100분의 50을 경감.

(5) 승용차 요일제 참여 자동차에 대한 감면(제6조)
자동차세의 100분의 5를 경감.

(6) 외국인투자유치 지원을 위한 감면(제7조)

외국인투자기업이 취득하는 재산에 대한 취득세, 재산세, 지역자원시설세, 지방소득세 종업원분 면제.

(7) 준공업지역내 도시형공장에 대한 감면(제8조)
취득세, 지역자원시설세, 지방소득세 종업원분 면제.

(8) 도시정비사업에 대한 감면(제9조)
재산세, 지역자원시설세 면제.

(9) 균형발전촉진지구사업에 대한 감면(제10조)
취득세(50/100) 면제.

(10) 전통시장 등에 대한 감면(제11조)
취득세 면제.

(11) **주택재개발** 등에 대한 감면(제14조)
최초 인가일, 최초 고시일 현재 사업구역 내에 부동산을 소유한 자에 대하여 취득세 면제.(지방세특례제한법§74③, 시행령§35③3,5)

(12) 산업단지 등에 대한 감면(제14조)
취득세를 면제.

(13) 감면 제외(제16조)
지방세법제13조 5항의 부동산은 조례의 감면대상에서 제외.

(14) 중복감면의 배제(제20조)

5. 지방교육세

※ 취득세에 대한 지방교육세 세율 : 개정 취득세액 × (개정 취득세율 - 20/1,000) × 100분의 20, 구 등록세액의 20%

1) 납세의무자

취득세(차량취득세는 제외)·등록면허세(차량등록면허세는 제외)·레저세·담배소비세·주민세균등할·재산세·비영업용 승용자동차(비영업용 기타 승용자동차포함)의 자동차세 등의 납세의무자이다.

2) 과세표준 및 세율

구분	2015. 7. 24. 개정	
	과세표준	세 율
1	취득세액	표준세율에서 2%를 뺀 세율을 적용하여 산출한 금액의 20/100(예외 있음)
	등록면허세	20/100
2	레저세액	40/100
3	담배소비세액	4,399/10,000
4	주민세(균등분)	10/100(50만 이상 시의 경우는 25/100)
5	재산세액	20/100
6	자동차세액	30/100

지방세법 제151조(과세표준과 세율) ① 지방교육세는 다음 각 호에 따라 산출한 금액을 그 세액으로 한다. <개정 2015.7.24.>

1. 취득물건(제15조제2항에 해당하는 경우는 제외한다)에 대하여 제10조의 과세표준에 제11조제1항제1호부터 제7호까지와 제12조의 세율(*)(제14조에 따라 조례로 세율을 달리 정하는 경우에는 그 세율을 말한다. 이하 같다)에서 1천분의 20을 뺀 세율을 적용하여 산출한 금액(제11조제1항**제8호**의 경우에는 해당 세율에 100분의 50을 곱한 세율을 적용하여 산출한 금액)의 100분의 20(**). 다만, 다음 각 목의 어느 하나에 해당하는 경우에는 해당 목에서 정하는 금액으로 한다.

가. 제13조제2항·제3항·제6항 또는 제7항에 해당하는 경우: 이 호 각 목 외의 부분 본문의 계산방법으로 산출한 지방교육세액의 100분의 300

나. 「지방세특례제한법」, 「조세특례제한법」 및 지방세감면조례(이하 "지방세감면법령"이라 한다)에서 취득세를 감면하는 경우

1) 지방세감면법령에서 취득세의 감면율을 정하는 경우: 이 호 각 목 외의 부분 본문의 계산방법으로 산출한 지방교육세액을 해당 취득세 감면율로 감면하고 남은 금액

2) 지방세감면법령에서 취득세의 감면율을 정하면서 이 법 제13조제2항 본문 및 같은 조 제3항의 세율을 적용하지 아니하도록 정하는 경우: 이 호 각 목 외의 부분 본문의 계산방법으로 산출한 지방교육세액을 해당 취득세 감면율로 감면하고 남은 금액

3) 1)과 2) 외에 지방세감면법령에서 이 법과 다른 취득세율을 정하는 경우: 해당 취득세율에도 불구하고 이 호 각 목 외의 부분 본문의 계산방법으로 산출한 지방교육세액. 다만, 세율을 1천분의 20으로 정하는 경우에는 과세대상에서 제외한다.

다. 가목과 나목1)이 동시에 적용되는 경우: 가목을 적용하여 산출한 지방교육세액

을 해당 취득세 감면율로 감면하고 남은 금액
2. 이 법 및 지방세감면법령에 따라 납부하여야 할 등록에 대한 등록면허세액의 100분의 20
3. 이 법 및 지방세감면법령에 따라 납부하여야 할 레저세액의 100분의 40
4. 이 법 및 지방세감면법령에 따라 납부하여야 할 담배소비세액의 1만분의 4,399
5. 이 법 및 지방세감면법령에 따라 납부하여야 할 주민세 균등분 세액의 100분의 10. 다만, 인구 50만 이상 시의 경우에는 100분의 25로 한다.
6. 이 법 및 지방세감면법령에 따라 납부하여야 할 재산세액(제112조제1항제2호 및 같은 조 제2항에 따른 재산세액은 제외한다)의 100분의 20
7. 이 법 및 지방세감면법령에 따라 납부하여야 할 자동차세액의 100분의 30

② 지방자치단체의 장은 지방교육투자재원의 조달을 위하여 필요한 경우에는 해당 지방자치단체의 조례로 정하는 바에 따라 지방교육세의 세율을 제1항(같은 항 제3호는 제외한다)의 표준세율의 100분의 50의 범위에서 가감할 수 있다.

③ 도농복합형태의 시에 대하여 제1항제5호를 적용할 때 "인구 50만 이상 시"란 동지역의 인구가 50만 이상인 경우를 말하며, 해당 시의 읍·면지역에 대하여는 그 세율을 100분의 10으로 한다.

④ 제1항제5호를 적용할 경우 「지방자치법」 제4조제1항에 따라 둘 이상의 시·군이 통합하여 인구 50만 이상 시에 해당하는 지방자치단체가 되는 경우 해당 지방자치단체의 조례로 정하는 바에 따라 5년의 범위에서 통합 이전의 세율을 적용할 수 있다.

(*) 표준세율을 말한다. 유상 거래 주택의 경우에는 괄호 안의 규정이 적용된다.

(**) **주택 유상거래시 지방교육세 세율 적용**

구분	6억 이하	6억~9억	9억 초과
세율	1%×50/100×20/100 = **0.1%**	2%×50/100×20/100 = **0.2%**	3%×50/100×20/100 = **0.3%**

(1) 취득세분

지방세법 제15조 제2항을 제외하고 표준세율에서 20/1,000을 뺀 세율에 20/100을 곱하여 산출한다.(종전의 등록세분에만 과세) 중과세나 중과세 경합의 경우에는 어느 경우나 앞에서 산출한 (교육)세액에 300/100을 곱하여 산출하고, 취득세 감면의 경우에는 원래 산출한 교육세액에 감면율을 곱하여 산출한 금액에서 나머지 금액을 교육세액으로 한다.

(2) 등록면허세분

그 세액의 20/100

(3) 레저세액의 40/100, 담배소비세액의 4,399/10,000

(4) 재산세액의 20/100, 자동차세액의 20/100

3) 징수방법

과세표준이 되는 세목에 따라 신고납부하거나 부과징수한다.

6. 농어촌특별세(농어촌특별세법)

※ 농어촌특별세는 국세이나 취득세 등 지방세목의 부가세목이다.

1) 납세의무자

① 취득세·등록면허세, 소득세·법인세, 관세 등을 감면받은 자.
② 취득세, 종합부동산세, 레저세, 증권거래세, 개별소비세, 법인세(5억원 이상) 의 납부의무자.

2) 과세대상

85제곱미터 초과 주택, 나대지, 근린생활시설 등을 취득하는 경우.

3) 과세표준 및 세율(농특세법제5조)

호별	과 세 표 준	세 율
1	조세특례제한법·관세법 및 지방세법 및 지방세특례제한법에 따라 감면을 받는 **소득세·법인세·관세·취득세 또는 등록에 대한 등록면허세**의 감면세액(제2호의 경우는 제외한다)	20/100
2	조세특례제한법에 따라 감면받은 이자소득·배당소득에 대한 소득세의 감면세액	10/100
4	「개별소비세법」에 따라 납부하여야 할 개별소비세액 가. 개별소비세법 제1조 제3항 제4호의 경우 나. 가목 외의 경우	30/100 10/100

5	자본시장과 금융투자에 관한 법률 제9조 제13항 제1호에 따라 유가증권시장에서 거래된 증권의 양도가액	15/10,000
6	지방세법 제11조 및 제12조의 표준세율을 **100분의2**로 적용하여 지방세법, 지방세특례제한법 및 조세특례제한법에 따라 산출한 **취득세액**	10/100
7	지방세법에 따라 납부하여야 할 레저세액	20/100
8	종합부동산세법에 따라 납부하여야 할 종합부동산세액	20/100

※ 농어촌특별세는 위 표에서 보듯이 중과세율이라는 개념이 없고, 취득세나 등록면허세가 중과세대상이면 중과세율로 산출한 세액을 과세표준으로 하여 부과할 뿐이다.

※ 유상거래주택에 대해서는 과세분에 대해 일률적으로 제5조 6호를 적용한다.

4) 비과세대상(농특세법 제4조)

농어촌특별세법 제4조(비과세) 다음 각 호의 어느 하나에 해당하는 경우에는 농어촌특별세를 부과하지 아니한다. <개정 2015.12.15.>

1. 국가(외국정부를 포함한다)·지방자치단체 또는 지방자치단체조합에 대한 감면
2. 농어업인(「농업·농촌 및 식품산업 기본법」 제3조제2호의 농업인과 「수산업·어촌 발전 기본법」 제3조제3호의 어업인을 말한다. 이하 같다) 또는 농어업인을 조합원으로 하는 단체(「농어업경영체 육성 및 지원에 관한 법률」에 따른 영농조합법인, 농업회사법인 및 영어조합법인를 포함한다)에 대한 감면으로서 대통령령으로 정하는 것
3. 「조세특례제한법」 제6조·제7조에 따른 중소기업에 대한 세액감면·특별세액감면 및 「지방세특례제한법」 제58조의3제1항·제3항에 따른 세액감면**(*)**

3의2. 「조세특례제한법」 제40조에 따른 양도소득세의 감면

3의3. 삭제 <1999.12.28.>

4. 「조세특례제한법」 제86조의3·제87조·제87조의2·제87조의5·제88조의2·제88조의4·제88조의5·제91조의14·제91조의16·제91조의17 및 제91조의18에 따른 저축 또는 배당에 대한 감면

4의2. 삭제 <2000.12.29.>

5. 「조세특례제한법」 제21조에 따른 이자소득 등에 대한 감면 중 비거주자 또는 외국법인에 대한 감면
6. 국제협약·국제관례 등에 따른 관세의 감면으로서 대통령령으로 정하는 것
7. 「증권거래세법」 제6조에 따라 증권거래세가 부과되지 아니하거나 같은 법 제8조제2항에 따라 영의 세율이 적용되는 경우

7의2. 「조세특례제한법」 제117조에 따라 증권거래세가 면제되는 경우

8. 「지방세법」과 「지방세특례제한법」에 따른 형식적인 소유권의 취득, 단순한

표시변경 등기 또는 등록, 임시건축물의 취득, 천재지변 등으로 인한 대체취득 등에 대한 취득세 및 등록면허세의 감면으로서 대통령령으로 정하는 것
8의2. 삭제 <2014.12.31.>
9. 대통령령으로 정하는 서민주택에 대한 취득세 또는 등록에 대한 등록면허세의 감면
10. 「지방세특례제한법」 제6조제1항(**)의 적용대상이 되는 농지 및 임야에 대한 취득세
10의2. 「지방세법」 제124조에 따른 자동차에 대한 취득세
10의3. 「지방세특례제한법」 제35조제1항에 따른 등록면허세의 감면
10의4. 「지방세법」 제15조제1항제1호부터 제3호(***)까지의 규정에 따른 취득세
10의5. 「지방세특례제한법」 제8조제4항에 따른 취득세
11. 대통령령으로 정하는 서민주택 및 농가주택에 대한 취득세
11의2. 「조세특례제한법」 제20조·제100조·제140조 및 제141조에 따른 감면
11의3. 「조세특례제한법」 제30조의2 및 제30조의4에 따른 감면
11의4. 「조세특례제한법」 제121조의24에 따른 감면
12. 기술 및 인력개발, 저소득자의 재산형성, 공익사업 등 국가경쟁력의 확보 또는 국민경제의 효율적 운영을 위하여 농어촌특별세를 비과세할 필요가 있다고 인정되는 경우로서 대통령령으로 정하는 것

(*) 특별법의 개정 또는 폐지로 인한 상법상 회사로 조직변경함에 따른 법인설립등기의 등록면허세 감면, 그로 인한 사업용 재산 취득의 취득세 감면, 창업중소기업의 법인설립등기에 대한 등록면허세 감면, 그 사업용재산에 대한 취득세 감면 등
(**) 자경농민
(***) 환매, 상속, 합병

농어촌특별세법시행령 제4조(비과세) ① 법 제4조제2호에서 "대통령령으로 정하는 것"이란 다음 각 호의 어느 하나에 해당하는 감면을 말한다. <개정 2016.2.5>
1. 「조세특례제한법」 제66조부터 제70조까지, 제72조제1항(제1호 및 제5호의 법인은 제외한다), 제77조[「조세특례제한법」 제69조제1항 본문에 따른 거주자가 직접 경작한 토지(8년 이상 경작할 것의 요건은 적용하지 아니한다)로 한정한다] 및 제102조, 제104조의2, 「지방세특례제한법」 제57조의3 제1항제2호(「농업협동조합법」에 따른 조합이 양수한 재산으로 한정한다)·제3호(「수산업협동조합법」에 따른 조합이 양수한 재산으로 한정한다)에 따른 감면
2. 「관세법」 제93조제1호에 따른 감면
3. 「지방세특례제한법」 제6조제1항·제2항 및 제4항, 제7조부터 제9조까지, 제10조제1항, 제11조, 제12조, 제14조제1항부터 제3항까지 및 제14조의2에 따

른 감면

4. 「지방세특례제한법」 제4조의 조례에 따른 지방세 감면 중 제1호부터 제3호까지와 유사한 감면으로서 행정자치부장관이 기획재정부장관과 협의하여 고시하는 것

② 법 제4조제6호에서 "대통령령으로 정하는 것"이란 「관세법」 제88조, 제92조, 제93조제4호부터 제7호까지 및 제9호부터 제14호까지, 제94조, 제96조부터 제101조까지의 규정에 따른 감면을 말한다.

③ 법 제4조제8호에서 "대통령령으로 정하는 것"이란 「지방세특례제한법」 제4조제4항, 제57조의2제2항·제6항, 제66조제1항·제2항, 제68조제1항, 제73조제3항, 제74조제3항, 제92조, 「지방세법」 제9조제3항부터 제5항까지, 제15조제1항제1호부터 제4호까지 및 제26조제2항제1호·제2호에 따른 감면을 말한다. <개정 2015.2.27>

④ 법 제4조제9호 및 제11호에서 "대통령령으로 정하는 서민주택"이란 「주택법」 제2조제3호에 따른 국민주택 규모(「건축법 시행령」 별표 1 제1호다목에 따른 다가구주택의 경우에는 가구당 전용면적을 기준으로 한다) 이하의 주거용 건물과 이에 부수되는 토지(국가, 지방자치단체 또는 「한국토지주택공사법」에 따라 설립된 한국토지주택공사가 해당 주택을 건설하기 위하여 취득하거나 개발·공급하는 토지를 포함한다)로서 주택바닥면적(아파트·연립주택 등 공동주택의 경우에는 1세대가 독립하여 구분·사용할 수 있도록 구획된 부분의 바닥면적을 말한다)에 다음 표의 용도지역별 적용배율을 곱하여 산정한 면적 이내의 토지를 말한다.

구분	용도지역	적용배율
도시지역	1. 전용주거지역	5배
	2. 상업지역·준주거지역	3배
	3. 일반주거지역·공업지역	4배
	4. 녹지지역	7배
	5. 미계획지역	4배
도시 외의 용도지역		7배

⑤ 법 제4조제11호에서 "대통령령으로 정하는 농가주택"이란 영농에 종사하는 자가 영농을 위하여 소유하는 주거용 건물과 이에 부수되는 토지로서 농지의 소재지와 동일한 시·군·구(자치구를 말한다. 이하 이 항에서 같다) 또는 그와 연접한 시·군·구의 지역에 소재하는 것을 말한다. 다만, 「소득세법 시행령」 제156조에 따른 고가주택을 제외한다. <개정 2015.2.27>

⑥ 법 제4조제12호에서 "대통령령으로 정하는 것"이란 다음 각 호의 어느 하나에 해당하는 감면을 말한다. <개정 2016.2.5>

1. 「조세특례제한법」 제10조, 제10조의2, 제11조, 제12조, 제12조의2, 제13조, 제14조, 제18조, 제18조의2, 제29조의6, 제30조, 제30조의3, 제33조, 제

63조, 제63조의2, 제64조, 제76조제1항, 제95조의2, 제98조의3, 제98조의5, 제104조의8제1항·제3항, 제104조의21, 제104조의28, 제121조의2부터 제121조의4까지, 제121조의13, 제126조의2, 제126조의6, 제126조의7제9항 및 「지방세특례제한법」 제31조의4, 제57조의2제1항(「법인세법」 제44조제2항 각 호의 요건을 충족하거나 같은 조 제3항에 해당하여 양도손익이 없는 것으로 한 합병의 경우로 한정한다), 제57조의2제3항제2호에 따른 감면(*)

1의2. 「한국철도공사법」에 의하여 설립되는 한국철도공사가 현물출자 받은 국유재산에 대한 취득세 또는 등록에 대한 등록면허세의 감면

1의3. 삭제 <2014.12.30>

1의4. 「방송광고판매대행 등에 관한 법률」 제24조에 따라 설립되는 한국방송광고진흥공사에 대한 「지방세특례제한법」 제57조의2제3항제1호에 따른 감면

1의5. 삭제 <2014.12.30>

1의6. 「농업협동조합법」 제134조의2 또는 제134조의3에 따라 설립되는 농협경제지주회사 또는 농협금융지주회사에 대한 「지방세특례제한법」 제57조의2제5항제3호에 따른 감면

1의7. 법률 제10522호 농업협동조합법 일부개정법률 부칙 제6조에 따라 농협경제지주회사가 농업협동조합중앙회로부터 판매·유통 관련 경제사업을 현물출자로 이관받은 경우에 대한 「지방세특례제한법」 제57조의2제3항제3호에 따른 감면

2. 「금융회사부실자산 등의 효율적 처리 및 한국자산관리공사의 설립에 관한 법률」에 따른 한국자산관리공사와 「한국농어촌공사 및 농지관리기금법」에 따른 한국농어촌공사가 「공공기관 지방이전에 따른 혁신도시 건설 및 지원에 관한 특별법」 제43조에 따라 종전부동산을 매입한 경우에 대한 「지방세특례제한법」 제13조제2항제5호 및 제57조의3제2항에 따른 취득세의 면제

3. 「조세특례제한법」 제89조의3에 따른 조합등예탁금의 이자소득의 소득세에 대한 감면 중 다음 각 목의 어느 하나에 해당하는 사람에 대한 감면
   가. 「농어가 목돈마련저축에 관한 법률 시행령」 제2조제1항에 따른 농어민
   나. 「산림조합법 시행령」 제2조에 따른 임업인. 다만, 5헥타르 이상의 산림을 소유한 사람은 제외한다.
   다. 「한국주택금융공사법 시행령」 제2조제1항제1호 및 제2호에 따른 근로자

4. 「관세법」 제90조제1항제2호부터 제4호까지, 제91조, 제93조제2호·제3호 및 제15호에 따른 감면

5. 「지방세법」 제9조제2항, 「지방세특례제한법」 제13조제2항제1호(「농어촌정비법」에 따라 국가 또는 지방자치단체의 농업생산기반정비계획에 따라 취득·소유하는 농업기반시설용 토지와 그 시설물로 한정한다), 제15조제2항, 제16조, 제17조, 제17조의2, 제19조, 제20조, 제21조제1항, 제22조제1항·제5항·제6항, 제22조의2제1항·제2항, 제22조의3, 제23조, 제28조제1항, 제29조, 제30조제3항, 제31조제1항부터 제3항까지, 제33조, 제34조, 제36조, 제37조, 제

38조제1항, 제40조, 제40조의3, 제41조제1항·제5항·제7항, 제42조제2항·제3항, 제43조제1항, 제44조, 제44조의2, 제45조제1항, 제46조, 제50조제1항, 제52조, 제53조, 제54조제5항, 제58조의2, 제60조제4항, 제63조, 제64조의2제1항, 제66조제3항·제4항, 제67조제1항·제2항, 제72조제1항, 제73조제1항·제2항, 제73조의2, 제74조제1항, 제76조제1항, 제79조, 제80조, 제81조제1항·제2항, 제83조제1항·제2항, 제85조제1항, 제85조의2, 제88조, 제89조 및 제90조제1항에 따른 감면

6.「지방세특례제한법」 제4조의 조례에 따른 지방세 감면 중 제1호부터 제5호까지와 유사한 감면으로서 행정자치부장관이 기획재정부장관과 협의하여 고시하는 것

⑦ 법 또는 이 영에서 농어촌특별세 비과세 대상으로 규정된 「조세특례제한법」의 해당 규정과 같은 취지의 감면을 규정한 법률 제4666호 조세감면규제법개정법률의 해당 규정에 대하여 동법 부칙 제13조 내지 제19조의 규정에 의한 경과조치 또는 특례가 적용되는 경우에 동 경과조치 또는 특례에 대하여서도 농어촌특별세를 부과하지 아니한다.

(*) 부동산투자회사가 취득하는 공동주택으로서 건설·매입임대주택, 적격합병·적격분할의 경우

건축법시행령 [별표 1] 용도별 건축물의 종류(제3조의5 관련) (개정2014.11.28.)

1. 단독주택[단독주택의 형태를 갖춘 가정어린이집·공동생활가정·지역아동센터 및 노인복지시설(노인복지주택은 제외한다)을 포함한다]
   가. 단독주택
   나. 다중주택: 다음의 요건을 모두 갖춘 주택을 말한다.
      1) 학생 또는 직장인 등 여러 사람이 장기간 거주할 수 있는 구조로 되어 있는 것
      2) 독립된 주거의 형태를 갖추지 아니한 것(각 실별로 욕실은 설치할 수 있으나, 취사시설은 설치하지 아니한 것을 말한다. 이하 같다)
      3) 연면적이 330제곱미터 이하이고 층수가 3층 이하인 것
   다. 다가구주택: 다음의 요건을 모두 갖춘 주택으로서 공동주택에 해당하지 아니하는 것을 말한다.
      1) 주택으로 쓰는 층수(지하층은 제외한다)가 3개 층 이하일 것. 다만, 1층의 바닥면적 2분의 1 이상을 필로티 구조로 하여 주차장으로 사용하고 나머지 부분을 주택 외의 용도로 쓰는 경우에는 해당 층을 주택의 층수에서 제외한다.
      2) 1개 동의 주택으로 쓰는 바닥면적(지하주차장 면적은 제외한다)의 합계가 660제곱미터 이하일 것
      3) 19세대 이하가 거주할 수 있을 것

라. 공관

2. 공동주택[공동주택의 형태를 갖춘 가정보육시설·공동생활가정·지역아동센터·노인복지시설(노인복지주택은 제외한다) 및 「주택법 시행령」 제3조제1항에 따른 원룸형 주택을 포함한다]. 다만, 가목이나 나목에서 층수를 산정할 때 1층 전부를 필로티 구조로 하여 주차장으로 사용하는 경우에는 필로티 부분을 층수에서 제외하고, 다목에서 층수를 산정할 때 1층의 바닥면적 2분의 1 이상을 필로티 구조로 하여 주차장으로 사용하고 나머지 부분을 주택 외의 용도로 쓰는 경우에는 해당 층을 주택의 층수에서 제외하며, 가목부터 라목까지의 규정에서 층수를 산정할 때 지하층을 주택의 층수에서 제외한다.
   가. 아파트: 주택으로 쓰는 층수가 5개 층 이상인 주택
   나. 연립주택: 주택으로 쓰는 1개 동의 바닥면적(지하주차장 면적은 제외한다) 합계가 660제곱미터를 초과하고, 층수가 4개 층 이하인 주택
   다. 다세대주택: 주택으로 쓰는 1개 동의 바닥면적 합계가 660제곱미터 이하이고, 층수가 4개 층 이하인 주택(2개 이상의 동을 지하주차장으로 연결하는 경우에는 각각의 동으로 보며, 지하주차장 면적은 바닥면적에서 제외한다)
   라. 기숙사: 학교 또는 공장 등의 학생 또는 종업원 등을 위하여 쓰는 것으로서 공동취사 등을 할 수 있는 구조를 갖추되, 독립된 주거의 형태를 갖추지 아니한 것(「교육기본법」 제27조제2항에 따른 학생복지주택을 포함한다)

※ • 단독주택 - 연면적 기준 : 대체로 지방도시나 대도시외곽에 있는 주택(출입문이 하나에, 독립된 주거공간이 하나인 주택)
  • 다가구주택 - 가구별 면적 기준 : 일반적으로 도심지에 있는 주택(한 건물에여러 가구가 각각의 출입을 하는 독립된 주거공간에서 거주하는 주택)
  • 공동주택 - 전용면적 기준 : 다세대, 연립, 빌라, 아파트 등. 각 호수별로 등기가 되어 있고 각각의 출입문과 독립된 주거공간에서 거주하는 주택

1. 국가·지자체에 대한 감면분
2. 창업중소기업, 창업벤처중소기업에 대한 취득세·등록세 감면분
3. 서민주택의 취득세·등록세 감면분(85㎡ 이하, 수도권을 제외한 읍·면지역은 100㎡ 이하의 주거용 건축물과 이에 부수하는 3~7배의 토지)
4. 한국토지주택공사가 서민주택을 건설하기 위하여 취득, 개발·공급하는 토지에 대한 취득세분
5. 자경농민이 소유하는 주거용 건물과 부수토지로서 농지 소재지와 동일한 시·군·구 또는 그와 연접한 시·군·구 지역에 소재하는 농가주택에 대한 취득세분

6. 자동차에 대한 취득세분 및 비과세·감면분
7. 지방세법 제15조 제1항 1호~3호의 취득세분(2호: 상속으로 인한 취득 중 1가구1주택 및 그 부속토지의 취득세분. 상속으로 인한 취득 중 농지의 취득세감면분. 3호: 법인의 합병 또는 공유물의 분할로 인한 취득세감면분)
8. 지방세법, 지방세특례제한법의 비과세·감면분
   ① 자경농민의 농지 및 임야의 취득세감면분
   ② 자경농민의 축사, 농기계 보관용 창고 등에 대한 감면
   ③ 귀농인에 대한 감면
   ④ 농기계류에 대한 감면
   ⑤ 농지확대개발을 위한 면제
   ⑥ 자영농민, 소형어선, 어업권에 대한 감면
   ⑦ 농어업인 등 융자관련 감면
   ⑧ 농·어업법인(영농·영어조합법인. 농·어업회사법인)에 대한 감면
   ⑨ 자동차, 기계장비 교환에 따른 감면
   ⑩ 도정법에 따른 주택재개발사업 등
   ⑪ 환매권행사, 대체취득, 신탁등기에 따른 면제
   ⑫ 환매, 상속, 합병, 공유물분할에 대한 과세특례
   ⑬ 농어촌주택 개량에 대한 감면
   ⑭ 장애인용자동차에 대한 감면
   ⑮ 영유아보육시설, 노인복지시설에 대한 감면
   ⑯ 사회복지법인 등에 대한 취득세·등록면허세 감면
   ⑰ 임대주택에 대한 감면
   ⑱ 법인 지방이전, 공장 지방이전에 따른 감면
9. 유동화전문회사에 대한 감면
10. 주택저당채권유동화회사에 대한 감면
11. 법인의 합병 또는 영업의 전부 양도·양수에 대한 취득세 면제(법인세법 제44조 제2항 각호 또는 제3항의 요건을 충족한 합병의 경우)
12. 법인세법 제46조 제2항 각호(물적분할은 제47조 제1항)의 요건을 갖춘 분할에 의하여 취득하는 재산에 관한 취득세 감면
13. 금융지주회사가 주식이전을 받거나 주식교환을 함으로써 등기하는 경우 그 출자에 관한 등기에 대한 등록면허세 면제
14. 한국철도공사법에 의하여 설립되는 한국철도공사가 현물출자 받은 국유재산에 대한 취득세 또는 등록면허세 감면

15. 한국산업은행법 제50조에 따라 설립되는 산은금융지주주식회사의 과점주주에 대한 취득세 감면
16. 외국인투자기업에 대한 감면 → 감면
17. 근로자의 주거안정 지원을 위한 감면(조특법제100조)
18. 해저광물자원개발을 위한 감면(조특법제140조)
20. 부동산실권리자 명의 등기에 의한 감면(조특법제141조)
21. 제주도 국제선박 등록에 대한 취득세 면제
22. 농업협동조합에 대한 취득세 및 등록면허세 감면
23. 수산업협동조합에 대한 취득세 및 등록면허세 감면

7. 국민주택채권

1) 국민주택채권 매입대상

(1) 1종 국민주택채권

① 부동산등기를 신청하는 자
② 건축허가를 신청하는 자
③ 영업허가(면허)를 신청하는 자
④ 건설업 등 일정 업종 등록하는 자
⑤ 국가·지자체·공공기관과 건설공사도급계약(도급계약금이 5억원 이상인 경우)

(2) 2종 국민주택채권(채권입찰제) : 제2종 국민주택채권입찰제도 시행지침(국토교통부고시 제2013-260, 2013.5.20. 시행)

주택도시기금법 제8조(국민주택채권의 매입) ① 다음 각 호의 어느 하나에 해당하는 자 중 대통령령으로 정하는 자는 국민주택채권을 매입하여야 한다.
1. 국가 또는 지방자치단체로부터 면허·허가·인가를 받는 자
2. 국가 또는 지방자치단체에 등기·등록을 신청하는 자
3. 국가·지방자치단체 또는 「공공기관의 운영에 관한 법률」에 따른 공공기관 중 대통령령으로 정하는 공공기관과 건설공사의 도급계약을 체결하는 자
4. 「주택법」에 따라 건설·공급하는 주택을 공급받는 자

② 제1항에 따라 국민주택채권을 매입하는 자의 매입 금액 및 절차 등에 필요한 사항은 대통령령으로 정한다.

주택도시기금법시행령 제5조(국민주택채권의 발행방법 등) ① 국민주택채권은 다음 각 호로 구분하여 발행한다.

1. 법 제8조제1항제1호부터 제3호까지에 해당하는 자가 매입하는 제1종국민주택채권
2. 법 제8조제1항제4호에 해당하는 자가 매입하는 제2종국민주택채권

② 국민주택채권의 발행기간은 1년을 단위로 하고, 발행일은 매출한 달의 말일로 한다.

③ 국민주택채권은 증권을 발행하지 아니하고 「자본시장과 금융투자업에 관한 법률」 제294조에 따라 설립된 한국예탁결제원(이하 "채권등록기관"이라 한다)에 등록하여 발행한다. 이 경우 채권자는 이미 등록된 국민주택채권에 대하여 그 증권의 교부를 청구할 수 없다.

④ 채권등록기관은 국민주택채권의 원리금 상환일 전 7일 이내의 기간 동안에는 국토교통부장관의 승인을 받아 권리의 이전(상속, 유증 및 강제집행의 경우는 제외한다)에 따른 국민주택채권의 등록을 정지할 수 있다. 이 경우 승인받은 내용을 인터넷 등에 공시하여야 한다.

⑤ 국토교통부장관은 채권등록기관에 기금의 부담으로 국토교통부령으로 정하는 수수료를 지급한다. 이 경우 국민주택채권 등록업무 수수료에 관한 국토교통부령을 제정하거나 개정하려면 미리 기획재정부장관과 협의하여야 한다.

⑥ 제3항에 따른 등록 발행의 방법·절차, 상환 통지 및 매입 명세의 전자적 관리에 필요한 사항은 국토교통부령으로 정하며, 국민주택채권등록부의 작성·관리 등 국민주택채권의 등록업무를 처리하기 위하여 필요한 그 밖의 사항은 채권등록기관이 정하되, 국토교통부장관의 승인을 받아야 한다.

주택도시기금법시행령 제8조(국민주택채권의 매입) ① 법 제8조제1항제3호에서 "대통령령으로 정하는 공공기관"이란 정부가 납입자본금의 100분의 50 이상을 출자한 공공기관을 말한다. 다만, 다음 각 호의 기관은 제외한다.

1. 법 제16조에 따른 주택도시보증공사(이하 "공사"라 한다)
2. 「한국산업은행법」에 따른 한국산업은행
3. 「중소기업은행법」에 따른 중소기업은행
4. 「한국수출입은행법」에 따른 한국수출입은행
5. 「은행법」 제2조에 따른 은행
6. 「인천국제공항공사법」에 따른 인천국제공항공사
7. 「한국공항공사법」에 따른 한국공항공사

② 법 제8조제1항에 따라 제1종국민주택채권을 매입하여야 하는 자와 그 매입기준은 별표와 같다.

③ 국가기관, 지방자치단체 또는 제1항에 따른 공공기관의 장은 제2항에 따라 제1종국민주택채권 매입의무자에게 제1종국민주택채권을 매입하게 하고 국

토교통부령으로 정하는 바에 따라 매입사실을 확인하여야 한다.

④ 이 영에서 규정한 사항 외에 제1종국민주택채권의 매입에 필요한 사항은 국토교통부장관이 기획재정부장관과 협의하여 정한다.

⑤ 국토교통부장관은 법 제8조제1항에 따라 「주택법」 제38조의2에 따른 분양가상한제가 적용되는 주택(주거전용면적이 85제곱미터를 초과하는 주택으로 한정한다)을 공급받으려는 자에 대하여 제2종국민주택채권을 매입하게 할 수 있다. 이 경우 국토교통부령으로 정하는 바에 따라 매입의무자의 매입사실을 확인하여야 한다.

⑥ 제2종국민주택채권의 매입기준, 매입절차 및 매입의 효력 등은 국토교통부령으로 정한다.

[별표] 주택도시기금법시행령<시행 2015.12.29.>

제1종국민주택채권 매입대상자와 매입기준(제8조제1항관련)

1. 매입대상 및 매입금액은 별지 부표와 같다. 다만, 「도시철도법시행령」 별표2제2호부터 제5호까지, 제7호부터 제13호까지 및 제16호에 따라 도시철도채권을 매입한 자는 해당 호에 상응하는 부표 제1호부터 제5호까지, 제9호, 제12호부터 제14호까지, 제16호, 제17호 및 제20호에 따른 국민주택채권을 매입하지 아니한다.

2. 다음에 각 목의 어느 하나에 해당하는 자에 대해서는 국민주택채권의 매입의무를 **면제**한다.
   가. 국가기관
   나. 지방자치단체
   다. 제8조제1항에 따른 공공기관
   라. 「지방공기업법」에 의한 지방공기업
   마. 「금융기관부실자산 등의 효율적 처리 및 한국자산관리공사의 설립에 관한 법률」에 의하여 설립된 한국자산관리공사
   바. 「부동산투자회사법」에 따른 부동산투자회사
   사. 「한국주택금융공사법」에 따라 설립된 한국주택금융공사

3. 다음 각 목의 어느 하나에 해당하는 자에 대해서는 매입의무의 일부를 면제한다.
   가. 다음의 어느 하나에 해당하는 경우 융자에 필요한 저당권의 설정등기를 할 때에는 국민주택채권을 매입하지 아니한다.
      1) 「농업협동조합법」에 따른 농업인, 「수산업협동조합법」에 따른 어업인 또는 「산림조합법」에 따른 임업인에 대하여 농업협동조합중앙회(농협은행을 포함한다)와 그 회원조합의 장, 수산업협동조합중앙회와 그 회원조합의 장 또는 산림조합중앙회와 그 회원조합의 장이 농어촌소득증대를 위한 영농자금·축산자금·어업자금·산림개발자금으로 융자하고 이를 확인한 경우
      2) 「주택법」 제9조에 따른 주택건설사업자에 대하여 금융기관(국민주택사업특별회계가 설치된 지방자치단체를 포함한다)의 장이 국민주택규모 이하의 주택을 건설하기 위한 자금으로 융자하고 이를 확인한 경우
   나. 다음의 어느 하나에 해당하는 경우에는 국민주택채권을 매입하지 아니한다.
      (1) 「민법」 제32조의 규정에 의하여 허가받은 종교단체와 그에 소속된 종교단체 및 관계법령에 의하여 시장·군수에게 등록된 종교단체 또는 「사회복지사업법」에 의한 사회복지법인이 종교용 또는 사회복지용 건축물을 건축하거나 당해 토지 또는 건축물의 소유권보존등기나 이전등기를 하는 때
      (2) 「사립학교법」의 규정에 의한 학교법인 또는 사립학교경영자가 교육용 토지 또는 건축물을 취득하여 소유권의 보존등기나 이전동기를 하는 때
   다. 「외국인투자촉진법」에 의한 외국인투자기업 그 밖에 국토해양부령이 정하는 자에 대해서는 매입대상항목의 일부에 관하여 채권의 매입을 면제할 수 있다.

라. 건축허가를 신청할 때에 국민주택채권을 매입한 자가 사용승인을 마친 건축물에 대하여 소유권보존등기를 할 때에는 국민주택채권을 매입하지 아니한다.
마. 「농어업·농어촌 및 식품산업 기본법」 제3조제2호에 따른 농어업인 또는 「농어업경영체 육성 및 지원에 관한 법률」 제16조에 따라 설립된 영농조합법인 및 같은 법 제19조에 따라 설립된 농업회사법인이 영농을 목적으로 농지를 취득하여 소유권이전등기를 하거나 농지에 대하여 저당권의 설정등기 및 이전등기를 할 때에는 국민주택채권을 매입하지 아니한다.
바. 관계법령에 의하여 조세를 납부하여야 하는 자가 그 법령이 정하는 바에 따라 분납·연부연납 또는 조세의 납부시기를 연기할 목적으로 제공한 담보에 대하여 저당권설정등기를 할 때에는 국민주택채권을 매입하지 아니한다.
사. 공사가 법 제26조에 따른 업무 중 보증업무를 수행하는 경우로서 건축허가를 받거나 부동산등기를 할 때에는 국민주택채권을 매입하지 아니한다.
아. 「국가유공자 등 예우 및 지원에 관한 법률」·「보훈보상대상자 지원에 관한 법률」·「5·18민주유공자 예우에 관한 법률」·「제대군인 지원에 관한 법률」 및 「특수임무수행자 지원 및 단체설립에 관한 법률」의 적용을 받는 자가 대부금으로 취득한 재산을 담보로 제공하거나 대부를 받기 위하여 담보로 제공하는 재산에 대하여 근저당권설정등기를 할 때에는 국민주택채권을 매입하지 아니한다.
자. 다음의 어느 하나에 해당하는 사람이 담보로 제공하는 주택에 대하여 근저당권설정등기를 할 때에는 국민주택채권을 매입하지 아니한다.
1) 「한국주택금융공사법」 제43조의2에 따라 한국주택금융공사로부터 주택담보노후연금보증을 받는 사람
2) 장기주택저당대출(주택소유자가 주택에 저당권을 설정하고 「한국주택금융공사법」 제2조 제11호의 금융기관으로부터 연금방식으로 생활자금을 대출받는 것을 말한다)에 가입한 사람

4. 국민주택채권의 최저매입금액은 1만원으로 한다. 다만, 1만원 미만의 단수가 있을 경우에 그 단수가 5천원 이상 1만원 미만인 때에는 이를 1만원으로 하고, 그 단수가 5천원 미만인 때에는 단수가 없는 것으로 한다.

[부표] <시행 2015.12.29.>

제1종국민주택채권 매입대상 및 금액표

(단위 : 원)

매입대상		매입금액
1.엽총소지허가		30,000
2. 사행행위영업허가 가. 복표발행업 및 현상업 나. 기타 사행행위업		 500,000 300,000
3. 주류판매업면허(도매업)		100,000
4. 주류제조업면허		300,000
5. 수렵면허 가. 1종면허 나. 2종면허		 100,000 50,000
6. 건축허가(대수선허가를 제외하되, 법령의 규정에 의하여 건축허가를 받은 것으로 보는 경우를 포함한다)	(가) 주거전용건축물은 주거전용면적[공동주택(여러 가구가 한 건물에 거주하되, 각각의 가구가 독립하여 거주할 수 있도록 구획되어 건축된 주택을 포함한다. 이하 이 호에서 같다)의 경우에는 세대당 주거전용면적을 말한다]이 국민주택규모를 초과하는 경우로 한정한다. (나) 주거전용외의 건축물(공동주택의 공용면적에 포함되는 부대·복리시설을 제외한다)은 연면적(대지에 둘 이상의 건축물이 있는 경우에는 각 건축물의 연면적의 합계로 한다. 이하 이 호에서 같다) 165제곱미터(공장용 건축물의 경우에는 연면적이 500제곱미터) 이상인 경우로 한정한다. (다) 증축의 경우에는 증축 후의 주거전용면적 또는 연면적을 기준으로 하되, 증축 전에 매입한 경우에는 그 금액을 뺀 금액(1973년 2월 26일 이전에 건축허가된 건축물과 1973년 2월 27일 이후 1975년 12월 4일 이전에 건축허가된 주거전용건축물	

	로서 증축후의 주거전용면적이 165제곱미터 미만인 주거전용건축물에 있어서는 증축후의 주거전용면적 또는 연면적에 해당하는 난을 기준으로 하되, 증가면적에 한하여 산정한 금액)의 국민주택채권을 매입하게 한다. (라) 용도변경의 경우에는 용도변경하려는 주거전용면적 또는 연면적을 기준으로 하되, 용도변경 전에 매입한 금액을 뺀 금액의 국민주택채권을 매입하게 한다.	
가. 주거전용건축물		
(1) 주거전용면적이 국민주택규모 초과 100제곱미터 미만인 경우		주거전용면적 제곱미터당 300
(2) 주거전용면적이 100제곱미터 이상 132제곱미터 미만인 경우		
단독주택		" 1,300
공동주택		" 1,000
(3) 주거전용면적이 132제곱미터 이상 165제곱미터 미만인 경우		
단독주택		" 2,400
공동주택		" 2,000
(4) 주거전용면적이 165제곱미터 이상 231제곱미터 미만인 경우		
단독주택		" 5,000

공동주택		〃 4,000
(5) 주거전용면적이 231제곱미터 이상 330제곱미터 미만인 경우		〃 10,000
(6) 주거전용면적이 330제곱미터 이상 660제곱미터 미만인 경우		〃 17,000
(7) 주거전용 면적이 660제곱미터 이상인 경우		〃 28,000
나. 주거전용외의 건축물	산업단지와 「산업집적활성화 및 공장설립에 관한 법률」에 의한 유치지역안 또는 읍·면지역에서 신·증축하는 공장용 건축물과 국토해양부령이 정하는 교육용·종교용·자선용 그 밖의 공익용과 농업 및 축산업에 쓰이는 건축물 및 공동주택의 공용면적에 포함되는 부대·복지시설은 제외한다.)	
(1) 극장·영화관, 「식품위생법」에 의한 유흥주점 및 단란주점, 「게임산업진흥에 관한 법률」에 의한 게임장 및 「관광진흥법」에 의한 유원시설		연면적 제곱미터당 4,000
(2)그 밖의 철근 및 철골조의 건축물		〃 1,300
(3)연와조 및 석조의 건축물		〃 1,000
(4) 시멘트벽돌 및 블록조의 건축물		〃 600
다.「관광진흥법」의 적용을 받는 관광숙박시설		〃 500
라. 주거용과 비주	(1) 주거용과 비주거용이 혼합된 건축물은 주거	

거용이 혼합된 건축물	부분과 비주거부분을 구분하여 각 용도의 면적에 대하여 각각 가목 및 나목을 적용한다. (2) 건축물(주거부분이 공동주택인 경우를 제외한다)의 연면적이 165제곱미터 이상인 경우에는 (1)에 의하여 산정한 금액과 전체 연면적을 비주거용으로 산정한 금액중 많은 것을 적용한다.	
7. 건설업, 주택건설사업 및 주택관리업 등록(갱신의 경우는 제외한다)		자본금(법인인 경우에는 법등기사항증명서상의 납입자본금. 개인인 경우에는 자산평가액)의 2/1,000. 다만, 이 호 또는 제11호의 업종에 해당하는 자가 추가로 이 호 또는 제11호의 업종을 등록하는 경우에는 기존 이 호 또는 제11호의 업종 등록 당신의 자본금은 매입금액 산정시 제외한다.
8. 공유수면매립면허		면허수수료의 20/100
9. 건설기계신규등록		과세표준액의 5/1,000
10. 정보통신공사업, 전기공사업 및 소방시설공사업 등록(갱신의 경우는 제외한다)		자본금(법인인 경우에는 법등기사항증명서상의 납입자본금. 개인인 경우에는 자산평

		가 액) 의 1/1,000. 다만, 이 호 또는 제11호의 업종에 해당하는 자가 추가로 이 호 또는 제11호의 업종을 등록하는 경우에는 기존 이 호 또는 제11호의 업종 등록 당신의 자본금은 매입금액 산정 시 제외한다.
11. 측량업등록		50,000
12. 식품영업허가		
가. 유흥주점영업		700,000
나. 단란주점영업		
(1)특별시 및 광역시		500,000
(2) 각 도청소재지		300,000
(3) 그 밖의 지역		100,000
13. 「게임산업진흥에 관한 법률」에 따른 게임제공업, 인터넷컴퓨터게임시설제공업, 복합유통게임제공업의 허가 및 등록, 「관광진흥법」에 의한 유원시설업의 허가		
가. 특별시 및 광역시		50,000
나. 각 도청소재지		30,000
다. 그 밖의 지역		20,000
14. 「체육시설의 설치 및 이용에 관한 법률」에 의한 골프		5,000,000

장업의 신규등록		
19. 부동산등기	등기하려는 부동산이 공유물인 때에는 공유지분율에 따라 산정한 시가 표준액을, 공동주택인 경우에는 세대당 시가표준액을 각각 기준으로 하며, 이 경우 공유지분율에 따라 시가표준액을 산정함에 있어서 2이상의 필지가 모여서 하나의 대지를 형성하고 있는 때에는 그 필지들을 합하여 하나의 필지로 본다.	
가. 소유권의 보존 또는 이전	(가) 건축물의 소유권 보존은 제외한다.(나) 공유물을 공유지분율에 따라 분할하여 이전등기를 하는 경우와 신탁 또는 신탁종료에 따라 수탁자 또는 위탁자에게 소유권이전등기를 하는 경우를 제외한다.	
(1) 주택		
(가)시가표준액 2천만원 이상 5천만원 미만	시가표준액이 공시되지 아니한 신규분양 공동주택의 경우에는 「지방세법」 제10조제5항제3호 및 같은 법 시행령 제18조제3항제2호에 따른 취득가격을 말한다. 이하 이 1)에서 같다.	시가표준액의 13/1,000
(나)시가표준액 5천만원 이상 1억원 미만		
1) 특별시 및 광역시		" 19/1,000
2) 그 밖의 지역		" 14/1,000
(다)시가표준액 1억원 이상 1억6천만원 미만		
1) 특별시 및 광역시		" 21/1,000
2) 그 밖의 지역		" 16/1,000
(라) 시가표준액 1억6천만원 이상 2억6천만원 미만		
1) 특별시 및 광역시		" 23/1,000

2) 그 밖의 지역		" 18/1,000
(마) 시가표준액 2억6천만원 이상 6억원 미만		
1) 특별시 및 광역시		" 26/1,000
2) 그 밖의 지역		" 21/1,000
(바) 시가표준액 6억원 이상		
1) 특별시 및 광역시		" 31/1,000
2) 그 밖의 지역		" 26/1,000
(2) 토지		
(가) 시가표준액 5백만원 이상 5천만원 미만		
1)특별시 및 광역시		" 25/1,000
2) 그 밖의 지역		" 20/1,000
(나) 시가표준액 5천만원 이상 1억원 미만		
1) 특별시 및 광역시		" 40/1,000
2) 그 밖의 지역		" 35/1,000
(다) 시가표준액 1억원 이상		
1) 특별시 및 광역시		" 50/1,000
2) 그 밖의 지역		" 45/1,000
(3) 주택 및 토지		

외의 부동산 (가) 시가표준액 1천만원 이상 1억3천만원 미만		
1) 특별시 및 광역시		" 10/1,000
2) 그 밖의 지역		" 8/1,000
(나) 시가표준액 1억3천만원 이상 2억5천만원 미만		
1) 특별시 및 광역시		" 16/1,000
2) 그 밖의 지역		" 14/1,000
(다) 시가표준액 2억5천만원 이상		
1) 특별시 및 광역시		" 20/1,000
2) 그 밖의 지역		" 18/1,000
나. 상속(증여 그 밖의 무상으로 취득하는 경우를 포함한다) (1) 시가표준액 1천만원 이상 5천만원 미만		
(가) 특별시 및 광역시		" 18/1,000
(나) 그 밖의 지역		" 14/1,000
(2) 시가표준액 5천만원 이상 1억5천만원 미만		
(가) 특별시 및 광역시		" 28/1,000

(나) 그 밖의 지역		〃 25/1,000
(3) 시가표준액 1억5천만원 이상		
(가) 특별시 및 광역시		〃 42/1,000
(나) 그 밖의 지역		〃 39/1,000
다. 저당권의 설정 및 이전	(가) 저당권 설정금액 2천만원 이상인 경우만 해당한다. (나) 신탁 또는 신탁종료에 따라 수탁자 또는 위탁자에게 저당권을 이전하는 경우는 제외한다.	저당권 설정금액의 10/1,000. 다만, 매입금액이 10억원을 초과하는 경우에는 10억원으로 한다.
16. 화물자동차운송주선사업허가		500,000
17. 자동차정비업 및 자동차매매업등록 가.자동차정비업등록(자동차종합정비업으로 한한다) (1)특별시 및 광역시 (2) 각 도청소재지 (3) 그밖의 지역 나.자동차매매업등록		 100,000 80,000 50,000 100,000
18. 국가, 지방자치단체	(가) 지방자치단체의 교육, 과학, 기술, 체육, 그 밖의 학예에 관한 사무를 집행하는 기관만 해당한다. (나) 도급계약금이 5억원 이상인 경우만 해당하며, 설계변경 등으로 증액되거나 장기계속공사로서 5억원 이상이 되는 경우를 포함한다.	계약금액의 1/1,000
19. 「하천법」 제33조제1항제5호에 따른 토석·모래·자갈		점용료의 5/100

의 채취허가		
20. 카지노업허가		3,000,000

8. 종합부동산세

- 종합부동산세는 개인별 과세가 아닌 세대별 과세이다.
- 1차적으로 시·군·구청에서 자기 관내의 부동산소유자 모두에 대하여 재산세를 과세하고,
- 2차적으로 국가에서 국내에 있는 부동산의 공시가격을 인별로 합산하여 일정 기준금액을 초과하는 부동산보유자에 대해서만 종합부동산세를 과세한다.

※ 2014년부터 지방세로 전환 예정.

1) 주택 · 토지 가격의 평가 및 과세기준일

구 분	단독주택	공동주택	토지
		아파트·연립주택·다세대	
공시일자	4월 30일	4월 30일	5월 31일
공시기관	시·군·구청	국토해양부	시·군·구청
가격열람	시·군·구청 종합민원실		
과세기준일	매년 6월 1일		
부과징수일	당해 연도 12월 1일부터 12월 15일까지		

2) 과세구분 및 과세대상(종부세법제5조)

- **과세구분**

주택분 종합부동산세		
토지분 종합부동산세	토지분 종합합산과세	종부법제14조①
	토지분 별도합산과세	종부법제14조④

• **기준금액**

구 분		과세대상	재산세 (지방세)	종합부동산세(국세)
주 택		공동주택, 단독주택 등 모든 주택(토지와 건물 통합평가)	물건별 과세 (0.15~0.5%)	세대별로 전국 합산하여 공시가격 6억원 초과분에 대해 1~3%
토지	사업용토지 (별도합산)	•상가등 영업용 건축물의 토지 •물류시설, 주차장, 운동시설토지 •도시지역내 공장용지	시군별, 인별 합산 (0.2~0.4%)	인별로 전국합산하여 공시가격 40억원 초과분에대해 0.6~1.6%
	별도합산 (과세특례)	서비스업용 토지 등		인별로 전국합산하여 공시가격 200억원 초과분에 대해 0.8%
	비사업용 토지 (종합합산)	나대지	시군별, 인별 합산 (0.2~0.5%)	세대별로 전국합산하여 공시가격 3억원 초과분에 대해 1~4%
	농지· 농장 등	•전·답·목장용지·임야 •공장용지(읍면지역, 공단·산업단지 내) •골프장	0.07% 0.2% 4%	비과세
건축물		•주택 이외의 일반건물 •골프장·별장·고급오락장용 건축물 •주거·녹지·상업지역내 공장용 건축물	0.25% 4% 0.5%	비과세

3) 합산배제 대상 부동산(종합부동산세 비과세)(종부령제3조, 제4조)

1) 임대주택

종 류	주거전용면적	공시가격	주택수	임대기간	지 역
건설임대주택	149㎡ 이하	6억원 이하	2호 이상	5년 이상	동일 특별시·광역시·도별
매입임대주택	149㎡ 이하	6억원 이하(수도권 이외 3억원)	1호 이상	5년 이상	전국
기존임대주택	국민주택 규모 이하	3억원 이하	2호 이상	5년 이상	전국
미임대건설임대주택(민간)	149㎡ 이하	6억원 이하	-	-	-
리츠/펀드 매입임대주택	149㎡ 이하	6억원 이하	5호 이상	10년 이상	수도권 이외
미분양매입임대주택	149㎡ 이하	3억원 이하	5호 이상	5년 이상	수도권 이외 동일 광역시·도별

2) 기숙사

3) 사원용 주택 : 종업원에게 무상 또는 저가로 제공하는 국민주택 규모 이하의 주택. 다만, 친족(개인사업자)이나 과점주주(법인사업자)인 종업원에게 주택을 제공하는 경우는 제외.

4) 주택건설업자의 미분양주택 : 재산세 납세의무가 성립하는 날부터 5년이 경과하지 아니한 주택.

5) 가정어린이집용 주택(주거겸용 어린이놀이방) : 과세기준일(6월 1일)까지 시장·군수·구청장의 인가와 세무서의 고유번호를 부여받아 5년 이상 계속하여 가정어린이집으로 운영하는 주택.

6) 시공자가 대물변제 받은 미분양주택 : 시공자가 주택건설업자로부터 주택의 공사대금으로 대물변제 받은 미분양주택(최초의 납세의무 성립일부터 5년 이내)

4) 과세표준 산정방법

• 주택은 건물 및 부속토지를 통합하여 평가한 공시가격을 기준으로 인별로 전국

합산한 후 과세기준금액을 공제한 금액에 공정시장가액비율을 곱하여 산정한다.

• 토지는 국내에 있는 종합합산토지와 별도합산토지의 공시가격(개별공시지가)을 각각 인별로 전국합산한 후 과세기준금액을 공제하고 공정시장가액비율을 곱하여 과세표준을 산정한다.

과세대상	과세표준
주 택	[주택공시가격을 인별로 전국합산한 가액- 6억원(*)]×80%
종합합산토지	(토지공시가격을 인별로 전국합산한 가액- 5억원)×80%
별도합산토지	(토지공시가격을 인별로 전국합산한 가액- 80억원)×80%

(*) 1세대1주택은 9억원을 공제한다.

5) 종합부동산세율

과세대상	공정시장가액비율	과세표준	세율	누진공제액
주 택	80%	6억원 이하	0.5%	-
		6억원 초과 12억원 이하	0.75%	150만원
		12억원 초과 50억원 이하	1%	450만원
		50억원 초과 94억원 이하	1.5%	2,950만원
		94억원 초과	2.0%	7,650만원
종합합산토지	80%	15억원 이하	0.75%	-
		15억원 초과 45억원 이하	1.5%	1,125만원
		45억원 초과	2.0%	3,375만원
별도합산토지	80%	200억원 이하	0.5%	-
		200억원 초과 400억원 이하	0.6%	2,000만원
		400억원 초과	0.7%	6,000만원

9. 재산세

1) 과세대상

토지, 건축물, 주택, 선박, 항공기. 토지 중 주거용 건물의 부속토지는 제외하는데, 그 경우에는 주거용 건물과 일체로 부과한다.

2) 납세의무자

과세기준일 현재**(매년 6월 1일)** 재산을 사실상 소유하고 있는 자. 다만, 과세기준일 현재 소유권의 귀속이 불분명하여 사실상의 소유자를 확인할 수 없는 경우(행방불명, 무허가건물, 소유권 분쟁으로 소송중인 경우)에는 그 사용자.(사해행위 취소에 의한 소유권말소는 해당하지 않는다)

구체적으로는 다음과 같다.(지세법제107조①

지방세법제 제107조(납세의무자) ① 재산세 과세기준일 현재 재산을 사실상 소유하고 있는 자는 재산세를 납부할 의무가 있다. 다만, 다음 각 호의 어느 하나에 해당하는 경우에는 해당 각 호의 자를 납세의무자로 본다. <개정 2014.1.1.>

1. 공유재산인 경우: 그 지분에 해당하는 부분(지분의 표시가 없는 경우에는 지분이 균등한 것으로 본다)에 대해서는 그 지분권자
2. 주택의 건물과 부속토지의 소유자가 다를 경우: 그 주택에 대한 산출세액을 제4조제1항 및 제2항에 따른 건축물과 그 부속토지의 시가표준액 비율로 안분계산한 부분에 대해서는 그 소유자
3. 「신탁법」에 따라 수탁자 명의로 등기·등록된 신탁재산의 경우: 위탁자별로 구분된 재산에 대해서는 그 **수탁자**. 이 경우 위탁자별로 구분된 재산에 대한 납세의무자는 각각 다른 납세의무자로 본다. → 종래에는 신탁도관설에 따라 위탁자가 납세의무자였다.

② 제1항에도 불구하고 재산세 과세기준일 현재 다음 각 호의 어느 하나에 해당하는 자는 재산세를 납부할 의무가 있다.

1. 공부상의 소유자가 매매 등의 사유로 소유권이 변동되었는데도 신고하지 아니하여 사실상의 소유자를 알 수 없을 때에는 공부상 소유자

2. 상속이 개시된 재산으로서 상속등기가 이행되지 아니하고 사실상의 소유자를 신고하지 아니하였을 때에는 안전행정부령으로 정하는 주된 상속자
3. 공부상에 개인 등의 명의로 등재되어 있는 사실상의 종중재산으로서 종중소유임을 신고하지 아니하였을 때에는 공부상 소유자
4. 국가, 지방자치단체, 지방자치단체조합과 재산세 과세대상 재산을 연부(年賦)로 매매계약을 체결하고 그 재산의 사용권을 무상으로 받은 경우에는 그 매수계약자
5. 삭제 <2014.1.1.>
6. 「도시개발법」에 따라 시행하는 환지 방식에 의한 도시개발사업 및 「도시 및 주거환경정비법」에 따른 정비사업(주택재개발사업 및 도시환경정비사업만 해당한다)의 시행에 따른 환지계획에서 일정한 토지를 환지로 정하지 아니하고 체비지 또는 보류지로 정한 경우에는 사업시행자

③ 재산세 과세기준일 현재 소유권의 귀속이 분명하지 아니하여 사실상의 소유자를 확인할 수 없는 경우에는 그 사용자가 재산세를 납부할 의무가 있다.

- 매매계약이 해제되는 때 → 당초의 매도인
- 과세기준일 이전에 상속이 개시된 재산으로서 상속등기가 이행되지 아니하고 사실상의 소유자를 신고하지 아니한 때 → 주된 상속자(상속지분이 가장 큰 사람). 상속인이 상속을 포기하고 재산세 납세의무를 면하려면 신고를 하여야 한다.
- 과세기준일 이후 상속이 개시된 경우에는 당연히 피상속인이 납세의무자이지만 결국 상속인에게 상속분에 따라 승계가 된다. 상속을 포기하면 재산세 납부의무는 없다.
- 신탁법에 의하여 수탁자명의로 등기·등록된 신탁재산의 경우 → 위탁자별로 구분된 재산에 대해서는 그 수탁자
- 도시개발법에 의하여 시행하는 환지방식에 의한 도시개발사업 및 도시 및 주거환경 정비사업의 시행에 따른 환지계획에서 일정한 토지를 환지로 정하지 아니하고 체비지 또는 보류지로 정한 경우 → 사업시행자

대법원 2000. 12. 8. 선고 98두11458 판결

【판시사항】

[1] 지방세법 제182조 제1항의 규정 취지

[2] 채권자가 채권자취소권을 행사하여 수익자와 전득자를 상대로 사해행위 취소와 일탈재산의 원상회복을 구하는 판결을 받아 그 등기 명의를 원상회복시킨 경우, 재산세 납세의무자인 사실상 소유자(=수익자)

【판결요지】

[1] 지방세법 제182조 제1항 규정의 취지는 원칙적으로 재산세는 당해 재산의 과세대장에 소유자로 등재된 사람이 납세의무를 부담하는 것이지만 재산세 과세대장에 소유자로 등재되어 있는 자로부터 재산을 매수하여 그 대금 전액을 지불한 경우와 같이 실질적인 소유권 변동이 있는 경우에는 재산세과세대장상의 소유자 명의에 불구하고 그 재산을 사실상 소유하는 사람에게 재산세 납세의무를 부담시킨다는 것이다.

[2] 민법 제406조의 채권자취소권의 행사로 인한 사해행위의 취소와 일탈재산의 원상회복은 채권자와 수익자 또는 전득자에 대한 관계에 있어서만 그 효력이 발생할 뿐이고 채무자가 직접 권리를 취득하는 것이 아니므로 채권자가 수익자와 전득자를 상대로 사해행위 취소와 일탈재산의 원상회복을 구하는 판결을 받아 그 등기 명의를 원상회복시켰다고 하더라도 재산세 납세의무자인 사실상의 소유자는 수익자라고 할 것이다.

3) 과세표준(지세법제110조. 지세령제109조)

지방세법 제4조 '부동산 등의 시가표준액' 제1항 및 제2항의 규정에 의한 시가표준액에 부동산 시장의 동향과 지방재정 여건 등을 고려하여 대통령령으로 정하는 공정시장가액비율을 곱하여 산정한 가액.

1. **주택**
   공시된 주택가격에 공정시장가액비율 60%를 곱하여 산정한다.

2. **토지 및 건축물**
   시가표준액에 공정시장가액비율 70%를 곱하여 산정한다.

4) 세 율(지세법제111조)

(1) 주택 : 별도 독립과세, 부속토지는 건물과 일체로 과세하고 건물면적의 10배까지 부속토지로 인정한다.

<table>
<tr><th>주택 구분</th><th>과 세 표 준</th><th>세 율</th></tr>
<tr><td>별 장</td><td>단일세율</td><td>40/1,000</td></tr>
<tr><td rowspan="4">기타 주택</td><td>6천만원 이하</td><td>1/1,000</td></tr>
<tr><td>6천만원 초과 1억5천만원 이하</td><td>6만원+6천만원 초과금액의 1.5/1,000</td></tr>
<tr><td>1억5천만원 초과 3억원 이하</td><td>19만5천원+1억5천만원 초과금액의 2.5/1,000</td></tr>
<tr><td>3억원 초과</td><td>57만원+3억원 초과금액의 4/1,000</td></tr>
</table>

(2) 건축물

부 동 산 종 류	세 율
골프장, 고급오락장용 건축물	과세표준액의 40/1,000
공장용 건축물	과세표준액의 5/1,000
기타 건축물	과세표준액의 2.5/1,000

(3) 토지

〈종합합산과세대상〉 : 별도합산, 분리과세대상 아닌 토지(지세법제106조①1호)

과 세 표 준	세 율
5,000만원 이하	2/1,000
5,000만원 초과 1억원 이하	10만원+5,000만원 초과금액의 3/1,000
1억원 초과	25만원+1억원 초과금액의 5/1,000

〈별도합산과세대상〉 : 일반영업용, 공장용,사업용 건축물의 부속토지 중 기준면적 이내의 토지와 건축물의 부속토지가 아닌 토지(지세법제106조①2호)

과 세 표 준	세 율
2억원 이하	2/1,000
2억원 초과 10억원 이하	40만원+2억원 초과금액의 3/1,000
10억원 초과	2백80만원+10억원 초과금액의 4/1,000

〈분리과세대상〉 (지세법제106조①3호)

- 전, 답, 과수원, 목장용지 및 임야 : 과세표준액의 1,000분의 0.7.

- 골프장 및 고급오락장용 토지(건축물 부속토지도 포함) : 과세표준액의 1,000분의 40
- 이 이외의 토지 : 과세표준액의 1,000분의 2

(4) 선박

- 고급선박 : 과세표준액의 1,000분의 50
- 기타 선박 : 과세표준액의 1,000분의 3

(5) 항공기 : 과세표준액의 1,000분의 3

5) 과세기준일

매년 6월 1일. 따라서 토지 등을 6월을 전후하여 사고파는 경우에는 누가 재산세를 부담할 것인가를 명확히 하는 것이 중요하다.

6) 재산세 중과세제도(사치성 재산 등의 중과)

1. 별장용 건축물 : 40/1,000
2. 골프장·고급오락장용 부속토지 : 40/1,000 - 회원제골프장만 해당.
3. 고급선박 : 50/1,000
4. 과밀억제권역(산업집적활성화 및 공장설립에 관한 법률을 적용받는 산업단지 및 유치지역과 국토의 계획 및 이용에 관한 법률을 적용받는 공업지역은 제외)에서 행정안전부령으로 정하는 공장 신설·증설에 해당하는 경우 그 건축물에 대한 재산세의 세율은 최초의 과세기준일부터 5년간 지방세법 제111조 제1항 제2호 다목(2.5/1,000)에 따른 세율의 100분의 500에 해당하는 세율로 한다.(지세법제111조②))

7) 재산세의 비과세(지세법제109조, 지세령제108조)

① 국가, 지방자치단체, 지방자치단체조합, 외국정부 및 주한국제기구의 소유에 속하는 재산

② 국가, 지방자치단체 또는 지방자치단체조합이 1년 이상 공용 또는 공공용으로 사용하는 재산. 다만, 유료로 사용하는 경우에는 예외.
③ 대통령령으로 정하는 도로·하천·제방·구거·유지 및 묘지
④ 군사기지 및 군사시설 보호법에 따른 군사기지 및 군사시설 보호구역 중 통제보호구역에 있는 토지. 다만, 전·답·과수원 및 대지는 제외.
⑤ 산림보호법에 따라 지정된 산림보호구역 및 산림자원의 조성 및 관리에 관한 법률에 따라 지정된 채종림·시험림
⑥ 자연공원법에 따른 공원자연보존지구의 임야
⑦ 백두대간 보호에 관한 법률 제6조에 따라 지정된 백두대간보호지역의 임야
⑧ 재산세를 부과하는 해당 연도에 철거하기로 계획이 확정되어 재산세 과세기준일 현재 행정관청으로부터 철거명령을 받았거나 철거보상계약이 체결된 건축물 또는 주택.(일부분을 철거하는 때에는 그 철거하는 부분으로 한정)
⑨ 임시로 사용하기 위하여 건축된 건축물로서 재산세 과세기준일 현재 1년 미만의 것
⑩ 비상재해구조용, 무료도선용, 선교(船橋) 구성용 및 본선에 속하는 전마용(傳馬用) 등으로 사용하는 선박

8) 감면제도(지특법 참조)

9) 납기와 납세지

7.16~31	주택의 1/2	건축물	선박·항공기	※ 주택분재산세의 세액이 5만원 이하일 경우에는 7월에 전액고지
9.16~30	주택의 1/2	토지		

- 재산 소재지 시·군·구청에 납부한다.

10) 재산세의 납세의무자 보호규정

(1) 물납제도 : 해당 관할 시군구 소재지 부동산에 한해서만 가능하다.

(2) 분납제도

재산세의 납부세액이 5백만원을 초과하는 경우에는 납부할 세액의 일부를 납부기한이 경과한 날부터 45일 이내에 분납할 수 있다. 분납대상은 납부할 세액이 1천만원 이하인 때는 5백만원 초과 금액이고, 납부할 세액이 1천만원을 초과하는 때에는 그 세액의 50/100 이하의 금액이다. 분납은 재산세 납부기한 내에 과세관청에 신청서 제출함으로써 한다.

(3) 세부담상한제도

당해 연도 재산세 산출세액이 직전 연도 재산세의 150%를 초과할 수 없는 제도로서 주택은 최고 130% 범위 내에서 주택공시가격에 따라 달리 적용한다.

주택 세부담 상한비율

주택가격	상한비율
3억원 이하	105/100
3억원 초과 ~ 6억원 이하	110/100
6억원 초과	130/100

※ 재산세액 = 과표 또는 과표 합(인별합산의 경우) × 해당세율 ≤ 직전년도 재산세 × 150%

※ 세부담 상한: 직전년도의 재산세액 상당액의 150% 이내로 하되 주택의 경우 주택공시가격 3억원 이하는 105%, 3억 이상 6억 이하는 110%. 6억 초과는 130% 이내로 함.

※ 공정시장가액비율

- 주택 : 매년 부동산시장의 동향과 지방재정 여건 등을 고려하여 주택의 경우 40% ~80%, 범위 내에서 매년 대통령령으로 정함.
- 토지 및 건축물 : 매년 부동산시장의 동향과 지방재정 여건 등을 고려하여 토지 및 건축물의 경우 50~90% 범위 내에서 매년 대통령령으로 정함.

제2편

양도 소득세 등

제2편 양도소득세 등

1. 양도소득세

1) 양도소득세 산출체계

(1) 기본정보

① 부동산표시 : 소재, 지번. 부동산종류
② 양도내용 : 일자, 면적
③ 취득내용 : 일자, 면적

필수	실제 양도가	원
	실제 취득가	
	보유기간(년)	
	취득신고가(구 등기신고액)	
선택	기본공제 기사용액	
	필요경비	

⇩

산 출 세 액		
구 분	일반과세조건시	중과세 유예조건시
양도소득세 + 주민세		

(2) 상세 산출근거

<table>
<tr><th>항 목</th><th>금 액</th><th>참 고</th></tr>
<tr><td>양도가액</td><td></td><td>실제 양도가(양도 당시 기준시가)</td></tr>
<tr><td>(-)취득가액</td><td></td><td>실제 취득가, 모르면 환산가. 경락대금에 포함되지 아니한 임차인의 전세보증금을 매수인이 반환한 경우 취득가액에 포함.(취득 당시 기준시가)</td></tr>
<tr><td>(-)필요경비</td><td></td><td>취득신고가의 개산공제액(0.03%) 또는 ① 취득시 부대비용: 취득세, 등록세, 양수인이 부담한 양도소득세, 법무사수수료, 등기비용, 국민주택채권 할인금액, 공증비용, 인지대, 중개수수료, 신문광고비, 분양수수료, 경매집행비용, 소송비용, 명도비용 ② 취득 후 지출비용: 용도변경·개량비용(자본적 지출액), 농지전용비용, 재건축부담금, 기반시설부담금, 불법건축물철거비용 ③ 양도비용: 계약서작성비용, 공증료, 인지대, 소개비, 중개수수료, 양도소득세 신고서 작성비용(세무사수수료)</td></tr>
<tr><td>양도차익</td><td></td><td>양도가액-취득가액-필요경비</td></tr>
<tr><td>(-)장기보유특별공제
[1세대1주택 특례공제율은 국내 1주택 소유한 거주자에게만 적용, 비거주자는 일반부동산 공제율(최대 30%) 적용]</td><td>양도차익×공제율</td><td>
<table>
<tr><td rowspan="2">보유기간</td><td>1세대1주택 양도시</td><td>1세대1주택외의 건물, 토지 양도시</td></tr>
<tr><td>2009. 1. 1. 이후</td><td>2008. 1. 1. 이후</td></tr>
<tr><td>3년 이상~4년 미만</td><td>24%</td><td>10%</td></tr>
<tr><td>4년 이상~5년 미만</td><td>32%</td><td>12%</td></tr>
<tr><td>5년 이상~6년 미만</td><td>40%</td><td>15%</td></tr>
<tr><td>6년 이상~7년 미만</td><td>48%</td><td>18%</td></tr>
<tr><td>7년 이상~8년 미만</td><td>56%</td><td>21%</td></tr>
<tr><td>8년 이상~9년 미만</td><td>64%</td><td>24%</td></tr>
<tr><td>9년 이상~10년미만</td><td>72%</td><td>27%</td></tr>
<tr><td>10년 이상</td><td>80%</td><td>30%</td></tr>
</table>
</td></tr>
<tr><td>양도소득금액</td><td>양도차익-장기보유특별공제액</td><td></td></tr>
</table>

(-)양도소득 기본공제		미등기양도자산은 공제×, 토지·건물, 부동산에 관한 권리, 기타자산을 1유형으로, 주식·출자지분 등을 2유형으로 구분하여 각각 적용하고 국내·국외자산으로 다시 구분하여 각 연 250만원을 한도로 하므로 최대 연 1,000만원까지 공제 가능.(소세법제103조①, 소세법제118의7 ①) 그러나 같은 유형의 자산에 대하여는 연간 1회만 공제 가능. 비거주자에 대하여도 적용.
과세표준	양도소득금액-양도소득 기본공제	
(×)세율		다음 참조
산출세액		
(-)감면세액		
(-)외국납부세액공제		
결정세액		
(+)가산세		무신고, 부당과소신고, 단순과소신고, 납부불성실
총결정세액		
(-)기납부·고지세액공제		
납부세액		

2) 세율

가. **주식(출자지분)**(소세법제104조①11호)

구 분			2002. 1. 1. 이후	2016.4.1.부터
비상장주식	중소기업 주식	소액주주	10%	10%
		대주주	10%	20%
	대기업 주식	소액주주 주식 전부	20%	20%
		대주주 1년 이상 보유주식	20%	20%
		대주주 1년 미만 보유주식	30%	30%
유가증권시장상장주식 및 코스닥상장주식	중소기업 주식	**소액주주 장내거래** 주식	**비과세**	**비과세**
		소액주주 장외거래 주식	20%	20%
		대주주 주식 전부	20%	20%
	대기업 주식	**소액주주 장내거래** 주식	**비과세**	**비과세**
		소액주주 장외거래 주식	20%	20%
		대주주 1년 이상 보유주식	20%	20%
		대주주 1년 미만 보유주식	30%	30%

※ 과세대상 대주주의 범위 : 유가증권시장, 비상장주식 → 지분율 2% 이상 또는 시가총액 50억원 이상, 코스닥시장 → 4% 이상 또는 40억원 이상, 코넥스시장 → 4% 이상 또는 10억원 이상
소득세법시행령제157조④ 개정 입법예고로 대주주 범위 확대 : 유가증권시장, 비상장주식 → 지분율 1% 이상 또는 시가총액 25억원 이상, 코스닥시장 → 2% 이상 또는 20억원 이상, 코넥스시장 → 4% 이상 또는 10억원 이상

나. 부동산 등(부동산에 관한 권리, 영업권, 이용권, 회원권)(소세법제104조①1호, 제55조①)

양도소득 과세표준	세　　율	누진공제액
1천2백만원 이하	6/100	0
4천6백만원 이하	72만원 + (1천2백만원을 초과하는 금액 × 15/100)	108만원
8천8백만원 이하	582만원 + (4천600만원을 초과하는 금액 × 24/100)	522만원
1억5천만원 이하	1,590만원 + (8천800만원을 초과하는 금액 × 35/100)	1490만원
1억5천만원 초과	3,760만원 + (1억5천만원을 초과하는 금액 × 38/100)	1940만원

• **장기보유특별공제 배제** : 비사업용 토지, 미등기양도자산

소득세법 제95조(양도소득금액) ① 양도소득금액은 제94조에 따른 양도소득의 총수입금액(이하 "양도가액"이라 한다)에서 제97조에 따른 필요경비를 공제하고, 그 금액(이하 "양도차익"이라 한다)에서 장기보유 특별공제액을 공제한 금액으로 한다.

② 제1항에서 "장기보유 특별공제액"이란 제94조제1항제1호에 따른 자산(제104조제3항에 따른 미등기양도자산은 제외한다)으로서 보유기간이 3년 이상인 것 및 제94조제1항제2호가목에 따른 자산 중 조합원입주권(조합원으로부터 취득한 것은 제외한다)에 대하여 그 자산의 양도차익(조합원입주권을 양도하는 경우에는 「도시 및 주거환경정비법」 제48조에 따른 관리처분계획 인가 전 토지분 또는 건물분의 양도차익으로 한정한다)에 다음 표 1에 따른 보유기간별 공제율을 곱하여 계산한 금액을 말한다. 다만, 대통령령으로 정하는 1세대 1주택(*)(이에 딸린 토지를 포함한다)에 해당하는 자산의 경우에는 그 자산의 양도차익에 다음 표 2에 따른 보유기간별 공제율을 곱하여 계산한 금액을 말한다. <개정 2015.12.15.>

표1.

보유기간	공제율
3년 이상~4년 미만	100분의 10
4년 이상~5년 미만	100분의 12
5년 이상~6년 미만	100분의 15
6년 이상~7년 미만	100분의 18
7년 이상~8년 미만	100분의 21
8년 이상~9년 미만	100분의 24
9년 이상~10년미만	100분의 27
10년 이상	100분의 30

표2.

보유기간	공제율
3년 이상~4년 미만	100분의 24
4년 이상~5년 미만	100분의 32
5년 이상~6년 미만	100분의 40
6년 이상~7년 미만	100분의 48
7년 이상~8년 미만	100분의 56
8년 이상~9년 미만	100분의 64
9년 이상~10년미만	100분의 72
10년 이상	100분의 80

③ 제89조제1항제3호에 따라 양도소득의 비과세대상에서 제외되는 고가주택(이에 딸린 토지를 포함한다)에 해당하는 자산의 양도차익 및 장기보유 특별공제액은 제1항에도 불구하고 대통령령으로 정하는 바에 따라 계산한 금액으로 한다.

④ 제2항에서 규정하는 자산의 보유기간은 그 자산의 취득일부터 양도일까지로 한다. 다만, 제97조의2제1항의 경우에는 증여한 배우자 또는 직계존비속이 해당 자산을 취득한 날부터 기산하고, 같은 조 제4항제1호에 따른 가업상속공제가 적용된 비율에 해당하는 자산의 경우에는 피상속인이 해당 자산을 취득한 날부터 기산하며, 제104조의3에 따른 비사업용 토지**(**)**로서 2016년 1월 1일 이전에 취득하여 보유하고 있는 자산인 경우에는 2016년 1월 1일부터 기산한다. <개정 2015.12.15.>

⑤ 양도소득금액의 계산에 필요한 사항은 대통령령으로 정한다.

(*) 소득세법시행령 제159조의2(장기보유특별공제) 법 제95조제2항 표 외의 부분 단서에서 "대통령령으로 정하는 1세대 1주택"이란 1세대가 양도일 현재 국내에 1주택을 소유하고 있는 경우의 그 주택(제155조·제155조의2·제156조의2 및 그 밖의 규정에 의하여 1세대1주택으로 보는 주택을 포함한다)을 말한다.
→ 1세대1주택 비과세 요건을 갖추지 못한 1세대1주택(거주요건 미충족 등), 고가주택, 일시적 2주택·상속·동거봉양·혼인·농어촌주택·장기저당담보주택, 주택과 조합원입주권 소유시와 같이 2주택이지만 1세대1주택으로 보는 경우

(**) 2016. 1. 1.부터는 비사업용 토지도 장기보유특별공제를 적용하되 기산점은 2016. 1. 1.로 하고 세율은 종전과 같은 기본세율이 아닌 기본세율+10%의 중과세율을 적용한다.

※ 장기보유특별공제는 거주자는 물론 비거주자에게도 적용된다.(대법원 2009두21147)

• **중과세율과 일반세율**

구 분		세 율	누진공제
중과세율	**미등기양도자산**	70%('04~)	없 음
	비사업용 토지(2년 이상 보유시 한시적 일반과세)	• 기본세율('04~'08년) • 60%('07~'09.3.15.) • 기본세율('09.3.16.~'14) • 기본세율+10%('16~)	
	비사업용토지의 가액이 법인 자산의 50% 이상일 경우(부동산과다보유법인) 법인주식의 양도	• 기본세율('04~'06년) • 60%('07~'09.3.15.) •기본세율('09.3.16.~'14년) • 기본세율+10%('16~)	
	1세대3주택 이상	• 60%('04~08년) •45%('09.1.1.~'09.3.15.) • 기본세율('09.3.16~) • 지정지역의 경우 기본세율 +10%(조합원입주권 포함)	
	1세대2주택	• 기본세율('04~'06년) • 50%('07~'08년) • 기본세율('09.3.16. 이후)	
	1년 미만 보유	• 40%(주택) • 토지는 1년 미만 50%, 2년 미만 40%	
1년 이상 보유 일반과세율	1200만원 이하	과세표준의 6%	없음
	4600만원 이하	72만원+(1,200만원을 초과하는 금액의 15%)	108만원
	8800만원 이하	582만원+(4,600만원을 초과하는 금액의 24%)	522만원
	8800만원 초과~3억원 이하 (**2014. 1. 1. 이후 1.5억원 이하**)	1,590만원+(8,800만원을 초과하는 금액의 35%)	1,490만원
	3억원 초과(2012. 1. 1. 이후) → **2014. 1. 1. 이후 1.5억원 초과**	3,760만원+(1억5천만원을 초과하는 금액의 38%)	1,940만원

※ 중과배제주택(소세령제167의3) : 수도권 광역시 소재의 기준시가 3억원 이하 주택, 장기임대주택, 감면대상 장기임대주택, 장기사원용주택, 감면대상 신축주택, 문화재주택, 상속일부터 5년이 경과하지 않은 상속주택, 저당권의 실행이나 채권변제를 대신하여 취득한 주택으로서 3년 이내에 양도하는 주택, 소형주택(대지면적이 120제곱미터 이하이고 주택의 연면적·전용면적이 60제곱미터 이하일 것, 양도 당시 기준시가가 4천만원 이하), 1세대1주택인 일반주택

3) 미등기양도부동산의 불이익

(1) 비과세 및 감면 배제(소세법제91조①)

(2) 70%의 양도소득세율 적용(소세법제104조①10호)

(3) 장기보유특별공제 미적용(소세법제95조②)

(4) 양도소득기본공제 미적용(소세법제103조①)

(5) 제척기간의 연장(국기법제26조의2①1호, 지기법제38조①1호)

유효한 명의신탁의 경우 취득세를 수탁자 명의로 자진신고 납부하였다면 단순한 세법상의 신고를 하지 아니하거나 허위의 신고를 하는 것으로 보아야 할 것이므로 그러한 경우 조세범처벌법 제3조에서 규정한 '사기 기타 부정한 행위'로 볼 수 없다는 대법원 판례(2001도3797)에 따라 조세부과의 제척기간은 **일반기간**을 적용하여 5년이나 10년(상속세, 증여세)이다. 그러나 부동산실권리자 명의 등기에 관한 법률을 위반하여 명의신탁한 경우에는 취득사실을 은폐하거나 기타 부정한 방법으로 취득세 등을 포탈하기 위한 것으로서 그 부과제척기간은 10년으로 보는 것이 타당하다고 하여 특별기간을 적용하고 있다.(조심 2013지0547)

대법원은 **미등기전매**는 '사기 기타 부정한 적극적인 행위로서 조세범칙행위에 해당하며 단순히 세법상의 신고를 하지 아니한 행위로 볼 수 없다'(대법원 91도318)고 판시하면서 세금을 신고납부하지 않은 점을 감안하면 미등기전매의 제척기간은 5년이 아니라 특별기간인 10년이라고 본다. 게다가 이 기간은 양도일로부터 10년이 아니라 양도일이 속하는 연도의 다음 연도 6월 1일부터 10년을 말한다.

(6) 형사상 불이익

양도자는 '부동산등기특별조치법'에 따라 징역 또는 벌금형.

(7) 예외(소세법제104조③단서, 소세령제168조①)

다음에 해당하는 자산을 양도하는 경우에는 미등기 양도로 보지 않는다.

① 장기할부조건으로 취득한 자산으로서 그 계약조건에 의하여 양도 당시 그 자산의 취득에 관한 등기가 불가능한 자산

② 법률의 규정 또는 법원의 결정에 의하여 양도 당시 그 자산의 취득에 관한 등기가 불가능한 자산

③ 양도소득세가 감면되는 8년 이상 자경농지 및 대토하는 농지와 비과세대상인 교환 또는 분합 농지

④ 비과세대상인 1세대 1주택으로서 건축법에 의한 건축허가를 받지 아니하여 등기가 불가능한 자산

⑤ 상속에 의한 소유권이전등기를 하지 아니한 자산으로서 공익사업을 위한 토지 등의 취득 및 보상에 관한 법률 제18조의 규정에 의하여 사업시행자에게 양도하는 것

⑥ 토지구획정리사업이 종료되지 아니함으로써 토지취득 등기를 하지 못하고 양도하는 토지

⑦ 건설업자가 토지구획정리사업조합으로부터 공사용역 대가로 취득한 체비지로서 토지구획정리사업법 제62조에 규정하는 토지구획 환지처분공고 이전에 양도하는 토지

4) 비과세 일반

소득세법제89조(비과세 양도소득) ① 다음 각 호의 소득에 대해서는 양도소득에 대한 소득세(이하 "양도소득세"라 한다)를 과세하지 아니한다. <개정 2014.1.1.>

1. 파산선고에 의한 처분으로 발생하는 소득
2. 대통령령으로 정하는 경우에 해당하는 농지의 교환 또는 분합(分合)으로 발생하는 소득
3. 다음 각 목의 어느 하나에 해당하는 주택(가액이 대통령령으로 정하는 기준

을 초과하는 고가주택은 제외한다)과 이에 딸린 토지로서 건물이 정착된 면적에 지역별로 대통령령으로 정하는 배율을 곱하여 산정한 면적 이내의 토지(이하 이 조에서 "주택부수토지"라 한다)의 양도로 발생하는 소득

가. 대통령령으로 정하는 1세대 1주택

나. 1세대가 1주택을 양도하기 전에 다른 주택을 대체취득하거나 상속, 동거봉양, 혼인 등으로 인하여 2주택 이상을 보유하는 경우로서 대통령령으로 정하는 주택

② 대통령령으로 정하는 1세대가 주택(주택부수토지를 포함한다. 이하 이 조에서 같다)과 「도시 및 주거환경정비법」 제48조에 따른 관리처분계획의 인가로 인하여 취득한 입주자로 선정된 지위[같은 법에 따른 주택재건축사업 또는 주택재개발사업을 시행하는 정비사업조합의 조합원으로서 취득한 것(그 조합원으로부터 취득한 것을 포함한다)으로 한정하며, 이에 딸린 토지를 포함한다. 이하 "조합원입주권"이라 한다]를 보유하다가 그 주택을 양도하는 경우에는 제1항에도 불구하고 같은 항 제3호를 적용하지 아니한다. 다만, 「도시 및 주거환경정비법」에 따른 주택재건축사업 또는 주택재개발사업의 시행기간 중 거주를 위하여 주택을 취득하는 경우나 그 밖의 부득이한 사유로서 대통령령으로 정하는 경우에는 그러하지 아니하다.

소득세법시행령 제153조(농지의 비과세) ① 법 제89조제1항제2호에서 "대통령령으로 정하는 경우"란 다음 각 호의 어느 하나에 해당하는 농지(제4항 각 호의 어느 하나에 해당하는 농지는 제외한다)를 교환 또는 분합하는 경우로서 교환 또는 분합하는 쌍방 토지가액의 차액이 가액이 큰편의 4분의 1이하인 경우를 말한다.

1. 국가 또는 지방자치단체가 시행하는 사업으로 인하여 교환 또는 분합하는 농지
2. 국가 또는 지방자치단체가 소유하는 토지와 교환 또는 분합하는 농지
3. 경작상 필요에 의하여 교환하는 농지. 다만, 교환에 의하여 새로이 취득하는 농지를 3년 이상 농지소재지에 거주하면서 경작하는 경우에 한한다.
4. 「농어촌정비법」·「농지법」·「한국농어촌공사 및 농지관리기금법」 또는 「농업협동조합법」에 의하여 교환 또는 분합하는 농지

소득세법 제91조(양도소득세 비과세 또는 감면의 배제 등) ① 제104조제3항에서 규정하는 미등기양도자산에 대하여는 이 법 또는 이 법 외의 법률 중 양도소득에 대한 소득세의 비과세에 관한 규정을 적용하지 아니한다.

② 제94조제1항제1호 및 제2호의 자산을 매매하는 거래당사자가 매매계약서의 거래가액을 실지거래가액과 다르게 적은 경우에는 해당 자산에 대하여 이 법 또는 이 법 외의 법률에 따른 양도소득세의 비과세 또는 감면에 관한 규정을 적용할 때 비과세 또는 감면받았거나 받을 세액에서 다음 각 호의 구

분에 따른 금액을 뺀다.

1. 이 법 또는 이 법 외의 법률에 따라 양도소득세의 비과세에 관한 규정을 적용받을 경우: 비과세에 관한 규정을 적용하지 아니하였을 경우의 제104조제1항에 따른 양도소득 산출세액과 매매계약서의 거래가액과 실지거래가액과의 차액 중 적은 금액
2. 이 법 또는 이 법 외의 법률에 따라 양도소득세의 감면에 관한 규정을 적용받았거나 받을 경우: 감면에 관한 규정을 적용받았거나 받을 경우의 해당 감면세액과 매매계약서의 거래가액과 실지거래가액과의 차액 중 적은 금액

5) 1세대1주택 비과세

소득세법제89조(비과세 양도소득) ② 대통령령으로 정하는 1세대가 주택(주택부수토지를 포함한다. 이하 이 조에서 같다)과 「도시 및 주거환경정비법」 제48조에 따른 관리처분계획의 인가로 인하여 취득한 입주자로 선정된 지위[같은 법에 따른 주택재건축사업 또는 주택재개발사업을 시행하는 정비사업조합의 조합원으로서 취득한 것(그 조합원으로부터 취득한 것을 포함한다)으로 한정하며, 이에 딸린 토지를 포함한다. 이하 "**조합원입주권**"이라 한다]를 보유하다가 그 주택을 양도하는 경우에는 제1항에도 불구하고 같은 항 제3호를 적용하지 아니한다. 다만, 「도시 및 주거환경정비법」에 따른 주택재건축사업 또는 주택재개발사업의 시행기간 중 거주를 위하여 주택을 취득하는 경우나 그 밖의 부득이한 사유로서 대통령령으로 정하는 경우에는 그러하지 아니하다.

소득세법 제91조(양도소득세 비과세 또는 감면의 배제 등) ① 제104조제3항에서 규정하는 미등기양도자산에 대하여는 이 법 또는 이 법 외의 법률 중 양도소득에 대한 소득세의 비과세에 관한 규정을 적용하지 아니한다.

② 제94조제1항제1호 및 제2호의 자산을 매매하는 거래당사자가 매매계약서의 거래가액을 실지거래가액과 다르게 적은 경우에는 해당 자산에 대하여 이 법 또는 이 법 외의 법률에 따른 양도소득세의 비과세 또는 감면에 관한 규정을 적용할 때 비과세 또는 감면받았거나 받을 세액에서 다음 각 호의 구분에 따른 금액을 뺀다.

1. 이 법 또는 이 법 외의 법률에 따라 양도소득세의 비과세에 관한 규정을 적용받을 경우: 비과세에 관한 규정을 적용하지 아니하였을 경우의 제104조제1항에 따른 양도소득 산출세액과 매매계약서의 거래가액과 실지거래가액과의 차액 중 적은 금액
2. 이 법 또는 이 법 외의 법률에 따라 양도소득세의 감면에 관한 규정을 적용받았거나 받을 경우: 감면에 관한 규정을 적용받았거나 받을 경우의 해당 감면세액과 매매계약서의 거래가액과 실지거래가액과의 차액 중 적은 금액

소득세법시행령 제154조(1세대1주택의 범위) ① 법 제89조제1항제3호가목에서 "대통령령으로 정하는 1세대 1주택"이란 거주자 및 그 배우자가 그들과 동일한 주소 또는 거소에서 생계를 같이 하는 가족과 함께 구성하는 1세대(이하 "1세대"라 한다)가 양도일 현재 국내에 1주택을 보유하고 있는 경우로서 해당 주택의 보유기간이 2년(제8항제2호에 해당하는 거주자의 주택인 경우는 3년) 이상인 것을 말한다. 다만, 1세대가 양도일 현재 국내에 1주택을 보유하고 있는 경우로서 다음 각 호의 어느 하나에 해당하는 경우에는 그 보유기간의 제한을 받지 아니한다. <개정 2014.2.21.>

1. 「임대주택법」에 따른 건설임대주택을 취득하여 양도하는 경우로서 해당 건설임대주택의 임차일부터 해당 주택의 양도일까지의 기간 중 세대 전원이 거주(기획재정부령으로 정하는 취학, 근무상의 형편, 질병의 요양, 그 밖에 부득이한 사유로 세대의 구성원 중 일부가 거주하지 못하는 경우를 포함한다)한 기간이 5년 이상인 경우
2. 다음 각 목의 어느 하나에 해당하는 경우. 이 경우 가목에 있어서는 그 양도일 또는 수용일부터 5년 이내에 양도하는 그 잔존주택 및 그 부수토지를 포함하는 것으로 한다.
   가. 주택 및 그 부수토지(사업인정 고시일 전에 취득한 주택 및 그 부수토지에 한한다)의 전부 또는 일부가 「공익사업을 위한 토지 등의 취득 및 보상에 관한 법률」에 의한 협의매수·수용 및 그 밖의 법률에 의하여 수용되는 경우
   나. 「해외이주법」에 따른 해외이주로 세대 전원이 출국하는 경우. 다만, 출국일 현재 1주택을 보유하고 있는 경우로서 출국일부터 2년 이내에 양도하는 경우에 한한다.
   다. 1년 이상 계속하여 국외거주를 필요로 하는 취학 또는 근무상의 형편으로 세대전원이 출국하는 경우. 다만, 출국일 현재 1주택을 보유하고 있는 경우로서 출국일부터 2년 이내에 양도하는 경우에 한한다.
3. 1년 이상 거주한 주택을 기획재정부령으로 정하는 취학, 근무상의 형편, 질병의 요양, 그 밖에 부득이한 사유로 양도하는 경우

② 다음 각호의 1에 해당하는 경우에는 배우자가 없는 때에도 이를 제1항의 규정에 의한 1세대로 본다. <개정 2008.2.29>

1. 당해 거주자의 연령이 30세 이상인 경우
2. 배우자가 사망하거나 이혼한 경우
3. 법 제4조의 규정에 따른 소득이 「국민기초생활 보장법」 제2조제6호의 규정에 따른 최저생계비 수준 이상으로서 소유하고 있는 주택 또는 토지를 관리·유지하면서 독립된 생계를 유지할 수 있는 경우. 다만, 미성년자의 경우를 제외하되, 미성년자의 결혼, 가족의 사망 그 밖에 기획재정부령이 정하는 사유로 1세대의 구성이 불가피한 경우에는 그러하지 아니하다.

③ 법 제89조제1항제3호를 적용할 때 하나의 건물이 주택과 주택외의 부분으로 복합되어 있는 경우와 주택에 딸린 토지에 주택외의 건물이 있는 경우에는 그 전부를 주택으로 본다. 다만, 주택의 연면적이 주택 외의 부분의 연면적

보다 적거나 같을 때에는 주택외의 부분은 주택으로 보지 아니한다. <개정 2010.2.18>

④ 제3항 단서의 경우에 주택에 딸린 토지는 전체 토지면적에 주택의 연면적이 건물의 연면적에서 차지하는 비율을 곱하여 계산한다. <개정 2010.2.18>

⑤ 제1항의 규정에 의한 보유기간의 계산은 법 제95조제4항의 규정에 의하고, 동항의 규정에 의한 거주기간은 주민등록표상의 전입일자부터 전출일까지의 기간에 의한다. <개정 1995.12.30>

⑥ 제1항에서 "가족"이라 함은 거주자와 그 배우자의 직계존비속(그 배우자를 포함한다) 및 형제자매를 말하며, 취학·질병의 요양, 근무상 또는 사업상의 형편으로 본래의 주소 또는 거소를 일시퇴거한 자를 포함한다. <개정 1998.12.31>

⑦ 법 제89조제1항제3호에서 "지역별로 대통령령으로 정하는 배율"이란 다음의 배율을 말한다. <개정 2012.2.2>

1. 「국토의 계획 및 이용에 관한 법률」 제6조제1호에 따른 도시지역 내의 토지: 5배
2. 그 밖의 토지: 10배

⑧ 제1항에 따른 거주기간 또는 보유기간을 계산함에 있어서 다음 각 호의 기간을 통산한다. <개정 2010.12.30>

1. 거주하거나 보유하는 중에 소실·도괴·노후 등으로 인하여 멸실되어 재건축한 주택인 경우에는 그 멸실된 주택과 재건축한 주택에 대한 거주기간 및 보유기간
2. 비거주자가 해당 주택을 3년 이상 계속 보유하고 그 주택에서 거주한 상태로 거주자로 전환된 경우에는 해당 주택에 대한 거주기간 및 보유기간
3. 상속받은 주택으로서 상속인과 피상속인이 상속개시 당시 동일세대인 경우에는 상속개시 전에 상속인과 피상속인이 동일세대로서 보유한 기간

⑨ 법 제89조제1항제3호의 규정을 적용함에 있어서 2개 이상의 주택을 같은 날에 양도하는 경우에는 당해 거주자가 선택하는 순서에 따라 주택을 양도한 것으로 본다. <신설 2005.12.31>

⑩ 제1항에 따른 1세대 1주택이 다음 각 호의 요건에 모두 해당하는 경우에는 제155조제19항 각 호 외의 부분 후단에 따른 직전거주주택의 양도일 후의 기간분에 대해서만 국내에 1주택을 보유한 것으로 보아 제1항을 적용한다. <신설 2011.10.14>

1. 「임대주택법」 제6조에 따라 임대주택으로 등록한 사실이 있을 것
2. 해당 주택의 보유기간 중에 제155조제19항 각 호 외의 부분 후단에 따른 직전거주주택이 있었을 것

⑪ 법 제89조제1항제3호나목에서 "대통령령으로 정하는 주택"이란 제155조에 따른 1세대1주택의 특례에 해당하여 이 조를 적용하는 주택을 말한다. <신설 2014.2.21.>

소득세법시행령 제154조의2(공동소유주택의 주택 수 계산) 1주택을 여러 사

람이 공동으로 소유한 경우 이 영에 특별한 규정이 있는 것 외에는 주택 수를 계산할 때 공동 소유자 각자가 그 주택을 소유한 것으로 본다.

소득세법시행령 제155조(1세대1주택의 특례) ① 국내에 1주택을 소유한 1세대가 그 주택(이하 이 항에서 "종전의 주택"이라 한다)을 양도하기 전에 다른 주택을 취득(자기가 건설하여 취득한 경우를 포함한다)함으로써 일시적으로 2주택이 된 경우 종전의 주택을 취득한 날부터 1년 이상이 지난 후 다른 주택을 취득하고 그 다른 주택을 취득한 날부터 3년 이내에 종전의 주택을 양도하는 경우(3년 이내에 양도하지 못하는 경우로서 기획재정부령으로 정하는 사유에 해당하는 경우를 포함한다)에는 이를 1세대1주택으로 보아 제154조제1항을 적용한다. 이 경우 제154조제1항제1호, 제2호가목 및 제3호의 어느 하나에 해당하는 경우에는 종전의 주택을 취득한 날부터 1년 이상이 지난 후 다른 주택을 취득하는 요건을 적용하지 아니하며, 종전의 주택 및 그 부수토지의 일부가 제154조제1항제2호가목에 따라 협의매수되거나 수용되는 경우로서 당해 잔존하는 주택 및 그 부수 토지를 그 양도일 또는 수용일부터 3년 이내에 양도하는 때에는 당해 잔존하는 주택 및 그 부수토지의 양도는 종전의 주택 및 그 부수토지의 양도 또는 수용에 포함되는 것으로 본다. <개정 2013.2.15.>

② 상속받은 주택(조합원입주권을 상속받아 사업시행 완료 후 취득한 신축주택을 포함하며, 피상속인이 상속개시 당시 2 이상의 주택을 소유한 경우에는 다음 각 호의 순위에 따른 1주택을 말한다)과 그 밖의 주택(상속개시 당시 보유한 주택 또는 상속개시 당시 보유한 조합원입주권에 의하여 사업시행 완료 후 취득한 신축주택만 해당한다. 이하 이 항에서 "일반주택"이라 한다)을 국내에 각각 1개씩 소유하고 있는 1세대가 일반주택을 양도하는 경우에는 국내에 1개의 주택을 소유하고 있는 것으로 보아 제154조제1항을 적용한다. 다만, 상속인과 피상속인이 상속개시 당시 1세대인 경우에는 1주택을 보유하고 1세대를 구성하는 자가 직계존속(배우자의 직계존속을 포함하며, 세대를 합친 날 현재 직계존속 중 어느 한 사람 또는 모두가 60세 이상으로서 1주택을 보유하고 있는 경우만 해당한다)을 동거봉양하기 위하여 세대를 합침에 따라 2주택을 보유하게 되는 경우로서 합치기 이전부터 보유하고 있었던 주택만 상속받은 주택으로 본다(이하 제3항, 제7항제1호 및 제156조의2제7항제1호에서 같다). <개정 2014.2.21.>

1. 피상속인이 소유한 기간이 가장 긴 1주택
2. 피상속인이 소유한 기간이 같은 주택이 2이상일 경우에는 피상속인이 거주한 기간이 가장 긴 1주택
3. 피상속인이 소유한 기간 및 거주한 기간이 모두 같은 주택이 2이상일 경우에는 피상속인이 상속개시당시 거주한 1주택
4. 피상속인이 거주한 사실이 없는 주택으로서 소유한 기간이 같은 주택이 2이상일 경우에는 기준시가가 가장 높은 1주택(기준시가가 같은 경우에는 상속인이 선택하는 1주택)

③ 제154조제1항의 규정을 적용함에 있어서 공동상속주택(상속으로 여러 사람

이 공동으로 소유하는 1주택을 말한다) 외의 다른 주택을 양도하는 때에는 당해 공동상속주택은 당해 거주자의 주택으로 보지 아니한다. 다만, 상속지분이 가장 큰 상속인의 경우는 그러하지 아니하며 이 경우 상속지분이 가장 큰 상속인이 2인이상인 때에는 그 2인 이상의 자 중 다음 각 호의 순서에 따라 당해 각호에 해당하는 자가 당해 공동상속주택을 소유한 것으로 본다.

1. 당해 주택에 거주하는 자
2. 삭제 <2008.2.22.>
3. 최연장자

④ 1주택을 보유하고 1세대를 구성하는 자가 1주택을 보유하고 있는 60세 이상의 직계존속(배우자의 직계존속을 포함하며, 직계존속 중 어느 한 사람이 60세 미만인 경우를 포함한다. 이하 이 조에서 같다)을 동거봉양하기 위하여 세대를 합침으로써 1세대가 2주택을 보유하게 되는 경우 합친 날부터 5년 이내에 먼저 양도하는 주택은 이를 1세대1주택으로 보아 제154조제1항을 적용한다. <개정, 2012.2.2.>

⑤ 1주택을 보유하는 자가 1주택을 보유하는 자와 혼인함으로써 1세대가 2주택을 보유하게 되는 경우 또는 1주택을 보유하고 있는 60세 이상의 직계존속을 동거봉양하는 무주택자가 1주택을 보유하는 자와 혼인함으로써 1세대가 2주택을 보유하게 되는 경우 각각 혼인한 날부터 5년 이내에 먼저 양도하는 주택은 이를 1세대1주택으로 보아 제154조제1항을 적용한다. <개정 2012.2.2.>

⑥다음 각 호의 어느 하나에 해당하는 주택과 그밖의 주택(이하 이 항에서 "일반주택"이라 한다)을 국내에 각각 1개씩 소유하고 있는 1세대가 일반주택을 양도하는 경우에는 국내에 1개의 주택을 소유하고 있는 것으로 보아 제154조제1항을 적용한다.

1. 「문화재보호법」 제2조제2항에 따른 지정문화재 및 같은 법 제53조제1항에 따른 등록문화재
2. 삭제 <1999.2.8.>
3. 삭제 <1999.2.8.>

⑦ 다음 각 호의 어느 하나에 해당하는 주택으로서 「수도권정비계획법」 제2조제1호에 따른 수도권(이하 이 조에서 "수도권"이라 한다) 밖의 지역중 읍지역(도시지역안의 지역을 제외한다) 또는 면지역에 소재하는 주택(이하 이 조에서 "농어촌주택"이라 한다)과 그 밖의 주택(이하 이 항 및 제11항부터 제13항까지에서 "일반주택"이라 한다)을 국내에 각각 1개씩 소유하고 있는 1세대가 일반주택을 양도하는 경우에는 국내에 1개의 주택을 소유하고 있는 것으로 보아 제154조제1항을 적용한다.

1. 상속받은 주택(피상속인이 취득후 5년이상 거주한 사실이 있는 경우에 한한다)
2. 이농인(어업에서 떠난 자를 포함한다. 이하 이 조에서 같다)이 취득일후 5년 이상 거주한 사실이 있는 이농주택
3. 영농 또는 영어의 목적으로 취득한 귀농주택

⑧ 기획재정부령으로 정하는 취학, 근무상의 형편, 질병의 요양, 그 밖에 부득이한 사유(이하 이 항에서 "부득이한 사유"라 한다)로 취득한 수도권 밖에 소재하는 주택과 그 밖의 주택(이하 이 항에서 "일반주택"이라 한다)을 국내에 각각 1개씩 소유하고 있는 1세대가 부득이한 사유가 해소된 날부터 3년 이내에 일반주택을 양도하는 경우에는 국내에 1개의 주택을 소유하고 있는 것으로 보아 제154조제1항을 적용한다. <신설 2012.2.2.>

⑨ 제7항제2호에서 "이농주택"이라 함은 영농 또는 영어에 종사하던 자가 전업으로 인하여 다른 시(「제주특별자치도 설치 및 국제자유도시 조성을 위한 특별법」 제15조제2항에 따라 설치된 행정시를 포함한다)·구(특별시 및 광역시의 구를 말한다)·읍·면으로 전출함으로써 거주자 및 그 배우자와 생계를 같이하는 가족 전부 또는 일부가 거주하지 못하게 되는 주택으로서 이농인이 소유하고 있는 주택을 말한다. <개정 2013.2.15.>

⑩ 제7항제3호에서 "귀농주택"이라 함은 영농 또는 영어에 종사하고자 하는 자가 취득(귀농이전에 취득한 것을 포함한다)하여 거주하고 있는 주택으로서 다음 각 호의 요건을 갖춘 것을 말한다. <개정 2014.2.21.>

1. 기획재정부령으로 정하는 연고지에 소재할 것
2. 제156조의 규정에 의한 고가주택에 해당하지 아니할 것
3. 대지면적이 660제곱미터 이내일 것
4. 영농 또는 영어의 목적으로 취득하는 것으로서 다음 각 목의 어느 하나에 해당할 것
   가. 1,000제곱미터이상의 농지를 소유하는 자가 당해 농지의 소재지(제153조제3항의 규정에 의한 농지소재지를 말한다)에 있는 주택을 취득하는 것일 것
   나. 기획재정부령이 정하는 어업인이 취득하는 것일 것
5. 세대전원이 이사(기획재정부령으로 정하는 취학, 근무상의 형편, 질병의 요양, 그 밖의 부득이한 사유로 세대의 구성원 중 일부가 이사하지 못하는 경우를 포함한다)하여 거주할 것

⑪ 귀농으로 인하여 세대전원이 농어촌주택으로 이사하는 경우에는 귀농 후 최초로 양도하는 1개의 일반주택에 한하여 제7항 본문의 규정을 적용한다.

⑫ 제7항의 규정을 적용받은 귀농주택 소유자가 귀농일(귀농주택에 주민등록을 이전하여 거주를 개시한 날을 말한다)부터 계속하여 3년 이상 영농 또는 영어에 종사하지 아니하거나 그 기간 동안 해당 주택에 거주하지 아니한 경우 그 양도한 일반주택은 1세대1주택으로 보지 아니하며, 해당 귀농주택 소유자는 3년 이상 영농 또는 영어에 종사하지 아니하거나 그 기간 동안 해당 주택에 거주하지 아니하는 사유가 발생한 날이 속하는 달의 말일부터 2개월 이내에 다음 계산식에 따라 계산한 금액을 양도소득세로 신고·납부하여야 한다. 이 경우 3년의 기간을 계산함에 있어 그 기간 중에 상속이 개시된 때에는 피상속인의 영농 또는 영어의 기간과 상속인의 영농 또는 영어의 기간을 통산한다. <개정 2013.2.15.>

납부할 양도소득세= 일반주택 양도 당시 제2항 또는 제3항을 적용하지 아니하였을 경우에 납부하였을 세액-일반주택 양도 당시 제2항 또는 제3항을 적용받아 납부한 세액

⑬ 제7항의 규정을 적용받으려는 자는 기획재정부령으로 정하는 1세대1주택 특례적용신고서를 법 제105조 또는 법 제110조에 따른 양도소득세 과세표준 신고기한 내에 기획재정부령으로 정하는 서류와 함께 제출하여야 한다. 이 경우 납세지 관할세무서장은 「전자정부법」 제36조제1항에 따른 행정정보의 공동이용을 통하여 다음 각 호의 서류를 확인하여야 하며, 제1호의 경우 신고인이 확인에 동의하지 아니하는 경우에는 이를 제출하도록 하여야 한다.

1. 주민등록표 등·초본
2. 일반주택의 토지·건축물대장 및 토지·건물 등기부 등본
3. 농어촌주택의 토지·건축물대장 및 토지·건물 등기부 등본
4. 취득농지의 등기부 등본

⑭ 제7항 내지 제13항을 적용함에 있어서 농어촌주택의 범위등에 관하여 필요한 사항은 기획재정부령으로 정한다.

⑮ 제154조제1항을 적용할 때 「건축법 시행령」 별표 1 제1호다목에 해당하는 다가구주택은 한 가구가 독립하여 거주할 수 있도록 구획된 부분을 각각 하나의 주택으로 본다. 다만, 해당 다가구주택을 구획된 부분별로 양도하지 아니하고 하나의 매매단위로 하여 양도하는 경우에는 그 전체를 하나의 주택으로 본다. <개정 2015.2.3.>

⑯ 제1항을 적용할 때 수도권에 소재한 법인 또는 「국가균형발전 특별법」 제2조제9호에 따른 공공기관이 수도권 밖의 지역으로 이전하는 경우로서 법인의 임원과 사용인 및 공공기관의 종사자가 구성하는 1세대가 취득하는 다른 주택이 해당 공공기관 또는 법인이 이전한 시(특별자치시·광역시 및 「제주특별자치도 설치 및 국제자유도시 조성을 위한 특별법」 제15조제2항에 따라 설치된 행정시를 포함한다. 이하 이 항에서 같다)·군 또는 이와 연접한 시·군의 지역에 소재하는 경우에는 제1항 중 "3년"을 "5년"으로 본다. 이 경우 해당 1세대에 대해서는 종전의 주택을 취득한 날부터 1년 이상이 지난 후 다른 주택을 취득하는 요건을 적용하지 아니한다. <개정 2014.3.11.>

⑰ 법 제89조제2항 본문에 따른 조합원입주권(이하 "조합원입주권"이라 한다)을 1개 소유한 1세대{「도시 및 주거환경정비법」 제48조에 따른 관리처분계획의 인가일(인가일 전에 기존주택이 철거되는 때에는 기존주택의 철거일) 현재 제154조제1항에 해당하는 기존주택을 소유하는 세대에 한한다}가 당해 조합원입주권을 양도하는 경우 다음 각 호의 어느 하나에 해당하는 경우에는 법 제94조제1항제2호가목에도 불구하고 제154조제1항에 따른 1세대1주택으로 본다. <개정 2012.6.29.>

1. 양도일 현재 다른 주택이 없는 경우
2. 양도일 현재 1조합원입주권 외에 1주택을 소유한 경우로서 해당 1주택을 취

득한 날부터 3년 이내에 해당 조합원입주권을 양도하는 경우(3년 이내에 양도하지 못하는 경우로서 기획재정부령으로 정하는 사유에 해당하는 경우를 포함한다)

⑱ 제2항 및 제3항을 적용할 때 상속주택 외의 주택을 양도할 때까지 상속주택을 「민법」 제1013조에 따라 협의분할하여 등기하지 아니한 경우에는 같은 법 제1009조 및 제1010조에 따른 상속분에 따라 해당 상속주택을 소유하는 것으로 본다. 다만, 상속주택 외의 주택을 양도한 이후 「국세기본법」 제26조의2에 따른 국세 부과의 제척기간 내에 상속주택을 협의분할하여 등기한 경우로서 등기 전 제2항 및 제3항에 따라 제154조제1항을 적용받았다가 등기 후 같은 항의 적용을 받지 못하여 양도소득세를 추가 납부하여야 할 자는 그 등기일이 속하는 달의 말일부터 2개월 이내에 다음 계산식에 따라 계산한 금액을 양도소득세로 신고·납부하여야 한다. <개정 2013.2.15.>

납부할 양도소득세= 일반주택 양도 당시 제2항 또는 제3항을 적용하지 아니하였을 경우에 납부하였을 세액－일반주택 양도 당시 제2항 또는 제3항을 적용받아 납부한 세액

⑲ 제167조의3제1항제2호에 따른 주택(이하 이 조에서 "장기임대주택"이라 한다)과 그 밖의 1주택을 국내에 소유하고 있는 1세대가 다음 각 호의 요건을 충족하고 해당 1주택(이하 이 조에서 "거주주택"이라 한다)을 양도하는 경우에는 국내에 1개의 주택을 소유하고 있는 것으로 보아 제154조제1항을 적용한다. 이 경우 해당 거주주택이 「임대주택법」 제6조에 따라 임대주택으로 등록한 사실이 있고 그 보유기간 중에 양도한 다른 거주주택(양도한 다른 거주주택이 둘 이상인 경우에는 가장 나중에 양도한 거주주택을 말한다. 이하 "직전거주주택"이라 한다)이 있는 거주주택(이하 이 항에서 "직전거주주택보유주택"이라 한다)인 경우에는 직전거주주택의 양도일 후의 기간분에 대해서만 국내에 1개의 주택을 소유하고 있는 것으로 보아 제154조제1항을 적용한다. <신설 2015.2.3.>

1. 거주주택: 거주기간(직전거주주택보유주택의 경우에는 법 제168조에 따른 사업자등록 및 「임대주택법」 제6조에 따른 임대주택사업자의 등록을 한 날 이후의 거주기간을 말한다)이 2년 이상일 것
2. 장기임대주택: 양도일 현재 법 제168조에 따른 사업자등록을 하고, 장기임대주택을 「임대주택법」 제6조에 따라 임대주택으로 등록하여 임대하고 있을 것

⑳ 1세대가 장기임대주택의 임대기간요건(이하 이 조에서 "임대기간요건"이라 한다)을 충족하기 전에 거주주택을 양도하는 경우에도 해당 임대주택을 장기임대주택으로 보아 제19항을 적용한다.

㉑ 1세대가 제20항을 적용받은 후에 임대기간요건을 충족하지 못하게 된(장기임대주택의 임대의무호수를 임대하지 아니한 기간이 6개월을 지난 경우를 포함한다) 때에는 그 사유가 발생한 날이 속하는 달의 말일부터 2개월 이내에

제1호의 계산식에 따라 계산한 금액을 양도소득세로 신고·납부하여야 한다. 이 경우 제2호의 임대기간요건 산정특례에 해당하는 경우에는 해당 규정에 따른다. <개정 2013.2.15.>

1. 납부할 양도소득세 계산식
거주주택 양도 당시 해당 임대주택을 장기임대주택으로 보지 아니할 경우에 납부하였을 세액 - 거주주택 양도 당시 제19항을 적용받아 납부한 세액
2. 임대기간요건 산정특례
가. 「공익사업을 위한 토지 등의 취득 및 보상에 관한 법률」에 따른 수용 등 기획재정부령으로 정하는 부득이한 사유로 해당 임대기간요건을 충족하지 못하게 되거나 임대의무호수를 임대하지 아니하게 된 때에는 해당 임대주택을 계속 임대하는 것으로 본다.
나. 「도시 및 주거환경정비법」에 따른 주택재건축사업(이하 "주택재건축사업"이라 한다) 또는 같은 법에 따른 주택재개발사업(이하 "주택재개발사업"이라 한다)의 사유가 있는 경우에는 임대의무호수를 임대하지 아니한 기간을 계산할 때 해당 주택의 관리처분계획 인가일 전 6개월부터 준공일 후 6개월까지의 기간은 포함하지 아니한다.

㉒ 제19항을 적용받으려는 자는 거주주택을 양도하는 날이 속하는 과세연도의 과세표준신고서와 기획재정부령으로 정하는 신고서에 다음 각 호의 서류를 첨부하여 납세지 관할 세무서장에게 제출하여야 한다. <신설 2012.2.2.>

1. 「임대주택법 시행령」 제8조제2항에 따른 임대사업자 등록증
2. 장기임대주택의 임대차계약서 사본
3. 임차인의 주민등록표 등본 또는 그 사본
4. 그 밖에 기획재정부령으로 정하는 서류

㉓ 제22항에 따라 신고서를 제출받은 납세지 관할 세무서장은 「전자정부법」 제36조제1항에 따른 행정정보의 공동이용을 통하여 다음 각 호의 서류를 확인하여야 하며, 신청인이 제1호의 서류 확인에 동의하지 아니하는 경우에는 이를 제출하도록 하여야 한다. <신설 2012.2.2.>

1. 주민등록표 등·초본
2. 거주주택의 토지·건축물대장 및 토지·건물 등기부 등본
3. 장기임대주택의 등기부등본 또는 토지·건축물대장 등본

소득세법시행령 제155조의2(장기저당담보주택에 대한 1세대1주택의 특례)

① 국내에 1주택을 소유한 1세대가 다음 각호의 요건을 갖춘 장기저당담보대출계약을 체결하고 장기저당담보로 제공된 주택(이하 이 조에서 "장기저당담보주택"이라 한다)을 양도하는 경우에는 제154조제1항의 규정을 적용함에 있어 거주기간의 제한을 받지 아니한다.

1. 계약체결일 현재 주택을 담보로 제공한 가입자가 60세 이상일 것
2. 장기저당담보 계약기간이 10년 이상으로서 만기시까지 매월·매분기별 또는 그 밖에 기획재정부령이 정하는 방법으로 대출금을 수령하는 조건일 것
3. 만기에 당해 주택을 처분하여 일시 상환하는 계약조건일 것

② 1주택을 소유하고 1세대를 구성하는 자가 장기저당담보주택을 소유하고 있는 직계존속(배우자의 직계존속을 포함한다)을 동거봉양하기 위하여 세대를 합침으로써 1세대가 2주택을 소유하게 되는 경우 먼저 양도하는 주택에 대하여는 국내에 1개의 주택을 소유하고 있는 것으로 보아 제154조제1항의 규정을 적용하되, 장기저당담보주택은 거주기간의 제한을 받지 아니한다.
③ 1세대가 장기저당담보주택을 제1항의 규정에 의한 계약기간 만료 이전에 양도하는 경우에는 제1항 및 제2항의 규정을 적용하지 아니한다.
④ 제2항의 규정을 적용받으려는 자는 기획재정부령이 정하는 장기저당담보주택에 대한 특례적용신고서를 「소득세법」 제105조 또는 동법 제110조에 따른 양도소득세 과세표준신고기한 내에 장기저당담보주택에 관한 제1항의 대출 계약서와 함께 제출하여야 한다. 이 경우 납세지 관할세무서장은 「전자정부법」 제36조제1항에 따른 행정정보의 공동이용을 통하여 다음 각 호의 서류를 확인하여야 한다.
1. 장기저당담보주택 외의 다른 주택의 토지 및 건축물대장 등본
2. 장기저당담보주택의 토지 및 건축물대장 등본

1세대가 양도일 현재 국내에 1주택과 그 부수토지(**9억원** 이하)를 보유하고 있는 경우로서 주택과 그 부수토지의 **보유기간이 2년 이상**인 경우(서울, 과천 및 5대 신도시의 경우 2년 거주요건은 2011. 6. 3. 이후 양도분부터는 폐지되었다) 양도소득세를 비과세한다. 신고의무도 없다.

- 9억원을 초과하는 주택을 **고가주택**이라 하는데 9억원까지는 1세대1주택 비과세특례가 적용되나 9억원 초과부분에 대하여는 적용되지 않는다.(고가주택 판정 기준은 주택 전부의 가액을 기준으로 한다)
- **미등기양도 주택** : 비과세특례를 적용하지 않는다.(소세법제91조) 미등기 여부의 판단 시점은 양도시이다. 명의신탁 등기는 부동산실명법 위반으로 무효라 하여도 미등기에 해당하지 않는다. 그러나 미등기양도라도 건축허가를 받지 않은 무허가주택은 적용한다.
- 재개발·재건축 입주권 : 관리처분계획인가일 이후부터는 이는 주택이 아닌 부동산을 취득할 수 있는 권리로 보아야 할 것이므로 1세대 1주택 비과세특례가 적용될 여지가 없다. 그러나 관리처분계획인가일 후에도 철거되지 않은 채 사실상 주거용으로 사용하다가 입주자로 선정된 지위와 함께 주택을 양도하는 경우에는 적용된다.

(1) 요건(1·1·2·9)

① 거주자인 1세대가 국내에 1주택을 소유할 것

② 2년 이상 보유할 것
③ 미등기양도자산, 고가주택이 아닐 것
④ 주택의 부수토지를 포함

(2) 1세대 여부 판정

'1세대'라 함은 **거주자**(비거주자는 과세) 및 배우자가 그들과 동일한 주소 또는 거소에서 생계를 같이하는 가족과 함께 구성하는 집단을 말한다.(주민등록 기준이 아닌 **사실상 생계 공동**을 기준)

'생계를 같이 하는 가족'이란 동일한 생활공간에서 동일한 생활자금으로 생계를 같이하는 거주자와 그 배우자의 직계존·비속(그 배우자를 포함) 및 형제자매(장인.·장모, 처남·처제, 사위, 며느리를 포함. 형제자매의 배우자는 제외). 취학, 질병요양, 근무상·사업상 형편으로 본래의 주소·거소를 일시 퇴거한 자도 포함한다.

다음의 경우에는 다른 동거가족이 없고 배우자가 없어도 1세대로 본다.(소세령제154조②) ① 당해 거주자의 연령이 30세 이상인 경우, ② 배우자가 사망하거나 이혼한 경우, ③ 30세 미만 성년자로서 최저생계비 수준 이상의 소득이 있는 경우로서 주택을 유지·관리하면서 독립적 생계를 유지할 수 있는 경우(미성년자는 제외)

사실혼관계에서 자녀를 출생하여 함께 생활하는 경우에는 동일 세대로 본다. 장인, 장모, 처남, 처제, 사위, 며느리도 생계를 같이하는 경우 1세대를 구성하는 가족의 범위에 포함된다.

따라서 주민등록상으로는 동일 세대원으로 등재되어 있다하더라도 사실상 따로 거주하고 있고 생계를 같이 하지 아니하면 동일 세대원으로 보지 않는다. 다만, 이 경우에는 납세자가 객관적인 증빙자료를 첨부하여 생계를 같이 하고 있지 않다는 사실을 입증하여야 한다.

(3) 주택 판정 기준

공부상 용도에 관계 없이 사실상 상시 주거용인지 여부가 기준이다.

(4) 주택 부수토지의 판정과 범위

판단시점은 주택과 대지를 양도한 시점을 기준으로 한다. 매매계약 체결 후 양도일 전에 특약에 따라 주택을 멸실한 경우에는 잔존 토지는 주택의 부수토지이다.

건물이 정착된 면적에 도시지역의 경우에는 5배, 그밖의 토지의 경우에는 10배의 면적에 상당하는 한울타리 내의 토지를 말한다. 무허가건물이라도 상관 없다. 겸용주택의 경우에는 주택으로 사용되는 면적이 비주택 면적보다 큰 경우에는 전부를 주택으로 보므로 겸용주택 전체 면적을 기준으로 할 것이고, 주택면적이 작을 경우에는 주택면적 자체만을 기준으로 한다.

사도가 부수토지가 되려면 다른 세대와 공동으로 사용하는 것이 아닌 양도주택에만 전용되는 경우여야 한다. 주택과 그 부수토지를 동일 세대원이 각각 소유한 경우에도 부수토지로 본다. 1세대1주택 비과세 요건을 갖춘 조합원이 조합으로부터 환지청산금을 지급받는 경우도 부수토지로 본다.

그러나 토지가 주택 정착면적의 5배 또는 10배 이내라도 주거에 사용되지 아니하고 사업용(주차장)으로 사용될 경우, 주택만을 먼저 양도하고 그 후 토지를 협의매수·수용 등으로 양도하는 경우, 부득이한 사유(천재지변, 화재)로 건물이 소실되어 부득이 토지만을 양도하는 경우, 도시계획사업의 시행으로 '종전 주택'이 철거되고 나대지로 남게 된 토지의 경우('종전 주택'이 비과세요건을 충족해야 함), 2필지의 토지라도 한울타리 내에 있는 경우에는 주택의 부수토지로 본다.

(5) 주택수 계산

원칙적으로 1세대1주택의 판정 기준시는 양도일 현재이다.(소세령제154조①) 예외적으로 매매계약 후 양도일 이전에 특약으로 주택을 멸실한 경우 또는 주택외의 용도로 변경하는 경우에는 매매계약일 현재가 기준이다.(대법원 94누125)

(1) 다가구주택 : 구획된 부분이 각각 하나의 주택이다. 그러나 구획된 부분별로 매매하지 않고 하나의 매매단위로 양도하면 전체가 하나의 주택이다.

(2) 공동소유주택 : 공동소유자 각자가 1개의 주택을 소유한 것으로 본다.

(3) 공동상속주택 : 상속지분이 가장 큰 상속인의 소유로 주택수를 계산한다. 단, 상속지분이 가장 큰 자가 2인 이상인 경우에는 소득세법시행령 제155조 제3항 각 호 순서대로 소유한 것으로 본다.(1. 당해 주택에 거주하는 자, 2. 최연장자)

(4) 겸용주택 : 주택 부속토지 상에 주택과 주택 외의 건물이 함께 있을 경우 주택 부분이 큰 경우에는 그 전부를 주택으로 본다. 주택 부분이 적거나 같다면 주택 외의 부분은 주택으로 보지 아니한다.(소세령제154조③단서) 이 경우(주택 면적≦주택외 면적)에는 주택에 부수하는 토지의 계산은 전체 토지의 면적에 주택의 연면적이 건물의 연면적에서 차지하는 비율을 곱하여

안분계산한다.

(5) 부동산매매업자 또는 주택신축판매업자의 재고재산인 주택은 주택수 계산에 포함하지 아니한다. 그러나 자가공급하거나 폐업시의 재고주택은 당해 업자가 거주하거나 또는 보유하는 경우 주택에 포함된다.

(6) 명의신탁 받은 부동산은 입증되는 경우 포함하지 아니한다.(명의신탁자의 주택으로 계산) 명의신탁 등기는 미등기전매에 해당하지 아니하므로 1세대 1주택 비과세 규정의 적용을 배제받지는 아니한다.

(7) 매수자의 등기지연으로 2주택이 된 경우에는 매매계약서 등의 객관적 증빙(금융기록)으로 잔금청산이 사실상 확인되면 비과세 적용한다.

(8) 2개의 아파트를 칸막이벽을 철거한 경우 1주택으로 계산한다. 그러나 호별로 양도한 경우에는 2주택이다.

(9) 주택을 분할(지분 양도 포함)하여 양도하는 경우 먼저 양도하는 부분의 주택은 1세대 1주택으로 보지 아니한다.(소세칙제72조②본문 후단) 주택의 부수토지를 분할(지분 양도 포함)하여 양도하는 경우 1세대1주택에 부수하는 토지로 보지 아니한다.(소세칙제72조②본문 전단)

(10) 주택 및 그 부수토지의 일부가 「공익사업을 위한 토지 등의 취득 및 보상에 관한 법률」에 의한 협의매수·수용 및 그 밖의 법률에 의하여 수용되는 경우의 당해 주택(그 부수토지를 포함)과 그 양도일 또는 수용일부터 5년 이내에 양도하는 잔존토지 및 잔존주택(그 부수토지를 포함)은 1세대1주택으로 보아 비과세한다.(소세칙제72조②단서)

(6) 보유기간

(1) 보유기간 계산의 경우 민법 규정에 불구하고 초일을 산입한다.(소세법제104조②) 기간 말일이 공휴일인 경우 그 다음날로 만료된다.

(2) 혼인 전 취득한 주택을 혼인 후 양도하는 경우, 부친과 세대 합친 후 양도하는 경우, 배우자로부터 증여받은 주택을 5년 이내에 양도하는 경우(소세령제154조⑤, 소세법제95조④), 아파트 리모델링의 경우, 비거주자가 거주자로 전환된 경우 등에는 보유기간을 통산한다.

(3) 재건축의 경우에는 종전 주택의 보유기간을 통산한다.(공사기간 불포함) 재개발주택의 경우에는 사업시행에 따른 공사기간도 보유기간에 통산한다. 1주택이 소실되어 신축한 경우에도 종전 주택의 보유기간을 통산하나 부속토지가 증가했다면 초과분은 신축일부터 기산한다.(소세령제154조⑧1호)

(4) 상속인과 피상속인이 상속개시 당시 **동일 세대원**인 경우 보유기간을 통산

한다.(소세령제154조⑧3호)

(5) 비거주자가 당해 주택을 3년 이상 계속 보유 및 거주한 상태에서 거주자로 전환된 경우 보유기간을 통산한다.(소세령제154조⑧3호)

(6) 보유 및 거주 요건은 1세대를 기준으로 하므로 동일세대원 간의 소유권 변동시에도 보유기간을 통산한다.

(7) 동일 세대원이 주택과 그 부수토지를 각각 소유하고 있는 경우 동일세대원으로서 보유한 기간만 통산한다. 주택과 부수토지를 각가 다른 세대원이 소유한 경우에는 당해 주택만 보유기간 충족하면 비과세되고 부수토지는 비과세되지 않는다.

(8) 주택과 그 부속토지의 소유자가 다른 경우에는 주택소유자는 건물소유자를 기준으로 하여 판정한다. 주택의 보유기간은 3년이 넘었지만 부속토지의 보유기간은 3년이 되지 않은 경우 토지분에 대하여는 과세된다. 주택과 그 부속토지가 시차를 두고 순차로 수용된 경우에도 전체를 하나의 양도행위로 보아 과세한다.

(9) 주택의 부수토지 외로 사용하던 토지를 부수토지로 합병한 뒤 양도하는 경우에는 합병토지에 대해서는 합병일 이후의 기간만을 보유기간으로 한다.

(10) 임대주택법상 건설임대주택을 무주택자인 임차인이 '우선분양 전환'으로 취득하여 양도하는 경우 당해 주택의 임차일부터 양도일까지의 거주기간이 5년 이상인 경우에는 보유기간의 제한이 없다.(소세령제154조①1호) 또한 건설임대주택의 수분양자와 임대차계약자가 상이한 경우에도 동일세대원인 경우에는 비과세 적용된다.

(11) 수용, 세대 전원의 해외이주·국외거주의 경우에는 보유기간의 제한을 받지 아니한다.(소세령제154조①2호)

해외출국과 일반분양아파트, 재개발·재건축주택의 양도시 1세대1주택비과세 적용 여부

<table>
<tr><th colspan="2">구 분</th><th>출국 당시 상태</th><th>양도 당시 상태</th><th>비과세 여부</th></tr>
<tr><td colspan="2" rowspan="2">일반분양아파트</td><td>분양권</td><td>주택</td><td>비과세</td></tr>
<tr><td>분양권</td><td>분양권</td><td>과세</td></tr>
<tr><td rowspan="6">재개발·재건축 아파트</td><td rowspan="4">원조합원</td><td>주택</td><td>주택</td><td>비과세</td></tr>
<tr><td>주택</td><td>입주권</td><td>비과세</td></tr>
<tr><td>입주권</td><td>주택</td><td>비과세</td></tr>
<tr><td>입주권</td><td>입주권</td><td>과세</td></tr>
<tr><td rowspan="2">승계조합원</td><td>입주권</td><td>주택</td><td>과세</td></tr>
<tr><td>입주권</td><td>입주권</td><td>과세</td></tr>
</table>

(12) '1년 이상 거주한 주택'을 취학, 근무상 형편, 질병 요양, 기타 부득이한 사유로 양도하는 경우 보유기간의 제한 없다.
(13) 보유기간의 확인은 등기부등본, 토지 ·건축물대장에 따른다.

(7) 동일 날짜에 2주택 이상 양도시 양도순서 판정

거주자가 선택하는 순서에 따라 양도한 것으로 본다.(소세령 제154조⑨)

6) 1세대1주택의 예외적 비과세특례

(1) 일시적 1세대 2주택

(1) 국내에 1주택을 소유한 1세대가 그 주택을 양도하기 전에 다른 주택을 취득하여 일시적으로 2주택이 된 경우 다른 주택을 취득한 날부터 2년 이내에 종전 주택을 양도하는 경우 비과세한다.(소세령제154조①) 이 경우 종전 주택 및 그 부수토지의 일부가 협의매수 또는 수용된 경우 잔존 주택 및 그 부수토지를 종전 양도일이나 수용일부터 2년 이내에 양도하는 때에는 종전의 양도 또는 수용에 포함된 것으로 보아 비과세한다.

또한 다음 각 호의 하나의 사유로 부득이하게 2년 이내에 양도하지 못한 경우에도 비과세한다.(소세령제155조①)

1. 한국자산관리공사에 매각을 의뢰한 경우
2. 법원에 경매를 신청한 경우
3. 공매가 진행 중인 경우
4. 재건축사업 현금청산금 지급요청소송에서 승소판결이 확정된 경우

(2) 비과세 요건

① '종전 주택'은 양도일 현재 1세대1주택 비과세요건을 충족할 것.
② '다른 주택'을 취득한 날로부터 2년 이내 종전 주택을 양도할 것.

(2) 노부모 봉양을 위한 1세대2주택

1주택을 보유하고 1세대를 구성하는 자가 1주택을 보유하고 있는 60세 이상 직계존속(배우자의 직계존속 포함, 직계존속 중 어느 한 사람이 60세 미만인 경

우도 포함, 합세대일 기준)을 동거봉양하기 위하여 세대를 합침으로써 1세대가 2주택을 보유하게 되는 경우 합세대일부터 5년 이내 먼저 양도하는 주택은 비과세한다. 직계존비속이 각각 별도세대여야 한다.(소세령제155조④) 별도 세대였다가 합가하는 경우여야 하고 먼저 양도하는 주택은 1세대 1주택 비과세요건을 갖추어야 한다.

(3) 혼인으로 인한 1세대2주택

1주택을 보유하는 자가 1주택을 보유하는 자와 혼인함으로써 1세대2주택이 된 경우 또는 1주택을 보유하는 60세 이상 직계존속을 동거봉양하는 무주택자가 1주택을 보유하는 자와 혼인함으로써 1세대2주택이 된 경우 혼인한 날로부터 5년 이내 먼저 양도하는 주택은 1세대1주택 비과세 적용한다.(소세령제155조⑤) 먼저 양도하는 주택은 1세대 1주택 비과세요건을 갖추어야 한다.

(4) 일시적 3주택의 경우

국내에 1세대1주택을 소유한 거주자가 그 주택을 양도하기 전에 새로운 주택을 취득하여 2개의 주택을 소유하고 있던 중 상속, 혼인, 직계존속 봉양을 위하여 세대를 합침으로써 1세대가 3개의 주택을 소유하게 되는 경우 새로운 주택을 취득한 날로부터 2년 내에 종전의 주택을 양도하는 경우 비과세한다.(소세령제155조①,④,⑤, 제154조①)

(5) 일시적 2주택의 남자가 여자와 혼인으로 일시적 4주택이 된 경우

조세특례제한법 제99조의4에 해당하는 농어촌주택과 일반주택을 보유하고 있는 자가 1주택을 보유하고 있는 자와 혼인함으로써 1세대가 3주택을 보유한 상태에서 새로운 주택을 취득함으로써 일시적으로 1세대 4주택이 된 경우로서 혼인한 날부터 5년 이내에, 그리고 새로운 주택을 취득한 날부터 2년 이내에 종전 일반주택을 양도하는 경우에는 소득세법시행령 제155조 제1항 및 제5항의 규정에 따라 이를 1세대 1주택으로 보아 비과세 여부를 판정한다.

(6) 상속으로 인한 1세대2주택

(1) '상속받은 주택'(피상속인이 상속 개시 당시 2 이상의 주택을 소유한 경우에는 다음 ①~④의 순위에 따른 1주택만을 말한다)과 그 밖의 주택('일반주택')을 국내에 각각 1개씩 소유하고 있는 1세대가 일반주택을

양도하는 경우 1세대1주택으로 비과세한다. 그러나 상속주택을 양도하는 경우에는 과세대상이다. 다만, '상속받은 주택'이란 피상속인이 합세대 이전부터 보유하고 있었던 주택만을 말한다.(소세령제155조③,⑦1호, 제156조의2⑦)

① 피상속인이 소유한 기간이 가장 긴 1주택
② 피상속인이 소유한 기간이 같은 주택이 2 이상인 경우 피상속인이 거주한 기간이 가장 긴 1주택
③ 피상속인이 소유한 기간 및 피상속인이 거주한 기간이 모두 같은 주택이 2 이상인 경우 피상속인이 상속 개시 당시 거주한 1주택
④ 피상속인이 거주한 사실이 없는 주택으로서 소유한 기간이 같은 주택이 2 이상일 경우에는 기준시가가 가장 높은 1주택(기준시가가 같은 경우에는 상속인이 선택하는 1주택)

(2) <u>동일 세대원으로부터 상속받은 주택은 위의 '상속받은 주택'에 포함되지 않는다.</u>

사례별 적용

구 분		내 용	비과세 적용여부
합세대 당시 부·자 중 1인이 무주택자	사례 1	• 1주택자인 자가 무주택자인 부와 합세대 후 부가 1주택을 취득 후 사망으로 상속 개시, 자 자신의 합세대 이전의 종전 주택을 양도	과세
	사례 2	• 무주택자인 자가 1주택자인 부와 합세대 후 자가 1주택을 취득 후 부의 사망으로 상속 개시, 자가 취득한 주택을 양도	과세
합세대 당시 부·자 각자 1주택 보유	사례 3	• 동거봉양을 위해 1주택자인 자가 1주택자인 부와 합세대 후 5년 이내 부 또는 자가 보유하던 주택을 양도 (상속 개시 없음)	비과세
	사례 4	• 동거봉양을 위해 1주택자인 자가 1주택자인 부와 합세대 후 부 사망으로 상속 개시, 자 자신의 합세대 이전의 종전 주택을 양도	비과세

(3) 먼저 상속에 의하여 1주택을 보유하고 있는 1세대가 후발적으로 1주택을 구입하여 소유하게 된 경우 그 일반주택을 먼저 양도하는 경우에는

소세령 제155조 제2항은 적용될 수 없다. 그러나 상속 개시 당시 상속주택이 동일 세대가 아닌 별개 세대인 경우에는 '상속주택'과 '일반주택'의 취득순서에 상관 없이 비과세요건을 충족한 일반주택을 양도할 경우 1세대1주택 비과세가 적용된다.

(4) 상속주택이 도시 및 주거환경정비법상 관리처분계획인가를 받아 조합원입주권으로 바뀐 경우에도 종전 주택을 양도하는 경우에도 같다. 그러나 조합원입주권을 양도하는 경우에는 일반세율로 과세된다.

(5) 공동상속주택 외의 일반 주택을 양도하는 경우에도 공동상속주택은 당해 거주자의 주택으로 보지 아니하므로 1세대1주택으로 비과세한다. 다만, 상속지분이 가장 큰 상속인의 경우에는 과세된다.

(7) 비수도권 소재 주택에 대한 특례

취학, 근무상의 형편, 질병의 요양, 그 밖에 부득이한 사유로 취득한 **수도권 밖에 소재하는 주택**과 그 밖의 주택('일반주택')을 국내에 각각 1개씩 소유하고 있는 1세대가 부득이한 사유가 해소된 날부터 3년 이내에 일반주택을 양도하는 경우에는 1세대1주택 비과세특례를 적용한다.(소세령제155조⑧)

(8) 농어촌주택 보유자에 대한 과세특례

다음 각 호의 하나에 해당하는 주택으로서 수도권지역 외의 읍·면지역에 소재하는 농어촌주택과 그 밖의 일반주택을 국내에 각각 1개씩 소유하고 있는 1세대가 '일반주택'을 양도하는 경우 1세대1주택으로 비과세한다.('수도권'이란 서울특별시, 인천광역시, 경기도 포함)(소세령제155조⑦) 농어촌주택을 먼저 양도하는 경우에는 과세된다. 또한 원래부터 토박이농민이 농촌에 주택을 가지고 있다가 도시에 1주택을 취득한 후에도 농촌에 계속하여 거주하면서 도시의 주택을 양도하는 경우에는 과세된다.

1. 상속받은 주택(피상속인이 5년 이상 거주)
2. 이농주택[이농인(이어업인)이 5년 이상 거주]
3. 귀농주택(영농 또는 영어 목적 취득)

(9) 재개발·재건축아파트 입주권 양도의 특례

조합원입주권을 1개 소유한 1세대(관리처분계획인가일 현재 기존주택을 소유하는 세대)가 당해 조합원입주권을 양도하는 경우 ① 양도일 현재 다른 주택이 없는 경우나 ② 양도일 현재 1주합원입주권 외에 1주택을 소유한 경우로서 그 주택을 취득한 날부터 2년 이내에 해당 조합원입주권을 양도하는 경우 1세대1주택으로 비과세한다. 이 경우 일시적 1세대1주택의 경우에 적용되는 부득이한 사유도 똑같이 적용된다.

(10) 지정문화재에 해당하는 주택의 1세대 1주택

다음에 해당하는 주택과 그밖의 주택('일반주택')을 국내에 각각 1개씩 소유하고 있는 1세대가 **일반주택을 양도**하는 경우에는 국내에 1개의 주택을 소유하고 있는 것으로 보아 제154조제1항을 적용한다.(소세령제155조⑥)

1. 「문화재보호법」 제2조제2항에 따른 지정문화재 및 같은 법 제53조제1항에 따른 등록문화재

(11) 장기저당담보주택에 대한 1세대 1주택 비과세특례

국내에 1주택을 소유한 1세대가 다음 각호의 요건을 갖춘 장기저당담보대출계약을 체결하고 장기저당담보로 제공된 주택을 양도하는 경우에는 제154조제1항의 규정을 적용함에 있어 거주기간의 제한을 받지 아니한다.(소세령제155조의2)

1. 계약체결일 현재 주택을 담보로 제공한 가입자가 60세 이상일 것
2. 장기저당담보 계약기간이 10년 이상으로서 만기시까지 매월·매분기별 또는 그 밖에 기획재정부령이 정하는 방법으로 대출금을 수령하는 조건일 것
3. 만기에 당해 주택을 처분하여 일시 상환하는 계약조건일 것

(12) 임대주택사업자의 거주용 자가주택에 대한 1세대1주택 비과세(소세령제155조⑲)

양도일 현재 소득세법시행령 제167조의3 제1항 1호에 따른 장기임대주택으로 사업자등록(시군구청 주택임대사업자등록과 세무서 사업자등록)을 한 자가 자신의 거주용 자가주택을 2년 이상 보유·거주한 자가 자가주택을 양도하는 경우 비과세한다. 거주용 자가주택은 보유기간과 거주기간이 모두 2년 이상이어야 한다. 다만, 직전거주주택보유주택의 경우에는 임대주택법제6조에 따라 임대주택사업자로 등록한 이후의 거주기간을 말한다.[직전거주주택보유주택이란 임대주택으로 등록한 사실이 있고 그 보유기간 중에 양도한 다른 거주주택(양도한 다른 거주주택이 둘 이상인 경우에는 가장 나중에 양도한 거주주택, '직전거주주택'을 말한다)이 있는

거주주택을 말한다] 그러나 동일 시점에서 2채 이상의 주택이 양도세 비과세 혜택을 받는 것을 방지하기 위하여 직전에 비과세 받은 자가주택이 있을 경우 그 주택의 양도일 이후에 발생한 양도차익분만 비과세한다. 다만, 장기임대주택의 임대기간을 채우기 전에 자가주택에 대하여 비과세 적용을 받은 후 임대기간 요건을 충족하지 못하게 된 경우에는 양도소득세를 추징당한다.

7) 조세특례제한법상 각종 비과세, 감면 특례

감면 제도	내 용	대상세목 및 감면율(%)	관련 조문	비고
중소기업의 통합에 대한 이월과세	중소기업간의 통합으로 소멸되는 중소기업이 사업용 고정자산을 통합으로 설립된 법인 또는 존속하는 법인에 양도	양도소득세 이월과세	§31 령§28	•양도자에게 양도소득세를 과세하지 않고 그 대신 양수법인이 그 사업용 고정자산을 양도할 때 양도소득산출세액 상당액을 법인세로 납부 •설립 후 1년이 지나지 않은 법인이 과점주주가 되는 개인의 사업을 승계하는 것은 제외 • 5년 이내 ① 통합법인이 소멸되는 중소기업으로부터 승계받은 사업을 폐지하는 경우, ② 내국인이 통합으로 취득한 통합법인의 주식 또는 출자지분의 100분의 50 이상을 처분하는 경우 이월과세액을 추징
법인전환에 대한 이월과세	거주자가 사업용 고정자산을 현물출자 또는 포괄적 사업양수도 방식으로 법인 전환시	양도소득세 이월과세	§32 령§29	•자본금이 법인으로 전환하는 사업장의 순자산가액 이상일 것 •5년 이내 ① 법인이 승계받은 사업을 폐지하는 경우, ② 사업자가 법인전환

				으로 취득한 주식 또는 출자지분의 100분의 50 이상을 처분하는 경우 추징
주주등의 자산양도에 따른 감면	주주등이 법인에 자산을 증여할 때 소유하던 자산을 양도하고 2015년 12월 31일 이전에 그 양도대금을 해당 법인에 증여하는 경우에는 해당 자산을 양도함으로써 발생하는 양도차익 중 대통령령으로 정하는 증여금액에 상당하는 금액("양도차익상당액")은 양도소득세를 감면	양도세 (100)	§40	
영농조합법인에 농지등 현물출자시 면제등	농업인이 영농조합법인에 농지나 초지를 현물출자	(100)	§66④	•현물출자로 취득한 주식 또는 출자지분의 100분의 50 이상을 출자일부터 3년 이내에 처분하는 경우에는 추징
영어조합법인에 어업용 토지등 현물출자시 면제등	어업인이 2015년 12월 31일 이전에 대통령령으로 정하는 어업용 토지 등을 영어조합법인과 「농어업경영체 육성 및 지원에 관한 법률」에 따른 어업회사법인에 현물출자	(100)	§67④	•출자지분을 출자일부터 3년 이내에 다른 사람에게 양도하는 경우 추징
농업회사법인에 농지등 현물출자시 양도소득세 면제등	농업인이 2015년 12월 31일 이전에 농지 또는 초지를 농업회사법인(「농지법」에 따른 농업법인의 요건을 갖춘 경우만 해당한다)에 현물출자	(100)	§68②	•상동 •이월과세도 적용
자경농지에	8년 이상 농지 소재지	양도소득세	§69	① 농지가 소재하는 시(특

대한감면	거주하면서 직접 경작한 농지의 양도 → '직접 경작'이란 농작물의 경작 또는 다년생 식물의 재배에 상시 종사하거나 농작업의 2분의 1 이상을 자기노동력으로 해내는 것 → 8년의 기간은 단절이 있더라도 전후를 통산한다. 상속 농지는 피상속인의 경작기간을 인정받으려면 상속인이 1년 이상 경작해야 하나, 상속개시시부터 3년 이내에 양도하는 경우에는 상속인이 1년 이상 경작하지 않더라도 피상속인의 경작기간 합산을 인정한다.(조특령제66조⑪⑫) → 2014. 7. 1.부터는 농지소유자(상속받은 자 포함) 및 그 배우자의 연수입의 합계액이 3700만원 이상인 경우, 그 과세기간은 경작하지 않는 것으로 간주한다.(다만, 농업소득, 어업소득, 농가부업소득, 부동산임대소득은 합산하지 않음)(조특령제66조⑭)	(100)		별자치시와 「제주특별자치도 설치 및 국제자유도시 조성을 위한 특별법」 제15조제2항에 따라 설치된 행정시를 포함한다. 이하 이 항에서 같다)·군·구(자치구인 구를 말한다. 이하 이 항에서 같다)안의 지역, ② 제1호의 지역과 연접한 시·군·구안의 지역, ③ 해당 농지로부터 직선거리 <u>30킬로미터</u> 이내의 지역에 거주할 것 → 재촌·자경 사실을 입증하는 서류는 일반적으로 부동산등기부등본, 토지대장, 토지이용계획확인서, 주민등록등본, 농지원부 등이며, 그 밖에도 농산물 판매 및 묘종·묘목구입비 영수증, 농기계구입비 및 농약구입영수증, 농협조합원의 경우에는 조합원증명원, 농지위원장의 자경농지사실확인서, 인우보증서, 쌀직불금 수령내역서 등이 있다. • '농업법인'에 양도하는 경우에는 3년 이상 자경 • 농업법인이 토지취득일로부터 3년 이내에 양도하거나 휴업, 폐업, 다른 용도로 사용하는 경우에는 법인세로 추징한다.
축사용지에 대한 감면	8년 이상 축사 소재지 거주하면서 직접 축산에 사용한 축사용지(1	양도소득세 (100)	§69의 2	•양도 후 5년 이내에 축산업을 다시 하는 경우에는 추징

	인당 900㎡ 이내)의 양도			
농지대토에 대한 감면	3년 이상 농지소재지 거주하면서 직접 경작한 농지를 경작상 필요로 대토	양도소득세 (100)	§70	•① 종전의 농지의 양도일부터 1년(협의매수·수용되는 경우에는 2년) 내에 새로운 농지를 취득하지 아니하거나 새로 취득하는 농지의 면적 또는 가액이 새로 취득하는 농지의 면적이 양도하는 농지의 면적의 3분의 2 이상이거나 새로 취득하는 농지의 가액이 양도하는 농지의 가액의 2분의 1 이상일 경우, ② 새로운 농지의 취득일부터 1년(질병의 요양 등 부득이한 사유로 경작하지 못하는 경우에는 기획재정부령으로 정하는 기간) 이내에 새로운 농지소재지에 거주하면서 경작을 개시하지 아니하는 경우, ③ 새로운 농지의 경작을 개시한 후 새로운 농지소재지에 거주하면서 계속하여 경작한 기간과 종전의 농지 경작기간을 합산한 기간이 8년 미만인 경우, ④ 새로운 농지의 경작을 개시한 후 종전의 농지 경작기간과 새로운 농지 경작기간을 합산하여 8년이 지나기 전에 제66조제14항에 해당하는 기간이 있는 경우의 어느 하나일 때에는 추징

				•취득요건 ①새로 취득하는 농지의 면적≧양도하는 농지의 면적의 2/3 ②새로 취득하는 농지의 가액≧양도하는 농지의 가액의 1/2(조특령제67조)
공익사업용 토지 등에 대한 감면	공익사업을 토지나 정비구역등의 토지(사업인정고시일부터 2년 이전에 취득한 것)를 수용이나 양도로 사업시행자에게 이전하는 경우	양도소득세(현금 보상:15, 채권보상:20, 보금자리주택채권:30 또는 40)	§77	•3년 이내 공사 미착수시 또는 사업인가를 받지 아니하거나 사업을 완료하지 아니하는 경우, 또는 채권만기보유특약 위반시는 추징
대토보상에 대한 과세특례	공익사업으로 인한 대토보상	(20) 또는 과세이연	§77의 2	•대토보상받기로 한 보상금을 현금으로 받는 경우 또는 대토보상으로 취득하는 토지에 관한 소유권 이전등기의 등기원인이 대토보상으로 기재되지 아니하는 경우
개발제한구역 지정에 따른 매수대상 토지등에 대한 감면	해당 토지등의 소재지에서 거주한 자가 개발제한구역내의 토지에 대한 매수청구 또는 협의매수에 따른 양도	(40 또는 25)	§77의 3 ① 1,2호	•상속받은 토지 등은 피상속인이 취득한 날을 취득일로 본다.
	해당 토지등의 소재지에서 거주한 자가 개발제한구역에서 해제된 토지등을 협의매수 또는 수용에 따라 양도	(40 또는 20)	§77의 3 ② 1,2호	
국가에 양도하는 산지에 대한 감면	거주자가 「산지관리법」에 따른 산지(「국토의 계획 및 이용에 관한 법률」에	(15)	§85의 10	

	따른 도시지역에 소재하는 산지를 제외)로서 2년 이상 보유한 산지를 2017년 12월 31일 이전에 「국유림의 경영 및 관리에 관한 법률」 제18조에 따라 국가에 양도시			
장기임대주택에 대한 감면	거주자가 5호 이상의 임대주택을 2000. 12. 31. 이전에 임대를 개시하여 양도 → 종전 주택 양도시 임대주택은 그 거주자의 소유주택으로 보지 아니한다.	(50 또는 100)	§97	•적용대상(모두 충족해야) →50% ①85㎡ 이하 ②1986. 1. 1.~2000. 12. 31. 신축된 주택, 1985. 12. 31. 이전에 신축된 공동주택으로서 1986. 1. 1. 현재 입주된 사실이 없는 주택 ③2000. 12. 31. 이전에 임대를 개시하여 5년 이상 임대한 주택 →100% 「임대주택법」에 따른 건설임대주택 중 5년 이상 임대한 임대주택과 같은 법에 따른 매입임대주택 중 1995년 1월 1일 이후 취득 및 임대를 개시하여 5년 이상 임대한 임대주택(취득 당시 입주된 사실이 없는 주택만 해당한다) 및 10년 이상 임대한 임대주택의 경우
신축임대주택에 대한 감면	거주자가 1호 이상의 신축임대주택을 포함하여 2호 이상의 임대주택을 양도하는 경우 신축임대주택만	(100)	§97의 2	•기존임대주택만을 양도하는 경우는 적용× •적용대상(모두 충족해야) ①85㎡ 이하 ②건설임대주택으로서

	→ 재건축조합 등의 조합원이 임대사업자로서 임대를 목적으로 조합원용 건물을 취득하는 경우에는 그 건물을 법령상의 건설임대주택으로 볼 수 있다할 것임(대법원 2010두6427)			1999. 8. 20.~2001. 12. 31. 신축된 주택, 1999. 8. 19. 이전에 신축된 공동주택으로서 1999. 8. 20. 현재 입주된 사실이 없는 주택 ③ 매입임대주택으로서 1999. 8. 20.~2001. 12. 31. 매매계약을 체결하고 계약금을 지급한 후 임대를 개시한 주택이면서 1999. 8. 20. 이후에 신축된 주택이거나 199. 8. 19. 이전에 신축된 공동주택으로 1999. 8. 20. 현재 입주된 사실이 없는 주택④ 임대기간이 5년 이상 일 것
준공공임대주택에 대한 과세특례	대통령령으로 정하는 거주자가 「임대주택법」 제2조제3호의3에 따른 준공공임대주택을 같은 법 제6조의2에 따라 등록하여 다음 각 호의 요건을 모두 충족하는 경우 그 주택("준공공임대주택")을 양도	장기보유특별공제율 50% 적용 (10년 이상 계속 임대 후 양도시 60%)	§97의3	1. 8년 이상 계속하여 임대한 후 양도하는 경우 2. 대통령령으로 정하는 임대보증금 또는 임대료 증액 제한 요건 등을 준수하는 경우
준공공임대주택에 대한 감면	거주자가 비고란 각 호의 요건을 모두 갖춘 「임대주택법」 제2조제3호의3에 따른 준공공임대주택을 양도하는 경우에는 대통령령으로 정하는 바에 따라 임대기간 중 발생한 양도소득	(100)	§97의5	1. 2017년 12월 31일까지 「임대주택법」 제2조제3호의 매입임대주택을 취득(2017년 12월 31일까지 매매계약을 체결하고 계약금을 납부한 경우를 포함한다)하고, 취득일로부터 3개월 이내에 「임대주택법」 제6조의2에 따라 준공공임대주택으로 등록할 것

				2. 준공공임대주택으로 등록 후 10년 이상 계속하여 준공공임대주택으로 임대한 후 양도할 것 3. 임대기간 중 제97조의3 제1항제2호의 요건을 준수할 것
임대주택 부동산투자회사의 현물출자자에 대한 과세특례 등	내국인이 비고란 각 호의 요건을 모두 갖추어 대통령령으로 정하는 임대주택 부동산투자회사에 2017년 12월 31일까지 「소득세법」 제94조제1항제1호에 따른 토지 또는 건물을 현물출자함으로써 발생하는 양도차익에 상당하는 금액	양도소득세 이연	§97의6	1. 「부동산투자회사법」 제9조제1항에 따른 영업인가(변경인가의 경우 당초 영업인가 이후 추가적인 현물출자로 인한 변경인가에 한정한다)일부터 1년 이내에 현물출자할 것 2. 현물출자의 대가를 전액 주식으로 받을 것 • 추징사유 있음.
미분양주택 취득자에 대한 과세특례	거주자 또는 국내사업장이 없는 비거주자가 서울특별시 밖의 지역(「소득세법」 제104조의2에 따른 지정지역은 제외)에 있는 대통령령으로 정하는 미분양주택을 다음 각 호의 기간 중에 「주택법」 제38조에 따라 주택을 공급하는 해당 사업주체(20호 미만의 주택을 공급하는 경우 해당 주택건설사업자를 포함)와 최초로 매매계약을 체결하고 취득(2010년 2월 11일까지 매매계약을 체결하고 계약금을 납부한 경우를 포함)하여 그	[5년이내 양도시 100(과밀억제권역은 60)] [5년이후 양도시 취득일부터 5년간 발생한 양도소득금액 전액(과밀억제권역은 60/100)을 양도소득세 과세금액에서 공제]	§98의3	•과밀억제권역의 주택의 경우 면적 기준 : 주택연면적 또는 공동주택 전용면적이 149㎡ 이하& 대지면적이 660㎡ 이하 •취득기간 : 거주자인 경우 2009. 2. 12.~2010. 2. 11, 비거주자인 경우 2009. 3. 16.~2010. 2. 11. •소재지 요건 : 서울특별시 밖 & 소세법제104조의2에 따른 지정지역 밖 •특례배제 ①매매계약일 현재 입주사실이 있는 주택 ②2009. 2. 12.~2010. 2. 11. 매매계약을 체결한 자가 계약을 해제하고 다시 해당 주택을 재매매계약을

	취득일부터 5년 이내에 양도, 5년 지난 후에 양도시 1. 거주자인 경우: 2009년 2월 12일부터 2010년 2월 11일까지의 기간 2. 비거주자인 경우: 2009년 3월 16일부터 2010년 2월 11일까지의 기간			체결하여 취득한 주택 ③미분양주택 취득기간 중에 당초 매매계약을 체결하였던 주택을 대체하여 다른 주택을 매매계약하여 취득한 주택 •선택적용 §98의2와 §98의3은 선택적용받을 수 있음
수도권 밖의 지역에 있는 미분양주택의 취득자에 대한 과세특례	거주자 또는 국내사업장이 없는 비거주자가 2010년 2월 11일 현재 수도권 밖의 지역에 있는 대통령령으로 정하는 미분양주택을 2011년 4월 30일까지 「주택법」 제38조에 따라 주택을 공급하는 해당 사업주체 등과 최초로 매매계약을 체결하고 취득(2011년 4월 30일까지 매매계약을 체결하고 계약금을 납부한 경우를 포함)하여 그 취득일부터 5년 이내에 양도, 또는 5년이 지난 후 양도시	조문 참조	§98의5	•소재지 : 수도권(서울, 인천, 경기도) 밖 •취득기간 : 2010. 2. 11~2011. 4. 30. • 종전주택의 1세대1주택 비과세 적용시 주택으로 보지 아니한다.
준공 후 미분양주택의 취득자에 대한 과세특례	거주자 또는 「 국내사업장이 없는 비거주자("비거주자") 비고란의 어느 하나에 해당하는 주택을 양도시 취득일부터 5년 이내 양도, 5년 지난 후 양도	(50) (취득일부터 5년간 발생한 양도소득금액의 50%)	§98의6	1. 「주택법」 제38조에 따라 주택을 공급하는 사업주체 및 그 밖에 대통령령으로 정하는 사업자("사업주체등")가 대통령령으로 정하는 준공후미분양주택을 2011년 12월 31일까지 임대계약을 체결하여 2년 이상 임대한

	• 1세대1주택 비과세 적용시 주택으로 보지 아니한다.			주택으로서 거주자 또는 비거주자가 해당 사업주체등과 최초로 매매계약을 체결하고 취득한 주택 2. 거주자 또는 비거주자가 준공후미분양주택을 사업주체등과 최초로 매매계약을 체결하여 취득하고 5년 이상 임대한 주택(거주자 또는 비거주자가 「소득세법」 제168조에 따른 사업자등록과 「임대주택법」 제6조에 따른 임대사업자등록을 하고 2011년 12월 31일 이전에 임대계약을 체결한 경우에 한정)
미분양주택 취득자에 대한 과세특례	내국인이 2012년 9월 24일 현재 대통령령으로 정하는 미분양주택으로서 취득가액이 9억원 이하인 주택을 2012년 9월 24일부터 2012년 12월 31일까지 「주택법」 제38조에 따라 주택을 공급하는 해당 사업주체 또는 그 밖에 대통령령으로 정하는 사업자와 최초로 매매계약(계약금을 납부한 경우에 한정)을 체결하거나 그 계약에 따라 취득한 경우에는 취득일부터 5년 이내에 양도, 5년이 지난 후 양도시	(100, 취득일부터 5년간 발생한 양도소득금액을 양도소득세 과세대상소득금액에서 공제)	§98의7	• 1세대1주택 비과세 적용시 주택으로 보지 아니한다.
준공후미분양주택의	거주자가 대통령령으로 정하는 준공후미분	취득일부터 5년간 발생	§98의8	• 1세대1주택 비과세를 적용할 때 해당 거주자의 소

취득자에 대한 양도소득세 과세특례	양주택으로서 취득 당시 취득가액이 6억원 이하이고 주택의 연면적(공동주택의 경우에는 전용면적)이 135제곱미터 이하인 주택을 「주택법」 제38조에 따라 주택을 공급하는 사업주체 등 대통령령으로 정하는 자와 2015년 1월 1일부터 2015년 12월 31일까지 최초로 매매계약을 체결하고 5년 이상 임대한 주택(거주자가 「소득세법」 제168조에 따른 사업자등록과 「임대주택법」 제6조에 따른 임대사업자등록을 하고 2015년 12월 31일 이전에 임대계약을 체결한 경우로 한정)을 양도	하는 양도소득금액의 100분의 50에 상당하는 금액을 해당 주택의 양도소득세 과세대상소득금액에서 공제		유주택으로 보지 아니한다.
신축주택 취득자에 대한 감면	거주자(주택건설사업자는 제외)가 비고란 각 호의 어느 하나에 해당하는 신축주택(이에 딸린 해당 건물 연면적의 2배 이내의 토지를 포함)을 취득하여 그 취득한 날부터 5년 이내에 양도, 5년이 지나 후 양도시	(100, 취득한 날부터 5년간 발생한 양도소득금액을 양도소득세 과세대상소득금액에서 공제)	§99	1. 자기가 건설한 주택(「주택법」에 따른 주택조합 또는 「도시 및 주거환경정비법」에 따른 정비사업조합을 통하여 조합원이 취득하는 주택을 포함)으로서 1998년 5월 22일부터 1999년 6월 30일까지의 기간(국민주택의 경우에는 1998년 5월 22일부터 1999년 12월 31일까지. 이하 "신축주택취득기간") 사이에 사용승인 또는 사용검사(임시 사용승인을 포함)를 받은 주택

				2. 주택건설사업자로부터 취득하는 주택으로서 신축주택취득기간에 주택건설업자와 최초로 매매계약을 체결하고 계약금을 납부한 자가 취득하는 주택(「주택법」에 따른 주택조합 또는 「도시 및 주거환경정비법」에 따른 정비사업조합을 통하여 취득하는 주택으로서 대통령령으로 정하는 주택을 포함). 다만, 매매계약일 현재 다른 자가 입주한 사실이 있거나 신축주택취득기간 중 대통령령으로 정하는 사유에 해당하는 사실이 있는 주택은 제외.
신축주택등의 취득자에 대한 과세특례	거주자 또는 비거주자가 대통령령으로 정하는 신축주택, 미분양주택 또는 1세대 1주택자의 주택으로서 취득가액이 6억원 이하이거나 주택의 연면적(공동주택의 경우에는 전용면적)이 85제곱미터 이하인 주택을 2013년 4월 1일부터 2013년 12월 31일까지 「주택법」 제38조에 따라 주택을 공급하는 사업주체 등 대통령령으로 정하는 자와 최초로 매매계약을 체결하여 그 계약에 따라 취득(2013년 12월 31일까지 매매계약을 체결하고 계약금을 지급한 경우를 포함)한 경우	(100)·(5년간 발생한 양도소득금액을 양도소득세 과세대상소득금액에서 공제)	§99의2	• 1세대1주택 비과세를 적용할 때 해당 거주자의 소유주택으로 보지 아니한다.

	에 해당 주택을 취득일부터 5년 이내에 양도, 5년이 지난 후 양도			
신축주택의 취득자에 대한 감면	거주자(주택건설사업자는 제외)가 전국소비자물가상승률 및 전국주택매매가격상승률을 고려하여 부동산 가격이 급등하거나 급등할 우려가 있는 지역으로서 대통령령으로 정하는 지역 외의 지역에 있는 비고란 각 호의 어느 하나에 해당하는 신축주택(그 주택에 딸린 토지로서 해당 건물 연면적의 2배 이내의 것을 포함)을 취득하여 그 취득일부터 5년 이내에 양도, 5년이 지난 후 양도시	(100, 취득일부터 5년간 발생한 양도소득금액을 양도소득세 과세대상소득금액에서 공제)	§99의 3	1.주택건설사업자로부터 취득한 신축주택의 경우: 2001년 5월 23일부터 2003년 6월 30일까지의 기간"신축주택취득기간") 중에 주택건설업자와 최초로 매매계약을 체결하고 계약금을 납부한 자가 취득한 신축주택(「주택법」에 따른 주택조합 또는 「도시 및 주거환경정비법」에 따른 정비사업조합을 통하여 취득하는 주택으로서 대통령령으로 정하는 주택을 포함). 다만, 매매계약일 현재 입주한 사실이 있거나 신축주택취득기간 중 대통령령으로 정하는 사유에 해당하는 사실이 있는 주택은 제외. 2. 자기가 건설한 신축주택(「주택법」에 따른 주택조합 또는 「도시 및 주거환경정비법」에 따른 정비사업조합을 통하여 대통령령으로 정하는 조합원이 취득하는 주택을 포함)의 경우: 신축주택취득기간에 사용승인 또는 사용검사(임시사용승인을 포함)를 받은 신축주택
농어촌주택의 취득자에 대한 과세특례	1세대가 농어촌주택등을 취득하여 3년 이상 보유하고 농어촌주택 취득 전에 보유하던		§99의 4	• 농어촌주택, 고향주택을 1세대의 소유주택이 아닌 것으로 본다. • 1세대가 취득한 농어촌

	일반주택을 양도			주택과 보유하고 있던 일반주택이 행정구역상 같은 읍·면 또는 연접한 읍·면에 있는 경우나 1세대가 취득한 고향주택과 보유하고 있던 일반주택이 행정구역상 같은 시 또는 연접한 시에 있는 경우에는 제1항을 적용하지 아니한다. <개정 2014.12.23.>

조세특례제한법 제133조(양도소득세 및 증여세 감면의 종합한도) ① 개인이 제33조, 제43조, 제69조, 제69조의2, 제70조, 제77조, 제77조의3, 제85조의10 또는 법률 제6538호 부칙 제29조에 따라 감면받을 양도소득세액의 합계액 중에서 다음 각 호의 금액 중 큰 금액은 감면하지 아니한다. 이 경우 감면받는 양도소득세액의 합계액은 자산양도의 순서에 따라 합산한다. <개정 2014.1.1.>

1. 과세기간별로 계산된 다음 각 목의 금액 중 큰 금액
   가. 제33조, 제43조, 제70조, 제77조(100분의 15 및 100분의 20의 감면율을 적용받는 경우에 한한다), 제77조의3, 제85조의10 또는 법률 제6538호 부칙 제29조에 따라 감면받을 양도소득세액의 합계액이 과세기간별로 1억원을 초과하는 경우에는 그 초과하는 부분에 상당하는 금액
   나. 제33조, 제43조, 제69조, 제69조의2, 제70조, 제77조, 제77조의3, 제85조의10 또는 법률 제6538호 부칙 제29조에 따라 감면받을 양도소득세액의 합계액이 과세기간별로 2억원을 초과하는 경우에는 그 초과하는 부분에 상당하는 금액
2. 5개 과세기간의 합계액으로 계산된 다음 각 목의 금액 중 큰 금액. 이 경우 5개 과세기간의 감면받을 양도소득세액의 합계액은 당해 과세기간에 감면받을 양도소득세액과 직전 4개 과세기간에 감면받은 양도소득세액을 합친 금액으로 계산한다.
   가. 5개 과세기간의 제70조에 따라 감면받을 양도소득세액의 합계액이 1억원을 초과하는 경우에는 그 초과하는 부분에 상당하는 금액
   나. 5개 과세기간의 제70조 및 제77조(100분의 15 및 100분의 20의 감면율을 적용받는 경우에 한한다)에 따라 감면받을 양도소득세액의 합계액이 2억원을 초과하는 경우에는 그 초과하는 부분에 상당하는 금액
   다. 5개 과세기간의 제69조, 제69조의2, 제70조 또는 제77조에 따라 감면받을 양도소득세액의 합계액이 3억원을 초과하는 경우에는 그 초과하는 부분에 상당하는 금액

② 제71조에 따라 감면받을 증여세액의 5년간 합계가 1억원(이하 이 항에서 "증여세감면한도액"이라 한다)을 초과하는 경우에는 그 초과하는 부분에 상당하

는 금액은 감면하지 아니한다. 이 경우 증여세감면한도액은 그 감면받을 증여세액과 그 증여일 전 5년간 감면받은 증여세액을 합친 금액으로 계산한다.

8) 양도소득세의 기본지식

소득세법제88조(양도의 정의) ① 제4조제1항제3호 및 이 장에서 "양도"란 자산에 대한 등기 또는 등록과 관계없이 매도, 교환, 법인에 대한 현물출자 등으로 인하여 그 자산이 유상으로 사실상 이전되는 것을 말한다. 이 경우 부담부증여(「상속세 및 증여세법」 제47조제3항 본문에 해당하는 경우는 제외한다)에 있어서 증여자의 채무를 수증자가 인수하는 경우에는 증여가액 중 그 채무액에 상당하는 부분은 그 자산이 유상으로 사실상 이전되는 것으로 본다.

② 다음 각 호의 어느 하나에 해당하는 경우에는 제1항에 따른 양도로 보지 아니한다. <개정 2014.12.23.>

1. 「도시개발법」이나 그 밖의 법률에 따른 환지처분으로 지목 또는 지번이 변경되거나 보류지(保留地)로 충당되는 경우
2. 토지의 경계를 변경하기 위하여 「측량·수로조사 및 지적에 관한 법률」에 따른 토지의 분할 등 대통령령으로 정하는 방법과 절차로 하는 토지 교환의 경우

소득세법 제1조의2(정의) ① 이 법에서 사용하는 용어의 뜻은 다음과 같다. <개정2014.12.23.>

1. "거주자"란 국내에 주소를 두거나 183일 이상의 거소를 둔 개인을 말한다.
2. "비거주자"란 거주자가 아닌 개인을 말한다.

소득세법 제2조(납세의무) ① 다음 각 호의 어느 하나에 해당하는 개인은 이 법에 따라 각자의 소득에 대한 소득세를 납부할 의무를 진다.

1. 거주자
2. 비거주자로서 국내원천소득이 있는 개인

(1) 납세의무

(가) 납세의무자

거주자·비거주자 포함하고, 개인·단체(종중, 유림, 교회, 새마을회, 마을회, 건물자치관리회, 비영리 내국법인 포함) 불문한다. 비거주자에게는 비과세나 감면 규정은 배제하나, 예정신고세액공제와, 1세대1주택 장기보유특별공제가 아닌 기타 장기보유특별공제는 적용한다. 전가족이 영주권을 취득하여 그 세대원 중 일부가 외국에서 거주를 하는 경우에도 생계를 같이하는 남편(기러기아빠)이 국

내에서 사업을 하거나 직장생활을 영위하고 있고, 재산도 국내에 그대로 존속하고 있으며, 아내와 자녀의 출국이 학업목적상 일시적 사유에 해당한다고 판단되므로 외국에 있는 아내로 거주자로 볼 수 있다. 개별교회가 법인으로 등록하면 법인세가 과세되고, 개인인 거주자(권리능력 없는 사단)라면 양도소득세가 과세되나 교회 소유 재산은 교인들의 총유이므로 비과세 규정은 적용되지 않는다. 개인인 교회가 3년 이상 당해 부동산을 고유목적사업에 사용하였을 경우 양도하기 전에 법인으로 승인받으면 법인세법이 적용되므로 양도소득에 대한 과세가 되지 않는다.

(나) 범위

소득세법에서는 공동사업의 경우에만 세대단위 과세원칙을 규정하고 있으므로, 양도소득에는 개인단위의 과세원칙만 적용된다. 따라서 과세대상 자산을 공동으로 소유한 경우에도 소유지분에 따라 각 거주자별로 납세의무가 있을 뿐이다. (연대납세의무 ×, 대법원 87누713) 예외적으로 현행 소득세법상 부당행위 계산부인과 공동상속의 경우에만 연대납세의무를 특례로 규정하고 있다.

납세의무가 확장되는 또 하나의 예로는 사업용 부동산을 양도한 경우, 그 양수인은 양도인의 납세의무가 확정된 당해 사업에 관한 국세·가산금·체납처분비에 대하여 양도인의 재산으로 충당하기에 부족한 금액을, 양수 재산의 한도에서 제2차납세의무를 진다.

양도소득세 납세의무자는 양도소득을 실질적으로 지배, 관리, 처분할 수 있는 지위에 있고 양도의 주체이어야 한다. 따라서 명의신탁한 부동산의 경우 실질과세원칙에 따라 수익이 사실상 귀속되는 자에게 양도소득세 납세의무가 있으므로 타인이 명의신탁 부동산을 불법으로 양도하였더라도 수익이 실제소유자에게 귀속한다면 실제소유자가 양도소득세를 납부하여야 한다.(대법원 95누9068, 96누6387) 또한 명의수탁자 명의로 양도소득세를 신고·납부하였더라도 이로써 납세의무자의 적법한 신고·납부가 있었다 할 수 없으므로 신고 및 납부불성실가산세 부과대상이 되고 국세 부과의 제척기간은 명의신탁자가 법정신고기한 내에 과세표준신고서를 제출하지 아니한 경우로 보아 7년이 적용된다.(대법원 2011두25180) 신탁법상 신탁의 경우에는 신탁자산을 양도하면 신탁자, 즉 위탁자가 납세의무자이다.

한정승인 상속인들이 상속받은 부동산이 임의경매절차에 따라 강제매각된 후 매각대금이 상속채권자들에게 배당되어 상속인들에게 전혀 배당되지 않았다 하더라도 상속채무의 소멸이라는 경제적 효과를 얻었으므로 임의경매에 의한 부동산

의 매각에 대하여 상속인들에게 양도소득세를 부과한 것은 적법하다.(대법원 2010두13630)

나아가 실질소유자가 가등기권자라면 실질과세의 원칙상 그 가등기권자가 납세의무자이다.(부동산등기에 공신력이 인정되지 않는다) 미등기전매자의 경우 미등기양도자가 본인의 양도소득을 전 소유자 명의로 수정신고하고 본인이 납부하였음이 확인되어 미등기양도자에게 전 소유자의 양도소득세를 경정함에 따라 발생하는 환급세액은 전 소유자에게 환급하지 아니하고 미등기양도자의 기납부세액으로 공제하여야 한다.

국세기본법 제26조의2(국세 부과의 제척기간) ① 국세는 다음 각 호에 규정된 기간이 끝난 날 후에는 부과할 수 없다. 다만, 조세의 이중과세를 방지하기 위하여 체결한 조약(이하 "조세조약"이라 한다)에 따라 상호합의 절차가 진행 중인 경우에는 「국제조세조정에 관한 법률」 제25조에서 정하는 바에 따른다. <개정 2014.12.23.>

1. 납세자가 대통령령으로 정하는 사기나 그 밖의 부정한 행위(이하 "부정행위"라 한다)로 국세를 포탈(逋脫)하거나 환급·공제받은 경우에는 그 국세를 부과할 수 있는 날부터 10년간[「국제조세조정에 관한 법률」 제2조제1항제1호에 따른 국제거래(이하 "국제거래"라 한다)에서 발생한 부정행위로 국세를 포탈하거나 환급·공제받은 경우에는 15년간]. 이 경우 부정행위로 포탈하거나 환급·공제받은 국세가 법인세이면 이와 관련하여 「법인세법」 제67조에 따라 처분된 금액에 대한 소득세 또는 법인세에 대해서도 그 소득세 또는 법인세를 부과할 수 있는 날부터 10년간(국제거래에서 발생한 부정행위로 법인세를 포탈하거나 환급·공제받아 「법인세법」 제 67조에 따라 처분된 금액에 대한 소득세 또는 법인세의 경우에는 15년간)으로 한다.

1의2. 납세자가 부정행위로 다음 각 목에 따른 가산세 부과대상이 되는 경우 해당 가산세는 부과할 수 있는 날부터 10년간
  가. 「소득세법」 제81조제3항제4호
  나. 「법인세법」 제76조제9항제4호
  다. 「부가가치세법」 제60조제2항제2호·제3항 및 제4항

2. 납세자가 법정신고기한까지 과세표준신고서를 제출하지 아니한 경우에는 해당 국세를 부과할 수 있는 날부터 7년간
3. 제1호·제1호의2 및 제2호에 해당하지 아니하는 경우에는 해당 국세를 부과할 수 있는 날부터 5년간
4. 상속세·증여세는 제1호, 제1호의2, 제2호 및 제3호에도 불구하고 부과할 수 있는 날부터 10년간. 다만, 다음 각 목의 어느 하나에 해당하는 경우에는 부과할 수 있는 날부터 15년간으로 한다.
  가. 납세자가 부정행위로 상속세·증여세를 포탈하거나 환급·공제받은 경우
  나. 「상속세 및 증여세법」 제67조 및 제68조에 따른 신고서를 제출하지 아

니한 경우

다. 「상속세 및 증여세법」 제67조 및 제68조에 따라 신고서를 제출한 자가 대통령령으로 정하는 거짓 신고 또는 누락신고를 한 경우(그 거짓신고 또는 누락신고를 한 부분만 해당한다)

4의2. 부담부증여에 따라 증여세와 함께 「소득세법」 제88조제1항 후단에 따른 소득세가 과세되는 경우 그 소득세는 제4호에 따라 증여세에 대하여 정한 기간

5. 제2호와 제3호의 기간이 끝난 날이 속하는 과세기간 이후의 과세기간에 「소득세법」 제45조제3항, 「법인세법」 제13조제1호, 제76조의13제1항제1호 또는 제91조제1항제1호에 따라 이월결손금을 공제하는 경우에는 그 결손금이 발생한 과세기간의 소득세 또는 법인세는 제2호와 제3호에도 불구하고 이월결손금을 공제한 과세기간의 법정신고기한으로부터 1년간

② 제1항에도 불구하고 제1호에 따른 결정 또는 판결이 확정되거나 제2호에 따른 상호합의가 종결된 날부터 1년, 제3호에 따른 경정청구일 또는 조정권고일부터 2개월이 지나기 전까지는 해당 결정·판결, 상호합의, 경정청구 또는 조정권고에 따라 경정결정이나 그 밖에 필요한 처분을 할 수 있다.

1. 제7장에 따른 이의신청, 심사청구, 심판청구, 「감사원법」에 따른 심사청구 또는 「행정소송법」에 따른 소송에 대한 결정 또는 판결이 있는 경우
2. 조세조약에 부합하지 아니하는 과세의 원인이 되는 조치가 있는 경우 그 조치가 있음을 안 날부터 3년 이내(조세조약에서 따로 규정하는 경우에는 그에 따른다)에 그 조세조약의 규정에 따른 상호합의가 신청된 것으로서 그에 대하여 상호합의가 이루어진 경우
3. 제45조의2제2항 또는 「국제조세조정에 관한 법률」 제10조의2제1항 및 제19조제4항에 따른 경정청구 또는 같은 법 제10조의3제1항에 따른 조정권고가 있는 경우

③ 제2항제1호의 결정 또는 판결에서 명의대여 사실이 확인된 경우에는 제1항에도 불구하고 그 결정 또는 판결이 확정된 날부터 1년 이내에 명의대여자에 대한 부과처분을 취소하고 실제로 사업을 경영한 자에게 경정결정이나 그 밖에 필요한 처분을 할 수 있다.

④ 납세자가 부정행위로 상속세·증여세를 포탈하는 경우로서 다음 각 호의 어느 하나에 해당하는 경우에는 제1항제4호에도 불구하고 해당 재산의 상속 또는 증여가 있음을 안 날부터 1년 이내에 상속세 및 증여세를 부과할 수 있다. 다만, 상속인이나 증여자 및 수증자가 사망한 경우와 포탈세액 산출의 기준이 되는 재산가액(다음 각 호의 어느 하나에 해당하는 재산의 가액을 합친 것을 말한다)이 50억원 이하인 경우에는 그러하지 아니하다.

1. 제3자의 명의로 되어 있는 피상속인 또는 증여자의 재산을 상속인이나 수증자가 보유하고 있거나 그 자의 명의로 실명전환을 한 경우
2. 계약에 따라 피상속인이 취득할 재산이 계약이행기간에 상속이 개시됨으로써 등기·등록 또는 명의개서가 이루어지지 아니하고 상속인이 취득한 경우
3. 국외에 있는 상속재산이나 증여재산을 상속인이나 수증자가 취득한 경우

4. 등기·등록 또는 명의개서가 필요하지 아니한 유가증권, 서화, 골동품 등 상속재산 또는 증여재산을 상속인이나 수증자가 취득한 경우
5. 수증자의 명의로 되어 있는 증여자의 「금융실명거래 및 비밀보장에 관한 법률」 제2조제2호에 따른 금융자산을 수증자가 보유하고 있거나 사용·수익한 경우

⑤ 제1항 각 호에 따른 국세를 부과할 수 있는 날은 대통령령으로 정한다.

경매에서 매수대금을 부담한 사람이 다른 사람 명의로 매각허가결정을 받은 후에 자신의 의사에 따라 제3자에게 부동산을 양도하여 양도대금을 모두 수령하고 명의인은 매수대금을 부담한 사람에게 부동산을 반환하기로 한 약정의 이행으로서 직접 제3자에게 소유권이전등기를 경료해 준 경우 매수대금을 부담한 사람이 양도소득세의 납세의무를 진다.(대법원 2009두19564)

(다) 납세지

납세지는 거주자의 양도시가 아닌 신고·결정·경정시의 주소지 또는 거소지이다. 비거주자의 경우에는 국내 사업장 소재지 또는 국내원천소득이 발생하는 장소이다.(소세법제6조) 피상속인의 납세의무를 승계하는 경우에는 피상속인·상속인이 거주자인 경우에는 ① 피상속인·상속인 또는 납세관리인이 납세지로 신고한 장소, ② 납세지 신고가 없었다면 피상속인의 주소지가 된다. 피상속인·상속인이 거주자인 경우에는 ① 피상속인이 납세관리인을 둔 경우에는 국내사업장 또는 그 관리인의 주소지나 거소지 중 납세관리인이 납세지로 관할세무서장에게 신고한 경우 그 납세지, ② 납세지 신고가 없는 경우에는 소득세법 제6조의 비거주자의 납세지로 한다.(소세법제8조)

(라) 과세기간

원칙적으로 역년주의를 선택하여 매년 1. 1.부터 12. 31.까지고정적인 1년이다.(cf. 법인세) 예외적으로 거주자가 사망 또는 출국한 경우에는 매년 1. 1.부터 사망일 또는 출국일까지이다. 나아가 과세표준 확정신고기한은 원칙적으로 소득 발생연도의 다음 연도 5. 31.까지이다. 다만, 예외적으로 ① 양도자 또는 상속인이 사망한 경우에는 직전연도 또는 당해연도에 대한 과세표준 확정신고기한은 상속개시일부터 6월이 되는 날이고(소세법제74조①~③), ② 거주자가 출국하는 경우에는 직전연도 또는 당해연도에 대한 과세표준 확정신고기한은 출국일 10일 전까지이고, ③ 토지거래허가구역에서 토지거래허가를 받고 잔금청산이 된 경우는 양도일의 다음연도 5. 31., 잔금 청산 후토지거래허가를 받았

다면 그 다음 연도 5. 31.까지이고, ④ 토지거래허가구역에서 지정 해제된 경우 양도시기는 잔금청산일인바, 과세표준 확정신고기한은 지정 해제일이 속하는 달의 말일부터 2월이 되는 날이다.

(2) 양도란

(1) 자산이 법률행위 또는 법률의 규정에 따라 '유상'으로 사실상 이전되는 것.

(2) 자산이전소득에 대한 과세구분

<table>
<tr><th>대가성</th><th>납세의무자</th><th>사업성</th><th>세 목</th><th>참 고</th></tr>
<tr><td rowspan="2">유상이전</td><td>양도자</td><td>일시적·비반복적 양도</td><td>양도소득세</td><td></td></tr>
<tr><td>양도자</td><td>사업적 양도(주택신축판매업·부동산매매업)</td><td>(사업)소득세</td><td>사업적 목적으로 자산 양도</td></tr>
<tr><td rowspan="3">무상이전</td><td rowspan="2">수증자(개인, 비영리법인)</td><td>비사업자</td><td>증여세</td><td></td></tr>
<tr><td>개인사업자</td><td>(사업)소득세</td><td>사업과 관련하여 받은 자산이익은 소득세 과세</td></tr>
<tr><td>수증자
(영리법인)</td><td>법인사업자</td><td>법인세</td><td>자산이익은 익금산입, 법인세 과세</td></tr>
</table>

(3) 상속개시 전 피상속인에게서 부동산을 증여받은 자가 법원의 판결에 따라 그 부동산 자체를 유류분 권리자에게 반환하는 경우 당초부터 증여가 없던 것이 되나 증여받은 재산을 그 대가에 상당하는 현금으로 반환하는 경우 양도소득세가 과세된다. 이 경우 취득시기는 '상속개시일'이고 양도시기는 유류분 재산의 '현금지급일'이다.

(4) 원칙적으로 상속등기 후 공동상속인 간에 지분을 변경하는 경우 대가를 지불하면 양도소득세 과세대상이고 대가 지불이 없는 경우는 증여세 과세대상이다. 그러나 법정상속등기를 경료한 후 협의분할 경정등기로 일부 상속인이 법정상속분을 초과하여 취득하였다 하더라도 최초 등기가 상속분이 확정되어 등기된 것으로 볼 수 없는 사정이 있는 이상 초과분을 증여로 볼 수는 없다. (대법원 2006두3162) 이 때 상속세 과세표준 신고기한 내(6개월)에 경정등기를 하고 상속세표준신고를 하여야 한다.

재산세과-37, 2010. 01. 20.

상속부동산을 공동상속인중 1명만이 상속받는 대가로 나머지 상속인들에게 현금을 지급하기로 협의 분할한 경우에는 그 나머지 상속인들의 지분에 해당하는 재산이 부동산을 상속받은 1명의 상속인에게 유상으로 이전된 것으로 보는 것임.

서면4팀-1387, 2005. 08. 08.

상속개시 후 최초로 협의분할에 의한 상속등기 등을 함에 있어 특정상속인이 법정상속분을 초과하여 재산을 취득하더라도 증여세가 과세되지 아니하는 것이나, 귀 질의와 같이 공동상속인중 특정상속인이 상속재산인 부동산 중 다른 상속인의 지분을 상속받은 대가로 그 다른 상속인에게 특정상속인이 소유한 현금 또는 부동산 등을 지급하기로 협의분할할 경우에는 그 다른 상속인의 지분에 해당하는 재산이 그 특정상속인에게 유상으로 이전된 것으로 보는 것임.

(5) 타인의 토지를 무단으로 양도하여 원인무효의 소유권이전등기가 경료된 경우 그 소득이 토지 소유자에게 전액 반환되지 않는 이상 양도소득세 납세의무자는 토지 소유자가 아닌 무단으로 양도한 자이다.

(6) **교환**도 양도이다. 2인 이상이 공동으로 소유하던 1필지 또는 연접한 2필지 이상의 토지를 두 필지로 잘라 **각각** 1인 단독 소유로 '공유물분할'하는 것은 '양도'가 아니고 소유형태의 변경에 불과하다. 그러나 공유물분할을 하면서 지분이 감소되는 경우에는 지분감소자에게 양도소득세가 과세된다. ③ 배우자 또는 직계존비속 간에 교환하는 재산의 가액이 서로 다른 때에는 그 차액이 증여세 과세대상이다. 그렇지 않은 경우에는 양도소득세 과세대상이다.

(7) 현물출자, 대물변제(이혼 위자료로 부동산 등을 이전), 경매, 모두 양도에 해당한다. 주택법에 따른 20세대 미만의 임의재건축사업에서 종전 세대수만큼 주택을 신축하여 종전 조합원이 각각 한 채씩 소유하는 경우에는 노후주택을 멸실하고 재건축하는 것으로 보아 현물출자로 보지 않으므로 양도에 해당하지 않는다. 그러나 주택의 소유자들은 부지를 제공하고 시공업자는 공사비를 투지하여 주택을 신축하여 신축주택 1채씩은 기존 소유자들에게 제공하고 잔여주택은 시공업자가 일반분양하여 처분함으로써 공사비를 회수하는 일반적인 사업방식의 경우에는 종전부동산 전체가 현물출자에 해당하고, 양도소득의 귀속과 관련해서는 국세청은 기존주택 소유자로 보는 반면에 대법원은 기존주택 소유자와 시공업자가 공동사업을 하는 것으로 보고 있다. 현물출자의 시기는 현물출자한 날(계약일) 또는 등기접수일 중 빠른 날이다. 또한 공동사업에서 조합원이 탈퇴하는 경우, 탈퇴자가 금전을 수령하게 되면 탈퇴자는 합유자산의 소유권(지분)을 상실하고 잔존자는 합유자산에 대한 지분이 늘게 되어 자산의 유상이전이 발생한다. 이 경우 유상이전의 범위는 조합재산 중 양도소득세 과세대상 재산에 대한 탈퇴자의 지분만큼이다.

법인이 합병법인이 되고 개인사업자가 피합병법인이 되어 개인의 사업용 자산 및 부동산과 부채 및 종업원 등 일체를 합병법인에 인계함에 있어 개인 사업에 사용하던 부동산의 소유권이 합병법인으로 이전되고 그 대가로 주식을 교부받는 경우에는 법인에 대한 현물출자에 해당하여 현물출자 하는 날 또는 등기접수일 중 빠른 날에 당해 자산 전체가 사실상 유상양도되는 것으로 보는 것이며, 그 대가로 주식을 취득하는 경우에 있어서 양도가액은 현물출자의 대가로 교부받은 주식의 가액이 된다.(서면5팀-1066, 2008.05.20.)

공동사업 조합원 탈퇴시 과세문제

구	분	금전반환시	현물반환시
양도소득세 과세대상	양도소득세	유상양도	공유물분할로 보아 과세 제외
	부가가치세	재화의 공급에 해당×	재화의 공급
사업소득세 과세대상	사업소득세	반환금액을 수입으로 보아 과세	시가상당액을 공동사업장의 총수입금액에 산입
	부가가치세	재화 공급×	재화 공급에 해당

(8) 신탁업법에 따른 신탁재산은 실질적으로 수탁자의 재산으로 보지 아니하므로 그 유상양도시 양도소득세 납세의무는 '신탁자'에게 있다.(신탁도관설)

(9) 도시재개발지역 내의 토지·건물을 사업시행자에게 양도하고 그 대가로 취득한 토지·건축시설은 '환지'에 해당하므로 양도소득세 과세대상이 아니다. 다만, 환지청산금을 현금으로 받는 경우에는 그 부분에 양도소득세가 과세된다.

(10) 상속에 의하여 토지를 취득하였고 토지가 수용되어 지급된 보상금이 피상속인의 채권자들에게 교부되어 상속인들이 실제 수령하지 못하였다고 하더라도 상속으로 인하여 부담하게 된 상속채무의 소멸이라는 경제적 효과를 얻게 되므로 실질적으로 양도소득세 과세대상이다.(대법원 2012두13870)

(11) 부담부증여의 경우 그 채무액에 해당하는 부분은 양도소득세 과세대상이다. (증여재산가액-채무부담분='증여세' 과세, 채무부담분='양도소득세' 과세) 채무의 범위는 증여재산에 담보된 채무 및 당해 재산을 타인에게 임대한 경우의 그 임대보증금에 한한다. 다만, 배우자간 또는 직계존비속간 부담부증여의 경우에는 그 채무부담분은 수증자에게 인수되지 아니한 것으로 추정한다.(객관적 증빙자료를 갖추어 입증하여야 한다) 부담부증여시 채무액이 증여재산가액을 초과하면 그 초과분은 증여자에게 증여한 것으로 본다.

상속세 및 증여세법 제47조(증여세 과세가액) ① 증여세 과세가액은 증여일 현재 이 법에 따른 증여재산가액을 합친 금액[제32조제3호나목, 제40조제1항제2호, 제41조의3, 제41조의5, 제42조제4항, 제45조의3에 따른 증여재산(이하 "합산배제증여재산"이라 한다)의 가액은 제외한다]에서 그 증여재산에 담보된 채무(그 증여재산에 관련된 채무 등 대통령령으로 정하는 채무를 포함한다)로서 수증자가 인수한 금액을 뺀 금액으로 한다. <개정2013.1.1. >

② 해당 증여일 전 10년 이내에 동일인(증여자가 직계존속인 경우에는 그 직계존속의 배우자를 포함한다)으로부터 받은 증여재산가액을 합친 금액이 1천만원 이상인 경우에는 그 가액을 증여세 과세가액에 가산한다. 다만, 합산배제증여재산의 경우에는 그러하지 아니하다.

③ 제1항을 적용할 때 배우자 간 또는 직계존비속 간의 부담부증여(부담부증여, 제44조에 따라 증여로 추정되는 경우를 포함한다)에 대해서는 수증자가 증여자의 채무를 인수한 경우에도 그 채무액은 수증자에게 인수되지 아니한 것으로 추정한다. 다만, 그 채무액이 국가 및 지방자치단체에 대한 채무 등 대통령령으로 정하는 바에 따라 객관적으로 인정되는 것인 경우에는 그러하지 아니하다.

상속세 및 증여세법시행령 제36조(증여세 과세가액에서 공제되는 채무) ① 법 제47조제1항에서 "그 증여재산에 관련된 채무 등 대통령령으로 정하는 채무"란 증여자가 해당 재산을 타인에게 임대한 경우의 해당 임대보증금을 말한다.

(3) '양도'로 보지 아니하는 경우

(1) 가등기, 신탁에 따른 이전등기 또는 신탁해지등기, 명의신탁등기·명의신탁해지등기

가등기는 담보목적이든 순위보전 목적이든 물권변동이 없으므로 양도에 해당하지 않는다.신탁에 따른 이전등기는 신탁 목적이지 권리이전이 목적이 아니므로 양도가 아니다. 그러나 신탁부동산의 양도는 양도소득세 과세대상이며 납세의무자는 위탁자이다. 다만, 주식의 명의신탁에 대해서는 증여의제 규정이 적용된다. 분양권의 명의신탁은 양도소득세나 증여세 과세대상이 아니고 부동산실명법 위반도 아니다.

(2) 매매 원인무효(무효, 취소)

매매계약이 원인무효로 인한 말소의 소에 따라 소유권이 환원되는 경우에는 양도로 보지 않는다. 원인무효의 소를 제기하지는 않았으나 일방 당사자의 사기행위 등 계약내용의 하자로 매매계약이 해제되고 소유권이전등기가 말소된 경우에도 양도로 보지 않는다. 원인무효로 승소판결을 받았으나 소유권이전등

기를 경료하기 전에 소유자의 귀책사유 없이 선의의 제4취득자 앞으로 이전등기가 경료됨으로써 소유권이 환원되지 못하였다면 양도로 볼 수 없다.(대법원 86누916, 대전지법 2010구합1509))

토지거래허가를 받지 못하여 매매계약이 무효인 경우에도 양도라 할 수 없으므로 양도소득세 과세대상이 아니다. 그러나 다음의 경우에는 예외적으로 양도소득세 과세대상이 된다.

대법원 2011.7.21. 선고 2010두23644 전원합의체 판결 [양도소득세부과처분취소]

【판시사항】

[1] 국토의 계획 및 이용에 관한 법률에서 정한 토지거래허가구역 내 토지를 매도하고 대금을 수수하였으면서도 토지거래허가를 배제하거나 잠탈할 목적으로 매수인 앞으로 매매가 아닌 증여를 원인으로 한 이전등기를 마쳤거나 토지를 제3자에게 전매하여 매매대금을 수수하고서도 최초의 매도인이 제3자에게 직접 매도한 것처럼 토지거래허가를 받아 이전등기를 마친 경우, 위 등기가 말소되지 않은 채 남아 있고 매도인 또는 중간 매도인이 수수한 매매대금을 그대로 보유하고 있는 때에는 예외적으로 양도소득세 과세대상이 되는지 여부(적극)

[2] 갑이 을과 토지거래허가구역 내 을 소유 토지에 관하여 매매계약을 체결한 직후 병 등과 그 토지에 관한 전매계약을 체결한 다음 을과 병 등을 직접 당사자로 하는 토지거래허가를 받아 병 등 명의로 소유권이전등기를 마친 데 대하여, 과세관청이 위 토지 전매가 양도소득세 과세대상에 해당한다며 갑에게 양도소득세 등을 부과하는 처분을 한 사안에서, 이는 예외적으로 양도소득세 과세대상이 된다는 이유로 위 처분은 적법하다고 한 사례

【판결요지】

[1] [다수의견] (가) 구 소득세법(2006. 12. 30. 법률 제8144호로 개정되기 전의 것, 이하 '구 소득세법'이라 한다) 제88조 제1항 본문은 " 제4조 제1항 제3호 및 이 장에서 '양도'라 함은 자산에 대한 등기 또는 등록에 관계없이 매도, 교환, 법인에 대한 현물출자 등으로 인하여 그 자산이 유상으로 사실상 이전되는 것을 말한다."라고 규정하고 있을 뿐 자산이 유상으로 이전된 원인인 매매·교환·현물출자 등(이하 '매매 등'이라 한다) 계약이 법률상 유효할 것까지 요구하고 있지 않다. 한편 매매 등 계약이 처음부터 국토의 계획 및 이용에 관한 법률(이하 '국토계획법'이라 한다)에서 정한 토지거래허가를 배제하거나 잠탈할 목적으로 이루어진 경우와 같이, 위법 내지 탈법적인 것이어서 무효임에도 당사자 사이에서는 매매 등 계약이 유효한 것으로 취급되어 매도인 등이 매매 등 계약의 이행으로 매매대금 등을 수수하여 그대로 보유하고 있는 경우에는 종국적으로 경제적 이익이 매도인 등에게 귀속되고,

그럼에도 매매 등 계약이 법률상 무효라는 이유로 매도인 등이 그로 말미암아 얻은 양도차익에 대하여 양도소득세를 과세할 수 없다고 보는 것은 매도인 등으로 하여금 과세 없는 양도차익을 향유하게 하는 결과로 되어 조세정의와 형평에 심히 어긋난다.

(나) 국토계획법이 정한 토지거래허가구역 내 토지를 매도하고 대금을 수수하였으면서도 토지거래허가를 배제하거나 잠탈할 목적으로 매매가 아닌 증여가 이루어진 것처럼 가장하여 매수인 앞으로 증여를 원인으로 한 이전등기까지 마친 경우 또는 토지거래허가구역 내 토지를 매수하였으나 그에 따른 토지거래허가를 받지 않고 이전등기를 마치지도 않은 채 토지를 제3자에게 전매하여 매매대금을 수수하고서도 최초 매도인이 제3자에게 직접 매도한 것처럼 매매계약서를 작성하고 그에 따른 토지거래허가를 받아 이전등기까지 마친 경우, 이전등기가 말소되지 않은 채 남아 있고 매도인 또는 중간 매도인이 수수한 매매대금도 매수인 또는 제3자에게 반환하지 않은 채 그대로 보유하고 있는 때에는 예외적으로 매도인 등에게 자산의 양도로 인한 소득이 있다고 보아 양도소득세 과세대상이 된다고 보는 것이 타당하다.

【반대의견】 (가) 구 소득세법상 양도는 엄연히 권리이전의 원인행위가 유효하게 이루어진 것을 전제로 하는 것으로서 <u>원인행위인 매매계약이 무효여서 매도인이 양도로 인한 소득을 보유할 적법한 권원이 없는 경우에는 자산의 양도가 있다거나 자산의 양도로 인한 소득이 있다고 볼 수 없다</u>. 따라서 위와 같은 한도 내에서는 사법(사법)상 양도 개념과 세법(세법)상 양도 개념은 별개로 구분될 수 없는 것이고, 이와 달리 구 소득세법상 양도를 원인인 계약의 유·무효와 관계없이 사실상 이전이라고만 해석하는 것은 사법상 양도 개념과 세법상 양도 개념의 통일적 해석에 장애가 되는 것이어서 받아들이기 어렵다.

(나) <u>토지거래허가구역 내 토지에 관한 매매계약이 처음부터 허가를 배제하거나 잠탈할 목적으로 이루어진 경우에는 확정적으로 무효</u>이고, 이와 같이 매매계약이 무효인 이상 매매대금이 양도인에게 지급되었다고 하더라도 이것이 양도소득세 과세대상인 자산의 양도에 해당한다거나 매도인 등에게 자산의 양도로 인한 소득이 있었다고 할 수는 없다.

[2] 갑이 을과 토지거래허가구역 내 을 소유의 토지에 관하여 매매계약을 체결한 직후 병 등과 그 토지에 관한 전매계약을 체결한 다음 을과 병 등을 직접 당사자로 하는 토지거래허가를 받아 병 등 명의로 소유권이전등기를 마친 데 대하여, 과세관청이 토지 전매가 양도소득세 과세대상에 해당한다며 갑에게 양도소득세 등을 부과하는 처분을 한 사안에서, 위 매매계약과 전매계약은 국토의 계획 및 이용에 관한 법률에서 정한 토지거래허가를 배제하거나 잠탈하는 내용의 계약으로 모두 확정적으로 무효이지만, 을에서 최종매수인인 병 등 앞으로 소유권이전등기가 마쳐진 채 말소되지 않고 남아 있고 갑이 병 등에게서 받은 매매대금을 반환하지 않고 보유하고 있다면, 이는 위

토지를 사실상 이전함으로써 양도한 것이고 갑에게 자산의 양도로 인한 소득이 있으므로 예외적으로 양도소득세 과세대상된다는 이유로, 위 처분은 적법하다고 한 사례.

(3) 매매 합의해제(잔금청산 없는 경우)

이행이 완료되기 전에 법정해제나 약정해제가 이루어지는 경우에는 납세의무가 성립하기 전이므로 당연히 양도소득세 과세대상이 아니다.(대법원 2014두6739) 또한, 소유권이 이전되었더라도 대금청산 전에 합의해제로 소유권이 환원된 경우에는 해제의 소급효에 따라 매매로 볼 수 없으므로 양도에 해당하지 아니하고 매도자가 받은 해약금이나 위약금은 양도의 대가로 받는 것이 아니므로 기타소득에 해당한다.

그러나 정상적으로 매매가 완결된 이후 계약해제로 소유권이 환원되거나 소유권이 이전된 후 제3취득자 때문에 소유권이 원상회복될 수 없는 경우에는 사안별로 살펴보아야 한다.

① 매매가 정상적으로 완결된 후 계약해제를 원인으로 소유권이 환원된 경우 계약당사자 모두에게 양도소득세가 과세된다. 국세청에서는 이와 같이 소유권이 환원된 경우를 재양도로 보고 있다. 그러나 대법원은 이 경우에 자산의 양도가 있었다고 볼 수 없다고 하여 양도소득세를 부과할 수 없다고 본다.(대법원 91다35540)

대법원 1992.12.22. 선고 91다35540,35557 판결 [소유권이전등기,약정금]

【판시사항】

가. 과거에 존재하였으나 현존하지 아니하는 문서 원본의 전자복사본을 서증으로 채용할 수 있는지 여부(적극)

나. 조세감면규제법에 의한 조세감면을 받기 위한 방책으로 매매대금을 약정기일까지 실제로 지급할 의사로써 매매대금을 증액하고 이행기를 늦추기로 한 매매계약이 통정허위표시로서 무효인지 여부(소극)

다. 부동산 매매계약에 의한 매매대금이 청산되고 그에 따른 과세표준확정신고기간이 지난 후 매매계약을 합의해제하고 다른 매매계약으로 대체하기로 한 경우 당초의 매매계약에 의한 양도소득세의 과세요건인 자산의 양도가 있는지 여부(소극)

라. 양도소득세를 회피하기 위한 매매계약이 반사회적 법률행위로서 무효인지 여부(소극)

마. 매수인이 양도로 인한 제공과금을 부담하기로 한 경우에 있어 매도인의 소유권이전등기의무를 매수인의 제공과금 정산의무보다 선이행의무라고 한 사례

【판결요지】

가. 원본이 현존하지 아니하는 문서 사본도 과거에 존재한 적이 있는 문서를 전자복사한 것이라면 원본의 존재 및 진정성립을 인정하여 서증으로 채용할 수 있다.

나. 매매계약을 체결함에 있어 조세감면규제법상의 감면제도를 활용하여 조세부담을 감면받기 위한 방책으로 매매대금을 증액하고 이행기를 늦추기로 한 경우 증액하기로 약정한 매매대금을 약정기일까지 실제로 지급할 의사로 계약을 체결한 이상 통정허위표시로서 무효라고 할 수 없다.

다. 부동산에 관한 제1차 매매계약에 의한 매매대금이 청산되고 그에 따른 과세표준확정신고기간이 지나게 되어 일단 양도소득세의 추상적 납세의무가 성립되었으나 그 후 당사자 사이에 제1차 매매계약을 무효화(합의해제)하고 이를 제2차 매매계약으로 대체하기로 한 경우 제1차 매매계약은 합의해제로 효력이 상실되어 양도가 이루어지지 않은 것이 됨으로써 양도소득세의 과세요건인 자산의 양도가 있다고 볼 수 없다.

라. 양도소득세를 회피하기 위한 방법으로 매매계약을 체결하였더라도 그 때문에 매매계약이 민법 제103조의 반사회적 법률행위로서 무효라고 할 수 없다.

마. 매수인이 양도로 인한 제공과금을 부담하기로 한 경우에 있어 매도인의 소유권이전등기의무를 매수인의 제공과금 정산의무보다 선이행의무라고 한 사례.

대법원 1993.5.11. 선고 92누17884 판결[양도소득세등부과처분취소]

【판시사항】

매매계약이 합의해제된 경우 양도소득세의 과세요건인 자산의 양도가 있었다고 볼 것인지 여부(소극)

【판결요지】

양도계약을 합의해제하여 말소등기까지 경료하였다면 계약의 이행으로 인한 물권변동의 효과는 소급적으로 소멸되므로 양도소득세의 과세대상이 되는 양도는 처음부터 없었던 것으로 보아야 한다.

대법원 2014.07.24. 선고 2014두6739 판결

【판시사항】

매매계약 체결 후 잔대금지급채무 불이행으로 매매계약을 합의 해제하였다면, 위 매매계약은 소급하여 효력이 상실됨

【판결요지】

부동산에 대한 매매계약을 체결하면서 매수인 앞으로 미리 소유권이전등기를 경료하였는데 매수인이 잔대금지급채무를 이행하지 아니하여 매도인이 매매계약을 해제하였다면, 위 매매계약은 그 효력이 소급하여 상실되었다고 할 것이므로 매

도인에 게 양도로 인한 소득이 있었음을 전제로 한 양도소득세부과처분은 위법함.

② 부동산 매매계약이 합의해제되었으나 제3취득자 때문에 소유권 환원이 불가능한 경우에도 국세청은 양도에 해당한고 본다 그러나 대법원은 그 부동산에 대한 제3취득자가 있어 양도인 앞으로의 원상회복이 이행불능 됨으로써 양도인이 이로 인한 손해배상청구권을 취득하더라도 이를 부동산의 양도소득으로 볼 수 없다고 한다.(대법원 88누8609)

대법원 1989.7.11. 선고 88누8609 판결 [양도소득세등부과처분취소]

【판시사항】

가. 부동산매매계약이 합의해제되었으나 제3취득자가 있어 원상회복이 불가능한 경우 양도소득세의 부과 가부(소극)

나. 부동산매매로 인한 소유권이전등기는 경료하였으나 매매대금을 전혀 지급받지 못한 경우 양도소득세의 과세대상에 해당하는지 여부(소극)

【판결요지】

가. 부동산에 대한 매매계약이 합의해제되면 매매계약의 효력은 상실되어 양도가 이루어지지 않는 것이 되므로 양도소득세의 과세요건인 자산의 양도가 있다고 볼 수 없으며, 그 부동산에 대한 제3취득자가 있어 양도인 앞으로의 원상회복이 이행불능이 됨으로써 양도인이 이로 인한 손해배상청구권을 취득하더라도 이를 그 부동산의 양도로 인한 소득이라고 볼 수는 없다.

나. 소득세법 제4조 제3항에 의하면 양도라 함은 자산이 유상으로 사실상 이전되는 경우를 말하고, 같은 법 제27조, 같은법시행령 제53조 제1항 제1호는 자산의 유상양도가 이루어진 경우에 그 양도차익의 계산에 있어서 양도나 취득의 시기를 의제하는 규정에 불과하고 대금이 전혀 지급되지 않았거나 그후 매매계약이 해제되었는데도 양도가 있은 것으로 의제하는 규정은 아니므로 토지의 매매에 있어서는 그 토지의 대가가 사회통념상 거의 지급되었다고 볼만한 정도의 대금지급이 이행되어야만 유상양도로 볼 수 있다.

③ 조건부 양도시 대금은 청산되었으나 조건 미성취로 계약해제되어 소유권이 환원된 경우에도 양도로 볼 수 없다고 한다.(대법원 92누17884)

④ 매매대금을 지급한 상태에서 소유권이전등기를 경료한 후 매수인의 계약불이행으로 계약을 해제하고 제소전 화해로 소유권을 환원하는 경우에도 양도로 볼 수 없다.(대법원 88누243)

(4) 공유물분할(지분 변동 없는 단순한 소유형태의 변경시)

(5) 환매권 행사에 따른 소유권 환원의 경우 유상이전이 아니므로 양도에

해당하지 않는다. 그러나 공익사업을 위한 토지 등의 취득 및 보상에 관한 법률에 따른 환매권의 행사는 당초 수령한 보상금에 상당하는 금액을 사업자에게 지급함으로써 하게 되므로 유상취득에 해당하고 환매로 취득한 때를 새로운 취득의 시기로 본다.

(6) 개인 소유재산을 개인사업체에 현물출자하는 경우에는 소유 주체의 변동이 없으므로 양도에 해당하지 않는다. 그러나 개인 재산을 단체나 조합(동업계약)에 현물출자하는 경우에는 출자지분이라는 대가가 따르므로 양도에 해당한다. 이 경우 양도의 범위도 자기지분을 초과하는 범위가 아닌, 전체 자산을 기준으로 한다. 도시 및 주거환경정비법에 따라 조합원이 관리처분계획에 따라 취득하는 토지 또는 건축시설은 환지로 보므로 조합원의 현물출자는 양도로 보지 않는다.

(7) 민법상 동업조합에서 탈퇴자가 그 지분을 현물로 반환받는 경우에는 자신의 소유권의 회복에 불과하여 공유물분할에 해당하므로 유상이전이 아니다. 다만, 지분에 비해 반환받은 현물자산이 많거나 적은 경우에는 그 차액만큼 유상이전이 발생한 것이다.

(8) 합유자 중 일부가 사망하여 합유재산이 잔존 합유자에게 귀속되어 처분하는 경우 상속인은 양도소득세 납세의무가 없고 잔존 합유자에게 양도세 납세의무가 있다. 잔존합유자에게 귀속되는 단계는 상속인이 상속한 다음 잔존합유자에게 증여하는 것도 아니고 양도하는 것도 아닌 단순한 합유명의인의 변경에 불과하다.

(9) 공유에서 합유로 등기한 경우(대가관계나 지분 변동 없는 경우)

(10) 물상보증인의 소유 재산이 경매되어 물상보증인(소유자) 자신이 매각허가결정을 받아 재취득하는 경우

이 경우 담보로 제공된 부동산의 취득시기는 당초의 최초취득일이다.

(11) 등기 착오로 경정등기하는 경우

(12) 이혼에 따른 재산분할청구를 원인으로 한 소유권이전(이 경우 취득시기는 재산분할 해준 배우자가 취득한 시기로 소급하므로 재산분할 받은 배우자가 양도하는 경우에 양도차익 계산에 유의) 판결로 인정된 사실혼 관계도 포함한다. 그러나 분할대상 부동산에 상당하는 가액을 현금으로 받은 경우나 법원의 재산분할조정결정과 다르게 분할하는 경우, 재산분할 청구된 재산을 대신하여 혼인 전에 취득한 고유재산을 이전하여 주는 경우(대물변제)는 양도소득세를 과세한다.

(13) 환지처분(소세법제88조①)

따라서 환지로 취득하는 토지의 취득시기는 환지 전 토지의 취득시기이다.(소세령제162조③)

(14) 양도담보설정의 경우 ① 당사자간 채무변제를 담보하기 위하여 양도한다는 의사표시가 있을 것 ②당해 재산을 채무자가 원래대로 사용·수익한다는 의사표시가 있을 것 ③ 원금·이율·변제기한·변제방법 등의 약정이 있을 것을 요건으로 갖춘 계약서 사본을 과세표준확정신고서에 첨부하여 신고하면 '양도'로 보지 아니한다.(소세령제151조①) 양도담보권자가 담보권을 실행하여 담보목적물을 제3자에게 처분한 경우에는 양도소득세 납세의무는 양도담보권자가 아닌 양도담보설정자에게 있다.(양도소득세는 처분대금에서 공제 가능) 양도담보된 재산을 채무불이행으로 변제에 충당하는 때에도 '양도'에 해당하므로 양도담보설정자에게 납세의무가 있다.

(15) 본래의 소유자가 자기 명의로 경락을 받은 경우에는 양도로 보지 않는다. 소유 재산의 대가를 받지 못하고 취득한 것이므로 형평상 과세대상에서 제외한 것이다.

(16) 특수관계인 간의 양도

상속세 및 증여세법에서는 증여세를 회피하기 위해 형식적 이전원인은 양도방식이나 사실은 증여에 해당하는 경우에는 증여 추정 규정을 마련하고 있다. 배우자 또는 직계존비속 간 양도의 자산의 증여 추정(상증세법제44조③, 상증세령제33조②,③) 특수관계인에게 양도한 재산을 양도일부터 3년 이내에 당초 양도자의 배우자 또는 직계존비속에게 다시 양도한 경우에는 당초의 특수관계인이 직접 증여한 것으로 추정하는 규정(상증세법제44조②), 양도소득세를 부당히 감소시키기 위하여 특수관계인에게 자산을 증여한 후 수증자가 수증일로부터 5년 이내에 양도한 경우에는 증여자가 직접 양도한 것으로 보는 규정(부당행위계산부인)(소세법제101조②) 등이 있다.

(4) 과세대상

(1) **토지, 건물**(소세법제94조)

- 도로라 하더라도 양도시 소유권이 개인 명의인 경우에는 과세된다.
- 하천부지에 대한 손실보상금은 양도대가로 보지 아니한다. 그러나 하천부지를 타인이나 국가·지방자치단체에 유상양도하는 경우에는 과세된다.

- 토지에 식재된 등기된 입목은 토지와 구분하여 양도할 수 있으나 구분 양도하지 아니한 경우 토지가액에 포함된 것으로 본다. 그러나 교량, 돌담, 정원석, 정원수, 농작물, 등기한 입목 외의 수목은 토지의 일부로 본다.
- 공익사업에 따른 건물 이외의 지장물 보상금 상당액은 토지의 가액으로 본다. 건물에 대한 보상금은 건물의 양도대가로 보아 양도소득세 과세대상이다. 건물의 시설물에 해당하는 경우에는 건물로 보아 과세한다.
- 건물에 부속된 시설물과 구축물은 건물의 일부로 본다.
- 신축중인 건물의 단순 건축주 명의변경은 '양도'가 아니나 그것이 건축법상 건축물(사실상 준공된 것으로서 지부와 벽 또는 기둥이 있는 것과 이에 부속된 시설물·구축물)로 분류되는 상태에서 유상이전으로 건축주 명의 변경을 하는 경우에는 양도소득세 과세대상이다. 또한 신축중인 건물을 건축물로 볼 수 없는 상태에서 토지와 함께 양도하는 경우 양도가액 전액을 토지에 대한 대가로 보아 양도소득세를 과세한다. 거주자가 부동산매매업을 영위할 목적으로 건축물을 시공하다가 토지와 함께 양도하는 경우 건축법상 건축물에 해당하면 '사업소득'이고 건축물로 볼 수 없는 경우라면 '양도소득'이다.
- 주유소의 석유판매업허가권을 주유소건물과 함께 양도하는 경우 기타자산의 양도로 본다.
- 공유제(등기제) 콘도미니엄의 양도는 토지·건물의 양도에 해당한다.

(2) **부동산에 관한 권리**(소세법제94조①) : ① 부동산을 취득할 수 권리(소유권 이전등기청구권, 조합원입주권, 분양권, 아파트당첨권, 토지상환채권, 주택상환채권, 국유지불하권, 임대주택의 우선매수권, 이주자택지분양권, 주택청약예금통장), ② 지상권, ③ 전세권, 등기된 임차권, 점포임차권(권리금, 등기 여부 불문)

- 부동산을 취득할 수 있는 권리는 토지·건물 등 부동산과 달리 1세대1주택 비과세에 대해 특례가 적용(소세령제155조⑰)되고, 장기보유특별공제가 배제(소세법제95조②)[주택재개발사업 또는 주택재건축사업의 부동산분에는 적용]된다. 또한 세율이 보유기간에 따라 적용된다.(소세법제104조①1~4호)
- 주택청약예금통장의 양도는 부동산을 취득할 수 있는 권리에 해당하고 보유기간이란 있을 수 없고, 아파트 당첨 여부나 분양계약의 효력과는 무관하고, 예금통장 프리미엄이 양도소득이다.
- 재개발·재건축 입주권의 양도는 관리처분계획인가일(2005. 5. 31. 이후)부터 당해 아파트의 사용검사필증교부일(사용검사 전에 사용승인을 얻은 경우에는 사

용승인일)까지이다. 입주권이 부동산으로 변환되는 시기는 준공일로 본다.

- 공공사업 시행으로 소유부동산이 수용됨에 따라 이주자택지에 대한 권리가 부여되는 경우에도 부동산을 취득할 수 권리로 보아 과세된다. 이주자택지 분양권이 확정되기 전에 양도하는 경우에는 분양권 확정일이 양도일이 된다.
- 이른바 '이축권'은 개발제한구역 내에서 건축허가를 받아 건축할 수 있는 권리를 말하는데 부동산을 취득할 수 있는 권리가 아니고 '기타소득'으로 과세된다.
- 점포 양도의 경우 임차권과 함께 권리금을 얹어 양도하는 경우에는 등기 여부에 관계없이 양도소득세 과세대상이다.
- 토석채취허가권이나 지하수개발 및 이용권은 기타소득에 해당한다.

(3) <u>**주식 등**</u> : 주식 또는 출자지분(신주인수권과 증권예탁증서를 포함)(소세령 제157조)

① 상장법인의 주식으로서 대주주(특수관계인을 합쳐 2% 이상 소유자, 코스닥시장은 4% 이상 또는 시가총액 50억원 이상, 코스닥시장은 40억원 이상)가 양도하는 것과 증권시장에서의 거래에 의하지 아니하고 양도하는 것.

② 비상장법인의 주식 등

③ 신주인수권부사채의 양도시 신주인수권 해당 부분은 양도소득세 과세대상이다. 전환사채는 제외되나 전환사채를 인수한 자가 전환을 청구하여 취득한 주식을 양도하는 경우에는 과세한다.

④ 특수관계인 간 저가양도시에는 양도소득세와 증여세가 동시에 부과된다.

⑤ 합병시 양도차익의 산정은 취득가액의 산정이 중요한데 피합병법인의 주식을 취득하는 데 소요된 금액에서 합병시 의제배당으로 과세된 금액이 있으면 이를 가산하고 합병교부금을 받은 경우에는 이를 차감하여 산정한 금액이다.

(4) <u>**기타**</u> 자산(소세법제94조①)

① <u>사업용 고정자산과 함께 양도하는 영업권</u>

보통 사업자가 영업권만을 양도하는 경우에는 일시재산소득에 해당한다. 건축허가권도 사업용 고정자산과 함께 양도하는 경우에는 포함된다.

② 각종 특정시설물이용권·회원권(우선권이 부여된 것)(소세법제94조

③ 지하수개발 · 이용권을 토지와 함께 양도하는 경우

④ 석유판매업허가권(액화석유가스충전업허가)을 사업용 고정자산과 함께 양도하는 경우

⑤ 공유수면매립면허권
⑥ 특정주식(과점주주의 주식), 기타 부동산과다보유법인(부동산 관련 자산비율이 80% 이상)의 주식(소세령제158조①)
⑦ 동업자의 지분 양도
⑧ 파산선고에 관련된 처분에 따른 양도에는 비과세한다.(소세법제89조①1호)

(5) 양도시기, 취득시기(양도차익 산정의 전제)

소득세법 제98조(양도 또는 취득의 시기) 자산의 양도차익을 계산할 때 그 취득시기 및 양도시기는 대금을 청산한 날이 분명하지 아니한 경우 등 대통령령으로 정하는 경우를 제외하고는 해당 자산의 **대금을 청산한 날**로 한다. 이 경우 자산의 대금에는 해당 자산의 양도에 대한 양도소득세 및 양도소득세의 부가세액을 양수자가 부담하기로 약정한 경우에는 해당 양도소득세 및 양도소득세의 부가세액은 제외한다.

소득세법시행령 제162조(양도 또는 취득의 시기) ① 법 제98조 전단에서 "대금을 청산한 날이 분명하지 아니한 경우 등 대통령령으로 정하는 경우"란 다음 각 호의 경우를 말한다. <개정 2015.2.3.>

1. 대금을 청산한 날이 분명하지 아니한 경우에는 등기부·등록부 또는 명부 등에 기재된 등기·등록접수일 또는 명의개서일
2. 대금을 청산하기 전에 소유권이전등기(등록 및 명의의 개서를 포함한다)를 한 경우에는 등기부·등록부 또는 명부등에 기재된 등기접수일
3. 기획재정부령이 정하는 장기할부조건의 경우에는 소유권이전등기(등록 및 명의개서를 포함한다) 접수일·인도일 또는 사용수익일 중 빠른 날
4. 자기가 건설한 건축물에 있어서는 「건축법」 제22조제2항에 따른 사용승인서 교부일. 다만, 사용승인서 교부일 전에 사실상 사용하거나 같은 조 제3항 제2호에 따른 임시사용승인을 받은 경우에는 그 사실상의 사용일 또는 임시사용승인을 받은 날 중 빠른 날로 하고 건축허가를 받지 아니하고 건축하는 건축물에 있어서는 그 사실상의 사용일로 한다.
5. 상속 또는 증여에 의하여 취득한 자산에 대하여는 그 상속이 개시된 날 또는 증여를 받은 날
6. 「민법」 제245조제1항의 규정에 의하여 부동산의 소유권을 취득하는 경우에는 당해부동산의 점유를 개시한 날
7. 「공익사업을 위한 토지 등의 취득 및 보상에 관한 법률」이나 그 밖의 법률에 따라 공익사업을 위하여 수용되는 경우에는 대금을 청산한 날, 수용의 개시일 또는 소유권이전등기접수일 중 빠른 날. 다만, 소유권에 관한 소송으로 보상금이 공탁된 경우에는 소유권 관련 소송 판결 확정일로 한다.
8. 완성 또는 확정되지 아니한 자산을 양도 또는 취득한 경우로서 해당 자산의

대금을 청산한 날까지 그 목적물이 완성 또는 확정되지 아니한 경우에는 그 목적물이 완성 또는 확정된 날. 이 경우 건설 중인 건물의 완성된 날에 관하여는 제4호를 준용한다.

9. 「도시개발법」 또는 그 밖의 법률에 따른 환지처분으로 인하여 취득한 토지의 취득시기는 환지 전의 토지의 취득일. 다만, 교부받은 토지의 면적이 환지처분에 의한 권리면적보다 증가 또는 감소된 경우에는 그 증가 또는 감소된 면적의 토지에 대한 취득시기 또는 양도시기는 환지처분의 공고가 있은 날의 다음날로 한다.
10. 제158조제2항의 경우 자산의 양도시기는 주주 1인과 기타주주가 주식등을 양도함으로써 해당 법인의 주식등의 합계액의 100분의 50 이상이 양도되는 날. 이 경우 양도가액은 그들이 사실상 주식등을 양도한 날의 양도가액에 의한다.

② 삭제 <2010.12.30.>
③ 삭제 <2010.12.30.>
④ 삭제 <2010.12.30.>
⑤ 법 제98조 및 이 조 제1항을 적용할 때 양도한 자산의 취득시기가 분명하지 아니한 경우에는 먼저 취득한 자산을 먼저 양도한 것으로 본다.
⑥ 법률 제4803호 「소득세법개정법률」 부칙 제8조에서 "대통령령이 정하는 자산"이라 함은 다음 각호의 자산을 말한다.

1. 1984년 12월 31일이전에 취득한 법 제94조제1항제2호 및 제4호의 자산
2. 삭제 <1995.12.30.>
3. 1985년 12월 31일이전에 취득한 법 제94조제1항제3호의 자산

⑦ 법률 제4803호 「소득세법개정법률」 부칙 제8조에서 "대통령령이 정하는 날"이라 함은 다음 각호의 날을 말한다.

1. 법 제94조제1항제2호 및 제4호의 자산의 경우에는 1985년 1월 1일
2. 삭제 <1995.12.30.>
3. 법 제94조제1항제3호의 자산의 경우에는 1986년 1월 1일

⑧ 법 제95조에 따른 양도가액의 수입시기에 관하여는 법 제98조 및 이 조 제1항을 준용한다.

대법원 2012.5.9. 선고 2010두22597 판결 [양도소득세부과처분취소]

【판시사항】

[1] 구 소득세법 제98조 및 구 소득세법 시행령 제162조 제1항에서 정한 양도소득의 귀속시기에 대한 판단 기준

[2] 갑 종중 명의의 토지가 수용되었으나, 을 종중이 수용보상금에 대한 채권 추심·처분 및 지급금지 가처분결정을 받아 한국토지공사가 수용보상금을 공탁하였는데, 이후 을 종중이 갑 종중을 상대로 제기한 공탁금출급청구권 확인청구 등을 각하하는 판결이 확정되었으나 과세관청이 제때 양도소득세 확정신고 및 납부를 하지 않았다는 이유로 갑 종중에 신고 및 납부불성실가산세 등을 부과

하는 처분을 한 사안에서, 갑 종중에 양도소득이 귀속된 날은 수용보상금의 공탁일이 아니라 위 판결 확정일로 보아야 하는데도, 이와 달리 보아 처분이 적법하다고 한 원심판결에 법리오해의 위법이 있다고 한 사례

【판결요지】

[1] 구 소득세법(2010. 12. 27. 법률 제10408호로 개정되기 전의 것) 제98조 및 구 소득세법 시행령(2010. 12. 30. 대통령령 제22580호로 개정되기 전의 것) 제162조 제1항에서 정하고 있는 양도시기를 양도소득의 귀속시기에 대한 예외 없는 일반원칙으로 단정하여서는 아니 되고, 구체적 사안에 있어 양도소득에 대한 관리, 지배와 양도소득의 객관화 정도, 납세자금의 확보시기 등까지 함께 고려하여 양도소득이 현실적으로 실현될 것까지는 없다고 하더라도 그 실현 가능성이 상당히 높은 정도로 성숙·확정되었는지를 기준으로 하여 귀속시기를 합리적으로 판단함이 타당하다.

[2] 갑 종중 명의의 토지가 수용되었으나, 갑 종중의 하위 종중인 을 종중이 수용보상금에 대한 채권 추심·처분 및 지급금지 가처분결정을 받아 택지개발사업시행자인 한국토지공사가 수용보상금을 공탁하였는데, 이후 을 종중이 갑 종중을 상대로 제기한 공탁금출급청구권 확인청구 등을 각하하는 판결이 확정되었으나 과세관청이 법정 기한 내에 양도소득세 확정신고 및 납부를 하지 않았다는 이유로 갑 종중에 신고불성실가산세와 납부불성실가산세 등을 부과하는 처분을 한 사안에서, 수용보상금에 대한 공탁은 가처분으로 말미암아 한국토지공사가 과실 없이 수용보상금을 받을 자를 알 수 없다는 이유로 구 공익사업을 위한 토지 등의 취득 및 보상에 관한 법률(2011. 8. 4. 법률 제11017호로 개정되기 전의 것) 제40조 제2항 제2호에 따라 한 것으로 봄이 타당하고, 갑 종중으로서는 판결 확정 전에는 공탁금에 대한 권리자로 인정받을 수 없었다고 할 것이어서, 공탁금에 관한 갑 종중의 권리는 판결이 확정된 때에 비로소 실현가능성이 상당히 높은 정도로 성숙·확정되었다고 할 것이므로, 갑 종중에 양도소득이 귀속된 날은 수용보상금 공탁일이 아니라 판결 확정일로 보아야 하는데도, 토지의 양도시기가 수용보상금 공탁일이라는 전제하에 갑 종중이 양도소득과세표준 확정신고 및 납부 의무를 제때 이행하지 않았다고 보아 위 처분이 적법하다고 한 원심판결에 법리오해의 위법이 있다고 한 사례

(1) 대금청산일이 분명한 경우
실제 대금을 청산한 날.

(2) 대금청산일이 불분명한 경우
등기·등록접수일, 명의개서일. 체비지대장명의변경일.

(3) 대금청산 전에 소유권이전등기 경료된 경우

등기접수일.

(4) 건축물의 경우

① 원칙 : 실제 대금청산일

② 대금청산일이 불분명한 경우 : ㉠ 완성 또는 확정되지 아니한 자산을 양도 또는 취득한 경우로서 해당 자산의 대금을 청산한 날까지 그 목적물이 완성 또는 확정되지 아니한 경우, ㉡ 자기가 건설한 건축물의 경우

사용검사필증교부일. 다만, 그 이전에 사실상 사용하거나 임시사용승인을 얻었다면 사실상 사용일이나 임시사용승인일. 무허가건축물의 경우에는 사실상의 사용일.

(5) 상속, 증여의 경우

상속개시시(피상속인의 사망시), 증여시(등기접수일).

보유기간의 기산일

구 분		보유기간 기산일
세율 적용시	상속	피상속인이 취득한 날
	증여	증여받은 날
	배우자 증여	증여자가 취득한 날
장기보유특별공제 적용시	상속	상속개시일
	증여	증여받은 날
	배우자 증여	증여자가 취득한 날

법정상속등기를 경료하였다가 상속세신고기한(6개월) 내에 협의분할에 의하여 경정등기를 한 경우는 상속개시시가 취득시점이나 상속세신고기한을 지나 협의분할등기가 경료된 경우에는 협의분할**등기접수일**에 증여된 것이 된다.

(6) 수용의 경우

보상에 대하여 이의가 없는 경우에는 대금을 청산한 날, 수용개시일, 또는 소유권이전등기접수일 가운데 빠른 날. 이의나 소송이 계속된 경우에는 변경보상금확정일과 등기접수일 중 빠른 날.

(7) 미완성 건물을 양도받은 경우

목적물이 완성된 날.

(8) 환지처분의 경우

① 면적의 증감이 없는 경우 : 환지 전 토지의 취득일.

② 면적의 증감이 있는 경우 : 환지처분공고가 있은 날의 다음날.

(9) 신탁법상 신탁재산의 유상이전

대금을 청산한 날. 불분명한 경우 신탁원부의 수익자변경등기접수일.

(10) <u>명의신탁 부동산의 환원</u>

판결에 의하여 신탁자에게 환원되는 경우에는 '양도'에 해당하지 않는다. 그러나 명의신탁 부동산이 사실상 유상이전되는 경우에는 '양도'에 해당하고 신탁자 명의로 환원 여부에 불문하고 취득시기는 당초의 취득일이다.

(11) 공동사업 또는 법인에 현물출자

자신의 자산을 개인사업에 투입하는 것은 '양도'에 해당하지 않으나 자신의 자산을 공동사업(동업조합)에 투입하는 것은 현물출자로 보아 '양도'에 해당하고, 양도·취득시기는 현물출자일과 등기접수일 중 빠른 날이다.

법인 유상증자시 현물출자하는 경우에는 주식을 교부받은 날, 명의개서일, 등기접수일 중 빠른 날. 발기설립시의 현물출자의 경우에는 설립등기일.

(12) <u>이혼시 재산분할청구, 위자료 명목의 부동산 취득</u>

재산분할청구의 경우는 '양도'에 해당하지 않으나 재산분할로 받은 혼인중 공동형성한 재산은 나중에 양도할 경우 일방 지급자의 취득일이 취득시기가 된다. 위자료 명목의 대물변제는 양도에 해당하고 등기접수일이 취득시기이자 양도시기이다.

(13) 잔금을 어음으로 받는 경우

어음의 결제일. 그러나 이전등기일이 빠르면 그 접수일.

(14) 경매의 경우

대금완납일. 가등기가 경료된 부동산에 경매가 진행되어 매수인이 경락을 받아 대금을 완납하였으나 가등기에 기한 본등기가 이루어져 매수인 명의의 이전등기가 직권말소되었다 하더라도 '양도'의 효력이 소급하여 소멸하는 것이 아니다.

(15) 교환의 경우

① 차액이 없는 경우에는 교환계약체결일. 불분명한 경우에는 등기접수일.

② 차액이 있는 경우에는 차액을 청산한 날

(16) <u>일반분양주택</u>의 경우

분양대금을 청산한 후에 완공된 때에는 사용검사일(임시사용도 포함). 분양대금 청산 전에 준공·입주하였을 경우에는 대금청산일.

(17) 재개발·재건축아파트의 경우

① 청산금 지급이 없는 경우 : 재개발지역 내의 토지와 건물을 사업시행자에게 양도하고 관리처분계획에 따라 취득한 토지 또는 건축시설은 '환지'로 보므로 '양도'에 해당하지 않는바, 이 토지 등을 양도하는 경우 취득시기 또는 취득가액은 **환지 전의 최초 취득일** 및 취득가액으로 한다.

② 청산금 지급이 있는 경우 : ㈀ 재건축의 경우에는 대금청산일과 이전등기접수일 중 빠른 날. ㈁ 재개발의 경우에는 분양처분의 공고가 있은 날의 다음날. ㈂ 원조합원으로부터 **재건축입주권**을 **승계취득**한 경우에는 당해 재건축아파트의 사용검사필증교부일. ㈃ 재건축아파트를 분양받은 경우에는 잔금청산일. ㈄ 재건축조합이 조합원으로부터 현물출자 받는 경우의 취득시기는 조합설립인가일 또는 신탁등기접수일 중 빠른 날.

(18) 상속개시일 현재 매매계약 이행중인 재산

피상속인이 양도자로서 상속개시 전 부동산 양도계약을 체결하고 그 잔금을 영수하기 전에 사망한 경우에는 양도대금 전액(양도대금이 불분명한 경우에는 상증세법에 따라 평가한 가액)에서 상속개시 전에 영수한 계약금과 중도금을 차감한 잔액이 상속재산의 가액이 된다. 피상속인이 양도계약을 체결하고 잔금이 지급되지 않은 상태에서 사망한 경우 상속개시 시점에는 부동산의 양도가 완성되지 아니한 상태이므로 부동산 자체가 상속재산일 뿐 매매대금지급청구 채권이 상속재산이 되는 것이 아니다. 따라서 피상속인이 부동산 양도계약을 체결하고 상속개시 후에 소유권이전등기가 경료되지 않은 상태에서 상속인(들)이 잔금을 수령한 경우에는 상속인(들)이 **부동산 자체**를 상속받아 양도한 것으로 보므로 상속인은 상속개시일부터 양도일까지 발생된 양도소득에 대한 납세의무를 지는 것이다. 이 때 양도부동산의 취득시기는 상속개시시이고 양도시점도 상속개시시와 근접할 것이므로 취득가액과 양도가액이 동일하여 양도차익이 발생하지 않으므로 상속인은 양도소득세를 부담하지 않는다.

그러나 이 경우에도 상속개시 이전에 소유권이전등기가 경료되었다면 잔금청산 전이라도 피상속인에게 양도소득세 납부의무가 성립하고 잔금청산으로 상속재산은 매매잔대금지급청구 채권이고 더불어 상속인이 양도세 납부의무를 승계한다. 이 때의 취득가액은 피상속인이 당해 부동산을 취득했을 때의 취득가액이고 양도가액은 피상속인이 계약한 양도대금 전액이다.

(19) 상속개시일 이후 6월 이내 매매계약이 체결된 재산

상속개시일부터 6월 이내에 상속인이 양도계약을 체결하여 상속부동산을 양도하는 경우에 매매사례가액이 있는 경우에는 시가에 해당하고, 없는 경우에는 기준시가로 상속재산을 평가한다.(상증세령제49조①) 따라서 상속개시 후 6

월 이내에 매매계약을 체결하여 상속부동산을 양도하는 경우 매매가액 등이 없다면 취득가액과 양도가액이 동일하여 양도차익이 없어 양도세가 과세되지 않는다.

그러나 상속개시일부터 6월이 경과한 이후에 매매사례가액이 없어 기준시가로 평가된 상속부동산을 상속인이 양도계약을 체결하여 양도하는 경우에는 취득가액은 기준시가가 되고 양도가액은 실지거래가액이 적용되어 양도차익이 있으므로 양도세가 과세된다. 따라서 상속부동산을 처분할 생각이라면 상속개시일부터 6월 이내에 매매계약을 체결하는 것이 절세요령이다.

(6) 양도차익의 계산

소득세법 제94조(양도소득의 범위) ① 양도소득은 해당 과세기간에 발생한 다음 각 호의 소득으로 한다. <개정 2014.12.23.>

1. 토지[「공간정보의 구축 및 관리 등에 관한 법률」에 따라 지적공부에 등록하여야 할 지목에 해당하는 것을 말한다] 또는 건물(건물에 부속된 시설물과 구축물을 포함한다)의 양도로 발생하는 소득
2. 다음 각 목의 어느 하나에 해당하는 부동산에 관한 권리의 양도로 발생하는 소득
   가. 부동산을 취득할 수 있는 권리(건물이 완성되는 때에 그 건물과 이에 딸린 토지를 취득할 수 있는 권리를 포함한다)
   나. 지상권
   다. 전세권과 등기된 부동산임차권
3. 다음 각 목의 어느 하나에 해당하는 주식 또는 출자지분(신주인수권과 대통령령으로 정하는 증권예탁증권을 포함한다. 이하 이 장에서 "주식 등"이라 한다)의 양도로 발생하는 소득
   가. 「자본시장과 금융투자업에 관한 법률」에 따른 주권상장법인(이하 "주권상장법인"이라 한다)의 주식 등으로서 소유주식의 비율·시가총액 등을 고려하여 대통령령으로 정하는 대주주(이하 이 장에서 "대주주"라 한다)가 양도하는 것과 같은 법에 따른 증권시장(이하 "증권시장"이라 한다)에서의 거래에 의하지 아니하고 양도하는 것
   나. 주권상장법인이 아닌 법인의 주식등
4. 다음 각 목의 어느 하나에 해당하는 자산(이하 이 장에서 "기타자산"이라 한다)의 양도로 발생하는 소득
   가. 사업용 고정자산(제1호 및 제2호의 자산을 말한다)과 함께 양도하는 영업권(영업권을 별도로 평가하지 아니하였으나 사회통념상 자산에 포함되어 함께 양도된 것으로 인정되는 영업권과 행정관청으로부터 인가·허가·면허 등을 받음으로써 얻는 경제적 이익을 포함한다)

나. 이용권·회원권, 그 밖에 그 명칭과 관계없이 시설물을 배타적으로 이용하거나 일반이용자보다 유리한 조건으로 이용할 수 있도록 약정한 단체의 구성원이 된 자에게 부여되는 시설물 이용권(법인의 주식 등을 소유하는 것만으로 시설물을 배타적으로 이용하거나 일반이용자보다 유리한 조건으로 시설물 이용권을 부여받게 되는 경우 그 주식 등을 포함한다)

다. 주식 등의 주권 또는 출자증권을 발행한 법인의 주주의 구성, 부동산의 보유 현황 또는 사업의 종류 등을 고려하여 대통령령으로 정하는 자산

5. 대통령령으로 정하는 파생상품 등의 거래 또는 행위로 발생하는 소득(제16조제1항제13호 및 제17조제1항제10호에 따른 파생상품의 거래 또는 행위로부터의 이익은 제외한다)

② 제1항제3호 및 제4호에 모두 해당되는 경우에는 제4호를 적용한다.

소득세법제95조(양도소득금액) ① 양도소득금액은 제94조에 따른 양도소득의 총수입금액(이하 "**양도가액**"이라 한다)에서 제97조에 따른 **필요경비**를 공제하고, 그 금액(이하 "**양도차익**"이라 한다)에서 **장기보유 특별공제액**을 공제한 금액으로 한다.

소득세법 제96조(양도가액) ① 제94조제1항 각 호에 따른 자산의 **양도가액**은 그 자산의 양도 당시의 양도자와 양수자 간에 실제로 거래한 가액(이하 "실지거래가액"이라 한다)에 따른다.

② 제94조제1항제1호 및 제2호에 따른 자산을 **2006년 12월 31일까지** 양도하는 경우에 그 자산의 양도가액은 제1항에도 불구하고 다음 각 호의 어느 하나에 해당하는 경우 외에는 그 자산의 양도 당시의 기준시가에 따른다. → **실거래가 적용대상**

1. 제89조제1항제3호에 따른 고가주택의 기준에 해당하는 주택(이에 딸린 토지를 포함한다)인 경우
2. 제94조제1항제2호가목에 따른 부동산을 취득할 수 있는 권리인 경우
3. 제104조제3항에 따른 미등기양도자산인 경우
4. 취득 후 1년 이내의 부동산인 경우
5. 거짓 계약서의 작성, 주민등록의 거짓 이전 등 부정한 방법으로 **부동산**을 취득하거나 양도하는 경우로서 대통령령으로 정하는 기준에 해당하는 경우
6. 양도자가 양도 당시 및 취득 당시의 실지거래가액을 증명서류와 함께 제110조제1항에 따른 확정신고기한까지 납세지 관할 세무서장에게 신고하는 경우
7. 제104조의2제2항에 따른 지정지역에 있는 부동산인 경우**(*)**
8. 제104조의3에 따른 비사업용 토지인 경우
9. 그 밖에 해당 자산의 종류, 보유기간, 보유 수, 거래 규모 및 거래방법 등을 고려하여 대통령령으로 정하는 경우 → 1세대2주택 이상자**(**)**

③ 제1항과 제2항 각 호를 적용할 때 거주자가 제94조제1항 각 호의 자산을 양도하는 경우로서 다음 각 호의 어느 하나에 해당하는 경우에는 그 가액을 해당 자산의 양도 당시의 실지거래가액으로 본다.

1. 「법인세법」 제52조에 따른 특수관계인(외국법인을 포함하며, 이하 이 항에서 "특수관계인"이라 한다)에 양도한 경우로서 같은 법 제67조에 따라 해당 거주자의 상여·배당 등으로 처분된 금액이 있는 경우에는 같은 법 제52조에 따른 시가
2. 특수관계인 외의 자에게 자산을 시가보다 높은 가격으로 양도한 경우로서 「상속세 및 증여세법」 제35조에 따라 해당 거주자의 증여재산가액으로 하는 금액이 있는 경우에는 그 양도가액에서 증여재산가액을 뺀 금액

④ 제2항제4호를 적용할 때 「공익사업을 위한 토지 등의 취득 및 보상에 관한 법률」이나 그 밖의 법률에 따른 수용(收用) 및 협의 매수 등 부득이한 사유로 취득 후 1년 이내에 양도하는 경우에는 대통령령으로 정하는 바에 따라 기준시가에 따를 수 있다.

(*) ① 소형주택(아파트는 60㎡ 이하 & 기준시가 4천만원이하, 연립·다세대주택은 85㎡ 이하 & 기준시가 1억원 이하, 단독주택은 대지면적 160㎡ 이하 & 주택연면적 85㎡ 이하 & 기준시가 1억원 이하, 소세령제168의3③4호)과 ② 공익사업용 부동산(조특법제85조)은 제외한다.

(**) 거주자가 사업목적으로 소유하는 ① 부동산매매업자의 판매용 재고주택이나 ② 주택신축판매업자의 판매용 주택은 주택수 계산에서 제외한다.

소득세법시행령 제162조의2(양도가액) ② 법 제96조제2항제5호에 따라 자산의 양도가액을 실지거래가액에 의하는 경우는 거짓 계약서의 작성, 주민등록의 거짓 이전 등 부정한 방법으로 부동산을 취득 또는 양도하는 경우로서 다음 각 호의 어느 하나에 해당하는 경우로 한다. <개정 2014.7.28.>

1. 「부동산 실권리자명의 등기에 관한 법률」을 위반하여 부동산을 거래한 경우
2. 「공인중개사법」에 따른 개업공인중개사가 동법을 위반하여 직접 취득한 부동산을 양도한 경우
3. 미성년자의 명의로 부동산을 취득(상속 또는 증여에 의한 취득을 제외한다)하여 양도한 경우
4. 1세대의 구성원이 부동산을 양도한 날부터 소급하여 1년이내의 기간 동안 3회 이상 양도 또는 취득한 경우로서 그 실지거래가액의 합계액이 3억원 이상인 경우
5. 거래단위별로 기준시가에 의한 양도차익이 1억원 이상인 경우

③ 토사석의 채취허가에 따른 권리와 지하수의 개발·이용권(이하 이 항에서 "지하수개발·이용권등"이라 한다)을 법 제94조제1항제1호의 규정에 의한 토지 또는 건물(이하 이 항에서 "토지등"이라 한다)과 함께 양도하는 경우에 있어서 지하수개발·이용권등과 토지등의 취득가액 또는 양도가액을 구별할 수 없는 때에는 제51조제8항 각호의 기준을 준용하여 취득가액 또는 양도가액을 계산한다. 이 경우 "임목"은 "지하수개발·이용권등"으로, "임지"는 "토지등"으로 본다.

④ 법 제96조제4항의 규정을 적용함에 있어서 상속에 의하여 취득한 부동산을 취득후 1년 이내에 양도하는 경우 또는 「공익사업을 위한 토지 등의 취득 및 보상에 관한 법률」 그 밖의 법률에 의한 수용(협의매수를 포함한다) 등 부득이한 사유로 인하여 취득후 1년 이내에 양도하는 경우로서 부동산의 취득 또는 양도의 경위와 그 이용실태 등에 비추어 단기매매차익을 목적으로 거래한 것이 아니라고 인정되는 때에는 제176조의2제5항의 규정에 의한 자문을 거쳐 기준시가에 의할 수 있다

⑤ 법 제96조제2항제9호에서 "대통령령으로 정하는 경우"란 2주택 이상을 소유한 1세대가 주택(이에 딸린 토지를 포함한다)을 양도하는 경우를 말한다. 이 경우 다가구주택의 주택 수 계산에 대해서는 제155조제15항을 준용(거주자가 선택하는 경우만 해당한다)하고, 공동상속주택의 주택 수 계산에 대해서는 제167조의3제2항제2호를 준용하며, 2개 이상의 주택을 같은 날에 양도하는 경우의 양도주택의 결정방법에 대해서는 제154조제9항을 준용한다.

소득세법 제97조(양도소득의 필요경비 계산) ① 거주자의 양도차익을 계산할 때 양도가액에서 공제할 필요경비는 다음 각 호에서 규정하는 것으로 한다.

1. **취득가액**
   가. 제94조제1항 각 호의 자산 취득에 든 실지거래가액. 다만, 제96조제2항 각 호 외의 부분에 해당하는 경우에는 그 자산 취득 당시의 기준시가
   나. 가목 본문의 경우로서 취득 당시의 실지거래가액을 확인할 수 없는 경우에는 대통령령으로 정하는 매매사례가액, 감정가액 또는 환산가액
2. **자본적지출액** 등으로서 대통령령으로 정하는 것
3. 양도비 등으로서 대통령령으로 정하는 것

② 제1항에 따른 양도소득의 **필요경비**는 다음 각 호에 따라 계산한다.

1. 취득가액을 실지거래가액에 의하는 경우의 필요경비는 다음 각 목의 금액에 제1항제2호 및 제3호의 금액을 더한 금액으로 한다.
   가. 제1항제1호가목 본문에 따르는 경우에는 해당 실지거래가액
   나. 제1항제1호나목 및 제114조제7항에 따라 환산가액에 의하여 취득 당시의 실지거래가액을 계산하는 경우로서 법률 제4803호 소득세법개정법률 부칙 제8조에 따라 취득한 것으로 보는 날(이하 이 목에서 "의제취득일"이라 한다) 전에 취득한 자산(상속 또는 증여받은 자산을 포함한다)의 취득가액을 취득 당시의 실지거래가액과 그 가액에 취득일부터 의제취득일의 전날까지의 보유기간의 생산자물가상승률을 곱하여 계산한 금액을 합산한 가액에 의하는 경우에는 그 합산한 가액
   다. 제7항 각 호 외의 부분 본문에 의하는 경우에는 해당 실지거래가액
2. 그 밖의 경우의 필요경비는 제1항제1호가목 단서, 같은 호 나목(제1호나목이 적용되는 경우는 제외한다), 제7항(제1호다목이 적용되는 경우는 제외한다) 또는 제114조제7항(제1호나목이 적용되는 경우는 제외한다)의 금액에 자산별로 대통령령으로 정하는 금액(*)을 더한 금액. 다만, 제1항제1호나목에 따라 취득가액을 환산가액으로 하는 경우로서 가목의 금액이 나목의 금액보다

적은 경우에는 나목의 금액을 필요경비로 할 수 있다.
가. 제1항제1호나목에 따른 환산가액과 본문 중 대통령령으로 정하는 금액의 합계액
나. 제1항제2호 및 제3호에 따른 금액의 합계액

③ 제2항에 따라 필요경비를 계산할 때 양도자산 보유기간에 그 자산에 대한 감가상각비로서 각 과세기간의 사업소득금액을 계산하는 경우 필요경비에 산입하였거나 산입할 금액이 있을 때에는 이를 제1항의 금액에서 공제한 금액을 그 취득가액으로 한다.
④ 삭제 <2014.1.1. >
⑤ 취득에 든 실지거래가액의 범위 등 필요경비의 계산에 필요한 사항은 대통령령으로 정한다. <개정 2014.1.1.>
⑥ 삭제 <2014.1.1.>
⑦ 제1항제1호가목 본문을 적용할 때 제94조제1항제1호 및 제2호에 따른 자산을 양도한 거주자가 그 자산 취득 당시 대통령령으로 정하는 방법으로 실지거래가액을 확인한 사실이 있는 경우에는 이를 그 거주자의 취득 당시의 실지거래가액으로 본다. 다만, 다음 각 호의 어느 하나에 해당하는 경우에는 그러하지 아니하다.
1. 해당 자산에 대한 전 소유자의 양도가액이 제114조에 따라 경정되는 경우
2. 전 소유자의 해당 자산에 대한 양도소득세가 비과세되는 경우로서 실지거래가액보다 높은 가액으로 거래한 것으로 확인한 경우

(*) 기준시가 또는 환산가액에 따른 기타 필요경비 개산공제액(소세령제163조⑥)

소득세법 제97조의2(양도소득의 필요경비 계산 특례) ① 거주자가 양도일부터 소급하여 5년 이내에 그 배우자(양도 당시 혼인관계가 소멸된 경우를 포함하되, 사망으로 혼인관계가 소멸된 경우는 제외한다. 이하 이 항에서 같다) 또는 직계존비속으로부터 증여받은 제94조제1항제1호에 따른 자산이나 그 밖에 대통령령으로 정하는 자산의 양도차익을 계산할 때 양도가액에서 공제할 필요경비는 제97조제2항에 따르되, 취득가액은 그 배우자 또는 직계존비속의 취득 당시 제97조제1항제1호 각 목의 어느 하나에 해당하는 금액으로 한다. 이 경우 거주자가 증여받은 자산에 대하여 납부하였거나 납부할 증여세 상당액이 있는 경우에는 제97조제2항에도 불구하고 필요경비에 산입한다.
② 다음 각 호의 어느 하나에 해당하는 경우에는 제1항을 적용하지 아니한다. <개정 2015.12.15.>
1. 사업인정고시일부터 소급하여 2년 이전에 증여받은 경우로서 「공익사업을 위한 토지 등의 취득 및 보상에 관한 법률」이나 그 밖의 법률에 따라 협의매수 또는 수용된 경우
2. 제1항을 적용할 경우 제89조제1항제3호 각 목의 주택[같은 호에 따라 양도소득의 비과세대상에서 제외되는 고가주택(이에 딸린 토지를 포함한다)을 포함한다]의 양도에 해당하게 되는 경우

③ 제1항에서 규정하는 연수는 등기부에 기재된 소유기간에 따른다.

④ 「상속세 및 증여세법」 제18조제2항제1호에 따른 공제(이하 이 항에서 "가업상속공제"라 한다)가 적용된 자산의 양도차익을 계산할 때 양도가액에서 공제할 필요경비는 제97조제2항에 따른다. 다만, 취득가액은 다음 각 호의 금액을 합한 금액으로 한다.

1. 피상속인의 취득가액(제97조제1항제1호 각 목의 어느 하나에 해당하는 금액) × 해당 자산가액 중 가업상속공제가 적용된 비율(이하 이 조에서 "가업상속공제적용률"이라 한다)
2. 상속개시일 현재 해당 자산가액 × (1 - 가업상속공제적용률)

⑤ 제1항부터 제4항까지의 규정을 적용할 때 증여세 상당액의 계산과 가업상속공제적용률의 계산방법 등 필요경비의 계산에 필요한 사항은 대통령령으로 정한다.

소득세법시행령 제163조(양도자산의 필요경비) ① 법 제97조제1항제1호가목 본문에서 "취득에 든 실지거래가액"이란 다음 각 호의 금액을 합한 것을 말한다. <개정 2015.2.3.>

1. 제89조제1항을 준용하여 계산한 취득원가에 상당하는 가액(제89조제2항제1호에 따른 현재가치할인차금과 「부가가치세법」 제10조제6항에 따라 납부하였거나 납부할 부가가치세를 포함하되 부당행위계산에 의한 시가초과액을 제외한다)
2. 취득에 관한 쟁송이 있는 자산에 대하여 그 소유권등을 확보하기 위하여 직접소요된 소송비용·화해비용등의 금액으로서 그 지출한 연도의 각 소득금액의 계산에 있어서 필요경비에 산입된 것을 제외한 금액
3. 제1호를 적용할 때 당사자 약정에 의한 대금지급방법에 따라 취득원가에 이자상당액을 가산하여 거래가액을 확정하는 경우 당해 이자상당액은 취득원가에 포함한다. 다만, 당초 약정에 의한 거래가액의 지급기일의 지연으로 인하여 추가로 발생하는 이자상당액은 취득원가에 포함하지 아니한다.
4. 제1호를 적용할 때 합병으로 인하여 소멸한 법인의 주주가 합병 후 존속하거나 합병으로 신설되는 법인(이하 이 호에서 "합병법인"이라 한다)으로부터 교부받은 주식의 1주당 취득원가에 상당하는 가액은 합병 당시 해당 주주가 보유하던 피합병법인의 주식을 취득하는 데 든 총금액(「법인세법」 제16조제1항제5호의 금액은 더하고 같은 호의 합병대가 중 금전이나 그 밖의 재산가액의 합계액은 뺀 금액으로 한다)을 합병으로 교부받은 주식수로 나누어 계산한 가액으로 한다.

② 제1항제1호에 따라 제89조제2항제1호에 따른 현재가치할인차금을 취득원가에 포함하는 경우에 있어서 양도자산의 보유기간 중에 그 현재가치할인차금의 상각액을 각 연도의 사업소득금액 계산시 필요경비로 산입하였거나 산입할 금액이 있는 때에는 이를 제1항의 금액에서 공제한다.

③ 법 제97조제1항제2호에서 "자본적 지출액 등으로서 대통령령으로 정하는 것"이란 다음 각 호의 어느 하나에 해당하는 것을 말한다. <개정 2015.2.3.>

1. 제67조제2항의 규정을 준용하여 계산한 자본적 지출액
2. 양도자산을 취득한 후 쟁송이 있는 경우에 그 소유권을 확보하기 위하여 직접 소요된 소송비용·화해비용 등의 금액(*)으로서 그 지출한 연도의 각 소득금액의 계산에 있어서 필요경비에 산입된 것을 제외한 금액

2의2. 「공익사업을 위한 토지 등의 취득 및 보상에 관한 법률」이나 그 밖의 법률에 따라 토지 등이 협의 매수 또는 수용되는 경우로서 그 보상금의 증액과 관련하여 직접 소요된 소송비용·화해비용 등의 금액으로서 그 지출한 연도의 각 소득금액의 계산에 있어서 필요경비에 산입된 것을 제외한 금액. 이 경우 증액보상금을 한도로 한다.

3. 양도자산의 용도변경·개량 또는 이용편의를 위하여 지출한 비용

3의2. 「개발이익환수에 관한 법률」에 따른 개발부담금(개발부담금의 납부의무자와 양도자가 서로 다른 경우에는 양도자에게 사실상 배분될 개발부담금상당액을 말한다)

3의3. 「재건축초과이익 환수에 관한 법률」에 따른 재건축부담금(재건축부담금의 납부의무자와 양도자가 서로 다른 경우에는 양도자에게 사실상 배분될 재건축부담금상당액을 말한다)

4. 제1호 내지 제3호, 제3호의2 및 제3호의3에 준하는 비용으로서 기획재정부령이 정하는 것

④ 삭제 <2000.12.29.>

⑤ 법 제97조제1항제3호에서 "대통령령으로 정하는 것"이란 다음 각 호의 어느 하나에 해당하는 것을 말한다.

1. 법 제94조제1항 각 호의 자산을 양도하기 위하여 직접 지출한 비용으로서 다음 각 목의 비용
   가. 「증권거래세법」에 따라 납부한 증권거래세
   나. 양도소득세과세표준 신고서 작성비용 및 계약서 작성비용
   다. 공증비용, 인지대 및 소개비
   라. 가목부터 다목까지의 비용과 유사한 비용으로서 기획재정부령으로 정하는 비용
2. 법 제94조제1항제1호의 자산을 취득함에 있어서 법령등의 규정에 따라 매입한 국민주택채권 및 토지개발채권을 만기전에 양도함으로써 발생하는 매각차손. 이 경우 기획재정부령으로 정하는 금융기관(이하 이 호에서 "금융기관"이라 한다) 외의 자에게 양도한 경우에는 동일한 날에 금융기관에 양도하였을 경우 발생하는 매각차손을 한도로 한다.

⑥ 법 제97조제2항제2호 각 목 외의 부분 본문에서 "대통령령으로 정하는 금액"이란 다음 각 호의 금액을 말한다.

1. 토지

취득당시의 법 제99조제1항제1호 가목의 규정에 의한 개별공시지가×3 / 100
(법 제104조제3항에 규정된 미등기양도자산의 경우에는 3 / 1000)

2. 건물

가. 법 제99조제1항제1호 다목의 규정에 의한 건물(그 부수토지를 포함한다) 및

동호 라목의 규정에 의한 주택 취득당시의 법 제99조제1항제1호 다목 또는 라목의 가액×3 / 100(법 제104조제3항에 규정된 미등기양도자산의 경우에는 3 / 1000)

나. 가목외의 건물

취득 당시의 법 제99조제1항제1호 나목의 가액×3 / 100(법 제104조제3항에 규정된 미등기양도자산의 경우에는 3 / 1000)

3. 법 제94조제1항제2호 나목 및 다목의 규정에 의한 자산(법 제104조제3항에 규정된 미등기 양도자산을 제외한다)

취득당시의 기준시가×7 / 100

4. 제1호 내지 제3호외의 자산

취득당시의 기준시가×1 / 100

⑦ 삭제 <2014.2.21.>

⑧ 삭제 <2014.2.21.>

⑨ 상속 또는 증여(「상속세 및 증여세법」 제33조 내지 제42조의 규정에 의한 증여를 제외한다)받은 자산에 대하여 법 제97조제1항제1호 가목 본문의 규정을 적용함에 있어서는 상속개시일 또는 증여일 현재 「상속세 및 증여세법」 제60조 내지 제66조의 규정에 의하여 평가한 가액을 취득당시의 실지거래가액으로 본다. 다만, 다음 각호의 1에 해당하는 경우에는 다음 각호의 규정에 의한 금액에 의한다.

1. 「부동산 가격공시 및 감정평가에 관한 법률」에 의하여 1990년 8월 30일 개별공시지가가 고시되기 전에 상속 또는 증여받은 토지의 경우에는 상속개시일 또는 증여일 현재 「상속세 및 증여세법」 제60조 내지 제66조의 규정에 의하여 평가한 가액과 제164조제4항의 규정에 의한 가액중 많은 금액
2. 「상속세 및 증여세법」 제61조제1항제2호 내지 제4호의 규정에 의한 건물의 기준시가가 고시되기전에 상속 또는 증여받은 건물의 경우에는 상속개시일 또는 증여일 현재 「상속세 및 증여세법」 제60조 내지 제66조의 규정에 의하여 평가한 가액과 제164조제5항 내지 제7항의 규정에 의한 가액 중 많은 금액

⑩ 법 제97조제1항제1호가목 본문은 다음 각 호에 따라 적용한다. <개정 2014 .2.21.>

1. 「상속세 및 증여세법」 제3조제1항 단서, 제33조부터 제39조까지, 제39조의2, 제39조의3, 제40조, 제41조, 제41조의3부터 제41조의5까지, 제42조 및 제45조의3에 따라 상속세나 증여세를 과세받은 경우에는 해당 상속재산가액이나 증여재산가액(같은 법 제45조의3에 따라 증여세를 과세받은 경우에는 증여의제이익을 말한다) 또는 그 증·감액을 취득가액에 더하거나 뺀다.
2. 법 제94조제1항 각 호의 자산을 「법인세법」 제52조에 따른 특수관계인(외국법인을 포함한다)으로부터 취득한 경우로서 같은 법 제67조에 따라 거주자의 상여·배당 등으로 처분된 금액이 있으면 그 상여·배당 등으로 처분된 금액을 취득가액에 더한다.

⑪ 법 제97조제7항 각 호 외의 부분 본문에서 "대통령령으로 정하는 방법"이란

다음 각 호의 어느 하나에 해당하는 방법을 말한다. <개정 2014.7.28.>
1. 삭제 <2009.12.31.>
2. 거주자가 부동산 취득시 「부동산 거래신고에 관한 법률」 제3조제1항에 따른 부동산의 실제거래가격(「주택법」 제80조의2에 따른 주택거래신고의 대상인 주택의 경우에는 동법 제80조의2제1항에 따른 주택거래가액을 말하며, 이하 이 호에서 "실제거래가격"이라 한다)을 기획재정부령으로 정하는 방법에 의하여 확인하는 방법. 다만, 실제거래가격이 전소유자의 부동산양도소득과세표준 예정신고 또는 확정신고시의 양도가액과 동일한 경우에 한한다.

⑫ 법 제97조제1항제1호나목에서 "대통령령으로 정하는 매매사례가액, 감정가액 또는 환산가액"이란 제176조의2제2항부터 제4항까지의 규정에 따른 가액을 말한다.

⑬주식매수선택권을 행사하여 취득한 주식을 양도하는 때에는 주식매수선택권을 행사하는 당시의 시가를 법 제97조제1항제1호의 규정에 의한 취득가액으로 한다.

(*) 토지의 근저당권을 해지하고 임의경매신청을 취하하도록 하기 위하여 지급한 금원은 양도자산을 취득한 후 쟁송이 있는 경우에 그 소유권을 확보하기 위하여 직접 소요된 화해비용으로서 양도차익의 계산에 있어서 양도가액에서 공제할 필요경비에 해당함.(대법원 2011두26411)

소득세법시행규칙 제79조(양도자산의 필요경비 계산등) ① 영 제163조제3항제4호에서 "기획재정부령이 정하는 것"이라 함은 다음 각 호의 비용을 말한다.
1. 「하천법」·「댐건설 및 주변지역지원 등에 관한 법률」 그 밖의 법률에 따라 시행하는 사업으로 인하여 해당사업구역 내의 토지소유자가 부담한 수익자부담금 등의 사업비용
2. 토지이용의 편의를 위하여 지출한 장애철거비용
3. 토지이용의 편의를 위하여 해당 토지 또는 해당 토지에 인접한 타인 소유의 토지에 도로를 신설한 경우의 그 시설비
4. 토지이용의 편의를 위하여 해당 토지에 도로를 신설하여 국가 또는 지방자치단체에 이를 무상으로 공여한 경우의 그 도로로 된 토지의 취득당시 가액
5. 사방사업에 소요된 비용
6. 제1호 내지 제5호의 비용과 유사한 비용

소득세법 제100조(양도차익의 산정) ① 양도차익을 계산할 때 양도가액을 실지거래가액(제96조제3항에 따른 가액 및 제114조제7항에 따라 매매사례가액·감정가액이 적용되는 경우 그 매매사례가액·감정가액 등을 포함한다)에 따를 때에는 취득가액도 실지거래가액(제97조제7항에 따른 가액 및 제114조제7항에 따라 매매사례가액·감정가액·환산가액이 적용되는 경우 그 매매사례가액·감정가액·환산가액 등을 포함한다)에 따르고, 양도가액을 기준시가에 따를 때에는 취득가액도 기준시가에 따른다.

② 제1항을 적용할 때 양도가액 또는 취득가액을 실지거래가액에 따라 산정하는 경우로서 토지와 건물 등을 함께 취득하거나 양도한 경우에는 이를 각각 구분하여 기장하되 토지와 건물 등의 가액 구분이 불분명할 때에는 취득 또는 양도 당시의 기준시가 등을 고려하여 대통령령으로 정하는 바에 따라 안분계산한다. 이 경우 공통되는 취득가액과 양도비용은 해당 자산의 가액에 비례하여 안분계산한다.

③ 제2항을 적용할 때 토지와 건물 등을 함께 취득하거나 양도한 경우로서 그 토지와 건물 등을 구분 기장한 가액이 같은 항에 따라 안분계산한 가액과 100분의 30 이상 차이가 있는 경우에는 토지와 건물 등의 가액 구분이 불분명한 때로 본다. <신설 2015.12.15.>

④ 양도차익을 산정하는 데에 필요한 사항은 대통령령으로 정한다.

소득세법시행령 제166조(양도차익의 산정 등) ⑥ 법 제100조제2항의 규정을 적용함에 있어서 토지와 건물 등의 가액의 구분이 불분명한 때에는 「부가가치세법」 제64조에 따라(*) 안분계산 한다. <개정 2013.6.28. >

(*) 감정가액 → 기준시가 → 장부가액(장부가액이 없는 경우에는 취득가액) → 국세청장이 결정

소득세법제102조(양도소득금액의 구분 계산 등) ① 양도소득금액은 다음 각 호의 소득별로 구분하여 계산한다. 이 경우 소득금액을 계산할 때 발생하는 결손금은 다른 호의 소득금액과 합산하지 아니한다. <개정 2014.12.23.>

1. 제94조제1항제1호·제2호 및 제4호에 따른 소득
2. 제94조제1항제3호에 따른 소득
3. 제94조제1항제5호에 따른 소득

② 제1항에 따라 양도소득금액을 계산할 때 양도차손이 발생한 자산이 있는 경우에는 제1항 각 호별로 해당 자산 외의 다른 자산에서 발생한 양도소득금액에서 그 양도차손을 공제한다. 이 경우 공제방법은 양도소득금액의 세율 등을 고려하여 대통령령으로 정한다.

소득세법 제114조(양도소득과세표준과 세액의 결정·경정 및 통지) ① 납세지 관할 세무서장 또는 지방국세청장은 제105조에 따라 예정신고를 하여야 할 자 또는 제110조에 따라 확정신고를 하여야 할 자가 그 신고를 하지 아니한 경우에는 해당 거주자의 양도소득과세표준과 세액을 결정한다.

소득세법시행령 제158조(기타 자산의 범위) ① 법 제94조제1항제4호 다목에서 "대통령령으로 정하는 자산"이란 다음 각 호의 어느 하나에 해당하는 것을 말한다. <개정 2015.2.3.>

1. 다음 가목 및 나목에 해당하는 법인의 주주 1인 및 기타 주주가 그 법인의

주식등의 합계액의 100분의 50 이상을 주주 1인 및 기타 주주 외의 자에게 양도하는 경우의 해당 주식등 → 특정주식 등

가. 해당 법인의 자산총액 중 법 제94조제1항제1호 및 제2호의 자산가액과 다음 계산식에 따라 계산한 해당 법인이 보유한 다른 법인(제158조제1항제1호 또는 제5호의 요건에 해당하는 법인에 한한정한다)의 주식가액의 합계액이 차지하는 비율이 100분의 50 이상인 법인

$$\text{해당 법인이 보유한 다른 법인의 주식가액} \times \frac{\text{다른 법인의 법 제94조제1항제1호 및 제2호의 자산가액}}{\text{다른 법인의 총 자산가액}}$$

나. 당해 법인의 주식등의 합계액중 주주 1인과 기타 주주가 소유하고 있는 주식등의 합계액이 차지하는 비율이 100분의 50이상인 법인

2. 삭제 <1995.12.30.>
3. 삭제 <2003.12.30.>
4. 삭제 <2003.12.30.>
5. 다음 가목 및 나목에 해당하는 법인의 주식등을 양도하는 경우의 해당 주식등

가. 해당 법인의 자산총액 중 법 제94조제1항제1호 및 제2호의 자산가액과 다음 계산식에 따라 계산한 해당 법인이 보유한 다른 법인(제158조제1항제1호 또는 제5호의 요건에 해당하는 법인에 한정한다)의 주식가액의 합계액이 차지하는 비율이 100분의 80 이상인 법인 → 부동산과다보유법인의 주식

$$\text{해당 법인이 보유한 다른 법인의 주식가액} \times \frac{\text{다른 법인의 법 제94조제1항제1호 및 제2호의 자산가액}}{\text{다른 법인의 총 자산가액}}$$

나. 「체육시설의 설치·이용에 관한 법률」에 의한 골프장업·스키장업등 체육시설업 및 「관광진흥법」에 의한 관광사업 중 휴양시설관련업과 부동산업·부동산개발업으로서 기획재정부령이 정하는 사업을 영위하는 법인

② 제1항제1호의 경우 주주 1인과 기타 주주가 주식등을 수회에 걸쳐 양도하는 때에는 그들중 1인이 주식등을 양도하는 날부터 소급하여 3년내에 그들이 양도한 주식등을 합산한다. 이 경우 제1항 각 호에 해당하는 여부의 판정은 그들중 1인이 주식등을 양도하는 날부터 소급하여 그 합산하는 기간 중 최초로 양도하는 날 현재의 해당 법인의 주식등의 합계액 또는 자산총액을 기준으로 한다. <개정 2014.2.21.>

③ 제1항제1호가목 및 같은 항 제5호가목에 따른 자산총액 및 자산가액은 해당 법인의 장부가액(「소득세법」 제94조제1항제1호에 따른 자산으로서 해당 자산의 기준시가가 장부가액보다 큰 경우에는 기준시가)에 의한다. 이 경우 다음 각호의 금액은 자산총액에 포함하지 아니한다.

1. 「법인세법 시행령」 제24조제1항제2호 바목 내지 사목의 규정에 의한 무형고정자산의 금액
2. 양도일부터 소급하여 1년이 되는 날부터 양도일까지의 기간중에 차입금 또는 증자등에 의하여 증가한 현금·금융재산(「상속세 및 증여세법」 제22조의 규정에 의한 금융재산을 말한다) 및 대여금의 합계액]

양도차익 산정의 원칙은 양도자산의 유형별로 구분하여 서로 동일한 가치기준을 적용하여 따로따로 계산하는 것이다. 첫째, 소득세법 제100조에서는 양도가액을 실지거래가액에 따를 때에는 취득가액도 실지거래가액에 따라야 하고, 실지거래가액이 불분명하여 추계가액(매매사례가액→감정가액)을 양도가액으로 하는 경우에는 취득가액 또한 매매사례가액→감정가액을 적용하고 취득가액이 불분명한 경우에만 마지막으로 환산된 취득가액에 따르고, 양도가액을 기준시가에 따르는 경우에는 취득가액도 기준시가에 따르게 하고 있다.(**'양도가액 우선의 동일기준결정원칙', '쌍방실가', '쌍방기준시가'**) 둘째, 양도가액과 취득가액을 실지거래가액으로 산정하는 경우 토지와 건물 등을 함께 취득하거나 양도하는 때에는 이를 각각 구분하여 기장하여야 하고, 토지와 건물 등의 가액이 불분명할 경우에는 감정평가액이 있다면 감정평가액에 따라 안분하여 계산하고 그렇지 않으면 기준시가에 따라 안분한다.(소세법제100조②)(**'자산별·물건별·거래유형별 구분계산의 원칙'**) 셋째, 소득세법은 2007년 이후로는 부동산실거래신고제가 정착함에 따라 기준시가원칙이 아닌 실지거래가액원칙을 우선하고 있다.

가. 실지거래가액에 따른 양도차익 산출

실지거래가액을 알 수 있는 경우에는 양도가액이나 취득가액이나 모두 실지가액에 따르고 자본적 지출과 양도비용도 증빙자료로 입증된 실지 비용액을 적용한다. 전 소유자의 양도소득과세표준 예정신고나 확정신고시 양수인의 인감증명서를 제출한 경우(그러나 인감증명서는 예정신고나 확정신고시 첨부의무가 있는 서류는 아님), 거주자가 부동산 취득시 부동산거래계약신고(주택거래신고 포함)를 하였다면 그 신고가액이 실지가액으로 본다.(소세령 부칙제5조, 소세법제97조⑦, 소세령제163조⑪) 다만, 양도소득세 신고의무자가 그 신고를 아니한 경우에는 부동산등기법 제68조에 따라 등기부에 기재된 거래가액을 실지거래가액으로 본다.(소세법제97조⑦, 소세령제163조⑪2호)

또한 상속 또는 증여(증여의제는 제외) 받은 자산에 대해 상속개시일 또는 증여일 현재 상속세 및 증여세법 제60조 내지 제66조의 규정에 따라 평가한 가액은 취득 당시의 실지거래가액으로 본다.(소세령제163조⑨, 예외 있음)

그러나 양도인이 실지거래가격이라고 매매계약서를 첨부하여 신고하였다고 하더라도 이른바 '다운'계약서나 '업'계약서인 경우, 양수인이 본인의 양도차익 산정시 기존 취득가액을 번복하는 행위는 신의성실원칙에 위반되지 않는다.(대전지법 2008구합2325) 따라서 양수인 자신이 양도인이 되어 양도소득세 신고를 하는 경우, 계약 당시 작성한 본래의 이면계약서나 매매대금이 입금된 금융거래자료 등의 증빙서류를 제출하여 실지취득가액을 주장·입증하면 된다. 나아가 과세당국도 신고가액과 다른 납세자의 실지거래가액을 확인한 경우 확인된 실가로 경정할 수 있다.(소세법제114조⑥)

(1) 실지거래가액에 따른 양도차익 계산체계

양도가액		필요경비		
실지양도가액	−	1. 실지취득가액 2. 자본적 지출액 3. 양도비용	=	양도차익

(2) 과세물건별 실지거래가액의 산정

① 실지양도가액

실지양도가액은 자산을 양도하고 양도인이 양수인에게서 실제로 받은 대가를 말한다. 상속 또는 증여받은 자산에 대하여 양도차익을 실지거래가액을 적용하여 계산하여야 하는 경우에는 상속세 및 증여세법의 규정에 따라 평가한 가액을 취득 당시의 실지거래가액으로 본다.

② 실지취득가액

실지취득가액은 양도자산의 취득의 소요된 실지거래가액으로서 취득방법에 따라 다음 금액으로 한다.

㉠ 유상승계취득 : 매입가액에 취득세나 등록면허세 및 그에 대한 부가가치세, 그밖의 부대비용을 합산한 금액을 말한다. 주택의 부가가치세는 취득가액에 포함하나 상가의 부가가치세는 환급받았다면 필요경비로 공제할 수 없다.

㉡ 자영건설 : 원재료비, 노무비, 운임, 하역비, 보험금, 수수료, 공과금(취득세나 등록면허세 등), 기타 부대비용. 주택의 부가가치세는 취득가액에 포함하나 상가의 부가가치세는 환급받았다면 필요경비로 공제 불가하다.

㉢ 상속·증여재산 : 상속 또는 증여 당시 상속세 및 증여세법 규정에 따라 평가한 가액에 취득세나 등록면허세, 기타 부대비용을 가산한 금액

㉣ 의제취득일 전에 취득한 재산 : 다음 가액 중 큰 금액.(소세법제97조②1호나목)

1. 의제취득일 현재의 매매사례가액, 감정가액, 환산된 취득가액
2. 취득 당시 실지거래가액, 매매사례가액, 환산가액이 확인되는 경우로서 그 가액에 취득일부터 의제취득일까지의 생산자물가상승률을 곱하여 계산한 금액을 합산한 금액

㉤ 취득과 관련된 소송비용과 취득에 관련된 컨설팅비용·중개수수료·법무사 보수도 취득가액에 포함된다.(소세령제163조①2호)

③ 자본적 지출액 : 다음에 해당하는 비용을 말하는데 수익적 지출액을 제외한다.

1. 제67조제2항의 규정을 준용하여 계산한 자본적 지출액
2. 양도자산을 취득한 후 쟁송이 있는 경우에 그 소유권을 확보하기 위하여 직접 소요된 소송비용·화해비용 등의 금액으로서 그 지출한 연도의 각 소득금액의 계산에 있어서 필요경비에 산입된 것을 제외한 금액
3. 양도자산의 용도변경·개량 또는 이용편의를 위하여 지출한 비용
4. 개발부담금
5. 재건축부담금

수익적 지출액이란 자산의 회복·유지·관리비용. 즉, 재산세 및 종합부동산세 등 보유세, 현상유지를 위한 소액 수선비를 말한다.

※ 자본적 지출 ↔ 수익적 지출
개념적으로 구분하면 자본적 지출은 고정자산의 현상유지를 넘어 내용연수를 연장시키거나 당해 자산의 가치를 현실적으로 증가시키기 위하여 지출한 수선비(개량비)를 말한다.(법세령제31조②) 반면에 수익적 지출은 자본적 지출을 제외한 지출을 말하는데(법세칙제17조), 지출의 효과가 단기에 종료하는 것으로서 유형자산의 원상을 회복시키거나 능률 유지를 위한 지출에 해당한다고 보면 된다. 자본적 지출은 당기 수익과 관련이 없는 투자지출로 볼 수 있는 것을 말하고 수익적 지출은 당기 수익에 대응하는 경미한 비용으로서 전액 손금산입되는 것으로 보면 된다. 사람으로 말하면 용모를 바꾸는 성형수술비용과 단순 화장·미용을 위한 비용의 차이와 견줄 수도 있겠다.

④ 양도비용 :

㉠ 자산을 양도하기 위하여 직접 지출한 비용으로서 계약서작성비용, 공증비용, 인지대, 중개수수료, 양도소득세 신고서 작성비용

㉡ 주식등의 양도시에는 증권거래세
㉢ 양도자에게 법적 지급의무가 있는 비용이어야 한다.

나. 추계가액을 적용하는 양도차익 산출

실지거래가액을 확인할 수 없을 경우에는 다음 순서에 따라 계산한 추계가액을 적용하여 양도차익을 산출한다. 이 경우 필요경비 중 자본적 지출액과 양도비용은 **필요경비 개산공제액**으로 갈음한다. 다만, 취득가액을 환산가액으로 할 경우에는 자본적 지출 및 양도비용의 합계액과 필요비 개산공제액을 비교하여 큰 것으로 할 수 있다.(소세법제97조②2호단서)

1. 추계가액 : 매매사례가액, 감정가액, 환산가액, 기준시가(소세법제114조⑦)
2. 추계가액 적용순서
   - 양도가액 : 매매사례가액 → 감정가액 → 기준시가
   - 취득가액 : 매매사례가액 → 감정가액 → 환산된 취득가액 → 기준시가

소득세법 제114조(양도소득과세표준과 세액의 결정·경정 및 통지) ⑦ 제4항부터 제6항까지의 규정을 적용할 때 양도가액 또는 취득가액을 실지거래가액에 따라 정하는 경우로서 대통령령으로 정하는 사유로 장부나 그 밖의 증명서류에 의하여 해당 자산의 양도 당시 또는 취득 당시의 실지거래가액을 인정 또는 확인할 수 없는 경우에는 대통령령으로 정하는 바에 따라 양도가액 또는 취득가액을 매매사례가액, 감정가액, 환산가액(실지거래가액·매매사례가액 또는 감정가액을 대통령령으로 정하는 방법에 따라 환산한 취득가액을 말한다) 또는 기준시가 등에 따라 추계조사하여 결정 또는 경정할 수 있다.

소득세법시행령 제176조의2(추계결정 및 경정) ① 법 제114조제7항에서 "대통령령으로 정하는 사유"란 다음 각 호의 어느 하나에 해당하는 경우를 말한다. <개정 2015.2.3.>

1. 양도 또는 취득당시의 실지거래가액의 확인을 위하여 필요한 장부·매매계약서·영수증 기타 증빙서류가 없거나 그 중요한 부분이 미비된 경우
2. 장부·매매계약서·영수증 기타 증빙서류의 내용이 매매사례가액, 「부동산 가격공시 및 감정평가에 관한 법률」 제2조제9호에 따른 감정평가업자(이하 이 조에서 "감정평가업자"라 한다)가 평가한 감정가액 등에 비추어 허위임이 명백한 경우

② 법 제114조제7항에서 "대통령령으로 정하는 방법에 따라 환산한 취득가액"이란 다음 각 호의 방법에 따라 환산한 취득가액을 말한다.

1. 법 제94조제1항제3호의 규정에 의한 주식등이나 법 제94조제1항제4호의 규정에 의한 기타자산의 경우에는 다음 산식에 의하여 계산한 가액

양도 당시의 실지거래가액, 제3항제1호의 매매사례가액 또는 동항제2호의 감정가액	×	취득당시의 기준시가 / 양도당시의 기준시가

2. 법 제96조제1항 및 동조제2항제1호 내지 제9호(제6호의 규정은 제4항의 규정에 의한 의제취득일 전에 취득한 자산에 한하여 적용한다)의 규정에 의한 토지·건물 및 부동산을 취득할 수 있는 권리의 경우에는 다음 산식에 의하여 계산한 가액

양도 당시의 실지거래가액, 제3항제1호의 매매사례가액 또는 동항제2호의 감정가액	×	취득당시의 기준시가 / 양도당시의 기준시가(제164조제8항의 규정에 해당하는 경우에는 동항의 규정에 의한 양도당시의 기준시가)

③ 법 제114조제7항에 따라 양도가액 또는 취득가액을 추계결정 또는 경정하는 경우에는 다음 각 호의 방법을 순차로 적용(신주인수권의 경우에는 제3호를 적용하지 아니한다)하여 산정한 가액에 의한다. 다만, 제1호에 따른 매매사례가액 또는 제2호에 따른 감정가액이 제98조제1항에 따른 특수관계인과의 거래에 따른 가액 등으로서 객관적으로 부당하다고 인정되는 경우에는 해당 가액을 적용하지 아니한다. <개정 2015.2.3.>

1. 양도일 또는 취득일 전후 각 3개월 이내에 해당 자산(주권상장법인의 주식등은 제외한다)과 동일성 또는 유사성이 있는 자산의 매매사례가 있는 경우 그 가액
2. 양도일 또는 취득일 전후 각 3개월 이내에 해당 자산(주식등을 제외한다)에 대하여 둘 이상의 감정평가업자가 평가한 것으로서 신빙성이 있는 것으로 인정되는 감정가액(감정평가기준일이 양도일 또는 취득일 전후 각 3개월 이내인 것에 한한다)이 있는 경우에는 그 감정가액의 평균액
3. 제2항의 규정에 의하여 환산한 취득가액
4. 기준시가

(1) 필요경비 개산공제

구분		개산공제율
토지		취득당시 **기준시가**의 3%(미등기자산은 0.3%)
건물	일반건물	취득당시 기준시가의 3%(미등기자산은 0.3%)
	단독·공동주택	취득당시 기준시가의 3%(미등기자산은 0.3%)
지정지역의 오피스텔·상가건물		취득당시 기준시가의 3%(미등기자산은 0.3%)
지상권·전세권·등기된임차권		취득당시 기준시가의 7%(미등기자산은 1%)
부동산을 취득할 수 있는 권리, 주식 등, 기타 자산		취득당시 기준시가의 1%

(2) 추계가액에 따른 양도차익 계산순서

① 매매사례가액

양도가액	−	필요경비		=	양도차익
매매사례가액		취득가액	**감정평가액**		
		기타경비	개산공제비용		

② 감정가액의 평균액

양도가액	−	필요경비		=	양도차익
감정평가액		취득가액	감정평가액		
		기타경비	개산공제비용		

③ 환산취득가액

양도가액	−	필요경비		=	양도차익
1. 실지거래가액 2. 매매사례가액 3. 감정평가가액		취득가액	감정평가액		
		기타경비	개산공제비용		

④ **기준시가**

양도가액	−	필요경비	=	양도차익
양도당시 **기준시가**		1. 취득당시 **기준시가** 2. 필요경비 개산공제액		

다. 양도소득금액의 구분계산

소득세법 제102조(양도소득금액의 구분 계산 등) ① 양도소득금액은 다음 각 호의 소득별로 구분하여 계산한다. 이 경우 소득금액을 계산할 때 발생하는 결손금은 다른 호의 소득금액과 합산하지 아니한다.

1. 제94조제1항제1호·제2호 및 제4호에 따른 소득
2. 제94조제1항제3호에 따른 소득

② 제1항에 따라 양도소득금액을 계산할 때 양도차손이 발생한 자산이 있는 경우에는 제1항 **각 호별로** 해당 자산 외의 다른 자산에서 발생한 양도소득금액에서 그 양도차손을 공제한다. 이 경우 공제방법은 양도소득금액의 세율 등을 고려하여 대통령령으로 정한다.

라. 양도차익 결정방법의 변경 가부

① 양도소득 과세표준 확정신고 이전에는 실지거래가액으로 한 신고를 기준시가로 한 신고로, 기준시가 신고를 실지거래가액 신고로 자유롭게 변경할 수 있다.

② 그러나 양도소득 과세표준 확정신고 이후에는 과세표준산정을 기준시가로 한 경우에는 소득세법 제96조 제2항 6호에 해당하지 아니하므로 실지거래가액으로 양도차익을 산정할 수 없다. 과세표준을 실지거래가액으로 산정한 경우에도 양도소득 과세표준 확정신고 이후에는 기준시가로 변경하여 경정청구나 수정신고를 할 수 없다.(대법원 2010두29321) 따라서 실지거래가액 과세원칙이 적용되는 경우에는 과세표준 확정신고기한의 전·후를 불문하고 실지거래가액으로만 확정신고·수정신고·경정청구가 가능하다.

마. 실지거래가액의 시·부인

(1) 실지거래가액 신고에 대한 과세 관청의 확인대상

① 기준시가에 따른 양도차익에 견주어 실지거래가액 신고에 따른 양도차익의 비율이 일정비율 미만으로 신고된 경우, ② 일정거래 횟수를 초과한 거래로서 단기차익 목적이 있는 경우, ③ 투기지역이나 특정부동산의 경우

(2) 시·부인 절차

과세관청은 실지거래가액에 의한 과세표준신고가 있는 경우 매매계약서, 매매대금 수수증빙 등 양도자의 증빙서류와 거래상대방의 장부가액이나 거래전표, 그 밖에 거래관계인(중개인, 입회인)의 증빙자료, 관계기관의 증빙서류(법원의 판결문, 검·경찰의 수사기록, 신고 및 허가관서에 제출된 문서, 지방세 과세자료, 공정증서)를 형식상 문서의 하자 여부와 내용상 진정 여부를 살펴 결정한다. 과세관청이 실지거래가액을 부인하는 경우, 입증책임은 납세자에게 있다.

바. 각론

① 토지와 건물을 일괄하여 양도한 경우에는 가액의 구분이 분명한 경우에는 구분하여 계산하여야 하나 가액 구분이 불분명한 경우에는 취득 또는 양도 당시의 기준시가에 비례하여 안분계산한다.(**일괄취득 양도자산의**

안분계산원칙, 소세법제100조②) 토지와 건물의 양도차익 산정을 각각 별개의 방법으로 할 수 있다. 안분계산은 토지와 토지가 일괄양도된 경우에도 마찬가지로 적용된다.(대법원 2010두23651) 과세대상 자산과 비과세대상 자산 상호간에도 안분계산원칙은 유추적용된다 할 것이나 과세대상 자산의 양도차익이 과세대상 자산과 비과세대상 자산 전체의 양도차익을 초과할 수 없다.(대법원 2010두21402)

판례도 주거상업 복합건물을 양도한 원고가 비과세대상인 주택의 양도가액을 의도적으로 과도하게 신고하여 양도가액의 구분이 불분명한 경우에 해당하므로 기준시가에 의한 안분가액으로 과세한 양도소득세 과세처분이 적법하다고 하여 동일한 관점을 취하고 있다.(대법원 2014두3600)

② 매매대금 중 회수불능채권액은 양도가액에서 차감한다.

③ 당초의 약정을 변경하여 매매가액을 감액한 경우에는 수정된 가액이 양도가액이 된다. 양도자산의 하자에 따른 손해보상금이 지급된 경우에는 양도가액에서 차감한다.

④ 임지와 임목을 함께 양도한 경우 서로 양도가액이 구분되지 않을 때에는 먼저 '임지'에 대하여 기준시가를 적용하여 양도(취득)가액을 계산하고 그 뒤 전체 가액에서 그 가액을 차감한 금액을 '임목'의 금액으로 한다. 이 경우 차감 후 잔액이 없을 경우 임목의 가액은 없는 것으로 본다.(소세령제51조⑧1호, 2호) 지하수개발·이용권과 토지를 함께 양도하는 경우에도 마찬가지이다.

⑤ 토지수용시 토지와 지장물 등을 함께 양도한 경우, 양도가액을 구분한 경우에는 농작물에 대한 손실보상금은 비과세대상이고(소세법제12조2호) 분묘이장비 명목의 보상금은 기타소득으로 과세되고 축산업자의 영업손실보상금이나 폐업손실보상금은 사업소득으로 과세된다. 구분하지 않은 경우에는 전체가액을 토지의 양도가액으로 본다.

⑥ 토지거래허가구역의 경우 허가받기 전에 예정신고한 내용은 대금청산 후 허가를 받은 경우에는 그대로 인정된다. 매매계약을 체결하고 잔금까지 청산한 후에 허가를 받은 경우 양도소득 산정의 기준시는 대금청산일로 소급한다. 잔금청산 후 불허가가 확정되었다면 양도소득이 발생할 여지도 없다.

⑦ 주식매수선택권의 양도차익 산정은 실양도가액에서 매수선택권 행사 당시의 시가를 뺀 금액이다.(취득가액이 행사가액은 아니다. 행사시 시가와 행사가액과의 차액은 근로소득세 등으로 이미 과세됨)

⑧ **교환**의 경우에도 양도가액은 실지거래가액을 적용하는 것이 원칙이므로 계약서상 매매가액이 나타나 있는 경우에는 그 가액을 양도가액으로 한다. 그러나 단순교환의 경우 실지거래가액을 명시하지 않는 경우가 대부분이므로 그 경우에는 매매사례가액을 적용하여야 하고 그것도 없을 경우에는 감정가액을 적용하고 감정가액조차 없다면 기준시가를 양도가액으로 한다. 보충금이 있는 교환의 경우에는 취득한 부동산의 매매사례가액이나 감정가액에 보충금을 가산한 금액을 양도가액(상대방은 취득한 부동산의 가액에서 보충금을 공제한 금액)으로 하고, 그러한 가액이 없다면 취득한 부동산의 기준시가에 보충금을 가산한 금액을 양도가액으로 한다.

따라서 단순교환의 경우 기준시가가 적용되는 경우 보통 절세효과가 발생한다. 그렇다 하더라도 나중에 교환으로 취득한 부동산을 양도하는 경우에는 취득가액이 기준시가에 따른 가액이 되므로 양도차익이 늘어나는 결과가 되므로 교환계약서 작성시 2 이상의 감정평가법인에 감정을 의뢰하여 감정가액으로 교환가격을 기재하고 그 차액을 정산하는 방식이 더 좋을 수도 있으므로 주의해야 한다.

직계존비속 간의 교환의 경우 상속세 및 증여세법상 증여추정에 해당하지 않으므로 양도소득세가 과세되는데, 교환하는 자산의 가액이 서로 같지 않을 경우에는 그 차액에 대하여 증여세가 과세된다.

⑨ 현물출자

구 분	공동사업에 현물출자	법인에 현물출자
양도시기	현물출자 이행일(공동사업계약 체결일) 또는 소유권이전등기 접수일	주식교부일, 명의개서일, 소유권이전등기접수일 중 빠른 날(증자등기일 또는 소유권이전등기접수일 중 빠른 날)
양도가액	매매사례가액 또는 감정가액	대가로 받은 지분(주식)의 가액
출자지분의 반환	금전으로 반환시 양도소득세 과세대상, 현물반환시 공유물 분할로 보아 양도세 비과세	지분의 현물반환 불가, 금전반환시 법인세

⑩ 대물변제의 경우에는 대물변제된 채권액이 분명한 경우에는 그 가액을 실지거래가액으로 보아 양도가액을 산정한다. 협의이혼시 위자료나 양육

비 액수를 정하지 않고 그에 갈음하여 특정 부동산으로 대물변제한 경우와 같이 대물변제된 가액이 불분명한 경우에는 실지거래가액을 알 수 없으므로 소득세법 제114조 제5항에 따라 산출한 가액(매매사례가액, 감정가액, 환산가액)을 질지거래가액으로 본다.

⑪ 조세의 물납

양도소득세의 물납은 공익사업용으로 양도 또는 수용에 따라 채권보상을 받은 경우 당해 채권에 의한 물납만이 가능하므로 양도소득세 과세대상자산이 아니어서 양도소득세 과세 문제가 발생하지 않는다.(소세법제112의2) 상속세나 증여세의 물납의 경우에는 부동산이나 유가증권으로 물납이 가능하므로 물납자산이 양도소득세 과세대상 자산이라면 양도소득세가 과세된다. 이 경우 양도가액은 수납가액이고 취득가액은 상속개시일 또는 증여일 현재의 평가액이다. 연부연납기간의 분납세액이 아닌 이상, 수납가액과 평가액이 동일하여 양도차익이 발생하지 않는다.

⑫ 부담부증여

㈀ 국세 관련(증여세, 양도소득세)

1) 부담부증여란

부담부증여란 증여자가 수증자에게 자산을 증여하면서 당해 재산에 담보된 증여자의 채무를 수증자가 인수하는 것을 부담부증여계약이라고 한다. 부담부증여의 요건은 다음과 같다.

첫 번째, 증여일 현재 증여재산에 담보된 채무(당해 재산을 타인에게 임대한 경우 그 임대보증금 포함)가 있을 것. 따라서 증여자의 일반채무를 인수하거나 제3자의 채무담보로 제공된 경우(물상보증)에는 해당되지 않는다.

두 번째, 그 담보된 당해 채무가 반드시 증여자의 채무이어야 할 것. 따라서 제3자의 채무로 담보된 재산을 조건 없이 증여하는 경우 부담부증여로 인정되지 않고 수증자가 그 피담보채무를 대위변제하면 그 변제액이 채무자에 대한 증여가 된다.(변제 후 채무자에게 구상하면 예외) 따라서 증여재산가액을 초과하는 채무액을 수증자가 인수한 경우에는 그 초과액에 대하여는 오히려 수증자가 증여자에게 증여한 것이 된다.

세 번째, 수증자에게 채무 변제 능력이 있을 것.

네 번째, 당해 채무를 수증자가 반드시 인수하여야 할 것.

위의 부담부증여임을 인정받기 위하여 증여계약서상 특약사항으로 채무 부담내용, 채무자 명의의 변경, 임대차계약의 임대인인 명의의 변경 등 특약사항을 증여계약서에 별도 약정할 필요는 없다. 다시 말하자면, 그러한 특약이나 채무자 명의변경 여부에 관계 없이 수증자가 채무를 사실상 인수한 경우에는 부담부증여로 인정한다.(국심2000부2551) 그와 반대로 증여계약서에 부담부증여에 대한 특약사항이 있고 채무자 명의변경이 기재되어 있어도 증여일 이후 증여자가 계속하여 이자를 지급하는 경우는 사실상 수증자가 채무를 인수한 것으로 볼 수 없으므로 부담부증여로 인정하지 않는다.(국심 2003중2533) 모친으로부터 증여받은 주택에 근저당 설정된 모의 은행채무 명의의가 수증자로 변경되지 아니하였으나 수증자가 이자를 지급하였다면 부담부증여로 인정한다.(국심 2000부2551) 증여부동산을 담보로 제3자 명의로 대출을 받았으나 그 실지채무자가 증여자임이 금융자료등에 의하여 확인되고 그 채무를 수증자가 인수하여 이자와 원금을 상환하였음이 확인된다면 부담부증여에 해당한다.(국심 2001부1707)

또한 특수관계자 간에 부동산을 증여하면서 증여 직전에 증여자가 금융기관에서 대출을 받은 후, 수증자가 증여자의 금융채무를 인수한 경우라 하더라도 증여자가 대출받은 금액에 대한 사용처를 객관적으로 입증하지 못한 경우 증여자의 진정한 채무로 볼 수 없어 부담부증여로 인정하지 않는다.(국심 2003서3238) 형식적으로 대출을 받아 부담부증여를 이용하여 증여세를 회피하는 것을 방지하기 위함이다. 나아가 배우자간·직계존비속간 부담부증여의 경우에는 인정되는 인수채무의 범위가 엄격하여 ① 국가·지방자치단체, 금융기관의 채무, ② 사채 등은 채무부담계약서, 채무자확인서, 담보설정 및 이자지급 증빙으로 채무사실이 확인된 채무, ③ 당해 자산을 임대한 경우 임대보증금만을 인정하고 있다. 또한 이러한 채무는 과세관청의 부채사후관리대장에 등재하여 1년에 2회씩 사후관리하고 있고, 부채가 변제된 경우에는 변제된 자금의 원천을 추적조사하여 수증자의 자금이 아니라면 그에 대해 증여세를 과세한다.

상속세 및 증여세법 제47조(증여세 과세가액) ① 증여세 과세가액은 증여일 현재 이 법에 따른 증여재산가액을 합친 금액[제40조제1항제2호, 제41조의3, 제41조의5, 제42조제4항, 제45조의3에 따른 증여재산(이하 "합산배제증여재산"이라 한다)의 가액은 제외한다]에서 그 증여재산에 담보된 채무(그 증여재산에 관련된 채무 등 대통령령으로 정하는 채무를 포함한다)로서 수증자가 인수한 금액을 뺀 금액으로 한다.

③ 제1항을 적용할 때 배우자 간 또는 직계존비속 간의 부담부증여(부담부증여, 제44조에 따라 증여로 추정되는 경우를 포함한다)에 대해서는 수증자가 증여자의 채무를 인수한 경우에도 그 채무액은 수증자에게 인수되지 아니한 것으로 추정한다. 다만, 그 채무액이 국가 및 지방자치단체에 대한 채무 등 대통령령으로 정하는 바에 따라 객관적으로 인정되는 것인 경우에는 그러하지 아니하다.

소득세법 제88조(양도의 정의) ① 제4조제1항제3호 및 이 장에서 "양도"란 자산에 대한 등기 또는 등록과 관계없이 매도, 교환, 법인에 대한 현물출자 등으로 인하여 그 자산이 유상으로 사실상 이전되는 것을 말한다. 이 경우 부담부증여(「상속세 및 증여세법」 제47조제3항 본문에 해당하는 경우는 제외한다)에 있어서 증여자의 채무를 수증자가 인수하는 경우에는 증여가액 중 그 채무액에 상당하는 부분은 그 자산이 유상으로 사실상 이전되는 것으로 본다.

현행 세법에서는 이러한 부담부증여에 대한 과세상의 규정을 크게 두 가지로 두고 있다. 그 하나는 상속세및증여세법 제47조 제1항에서 증여세 과세가액을 계산할 경우 당해 증여재산에 담보된 채무로서 수증자가 인수한 금액을 증여재산가액의 합계액에서 차감한 금액으로 하도록 하고 있고, 또 하나는 소득세법 제88조 제1항의 양도의 정의규정에서 부담부증여에 있어서 증여자의 채무를 수증자가 인수하는 경우에는 증여가액 중 그 채무액에 상당하는 부분은 그 자산이 유상으로 사실상 이전되는 것으로 보도록 하고 있다. 즉, 부담부증여에서 증여자의 채무를 수증자가 인수하는 경우에는 증여가액 중 그 채무액에 상당하는 부분은 증여세 과세가액에서 공제하되, 공제된 채무액은 그 자산이 사실상 유상으로 이전되는 것으로 보아 양도소득세를 과세하도록 하고 있는 것이다.

세법은 이러한 부담부증여를 채무부분에는 증여자에게 양도소득세를, 채무이외의 부분에 대해서는 수증자에게 증여세를 부과한다. 따라서 증여자는 채무에 상당하는 자산부분에 대하여 양도소득세 납세의무가 있다.(그러나 증여자산이 비과세요건을 갖춘 1세대1주택인 경우에는 채무부분에 대한 양도소득세는 비과세된다)

2) 부담부증여의 양도차익

소득세법시행령 제159조(부담부증여에 대한 양도차익의 계산) ① 법 제88조제1항 후단에 따른 부담부증여의 경우 양도로 보는 부분에 대한 양도차익을 계산함에 있어서 그 취득가액 및 양도가액은 다음 각 호에 따른다. <개정 2015.2.3.>

1. 취득가액: 법 제97조제1항제1호에 따른 가액(제2호에 따른 양도가액을 「상속세 및 증여세법」 제61조제1항 및 제2항에 따라 산정한 경우에는 취득가액도 같은 방식에 따라 산정한다)에 증여가액 중 채무액에 상당하는 부분이 차지하는 비율을 곱하여 계산한 가액
2. 양도가액
   「상속세 및 증여세법」 제60조부터 제66조까지의 규정에 따라 평가한 가액에 증여가액 중 채무액에 상당하는 부분이 차지하는 비율을 곱하여 계산한 가액

② 제1항을 적용할 때 양도소득세 과세대상에 해당하는 자산과 해당하지 아니하는 자산을 함께 부담부증여하는 경우로서 증여자의 채무를 수증자가 인수하는 경우 채무액은 다음 계산식에 따라 계산한 금액으로 한다.

채무액 = 총채무액 × 과세대상자산가액 / 총증여자산가액

• **부담부증여의 양도차익**(소세법제96조, 97조, 소세령제159조))

계 산 식 = 양도가액 - 취득가액
양도가액 = 상증세법 제60조~제66조상 평가액 × 채무액/증여가액
취득가액 = 소득세법 제97조 제1항 제1호의 평가액 × 채무액/증여가액

다만, 양도가액 산정시 상증법상 평가액이 기준시가인 경우에는 취득가액 산정시에도 기준시가를 적용해야 한다.(동일기준과세원칙) 양도소득세가 부과되는 채무란 당해 증여재산에 담보된 채무를 말하는 것이고, 채무인수 사실이 있어야 하고 그 사실은 채무자 명의변경을 불문하고 실질내용에 따라 판단한다.

양도소득세 과세대상 자산과 비과세대상 자산을 함께 부담부 증여하는 경우 과세대산재산의 유상대가로 보는 채무액은 다음 계산식에 따라 계산한다.

채무액= 총채무액×과세대상 자산의 가액/총 증여재산의 가액

1주택의 전체가액이 9억원을 초과하는 고가주택을 부담부증여하는 경

우 위의 양도가액과 취득가액을 계산하여 부담부증여분 양도차익을 먼저 산출한 가액에 [(총증여자산가액-9억원)/총증여자산가액]을 곱하여 최종적으로 고가주택 양도차익을 산출한다.

3) 부담부증여의 절세 근거

부담부증여를 이용하면 일반적인 증여보다 세금을 절약할 수 있는 것은 양도소득세는 취득가액을 공제받을 수 있기 때문이다. 전체금액이 5억원, 담보대출이 3억원인 주택을 증여한 경우 5억원 중 2억원에는 증여세가 과세되지만, 대출금 3억원에 대해서는 양도소득세가 과세된다. 그러나 양도소득세는 양도가액에서 취득가액을 차감한 양도차익에 과세되는 세금이므로, 3억원 전체에 양도소득세율을 곱하는 것이 아니라 주택 취득금액 중 채무부분만큼을 취득가액으로 공제받을 수 있어 세금이 줄어들게 된다.

증여세와 양도소득세는 세율이 다르기 때문에 단순 비교하기는 어렵지만, 일반적인 경우 부담부증여가 증여보다 세부담이 작은 것이 보통이다. 왜냐하면 증여세는 배우자를 제외하고 직계존비속간에는 3천만원의 증여공제만 받을 수 있지만, 양도소득세는 취득가액 및 필요경비, 3년 이상 보유한 경우 10% 이상의 장기보유특별공제 등 각종 공제액이 많기 때문이다.

또한 부담부증여는 실지거래가액의 파악이 곤란하여 대부분 상증법상의 기준시가가 적용될 터인데 대부분은 채무부담액이 그에 해당하게 된다. 따라서 검인 증여계약서상의 채무부담액이 시가보다는 낮고 시가표준액보다는 높은 한 그 가액이 과세표준으로 인정될 터이고, 양도가액이 상증법상 기준시가로 평가되면 취득가액 또한 기준시가로 평가되는 것이므로 양도차익 계산에서 보통은 유리할 것이다.

주의할 점은 직계존비속, 배우자간에는 부담부증여를 하더라도 채무가 수증자에게 인수되지 않는 것으로 추정한다. 부담부증여를 통하여 증여세를 탈루하는 변칙증여를 막기 위한 규정이다. 물론 추정이기 때문에 실제로 채무를 인수하였음을 대출계약서 등으로 증명하면 증여세가 아닌 양도소득세가 과세된다. 한편 국세청은 부담부증여시 인정된 모든 부채에 대해 원리금 상환내역을 체계적으로 전산시스템으로 추적, 관리하고 있다. 즉, 부담부증여를 활용해 세금을 회피한 후 증여자(보통 부모)가 채무를 갚아주는 경우를 방지하기 위한 것이다.

㈁ 지방세 관련(취득세 등)

지방세법 제7조(납세의무자 등) ⑫ 증여자의 채무를 인수하는 부담부 증여의 경우에는 그 채무액에 상당하는 부분은 부동산등을 유상으로 취득하는 것으로 본다. <신설 2014.1.1.>

부담부증여는 형식상 증여이지만 증여를 조건으로 증여자의 채무까지 증여되는 경우로서 수증자는 채무를 인수하는 것이므로 과세표준은 무상취득이 아닌 유상승계취득의 입장에서 결정한다. 따라서 부담부증여자가 법인이거나 수증자가 법인이면 지방세법 제10조 제5항의 규정에 따라 채무 부담액이 법인장부로 사실상 확인되는 경우에는 그 부담액을 취득가액으로 본다. 다음으로 개인간의 부담부증여는 원칙적으로 사실상 취득가격이 적용되지 않고 신고가액과 시가표준액 중 큰 금액을 과세표준으로 하는데, 검인계약서 상의 채무부담액이 시가표준액보다 낮으면 시가표준액을 과세표준으로 하고, 검인계약서 상의 채무부담액이 시가표준액보다 높더라도 사실상 취득가격이 인정되지 않고 신고가액도 없을 것이므로 시가표준액을 과세표준으로 보아 취득세를 과세한다.(대법원 2005두11128, 행심제2006-165호)

세율 적용과 관련하여서도 문제가 되는데 실무는 부담부분은 유상취득, 나머지 부분은 무상취득으로 보아 각각 해당 세율을 적용하여 합산하여 적용한다.(대법원 2005두11128) 그런데 주택의 부담부증여의 경우 각종 감면규정, 특히 지방세특례제한법 제40조의 2[유상거래 주택(1인1주택 or 일시적 1인2주택 & 9억원 이하)]에 따라 취득세가 감면되는 규정도 적용되는지 문제되나 현행법상 취득세 영구인하가 되고(지세법제11조①8호) 지방세법 제7조 제12항이 신설되었으므로 원칙대로 부담부분은 유상거래에 해당하므로 안분하여 유상취득세율이 적용되고, 무상증여부분은 증여의 취득세율이 적용된다.

⑬ 상속, 증여의 경우에는 상속(증여)재산의 취득가액은 양도가액의 실거래가액 적용과 상관 없이 상증법제60조 내지 66조의 평가가액으로 본다(의제).(소세령제163조⑨) 상증세법상 평가가액은 원칙적으로 평가기준일 현재의 시가를 말하는데, 시가산정이 어려운 경우에는 상속세 및 증여세법 제61조부터 제65조에 규정된 방법에 따라 평가한 가액을 시가로 본다.(보충적 평가방법) 시가라 함은 평가기준일 전후 6월(증여의 경우에는 3월)

이내의 기간 중의 매매, 감정, 수용 또는 경·공매가 있는 경우 그 가액을 말한다. 그러나 보충적 평가방법으로 평가한 가액으로 신고하였다면 시가와의 차액에 해당하는 양도차익이 발생할 여지가 있다.

상속인에 의한 등기로 상속인이 **잔금을 수령**하고 부동산을 피상속인으로부터 매수인에게 직접 등기 이전하여 준 경우 상속인이 상속하여 양도한 것으로 보고 상속인에게 **상속개시일부터** 양도일 사이의 양도소득세 납부의무가 있고, 이 경우 취득가액은 상속세 및 증여세법상 평가가액을 기준으로 한다. 상속세 물납의 경우에도 유상양도에 해당하므로 양도소득세 과세대상이나 양도가액과 취득가액이 동일하므로 양도차익이 발생하지 않는다. 상속인이 상속재산을 상속개시일부터 6월 이내 양도하는 경우 상속세를 상속개시일의 시가로 신고하였다면 양도차익이 발생하지 않을 것이므로 양도소득세도 발생하지 않을 것이다.

⑭ **고가주택**(소세법제95조③, 소세령제160조①1, 2호)

고가주택 양도차익 = 일반 양도차익 × (양도가액-9억원)/양도가액

고가주택 장기보유특별공제 = 장기보유특별공제액 × (양도가액 - 9억원)/양도가액

토지와 건물의 소유자가 달라도 고가주택(9억원 초과)의 기준은 부속토지·건물의 합계액이다. 또한 주택에 고가의 조경물이나 시설을 함께 양도하는 경우에도 총가액을 기준으로 판단한다. 다가구주택의 경우에는 전체를 하나의 주택으로 보아 결정한다. 겸용주택의 경우에는 주택 외의 부분의 가액을 빼고 판정한다. 고가주택의 부담부증여시 채무액은 공제하지 않고 전체 주택가액만 고려한다. 재건축아파트입주권도 양도 당시 가액이 9억원을 초과하면 고가주택 양도차익 규정이 적용되고 장기보유특별공제도 인정된다.

⑮ 실거래가액과세의 예외(소세법제96조④, 소세령제162의2조④)

상속·수용으로 취득한 후 1년 이내 부득이한 사유로 양도시 양도가액 산정은 기준시가로 할 수 있다.(단기매매차익을 노릴 목적이 없다고 봄)

⑯ 재개발·재건축 입주권의 양도시 양도자가 받은 이주비 및 대출금은 양도가액에서 차감하지 아니한다.

⑰ 재개발·재건축 **조합원입주권**의 양도차익 계산(소세령제166조)

㈀ 청산금을 납부한 경우

- 관리처분계획인가 전 양도차익(부동산 부분)=(기존건물과 부수토지의 평가액-기존 건물과 부수토지의 취득가액)-필요경비
- 관리처분계획인가 후 양도차익(입주권 부분)=양도가액-(기존건물과 부수토지의 평가액+납부한 청산금)-필요경비

(ㄴ) 청산금을 지급받는 경우
- 관리처분계획인가 전 양도차익(부동산 부분)=(기존건물과 부수토지의 평가액-기존건물과 부수토지의 취득가액-필요경비)×(기존건물과 부수토지의 평가액-지급받은 청산금)/기존건물과 부수토지의 평가액
- 관리처분계획인가 후 양도차익(입주권 부분)=양도가액-(기존건물과 부수토지의 평가액-지급받은 청산금)-필요경비

⑱ 재개발·재건축 **아파트**의 양도차익(실거래가액 기준)
(ㄱ) 청산금을 납부한 경우 → 청산금 납부분 양도차익 + 기존건물분 양도차익
- 청산금 납부분 양도차익=관리처분계획인가 후 양도차익×납부한 청산금/(기존건물과 부수토지의 평가액+납부한 청산금)
- 기존건물분 양도차익=[관리처분계획인가 후 양도차익×기존건물과 부수토지의 평가액/(기존건물과 부수토지의 평가액+납부한 청산금)]+관리처분계획인가 전 양도차익

(ㄴ) 청산금을 지급받은 경우 → 관리처분계획인가 후 양도차익 + 관리처분계획인가 전 양도차익
- 관리처분계획인가 후 양도차익=양도가액-(기존건물과 부수토지의 평가액-지급받은 청산금)-필요경비
- 관리처분계획인가 전 양도차익=(기존건물과 부수토지의 평가액-기존건물과 부수토지의 취득가액-필요경비)×(기존건물과 부수토지의 평가액-지급받은 청산금)/기존건물과 부수토지의 평가액

⑲ 취득시 소요되는 제세공과금 등 부대비용은 취득가액에 포함된다. 다만, 아파트 분양시 분양사업자가 징수한 부가가치세는 필요경비로서 취득가액에 포함되나, 수분양자가 일반과세사업자로 분양받은 경우에는 필요경비에 산입할 수 없다. 주식 양도의 경우 과점주주의 취득세도 필요경비에 포함된다. 취득에 관한 쟁송으로 소요된 소송비용 등도 필요경비에 해당한다. 유치권의 피담보채무도 법적 지급의무가 있는 경우에는 필요경비에 해당한다.

⑳ 취득가액의 의제

가. 전 소유자의 양도가액을 현 소유자의 취득가액으로 간주하는 경우(소세법제97조⑦, 소세령제163조⑨)

㈀ 전 소유자의 양도소득예정신고 또는 확정신고시 양수자의 인감증명서가 첨부된 경우(2009.12.31.까지 적용)

㈁ 현 소유자가 부동산 취득시 부동산거래계약신고를 한 경우(등기부상기재가액)

㈂ 현 소유자가 주택거래신고를 한 경우

㈃ 당해 자산에 대한 전 소유자의 양도가액이 경정되는 경우에는 적용되지 아니한다.

나. 전 소유자의 취득가액을 필요경비로 산입하는 경우

㈀ 이혼시 재산분할로 취득한 자산은 실질상 공유물분할에 해당하여 양도로 보지 않으므로 전소유자가 취득한 당시의 취득가액을 적용한다.

㈁ 배우자의 이월과세 대상 자산(소세법제97의2①), 가업상속공제재산에 대한 이월과세(소세법제97의2④)

소득세법 제97조의2(양도소득의 필요경비 계산 특례) ① 거주자가 양도일부터 소급하여 5년 이내에 그 배우자(양도 당시 혼인관계가 소멸된 경우를 포함하되, 사망으로 혼인관계가 소멸된 경우는 제외한다. 이하 이 항에서 같다) 또는 직계존비속으로부터 증여받은 제94조제1항제1호에 따른 자산이나 그 밖에 대통령령으로 정하는 자산의 양도차익을 계산할 때 양도가액에서 공제할 필요경비는 제97조제2항에 따르되, 취득가액은 그 배우자 또는 직계존비속의 취득 당시 제97조제1항제1호 각 목의 어느 하나에 해당하는 금액으로 한다. 이 경우 거주자가 증여받은 자산에 대하여 납부하였거나 납부할 증여세 상당액이 있는 경우에는 제97조제2항에도 불구하고 필요경비에 산입한다.

② 다음 각 호의 어느 하나에 해당하는 경우에는 제1항을 적용하지 아니한다. <개정 2015.12.15.>

1. 사업인정고시일부터 소급하여 2년 이전에 증여받은 경우로서 「공익사업을 위한 토지 등의 취득 및 보상에 관한 법률」이나 그 밖의 법률에 따라 협의매수 또는 수용된 경우
2. 제1항을 적용할 경우 제89조제1항제3호 각 목의 주택[같은 호에 따라 양도소득의 비과세대상에서 제외되는 고가주택(이에 딸린 토지를 포함한다)을 포함한다]의 양도에 해당하게 되는 경우

③ 제1항에서 규정하는 연수는 등기부에 기재된 소유기간에 따른다.
④ 「상속세 및 증여세법」 제18조제2항제1호에 따른 공제(이하 이 항에서 "가업상속공제"라 한다)가 적용된 자산의 양도차익을 계산할 때 양도가액에서 공제할 필요경비는 제97조제2항에 따른다. 다만, 취득가액은 다음 각 호의 금액을 합한 금액으로 한다.
1. 피상속인의 취득가액(제97조제1항제1호 각 목의 어느 하나에 해당하는 금액) × 해당 자산가액 중 가업상속공제가 적용된 비율(이하 이 조에서 "가업상속공제적용률"이라 한다)
2. 상속개시일 현재 해당 자산가액 × (1 - 가업상속공제적용률)
⑤ 제1항부터 제4항까지의 규정을 적용할 때 증여세 상당액의 계산과 가업상속공제적용률의 계산방법 등 필요경비의 계산에 필요한 사항은 대통령령으로 정한다.[본조신설 2014.1.1.]

㈐ 부당행위계산 부인대상인 증여자산(우회양도)

소득세법 제101조(양도소득의 부당행위계산) ① 납세지 관할 세무서장 또는 지방국세청장은 양도소득이 있는 거주자의 행위 또는 계산이 그 거주자의 특수관계인과의 거래로 인하여 그 소득에 대한 조세 부담을 부당하게 감소시킨 것으로 인정되는 경우에는 그 거주자의 행위 또는 계산과 관계없이 해당 과세기간의 소득금액을 계산할 수 있다.
② 거주자가 제1항에서 규정하는 특수관계인(제97조의2제1항을 적용받는 배우자 및 직계존비속의 경우는 제외한다)에게 자산을 증여한 후 그 자산을 증여받은 자가 그 증여일부터 5년 이내에 다시 타인에게 양도한 경우로서 제1호에 따른 세액이 제2호에 따른 세액보다 적은 경우에는 증여자가 그 자산을 직접 양도한 것으로 본다. 다만, 양도소득이 해당 수증자에게 실질적으로 귀속된 경우에는 그러하지 아니하다. <개정 2014.1.1.>
1. 증여받은 자의 증여세(「상속세 및 증여세법」에 따른 산출세액에서 공제·감면세액을 뺀 세액을 말한다)와 양도소득세(이 법에 따른 산출세액에서 공제·감면세액을 뺀 결정세액을 말한다. 이하 제2호에서 같다)를 합한 세액
2. 증여자가 직접 양도하는 경우로 보아 계산한 양도소득세
③ 제2항에 따라 증여자에게 양도소득세가 과세되는 경우에는 당초 증여받은 자산에 대해서는 「상속세 및 증여세법」의 규정에도 불구하고 증여세를 부과하지 아니한다.

㈑ 증여추정으로 증여세 부과된 자산의 양도시 취득가액(소세법제97의2① 적용)

거주자('갑')가 부동산 등을 그의 배우자('을')에게 매매로 등기 이전한 다음 5년 이내에 타인('병')에게 양도한 경우 갑·을 간의 거래에 대하여 증여추정되어 증여세가 부과되는 경우, 을·병 간의 거래에 대한 양도차

익 계산시 취득가액은 당초 '갑'의 취득가액으로 한다.

㉑ 무상주의 취득가액 산정은 배당으로 받은 주식의 경우에는 액면가액이고 배당이 아닌 주식은 '0'으로 한다.

㉒ 기타 필요경비(자본적 자출액과 양도비 등)

기타 필요경비는 실지 지출된 금액을 적용하는 경우와 개산공제액을 적용하는 경우가 있다. 취득가액을 실지거래가액으로 계산하는 경우에는 기타 필요경비도 실지거래가액으로 계산하고, 기준시가나 매매사례가액·감정가액·환산가액, 의제취득가액, 경정가액, up계약가액으로 계산하는 경우에는 개산공제액을 적용한다.(소세법제97조③) 또한, 취득 당시의 실지거래가액을 알 수 없어 환산가액으로 계산하는 경우에는 기타 필요경비를 [환산가액 + 개산공제가액]과 [자본적 지출액 = 양도비] 중 큰 금액을 선택할 수 있다.

자본적 지출과 수익적 지출

구분	자본적 지출	수익적 지출
토지	1. 토지의 형질변경 및 부지 조성비용, 토지상에 설치한 경계·담장설치비용, 토지를 분할하기 위하여 지출한 지적측량수수료, 2. 토지의 정지작업비용, 건물신축과 직접 관련이 없고 흙을 돋아 대지를 조성하거나 공장부지를 조성하기 위한 목적의 옹벽공사, 도로개설비용 3. 임야를 준상업단지로 지정받기 위한 상담, 서류작성, 기타 설계와 감리 비용, 학교용지 확보부담금, 기반시설부담금, 도시계획에 따른 도로공사비 지출로 인한 수익자부담금, 개발부담금, 재건축부담금 4. 토지구획정리사업으로 무상양도에 대한 대체비용 5. 토지개량을 위한 장애철거비용, 건축물이 있는 토지를 취득하여 건축물을 철거하고 토지만을 사용하는 경우 건물의 자산성이 없을 때, 묘지이장비용 6. 부동산매매업자가 당해 사업의 수행과 관련하여 그 토지의 일부를 도로용으로 국가 등에 무상기증한 경우의 그 토지가액 7. 소유자가 아닌 임차인이 토지조성과 관련하여 한 자본적 지출은 매입세액으로 공제	1. 토지 취득 후의 단순한 원상회복 정도의 수선, 유지, 관리비 등 2. 골프장의 가치를 현실적으로 증가시키지 않고 난이도 조정, 배수불량 시정비용 [토지에 대한 수익적 지출은 영업비용으로 처리되므로 부가가치세 과세사업자의 영업상의 매출거래와 대응하는데, 영업상의 매출거래는 과세거래로서 그 매출세액이 발생하므로 토지에 관한 수익적 지출에 관련된 매입세액은 영업상의 매출세액에서 공제할 수 있는 것이고, 토지외의 구축물 등 감가상각자산에 대한 자본적 지출은 당해 자산의 매입거래에 해당하지만 결국 감가상각에 의하여 영업비용으로 처리되므로 그 매출세액이 발생하는 매출거래와 대응하고 따라서 그에 관련된 매입세액은 공제된다(대법원 94누1449)]
건물	1. 건물의 신·증축비용 2. 지목변경시에는 조경공사·포장공사비용 3. 건물 인허가관련 법정수수료 4. 자가건설인 경우 내부직원 인건비 5. 엘리베이터, 냉난방설비 등 설치비용, 아파트 베란다샷시비용 6. 내부확장 및 시설개량비용, 보일러 및 배관 교체비용 8. 건물 신·증축시 배수시설 등 공공하수도 개축공사비, 신축을 위한 기존 건축물 취득·철거비용, 신축을 위한 토목공사·옹벽공사 비용	1. 벽지·장판 교체비용 2. 싱크대·주방기구 교체비용 3. 문짝·조명 교체비용 4. 외벽도색작업비용 5. 보일러수리비용 6. 옥상 방수공사비용 7. 하수도관, 누수파이프, 오수정화조., 변기 교체비용 8. 화장실 공사, 마루공사비 9. 파손된 유리 기와의 대체비용

사. 양도소득세액의 감면 적용방식

㈀ 세액감면방식

감면세액 = 산출세액 × [(감면소득금액 - 양도소득 기본공제) / 양도소득 과세표준] × 감면율

㈁ 소득금액차감방식(조특법)

감면세액 = 감면대상 양도소득금액을 과세표준에 산입하여 산출한 금액 - 감면대상 양도소득금액을 과세표준에서 제외하고 산출한 금액(조특법제98조의3, 제98조의5, 제98조의6, 제98조의7, 제99조, 제99조의2, 제99조7)

(7) 보유기간 기산일

취득 형식			기산일
상속			상속개시일. 피상속인이 동일세대원인 경우는 피상속인의 취득일
증여			증여등기일, 다만, 이월과세대상이나 부당행위계산대상의 경우는 증여자가 취득한 날.
재산분할			이혼 전 배우자가 취득한 날(대법원 2012두10901)
재개발·재건축	원조합원	청산금납부분	관리처분계획인가일
		기존건물분	기존건물과 부속토지의 취득일
	승계조합원		신축아파트의 사용승인서교부일

(8) 상속재산과 증여재산에 관련한 각종 시기와 기산일

구 분	상속재산	증여재산
양도차익 계산시 취득시기	상속개시일(소세령162①5, 소세령제163조⑨)**(*)**	증여등기접수일(소세령162①5, 소세령제163조⑨)
세율적용시 취득시기(+보유기간 산정시)	피상속인의 취득일(소세법104②)	증여자의 취득일(소세법104②)
장기보유특별공제 적용시	상속개시일(소세법95④)	증여등기 접수일(소세법95④)

취득시기		
1세대1주택비과세 적용시 취득시기	상속개시일(예외: 동일세대원으로부터 상속받은 경우 동일세대원 보유 및 거주기간 통산)	증여등기 접수일(예외: 동일세대원에게 증여한 후 그 수증자가 양도하는 경우 동일세대원 보유 및 거주기간 통산)
비사업용토지 판단시 법령제한기간 기산일	상속개시일(소세령168의14①3)	증여등기 접수일
자경감면시 자경기간 기산일	피상속인의 취득일(조특령66⑪⑫)(예외: 상속인이 비자경의 경우 상속개시일부터 기산. 단, 상속개시일부터 3년 이내 양도하는 경우에는 피상속인의 자경기간 통산)	증여등기 접수일
대토감면시 자경기간 기산일	상속개시일(조특령67⑤)(예외: 대토 취득 후 3년 이내 상속시 상속인이 재촌자경시 피상속인의 자경기간 통산)	증여등기 접수일
수용감면시 취득시기	피상속인의 취득일(조특법77⑧)	증여등기 접수일

(*) 소득세법시행령 제162조(양도 또는 취득의 시기) ① 법 제98조 전단에서 "대금을 청산한 날이 분명하지 아니한 경우 등 대통령령으로 정하는 경우"란 다음 각 호의 경우를 말한다.

5. 상속 또는 증여에 의하여 취득한 자산에 대하여는 그 상속이 개시된 날 또는 증여를 받은 날

소득세법시행령 제163조(양도자산의 필요경비) ⑨ 상속 또는 증여(「상속세 및 증여세법」 제33조 내지 제42조의 규정에 의한 증여를 제외한다)받은 자산에 대하여 법 제97조제1항제1호 가목 본문의 규정을 적용함에 있어서는 상속개시일 또는 증여일 현재 「상속세 및 증여세법」 제60조 내지 제66조의 규정에 의하여 평가한 가액을 취득당시의 실지거래가액으로 본다. 다만, 다음 각 호의 1에 해당하는 경우에는 다음 각 호의 규정에 의한 금액에 의한다. → **취득가액 계산시**

1. 「부동산 가격공시 및 감정평가에 관한 법률」에 의하여 1990년 8월 30일 개별공시지가가 고시되기 전에 상속 또는 증여받은 토지의 경우에는 상속개시일 또는 증여일 현재 「상속세 및 증여세법」 제60조 내지 제66조의 규정에 의하여 평가한 가액과 제164조제4항의 규정에 의한 가액 중 많은 금액

2. 「상속세 및 증여세법」 제61조제1항제2호 내지 제4호의 규정에 의한 건물의 기준시가가 고시되기전에 상속 또는 증여받은 건물의 경우에는 상속개시일 또는 증여일 현재 「상속세 및 증여세법」 제60조 내지 제66조의 규정에 의하여 평가한 가액과 제164조제5항 내지 제7항의 규정에 의한 가액 중 많은 금액

소득세법 제97조의2(양도소득의 필요경비 계산 특례) ① 거주자가 양도일부터 소급하여 5년 이내에 그 배우자(양도 당시 혼인관계가 소멸된 경우를 포함하되, 사망으로 혼인관계가 소멸된 경우는 제외한다. 이하 이 항에서 같다) 또는 직계존비속으로부터 증여받은 제94조제1항제1호에 따른 자산이나 그 밖에 대통령령으로 정하는 자산의 양도차익을 계산할 때 양도가액에서 공제할 필요경비는 제97조제2항에 따르되, 취득가액은 그 배우자 또는 직계존비속의 취득 당시 제97조제1항제1호 각 목의 어느 하나에 해당하는 금액으로 한다. 이 경우 거주자가 증여받은 자산에 대하여 납부하였거나 납부할 증여세 상당액이 있는 경우에는 제97조제2항에도 불구하고 필요경비에 산입한다.

자본적 자산의 시가 또는 처분가액과 그 자산의 원가와의 차액을 통상 자본소득이라 하는데, 상속의 경우에는 피상속인의 취득시점과 상속인의 취득시점 사이에 미실현 자본이득이 발생하게 된다. 이 미실현이득에 대하여 과세하느냐가 문제된다. 그런데 소득세법 제97조 제1항 1호, 시행령 제163조 제9항에 따르면, 상속이나 증여로 취득한 자산을 상속인이나 수증자가 양도할 때 양도차익을 계산하는 경우 양도가액에서 공제하는 취득가액은 피상속인이나 증여자의 취득가액이 아니고 상속개시 당시 또는 수증 당시를 기준으로 상속세 및 증여세법 제60조 내지 제66조 규정에 따라 평가한 가액을 취득 당시의 실지거래가액으로 보기 때문에 우리 법은 자산의 무상이전시 자본이득에 대해 따로 과세하지 않는 비과세방식을 채택하고 있다고 볼 것이다. 다만, 소득세법 제97조의2 제1항은 배우자 또는 직계존비속으로부터 증여받은 부동산을 5년 이내에 양도할 경우에는 그 취득가액을 당해 배우자의 취득 당시 금액으로 하도록 규정하여 승계취득가액방식을 채택하고 있다. 이것은 배우자로부터 증여 받을 경우 6억원을 공제하는 제도를 악용하여 배우자에 대한 증여로 증여세 공제 혜택을 누린 다음, 증여 시점을 새로운 취득시기로 삼아 양도소득세를 잠탈하는 것을 방지하기 위한 규정이다.

(9) 과세표준과 세액계산

1) 과세표준

(1) 장기보유특별공제

① 양도소득금액은 양도차익에서 장기보유특별공제액을 차감하여 산정한다. 장기보유특별공제는 부동산 장기보유의 경우 물가상승으로 인하여 보유이익이 과도하게 누적되는 것을 감안하여 양도차익의 일정 부분을 공제하여 주는 제도로서 단기보유자의 투기억제를 목적으로 한다.

② 장기보유특별공제는 토지·건물 및 조합원입주권(조합원으로부터 취득한 것은 제외)으로서 보유기간이 3년 이상인 경우에 적용하나 비사업용 토지의 양도나 미등기양도의 경우에는 적용하지 않는다.(소세법제95조②)

③ 거주자가 준공공임대주택을 10년 이상 계속하여 임대한 후 양도하는 경우 60%의 장기보유특별공제율을 적용한다.(조특법제97의3) 임대사업자가 6년 이상 임대한 매입임대주택을 양도하는 경우 임대기간에 따라 장기보유특별공제를 확대 적용한다.(조특법제97의4)

④ 장기보유특별공제액을 산정할 때 보유기간의 계산은 취득일부터 양도일까지이다.(소세법제95조④)

⑤ 관리처분계획인가일 이후 조합원입주권 승계취득 후 준공된 재건축아파트의 양도시는 보유기간의 기산일과 종료일은 다음과 같다.

조합원입주권의 보유기간 계산 비교

구분		보유 기간	
		기산일	종료일
장기보유특별공제 및 세율	기준시가 적용시	입주권 취득일	양도일
	실거래가액 적용시	준공일	양도일
비과세 보유기간 판정		준공일	양도일
1년 미만 보유 실가대상 판정		준공일	양도일

⑥ 조합원입주권의 양도시 장기보유특별공제는 권리부분의 양도차익을 제외한 기존 부동산의 양도차익에 대하여 관리처분계획인가일 이전의 취득시부터 관리처분계획인가일까지의 보유기간에 대한 적용률을 적용한다.

⑦ 고가주택의 장기보유특별공제액의 계산은 소득세법시행령 제160조에 따

른다.

(10) 비거주자의 양도소득세 주의사항

가. 비거주자의 양도소득에 대한 원천징수

비거주자가 국내부동산을 양도하고 양도소득세를 신고·납부하지 않을 경우, 조세채권 확보가 곤란할 경우가 있다. 이에 비거주자가 부동산 등을 양도할 경우 비거주자로부터 부동산 등을 양수하는 자가 양수대금을 지급하면서 양도소득세 해당액을 원천징수하여 납부하는 것을 말한다.(소세법제156조①) 다만, 2007. 1. 1. 이후 양도분부터는 비거주자가 부동산 등을 양수하는 경우에는 원천징수의무를 면제하였으므로 양수자가 내국법인이나 외국법인인 경우에만 원천징수의무가 있다.

원천징수의무자는 내국법인의 경우에는 사업장 소재지, 외국법인의 경우에는 국내사업장 소재지, 비거주자의 체류지, 양도자산의 소재지를 순차적으로 적용하여 납세지를 정한다. 양도자가 양도시기 도래 전에 예정신고 납부한 경우나 양도소득이 비과세 또는 과세 미달 대상인 경우에는 각각 확인서를 제출하면 원천징수의무가 면제된다.

비거주자인 양도자는 원천징수와 별도로 양도소득세 예정 및 확정신고를 하여야 하는데, 이 때 '비거주자원천징수영수증'을 첨부하여 원천징수세액을 기납부세액으로 공제받을 수 있다.

원천징수의무를 불이행할 경우, 미납세액의 10%를 한도로 하되 ① 미납세액(미달세액) ×일변3전×경과일수 ② 미납세액(미달세액)×5% 중 큰 금액으로 가산세를 부과한다.

> **소득세법 제156조(비거주자의 국내원천소득에 대한 원천징수의 특례)** ① 제119조제1호·제2호·제4호부터 제6호까지 및 제9호부터 제12호까지의 규정에 따른 국내원천소득으로서 국내사업장과 실질적으로 관련되지 아니하거나 그 국내사업장에 귀속되지 아니한 소득의 금액(국내사업장이 없는 비거주자에게 지급하는 금액을 포함한다)을 비거주자에게 지급하는 자(제119조제9호에 따른 소득을 지급하는 거주자 및 비거주자는 제외한다)는 제127조에도 불구하고 그 소득을 지급할 때에 다음 각 호의 금액을 그 비거주자의 국내원천소득에 대한 소득세로서 원천징수하여 그 원천징수한 날이 속하는 달의 다음 달 10일까지 대통령령으로 정하는 바에 따라 원천징수 관할 세무서, 한국은행 또는 체신관서에 납부하여야 한다. 다만, 제119조제5호에 따른 소득 중 조세조약에 따라 국내원천사

업소득으로 과세할 수 있는 소득은 제외한다. <개정 2013.1.1.>

4. 제119조제9호의 소득에 대해서는 그 지급액의 100분의 10. 다만, 양도한 자산의 취득가액 및 양도비용이 확인되는 경우에는 그 지급액의 100분의 10에 해당하는 금액과 그 자산의 양도차익의 100분의 20에 해당하는 금액 중 적은 금액으로 한다.

소득세법 제119조(비거주자의 국내원천소득) 비거주자의 국내원천소득은 다음 각 호와 같이 구분한다. <개정 2013.1.1.>

9. 다음 각 목의 어느 하나에 해당하는 자산·권리의 양도소득. 다만, 그 소득을 발생하게 하는 자산·권리가 국내에 있는 경우만 해당한다.
  가. 제94조제1항제1호·제2호 및 같은 항 제4호가목·나목에 따른 자산 또는 권리
  나. 내국법인의 주식 또는 출자지분(주식·출자지분을 기초로 하여 발행한 예탁증서 및 신주인수권을 포함한다. 이하 이 장에서 같다) 중 양도일이 속하는 사업연도 개시일 현재 그 법인의 자산총액 중 제94조제1항제1호 및 제2호의 자산가액의 합계액이 100분의 50 이상인 법인의 주식 또는 출자지분(이하 이 조에서 "부동산주식등"이라 한다)으로서 증권시장에 상장되지 아니한 주식 또는 출자지분

법인세법 제98조(외국법인에 대한 원천징수 또는 징수의 특례) ① 외국법인에 대하여 제93조제1호·제2호 및 제4호부터 제10호까지의 규정에 따른 국내원천소득으로서 국내사업장과 실질적으로 관련되지 아니하거나 그 국내사업장에 귀속되지 아니하는 소득의 금액(국내사업장이 없는 외국법인에 지급하는 금액을 포함한다)을 지급하는 자(제93조제7호에 따른 소득의 금액을 지급하는 거주자 및 비거주자는 제외한다)는 제97조에도 불구하고 그 지급을 할 때에 다음 각 호의 구분에 따른 금액을 해당 법인의 각 사업연도의 소득에 대한 법인세로서 원천징수하여 그 원천징수한 날이 속하는 달의 다음 달 10일까지 대통령령으로 정하는 바에 따라 납세지 관할 세무서등에 납부하여야 한다. 다만, 제93조제5호에 따른 소득 중 조세조약에 따라 국내원천사업소득으로 과세할 수 있는 소득은 제외한다. <개정 2013.1.1.>

4. 제93조제7호에 따른 소득: 그 지급액의 100분의 10. 다만, 양도한 자산의 취득가액 및 양도비용이 확인되는 경우에는 그 지급액의 100분의 10에 상당하는 금액과 그 자산의 양도차익의 100분의 20에 상당하는 금액 중 적은 금액으로 한다.

법인세법 제93조(국내원천소득) 외국법인의 국내원천소득은 다음 각 호와 같이 구분한다.

7. 다음 각 목의 어느 하나에 해당하는 자산·권리의 양도소득. 다만, 그 소득을 발생하게 하는 자산·권리가 국내에 있는 경우로 한정한다.
  가. 「소득세법」 제94조제1항제1호·제2호 및 제4호가목·나목에 따른 자산·권

리

나. 내국법인의 주식등(주식등을 기초로 하여 발행한 예탁증서 및 신주인수권을 포함한다. 이하 이 장에서 같다) 중 양도일이 속하는 사업연도 개시일 현재의 그 법인의 자산총액 중 「소득세법」 제94조제1항제1호 및 제2호의 자산가액의 합계액이 100분의 50 이상인 법인의 주식등(이하 이 조에서 "부동산주식등"이라 한다)으로서 「자본시장과 금융투자업에 관한 법률」에 따른 증권시장에 상장되지 아니한 주식등

나. 재외국민의 인감 발급시 세무서 경유

재외국민이 부동산 등을 양도하여 매도용 인감증명을 발급받고자 하는 경우, 관할 세무서장을 경유하여 확인을 받아야 한다. 관할 세무서에서는 양도인의 양도소득세 신고·납부 여부를 확인한 뒤 확인서를 발급하여 주게 된다. 이 세무서장의 확인서는 인감증명을 발급받을 때 제출하는 것이지 소유권이전등기 신청시 제출하는 서면은 아니다. 다만, 인감증명서의 비고란에 이전할 부동산명과 그 소재지만 기재되어 있으면 된다.

인감증명법시행령 제13조(인감증명의 발급) ③ 부동산 또는 자동차(「자동차관리법」 제5조에 따라 등록된 자동차를 말한다. 이하 이 항에서 같다) 매도용으로 인감증명을 발급받으려면 별지 제14호서식의 부동산 매수자 또는 자동차 매수자란에 부동산 또는 자동차 매수자의 성명·주소 및 주민등록번호(법인인 경우에는 법인명, 주된 사무소의 소재지 및 법인등록번호를 말한다)를 기재하여야 한다. 다만, 재외국민이 부동산 매도용으로 인감증명을 발급받는 경우에는 별지 제13호서식의 세무서장 확인란에 이전할 부동산의 종류와 소재지를 기재하고, 소관증명청의 소재지 또는 부동산소재지를 관할하는 세무서장의 확인을 받아야 한다. <개정 2013.12.17.>

다. 국내자산 반출시 세무서장의 확인

재외동포 등이 국내자산을 해외로 반출할 경우 외국환거래규정에 따라 소관 세무서장의 확인을 받아야 한다. 해외이주자의 경우에는 외화환전시 '자금출처확인서'로 양도소득세, 증여세 등 납부사실을 조사받아야 한다. 또한 부동산매각자금인 경우에는 '부동산매각자금확인서'를 신청하여 조사받아야 한다.

(11) 신고와 납부

가) 예정신고와 확정신고

- 예정신고의무 : 비과세가 아닌 한 양도차익이 없거나 양도차손이 발생하여도 신고의무 있다.
- 예정신고기간 : 부동산, 부동산에 관한 권리 및 기타 자산의 경우에는 양도일이 속하는 달의 말일부터 2개월(토지거래허가의 경우에는 허가일이 속하는 달의 말일부터 2개월), 주식 등은 양도일이 속하는 분기의 말일부터 2개월
- 예정신고납부세액 공제제도는 2010. 1. 1. 이후 폐지됨.
- 확정신고의무 : 양도소득세 과세기간의 **다음 연도 5월 1일부터 5월 31일까지**(토지거래허가의 경우에는 허가일이 속하는 과세기간의 다음 연도 5월 1일부터 5월 31일까지) 산출세액에서 감면세액과 세액공제액을 공제한 금액을 납부해야 한다.(확정신고+납부) 예외는 있지만 예정신고를 한 자는 확정신고를 아니할 수 있다.

나) 세액 결정

- 확정신고 기한 내 신고, 납부하지 않을 경우 관할세무서장이 결정하여 서면통지한다.

9) 건축물 멸실 후 토지 양도시 주의해야 할 점

보통 재개발이나 재건축이 시작되면 기존 주택 등의 건축물들은 멸실된다. 그런데 기존 건축물이 멸실되는 시점을 기준으로 양도가 일어나는 경우가 있다. 양도가 멸실 전에 일어나면 건축물과 토지가 함께 매매되고, 멸실 후에 일어나면 토지만 거래된다. 각 경우에 양도 물건이 다르기 때문에 적용되는 세제도 상이하다.

(1) 건축물을 멸실하고 토지를 양도하는 이유

통상 매수인이 토지만 원할 경우 매도인은 건축물을 멸실한 뒤 토지를 양도한다. 이런 경우 건축물은 낡아서 값어치가 거의 없을 것이다. 그러나 건축물을 멸실한 후 토지만 양도하는 방식은 의도적으로 세부담을 줄이고자 할 때 이용되기도 한다. 건물가액은 낮고 토지가액은 높을 경우 주택 건물을 철거하고 토지로 양도하는 것도 고려해볼 만하다. 건물을 멸실하고 멸실 등기를 하면 더 이상 주

택으로 보지 않기 때문이다. 1세대 2주택자는 건물가액이 낮은 주택을 철거함으로써 중과세를 피할 수 있을 뿐 아니라 1세대 1주택 비과세도 가능하다. 건물가액이 낮은 주택을 먼저 양도할 때도 철거 후 나대지 상태로 양도하는 것이 유리하다. 주택 상태로 양도한다면 중과되지만 주택을 멸실하고 나대지 상태로 양도하면 멸실 후 2년간은 세법상 사업용으로 인정되어 기본세율을 적용받을 수 있기 때문이다. 건축물이 고가주택이어서 중과세율이 적용되는 경우에도 주택이 낡았다면 생각해 볼 수 있겠다. 다만, 주의할 점이 하나 있는데, 건물을 멸실할 때는 건물 취득가액을 추후 양도소득세 계산시 필요경비로 인정하지 않는 경우가 있을 수 있다는 점이다. 필요경비로 인정되지 않는 고가의 건물을 멸실할 때는 건물의 취득가액과 중과되지 않고 일반세율을 적용받음으로써 얻는 이익을 비교해 보고 결정해야 할 것이다.

대법원 2012.11.15. 선고 2010두21020 판결 [양도소득세부과처분취소]

【판시사항】

[1] 구 소득세법 시행규칙 제83조의5 제1항 제9호의 입법 취지

[2] 피상속인인 부(부) 갑이 자신 소유의 토지 지상 건물을 철거한 후 사망하였고 건물철거 후로부터 2년 이내에 상속인 을이 위 토지를 상속받아 이를 양도하면서 사업용 토지의 양도로 보아 양도소득세 예정신고 및 납부를 하였으나 과세관청은 비사업용 토지의 양도로 보아 양도소득세를 경정·고지한 사안에서, 피상속인 갑이 토지와 지상 건축물을 취득한 후 건축물을 철거하여 구 소득세법 시행규칙 제83조의5 제1항 제9호의 적용 사유가 발생한 때에는, 갑이 그 토지를 양도하기 전에 사망하여 상속인 을이 이를 상속한 후 양도한 경우에도 갑이 양도한 경우와 마찬가지로 위 규정을 적용함이 상당하다고 본 원심판단을 수긍한 사례.

【이 유】

상고이유를 판단한다.

[1] 조세법률주의의 원칙상 조세법규의 해석은 특별한 사정이 없는 한 법문대로 해석하여야 하고 합리적 이유 없이 확장해석하거나 유추해석하는 것은 허용되지 않지만, 법규 상호간의 해석을 통하여 그 의미를 명백히 할 필요가 있는 경우에는 조세법률주의가 지향하는 법적 안정성 및 예측가능성을 해치지 않는 범위 내에서 입법 취지 및 목적 등을 고려한 합목적적인 해석을 하는 것은 허용된다(대법원 2008. 2. 15. 선고 2007두4438 판결, 대법원 2008. 4. 24. 선고 2006두187 판결 등 참조).

[2] 구 소득세법 시행규칙(2008. 4. 29. 기획재정부령 제15호로 개정되기 전의 것) 제83조의5 제1항 제9호는, 토지 위에 건축물이 건립되어 있어 비사업용 토지에 해당하지 않았으나 그 건축물이 노후화나 자연재해 등으로 멸실되거나

다른 건축물을 신축하기 위하여 그 건축물이 철거되는 등의 사유로 건축물이 존재하지 않게 된 경우에는 그 토지를 그 후 일정 기간 동안 사업용으로 이용하지 못하게 된 데에 부득이한 사유가 있다 할 것임에도 이러한 경우에 대해서까지 곧바로 비사업용 토지에 해당한다고 보아 양도소득세 중과 대상으로 보는 것은 부당하므로, 이러한 경우에는 건축물의 멸실·철거 등의 사유가 발생한 날부터 2년의 기간 동안은 그 토지를 비사업용 토지로 보지 않도록 함으로써 토지의 효율적인 이용을 촉구하는 한편, 부득이한 사유로 인하여 토지 소유자에게 발생한 부담을 줄여 주려는 데 입법 취지가 있다.

[3] 원심은 위와 같은 위 규정의 입법 취지와 아울러, 위 2년의 기간 동안에 토지 소유자가 사망하여 상속이 이루어진 경우 상속 후와 상속 전을 달리 취급하여 양도소득세를 중과하여야 할 합리적인 이유가 없고, 건축물의 멸실·철거 등의 사유가 발생한 후 피상속인이 사망하여 상속이 이루어졌다는 우연한 사정에 의하여 그 상속 전후로 그 토지가 비사업용 토지에 해당하는지 여부 및 이에 따른 양도소득세율이 달라진다는 것은 형평의 관념에 비추어 현저히 부당하며, 비사업용 토지에 대한 양도소득세 중과의 목적이 부동산 투기 수요를 억제하여 부동산 시장을 안정화하고 투기이익을 환수하는 데에 있으나 상속으로 인한 취득의 경우에는 그러한 투기적 목적이 있다고 보기 어렵고, 상속인은 상속으로 인하여 피상속인의 권리의무를 포괄적으로 당연승계함에 따라 그 토지의 소유권을 취득하는 사정 등을 함께 참작하면, 피상속인이 토지와 지상 건축물을 취득한 후 그 건축물을 철거하여 위 규정의 적용 사유가 발생한 때에는, 피상속인이 그 토지를 양도하기 전에 사망하여 상속인이 이를 상속한 후 양도한 경우에도 피상속인이 양도한 경우와 마찬가지로 위 규정을 적용함이 상당하다는 취지로 판단하였다.

앞에서 본 법리와 관계 법령에 비추어 보면, 원심의 위와 같은 판단에 상고이유에서 주장하는 바와 같은 조세법률주의의 원칙 및 구 소득세법 시행규칙 제83조의5 제1항 제9호의 해석에 관한 법리오해 등의 위법이 없다.

[4] 그러므로 상고를 기각하고, 상고비용은 패소자가 부담하기로 하여, 관여 대법관의 일치된 의견으로 주문과 같이 판결한다.

대법원 1992.9.8. 선고 92누7399 판결 [양도소득세등부과처분취소]

【판시사항】

가. 토지와 지상건물을 함께 취득하였다가 토지만을 이용하기 위하여 건물을 철거하고 나대지 상태로 토지만을 양도하는 경우, 당초부터 건물을 철거하여 토지만을 이용하려는 목적이었음이 명백하다면 지상건물의 취득가액과 철거비용 등을 양도자산의 필요경비로 산입할 수 있는지 여부(적극)

나. 기존건물을 철거하여 그 지상에 새 건물을 건축하여 양도하는 경우 기존건물의 취득가액이나 철거비용 등도 양도소득의 필요경비로 공제할 것인지 여부 및 그 근거

【판결요지】

가. 토지와 그 지상건물을 함께 취득하였다가 토지만을 이용하기 위하여 건물을 철거하고 나대지 상태로 토지만을 양도하는 경우, 취득 후 단시일 내에 건물의 철거에 착수하는 등 토지와 건물의 취득이 당초부터 건물을 철거하여 토지만을 이용하려는 목적이었음이 명백한 것으로 인정될 때에는 철거된 건물의 취득가액과 철거비용 등을 토지의 취득가액에 포함되는 양도자산의 필요경비로 산입할 수 있는 것이며, 낡은 지상건물이 있는 대지를 취득하는 경우 그 대지취득시 지출한 그 지상건물의 매입대금 및 정지공사비용은 소득세법 시행령 제94조 제2항의 개량비 내지는 그 제3항의 자본적 지출액에 해당하므로 필요경비로서 공제되어야 하는 것이다.

나. 기존건물을 철거하여 나대지 상태로 양도하지 아니하고 그 지상에 새건 물을 건축하여 양도하는 경우에도 위와 같은 요건을 갖춘 때에는 기존건물의 취득가액이나 철거비용 등은 양도소득의 필요경비로서 공제하는 것이 옳을 것인바, 토지와 그 지상의 기존건물을 취득하는 사람의 목적은 토지를 취득하여 이용하려는 데에 있는데 그 지상에 기존건물이 있어 이를 철거하지 않으면 안되는 것이어서 철거를 전제로 토지와 함께 기존건물을 매수하는 것이고, 기존건물을 철거하여야 그 토지를 목적하는 용도에 이용할 수 있는 것이므로, 이와 같은 경우 기존건물의 매수비용이나 철거비용은 소득세법 제45조 소정의 취득가액이나 경우에 따라서는 개량비나 자본적 지출에 해당한다고 보는 것이 상당하다.

대법원 1992.10.27. 선고 92누8781 판결 [양도소득세등부과처분취소]

【판시사항】

가. 양도소득세비과세를 위한 거주요건 중 신, 구주택의 거주기간을 통산할 수 있도록 규정한 소득세법시행령 제15조 제11항의 성격(=주의적 규정)

나. 기존건물을 취득한 후 10년이나 거주하다가 건물이 노후하여 철거하고 새 건물을 신축하여 양도한 경우 기존건물의 취득가액을 양도소득세액산정에서 필요경비로 산입할 수 없다고 한 사례

【판결요지】

가. 양도소득세비과세를 위한 거주요건 중 신, 구주택의 거주기간을 통산할 수 있도록 규정한 소득세법시행령 제15조 제11항은 주의적 규정이다.

나. 기존건물을 취득한 후 10년이나 거주하다가 건물이 노후하여 철거하고 새 건물을 신축하여 양도한 경우 기존건물의 취득가액을 양도소득세액산정에서 필요경비로 산입할 수 없다고 한 사례.

【이 유】

상고이유를 본다.

제1, 2점에 대하여

1. 원심판결 이유에 의하면 원심은, 원고가 1978.5.20. 이 사건 토지와 그 지상의 종전주택을 취득하여 거주하던 중, 1988.8.24. 종전주택을 헐어내고 그 자리에

이 사건 건물을 신축하여 계속 거주하다가 1989.10.31. 양도한 사실을 확정하고, 이와 같은 경우 양도소득세가 비과세되는 1세대 1주택의 3년 이상 거주요건은 신, 구주택에서의 거주기간은 통산하여 결정하여야 한다는 원고의 주장에 대하여, 이 사건 건물의 양도가 양도소득세 비과세 요건에 해당하는가의 여부는 그 양도시기를 기준으로 하여야 할 것인데, 신, 구주택의 거주기간을 통산할 수 있도록 한 소득세법시행령 제15조 제11항의 규정은 1991.1.1. 이후 양도분부터 적용할 수 있어서 원고의 이 사건 건물의 양도에는 위 규정을 적용할 수 없다는 이유로 배척하였다.

2. 그러나 1세대가 일정한 대지 위에 1개의 주택을 보유하고서 상당기간 거주한 이상, 그 사이에 그 주택이 너무 낡아 이를 헐고 그 곳에 신주택을 건축한 경우에는 그 거주기간을 산정함에 있어서는 같은법시행령 제15조 제11항(1990.12.31. 대통령령 제13194호로 신설된 것)의 규정유무와는 상관없이 이를 통산하는 것이 소득세법 제5조 제6호 (자)목, 같은법시행령 제15조에서 1세대 1주택의 경우 양도소득세를 비과세하는 입법취지에 합치된다고 할 것이고(당원 1992.7.28. 선고 92누5713 판결 참조), 위 소득세법시행령 제15조 제11항은 주의적 규정으로 보는 것이 옳을 것이다.
3. 그렇다면 원고가 종전주택을 헐어내고 이 사건 건물을 신축한 경위도 살피지 아니한 채 원고의 주장을 배척한 원심판결에는 소득세법에 의하여 비과세되는 1세대 1주택의 범위에 관한 법리를 오해하고, 심리를 미진한 위법이 있다고 할 것이고, 논지는 이 범위 안에서 이유 있다.

제3점에 대하여

<u>기존건물을 매수하여 단시일 내에 기존건물을 헐고 신축건물을 지어 이를 양도한 경우 당초부터 건물을 철거하여 토지만을 이용하려는 목적이었음이 명백한 경우에는 철거된 기존건물의 취득가액과 철거비용 등은 양도자산의 필요경비로 산입할 수 있다고 할 것이나(당원 1992.9.8. 선고 92누7399 판결 참조), 이 사건과 같이 기존건물을 취득한 후 10년이나 거주하다가 그 사이 건물이 노후하여 이를 철거하고 새 건물을 신축하여 양도한 경우까지 기존건물의 취득가액을 필요경비에 산입할 수는 없다</u>고 할 것이다. 논지는 이유가 없다.

그러므로 상고이유의 나머지 점에 대한 판단은 생략하고 원심판결을 파기환송하기로 하여, 관여 법관의 일치된 의견으로 주문과 같이 판결한다.

(2) 건축물 멸실 후 토지 양도의 절차

부동산 거래는 일반적으로 계약금·중도금·잔금이 지급된 후 등기가 경료된다. 세법에서 양도 기준일(양도일)은 원칙상 잔금청산일이다. 따라서 건축물을 멸실하고 토지만 양도하여 해당 조세 규정을 적용받고자 한다면 잔금청산일 전에 건축물이 멸실되어야 한다. 이 때에는 다음 절차로 진행된다.

양도당시의 기준시가(제164조제8항의 규정에 해당하는 경우에는 동항의 규정에 의한

양도당시의 기준시가)

부동산 매매계약 → 건축물 멸실 → 건축물 멸실등기 → 잔금지급 → 소유권 이전등기

이 때 주의해야 할 점은 부동산 매매계약시 양도 물건을 토지에 한정짓거나 잔금지급 전 건축물을 멸실한다는 내용의 특약을 별도로 넣어야 한다는 것이다. 또 건축물 멸실에는 비용이 따르는데. 건축물을 멸실하고자 하는 자는 매수자이지만 건축물 멸실등기는 표시등기이므로 소유자만이 할 수 있다. 이런 문제 때문에 건축물 멸실의 진행 편의를 위해 잔금 전에 매수인 명의로 등기를 이전한 뒤 매수인으로 하여금 건축물을 멸실하게 하는 경우도 있다.

부동산 매매 계약 → 소유권 이전등기 → 건축물 멸실 → 건축물 멸실등기 → 잔금지급

건축물 멸실 후 토지 양도시 가장 중요한 규정은 양도일 규정이다. 양도소득세는 양도일을 기준으로 모든 것을 판단한다. 소득세법상 양도일은 원칙상 잔금청산일이다. 예외적으로 잔금청산일이 불분명하거나 잔금정산일 전에 등기가 이전되는 경우 등기접수일이 양도일이 된다.(소세법제98조, 소세령제162조①) 1세대 1주택의 판단시점도 양도일을 기준으로 한다. 다만, 예외가 하나 있는데 양도일 이전에 매매계약상 특약에 따라 1세대1주택에 해당되는 주택을 멸실한 경우에는 매매계약일 현재를 기준으로 한다.(기본통칙)

(3) 건축물 멸실 후 토지 양도시 조세 소송의 쟁점

앞에서 말했지만 양도일을 기준으로 건축물과 그 부수토지를 양도했느냐, 토지만을 양도했느냐에 따라 양도 물건이 다르므로 적용되는 조세 규정도 다르다. 조세소송이 발생한다면 납세자는 토지만을 양도한 것이라고 주장할 것이다. 이 때 대부분 당사자간 매매계약서의 내용을 근거로 앞세우겠지만, 이것이 절대적 효력을 지닌 것은 아니다. 실제 소송에서는 납세자의 주장과 달리 곧잘 건축물과 그 부수토지를 양도한 것으로 판결을 내린다. 소송으로 비화될 경우 다음의 쟁점을 잘 파악하고 있어야 한다.

쟁점1 : 양도시 매매계약의 목적물을 토지만으로 한정할 수 있는지

건축물을 멸실하고 토지를 매매하는 경우 계약시점에서 부동산은 통상 건축물과 부수토지로 구성된다. 따라서 매매 당사자의 합의에 의해 건축물을 멸실하고 매매 목적물을 토지로 한정하는 절차가 필요하다. 이 내용을 반영하기 위해 계약서에 특약사항으로 명기한다. 이러한 계약서는 법적으로 당연히 유효하다. 국세심판원도 청구인과 매수법인 사이에 매매계약 체결시 토지만을 정하여 계약을 체결하였고 매매계약체결 전에 이미 건축물철거·멸실동의서 등을 작성한 점으로 볼 때 청구인과 매수법인간에 건물을 매매대상으로 포함시켜 거래하였다고 보기 어렵다고 판단하였다. 또한 건물의 안전진단 결과 붕괴 위험이 있어 사실상 주택으로서의 기능을 상실하였으므로 물리적 주택철거시기를 따져 주택의 존재여부를 가릴 사항이 아니라고 하였다.(국심 2004서3968) 그러나 과세관청에서 실질과세의 원칙에 따라 이 계약의 내용 그대로 토지만의 양도로 인정할 것이냐는 다른 문제이다.

판례를 살펴보면 매매계약의 목적물을 토지로 한정할 수 있는 경우는 일반적으로 건축물(주택)이 건립된 토지를 매도할 때 그 지상의 건물이 본래의 용도로 사용할 수 없는 정도로 낡아 멸실 후 양도하는 경우라 밝히고 있다. 따라서 조세소송에서는 이 사항에 대한 판단이 가장 중요할 것이다. 만약 건축물이 본래의 기능을 다할 수 없을 정도로 충분히 낡지 않은 경우에는 그럼에도 멸실을 한 것에 대한 부득이한 사유를 적극적으로 증명해야 할 것이다. 그와 달리 조세의 감소나 기타 부정한 의도로 건축물을 멸실하였다면 토지만을 양도한 것으로 세법을 적용할 수 없을 것이다

이와 관련하여 멸실 사유의 증명시 중요하게 다뤄지는 사항이 멸실의 주체이다. 건축물 멸실 주체가 매수자일 경우 건축물과 토지를 일괄하여 매수한 후 건축물을 멸실했다고 판단할 가능성이 높다. 반면 멸실 주체가 매도자일 경우 토지만을 매매 목적물로 볼 확률이 높다. 건축물 멸실 주체를 판단할 때에는 건축물 철거 비용을 누가 지불하였는지, 건축물 입주자에 대한 이주가 필요하다면 임차보증금이나 이주 비용은 누가 부담하였는지 등을 고려해 보아야 할 것이다. 따라서 이를 계약서상 명기해 놓는다면 입증시 도움이 될 것이다. 또한 매매가액 산정시 토지의 공시지가를 기준으로 매매 거래가액을 환산시켜 계약서상 거래가액으로 확정하는 것도 한 방법이 될 것이다.

쟁점2 : 건축물은 양도시기에 멸실되었는바 과세대상이 될 수 없는지

소득세법상 원칙적으로 양도시기는 잔금청산일이다. 양도소득세는 양도시기를

기준으로 과세대상, 과세요건 등을 판단한다. 건축물 멸실 이후 토지 양도의 경우 양도시기에는 통상 토지만 존재하게 된다. 그렇다면 건축물은 양도시기에 이미 멸실되어 과세대상이 될 수 없어야 할 것이다.

그러나 판례는 이러한 경우에도 건축물은 과세대상이 된다는 입장이다. 왜냐하면 양도소득세는 양도자가 얻는 소득인 '양도차익'을 과세대상으로 하는 것이지 양도의 대상이 되는 '자산' 자체를 과세대상으로 하는 것은 아니기 때문이라는 판단이다. 소득세법이 양도시기로 규정하고 있는 대금청산일은 과세시기의 판단기준일 뿐 대금청산일 현재 자산 자체가 현존하고 있어야만 하는 것은 아니라는 것이다. 따라서 건축물과 토지가 일괄 양도된 것으로 판단되는 경우에는 이미 멸실된 건축물도 양도소득세가 과세될 수 있다.

쟁점3 : 지상건물의 취득가액과 철거비용 등을 토지 양도의 필요경비로 산입할 수 있는지 여부

판례는 토지와 그 지상건물을 함께 취득하였다가 토지만을 이용하기 위하여 건물을 철거하고 나대지 상태로 토지만을 양도하는 경우, 취득 후 단시일 내에 건물의 철거에 착수하는 등 토지와 건물의 취득이 당초부터 건물을 철거하여 토지만을 이용하려는 목적이었음이 명백한 것으로 인정될 때에는 철거된 건물의 취득가액과 철거비용 등을 토지의 취득가액에 포함되는 양도자산의 필요경비로 산입할 수 있는 것이며, 낡은 지상건물이 있는 대지를 취득하는 경우 그 대지취득시 지출한 그 지상건물의 매입대금 및 정지공사비용은 소득세법시행령 제94조 제2항의 개량비 내지는 그 제3항의 자본적 지출액에 해당하므로 필요경비로서 공제되어야 한다고 설시하고 있다.

쟁점4 : 1세대1주택 비과세 요건을 충족한 주택을 멸실한 후 토지를 양도할 때 기본 통칙의 내용은 유효한지

기본통칙에 따르면 양도일 이전에 매매특약에 의하여 1세대1주택에 해당되는 주택을 멸실한 경우에는 매매계약일 현재를 기준으로 한다고 규정하고 있다. 이 규정이 의미하는 바는 양도일(대금청산일 또는 등기접수일) 현재 토지만 존재하여도 매매계약일을 기준으로 1세대1주택의 비과세 요건을 충족한다면 비과세 혜택을 적용한다는 것이다.

그렇다면 1세대1주택 비과세 요건을 충족한 주택을 멸실한 후 토지 매매계약이 성사되어 토지를 양도하면 이것은 주택의 부수토지의 양도인가, 토지만의 양도인가. 결론적으로 소득세법에서는 이를 토지만의 양도로 보아 과세한다.

주택과 부수토지를 양수한 양수인이 주택을 철거하였으나 양수인의 채무불이행으로 나대지 상태의 토지만이 소유권이 양도인에게 환원되었다가 제3자에게 양도되어 소유권이전등기가 경료된 경우 1세대1주택 비과세규정의 취지와 과세형평성에 비추어 1세대1주택의 양도로 보아 비과세하고 있다.(부산고법 2007누2838)

대법원 1994.9.13. 선고 94누125 판결 [양도소득세등부과처분취소]

【판시사항】

가. "1세대 1주택"의 양도로 발생하는 소득에 대하여 소득세를 부과하지 아니하는 취지

나. "1세대 1주택" 해당 주택과 그 부수토지에 관한 양도계약 후 주택을 철거하여 나대지로 인도한 경우 그 토지에 대한 양도소득세 비과세 여부

【판결요지】

가. "1세대 1주택"의 양도로 인하여 발생하는 소득에 대하여 소득세를 부과하지 아니하는 취지는, 주택은 국민의 주거생활의 기초가 되는 것이므로 1세대가 국내에 소유하는 1개의 주택을 양도하는 것이 양도소득을 얻거나 투기를 할 목적으로 일시적으로 거주하거나 소유하다가 양도하는 것이 아니라고 볼 수 있는 일정한 경우에는 그 양도소득에 대하여 소득세를 부과하지 아니함으로써 국민의 주거생활의 안정과 거주이전의 자유를 보장하여 주려는 데 있다.

나. "1세대 1주택"에 해당되는 주택과 그 부수토지를 소유하던 자가 그 주택과 부수토지를 동일인에게 양도하면서 양도계약 후 매수자의 필요에 의해서 토지만 등기이전되고 건물은 철거하는 경우라든가 또는 매수자와 매도인이 매수인의 다른 토지와 함께 그 지상에 다세대주택을 지어 그중 1세대를 매도인이 분양받아 주거를 개선하여 이전할 목적으로 양도계약 후 건물을 철거하고 대지만 소유권이전등기한 것이라면 대지의 양도는 "1세대 1주택"의 부수토지를 양도하는 경우로 보아야 함이 마땅하므로, 토지에 관한 양도계약을 체결할 당시 그 지상에 주택이 있었고 그 양도계약에는 부수토지뿐만 아니라 주택도 포함된 것과 같이 볼 수 있어 양도계약 당시 양도세 비과세요건을 갖추고 있는 이상, 양도계약 후 토지 인도시기 이전에 주택이 철거되어 나대지 상태로 인도되었다 하더라도 그 양도로 인한 소득은 양도소득세가 비과세되는 소득으로 보아야 한다.

대법원 1992.5.12. 선고 92누1889 판결 [양도소득세등부과처분취소]

【판시사항】

종전의 주택이 도시계획사업의 시행으로 인하여 철거됨에 따라 나대지로 남게 된 그 부수토지를 양도하는 경우에 있어 종전의 주택이 소득세법 제5조 제6호 (자)목 소정의 "1세대 1주택"으로서의 비과세요건을 갖추고 있었다면 그 양도소득에 대하여 소득세를 부과할 수 있는지 여부(소극)

【판결요지】

원래 "1세대 1주택"에 부수되는 토지의 양도로 인하여 발생하는 소득이 비과세 소득이 되려면 양도 당시 그 지상에 주택이 정착되어 있어야 하는 것이지만, 종전의 주택이 도시계획사업의 시행으로 인하여 철거됨에 따라 나대지로 남게 된 그 부수토지를 양도하는 경우에는, 적어도 종전의 주택이 철거될 당시 소득세법 제5조 제6호 (자)목 소정의 "1세대 1주택"으로서의 비과세요건을 갖추고 있었던 이상, 그 후 그 부수토지가 나대지의 상태로 양도되었다는 이유만으로, "1세대 1주택"에 부수되는 토지가 아닌 것으로 보아 그 양도로 인하여 발생하는 소득에 대하여 소득세를 부과할 수는 없는 것이라고 해석하는 것이, 국세기본법 제18조 제1항에 "세법의 해석·적용에 있어서는 과세의 형평과 당해 조항의 합목적성에 비추어 납세자의 재산권이 부당히 침해되지 아니하도록 하여야 한다"고 규정된 세법해석의 기준에 합치되는 것이다.

(4) 양도차익의 계산

1) 토지와 건물을 함께 취득한 후 토지의 이용편의를 위하여 당해 건물을 철거하고 토지만을 양도하는 경우

토지와 건물을 함께 취득한 후 토지의 이용편의를 위하여 당해 건물을 철거하고 토지만을 양도하는 경우로서 그 양도차익을 실지거래가액에 의하여 산정하는 경우 철거된 건물의 취득가액과 철거비용의 합계액에서 철거된 잔설처분가액을 차감한 잔액을 양도자산의 필요경비로 산입한다. 다만, 그 양도차익을 기준시가로 산정하는 경우에는 철거된 건물의 취득당시의 기준시가에 영 제163조 제6항 제1호의 금액을 가산한 금액을 양도자산의 필요경비로 산입한다.

2) 구건물 멸실하고 건물을 신축하여 토지와 함께 일괄양도하는 경우

① 소유토지에 소재하는 건물을 멸실하고 새로운 건물을 신축하여 그 소유토지와 신축한 건물을 함께 양도하는 경우에도 토지, 건물을 구분하여 실지거래가액 또는 기준시가에 의하여 양도차익을 산정할 수 있는 것이며, → 양도하는 토지와 건물의 취득시기가 각각 상이하다

② 건물의 양도에 대한 양도차익을 실지거래가액에 의하여 산정하는 때에 양도가액에서 공제하는 취득가액은 당해 건물신축시 실지 소요된 가액으로 하고 종전 건물의 취득가액은 이에 포함하지 아니하는 것이며, 토지에 대한 양도차익을 실지거래가액에 의하여 산정하는 경우에는 멸실된 건물의 취득가액과 철거비용의 합계액에서 멸실건물의 잔설처분가액을 차감한 잔액을 필요경비에 산입하는 것이며, 기준시가에 의하여 산정하

는 경우에는 멸실된 건물의 취득 당시 기준시가와 소득세법시행령 제163조 제6항 제1호의 금액의 합계액을 필요경비에 산입하는 것이다.(재산1415)(·cf. 취득세의 경우에는 자기(타인)소유의 토지상에 새로운 건축물을 건축하기 위하여 기존 건축물을 철거하는 경우 기존건축물의 장부가액과 철거비용은 새로운 건축물에 대한 자본적 지출로 하여 새로운 건축물의 취득원가에 산입하고, 주거용 주택을 철거하고 임대용 건물을 신축할 경우, 철거한 건축물의 취득가액과 철거비용은 당해 토지에 대한 자본적 지출로 한다)

즉, 철거되는 건물의 취득가액은 토지에 대한 양도소득세 계산시 필요경비로 산입하라는 것이다. 이는 당초부터 건물을 철거하고 토지만을 이용할 목적이었음이 명백하게 인정되는 경우로서 토지와 건물을 취득한 후 건물을 즉시 철거하고 새로운 건물을 신축하는 경우에 적용된다. 따라서 토지와 건물을 취득하고 상당기간 사용하다가 건물을 멸실하고 신축하는 경우라면 구건물의 취득가액은 토지에 대한 양도소득세 계산시 토지의 필요경비로 공제할 수 없다.

(5) 건물 멸실과 1세대1주택 비과세 해당 여부

다른 필지 위에 상가와 주택이 소재하고 있다가 상가건물의 멸실 후 근린생활시설 부수토지로 사용하던 토지를 주택(1세대1주택 비과세 요건 충족)의 부수토지에 합병하여 양도하는 경우 그 합병한 토지에 대하여는 합병한 날부터 양도일까지 3년 이상 보유(주택부수토지로 사용)한 경우에만 양도소득세가 비과세되는 1세대1주택의 부수토지에 해당된다.(재산 1574) 같은 대지 위에 주택과 상가건물이 정착되어 있던 중 상가건물은 멸실하고 1필지 대지와 주택을 양도하려는 경우 대지면적이 주택정착면적의 일정 배율(5배, 10배) 이내라면 상가건물 멸실 후 주택의 부수토지로서 3년 이상 보유한 후에 양도하여야 1필지 대지 전체가 주택의 부수토지로서 비과세된다.

또한, 도시 및 주거환경정비법에 따른 주택재개발사업을 시행하는 주택을 양도하는 경우 1세대1주택 비과세 판정시 보유기간의 계산은 멸실된 구주택의 보유기간과 재개발사업 공사기간 및 재개발사업으로 완공된 신주택의 보유기간을 합산하고 재건축하는 경우에는 종전의 보유기간을 통산한다.

10) 토지 등 양도소득에 대한 과세특례

법인의 경우에는 주택 및 비사업용 토지 등 양도소득에 대해서는 매매차익에 따른 각 사업연도소득에 대한 법인세와 별도로 토지 등 양도차익에 대하여 30%(지가급등지역 부동산은 10%)에 해당하는 금액을 추가로 납부하여야 한다. 다만, 2009년 세법 개정으로 2012년 말까지 양도하는 경우에는 토지 등 양도차익에 대하여 30% 추가과세가 배제된다.(주택투기지역은 제외) 그러나 세법 개정으로 2013년 이후 양도분부터는 추가과세가 항구화되어 적용된다.

법인세법 제55조의2(토지등 양도소득에 대한 과세특례) ① 내국법인이 다음 각 호의 어느 하나에 해당하는 토지 및 건물(건물에 부속된 시설물과 구축물을 포함하며, 이하 이 조 및 제95조의2에서 "토지등"이라 한다)을 양도한 경우에는 해당 각 호에 따라 계산한 세액을 토지등 양도소득에 대한 법인세로 하여 제13조에 따른 과세표준에 제55조에 따른 세율을 적용하여 계산한 법인세액에 추가하여 납부하여야 한다. 이 경우 하나의 자산이 다음 각 호의 규정 중 둘 이상에 해당할 때에는 그 중 가장 높은 세액을 적용한다. <개정 2014.12.23.>

1. 다음 각 목의 어느 하나에 해당하는 부동산을 2012년 12월 31일까지 양도한 경우에는 그 양도소득에 100분의 10을 곱하여 산출한 세액
   가. 「소득세법」 제104조의2제2항에 따른 지정지역에 있는 부동산으로서 제2호에 따른 주택(이에 부수되는 토지를 포함한다. 이하 이 항에서 같다)
   나. 「소득세법」 제104조의2제2항에 따른 지정지역에 있는 부동산으로서 제3호에 따른 비사업용 토지
   다. 그 밖에 부동산가격이 급등하거나 급등할 우려가 있어 부동산가격의 안정을 위하여 필요한 경우에 대통령령으로 정하는 부동산
2. 대통령령으로 정하는 주택(이에 부수되는 토지를 포함한다) 및 주거용 건축물로서 상시 주거용으로 사용하지 아니하고 휴양·피서·위락 등의 용도로 사용하는 건축물(이하 이 조에서 "별장"이라 한다)을 양도한 경우에는 토지등의 양도소득에 100분의 10(미등기 토지등의 양도소득에 대하여는 100분의 40)을 곱하여 산출한 세액. 다만, 「지방자치법」 제3조제3항 및 제4항에 따른 읍 또는 면에 있으면서 대통령령으로 정하는 범위 및 기준에 해당하는 농어촌주택(그 부속토지를 포함한다)은 제외한다.
3. 비사업용 토지를 양도한 경우에는 토지등의 양도소득에 100분의 10(미등기 토지등의 양도소득에 대하여는 100분의 40)을 곱하여 산출한 세액

② 제1항제3호에서 "비사업용 토지"란 토지를 소유하는 기간 중 대통령령으로 정하는 기간 동안 다음 각 호의 어느 하나에 해당하는 토지를 말한다. <개정 2015.7.24.>

1. 논밭 및 과수원(이하 이 조에서 "농지"라 한다)으로서 다음 각 목의 어느 하나에 해당하는 것

가. 농업을 주된 사업으로 하지 아니하는 법인이 소유하는 토지. 다만, 「농지법」이나 그 밖의 법률에 따라 소유할 수 있는 농지로서 대통령령으로 정하는 농지는 제외한다.

나. 특별시, 광역시(광역시에 있는 군 지역은 제외한다. 이하 이 항에서 같다), 특별자치시(특별자치시에 있는 읍·면지역은 제외한다. 이하 이 항에서 같다), 특별자치도(「제주특별자치도 설치 및 국제자유도시 조성을 위한 특별법」 제10조제2항에 따라 설치된 행정시의 읍·면지역은 제외한다. 이하 이 항에서 같다) 및 시 지역[「지방자치법」 제3조제4항에 따른 도농(都農) 복합형태의 시의 읍·면 지역은 제외한다. 이하 이 항에서 같다] 중 「국토의 계획 및 이용에 관한 법률」 제6조제1호에 따른 도시지역(대통령령으로 정하는 지역은 제외한다. 이하 이 목에서 같다)에 있는 농지. 다만, 특별시, 광역시, 특별자치시, 특별자치도 및 시 지역의 도시지역에 편입된 날부터 대통령령으로 정하는 기간이 지나지 아니한 농지는 제외한다.

2. 임야. 다만, 다음 각 목의 어느 하나에 해당하는 것은 제외한다.

가. 「산림자원의 조성 및 관리에 관한 법률」에 따라 지정된 채종림(採種林)·시험림, 「산림보호법」 제7조에 따른 산림보호구역, 그 밖에 공익상 필요하거나 산림의 보호·육성을 위하여 필요한 임야로서 대통령령으로 정하는 것

나. 임업을 주된 사업으로 하는 법인이나 「산림자원의 조성 및 관리에 관한 법률」에 따른 독림가(篤林家)인 법인이 소유하는 임야로서 대통령령으로 정하는 것

다. 토지의 소유자·소재지·이용상황·보유기간 및 면적 등을 고려하여 법인의 업무와 직접 관련이 있다고 인정할 만한 상당한 이유가 있는 임야로서 대통령령으로 정하는 것

3. 다음 각 목의 어느 하나에 해당하는 목장용지. 다만, 토지의 소유자·소재지·이용상황·보유기간 및 면적 등을 고려하여 법인의 업무와 직접 관련이 있다고 인정할 만한 상당한 이유가 있는 목장용지로서 대통령령으로 정하는 것은 제외한다.

가. 축산업을 주된 사업으로 하는 법인이 소유하는 목장용지로서 대통령령으로 정하는 축산용 토지의 기준면적을 초과하거나 특별시, 광역시, 특별자치시, 특별자치도 및 시 지역의 도시지역(대통령령으로 정하는 지역은 제외한다. 이하 이 목에서 같다)에 있는 목장용지(도시지역에 편입된 날부터 대통령령으로 정하는 기간이 지나지 아니한 경우는 제외한다)

나. 축산업을 주된 사업으로 하지 아니하는 법인이 소유하는 목장용지

4. 농지, 임야 및 목장용지 외의 토지 중 다음 각 목을 제외한 토지

가. 「지방세법」이나 관계 법률에 따라 재산세가 비과세되거나 면제되는 토지

나. 「지방세법」 제106조제1항제2호 및 제3호에 따른 재산세 별도합산과세대상 또는 분리과세대상이 되는 토지

다. 토지의 이용상황, 관계 법률의 의무이행 여부 및 수입금액 등을 고려하여

법인의 업무와 직접 관련이 있다고 인정할 만한 상당한 이유가 있는 토지로서 대통령령으로 정하는 것

5. 「지방세법」 제106조제2항에 따른 주택 부속토지 중 주택이 정착된 면적에 지역별로 대통령령으로 정하는 배율을 곱하여 산정한 면적을 초과하는 토지
6. 별장의 부속토지. 다만, 별장에 부속된 토지의 경계가 명확하지 아니한 경우에는 그 건축물 바닥면적의 10배에 해당하는 토지를 부속토지로 본다.
7. 그 밖에 제1호부터 제6호까지에 규정된 토지와 유사한 토지로서 법인의 업무와 직접 관련이 없다고 인정할 만한 상당한 이유가 있는 대통령령으로 정하는 토지

③ 제1항제3호를 적용할 때 토지를 취득한 후 법령에 따라 사용이 금지되거나 그 밖에 대통령령으로 정하는 부득이한 사유가 있어 비사업용 토지에 해당하는 경우에는 대통령령으로 정하는 바에 따라 비사업용 토지로 보지 아니할 수 있다.

④ 다음 각 호의 어느 하나에 해당하는 토지등 양도소득에 대하여는 제1항을 적용하지 아니한다. 다만, 미등기 토지등에 대한 토지등 양도소득에 대하여는 그러하지 아니하다.

1. 파산선고에 의한 토지등의 처분으로 인하여 발생하는 소득
2. 법인이 직접 경작하던 농지로서 대통령령으로 정하는 경우에 해당하는 농지의 교환 또는 분할·통합으로 인하여 발생하는 소득
3. 「도시 및 주거환경정비법」이나 그 밖의 법률에 따른 환지 처분 등 대통령령으로 정하는 사유로 발생하는 소득

⑤ 제1항 및 제4항에서 "미등기 토지등"이란 토지등을 취득한 법인이 그 취득에 관한 등기를 하지 아니하고 양도하는 토지등을 말한다. 다만, 장기할부 조건으로 취득한 토지등으로서 그 계약조건에 의하여 양도 당시 그 토지등의 취득등기가 불가능한 토지등이나 그 밖에 대통령령으로 정하는 토지등은 제외한다.

⑥ 토지등 양도소득은 토지등의 양도금액에서 양도 당시의 장부가액을 뺀 금액으로 한다. 다만, 비영리 내국법인이 1990년 12월 31일 이전에 취득한 토지등 양도소득은 양도금액에서 장부가액과 1991년 1월 1일 현재 「상속세 및 증여세법」 제60조와 같은 법 제61조제1항에 따라 평가한 가액 중 큰 가액을 뺀 금액으로 할 수 있다. <개정 2014.12.23.>

⑦ 제1항부터 제6항까지의 규정을 적용할 때 농지·임야·목장용지의 범위, 주된 사업의 판정기준, 해당 사업연도에 토지등의 양도에 따른 손실이 있는 경우 등의 양도소득 계산방법, 토지등의 양도에 따른 손익의 귀속사업연도 등에 관하여 필요한 사항은 대통령령으로 정한다.

⑧ 토지등을 2012년 12월 31일까지 양도함으로써 발생하는 소득에 대하여는 제

1항제2호 및 제3호를 적용하지 아니한다.

법인세법시행령 제92조의2(토지등양도소득에 대한 과세특례) ① 삭제 <2009.6.8.>

② 법 제55조의2제1항제2호에서 "대통령령으로 정하는 주택"이란 국내에 소재하는 주택으로서 다음 각 호의 어느 하나에 해당하지 아니하는 주택을 말한다. <신설 2014.2.21.>

1. 해당 법인이 임대하는 「임대주택법」 제2조제3호에 따른 매입임대주택으로서 다음 각 목의 요건을 모두 갖춘 주택
   가. 삭제 <2013.2.15.>
   나. 5년 이상 임대한 주택일 것
   다. 「임대주택법」 제6조에 따라 임대주택으로 등록하여 임대를 개시한 날의 해당 주택 및 이에 딸린 토지의 기준시가(「소득세법」 제99조에 따른 기준시가를 말한다. 이하 이 항에서 같다)의 합계액이 6억원[「수도권정비계획법」 제2조제1호에 따른 수도권(이하 "수도권"이라 한다) 밖의 지역인 경우에는 3억원] 이하일 것

1의2. 해당 법인이 임대하는 「임대주택법」 제2조제2호에 따른 건설임대주택으로서 다음 각 목의 요건을 모두 갖춘 주택이 2호 이상인 경우 그 주택
   가. 대지면적이 298제곱미터 이하이고 주택의 연면적(「소득세법 시행령」 제154조제3항 본문에 따라 주택으로 보는 부분과 주거전용으로 사용되는 지하실부분의 면적을 포함하고, 공동주택의 경우에는 전용면적을 말한다)이 149제곱미터 이하일 것
   나. 5년 이상 임대하는 것일 것
   다. 「임대주택법」 제6조에 따라 임대주택으로 등록하여 임대를 개시한 날의 해당 주택 및 이에 딸린 토지의 기준시가의 합계액이 6억원 이하일 것

1의3. 「부동산투자회사법」 제2조제1호에 따른 부동산투자회사 또는 「간접투자자산 운용업법」 제27조제3호에 따른 부동산간접투자기구가 2008년 1월 1일부터 2008년 12월 31일까지 취득 및 임대하는 「임대주택법」 제2조제3호에 따른 매입임대주택으로서 다음 각 목의 요건을 모두 갖춘 주택이 5호 이상인 경우 그 주택
   가. 대지면적이 298제곱미터 이하이고 주택의 연면적(「소득세법 시행령」 제154조제3항 본문에 따라 주택으로 보는 부분과 주거전용으로 사용되는 지하실부분의 면적을 포함하고, 공동주택의 경우에는 전용면적을 말한다)이 149제곱미터 이하일 것
   나. 10년 이상 임대하는 것일 것
   다. 수도권 밖의 지역에 소재할 것

1의4. 「임대주택법」 제2조제3호에 따른 매입임대주택[미분양주택(「주택법」 제38조에 따른 사업주체가 같은 조에 따라 공급하는 주택으로서 입주자모집공고에 따른 입주자의 계약일이 지난 주택단지에서 2008년 6월 10일까지

분양계약이 체결되지 아니하여 선착순의 방법으로 공급하는 주택을 말한다. 이하 이 호에서 같다)으로서 2008년 6월 11일부터 2009년 6월 30일까지 최초로 분양계약을 체결하고 계약금을 납부한 주택에 한정한다]으로서 다음 각 목의 요건을 모두 갖춘 주택. 이 경우 해당 주택을 양도하는 법인은 해당 주택을 양도하는 날이 속하는 사업연도 과세표준신고 시 시장·군수 또는 구청장이 발행한 미분양주택 확인서 사본 및 미분양주택 매입 시의 매매계약서 사본을 납세지 관할세무서장에게 제출하여야 한다.

가. 대지면적이 298제곱미터 이하이고 주택의 연면적(「소득세법 시행령」 제154조제3항 본문에 따라 주택으로 보는 부분과 주거전용으로 사용되는 지하실부분의 면적을 포함하고, 공동주택의 경우에는 전용면적을 말한다)이 149제곱미터 이하일 것

나. 5년 이상 임대하는 것일 것

다. 수도권 밖의 지역에 소재할 것

라. 가목부터 다목까지의 요건을 모두 갖춘 매입임대주택(이하 이 조에서 "미분양매입임대주택"이라 한다)이 같은 시(특별시 및 광역시를 포함한다)·군에서 5호 이상일 것[제1호에 따른 매입임대주택이 5호 이상이거나 제1호의3에 따른 매입임대주택이 5호 이상인 경우에는 제1호 또는 제1호의3에 따른 매입임대주택과 미분양매입임대주택을 합산하여 5호 이상일 것]

1의5. 다음 각 목의 요건을 모두 갖춘 「부동산투자회사법」 제2조제1호다목에 따른 기업구조조정부동산투자회사 또는 「자본시장과 금융투자업에 관한 법률」 제229조제2호에 따른 부동산집합투자기구(이하 이 항에서 "기업구조조정부동산투자회사등"이라 한다)가 2010년 2월 11일까지 직접 취득(2010년 2월 11일까지 매매계약을 체결하고 계약금을 납부한 경우를 포함한다)을 하는 미분양주택(「주택법」 제38조에 따른 사업주체가 같은 조에 따라 공급하는 주택으로서 입주자모집공고에 따른 입주자의 계약일이 지나 선착순의 방법으로 공급하는 주택을 말한다. 이하 이 항에서 같다)

가. 취득하는 부동산이 모두 서울특별시 밖의 지역(「소득세법」 제104조의2에 따른 지정지역은 제외한다. 이하 이 조에서 같다)에 있는 미분양주택으로서 그 중 수도권 밖의 지역에 있는 주택수의 비율이 100분의 60 이상일 것

나. 존립기간이 5년 이내일 것

1의6. 제1호의5, 제1호의8 또는 제1호의10에 따라 기업구조조정부동산투자회사등이 미분양주택을 취득할 당시 매입약정을 체결한 자가 그 매입약정에 따라 미분양주택(제1호의8의 경우에는 수도권 밖의 지역에 있는 미분양주택만 해당한다)을 취득한 경우로서 그 취득일부터 3년 이내인 주택

1의7. 다음 각 목의 요건을 모두 갖춘 신탁계약에 따른 신탁재산으로 「자본시장과 금융투자업에 관한 법률」에 따른 신탁업자(이하 이 호에서 "신탁업자"라 한다)가 2010년 2월 11일까지 직접 취득(2010년 2월 11일까지 매매계약을 체결하고 계약금을 납부한 경우를 포함한다)을 하는 미분양주택

가. 주택의 시공자(이하 이 조에서 "시공자"라 한다)가 채권을 발행하여 조달

한 금전을 신탁업자에게 신탁하고, 해당 시공자가 발행하는 채권을 「한국주택금융공사법」에 따른 한국주택금융공사의 신용보증을 받아 「자산유동화에 관한 법률」에 따라 유동화 할 것

나. 신탁업자가 신탁재산으로 취득하는 부동산은 모두 서울특별시 밖의 지역에 있는 미분양주택(「주택법」에 따른 대한주택보증주식회사가 분양보증을 하여 준공하는 주택만 해당한다)으로서 그 중 수도권 밖의 지역에 있는 주택수의 비율(신탁업자가 다수의 시공자로부터 금전을 신탁받은 경우에는 해당 신탁업자가 신탁재산으로 취득한 전체 미분양주택을 기준으로 한다)이 100분의 60 이상일 것

다. 신탁재산의 운용기간(신탁계약이 연장되는 경우 그 연장되는 기간을 포함한다)이 5년 이내일 것

1의8. 다음 각 목의 요건을 모두 갖춘 기업구조조정부동산투자회사등이 2011년 4월 30일까지 직접 취득(2011년 4월 30일까지 매매계약을 체결하고 계약금을 납부한 경우를 포함한다)하는 수도권 밖의 지역에 있는 미분양주택

가. 취득하는 부동산이 모두 서울특별시 밖의 지역에 있는 2010년 2월 11일 현재 미분양주택으로서 그 중 수도권 밖의 지역에 있는 주택수의 비율이 100분의 50 이상일 것

나. 존립기간이 5년 이내일 것

1의9. 다음 각 목의 요건을 모두 갖춘 신탁계약에 따른 신탁재산으로 「자본시장과 금융투자업에 관한 법률」에 따른 신탁업자(이하 이 호에서 "신탁업자"라 한다)가 2011년 4월 30일까지 직접 취득(2011년 4월 30일까지 매매계약을 체결하고 계약금을 납부한 경우를 포함한다)하는 수도권 밖의 지역에 있는 미분양주택

가. 시공자가 채권을 발행하여 조달한 금전을 신탁업자에게 신탁하고, 해당 시공자가 발행하는 채권을 「한국주택금융공사법」에 따른 한국주택금융공사의 신용보증을 받아 「자산유동화에 관한 법률」에 따라 유동화할 것

나. 신탁업자가 신탁재산으로 취득하는 부동산은 모두 서울특별시 밖의 지역에 있는 2010년 2월 11일 현재 미분양주택(「주택법」에 따른 대한주택보증주식회사가 분양보증을 하여 준공하는 주택만 해당한다)으로서 그 중 수도권 밖의 지역에 있는 주택수의 비율(신탁업자가 다수의 시공자로부터 금전을 신탁받은 경우에는 해당 신탁업자가 신탁재산으로 취득한 전체 미분양주택을 기준으로 한다)이 100분의 50 이상일 것

다. 신탁재산의 운용기간(신탁계약이 연장되는 경우 그 연장되는 기간을 포함한다)은 5년 이내일 것

1의10. 다음 각 목의 요건을 모두 갖춘 기업구조조정부동산투자회사등이 2014년 12월 31일까지 직접 취득(2014년 12월 31일까지 매매계약을 체결하고 계약금을 납부한 경우를 포함한다)하는 미분양주택

가. 취득하는 부동산이 모두 미분양주택일 것

나. 존립기간이 5년 이내일 것

1의11. 다음 각 목의 요건을 모두 갖춘 신탁계약에 따른 신탁재산으로 「자본시

장과 금융투자업에 관한 법률」에 따른 신탁업자(이하 이 호에서 "신탁업자"라 한다)가 2012년 12월 31일까지 직접 취득(2012년 12월 31일까지 매매계약을 체결하고 계약금을 납부한 경우를 포함한다)하는 미분양주택(「주택법」에 따른 대한주택보증주식회사가 분양보증을 하여 준공하는 주택만 해당한다)

가. 시공자가 채권을 발행하여 조달한 금전을 신탁업자에게 신탁하고, 해당 시공자가 발행하는 채권을 「한국주택금융공사법」에 따른 한국주택금융공사의 신용보증을 받아 「자산유동화에 관한 법률」에 따라 유동화할 것

나. 신탁재산의 운용기간(신탁계약이 연장되는 경우 그 연장되는 기간을 포함한다)이 5년 이내일 것

2. 주주등이나 출연자가 아닌 임원(소액주주등인 임원을 포함한다) 및 사용인에게 제공하는 사택 및 그 밖에 무상으로 제공하는 법인 소유의 주택으로서 사택제공기간 또는 무상제공기간이 10년 이상인 주택

3. 저당권의 실행으로 인하여 취득하거나 채권변제를 대신하여 취득한 주택으로서 취득일부터 3년이 경과하지 아니한 주택

4. 그 밖에 부득이한 사유로 보유하고 있는 주택으로서 기획재정부령으로 정하는 주택

③ 법 제55조의2제4항제2호에서 "대통령령으로 정하는 경우"란 「소득세법 시행령」 제153조제1항의 규정에 의한 경우를 말한다. 이 경우 동항제3호 단서의 규정중 "농지소재지에 거주하면서 경작"은 "경작"으로 본다.

④ 법 제55조의2제4항제3호에서 "대통령령으로 정하는 사유로 발생하는 소득"이란 다음 각 호의 어느 하나에 해당하는 소득을 말한다. <개정 2015.2.3.>

1. 「도시개발법」 그 밖의 법률에 의한 환지처분으로 지목 또는 지번이 변경되거나 체비지로 충당됨으로써 발생하는 소득. 이 경우 환지처분 및 체비지는 「소득세법 시행령」 제152조의 규정에 의한 것으로 한다.

1의2. 「소득세법 시행령」 제152조제3항에 따른 교환으로 발생하는 소득

2. 적격분할·적격합병·적격물적분할·적격현물출자·조직변경 및 교환(법 제50조의 요건을 갖춘 것에 한한다)으로 인하여 발생하는 소득

3. 「한국토지주택공사법」에 따른 한국토지주택공사가 같은 법에 따른 개발사업으로 조성한 토지중 주택건설용지로 양도함으로써 발생하는 소득

4. 주택을 신축하여 판매(「임대주택법」에 따른 건설임대주택을 동법에 따라 분양하거나 다른 임대사업자에게 매각하는 경우를 포함한다)하는 법인이 그 주택 및 주택에 부수되는 토지로서 그 면적이 다음 각 목의 면적 중 넓은 면적 이내의 토지를 양도함으로써 발생하는 소득

가. 주택의 연면적(지하층의 면적, 지상층의 주차용으로 사용되는 면적 및 「주택건설기준 등에 관한 규정」 제2조제3호의 규정에 따른 주민공동시설의 면적을 제외한다)

나. 건물이 정착된 면적에 5배(「국토의 계획 및 이용에 관한 법률」 제6조의 규정에 따른 도시지역 밖의 토지의 경우에는 10배)를 곱하여 산정한 면적

5. 그 밖에 공공목적을 위한 양도 등 기획재정부령이 정하는 사유로 인하여 발

생하는 소득

⑤ 법 제55조의2제5항 단서에서 "대통령령으로 정하는 토지등"이란 다음 각호의 1에 해당하는 것을 말한다.

1. 법률의 규정 또는 법원의 결정에 의하여 양도당시 취득에 관한 등기가 불가능한 토지등
2. 법 제55조의2제4항제2호의 규정에 의한 농지

⑥ 제68조의 규정은 법 제55조의2제1항의 규정에 의한 토지등양도소득의 귀속사업연도, 양도시기 및 취득시기에 관하여 이를 준용한다. 다만, 제68조제3항의 규정에 의한 장기할부조건에 의한 토지등의 양도의 경우에는 동조제2항의 규정에 불구하고 동조제1항제3호의 규정에 의한다.

⑦ 법 제55조의2제1항제1호의 규정을 적용함에 있어서 예약매출에 의하여 토지등을 양도하는 경우에는 그 계약일에 토지등이 양도된 것으로 본다.

⑧ 제7항에 따라 계약일에 토지등이 양도되는 것으로 보는 경우의 토지등양도소득은 제69조제2항에 따른 작업진행률을 기준으로 하여 계산한 수익과 비용중 법 제55조의2제1항제1호가목 및 나목에 해당하는 지정지역에 포함되는 기간에 상응하는 수익과 비용을 각각 해당사업연도의 익금과 손금으로 하여 계산한다. 다만, 제69조제2항에 따른 작업진행률을 계산할 수 없다고 인정되는 경우로서 기획재정부령으로 정하는 경우에는 계약금액 및 총공사예정비를 그 목적물의 착수일부터 인도일까지의 기간에 균등하게 배분한 금액중 법 제55조의2제1항제1호가목 및 나목에 해당하는 지정지역에 포함되는 기간에 상응하는 금액을 각각 해당사업연도의 익금과 손금으로 하여 계산한다.

⑨ 법인이 각 사업연도에 법 제55조의2를 적용받는 2 이상의 토지등을 양도하는 경우에 토지등양도소득은 해당 사업연도에 양도한 자산별로 법 제55조의2제6항에 따라 계산한 금액을 합산한 금액으로 한다. 이 경우 양도한 자산 중 양도 당시의 장부가액이 양도금액을 초과하는 토지등이 있는 경우에는 그 초과하는 금액(이하 이 항에서 "양도차손"이라 한다)을 다음 각 호의 자산의 양도소득에서 순차로 차감하여 토지등양도소득을 계산한다.

1. 양도차손이 발생한 자산과 같은 세율을 적용받는 자산의 양도소득
2. 양도차손이 발생한 자산과 다른 세율을 적용받는 자산의 양도소득

다음 표에 해당하는 경우에는 법인세 이외에 추가로 토지등 양도차익에 대한 법인세를 납부하여야 한다.

- 추가법인세 = (양도금액 - 장부가액) × 세율
- 손익의 귀속시기 : 법인세법 제68조 준용하여 인도일, 잔금청산일, 등기접수일 중 빠른 날

구 분	세 율	참 고
① 지정지역 안의 주택 및 부속	10%	강남, 서초, 송파구

토지		
② 지정지역 안의 비사업용 토지	10%	지정지역 없음.
③ 지가급등지역	10%	지정지역 없음.
④ 주택	10%	적용 제외(일정 요건의 임대주택, 비주주인 임원 또는 사용인에게 제공하는 주택, 채권변제로 취득한 주택)
⑤ 비사업용토지	10%	기본적으로 나대지.

※ 주택신축판매업과 건설임대주택사업을 영위하는 법인의 주택 및 부속토지에 대하여는 추가법인세를 적용하지 않는다.

결국 주택 외의 건물(상가 등)과 사업용 토지는 토지 등 양도소득에 대한 추가과세제도에서 제외된다.

※ 비영리법인의 특례

비영리법인의 경우 고유목적사업에 3년 이상 계속하여 직접 사용한 부동산을 처분하여 얻은 양도소득에 대하여는 법인세를 비과세한다.(법세법제3조③5호, 법세령제2조②)

11) 비사업용 토지 중과세제도

(1) 취지

2007.1.1.부터 개인 또는 법인이 생산적 용도로 사용하지 않고 재산증식 수단으로 보유하다 양도하면 비사업용 토지로서 양도소득세를 중과세(60%)한다.(소세법§104의3, 법세법§55의2) 비사업용 토지 중과세 제도에 대하여 폐지 논의가 진행되었으나 반대에 부딪혀 존치하기로 하고 다만 적용유예를 2013. 12. 31.까지 1년 더 연장하기로 하였고 장기보유특별공제도 기존과 마찬가지로 적용이 배제된다. 법인의 비사업용 토지에 대한 양도소득에 대한 추가과세 제도는 항구화되었다.

소득세법 제104조의3(비사업용 토지의 범위) ① 제96조제2항제8호 및 제104조제1항제8호에서 "비사업용 토지"란 해당 토지를 소유하는 기간 중 대통령령으로 정하는 기간 동안 다음 각 호의 어느 하나에 해당하는 토지를 말한다.

<개정 2015.7.24.>

1. 논·밭 및 과수원(이하 이 조에서 "농지"라 한다)으로서 다음 각 목의 어느 하나에 해당하는 것
   가. 대통령령으로 정하는 바에 따라 소유자가 농지 소재지에 거주하지 아니하거나 자기가 경작하지 아니하는 농지. 다만, 「농지법」이나 그 밖의 법률에 따라 소유할 수 있는 농지로서 대통령령으로 정하는 경우는 제외한다.
   나. 특별시·광역시(광역시에 있는 군은 제외한다. 이하 이 항에서 같다)·특별자치시(특별자치시에 있는 읍·면지역은 제외한다. 이하 이 항에서 같다)·특별자치도(「제주특별자치도 설치 및 국제자유도시 조성을 위한 특별법」 제10조제2항에 따라 설치된 행정시의 읍·면지역은 제외한다. 이하 이 항에서 같다) 및 시지역(「지방자치법」 제3조제4항에 따른 도농 복합형태인 시의 읍·면지역은 제외한다. 이하 이 항에서 같다) 중 「국토의 계획 및 이용에 관한 법률」에 따른 도시지역(대통령령으로 정하는 지역은 제외한다. 이하 이 호에서 같다)에 있는 농지. 다만, 대통령령으로 정하는 바에 따라 소유자가 농지 소재지에 거주하며 스스로 경작하던 농지로서 특별시·광역시·특별자치시·특별자치도 및 시지역의 도시지역에 편입된 날부터 대통령령으로 정하는 기간이 지나지 아니한 농지는 제외한다.
2. 임야. 다만, 다음 각 목의 어느 하나에 해당하는 것은 제외한다.
   가. 「산림자원의 조성 및 관리에 관한 법률」에 따라 지정된 산림유전자원보호림, 보안림(保安林), 채종림(採種林), 시험림(試驗林), 그 밖에 공익을 위하여 필요하거나 산림의 보호·육성을 위하여 필요한 임야로서 대통령령으로 정하는 것
   나. 대통령령으로 정하는 바에 따라 임야 소재지에 거주하는 자가 소유한 임야
   다. 토지의 소유자, 소재지, 이용 상황, 보유기간 및 면적 등을 고려하여 거주 또는 사업과 직접 관련이 있다고 인정할 만한 상당한 이유가 있는 임야로서 대통령령으로 정하는 것
3. 목장용지로서 다음 각 목의 어느 하나에 해당하는 것. 다만, 토지의 소유자, 소재지, 이용 상황, 보유기간 및 면적 등을 고려하여 거주 또는 사업과 직접 관련이 있다고 인정할 만한 상당한 이유가 있는 목장용지로서 대통령령으로 정하는 것은 제외한다.
   가. 축산업을 경영하는 자가 소유하는 목장용지로서 대통령령으로 정하는 축산용 토지의 기준면적을 초과하거나 특별시·광역시·특별자치시·특별자치도 및 시지역의 도시지역(대통령령으로 정하는 지역은 제외한다. 이하 이 호에서 같다)에 있는 것(도시지역에 편입된 날부터 대통령령으로 정하는 기간이 지나지 아니한 경우는 제외한다)
   나. 축산업을 경영하지 아니하는 자가 소유하는 토지
4. 농지, 임야 및 목장용지 외의 토지 중 다음 각 목을 제외한 토지
   가. 「지방세법」 또는 관계 법률에 따라 재산세가 비과세되거나 면제되는 토지
   나. 「지방세법」 제106조제1항제2호 및 제3호에 따른 재산세 별도합산과세

대상 또는 분리과세대상이 되는 토지

다. 토지의 이용 상황, 관계 법률의 의무 이행 여부 및 수입금액 등을 고려하여 거주 또는 사업과 직접 관련이 있다고 인정할 만한 상당한 이유가 있는 토지로서 대통령령으로 정하는 것

5. 「지방세법」 제106조제2항에 따른 주택부속토지 중 주택이 정착된 면적에 지역별로 대통령령으로 정하는 배율을 곱하여 산정한 면적을 초과하는 토지
6. 주거용 건축물로서 상시주거용으로 사용하지 아니하고 휴양, 피서, 위락 등의 용도로 사용하는 건축물(이하 이 호에서 "별장"이라 한다)의 부속토지. 다만, 「지방자치법」 제3조제3항 및 제4항에 따른 읍 또는 면에 소재하고 대통령령으로 정하는 범위와 기준에 해당하는 농어촌주택의 부속토지는 제외하며, 별장에 부속된 토지의 경계가 명확하지 아니한 경우에는 그 건축물 바닥면적의 10배에 해당하는 토지를 부속토지로 본다.
7. 그 밖에 제1호부터 제6호까지와 유사한 토지로서 거주자의 거주 또는 사업과 직접 관련이 없다고 인정할 만한 상당한 이유가 있는 대통령령으로 정하는 토지

② 제1항을 적용할 때 토지 취득 후 법률에 따른 사용 금지나 그 밖에 대통령령으로 정하는 부득이한 사유가 있어 그 토지가 제1항 각 호의 어느 하나에 해당하는 경우에는 대통령령으로 정하는 바에 따라 그 토지를 비사업용 토지로 보지 아니할 수 있다.

③ 제1항과 제2항을 적용할 때 농지·임야·목장용지의 범위 등에 관하여 필요한 사항은 대통령령으로 정한다.

소득세법시행령 제168조의7(토지지목의 판정) 법 제104조의3의 규정을 적용함에 있어서 농지·임야·목장용지 및 그 밖의 토지의 판정은 이 영에 특별한 규정이 있는 경우를 제외하고는 사실상의 현황에 의한다. 다만, 사실상의 현황이 분명하지 아니한 경우에는 공부상의 등재현황에 의한다.

소득세법시행령 제168조의6(비사업용 토지의 기간기준) 법 제104조의3제1항 각 호 외의 부분에서 "대통령령으로 정하는 기간"이란 다음 각 호의 어느 하나에 해당하는 기간을 말한다. **<개정 2015.2.3.>**

1. 토지의 소유기간이 5년 이상인 경우에는 다음 각 목의 모두에 해당하는 기간
   가. 양도일 직전 5년 중 2년을 초과하는 기간
   나. 양도일 직전 3년 중 1년을 초과하는 기간
   다. 토지의 소유기간의 100분의 40에 상당하는 기간을 초과하는 기간. 이 경우 기간의 계산은 일수로 한다. → 20/100에서 완화
2. 토지의 소유기간이 3년 이상이고 5년 미만인 경우에는 다음 각 목의 모두에 해당하는 기간
   가. 토지의 소유기간에서 3년을 차감한 기간을 초과하는 기간
   나. 양도일 직전 3년 중 1년을 초과하는 기간

다. 토지의 소유기간의 100분의 40에 상당하는 기간을 초과하는 기간. 이 경우 기간의 계산은 일수로 한다. → 20/100에서 완화

3. 토지의 소유기간이 3년 미만인 경우에는 다음 각 목의 모두에 해당하는 기간. 다만, 소유기간이 2년 미만인 경우에는 가목을 적용하지 아니한다.
   가. 토지의 소유기간에서 2년을 차감한 기간을 초과하는 기간
   나. 토지의 소유기간의 100분의 40에 상당하는 기간을 초과하는 기간. 이 경우 기간의 계산은 일수로 한다. → 20/100에서 완화

소득세법시행령 제168조의8(농지의 범위 등) ① 법 제104조의3제1항제1호에서 "농지"라 함은 전·답 및 과수원으로서 지적공부상의 지목에 관계없이 실제로 경작에 사용되는 토지를 말한다. 이 경우 농지의 경영에 직접 필요한 농막·퇴비사·양수장·지소(池沼)·농도·수로 등의 토지 부분을 포함한다.

② 법 제104조의3제1항제1호 가목 본문에서 "소유자가 농지소재지에 거주하지 아니하거나 자기가 경작하지 아니하는 농지"라 함은 농지의 소재지와 동일한 시(「제주특별자치도 설치 및 국제자유도시 조성을 위한 특별법」 제15조제2항에 따라 설치된 행정시를 포함한다. 이하 이 조에서 같다)·군·구(자치구인 구를 말한다. 이하 이 조에서 같다), 연접한 시·군·구 또는 농지로부터 직선거리 30킬로미터 이내에 있는 지역에 주민등록이 되어 있고 사실상 거주(이하 "재촌"이라 한다)하는 자가 「농지법」 제2조제5호의 규정에 따른 자경(이하 "자경"이라 한다)을 하는 농지를 제외한 농지를 말한다. <개정 2015.2.3.>

→ 20㎞에서 30㎞로 재촌 요건의 완화

③ 법 제104조의3제1항제1호가목 단서에서 "「농지법」이나 그 밖의 법률에 따라 소유할 수 있는 농지로서 대통령령으로 정하는 경우"란 다음 각 호의 어느 하나에 해당하는 농지의 경우를 말한다. <개정 2015.2.3.>

1. 「농지법」 제6조제2항제2호·제3호·제9호·제10호가목 또는 다목에 해당하는 농지
2. 「농지법」 제6조제2항제4호에 따라 상속에 의하여 취득한 농지로서 그 상속개시일부터 3년이 경과하지 아니한 토지
3. 「농지법」 제6조제2항제5호에 따라 이농당시 소유하고 있던 농지로서 그 이농일부터 3년이 경과하지 아니한 토지
4. 「농지법」 제6조제2항제7호에 따른 농지전용허가를 받거나 농지전용신고를 한 자가 소유한 농지 또는 같은 법 제6조제2항제8호에 따른 농지전용협의를 완료한 농지로서 당해 전용목적으로 사용되는 토지
5. 「농지법」 제6조제2항제10호라목부터 바목까지에 따라 취득한 농지로서 당해 사업목적으로 사용되는 토지
6. 종중이 소유한 농지(2005년 12월 31일 이전에 취득한 것에 한한다)
7. 소유자(제154조제6항의 규정에 따른 가족 중 소유자와 동거하면서 함께 영농에 종사한 자를 포함한다)가 질병, 고령, 징집, 취학, 선거에 의한 공직취임

그 밖에 기획재정부령이 정하는 부득이한 사유로 인하여 자경할 수 없는 경우로서 다음 각 목의 요건을 모두 갖춘 토지

가. 당해 사유 발생일부터 소급하여 5년 이상 계속하여 재촌하면서 자경한 농지로서 당해 사유 발생 이후에도 소유자가 재촌하고 있을 것. 이 경우 당해 사유 발생당시 소유자와 동거하던 제154조제6항의 규정에 따른 가족이 농지 소재지에 재촌하고 있는 경우에는 그 소유자가 재촌하고 있는 것으로 본다.

나. 「농지법」 제23조에 따라 농지를 임대하거나 사용대할 것

8. 「지방세특례제한법」 제22조·제41조·제50조 및 제89조에 따른 사회복지법인등, 학교등, 종교·제사 단체 및 정당이 그 사업에 직접 사용하는 농지

9. 「한국농어촌공사 및 농지관리기금법」 제3조에 따른 한국농어촌공사가 같은 법 제24조의4제1항에 따라 8년 이상 수탁(개인에게서 수탁한 농지에 한한다)하여 임대하거나 사용대(使用貸)한 농지

9의2. 「주한미군기지 이전에 따른 평택시 등의 지원 등에 관한 특별법」에 따라 수용된 농지를 대체하여 「국토의 계획 및 이용에 관한 법률 시행령」 제119조제1항제2호 단서에 따라 취득한 농지로서 해당 농지로부터 직선거리 80킬로미터 이내에 있는 지역에 재촌하는 자가 자경을 하는 농지

10. 「농지법」 그 밖의 법률에 따라 소유할 수 있는 농지로서 기획재정부령이 정하는 농지

④ 법 제104조의3제1항제1호 나목 본문에서 "대통령령으로 정하는 지역"이란 「국토의 계획 및 이용에 관한 법률」에 따른 녹지지역 및 개발제한구역을 말한다.

⑤ 법 제104조의3제1항제1호 나목 단서에서 "소유자가 농지소재지에 거주하여 자기가 경작하던 농지"라 함은 다음 각 호의 어느 하나에 해당하는 농지를 말한다.

1. 법 제104조의3제1항제1호 나목 본문의 규정에 따른 도시지역에 편입된 날부터 소급하여 1년 이상 재촌하면서 자경하던 농지
2. 제3항 각 호의 어느 하나에 해당하는 농지

⑥법 제104조의3제1항제1호나목 단서에서 "대통령령이 정하는 기간"이라 함은 <u>3년</u>을 말한다. <개정 2015.2.3.> → 2년에서 3년으로 연장

소득세법시행령 제168조의14(부득이한 사유가 있어 비사업용 토지로 보지 아니하는 토지의 판정기준 등) ① 법 제104조의3제2항에 따라 다음 각 호의 어느 하나에 해당하는 토지는 해당 각 호에서 규정한 기간동안 법 제104조의3제1항 각 호의 어느 하나에 해당하지 아니하는 토지로 보아 같은 항에 따른 비사업용 토지(이하 "비사업용 토지"라 한다)에 해당하는지 여부를 판정한다.

1. 토지를 취득한 후 법령에 따라 사용이 금지 또는 제한된 토지 : 사용이 금지 또는 제한된 기간
2. 토지를 취득한 후 「문화재보호법」에 따라 지정된 보호구역 안의 토지 : 보호구역으로 지정된 기간

3. 제1호 및 제2호에 해당되는 토지로서 상속받은 토지: 상속개시일부터 제1호 및 제2호에 따라 계산한 기간
4. 그 밖에 공익, 기업의 구조조정 또는 불가피한 사유로 인한 법령상 제한, 토지의 현황·취득사유 또는 이용상황 등을 감안하여 기획재정부령으로 정하는 부득이한 사유에 해당되는 토지: 기획재정부령으로 정하는 기간

② 법 제104조의3제2항의 규정에 따라 다음 각 호의 어느 하나에 해당하는 토지에 대하여는 해당 각 호에서 규정한 날을 양도일로 보아 제168조의6의 규정을 적용하여 비사업용 토지에 해당하는지 여부를 판정한다.
1. 「민사집행법」에 따른 경매에 따라 양도된 토지 : 최초의 경매기일
2. 「국세징수법」에 따른 공매에 따라 양도된 토지 : 최초의 공매일
3. 그 밖에 토지의 양도에 일정한 기간이 소요되는 경우 등 기획재정부령이 정하는 부득이한 사유에 해당되는 토지

③ 법 제104조의3제2항에 따라 다음 각 호의 어느 하나에 해당하는 토지는 비사업용 토지로 보지 아니한다. <개정 2014.2.21.>
1. 2006년 12월 31일 이전에 상속받은 농지·임야 및 목장용지로서 2009년 12월 31일까지 양도하는 토지

1의2. 직계존속 또는 배우자가 8년 이상 기획재정부령으로 정하는 토지소재지에 거주하면서 직접 경작한 농지·임야 및 목장용지로서 이를 해당 직계존속 또는 해당 배우자로부터 상속·증여받은 토지. 다만, 양도 당시 「국토의 계획 및 이용에 관한 법률」에 따른 도시지역(녹지지역 및 개발제한구역은 제외한다) 안의 토지는 제외한다.

2. 2006년 12월 31일 이전에 2년 이상을 소유한 농지·임야 및 목장용지로서 2009년 12월 31일까지 양도하는 토지
3. 「공익사업을 위한 토지 등의 취득 및 보상에 관한 법률」 및 그 밖의 법률에 따라 협의매수 또는 수용되는 토지로서 사업인정고시일이 2006년 12월 31일 이전인 토지 또는 취득일(상속받은 토지는 피상속인이 해당 토지를 취득한 날을 말하고, 법 제97조의2제1항을 적용받는 경우에는 증여한 배우자 또는 직계존비속이 해당 자산을 취득한 날을 말한다)이 사업인정고시일부터 2년 이전인 토지
4. 법 제104조의3제1항제1호 나목에 해당하는 농지로서 다음 각 목의 어느 하나에 해당하는 농지
   가. 종중이 소유한 농지(2005년 12월 31일 이전에 취득한 것에 한한다)
   나. 상속에 의하여 취득한 농지로서 그 상속개시일부터 5년 이내에 양도하는 토지
5. 그 밖에 공익·기업의 구조조정 또는 불가피한 사유로 인한 법령상 제한, 토지의 현황·취득사유 또는 이용상황 등을 감안하여 기획재정부령으로 정하는 부득이한 사유에 해당되는 토지

④ 제3항제1호의2에 따른 경작한 기간을 계산할 때 직계존속이 그 배우자로부터 상속·증여받아 경작한 사실이 있는 경우에는 직계존속의 배우자가 취득 후 토지소재지에 거주하면서 직접 경작한 기간은 직계존속이 경작한 기간으로 본

다. <신설 2013.2.15.>

법인세법제55조의2 (토지등 양도소득에 대한 과세특례) ① 내국법인이 다음 각 호의 어느 하나에 해당하는 토지 및 건물(건물에 부속된 시설물과 구축물을 포함하며, 이하 이 조 및 제95조의2에서 "토지등"이라 한다)을 양도한 경우에는 해당 각 호에 따라 계산한 세액을 토지등 양도소득에 대한 법인세로 하여 제13조에 따른 과세표준에 제55조에 따른 세율을 적용하여 계산한 법인세액에 추가하여 납부하여야 한다. 이 경우 하나의 자산이 다음 각 호의 규정 중 둘 이상에 해당할 때에는 그 중 가장 높은 세액을 적용한다. [개정 2014.1.1, 2014.12.23]

1. 다음 각 목의 어느 하나에 해당하는 부동산을 2012년 12월 31일까지 양도한 경우에는 그 양도소득에 100분의 10을 곱하여 산출한 세액
   가. 「소득세법」 제104조의2제2항에 따른 지정지역에 있는 부동산으로서 제2호에 따른 주택(이에 부수되는 토지를 포함한다. 이하 이 항에서 같다)
   나. 「소득세법」 제104조의2제2항에 따른 지정지역에 있는 부동산으로서 제3호에 따른 비사업용 토지
   다. 그 밖에 부동산가격이 급등하거나 급등할 우려가 있어 부동산가격의 안정을 위하여 필요한 경우에 대통령령으로 정하는 부동산
2. 대통령령으로 정하는 주택(이에 부수되는 토지를 포함한다) 및 주거용 건축물로서 상시 주거용으로 사용하지 아니하고 휴양·피서·위락 등의 용도로 사용하는 건축물(이하 이 조에서 "별장"이라 한다)을 양도한 경우에는 토지등의 양도소득에 100분의 10(미등기 토지등의 양도소득에 대하여는 100분의 40)을 곱하여 산출한 세액. 다만, 「지방자치법」 제3조제3항 및 제4항에 따른 읍 또는 면에 있으면서 대통령령으로 정하는 범위 및 기준에 해당하는 농어촌주택(그 부속토지를 포함한다)은 제외한다.
3. 비사업용 토지를 양도한 경우에는 토지등의 양도소득에 100분의 10(미등기 토지등의 양도소득에 대하여는 100분의 40)을 곱하여 산출한 세액

② 제1항제3호에서 "비사업용 토지"란 토지를 소유하는 기간 중 대통령령으로 정하는 기간 동안 다음 각 호의 어느 하나에 해당하는 토지를 말한다. [개정 2013.1.1, 2014.12.23]

1. 논밭 및 과수원(이하 이 조에서 "농지"라 한다)으로서 다음 각 목의 어느 하나에 해당하는 것
   가. 농업을 주된 사업으로 하지 아니하는 법인이 소유하는 토지. 다만, 「농지법」이나 그 밖의 법률에 따라 소유할 수 있는 농지로서 대통령령으로 정하는 농지는 제외한다.
   나. 특별시, 광역시(광역시에 있는 군 지역은 제외한다. 이하 이 항에서 같다), 특별자치시(특별자치시에 있는 읍·면지역은 제외한다. 이하 이 항에서 같다), 특별자치도(「제주특별자치도 설치 및 국제자유도시 조성을 위한 특별법」 제15조제2항에 따라 설치된 행정시의 읍·면지역은 제외한다. 이하 이 항에서 같다) 및 시 지역[「지방자치법」 제3조제4항에 따른 도농(都農) 복합형태의 시의 읍·면 지역은 제외한다. 이하 이 항에서 같다] 중

「국토의 계획 및 이용에 관한 법률」 제6조제1호에 따른 도시지역(대통령령으로 정하는 지역은 제외한다. 이하 이 목에서 같다)에 있는 농지. 다만, 특별시, 광역시, 특별자치시, 특별자치도 및 시 지역의 도시지역에 편입된 날부터 대통령령으로 정하는 기간이 지나지 아니한 농지는 제외한다.

2. 임야. 다만, 다음 각 목의 어느 하나에 해당하는 것은 제외한다.
   가. 「산림자원의 조성 및 관리에 관한 법률」에 따라 지정된 채종림(採種林)·시험림, 「산림보호법」 제7조에 따른 산림보호구역, 그 밖에 공익상 필요하거나 산림의 보호·육성을 위하여 필요한 임야로서 대통령령으로 정하는 것
   나. 임업을 주된 사업으로 하는 법인이나 「산림자원의 조성 및 관리에 관한 법률」에 따른 독림가(篤林家)인 법인이 소유하는 임야로서 대통령령으로 정하는 것
   다. 토지의 소유자·소재지·이용상황·보유기간 및 면적 등을 고려하여 법인의 업무와 직접 관련이 있다고 인정할 만한 상당한 이유가 있는 임야로서 대통령령으로 정하는 것
3. 다음 각 목의 어느 하나에 해당하는 목장용지. 다만, 토지의 소유자·소재지·이용상황·보유기간 및 면적 등을 고려하여 법인의 업무와 직접 관련이 있다고 인정할 만한 상당한 이유가 있는 목장용지로서 대통령령으로 정하는 것은 제외한다.
   가. 축산업을 주된 사업으로 하는 법인이 소유하는 목장용지로서 대통령령으로 정하는 축산용 토지의 기준면적을 초과하거나 특별시, 광역시, 특별자치시, 특별자치도 및 시 지역의 도시지역(대통령령으로 정하는 지역은 제외한다. 이하 이 목에서 같다)에 있는 목장용지(도시지역에 편입된 날부터 대통령령으로 정하는 기간이 지나지 아니한 경우는 제외한다)
   나. 축산업을 주된 사업으로 하지 아니하는 법인이 소유하는 목장용지
4. 농지, 임야 및 목장용지 외의 토지 중 다음 각 목을 제외한 토지
   가. 「지방세법」이나 관계 법률에 따라 재산세가 비과세되거나 면제되는 토지
   나. 「지방세법」 제106조제1항제2호 및 제3호에 따른 재산세 별도합산과세대상 또는 분리과세대상이 되는 토지
   다. 토지의 이용상황, 관계 법률의 의무이행 여부 및 수입금액 등을 고려하여 법인의 업무와 직접 관련이 있다고 인정할 만한 상당한 이유가 있는 토지로서 대통령령으로 정하는 것
5. 「지방세법」 제106조제2항에 따른 주택 부속토지 중 주택이 정착된 면적에 지역별로 대통령령으로 정하는 배율을 곱하여 산정한 면적을 초과하는 토지
6. 별장의 부속토지. 다만, 별장에 부속된 토지의 경계가 명확하지 아니한 경우에는 그 건축물 바닥면적의 10배에 해당하는 토지를 부속토지로 본다.
7. 그 밖에 제1호부터 제6호까지에 규정된 토지와 유사한 토지로서 법인의 업무와 직접 관련이 없다고 인정할 만한 상당한 이유가 있는 대통령령으로 정하는 토지

③ 제1항제3호를 적용할 때 토지를 취득한 후 법령에 따라 사용이 금지되거나 그 밖에 대통령령으로 정하는 부득이한 사유가 있어 비사업용 토지에 해당하는 경

우에는 대통령령으로 정하는 바에 따라 비사업용 토지로 보지 아니할 수 있다.

④ 다음 각 호의 어느 하나에 해당하는 토지등 양도소득에 대하여는 제1항을 적용하지 아니한다. 다만, 미등기 토지등에 대한 토지등 양도소득에 대하여는 그러하지 아니하다.

1. 파산선고에 의한 토지등의 처분으로 인하여 발생하는 소득
2. 법인이 직접 경작하던 농지로서 대통령령으로 정하는 경우에 해당하는 농지의 교환 또는 분할·통합으로 인하여 발생하는 소득
3. 「도시 및 주거환경정비법」이나 그 밖의 법률에 따른 환지(換地) 처분 등 대통령령으로 정하는 사유로 발생하는 소득

⑤ 제1항 및 제4항에서 "미등기 토지등"이란 토지등을 취득한 법인이 그 취득에 관한 등기를 하지 아니하고 양도하는 토지등을 말한다. 다만, 장기할부 조건으로 취득한 토지등으로서 그 계약조건에 의하여 양도 당시 그 토지등의 취득등기가 불가능한 토지등이나 그 밖에 대통령령으로 정하는 토지등은 제외한다.

⑥ 토지등 양도소득은 토지등의 양도금액에서 양도 당시의 장부가액을 뺀 금액으로 한다. 다만, 비영리 내국법인이 1990년 12월 31일 이전에 취득한 토지등 양도소득은 양도금액에서 장부가액과 1991년 1월 1일 현재 「상속세 및 증여세법」 제60조와 같은 법 제61조제1항에 따라 평가한 가액 중 큰 가액을 뺀 금액으로 할 수 있다. [개정 2014.12.23] [[시행일 2015.1.1]]

⑦ 제1항부터 제6항까지의 규정을 적용할 때 농지·임야·목장용지의 범위, 주된 사업의 판정기준, 해당 사업연도에 토지등의 양도에 따른 손실이 있는 경우 등의 양도소득 계산방법, 토지등의 양도에 따른 손익의 귀속사업연도 등에 관하여 필요한 사항은 대통령령으로 정한다.

⑧ 토지등을 2012년 12월 31일까지 양도함으로써 발생하는 소득에 대하여는 제1항제2호 및 제3호를 적용하지 아니한다.

법인세법시행령 제92조의3(비사업용 토지의 기간기준) 법 제55조의2제2항 각호 외의 부분에서 "대통령령으로 정하는 기간"이란 다음 각 호의 어느 하나에 해당하는 기간을 말한다. <개정 2015.2.3.>

1. 토지의 소유기간이 5년 이상인 경우에는 다음 각 목의 모두에 해당하는 기간
   가. 양도일 직전 5년 중 2년을 초과하는 기간
   나. 양도일 직전 3년 중 1년을 초과하는 기간
   다. 토지의 소유기간의 100분의 40에 상당하는 기간을 초과하는 기간. 이 경우 기간의 계산은 일수로 한다.
2. 토지의 소유기간이 3년 이상이고 5년 미만인 경우에는 다음 각 목의 모두에 해당하는 기간
   가. 토지의 소유기간에서 3년을 차감한 기간을 초과하는 기간
   나. 양도일 직전 3년 중 1년을 초과하는 기간
   다. 토지의 소유기간의 100분의 40에 상당하는 기간을 초과하는 기간. 이 경우 기간의 계산은 일수로 한다.
3. 토지의 소유기간이 3년 미만인 경우에는 다음 각 목의 모두에 해당하는 기

간. 다만, 소유기간이 2년 미만이면 가목은 적용하지 아니한다.
가. 토지의 소유기간에서 2년을 차감한 기간을 초과하는 기간
나. 토지의 소유기간의 100분의 40에 상당하는 기간을 초과하는 기간. 이 경우 기간의 계산은 일수로 한다.

(2) 비사업용 토지 개념

개인 또는 법인이 소유하고 있는 토지로서 농지·임야·목장용·나대지 등 토지 지목별로 구분하여 해당 토지를 소유하는 기간 중에 토지 이용현황에 따라 **사업용으로 사용되지 아니한 기간**이 소득세법 또는 법인세법에서 규정하고 있는 **일정기간을 초과**하는 토지를 말한다.

(3) 비사업용 토지 과세 방법

소득세법 제104조(양도소득세의 세율) ① 거주자의 양도소득세는 해당 과세기간의 양도소득과세표준에 다음 각 호의 세율을 적용하여 계산한 금액(이하 "양도소득 산출세액"이라 한다)을 그 세액으로 한다. 이 경우 하나의 자산이 다음 각 호에 따른 세율 중 둘 이상에 해당할 때에는 해당 세율을 적용하여 계산한 양도소득 산출세액 중 큰 것을 그 세액으로 하고, 제12호에 따른 세율은 자본시장 육성 등을 위하여 필요한 경우 그 세율의 100분의 50의 범위에서 대통령령으로 인하할 수 있다. <개정 2014.12.23.>
8. 제104조의3에 따른 비사업용 토지
제55조제1항에 따른 세율에 100분의 10을 더한 세율

(1) 개인(양도소득세)

개인이 비사업용 토지를 양도하는 경우에는 장기보유특별공제를 적용받을 수 없고 60%의 단일중과세율이 적용된다.(소세법 §104①8호)

(2) 법인(법인세)

법인이 비사업용 토지를 양도하는 경우에는 당해 토지의 양도차익은 법인의 각 사업연도 소득금액에 포함하여 이에 상당하는 법인세를 산출하고, **추가적으로** 양도차익에 10%(미등기 자산 40%)의 세율을 곱하여 산출한 세액을 법인세액에 **가산**한다.(법세법§55의2①3호)

※ 수익사업을 영위하지 아니하는 비영리내국법인이 비사업용 토지를 양도하고, 발생한 소득에 대하여 소득세법에 따라 기본양도소득세율에 10%를 더한 세율로 신고한 경우에는 추가법인세 신고를 하지 아니할 수 있다.(법세법§62의2) 〈선택적 신고〉

(3) 부동산매매업에 대한 세액계산특례(비교과세)

소득세법 제64조(부동산매매업자에 대한 세액 계산의 특례) ① 대통령령으로 정하는 부동산매매업(이하 "부동산매매업"이라 한다)을 경영하는 거주자(이하 "부동산매매업자"라 한다)로서 종합소득금액에 제104조제1항제8호 및 제10호의 어느 하나에 해당하는 주택 또는 토지의 매매차익(이하 이 조에서 "주택등매매차익"이라 한다)이 있는 자의 종합소득 산출세액은 다음 각 호의 세액 중 많은 것으로 한다. <개정 2014.12.23.>

1. 종합소득 산출세액
2. 다음 각 목에 따른 세액의 합계액
   가. 주택등매매차익에 제104조에 따른 세율을 적용하여 산출한 세액의 합계액
   나. 종합소득과세표준에서 주택등매매차익의 해당 과세기간 합계액을 공제한 금액을 과세표준으로 하고 이에 제55조에 따른 세율을 적용하여 산출한 세액

② 부동산매매업자에 대한 주택등매매차익의 계산과 그 밖에 종합소득 산출세액의 계산에 필요한 사항은 대통령령으로 정한다.

부동산매매업을 영위하는 개인사업자가 비사업용 토지를 양도하는 경우에는 토지 등 매매차익이 사업소득에 해당하여 종합소득세율(6~38%)이 적용되어야 할 것이나 사업자가 아닌 개인이 비사업용 토지를 양도할 때 중과세하는 것과의 과세형평을 맞추기 위하여 비교과세를 하고 있다.(소세법§64)

(4) 판정제외 토지(무조건 사업용 토지, 소세령제168의14③, 소세칙제83의5)

무조건 사업용 토지

구 분	적용기준
2006.12.31 이전에 상속받은 농지, 임야 및 목장용지	2009.12.31.까지 양도하는 토지
2006.12.31 이전에 20년 이상을 소유한 농지, 임야 및 목장용지	
직계존속 8년 이상 토지소재지에서 거주하면서 직접 경작한 농지,임야(*) 및 목장용지(**)로서 직계존속으로부터 상속·증여받은 농지. 단, 주거·상업·공업지역 안의 토지 제외	양도기한 없음('08.1.1 이후 양도분부터)

수용되는 토지 - 사업인정고시일이 2006.12.31 이전인 토지이거나 -취득일이 사업인정고시일부터 5년*** 이전인 농지	양도기한 없음 2008.1.1 이후 양도분부터
도시지역(주거·상업·공업지역) 안의 농지	종중농지(2005.12.31.이전취득분으로서 2006.2.9. 이후 양도분) 상속농지(상속개시일로부터 5년내 양도, 2006.2.9. 이후 양도분)
공장가동에 따른 소음, 분진, 악취 등으로 연접토지소유자의 요구로 취득한 공장용 부속토지의 인접토지	양도기한 없음
2006.12.31.이전에 이농한 자가 이농 당시 소유 토지	2009.12.31.까지 양도하는 토지

(*) 농지·임야는 농지소재지와 동일한 시·군·구, 연접한 시·군·구 및 농지로부터 20㎞ 이내의 지역에 거주하고 직접 경작한 토지여야 한다.

(**) 목장용지의 경우 8년 이상 축산업을 영위하는 자가 소유하는 목장용지로 축산용 토지의 기준면적 이내의 토지를 말한다.

(5) 사업용 토지 판정기준

[1 단계] 토지 이용현황의 적합성(사용기준, 소세령제168의7)

① 토지의 이용현황에 따라 농지(논, 밭, 과수원), 임야, 목장용지, 주택부속토지, 별장건물 및 부속토지 및 나대지 등 부속토지로 구분하여 비사업용 토지의 범위를 규정한다.

② 토지 지목의 판정은 사실상 현황에 따른다. 불분명한 경우에는 토지대장 등 공부상 등재현황에 따른다.

[2 단계] 토지 이용지역의 적합성(지역기준)

[3 단계] 토지 이용면적의 적합성(면적기준)

[4 단계] 토지 사용기간의 적정성(기간기준)

양도 당시가 아니라 일정 기간 사업용으로 이용한 현황에 의하여 비사업용 토지를 판정하며, 사업용으로 이용한 기간은 직접 사업에 사용한 기간과 법령상의 부득이한 사유가 있는 경우의 기간(소세법제104의3②) 및 양도일 의제(소세령제168의14②) 등을 감안하여 기간기준을 적용한다.

(1) **1단계 :** 이용현황별 사업용 토지로 보는 기준(사용 기준)

구 분		요 건	예 외
농 지 (소유자가 재촌·자경)	개인	• 농지소재지거주 • 직접 경작(소위 '재촌자경농지')	• 주말·체험 영농농지, 상속농지, 이농농지, 질병 등 부득이한 사유로 자경할 수 없는 농지, 종교 등 비영리사업자가 직접 사업에 사용하는 농지, 한국농어촌공사에 임대한 농지 등(소세령§168의8③)('재촌자경간주농지')
	법인	• 농업을 주업	• 공유수면 매립 농지 등(법세령§92의5③)('재촌자경간주농지')
임 야 (소유자가 재촌)	개인	• 임야소재지에 거주(재촌 소유)	• 거주·사업과 관련 있는 임야(소세령§168의9③) • 공익·산림보호 육성 임야(소세령§168의9①)
	법인	• 임업을 주업	• 공익·산림보호 육성 임야(법세령§92의6①) • 산지관리법에 따른 임야(법세령§92의6③) • 법인업무와 관련 있는 임야(법세령§92의6③)
목장용지 (소유자가 직접 축산업)	개인	• 축산업 영위	• 상속받은 목장 용지 등 거주 또는 사업과 관련이 있는 목장용지(소세령§168의10②)
	법인	• 축산업을 주업	• 법인업무와 관련 있는 목장용지(법세령§92의7②)
주택의 부속토지(소유자 여부 불문)	공통	• 주거용건물의 부속토지	-
별장 및 별장의 부속토지(소유자 여부 불문)	공통	• 상시 주거용건물의 부속토지	• 읍 또는 면에 소재하는 농어촌 주택의 부속토지(소세법§104의3① 5호, 법세법§55의2② 6호)
그 밖의 토지	공통	•재산세 비과세·면제 •분리과세·별도 합산대상	• 거주 또는 사업과 직접 관련있는 토지(소세령§ 168의11①, 법세법§92의8①)

토지의 지목은 사실상 현황에 따라 판단하여야 하지만, 예외적으로 부득이한 사유가 있는 경우 또는 법령 등을 위반하였거나 형식적인 사용에 해당하는 경우

에는 실제 이용현황을 인정하지 않을 수 있다. 예컨대, 일시적 휴경농지의 경우 휴경기간 및 휴경사유가 법령 또는 부득이한 사유에 해당하는 경우에는 농지로 보지만, 소유자가 자의적으로 농지를 방치하였거나 개인적인 사유로 농지로 이용하지 못한 경우에는 농지로 볼 수 없다. 또한, 무허가이거나 사용승인을 받지 못한 건축물의 부수토지는 나대지로 본다. 건축물의 시가표준액이 당해 부수토지의 시가표준액의 3%에 미달한 건축물도 건축물이 없는 것으로 취급한다. 또한 토지의 사용 용도는 필지수와는 관계가 없으므로 연접 또는 인접한 토지를 일괄하여 하나의 용도로 사용하고 있다면 그 전체를 하나의 필지로 취급하여 비사업용 토지 여부를 판단한다.

토지를 임대한 경우에는 원칙적으로 임차인의 토지이용 현황으로 비사업용 토지를 판정한다. 예외적으로 농지, 목장용지, 주차장업용 토지를 임대한 경우에는 임차인의 토지이용 현황에 관계없이 비사업용 토지에 해당한다. 토지 소유기간 동안 이용 현황이 변경된 경우에는 각각 변경된 기간의 토지이용 현황에 따라 구분하여 판정한다.

(2) 2**단계** : 토지가 소재한 지역에 따라 사업용토지로 보는 기준(지역기준)

구 분		범 위	사업용 토지 적용대상 지역
농지	공통	• 모든 농지	• 특별시·광역시(광역시에 있는 군 제외) 및 시 지역(도농 복합형태의 시의 읍·면지역 제외) 중 국토의 계획 및 이용에 관한 법률의 규정에 의한 도시지역(녹지지역·개발제한구역 제외) 밖 다만, 도시지역에 편입된 날로부터 2년이 지나지 않은 지역은 제외(소세법§104의3① 1호나목, 법세법§55의2②1호나목)
임야	공통	• 산림경영계획 인가를 받아 사업중인 임야 •특수산림사업지구 안의 임야	• 국토의 계획 및 이용에 관한 법률의 규정에 의한 도시지역(보전녹지지역 제외) 밖 다만, 도시지역에 편입된 날로부터 2년이 지나지 않은 지역은 제외(소세령§168의9① 2, 법세령§92의6③)
목장용지	공통	• 축산업 영위	• 특별시·광역시(광역시에 있는 군 제외) 및 시 지역(도농 복합형태의 시의 읍·면지역 제외) 중 국토의 계획 및 이용에 관한 법률의 규정에 의한 도시지역(녹지지역·개발제한구역 제외) 밖.(2008.2.21. 이전 양도분) 다만, 도시지역에 편입된 날로부터 2년이 지나지 않은 지역은 제외.(소세법§104의3① 3호가목, 법세법§55의2②1호나목) • 도시지역 내 녹지지역 및 개발제한구역 안.(2008.2.2.2. 이후 양도분)
그 밖의 토지	공통	• 예비군 훈련장용 토지	• 국토의 계획 및 이용에 관한 법률의 규정에 의한 도시지역 중 주거지역·상업지역 및 공업지역(소세령§168의11①5호, 법세령§92의8 ①5호)
	개인	• 무주택 1세대가 소유하는 660㎡이내의 토지	• 주택의 신축이 금지 또는 제한되는 지역(소세령§168의11① 13호, 소세칙§83의4⑯) • 거주 또는 사업과 직접 관련있는 토지(소세령§104의3① 4호)

(2) 3**단계** : 일정 **면적** 또는 일정 **수입금액비율**을 초과하는 경우 사업용토지로 보는 기준(면적·수입금액비율 기준)(소세법제104의2①, 소세령제168의8②, 소세령제168의10②, 소세령제168의11①②, 소세령제168의12)

<table>
<tr><th>지 목</th><th colspan="2">구 분</th><th>기준면적 또는 수입금액비율</th></tr>
<tr><td rowspan="2">농 지</td><td colspan="2">주말·체험영농 농지</td><td>1,000㎡(농지법§6② 3호)</td></tr>
<tr><td colspan="2">농지개발사업지구 소재농지</td><td>1,500㎡(농지법§6② 9호)</td></tr>
<tr><td>목장용지</td><td colspan="2">축산업을 영위하는 자가 소유하는 목장용지</td><td>축산업용 토지의 가축별 기준면적(소세령§168의10 ③)</td></tr>
<tr><td rowspan="3">주택 등 부수 토지</td><td colspan="2">주택의 부수토지(소세령§168의12)</td><td>도시지역안 : 주택정착면적의 5배
도시지역밖 : 주택정착면적의 10배</td></tr>
<tr><td colspan="2">경계가 불명확한 별장의 부수토지(소세법§104의3 ①6호)</td><td>주택정착면적의 10배</td></tr>
<tr><td colspan="2">농어촌주택의 부수토지(소세령§168의13)</td><td>건물의 연면적 : 150 ㎡
부수토지 : 660㎡
건물과 그 부수토지 기준시가 : 1억원</td></tr>
<tr><td rowspan="10">그 밖의 토 지</td><td rowspan="2">공장용지</td><td>읍·면지역, 도시지역 내 공업지역·산업단지 내</td><td>공장입지 기준면적</td></tr>
<tr><td>도시지역 내 주거·상업·공업 및 녹지지역 내</td><td>용도지역별 적용배율</td></tr>
<tr><td colspan="2">선수전용·종업원 체육시설용 토지</td><td>각각의 체육시설의 기준면적(소세칙§83의4)</td></tr>
<tr><td colspan="2">건축물 부설 주차장용 토지</td><td>부설주차장 설치 기준면적</td></tr>
<tr><td colspan="2">업무용자동차의 주차장용 토지</td><td>최저보유차고면적기준의 1.5배(지세령§101③1호)</td></tr>
<tr><td colspan="2">청소년 수련시설용 토지(소세칙§83의4 ⑧)</td><td>시설·설비기준을 갖춘 기준면적</td></tr>
<tr><td colspan="2">예비군 훈련장용 토지(소세칙§83의4 ⑨)</td><td>예비군훈련장용 시설기준 및 기준면적</td></tr>
<tr><td colspan="2">휴양시설업용 토지(소세칙§83의4)</td><td>사업용토지면적을 합한 기준</td></tr>
<tr><td colspan="2">하치장용 등의 토지(소세령168의11 ① 7호)</td><td>물품의 보관·관리최대면적의120%</td></tr>
<tr><td colspan="2">영업용주차장(*), 광천지, 양어장 등(소세칙§83의4)</td><td>지가대비 업종별 수입금액 비율</td></tr>
</table>

※ 임야는 해당사항 없다. 별장의 부수토지는 전체를 기준면적으로 한다.기준면적을 적용하는 경우에도 실제 사업용으로 사용한 면적만이 기준이 되므로 그 밖의 면적은 비사업용 토지에 해당한다.

(*) 토지가액 대비 수입금액 3% 미만의 주차장을 운영하여 비사업용토지에 해당함(대법원 2014두3259)

(3) **4단계** : 일정한 기간 이상 사업용으로 사용하여야 사업용 토지로 보는 기준(기간 기준, 소세령제168의6))

㈀ 양도되는 토지가 아래 3가지 요건 중 하나를 충족하는 경우 사업용 토지에 해당한다.

① 양도일 직전 **3년 중 2년 이상**을 직접 사업에 사용

② 양도일 직전 **5년 중 3년 이상**을 직접 사업에 사용

③ 보유기간 중 **40% 이상**을 직접 사업에 사용(2015. 2. 3. 개정)

기간기준의 적용은 기준연한(5년, 3년) 중에 사업용으로 사용한 기간을 단속적이더라도 통산하여 계산한다.

㈁ 법령 등 부득이한 사유에 따른 사업용 토지 간주 토지(소세령제168의14, 소세칙제83의5)

토지의 보유기간 동안 법령에 의해 사용이 제한·금지되는 등 기타 **부득이한 사유**가 있는 경우, 해당기간 동안은 사업에 사용한 것으로 **간주**하여 ㈀의 '기간' 충족 여부를 판정한다.

구 분	해당 기간을 사업용 기간으로 간주
① 법령에 따라 사용이 금지·제한된 토지	사용이 금지된 기간
② 문화재보호법에 지정된 보호구역 안의 토지	보호구역으로 지정된 기간
③ ① 및 ②에 해당되는 토지로서 상속토지	상속개시일부터 ① 및 ②에 따라 계산한 기간
④ 건축허가가 제한됨에 따라 건축을 할 수 없게 된 토지	건축허가가 제한된 기간(부동산매매업 제외)
⑤ 토지 취득 후 사업관련 인가 등을 받았으나 건축자재의 수급조절을 위해 착공이 제한된 토지	착공이 제한된 기간(부동산매매업 제외)
⑥ 사도법에 따른 사도 또는 불특정다수인이 이용하는 도로	사도 등으로 이용되는 기간
⑦ 건축법에 따라 건축허가를 받을 당시에 공공공지로 제공한 토지	건축물착공일부터 공공용지로 제공이 끝나는 날까지 기간
⑧ 지상에 건축물이 정착되어 있지 아니한 토지를 취득하여 사업용으로 사용하기 위하여 건설에 착공한 토지	당해 토지취득일부터 2년 및 착공일 이후 건설이 진행된 기간
⑨ 저당권 실행 등으로 취득한 토지 및 청산절차에 따라 잔여재산의 분배로 취득한 토지	취득일부터 2년
⑩ 소유권에 관한 소송이 계속 중인 토지	법원에 소송이 계속되거나 사용이 금지된 기간
⑪ 환지방식에 따라 시행되는 도시개발사업이 구획 단위로 사실상 완료된 건축 가능 토지	건축이 가능한 날부터 2년
⑫ 건축물이 멸실·철거되거나 무너진 토지	당해 건축물이 멸실·철거된 날부터 2년
⑬ 거주자가 2년 이상 사업에 사용한 토지로서 휴업 · 폐업 또는 이전으로 사용하지 아니하게 된 토지	휴업일 등으로부터 2년
⑭ 천재·지변 등 사유 발생일부터 소급하여 2년 이상 재촌자경한 자가 소유하는 토지로서 형질이 변경되어 황지가 되어 자경하지 못한 토지	당해 사유 발생일부터 2년
⑮ 도시계획의 변경 등 정당한 사유로 인하여 사업에 사용하지 아니하는 토지	당해 사유 발생일부터 2년

(ㄷ) 토지의 양도에 일정한 기간이 소요되는 경우 양도간주일

양도간주일을 기준으로 비사업용 토지의 해당 여부를 판정한다.

구 분	양도간주일
① 경매에 따라 양도된 토지	최초의 경매기일
② 공매에 따라 양도된 토지	최초의 공매일
③ 한국자산관리공사에 매각을 위임한 토지	매각을 위임한 날
④ 전국을 보급지역으로 하는 일간신문을 포함한 3개의 일간신문에 일정한 조건으로 매각을 3일 이상 공고하고, 공고일부터 1년 이내에 매각계약을 체결한 토지	최초의 공고일
⑤ 위의 규정에 따른 토지로서 위의 요건을 갖추어 매년 매각을 재공고하고, 재공고일부터 1년 이내에 매각계약을 체결한 토지	최초의 공고일

※ 2년 미만 소유한 토지의 '기간 기준'을 적용하는 경우 2년을 차감한 기간을 초과하는 기간이 음수(-)로 나타나므로 토지소유 기간의 100분의 20을 초과하였는지를 가려 비사업용 토지를 판정한다.

(6) 비사업용 나대지와 잡종지(농지·임야·목장용지 이외)(소세법제104의3 ①4호 가·나)

비사업용토지와 종합부동산세과세대상 토지의 비교

구 분	비사업용토지	종합부동산세 과세대상 토지
부동산 종류	• 농지·임야·목장용지 • 주택의 부수토지(소세법제104의3①5호) • 별장 및 별장 부수토지(소세법제104의3①6호) • 재산세 종합합산대상 토지	• 주택 • 재산세 종합합산대상 토지 • 재산세 별도합산대상 토지
적용 대상금액	금액기준 없음	• 주택 : 6억원 초과 • 종합합산대상 : 3억원 초과 • 별도합산대상 : 40억원 초과
과세단위	인별	세대별
과세단계	양도단계	보유단계
과세목적	지가상승기대에 따른 투기수요 억제	특정부동산의 고액보유자에 대한 고율과세

▶ 농지, 임야, 목장용지 이외 토지 중 재산세 종합합산과세대상 토지

① 공장용 건축물 부속토지

지 역 별	종합합산 과세대상
-군지역과 시지역의 산업단지 -공장단지	공장입지 기준면적 초과토지 공장입지 기준면적=공장건축물 연면적/업종별 기준공장 면적율
기타지역 (시의 주거지역,상업지역,녹지지역)	일반영업용 건축물의 부속토지와 같이 건축물 바닥면적에 **용도지역별 적용배율**을 곱하여 산정한 면적을 초과하는 토지 - 도시지역 : 준주거 및 상업지역(3 배), 일반주거 및 공업지역(4 배), 미계획지역(4 배), 전용주거지역(5 배), 녹지지역(7 배), -도시지역 외의 용도지역(관리지역, 농림지역, 자연환경보전지역) : 7 배

② 일반영업용 건축물의 부속토지

일반영업용 건축물로서 건축물의 바닥면적에 용도지역별 적용배율을 곱하여 산정한 면적을 초과한 토지는 종합합산 과세대상이다. 이 경우 건축중인 경우와 과세기준일 현재 건물 멸실등기를 한 날부터 6월이 경과하지 아니한 경우를 포함하며, 과세기준일 현재 건축기간이 경과하였거나 정당한 사유 없이 6월 이상 공사가 중단된 건축물은 제외한다.

③ 나대지로 보아 종합합산과세되는 토지

- 건축물(주거용 건축물과 공장용 건축물 제외)로서 건축물 시가표준액이 당해 부속토지의 시가표준액의 3%에 미달하는 건축물의 부속토지
- 위법·무허가 건축물의 부속토지

▶ 종합합산과세대상 중 비사업용에서 제외되는 토지 : 거주 또는 사업과 직접적 관련이 있는 토지

구 분	비사업용 제외 토지
사업용으로 보는 토지	• 운동장 , 경기장 등 체육시설용 토지 : 선수전용, 종업원 체육시설용 및 경기장 운영 업용 토지

	• 휴양시설업용 토지 : 관광진흥법에 의한 전문·종합휴양업 등에 사용되는 토지 • 주차전용토지 : 건축물 부설주차장용, 자가 주차장용 및 주차장운영업용 토지 • 청소년 수련시설용 토지 • 개발사업시행자가 조성한 토지(토지의 조성이 완료된 날부터 2년이 경과한 토지 제외) • 법령에 따라 경제자유구역, 관광단지, 개발구역, 유통단지, 단지조성사업의 실시계획 이 승인된 지역, 개발촉진자지구 안에 조성한 토지 및 한국컨테이너부두공단이 조성 한 토지 • 예비군 훈련장용 토지 • 하차장용토지 : 매년 물품의 보관·관리에 사용된 최대면적의 120%이내의 토지 • 골재채취용 토지, 폐기물수집 및 처리업용 토지
무주택자용	• 무주택 1세대가 소유하는 1필지로서 660㎡(200평) 이내의 토지 • 주택의 신축이 금지 또는 제한되지 아니한 지역에 소재하고, 그 지목이 대지이거나 실질적으로 건축이 가능한 토지
수입금액 비율적용 토지	• 토지가액에 대한 연간수입금액 비율이 일정 비율 이상인 토지 주차장운영업용 토지(3%), 광천지, 일정한 양어장, 지소용 토지외 토지(4%), 블록, 석물 및 토관제조업용 토지(20%), 조경작물식자재업용 토지 및 화훼판매시설업용토지(7%), 학원용 토지 중 자동차정비, 중장비정비 등의 학원용(10%), 농업에 관한 과정을 교습하는 학원용(7%), 블록, 벽돌, 콘크리트제품, 석물, 골재, 철근, 농수축산물 등 도·소매업용 토지(10%)

12) 부당행위계산 부인과 이월과세

소득세법 제41조(부당행위계산) ① 납세지 관할 세무서장 또는 지방국세청장은 배당소득(제17조제1항제8호에 따른 배당소득만 해당한다), 사업소득 또는 기타소득이 있는 거주자의 행위 또는 계산이 그 거주자와 특수관계인과의 거래로 인하여 그 소득에 대한 조세 부담을 부당하게 감소시킨 것으로 인정되는 경우에는 그 거주자의 행위 또는 계산과 관계없이 해당 과세기간의 소득금액을 계산할 수 있다. <개정 2012.1.1>

② 제1항에 따른 특수관계인의 범위와 그 밖에 부당행위계산에 관하여 필요한 사항은 대통령령으로 정한다.

소득세법 제97조의2(양도소득의 필요경비 계산 특례) ① 거주자가 양도일부터 소급하여 5년 이내에 그 배우자(양도 당시 혼인관계가 소멸된 경우를 포함하되, 사망으로 혼인관계가 소멸된 경우는 제외한다. 이하 이 항에서 같다) 또는 직계존비속으로부터 증여받은 제94조제1항제1호에 따른 자산이나 그 밖에 대통령령으로 정하는 자산의 양도차익을 계산할 때 양도가액에서 공제할 필요경비는 제97조제2항에 따르되, 취득가액은 그 배우자 또는 직계존비속의 취득 당시 제97조제1항제1호 각 목의 어느 하나에 해당하는 금액으로 한다. 이 경우 거주자가 증여받은 자산에 대하여 납부하였거나 납부할 증여세 상당액이 있는 경우에는 제97조제2항에도 불구하고 필요경비에 산입한다.

② 다음 각 호의 어느 하나에 해당하는 경우에는 제1항을 적용하지 아니한다. <개정 2015.12.15.>

1. 사업인정고시일부터 소급하여 2년 이전에 증여받은 경우로서 「공익사업을 위한 토지 등의 취득 및 보상에 관한 법률」이나 그 밖의 법률에 따라 협의매수 또는 수용된 경우
2. 제1항을 적용할 경우 제89조제1항제3호 각 목의 주택[같은 호에 따라 양도소득의 비과세대상에서 제외되는 고가주택(이에 딸린 토지를 포함한다)을 포함한다]의 양도에 해당하게 되는 경우

③ 제1항에서 규정하는 연수는 등기부에 기재된 소유기간에 따른다.

④ 「상속세 및 증여세법」 제18조제2항제1호에 따른 공제(이하 이 항에서 "가업상속공제"라 한다)가 적용된 자산의 양도차익을 계산할 때 양도가액에서 공제할 필요경비는 제97조제2항에 따른다. 다만, 취득가액은 다음 각 호의 금액을 합한 금액으로 한다.

1. 피상속인의 취득가액(제97조제1항제1호 각 목의 어느 하나에 해당하는 금액) × 해당 자산가액 중 가업상속공제가 적용된 비율(이하 이 조에서 "가업상속공제적용률"이라 한다)
2. 상속개시일 현재 해당 자산가액 × (1 - 가업상속공제적용률)

⑤ 제1항부터 제4항까지의 규정을 적용할 때 증여세 상당액의 계산과 가업상속공제적용률의 계산방법 등 필요경비의 계산에 필요한 사항은 대통령령으로 정한다.

[본조신설 2014.1.1.]

소득세법시행령 제98조(부당행위계산의 부인) ① 법 제41조 및 제101조에서 "특수관계인"이란 「국세기본법 시행령」 제1조의2제1항, 제2항 및 같은 조 제3항제1호에 따른 특수관계인을 말한다.

② 법 제41조에서 조세 부담을 부당하게 감소시킨 것으로 인정되는 경우는 다음 각 호의 어느 하나에 해당하는 경우로 한다. 다만, 제1호부터 제3호까지 및 제5호(제1호부터 제3호까지에 준하는 행위만 해당한다)는 **시가**와 거래가액의 차액이 3억원 이상이거나 시가의 100분의 5에 상당하는 금액 이상인 경우만 해당한다.

1. 특수관계인으로부터 시가보다 높은 가격으로 자산을 매입하거나 특수관계인

에게 시가보다 낮은 가격으로 자산을 양도한 경우
2. 특수관계인에게 금전이나 그 밖의 자산 또는 용역을 무상 또는 낮은 이율 등으로 대부하거나 제공한 경우. 다만, 직계존비속에게 주택을 무상으로 사용하게 하고 직계존비속이 그 주택에 실제 거주하는 경우는 제외한다.
3. 특수관계인으로부터 금전이나 그 밖의 자산 또는 용역을 높은 이율 등으로 차용하거나 제공받는 경우
4. 특수관계인으로부터 무수익자산을 매입하여 그 자산에 대한 비용을 부담하는 경우
5. 그 밖에 특수관계인과의 거래에 따라 해당 과세기간의 총수입금액 또는 필요경비를 계산할 때 조세의 부담을 부당하게 감소시킨 것으로 인정되는 경우

국세기본법시행령 제1조의2(특수관계인의 범위) ① 법 제2조제20호가목에서 "혈족·인척 등 대통령령으로 정하는 친족관계"란 다음 각 호의 어느 하나에 해당하는 관계(이하 "친족관계"라 한다)를 말한다.
1. 6촌 이내의 혈족
2. 4촌 이내의 인척
3. 배우자(사실상의 혼인관계에 있는 자를 포함한다)
4. 친생자로서 다른 사람에게 친양자 입양된 자 및 그 배우자·직계비속

② 법 제2조제20호나목에서 "임원·사용인 등 대통령령으로 정하는 경제적 연관관계"란 다음 각 호의 어느 하나에 해당하는 관계(이하 "경제적 연관관계"라 한다)를 말한다.
1. 임원과 그 밖의 사용인
2. 본인의 금전이나 그 밖의 재산으로 생계를 유지하는 자
3. 제1호 및 제2호의 자와 생계를 함께하는 친족

③ 법 제2조제20호다목에서 "주주·출자자 등 대통령령으로 정하는 경영지배관계"란 다음 각 호의 구분에 따른 관계(이하 "경영지배관계"라 한다)를 말한다.
1. 본인이 개인인 경우
   가. 본인이 직접 또는 그와 친족관계 또는 경제적 연관관계에 있는 자를 통하여 법인의 경영에 대하여 지배적인 영향력을 행사하고 있는 경우 그 법인
   나. 본인이 직접 또는 그와 친족관계, 경제적 연관관계 또는 가목의 관계에 있는 자를 통하여 법인의 경영에 대하여 지배적인 영향력을 행사하고 있는 경우 그 법인
2. 본인이 법인인 경우
   가. 개인 또는 법인이 직접 또는 그와 친족관계 또는 경제적 연관관계에 있는 자를 통하여 본인인 법인의 경영에 대하여 지배적인 영향력을 행사하고 있는 경우 그 개인 또는 법인
   나. 본인이 직접 또는 그와 경제적 연관관계 또는 가목의 관계에 있는 자를 통하여 어느 법인의 경영에 대하여 지배적인 영향력을 행사하고 있는 경우 그 법인
   다. 본인이 직접 또는 그와 경제적 연관관계, 가목 또는 나목의 관계에 있는

자를 통하여 어느 법인의 경영에 대하여 지배적인 영향력을 행사하고 있는 그 법인

라. 본인이 「독점규제 및 공정거래에 관한 법률」에 따른 기업집단에 속하는 경우 그 기업집단에 속하는 다른 계열회사 및 그 임원

소득세법 제101조(양도소득의 부당행위계산) ① 납세지 관할 세무서장 또는 지방국세청장은 양도소득이 있는 거주자의 행위 또는 계산이 그 거주자의 특수관계인과의 거래로 인하여 그 소득에 대한 조세 부담을 부당하게 감소시킨 것으로 인정되는 경우에는 그 거주자의 행위 또는 계산과 관계없이 해당 과세기간의 소득금액을 계산할 수 있다. <개정 2012.1.1>

② 거주자가 제1항에서 규정하는 특수관계인(제97조의2제1항을 적용받는 배우자 및 직계존비속의 경우는 제외한다)에게 자산을 증여한 후 그 자산을 증여받은 자가 그 증여일부터 5년 이내에 다시 타인에게 양도한 경우로서 제1호에 따른 세액이 제2호에 따른 세액보다 적은 경우에는 증여자가 그 자산을 직접 양도한 것으로 본다. 다만, 양도소득이 해당 수증자에게 실질적으로 귀속된 경우에는 그러하지 아니하다. <개정 2014.1.1.> → **양도의제**

1. 증여받은 자의 증여세(「상속세 및 증여세법」에 따른 산출세액에서 공제·감면세액을 뺀 세액을 말한다)와 양도소득세(이 법에 따른 산출세액에서 공제·감면세액을 뺀 결정세액을 말한다. 이하 제2호에서 같다)를 합한 세액
2. 증여자가 직접 양도하는 경우로 보아 계산한 양도소득세

③ 제2항에 따라 증여자에게 양도소득세가 과세되는 경우에는 당초 증여받은 자산에 대해서는 「상속세 및 증여세법」의 규정에도 불구하고 증여세를 부과하지 아니한다.

④ 제2항에 따른 연수의 계산에 관하여는 제97조의2제3항을 준용한다. <개정 2014.1.1>

⑤ 제1항에 따른 특수관계인의 범위와 그 밖에 부당행위계산에 필요한 사항은 대통령령으로 정한다.

소득세법시행령 제167조(양도소득의 부당행위 계산) ③ 법 제101조제1항에서 "조세의 부담을 부당하게 감소시킨 것으로 인정되는 때"란 다음 각 호의 어느 하나에 해당하는 때를 말한다. 다만, 시가와 거래가액의 차액이 3억원 이상이거나 시가의 100분의 5에 상당하는 금액 이상인 경우에 한한다.

1. 특수관계인으로부터 시가보다 높은 가격으로 자산을 매입하거나 특수관계인에게 시가보다 낮은 가격으로 자산을 양도한 때
2. 그 밖에 특수관계인과의 거래로 해당 연도의 양도가액 또는 필요경비의 계산시 조세의 부담을 부당하게 감소시킨 것으로 인정되는 때

④ 제98조제1항에 따른 특수관계인과의 거래에 있어서 토지등을 시가를 초과하여 취득하거나 시가에 미달하게 양도함으로써 조세의 부담을 부당히 감소시킨 것으로 인정되는 때에는 그 취득가액 또는 양도가액을 시가에 의하여 계산한다.

⑤ 제3항 및 제4항의 규정을 적용함에 있어서 **시가**는 「상속세 및 증여세법」 제60조 내지 제64조와 동법시행령 제49조 내지 제59조 및 「조세특례제한법」 제101조의 규정을 준용하여 평가한 가액에 의한다. 이 경우 「상속세 및 증여세법 시행령」 제49조제1항 본문중 "평가기준일 전후 6월(증여재산의 경우에는 3월로 한다) 이내의 기간"은 "양도일 또는 취득일 전후 각 3월의 기간"으로 보며, 「조세특례제한법」 제101조 중 "상속받거나 증여받는 경우"는 "양도하는 경우"로 본다.

⑥ 개인과 법인간에 재산을 양수 또는 양도하는 경우로서 그 대가가 「법인세법 시행령」 제89조의 규정에 의한 가액에 해당되어 당해 법인의 거래에 대하여 「법인세법」 제52조의 규정이 적용되지 아니하는 경우에는 법 제101조제1항의 규정을 적용하지 아니한다. 다만, 거짓 그 밖의 부정한 방법으로 양도소득세를 감소시킨 것으로 인정되는 경우에는 그러하지 아니하다.

법인세법 제52조(부당행위계산의 부인) ① 납세지 관할 세무서장 또는 관할 지방국세청장은 내국법인의 행위 또는 소득금액의 계산이 대통령령으로 정하는 특수관계인(이하 "특수관계인"이라 한다)과의 거래로 인하여 그 법인의 소득에 대한 조세의 부담을 부당하게 감소시킨 것으로 인정되는 경우에는 그 법인의 행위 또는 소득금액의 계산(이하 "부당행위계산"이라 한다)에 관계없이 그 법인의 각 사업연도의 소득금액을 계산할 수 있다.

② 제1항을 적용할 때에는 건전한 사회 통념 및 상거래 관행과 특수관계인이 아닌 자 간의 정상적인 거래에서 적용되거나 적용될 것으로 판단되는 가격(요율·이자율·임대료 및 교환 비율과 그 밖에 이에 준하는 것을 포함하며, 이하 이 조에서 "시가"라 한다)을 기준으로 한다.

자산의 소유자가 자산을 직접 양도하는 경우의 세부담보다 특수관계인에게 선증여 후 그 특수관계인(수증자)이 양도하는 경우의 세부담이 적다면 누구나 그러한 우회양도 방식을 사용할 것이다. 왜냐하면 배우자나 직계존비속간의 증여시 증여공제로 6억원 또는 3천만원이 인정되므로 증여받은 다음 단기간 내에 양도하는 경우 양도소득세를 대폭 줄일 수 있기 때문이다. 소득세법에서는 이러한 조세회피를 막기 위하여 두 가지 규정을 두고 있다.

① 거주자가 배우자나 직계존비속으로부터 토지나 건물을 증여받은 후 5년 이내에 그 수증자가 증여 받은 재산을 양도할 경우 소득세법 제97조의2 제1항에 따라 당초의 배우자 또는 직계존비속이 직접 양도한 것으로 보아 양도소득세를 재계산하여 납부하는 것을 말한다. 이를 배우자 및 직계비속을 통한 양도시 **'이월과세'**라 한다.

② 특수관계인에게 증여한 후 그 특수관계인이 5년 이내에 양도한 경우에는

소득세법 제101조 제2항에 따라 수증자의 증여세와 양도소득세의 합계액이 당초 증여자가 직접 양도할 경우의 양도소득세보다 적은 경우 양도소득세를 재계산하여 납부하여야 한다. 이를 증여를 통한 **우회양도**시 '부당행위계산의 부인'이라 한다.

(1) 이월과세(소세법제97조의2)

거주자가 배우자나 직계존비속으로부터 증여받은 토지, 건물, 특정시설물을 5년 이내에 양도할 경우, 양도차익을 계산할 때 취득가액은 당초 증여자의 취득가액으로 한다는 규정이다. 이월과세를 적용하는 경우에는 부당행위계산부인과 달리 양도소득세 부담의 부당한 감소 여부를 묻지 않는다. 세부담의 부당한 감소가 없더라도 무조건 이월과세한다.

다만, 수용과 배우자 사망의 경우에는 조세를 회피할 목적이 있다고 보기 어려운 점을 감안하여 2011.1.1 이후 양도분부터 토지 등이 수용되거나 사망으로 양도시점에서 배우자관계가 소멸되었다면 이월과세 적용을 배제하여 정상적인 증여, 양도에 따른 세제가 적용된다.

(2) 부당행위계산의 부인(소세법제101조②)

배우자나 직계존비속 이외의 특수관계자, 예를 들어 형제자매나 장인으로부터 증여받거나 주식 등을 증여받은 경우에는 이월과세의 대상이 되지 않으며, 부당행위계산부인 규정의 적용대상이 된다. 증여 당시에 배우자관계였다면, 양도일 현재 증여자의 이혼으로 증여자의 배우자가 아니더라도 부당행위 부인 규정이 아닌 이월과세 규정이 적용된다. 그러나 양도 당시 배우자였더라도 증여 당시 사망으로 혼인관계가 소멸되었다면 부당행위계산부인 규정이 적용된다. 소득세법 제101조 제2항에 따라 증여자가 직접 자산을 양도하는 것으로 보는 경우 그 양도소득에 대해서는 증여자와 수증자가 연대하여 납세의무를 진다.(소세법제2조의2④)

증여시	양도시	부당행위계산 부인	이월과세
특수관계 있음	특수관계 있음	적용	적용
특수관계 있음	특수관계 없음	적용 ×	적용
특수관계 없음	특수관계 있음	적용 ×	적용 ×

부당행위부인 규정을 적용할 경우 시가가 기준이 되는데, 감정가액이나 유사거래사례가액, 경매가액, 상장주식의 경우 최종시세가액의 평균액은 시가로 볼 수

있으나 부동산 양도 이전에 당해 부동산에 설정된 근저당권의 채권최고액은 시가로 볼 수 없다.(대법원 92누19675)

2. 부동산매매업과 부동산임대업, 주택임대업의 세무

1) 부동산매매업과 주택신축판매업(건설업)의 비교 및 사업소득과 일반 양도소득의 구분

가) 부동산매매업과 주택신축판매업

부동산매매업은 '영리를 목적으로 계속적,반복적으로 부동산을 매매하는 사회적 활동'이라고 정의할 때 주택을 신축하여 판매하는 사업도 부동산매매업과 그 성격은 동일하다. 다만, 주택신축판매업을 부동산매매업과 구분하여 달리 취급하는 것은 주택정책상 필요에 의하여 세제상 혜택을 주기 위한 데에 목적이 있다.

(1) 부동산매매업이란

① 부동산의 매매(주거용 또는 비거주용 및 기타건축물을 자영건설하여 분양판매하는 경우를 포함한다) 또는 그 중개를 사업목적으로 나타내어 부동산을 판매하거나 ② 사업상의 목적으로 1과세기간 중에 1회 이상 부동산을 취득하고 2회 이상 판매하는 경우를 말한다. 부동산매매업은 부가가치세법상 재화의 공급으로 보아 부가가치세가 과세(건물공급)된다.

또한, 부동산매매업이라 함은 한국표준산업분류상의 **건물**건설업(건물을 자영건설하여 판매하는 경우에 한한다) 및 부동산공급업을 말한다. 다만, 주택신축판매업을 제외한다. 부동산매매업의 범위는 다음과 같다.

㉠ 부동산의 매매(건물을 신축하여 판매하는 경우를 포함한다) 또는 그 중개를 사업목적으로 나타내어 부동산을 매매하거나 사업상의 목적으로 부가가치세법상 1과세기간 내에 1회 이상 부동산을 취득하고 2회 이상 판매하는 경우

㉡ 자기의 토지 위에 상가 등을 신축하여 판매할 목적으로 건축 중인 건축법에 의한 건물과 토지를 제3자에게 양도한 경우

㉢ 토지를 개발하여 주택지·공업단지·상가·묘지 등으로 분할 판매하는 경우

부동산매매업의 구분에 있어 **토지의 개발**이라 함은 일정한 토지를 정지·분합·조성·변경 등을 함으로써 당해 토지의 효용가치가 합리적이고 효율적으로 증진을 가져오게 되는 일체의 행위를 말한다.

(2) 주택신축판매업이란

주택을 건설하여 판매하는 사업으로 **건설업**으로 본다. 소득세법제19조와 동법 시행령제32조, 제34조의 개정으로 종전 주택신축판매업은 건설업으로 본다는 규정이 삭제되었고 대신 소득세법제19조가 '건설업'으로 단순화되고, 소득세법시행령제208조 제5항 2호 나목에서 건설업(비주거용 건물 건설업은 제외하고 주거용 건물 개발 및 공급업을 포함한다)을 세부 규정하면서 주택신축판매(분양)는 종전과 같이 직영이든 도급(외주)이든 모두 건설업으로 분류하고 있다. 따라서 소득세법상 기장의무 여부, 추계신고시 단순 또는 기준경비율의 적용, 성실신고대상 여부, 예정신고 대상 여부 등을 판단할 때에는 직(자)영·도급(외주)건설 불문하고 건설업으로 적용하고 주택 외의 상가 등 신축분양업은 부동산매매업으로 판단하여 적용하여야 한다. 그러나 조세특례제한법상 중소기업 세액감면 특례 적용 여부를 결정할 때에는 주택·상가를 불문하고 직접 신축(직영건설)한 경우에는 건설업으로서 감면대상이 되는 반면, 도급에 의한 외주건설의 경우에는 부동산매매업으로서 감면대상이 아니다. 건설업으로 보는 주택신축판매업의 범위는 다음과 같다.

① 1동의 주택을 신축하여 판매하는 경우
② 건설업자에게 도급을 주어서 주택을 신축하여 판매하는 경우
③ 종전부터 소유하던 자기의 토지 위에 주택을 신축하여 주택과 함께 토지를 판매하는 경우 그 토지의 양도로 인한 소득은 건설업의 소득으로 본다. 다만, 토지의 면적이 주택이 정착된 면적의 5배를 초과하는 부분에 대하여는 건설업으로 보지 아니한다.
④ 시공중인 주택을 양도하는 경우에는 그 주택의 시공 정도가 건축법에 의한 건축물에 해당되는 때에는 건설업으로 본다.
⑤ 신축한 주택이 판매되지 아니하여 판매될 때까지 일시적으로 일부 또는 전부를 임대한 후 판매하는 경우에도 당해 주택의 판매사업은 건설업으로 본다.

(3) 주택(건설업)과 상가(부동산매매업) 등을 함께 분양하는 경우

1995. 12. 31. 이전에는 동일 건물 또는 동일 지번(주거 여건이 동일한 단지

내의 다른 지번을 포함)상에 주택과 상가 등을 함께 신축하여 분양하는 경우 주택 면적이 상가 등 다른 목적의 건물 면적 이상인 경우 전체를 주택으로 보아 사업소득(법인세, 종합소득세)에 대해서만 과세하고, 주택 면적이 상가 등 다른 목적의 건물 면적보다 작은 경우에는 전체를 상가용 등으로 보아 부동산매매업(법인의 경우 법인세와 특별부가세 과세)으로 과세하였다.

1996. 1. 1.이후 양도분부터는 「주택건설기준 등에 관한 규정」이 개정되어 주택 단지 내 구매시설의 설치의무 제도가 폐지되었고, 소득 종류간 과세형평을 제고하는 차원에서 주택과 상가 등을 구분하여 원칙적으로 별도 과세하였다. 이 경우 주택의 일부에 설치된 점포 등 다른 목적의 건물 또는 동일 지번(주거여건이 동일한 단지 내의 다른 지번을 포함) 위에 설치된 다른 목적의 건물이 당해 건물과 같이 있는 경우에는 다른 목적의 건물 및 그에 부수되는 토지는 주택에서 제외하였다.

그러나 주택과 다른 목적의 건물이 각각의 매매 단위로 거래되는 경우로서 다른 목적의 건물면적이 주택 면적의 100분의 10 이하인 경우 또는 주택에 부수되어 있는 다른 목적의 건물과 주택을 하나의 매매 단위로 매매하는 경우로서 다른 목적의 건물 면적이 주택 면적보다 작은 경우에는 다른 목적의 건물을 주택으로 보아 주택신축판매업으로 과세한다.(소세령제122조④) 이 경우 건물에 부수되는 토지 면적은 주택 및 다른 목적의 건물 각각의 연면적에 비례하여 안분계산한다.(소세령제154조④ 준용) 주택과 다른 목적의 건물을 신축하여 판매하는 경우에는 각각 이를 구분하여 기장하고, 이에 공통되는 필요경비는 주택과 다른 목적의 건물가액에 비례하여 안분계산하되, 가액의 구분이 불분명한 때에는 각각의 기준시가에 의하여 안분계산한다.

1. 상가면적이 아파트면적의 10%를 초과

구 분	개 인	법 인
아파트	당해 아파트만 건설업으로 과세	법인세 과세
상가	부동산매매업으로 과세	법인세 과세

2. 상가면적이 아파트면적의 10% 이하

구 분	개 인	법 인
아파트	전체를 주택으로 보아 건설업으로 과세	전체를 주택으로 보아 법인세 과세
상가		

(4) 주택신축판매업에 대한 세제상 혜택

주택신축판매업에 대한 「조세특례제한법」 등에서 규정한 각종 세제 지원내용은 다음과 같다.

① 주택신축판매업은 건설업에 해당하므로 세법상 중소기업 해당 업종으로서 중소기업의 범위에 해당하는 경우에는 세법상 중소기업에 대한 지원을 받을 수 있고, 사업용 자산을 현물출자하거나 포괄적 사업양수도 방식에 의하여 법인으로 전환하는 경우에는 이월과세를 적용받을 수 있다.(조특법제32조)

② 부동산매매업은 당해 토지 등을 양도한 날이 속하는 달의 다음 다음 달 말일까지 토지 등 매매차익 예정신고·납부할 의무가 있으나 주택신축판매업은 예정신고·납부의무가 없다.

③ 주택신축판매업자가 국민주택 규모 이하의 주택을 판매하는 경우에는 부가가치세가 면제된다.

④ 주택신축판매업자가 분양 목적으로 건축한 전용면적 60㎡ 이하인 5세대 이상의 공동주택(다가구주택 제외)에 대해서는 취득세가 면제된다. 단, 사용승인서 교부일 이전에 사업자등록증을 받아야 한다.

부동산투기억제 대책의 일환으로 2003.12.30. 「소득세법」 개정시 1세대3주택 이상에 대한 양도소득세에 대해 양도소득세율 60%를 적용하는 중과세제도를 도입하면서 부동산매매업자의 주택양도소득에 대하여는 양도소득세율과 종합소득세율을 적용하여 계산한 세액을 비교하여 과세하도록 규정하였고, 2006.12.30. 「소득세법」 개정시에는 1세대2주택 이상 및 비사업용 토지에 대한 양도소득도 비교과세하도록 하였다.(소법§64)

(5) 소득 구분상 차이

① 부가가치세 과세대상 여부

부동산매매업 및 주택신축판매업(국민주택 규모초과)의 경우 건물공급에 대하여는 사업성이 인정되어 부가가치세가 과세되나 일반 양도소득의 경우에는 사업성(판매목적)이 없으므로 부가가치세가 과세되지 않는다.

② 세액계산 방법의 차이

부동산매매업과 주택신축판매업은 사업소득에 해당되어 소득세법상 사업소득의 계산방법 및 법인세법상 각 사업연도소득 계산방법에 따라 세액을 계산하게 되나 일반 양도소득은 양도소득 계산방법에 따라 세액을 계산하게 된다. 다만, 개인이 부동산매매업을 영위하는 경우에는 예정신고시에 양도소득 계산방법을 준용하여 세액을 계산하도록 하고 있다.

③ 신고·납부 방법의 차이

개인사업자의 부동산매매업과 양도소득은 예정신고의무가 있으나 주택신축판매업은 예정신고 의무가 없다.

부동산매매업과 주택신축판매업의 차이

구 분	부동산매매업	주택신축판매업	참 고
내 용	주택외의 건물(상가등)을 신축판매 또는 기존주택을 구입 후 판매(분양)	주택을 신축 판매(재건축조합등 조합원 배분 후 잔여분에 대한 일반분 양도 포함)	둘 다 사업상 판매목적으로 하는 경우이어야. 사업상 목적이 아닌 일시적으로 건물을 신축판매시에는 양도소득세 부담.
부가가치세	과세	과세	국민주택 규모의 주택 신축판매는 면세
소득세	• 기본적으로는 종합소득세 신고(부동산매매소득) • 법인은 법인세	• 종합소득세 신고(주택신축판매소득) • 법인은 법인세	
중소기업 여부	중소기업 아님	건설업에 해당되어 중소기업임	주택신축판매의 경우에도 직영건설이 아닌 도급 등 **외주건설**의 경우 중소기업 아님(부동산매매업으로 본다)
신 고	개인이 하는 경우 예정신고의무. <u>3주택 이상은 소득세 계산특례 적용.</u>**(*)**	예정신고의무 없고, 부동산매매업과는 달리 종합소득세 신고로 해결.	둘 다 사업소득이므로 기장의무 있음. 법인이 주택매매를 하는 경우 매매차익에 대하여 30% 추가과세 있음.

(*) 소득세법제55조에 규정된 일반세율을 적용한여 계산한 금액과 소득세법제104조에 규정된 양도세율을 적용하여 계산한 금액 중 큰 금액으로 한다.(소세법 §64)

(6) 소득구분 방법

양도소득이란 개인이 비사업자로서 판매목적 없이 일시적·비반복적으로 부동산을 양도함으로 인하여 발생하는 소득을 말한다. 부동산의 양도가 양도소득 또는 사업소득에 해당되는지의 여부는 그 규모·횟수·태양·상대방 등에 비추어 그 양도가 수익을 목적으로 하고 있는지, 사업활동으로 볼 수 있을 정도의 계속성과

반복성이 있는지 여부 등을 고려하여 사회통념에 따라 사실판단할 사항이다.

그러나 실무는 부동산을 양도하는 행위가 종합소득세 과세대상인지 아니면 양도소득세 과세대상인지 여부를 세법 지식이 부족한 납세자 입장에서는 판단하기 어려운 측면이 있다 할 것이고 양도소득세와 종합소득세는 소득세로서 소득의 분류가 다른 것에 불과하며 납세자가 부동산 등을 양도한 때 양도소득세를 신고·납부하는 것이 일반적인 점 등을 고려하면 청구인이 쟁점 부동산을 양도하고 양도소득세 과세대상으로 착오를 일으켜 양도소득세를 신고한 이 건에 대하여 신고하지 않았다는 이유로 신고불성실가산세를 부과하는 것은 부당하다고 판단된다(국심 2004서4107, 2005. 5. 27.)고 하여 소득구분을 착오한 경우 과소신고가산세를 부과하는 것은 부당하다고 한다.

① 1과세기간 중에 1회 이상 부동산을 취득하고 2회 이상 판매한 경우

당초부터 사업(판매)목적으로 매입 또는 신축한 주택을 일시 거주(임대)하다가 양도하는 경우에는 부동산 매매업 또는 건설업에 해당하여 종합소득세가 과세되는 것이나, 사업목적이 아닌 거주목적으로 주택을 매입 또는 신축하여 양도하는 경우에는 양도소득세가 과세되는 것이다. 다만, 사업(판매)목적으로 건물을 매입 또는 신축하지 아니한 경우에도 1과세기간 중에 1회 이상 부동산을 취득하고 2회 이상 판매한 경우에는 부가가치세법시행규칙 제1조 제1항의 규정에 따라 사업(부동산매매업)소득으로 과세되는 것이다.

이와 달리 부동산을 거래한 횟수(취득,양도 26회), 규모 및 태양(경락에 의한 취득 등)에 비추어 청구인이 1 과세기간 내 부동산을 1회 이상 취득하고 2회 이상 양도를 하지 아니하였더라도 전체적으로 사업목적을 갖고 부동산매매업을 영위한 데 대하여 이 건 종합소득세 등을 부과한 처분은 달리 잘못이 없다.

② 판매목적의 신축이냐 임대목적의 신축이냐(신축판매업, 건설임대업)

판매를 목적으로 신축한 건물이 판매되지 아니하여 일시적으로 임대하다가 양도하는 경우 사업소득에 해당하나 임대목적으로 신축한 건물을 임대사업에 사영하다 양도하는 경우 양도소득에 해당한다.

③ 상속받은 건물을 증·개축하여 판매하는 경우 소득구분

근린생활시설과 주택이 함께 있는 건물을 상속받아 그 건물 전체를 다세대주택으로 증·개축하여 판매함으로써 발생하는 소득은 부동산매매업에서 발생하는 소득에 해당한다.

④ 부동산매매업자의 상속인이 사업승계시에는 사업소득으로 종합소득세, 사업승계하지 않을 경우에는 양도소득세 과세

부동산매매업을 영위하던 피상속인이 판매목적으로 보유하던 부동산을 상속받아 양도하는 경우로서 상속인이 피상속인의 사업을 승계하지 아니하는 경우에는 양도소득세가 과세되는 것이나, 상속인이 피상속인의 사업을 승계하여 영위하는 경우에는 당해 부동산의 양도로 발생하는 소득은 사업소득에 해당하여 종합소득세가 과세된다.

⑤ 주택신축판매업 공동사업약정 해지 후 완공주택 판매시 소득구분

주택을 완공하기 전부터 주택신축판매업을 공동으로 영위하던 거주자가 당해 주택을 완공하기 전부터 당해 공동사업의 구성원이었던 자로부터 지분을 인수받아 당해 공동사업 해지 후 단독사업자로서 당해 주택을 판매함으로써 발생하는 소득은 주택신축판매업에 해당하는 것이다.

⑥ 공동사업자의 미완성 건축물 양도시 부동산매매업에 따른 사업소득

부동산매매업 및 부동산임대업을 영위하기 위한 공동사업자가 건물을 신축 중에 계약상 또는 법률상의 모든 원인에 의하여 재화(미완성 건축물)를 인도 또는 양도하는 경우에는 부가가치세법 제6조 제1항의 규정에 의한 재화의 공급에 해당하여 부가가치세가 과세되는 것이며, 또한 동 사업자가 미완성 건축물을 양도함으로써 발생하는 소득은 부동산매매업에 따른 사업소득에 해당한다.

⑦ 상가 신축분양 목적 토지 취득 후 나대지 상태로 매매시 소득구분

부동산을 매매함으로 인하여 발생하는 소득의 구분은 당해 거주자의 부동산매매의 규모, 거래횟수, 반복성 등 거래에 관한 제반사항을 종합적으로 판단하여 사업적인 것으로 인정되는 경우에는 사업소득에 해당하는 것이나, 사업목적 없이 부동산을 양도하는 경우에는 양도소득에 해당하는 것이다.

⑧ 신축주택의 임대 후 판매시 소득구분

판매를 목적으로 다세대주택을 신축하여 판매(동 주택이 판매되지 아니하여 그 전부 또는 일부를 일시적으로 임대하다가 판매하는 경우를 포함)하는 경우에는 건설업으로 보아 사업소득에 해당하는 것이며 임대목적으로 이를 신축하여 임대용으로 사용하다가 양도하는 경우에는 양도소득에 해당하는 것이다.

⑨ 증여받은 토지를 수차례 분할양도한 경우 소득구분

잡종지인 부동산을 증여받은 후 이를 15필지로 분할하여 주택용지로 여러 차례 나누어 양도한 사실을 감안하여 볼 때 위 토지의 양도는 수익을 목적으로 계속성 및 반복성이 있는 사업활동에 해당하므로 사업소득에 해당한다.

2) 부동산 관련 부가가치세

사업자건물(상가 등)의 일반적 세금

매수(분양)시	사업중	매도시
① 취득세 : 별도 적용 ② 부가가치세 : 건물분 매수가에 포함(임대사업자등록시 환급)	① 부가가치세(임대수입)→수입의 10% ② 재산세(종합부동산세) : 별도 적용	① 양도소득세 : 양도소득세율 기준 ② 부가가치세 : 건물분 10%(사업의 포괄적 양수도일 때에는 면제)

부동산의 부가가치세 과세구분

부동산의 공급	부동산의 임대
토지의 공급 - 면세(부가세법제26조①14호)	토지의 임대 - 과세 (예외) 주택부속토지의 임대 - 면세(부가세법제12조①13호)
건물 등의 공급 - 과세 (예외) 국민주택공급 - 면세(조특법제106조①4호)	건물 등의 임대 - 과세 (예외) 주택의 임대 - 주택규모에 관계없이 면세(부가세법제12조①13호)

1) 납세의무자와 납세지

① 주택신축판매업

국민주택 초과분 주택공급자에 한하며 건물가액만 과세하고 토지의 공급은 면세한다.(부가가치세법제26조①14호)

② 부동산매매업

1과세기간 중 1회 이상 취득하고 2회 이상 판매(사업상 목적에 한하고 건물신축판매업은 포함하고 주택신축판매업은 제외)하는 경우를 말하고 건물가액만 과세하고 토지가액은 면세한다.

③ 부동산임대업

사업용 건물과 토지에 대한 임대료수입이 있는 자로서 토지와 건물임대수입이 모두 과세대상이다.

④ 납세지

사업장 소재지. 부동산매매업의 사업장은 법인의 등기부상 본점·지점 소재지, 개인인 경우에는 주사무소 소재지. 부동산임대업의 사업장은 부동산 소재지.

2) 과세표준

① 공급가액

② 부동산임대용역의 전세금 또는 보증금의 계산특례(부가세령제65조①)

과세표준 = (당해 기간의 전세금 또는 보증금) × 과세대상기간의 일수 × 당해 예정신고기간 또는 과세기간 종료일 현재 계약기간 1년의 정기예금이자율 / 365

③ 토지·건물 동시공급의 경우

㉮ 토지와 건물의 가격이 구분된 경우에는 각각의 실지거래가액에 의한다.

㉯ 토지와 건물의 가액이 불분명한 경우

㉠ 토지와 건물의 기준시가가 모두 있는 경우에는 기준시가에 따라 계산한 가액에 비례하여 안분계산한다. 다만, 감정평가액이 있는 경우에는 그 가액에 비례하여 안분계산한다.

㉡ 토지와 건물 중 어느 하나 또는 모두가 기준시가가 없는 경우로서 감정평가액이 있는 경우에는 그 가액에 비례하여 안분계산한다. 다만, 감정평가액이 없는 경우에는 장부가액(그것도 없는 경우에는 취득가액)에 비례하여 안분계산한 후 기준시가가 있는 자산에 대하여는 그 합계액을 다시 기준시가에 의하여 안분계산한다.

㉢ ㉠ 및 ㉡의 규정을 적용할 수 없거나 적용하기 곤란한 경우에는 국세청장이 정하는 바에 따라 안분계산한다.

3) 면세대상

면세대상에 대하여는 매입세액을 환급받지 못한다.

(1) 주택과 이에 부수되는 토지의 임대용역(부가세법제26조①12호)

① 상시주거용(사업을 위한 주거용의 경우는 제외한다)으로 사용하는 건물(이하 "주택")과 이에 부수되는 토지로서 다음 각 호의 면적 중 넓은 면적을 초과하지 아니하는 토지의 임대로 하며, 이를 초과하는 부분은 토지의 임대로 본다.

1. 주택의 연면적(지하층의 면적, 지상층의 주차용으로 사용되는 면적 및 「주택건설기준 등에 관한 규정」 제2조제3호에 따른 주민공동시설의 면적은 제외한다)
2. 건물이 정착된 면적에 5배(「국토의 계획 및 이용에 관한 법률」 제6조에 따른 도시지역 밖의 토지의 경우에는 10배)를 곱하여 산정한 면적

② 임대주택에 부가가치세가 과세되는 사업용 건물(이하 "사업용건물"이라 한다)이 함께 설치되어 있는 경우에는 주택과 이에 부수되는 토지의 임대의 범위는 다음 각 호에 따른다.

1. 주택 부분의 면적이 사업용 건물 부분의 면적보다 큰 경우에는 그 전부를 주택의 임대로 본다. 이 경우 그 주택에 부수되는 토지임대의 범위는 제1항과 같다.
2. 주택 부분의 면적이 사업용 건물 부분의 면적과 같거나 그보다 작은 때에는 주택 부분 외의 사업용 건물 부분은 주택의 임대로 보지 아니한다. 이 경우 그 주택에 부수되는 토지의 면적은 총토지면적에 주택 부분의 면적이 총건물면적에서 차지하는 비율을 곱하여 계산하며, 그 범위는 제1항과 같다.

(2) 토지(부가세법제26조①14호)

토지의 공급(판매)는 면세한다. 다만, 토지임대는 과세한다.(주택의 부수토지 임대는 제외)

(3) 국가·지방자치단체가 공급하는 재화 또는 용역(부가세법제26조①19호)

(4) 국가, 지방자치단체, 지방자치단체조합 또는 공익단체에 무상으로 공급하는 재화 또는 용역(부가세법제26조①20호)

(5) 국민주택 및 그 주택의 건설용역(리모델링 용역을 포함)

4) 매입세액 환급

매입세액이 매출세액보다 클 때 환급받을 수 있다. 그러나 면세사업에 관련된 매입세액은 환급대상도 공제대상도 아니다. 토지 관련 매입세액은 공제대상이 아니다.

3) 주택신축판매업의 세무

1. 신축판매업 개관

주택신축판매업이란 한국표준산업분류표에 따른 주거용 건물개발 및 공급업을 말하는 것으로서 주택이란 세대의 구성원이 장기간 독립된 주거생활을 할 수 있는 구조로 된 건축물의 전부 또는 일부 및 그 부속토지를 말한다. 단, 신축하지 않고 단순히 구입한 주거용 건물을 재판매하는 경우에는 부동산매매업으로 분류된다.

2. 신규 건축 허가

(1) 건축 신고 및 허가

신규 주택을 신축하여 판매하려는 자는 건축법에 따른 건축·대수선·용도변경신고서에 관련 서류를 첨부하여 특별자치도지사 또는 시장, 군수, 구청장에게 제출하여야 한다(건축법시행규칙 제12조).

(2) 건축 허가 후 건축허가서 교부

(3) 기존건물철거 및 멸실신고

(4) 착공신고

(5) 1,2차 중간검사

(6) 사용승인

3. 사업자등록 신청 절차

(1) 필요서류

① 사업자등록 신청서

② 건축허가서

③ 사업현장 등기부등본 또는 매매계약서
④ 공동사업명세서(공동사업일 경우에 한함)
⑤ 위 ④에 해당할 경우 인감증명서

(2) 사업자등록 신청시 주의사항
① 업종코드 선택
451102 (주거용 건물 건설업 / 토지보유 5년 미만)
- 주택을 신축하려는 장소의 토지의 보유기간이 5년 미만인 경우
- 단순경비율 : 91.4%, 기준경비율 : 8.7%
451103 (주거용 건물 건설업 / 토지보유 5년 이상)
- 주택을 신축하려는 장소의 토지를 5년 이상 보유한 경우
- 단순경비율 : 86.9%, 기준경비율 : 9.5%

② 주택신축판매업의 면세 여부
- 국민주택규모 이하의 주택(전용면적 85㎡ 이하)에 대해서는 면세를 적용받을 수 있으므로, 주거용 면적의 판정 기준에 따라 면세 여부가 달라짐을 명시하여 사업자등록신청을 하여야 한다.

㉠ 단독주택, 다중주택
건물 1동 전체의 면적을 기준으로, 1동의 면적이 국민주택규모를 초과하는 경우에는 과세, 초과하지 않는 경우에는 면세이다.

㉡ 다가구주택
가구당 전용면적을 기준으로 국민주택 초과 여부를 판단하여 면세 여부를 적용한다.

㉢ 다세대주택
1세대 당 전용면적을 기준으로 국민주택 초과 여부를 판단하여 면세 여부를 적용한다.

4. 세무실무상 주의 사항
(1) 주택건설사업의 등록
주택법 제9조에 보면 단독주택의 경우에는 20호, 공동주택의 경우에는 20세

대(도시형 생활주택의 경우 30세대) 이상의 주택건설사업을 시행하려는 자는 국토교통부장관에게 별도의 등록을 하여야 한다.

(2) 다중주택의 면세 여부

다중주택은 건물 1동의 면적을 기준으로 면세를 판정하나, 대부분 1동의 면적이 국민주택규모를 초과하므로 과세사업자로 발급받아야 한다. 하지만 사실상 허가만 다중주택으로 하고 다가구주택으로 건축한다고 하여 면세로 받는 경우가 있는데, 이럴 경우 구청에 불법건축물로 등재될 수 있고, 차후 관할 세무서와 다툼이 발생할 여지가 있다.

(3) 단순경비율 적용 불가

2011년 이전의 경우만 하더라도 당해 연도에 신규 사업자등록을 하고 분양하거나, 전년도 수입금액이 단순경비율 적용 대상 금액일 경우 신축판매업에 대하여 단순경비율 적용이 가능하였으나, 2011년 이후에는 당해 연도 신규사업자인 경우라 할지라도, 신축 사업장이 2010. 12. 31. 이전의 날로 착공신고를 한 경우에만 단순경비율 적용이 가능하다.(소득세법 시행령」 부칙 제12조(추계결정 및 경정에 관한 경과조치)

(4) 성실신고 대상 선정 여부

주택신축판매업은 소득세법상 건설업으로써 2013년 현재 기준으로는 15억원, 2014년 예고된 금액 기준으로는 10억원이 성실신고 기준금액이다. 통상적인 주택 분양시 10억원을 넘는 경우가 대다수여서 성실신고대상자이므로 증빙 관리 및 인건비 신고에 더욱 주의를 기울여야 할 필요가 있다.

(5) 중소기업특별세액 감면 적용 여부

주택신축판매업은 한국표준분류표상 건설업으로서 자영 건설시에는 산출세액의 20%에 대하여 세액감면을 적용받을 수 있으나, 일괄 도급 방식으로 건설하는 경우에는 세액 감면 적용을 받지 못한다.

(6) 미분양으로 일시 임대 후 판매하는 경우

주택을 판매 목적으로 신축하였으나 장기간 분양되지 않아 임대사업으로 전환하고 사업용 고정자산으로 장부상 등재하여 감가상각을 하는 등 상당기간 임대 후 판매하는 경우에는 양도소득으로 볼 수 있고, 장부상 재고자산으로 회계처리한 후 판매될 때까지 임대하다가 분양하는 경우에는 재고자산의 판매로 보아 사업소득으로 신고할 수 있겠으나 현행 세법에서는 사업성 여부를 판단함에 있어 신축목적, 판매 경위, 판매목적, 신축업의 대외적인 표방 여부 등을 종합적으로 살펴보고 판단하므로 관할 세무서의 사실 판단 사항이다.

5. 부가가치세

주택신축판매업은 건설업으로서 부가가치세 납세의무가 있다. 다만, 국민주택의 신축판매와 건설용역, 설계용역, 국민주택의 리모델링 건설용역에 대하여는 부가가치세를 면제한다.(조특법제106조①-4호, 조특령제106조)

(1) 부가가치세 면세 범위

① 국민주택 판매

서민의 주택 복지를 위하여 국민주택 그 자체뿐만 아니라 건설용역까지 면세함으로써 주택공급가격을 낮추려는 취지이다. 일몰제도의 적용도 없다. 국민주택 규모는 전용면적 85㎡ 이하를 말하고 다가구주택의 경우에는 가구당 전용면적을 기준으로 한다.

조세특례제한법 제106조(부가가치세의 면제 등) ① 다음 각 호의 어느 하나에 해당하는 재화 또는 용역의 공급에 대해서는 부가가치세를 면제한다. 이 경우 제1호부터 제3호까지, 제4호의5 및 제9호는 2018년 12월 31일까지 공급한 것에만 적용하고, 제4호의2, 제5호, 제9호의2, 제9호의3, 제11호 및 제12호는 2017년 12월 31일까지 공급한 것에만 적용하며, 제8호 및 제8호의2는 2014년 12월 31일까지 실시협약이 체결된 것에만 적용한다. <개정 2015.12.15.>

4. 대통령령으로 정하는 국민주택 및 그 주택의 건설용역(대통령령으로 정하는 리모델링 용역을 포함한다)

조세특례제한법시행령 제106조(부가가치세 면제 등) ④ 법 제106조제1항제4호에서 "대통령령으로 정하는 국민주택 및 그 주택의 건설용역"이란 다음 각 호의 것을 말한다.

1. 제51조의2제3항에 규정된 규모 이하의 주택
2. 제1호의 규정에 의한 주택의 건설용역으로서 「건설산업기본법」·「전기공사업법」·「소방법」·「정보통신공사업법」·「주택법」·「하수도법」 및 「가축분뇨의 관리 및 이용에 관한 법률」에 의하여 등록을 한 자가 공급하는 것
3. 제1호의 규정에 의한 주택의 설계용역으로서 「건축사법」, 「전력기술관리법」, 「소방시설공사업법」, 「기술사법」 및 「엔지니어링산업 진흥법」에 따라 등록 또는 신고를 한 자가 공급하는 것

⑤ 법 제106조제1항제4호에서 "대통령령으로 정하는 리모델링용역"이란 「주택법」·「도시 및 주거환경정비법」 및 「건축법」에 의하여 리모델링하는 것으로서 다음 각 호의 어느 하나에 해당하는 용역을 말하며, 당해 리모델링을 하기 전의 주택 규모가 제4항제1호의 규정에 의한 주택에 해당하는 경우(리모델링후 당해 주택의 규모가 제4항제1호의 규정에 의한 규모를 초과하는 경우로서 리모델링하기 전의 주택규모의 100분의 130을 초과하는 경우를 제외한다)에 한한다.

1. 「건설산업기본법」·「전기공사업법」·「소방시설공사업법」·「정보통신공사업법」·「주택법」·「하수도법」 및 「가축분뇨의 관리 및 이용에 관한 법률」에 의하여 등록을 한 자가 공급하는 것
2. 당해 리모델링에 사용되는 설계용역으로서 「건축사법」에 의하여 등록을 한 자가 공급하는 것

주택법 제2조(정의) 이 법에서 사용하는 용어의 뜻은 다음과 같다. <개정 2015.12.29.>

1. "주택"이란 세대의 구성원이 장기간 독립된 주거생활을 할 수 있는 구조로 된 건축물의 전부 또는 일부 및 그 부속토지를 말하며, 이를 단독주택과 공동주택으로 구분한다.

1의2. "준주택"이란 주택 외의 건축물과 그 부속토지로서 주거시설로 이용가능한 시설 등을 말하며, 그 범위와 종류는 대통령령으로 정한다.

2. "공동주택"이란 건축물의 벽·복도·계단이나 그 밖의 설비 등의 전부 또는 일부를 공동으로 사용하는 각 세대가 하나의 건축물 안에서 각각 독립된 주거생활을 할 수 있는 구조로 된 주택을 말하며, 그 종류와 범위는 대통령령으로 정한다.

2의2. "세대구분형 공동주택"이란 공동주택의 주택 내부 공간의 일부를 세대별로 구분하여 생활이 가능한 구조로 하되, 그 구분된 공간 일부에 대하여 구분소유를 할 수 없는 주택으로서 대통령령으로 정하는 건설기준, 면적기준 등에 적합하게 건설된 주택을 말한다.

3. "국민주택"이란 「주택도시기금법」에 따른 주택도시기금(이하 "주택도시기금"이라 한다)으로부터 자금을 지원받아 건설되거나 개량되는 주택으로서 주거의 용도로만 쓰이는 면적(이하 "주거전용면적"이라 한다)이 1호(戶) 또는 1세대당 85제곱미터 이하인 주택(「수도권정비계획법」 제2조제1호에 따른 수도권을 제외한 도시지역이 아닌 읍 또는 면 지역은 1호 또는 1세대당 주거전용면적이 100제곱미터 이하인 주택을 말한다. 이하 "국민주택규모"라 한다)을 말한다. 이 경우 주거전용면적의 산정방법은 국토교통부령으로 정한다.

3의2. "국민주택등"이란 제3호의 국민주택과 국가·지방자치단체, 「한국토지주택공사법」에 따른 한국토지주택공사(이하 "한국토지주택공사"라 한다) 또는 「지방공기업법」 제49조에 따라 주택사업을 목적으로 설립된 지방공사(이하 "지방공사"라 한다)가 건설하는 주택 및 「민간임대주택에 관한 특별법」

제2조제2호에 따른 민간건설임대주택 및 「공공주택 특별법」에 따른 공공임대주택으로서 제5호의 공공택지에 제16조에 따라 사업계획의 승인을 받아 건설하여 임대하는 주택 중 주거전용면적이 85제곱미터 이하인 주택을 말한다.

3의3. 삭제 <2015.6.22.>

3의4. "민영주택"이란 국민주택등을 제외한 주택을 말한다.

4. "도시형 생활주택"이란 300세대 미만의 국민주택규모에 해당하는 주택으로서 대통령령으로 정하는 주택을 말한다.

주택법시행령 제2조(공동주택의 종류와 범위) ① 「주택법」(이하 "법"이라 한다) 제2조제2호의 규정에 의한 공동주택의 종류와 범위는 「건축법 시행령」 별표 1 제2호 가목 내지 다목의 규정이 정하는 바에 의한다.

②제1항의 규정에 의한 공동주택은 그 공급기준 및 건설기준 등을 고려하여 국토교통부령으로 그 종류를 세분할 수 있다.

주택법시행령 제2조의2(준주택의 범위와 종류) 법 제2조제1호의2에 따른 준주택의 범위와 종류는 다음 각 호와 같다. <개정 2014.3.24.>

1. 「건축법 시행령」 별표 1 제2호라목에 따른 기숙사
2. 「건축법 시행령」 별표 1 제4호거목 및 제15호다목에 따른 다중생활시설
3. 「건축법 시행령」 별표 1 제11호나목에 따른 노인복지시설 중 「노인복지법」 제32조제1항제3호의 노인복지주택
4. 「건축법 시행령」 별표 1 제14호나목에 따른 오피스텔

주택법시행령 제2조의3(세대구분형 공동주택) ① 법 제2조제2호의2에서 "대통령령으로 정하는 건설기준, 면적기준 등에 적합하게 건설된 주택"이란 다음 각 호의 기준에 적합하게 건설된 공동주택을 말한다. 1. 세대구분형 공동주택의 세대별로 구분된 각각의 공간마다 별도의 욕실, 부엌과 현관을 설치할 것2. 세대구분형 공동주택의 세대별로 구분된 각각의 공간은 주거전용면적이 14제곱미터 이상일 것3. 하나의 세대가 통합하여 사용할 수 있도록 세대간에 연결문 또는 경량구조의 경계벽 등을 설치할 것4. 세대구분형 공동주택은 주택단지 공동주택 전체 호수의 3분의 1을 넘지 아니할 것5. 세대구분형 공동주택의 세대별로 구분된 각각의 공간의 주거전용면적 합계가 주택단지 전체 주거전용면적 합계의 3분의 1을 넘지 아니하는 등 국토교통부장관이 정하는 주거전용면적의 비율에 관한 기준을 충족할 것

② 세대구분형 공동주택의 건설과 관련하여 법 제21조에 따른 주택건설기준 등을 적용하는 경우 세대구분형 공동주택의 세대수는 그 구분된 공간의 세대에 관계없이 하나의 세대로 산정한다.

[본조신설 2013.12.4]

주택법시행령 제3조(도시형 생활주택) ① 법 제2조제4호에서 "대통령령으로

정하는 주택"이란 「국토의 계획 및 이용에 관한 법률」에 따른 도시지역에 건설하는 다음 각 호의 주택을 말한다. <개정 2014.11.4.>

1. 단지형 연립주택: 「건축법 시행령」 별표 1 제2호나목에 해당하는 주택 중 제2호의 원룸형 주택을 제외한 주택. 다만, 「건축법」 제5조제2항에 따라 같은 법 제4조에 따른 건축위원회의 심의를 받은 경우에는 주택으로 쓰는 층수를 5층까지 건축할 수 있다.

1의2. 단지형 다세대주택: 「건축법 시행령」 별표 1 제2호다목에 해당하는 주택 중 제2호의 원룸형 주택을 제외한 주택. 다만, 「건축법」 제5조제2항에 따라 같은 법 제4조에 따른 건축위원회의 심의를 받은 경우에는 주택으로 쓰는 층수를 5층까지 건축할 수 있다.

2. 원룸형 주택: 「건축법 시행령」 별표 1 제2호가목부터 다목까지의 어느 하나에 해당하는 주택으로서 다음 각 목의 요건을 모두 갖춘 주택

가. 세대별로 독립된 주거가 가능하도록 욕실, 부엌을 설치할 것

나. 욕실 및 보일러실을 제외한 부분을 하나의 공간으로 구성할 것. 다만, 주거전용 면적이 30제곱미터 이상인 경우 두 개의 공간으로 구성할 수 있다.

다. 세대별 주거전용면적은 14제곱미터 이상 50제곱미터 이하일 것

라. 각 세대는 지하층에 설치하지 아니할 것

3. 삭제 <2010.7.6.>

② 하나의 건축물에는 도시형 생활주택과 그 밖의 주택을 함께 건축할 수 없으며, 제1항제1호의 단지형 연립주택 또는 제1호의2의 단지형 다세대주택과 제2호의 원룸형 주택을 함께 건축할 수 없다. 다만, 다음 각 호의 경우는 예외로 한다.

1. 제1항제2호의 원룸형 주택과 그 밖의 주택 1세대를 함께 건축하는 경우

2. 「국토의 계획 및 이용에 관한 법률 시행령」 제30조에 따른 준주거지역 또는 상업지역에서 제1항제2호의 원룸형 주택과 도시형 생활주택 외의 주택을 함께 건축하는 경우

건축법시행령 [별표 1] <개정 2014.11.28.>

용도별 건축물의 종류(제3조의5 관련)

1. 단독주택[단독주택의 형태를 갖춘 가정어린이집·공동생활가정·지역아동센터 및 노인복지시설(노인복지주택은 제외한다)을 포함한다]

가. 단독주택

나. 다중주택: 다음의 요건을 모두 갖춘 주택을 말한다.

1) 학생 또는 직장인 등 여러 사람이 장기간 거주할 수 있는 구조로 되어 있는 것

2) 독립된 주거의 형태를 갖추지 아니한 것(각 실별로 욕실은 설치할 수 있으나, 취사시설은 설치하지 아니한 것을 말한다. 이하 같다)

3) 연면적이 330제곱미터 이하이고 층수가 3층 이하인 것

다. 다가구주택: 다음의 요건을 모두 갖춘 주택으로서 공동주택에 해당하지 아니하는 것을 말한다.

1) 주택으로 쓰는 층수(지하층은 제외한다)가 3개 층 이하일 것. 다만, 1층의바닥면적 2분의 1 이상을 필로티 구조로 하여 주차장으로 사용하고 나머지부분을 주택 외의 용도로 쓰는 경우에는 해당 층을 주택의 층수에서 제외한다.

2) 1개 동의 주택으로 쓰이는 바닥면적(부설 주차장 면적은 제외한다. 이하 같다)의 합계가 660제곱미터 이하일 것

3) 19세대 이하가 거주할 수 있을 것

라. 공관(公館)

2. 공동주택[공동주택의 형태를 갖춘 가정어린이집·공동생활가정·지역아동센터·노인복지시설(노인복지주택은 제외한다) 및 「주택법 시행령」 제3조제1항에 따른 원룸형 주택을 포함한다]. 다만, 가목이나 나목에서 층수를 산정할 때 1층 전부를 필로티 구조로 하여 주차장으로 사용하는 경우에는 필로티 부분을 층수에서 제외하고, 다목에서 층수를 산정할 때 1층의 바닥면적 2분의 1 이상을 필로티 구조로 하여 주차장으로 사용하고 나머지 부분을 주택 외의 용도로 쓰는 경우에는 해당 층을 주택의 층수에서 제외하며, 가목부터 라목까지의 규정에서 층수를 산정할 때 지하층을 주택의 층수에서 제외한다.

가. 아파트: 주택으로 쓰는 층수가 5개 층 이상인 주택

나. 연립주택: 주택으로 쓰는 1개 동의 바닥면적(2개 이상의 동을 지하주차장으로 연결하는 경우에는 각각의 동으로 본다) 합계가 660제곱미터를 초과하고, 층수가 4개 층 이하인 주택

다. 다세대주택: 주택으로 쓰는 1개 동의 바닥면적 합계가 660제곱미터 이하이고, 층수가 4개 층 이하인 주택(2개 이상의 동을 지하주차장으로 연결하는 경우에는 각각의 동으로 본다)

라. 기숙사: 학교 또는 공장 등의 학생 또는 종업원 등을 위하여 쓰는 것으로서 1개 동의 공동취사시설 이용 세대 수가 전체의 50퍼센트 이상인 것(「교육기본법」 제27조제2항에 따른 학생복지주택을 포함한다)

② 국민주택과 함께 공급하는 부대설비 등

국민주택 규모의 집단주택의 부대설비 및 복리시설을 주택공급과 별도로 공급하는 경우에는 부가가치세가 면세되지 아니하지만, 그러한 설비시설을 주택공급에 부수하여 공급하면서 그 대가를 주택의 분양가격에 포함하여 받는 경우에는 부가가치세를 면제한다. 아파트 공급시 가구나 가전제품, 위생제품 등을 선택품목에 포함시켜 별도로 계약을 체결하고 그 대가를 받는 경우에는 부가가치세가 면세되지 않지만, 그러한 분양계약시 분양가에 포함하여 공급하는 경우에는 국민주택에 부수하는 공급으로 보아 부가세가 면제된다.

③ 국민주택 건설용역

㉠ 건설산업기본법, 전기공사업법·소방법·정보통신공사업법·주택법, 오수·분뇨 및 축산처리에 관한 법률에 의하여 등록을 한 자가 공급하는 건설용역. 원도급자 및 하도급자도 등록된 자가 공급하는 경우에는 부가가치세를 면제한다.

㉡ 국민주택의 설계용역으로서 건축사법, 전력기술관리법, 소방시공공사업법, 기술사법, 엔지니어링기술진흥법에 따라 등록 또는 신고를 한 자가 공급하는 것.

④ 국민주택 리모델링 용역

주택법, 도시및주거환경정비법, 건축법에 따라 리모델링하는 것으로서 다음에 해당하는 용역을 말한다. 다만, 당해 리모델링을 하기 전의 주택 규모가 주택법 규정에 의한 주택에 해당하는 경우(리모델링 후 당해 주택의 규모가 주택법에 의한 규모를 초과하는 경우로서 리모델링하기 정의 주택 규모의 100분의 130을 초과하는 경우를 제외한다)에 한한다.(조특령제106조⑤)

㉠ 건설산업기본법, 전기공사업법·소방법·정보통신공사업법·주택법, 오수·분뇨 및 축산처리에 관한 법률에 의하여 등록을 한 자가 공급하는 것

㉡ 당해 리모델링에 사용되는 설계용역으로서 건축사법에 의하여 등록을 한 자가 공급하는 것

가) 토지와 건물을 함께 공급하는 경우 과세표준의 안분계산

국민주택 규모 초과분을 신축분양하는 주택신축판매업자가 주택을 분양하면서 분양계약서에 토지와 건물을 구분하여 표시하고 부가가치세 별도라고 명시한 경우 그 금액을 과세표준으로 한다. 다만, 토지가액과 건물가액의 구분 표시가 없거나 구분이 불분명한 경우에는 감정가액, 기준시가, 취득원가 등의 순서로 안분계산한다.

나) 과세관련 매입세액과 면세관련 매입세액의 안분계산

주택신축에 관련된 건설용역과 재화의 공급 등에 대한 매입세액은 실지 귀속에 따라 과세관련 매입세액은 전액 공제하고 면세관련 매입세액은 전액 불공제한다.

(2) (사업)소득세

주택신축판매업을 영위하는 거주자가 판매목적으로 신축한 재고재산인 주택의 매매차익에 대해서는 부동산매매업자에게 적용되는 토지 등 양도차익에 대한 세액계산특례(비교과세) 규정이 적용되지 않는다.

매출액이 1억5천만원 이상이면 단순경비율을 적용받을 수 없으므로 기준경비율의 적용을 받을지, 증빙자료를 갖추어 복식기장을 할지 선택하여야 한다. 단순경비율은 사업자의 기장의무를 완화해주기 위한 제도로서 직전연도 수입금액이 일정금액에 미달하는 사업자에 한해 적용된다. 공동사업을 하는 경우에는 부동산 등을 현물출자하는 데 따른 양도소득세를 유의하여야 한다. 공동사업을 하면서 건축자금을 차용한 데 따른 지급이자는 필요경비로 인정된다. 그러나 공동사업에 출자하는 차입금의 지급이자는 개인 경비이므로 필요경비로 손금처리하지 못한다.

사업자가 판매용으로 신축한 주택을 가사용으로 자가 소비하는 경우에도 총수입금액에 산입한다. 사업자가 일부 미분양주택분의 토지를 자녀에게 증여하는 경우 그 토지를 증여한 때의 가액에 상당하는 금액은 총수입금액에 산입하고, 그 토지의 취득가액은 필요경비에 산입한다. 사업자가 폐업하는 경우 판매되지 아니한 주택은 폐업연도가 아닌 주택의 처분연도의 총수입금액에 산입하여 사업소득으로 과세하나, 가사용으로 소비하거나 임대 목적(일시 임대는 제외)으로 사용한 후에 처분하는 경우에는 양도소득세가 과세된다. 단독주택을 헐고 나대지로 양도하는 경우 멸실일부터 2년간은 사업용 토지로 인정하나 그 이후에는 비사업용 토지로 보아 토지등 양도소득에 대한 과세특례가 적용되어 추가과세된다.

(3) 법인세

주택건설사업자가 보유하는 사업용 부동산은 업무무관자산의 범위에서 제외한다. 내국법인이 주택 및 부수토지를 양도하는 경우에는 토지 등의 양도소득에 30/100(미등기토지는 40/100)을 적용하여 각 사업연도 소득에 대한 법인세에 추가하여 과세한다,

분양금에 대한 대출이자를 법인이 대신 부담하는 경우 원칙은 접대비 시부인 계산방법에 따르는 것이나, 법인이 분양 당시 법인이 부담해주는 조건을 공시한 경우에는 이를 판매부대비용으로 보는 것이고 일반 차입금이자와 달리 손금처리된다.

4) 업무용(상업용) 건물의 거래단계별 부가가치세

가) 취득단계

(1) 신축으로 원시취득한 경우 : 건축금액 = 토지매수대금 + 건축비 + 부가가치세

건설업자의 경우 일반과세자일 것이므로 공사용역을 제공한 후 공사대금에 별도로 부가가치세를 징수한 후 세금계산서를 교부할 것이다.(도급계약서에 부가가치세 별도라고 표시되어 있어야 한다) 이때 **건축주**는 공사착공 전에 일반사업자등록을 하게 되면 부가세 환급절차를 통해 세무서로부터 건설업자가 납부한 부가세액을 환급받을 수 있다.

(2) 신축건물을 분양받아 취득한 경우 : 분양금액 = 토지·건물 가격 + 건물분 부가가치세

① **건축주 입장**

상가건물 분양시에는 통상 토지와 건물을 일괄 공급한다. 이 경우 토지의 공급에 대하여는 부가가치세가 면세(부가세법제26조① 14호)되나, 건물의 공급에 대하여는 부가가치세가 과세되는 관계로 그 건물분에 해당하는 분양가액에 대해 부가가치세를 징수하여 건물에 대해서는 세금계산서를, 상가 부수토지에 대해서는 계산서를 교부하여야 한다.

② **수분양자 입장**

분양계약자가 일반과세자로 사업자등록을 하면 중도금 및 잔금 중 건물분에 대한 부가가치세 환급문제가 발생한다.

1) 사업자등록

상가를 분양받아 사업용으로 사용하게 되는 경우에, 상가의 취득일로부터 20일 이내에 일반과세자로 사업자등록을 신청하고 환급신고절차를 거치면 건물분에 대한 부가가치세를 환급받을 수 있다. 이 때 중간지급조건부나 장기할부판매조건인 경우 대가의 각 부분을 받기로 한 때가 취득일이므로 반드시 계약과 동시에 사업자등록을 신청하여야 한다.

2) 부가가치세 환급절차

부가가치세법 제59조(환급) ① 납세지 관할 세무서장은 각 과세기간별로 그 과

세기간에 대한 환급세액을 확정신고한 사업자에게 그 확정신고기한이 지난 후 30일 이내(제2항 각 호의 어느 하나에 해당하는 경우에는 15일 이내)에 대통령령으로 정하는 바에 따라 환급하여야 한다.

② 제1항에도 불구하고 납세지 관할 세무서장은 다음 각 호의 어느 하나에 해당하여 환급을 신고한 사업자에게 대통령령으로 정하는 바에 따라 환급세액을 조기에 환급할 수 있다.

1. 사업자가 제21조부터 제24조까지의 규정에 따른 영세율을 적용받는 경우
2. 사업자가 대통령령으로 정하는 사업 설비(*)를 신설·취득·확장 또는 증축하는 경우

(*) 감가상각자산(부가세령제107조②, 소세령제62조, 법세령제24조)

① 일반환급

각 과세기간별(1과세기간: 1.1~6.30, 2과세기간: 7.1~12.31)로 당해 과세기간에 대한 환급세액을 그 확정신고기한 경과 후 30일 이내에 사업자에게 환급한다. 그러므로 수분양자가 1월 1일 지급한 잔금에 대해 일반환급 신청을 하면 확정신고기한일인 7월 25일로부터 30일이 되는 8월25일 이내에 환급받을 수 있다

② 조기환급

사업설비를 신축·취득·확장 또는 증축하는 때 그 사유가 발생하는 기간이 속하는 예정 및 확정신고기간 또는 매월 말일(조기환급신고기한)로부터 25일 이내에 조기환급신고를 하면 조기환급신고기한일로부터 15일 이내에 부가가치세를 환급받을 수 있다.

만약 수분양자가 1월1일 지급한 잔금에 대해 매월 조기환급신청을 하면 조기환급신고기한일인 2월 25일로부터 15일이 되는 3월10일 이내에 환급받을 수 있다.

(3) 기존건물을 매입한 경우 : 매수금액 = 토지·건물가격 + 건물분 부가가치세

부동산매매업자나 임대업자가 기존건물을 매입하는 경우 건물분 부가가치세를 부담하게 된다. 다만, 사업의 포괄적 양수도에 해당하면 재화의 거래로 보지 아니하므로 건물분 부가가치세를 부담하지 아니한다.

나) 보유단계

(1) 과세유형전환과 자가공급 부가가치세

일반과세자가 간이과세자로 변경되는 경우에는 변경 당시의 재고품 및 감가상각자산(매입세액 공제를 받은 자산)에 대하여 다음 계산식에 따라 계산한 금액(재고납부세액)을 납부세액에 더하여 납부하여야 한다.(부가세법제64조, 부가세령제112조③)

① 건물

공급가액 = 취득가액 × (1 - 5/100 × 경과된 과세기간의 수) × 10/100 × (1 - 령제111조②의 구분에 따른 업종별 부가가치세율)

② 기타 감가상각자산

공급가액 = 취득가액 × (1- 25/100 × 경과된 과세기간의 수) × 10/100 × (1 - 령제111조②의 구분에 따른 업종별 부가가치세율)

다) 처분단계

(1) 원칙 : 부가가치세 납부

임대용 또는 사업용 상가를 처분하는 경우 원칙적으로 건물가액에 별도로 부가가치세(건물분)를 부가하여 처분하고 부가가치세를 매수자로부터 징수하여 신고·납부하여야 한다. 따라서 계약서에 부가가치세 별도규정을 명시하여 세금계산서를 교부하거나, 포괄양도에 해당하면 사업양도양수계약서를 별도로 작성하여 부가가치세 신고시 제출하여야 한다. 매매계약서의 매매대금에 부가가치세가 포함되어 있는지 불분명한 경우에는 거래금액 또는 영수할 금액의 110분의 100에 해당하는 금액이 과세표준이 된다. 토지와 건물을 함께 매도한 경우 건물의 공급가액은 실지거래가액을 기준으로 한다. 실지거래가액이 구분되지 아니한 경우에는 공급계약일 현재의 감정평가액→기준시가의 순서에 따라 계산한 가액에 비례하여 안분계산한다. 그러므로 매매계약서에 토지와 건물의 대금을 구분하여 기재하는 것이 절세 요령이다.

매수인이 면세사업자(병원, 학원)이면 포괄양수도계약을 하더라도 법률적 효력이 없고, 매매계약서에 매매대금과는 별도로 부가가치세 언급이 없으면 매매대금에 부가가치세가 포함된 것으로 보므로 반드시 계약서 작성에 주의하여야 한다. 매도자가 간이과세자이거나 면세사업자이면 매매계약서에 부가가치세는 없는 것으로 한다는 특약조항을 꼭 넣을 필요가 있다.

대법원 2005. 5. 27. 선고 2004다60065 판결 【부당이득금】

【판시사항】

[1] 처분문서에 나타난 당사자 의사의 해석방법

[2] 사업자 간의 재화의 공급거래에서 그 공급계약서에 공급가액과 별도로 부가가치세를 구분·특정하고 그에 따라 세금계산서도 발행하면서 그 공급대가를 일괄적으로 수수한 경우, 공급가액의 수수와 별도로 부가가치세가 거래징수된 것인지 여부(적극)

[3] 사업자 간에 건물의 매매계약을 체결하면서 양 당사자 모두 부가가치세 과세대상에 대한 착오를 일으켜 매도인인 사업자가 면세 부분이 포함된 건물 전체에 관한 부가가치세액을 매수인인 사업자로부터 거래징수하여 납부하였다가 나중에 그 면세 부분의 부가가치세액을 환급받은 경우, 매매대금의 결정방법이나 그 경위 등에 비추어 볼 때 매도인인 사업자가 매수인인 사업자에 대한 관계에서 법률상 원인 없이 위 부가가치세 환급액 상당의 재산상 이익을 얻었다고 평가할 수 없다고 한 사례

【판결요지】

[1] 처분문서의 진정성립이 인정되면 법원은 그 기재 내용을 부인할 만한 분명하고도 수긍할 수 있는 반증이 없는 한 원칙적으로 그 처분문서에 기재되어 있는 문언대로의 의사표시의 존재와 내용을 인정하여야 하고, 당사자 사이에 계약의 해석을 둘러싸고 이견이 있어 처분문서에 나타난 당사자의 의사해석이 문제되는 경우에는 그 문언의 내용, 그러한 약정이 이루어진 동기와 경위, 그 약정에 의하여 달성하려는 목적, 당사자의 진정한 의사 등을 종합적으로 고찰하여 논리와 경험칙에 따라 합리적으로 해석하여야 한다.

[2] 부가가치세 납세의무자인 사업자가 계약상 또는 법률상의 원인에 의하여 재화를 인도 또는 양도하는 경우에는 부가가치세를 면제하거나 부과하지 아니한다는 특별한 법률규정이 없는 한 모두 부가가치세의 과세대상이 되는 것이므로 사업자가 사업상 독립적으로 재화를 공급하기만 하면 과세요건이 충족되고, 사업자가 주된 사업과 관련하여 우연히 또는 일시적으로 재화를 공급하는 경우에도 그 목적이 사업의 유지·확장을 위한 것인지 청산·정리를 위한 것인지에 관계없이 과세대상이 되며, 공급받는 자가 누구인지에 따라 과세대상인지의 여부가 달라지지 않는 것이고, 반면 이러한 사업자로부터 재화를 공급받는 사업자로서도 장차 자신의 전체 매출세액에서 당해 매입세액을 공제받을 것을 기대하고 이러한 거래에 임하는 것이 통례이므로, 이러한 사업자 사이에 이루어지는 재화의 공급거래의 경우 그 공급계약서에 공급가액과 별도로 부가가치세를 구분·특정하고 그에 따라 세금계산서도 발행하면서 그 공급대가를 일괄적으로 수수하였다면, 특별한 사정이 없는 한 이러한 상거래당사자 사이에는 공급가액의 수수와 별도로 그 부가가치세도 실제로 거래징수되었다고 보아야 한다.

[3] 사업자 간에 건물의 매매계약을 체결하면서 양 당사자 모두 부가가치세 과세대상에 대한 착오를 일으켜 매도인인 사업자가 면세 부분이 포함된 건물 전체에 관한 부가가치세액을 매수인인 사업자로부터 거래징수하여 납부하였다가 나중에 그 면세 부분의 부가가치세액을 환급받은 경우, 매매대금의 결정방법이나 그 경위 등에 비추어 볼 때 만약 위 계약 당시 그 부가가치세 중 일부가 면제되리라는 사정을 알았더라면 건물대금의 1/11 해당액 중 실제로 과세대상이 되는 금액

만을 부가가치세액으로 기재하고 나머지 면세될 것으로 예상되는 액은 건물의 공급가액인 매매대금에 포함시켜 매매계약서 및 세금계산서를 작성하였을 것임을 추인할 수 있는 특별한 사정이 인정된다고 하여 매도인인 사업자가 매수인인 사업자에 대한 관계에서 법률상 원인 없이 위 부가가치세 환급액 상당의 재산상 이익을 얻었다고 평가할 수 없다고 한 사례.

(2) 포괄양수도계약 : 부가가치세 ×

부가가치세법 제9조(재화의 공급) ① 재화의 공급은 계약상 또는 법률상의 모든 원인에 따라 재화를 인도하거나 양도하는 것으로 한다.

② 제1항에 따른 재화의 공급의 범위에 관하여 필요한 사항은 대통령령으로 정한다.

부가가치세법 제10조(재화 공급의 특례) ① 사업자가 자기의 과세사업과 관련하여 생산하거나 취득한 재화로서 다음 각 호의 어느 하나에 해당하는 재화(이하 이 조에서 "자기생산·취득재화"라 한다)를 자기의 면세사업을 위하여 직접 사용하거나 소비하는 것은 재화의 공급으로 본다.

1. 제38조에 따른 매입세액, 그 밖에 이 법 및 다른 법률에 따른 매입세액이 공제된 재화
2. 제8항제2호에 따른 사업양도로 취득한 재화로서 사업양도자가 제38조에 따른 매입세액, 그 밖에 이 법 및 다른 법률에 따른 매입세액을 공제받은 재화

② 다음 각 호의 어느 하나에 해당하는 자기생산·취득재화의 사용 또는 소비는 재화의 공급으로 본다. <개정 2014.1.1>

1. 사업자가 자기생산·취득재화를 제39조제1항제5호에 따라 매입세액이 매출세액에서 공제되지 아니하는 「개별소비세법」 제1조제2항제3호에 따른 자동차로 사용 또는 소비하거나 그 자동차의 유지를 위하여 사용 또는 소비하는 것
2. 운수업, 자동차 판매업 등 대통령령으로 정하는 업종의 사업을 경영하는 사업자가 자기생산·취득재화 중 「개별소비세법」 제1조제2항제3호에 따른 자동차와 그 자동차의 유지를 위한 재화를 해당 업종에 직접 영업으로 사용하지 아니하고 다른 용도로 사용하는 것

③ 사업장이 둘 이상인 사업자가 자기의 사업과 관련하여 생산 또는 취득한 재화를 판매할 목적으로 자기의 다른 사업장에 반출하는 것은 재화의 공급으로 본다. 다만, 다음 각 호의 어느 하나에 해당하는 경우는 재화의 공급으로 보지 아니한다.

1. 사업자가 제8조제3항 후단에 따른 사업자 단위 과세 사업자로 적용을 받는 과세기간에 자기의 다른 사업장에 반출하는 경우
2. 사업자가 제51조에 따라 주사업장 총괄 납부의 적용을 받는 과세기간에 자기의 다른 사업장에 반출하는 경우. 다만, 제32조에 따른 세금계산서를 발급하

고 제48조 또는 제49조에 따라 관할 세무서장에게 신고한 경우는 제외한다.

④ 사업자가 자기생산·취득재화를 사업과 직접적인 관계없이 자기의 개인적인 목적이나 그 밖의 다른 목적을 위하여 사용·소비하거나 그 사용인 또는 그 밖의 자가 사용·소비하는 것으로서 사업자가 그 대가를 받지 아니하거나 시가보다 낮은 대가를 받는 경우는 재화의 공급으로 본다.

⑤ 사업자가 자기생산·취득재화를 자기의 고객이나 불특정 다수에게 증여하는 경우(증여하는 재화의 대가가 주된 거래인 재화의 공급에 대한 대가에 포함되는 경우는 제외한다)는 재화의 공급으로 본다. 다만, 사업자가 사업을 위하여 증여하는 것으로서 대통령령으로 정하는 것은 재화의 공급으로 보지 아니한다.

⑥ 사업자가 폐업할 때 자기생산·취득재화 중 남아 있는 재화는 자기에게 공급하는 것으로 본다. 제8조제1항 단서에 따라 사업 개시일 이전에 사업자등록을 신청한 자가 사실상 사업을 시작하지 아니하게 되는 경우에도 또한 같다.

⑦ 위탁매매 또는 대리인에 의한 매매를 할 때에는 위탁자 또는 본인이 직접 재화를 공급하거나 공급받은 것으로 본다. 다만, 위탁자 또는 본인을 알 수 없는 경우로서 대통령령으로 정하는 경우에는 수탁자 또는 대리인에게 재화를 공급하거나 수탁자 또는 대리인으로부터 재화를 공급받은 것으로 본다.

⑧ 다음 각 호의 어느 하나에 해당하는 것은 재화의 공급으로 보지 아니한다. <개정 2014.1.1>

1. 재화를 담보로 제공하는 것으로서 대통령령으로 정하는 것
2. 사업을 양도하는 것으로서 대통령령으로 정하는 것. 다만, 제52조제4항에 따라 그 사업을 양수받는 자가 대가를 지급하는 때에 그 대가를 받은 자로부터 부가가치세를 징수하여 납부한 경우는 제외한다.
3. 법률에 따라 조세를 물납하는 것으로서 대통령령으로 정하는 것

부가가치세법시행령 제18조(재화 공급의 범위) ① 법 제9조제1항에 따른 재화의 공급은 다음 각 호의 것으로 한다.

1. 현금판매, 외상판매, 할부판매, 장기할부판매, 조건부 및 기한부 판매, 위탁판매와 그 밖의 매매계약에 따라 재화를 인도하거나 양도하는 것
2. 자기가 주요자재의 전부 또는 일부를 부담하고 상대방으로부터 인도받은 재화를 가공하여 새로운 재화를 만드는 가공계약에 따라 재화를 인도하는 것
3. 재화의 인도 대가로서 다른 재화를 인도받거나 용역을 제공받는 교환계약에 따라 재화를 인도하거나 양도하는 것
4. 경매, 수용, 현물출자와 그 밖의 계약상 또는 법률상의 원인에 따라 재화를 인도하거나 양도하는 것
5. 국내로부터 보세구역에 있는 창고(제2항제1호 및 제2호에 따른 창고로 한정한다)에 임치된 임치물을 국내로 다시 반입하는 것

② 제1항제1호에도 불구하고 다음 각 호의 어느 하나에 해당하는 것은 재화의 공급으로 보지 아니한다.

1. 보세구역에 있는 조달청 창고(조달청장이 개설한 것으로서 「관세법」 제174조에 따라 세관장의 특허를 받은 보세창고를 말한다. 이하 같다)에 보관된

물품에 대하여 조달청장이 발행하는 창고증권의 양도로서 임치물의 반환이 수반되지 아니하는 것(창고증권을 가진 사업자가 보세구역의 다른 사업자에게 인도하기 위하여 조달청 창고에서 임치물을 넘겨받는 경우를 포함한다)

2. 보세구역에 있는 기획재정부령으로 정하는 거래소의 지정창고에 보관된 물품에 대하여 같은 거래소의 지정창고가 발행하는 창고증권의 양도로서 임치물의 반환이 수반되지 아니하는 것(창고증권을 가진 사업자가 보세구역의 다른 사업자에게 인도하기 위하여 지정창고에서 임치물을 넘겨받는 경우를 포함한다)
3. 사업자가 위탁가공을 위하여 원자재를 국외의 수탁가공 사업자에게 대가 없이 반출하는 것[제31조제1항제5호에 따라 영(零) 퍼센트의 세율(이하 "영세율"이라 한다)이 적용되는 것은 제외한다]
4. 「한국석유공사법」에 따른 한국석유공사가「석유 및 석유대체연료 사업법」에 따라 비축된 석유를 수입통관하지 아니하고 보세구역에 보관하면서 제8조제6항에 따른 국내사업장이 없는 비거주자 또는 외국법인과 무위험차익거래 방식으로 소비대차하는 것

③ 제1항제4호에도 불구하고 다음 각 호의 어느 하나에 해당하는 것은 재화의 공급으로 보지 아니한다.

1. 「국세징수법」 제61조에 따른 공매(같은 법 제62조에 따른 수의계약에 따라 매각하는 것을 포함한다)에 따라 재화를 인도하거나 양도하는 것
2. 「민사집행법」에 따른 경매(같은 법에 따른 강제경매, 담보권 실행을 위한 경매와 「민법」·「상법」 등 그 밖의 법률에 따른 경매를 포함한다)에 따라 재화를 인도하거나 양도하는 것
3. 「도시 및 주거환경정비법」, 「공익사업을 위한 토지 등의 취득 및 보상에 관한 법률」 등에 따른 수용절차에서 수용대상 재화의 소유자가 수용된 재화에 대한 대가를 받는 경우

부가가치세법시행령 제23조(재화의 공급으로 보지 아니하는 사업 양도) 법 제10조제8항제2호에서 "대통령령으로 정하는 것"이란 사업장별(「상법」에 따라 분할하거나 분할합병하는 경우에는 같은 사업장 안에서 사업부문별로 구분하는 경우를 포함한다)로 그 사업에 관한 모든 권리와 의무를 포괄적으로 승계시키는 것(「법인세법」 제46조제2항 또는 제47조제1항의 요건을 갖춘 분할의 경우, 「조세특례제한법」제37조제1항 각 호의 요건을 갖춘 자산의 포괄적 양도의 경우 및 양수자가 승계받은 사업 외에 새로운 사업의 종류를 추가하거나 사업의 종류를 변경한 경우를 포함한다)을 말한다. 이 경우 그 사업에 관한 권리와 의무 중 다음 각 호의 것을 포함하지 아니하고 승계시킨 경우에도 그 사업을 포괄적으로 승계시킨 것으로 본다.

1. 미수금에 관한 것
2. 미지급금에 관한 것
3. 해당 사업과 직접 관련이 없는 토지·건물 등에 관한 것으로서 기획재정부령으로 정하는 것

1) 사업의 포괄적 양수도의 세무상 이점

◆ 부가가치세 면제(부가가치세법제10조⑧2호)

일반적으로 사업용 부동산을 양도하면 부가가치세가 과세된다. 다만, 법률상 지위가 포괄적으로 승계되는 사업양도의 경우 부가가치세 징수 및 환급의 번거로운 절차를 생략하기 위해 부가가치세가 과세되지 않는다. 이 경우 매도자와 매수자는 별도로 '사업장 포괄양도양수계약서'를 작성한 후 잔금지급시 매매대금만을 서로 정산하고 부가가치세를 징수·납부하는 절차를 생략할 수 있다.(cf. 세감면 사업양수도방식에 의한 법인전환)

2) 사업의 포괄적 양수도 요건

① 포괄 양도·양수 내용이 확인되어야 한다.

- 사업양수도계약서 등에 의거 사업의 포괄적 양도 사실이 확인되어야 한다.

② 양도인 및 양수인이 과세사업자이어야 한다.(면세업자 제외)

다만, 일반과세자로부터 포괄양수도 받은 사업자는 간이과세자 등록을 할 수 없다.

- 사업양수 후 양수자가 면세사업으로 전용하는 경우에는 사업양수도가 인정되지 않는다.

사업의 포괄양수도 인정 여부

양도인	양수인	부가가치세 발생	부가가치세 환급	포괄양수도
일반과세자	일반과세자	○	○	○
일반과세자	간이과세자, 비사업자	○	×	×
간이과세자	일반, 간이과세자	○	×	○
간이과세자	비사업자	○	×	×
간이·일반과세자	면세사업자	○	×	×
비사업자	일반, 간이, 비사업자	×	×	×

3) 절차

① 양도인은 양도일이 속하는 달의 말일부터 25일 이내에 부가가치세를 신고·납부하면서 사업양도가 포괄양수도계약임을 확인할 수 있는 서류와 사업양도신고서를 제출하여 폐업신고를 하여야 한다.

② 양수인은 사업양수일부터 25일 이내에 사업자등록 신청을 하여야 한다.

4) 사업의 포괄양수도 제외 사유

부동산을 양도하는 경우 부동산의 사용목적(사업목적)이 변질이 되어 사업양수 후 면세사업으로 전용하거나 개인적 목적으로 사용하거나 사업별로 승계하는 경우에는 부가가치세 과세제외 대상인 '사업의 포괄양수도'에 해당하지 않아 부가가치세를 반드시 징수·납부해야 한다. 그러므로 일반과세자인 임대사업자로부터 부동산을 포괄양수하여 임대사업을 개시하는 경우 간이사업자 등록이 아닌 일반과세자로 등록하여야 한다.

종업원을 제외하고 양도하는 경우나 부채를 제외하고 양도하는 경우 대법원 판결은 사업의 동일성을 유지한다면 포괄적 사업양도로 인정하는 데 장애가 되지 않는다고 하나 국세청예규는 그런 경우 사업양도로 인정하지 않고 있으므로 주의해야 한다.

사업의 포괄양수도에 해당하지 않는 거래유형을 예로 들어보면 다음과 같다.

① 부동산임대업자로부터 부동산을 양수받은 후 개인적 목적으로 사용하는 경우

② 상가임대업자(과세사업자)로부터 부동산을 양수받은 후 이를 개조하여 주택임대사업이나 병의원, 학원사업(면세사업자)을 한 경우

③ 동일 부동산내 부동산임대업과 제조업 겸업자가 부동산임대업에 해당하는 부동산만 양도하는 경우

④ 부동산임대 공동사업자중 1인이 자기지분만을 양도하는 경우

⑤ 부동산매매업자가 부동산임대업자에게 양도하는 경우

라) 사업의 포괄적 양수도와 부가가치세 세무

① 사업양수도에 해당하면 세금계산서를 교부하여서는 안된다.(부가세법제10조⑧2호, 부가세령제71조)

• 포괄적 사업양수도인데도 세금계산서를 교부한 경우 : 양도인에게는 부가가치세가 환급되며 세금계산서와 관련된 가산세는 부과되지 않는다. 양수

인에게는 공제받은 매입세액이 추징되고 신고 및 납부불성실가산세가 부과된다.

- 포괄적 사업양수도가 아닌데도 포괄양수도로 오인하고 세금계산서를 교부하지 아니한 경우 : 양도인에게는 부가가치세가 추징되고 신고 및 납부불성실 가산세가 부과된다.

② 포괄적 사업양수도 여부가 불분명할 경우 세금계산서를 교부하지 않을 경우가 세금계산서를 교부할 때보다 불이익이 더 크므로 모르겠으면 세금계산서를 교부하는 것이 좋다.

※ 사업자 폐업시 부동산 잔존 : 자가공급으로 보아 부가가치세 과세

사업자가 사업을 폐업하는 경우 남아 있는 재화는 자기에게 공급하는 것으로 본다.(부가세법제10조⑥) 따라서 감가상각부분을 제외한 가액에 대하여는 부가가치세가 과세된다.(부가세법제29조③,⑪, 부가세령66조) 건물에 대한 감가상각률은 과세기간(6개월)당 5%이므로 10년이면 가치가 소멸되어 부가가치세가 과세되지 않는다.(기타 감각상각자산은 25%이므로 2년) 그렇지만 세금계산서 발행의무는 면제된다.(부가세령제71조①3호) 그러나 면세업자의 부동산은 폐업시 잔존재화로 보지 아니하므로 부가가치세 납부의무가 없다.(부가세법제26조⑫⑬⑭)

폐업 후 사업용 부동산을 처분하는 것도 부가가치세법 제9조 제1항의 재화의 공급에 해당하므로 부가가치세가 과세된다. 폐업 이후이므로 세금계산서는 발급할 수 없다.

마) 부동산매매업 세무

1) 부가가치세

부가가치세법 제26조(재화 또는 용역의 공급에 대한 면세) ① 다음 각 호의 재화 또는 용역의 공급에 대하여는 부가가치세를 면제한다.

14. 토지 → 결국 부동산매매업이란 상가, 오피스텔, 공장 등 업무용 건물을 대상으로 한다.

(1) 사업장소재지

부동산매매업과 건설업의 사업장소재지는 법인등기부상의 소재지(등기부상 지점소재지)를 사업장으로 한다. 개인의 경우는 업무를 총괄하는 장소가 사업장이다.

따라서 법인의 건설현장은 법인등기부상 소재지가 아니면 사업장에 해당하지 아니한다.

(2) 공급시기

재화의 이동이 필요하지 않은 부동산의 공급시기는 당해 건물이 이용가능하게 되는 때이며, 이 경우 이용가능하게 되는 때라 함은 원칙적으로 소유권이전등기일을 말하는 것이나 매매잔금 미지급 등의 사유로 당사자간 특약으로써 당해 부동산에 대해 잔금지급 이전까지 사용수익 등 이용을 제한하고 있는 경우에는 실제로 사용수익이 가능한 날을 공급시기로 보는 것이다. 부동산매매업의 경우 주로 중간지급조건부에 해당되므로 이 때의 공급시기는 대가의 각 부분을 받기로 한 때이다. 과세사업용 건물을 양도함에 있어서 잔금청산일 이전에 소유권이전등기를 경료해 준 경우, 당해 건물의 공급시기는 당해 건물이 이용가능하게 되는 때로, 원칙적으로 소유권이전등기일로 하되 소유권이전등기일과 실지명도일이 다를 경우 실지명도일을 이용가능한 때로 볼 수 있다. 예를 들면 취득자의 자금부족으로 융자를 받기 위해 양도자와 합의하여 소유권을 이전하는 경우에 그 공급시기는 소유권이전등기일이 아닌 실지명도일을 공급시기로 본다.

(3) 과세표준의 계산

사업자가 토지와 그 토지에 정착된 건물 및 그 밖의 구축물 등을 함께 공급하는 경우에 그 건물 등의 공급가액은 실지거래가액에 의한다. 다만, 실지거래가액 중 토지의 가액과 건물 등의 가액의 구분이 불분명한 경우에는 감정가액→기준시가의 순서로 적용하여 안분계산한다.

(4) 상가분양법인의 개발비에 대한 과세표준 및 익금산입 여부

토지를 매입하여 그 토지 위에 법인명의로 상가건축물을 신축하여 불특정다수인에게 분양하는 법인이 신축상가의 활성화를 위한 광고 및 홍보에 필요한 자금을 개발비라는 명목으로 분양수입과 구분하여 수납하고 당해 법인의 책임과 계산으로 사용하는 경우 그 개발비는 당해 법인의 익금에 해당되는 것이며 그러한 개발비가 상가분양수입금액의 일부분에 해당되는지 또는 분양수입금액과는 별도로 상가의 홍보 등의 대가에 해당하는지는 사실 판단할 사항이다.

(5) 매입세액공제

매입세액은 그 실지귀속에 따라 과세사업관련 매입세액은 전액 공제하고 면세관련 매입세액은 불공제하여 원가로 처리한다. 다만, 그 귀속이 불분명한 공통매입세액은 법이 정한 방법에 따라 안분계산 한다. 그러나 토지매입 관련 부가가치세는 환급 불가하다.

2) 소득세·법인세

(1) 소득세법상 부동산매매업의 범위

① 부동산의 매매(건물을 신축하여 판매하는 경우를 포함한다) 또는 그 중개를 사업목적으로 나타내어 부동산(부동산을 취득할 수 있는 권리를 포함한다)을 매매하거나 사업상의 목적으로 부가가치세법상 1과세기간 내에 1회 이상 부동산을 취득하고 2회 이상 판매하는 경우
② 자기의 토지 위에 상가 등을 신축하여 판매할 목적으로 건축중인 「건축법」에 의한 건물과 토지를 제3자에게 양도한 경우
③ 토지를 개발하여 주택지 · 공업단지 · 상가 · 묘지 등으로 분할판매하는 경우(「공유수면매립법」에 의하여 소유권을 취득한 자가 그 취득한 매립지를 분할하여 양도하는 경우 포함)

※ 부동산매매·저당·임대 등에 따라 행하는 부동산 감정업무를 수행하는 사업은 부동산 감정평가업으로 본다.
※ 부동산매매업의 구분에 있어 토지의 개발이라 함은 일정한 토지를 정지·분합·조성·변경 등을 함으로써 당해 토지의 효용가치가 합리적이고 효율적으로 증진을 가져오게 되는 일체의 행위를 말한다.

(2) 개인사업자인 경우

개인사업자인 경우에는 부동산매매차익에 대하여 매매일이 속하는 달의 말일부터 2월 이내에 양도소득 계산방법에 따라 계산한 매매차익에 양도소득세율을 적용하여 예정신고·납부하여야 한다. 또한 확정신고시에는 종합소득금액 계산방법에 따라 종합소득세율을 적용하여 종합소득세를 신고·납부하여야 한다. 다만, 부동산매매업을 영위하는 거주자로서 종합소득금액에 주택 또는 토지의 매매차익이 있는 자로서 <u>1세대2주택 이상을 소유한 양도소득세 중과대상인 자와 비사업용 토지</u>에 대하여 종합소득산출세액의 계산은 <u>매매차익에 양도소득세율을 적용하여 계</u>

산하는 금액과 종합소득세 과세표준에 종합소득세율을 적용하여 계산한 금액 중 큰 금액을 산출세액으로 적용하는 비교과세 특례를 규정하고 있다.

① 매매차익의 계산

원칙적으로 장부와 증빙서류에 근거하여 실지거래가액을 기준으로 한다. 실지거래가액을 확인할 수 없는 경우에는 기준시가에 따른다. 그 경우 필요경비는 매입비용, 사업용 고정자산에 대한 임차료, 종업원 인건비, 매매가액에 기준경비율을 곱하여 산출한 금액의 합계액으로 한다. 다만, 단순경비율 적용대상자는 매매가액에서 매매가액에 단순경비율을 곱한 금액을 공제하여 소득금액을 결정한다.

② 1세대2주택 이상 소유자 등의 부동산매매차익에 대한 세액계산특례

부동산매매업을 영위하는 거주자로서 국내에 중과세 대상 부동산을 양도하는 경우에는 기본세율을 적용할 경우에 양도소득세보다 조세 부담이 줄게 된다. 따라서 과세형평을 유지하기 위하여 양도소득세 중과세 대상인 아래의 부동산을 부동산매매업자가 양도한 경우에 대하여 소득세법에는 세액계산 특례가 적용된다.

㉠ 1세대 3주택 이상에 해당하는 주택(부수토지 포함)
㉡ 1세대가 주택 수와 조합원입주권 수의 합이 3 이상인 경우의 그 주택
㉢ 1세대 2주택에 해당하는 주택
㉣ 1세대가 주택과 조합원입주권을 각각 1개씩 보유한 경우의 그 주택
㉤ 비사업용 토지
㉥ 미등기양도자산

부동산매매업을 경영하는 거주자로서 종합소득금액에 세액계산 특례 대상인 부동산의 매매차익이 있는 자의 종합소득 산출세액은 다음의 세액 중 많은 것으로 한다.(소세법제64조①)

비교과세 : max[①,②]

① 종합소득산출세액
② 종합소득과세표준-주택매매차익)×기본세율+(주택매매차익-양도소득기본공제)×양도소득세율

예정신고시에는 일반관리비인 인건비, 임대료, 이자비용 등이 매매차익에서

공제가 되지 않으나 확정신고시에는 이러한 비용이 공제되므로 다주택자나 비사업용 토지에 대하여는 비교과세되므로 실익이 없으나, 그 밖의 상가나 주택, 사업용 토지에 대하여는 확정신고시에 장부기장을 통한 종합소득세 계산방법에 따라 계산·납부하면 절세 혜택을 볼 수 있다.

부동산매매업 또는 건설업자가 판매를 목적으로 취득한 토지 등의 부동산을 일시적으로 대여하고 얻는 소득은 부동산임대업에서 발생하는 소득으로 본다. 이 경우에 부동산임대업의 소득금액계산상 필요경비에 산입된 감가상각비 등은 부동산매매업자의 필요경비 계산시 취득가액에서 공제한다.

(3) 법인사업자인 경우

법인사업자인 경우에는 토지 등 매매차익에 대한 예정신고의무가 없고 법인세 과세표준신고를 이행하면 된다. 다만, 법인이 주택 또는 비사업용 토지의 매매차익이 있는 경우에는 법인세 이외에 법인의 손익 여부에 상관 없이 매매차익의 30%(2013년부터는 10%, 미등기부동산은 여전히 40% 유지)를 추가하여 과세할 뿐이다.(법인세법제55조의2) 토지 등의 양도소득은 토지 등의 양도금액에서 양도당시의 장부가액을 차감한 금액이다.

따라서 법인사업자의 경우, 경매로 취득한 사업용 부동산의 양도시에는 법인의 누적이익 발생시에만 법인세를 납부하면 되므로 부동산 처분 전에 털 수 있는 비용을 최대한 가지급금으로 미리 회계처리하고 부동산 매각 후 투자자에게 지불하는 방법을 선택한다. 사업용 부동산이란 사업용 토지, 공장, 상가, 기타 사업용 건물을 말한다.

3. 부동산임대업의 세무

1) 부동산임대업 개관

부동산임대업은 다른 사업소득과 달리 수입금액계산방법, 결손금공제방법 등을 적용하여 소득금액을 계산한다. 부동산임대업의 수입금액의 계산은 부가가치세법에 의한 과세표준 계산과 상이하여 세무조정사항이 발생할 수 있다.

(1) 부동산임대업이란(소세법제19조① 12호)

부동산업 및 임대업에서 발생하는 소득. 다만, 지역권과 지상권(지하 또는 공중에 설정된 권 리를 포함)을 대여함으로 발생하는 소득을 제외한다.(소세령제32조) 부동산에는 미등기 부동산을 포함한다.

2) 부동산임대업의 범위

(1) 다음에 해당하는 업

① 자기 소유의 부동산을 타인의 담보물로 사용하게 하고 그 사용대가를 받는 것

② 광고용으로 토지・가옥의 옥상 또는 측면 등을 사용하게 하고 받는 대가

③ 자동판매기 설치운영업자에게 자동판매기 설치장소를 장기간 대여하고 받는 대가

(2) 판매 목적으로 취득한 부동산을 일시적으로 대여하고 얻는 소득은 부동산임대업에서 발생하는 소득으로 본다.

(3) 임대사업자의 주차장운영 수입금액 구분

① 사업자가 기계식 주차장치가 설치된 건물을 임대하고 임대료 외에 유지비·관리비 등의 명목으로 지급받는 주차료 등의 금액은 이를 부동산임대업에서 발생하는 소득으로 본다.

② 주차장운영업이 부동산임대업과 객관적으로 구분되는 경우에는 주차관련 수입금액은 주차장운영업의 총수입금액에 산입한다.

(4) 자기의 토지위에 무상으로 지상권 설정계약을 체결한 거주자가 당해 지상권과는 별도로 부동산임대차계약을 체결하고 지급받는 토지 임대료는 부동산임대소득에 해당한다.

(5) 부동산임대업을 영위하는 거주자가 임차인과 임대차계약을 체결한 후 임차인의 계약불이행으로 인하여 위약금을 받은 경우 위약금은 부동산임대소득에 해당한다.

3) 부동산임대업으로 보지 아니하는 것

(1) 기타소득으로 보는 것

① 지역권・지상권(지하 또는 공중에 설정된 권리를 포함함)을 설정 또는 대여하고 받는 금품(소세법제21조① 9호)

② 물품 또는 장소를 일시적으로 대여하고 사용료로서 받는 금품(소세법제

21조① 8호)

(2) 이자소득으로 보는 것

사업자가 부동산 또는 부동산상의 권리 등을 대여하고 보증금 또는 전세금을 받아 은행에 예입하거나 채권을 취득하여 받는 이자 등.

(3) 소득 자체로 보지 아니하는 것

부동산 소유자가 법원의 화해권고결정에 따라 부동산을 정당한 권원 없는 불법점유자로부터 지급받는 임료 상당의 부당이득 및 이에 대한 지연손해금 등의 금전은 소득세법상 부동산임대업에서 발생하는 사업소득이 아니다.

4) 임대사업자의 분류

(1) 일반임대사업자(오피스텔, 주상복합, 상가)

(2) **주택임대사업자**(민간임대주택에 관한 특별법제2조1호)

① 민간건설임대사업자 : 임대 목적으로 주택을 직접 건설하여 임대사업을 하는 자로 1호 또는 1세대 이상이면 사업자등록을 할 수 있다.

② 민간매입임대사업자 : 매매 등으로 주택을 매입하여 임대사업을 하는 자로 1호 또는 1세대 이상이면 사업자등록이 가능하다.

③ 기업형주택임대사업자 : 8년 이상 임대할 목적으로 민간건설임대주택의 경우에는 300호 또는 300세대 이상, 민간매입임대주택의 경우에는 100호 또는 100세대 이상의 민간임대주택을 취득하였거나 취득하려는 임대사업자를 말한다(민간임대주택에 관한 특별법 시행령 제3조).

사업자별 및 비사업자의 비교

구 분	일반임대사업자	주택임대사업자	미등록자
요 건	업무용으로 분양 또는 매입	• 1주택, 1세대 소유로도 가능 • 오피스텔 등 준주택은 전용면적 85㎡ 이하, 상하수도 갖추어진 전용 입식 부엌, 전용 수세식 화장실 및 목욕	직접 사용할 목적으로 매입

<table>
<tr><td colspan="3"></td><td></td><td>시설을 갖추어야 함.(임특령 제2조)
• 기업형은 300호 또는 300세대 이상(건설임대), 100호 또는 100세대 이상(매입임대)</td><td></td></tr>
<tr><td rowspan="6">세금</td><td colspan="2">취득세</td><td>분양가 또는 매매가의 4.6%</td><td>• 공동주택 또는 오피스텔을 신축하거나 최초로 분양받아 전용면적 60㎡ 이하인 공동주택 또는 오피스텔을 취득한 경우 면제, 8년 이상 장기 임대 목적의 60㎡ 초과~85㎡ 이하 20호 이상(추가 취득으로 20호 이상이 되는 경우) 임대주택 취득의 경우 50% 감면</td><td>분양가 또는 매매가의 4.6%</td></tr>
<tr><td rowspan="2">부가가치세</td><td>환급</td><td>면제[신규분양의 경우 분양가(토지+건물) 중 건물분의 10% 환급]</td><td>건물가액의 10%(환급 불가)</td><td>건물가액의 10%(환급 불가)</td></tr>
<tr><td>월세</td><td>• 부가가치세 별도이면 월세의 10%를 임차인에게 받아 신고·납부, 포함이면 월세 중 10%를 신고·납부</td><td>면제</td><td>해당 없음</td></tr>
<tr><td colspan="2">재산세</td><td>• 토지와 건물 분리과세
• 토지분의 경우 공시지가의 75%를 과세표준으로 하여
• 2억원 이하 0.2%
• 10억원 이하 0.3%
• 10억원 초과 0.4%
• 건물분의 경우 기준시가에 0.25%</td><td>• 전용면적 40㎡ 이하 공동주택 : 면제
• 40㎡ 초과~60㎡ 이하 공동주택 또는 오피스텔: 50% 감면
• 60㎡ 초과~85㎡ 이하 : 25% 감면</td><td>과세표준의 0.25%</td></tr>
<tr><td colspan="2">종합부동산세</td><td>비과세(단, 토지는 합산대상)</td><td>합산배제신청시 비과세</td><td>합산대상</td></tr>
<tr><td colspan="2">종합소득세</td><td>• 6~38%
• 매년 5월 31일 신고·납부</td><td>• 6~38%
• 1가구1주택인 경우 임대소득 비과세(2주택 이상의 경우나 월세소득에 대해 과</td><td>해당 없음(주거용 오피스텔의 경우는 부</td></tr>
</table>

		• 임대소득 = 월세 + 간주임대료(간주임대료= 전세금 또는 보증금×정기예금이자율(3.4%)×임대일수/365)	세, 다만, 고가주택(9억원 초과)은 1주택자라도 과세) • 소형주택(전용면적 85㎡ 이하, 3억원 이하)은 전세보증금에 대한 소득세 과세대상에서 제외(2016. 12. 31.까지)(소세법§25①)-간주임대료(*)(부부합산하여 3주택 이상의 경우 보증금의 합계액이 3억원 초과시)	부합산 2주택 이상이면 월세 소득에 대해 과세)
	양도소득세	• 취득가액 산정시 감가상각비 차감 • 중과 배제[일반세율(6~38%)과 장기보유특별공제 적용]	• 중과 배제(6~38%, 법인의 경우에는 10% 추가과세 면제) • 장기임대주택을 2채 이상 소유한 사업자가 거주한 주택도 1세대1주택의 경우 비과세 적용(2년 거주 및 장기임대주택일 것)(소세령§155⑲) • 2013. 4. 1.~12. 31. 미분양주택 또는 미분양오피스텔 구입자에게 5년간 양도세 면제.(조특법)	• 과세대상(6~38%, 2년 이상 보유시) • 중과 배제
주택수 계산		미포함(애당초 주택×)	미포함(양도소득세 산정시)	주택으로 사용하면 포함
국민연금 의료보험		• 근로소득자는 추가납부 없음 - 직장가입자(근로소득자) 명의로 등록할 경우에도 별도 부과 없음 • 지역가입자는 국민연금·의료보험 납부 - 소득 없는 주부나 무직자의 경우 분리되어 납부의무 발생		
세입자		• 사업자등록 • 전세권 설정 가능	• 전입신고 가능 • 확정일자로 주택임대차보호법 적용	임대사업 못함
매매 가부 의무임대기간		• 사업자 자체를 포괄양수도 조건으로 매매 가능 • 10년	• 4년 후 매매 가능 • 4년(5년 동안 주택임대사업 유지하는 조건)(임특법§2-6호) • 위반시 1천만원 이하 과태료(임특법제67조①-1호), 이전에 감면받았던 세금 추징	매매 자유

(*) 간주임대료 계산(소세령제53조③)
i) 기장신고시 : (3억원 초과보증금의 적수×60%)×1/365×정기예금이자율-사업부분에서 발생한 수입이자와 할인료 및 배당금
ii) 추계신고시 간주임대료 계산 : (3억원 초과보증금의 적수×60%)×1/365×정기예금이자율(⁑)
(⁑) 정기예금이자율 : 현행 3.4%(소세칙제23조①)

※ 주택수의 계산 : 소세령제8조의2③

※ **부가가치세법 제26조(재화 또는 용역의 공급에 대한 면세)** ① 다음 각 호의 재화 또는 용역의 공급에 대하여는 부가가치세를 면제한다.
12. <u>주택과 이에 부수되는 토지의 임대 용역</u>으로서 대통령령으로 정하는 것

5) 주택임대사업자등록

민간임대주택에 관한 특별법 제5조 (임대사업자의 등록) ① 주택을 임대하려는 자는 특별자치시장·특별자치도지사·시장·군수 또는 구청장(구청장은 자치구의 구청장을 말하며, 이하 "시장·군수·구청장"이라 한다)에게 등록을 신청할 수 있다.
② 제1항에 따라 등록하는 경우 다음 각 호에 따라 구분하여야 한다.
1. 기업형임대사업자 및 일반형임대사업자
2. 민간건설임대주택 및 민간매입임대주택
3. 기업형임대주택, 준공공임대주택 및 단기임대주택
③ 제1항에 따라 등록한 자가 그 등록한 사항을 변경하거나 말소하고자 할 경우 시장·군수·구청장에게 신고하여야 한다. 다만, 임대주택 면적을 10퍼센트 이하의 범위에서 증축하는 등 국토교통부령으로 정하는 경미한 사항은 신고하지 아니하여도 된다.
④ 제1항부터 제3항까지에 따른 등록 및 신고의 기준과 절차 등에 필요한 사항은 대통령령으로 정한다.

민간임대주택에 관한 특별법 제43조 (임대의무기간 및 양도 등) ① 임대사업자는 임대사업자 등록일 등 대통령령으로 정하는 시점부터 제2조제4호부터 제6호까지의 규정에 따른 기간(이하 "임대의무기간"이라 한다) 동안 민간임대주택을 계속 임대하여야 하며, 그 기간이 지나지 아니하면 이를 양도할 수 없다.
② 제1항에도 불구하고 임대사업자는 임대의무기간 동안에도 국토교통부령으로 정하는 바에 따라 시장·군수·구청장에게 신고한 후 민간임대주택을 다른 임대사업자에게 양도할 수 있다. 이 경우 양도받는 자는 양도하는 자의 임대사업자로서의 지위를 포괄적으로 승계하며, 이러한 뜻을 양수도계약서에 명시하여야 한다.

③ 제2항은 임대사업자가 임대의무기간이 지난 후 민간임대주택을 양도하는 경우에도 준용한다. 다만, 양수하는 자가 임대사업자로 등록하지 아니하는 경우에는 제2항 후단을 적용하지 아니한다.

④ 제1항에도 불구하고 임대사업자는 부도, 파산, 그 밖의 대통령령으로 정하는 경제적 사정 등으로 임대를 계속할 수 없는 경우에는 임대의무기간 중에도 대통령령으로 정하는 바에 따라 시장·군수·구청장에게 허가를 받아 임대사업자가 아닌 자에게 민간임대주택을 양도할 수 있다.

부동산임대소득이 발생하여 종합소득세 신고대상이 되는 경우에는 반드시 사업자등록을 해야 한다. 사업자등록을 하지 않고 임대사업을 하다가 적발되면 그동안의 종합소득세와 가산세까지 물어야 한다. 특히 상가의 경우에는 당연히 임차인이 사업자등록을 하고 사업자등록시 임대차계약서를 제출해야 하기 때문에 임대인의 임대소득이 그대로 노출될 수밖에 없으므로 임대인은 나중에 커다란 손실을 피하려면 사업자등록을 하여야 한다. 주택의 경우에는 임대소득을 가늠하기 어려워 사업자등록을 하지 않고 임대사업을 하는 경우가 많다. 하지만 최근에는 임차인이 연간소득 5,000만원 이하의 근로소득자인 경우 전용면적 85㎡ 이하 주택을 임차하여 전입신고한 경우 연말 소득공제를 연간월세 합계액의 50%를 기준으로 500만원 한도에서 인정해 주므로 임대소득이 노출되므로 1주택자가 아닌 이상 조심하여야 한다,

6) 간이과세냐 일반과세냐

아래의 경우 간이과세가 배제된다.(부가가치세법제61조)

① 둘 이상의 사업장 임대료 합계액이 4,800만원 이상인 경우

② 토지공시지가와 건물 연면적을 연계하여 일정한 면적 이상인 경우

※ 공시지가 높은 지역(중심가)에서는 임대면적이 작아도 간이과세가 배제되나 공시지가가 낮은 지역(외곽)은 임대건물면적이 넓어도 간이과세가 가능 → 국세청 고시로 규정됨.

또한 간이과세자로서 6개월간의 임대료합계액인 연간 2,400만원 이하인 경우에는 신고의무는 있되 면세된다.(부가세법제69조①)

부가가치세법 제44조(일반과세자로 변경시 재고품등에 대한 매입세액 공제 특례)

① 간이과세자가 일반과세자로 변경되면 그 변경 당시의 재고품, 건설 중인

자산 및 감가상각자산(이하 이 조에서 "재고품등"이라 한다)에 대하여 대통령령으로 정하는 바에 따라 계산한 금액을 매입세액으로 공제할 수 있다.

부가가치세법 제70조(간이과세의 포기) ① 간이과세자 또는 제62조에 따라 간이과세자에 관한 규정을 적용받게 되는 일반과세자가 간이과세자에 관한 규정의 적용을 포기하고 일반과세자에 관한 규정을 적용받으려는 경우에는 제61조 제1항에도 불구하고 제4장부터 제6장까지의 규정을 적용받을 수 있다. 이 경우 적용받으려는 달의 전달의 마지막 날까지 대통령령으로 정하는 바에 따라 납세지 관할 세무서장에게 신고하여야 한다.

7) 구비요건과 절차

사업자등록은 부동산별로 등기부상 소재지마다 해야 하며, 한 사업장에서 다른 사업장의 부가세를 모두 합산하여 신고하는 경우에는 타 사업장에 대한 무신고가 되어 가산세가 부과되니 주의하여야 한다.(각각 신고하여야 한다)

8) 임대사업자 신고사항

(1) 임대사업자등록

임대주택 구입계약 후 30일 이내에 임대사업자가 거주하는 관할시·군·구청 주택과에 신분증을 지참, 신청서를 작성하고 분양계약서 또는 임대계약서를 첨부하여 임대사업자등록을 하고, 등록 사항이 변경된 경우에는 변경 사유가 발생한 날부터 30일 이내에 시장・군수 또는 구청장에게 신고해야 한다.(임대주택법시행령 제8조) 전용면적 60㎡ 이하인 경우 취득 후 30일 이내에 임대주택이 소재하는 관할 시·군·구청 세무과에 감면신청서에 임대사업자등록증을 첨부하여 지방세 감면 신청을 한다. 반드시 취득일(잔금 납입일) 이전에 등록하여야 한다. 만약 신고가 지연되면 취득세·재산세 감면 혜택을 받을 수 없다. 임대주택이 거주지 외에 있어 거주지를 옮겨 한꺼번에 사업자등록절차를 진행하려 하는 경우에 해당 임대주택의 지번으로 전입하여서는 안된다.

(2) 부가가치세 면세사업자 등록 및 사업자신고

사업자의 거주지 세무서에 임차인 입주 후 20일 이내에 신청서에 주민등록초본과 표준임대차계약서, 주택임대차사업자등록증을 첨부하여야 한다.(양도세 감면이나 종합부동산세 배제를 받기 위한 필수절차)

(3) 임대조건(변경) 신고

임대차계약(변경계약)체결일부터 30일 이내 신고서에 표준임대차계약서 사본을 첨부하여 임대주택이 있는 관할 시·군·구청 주택과에 임대 조건을 신고하여야 한다.(임대주택법제26조, 임대주택법시행령제25조) 오피스텔을 임대하는 사업자는 임차인 현황을 시장·군수·구청장에게 신고하여야 한다.(임대주택법제26조의2)

(4) 임대 신고

임대개시일부터 3개월 이내에 임대주택 소재지 관할 세무서 재산과에 임대신고를 하여야 한다. 표준임대차계약서 사본과 임차인의 주민등록증 사본, 임대사업자등록증 사본을 첨부하여 신고한다.(장기임대주택으로서 양도소득세 감면시, 조특법제97조③, 조특령제97조③④)

4. 부가가치세 실무

(1) 사업자등록

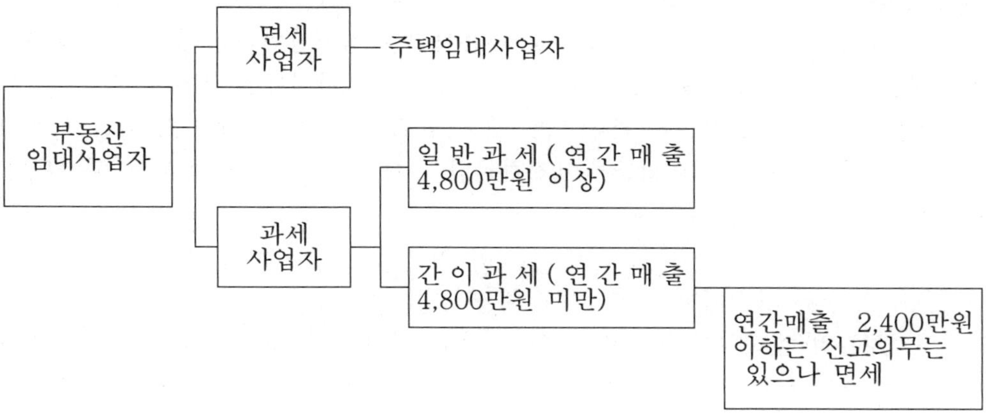

부동산임대업(상가등)은 부동산등기부상의 소재지가 사업장이다. 부동산임대업을 영위하는 경우에는 사업장마다 사업자등록을 하여야 한다. 부동산임대업을 하는 개인사업자(일반과세자)가 사업확장을 위하여 다른 장소에 부동산을 매입하여 임대에 사용하는 경우에는 기존사업장에서 매입세액공제를 받을 수 있다. 이 경우 일반과세자는 매월 세금계산서를 발행하여야 한다.

그러나 임대업에 사용하지 않거나(업종이 달라 사업관련성이 없다고 봄) 신규사업장을 간이과세자로 등록하는 경우에는 매입세액공제를 받을 수 없다. 간이과세자는 직전연도 매출액이 4,800만원 이하인 경우로서 부가가치세 별도표시가 필요 없고 월 임대료에 부가가치세를 받을 수 없다. 오히려 임대업자가 공급대가의 3%를 부가가치세로 부담하여야 하지만, 6개월간 공급대가가 2,400만원 미만이면 부가가치세 납부의무가 면제된다.(부가가치세법제69조①)

또한 제조업과 부동산임대업을 단독으로 영위하는 사업자가 기존의 사업장과 다른 장소에 당해 사업자의 부인과 공동으로 사업용 건물을 취득하면서 기존의 사업장 명의로 세금계산서를 교부받은 경우 당해 세금계산서의 매입세액은 기존 사업장의 매출세액에서 공제되지 아니한다. 왜냐하면 공동사업은 민법상 조합으로 보아 개인과는 전혀 다른 독립된 권리의 주체로 보기 때문이다. 다만, 법인의 경우에는 업종이 상이하더라도 기존사업장에서 매입세액공제를 받을 수 있다.

(2) 과세대상

부동산임대업은 용역의 공급에 해당되어 부가가치세가 과세된다. 다만, 전·답·과수원·목장용지·임야 또는 염전은 지적공부상의 지목에 관계없이 실지로 경작하거나 당해 토지의 고유용도에 사용하는 것이면 비과세한다. 따라서 전·답 등을 임차한 자가 상품판매 등을 위한 용도로 사용하거나 광고탑임대용 등으로 사용하는 경우에는 고유용도로 사용하는 것이 아니므로 부가가치세가 과세된다.

한편, '매장 및 묘지등에 관한 법률'에 의한 납골당 설치사업자의 납골당 시설사용권 분양은 부동산임대업 중 묘지관리업에 해당되어 부가가치세가 과세된다. 다음은 주의해야 할 사항이다.

① 위약금, 연체이자

임대차계약의 해약으로 인한 위약금 및 손해배상금, 임대료지연에 따른 연체이자는 부동산임대용역의 공급대가가 아니므로 부가가치세 과세대상이 아니다.

② 부동산 임대용역의 무상공급 및 저율공급

부가가치세법 제12조(용역 공급의 특례) ① 사업자가 자신의 용역을 자기의 사업을 위하여 대가를 받지 아니하고 공급함으로써 다른 사업자와의 과세형평이 침해되는 경우에는 자기에게 용역을 공급하는 것으로 본다. 이 경우 그 용역의 범위는 대통령령으로 정한다.

② 사업자가 대가를 받지 아니하고 타인에게 용역을 공급하는 것은 용역의 공급으로 보지 아니한다. 다만, 사업자가 대통령령으로 정하는 특수관계

인(이하 "특수관계인"이라 한다)에게 사업용 부동산의 임대용역 등 대통령령으로 정하는 용역을 공급하는 것은 용역의 공급으로 본다.

③ 고용관계에 따라 근로를 제공하는 것은 용역의 공급으로 보지 아니한다.

④ 제1항부터 제3항까지에서 규정된 사항 외에 용역의 공급에 관하여 필요한 사항은 대통령령으로 정한다.

원칙적으로 임대료를 받지 않는 경우에는 용역의 무상공급에 해당되어 부가가치세 과세대상이 아니나, 특수관계인에게 사업용 부동산의 임대용역을 공급하는 것은 부가가치세 과세대상이다. 특수관계인에게 임대료를 저율로 받는 경우에는 부당행위의 부인에 해당되어 시가를 과세표준으로 하여 부가가치세가 과세된다.

③ 임차인이 대납한 재산세

건물 및 부속토지 등을 임차인에게 사용하게 하고 동 건물 및 부속토지에 부과되는 재산세 등을 임차인이 대납하기로 약정한 경우에는 부가가치세가 과세된다. 세금계산서의 발행시기는 대납하기로 한 재산세의 납기일이다. 예를 들면 룸싸롱, 나이트클럽 등을 경영하는 임차인에게 임대하는 경우 이 부동산은 지방세법상 고급오락작용 건축물에 해당되어 재산세가 4% 중과된다. 이 경우 본래의 재산세의 납세의무자는 건축물 소유자인 임대인이나 통상 임차인이 재산세를 부담하는 조건으로 임대차계약을 체결하여 임차인에게 전가시키고 있다. 이 경우 임차인이 부담한 재산세는 임차료에 해당한다.

(3) 임대 건물의 매각시 과세 여부

부동산임대업을 영위하던 사업자가 부동산을 양도하는 경우에는 부동산의 신축 취득시 매입세액공제 여부, 매수자의 사업자등록 여부에 관계 없이 건물에 대하여 부가가치세가 과세된다. 한편, 부동산임대업을 영위하던 사업자가 당해 부동산을 양도하기 위하여 부동산컨설팅 및 중개수수료를 지급하면서 부담한 매입세액은 매출세액에서 공제된다.

(4) 부동산임대업 또는 부동산매매용 건물의 주택임대사업으로 전환

일반부동산임대업에 사용하였거나 분양목적으로 신축하였으나 분양되지 않아 주택임대사업으로 전환하는 경우 자가공급(면세전용)에 해당되어 부가가치세가 과세된다. 다만, 부동산매매업자가 분양되지 않아 일시적으로 주택임대를 하는 경우에는 자가공급으로 보지 아니한다.

(5) 과세표준

부동산임대용역을 공급하는 경우의 과세표준은 과세기간의 월임대료 합계와 간주임대료 합계로 한다. 여기에는 부가가치세가 제외된다. 따라서 임대차 계약시 일반과세자인 경우에는 임대료에 부가가치세 별도를 표시하여야 한다. 왜냐하면 부가가치세 별도 표시가 없으면 임대료에 부가가치세가 포함된 것으로 보아 부가가치세를 징수할 수 없기 때문이다.(부가세령제65조)

① 임대료

임대료는 받기로 약정한 날을 공급시기로 한다. 다만, 사업자가 둘 이상의 과세기간에 걸쳐 부동산 임대용역을 공급하고 그 대가를 선불이나 후불로 받는 경우에는 해당 금액을 계약기간의 개월 수로 나눈 금액의 각 과세대상기간의 합계액을 공급가액으로 한다. 또한 사업자가 부가가치세가 과세되는 부동산임대료와 관리비(전기요금 등 포함) 등을 구분하지 아니하고 영수한 때에는 전체 금액을 과세표준으로 보지만, 임차인이 부담하여야 할 보험료·수도료 및 공공요금 등을 별도로 구분 징수하여 납입을 대행하는 때에는 당해 금액은 부동산임대 관리에 따른 대가에 포함하지 아니한다.

② 간주임대료

사업자가 부동산임대용역을 공급하고 전세금 또는 보증금을 받은 경우에는 금전 이외의 대가를 받은 것으로 보아 다음과 같이 과세표준을 계산한다. 그리고 간주임대료에 대해서는 세금계산서를 교부할 수 없으며 간주임대료를 임차인이 부담하기로 약정한 경우에는 임차인의 필요경비(세금과 공과)로 처리한다.

㉠ 일반적인 경우

과세표준 = 당해과세기간의 전세금(보증금) × 일수/365 × 정기예금이자율 (예정신고 또는 과세기간 종료일 현재)

㉡ 전대업자의 경우

부동산전대란 임차인이 다시 전차인과 전대차계약을 체결하여 임대업을 영위하는 방식으로 당해 계약이 효력을 갖기 위해서는 임대인의 동의를 요한다. 전대업의 경우에는 전대로부터 수령한 보증금에서 임차를 위해 지불한 보증금을 차감한 금액에 대하여 간주임대료를 계산하게 되는데 산식은 다음과 같다.

간주임대료 = [당해 과세기간의 보증금 − 임차시 지불한 보증금] × 일수/365 × 정기예금이자율

㉠이나 ㉡의 경우 사업자가 계약에 따라 전세금이나 임대보증금을 임대료에 충당하였을 때에는 그 금액을 제외한 가액을 전세금 또는 임대보증금으로 한다.(부가세령제65조③)

(6) 거래단계별 부가가치세

① 취득단계 : 상가는 매수시 분양가나 매매가에 건물분 부가가치세가 포함되어 있으므로 상가취득시 20일 이내에 일반과세자로 사업자등록하면 부가가치세를 환급받을 수 있다. 이 경우 건물가격과 토지가격의 구분은 실제거래가액으로 하되 불분명할 경우에는 감정가액→기준시가 순서로 적용하여 안분계산한다.

※ 기준시가로 안분계산할 경우 건물의 과세표준

→ 총거래가액에 부가가치세가 포함된 경우

= 부가세가 포함된 총거래가액 × [건물의 기준시가 / (토지의 기준시가 + 건물의 기준시가 + 건물의 기준시가의 10%)]

→ 총거래가액에 부가세가 포함되지 않은 경우

= 총거래가액 × [건물의 기준시가 / (토지의 기준시가 + 건물의 기준시가)]

② 보유단계 : 임대인은 임대료에 대한 부가가치세를 내야 하는데, 임대차계약서에 부가가치세 별도라는 특약조항을 붙여서 임차인에게 받으면 된다.

③ 처분단계 : 건물분에 대해서만 부가가치세 10%가 부과된다. 매매계약서에는 부가가치세를 어느 쪽이 부담하는지 명시해야 한다. 부가가치세 별도로 약정한 경우 매도인은 매수인에게 매매가액의 건물분 10%에 해당하는 금액을 받아 세금계산서를 발행하고, 매수인은 일반사업자로 등록 후 부가가치세를 환급받으면 된다.

ㄱ) 폐업 전에 부동산 양도시 : 부가가치세 부과(실지거래가액의 10%) + 양도소득세 과세.

ㄴ) 폐업 전에 양도계약하였으나 폐업 후에 잔금 및 소유권이전된 경우 : ㄱ)과 동일.

ㄷ) 폐업 후 양도시 : 폐업시 잔존재화로 과세(간주시가. 폐업기준은 모든 임차인을 내보내고 사업을 폐업한 경우에 적용).

ㄹ) 사업양수도에 의한 양도시 : 세금계산를 발행할 필요가 없고 부가가치세를 계산할 필요가 없다. 양도소득세만 부과(폐업일 전에 사업양수도 계약작성하고 신고시 제출해야 함. 단, 사업양수도 형태에 따라 부가세

가 부과될 수도 있음)된다. 다만, 이 경우에도 사업양도 당시 이미 양도인에게 확정된 국세에 대하여는 양수한 재산가액을 한도로 양수인에게 제2차납세의무가 있으므로 양수인은 양도인에게 납세증명서를 요구하여 납세 여부를 반드시 확인하여야 한다.

ㅁ) 간이과세자의 경우에는 위와 달리 세금계산서를 교부할 수 없고 건물양도가액의 3%를 부가가치세로 확정신고하여야 한다.

5. 정비사업 관련 세금 - 재개발 · 재건축사업을 중심으로

1) 개요

도정법상 정비사업은 주택재개발사업, 주택재건축사업, 도시환경정비사업, 주거환경개선사업, 주거환경관리사업, 가로주택정비사업으로 구분된다. 주택재개발사업, 도시환경정비사업, 주거환경개선사업은 공익사업이므로 취득세 면제규정이 있으나 주택재건축사업은 민간사업이므로 취득세 면제규정이 없다.

○ **조합원** : 양도소득세, 종합소득세, 종합부동산세, 취득세, 등록세

○ **조합** : 법인세, 종합소득세(2003. 6. 30. 이전 조합설립인가를 받은 재건축조합에 한함), 종합부동산세, 부가가치세, 취득세, 등록세(하지만 조합원은 결국 조합원 부담금 명목으로 매입부가가치세나 법인세 등의 실질적인 부담자가 됨)

2) 재건축 등 제반 개발사업의 유형과 근거법령

사업유형	사업주체	사업목적	근거법령 (법인격)	건축방법
주택재건축사업	주택재건축 정비사업조합	정비기반시설이 양호한 노후불량주태의 개선	도정법제2조(법인, 일부 개인)	조합원이 신탁한 토지에 건축
주택재개발사업	주택재개발 정비사업조합	정비기반시설이 불량한 건축물의 주거환경 개선	도정법제2조(법인, 일부 개인)	조합원의 기존 토지 위에 신축
도시환경 정비사업	도시환경 정비사업조합	상업지역 등 도시기능 회복과 도시환경 개선	도정법제2조(법인)	조합원의 기존 토지 위에 신축

주거환경 개선사업	주거환경개선 정비사업조합	도시 저소득 주민 밀집 지역의 주거환경 개선	도정법제2조(법인)	조합원의 기존 토지 위에 신축
주택건설 사업(*)	지역주택조합	동일 시·군에 소재하는 주민이 주택 마련을 위해 설립	주택법제2조(공동사업자)	용지구입 후 건축
	직장주택조합	동일 직장에 근무하는 근로자가 주택마련을 위해 설립	주택법제2조(공동사업자)	용지구입 후 건축
임대주택 사업	임대주택조합	건설임대주택, 매입임대주택을 위해 설립	주택법제2조(공동사업자)	용지구입 후 건축, 기존주택 매입
대수선·증축 사업	리모델링 주택조합	공동주택소유자가 리모델링을 위해 설립	주택법제2조(개인공동사업자)	기존건축물의 리모델링

(*) 지역주택조합 등

주택법제2조의 주택조합이 주택을 건설하거나 리모델링하기 위하여 하는 사업으로서 지역주택조합원의 자격은 ① 무주택자 또는 주거전용면적 60㎡ 이하의 주택 1채를 소유한 세대주일 것, ② 조합설립인가일 현재 같은 특별시·광역시·특별자치도·시 또는 군 지역에 6개월 이상 거주하여 온 자일 것이라는 요건을 모두 충족하여야 한다. <u>토지</u>의 경우 조합원 지분으로 하여 조합에 신탁하거나 조합명의로 직접 취득하는데, 토지구입가액의 4%를 취득세로 부담한다. 조합원분은 잔금지급시 취득시기가 도래하는 반면, 일반분양분은 주택법제29조에 따른 사용검사를 받은 날에 취득시기가 도래하기는 하지만(지세령20조⑦), 조합이 분양승인을 받기 위하여는 사업구역 내 토지 100%의 소유권을 조합 명의로 확보하여야 하므로 실제로 취득세는 조합원분이든 일반분양분이든 건물 완공 전에 이미 납부되어 있을 터인바 건물분만 고려하면 족하다. 일반분양분이 있다면 취득세 납세의무자는 조합이다.(지세법제7조⑧) <u>건물</u>이 완공되면 조합원 세대당 안분된 공사비를 과세표준으로 하여 2.8%(지세법제11조①), 원시취득)를 각 조합원이 부담한다. 건물의 경우, 조합원분은 조합원이 취득하는 것으로 보기 때문에 조합에게는 취득세 납부의무가 없다.(지세법제7조⑧) 일반인 분양분 건물은 조합명의로 보존등기 후 이전등기(승계취득)되는바, 분양가액의 1~3%의 취득세가 부과된다. 한편, 전용면적이 40㎡ 이하인 주거용 건축물 및 그 부속토지로서 취득가액이 1억원 미만인 주택을 취득하여 1가구1주택에 해당하는 경우에는 취득세를 100% 면제한다.(지특법제33조②) → 지역주택조합의 경우 재건축사업과 마찬가지로 민간사업이므로 취득세 감면규정이 없다.

도시 및 주거환경정비법 제2조(정의) 이 법에서 사용하는 용어의 뜻은 다음

과 같다. <개정 2013.12.24.>

1. "정비구역"이란 정비사업을 계획적으로 시행하기 위하여 제4조의 규정에 의하여 지정·고시된 구역을 말한다.
2. "정비사업"이라 함은 이 법에서 정한 절차에 따라 도시기능을 회복하기 위하여 정비구역 또는 가로구역(가로구역: 정비구역이 아닌 대통령령으로 정하는 구역을 말하며, 바목의 사업으로 한정한다)에서 정비기반시설을 정비하거나 주택 등 건축물을 개량하거나 건설하는 다음 각목의 사업을 말한다. 다만, 다목의 경우에는 정비구역이 아닌 구역에서 시행하는 주택재건축 사업을 포함한다.
   가. 주거환경개선사업 : 도시저소득주민이 집단으로 거주하는 지역으로서 정비기반시설이 극히 열악하고 노후·불량건축물이 과도하게 밀집한 지역에서 주거환경을 개선하기 위하여 시행하는 사업
   나. 주택재개발사업 : 정비기반시설이 열악하고 노후·불량건축물이 밀집한 지역에서 주거환경을 개선하기 위하여 시행하는 사업
   다. 주택재건축사업 : 정비기반시설은 양호하나 노후·불량건축물이 밀집한 지역에서 주거환경을 개선하기 위하여 시행하는 사업
   라. 도시환경정비사업 : 상업지역·공업지역 등으로서 토지의 효율적 이용과 도심 또는 부도심 등 도시기능의 회복이나 상권활성화 등이 필요한 지역에서 도시환경을 개선하기 위하여 시행하는 사업
   마. 주거환경관리사업: 단독주택 및 다세대주택 등이 밀집한 지역에서 정비기반시설과 공동이용시설의 확충을 통하여 주거환경을 보전·정비·개량하기 위하여 시행하는 사업
   바. 가로주택정비사업: 노후·불량건축물이 밀집한 가로구역에서 종전의 가로를 유지하면서 소규모로 주거환경을 개선하기 위하여 시행하는 사업
3. "노후·불량건축물"이란 다음 각 목의 어느 하나에 해당하는 건축물을 말한다.
   가. 건축물이 훼손되거나 일부가 멸실되어 붕괴 그 밖의 안전사고의 우려가 있는 건축물
   나. 내진성능이 확보되지 아니한 건축물 중 중대한 기능적 결함 또는 부실 설계·시공으로 인한 구조적 결함 등이 있는 건축물로서 대통령령으로 정하는 건축물
   다. 다음의 요건에 해당하는 건축물로서 대통령령으로 정하는 바에 따라 특별시·광역시·특별자치시·도·특별자치도 또는 「지방자치법」 제175조에 따른 서울특별시·광역시 및 특별자치시를 제외한 인구 50만 이상 대도시(이하 "대도시"라 한다)의 조례(이하 "시·도조례"라 한다)로 정하는 건축물
      (1) 주변 토지의 이용상황 등에 비추어 주거환경이 불량한 곳에 소재할 것
      (2) 건축물을 철거하고 새로운 건축물을 건설하는 경우 그에 소요되는 비용에 비하여 효용의 현저한 증가가 예상될 것
   라. 도시미관을 저해하거나 노후화로 인하여 구조적 결함 등이 있는 건축물로서 대통령령으로 정하는 바에 따라 시·도조례로 정하는 건축물

도시 및 주거환경정비법 제38조(토지 등의 수용 또는 사용) 사업시행자는 정비구역안에서 정비사업(주택재건축사업의 경우에는 제8조제4항제1호의 규정에 해당하는 사업으로 한정한다)을 시행하기 위하여 필요한 경우에는 공익사업을위한토지등의취득및보상에관한법률 제3조의 규정에 의한 토지·물건 또는 그 밖의 권리를 취득하거나 사용할 수 있다. 다만, 가로주택정비사업의 경우에는 그러하지 아니하다.

도시 및 주거환경정비법 제39조(매도청구) 사업시행자는 주택재건축사업 또는 가로주택정비사업을 시행할 때 다음 각 호의 어느 하나에 해당하는 자의 토지 또는 건축물에 대하여는 「집합건물의 소유 및 관리에 관한 법률」 제48조의 규정을 준용하여 매도청구를 할 수 있다. 이 경우 재건축결의는 조합 설립에 대한 동의(제3호의 경우에는 사업시행자 지정에 대한 동의를 말한다)로 보며, 구분소유권 및 대지사용권은 사업시행구역의 매도청구의 대상이 되는 토지 또는 건축물의 소유권과 그 밖의 권리로 본다. <개정 2015.9.1.>

1. 제16조제2항 및 제3항에 따른 조합 설립의 동의를 하지 아니한 자
2. 건축물 또는 토지만 소유한 자(주택재건축사업의 경우만 해당한다)
3. 제8조제4항에 따라 시장·군수, 주택공사등 또는 신탁업자의 사업시행자 지정에 동의를 하지 아니한 자

[시행일 : 2016.3.2.]

도시 및 주거환경정비법 제47조(분양신청을 하지 아니한 자 등에 대한 조치) ① 사업시행자는 분양신청을 하지 아니한 자, 분양신청기간 종료 이전에 분양신청을 철회한 자 또는 제48조에 따라 인가된 관리처분계획에 따라 분양대상에서 제외된 자에 대해서는 관리처분계획 인가를 받은 날의 다음 날로부터 90일 이내에 대통령령으로 정하는 절차에 따라 토지·건축물 또는 그 밖의 권리에 대하여 현금으로 청산하여야 한다. <개정 2013.12.24.>

도시 및 주거환경정비법 제52조(정비사업의 준공인가) ① 시장·군수가 아닌 사업시행자는 정비사업에 관한 공사를 완료한 때에는 대통령령이 정하는 방법 및 절차에 의하여 시장·군수의 준공인가를 받아야 한다.

⑤ 시장·군수는 제1항의 규정에 의한 준공인가를 하기 전이라도 완공된 건축물이 사용에 지장이 없는 등 대통령령이 정하는 기준에 적합한 경우에는 입주예정자가 완공된 건축물을 사용할 것을 사업시행자에 대하여 허가할 수 있다. 다만, 자신이 사업시행자인 경우에는 허가를 받지 아니하고 입주예정자가 완공된 건축물을 사용하게 할 수 있다.

도시 및 주거환경정비법 제54조(이전고시 등) ① 사업시행자는 제52조제3항 및 제4항의 규정에 의한 고시가 있은 때에는 지체없이 대지확정측량을 하고 토지의 분할절차를 거쳐 관리처분계획에 정한 사항을 분양을 받을 자에게 통지하고 대지 또는 건축물의 소유권을 이전하여야 한다. 다만, 정비사업의 효율적인

추진을 위하여 필요한 경우에는 당해 정비사업에 관한 공사가 전부 완료되기 전에 완공된 부분에 대하여 준공인가를 받아 대지 또는 건축물별로 이를 분양받을 자에게 그 소유권을 이전할 수 있다.

② 사업시행자는 제1항의 규정에 의하여 대지 및 건축물의 소유권을 이전하고자 하는 때에는 그 내용을 당해 지방자치단체의 공보에 고시한 후 이를 시장·군수에게 보고하여야 한다. 이 경우 대지 또는 건축물을 분양받을 자는 고시가 있은 날의 다음 날에 그 대지 또는 건축물에 대한 소유권을 취득한다.

도시 및 주거환경정비법 제55조(대지 및 건축물에 대한 권리의 확정) ① 대지 또는 건축물을 분양받을 자에게 제54조제2항의 규정에 의하여 소유권을 이전한 경우 종전의 토지 또는 건축물에 설정된 지상권·전세권·저당권·임차권·가등기담보권·가압류 등 등기된 권리 및 주택임대차보호법 제3조제1항의 요건을 갖춘 임차권은 소유권을 이전받은 대지 또는 건축물에 설정된 것으로 본다.

②제1항의 규정에 의하여 취득하는 대지 또는 건축물 중 토지등소유자에게 분양하는 대지 또는 건축물은 「도시개발법」 제40조의 규정에 의하여 행하여진 환지로 보며, 제48조제3항의 규정에 의한 보류지와 일반에게 분양하는 대지 또는 건축물은 「도시개발법」 제34조의 규정에 의한 보류지 또는 체비지로 본다.

도시 및 주거환경정비법 제57조(청산금 등) ① 대지 또는 건축물을 분양받은 자가 종전에 소유하고 있던 토지 또는 건축물의 가격과 분양받은 대지 또는 건축물의 가격사이에 차이가 있는 경우에는 사업시행자는 제54조제2항의 규정에 의한 이전의 고시가 있은 후에 그 차액에 상당하는 금액(이하 "청산금"이라 한다)을 분양받은 자로부터 징수하거나 분양받은 자에게 지급하여야 한다. 다만, 정관 등에서 분할징수 및 분할지급에 대하여 정하고 있거나 총회의 의결을 거쳐 따로 정한 경우에는 관리처분계획인가후부터 제54조제2항의 규정에 의한 이전의 고시일까지 일정기간별로 분할징수하거나 분할지급할 수 있다.

3) 재건축·재개발사업의 추진단계별 업무 및 세금

사업단계별		관련 업무
1단계	조합설립인가 ~ 사업시행인가 전	• 법인설립등기 • 매년 결산보고서 작성 및 법인세 신고('03. 6. 30. 이전 설립된 재건축조합은 개인 공동사업자로 보아 사업소득세 신고) → 이후 단계에도 계속 • 갑근세 등 매월 세무신고 → 이후 단계에도 계속
2단계	사업시행인가 ~ 관리처분계획인가 전	• 매입부가가치세 등 검토 • 부가가치세 납부 및 환급 신청 업무
3단계	관리처분계획인가 ~ 사용승인 전	• 기존 주택이 입주권으로 전환 → 양도소득세 계산시 입주권 규정 적용 • 용지 매입시 취득세, 양도소득세(조합원이 청산금을 수령한 경우)
4단계	사용승인 이후	• 입주권이 재개발·재건축주택으로 전환 → 양도소득세 계산시 재개발주택 규정 적용 • 조합·조합원의 취득세 신고 납부 • 청산결산서 작성 및 법인세 신고

4) 정비사업의 납세의무자

(1) 정비사업조합(제1사업주체)

사업의 시행자로서 독립적으로 법인세·부가가치세·취득세 납부의무가 있다.

(2) 조합원(제2사업주체)

법인의 구성원인 출자자(또는 공동사업자의 구성원)로서 관리처분계획에 따라 매입부가가치세나 소득세·법인세의 실질적 부담자가 되거나 입주권에 대한 양도소득세, 재건축의 경우에는 조합원용 주택 등에 대한 취득세의 납부의무자가 된다.

(3) 협력업체(제3사업주체)

시공사·정비사업전문관리업자·변호사·법무사·세무사 등 협력업체는 각자 자기 수입·매출에 대하여 법인세·소득세·부가가치세의 납세의무자가 된다.

5) 조합 · 조합원과 관련된 세금

<table>
<tr><th colspan="4">세 목 구 분</th><th>과 세 여 부</th><th>기 타</th></tr>
<tr><td rowspan="6">국
세</td><td colspan="3">법인세(사업소득세)</td><td>• 조합이 조합원으로부터 자기 지분 초과분에 대해 별도로 받은 금액은 과세
• 조합의 일반분양분은 과세</td><td>• 조합원별 소득세 과세('03. 6. 30. 이전)
• 조합 법인세 과세('03. 7. 1. 이후)</td></tr>
<tr><td colspan="3">양도소득세</td><td>과세</td><td>• 현물출자는 환지로 과세 제외</td></tr>
<tr><td rowspan="4">부
가
가
치
세</td><td rowspan="3">일반
분양</td><td>주택(85㎡ 이하)</td><td>면세</td><td rowspan="3">• 토지가액은 면세</td></tr>
<tr><td>주택(85㎡ 초과)</td><td>과세</td></tr>
<tr><td>상 가</td><td>과세</td></tr>
<tr><td colspan="2">조합원 분양</td><td>과세 제외</td><td>• 시공사에 대한 매입부가가치세 부담은 있음.</td></tr>
<tr><td rowspan="3">지
방
세</td><td rowspan="3">취
득
세</td><td rowspan="2">조합
취
득
분</td><td>조합원분</td><td>과세 제외</td><td>조합원 명의로 보존등기</td></tr>
<tr><td>일반분양분</td><td>과세</td><td>• 재개발조합 : 토지, 건물 면제
• 재건축조합 : 60㎡ 이하 → 면제
• 분양자 : 40㎡ 이하 주택 중 취득가액 1억원 미만 → 면제(1세대1주택에 한정)</td></tr>
<tr><td>조합
원</td><td>보존등기 취득</td><td>과세</td><td>• 재건축 : 건물은 전체 과세
• 재개발 : 85㎡ 이하 주택 면세</td></tr>
</table>

(1) 조합원의 양도소득세

정비사업에서 자산의 양도가 일어나는 경우는 ① 토지 등 소유자가 정비사업조합에 토지나 건물을 이전하는 경우, ② 도정법 제38조에 따라 정비조합이 토지 등 소유자와 협의 매수 또는 수용을 하는 경우, ③ 재건축사업의 경우 조합설립에 동의하지 않거나 사업시행자 지정에 동의하지 않은 자, 건축물이나 토지 중 하나만 소유한 자에 대하여 하는 매도청구(도정법제39조), ④ 관리처분계획에 따라 확정된 입주권을 조합원간에 교환하는 경우, ⑤ 관리처분계획에 따라 확정된 입주권(청산금수령권이 부착되는 경우도 있다)을 제3자에게 전매하는 경우, ⑥ 조합원이나 비조합원이 관리처분계획에 따라 건축물 및 대지를 분양받는 경우 등이 있다. 그에 따라 유상 양도에 해당하는 경우에는 양도소득세 문제가 발생한다.

▶ 입주권과 분양권

① 종전 부동산이 입주권으로 전환되는 시기는 **관리처분계획인가일**이고, 입주권이 부동산으로 전환되는 시기는 준공일(사용검사일, 임시사용승인일, 실제사용일 중 빠른 날). 다만, 2005. 5. 31. 이전에 사업시행인가를 받은 재건축조합의 경우에는 사업시행인가일이 입주권으로의 전환시기가 된다.

② 1세대1주택의 비과세 여부나 다주택자 중과 여부를 판단할 때 입주권이 주택수에 포함되는지 여부 : 2005. 12. 31. 이전 관리처분계획인가로 입주권으로 전환되었거나 승계취득(매매, 상속, 증여 등)한 입주권은 주택수에서 제외하고, **2006. 1. 1. 이후** 관리처분계획인가로 입주권으로 전환되거나 승계취득한 입주권은 주택수에 포함한다.

③ 입주권(이른바 '딱지')은 주택으로 보아 세법상 주택수에 포함된다. 따라서 비과세 요건을 갖춘 경우 비과세 특례를 적용받을 수 있다. 양도시 장기보유특별공제를 받을 수 있다. 입주권자는 당초 재건축 소유주(조합원)이다.

④ 분양권은 일반분양분에 대한 청약에 당첨된 주택 소유권이전등기청구권을 말한다. 분양권은 주택으로 보지 않으므로 다음에서 보는 것처럼 입주권과 차이가 난다. 즉, 분양권은 부동산에 관한 권리이므로 양도차익이 발생하면 반드시 양도소득세를 신고하여야 한다. 다시 말해 비과세 특례는 없다. 그러나 주택이 아니므로 여러 개의 분양권을 갖고 있더라도 중과세가 아닌 일반세율을 적용받는다. 장기보유특별공제도 적용받을 수 없다.

▶ 부동산과 입주권의 과세상 차이

구 분	부동산	입주권
과세표준	실거래가액(2006. 12. 31. 이전 양도시는 기준시가 적용)	실거래가액
장기보유특별공제	공제	제외(단, 1세대1주택인 고가주택은 공제)
조특법상 감면	해당	불해당
1세대1주택 비과세	일반주택과 동일	입주권 특례규정 적용
비과세판정시 주택수	포함	포함(2006. 1. 1. 이후 관리처분계획인가 또는 승계취득시)
1세대2주택 중과세 주택수	포함	포함(2007. 1. 1. 이후)
1세대3주택 중과세 주택수	포함	포함(2006. 1. 1. 이후)
1세대2주택 중과세 적용시 세율	50%(3주택 이상 60%)	일반세율(부동산이 아닌 입주권을 양도시)

▶ 조합원에게 양도소득세 납부의무가 발생하는 경우

조합원의 경우 자신의 자산의 양도가 있는 경우, 관리처분계획인가일부터 사용승인일(임시사용승인 포함)까지는 부동산을 취득할 수 있는 권리로서, 관리처분계획인가일 이전과 사용승인일 이후에는 부동산으로서 양도소득세를 과세하여야 할 것이지만, 경우에 따라 나누어 보기로 한다.

① 조합원이 조합에 토지 등을 제공하는 것은 현물출자에 해당하지만, 도정법상의 현물출자는 도시개발법에 따른 환지처분으로 지목 또는 지번이 변경되거나 보류지로 충당되므로 양도로 보지 않는다. 따라서 양도소득세가 발생하지 않는다.(입주권만 받는 경우) ② 그러나 조합원이 조합에 토지 등을 제공하고 관리처분계획에 따라 현금으로 청산금을 수령한 경우에는 종전부동산의 분할 유상이전이므로 양도소득세 과세대상이다. ③ 원조합원이 관리처분계획인가일 이전에 종전부동산을 양도하는 경우에는 부동산의 양도로서 당연히 양도소득세 과세대상이다. ④ 또한 당초의 관리처분계획과 달리 조합과 조합원 간의 계약에 의하여 분양받을 주택이 변경되는 경우에도 서로의 입주권이 교환되는 것으로 보아 양도소득세 과세대상이 된다. ⑤ 조합원 입주권(조합원 상가분양권 포함)

이 제3자에게 전매되는 경우에도 부동산에 관한 권리의 양도로서 당연히 양도소득세 과세대상이다. ⑥ 위 입주권 양도시 청산금 수령권까지 함께 양도한 경우 청산금 수령권에 대하여는 양도소득세가 발생하지 않는다. 왜냐하면 종전부동산의 소유자에게 청산금에 상당하는 양도차익에 대하여 이미 양도소득세가 부과되기 때문이다. ⑦ 정비사업조합이 관리처분계획에 따른 대지 또는 건축물을 분양받을 자에게 이전고시에 의하여 소유권을 이전한 경우 토지 등 소유자에게 분양하는 대지 또는 건축물은 도시개발법 제40조의 환지처분으로 보며 도정법 제48조 제3항의 규정에 의한 보류지와 일반에게 분양하는 대지 또는 건축물은 도시개발법 제34조의 규정에 따른 보류지 또는 체비지로 보므로(도정법제55조) 양도에 해당하지 않으므로 양도소득세가 부과될 여지가 없다.

그 밖의 토지 등 소유자의 경우에도 ① 조합원 아닌 토지 등 소유자나 조합원이지만 분양신청을 하지 않았거나 분양신청을 철회한 자, 입주권이 확정되었으나 분양계약을 하지 아니한 자 등이 청산금을 받은 경우, ② 정비사업조합이 조합원이 아닌 토지 등 소유자의 부동산을 협의매수 또는 수용으로 취득하는 경우, ③ 주택재건축사업의 경우에 조합설립에 동의하지 않거나 사업시행자 지정에 동의하지 않은 자, 건축물이나 토지 중 하나만 소유한 자에 대하여 하는 매도청구(도정법제39조)하여 대금을 지급받은 경우에는 양도소득세 신고를 하여야 한다.

위에서 양도소득이 발생하는 범위는 토지의 경우에는 관리처분계획인가일 이전에는 부동산의 양도이고 그 이후에도 부동산의 양도이다. 건물의 경우에는 관리처분계획인가일 이전에는 토지의 경우와 마찬가지로 부동산의 양도이지만, 그 이후에는 건물이 철거되거나 철거되지 않더라도 사용되지 않는 경우, 또는 철거되지 않은 상태에서 주택 외의 건물로 사실상 사용되는 경우라면 부동산을 취득할 수 있는 권리의 양도로 본다. 물론 나중에 건축물이 완공되어 처분하는 경우라면 부동산의 양도로 본다. 관리처분계획인가일 이후에도 건물이 사실상 주거용으로 사용되고 있는 상태에서 처분된다면 원칙적으로 부동산의 양도로 보지만, 비과세 특례 적용시 보유기간 및 거주기간의 판단이나 주택수의 판단에서는 주택으로 보고 있는 것이 실무이다.(서면4팀-2766, 2007.9.20., 서면5팀-974, 2008.5.2.)

이상의 경우에서는 조합원 입주권을 중심으로 살펴보았지만, 조합원 상가분양권의 경우는 차이가 있다는 데 유의하여야 할 것이다. 조합원 상가분양권도 조합원 입주권과 마찬가지로 원조합원 상가분양권과 승계조합원 상가분양권으로 나뉜다. 원조합원 상가분양권은 원조합원이 입주권을 선택하지 않고 상가분양권을 선택함으로써 부여되는 권리이다. 조합원 상가분양권은 부동산을 취득할 수 있는 권리로만 본다는 점, 비과세특례가 적용되지 않는다는 점, 주택수에 산입되지 않는다는 점에서 입주권과 다르지만, 입주권이나 분양권으로의 권리변환일이 관리처분계획인가일(사업시행인가일)이라는 점, 부동산으로의 권리변환일이 건물완성일이라는 점, 장기보유특별공제 적용시 관리처분계획인가일 이전의 종전부동산의 보유기간이 통산된다는 점은 같다.

▶ 조합원이 양도소득세를 납부하는 경우와 납부하지 않는 경우

(1) 기존주택 1세대 1주택 소유자인 경우

① 입주권 양도시 : 관리처분계획인가일(기존주택 철거일이 빠르면 철거일) 현재 ㉠1세대1주택 비과세 요건을 갖추고(and) ㉡양도일 현재 다른 주택이 없거나 양도일 현재 소유한 1주택을 취득한 날로부터 1년 이내에 당해 입주권을 양도하는 경우

② 재개발·재건축으로 완공된 '신축주택'을 양도시 : 1세대1주택 비과세 규정을 적용할 때 기존주택과 신축주택의 보유 및 거주기간은 통산하나 공사기간은 보유기간에만 산입하고 거주기간에는 산입하지 않는다.(2011. 6. 3. 이후 양도분에 대하여는 수도권 2년 거주 요건이 폐지되었음)

→ 당초 토지만 보유한 조합원의 경우에는 신축 1세대1주택을 양도할 경우 완공 후 3년 보유 요건을 충족하여야 비과세.

③ 입주권의 승계취득 후 완공된 신축주택의 양도시 : 1세대1주택 비과세 규정을 적용할 때 보유기간의 산정기준일은 입주권의 취득일이 아니라 신축주택의 준공일이고, 거주기간의 산정기준일은 실제 입주일이 된다. (관리처분계획인가일 이후 사실상 주거용으로 사용한 주택을 취득한 경우에는 기존주택의 취득으로 보지 않으므로 보유 및 거주기간 산정시에 이를 통산하지 않는다) 동일 세대원으로부터 입주권을 상속(증여)받은 경우에는 피상속인의 보유 및 거주기간을 상속인의 그것과 통산한다.

(2) 1세대2주택 보유중 1주택에 대하여 재개발·재건축사업이 시행되는 경우

① 사업 비시행 주택을 양도시 : 사업 시행 주택이 관리처분계획인가일 이후 입주권으로 전환된 상태라면 2006. 1. 1. 이후 양도분부터는 입주권도 주택수에 포함되므로 과세한다.

② 사업 시행 주택의 입주권을 양도하는 경우 : 2006. 1. 1. 이후라면 과세대상이다.

③ 사업시행으로 완공된 주택을 양도하는 경우 : 본래 의미의 1세대2주택이므로 과세대상이다.
④ 1주택을 보유한 상태에서 2005. 12. 31. 이전에 입주권을 승계취득하여 이후 신축 완공된 경우 : 신축 주택 준공일로부터 1년 이내에 종전 주택을 양도하는 경우 일시적 2주택으로 비과세한다.

(3) 1주택자가 2006. 1. 1. 이후 입주권 승계취득 후 종전 1주택을 양도하는 경우

입주권 취득 후 1년 이내에 보유 및 거주요건을 갖춘 종전 주택을 양도하는 경우 비과세한다. 입주권 취득 후 1년 경과 후 종전 주택을 양도하는 경우에는 ㉠ 종전 주택이 보유 및 거주 요건을 충족할 것, ㉡ 신축 주택 완공 전 또는 완공 후 1년 이내에 비존 주택을 양도할 것. ㉢ 신축 주택 완공 후 1년 이내에 그 주택으로 세대 전원이 이사하여 1년 이상 거주할 것을 모두 충족한 경우에 비과세한다.

(4) 입주권을 2개 이상 받은 후 1개를 양도하는 경우

기존 주택이 커서 입주권을 2개 이상 받아 양도할 경우 먼저 양도하는 입주권은 기존 주택의 분할로 보아 과세한다.

(5) 1주택자가 입주권 상속 후 1주택을 양도하는 경우

일반 주택(보유 및 거주 요건 충족)을 양도하는 경우에는 비과세한다. 피상속인이 상속일 현재 무주택자로서 2 이상의 입주권을 소유한 경우 비과세 특례는 다음 순서로 정한다. ① 피상속인이 주택과 입주권으로서 소유한 기간이 가장 긴 입주권, ② 피상속인이 주택에 거주한 기간이 가장 긴 입주권, ③ 상속인이 선택하는 입주권.

▶ 양도차익의 계산

(1) 입주권에 대한 양도차익의 계산
기존 부동산 양도차익과 입주권 프리미엄을 합하여 계산.

① 청산금을 납부한 경우
기존부동산 양도차익 = 평가액 - 취득가액 - 필요경비
입주권 프리미엄 = 양도가액 - (평가액 + 청산금) - 필요경비

② 청산금을 수령한 경우
- 기존부동산 양도차익 =
(평가액 - 취득가액 - 필요경비) × (평가액 - 청산금) / 평가액
- 입주권 프리미엄 = 양도가액 - (평가액 - 청산금) - 필요경비

(2) 조합·조합원의 종합부동산세

종합부동산세 참조.

(3) 조합·조합원의 종합소득세

거주자인 조합원. 2003. 6. 30. 이전 설립된 재건축조합은 사업소득세를 과세하는데, 법인등기를 한 경우에는 선택에 따라 법인세 적용도 가능하다.

(4) 조합이 내는 법인세

조세특례제한법시행령 제104조의4(정비사업조합의 수익사업의 범위) 법 제104조의7제2항을 적용할 때 정비사업조합이 「도시 및 주거환경정비법」에 따라 해당 정비사업에 관한 관리처분계획에 따라 조합원에게 종전의 토지를 대신하여 토지 및 건축물을 공급하는 사업은 「법인세법」 제3조제3항에 따른 수익사업이 아닌 것으로 본다.

조세특례제한법 제104조의7(정비사업조합에 대한 과세특례) ① 2003년 6월 30일 이전에 「주택건설촉진법」(법률 제6852호로 개정되기 전의 것을 말한다) 제44조제1항에 따라 조합설립의 인가를 받은 재건축조합으로서 「도시 및 주거환경정비법」 제18조에 따라 법인으로 등기한 조합(이하 이 조에서 "전환정비사업조합"(*)이라 한다)에 대해서는 「법인세법」 제2조에도 불구하고 전환정비사업조합 및 그 조합원을 각각 「소득세법」 제87조제1항 및 같은 법 제43조제3항에 따른 공동사업장 및 공동사업자로 보아 「소득세법」을 적용한다. 다만, 전환정비사업조합이 「법인세법」 제60조에 따라 해당 사업연도의 소득에 대한 과세표준과 세액을 납세지 관할 세무서장에게 신고하는 경우 해당 사업연도 이후부터는 그러하지 아니하다.
② 「도시 및 주거환경정비법」 제18조에 따라 설립된 조합(전환정비사업조합을 포함하며, 이하 이 조에서 "정비사업조합"이라 한다)에 대해서는 「법인세법」 제1조에도 불구하고 비영리내국법인으로 보아 「법인세법」(같은 법 제29조는 제외한다)을 적용한다. 이 경우 전환정비사업조합은 제1항 단서에 따라 신고한

경우만 해당한다. <개정 22014.1.1.>

③ 정비사업조합이 「도시 및 주거환경정비법」에 따라 해당 정비사업에 관한 공사를 마친 후에 그 관리처분계획에 따라 조합원에게 공급하는 것으로서 종전의 토지를 대신하여 공급하는 토지 및 건축물(해당 정비사업의 시행으로 건설된 것만 해당한다. 이하 이 조에서 같다)은 「부가가치세법」 제9조 및 제10조에 따른 재화의 공급으로 보지 아니한다. <개정 2013.6.7.>

④ 정비사업조합이 관리처분계획에 따라 해당 정비사업의 시행으로 조성된 토지 및 건축물의 소유권을 타인에게 모두 이전한 경우로서 그 정비사업조합이 납부할 국세·가산금 또는 체납처분비를 납부하지 아니하고 그 남은 재산을 분배하거나 인도한 경우에는 그 정비사업조합에 대하여 체납처분을 집행하여도 징수할 금액이 부족한 경우에만 그 남은 재산의 분배 또는 인도를 받은 자가 그 부족액에 대하여 제2차 납세의무를 진다. 이 경우 해당 제2차 납세의무는 그 남은 재산을 분배 또는 인도받은 가액을 한도로 한다.

⑤ 제2항을 적용할 때 정비사업조합에 대한 「법인세법」 제3조에 따른 과세소득의 범위에서 제외되는 사업의 범위 등에 관하여 필요한 사항은 대통령령으로 정한다.

(*) 2003. 6. 30. 이전에 주택건설촉진법 제44조 제1항에 따라 조합설립인가를 받은 재건축조합으로서 도시 및 주거환경정비법 제18조에 따라 법인으로 등기한 조합을 말한다.

도시 및 주거환경정비법 제18조(조합의 법인격 등) ① 조합은 법인으로 한다.

②조합은 조합 설립의 인가를 받은 날부터 30일 이내에 주된 사무소의 소재지에서 대통령령이 정하는 사항을 등기함으로써 성립한다.

③조합은 그 명칭 중에 "**정비사업조합**"이라는 문자를 사용하여야 한다.

재개발조합 및 재건축조합(2003. 7. 1. 이후 설립)은 법인으로 등기하여야 한다. 따라서 법인세법이 적용된다. 조합의 수입은 크게 조합원 분양분과 일반 분양분으로 구분된다. 그 가운데 조합원 분양분은 조세특례제한법에 의해 비영리내국법인의 비수익사업으로 보아 법인세가 비과세되지만, **일반분양분**(체비지 및 보류지로서 주택·상가·유치원 등)은 수익사업에 해당하여 각 사업연도 소득에 대한 법인세가 과세된다. 또한 비영리법인에 대하여는 청산시 청산소득에 대한 법인세는 부과하지 아니하므로 정비사업조합의 경우 청산소득에 대한 법인세 납부의무는 없다.(법인세법제3조①)

조합설립등기 전 추진위원회 단계에서 발생한 손익에 대하여는 조합설립 후 최초 사업연도 손익에 산입하여야 한다. 추진위원회의 권리·의무는 조합에 포괄적으로 승계되며, 사업자등록 정정사유이지만 실무적으로는 추진위원회의 사업자등록을 폐지하고 새로이 조합에 대한 사업자등록증을 교부하고 있다. 따라서 조합설립등기일부터 20일 내에 사업자등록 신청을 하여 부동산공급업 또는 건설업으로 일반사업자등록을 내면 된다.

(5) 조합의 부가가치세

부가가치세법 제26조(재화 또는 용역의 공급에 대한 면세) ① 다음 각 호의 재화 또는 용역의 공급에 대하여는 부가가치세를 면제한다

14. 토지

조세특례제한법 제106조(부가가치세의 면제 등) ① 다음 각 호의 어느 하나에 해당하는 재화 또는 용역의 공급에 대해서는 부가가치세를 면제한다. 이 경우 제1호부터 제3호까지, 제4호의5, 제9호, 제9호의3 및 제12호는 2015년 12월 31일까지 공급한 것에만 적용하고, 제4호의2, 제9호의2 및 제11호는 2017년 12월 31일까지 공급한 것에만 적용하며, 제8호 및 제8호의2는 2014년 12월 31일까지 실시협약이 체결된 것에만 적용한다. <개정 2015.12.15.>

4. 대통령령으로 정하는 국민주택 및 그 주택의 건설용역(대통령령으로 정하는 리모델링 용역을 포함한다)

조세특례제한법시행령 제106조 ⑤법 제106조제1항제4호에서 "대통령령으로 정하는 리모델링용역"이란 「주택법」·「도시 및 주거환경정비법」 및 「건축법」에 의하여 리모델링하는 것으로서 다음 각 호의 어느 하나에 해당하는 용역을 말하며, 당해 리모델링을 하기 전의 주택 규모가 제4항제1호의 규정에 의한 주택에 해당하는 경우(리모델링후 당해 주택의 규모가 제4항제1호의 규정에 의한 규모를 초과하는 경우로서 리모델링하기 전의 주택규모의 100분의 130을 초과하는 경우를 제외한다)에 한한다.

조세특례제한법 제104조의7(정비사업조합에 대한 과세특례) ③ 정비사업조합이 「도시 및 주거환경정비법」에 따라 해당 정비사업에 관한 공사를 마친 후에 그 관리처분계획에 따라 조합원에게 공급하는 것으로서 종전의 토지를 대신하여 공급하는 토지 및 건축물(해당 정비사업의 시행으로 건설된 것만 해당한다. 이하 이 조에서 같다)은 「부가가치세법」 제9조 및 제10조에 따른 재화의 공급으로 보지 아니한다. <개정 2013.6.7.>

대법원 2000다21079 부당이득금 반환

공사업자가 재건축조합과의 사이에 체결한 공사도급계약에 따라, 국민주택 규모를 초과하는 조합주택을 신축하는 건설용역을 공급한 경우 그 공사업자는 부가가치

세 납부의무를 부담하는 것이므로 그 용역을 공급받는 자인 재건축조합 측으로부터 부가가치세를 징수할 수 있다 할 것이고 다만, 그 부가가치세를 최종적으로 누가 부담할 것인가는 공사업자, 재건축조합, 조합원 사이의 약정에 의하여 정하여 질 수 있는 문제로서, 재건축조합이 조합주택을 조합원에게 분양할 경우 주택의 규모와 상관없이 이를 부가가치세 과세대상이 되는 재화의 공급으로 보지 아니한다고 하여 달리 볼 것은 아니다.

재개발조합과 재건축조합은 한국표준산업분류에 따르면 조합 자체가 직접 건설활동을 수행하지 않으므로 건설업이 아닌 부동산공급업에 해당되고 세법에서도 건설업이나 **부동산매매업(상가신축 분양이 추가되는 경우)**으로 분류한다. 한편 재개발조합 등이 주택 등을 분양하는 경우, 부가가치세 과세대상은 조합원 분양분과 일반분양분 중 토지와 국민주택 규모 이하의 주택은 면세이며, 일반분양분 중 상가와 국민주택 규모 초과 주택은 과세대상이다. 도시 및 주거환경정비법에 따른 정비사업시행자가 개발구역 안의 토지 또는 건축물을 인도받아서 종전의 건축물을 철거한 후에 정비사업을 시행하여 신축한 건축물 및 토지를 관리처분계획에 의거하여 종전의 토지 등의 소유자에게 분양하는 경우(조합원분)에는 분양평수에 관계 없이 재화의 공급에 해당하지 아니하여 부가가치세가 과세되지 않는다.(조특법제104조의7③) 다만, 일반인에게 분양하는 경우에는 부가가치세가 과세되나 국민주택 규모 이하인 주택은 면세된다.(조특법제106조①4호) 임대주택은 모두 일반분양분으로 본다. 재건축조합이 재건축사업을 시행하여 신축한 주택을 관리처분계획에 의하여 분양하는 경우에는 분양주택이 당초 지분을 초과하는 경우에도 부가가치세가 부과되지 아니하는 것이나 관리처분계획에 의하지 않는 경우에는 과세된다.

따라서 일반분양분이 있고 그 중에 국민주택 규모를 초과하는 주택이나 상가가 있는 경우에는 일반과세사업자로 등록을 하여야 하고, 일반분양분이 없거나 일반분양분이 있더라도 국민주택 규모 이하의 주택뿐이라면 면세사업자로 사업자 등록을 신청하여야 한다.

정비사업조합의 아파트 등 분양과 부가가치세 과세·면세 구분

구 분	아파트·상가의 대지(토지가액)	85㎡ 이하의 아파트(건물가액)	85㎡ 초과분 아파트+상가건물 (건물가액)
조합원 분양	과세거래 ×	과세거래 ×	과세거래 ×
일반분양	면세	면세	과세

조합·시공사·조합원의 부가가치세 과세·면세 구분

구 분			조합이 분양시	시공사가 조합에 공급시	조합의 매입세액
			과세 구분	과세 구분	공제 여부
조합원용	주택	85㎡ 이하	토지·건물 모두 비과세	면세(건물)	해당 없음
		85㎡ 초과	토지·건물 모두 비과세	과세(건물)	불공제
	상가		토지·건물 모두 비과세	과세(건물)	불공제
일반분양분	주택	85㎡ 이하	토지·건물 면세	면세(건물)	해당 없음
		85㎡ 초과	토지 면세, 건물 과세	과세(건물)	공제
	상가		토지 면세, 건물 과세	과세(건물)	공제

조합의 사업자등록 유형과 납세의무

재건축·재개발 사업유형		사업자등록	부가가치세	법인세	장부기장 의무
조합원용 공급만 있는 경우 (1:1 재건축)		고유번호증 (비사업자)	없음	없음	없음
일반분양이 있는 경우	일반분양분이 전부 85㎡ 이하	면세사업자	없음	있음	있음
	일반분양분 중 상가나 85㎡ 초과 아파트가 있는 경우	일반사업자	있음	있음	있음

(6) 조합·조합원이 내는 지방세

지방세특례제한법 제33조(주택 공급 확대를 위한 감면) ① 대통령령으로 정하는 **주택건설사업자**가 공동주택(해당 공동주택의 부대시설 및 복리시설을 포함하되, 분양하거나 임대하는 복리시설은 제외한다. 이하 이 조에서 같다)을 분양할 목적으로 건축한 **전용면적 60제곱미터 이하인 5세대 이상의 공동주택**(해당 공동주택의 부속토지를 제외한다. 이하 이 항에서 같다)과 그 공동주택을 건축한 후 미분양 등의 사유로 제31조에 따른 **임대용으로 전환**하는 경우 그 공동주택에 대해서는 2014년 12월 31일까지 취득세를 면제한다. <개정 2014.1.1.>

② 대통령령으로 정하는 서민주택을 취득[상속으로 인한 취득 및 원시취득은 제외한다]하여 대통령령으로 정하는 1가구 1주택에 해당하는 경우(해당 주택

을 취득한 날부터 60일 이내에 종전 주택을 증여 외의 사유로 매각하여 1가구 1주택이 되는 경우를 포함한다)에는 취득세를 2018년 12월 31일까지 면제한다. <개정 2015.12.29.>

지방세특례제한법시행령 제15조(주택건설사업자의 범위 등) ① 법 제33조제1항에서 "대통령령으로 정하는 주택건설사업자"란 다음 각 호의 어느 하나에 해당하는 자를 말한다.

1. 해당 건축물의 사용승인서를 내주는 날 이전에 「부가가치세법」 제5조에 따라 건설업 또는 부동산매매업의 사업자등록증을 교부받거나 같은 법 시행령 제8조에 따라 고유번호를 부여받은 자
2. 「주택법」 제9조제1항제6호에 따른 고용자

② 법 제33조제2항에서 "대통령령으로 정하는 서민주택"이란 연면적 또는 전용면적이 40제곱미터 이하인 주거용 건축물 및 그 부속토지로서 취득가액이 1억원 미만인 것을 말한다.

③ 법 제33조제2항에서 "대통령령으로 정하는 1가구 1주택"이란 취득일 현재 세대별 주민등록표에 기재되어 있는 세대주와 그 가족(동거인은 제외한다)으로 구성된 1가구(세대주의 배우자와 미혼인 30세 미만의 직계비속은 같은 세대별 주민등록표에 기재되어 있지 아니하더라도 같은 가구에 속한 것으로 본다)가 국내에 1개의 주택을 소유하는 것을 말한다. 이 경우 65세 이상인 직계존속, 「국가유공자 등 예우 및 지원에 관한 법률」에 따른 국가유공자(상이등급 1급부터 7급까지의 판정을 받은 국가유공자만 해당한다)인 직계존속 또는 「장애인복지법」에 따라 등록한 장애인(장애등급 1급부터 3급까지의 장애인만 해당한다)인 직계존속을 부양하고 있는 사람은 같은 세대별 주민등록표에 기재되어 있더라도 같은 가구에 속하지 아니하는 것으로 본다.

지방세특례제한법 제74조(도시개발사업 등에 대한 감면) ① 「도시개발법」에 따른 도시개발사업과 「도시 및 주거환경정비법」에 따른 정비사업(주택재개발사업 및 도시환경정비사업으로 한정한다)의 시행으로 해당 사업의 대상이 되는 부동산의 소유자(상속인을 포함한다)가 환지계획 및 토지상환채권에 따라 취득하는 토지, 관리처분계획에 따라 취득하는 토지 및 건축물(이하 이 항에서 "환지계획 등에 따른 취득부동산"이라 한다)과 사업시행자가 취득하는 체비지 또는 보류지(*)에 대해서는 취득세를 2019년 12월 31일까지 면제한다. 다만, 다음 각 호에 해당하는 부동산에 대해서는 취득세를 부과한다. <개정 2014.12.31.>

1. 환지계획 등에 따른 취득부동산의 가액 합계액이 종전의 부동산 가액의 합계액을 초과하여 「도시 및 주거환경정비법」 등 관계 법령에 따라 청산금을 부담하는 경우에는 그 청산금에 상당하는 부동산
2. 환지계획 등에 따른 취득부동산의 가액 합계액이 종전의 부동산 가액 합계액을 초과하는 경우에는 그 초과액에 상당하는 부동산. 이 경우 사업시행인가(승계취득일 현재 취득부동산 소재지가 「소득세법」 제104조의2제1항에 따

른 지정지역으로 지정된 경우에는 도시개발구역 지정 또는 정비구역 지정) 이후 환지 이전에 부동산을 승계취득한 자로 한정한다.

② 제1항제2호의 초과액의 산정 기준과 방법 등은 대통령령으로 정한다.

③ 「도시 및 주거환경정비법」에 따른 주택재개발사업과 주거환경개선사업의 시행에 따라 취득하는 다음 각 호의 어느 하나에 해당하는 부동산에 대해서는 취득세를 2016년 12월 31일(제4호 및 제5호의 경우에는 각각 2018년 12월 31일)까지 각각 면제한다. 다만, 그 취득일부터 5년 이내에 「지방세법」 제13조제5항에 따른 과세대상이 되거나 관계 법령을 위반하여 건축한 경우에는 면제된 취득세를 추징한다. <개정 2015.12.29.>

1. 「도시 및 주거환경정비법」 제8조에 따른 주택재개발사업의 시행자가 같은 법 제2조제2호나목에 따른 주택재개발사업의 대지 조성을 위하여 취득하는 부동산
2. 「도시 및 주거환경정비법」 제8조에 따른 주택재개발사업의 시행자가 같은 법 제48조에 따른 해당 사업의 관리처분계획에 따라 취득하는 주택
3. 「도시 및 주거환경정비법」 제7조에 따른 주거환경개선사업의 시행자가 같은 법 제2조제2호가목에 따른 주거환경개선사업의 시행을 위하여 취득하는 주택
4. 「도시 및 주거환경정비법」에 따른 주택재개발사업의 정비구역지정 고시일 현재 부동산을 소유한 자가 제1호에 따른 주택재개발사업의 시행자로부터 취득하는 전용면적 85제곱미터 이하의 주택(같은 법에 따라 청산금을 부담하는 경우에는 그 청산금에 상당하는 부동산을 포함한다)
5. 「도시 및 주거환경정비법」에 따른 정비구역지정 고시일 현재 부동산을 소유하는 자가 같은 법 제6조제1항제1호에 따라 스스로 개량하는 방법으로 취득하는 주택 또는 같은 법 제6조제1항제3호에 따른 주거환경개선사업의 시행자로부터 취득하는 전용면적 85제곱미터 이하의 주택

(*) ① 체비지에 건축시설이 포함되는지 여부(대법원 2001두5392, 200110.23. 판결)
지방세법 제109조 제3항에서 취득세 비과세 대상으로 규정한 '사업시행자가 취득하는 체비지'에는 토지분 아니라 건축시설도 포함되는 것임.
② 주택재개발조합이 주택재개발사업의 완공에 따라 체비지로 일반분양분 주택과 상가를 취득하는 경우에는 취득세가 비과세된다.(도세-580, 2008.4.22.)

지방세특례제한법시행령 제35조(환지계획 등에 따른 취득부동산의 초과액 산정기준 등) ① 법 제74조제1항의 환지계획 등에 따른 취득부동산은 그 토지의 지목이 사실상 변경되는 부동산을 포함한다.

② 법 제74조제2항에 따른 초과액은 같은 조 제1항의 환지계획 등에 따른 취득부동산의 과세표준(「지방세법」 제10조제5항에 따른 사실상의 취득가격이 증명되는 경우에는 사실상의 취득가격을 말한다)에서 환지 이전의 부동산의 과세표준(승계취득할 당시의 취득세 과세표준을 말한다)을 뺀 금액으로 한다.

③ 법 제74조제3항 본문에서 "대통령령으로 정하는 부동산"이란 다음 각 호의 어느 하나에 해당하는 것을 말한다.

1. 「도시 및 주거환경정비법」 제8조에 따른 주택재개발사업의 시행자가 같은 법 제2조제2호나목에 따른 주택재개발사업의 대지 조성을 위하여 취득하는 부동산
2. 제1호에 따른 주택재개발사업의 시행자가 해당 사업의 관리처분계획에 따라 취득하는 주거용 부동산
3. 「도시 및 주거환경정비법」에 따른 주택재개발사업의 정비구역지정 고시일 현재 부동산을 소유한 자가 제1호에 따른 주택재개발사업의 시행자로부터 취득하는 전용면적 85제곱미터 이하의 주택(「도시 및 주거환경정비법」에 따라 청산금을 부담하는 경우에는 그 청산금에 상당하는 부동산을 포함한다)
4. 「도시 및 주거환경정비법」 제7조에 따른 주거환경개선사업의 시행자가 같은 법 제2조제2호가목에 따른 주거환경개선사업의 시행을 위하여 취득하는 주거용 부동산
5. 「도시 및 주거환경정비법」에 따른 정비구역지정 고시일 현재 부동산을 소유하는 자가 같은 법 제6조제1항제1호에 따라 스스로 개량하는 방법으로 취득하는 주택과 제4호에 따른 주거환경개선사업의 시행자로부터 취득하는 전용면적 85제곱미터 이하의 주거용 부동산

가. 조합

○ 취득세

(1) 과세대상 : 총공사비 중 조합원 분양분을 제외하고 일반 분양분과 관련된 공사비만 과세된다. 조합이 조합원으로부터 신탁으로 취득하는 경우는 제외된다.(지방세법§9③)

(2) 감면 : 재건축조합의 경우 면제 규정이 없으나 주택건설사업자로서 60㎡ 이하 5세대 이상 공동주택과 그 미분양 공동주택으로서 임대용 전환시에는 취득세를 면제한다.(지특법제33조①) 재개발조합은 면적 불문하고 주거용 부동산은 취득세 100% 면제한다.(지특법제74조③, 지특령제35조③, 서울시세감면조례§14)

(3) 도시환경정비사업조합의 경우에는 일반분양용 주택과 상가를 취득하는 경우(지특법제74조①), 주거환경개선조합의 경우에는 사업의 시행을 위하여 취득하는 주거용 부동산의 경우에만 취득세를 면제한다.(지특법제74조③, 지특령제35조③)

정비사업조합의 취득세 면제 여부

구 분	대지 조성	체비지·보류지	관리처분 주거용
재개발조합	면제	면제	면제
재건축조합	과세	과세	과세
도시환경정비조합	과세	면제	과세
주거환경정비조합	과세(주거용은 면제)	과세	과세

나. 조합원

○ 취득세

1) 과세대상

먼저, 주택재개발사업의 경우 조합원(승계조합원 포함)이 분담금을 부담하고 주택을 신축하여 취득한 경우에도 유상거래를 원인으로 취득하는 주택으로 보아 지방세법 제11조 제1항 8호를 적용할 수 있는지 살펴보아야 한다. 조합원이 분담금을 부담하는 것은 자기 스스로 비용을 들여 주택을 신축 취득한 것이고 조합원 명의로 소유권보존등기가 이루어지므로 타인과의 유상거래를 원인으로 하여 취득한 것으로 볼 수는 없다 할 것이어서 지방세법 제11조 제1항 8호의 세율을 적용할 수는 없다.

(1) 원조합원

① 원칙

「도시개발법」에 따른 도시개발사업과 「도시 및 주거환경정비법」에 따른 정비사업(주택재개발사업과 도시환경정비사업에 한정)의 시행으로 해당 사업의 대상이 되는 부동산의 소유자(상속인을 포함)가 환지계획 및 토지상환채권에 따라 취득하는 토지, 관리처분계획에 따라 취득하는 토지 및 건축물에 대하여는 취득세를 면제한다(지특법제74조①).

② 청산금 과세

위 원칙에도 불구하고 환지계획에 따른 취득 부동산의 가액 합계액이 종전 부동산 가액의 합계액을 초과하여 「도시 및 주거환경정비법」에 따라 청산금을 부담하는 경우 그 청산금에 상당하는 부동산에 대하여는 취득세를 부과한다(지특법제74조①1호). 과세되는 '초과액'은 취득 부동산의 과세표준에서 종전 부동산의 과세표준을 뺀 금액을 말한다(지특령제35조②).

③ 전용면적 85㎡ 이하의 주택

위 원칙에도 불구하고 주택재개발사업의 정비구역지정 고시일 현재 부동산을 소유한 자가 주택재개발사업의 시행자(조합)로부터 취득하는 전용면적 85㎡ 이하의 주택(청산금을 부담하는 경우에는 그 청산금에 상당하는 부동산을 포함)에 대하여는 취득세를 면제한다(지특법제74조③4호)

(2) 승계조합원

환지계획 등에 따른 취득 부동산의 가액 합계액이 종전 부동산의 가액 합계액을 초과하는 경우 그 초과액에 상당하는 부동산에 대하여는 취득세를 부과한다. 이 경우 사업시행인가일(투기지역의 경우에는 정비구역지정일) 이후 환지 이전에 부동산을 승계취득한 자로 한정한다(지특법제74조①2호). 승계조합원의 경우에는 2단계의 취득이 발생하는데, 먼저 원조합원으로부터 조합원 자격을 이전받을 때 종전부동산에 대하여 잔금청산일과 등기접수일 중 빠른 날을 취득시기로 하여 승계취득으로서 4.6%의 취득세 등이 부과되고, 그 이후 완공으로 취득하는 건물의 사실상 취득가격에서 승계취득 당시의 과세표준을 뺀 금액에 대하여 원시취득으로서 2.96%의 취득세가 과세된다.

(3) 일반분양자

승계취득이므로 원칙적으로 분양가의 4%를 취득세로 부과한다. 다만, 연면적이나 전용면적 40㎡ 이하이며 기준시가 1억원 미만인 주택을 취득(상속 취득 및 원시취득은 제외)하여 1가구1주택(해당 주택을 취득한 날부터 60일 이내에 증여 외의 사유로 종전 주택을 처분하여 1가구1주택이 되는 경우를 포함)이 되는 경우에는 취득세를 면제한다(지특법제33조②, 지특령제15조②③).

재건축사업의 경우에는 가액 초과 여부를 불문하고 취득세가 과세된다.(다만, 일반분양자의 경우 재개발사업의 일반분양자와 동일하게 지특법제33조 제2항의 면제 규정이 있다)

재건축조합아파트의 신축공사 완료에 따른 조합원의 신축주택의 취득이나 재개발조합의 조합원분 신축아파트의 취득은 원시취득이고, 원시취득에 따른 취득가격은 당해 건축물의 총공사원가이므로, 당해 건축물에 실제로 투입된 총공사원가에서 조합원 지분(신축건물 연면적)으로 안분한 가액이 취득세 등의 과세표준이 된다. 즉, 총공사비를 총건축연면적으로 나누어 단위 면적당 공사비를 계산하고 여기에 조합원이 분양받은 분양면적을 곱하여 취득가격을 산출한다.

재개발정비사업조합의 조합원은 환지처분공고일 또는 소유권이전고시일의 다음날, 재건축조합원의 경우에는 사용승인서교부일부터 60일 이내에 취득세를 신고·납부하여야 한다.

다만, 조합원 소유 주택의 부수토지는 원래 조합원 소유이던 것을 신탁하였다가 해지하여 지번만 바뀐 것으로서 새로운 취득이 아니므로 과세대상이 아니다. 그러나 일반분양용 대지를 조합원이 조합에 양도한 경우에는 취득세가 과세된다.

정비사업 유형별 조합원 판단기준(도정법)

구 분	판단기준일	조합원 자격
재개발사업 도시환경정비사업	정비구역지정일 현재 토지등 소유자가 조합설립일을 기준으로 조합원으로 변경(조합설립 동의 불요)(도정법제19조①)	① [토지] 소유자 ② [토지+건물] 소유자 ③[건물] 소유자 ④ 지상권자
재건축사업	정비구역지정일 현재 토지등 소유자로서 재건축사업에 동의하여 조합설립이 된 날(도정법제19조①)	[토지+건물] 소유자

지방세법상 조합원의 구분

구 분	판단기준	법령
원조합원	정비구역지정일 현재 부동산 소유자(다만, 투기지역이 아닌 일반지역의 경우 사업시행인가일 현재 부동산 소유자까지 포함)	지특법제74조①1호, ②
승계조합원	정비구역지정일(일반지역의 경우에는 사업시행인가일) 이후 원조합원으로부터 조합원 자격을 승계취득한 자	지특법제74조①2호, 지특법제74조③4호,5호

(2) 감면 : 재개발조합원의 경우 국민주택 규모(85㎡ 이하) 주택은 취득세 100% 감면한다.(원조합원만 해당)(지방세특례제한법§74③, 시행령§35③,

서울시세감면조례§14) 국민주택 규모 초과 주택은 청산금에만 과세한다. 재건축조합원은 해당 사항 없다.

다. 일반 분양자

조합으로부터 분양받아 승계취득한 일반분양자는 분양가의 4%를 분양잔금약정일과 사실상 잔금지급일 중 빠른 날을 기준으로 그로부터 60일 내에 취득세를 신고·납부하여야 한다. 일반분양자는 조합원과 달리 대지에 대한 취득세가 추가된다. 다만, 전용면적 40㎡ 이하 주택 중 취득가액이 1억원 미만인 주택(서민주택)을 취득하여 1가구1주택이 되는 경우 면제한다.(지특법제33조②)

조합원·일반분양자의 사업별 취득세 과세 여부

<table>
<tr><th colspan="2" rowspan="2">구 분</th><th colspan="5">환 지</th></tr>
<tr><th colspan="2">권리가액</th><th colspan="3">증환지(불입청산금)</th></tr>
<tr><th>납세의무자별</th><th>사업별</th><th>상가</th><th>주택</th><th>85㎡ 이하</th><th>85㎡ 초과</th><th>상가</th></tr>
<tr><td rowspan="5">원조합원</td><td>도시개발</td><td>면제</td><td>면제</td><td>과세</td><td>과세</td><td>과세</td></tr>
<tr><td>재개발</td><td>면제</td><td>면제</td><td>면제</td><td>과세</td><td>과세</td></tr>
<tr><td>재건축</td><td>과세</td><td>과세</td><td>과세</td><td>과세</td><td>과세</td></tr>
<tr><td>주거환경</td><td>과세</td><td colspan="3">• 개량방식 주택은 면제
• 전용면적 85㎡ 이하 주거용 부동산 면제</td><td>과세</td></tr>
<tr><td>도시환경</td><td>면제</td><td>면제</td><td>과세</td><td>과세</td><td>과세</td></tr>
<tr><td rowspan="4">승계조합원</td><td>재개발</td><td>면제</td><td>면제</td><td>과세</td><td>과세</td><td>과세</td></tr>
<tr><td>재건축</td><td>과세</td><td>과세</td><td>과세</td><td>과세</td><td>과세</td></tr>
<tr><td>주거환경</td><td>과세</td><td>과세</td><td>과세</td><td>과세</td><td>과세</td></tr>
<tr><td>도시환경</td><td>면제</td><td>면제</td><td>과세</td><td>과세</td><td>과세</td></tr>
<tr><td colspan="2">일반분양자</td><td colspan="5">원칙적 과세, 단, 1가구1주택자의 전용면적 40㎡, 1억원 미만 주택은 100% 면제</td></tr>
</table>

재개발·재건축아파트 취득세율

구분				취득세	농특세	교육세	합계	과세표준
입주권	재개발 재건축		면적 불문	4%	0.2%	9.4%	4.6%	건물 멸실 후 토지분(+프리미엄)
신축주택	재개발	원조합원	85㎡ 이하	-	-	-	-	100% 면제
			85㎡ 초과	2.8%	0.2%	0.16%	3.16%	청산금
		승계조합원	85㎡ 이하	2.8%	-	0.16%	2.96%	청산금
			85㎡ 초과	2.8%	0.2%	0.16%	3.16%	청산금
		일반분양자	40㎡ 이하	-	-	-	-	100% 면제(1세대1주택, 1억원 미만)
			40㎡ 초과					분양가의 1~3%(주택유상거래 세율), 85㎡ 이하는 농특세 면제
	재건축	원조합원	85㎡ 이하	2.8%	-	0.16%	2.96%	조합원별 안분건축비, 토지는 지분증가분
			85㎡ 초과	2.8%	0.2%	0.16%	3.16%	상동
		승계조합원	85㎡ 이하	2.8%	-	0.16%	2.96%	상동
			85㎡ 초과	2.8%	0.2%	0.16%	3.16%	상동
		일반분양자	40㎡ 이하	-	-	-	-	100% 면제(1세대1주택, 1억원 미만)
			40㎡ 초과					분양가의 1~3%(주택유상거래 세율), 85㎡ 이하는 농특세 면제

6. 토지수용과 보상금

보상금 수령시 관련세금

<table>
<tr><th>보상금종류</th><th>관련세목</th><th>내 용</th><th>참 고</th></tr>
<tr><td>토지</td><td>양도소득세
(주민세,
농특세
포함)</td><td>토지 자체가 수용되면 부가가치세는 없으나 사업자의 토지사용보상금의 경우에는 부가가치세 부과</td><td rowspan="7">• 일반개인의 경우에는 양도소득세(주민세, 농특세)
• 개인사업자의 경우에는 종합소득세와 부가가치세
• 법인사업자의 경우에는 법인세, 주민세, 농특세, 부가가치세</td></tr>
<tr><td rowspan="3">건물</td><td>양도소득세</td><td>건물을 사업시행자에게 소유권이전한 경우</td></tr>
<tr><td>부가가치세</td><td>사업에 이용한 건물을 사업시행자에게 소유권이전한 경우</td></tr>
<tr><td>종합소득세
(사업소득세,
법인세)</td><td>사업시행자에게 이전하지 않고 단지 이전철거보상금으로 수령하면 총수입금액에 산입</td></tr>
<tr><td>영업손실
(휴·폐업)</td><td>종합소득세
(사업소득세,
법인세)</td><td>휴폐업보상이면 총수입금액에 산입</td></tr>
<tr><td>기타
지장물</td><td>-</td><td>비과세</td></tr>
<tr><td>분묘</td><td>종합소득세
(기타소득세,
법인세)</td><td></td></tr>
</table>

1) 양도소득세 감면

(1) 현금보상·채권보상시 감면

조세특례제한법 제77조(공익사업용 토지 등에 대한 양도소득세의 감면)

① 다음 각 호의 어느 하나에 해당하는 소득으로서 해당 토지등이 속한 사업지역에 대한 사업인정고시일(사업인정고시일 전에 양도하는 경우에는 양도일)부터 소급하여 2년 이전에 취득한 토지등을 2018년 12월 31일 이전에 양도함으로써 발생하는 소득에 대해서는 양도소득세의 100분의 10[토지등의 양도대금을 대통령령으로 정하는 채권으로 받는 부분에 대해서는 100분의 15

로 하되, 「공공주택 특별법」 등 대통령령으로 정하는 법률에 따라 협의매수 또는 수용됨으로써 발생하는 소득으로서 대통령령으로 정하는 방법으로 해당 채권을 3년 이상의 만기까지 보유하기로 특약을 체결하는 경우에는 100분의 30(만기가 5년 이상인 경우에는 100분의 40)]에 상당하는 세액을 감면한다. <개정 2015.12.15.>

1. 「공익사업을 위한 토지 등의 취득 및 보상에 관한 법률」이 적용되는 공익사업에 필요한 토지등을 그 공익사업의 시행자에게 양도함으로써 발생하는 소득
2. 「도시 및 주거환경정비법」에 따른 정비구역(정비기반시설을 수반하지 아니하는 정비구역은 제외한다)의 토지등을 같은 법에 따른 사업시행자에게 양도함으로써 발생하는 소득
3. 「공익사업을 위한 토지 등의 취득 및 보상에 관한 법률」이나 그 밖의 법률에 따른 토지등의 수용으로 인하여 발생하는 소득

조세특례제한법시행령 제72조(공익사업용토지 등에 대한 양도소득세의 감면) ①법 제77조제1항 각 호 외의 부분에서"대통령령으로 정하는 채권"이란 법률 제6656호 공익사업을위한토지등의취득및보상에관한법률 부칙 제2조에 따라 폐지된 「토지수용법」 제45조 또는 「공익사업을 위한 토지 등의 취득 및 보상에 관한 법률」 제63조의 규정에 의한 보상채권(이하 이 조에서 "보상채권"이라 한다)을 말한다.

② 법 제77조제1항 각 호 외의 부분에서 "「공공주택 건설 등에 관한 특별법」 등 대통령령으로 정하는 법률"이란 다음 각 호의 어느 하나에 해당하는 법률을 말한다. <신설 2014.4.29.>

1. 「공공주택 건설 등에 관한 특별법」
2. 「택지개발촉진법」
3. 「공익사업을 위한 토지 등의 취득 및 보상에 관한 법률」
4. 그 밖에 제1호부터 제3호까지에 따른 법률과 유사한 법률로서 공익사업에 따른 협의매수 또는 수용에 관한 사항을 규정하고 있는 법률

③ 법 제77조제1항 각 호 외의 부분에서 "대통령령으로 정하는 방법"이란 보상채권을 해당 사업시행자를 예탁자로 하여 개설된 계좌를 통하여 한국예탁결제원에 만기까지 예탁하는 것을 말한다.

④ 법 제77조제2항에 따라 공익사업용 토지 등을 양도한 자가 양도소득세를 감면받으려는 경우에는 법 제77조제1항제1호에 따른 공익사업의 시행자 및 같은 항 제2호에 따른 사업시행자(이하 이 조에서 "사업시행자"라 한다)가 해당 사업시행자로 지정받은 날부터 2개월 이내에 기획재정부령으로 정하는 세액감면신청서에 해당 사업시행자임을 확인할 수 있는 서류를 첨부하여 양도자의 납세지 관할 세무서장에게 제출하여야 한다.

⑤ 법 제77조제3항제2호에서 "대통령령으로 정하는 기한"이란 사업시행인가에 있어서는 「도시 및 주거환경정비법」에 의하여 사업시행자의 지정을 받은 날부터 1년이 되는 날, 사업완료에 있어서는 「도시 및 주거환경정비법」에

의하여 사업시행인가를 받은 사업시행계획서상의 공사완료일을 말한다.

⑥ 사업시행자는 법 제77조제1항에 따라 보상채권을 만기까지 보유하기로 특약을 체결한 자(이하 이 조에서 "특약체결자"라 한다)가 있으면 그 특약체결자에 대한 보상명세를, 특약체결자가 그 특약을 위반하는 경우 그 위반사실을 다음 달 말일까지 납세지 관할 세무서장에게 통보하여야 한다.

⑦ 법 제77조제6항에 따른 감면신청을 하고자 하는 사업시행자는 당해 토지등을 양도한 날이 속하는 과세연도의 과세표준신고와 함께 기획재정부령이 정하는 세액감면신청서에 당해 사업시행자임을 확인할 수 있는 서류(특약체결자의 경우에는 특약체결 사실 및 보상채권 예탁사실을 확인할 수 있는 서류를 포함한다)를 첨부하여 양도자의 납세지 관할세무서장에게 제출하여야 한다.

⑧ 법 제77조제7항에 따른 감면신청을 하고자 하는 자는 당해 토지등을 양도한 날이 속하는 과세연도의 과세표준신고(거주자와 「법인세법」 제62조의2제7항의 규정에 의하여 예정신고를 한 비영리내국법인의 경우에는 예정신고를 포함한다)와 함께 기획재정부령이 정하는 세액감면신청서에 수용된 사실을 확인할 수 있는 서류(특약체결자의 경우에는 특약체결 사실 및 보상채권 예탁사실을 확인할 수 있는 서류를 포함한다)를 첨부하여 납세지 관할세무서장에게 제출하여야 한다.

(2) 자경농지에 대한 감면

조세특례제한법 제69조(자경농지에 대한 양도소득세의 감면) ① 농지 소재지에 거주하는 대통령령으로 정하는 거주자가 8년 이상[대통령령으로 정하는 경영이양 직접지불보조금의 지급대상이 되는 농지를 「한국농어촌공사 및 농지관리기금법」에 따른 한국농어촌공사 또는 농업을 주업으로 하는 법인으로서 대통령령으로 정하는 법인(이하 이 조에서 "농업법인"이라 한다)에 2018년 12월 31일까지 양도하는 경우에는 3년 이상] 대통령령으로 정하는 방법으로 직접 경작한 토지 중 대통령령으로 정하는 토지의 양도로 인하여 발생하는 소득에 대해서는 양도소득세의 100분의 100에 상당하는 세액을 감면한다. 다만, 해당 토지가 「국토의 계획 및 이용에 관한 법률」에 따른 주거지역·상업지역 및 공업지역(이하 이 조에서 "주거지역등"이라 한다)에 편입되거나 「도시개발법」 또는 그 밖의 법률에 따라 환지처분 전에 농지 외의 토지로 환지예정지 지정을 받은 경우에는 주거지역 등에 편입되거나, 환지예정지 지정을 받은 날까지 발생한 소득으로서 대통령령으로 정하는 소득에 대해서만 양도소득세의 100분의 100에 상당하는 세액을 감면한다. <개정 2015.12.15.>

② 농업법인이 해당 토지를 취득한 날부터 3년 이내에 그 토지를 양도하거나 대통령령으로 정하는 사유가 발생한 경우에는 그 법인이 그 사유가 발생한 과세연도의 과세표준신고를 할 때 제1항에 따라 감면된 세액에 상당하는 금액을 법인세로 납부하여야 한다.

③ 제1항을 적용받으려는 자는 대통령령으로 정하는 바에 따라 감면신청을 하여야 한다.

(3) 농지대토에 대한 감면과 과세이연

조세특례제한법 제70조(농지대토에 대한 양도소득세 감면) ① 농지 소재지에 거주하는 대통령령으로 정하는 거주자가 대통령령으로 정하는 방법으로 직접 경작한 토지를 경작상의 필요에 의하여 대통령령으로 정하는 경우에 해당하는 농지로 대토(代土)함으로써 발생하는 소득에 대해서는 양도소득세의 100분의 100에 상당하는 세액을 감면한다. 다만, 해당 토지가 「국토의 계획 및 이용에 관한 법률」에 따른 주거지역·상업지역 및 공업지역(이하 이 조에서 "주거지역등"이라 한다)에 편입되거나 「도시개발법」 또는 그 밖의 법률에 따라 환지처분 전에 농지 외의 토지로 환지예정지 지정을 받은 경우에는 주거지역 등에 편입되거나, 환지예정지 지정을 받은 날까지 발생한 소득으로서 대통령령으로 정하는 소득에 대해서만 양도소득세를 감면한다. <개정 2015.12.15.>

② 제1항에 따라 양도하거나 취득하는 토지가 「국토의 계획 및 이용에 관한 법률」에 따른 주거지역 등에 편입되거나 「도시개발법」 또는 그 밖의 법률에 따라 환지처분 전에 농지 외의 토지로 환지예정지 지정을 받은 토지로서 대통령령으로 정하는 토지의 경우에는 제1항을 적용하지 아니한다.

③ 제1항에 따라 감면을 받으려는 자는 대통령령으로 정하는 바에 따라 감면신청을 하여야 한다.

④ 제1항에 따라 양도소득세의 감면을 적용받은 거주자가 대통령령으로 정하는 사유가 발생하여 제1항에서 정하는 요건을 충족하지 못하는 경우에는 그 사유가 발생한 날이 속하는 달의 말일부터 2개월 이내에 감면받은 양도소득세를 납부하여야 한다. <신설 2014.1.1>

⑤ 제1항에 따라 감면받은 양도소득세를 제4항에 따라 납부하는 경우에는 대통령령으로 정하는 바에 따라 계산한 이자상당액을 가산한다. <신설 2014.1.1>

조세특례제한법시행령 제67조(농지대토에 대한 양도소득세 감면요건 등) ① 법 제70조제1항에서 "대통령령으로 정하는 거주자"란 4년 이상 다음 각 호의 어느 하나에 해당하는 지역(경작을 개시할 당시에는 당해 지역에 해당하였으나 행정구역의 개편 등으로 이에 해당하지 아니하게 된 지역을 포함한다. 이하 이 조에서 "농지소재지"라 한다)에 거주한 자로서 대토 전의 농지 양도일 현재 「소득세법」 제1조의2제1항제1호에 따른 거주자인 자(비거주자가 된 날부터 2년 이내인 자를 포함한다)를 말한다. <개정 2015.2.3.>

1. 농지가 소재하는 시(특별자치시와 「제주특별자치도 설치 및 국제자유도시 조성을 위한 특별법」 제15조제2항에 따라 설치된 행정시를 포함한다. 이하 이 항에서 같다)·군·구(자치구인 구를 말한다. 이하 이 항에서 같다) 안의 지역

2. 제1호의 지역과 연접한 시·군·구 안의 지역
3. 해당 농지로부터 직선거리 30킬로미터 이내의 지역

② 법 제70조제1항 본문에서 "대통령령으로 정하는 방법으로 직접 경작"이란 거주자가 그 소유농지에서 농작물의 경작 또는 다년생식물의 재배에 상시 종사하거나 농작업의 2분의 1 이상을 자기의 노동력에 의하여 경작 또는 재배하는 것을 말한다. <개정 2015.2.3.>

③ 법 제70조제1항에서 "대통령령으로 정하는 경우"란 경작상의 필요에 의하여 대토하는 농지로서 다음 각 호의 어느 하나에 해당하는 경우를 말한다. <개정 2014.2.21.>

1. 4년 이상 종전의 농지소재지에 거주하면서 경작한 자가 종전의 농지의 양도일부터 1년(「공익사업을 위한 토지 등의 취득 및 보상에 관한 법률」에 따른 협의매수·수용 및 그 밖의 법률에 따라 수용되는 경우에는 2년) 내에 새로운 농지를 취득하여, 그 취득한 날부터 1년(질병의 요양 등 기획재정부령으로 정하는 부득이한 사유로 경작하지 못하는 경우에는 기획재정부령으로 정하는 기간) 내에 새로운 농지소재지에 거주하면서 경작을 개시한 경우로서 다음 각 목의 어느 하나에 해당하는 경우. 다만, 새로운 농지의 경작을 개시한 후 새로운 농지소재지에 거주하면서 계속하여 경작한 기간과 종전의 농지 경작기간을 합산한 기간이 8년 이상인 경우로 한정한다.
   가. 새로 취득하는 농지의 면적이 양도하는 농지의 면적의 3분의 2이상일 것
   나. 새로 취득하는 농지의 가액이 양도하는 농지의 가액의 2분의 1 이상일 것
2. 4년 이상 종전의 농지소재지에 거주하면서 경작한 자가 새로운 농지의 취득일부터 1년 내에 종전의 농지를 양도한 후 종전의 농지 양도일부터 1년(질병의 요양 등 기획재정부령으로 정하는 부득이한 사유로 경작하지 못하는 경우에는 기획재정부령으로 정하는 기간) 내에 새로운 농지소재지에 거주하면서 경작을 개시한 경우로서 다음 각 목의 어느 하나에 해당하는 경우. 다만, 새로운 농지의 경작을 개시한 후 새로운 농지소재지에 거주하면서 계속하여 경작한 기간과 종전의 농지 경작기간을 합산한 기간이 8년 이상인 경우로 한정한다.
   가. 새로 취득하는 농지의 면적이 양도하는 농지의 면적의 3분의 2 이상일 것
   나. 새로 취득하는 농지의 가액이 양도하는 농지의 가액의 2분의 1 이상일 것

④ 제3항제1호 및 제2호를 적용할 때 새로운 농지를 취득한 후 4년 이내에 「공익사업을 위한 토지 등의 취득 및 보상에 관한 법률」에 따른 협의매수·수용 및 그 밖의 법률에 따라 수용되는 경우에는 4년 동안 농지소재지에 거주하면서 경작한 것으로 본다. <개정 2014.2.21.>

⑤ 제3항제1호 및 제2호를 적용할 때 새로운 농지를 취득한 후 종전의 농지 경작기간과 새로운 농지 경작기간을 합산하여 8년이 지나기 전에 농지 소유자가 사망한 경우로서 상속인이 농지소재지에 거주하면서 계속 경작한 때에는 피상속인의 경작기간과 상속인의 경작기간을 통산한다. <개정 2014.2.21.>

⑥ 제3항제1호 및 제2호를 적용할 때 종전의 농지 경작기간과 새로운 농지 경작기간의 계산에 관하여는 제66조제14항을 준용한다. 이 경우 새로운 농지

의 경작기간을 계산할 때 새로운 농지의 경작을 개시한 후 종전의 농지 경작기간과 새로운 농지 경작기간을 합산하여 8년이 지나기 전에 제66조제14항에 해당하는 기간이 있는 경우에는 새로운 농지를 계속하여 경작하지 아니한 것으로 본다. <신설 2014.2.21.>

⑦ 법 제70조제1항 단서에서 "대통령령으로 정하는 소득"이란 「소득세법」 제95조제1항에 따른 양도소득금액(이하 이 항에서 "양도소득금액"이라 한다) 중 다음의 계산식에 따라 계산한 금액을 말한다. 이 경우 「공익사업을 위한 토지 등의 취득 및 보상에 관한 법률」 및 그 밖의 법률에 따라 협의매수되거나 수용되는 경우에는 보상가액 산정의 기초가 되는 기준시가를 양도 당시의 기준시가로 보며, 새로운 기준시가가 고시되기 전에 취득하거나 양도한 경우 또는 주거지역등에 편입되거나 환지예정지 지정을 받은 날이 도래하는 경우에는 직전의 기준시가를 적용한다. <신설 2015.2.3.>

$$\text{양도소득금액} \times \left(\frac{\text{주거지역 등에 편입되거나 환지예정지 지정을 받은 날의 기준시가} - \text{취득 당시 기준시가}}{\text{양도 당시 기준시가} - \text{취득 당시 기준시가}} \right)$$

⑧ 법 제70조제2항에서 "대통령령으로 정하는 토지"란 다음 각 호의 어느 하나에 해당하는 농지를 말한다. <개정 2014.2.21.>

1. 양도일 현재 특별시·광역시(광역시에 있는 군을 제외한다) 또는 시{「지방자치법」 제3조제4항에 따라 설치된 도농(都農) 복합형태의 시의 읍·면 지역 및 「제주특별자치도 설치 및 국제자유도시 조성을 위한 특별법」 제15조제2항에 따라 설치된 행정시의 읍·면 지역은 제외한다} 지역에 있는 농지 중 「국토의 계획 및 이용에 관한 법률」에 따른 주거지역·상업지역 또는 공업지역 안의 농지로서 이들 지역에 편입된 날부터 3년이 지난 농지. 다만, 다음 각 목의 어느 하나에 해당하는 경우는 제외한다.
   가. 사업시행지역 안의 토지소유자가 1천명 이상이거나 사업시행면적이 기획재정부령으로 정하는 규모 이상인 개발사업(이하 이 호에서 "대규모개발사업"이라 한다)지역(사업인정고시일이 같은 하나의 사업시행지역을 말한다) 안에서 대규모개발사업의 시행으로 인하여 「국토의 계획 및 이용에 관한 법률」에 따른 주거지역·상업지역 또는 공업지역에 편입된 농지로서 사업시행자의 단계적 사업시행 또는 보상지연으로 이들 지역에 편입된 날부터 3년이 지난 경우
   나. 사업시행자가 국가, 지방자치단체, 그 밖에 기획재정부령으로 정하는 공공기관인 개발사업지역 안에서 개발사업의 시행으로 인하여 「국토의 계획 및 이용에 관한 법률」에 따른 주거지역·상업지역 또는 공업지역에 편입된

농지로서 기획재정부령으로 정하는 부득이한 사유에 해당하는 경우

다. 「국토의 계획 및 이용에 관한 법률」에 따른 주거지역·상업지역 및 공업지역에 편입된 농지로서 편입된 후 3년 이내에 대규모개발사업이 시행되고, 대규모개발사업 시행자의 단계적 사업시행 또는 보상지연으로 이들 지역에 편입된 날부터 3년이 지난 경우(대규모개발사업지역 안에 있는 경우로 한정한다)

2. 「도시개발법」 또는 그 밖의 법률에 따라 환지처분 이전에 농지 외의 토지로 환지예정지를 지정하는 경우에는 그 환지예정지 지정일부터 3년이 지난 농지. 다만, 환지처분에 따라 교부받는 환지청산금에 해당하는 부분은 제외한다.

⑨법 제70조제3항의 규정에 따라 양도소득세의 감면신청을 하고자 하는 자는 당해 농지를 양도한 날이 속하는 과세연도의 과세표준신고(예정신고를 포함한다)와 함께 기획재정부령이 정하는 세액감면신청서를 납세지 관할세무서장에게 제출하여야 한다. <개정 2014.2.21.>

⑩ 법 제70조제4항에서 "대통령령으로 정하는 사유"란 다음 각 호의 어느 하나에 해당하는 경우를 말한다. 이 경우 경작기간의 계산 등에 관하여는 제4항 및 제5항을 준용한다. <신설 2014.2.21.>

1. 종전의 농지의 양도일부터 1년(「공익사업을 위한 토지 등의 취득 및 보상에 관한 법률」에 따른 협의매수·수용 및 그 밖의 법률에 따라 수용되는 경우에는 2년) 내에 새로운 농지를 취득하지 아니하거나 새로 취득하는 농지의 면적 또는 가액이 제3항제1호 각 목의 어느 하나에 해당하지 아니하는 경우
2. 새로운 농지의 취득일(제3항제2호에 해당하는 경우에는 종전의 농지의 양도일)부터 1년(질병의 요양 등 기획재정부령으로 정하는 부득이한 사유로 경작하지 못하는 경우에는 기획재정부령으로 정하는 기간) 이내에 새로운 농지소재지에 거주하면서 경작을 개시하지 아니하는 경우
3. 새로운 농지의 경작을 개시한 후 새로운 농지소재지에 거주하면서 계속하여 경작한 기간과 종전의 농지 경작기간을 합산한 기간이 8년 미만인 경우
4. 새로운 농지의 경작을 개시한 후 종전의 농지 경작기간과 새로운 농지 경작기간을 합산하여 8년이 지나기 전에 제66조제14항에 해당하는 기간이 있는 경우

⑪ 법 제70조제5항에서 "대통령령으로 정하는 바에 따라 계산한 이자상당액"이란 법 제70조제4항에 따라 납부하여야 할 세액에 상당하는 금액에 제1호의 기간과 제2호의 율을 곱하여 계산한 금액으로 한다. <신설 2014.2.21.>

1. 종전의 농지에 대한 양도소득세 예정신고 납부기한의 다음 날부터 법 제70조제4항에 따른 양도소득세 납부일까지의 기간
2. 1일 1만분의 3

조세특례제한법 제77조의2(대토보상에 대한 양도소득세 과세특례) ① 거주자가 「공익사업을 위한 토지 등의 취득 및 보상에 관한 법률」에 따른 공익사업의 시행으로 해당 사업지역에 대한 사업인정고시일(사업인정고시일 전에 양도

하는 경우에는 양도일)부터 소급하여 2년 이전에 취득한 토지등을 2018년 12월 31일 이전에 해당 공익사업의 시행자에게 양도함으로써 발생하는 양도차익으로서 토지등의 양도대금을 같은 법 제63조제1항 각 호 외의 부분 단서에 따라 해당 공익사업의 시행으로 조성한 토지로 보상(이하 이 조에서 "대토보상"이라 한다)받는 부분에 대해서는 대통령령으로 정하는 바에 따라 양도소득세의 100분의 15에 상당하는 세액을 감면받거나 양도소득세의 과세를 이연받을 수 있다. <개정 2015.12.15.>

② 제1항은 해당 공익사업의 시행자가 대통령령으로 정하는 방법으로 대토보상 명세를 국세청에 통보하는 경우에만 적용한다.

③ 제1항에 따라 양도소득세를 감면받거나 과세이연받은 거주자는 다음 각 호의 어느 하나에 해당하는 경우 대통령령으로 정하는 바에 따라 감면받거나 과세이연받은 세액 및 이자 상당 가산액을 양도소득세로 납부하여야 한다. <개정 2014.12.23.>

1. 대토보상받기로 한 보상금을 현금으로 받는 경우 등 대통령령으로 정하는 사유가 발생하는 경우
2. 대토보상으로 취득하는 토지에 관한 소유권이전등기의 등기원인이 대토보상으로 기재되지 아니하는 경우

④ 제1항에 따른 감면이나 과세이연을 받으려는 자는 대통령령으로 정하는 바에 따라 신청하여야 한다. <개정 2014.12.23.>

⑤ 제1항부터 제3항까지의 규정을 적용하는 경우 대토보상의 요건 및 방법, 감면받거나 과세이연받은 세액의 납부 사유 및 방법, 그 밖에 필요한 사항은 대통령령으로 정한다. <개정 2014.12.23.>

조세특례제한법 제133조(양도소득세 및 증여세 감면의 종합한도) ① 개인이 제33조, 제43조, 제66조부터 제69조까지, 제69조의2, 제70조, 제77조, 제77조의2, 제77조의3, 제85조의10 또는 법률 제6538호 부칙 제29조에 따라 감면받을 양도소득세액의 합계액 중에서 다음 각 호의 금액 중 큰 금액은 감면하지 아니한다. 이 경우 감면받는 양도소득세액의 합계액은 자산양도의 순서에 따라 합산한다. <개정 2015.12.15.>

1. 제33조, 제43조, 제66조부터 제69조까지, 제69조의2, 제70조, 제77조, 제77조의2, 제77조의3, 제85조의10 또는 법률 제6538호 부칙 제29조에 따라 감면받을 양도소득세액의 합계액이 과세기간별로 1억원을 초과하는 경우에는 그 초과하는 부분에 상당하는 금액
2. 5개 과세기간의 합계액으로 계산된 다음 각 목의 금액 중 큰 금액. 이 경우 5개 과세기간의 감면받을 양도소득세액의 합계액은 당해 과세기간에 감면받을 양도소득세액과 직전 4개 과세기간에 감면받은 양도소득세액을 합친 금액으로 계산한다.
   가. 5개 과세기간의 제70조에 따라 감면받을 양도소득세액의 합계액이 1억원을 초과하는 경우에는 그 초과하는 부분에 상당하는 금액

나. 5개 과세기간의 제70조, 제77조(100분의 10 및 100분의 15의 감면율을 적용받는 경우로 한정한다) 또는 제77조의2에 따라 감면받을 양도소득세액의 합계액이 2억원을 초과하는 경우에는 그 초과하는 부분에 상당하는 금액

다. 5개 과세기간의 제66조부터 제69조까지, 제69조의2, 제70조, 제77조 또는 제77조의2에 따라 감면받을 양도소득세액의 합계액이 3억원을 초과하는 경우에는 그 초과하는 부분에 상당하는 금액

② 제71조에 따라 감면받을 증여세액의 5년간 합계가 1억원(이하 이 항에서 "증여세감면한도액"이라 한다)을 초과하는 경우에는 그 초과하는 부분에 상당하는 금액은 감면하지 아니한다. 이 경우 증여세감면한도액은 그 감면받을 증여세액과 그 증여일 전 5년간 감면받은 증여세액을 합친 금액으로 계산한다.

(4) 1세대1주택 비과세(소득세법제89조①3호)

소득세법시행령 제154조(1세대1주택의 범위) ① 법 제89조제1항제3호가목에서 "대통령령으로 정하는 1세대 1주택"이란 거주자 및 그 배우자가 그들과 동일한 주소 또는 거소에서 생계를 같이 하는 가족과 함께 구성하는 1세대(이하 "1세대"라 한다)가 양도일 현재 국내에 1주택을 보유하고 있는 경우로서 해당 주택의 보유기간이 2년(제8항제2호에 해당하는 거주자의 주택인 경우는 3년) 이상인 것을 말한다. 다만, 1세대가 양도일 현재 국내에 1주택을 보유하고 있는 경우로서 다음 각 호의 어느 하나에 해당하는 경우에는 그 보유기간의 제한을 받지 아니한다. <개정 2015.12.28.>

1. 「민간임대주택에 관한 특별법」 제2조제2호에 따른 민간건설임대주택 또는 「공공주택 특별법」 제2조제1호의2에 따른 공공건설임대주택을 취득하여 양도하는 경우로서 해당 건설임대주택의 임차일부터 해당 주택의 양도일까지의 기간 중 세대전원이 거주(기획재정부령으로 정하는 취학, 근무상의 형편, 질병의 요양, 그 밖에 부득이한 사유로 세대의 구성원 중 일부가 거주하지 못하는 경우를 포함한다)한 기간이 5년이상인 경우
2. 다음 각 목의 어느 하나에 해당하는 경우. 이 경우 가목에 있어서는 그 양도일 또는 수용일부터 5년 이내에 양도하는 그 잔존주택 및 그 부수토지를 포함하는 것으로 한다.

가. 주택 및 그 부수토지(사업인정 고시일 전에 취득한 주택 및 그 부수토지에 한한다)의 전부 또는 일부가 「공익사업을 위한 토지 등의 취득 및 보상에 관한 법률」에 의한 협의매수·수용 및 그 밖의 법률에 의하여 수용되는 경우

나. 「해외이주법」에 따른 해외이주로 세대전원이 출국하는 경우. 다만, 출국일 현재 1주택을 보유하고 있는 경우로서 출국일부터 2년 이내에 양도하는 경우에 한한다.

다. 1년 이상 계속하여 국외거주를 필요로 하는 취학 또는 근무상의 형편으로

세대전원이 출국하는 경우. 다만, 출국일 현재 1주택을 보유하고 있는 경우로서 출국일부터 2년 이내에 양도하는 경우에 한한다.

3. 1년이상 거주한 주택을 기획재정부령으로 정하는 취학, 근무상의 형편, 질병의 요양, 그 밖에 부득이한 사유로 양도하는 경우

비과세되는 1세대1주택에 해당하는 자의 해당 주택에 딸린 토지만이 수용되는 경우에도 양도소득세가 비과세된다. 그 수용일부터 2년 이내에 양도하는 그 잔존주택 및 부수토지에 대해서도 양도소득세가 비과세된다.

2) 취득세 감면

지방세특례제한법 제73조(토지수용 등으로 인한 대체취득에 대한 감면) ① 「공익사업을 위한 토지 등의 취득 및 보상에 관한 법률」, 「국토의 계획 및 이용에 관한 법률」, 「도시개발법」 등 관계 법령에 따라 토지 등을 수용할 수 있는 사업인정을 받은 자(「관광진흥법」 제55조제1항에 따른 조성계획의 승인을 받은 자 및 「농어촌정비법」 제56조에 따른 농어촌정비사업 시행자를 포함한다)에게 부동산(선박·어업권 및 광업권을 포함한다. 이하 이 조에서 "부동산등"이라 한다)이 매수, 수용 또는 철거된 자(「공익사업을 위한 토지 등의 취득 및 보상에 관한 법률」이 적용되는 공공사업에 필요한 부동산등을 해당 공공사업의 시행자에게 매도한 자 및 같은 법 제78조제1항부터 제4항까지 및 제81조에 따른 이주대책의 대상이 되는 자를 포함한다)가 계약일 또는 해당 사업인정 고시일(「관광진흥법」에 따른 조성계획 고시일 및 「농어촌정비법」에 따른 개발계획 고시일을 포함한다) 이후에 대체취득할 부동산등에 관한 계약을 체결하거나 건축허가를 받고, 그 보상금을 마지막으로 받은 날(사업인정을 받은 자의 사정으로 대체취득이 불가능한 경우에는 취득이 가능한 날을 말하고, 「공익사업을 위한 토지 등의 취득 및 보상에 관한 법률」 제63조제1항에 따라 토지로 보상을 받는 경우에는 해당 토지에 대한 취득이 가능한 날을 말하며, 같은 법 제63조제6항 및 제7항에 따라 보상금을 채권으로 받는 경우에는 채권상환기간 만료일을 말한다)부터 1년 이내(제6조제1항에 따른 농지의 경우는 2년 이내)에 다음 각 호의 구분에 따른 지역에서 종전의 부동산등을 대체할 부동산등을 취득하였을 때(건축 중인 주택을 분양받는 경우에는 분양계약을 체결한 때를 말한다)에는 그 취득에 대한 취득세를 면제한다. 다만, 새로 취득한 부동산등의 가액 합계액이 종전의 부동산등의 가액 합계액을 초과하는 경우에 그 초과액에 대해서는 취득세를 부과하며, 초과액의 산정 기준과 방법 등은 대통령령으로 정한다. <개정 2015.12.29.>

1. 농지 외의 부동산등

가. 매수·수용·철거된 부동산등이 있는 특별시·광역시·도 내의 지역

나. 가목 외의 지역으로서 매수·수용·철거된 부동산등이 있는 시·군·구와 잇닿아 있는 시·군·구 내의 지역
다. 매수·수용·철거된 부동산등이 있는 특별시·광역시·도와 잇닿아 있는 특별시·광역시·도 내의 지역. 다만, 「소득세법」 제104조의2제1항에 따른 지정지역은 제외한다.
2. 농지(제6조제1항에 따른 자경농민이 농지 경작을 위하여 총 보상금액의 100분의 50 미만의 가액으로 취득하는 주택을 포함한다)
가. 제1호에 따른 지역
나. 가목 외의 지역으로서 「소득세법」 제104조의2제1항에 따른 지정지역을 제외한 지역
② 제1항에도 불구하고 「지방세법」 제13조제5항에 따른 과세대상을 취득하는 경우(*)와 대통령령으로 정하는 부재부동산 소유자가 부동산을 대체취득하는 경우에는 취득세를 부과한다. → (*) 중과세되는 사치성재산
③ 「공익사업을 위한 토지 등의 취득 및 보상에 관한 법률」에 따른 환매권을 행사하여 매수하는 부동산에 대하여는 취득세를 면제한다.

지방세특례제한법시행령 제34조(수용 시의 초과액 산정기준) ① 법 제73조제1항 각 호 외의 부분 단서에 따른 초과액의 산정 기준과 산정 방법은 다음 각 호와 같다.
1. 법 제73조제1항 각 호 외의 부분 본문에 따른 부동산등(이하 이 조에서 "부동산등"이라 한다)의 대체취득이 「지방세법」 제10조제5항 각 호에 따른 취득에 해당하는 경우의 초과액: 대체취득한 부동산등의 사실상의 취득가격에서 매수·수용·철거된 부동산등의 보상금액을 뺀 금액
2. 부동산등의 대체취득이 「지방세법」 제10조제5항 각 호에 따른 취득 외의 취득에 해당하는 경우의 초과액: 대체취득한 부동산등의 시가표준액(「지방세법」 제4조에 따른 시가표준액을 말한다. 이하 이 호에서 같다)에서 매수·수용·철거된 부동산등의 매수·수용·철거 당시의 시가표준액을 뺀 금액
② 법 제73조제2항에서 "대통령령으로 정하는 부재부동산 소유자"란 「공익사업을 위한 토지 등의 취득 및 보상에 관한 법률」 등 관계 법령에 따른 사업고시지구 내에 매수·수용 또는 철거되는 부동산을 소유하는 자로서 다음 각 호에 따른 지역에 계약일 또는 사업인정고시일 현재 1년 전부터 계속하여 주민등록 또는 사업자등록을 하지 아니하거나 1년 전부터 계속하여 주민등록 또는 사업자등록을 한 경우라도 사실상 거주 또는 사업을 하고 있지 아니한 거주자 또는 사업자(법인을 포함한다)를 말한다. 이 경우 상속으로 부동산을 취득하였을 때에는 상속인과 피상속인의 거주기간을 합한 것을 상속인의 거주기간으로 본다.
1. 매수 또는 수용된 부동산이 농지인 경우: 그 소재지 시·군·구 및 그와 잇닿아 있는 시·군·구 또는 농지의 소재지로부터 20킬로미터 이내의 지역
2. 매수·수용 또는 철거된 부동산이 농지가 아닌 경우: 그 소재지 구[자치구가 아닌 구를 포함하며, 도농복합형태의 시의 경우에는 동(洞) 지역만 해당한다.

이하 이 호에서 같다]·시(자치구가 아닌 구를 두지 아니한 시를 말하며, 도농복합형태의 시의 경우에는 동 지역만 해당한다. 이하 이 호에서 같다)·읍·면 및 그와 잇닿아 있는 구·시·읍·면 지역

현지인으로서 보상금을 마지막으로 받은 날로부터 1년 이내에 대체부동산을 취득한 때에는 보상금(또는 시가표준액)의 범위 내에서 새로이 취득한 부동산의 취득세를 면제한다. 다만, 새로이 취득한 부동산의 초과액, 지방세법상 사치성 재산, 부재부동산 소유자의 대체취득에 대해서는 과세한다.(지방세특례제한법 제73조)

또한 '공익사업을 위한 토지 등의 취득 및 보상에 관한 법률'에 따른 환매권을 행사하여 매수하는 부동산에 대하여는 취득세를 면제한다.(cf. 지세법제15조① 1)

7. 토지거래허가구역내 토지 매매계약 관련세무

1) 취득세

가. 납세의무의 성립

토지거래허가구역 내 토지를 매매할 경우 토지거래허가를 받지 못한 경우 매매계약은 유동적 무효인데, 매수인이 이미 매매잔대금을 지급하였다면 취득세 납부의무가 성립하는지 문제된다. 판례는 국토이용관리법상의 토지거래허가구역 안에 있는 토지에 관한 매매계약 등 거래계약은 관할 관청의 허가를 받아야만 효력이 발생하며 허가를 받기 전에는 물권적 효력은 물론 채권적 효력도 발생하지 아니하여 무효라고 할 것이며, 토지에 대한 거래허가를 받지 아니하여 무효의 상태에 있다면 매수인이 매매대금을 전액 지급했다 하더라도 매수인이 토지를 취득했다고 할 수는 없다고 할 것이므로 매수인이 토지거래허가구역 안에 있는 토지에 관한 매매계약을 체결하고 매도인에게 그 매매대금을 모두 지급하였다고 하더라도, 그 취득세 신고 당시 관할 관청으로부터 토지거래허가를 받지 못하였다면 그 토지를 취득하였다고 할 수 없다고 해석하면서 매수인에게 취득세 납부의무가 성립하지 않는다고 하였다.(대법원 97다8427)

나. 취득시기

지방세법시행령상 유상취득의 시기는 사실상의 잔금지급일로 규정되고 있는 바, 판례도 국토이용관리법상 토지거래허가지역 내의 토지에 관하여 장차 허가를 받을 것을 전제로 매매계약을 체결하여 그 잔금을 지급한 다음 허가를 받은 경우에, 비록 그 매매계약은 허가를 받을 때까지는 법률상 미완성의 법률행위로서 소유권 등 권리의 이전에 관한 계약의 효력이 전혀 발생하지 아니하지만 일단 허가를 받으면 그 계약은 소급하여 유효한 계약이 되므로, 취득세 중과대상이 되는 법인의 비업무용 토지의 취득시기는 같은법 시행령 제73조 제1항의 규정에 의하여 계약상 또는 사실상의 잔금지급일로 보아야 한다고 해석하고 있다.(대법원 98두3174) 그러나 최근의 판례는 토지거래 허가구역지역 내의 토지에 관한 매매계약이 토지거래 허가를 받지 아니하여 유동적 무효 상태에 있다면, 지방세법시행령에서 취득 시기로 정한 사실상 또는 계약상 잔금지급일이 도래하였다고 하더라도 그 매매계약이 확정적으로 유효하게 되었다고 할 수 없으므로 취득세 신고·납부의무가 있다고 할 수 없고, 그 후 토지거래 허가를 받거나 토지거래 허가구역 지정이 해제되는 등의 사유로 그 매매계약이 확정적으로 유효하게 되었을 때 비로소 취득세 신고·납부의무가 있다고 할 것이라고 하여 취득 시기와 신고·납부의무의 기산일을 분리하여 파악하고 있다.(대법원 2012두16695) 지방세법통칙도 토지거래 허가구역내에서 토지를 취득한 경우 사실상 잔금지급일을 취득일로 본다, 다만, 그 신고·납부는 토지거래 허가 및 해제 등의 사유로 그 매매계약이 확정적으로 유효하게 된 날로부터 60일 이내로 한다고 규정하여 판례를 반영하고 있다.(지방세법통칙 20-1)

토지거래허가를 받은 후 잔금을 완납하였다면 당연히 잔금완납일이 취득시기이다.

다. 부과제척기간의 기산점

그러나 판례와 같이 해석하면 납세자로서는 잔금지급일을 기준으로 취득세를 납부하지 않으면 매매계약이 확정적으로 유효가 될 때 취득시기가 잔금지급일로 소급하므로 다액의 가산세를 물어야 되고, 과세당국으로서는 취득자가 잔금지급일로부터 5년이 지나 토지거래허가를 받거나 지정해제가 된 경우에는 제척기간 도과로 과세처분을 할 수 없는 문제점이 있다. 최근 서울고등법원에서 이같은 문제점을 정면으로 제기하면서 다음과 같은 내용으로 판시한바 앞으로 대법원 판결이 어떻게 나올지 지켜보아야 하겠다.

먼저, 매매계약이 토지거래계약 허가를 받지 아니하여 무효인 상태에 있다면 그 대금 전액이 먼저 지급되었다 하더라도 아직은 취득세의 과세대상인 취득이 존재하지 않으므로 매수인에게 취득세의 신고·납부의무가 발생하였다고 할 수 없고, 토지거래계약 허가를 받거나 토지거래계약 허가구역에서 해제된 이후에야 취득세의 과세대상인 취득이 인정되어 취득세 부과가 가능하므로, 이 경우 구 지방세법 제120조 제1항에서 취득세 신고·납부의무의 발생일로 정한 '취득한 날'은 그 계약이 확정적으로 유효하게 된 토지거래계약 허가일 또는 토지거래계약 허가구역 해제일로 보는 것이 타당하다.

2) 양도소득세

가. 납세의무의 성립

판례는 종래 유동적 무효 상태에서의 거래계약은 물권적 효력은 물론 채권적 효력도 발생하지 않고 있는 무효이기 때문에, 허가 이전에 매매대금이 먼저 지급되어 매도인이 이를 보관하고 있다 하여 이를 두고 양도소득의 과세대상인 자산의 '양도'에 해당한다거나 자산의 양도로 인한 소득이 있었다고 할 수는 없다고 예외 없이 판단하였다.(대법원 98두5811)

그러나 토지거래허가구역 내의 토지 매매계약이 토지거래허가를 배제하거나 잠탈할 목적으로 이루어져 무효인 경우에는 예외적으로 양도소득세를 부과할 수 있다. 다시 말해, 국토계획법이 정한 토지거래허가구역 내 토지를 매도하고 대금을 수수하였으면서도 **토지거래허가를 배제하거나 잠탈할 목적**으로 매매가 아닌 증여가 이루어진 것처럼 가장하여 매수인 앞으로 증여를 원인으로 한 이전등기까지 마친 경우 또는 토지거래허가구역 내 토지를 매수하였으나 그에 따른 토지거래허가를 받지 않고 이전등기를 마치지도 않은 채 토지를 제3자에게 전매하여 매매대금을 수수하고서도 최초 매도인이 제3자에게 직접 매도한 것처럼 매매계약서를 작성하고 그에 따른 토지거래허가를 받아 이전등기까지 마친 경우(미등기전매), 이전등기가 말소되지 않은 채 남아 있고 매도인 또는 중간 매도인이 수수한 매매대금도 매수인 또는 제3자에게 반환하지 않은 채 그대로 보유하고 있는 때와 같이 **위법소득**이 사실상 양도인에게 귀속되는 경우에는 예외적으로 매도인 등에게 자산의 양도로 인한 소득이 있다고 보아 양도소득세 과세대상이 된다고 보는 것이 타당하고 하여 판례를 변경하였다.(대법원 2010두23644 전합)

나. 양도시기

토지거래허가를 배제하거나 잠탈할 목적의 거래행위로서 무효인 경우가 아닌 한, 판례는 거래 허가구역 내의 토지매매는 대금을 모두 지급하더라도 양도소득세 납세의무가 발생하지 않고 거래 허가가 있어야만 양도소득세 납세의무가 발생하지만, 일단 허가를 받으면 그 계약은 소급하여 유효한 계약이 되므로, 양도소득 산정의 기준이 되는 토지의 양도시기는 등기접수일이 아니라 '대금청산일'이라고 한다.

토지거래허가를 배제하거나 잠탈할 목적의 거래행위로서 무효인 경우에는 양도소득세 납세의무가 성립하고 양도시기는 원칙대로 매매대금청산일이다.

다. 부과 제척기간

양도인은 토지거래계약이 확정적으로 유효가 된 다음 연도 5. 1.부터 5. 31.까지 과세표준확정신고를 하여야 하고, 양도소득세 부과의 제척기간은 그 다음날부터 진행한다(대법원 2001두9776)고 한다.

토지거래허가를 배제하거나 잠탈할 목적의 거래행위로서 무효인 경우에는 원칙대로 대금청산일이 속하는 해의 다음 연도 5. 1.부터 5. 31.까지 과세표준확정신고를 하여야 하고, 양도소득세 부과의 제척기간은 그 다음날부터 진행한다.

3) 법인세

토지매매에 관하여 거래허가를 받지 아니한 관계로 그 계약의 사법적 효력이 유동적으로 무효인 상태하에서도 잔금을 청산하여 이를 업무에 사실상 사용할 수 있는 상태가 되었다면 법인세법상 부동산의 취득시점으로 보아야 할 것이고 하면서 '잔금청산일'을 비업무용 부동산의 취득시기로 보고 있다.(대법원 97누7219)

4) 상속세

확정적 무효인 토지매매의 경우에 판례는 상속개시 당시 피상속인은 그 매매계약의 무효에 따라 매수인으로부터 이미 지급받은 매매대금을 부당이득으로 반환하여야 할 채무를 부담하고 있었으므로 당해 부동산은 상속재산에 포함되어야 하는 한편, 그 매매대금의 반환채무도 상속재산에서 공제할 채무에 해당된다고 한다.(대법원 2000두2976) 유동적 무효의 경우에도 마찬가지이다.

5) 증여세

토지거래허가를 배제하거나 잠탈할 목적의 매매계약의 경우에도 양도소득세를 부과할 수 있으나 그러한 계약이 외형상 증여의 형식을 띠었다 하더라도 양도소득세와 증여세는 양립불가능하므로 증여세 납세의무는 없다.

제3편
상속세 및 증여세

제3편 상속세 및 증여세

Ⅰ. 상속세

1. 상속세 신고시 검토매뉴얼

1) 일반사항

구 분		검 토 대 상
상속개시일자		사망진단서 또는 시체검안서
상속세신고기한과 관할세무서	피상속인이 거주자	• 상속개시일이 속하는 달의 말일부터 6개월 이내 • 피상속인의 주소지
	비거주자	• 상속개시일이 속하는 달의 말일부터 9개월 이내 • 주된 재산의 소재지
피상속인이 비거주자		• 기초공제와 감정평가수수료만 상속공제 가능 • 채무·공과금 중 상속재산에 관한 채무·공과금만 가능 • 일괄공제, 배우자상속공제, 금융재산상속공제, 장례비용공제 불가
상속인 외의 자의 상속재산 취득시		• 적법한 유증·사인증여의 경우에는 상속세만 과세 • 선순위 상속인 모두 상속을 포기하여 후순위 상속인이 취득한 경우 상속세만 과세 • 그 밖에는 상속인이 상속인 외의 자에게 증여한 것으로 보아 증여세 과세
유류분 반환		• 상속인이 반환받은 경우에는 상속세(상속세 신고도 해야) • 수증자가 반환한 경우에는 증여세 환급
상속분 한도내의 납세의무 이행 여부		초과하여 이행시 초과분상속세 가액에 대해 증여세 과세
피상속인이 개인사업자인 경우		• 사업자등록정정 신고 • 상속개시일이 속하는 달의 말일부터 6개월 이내 종합소득세 신고·납부
상속재산 중 취득세 과세대상 존부		상속개시일이 속하는 달의 말일부터 6개월 이내 취득세 신고·납부(차량은 3개월 이내 이전등록)

2) 상속세 계산도

(1) 거주자

상속재산가액	총상속재산가액	① 본래의 상속재산(사망, 유증·사인증여로 취득한 재산), 피상속인의 생명침해 등으로 인한 손해배상 청구권 ② 간주상속재산(보험금, 신탁재산, 퇴직금 등) ③ 추정상속재산[재산종류별 1·2/2·5원칙 : 사망전 1년(2년) 이내 2억(5억) 이상의 재산처분·채무부담으로 용도가 불분명한 금액] - 증여 사실이 확인되면 추정규정 적용 배제하고 증여세 신고 후 상속세 과세가액 가산 요
	(-)비과세재산가액	•금양임야 및 묘토인 토지 : 2억원 한도 •국가·지자체에 유증한 재산, 국가지정문화재
	(-)과세가액 불산입액	•공익법인 출연재산, 공익신탁재산
과세가액	(-)불산입채무 등	① 조세 등 공과금 - 상속개시일 현재 피상속인에게 납세의무 성립할 것, 상속인의 귀책사유 있는 가산세는 공제 불가 ② 장례비 ③ 채무 - 피상속인의 채무로서 상속인이 실제로 부담하는 채무(임대보증금, 보증채무, 연대채무, 가지급금, 기타)
	(+)증여재산	수증자가 상속인이면 10년, 상속인외이면 5년 - 증여간주·추정재산도 가산, 부담부증여라면 채무를 차감한 부분만 가산, 사전증여받은 자가 피상속인보다 먼저 사망한 경우 불가산, 비과세 증여재산, 증여세 감면 재산은 불가산, 창업자금·가업승계에 대한 증여세 과세특례가 적용되는 경우에는 기간 제한 없이 가산
	상속세과세가액	
과세표준	(-)상속공제(종합한도 적용)	•(기초공제+기타인적공제)와 일괄공제(5억) 중 큰 금액 •배우자상속공제 •가업(영농)상속공제 •금융재산상속공제 •재해손실공제 •동거주택상속공제

<table>
<tr><td rowspan="3"></td><td></td><td>*단, 위 합계 중 공제적용 종합한도내 금액</td></tr>
<tr><td>(-)감정평가수수료</td><td>•부동산 : 5백만원 한도(감정평가법인)
•비상장주식 : 신용평가기관 수별로 각 1천만원 한도
•서화·골동품등 : 500만원 한도(예술품감정전문가)</td></tr>
<tr><td>상속세과세표준 및 세율</td><td><table>
<tr><th>과세표준</th><th>세 율</th></tr>
<tr><td>1억 이하</td><td>10%</td></tr>
<tr><td>5억 이하</td><td>1천만원+(1억원 초과금액×20%)</td></tr>
<tr><td>10억 이하</td><td>9천만원+(5억원 초과금액×30%)</td></tr>
<tr><td>30억 이하</td><td>2억4천만원+(10억원 초과금액×40%)</td></tr>
<tr><td>30억 초과</td><td>10억4천만원+(30억원 초과금액×50%)</td></tr>
</table></td></tr>
<tr><td rowspan="3">산출세액</td><td>(×)세 율</td><td></td></tr>
<tr><td>상속세산출세액</td><td></td></tr>
<tr><td>(+)세대생략상속분 30% 할증</td><td>대습상속은 할증 없음</td></tr>
<tr><td>징수유예</td><td colspan="2">(-)① 문화재자료 징수유예</td></tr>
<tr><td>세액공제</td><td colspan="2">(-)① 증여세액 공제 ② <u>외국납부 세액공제</u> ③ 단기재상속 세액공제 ④ 자진신고 세액공제</td></tr>
<tr><td>결정세액</td><td colspan="2">산출세액-징수유예-세액공제</td></tr>
<tr><td>가산세</td><td colspan="2">(+)신고[무신고(40, 20%), 과소신고(40, 10%)]·납부불성실가산세</td></tr>
<tr><td rowspan="2">납부할세액</td><td>(-)분할납부·연부연납·물납세액</td><td></td></tr>
<tr><td>(=)현금납부세액</td><td></td></tr>
</table>

(2) 비거주자

<table>
<tr><td rowspan="3">상속재산가액</td><td>총상속재산가액</td><td>① 본래의 상속재산(사망, 유증·사인증여로 취득한 재산), 피상속인의 생명침해 등으로 인한 손해배상 청구권
② 간주상속재산(보험금, 신탁재산, 퇴직금 등)
③ 추정상속재산[재산종류별 1·2/2·5원칙 : 사망 전 1년(2년) 이내 2억(5억) 이상의 재산처분·채무부담으로 용도가 불분명한 금액] - 증여 사실이 확인되면 추정규정 적용 배제하고 증여세 신고 후 상속세 과세가액 가산 요</td></tr>
<tr><td>(-)비과세재산가액</td><td>•국가등에 유증한 재산</td></tr>
<tr><td>(-)과세가액 불산입액</td><td>•공익법인 출연재산, 공익신탁재산
-공익법인은 주된 사무소가 국내에 소재</td></tr>
<tr><td rowspan="3">과세가액</td><td>(-)불산입채무 등</td><td>① 조세 등 공과금 - 상속개시일 현재 피상속인에게 납세의무 성립할 것, 상속인의 귀책사유 있는 가산세는 공제 불가
② 장례비 - 공제 불가
③ 채무 - 해당 상속재산을 목적으로 하는 임차권 또는 저당권으로 담보된 채무, 피상속인의 국내사업장의 사업상 채무(법인장부상)</td></tr>
<tr><td>(+)증여재산</td><td>수증자가 상속인이면 10년, 상속인외이면 5년 - 증여간주·추정재산도 가산, 부담부증여라면 채무를 차감한 부분만 가산, 사전증여받은 자가 피상속인보다 먼저 사망한 경우 불가산, 비과세 증여재산, 증여세 감면 재산은 불가산, 창업자금·가업승계에 대한 증여세 과세특례가 적용되는 경우에는 기간 제한 없이 가산</td></tr>
<tr><td>상속세과세가액</td><td></td></tr>
<tr><td>과세표준</td><td>(-)상속공제(종합한도 적용)</td><td>•기초공제 : 2억원
•기타 인적공제 : 공제불가
•일괄공제 : 공제 불가
•배우자상속공제 : 공제 불가
•가업(영농)상속공제 : 공제 불가
•금융재산상속공제 : 공제 불가
•재해손실공제 : 공제 불가
•동거주택상속공제 : 공제 불가
*단, 위 합계 중 <u>공제적용 종합한도</u>내 금액</td></tr>
</table>

<table>
<tr><td rowspan="2"></td><td>(-)감정평가수수료</td><td>•부동산 : 5백만원 한도(감정평가법인)
•비상장주식 : 신용평가기관 수별로 각 1천만원 한도
•서화·골동품등 : 500만원 한도(예술품감정전문가)</td></tr>
<tr><td>상속세과세표준 및 세율</td><td><table>
<tr><th>과세표준</th><th>세 율</th></tr>
<tr><td>1억 이하</td><td>10%</td></tr>
<tr><td>5억 이하</td><td>1천만원+(1억원 초과금액×20%)</td></tr>
<tr><td>10억 이하</td><td>9천만원+(5억원 초과금액×30%)</td></tr>
<tr><td>30억 이하</td><td>2억4천만원+(10억원 초과금액×40%)</td></tr>
<tr><td>30억 초과</td><td>10억4천만원+(30억원 초과금액×50%)</td></tr>
</table></td></tr>
<tr><td rowspan="3">산출세액</td><td>(×)세 율</td><td></td></tr>
<tr><td>상속세산출세액</td><td></td></tr>
<tr><td>(+)세대생략상속분 30% 할증</td><td>대습상속은 할증 없음</td></tr>
<tr><td>징수유예</td><td colspan="2">(-)① 문화재자료 징수유예</td></tr>
<tr><td>세액공제</td><td colspan="2">(-)① 증여세액 공제 ② 단기재상속 세액공제 ③ 자진신고 세액공제</td></tr>
<tr><td>결정세액</td><td colspan="2">산출세액-징수유예-세액공제</td></tr>
<tr><td>가산세</td><td colspan="2">(+)신고[무신고(40, 20%), 과소신고(40, 10%)]·납부불성실가산세</td></tr>
<tr><td rowspan="2">납부할 세액</td><td>(-)분할납부·연부연납·물납세액</td><td></td></tr>
<tr><td>(=)현금납부세액</td><td></td></tr>
</table>

3) 상속재산 평가 관련 검토사항

(1) 시가주의 원칙

구 분	검 토 대 상
상속개시일 전후 6개월 이내 시가 존부	매매계약일, 감정가격산정기준일 또는 감정가액평가서 작성일, 수용보상가액결정일, 공매·경매가액결정일 기준
상속개시일 2년 이내 시가 존부	과세관청에서 재산평가심의위원회의 자문을 거친 경우에만 시가 포함 가능(상속개시일 전 6개월 이내의 기간은 제외)
시가가 2 이상 있는 경우	상속개시일을 전후하여 가장 가까운 날에 해당하는 가액을 기준

4) 상속개시 후 기간별 주요절차(거주자)

구 분	주 요 절 차
상속개시시	• 사망진단서 또는 사체검안서 발급(병원) • 장례비용 등 영수증 수령(피상속인의 재산에서 지급하는 것이 유리)
상속개시일부터 **1개월** 이내	• 사망신고서 제출(동사무소) • 사업자등록정정신고·영업자지위승계신고(세무서, 시·군·구청) 또는 폐업신고
상속개시일부터 **3개월** 이내	• 피상속인의 부동산·금융재산 조회(구청, 금융감독원등) • 상속포기·한정승인 여부 결정 및 심판청구(피상속인의 주소지 관할가정법원) • 자동차이전등록(상속인 주소지 차량등록사업소) • 사망일시금·유족연금 신청(5년 이내, 국민연금공단 지사) • 예금·보험·신용카드·전화·핸드폰·인터넷 등 해지 청구(해당 기관)
상속개시일부터 **6개월** 이내	• 상속재산의 평가(세무사) • 피상속인의 종합소득세 신고납부(2012.1.1. 현재 소득세 신고기한 만료분까지 적용, 상속인의 주소지 관할세무서) • 취득세 및 등록면허세 신고납부(2011.12.31. 이전 상속

	개시분, 재산소재지 시·군·구청)(*)
상속개시일이 속하는 달의 **말일부터 6개월** 이내	• 유언증서 확인 후 상속재산 협의분할 및 소유권이전등기(재산소재지 관할등기소) • 상속세 신고납부(피상속인의 주소지 관할세무서) • 피상속인의 종합소득세 신고납부(2012.1.1. 현재 소득세 신고기한 미만료분부터 적용) • 취득세 및 등록면허세 신고납부(2012.1.1. 이후 상속개시분)(*) • 비거주자(외국인)의 경우 상속개시일이 속하는 달의 말일부터 9개월 이내 신고납부
상속세 **신고기한부터 6개월** 이내	• 배우자상속재산 분할기한까지 분할한 경우 배우자가 실제 상속받은 재산으로 인정 - 부득이한 사유시 연장 가능

(*) 상속인 아닌 자가 사인증여로 상속재산을 취득하는 경우에는 증여자의 사망일로부터 60일(2010. 12. 31. 이전에는 30일) 이내에 취득세(등록면허세) 신고·납부를 하여야 한다.(대법원 2013두6138) 법인이 유증받은 경우에도 상속개시일부터 60일 이내에 신고해야 한다.(행안부 세정 13407-아179)

2. 상속과 자본이득에 대한 과세

보통 자본소득이란 자본적 자산의 시가 또는 처분가액과 그 자산의 원가와의 차액을 뜻한다. 이러한 자본이득에는 미실현이득도 포함하는데, 특히 자산의 소유자가 자산의 매각을 미루어 오다가 사망하여 상속이 개시되는 경우, 그 자산의 취득시부터 사망시까지의 상승된 자산가치의 증가분, 그 미실현 자본이득을 어떻게 처리할 것인지 문제된다. 이에 대해서는 과세설과 비과세설, 상속인이 상속재산을 매각할 때 그 취득가액을 피상속인의 취득시점을 기준으로 산정하여야 한다는 승계취득가액설 등이 있다.

소득세법 제88조 제1항에서는 '양도'란 자산이 유상으로 사실상 이전되는 것이라고 규정함으로써 무상이전의 경우를 양도소득세 과세대상에서 제외하고 있다. 또한 소득세법시행령 제162조 제1항 5호에서는 상속 또는 증여에 의하여 취득한 재산에 대하여는 상속이 개시된 날 또는 증여를 받은 날의 가액을 취득가액으로 보도록 규정하고 있다. 말하자면, 상속이나 증여로 취득한 자산을 상속인이나 수증자가 양도할 때 양도소득세를 산출하는 경우 양도가액에서 공제하는 취득가액은 피상속인이나 증여자의 취득가액이 아니고 상속개시 당시 또는 수증 당시의 상속세 및 증여세법 제60조 내지 66조 규정에 따라 평가한 가액을 취득 당시의 실지거래가액으로 본다.(소세법제97조①1호, 소세령제163조⑨) 이로 보아 우리 법은 자본이득세 과세방식이나 승계취득가액방식을 배제하고 비과세방식을 채택한 것을 알 수 있다.

다만, 소득세법 제97조 제4항은 배우자 또는 직계존비속으로부터 증여받은 부동산을 5년 이내에 양도할 경우 그 취득가액을 당해 배우자나 직계존비속의 취득 당시의 금액으로 하도록 규정하고 있는데, 이는 승계취득가액방식을 채택하고 있는 것이다. 이는 배우자나 직계존비속으로부터 증여를 받은 경우에 증여공제를 악용하여 증여세공제 혜택을 누리고 증여시점을 새로운 취득시기로 삼아 양도소득세를 잠탈하는 것을 방지하기 위한 예외규정이다.

> **소득세법시행령 제163조(양도자산의 필요경비)** ⑨ 상속 또는 증여(「상속세 및 증여세법」 제33조 내지 제42조의 규정에 의한 증여를 제외한다)받은 자산에 대하여 법 제97조제1항제1호 가목 본문의 규정을 적용함에 있어서는 상속개시일 또는 증여일 현재 「상속세 및 증여세법」 제60조 내지 제66조의 규정에 의하여 평가한 가액을 취득당시의 실지거래가액으로 본다. 다만, 다음 각 호의 1에 해당하는 경우에는 다음 각 호의 규정에 의한 금액에 의한다.
> 1. 「부동산 가격공시 및 감정평가에 관한 법률」에 의하여 1990년 8월 30일 개별공시지가가 고시되기 전에 상속 또는 증여받은 토지의 경우에는 상속개시일 또는 증여일 현재 「상속세 및 증여세법」 제60조 내지 제66조의 규정에 의하여 평가한 가액과 제164조제4항의 규정에 의한 가액 중 많은 금액
> 2. 「상속세 및 증여세법」 제61조제1항제2호 내지 제4호의 규정에 의한 건물의 기준시가가 고시되기 전에 상속 또는 증여받은 건물의 경우에는 상속개시일 또는 증여일 현재 「상속세 및 증여세법」 제60조 내지 제66조의 규정에 의하여 평가한 가액과 제164조제5항 내지 제7항의 규정에 의한 가액 중 많은 금액

> **소득세법 제97조의2(양도소득의 필요경비 계산 특례)** ① 거주자가 양도일부터 소급하여 5년 이내에 그 배우자(양도 당시 혼인관계가 소멸된 경우를 포함하되, 사망으로 혼인관계가 소멸된 경우는 제외한다. 이하 이 항에서 같다) 또는 직계존비속으로부터 증여받은 제94조제1항제1호에 따른 자산이나 그 밖에 대통령령으로 정하는 자산의 양도차익을 계산할 때 양도가액에서 공제할 필요경비는 제97조제2항에 따르되, 취득가액은 그 배우자 또는 직계존비속의 취득 당시 제97조제1항제1호 각 목의 어느 하나에 해당하는 금액으로 한다. 이 경우 거주자가 증여받은 자산에 대하여 납부하였거나 납부할 증여세 상당액이 있는 경우에는 제97조제2항에도 불구하고 필요경비에 산입한다.

3. 납세의무자

피상속인은 거주자(국내·국외 재산 포함, 무제한적 납세의무), 비거주자(국내재산만 제한적 납세의무) 불문한다. 납세의무자는 상속인과 수유자이다. 특별한 경우 추정상속인, 상속재산관리인, 유언집행자, 특별연고자도 납세의무가 있는 경우가 있다. 상속세법상의 상속인은 민법상의 상속인만을 가리키는 것이 아니고 상속결격자, 특별연고자와 유증 및 사인증여의 수증자까지 포함한다.(상증세법제2조4,5호, 상증세법제3조의2①) 상속개시 있음을 안 날부터 3월 내에 상속을 포기한 동순위의 공동상속인도 납세의무자에 포함된다. 선순위 공동상속인 전원의 상속포기의 경우에는 후순위 상속인인만이 납세의무자가 된다. 그렇더라도 현행법에서도 생전 증여로 취득한 재산도 없는 상속인이 상속을 포기하였다면 상속에 의하여 '받았거나 받을 재산'이 없으므로 상속세 납부의무를 지지 않을 것이고(상증세법제3조의2③), 상속포기는 소급효가 있으므로 다른 상속인에게 증여한 것으로 보아 증여세를 부과할 수도 없다.

피상속인으로부터 상속 개시 5년 이내에 증여받은 재산만 있는 상속인 외의 자는 상속세 납부의무나 연대납부의무는 없다. 또한 상속인 또는 수유자 아닌 자가 상속인 또는 수유자를 대신하여 납부한 상속세는 '채무면제에 따른 증여' 규정에 따라 증여세 과세대상에 해당한다. 그러나 상속인 외의 자가 유증, 사인증여, 재산의 분여 등으로 상속재산을 취득하는 경우 상속세를 과세한다.

그러나 수유자가 영리법인이면 수유재산의 가액이 법인세법상 익금에 가산되어 법인세의 과세대상이 되므로 상속세는 면제된다.(상증세법제3조①단서) 그와 달리 수유자가 비영리법인이거나 상속세 및 증여세법상 비영리법인으로 보도록 되어 있는 법인격 없는 사단·재단·기타 단체는 납세의무자에 해당한다.(상증세법제4조⑦) 피상속인이 생전에 증여계약을 체결하고 소유권 이전하기 전에 피상속인이 사망한 경우에는 2003년 이후에는 사인증여로 보아 수증자에 대하여 상속세만 과세한다.

각 납세의무자는 (법정, 협의)상속분을 한도로 연대납세의무가 있다. 상속세의 연대납세의무는 상속인 등의 고유의 상속세 납세의무가 확정되면 법률상 당연히 확정되는 것이므로 별도의 절차를 거칠 필요가 없다. 이와 관련하여 연대납세의무를 지는 공동상속인은 다른 공동상속인들에 대한 과세처분의 취소를 구할 원고적격이 인정된다.(대법원 98두9530)

상속세 및 증여세법 제3조의2(상속세 납부의무) ① 상속인(특별연고자 중 영리법인은 제외한다) 또는 수유자(영리법인은 제외한다)는 상속재산(제13조에 따라 상속재산에 가산하는 증여재산 중 상속인이나 수유자가 받은 증여재산을 포함한다) 중 각자가 받았거나 받을 재산을 기준으로 대통령령으로 정하는 비율에 따라 계산한 금액을 상속세로 납부할 의무가 있다.

② 특별연고자 또는 수유자가 영리법인인 경우로서 그 영리법인의 주주 또는 출자자(이하 "주주등"이라 한다) 중 상속인과 그 직계비속이 있는 경우에는 대통령령으로 정하는 바에 따라 계산한 지분상당액을 그 상속인 및 직계비속이 납부할 의무가 있다.

③ 제1항에 따른 상속세는 상속인 또는 수유자 각자가 받았거나 받을 재산을 한도로 연대하여 납부할 의무를 진다.

[전문개정 2015.12.15.]

상속세 및 증여세법 제2조(정의) 이 법에서 사용하는 용어의 뜻은 다음과 같다.

1. "상속"이란 「민법」 제5편에 따른 상속을 말하며, 다음 각 목의 것을 포함한다.
   가. 유증
   나. 「민법」 제562조에 따른 증여자의 사망으로 인하여 효력이 생길 증여(상속개시일 전 10년 이내에 피상속인이 상속인에게 진 증여채무 및 상속개시일 전 5년 이내에 피상속인이 상속인이 아닌 자에게 진 증여채무의 이행 중에 증여자가 사망한 경우의 그 증여를 포함(*)한다. 이하 "사인증여"라 한다)
   다. 「민법」 제1057조의2에 따른 피상속인과 생계를 같이 하고 있던 자, 피상속인의 요양간호를 한 자 및 그 밖에 피상속인과 특별한 연고가 있던 자(이하 "특별연고자"라 한다)에 대한 상속재산의 분여(分與)
2. "상속개시일"이란 피상속인이 사망한 날을 말한다. 다만, 피상속인의 실종선고로 인하여 상속이 개시되는 경우에는 실종선고일(**)을 말한다.
3. "상속재산"이란 피상속인에게 귀속되는 모든 재산을 말하며, 다음 각 목의 물건과 권리를 포함한다. 다만, 피상속인의 일신에 전속하는 것으로서 피상속인의 사망으로 인하여 소멸되는 것은 제외한다.
   가. 금전으로 환산할 수 있는 경제적 가치가 있는 모든 물건
   나. 재산적 가치가 있는 법률상 또는 사실상의 모든 권리
4. "상속인"이란 「민법」 제1000조, 제1001조, 제1003조 및 제1004조(***)에 따른 상속인을 말하며, 같은 법 제1019조제1항에 따라 상속을 포기한 사람 및 특별연고자를 포함한다.
5. "수유자"란 유증을 받은 자 또는 사인증여에 의하여 재산을 취득한 자를 말한다.

(*) 피상속인이 생전에 부동산에 대한 증여계약을 체결하고 소유권이전등기 전에 사망한 경우 이론상 상속인에 대하여는 상속개시시점을 기준으로 한 상속세

가, 수증자에 대하여는 재산취득시점에 다시 증여세가 부과되어야 할 것이나, 상속인은 실제로 취득한 재산이 없는데도 상속세를 부담하게 되는 부당한 결과가 초래되므로(상속인은 그가 이행하여야 할 증여채무를 공제받지 못할 뿐만 아니라 수증자가 납부하는 증여세도 공제받지 못한다) 이를 시정하기 위하여 현행법은 증여계약 이행 중에 피상속인이 사망한 경우에는 사인증여와 동일하게 보아 상속인에게 상속세를 부과하지 않고 수증자에게 상속세만 과세하는 것으로 하고 있다.(상증세법제2조제1호나목)

(**) 민법의 실종기간만료일과 다름에 주의하라. 실종기간만료시를 상속세 납세의무의 성립시기로 한다면 실종기간이 만료되고 상속세의 과세표준 시고기한 6개월이 경과한 다음날부터 기산하여 10년 또는 15년이 도과한 후 실종선고를 청구하여 실종선고가 되는 경우에는 이미 상속세 부과의 제척기간이 지나 상속세를 부과할 수 없게 되는 것을 방지하기 위하여 실종선고일을 상속개시일로 의제하여 납세의무의 성립시기를 특별히 규정하고 있는 것이다. 따라서 상속세 및 증여세의 납세의무 성립시기, 국세부과의 제척기간 및 신고기한의 기산점, 상속세 과세물건의 범위, 상속재산의 평가기준일, 배우자공제, 세대생략할증과세 등은 실종선고일을 기준으로 한다.

(***) 상속결격자도 상증세법상은 상속인에 해당하므로 상속세 납세의무가 있다.

※ 상속인도 수유자도 아닌 자가 상속개시 전 5년 이내에 증여받은 재산에 대해서는 상속재산의 가액에 가산하나, 상속인도 수유자도 아닌 자는 상속세 납부의무나 연대납세의무는 없고 증여세가 과세된다. 나아가, 만약 상속인도 수유자도 아닌 자가 상속인이나 수유자를 대신하여 상속세를 납부하였다면 그에 대해서 상증세법 제36조 규정에 따라 증여세를 부과해야 한다.

※ 「상속세 및 증여세법」 제3조에 따라 상속인(「민법」 제1019조제1항의 규정에 의하여 상속을 포기한 자를 포함함)은 상속재산 중 각자가 상속받았거나 받을 재산을 기준으로 「상속세 및 증여세법 시행령」 제2조의2제1항에 따라 상속세를 납부할 의무가 있으며, <u>상속을 포기한 자도</u> 「상속세 및 증여세법 시행령」 제2조의2제1항에서 규정한 각자가 상속받았거나 받을 재산의 비율에 따른 <u>상속세 납부의무와</u> 그 재산을 한도로 상속세를 <u>연대하여 납부할 의무</u>가 있습니다. 이 때 그 상속재산에는 같은 법 제8조의 상속재산으로 보는 보험금을 포함하는 것입니다.(상속증여세과-393, 2013.07.22.)

상속세 및 증여세법 제36조(채무면제 등에 따른 증여) ① 채권자로부터 채무를 면제받거나 제3자로부터 채무의 인수 또는 변제를 받은 경우에는 그 면제, 인수 또는 변제(이하 이 조에서 "면제등"이라 한다)를 받은 날을 증여일로 하여 그 면제등으로 인한 이익에 상당하는 금액(보상액을 지급한 경우에는 그 보상액을 뺀 금액으로 한다)을 그 이익을 얻은 자의 증여재산가액으로 한다. <개정 2015.12.15.>

② 제1항을 적용할 때 면제등을 받은 날의 판단 및 그 밖에 필요한 사항은 대통령령으로 정한다. <신설 2015.12.15.>

국세기본법 제24조(상속으로 인한 납세의무의 승계) ① 상속이 개시된 때에 그 상속인[「민법」 제1000조, 제1001조, 제1003조 및 제1004조에 따른 상속인을 말하고, 「상속세 및 증여세법」 제2조제5호에 따른 수유자를 포함한다. 이하 이 조에서 같다] 또는 「민법」 제1053조에 규정된 상속재산관리인은 피상속인에게 부과되거나 그 피상속인이 납부할**(*)** 국세·가산금과 체납처분비를 상속으로 받은 재산의 한도**(**)**에서 납부할 의무를 진다. <개정 2015.12.15.>

② 제1항에 따른 납세의무 승계를 피하면서 재산을 상속받기 위하여 피상속인이 상속인을 수익자로 하는 보험계약을 체결하고 상속인은 「민법」 제1019조제1항에 따라 상속을 포기한 것으로 인정되는 경우로서 상속포기자가 피상속인의 사망으로 인하여 보험금(「상속세 및 증여세법」 제8조에 따른 보험금을 말한다)을 받는 때에는 상속포기자를 상속인으로 보고, 보험금을 상속받은 재산으로 보아 제1항을 적용한다. <신설 2014.12.23.>

③ 제1항의 경우에 상속인이 2명 이상일 때에는 각 상속인은 피상속인에게 부과되거나 그 피상속인이 납부할 국세·가산금과 체납처분비를 「민법」 제1009조·제1010조·제1012조 및 제1013조에 따른 상속분 또는 대통령령으로 정하는 비율(상속인 중에 수유자 또는 「민법」 제1019조제1항에 따라 상속을 포기한 사람이 있거나 상속으로 받은 재산에 보험금이 포함되어 있는 경우로 한정한다)에 따라 나누어 계산한 국세·가산금과 체납처분비를 상속으로 받은 재산의 한도에서 연대하여 납부할 의무를 진다. 이 경우 각 상속인은 그들 중에서 피상속인의 국세·가산금 및 체납처분비를 납부할 대표자를 정하여 대통령령으로 정하는 바에 따라 관할 세무서장에게 신고하여야 한다. <개정 2014.12.23.>

④ 제1항의 경우에 상속인이 있는지 분명하지 아니할 때에는 상속인에게 하여야 할 납세의 고지·독촉이나 그 밖에 필요한 사항은 상속재산관리인에게 하여야 한다. <개정 2014.12.23.>

⑤ 제1항의 경우에 상속인이 있는지 분명하지 아니하고 상속재산관리인도 없을 때에는 세무서장은 상속개시지를 관할하는 법원에 상속재산관리인의 선임을 청구할 수 있다. <개정 2014.12.23.>

⑥ 피상속인에게 한 처분 또는 절차는 제1항에 따라 상속으로 인한 납세의무를 승계하는 상속인이나 상속재산관리인에 대해서도 효력이 있다. <개정 2014.12.23.>

(*) 피상속인에게 이미 납세의무가 성립되어 있으나 아직 확정은 되지 아니한 국세까지 포함한다.(국심 2001부3256)

(**) 상속인이 피상속인의 미납 양도소득세 납세의무를 승계받은 이후 상속인이 양도소득세 납부이행을 해태함에 따른 가산금 및 중가산금은 상속인 고유의 의무로서 상속으로 받은 재산의 한도에서만 납부의무가 있는 것은 아님(조심 2010서818)

※ 태아에게 상속이 된 경우에는 그 태아가 출생한 때에 상속으로 인한 납세의무가 승계된다.(국기통)

※ 납세의무 승계액 한도(상속으로 받은 재산)=상속받은 재산 총액-(상속받은 채무 총액+상속으로 인하여 부과되거나 납부할 상속세)

※ 상속인은 국세기본법 제24조에 의거 상속이 개시된 때에 피상속인에게 부과되거나 그 피상속인이 납부할 국세 등을 상속으로 인하여 얻은 재산을 한도로 하여 납부할 의무를 지는 것이므로 상속인이 상속을 포기하여 상속으로 인하여 얻은 재산이 없다면 납세의무를 승계하지 아니하는 것이다.(징세 46101-160)

cf. 대법원 2013.5.23. 선고 2013두1041 판결 [양도소득세부과처분취소]

【판시사항】

[1] 적법하게 상속을 포기한 자가 국세기본법 제24조 제1항이 피상속인의 국세 등 납세의무를 승계하는 자로 규정하고 있는 '상속인'에 포함되는지 여부(소극)

[2] 상속세 및 증여세법 제8조가 규정하는 보험금이 국세기본법 제24조 제1항에서 정한 '상속으로 받은 재산'에 포함되는지 여부(소극)

【판결요지】

[1] 원래 상속을 포기한 자는 상속포기의 소급효에 의하여 상속개시 당시부터 상속인이 아니었던 것과 같은 지위에 놓이게 되는 점(민법 제1042조), 상속세 및 증여세법(이하 '상증세법'이라 한다.) 제3조 제1항은 상속세에 관하여는 상속포기자도 상속인에 포함되도록 규정하고 있으나 이는 사전증여를 받은 자가 상속을 포기함으로써 상속세 납세의무를 면하는 것을 방지하기 위한 것으로서, 국세기본법 제24조 제1항에 의한 납세의무 승계자와 상증세법 제3조 제1항에 의한 상속세 납세의무자의 범위가 서로 일치하여야 할 이유는 없는 점, 조세법률주의의 원칙상 과세요건은 법률로써 명확하게 규정하여야 하고 조세법규의 해석에 있어서도 특별한 사정이 없는 한 법문대로 해석하여야 하며 합리적 이유 없이 확장해석하거나 유추해석하는 것은 허용되지 않는 점 등을 종합하여 보면, <u>적법하게 상속을 포기한 자는 국세기본법 제24조 제1항이 피상속인의 국세 등 납세의무를 승계하는 자로 규정하고 있는 '상속인'에는 포함되지 않는다</u>고 보아야 한다.

[2] 상속세 및 증여세법(이하 '상증세법'이라 한다.) 제8조 제1항은 피상속인의 사망으로 인하여 지급받는 생명보험 또는 손해보험의 보험금으로서 피상속인이 보험계약자가 된 보험계약에 의하여 지급받는 보험금이 실질적으로 상속이나 유증 등에 의하여 재산을 취득한 것과 동일하다고 보아 상속세 과세대상으로 규정하고 있으나, 상증세법 제8조가 규정하는 보험금의 경우 보험수익자가 가지는 보험금지급청구권은 본래 상속재산이 아니라 상속인의 고유재산이므로, 상증세법 제8조가 규정하는 보험금 역시 국세기본법 제24조 제1항이 말하는 <u>'상속으로 받은 재산'에는 포함되지 않는다</u>고 보아야 한다.

→ 그러나 국세기본법 제24조 제2항이 신설됨으로써 2015년부터는 피상속인이 상속인을 수익자로 한 종신보험을 든 경우에는 피상속인의 조세채무를 승계하게 된다.

※ 한정승인의 경우에는 조세채무 전액이 승계된다.

4. 상속지분의 변천

1) 직계비속 있는 경우

부(호주) 사망	구관습	60. 1. 1.~78. 12. 31.	79. 1. 1.~90. 12. 31.	91. 1. 1.~현재
처	0	0.5(2)	1.5(6)	1.5(3)
장남	1	1.5(6)	1.5(6)	1(2)
차남	0	1(4)	1(4)	1(2)
미혼녀	0	0.5(2)	1(4)	1(2)
출가녀	0	0.25(1)	0.25(1)	1(2)

처 사망	구관습	60. 1. 1.~78. 12. 31.	79. 1. 1.~90. 12. 31.	91. 1. 1.~현재
남편	0	1(4)	1(4)	1.5(3)
장남	1	1(4)	1(4)	1(2)
차남	1	1(4)	1(4)	1(2)
미혼녀	1	0.5(2)	1(4)	1(2)
출가녀	0	0.25(1)	0.25(1)	1(2)
남편 대습상속	불가	불가	불가	가능
구관습상 호주 아닌 기혼 가족의 사망시 그 배우자인 처나 남편이 아니라 동일 가적 내의 직계비속 자녀들이 균분 상속함(대법원 88다카33619 전합)				

2) 직계비속 없는 경우

남편 사망	구관습	60. 1. 1.~78. 12. 31.	79. 1. 1.~90. 12. 31.	91. 1. 1.~현재
처	불명확	1	1.5(3)	1.5(3)
시아버지		1	1(2)	1(2)
시어머니		1	1(2)	1(2)
구관습상 가족인 미혼의 자녀가 사망한 경우에 그 유산은 동일 가적에 있는 부(父)가, 부가 없으면 모가, 모도 없으면 호주가 상속				

처 사망	구관습	60. 1. 1.~78. 12. 31.	79. 1. 1.~90. 12. 31.	91. 1. 1.~현재
남편	불명확	1	1	1.5(3)
장인		0	0	1(2)
장모		0	0	1(2)

대습상속의 변천

1960. 1. 1.~1990. 12. 31.	처는 대습상속권이 있으나 부(夫)는 없음
1991. 1. 1.~현재	배우자 모두 대습상속권이 있음

※ 사후양자는 신민법 이후로는 호주상속권만 인정되고 재산상속권은 부인된다.

5. 상속세 과세대상(상증세법제1조)

상속세 및 증여세법 제3조(상속세 과세대상) 상속개시일 현재 다음 각 호의 구분에 따른 상속재산에 대하여 상속세를 부과한다.

1. 피상속인이 거주자인 경우: 모든 상속재산 → 무제한납세의무자
2. 피상속인이 비거주자인 경우: 국내에 있는 모든 상속재산 → 제한납세의무자

[전문개정 2015.12.15.]

※ 서울행정법원2013구합56577

[제 목]

사해행위로 취소된 상속재산이라도 여전히 상속세의 과세대상임

[요 지]

피상속인이 수증받은 재산이 사해행위취소로 인하여 취소되어 상속인이 실질적으로 상속받은 재산이 없다고 하더라도, 사해행위취소판결에 의한 반환은 소급효가 없으므로 그 이전에 이루어진 증여와 상속에 영향을 미치지 아니하고, 후발적 경정청구 대상이라고 볼 수도 없다.

상속세 및 증여세법 제14조(상속재산의 가액에서 빼는 공과금 등) ① 거주자의 사망으로 인하여 상속이 개시되는 경우에는 상속개시일 현재 피상속인이나 상속재산에 관련된 다음 각 호의 가액 또는 비용은 상속재산의 가액에서 뺀다.

1. 공과금
2. 장례비용
3. 채무(상속개시일 전 10년 이내에 피상속인이 상속인에게 진 증여채무와 상속

개시일 전 5년 이내에 피상속인이 상속인이 아닌 자에게 진 증여채무는 제외한다. 이하 이 조에서 같다)

1) 거주자와 비거주자의 구분

구 분		피상속인이 거주자인 경우	피상속인이 비거주자인 경우
구분 기준		국내에 주소를 두거나 1년 이상 거소를 둔 사람(*)	거주자가 아닌 사람
과세대상의 범위		국내외 일체의 상속재산	국내의 일체 상속재산
관할세무서(납세지)		피상속인의 주소지 관할세무서	주된 상속재산 소재지 관할세무서
신고·납부기한		상속개시일이 속하는 달의 말일부터 6개월 이내	상속개시일이 속하는 달의 말일부터 9개월 이내
상속재산의 차감액	채무	피상속인의 채무	해당 상속재산에 담보된 채무 등
	장례비용	500~1,500만원	공제 불가
	공과금	피상속인이 납부할 의무가 있는 금액	해당 상속재산에 관한 공과금 등
상속공제	기초공제	2억원	**2억원**
	기타 인적공제	상속인별 일정액	공제 불가
	일괄공제	5억원	공제 불가
	배우자 공제	5억원~30억원 한도	공제 불가
	금융재산 공제	2억원 한도	공제 불가
	가업상속 공제	200억원~500억원 한도	공제 불가
	영농상속 공제	5억원 한도	공제 불가
	재해손실 공제	손실가액	공제 불가
	동거주택 상속 공제	5억원 한도	공제 불가
	감정평가 수수료 공제	부동산 : 500만원 한도 비상장주식 : 1천만원 한도 서화·골동품 등 : 500만원 한도	좌동

(*) 주소와 거소의 판정은 원칙적으로 소세령 제2조에 따른다.

소득세법시행령 제2조(주소와 거소의 판정) ① 「소득세법」(이하 "법"이라 한다) 제1조의2에 따른 주소는 국내에서 생계를 같이 하는 가족 및 국내에 소재하는 자산의 유무등 생활관계의 객관적 사실에 따라 판정한다. <개정 2010.2.18.>

② 법 제1조의2에 따른 거소는 주소지 외의 장소 중 상당기간에 걸쳐 거주하는 장소로서 주소와 같이 밀접한 일반적 생활관계가 형성되지 아니한 장소로 한다. <개정 2010.2.18.>

③ 국내에 거주하는 개인이 다음 각 호의 어느 하나에 해당하는 경우에는 국내에 주소를 가진 것으로 본다. <개정 2015.2.3.>

1. 계속하여 183일 이상 국내에 거주할 것을 통상 필요로 하는 직업을 가진 때
2. 국내에 생계를 같이하는 가족이 있고, 그 직업 및 자산상태에 비추어 계속하여 183일 이상 국내에 거주할 것으로 인정되는 때

④ 국외에 거주 또는 근무하는 자가 외국국적을 가졌거나 외국법령에 의하여 그 외국의 영주권을 얻은 자로서 국내에 생계를 같이하는 가족이 없고 그 직업 및 자산상태에 비추어 다시 입국하여 주로 국내에 거주하리라고 인정되지 아니하는 때에는 국내에 주소가 없는 것으로 본다. <개정 2015.2.3.>

1. 삭제 <2015.2.3.>
2. 삭제 <2015.2.3.>

⑤ 외국을 항행하는 선박 또는 항공기의 승무원의 경우 그 승무원과 생계를 같이하는 가족이 거주하는 장소 또는 그 승무원이 근무기간외의 기간 중 통상 체재하는 장소가 국내에 있는 때에는 당해 승무원의 주소는 국내에 있는 것으로 보고, 그 장소가 국외에 있는 때에는 당해 승무원의 주소가 국외에 있는 것으로 본다.

※ 내국인으로서 해외이주신고를 하고 출국한 자는 국내에 주소가 없는 것으로 본다. 다만, 그 해외이주신고가 단순히 신병치료 목적(또는 어린 자녀의 교육 목적)인 경우에는 피상속인의 거주기간·직업, 국내에서 생계를 같이하는 가족 및 국내소재 자산의 유무 등 생활관계의 객관적 사실에 따라 거주자 여부를 판단한다.

외국국적(시민권)을 가졌거나 외국 영주권을 가진 경우, 주소의 판단은 국내에 생계를 같이하는 가족이 있고 그 직업 및 재산상태에 비추어 계속하여 국내에 거주할 것으로 인정되는 때에는 국내에 주소를 가진 것으로 본다.

6. 상속재산의 가액계산

1) 가액 계산구조

'상속으로 인한 재산' = 상속받은 자산총액-(상속받은 부채총액+ 상속으로 인하여 부과되거나 납부할 상속세)

상속받은 자산총액 = 본래의 상속재산가액 + 의제상속재산가액 + 추정상속재산가액

2) 본래의 상속재산의 범위(상증세법제7조①②)

상속세 및 증여세법 제2조(정의) 이 법에서 사용하는 용어의 뜻은 다음과 같다

3. "상속재산"이란 피상속인에게 귀속되는 모든 재산을 말하며, 다음 각 목의 물건과 권리를 포함한다. 다만, 피상속인의 일신에 전속하는 것으로서 피상속인의 사망으로 인하여 소멸되는 것은 제외한다.
   가. 금전으로 환산할 수 있는 경제적 가치가 있는 모든 물건
   나. 재산적 가치가 있는 법률상 또는 사실상의 모든 권리

1) 피상속인의 채권은 원칙적으로 채권의 가치를 기준으로 그 가액을 산정하되, 상속개시 당시 피상속인이 지닌 채권이 회수불능의 상태에 있다면 그 채권은 상속재산에 포함되지 않는다.(서울고법 2013누11361) 피상속인이 자동차·항공기 사고 등으로 사망하여 그 유족인 상속인이 수령하는 위자료 성격의 보상금은 상속재산에 포함되지 아니하며 소득세 과세대상에도 해당되지 않는다. 그러나 피상속인이 구금 또는 형이 집행된 사건에 대하여 재심으로 무죄가 선고되어 형사보상법상 보상금을 수령하는 경우 상속재산에 포함된다. 토지를 증여받은 자가 사망한 후 사해행위 취소소송의 판결로 증여자에게 부동산이 원상회복되더라도 그 재산은 상속재산에 포함된다. 피상속인이 신탁자로서 명의신탁한 재산은 부당이득으로 반환받을 수 있는 경우에는 상속재산에 포함한다. 상속개시 후 상속인이 협의분할이나 기타 계약을 체결하고 상속인이나 제3자에게 명의 이전된 재산은 모두 상속재산에 포함된다. 상속개시일 이전에 자백 판결로 소송을 통하여 피상속인 명의로 이전된 부동산이 실질은 사위(婿)의 재산이라면 상속재산으로 볼 수 없다.(대법원 2010두27097)

2) 상속개시 전 **10**년 내 피상속인이 **상속**인에게 증여한 재산가액과 상속개시 전 **5**년 이내에 피상속인이 상속인 **이외**의 자에게 증여한 재산가액은 상속세 과세

가액에 합산하여야 한다.(상증세법제13조①1,2호, 제14조①3호)

3) 상속개시 전 피상속인이 매도인으로서 부동산양도계약을 체결하고 이행 도중(소유권이전등기 이전)에 사망하여 상속이 개시되는 경우, 상속재산에 속하는지 여부에 대해서는 상속세 및 증여세법에는 별다른 규정이 없고, 소득세법상 양도차익을 산정하는 기준이 되는 양도 또는 취득시기에 관하여 원칙적으로 양도자산의 대금청산일로 한다는 규정이 있을 뿐인데 이 규정은 상증세법상 상속재산의 귀속을 결정함에 있어서도 준용된다고 판례는 해석하고 있다.(대법원 2005두13148)

> **소득세법 제98조(양도 또는 취득의 시기)** 자산의 양도차익을 계산할 때 그 취득시기 및 양도시기는 대금을 청산한 날이 분명하지 아니한 경우 등 대통령령으로 정하는 경우를 제외하고는 해당 자산의 대금을 청산한 날로 한다. 이 경우 자산의 대금에는 해당 자산의 양도에 대한 양도소득세 및 양도소득세의 부가세액을 양수자가 부담하기로 약정한 경우에는 해당 양도소득세 및 양도소득세의 부가세액은 제외한다.

그러므로 피상속인이 상속 개시 전에 제3자에게 자신의 부동산을 처분하고 대금 전액을 지급받았다면 그 부동산에 대한 등기가 피상속인의 명의로 남아 있다 하더라도 그 부동산은 상속재산에 포함되지 아니한다. 이 경우 상속인들은 부동산에 대하여 상속세는 부담하지 않고 양도소득세를 승계 부담하게 된다. 다만, 매도대금이 예금으로 잔존하는 등의 특별한 사정이 입증되면 그 예금채권에 대하여 상속세를 부담하는 것은 별개 문제이다.

다음으로, 상속개시 전 피상속인이 부동산양도계약을 체결하고 잔금을 다 지급받기 전에 사망하고 상속인이 잔대금을 지급받고 매수인에게 소유권이전등기를 해준 경우에는 상속개시시점에서는 아직 부동산의 양도가 완성되지 않은 상태이므로 그 부동산 자체가 상속재산이 되는 것이지, 잔대금지급청구채권이 상속재산이 되는 것은 아니다. 이 경우 양도 대금 전액에서 상속 개시 전에 받은 계약금과 중도금을 공제한 잔액(상속 개시 후 수령할 잔대금)을 상속재산의 과세가액으로 한다.(토지거래허가구역 내 토지를 허가받지 않고 매매계약을 체결하여 잔금을 받기 전에 사망한 경우에도 해당 토지의 상속재산가액은 양도대금 전액에서 상속개시 전에 받은 계약금과 중도금을 뺀 잔액으로 함, 재산세과-395, 2012.11.08) 상속인이 잔대금을 지급받으면 그 때 양도가 성립하므로 상속인이 독자적으로 양도소득세를 부담하고, 이 경우 우리 법은 피상속인의 취득시부터 사망시까지 발생한 자본이득에 대해서는 따로 과세하지 않는 방식을 채택하고 있으므로 양도차익 계산을 위한 취득시기는 상속개시일이다. 이 경우 상속 개시 전 수령한 대금으로서 상속개시 전 1년 또는 2년 이내에 피상속인이 수령·처분한 금액이 2억원 또는 5억원 이상이면서 그 사용 용도가 객관적으로 불분명하면 상속세과세가액에 산입될 수 있다.(상증세법제15조) 그러나 잔대금채권이 사실상 회수불능이면 상속재산에 포함시킬 수 없다.(대법원 2000두7544) 피상속인의 사망 이후에 매매계약이 해제되어 소급적으로 매매계약의 효력이 상실되었다고 하더라도 대상 부동산은 상속재산에 포함할 수 없다.

위와 같은 원리로서 상속 개시 전 취득시효가 완성되어 소송을 통하여 제3자에게 이전된 경우에도 상속 재산에 포함되지 아니한다. 또한 상속 개시 전 수용된 토지를 상속인에게 환매되었다 하더라도 상속재산은 아니다.

4) 상속 개시 전 피상속인이 매수인으로서 부동산 양수계약을 체결하고 매수대금을 전액 지급한 뒤 사망하였다면 미처 등기 이전을 못 하였다 하더라도 그 부동산은 상속재산에 속한다.(대법원 91도1609) 그러나 잔금을 지급하기 전에 사망한 경우로서 매매계약이 이행 중이라면 당해 부동산은 상속재산이 아니며 그 소유권이전등기청구권을 상속재산으로 본다. 이 경우 이미 지급한 계약금이나 중도금의 합계금액만이 상속세 과세가액이 된다.

유상양도의 경우 상속세 및 양도소득세 부담

세부담 / 시기별	대금청산전 상속개시		대금청산 후 상속개시	
	양도인 사망	양수인 사망	양도인 사망	양수인 사망
상속재산	부동산	이전등기청구권	(매매대금)	부동산
과세가액	미수령잔대금	기지급대금	(매매대금)	부동산 전체가액
상속세 부담	○	○	부동산상속세는 ×	○
양도소득세 부담	상속인 자신의 채무	-	피상속인의 의무승계	-

5) '갑'이 '을'에게 토지를 증여하고 인도하여 주었으나 이전등기를 하지 않고 있던 중에 증여자 또는 수증자가 사망하면 증여세 및 상속세가 어떻게 되는지 문제된다. 이 경우에도 유상양도와 마찬가지로 세법상 증여에 따른 자산의 취득시기가 언제인가 하는 문제가 선결과제이다. 상속세 및 증여세법시행령 제23조 제1항 1호는 토지의 경우 증여세 납세의무의 성립시기를 이전등기일로 규정하고 있

다. 이에 따르면 등기 전에 증여자가 사망하면 증여세 납세의무는 성립하지 아니하나 그 토지는 이전등기가 경료되지 아니한 이상, 그 토지는 상속재산이므로 상속인은 토지를 상속받음과 동시에 피상속인의 증여로 인한 소유권이전등기의무도 승계하게 되지만 대부분 상속세 및 증여세법 제14조 제1항 제3호에 따라 채무공제의 대상에서 배제될 것이므로 상속인은 토지에 대한 상속세를 부담하여야 할 것이다. 그러나 이에 대해서는 2002년 상속세 및 증여세법 개정시 이를 사인증여로 보아 증여자인 '갑'의 상속인이 상속세를 부담하지 아니하고 수증자인 '을'만이 상속세를 부담하는 것으로 입법적으로 정리되었다.

이와 반대로 수증자가 토지를 인도받아 사용하던 중 사망하였다면, 피상속인, 즉 수증자가 보유하고 있던 증여자에 대한 소유권이전등기청구권 그 자체를 상속재산으로 볼 수 있는가 하는 점이 문제된다. 소유권이전등기청구권을 상속재산으로 보게 되면 그 채권은 반대급부의무가 부착되지 않은 것이므로 그 과세가액은 결국 부동산 자체를 상속받은 것과 동일하게 평가될 것인데 이를 기초로 상속세를 부과하고 그 후 이전등기가 경료될 경우 또 증여가 성립하였다고 하여 증여세를 부과한다면 이중과세가 되어 부당하다. 따라서 이 경우에는 상속인이 증여계약에 따라 등기이전을 받으면 그 때 증여세 납세의무만 성립하는 것으로 구성하면 충분하다.

무상양도의 경우 상속세 및 증여세 부담

세 부 담 / 구 분	증여자 사망의 경우	수증자 사망의 경우
상속재산	부동산	×(이전등기청구권)
상속세	수증자 부담(사인증여)	×
증여세	×	상속인에게 이전등기시 ○

상속세 및 증여세법시행령 제23조(증여재산의 취득시기) ① 법 제31조제2항에 따라 증여재산의 취득시기는 법 제33조부터 제39조까지, 제39조의2, 제39조의3, 제40조, 제41조, 제41조의3부터 제41조의5까지, 제44조, 제45조, 제45조의2 및 제45조의3이 적용되는 경우를 제외하고는 다음 각 호의 어느 하나에 따른다. <개정 2015.2.3.>

1. 권리의 이전이나 그 행사에 등기·등록을 요하는 재산에 대하여는 등기·등록일. 다만, 「민법」 제187조에 따른 등기를 요하지 아니하는 부동산의 취득에 대하여는 실제로 부동산의 소유권을 취득한 날로 한다.

6) 민법상 합유자 중 일부가 사망하면 합유지분은 상속되지 않고 잔존합유자에게 귀속되는 것이 원칙이다. 다만, 합유자 사이에 상속을 인정한다는 특별한 약정이 있는 경우에는 예외이다. 이와 같이 피상속인의 재산이 합유재산인 경우 상속인 명의로 등기할 수는 없으므로 상속인에게 상속세가 부과되는지 문제된다. 그러나 상속인은 민법 제719조, 제717조에 따라 지분반환청구권을 가지게 되므로 피상속인의 합유지분에 해당하는 가액은 상속재산에 포함되고 상속세도 부과된다. 만약 상속인이 지분반환청구권을 행사하지 않는다면 상속인이 잔존합유자에게 증여한 것으로 보아 증여세가 부과된다.

※ 서면4팀-322, 2007.01.23.

상속재산에는 피상속인에게 귀속되는 금전으로 환가할 수 있는 경제적 가치가 있는 모든 물건과 재산적 가치가 있는 법률상 또는 사실상의 모든 권리를 포함하는 것으로서, 피상속인과 타인이 함께 합유 등기한 부동산은 그 부동산가액 중 피상속인의 몫에 상당하는 가액을 상속재산에 포함하는 것이며, 상속인이 합유지분에 대한 반환청구를 포기한 때에는 상속인이 당해 지분을 상속받아 다른 합유자에게 증여한 것으로 보는 것입니다. 이 경우 상속세 및 증여세법시행령 제23조 제1항 제1호의 규정에 의한 증여재산의 취득시기는 잔존합유자의 합유로 하는 합유명의인 변경등기 신청서 접수일인 것입니다.

3) 간주상속재산

(1) 생명보험금

피상속인의 사망으로 인하여 받는 생명보험 또는 손해보험의 보험금으로서 피상속인이 보험계약자인 보험계약에 의하여 받는 것은 상속재산으로 본다.(상증세법제8조①) 또한 보험계약자가 피상속인이 아닌 경우에도 피상속인이 실질적으로 보험금을 납부하였을 경우도 피상속인을 보험계약자로 보고 상속재산으로 본다.(상증세법제8조②) 보험금수익자와 실질적 보험금불입자가 다른 경우 보험사고가 발생한 경우에 보험금 상당액을 보험금 수령인의 증여재산가액으로 하며, 보험계약 기간에 보험금 수령인이 타인으로부터 재산을 증여받아 보험료를 납부한 경우에는 그 보험료 납부액에 대한 보험금 상당액에서 그 보험료 납부액을 뺀 가액을 보험금 수령인의 증여재산가액으로 한다.(상증세법제34조) 보험금수취인과 보험금불입자가 동일할 경우에는 증여세가 과세되지 아니한다.

상속세 및 증여세법 제8조(상속재산으로 보는 보험금) ① 피상속인의 사망으로 인하여 받는 생명보험 또는 손해보험의 보험금으로서 피상속인이 보험계약자인 보험계약에 의하여 받는 것은 상속재산으로 본다.
② 보험계약자가 피상속인이 아닌 경우에도 피상속인이 실질적으로 보험료를 납부하였을 때에는 피상속인을 보험계약자로 보아 제1항을 적용한다.

상속세 및 증여세법 제34조(보험금의 증여) ① 생명보험이나 손해보험에서 보험사고(만기보험금 지급의 경우를 포함한다)가 발생한 경우 해당 보험사고가 발생한 날을 증여일로 하여 다음 각 호의 구분에 따른 금액을 보험금 수령인의 증여재산가액으로 한다. <개정 2015.12.15.>
1. 보험금 수령인과 보험료 납부자가 다른 경우(보험금 수령인이 아닌 자가 보험료의 일부를 납부한 경우를 포함한다): 보험금 수령인이 아닌 자가 납부한 보험료 납부액에 대한 보험금 상당액
2. 보험계약 기간에 보험금 수령인이 재산을 증여받아 보험료를 납부한 경우: 증여받은 재산으로 납부한 보험료 납부액에 대한 보험금 상당액에서 증여받은 재산으로 납부한 보험료 납부액을 뺀 가액

② 제1항은 제8조에 따라 보험금을 상속재산으로 보는 경우에는 적용하지 아니한다.
③ 삭제 <2015.12.15.>

대법원 2002.2.8. 선고 2000다64502 판결

생명보험에 있어서 보험계약자가 피보험자 중의 1인인 자신을 보험수익자로 지정한 경우에도 그 지정은 유효하고, 따라서 보험수익자가 사망하면 그 보험금은 상속재산이 된다고 할 것이다.

대법원 2001. 12. 28. 선고 2000다31502 판결 [보험금]

【판시사항】
피보험자의 상속인을 보험수익자로 하여 맺은 생명보험계약에서 피보험자가 사망하여 보험사고가 발생한 경우, 상속인이 가지는 보험금청구권이 상속재산인지 여부(소극)

【판결요지】
생명보험의 보험계약자가 스스로를 피보험자로 하면서, 수익자는 만기까지 자신이 생존할 경우에는 자기 자신을, 자신이 사망한 경우에는 '상속인'이라고만 지정하고 그 피보험자가 사망하여 보험사고가 발생한 경우, 보험금청구권은 상속인들의 고유재산으로 보아야 할 것이고, 이를 상속재산이라 할 수 없다.

→ 따라서 민법상 이러한 보험금은 상속인의 고유재산이므로 상속포기나 한

정승인을 하여도 보험금 청구를 할 수 있고, 상속포기 후 보험금을 수령하더라도 단순승인이 되는 것은 아니다.

→ 본래 피상속인의 사망으로 인하여 지급받는 생명보험금은 피상속인의 재산에 일단 귀속된 다음에 상속 또는 유증 등에 의하여 승계취득 되는 재산이 아니라 보험금수취인이 보험계약의 효력에 따라 취득하는 고유재산으로서 민법상 상속재산은 아니다. 그러나 피상속인이 실질적으로 보험료를 지불하고 그의 사망을 원인으로 일시에 무상으로 수취하는 생명보험금은 유족의 생활보장을 목적으로 피상속인의 소득능역을 보충하는 금융자산으로서의 성격도 지니고 있는 등 그 경제적 실질에 있어서는 민법상의 상속재산과 다를 바 없다. 따라서 이를 상속재산으로 의제하여 과세하는 것은 인위적인 상속세 회피를 방지하고 과세형평 및 실질과세의 원칙을 실현하기 위해 필요한 것이다.(헌재 2007헌바137)

간주상속재산(보험금) = 보험금수령액×피상속인이 부담한 보험료 합계액/피상속인의 사망시까지 불입된 보험료의 총합계액

보험금수익자가 상속인 이외의 자로 되어 있는 경우 유증받은 것으로 처리하고 그 자가 피상속인의 자녀가 아닌 직계비속인 경우에는 세대를 건너뛴 상속에 대한 할증과세를 적용한다.

○ 상속재산으로 보는 보험금의 범위

① 보험계약자가 피상속인인 경우(상증세법제8조①)

② 피상속인이 보험계약자가 아닌 경우에도 실질적으로 보험료를 납부한 경우(상증세법제8조②)

보험금과 상속·증여세

<table>
<tr><th rowspan="3">구 분</th><th rowspan="3">계약자</th><th rowspan="3">피보험자</th><th rowspan="3">수익자</th><th colspan="4">과세관계</th></tr>
<tr><th colspan="2">종신보험</th><th colspan="2">연금보험</th></tr>
<tr><th>사망보험금</th><th>생존보험금(만기환급금)</th><th>사망시</th><th>생존시</th></tr>
<tr><td rowspan="3">계약자 = 피보험자</td><td>피상속인</td><td>피상속인</td><td>피상속인</td><td>상속세</td><td>없음</td><td></td><td></td></tr>
<tr><td>피상속인</td><td>피상속인</td><td>배우자</td><td>상속세</td><td>증여세</td><td></td><td></td></tr>
<tr><td>피상속인</td><td>피상속인</td><td>상속인</td><td>상속세</td><td>증여세</td><td></td><td></td></tr>
<tr><td rowspan="2">계약자 ≠ 피보</td><td>피상속인</td><td>배우자</td><td>피상속인</td><td>없음</td><td>없음</td><td></td><td></td></tr>
<tr><td>피상속인</td><td>배우자</td><td>배우자</td><td>상속세</td><td>증여세</td><td></td><td></td></tr>
</table>

험자	피상속인	배우자	상속인	증여세	증여세		
	피상속인	상속인	피상속인			연금수령권에 대한 상속세(현재가치액)	없음, 연금 수령
	상속인	피상속인	상속인	없음		없음, 사망보험금 수령	없음, 연금 수령
	상속인	피상속인	배우자				

※ 피상속인이 계약자라도 상속인이 실질적으로 보험료를 납부한 경우에는 상속인을 계약자로 본다.

※ 생명보험 또는 손해보험에 있어서 보험금 수령인과 보험료 납부자가 다른 경우에는 보험사고(만기 보험금 지급의 경우를 포함)가 발생한 때에 보험료 납부자가 보험금 상당액을 보험금수령인에게 증여한 것으로 보는 것임(상속증여세과-392, 2014.10.07.)

(2) 신탁재산

상속세 및 증여세법 제9조(상속재산으로 보는 신탁재산) ① 피상속인이 신탁한 재산은 상속재산으로 본다. 다만, 타인이 신탁의 이익을 받을 권리를 소유하고 있는 경우 그 이익에 상당하는 가액은 상속재산으로 보지 아니한다.
② 피상속인이 신탁으로 인하여 타인으로부터 신탁의 이익을 받을 권리를 소유하고 있는 경우에는 그 이익에 상당하는 가액을 상속재산에 포함한다.

※ 피상속인이 신탁한 부동산이 피상속인의 사망으로 인하여 공동상속인 중 우선수익자인 특정상속인에게 등기 이전된 후, 특정상속인이 그 부동산을 상속받은 대가로 상속분이 감소된 다른 상속인에게 현금을 지급하기로 협의분할한 경우에는 다른 상속인의 감소된 상속분은 그 특정상속인에게 유상으로 이전한 것으로 보는 것임(상속증여세과-449, 2013.08.06.)

피상속인이 신탁한 재산은 상속재산으로 본다.(상증세법제9조①, 그러나 타익신탁은 제외) 피상속인이 신탁으로 인하여 타인으로부터 신탁의 이익을 받을 권리를 소유하고 있는 경우에는 그 이익에 상당하는 가액을 상속재산에 포함한다.(상증세법제9조②)

(3) 퇴직금·퇴직수당·공로금·연금 등

피상속인에게 지급될 퇴직금·퇴직수당·공로금·연금 등이 피상속인의 사망으로 인하여 지급되는 경우 상속재산으로 본다.(상증세법제10조, 그러나 국민연금법상 유족연금, 공무원연금법상 유족연금·유족보상금, 군인연금법상 유족연금·재해보상금, 산업재해보상보험법상 유족보상연금, 근로기준법상 업무상재해에 따른 유족보상금·재해보상금은 제외) 부의금은 상속재산은 아니나 20만원 이상이면 증여세를 과세한다. 피상속인의 사망에 따른 퇴직금을 수령할 권리를 갖고 있는 상속인이 그 권리를 포기한 경우 상속인이 당해 퇴직금을 상속받아 퇴직금지급의무자에게 증여한 것으로 본다.

4) 추정상속재산

상속세 및 증여세법 제15조(상속개시일 전 처분재산 등의 상속 추정 등) ① 피상속인이 재산을 처분하였거나 채무를 부담한 경우로서 다음 각 호의 어느 하나에 해당하는 경우에는 이를 상속받은 것으로 추정하여 제13조에 따른 상속세 과세가액에 산입한다.

1. 피상속인이 재산을 처분하여 받은 금액이나 피상속인의 재산에서 인출한 금액이 상속개시일 전 **1**년 이내에 재산 종류별로 계산하여 **2**억원 이상인 경우와 상속개시일 전 **2**년 이내에 재산 종류별로 계산하여 **5**억원 이상인 경우로서 대통령령으로 정하는 바에 따라 용도가 객관적으로 명백하지 아니한 경우
2. 피상속인이 부담한 채무를 합친 금액이 상속개시일 전 **1**년 이내에 **2**억원 이상인 경우와 상속개시일 전 **2**년 이내에 **5**억원 이상인 경우로서 대통령령으로 정하는 바에 따라 용도가 객관적으로 명백하지 아니한 경우 → 채권자가 국가 등이나 금융기관일 경우

② 피상속인이 국가, 지방자치단체 및 대통령령으로 정하는 금융회사등이 아닌 자에 대하여 부담한 채무로서 대통령령으로 정하는 바에 따라 상속인이 변제할 의무가 없는 것으로 추정되는 경우에는 이를 제13조에 따른 상속세 과세가액에 산입한다. <개정 2013.1.1.> → 기간 제한 없다

③ 제1항제1호에 규정된 재산을 처분하여 받거나 재산에서 인출한 금액 등의 계산과 재산 종류별 구분에 관한 사항은 대통령령으로 정한다.

상속세 및 증여세법시행령 제11조(상속세 과세가액에 산입되는 재산 또는 채무의 범위) ① 법 제15조제1항제1호의 규정을 적용함에 있어서 재산의 처분금액 및 인출금액은 재산종류별로 다음 각호의 구분에 따라 계산한 금액을 합한 금액으로 한다.

1. 피상속인이 재산을 처분한 경우에는 그 처분가액중 상속개시일전 1년 또는 2년 이내에 실제 수입한 금액
2. 피상속인이 금전등의 재산(이하 이 조에서 "금전등"이라 한다)을 인출한 경우에는 상속재산중 상속개시일전 1년 또는 2년 이내에 실제 인출한 금전등.

이 경우 당해 금전등이 기획재정부령이 정하는 통장 또는 위탁자계좌등을 통하여 예입된 경우에는 상속개시일전 1년 또는 2년 이내에 인출한 금전등의 합계액에서 당해 기간중 예입된 금전등의 합계액을 차감한 금전등으로 하되, 그 예입된 금전등이 당해 통장 또는 위탁자계좌등에서 인출한 금전등이 아닌 것을 제외한다.

② 법 제15조제1항제1호 및 제2호에서 "대통령령으로 정하는 바에 따라 용도가 객관적으로 명백하지 아니한 경우"란 다음 각 호의 어느 하나에 해당하는 경우를 말한다.

1. 피상속인이 재산을 처분하여 받은 금액이나 피상속인의 재산에서 인출한 금전등 또는 채무를 부담하고 받은 금액을 지출한 거래상대방(이하 이 조에서 "거래상대방"이라 한다)이 거래증빙의 불비 등으로 확인되지 아니하는 경우
2. 거래상대방이 금전등의 수수사실을 부인하거나 거래상대방의 재산상태등으로 보아 금전등의 수수사실이 인정되지 아니하는 경우
3. 거래상대방이 피상속인의 특수관계인으로서 사회통념상 지출사실이 인정되지 아니하는 경우
4. 피상속인이 재산을 처분하거나 채무를 부담하고 받은 금전등으로 취득한 다른 재산이 확인되지 아니하는 경우
5. 피상속인의 연령·직업·경력·소득 및 재산상태 등으로 보아 지출사실이 인정되지 아니하는 경우

③ 법 제15조제2항에서 "대통령령으로 정하는 바에 따라 상속인이 변제할 의무가 없는 것으로 추정되는 경우"란 제10조제1항제2호에 규정된 서류등에 의하여 상속인이 실제로 부담하는 사실이 확인되지 아니하는 경우를 말한다.

④ 제2항의 규정을 적용함에 있어서 동항 각호의 규정에 의하여 입증되지 아니한 금액이 다음 각호의 1의 금액중 적은 금액에 미달하는 경우에는 용도가 객관적으로 명백하지 아니한 것으로 추정하지 아니하며, 그 금액 이상인 경우에는 다음 각호의 1에 해당하는 금액중 적은 금액을 차감한 금액을 용도가 객관적으로 명백하지 아니한 것으로 추정한다.

1. 피상속인이 재산을 처분하여 받은 금액이나 피상속인의 재산에서 인출한 금전등 또는 채무를 부담하고 받은 금액의 100분의 20에 상당하는 금액
2. 2억원

⑤ 법 제15조제1항제1호에서 "재산 종류별"이란 다음 각 호의 구분에 따른 것을 말한다.

1. 현금·예금 및 유가증권
2. 부동산 및 부동산에 관한 권리
3. 삭제 <1998.12.31>
4. 제1호 및 제2호외의 기타 재산
5. 삭제 <1998.12.31>

1. 의의

상속개시 전에 재산을 처분·현금화하여 변칙상속하는 것을 방지하기 위하여 상속세 및 증여세법에서는 상속개시전 일정기간 전에 피상속인이 재산을 처분하거나 채무를 부담한 경우로서 일정 금액 이상인 경우**(재산별 1·2·/2·5기준)** 그 처분가액이나 채무의 부담액에 대하여 그 사용처를 상속인으로 하여금 입증하도록 하고, 그 사용처를 입증하지 못하는 경우에는 그 사용처가 불분명한 금액 상당액을 상속받은 것으로 추정하여 상속세과세가액에 산입하도록 하고 있다.(상증세법 제15조①1,2호)

2. 상속개시일 전 처분재산의 상속 추정

1) 처분재산의 사용처 규명대상

피상속인이 재산을 처분하여 받은 금액이나 피상속인의 재산에서 인출한 금액이 상속개시일 전 1년 이내에 재산종류별로 계산하여 2억원 이상인 경우와 상속개시일전 2년 이내에 재산종류별로 계산하여 5억원 이상인 경우 그 사용처를 규명하도록 하고 있다.

2) 재산종류별의 의미

① 현금·예금 및 유가증권

② 부동산 및 부동산에 관한 권리

③ '①·②'외의 기타 재산

3) 재산 처분가액과 인출한 금액의 계산방법

피상속인이 재산을 처분하여 받거나 피상속인의 재산에서 인출한 금액의 계산은 재산종류별로 다음과 같은 구분에 따라 계산한 금액을 합한 금액으로 한다. (상증세령제11조①1,2호)

① 피상속인이 재산을 처분한 경우에는 그 처분가액 중 상속개시일 전 1년 이내 또는 2년 이내에 실제 수입한 금액. 다만, 실제 수입한 금액이 확인되지 아니하는 경우에는 해당 재산의 처분당시를 기준으로 상속세 및 증여세법 제60조 내지 제66조의 규정에 의하여 평가한 가액을 그 가액으로 한다.

② 피상속인이 금전 등의 재산을 인출한 경우에는 상속재산 중 상속개시일 전 1년 이내 또는 2년 이내에 실제 인출한 금전 등을 기준으로 판단한다.

이 규정을 적용할 때, 해당 금전 등이 통장이나 위탁자계좌 등을 통하여 예입된 경우에는 상속개시일 전 1년 이내 또는 2년 이내에 인출한 금전 등의 합계액에서 해당 기간중 예입된 금전 등의 합계액을 차감한 금전 등으로 하되, 인출한 금전 등의 합계액 및 예입된 금전 등의 합계액은 피상속인이 소유한 통장 또는 위탁자계좌 전체를 기준으로 하여 계산한다.

3. 상속개시일 전에 피상속인이 부담한 채무의 상속추정

1) 피상속인이 채무를 부담한 경우로서 부담한 채무를 합친 금액이 상속개시일 전 1년 이내에 2억원 이상인 경우와 상속개시일 전 2년 이내에 5억원 이상인 경우로서 그 용도가 객관적으로 명백하지 아니한 경우에는 이를 상속받은 것으로 추정하여 상속세과세가액에 산입한다.(상증세법제15조①)

2) 국가·지방자치단체·금융기관 이외의 자에게 부담한 채무

피상속인이 국가·지방자치단체·금융기관이 아닌 자에 대하여 부담한 채무에 대해서는 채무 부담 시점의 제한 없이 채무부담계약서, 채권자확인서, 담보설정 및 이자지급에 관한 **증빙** 등에 의하여 그 사실을 확인할 수 있는 서류에 의하여 규명하여야 한다. 이 경우에 상속인이 변제할 의무가 없는 것으로 추정되는 경우에는 이를 전액 상속세과세가액에 산입한다.(상증세법제15조②)

4. 용도가 객관적으로 명백하지 아니한 경우의 범위

피상속인의 재산을 처분하였거나 채무를 부담한 경우로서 그 용도가 객관적으로 명백하지 아니한 경우라 함은 다음의 어느 하나에 해당하는 경우를 말한다.(상증세령제11조②)

① 피상속인이 재산을 처분하여 받은 금액이나 피상속인의 재산에서 인출한 금전 등 또는 채무를 부담하고 받은 금액을 지출한 거래상대방이 거래증빙의 불비 등으로 확인되지 아니하는 경우

② 거래상대방이 금전 등의 수수사실을 부인하거나 거래상대방의 재산상태 등으로 보아 금전 등의 수수사실이 인정되지 아니하는 경우

③ 거래상대방이 피상속인과 상속세 및 증여세법 시행령 제26조제4항에 따른 특수관계에 있는 자로서 사회통념상 지출사실이 인정되지 아니하는 경우

④ 피상속인이 재산을 처분하거나 채무를 부담하고 받은 금전 등으로 취득한 다른 재산이 확인되지 아니하는 경우

⑤ 피상속인의 연령·직업·소득 및 재산상태 등으로 보아 지출사실이 인정되지 아니하는 경우

5. 상속추정 배제 (상증세령제11조④)

피상속인이 피상속인의 재산을 처분하였거나 국가·지방자치단체·금융기관에게 부담한 채무로서 그 사용처가 객관적으로 명백하게 입증되지 아니한 금액이 다음의 금액 중 적은 금액에 미달하는 경우에는 용도가 객관적으로 명백하지 아니한 것으로 추정하지 아니한다. 즉, 상속받은 것으로 추정하지 아니한다.

① 피상속인이 재산을 처분하여 받은 금액이나 피상속인의 재산에서 인출한 금전 등 또는 채무를 부담하고 받은 금액의 100분의 20에 상당하는 금액

② 2억원

6. 상속추정 재산가액

1) 처분재산 및 피상속인이 부담한 채무

피상속인이 피상속인의 재산을 처분하였거나 피상속인이 부담한 채무로서 사용처가 입증되지 아니한 금액이 다음의 기준금액중 적은 금액 이상인 경우에는 그 사용처가 입증되지 아니한 금액에서 다음의 기준금액 중 적은 금액을 차감한 금액을 상속추정가액으로 한다.(상증세법제15조①, 상증세령제11조④)

① 처분재산가액, 인출금액, 채무부담액의 20%

② 2억원

- 상속추정 재산가액 = 용도불분명 금액 - Min[①처분재산가액·채무부담액의 20%, ② 2억원]

2) 국가·지방자치단체·금융기관 이외의 자에게 부담한 채무

국가·지방자치단체·금융기관 이외의 자에게 부담한 채무로서 상속인이 변제할 의무가 없는 것으로 추정되는 경우에는 이를 전액 상속세 과세가액에 산입한다.(상증세법제15조②, 상증세법제14조④, 상증세령제10조①, 상증세령제11조③)

7. 특정채권 소지자에 대한 조세특례

금융실명법상 규정된 특정채권의 소지자에 대해서는 자금출처를 조사하지 아니하며 그 채권의 매입 전에 납세의무가 성립된 조세를 과세하지 아니한다.(금융실명법 부칙 제9조, 금융실명법제5조②3호, 금융실명령제4조②)

7. 상속세 과세가액

상속세 및 증여세법 제13조(상속세 과세가액) ① 상속세 과세가액은 상속재산의 가액에서 제14조에 따른 것을 뺀 후 다음 각 호의 재산가액을 가산한 금액으로 한다. 이 경우 제14조에 따른 금액이 상속재산의 가액을 초과하는 경우 그 초과액은 없는 것으로 본다. <개정 2013.1.1.>

1. 상속개시일 전 10년 이내에 피상속인이 상속인에게 증여한 재산가액
2. 상속개시일 전 5년 이내에 피상속인이 상속인이 아닌 자에게 증여한 재산가액

② 제1항제1호 및 제2호를 적용할 때 비거주자의 사망으로 인하여 상속이 개시되는 경우에는 국내에 있는 재산을 증여한 경우에만 제1항 각 호의 재산가액을 가산한다.

③ 제46조, 제48조제1항, 제52조 및 제52조의2제1항에 따른 재산의 가액과 제47조제1항에 따른 합산배제증여재산의 가액은 제1항에 따라 상속세 과세가액에 가산하는 증여재산가액에 포함하지 아니한다.

상속세 및 증여세법 제14조(상속재산의 가액에서 빼는 공과금 등) ① 거주자의 사망으로 인하여 상속이 개시되는 경우에는 상속개시일 현재 피상속인이나 상속재산에 관련된 다음 각 호의 가액 또는 비용은 상속재산의 가액에서 뺀다.

1. 공과금
2. 장례비용
3. 채무(상속개시일 전 10년 이내에 피상속인이 상속인에게 진 증여채무와 상속개시일 전 5년 이내에 피상속인이 상속인이 아닌 자에게 진 증여채무는 제외한다. 이하 이 조에서 같다)

② 비거주자의 사망으로 인하여 상속이 개시되는 경우에는 다음 각 호의 가액 또는 비용은 상속재산의 가액에서 뺀다.

1. 해당 상속재산에 관한 공과금
2. 해당 상속재산을 목적으로 하는 유치권, 질권, 전세권, 임차권(사실상 임대차계약이 체결된 경우를 포함한다), 양도담보권·저당권 또는 「동산·채권 등의 담보에 관한 법률」에 따른 담보권으로 담보된 채무
3. 피상속인의 사망 당시 국내에 사업장이 있는 경우로서 그 사업장에 갖춰 두고 기록한 장부에 의하여 확인되는 사업상의 공과금 및 채무

상속재산가액에서 비과세재산 가액과 공과금, 부채, 장례비를 공제한 뒤 일정기간의 증여재산가액을 합산한 가액(상속개시일 전 10년 이내 피상속인이 상속인에게 증여한 재산가액과 상속개시일 전 5년 이내 피상속인이 상속인이 아닌 자에게 증여한 재산가액)을 말한다. 그러나 국세부과제척기간(보통 10년, 예외 15년-

무신고·허위신고)이 만료된 사전증여재산은 상속재산가액에 합산할 수 없다.(국심)

1) 상속세의 비과세

1) 전사나 이에 준하는 사망 또는 전쟁이나 이에 준하는 공무의 수행 중 입은 부상 또는 질병으로 인한 사망으로 상속이 개시되는 경우에는 아예 상속세 부과대상에서 제외한다.(상증세법제11조, 상증세령제7조)

※ **대법원 2012두16275 판결**
[제 목]
전쟁 수행 중 사망한 것으로 볼 수 없어 비과세 신고 배제한 처분 적법함
[요 지]
고엽제법 등에 따라 국가유공자로 등록되었다는 사정만으로 그 질병이 전투 등의 직무수행과 상당인과관계가 있다고 추단할 수 없고, 고엽제의 유해물질과 다발성 골수종 사이의 인과관계를 인정할 만한 상당한 개연성이 증명되었다고 볼 수 없어 피상속인이 입은 다발성 골수성과 전쟁 등의 수행 사이에 상당인과관계가 있다고 보기는 어려움.

※ 소방공무원이 화재를 진압하는 도중 사망(공무로 인하여 사망한 것을 말함)함으로써 상속이 개시되는 경우에는 상속세를 과세하지 아니함(상속증여세과-349, 2014.09.18.)

2) 피상속인이 국가, 지방자치단체 또는 지방자치단체조합, 공공도서관, 공공박물관에 유증·사인증여한 재산(상증세법제12조1호, 상증세령제8조①)
3) 상속인이 상속재산 중에서 상속세 신고기한 내에 국가, 지방자치단체 또는 지방자치단체조합, 공공도서관, 공공박물관에 증여한 재산(상증세법제12조7호)
4) '문화재보호법'에 따른 국가지정문화재 및 시·도지정문화재와 같은 법에 따른 보호구역에 있는 토지로서 당해 문화재 또는 문화재료가 속하여 있는 보호구역 안의 토지(상증세법제12조2호, 상증세령제8조②)
5) 민법 제1008조의 3(분묘등의 승계)에 규정된 재산 중
   ① 피상속인이 제사를 주재하고 있던 선조의 분묘에 속한 9,900㎡ 이내의 금양임야와 그 분묘에 속한 1,980㎡ 이내의 묘토인 농지. 다만, 당해 금양임야(*)와 묘토인 농지의 합계액이 2억원을 초과하는 경우에는 2억원을 한도로 비과세한다.(상증세법제12조3호) 묘토는 상속개시 당시에 이

미 묘토로 사용되고 있어야 한다. 여러 개의 분묘가 있는 경우에는 그 승계자를 기준으로 1,980㎡ 이내가 아니고 분묘 매 1기당 1,980㎡ 이내를 기준으로 한다.

② 족보와 제구(상증법제12조 3호, 상증령제8조)

(*) 禁伐養松 임야의 준말이다.

6) 피상속인이 '정당법'에 따른 정당에 유증 등을 한 재산(상증법제12조 4호, 상증령제8조)

7) 피상속인이 '근로복지기본법'에 따른 사내복지기금이나 우리사주조합 및 근로복지진흥기금 단체에 유증 등을 한 재산(상증법제12조 5호, 상증령제8조)

8) 사회통념상 인정되는 이재구호금품, 치료비 및 그 밖에 이와 유사한 것으로서 불우한 자를 돕기 위하여 유증한 재산으로서 피상속인이 증여하였거나 유증·사인증여에 의하여 지급하여야 할 것으로 확정된 것(상증법제12조 6호, 상증령제8조)

9) 상속재산 중 상속인이 '상속세 및 증여세법 제67조에 따른 신고기한 이내에 국가, 지방자치단체 또는 공공단체에 증여한 재산(상증법제12조 7호, 상증령제8조)

2) 불산입 재산

(1) 공익법인 등에 대한 출연재산

상속세 및 증여세법 제16조(공익법인 등의 출연재산에 대한 상속세 과세가액 불산입) ① 상속재산 중(*) 피상속인이나 상속인이 종교·자선·학술 또는 그 밖의 공익을 목적으로 하는 사업을 하는 자(이하 "공익법인등"이라 한다)에게 출연한 재산의 가액으로서 제67조에 따른 신고기한(상속받은 재산을 출연하여 공익법인등을 설립하는 경우로서 부득이한 사유가 있는 경우에는 그 사유가 없어진 날이 속하는 달의 말일부터 6개월까지를 말한다) 이내에 출연한 재산의 가액은 상속세 과세가액에 산입하지 아니한다.

(*) 상속재산을 매각하여 출연한 경우에도 상속세 과세가액에 산입하지 않는다.

※ 상속인이 상속재산을 「상속세 및 증여세법」 제16조에 따라 공익법인에 출연하는 경우 그 출연한 재산의 가액은 상속세 과세가액에 산입하지 아니하는 것이나, 상속인 갑이 상속재산을 다른 상속인 을에게 매각하고 그 매각대금을 공익법

인에 출연하는 경우에는 그러하지 아니하는 것임.(재산세과-431, 2012.11.30.)

피상속인이 출연하는 경우에는 공익법인의 임원과 상속인의 특수관계 해당 여부를 불문하나 상속인이 상속재산을 출연하는 경우에는 상속인이 이사 현원의 1/5을 초과하여 이사가 되지 아니하여야 하고 중요사항을 결정할 권한을 가지지 않아야 한다. 내국법인의 주식 등을 출연하는 경우로서 해당 공익법인이 보유하고 있는 동일한 내국법인의 주식과 다른 공익법인 등에 출연한동일한 내국법인의 주식을 합한 것이 그 내국법인의 발행주식총수의 5%(성실공익법인 등에 출연하는 경우에는 10%)를 초과하는 경우에는 그 초과가액은 상속세 과세가액에 산입한다.

(2) 공익신탁재산

상속세 및 증여세법 제17조(공익신탁재산에 대한 상속세 과세가액 불산입) ① 상속재산 중 피상속인이나 상속인이 「신탁법」 제106조에 따른 공익신탁으로서 종교·자선·학술 또는 그 밖의 공익을 목적으로 하는 신탁(이하 이 조에서 "공익신탁"이라 한다)을 통하여 공익법인등에 출연하는 재산의 가액은 상속세 과세가액에 산입하지 아니한다.

상속세 및 증여세법시행령 제14조(공익신탁의 범위등) ① 법 제17조제1항의 규정에 의한 공익신탁은 다음 각호의 요건을 갖춘 것으로 한다.

1. 공익신탁의 수익자가 제12조에 규정된 공익법인등이거나 그 공익법인등의 수혜자일 것
2. 공익신탁의 만기일까지 신탁계약이 중도해지되거나 취소되지 아니할 것
3. 공익신탁의 중도해지 또는 종료시 잔여신탁재산이 국가·지방자치단체 및 다른 공익신탁에 귀속될 것

② 법 제17조제1항에 따라 상속세과세가액에 산입하지 아니하는 재산은 상속세 과세표준 신고기한까지 신탁을 이행하여야 한다. 다만, 법령상 또는 행정상의 사유로 신탁 이행이 늦어지면 그 사유가 끝나는 날이 속하는 달의 말일부터 6개월 이내에 신탁을 이행하여야 한다.

3) 공제하는 공과금 등 채무

상속세 및 증여세법 제14조(상속재산의 가액에서 빼는 공과금 등) ① 거주자의 사망으로 인하여 상속이 개시되는 경우에는 상속개시일 현재 피상속인이나 상속재산에 관련된 다음 각 호의 가액 또는 비용은 상속재산의 가액에서 뺀다.

1. 공과금
2. 장례비용
3. 채무(상속개시일 전 10년 이내에 피상속인이 상속인에게 진 증여채무와 상속개시일 전 5년 이내에 피상속인이 상속인이 아닌 자에게 진 증여채무는 제외한다. 이하 이 조에서 같다)

② 비거주자의 사망으로 인하여 상속이 개시되는 경우에는 다음 각 호의 가액 또는 비용은 상속재산의 가액에서 뺀다.

1. 해당 상속재산에 관한 공과금
2. 해당 상속재산을 목적으로 하는 유치권, 질권, 전세권, 임차권(사실상 임대차계약이 체결된 경우를 포함한다), 양도담보권·저당권 또는 「동산·채권 등의 담보에 관한 법률」에 따른 담보권으로 담보된 채무
3. 피상속인의 사망 당시 국내에 사업장이 있는 경우로서 그 사업장에 갖춰 두고 기록한 장부에 의하여 확인되는 사업상의 공과금 및 채무

③ 제1항과 제2항에 따라 상속재산의 가액에서 빼는 공과금 및 장례비용의 범위는 대통령령으로 정한다.

④ 제1항과 제2항에 따라 상속재산의 가액에서 빼는 채무의 금액은 대통령령으로 정하는 방법에 따라 증명된 것이어야 한다.

상속세 및 증여세법시행령 제9조(공과금 및 장례비용) ①법 제14조제1항 및 제2항의 규정에 의한 공과금이라 함은 상속개시일 현재 피상속인이 납부할 의무가 있는 것으로서 상속인에게 승계된 조세·공공요금 기타 이와 유사한 것으로서 기획재정부령이 정하는 것을 말한다.

② 법 제14조제1항제2호의 규정에 의한 장례비용은 다음 각호의 구분에 의한 금액을 합한 금액으로 한다.

1. 피상속인의 사망일부터 장례일까지 장례에 직접 소요된 금액[봉안시설 또는 자연장지(自然葬地)의 사용에 소요된 금액을 제외한다]. 이 경우 그 금액이 500만원 미만인 경우에는 500만원으로 하고 그 금액이 1천만원을 초과하는 경우에는 1천만원으로 한다.
2. 봉안시설 또는 자연장지의 사용에 소요된 금액. 이 경우 그 금액이 500만원을 초과하는 경우에는 500만원으로 한다.

상속세 및 증여세법 시행령 제10조(채무의 입증방법등) ① 법 제14조제4항에서 "대통령령으로 정하는 방법에 따라 증명된 것"이란 상속개시 당시 피상속인의 채무로서 상속인이 실제로 부담하는 사실이 다음 각 호의 어느 하나에 따라 증명되는 것을 말한다. <개정 2010.2.18., 2015.2.3.>

1. 국가·지방자치단체 및 금융회사등에 대한 채무는 해당 기관에 대한 채무임을 확인할 수 있는 서류
2. 제1호 외의 자에 대한 채무는 채무부담계약서, 채권자확인서, 담보설정 및 이자지급에 관한 증빙 등에 의하여 그 사실을 확인할 수 있는 서류

② 법 제15조제2항 및 이 조 제1항제1호에 따른 금융회사 등은 「금융실명거래

및 비밀보장에 관한 법률」 제2조제1호에 따른 금융회사 등(이하 "금융회사 등"이라 한다)으로 한다. <개정 2015.2.3.>

(1) 공과금

거주자의 공제되는 공과금은 상속개시일 현재를 기준으로 피상속인이나 상속재산에 관련된 것으로서 피상속인에게 납부의무가 있는 것으로서 상속인에게 승계된 조세·공공요금 기타 이와 유사한 것을 말한다.(상증세법제14조①1호, 상증세령제9조①) 상속개시일 현재 피상속인에게 납세의무가 성립된 것만을 말하고, 상속개시일 이후 상속인의 귀책사유로 발생한 가산세, 가산금, 체납처분비, 벌금, 과료, 과태료 등은 포함되지 아니한다.

비거주자의 공제되는 공과금은 당해 상속재산에 관한 공과금과 피상속인의 국내 사업장이 있는 경우 장부상 확인되는 사업상 공과금을 말한다.

(2) 장례비용

(3) 채무

피상속인이 거주자인 경우 상속개시일 현재 피상속인이나 상속재산에 관련된 채무는 상속재산의 가액에서 공제한다.(상증세법제14조①3호) 피상속인이 비거주자인 경우에는 당해 상속재산을 목적으로 하는 담보권으로 담보된 채무와 피상속인이 국내에 사업장이 있는 경우의 사업상 채무로 제한된다.(상증세법제14조①)

① 5년(10년) 이내 증여채무는 공제되는 채무가 아니다.(상증세법제14조①3호) 이는 사전증여가 과세포탈의 목적으로 악용되는 것을 방지하기 위한 규정이다.

② 사인증여 채무는 공제되지 아니한다.

③ 피상속인의 보증채무 중 주채무자가 변제불능의 상태로서 상속인이 주채무자에게 구상권을 행사할 수 없다고 인정되는 부분에 상당하는 금액은 공제된다.(상증통칙) 물상보증도 포함한다. 피상속인의 연대보증채무에 관하여 상속개시 당시에는 주채무자가 변제불능 상태에 있는지 확실하지 않아 그 채무액을 상속재산가액에서 공제하지 않았으나 그 후 주채무자가 변제불능 상태에 빠지고 채권자가 상속인들을 상대로 보증채무의 이행을 청구하는 소를 제게하여 승소확정판결까지 받았고 상속인들이 달리 구상

권을 행사힐 가능성도 없게 되었다면 이는 후발적 경정청구 대상이 된다.

④ 피상속인의 연대채무는 피상속인의 부담부분에 한하여 공제한다. 다만, 피상속인이 변제불능자의 부담부분까지 부담하게 된 경우에는 당해 부담부분에 대하여 상속인이 구상권 행사로 변제받을 수 없다고 인정되는 부분에 대해서는 공제할 수 있다.

⑤ 임대차보증금반환채무는 토지·건물의 소유자가 동일할 경우에는 전체 보증금을 토지·건물의 평가액으로 안분 계산하여 공제한다. 토지·건물의 소유자가 다를 경우에는 실지 임대차계약의 내용에 따라 보증금의 귀속을 판단하고 건물의 소유자만이 임대차계약을 체결한 경우에는 그 보증금은 건물의 소유자에게 귀속하는 것으로 한다. 임대차보증금을 채무로서 공제받기 위해서는 실질적으로 피상속인이 사용하였음을 입증할 객관적인 증빙이 있어야 한다. 토지·건물은 공동으로 소유하는 경우에는 실지 임대차계약의 내용에 따라 그 귀속을 판정하는 것이고 공동소유자 중 1인만이 임대차계약을 체결한 경우 그 임대차보증금은 임대차계약상의 당사자에게 귀속된다.

⑥ 상속 개시 당시 확정된 채무만이 공제 대상이 된다.(상증통칙) 상속채무를 확정시킨 소송과정에서 발생한 변호사비용은 공제 대상이다.

⑦ 피상속인이 상속인의 명의로 대출을 받았으나 그 대출금에 대한 사용처 및 원리금 변제상황과 담보제공 사실 등에 비추어 사실상의 채무자가 상속인임이 확인되는 경우에는 당해 대출금은 피상속인의 채무로 인정되며 협의분할에 따라 채무자 명의를 다른 상속인으로 변경하는 것은 증여에 해당하지 않는다. 상속인이 피상속인 명의로 대출받은 경우로서 사실상의 채무자가 상속인으로 확인되는 경우에는 공제되는 채무에 해당하지 않을 뿐 아니라 피상속인으로부터 증여받은 것도 아니다.

⑧ 회사 장부상의 가지급금은 공제되는 채무에 해당한다.

⑨ 피상속인 소유의 부동산에 관하여 매수인과의 사이에 체결된 매매계약의 내용이 구 국토이용관리법(1993. 8. 5. 법률 제4572호로 개정되기 전의 것)상의 허가기준에 미달하여 객관적으로 토지거래허가가 날 수 없는 경우에 해당하여 그 매매계약 당시부터 확정적 무효인 상태였다고 할 수 있을 뿐 아니라, 그 뒤 매도인인 피상속인이 양도소득세 문제로 인하여 허가신청협력의무의 이행거절 의사를 명백히 표시하고 매수인 또한 토지거래허가신청을 하지 아니한 채 장기간 방치함으로써 적어도 피상속인이 사망할 때까지는 확정적으로 무효로 된 상태로 되었다고 할 것이므로,

상속개시 당시 피상속인은 그 매매계약의 무효에 따라 매수인으로부터 이미 지급받은 매매대금을 부당이득으로 반환할 채무를 부담하고 있었다고 할 것이고, 위 부동산은 상속재산에 포함되어야 하는 한편 그 매매대금의 반환채무도 상속재산에서 공제할 채무에 포함된다.

⑩ 피상속인의 채무라 하더라도 원칙적으로 배우자 간의 소비대차는 인정하지 아니한다.

⑪ 사실혼 관계의 배우자에 대한 유증액은 위자료라 하더라도 상속재산 가액에서 제외할 수 없다.

4) 산입하는 증여재산가액

만약 상속인이 피상속인의 사망으로 취득한 상속재산에 대해서만 과세하게 되면 피상속인이 장차 상속세의 과세대상이 될 재산을 상속인이 될 자나 그 외의 자에게 사전 증여함으로써 고율의 누진세율을 회피하려고 할 것이다. 따라서 이러한 회피행위를 방지하고 조세공평을 꾀하기 위하여 증여의 효력을 실질적으로 부인하여 그 가액을 상속재산가액에 산입하도록 규정하고 있다. 다만, 이중과세를 방지하기 위하여 상속재산가액에 합산되는 증여재산에 대한 증여세 산출세액 상당액을 상속세 산출세액에서 공제하도록 하고 있다.

상속세 및 증여세법 제13조(상속세 과세가액) ① 상속세 과세가액은 상속재산의 가액에서 제14조에 따른 것을 뺀 후 다음 각 호의 재산가액을 가산한 금액으로 한다. 이 경우 제14조에 따른 금액이 상속재산의 가액을 초과하는 경우 그 초과액은 없는 것으로 본다. <개정 2013.1.1.>

1. 상속개시일 전 10년 이내에 피상속인이 상속인에게 증여한 재산가액
2. 상속개시일 전 5년 이내에 피상속인이 상속인이 아닌 자에게 증여한 재산가액

② 제1항제1호 및 제2호를 적용할 때 비거주자의 사망으로 인하여 상속이 개시되는 경우에는 국내에 있는 재산을 증여한 경우에만 제1항 각 호의 재산가액을 가산한다.

③ 제46조, 제48조제1항, 제52조 및 제52조의2제1항에 따른 재산의 가액과 제47조제1항에 따른 합산배제증여재산의 가액은 제1항에 따라 상속세 과세가액에 가산하는 증여재산가액에 포함하지 아니한다.

(1) 사전증여재산의 가산

① 거주자의 상속세 과세가액은 상속재산의 가액에서 공과금·장례비·채무를 공제한 후 상속개시일 전 10년 이내 피상속인이 상속인에게 증여한 재산가액 및 상속개시일 전 5년 이내 피상속인이 상속인이 아닌 자에게 증여한 재산가액을 가산한 금액으로 한다.(상증세법제13조①)

비거주자의 사망으로 상속이 개시되는 경우에는 국내에 있는 재산을 증여한 경우에만 위의 사전증여재산을 가산한다.(상증세법제13조②)

위의 경우에 상속인이냐 아니냐의 구분은 상속개시일 현재를 기준으로 한다.

대법원 2012.5.9. 선고 2012두720 판결 [상속세부과처분취소]

한편 구 상증세법 제28조 제1항은 상속세 산출세액에서 상속재산에 가산한 증여재산에 대한 증여세액(증여 당시의 당해 증여재산에 대한 증여세 산출세액을 말한다)을 공제한다고 규정하였다. 이 규정은 상속개시일로부터 일정한 기간 내에 증여한 재산가액을 상속재산 가액에 가산하도록 한 것에 대한 조정 조항으로, 증여한 재산가액이 상속재산 가액에 가산되어 상속세의 산출기준인 상속세 과세가액으로 되기 때문에 증여세를 고려하지 않는다면 동일한 재산에 대하여 상속세와 증여세를 이중으로 과세하거나 비과세 증여재산에 대한 상속세를 부과하는 결과를 초래하기 때문에 이런 불합리한 점을 제거하기 위하여 위와 같은 조항을 두게 된 것이므로, 위 조항에서 말하는 증여세액이란 증여재산에 대하여 부과된 또는 부과될 증여세액 혹은 비과세 증여재산의 경우는 과세대상인 것으로 가정하여 산출된 증여세액 상당액을 말한다.(대법원 1979. 6. 12. 선고 77누304 판결 등 참조). 따라서 이 사건과 같이 증여 당시 수증자가 배우자인 관계로 배우자증여공제를 받았다가 상속개시 당시에는 이혼으로 상속인이 아니어서 배우자상속공제를 받을 수 없게 된 경우, 구 상증세법 제28조 제1항에 따라 상속세 산출세액에서 공제할 증여세액은 실제로 납부된 증여세액이 아니라 증여한 재산가액에 대하여 배우자증여공제를 하지 아니하였을 때의 증여세 산출세액임을 지적하여 둔다.

② 증여 당시에는 할증과세 대상이었으나 상속 당시에는 대습상속인인 경우 증여세액 공제액은 증여 당시의 그 증여재산에 대한 증여세 산출세액을 말하는 것이므로 증여세 할증과세액은 증여세액 공제가 적용되지 않는다. 또한 사전증여받은 상속인이 상속포기를 한 경우에도 상속세 납부의무가 있는 것이며 그 증여재산가액은 상속재산에 포함된다.

③ 차명계좌 예금은 명의자가 그 재산을 취득한 것으로 추정하므로 피상속인이 타인 명의로 예치한 금전은 명의자가 직업, 연령, 소득 및 재산 상태 등으로

볼 때 재산을 자력으로 취득하였다고 인정하기 어려운 경우 그 재산을 취득한 때에 그 재산의 취득자금을 그 재산의 취득자가 증여받은 것으로 추정한다.(상증세법제45조④①)

상속세 및 증여세법 제45조(재산 취득자금 등의 증여 추정) ① 재산 취득자의 직업, 연령, 소득 및 재산 상태 등으로 볼 때 재산을 자력으로 취득하였다고 인정하기 어려운 경우로서 대통령령으로 정하는 경우에는 그 재산을 취득한 때에 그 재산의 취득자금을 그 재산 취득자가 증여받은 것으로 추정하여 이를 그 재산 취득자의 증여재산가액으로 한다. <개정 2015.12.15.>

② 채무자의 직업, 연령, 소득, 재산 상태 등으로 볼 때 채무를 자력으로 상환(일부 상환을 포함한다. 이하 이 항에서 같다)하였다고 인정하기 어려운 경우로서 대통령령으로 정하는 경우에는 그 채무를 상환한 때에 그 상환자금을 그 채무자가 증여받은 것으로 추정하여 이를 그 채무자의 증여재산가액으로 한다. <개정 2015.12.15.>

③ 취득자금 또는 상환자금이 직업, 연령, 소득, 재산 상태 등을 고려하여 대통령령으로 정하는 금액 이하인 경우와 취득자금 또는 상환자금의 출처에 관한 충분한 소명이 있는 경우에는 제1항과 제2항을 적용하지 아니한다.

④ 「금융실명거래 및 비밀보장에 관한 법률」 제3조에 따라 실명이 확인된 계좌 또는 외국의 관계 법령에 따라 이와 유사한 방법으로 실명이 확인된 계좌에 보유하고 있는 재산은 명의자가 그 재산을 취득한 것으로 추정하여 제1항을 적용한다. <신설 2013.1.1.>

상속세 및 증여세법시행령 제34조(재산 취득자금 등의 증여추정) ① 법 제45조제1항 및 제2항에서 "대통령령으로 정하는 경우"란 다음 각 호에 따라 입증된 금액의 합계액이 취득재산의 가액 또는 채무의 상환금액에 미달하는 경우를 말한다. 다만, 입증되지 아니하는 금액이 취득재산의 가액 또는 채무의 상환금액의 100분의 20에 상당하는 금액과 2억원중 적은 금액에 미달하는 경우를 제외한다.

1. 신고하였거나 과세(비과세 또는 감면받은 경우를 포함한다. 이하 이 조에서 같다)받은 소득금액
2. 신고하였거나 과세받은 상속 또는 수증재산의 가액3. 재산을 처분한 대가로 받은 금전이나 부채를 부담하고 받은 금전으로 당해 재산의 취득 또는 당해 채무의 상환에 직접 사용한 금액

② 법 제45조제3항에서 "대통령령으로 정하는 금액"이란 재산취득일 전 또는 채무상환일 전 10년 이내에 해당 재산 취득자금 또는 해당 채무 상환자금의 합계액이 5천만원 이상으로서 연령·세대주·직업·재산상태·사회경제적 지위 등을 고려하여 국세청장이 정하는 금액을 말한다. <개정 2014.2.21>

④ 예시규정의 증여재산이 추정 증여재산(상증세법제33~39조, 제39조의2,

제39조의3, 제40조, 제41조, 제41조의3~제41조의5, 제42~제45조, 제45조의2)도 상속재산가액에 산입할 증여에 해당한다.

⑤ 소득세법 제101조의 양도소득의 부당행위 계산부인 규정이 적용되어 증여자가 타인에게 그 자산을 직접 양도한 것으로 보아 양도소득세를 계산하고 당초 증여받은 자산에 대하여 증여세를 부과하지 아니하는 경우에도 당해 증여재산가액은 상속세 과세가액에 가산하고 그 증여세 상당액은 상속세 산출세액에서 공제한다.

⑥ 상속재산에 가산하는 증여재산의 가액은 증여일 현재의 가액을 기준으로 한다.

⑦ 부담부증여의 경우 상속재산에 가산하는 증여재산가액은 증여재산가액에서 수증자가 인수한 채무를 차감한 증여세 과세가액만을 말한다.

⑧ 사전증여받은 배우자 또는 자녀 등이 피상속인보다 먼저 사망하는 경우에는 그 재산은 가산하지 아니한다.

⑨ 이혼시 재산분할로 인한 재산 및 위자료는 등기원인이 증여로 되어 있다하더라도 협의상 이혼을 전제로 한 것이라면 상속세 과세가액에 산입하지 아니한다.

⑩ 당초 사전증여에 대하여 국세 부과의 제척기간은 만료되었으나 합산기간 내에 있는 경우에는 상속재산에 가산하나 징수되지 아니한 증여세액에 대하여는 공제하지 못한다.

(2) 기간 제한 없이 무조건 가산하는 증여재산가액

① **조세특례제한법 제30조의5(창업자금에 대한 증여세 과세특례)** ⑧ 창업자금은 「상속세 및 증여세법」 제13조제1항제1호를 적용할 때 증여받은 날부터 상속개시일까지의 기간과 관계없이 상속세 과세가액에 가산하되, 같은 법 제24조제3호를 적용할 때에는 상속세 과세가액에 가산한 증여재산가액으로 보지 아니한다.

② **조세특례제한법 제30조의6(가업의 승계에 대한 증여세 과세특례)** ③ 제1항에 따른 주식등의 증여에 관하여는 제30조의5제7항부터 제12항까지의 규정을 준용한다. 이 경우 "창업자금"은 "주식등"으로 본다.

(3) 불가산 증여재산

상속세 및 증여세법 제47조(증여세 과세가액) ① 증여세 과세가액은 증여일 현재 이 법에 따른 증여재산가액을 합친 금액[제31조제1항제3호, 제40조제1항제2호 및 제3호, 제41조의3, 제41조의5, 제42조의3, 제45조의3 및 제45조의4에 따른 증여재산(이하 "합산배제증여재산"이라 한다)의 가액은 제외한다]에서 그 증여재산에 담보된 채무(그 증여재산에 관련된 채무 등 대통령령으로 정하는 채무를 포함한다)로서 수증자가 인수한 금액을 뺀 금액으로 한다. <개정 2015.12.15.>

상속세 및 증여세법 제13조(상속세 과세가액) ③ 제46조, 제48조제1항, 제52조 및 제52조의2제1항에 따른 재산의 가액과 제47조제1항에 따른 합산배제 증여재산의 가액은 제1항에 따라 상속세 과세가액에 가산하는 증여재산가액에 포함하지 아니한다.

① 제47조(합산배제 증여재산)
  ㉠ 제32조 3호 나목(타인의 기여에 의하여 재산가치가 증가하는 경우)
  ㉡ 제40조 제1항 2호(전환사채 등의 주식전환 등에 따른 이익의 증여)
  ㉢ 제41조의3(주식 또는 출자지분의 상장 등에 따른 이익의 증여)
  ㉣ 제41조의5(합병에 따른 상장 등 이익의 증여)
  ㉤ 제42조 제4항(그 밖의 이익의 증여 중 타인의 기여에 의한 재산가치 증가에 따른 이익의 증여)
  ㉥ 제45조의3(특수관계법인과의 거래를 통한 이익의 증여 의제)

② 제46조(비과세되는 증여재산)
③ 제48조(공익법인등이 출연받은 재산)
④ 제52조(공익신탁재산)
⑤ 제52조의2(장애인이 증여받은 재산)

(4) 조세특례제한법상 불가산 증여재산

조세특례제한법 제71조(영농자녀가 증여받는 농지 등에 대한 증여세의 감면) ① 다음 각 호의 요건을 모두 충족하는 농지·초지 또는 산림지(해당 농지·초지 또는 산림지를 영농조합법인에 현물출자하여 취득한 출자지분을 포함한다. 이하 이 조에서 "농지등"이라 한다)를 농지등의 소재지에 거주하면서 대통령령으로 정하는 방법으로 직접 경작하는 대통령령으로 정하는 거주자[이하 이 조에서 "자경농민"이라 한다]가 농지등의 소재지에 거주하면서 직접 경작하는 대통령령으로 정하는 직계비속(이하 이 조에서 "영농자녀"라 한다)에게 2014년 12월 31일까지 증여하는 경우에는 해당 농지 등의 가액에 대한 증여세의 100분의 100에 상당하는 세액을 감면한다.

⑤ 제1항에 따라 증여세를 감면받은 농지 등은 「상속세 및 증여세법」 제3조제2항을 적용하는 경우 상속재산에 가산하는 증여재산으로 보지 아니하며, 같은 법 제13조제1항에 따라 상속세 과세가액에 가산하는 증여재산가액에 포함시키지 아니한다.

8. 상속세 과세표준과 상속공제

피상속인이 거주자인 경우 아래 ①+②와 ③ 중 큰 금액과 ④~⑦의 합계와 ⑩ 공제적용 종합한도액 중 적은 금액을, 피상속인이 비거주자인 경우에는 기초공제 2억원과 ⑩ 공제적용 종합한도액 중 적은 금액을 공제한다. 거주자나 비거주자 모두 감정평가수수료 공제는 적용된다. 상속공제의 판정기준일은 상속개시일이다.

종 류	공 제 액
①기초공제(상증법§18)①) :거주자, 비거주자	• 기초공제액 : 2억원
②기타인적공제(상증법§20):거주자	• 자녀공제 : 자녀수×5천만원, 계모자 사이, 적모서자 사이는 제외 • 미성년자공제 : 1천만원×19세까지 잔여연수(소수점 이하는 절사), 모든 미성년자 합산[상속인(배우자 제외) 및 동거가족 중. 자녀공제와 중복 적용.] → 부모가 부양능력이 있는 피상속인의 손자는 해당× • 연로자공제 : 연로자수×5천만원[상속인(배우자 제외) 및 동거가족 중 65세 이상] → 자녀공제와는 선택 적용 • 장애인공제 : 1천만원×75세에 이를 때까지의 연수(2011.1.1. 이후 상속분은 기대여명의 연수로서 소숫점 이하는 버린다), 장애자수만큼 합산[상속인(배우자 포함) 및 동거가족 중. 다른 인적공제와 중복적용] → 장애인증명서 제출
③일괄공제(상증법§21):거주자	• 중산층의 상속세 불안 해소 • 별도의 과세표준신고가 없는 경우에는 5억원을 공제한다.

	• 일괄공제액 : MAX(㉮, ㉯) ㉮5억원 ㉯(기초공제 2억원+②기타인적공제 합계액) *배우자 단독상속시(*) 일괄공제 적용 없음. 피상속인의 형제자매가 상속인이 되는 경우에도 적용 가능, 공동상속인 중 일부가 비거주자인 경우에도 적용, 착오 신고의 경우 일괄공제액으로 경정신고 가능
④배우자상속공제(법률혼)(상증법§19):거주자	• 배우자상속공제액 : MAX(㉮, ㉯) ㉮MIN(㉠, ㉡) ㉠배우자의 실제 상속금액(총상속재산가액-비과세재산-불산입재산) ㉡공제한도액 : MIN(ⓐ, ⓑ) ⓐ(상속재산가액×배우자 법정상속지분)-가산하는 증여재산 중 배우자가 증여받은 재산의 과세표준 ⓑ30억원 **㉯5억원** ※ ㉮는 상속세 신고기한의 다음날부터 6월까지(배우자상속재산분할기한) 배우자 상속재산분할등기시 적용(**) ※ 배우자는 법률혼 배우자만 포함. ※ 부와 모가 동시에 사망하는 경우에는 배우자간 상속이 발생하지 않으므로 배우자상속공제가 적용될 수 없다. 다만, 상속세의 과세는 부·모 각각 개별적으로 계산하여 부과한다. ※ 피상속인의 배우자가 가업을 상속받는 경우 배우자상속공제는 중복적용되지 않는다.
⑤금융재산상속공제(상증법§22):거주자	순금융재산가액(금융재산-금융채무)이 • 2천만원 초과시 : MIN(㉮, ㉯) ㉮순금융재산의 20%와 2천만원 중 큰 금액 ㉯2억원 • 2천만원 미만시 : 금융재산가액 전액 ※ 금융재산에는 금융기관이 취급하지 아니하는 비상장주식이나 회사채도 포함한다.(상증세령제19조①, 상증세칙제8조) ※ 대통령령으로 정하는 최대주주 또는 최대출자자가 보유하고 있는 주식 또는 출자자분, 상속세 과세표준 신고기한까지 신고하지 아니한 타인 명의의 금융재산은 포함되지 아니한다.(상증세법제22조②) ※ 예금은 예입액과 미수이자의 합계액에서 원천징수세액을 차감한 금액으로 한다. ※ 상속세 과세가액에 산입하는 사전증여재산인 금융재산에 대하여는 공제를 적용할 수 없다. 따라서 차명계좌의 경우 증여인지 아닌지에 따라 공제 적용 여부가 결정될 것이다.
⑥재해손실공제	과세표준 신고기한 이내에 화재, 자연재해 등으로 멸실·훼손된 손

(상증법§23):거주자	실가액(순손실가액-보험금 등)(상증세령제20조②) cf. 상증세법제79조①**(***)**
⑦동거주택상속공제(상증법§23의2):거주자	• ㉠피상속인과 상속인(직계비속 한정)이 상속개시일부터 소급하여 10년 이상(상속인이 미성년인 기간은 제외) 계속하여 하나의 주택에서 동거한 경우로서 ㉡상속개시일부터 소급하여 10년 이상 1세대1주택(무주택기간도 포함, 상증세령제20조의2① 고가주택 등 포함), ㉢무주택자로서 피상속인과 동거한 상속인이 상속 받는 주택에 모두 해당하여야 한다. 부득이한 사유로 동거하지 못한 경우에는 계속 동거한 것으로 본다.(상증세령제20조의2②) • 공제액= MIN[상속주택가액(부수토지 가액 포함)×80/100, 5억원] • 동거주택 상속공제 요건을 갖춘 상속인과 그 외의 상속인이 주택을 공동으로 상속등기하여 동거주택 상속인의 지분을 확인할 수 있는 경우에는 상속주택가액에서 공제요건을 충족하는 상속인의 지분 상당액의 80/100에 상당하는 금액(5억원 한도) ※ 주택 부수토지만 상속받은 경우에는 적용되지 아니한다. ※ 피상속인이 주택을 취득하여 상속인과 10년 이상 동거하던 중 상속개시일 이전에 상속인에게 주택의 1/2을 증여하고 나머지는 상속이 된 경우 상속개시일 현재 상속인은 무주택자가 아니어서 동거주택상속공제가 적용되지 아니한다.
⑧공제적용 종합한도액(상증법§24)	상속세 과세가액-[상속인외의 자에게 유증·사인증여한 재산+ 선순위 상속인의 상속포기로 후순위 상속인이 받은 상속재산+ 상속재산에 가산된 합산대상 증여재산에 대한 증여세 과세표준]
⑨가업상속공제(상증법§18, 시행령§15):거주자	(1) 가업의 범위 : 10년 이상 계속 경영한 조특법상 중소기업 또는 매출액 3천억원 미만 기업(상증세법제18조②1호) (2) 피상속인 요건: 피상속인이 가업의 영위기간 중 50/100 이상의 기간, 10년 이상의 기간 또는 상속개시일부터 소급하여 10년 중 5년 이상의 기간을 대표이사로 재직한 경우(상증세령제15조④1호) (3) 상속인요건 : 상속인이 ①상속개시일 현재 18세 이상인 경우로서 ②상속개시일 전에 2년 이상 직접 가업에 종사하고 ③상속인 1인이 해당 기업의 전부를 상속받아 ④상속세 과세표준 신고기한까지 임원으로 취임하고 상속세 신고기한부터 2년 이내에 대표이사 등으로 취임한 경우(상증세령제15조④2호)-상속인의 배우자가 ①②④의 요건을 모두 갖춘 경우도 포함 • 가업상속재산가액 ㉠200억원(가업영위기간 10년 이상) ㉡300억원(가업영위기간 15년 이상) ㉢500억원(가업영위기간 20년 이상)

⑩영농상속공제(상증법§18, 시행령§16):거주자	• 영농상속가액 : 15억원 한도 • 가업상속공제와는 동시에 적용하지는 않는다.
⑪감정평가수수료(상증세법§25①2호, 상증세령§20의3①)	• 부동산감정평가수수료 : 500만원 한도 • 비상장주식 신용평가수수료 : 법인 수 및 평가기관의 수별로 각각 1,000만원 한도 • 서화·골동품 등의 전문가감정수수료 : 500만원 한도

(*) 배우자 단독상속이란 민법제1003조 제1항에 따라 상속순위에 따른 상속인이 없을 때를 말하는 것이지 협의분할이나 상속포기, 유증에 따른 것을 포함하는 의미는 아니다.

(**) 예외적으로 부득이한 사유가 있는 경우 배우자상속재산 분할기한까지 필수적으로 미분할사유를 신고하여야 하고 배우자상속재산 분할기한 또는 소송·심판청구가 종료된 날의 다음날부터 6개월이 되는 날 또는 6개월 경과 후 세액결정시에는 그 결정일까지 분할등기와 신고를 하여야 한다. 보통 부득이한 사유란 상속회복청구의 소를 제기하거나 상속재산분할 심판을 청구한 경우를 말한다.

(***) **상속세 및 증여세법 제79조(경정 등의 청구 특례)** ① 제67조에 따라 상속세 과세표준 및 세액을 신고한 자 또는 제76조에 따라 상속세 과세표준 및 세액의 결정 또는 경정을 받은 자에게 다음 각 호의 어느 하나에 해당하는 사유가 발생한 경우에는 그 사유가 발생한 날부터 6개월 이내에 대통령령으로 정하는 바에 따라 결정이나 경정을 청구할 수 있다.

1. 상속재산에 대한 상속회복청구소송 등 대통령령으로 정하는 사유로 상속개시일 현재 상속인 간에 상속재산가액이 변동된 경우
2. 상속개시 후 1년이 되는 날까지 상속재산의 수용 등 대통령령으로 정하는 사유로 상속재산의 가액이 크게 하락한 경우

→ 이 경우는 과세표준 신고기한이 지나 발생한 후발적 사유의 경우에 해당한다.

※ 일괄공제와 항목별 공제(기초공제＋인적 공제) 가운데 선택 적용을 그르쳐 상속세를 신고·납부한 경우에는 국세기본법 제45조의2에 의한 경정을 청구할 수 있다.(재산상속 46014-222)

※ 상속공제의 적용을 착오하여 상속세를 과소신고한 경우에도 과소신고가산세나 부정과소신고가산세는 적용하지 아니한다.(국기법제47의3①1호)

※ 보통 상속세 과세표준 신고를 하지 않았거나 신고시에 상속공제 신청을 하지 않았더라도 상속공제는 적용되므로 경정청구가 가능하다.

※ 상속공제 한도 = 상속세과세가액**(*)** - 상속인 이외의 자에게 유증(사인증여)

한 재산가액 - 상속인의 상속포기로 차순위 상속인이 상속받은 재산가액 - 사전증여재산가액(상증세법제24조).

(*) 상속세 과세가액= 총상속재산-(비과세재산가액+과세가액불산입액+공과금 등 공제금액)+가산하는 증여재산가액

이 경우 창업자금공제와 가업승계공제는 사전증여재산으로 보지 않는다. 특히 세대생략상속이나 선순위 상속인 전원의 상속포기로 인한 후순위 상속인의 상속의 경우에는 반드시 상속공제한도를 검토하여야 한다. 그러나 상속공제한도를 몰라서 적용하지 않고 공제액 전액을 신고함으로써 상속세 과세가액이 과소신고된 경우 신고불성실가산세를 부과할 수는 없다.(조세심판) 또한 본래의 상속재산은 존재하지 않고 상속인에게 10년 내 증여한 재산만 있는 경우에는 상속공제는 애당초 적용할 수 없다. 부담부증여의 경우 상속세 과세가액에서 차감하는 증여재산가액은 전체의 증여재산가액에서 수증자가 인수한 채무를 차감한 증여세 과세가액만을 말한다.

※ 상속세 면제한도 : 자녀 없이 배우자 상속만 있다면 최소 7억원(배우자공제 5억 + 기초공제 2억), 자녀와 배우자 모두 있다면 최소 10억원(배우자공제 5억 + 일괄공제 5억). 최대 35억(배우자공제 30억 + 일괄공제 5억). 피상속인의 배우자가 없는 경우에는 최소 5억원(일괄공제)까지 공제. 부와 모가 동시사망으로 추정된다면 배우자상속공제는 적용 배제된다. 그러나 상속인 이외의 자에게 유증이나 사인증여가 있거나 선순위 상속인 전원의 상속포기로 인한 후순위 상속인의 상속의 경우에는 공제적용 종합한도가 줄어 상속재산이 5억원 미만인 경우에도 상속세가 부과될 수 있다.

상속세 및 증여세법 제24조(공제 적용의 한도) 제18조부터 제23조까지 및 제23조의2에 따라 공제할 금액은 제13조에 따른 상속세 과세가액에서 다음 각 호의 어느 하나에 해당하는 가액을 뺀 금액을 한도로 한다. 다만, 제3호는 상속세 과세가액이 5억원을 초과하는 경우에만 적용한다. <개정 2015.12.15.>

1. 상속인이 아닌 자에게 유증 등을 한 재산의 가액
2. 상속인의 상속 포기로 그 다음 순위의 상속인이 상속받은 재산의 가액
3. 제13조에 따라 상속세 과세가액에 가산한 증여재산가액(제53조 또는 제54조에 따라 공제받은 금액이 있으면 그 증여재산가액에서 그 공제받은 금액을 뺀 가액을 말한다)

상속세 및 증여세법 제18조(기초공제) ① 거주자나 비거주자의 사망으로 상속이 개시되는 경우에는 상속세 과세가액에서 2억원을 공제(이하 "기초공제"라 한다)한다.

② 거주자의 사망으로 상속이 개시되는 경우로서 다음 각 호의 어느 하나에 해당하는 경우에는 다음 각 호의 구분에 따른 금액을 상속세 과세가액에서 공

제한다. 다만, 동일한 상속재산에 대해서는 제1호와 제2호에 따른 공제를 동시에 적용하지 아니한다. <개정 2015.12.15.>

1. 가업[대통령령으로 정하는 중소기업(이하 이 항 및 제5항에서 "중소기업"이라 한다) 또는 규모의 확대 등으로 중소기업에 해당하지 아니하게 된 기업(상속이 개시되는 사업연도의 직전 사업연도의 매출액이 3천억원 이상인 기업 및 상호출자제한기업집단 내 기업은 제외한다. 이하 이 조에서 같다)으로서 피상속인이 10년 이상 계속하여 경영한 기업을 말한다. 이하 같다]의 상속(이하 "가업상속"이라 한다): 가업상속 재산가액에 상당하는 금액. 다만, 그 금액이 200억원을 초과하는 경우에는 200억원을 한도로 하되, 피상속인이 15년 이상 계속하여 경영한 경우에는 300억원, 피상속인이 20년 이상 계속하여 경영한 경우에는 500억원을 한도로 한다.
   가. 삭제 <2014.1.1.>
   나. 삭제 <2014.1.1.>
2. 영농[양축(養畜), 영어(營漁) 및 영림(營林)을 포함한다. 이하 이 조에서 같다]상속: 영농상속 재산가액(그 가액이 15억원을 초과하는 경우에는 <u>15억원</u>을 한도로 한다)

③ 가업상속 또는 영농상속을 받은 상속인은 가업상속 또는 영농상속에 해당함을 증명하기 위한 서류를 제67조에 따라 납세지 관할세무서장에게 제출하여야 한다.

④ 제2항을 적용할 때 피상속인 및 상속인의 요건, 주식 등을 상속하는 경우의 적용방법 등 가업상속 및 영농상속의 범위와 그 밖에 필요한 사항은 대통령령으로 정한다.

⑤ 제2항 각 호의 구분에 따른 공제를 받은 상속인이 상속개시일(제1호라목의 경우에는 상속이 개시된 사업연도의 말일)부터 10년(제2호의 경우에는 5년) 이내에 대통령령으로 정하는 정당한 사유 없이 다음 각 호의 어느 하나에 해당하게 되면 제2항에 따라 공제받은 금액에 해당일까지의 기간을 고려하여 대통령령으로 정하는 율을 곱하여 계산한 금액을 상속개시 당시의 상속세 과세가액에 산입하여 상속세를 부과한다. <개정 2014.1.1.>

1. 제2항제1호의 가업상속 공제를 받은 후 다음 각 목의 어느 하나에 해당하게 된 경우
   가. 해당 가업용 자산의 100분의 20(상속개시일부터 5년 이내에는 100분의 10) 이상을 처분한 경우
   나. 해당 상속인이 가업에 종사하지 아니하게 된 경우
   다. 주식 등을 상속받은 상속인의 지분이 감소한 경우. 다만, 상속인이 상속받은 주식 등을 제73조에 따라 물납(物納)하여 지분이 감소한 경우는 제외하되, 이 경우에도 상속인은 제22조제2항에 따른 최대주주나 최대출자자에 해당하여야 한다.
   라. 각 사업연도의 정규직 근로자(「통계법」 제17조에 따라 통계청장이 지정하여 고시하는 경제활동인구조사의 정규직 근로자를 말한다. 이하 같다) 수의 평균이 상속이 개시된 사업연도의 직전 2개 사업연도의 정규직근로

자 수의 평균(이하 이 조에서 "기준고용인원"이라 한다)의 100분의 80에 미달하는 경우

마. 상속이 개시된 사업연도말부터 10년간 정규직 근로자 수의 전체 평균이 기준고용인원의 100분의 100(규모의 확대 등으로 중소기업에 해당하지 아니하게 된 기업의 경우에는 100분의 120)에 미달하는 경우

2. 제2항제2호의 영농상속 공제를 받은 후 영농상속공제의 대상이 되는 상속재산(이하 "영농상속재산"이라 한다)을 처분하거나 영농에 종사하지 아니하게 된 경우

⑥ 제2항제1호에 따른 공제를 적용받은 상속인은 대통령령으로 정하는 바에 따라 해당 가업용 자산, 가업 및 지분의 구체적인 내용을 납세지 관할세무서장에게 제출하여야 한다.

⑦ 제5항을 적용하는 경우 가업용 자산의 범위, 가업용 자산의 처분비율 계산방법, 지분의 감소 여부에 관한 판정방법, 영농상속재산의 범위, 공제받은 금액의 산입방법과 정규직 근로자 수 평균의 계산 등에 관하여 필요한 사항은 대통령령으로 정한다. <개정2014.1.1.>

⑧ 제5항에 따라 상속세를 부과할 때 「소득세법」 제97조의2제4항에 따라 납부하였거나 납부할 양도소득세가 있는 경우에는 대통령령으로 정하는 바에 따라 계산한 양도소득세 상당액을 상속세 산출세액에서 공제한다. 다만, 공제한 해당 금액이 음수(陰數)인 경우에는 영으로 본다. <신설 2014.1.1.>

상속세 및 증여세법 제19조(배우자 상속공제) ① 거주자의 사망으로 배우자가 실제 상속받은 금액은 상속세 과세가액에서 공제한다. 다만, 그 금액은 상속재산(상속재산 중 상속인이 아닌 수유자가 유증등을 받은 재산은 제외하며, 제13조제1항제1호에 규정된 재산을 포함한다)의 가액에 「민법」 제1009조에 따른 배우자의 법정상속분(공동상속인 중 상속을 포기한 사람이 있는 경우에는 그 사람이 포기하지 아니한 경우의 배우자 법정상속분을 말한다)을 곱하여 계산한 금액에서 제13조에 따라 상속재산에 가산한 증여재산 중 배우자에게 증여한 재산에 대한 과세표준(제55조제1항에 따른 과세표준을 말한다)을 뺀 금액(그 금액이 30억원을 초과하는 경우에는 30억원)을 한도로 한다.

② 제1항에 따른 배우자 상속공제는 제67조에 따른 상속세과세표준신고기한의 다음날부터 6개월이 되는 날(이하 이 조에서 "배우자상속재산분할기한"이라 한다)까지 배우자의 상속재산을 분할(등기·등록·명의개서 등이 필요한 경우에는 그 등기·등록·명의개서 등이 된 것에 한정한다. 이하 이 조에서 같다)한 경우에 적용한다. 이 경우 상속인은 상속재산의 분할사실을 배우자상속재산분할기한까지 납세지 관할세무서장에게 신고하여야(*) 한다.

③ 제2항에도 불구하고 대통령령으로 정하는 부득이한 사유로 배우자상속재산분할기한까지 배우자의 상속재산을 분할할 수 없는 경우로서 배우자상속재산분할기한[부득이한 사유가 소의 제기나 심판청구로 인한 경우에는 소송 또는 심판청구가 종료된 날]의 다음날부터 6개월이 되는 날(배우자상속재산분할기한의 다음날부터 6개월을 경과하여 제76조에 따른 과세표준과 세액의

결정이 있는 경우에는 그 결정일을 말한다)까지 상속재산을 분할하여 신고하는 경우에는 배우자상속재산분할기한 이내에 분할한 것으로 본다. 다만, 상속인이 그 부득이한 사유를 배우자상속재산분할기한까지 납세지 관할세무서장에게 신고하는 경우에 한정한다. <개정 2014.1.1.>

④ 제1항의 경우에 배우자가 실제 상속받은 금액이 없거나 상속받은 금액이 5억원 미만이면 제2항에도 불구하고 5억원(**)을 공제한다.

(*) 5억원을 초과하여 배우자상속공제를 받으려 할 경우에는 조세회피를 방지하기 위하여 배우자상속재산 분할기한을 정하여 배우자의 실제 상속재산을 등기·등록·명의개서로 분할하고 납세지 세무서에 신고하도록 규정하고 있다.

(**) 배우자가 상속을 포기하거나 상속결격 사유에 해당되어 실제 상속분이 없더라도 최소공제액(5억원)은 무조건 적용된다.

→ 대법원 2011두1474 판결

[제 목] 공익법인 출연재산은 배우자 상속공제 대상이 아님

[요 지]

배우자 상속공제의 순위가 공익법인 등의 출연재산에 대한 상속세과세가액 불산입 이후에 규정되어 있는 점, 배우자 상속공제 규정은 배우자가 실제 상속받은 재산에 관하여 적용되는 점으로 보아 공익법인 출연재산은 배우자 상속공제 대상이 아님.

상속세 및 증여세법 제20조(그 밖의 인적공제) ① 거주자의 사망으로 상속이 개시되는 경우로서 다음 각 호의 어느 하나에 해당하는 경우에는 해당 금액을 상속세 과세가액에서 공제한다. 이 경우 제1호에 해당하는 사람이 제2호에 해당하는 경우 또는 제4호에 해당하는 사람이 제1호부터 제3호까지 또는 제19조에 해당하는 경우에는 각각 그 금액을 합산하여 공제한다. <개정 2015.12.15.>

1. 자녀 1명에 대해서는 5천만원
2. 상속인(배우자는 제외한다) 및 동거가족 중 미성년자에 대해서는 1천만원에 19세가 될 때까지의 연수(연수, 소수점 이하는 버린다. 이하 이 항에서 같다)를 곱하여 계산한 금액
3. 상속인(배우자는 제외한다) 및 동거가족 중 65세 이상인 사람에 대해서는 5천만원
4. 상속인 및 동거가족 중 장애인에 대해서는 1천만원에 상속개시일 현재 「통계법」 제18조에 따라 통계청장이 승인하여 고시하는 통계표에 따른 성별·연령별 기대여명의 연수를 곱하여 계산한 금액

② 제1항제2호부터 제4호까지에 규정된 동거가족과 같은 항 제4호에 규정된 장애인의 범위는 대통령령으로 정한다.

③ 제1항제2호 및 제4호를 적용할 때 1년 미만의 기간은 1년으로 한다.

※ 기대여명은 통계청의 국가통계포털(KOSIS)→국내통계→주제별통계→인구·가구→생명표→완전생명표→기대여명(남자, 여자)
※ 각종 상속공제의 판정기준일은 상속개시일이다.
※ 상속공제 적용 착오로 상속세 과세표준을 과소신고한 경우에는 과소신고가산세를 적용하지 아니한다.(국기법제47의3④1호)

1) 가업상속공제 · 영농상속공제

가. 가업상속공제 및 영농상속공제의 취지

가업상속공제 및 영농상속공제는 피상속인이 생전에 영위한 사업에 대하여 일정한 요건에 해당되는 경우에 상속인에게 승계하도록 함으로써 피상속인이 영위하던 가업 및 영농이 상속인에게 승계되어 계속 영위할 수 있도록 지원하기 위하여 공제하는 제도이다.

나. 가업상속공제의 적용요건

1) 가업의 범위

가업상속공제대상이 되는 가업은 상속개시일이 속하는 과세연도의 직전 과세연도말 현재 ①10년 이상 계속 경영한 조특법상 중소기업 또는 매출액 3천억원 미만 기업(상증세법제18조②1호)으로서, 피상속인이 ②최대주주 등으로서 지분율 50%(상장법인의 경우 30%) 이상 계속하여 보유하는 경우(상증세령제15조③)이어야 하고, ③피상속인은 최대주주 가운데 1인으로만 한정한다.(상증세령제15조③단서)

이 경우 영농상속공제 대상 사업은 제외(가업상속공제와 영농상속공제는 동시 적용되지 않는다)하고 음식점업(개별소비세법에 의한 과세유흥장소에 해당하는 경우 제외)은 포함한다.

2) 피상속인 요건

(1) 경영기간 요건

피상속인이 가업의 영위기간 중 **50%** 이상의 기간을 대표이사(개인사업자인 경우 대표자)로 재직하거나 **10년** 이상의 기간을 대표이사 등으로 재직하여야 하는데 이 경우는 상속인이 피상속인의 대표이사 등의 직을 승계하여 승계한 날부터 상속개시일까지 계속 재직한 경우로 한정한다. 또한 상속개시일부터 소급하여 **10년 중 5년** 이상의 기간을 대표이사 등으로 재직한 경우도 포함한다.(상증세령제15조④1호)

3) 상속인 요건

상속인이 다음 각 목의 요건을 모두 갖추어야 한다.(상증세령제15조④2호)

① 상속개시일 현재 18세 이상인 경우

② 상속개시일 2년 전부터 계속하여 직접 가업에 종사한 경우. 다만, 피상속인이 60세 이전에 사망하거나 천재지변, 인재 등으로 인한 피상속인의 사망으로 부득이한 사유가 있는 경우에는 제외한다.

③ 위의 ① 내지 ②의 요건을 모두 갖춘 상속인 1명이 해당 가업의 전부를 상속받은 경우

④ 상속세과세표준 신고기한까지 임원으로 취임하고, 상속세 신고기한부터 2년 이내에 대표이사 등으로 취임한 경우

다만, 상속인의 배우자가 ①②④ 의 요건을 모두 갖춘 경우에는 상속인이 요건을 갖춘 것으로 본다.

4) 가업승계 주식에 대한 증여세 과세특례(조특령제27의6⑧)

다. 영농상속공제의 적용요건

1) 영농상속이란 피상속인이 영농(영어, 영림 포함)에 종사한 경우로서 상속재산 중 농림지, 초지, 어선, 어업권 등이나 법인의 주식 등의 재산 전부를 영농에 종사하는 상속인이 상속받는 것을 말한다.(상증세법제제18조②2호, 상증세령제16조①)

※ 영농상속재산 공제대상의 농지는 농지법 제2조제1호가목(농작물 경작지 또는 다년생 식물 재배지)에 따른 농지로서 피상속인이 상속개시일 2년 전부터 영농에 사용한 전·답, 과수원, 그 밖에 법적 지목을 불문하고 실제로 농작물 경작지 또는 다년생 식물 재배지로 이용되는 토지를 말하는 것이며, 축사 부지는 해당하지 않음(상속증여세과-299, 2014.08.12.)

2) 피상속인 요건

상속개시일 2년 전부터 계속하여 직접 영농에 종사한 경우로서 다음에 해당하는 자.(상증세령제16조②)

① 농림지·초지·산림지의 소재지와 동일 또는 연접한 시·군·구, 또는 해당 농지 등으로부터 직선거리 20㎞ 이내에 거주하는 사람.(상증세령제16조② 1호)

② 어선의 선적지 또는 어장에 가장 가까운 또는 그에 연접한 시·군·구, 또는 해당 선적지나 연안으로부터 직선거리 20㎞ 이내에 거주하는 사람.

③ 법인세법을 적용받는 영농의 경우에는 법인의 최대주주 등으로서 본인과 그 특수관계인의 주식 등을 합하여 해당 법인의 발행주식총수(출자총액)의 50/100 이상을 계속하여 보유한 사람.(최대주주 등 가운데에서 1인에 한하여 적용된다)(상증세령제16조②2호)

3) 상속인

① 상속개시일 현재 18세 이상인 자로서 상속개시일 2년 전부터 계속하여 직접 영농에 종사할 것.

② 상증세령 제16조 제2항 각 호에 규정하는 지역에 거주할 것. 법인세법을 적용받는 영농의 경우에는 상속인 1명이 해당 영농상속재산을 전부 상속받아 상속세 과세표준 신고기한까지 임원으로 취임하고 상속세 신고기한부터 2년 이내에 대표이사 등으로 취임할 것.

③ 농어업경영체육성 및 지원에 관한 법률 제10조에 따른 후계농업경영인 및 어업인후계자.

④ 임업 및 산촌 진흥촉진에 관한 법률 제2조 4호에 의한 임업후계자.

⑤ 초·중등교육법 및 고등교육법에 의한 농업 또는 수산계열의 학교에 재학 중인 자이거나 졸업한 자.

라. 가업상속공제액 및 영농상속공제액

거주자의 사망으로 상속이 개시되는 경우로서 다음의 어느 하나에 해당하는 경우에는 다음의 구분에 따른 금액을 상속세 과세가액에서 공제한다.(상증세법제18조②)

1) 가업상속공제

가업상속재산에 상당하는 금액. 다만, 그 금액이 200억원을 초과하는 경우에는 200억원을 한도로 하되, 피상속인이 15년 이상 계속하여 경영한 경우에는 300억원, 피상속인이 20년 이상 계속하여 경영한 경우에는 500억원을 한도로 한다.(상증세법제18조②1호)

(2) 영농[양축(養畜), 영어(營漁) 및 영림(營林)을 포함]상속공제

영농상속 재산가액 전액(그 가액이 15억원을 초과하는 경우에는 15억원 한도)(상증세법제18조②2호)

마. 사후관리

가업상속공제 혹은 영농공제를 받은 상속인이 상속개시일부터 10년(영농상속공제의 경우에는 5년) 이내에 대통령령이 정하는 정당한 사유 없이 다음의 어느 하나에 해당하게 되면 가업상속공제 또는 영농상속공제받은 금액을 상속개시 당시의 상속세 과세가액에 산입하여 상속세를 부과한다.(상증세법제18조⑤)

(1) 가업상속 공제를 받은 후 다음의 어느 하나에 해당하게 된 경우(1호)

① 해당 가업용 자산의 20%(상속개시일부터 5년 이내에는 10%) 이상을 처분한 경우

② 해당 상속인이 가업에 종사하지 아니하게 된 경우

③ 주식 등을 상속받은 상속인의 지분이 감소한 경우. 다만, 상속인이 상속받은 주식 등을 물납하여 지분이 감소한 경우는 제외하되, 이 경우에도 상속인은 최대주주나 최대출자자에 해당하여야 한다.

④ 10년간 정규직 근로자 평균인원이 기준고용인원의 1.0배(중견기업은 1.2배)에 미달하는 경우

(2) 영농상속 공제를 받은 후 영농에 사용하는 상속재산을 처분하거나 영농에 종사하지 아니하게 된 경우(2호)

2) 동거주택 상속공제

1. 의의

2008.12 세법개정시 부동산 가격상승 및 실거래가 신고 등으로 인하여 1세대

1주택 실수요자에 대한 상속세 부담이 증가한 점을 감안하여 상속세 부담을 완화할 필요가 있어 피상속인과 상속인이 상속개시일로부터 소급하여 10년 이상 동거한 1세대 1주택에 대하여는 5억원의 한도 내에서 주택가액의 100분의 40을 상속세 과세액에서 공제하도록 하였다. 이 개정 규정은 2009.1.1. 이후 상속분부터 적용된다.

2. 동거주택 상속공제의 내용(상증세법제23조의2)

상속세 및 증여세법 제23조의2(동거주택 상속공제) ① 거주자의 사망으로 상속이 개시되는 경우로서 다음 각 호의 요건을 모두 갖춘 경우에는 상속주택가액(「소득세법」 제89조제1항제3호에 따른 주택부수토지의 가액을 포함한다)의 100분의 80에 상당하는 금액을 상속세 과세가액에서 공제한다. 다만, 그 공제할 금액은 5억원을 한도로 한다. <개정 2015.12.15.>

1. 피상속인과 상속인(직계비속인 경우로 한정하며, 이하 이 조에서 "상속인"이라 한다)이 상속개시일부터 소급하여 10년 이상(상속인이 미성년자인 기간은 제외한다) 계속하여 하나의 주택에서 동거할 것
2. 피상속인과 상속인이 상속개시일부터 소급하여 10년 이상 계속하여 1세대를 구성하면서 대통령령으로 정하는 1세대 1주택(이하 이 조에서 "1세대 1주택"이라 한다)에 해당할 것. 이 경우 무주택인 기간이 있는 경우에는 해당 기간은 전단에 따른 1세대 1주택에 해당하는 기간에 포함한다.
3. 상속개시일 현재 무주택자로서 피상속인과 동거한 상속인이 상속받은 주택일 것

② 제1항을 적용할 때 피상속인과 상속인이 대통령령으로 정하는 사유에 해당하여 동거하지 못한 경우에는 계속하여 동거한 것으로 보되, 그 동거하지 못한 기간은 같은 항에 따른 동거 기간에 산입하지 아니한다.

(*) 대법원 2012두2474 판결

[제 목]

동거주택 상속공제는 피상속인의 소유를 전제로 하는 것은 아님

[요 지]

동거주택 상속공제에 있어 과세요건 규정의 엄격해석의 원칙상 소유 또는 보유라는 단어를 사용하지 아니하는 한, 동거의 용어 속에 보유 또는 소유 개념이 포함되어 있다고 보기 어려워 피상속인이 쟁점주택을 소유하지 않았다는 이유로 경정처분한 것은 위법함.

거주자의 사망으로 상속이 개시되는 경우로서 피상속인과 상속인이 상속개시일부터 소급하여 10년 이상 계속하여 동거한(보유 및 거주) 주택이 위 규정의 요건을 모두 갖춘 경우에는 주택가액(주택에 부수되는 토지의 가액을 포함)의 100분의 80에 상당하는 금액을 상속세과세가액에서 공제한다. 다만, 그 공제할 금액은 5억원을 한도로 한다.

또한 동거주택 상속공제 요건 중 '상속개시일 현재 무주택자인 상속인이 상속받은 주택일 것'을 적용할 때 무주택자인 상속인이 당해 주택을 언제까지 협의분할 등을 통하여 상속받아서 등기를 하여야 하는지 여부에 대한 규정이 없다. 다만, 과세관청에서 상속세 과세표준과 세액을 조사하여 결정할 때까지 상속받아 등기 등을 하면 적용받을 수 있을 것으로 판단된다.

3. 부득이한 사유

동거주택 상속공제 규정을 적용함에 있어 피상속인과 상속인이 다음과 같은 부득이한 사유에 해당하여 동거하지 못한 경우에는 이를 계속하여 동거한 것으로 보되, 그 동거하지 못한 기간은 동거 기간에는 산입하지 아니한다.(상증세법제23조의2②)

① 징집

② 취학, 근무상의 형편, 질병의 요양의 사유로서 다음 어느 하나에 해당하는 경우

ⓐ 초·중등교육법에 따른 학교(유치원·초등학교 및 중학교는 제외한다) 및 고등교육법에 따른 학교에의 취학

ⓑ 직장의 변경이나 전근 등 근무상의 형편

ⓒ 1년 이상의 치료나 요양이 필요한 질병의 치료 또는 요양

③ ① 및 ②와 비슷한 사유로서 기획재정부령이 정하는 사유

4. 동거주택 상속공제액

주택가액(주택에 부수되는 토지의 가액을 포함한다)의 100분의 80에 상당하는 금액을 상속세과세가액에서 공제하되, 그 금액이 5억원을 초과하는 경우에는 5억원을 한도로 한다.

9. 세대생략할증과세

상속세 및 증여세법 제27조(세대를 건너뛴 상속에 대한 할증과세) 상속인이나 수유자가 피상속인의 자녀를 제외한 직계비속인 경우에는 제26조에 따른 상속세산출세액에 상속재산(제13조에 따라 상속재산에 가산한 증여재산 중 상속인이나 수유자가 받은 증여재산을 포함한다) 중 그 상속인 또는 수유자가 받았거나 받을 재산이 차지하는 비율을 곱하여 계산한 금액의 100분의 30(피상속인의 자녀를 제외한 직계비속이면서 미성년자에 해당하는 상속인 또는 수유자가 받았거나 받을 상속재산의 가액이 20억원을 초과하는 경우에는 100분의 40)에 상당하는 금액을 가산한다. 다만, 「민법」 제1001조에 따른 대습상속의 경우에는 그러하지 아니하다. <개정 2015.12.15.>

상속인이나 수유자가 피상속인의 자녀를 제외한 직계비속인 경우 자의 세대에서 손의 세대로의 상속세를 회피하는 행위를 막기 위하여 원래의 상속세 산출세액에 상속재산 중 그 수유자가 받았거나 받을 재산이 차지하는 비율을 곱하여 계산한 금액의 30/100(상속재산 가액이 20억원을 초과시 미성년자의 경우에는 40/100)에 상당하는 금액을 원래의 상속세 산출세액에 가산한다. 다만, 대습상속의 경우는 자기 고유의 권리이므로 제외한다.(상증세법제27조) 직계존비속의 판단은 부계뿐만 아니라 모계도 포함한다. 보험금 수익자가 피상속인의 자녀를 제외한 직계비속인 경우에도 할증과세 적용한다.

상속순위가 선순위인 단독상속인 또는 동순위의 공동상속인 전원이 상속을 포기하여 피상속인의 2촌 이상 직계비속이 후순위 상속인으로서 상속을 받을 경우에도 위 규정이 적용된다.

피상속인으로부터 사전증여받아 그 재산이 상속세 과세가액에 가산하는 경우에도 손자가 자기 몫으로 상속받은 재산이 없는 경우에는 할증과세하지 않는다.

세대생략가산액 = [상속세산출세액 × 피상속인의 자녀를 제외한 직계비속이 상속받은 재산가액/총상속재산가액] × 30/100

10. 세액공제

상속세 및 증여세법 제28조(증여세액 공제) ① 제13조에 따라 상속재산에 가산한 증여재산에 대한 증여세액(증여 당시의 그 증여재산에 대한 증여세산출세액을 말한다)은 상속세산출세액에서 공제한다. 다만, 상속세 과세가액에 가산하는 증여재산에 대하여 「국세기본법」 제26조의2제1항제4호 또는 같은 조 제4항에 규정된 기간의 만료로 인하여 증여세가 부과되지 아니하는 경우와 상속세 과세가액이 5억원 이하인 경우에는 그러하지 아니하다. <개정 2015.12.15.>
② 제1항에 따라 공제할 증여세액은 상속세산출세액에 상속재산(제13조에 따라 상속재산에 가산하는 증여재산을 포함한다. 이하 이 항에서 같다)의 과세표준에 대하여 가산한 증여재산의 과세표준이 차지하는 비율을 곱하여 계산한 금액을 한도로 한다. 이 경우 그 증여재산의 수증자가 상속인이거나 수유자이면 그 상속인이나 수유자 각자가 납부할 상속세액에 그 상속인 또는 수유자가 받았거나 받을 상속재산에 대하여 대통령령으로 정하는 바에 따라 계산한 과세표준에 대하여 가산한 증여재산의 과세표준이 차지하는 비율을 곱하여 계산한 금액을 한도로 각자가 납부할 상속세액에서 공제한다.

상속세 및 증여세법 제29조(외국 납부세액 공제) 거주자의 사망으로 상속세를 부과하는 경우에 외국에 있는 상속재산에 대하여 외국의 법령에 따라 상속세를 부과받은 경우에는 대통령령으로 정하는 바에 따라 그 부과받은 상속세에 상당하는 금액을 상속세산출세액에서 공제한다.

상속세 및 증여세법 제30조(단기 재상속에 대한 세액공제) ① 상속개시 후 10년 이내에 상속인이나 수유자의 사망으로 다시 상속이 개시되는 경우에는 전(前)의 상속세가 부과된 상속재산 중 재상속분에 대한 전의 상속세 상당액을 상속세산출세액에서 공제한다.
② 제1항에 따라 공제되는 세액은 제1호에 따라 계산한 금액에 제2호의 공제율을 곱하여 계산한 금액으로 한다. 다만, 제1호의 계산식에서 전의 상속재산가액 중 다시 상속된 것이 전의 상속세 과세가액 상당액을 초과하는 경우 그 초과액은 없는 것으로 본다.

1) 계산

$$\text{전의 상속세 산출세액} \times \frac{\text{재산상속분의 재산가액} \times \dfrac{\text{전의 상속세 과세가액}}{\text{전의 상속재산가액}}}{\text{전의 상속세 과세가액}}$$

2) 공제율

재상속기간	공제율
1년 이내	100분의 100
2년 이내	100분의 90
3년 이내	100분의 80

4년 이내	100분의 70
5년 이내	100분의 60
6년 이내	100분의 50
7년 이내	100분의 40
8년 이내	100분의 30
9년 이내	100분의 20
10년 이내	100분의 10

③ 제2항제1호의 계산식 중 재상속분의 재산가액은 전의 상속재산가액에서 전의 상속세 상당액을 뺀 것을 말한다.

1) 증여세액공제, 외국납부세액공제, 단기재상속에 대한 세액공제, 신고세액공제

2) 증여세액공제

피상속인이 상속인(10년 이내)이나 상속인 이외의 자(5년 이내)에게 사전증여한 경우 이미 증여세가 부과되었는데도 상속세 재산가액에 포함되어 상속세가 과세된다면 이중과세 문제가 있으므로 사전증여재산에 대한 증여 당시의 증여세액은 상속세 산출세액에서 공제한다.(상증세법제28조①) 세대생략 증여나 증여세 제척기간이 만료되어 과세되지 못한 경우는 포함하지 않는다. 다만, 공제한도가 있다.(상증세법제28조②) 증여세의 세대생략 할증과세액은 기납부증여세액으로서 공제되지 아니한다.

기납부 증여세 공제한도 = 상속세산출세액×사전증여분의 과세표준/상속세과세표준(*) (*) 수증자가 상속인이나 수유자인 경우에는 각자가 받았거나 받을 상속재산에 대한 과세표준을 말한다.

3) 외국납부세액공제

피상속인이 거주자이면서 외국에 재산을 갖고 있을 경우 이중과세 문제(외국상속세, 국내 상속세)가 있으므로 외국에서 부과받은 상속세액을 국내 상속세 산출세액에서 공제한다.(상증세법제29조) 다만, 외국 상속세액이 크더라도 국내법으로 평가한 상속세액을 한도로 공제한다.

4) 단기재상속에 대한 세액공제

상속세를 부과하거나 부과할 수 있는 상속이 개시된 후 10년 이내에 상속인이나 수유자가 사망하여 다시 상속이 개시되는 경우 전의 상속세가 부과된 상속재산 중 재상속분에 대한 전의 상속세 상당액을 상속세 산출세액에서 공제함으로써 상속세의 과중한 부담을 완화하기 위한 제도이다.(상증세법제30조) 다만, 다시 상속된 재산가액이 전의 상속세 과세가액을 초과하는 경우 초과액은 없는 것으로 본다. 또한 재상속된 상속재산별로 구분하여 계산한다.(상증세령제22조)

단기재상속 세액공제 = 전의 상속세 산출세액×[재상속분의 재산가액(*)×(전의 상속세과세가액/전의 상속재산가액)]/전의 상속세 과세가액×공제율 (*) 재상속분의 재산가액 = 전의 상속재산가액 - 전의 상속세액

5) 신고세액공제

상속개시일부 6개월 이내(피상속인 또는 상속인이 외국에 주소를 둔 경우에는 9개월 이내, 사망한 달의 말일부터 기산한다)에 상속세과세표준을 신고한 경우 상속세 산출세액에 세대생략상속 할증과세액을 가산한 금액에서 각종 세액공제를 한 뒤의 금액의 10%에 상당하는 금액을 공제한다.(상증세법제69조) 자진납부를 하지 않았더라도 신고한 이상 세액공제가 적용된다. 상속세 과세표준을 과소신고한 경우 그 과소신고한 금액은 신고세액 공제가 적용되지 아니한다.

11. 상속재산 · 증여재산의 평가기준(상증세법제60~66조)

상속세 및 증여세법 제60조(평가의 원칙 등) ① 이 법에 따라 상속세나 증여세가 부과되는 재산의 가액은 상속개시일 또는 증여일(이하 "평가기준일"이라 한다) 현재의 시가에 따른다. 이 경우 제63조제1항제1호가목 및 나목에 규정된 평가방법으로 평가한 가액(제63조제2항에 해당하는 경우는 제외한다)을 시가로 본다.

② 제1항에 따른 시가는 불특정 다수인 사이에 자유롭게 거래가 이루어지는 경우에 통상적으로 성립된다고 인정되는 가액으로 하고 수용가격·공매가격 및 감정가격 등 대통령령으로 정하는 바에 따라 시가로 인정되는 것을 포함한다.

③ 제1항을 적용할 때 시가를 산정하기 어려운 경우에는 해당 재산의 종류, 규모, 거래 상황 등을 고려하여 제61조부터 제65조까지에 규정된 방법으로 평가한 가액을 시가로 본다.

④ 제1항을 적용할 때 제13조에 따라 상속재산의 가액에 가산하는 증여재산의 가액은 증여일 현재의 시가에 따른다.

⑤ 제2항에 따른 감정가격을 결정할 때에는 대통령령으로 정하는 바에 따라 둘

이상의 감정기관에 감정을 의뢰하여야 한다. 이 경우 감정기관이 평가한 감정가액이 다른 감정기관이 평가한 감정가액의 100분의 80에 미달하는 등 대통령령으로 정하는 사유가 있는 경우에는 대통령령으로 정하는 바에 따라 1년의 범위에서 기간을 정하여 해당 감정기관을 시가불인정 감정기관으로 지정할 수 있으며, 시가불인정 감정기관으로 지정된 기간 동안 해당 시가불인정 감정기관이 평가하는 감정가액은 시가로 보지 아니한다. <신설 2015.12.15.>

상속세 및 증여세법시행령 제49조(평가의 원칙등) ① 법 제60조제2항에서 "수용가격·공매가격 및 감정가격 등 대통령령으로 정하는 바에 따라 시가로 인정되는 것"이란 평가기준일 **전후 6개월**(증여재산의 경우에는 3개월로 한다. 이하 이 항에서 "평가기간"이라 한다) 이내의 기간 중 매매·감정·수용·경매(「민사집행법」에 따른 경매를 말한다. 이하 이 항에서 같다) 또는 공매(이하 이 조에서 "매매등"이라 한다)가 있는 경우에 다음 각 호의 어느 하나에 따라 확인되는 가액을 말한다. 다만, 평가기간에 해당하지 아니하는 기간으로서 평가기준일 전 2년 이내의 기간 중에 매매등이 있는 경우에도 평가기준일부터 제2항 각 호의 어느 하나에 해당하는 날까지의 기간 중에 주식발행회사의 경영상태, 시간의 경과 및 주위환경의 변화 등을 고려하여 가격변동의 특별한 사정이 없다고 인정되는 때에는 제56조의2제1항에 따른 평가심의위원회의 자문을 거쳐 해당 매매등의 가액을 다음 각 호의 어느 하나에 따라 확인되는 가액에 포함시킬 수 있다. <개정 2014.2.21.>

1. 해당 재산에 대한 매매사실이 있는 경우에는 그 거래가액. 다만, 다음 각 목의 어느 하나에 해당하는 경우는 제외한다.
   가. 제12조의2제1항 각 호의 어느 하나에 해당하는 특수관계인과의 거래 등으로 그 거래가액이 객관적으로 부당하다고 인정되는 경우
   나. 거래된 비상장주식의 가액(액면가액의 합계액을 말한다)이 다음의 금액 중 적은 금액 미만인 경우(제56조의2제1항에 따른 평가심의위원회의 자문을 거쳐 그 거래가액이 거래의 관행상 정당한 사유가 있다고 인정되는 경우는 제외한다)
      1) 액면가액의 합계액으로 계산한 해당 법인의 발행주식총액 또는 출자총액의 100분의 1에 해당하는 금액
      2) 3억원
2. 당해 재산(법 제63조제1항제1호에 규정된 재산을 제외한다)에 대하여 2 이상의 기획재정부령이 정하는 공신력 있는 감정기관(이하 "감정기관"이라 한다)이 평가한 감정가액이 있는 경우에는 그 감정가액의 평균액. 다만, 다음 각 목의 1에 해당하는 것을 제외하며, 당해 감정가액이 법 제61조·법 제62조·법 제64조 및 법 제65조의 규정에 의하여 평가한 가액과 제5항에 따른 시가의 100분의 90에 해당하는 가액 중 적은 금액(이하 이 호에서 "기준금액"이라 한다)에 미달하는 경우(기준금액 이상인 경우에도 제56조의2제1항의 규정에 의한 평가심의위원회의 자문을 거쳐 감정평가목적 등을 감안하여 동

가액이 부적정하다고 인정되는 경우를 포함한다)에는 세무서장(관할지방국세청장을 포함하며, 이하 "세무서장등"이라 한다)이 다른 감정기관에 의뢰하여 감정한 가액에 의하되, 그 가액이 상속세 또는 증여세 납세의무자가 제시한 감정가액보다 낮은 경우에는 그러하지 아니하다.

가. 일정한 조건이 충족될 것을 전제로 당해 재산을 평가하는 등 상속세 및 증여세의 납부목적에 적합하지 아니한 감정가액

나. 평가기준일 현재 당해재산의 원형대로 감정하지 아니한 경우의 당해 감정가액

3. 당해 재산에 대하여 수용·경매 또는 공매사실이 있는 경우에는 그 보상가액·경매가액 또는 공매가액. 다만, 다음 각 목의 어느 하나에 해당하는 경우에는 당해 경매가액 또는 공매가액은 이를 제외한다.

가. 법 제73조에 따라 물납한 재산을 상속인·증여자·수증자 또는 그의 특수관계인이 경매 또는 공매로 취득한 경우

나. 경매 또는 공매로 취득한 비상장주식의 가액(액면가액의 합계액을 말한다)이 다음의 금액 중 적은 금액 미만인 경우

(1) 액면가액의 합계액으로 계산한 당해 법인의 발행주식총액 또는 출자총액의 100분의 1에 해당하는 금액

(2) 3억원

다. 경매 또는 공매절차의 개시 후 관련 법령이 정한 바에 따라 수의계약에 의하여 취득하는 경우

② 제1항을 적용할 때 제1항 각 호의 어느 하나에 따른 가액이 평가기준일 전후 6개월(증여재산의 경우 3개월로 한다) 이내에 해당하는지는 다음 각 호의 구분에 따른 날을 기준으로 하여 판단하며, 제1항에 따라 시가로 보는 가액이 둘 이상인 경우에는 평가기준일을 전후하여 가장 가까운 날에 해당하는 가액을 적용한다. 다만, 해당 재산의 매매등의 가액이 있는 경우에는 제5항에 따른 가액을 적용하지 아니한다. <개정 2014.2.21.>

1. 제1항제1호의 경우에는 매매계약일
2. 제1항제2호의 경우에는 가격산정기준일과 감정가액평가서 작성일
3. 제1항제3호의 경우에는 보상가액·경매가액 또는 공매가액이 결정된 날

③ 제1항제2호의 경우에 있어서 납세의무자가 제시한 감정기관의 감정가액이 기획재정부령이 정하는 기준에 미달하는 경우에는 당해 감정기관의 감정가액은 기획재정부령이 정하는 바에 따라 이를 제1항의 규정에 의한 감정가액으로 보지 아니한다.

④ 제1항 각호의 가액에 2 이상의 재산가액이 포함됨으로써 각각의 재산가액이 구분되지 아니하는 경우에는 각각의 재산을 법 제61조 내지 제65조의 규정에 의하여 평가한 가액에 비례하여 안분계산하되 각각의 재산에 대하여 감정가액(동일감정기관이 동일한 시기에 감정한 각각의 감정가액을 말한다)이 있는 경우에는 감정가액에 비례하여 안분계산한다. 다만, 토지와 그 토지에 정착된 건물 기타 구축물의 가액이 구분되지 아니하는 경우에는 「부가가치세법 시행령」 제64조에 따라 안분계산한다. <신설 2013.6.28.>

⑤ 제1항의 규정을 적용함에 있어서 당해 재산과 면적·위치·용도·종목 및 기준시가가 동일하거나 유사한 다른 재산에 대한 같은 항 각 호의 어느 하나에 해당하는 가액[법 제67조 또는 제68조에 따라 상속세 또는 증여세 과세표준을 신고한 경우에는 평가기준일 전 6개월(증여의 경우에는 3개월로 한다)부터 제1항에 따른 평가기간 이내의 신고일까지(*)의 가액을 말한다]이 있는 경우에는 당해 가액을 법 제60조제2항의 규정에 의한 시가로 본다. → 매매사례가액

⑥ 제1항을 적용할 때 제2항 각 호에 따른 날이 평가기준일 전에 해당하는 경우로서 그 날부터 평가기준일까지 해당 재산에 대한 자본적 지출액이 확인되는 경우에는 그 자본적 지출액을 제1항에 따른 가액에 더할 수 있다. <신설 2014.2.21.>

⑦ 기획재정부장관은 상속·증여재산을 평가함에 있어서 평가의 공정성을 확보하기 위하여 재산별 평가기준·방법·절차 등에 관한 세부사항을 정할 수 있다. <신설 2014.2.21.>

(*)

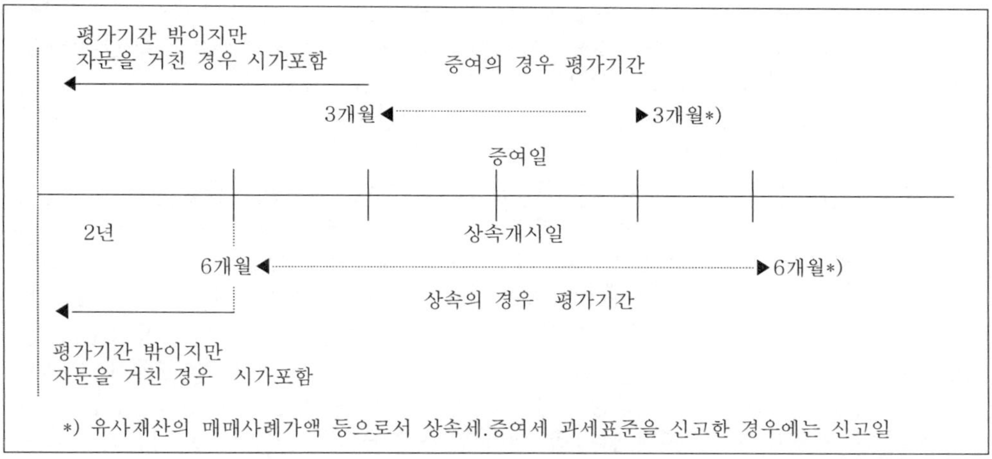

상속세 및 증여세법 제61조(부동산 등의 평가) ① 부동산에 대한 평가는 다음 각 호의 어느 하나에서 정하는 방법으로 한다. <개정 2014.1.1.>

1. 토지

「부동산 가격공시 및 감정평가에 관한 법률」에 따른 개별공시지가(이하 "개별공시지가"라 한다). 다만, 개별공시지가가 없는 토지의 가액은 납세지 관할세무서장이 인근 유사 토지의 개별공시지가를 고려하여 대통령령으로 정하는 방법으로 평가한 금액으로 하고, 지가가 급등하는 지역으로서 대통령령으로 정하는 지역의 토지 가액은 배율방법으로 평가한 가액으로 한다.

2. 건물

건물(제3호와 제4호에 해당하는 건물은 제외한다)의 신축가격, 구조, 용도,

위치, 신축연도 등을 고려하여 매년 1회 이상 국세청장이 산정·고시하는 가액

3. 오피스텔 및 상업용 건물

건물에 딸린 토지를 공유로 하고 건물을 구분소유하는 것으로서 건물의 용도·면적 및 구분소유하는 건물의 수 등을 고려하여 대통령령으로 정하는 오피스텔 및 상업용 건물(이들에 딸린 토지를 포함한다)에 대해서는 건물의 종류, 규모, 거래 상황, 위치 등을 고려하여 매년 1회 이상 국세청장이 토지와 건물에 대하여 일괄하여 산정·고시한 가액

4. 주택

「부동산 가격공시 및 감정평가에 관한 법률」에 따른 개별주택가격 및 공동주택가격(같은 법 제17조제1항 단서에 따라 국세청장이 결정·고시한 공동주택가격이 있는 때에는 그 가격을 말하며, 이하 이 호에서 "고시주택가격"이라 한다). 다만, 다음 각 목의 어느 하나에 해당하는 경우에는 납세지 관할세무서장이 인근 유사주택의 고시주택가격을 고려하여 대통령령으로 정하는 방법에 따라 평가한 금액으로 한다.

가. 해당 주택의 고시주택가격이 없는 경우

나. 고시주택가격 고시 후에 해당 주택을 「건축법」 제2조제1항제9호 및 제10호에 따른 대수선 또는 리모델링을 하여 고시주택가격으로 평가하는 것이 적절하지 아니한 경우

② 제1항제1호 단서에서 "배율방법"이란 개별공시지가에 대통령령으로 정하는 배율을 곱하여 계산한 금액에 의하여 계산하는 방법을 말한다.

③ 지상권 및 부동산을 취득할 수 있는 권리(*)와 특정시설물을 이용할 수 있는 권리는 그 권리 등이 남은 기간, 성질, 내용, 거래 상황 등을 고려하여 대통령령으로 정하는 방법으로 평가한 가액으로 한다.

④ 그 밖에 시설물과 구축물은 평가기준일에 다시 건축하거나 다시 취득할 때 드는 가액을 고려하여 대통령령으로 정하는 방법으로 평가한 가액으로 한다.

⑤ 사실상 임대차계약이 체결되거나 임차권이 등기된 재산의 경우에는 임대료 등을 기준으로 하여 대통령령으로 정하는 바에 따라 평가한 가액과 제1항부터 제6항까지의 규정에 따라 평가한 가액 중 큰 금액을 그 재산의 가액으로 한다.

⑥ 제1항제3호에 따라 국세청장이 산정하고 고시한 가액에 대한 소유자나 그 밖의 이해관계인의 의견 청취 및 재산정, 고시신청에 관하여는 「소득세법」 제99조제4항부터 제6항까지 및 제99조의2를 준용한다.

(*) 구 상증세법 및 그 시행령이 부동산을 취득할 수 있는 권리는 그 취득에 일정한 금액을 불입할 것을 전제로 하고 있는 점 등에 비추어 볼 때 부동산을 취득할 수 있는 권리로는 매매 계약 등 부동산 소유권을 취득하기로 하는 계약을 맺고 그에 따라 대금 등을 지급하여 소유권이전등기청구권을 가지고 있으나 아직 등기를 못한 경우를 예정하고 있다. 한편, 도시 및 주거환경정비법에 정한 관리처분계획 인가 및 이에 따른 이전고시 등 절차를 거치면 구 건물이나 대지에 관한 권리가 권리자 의사에 관계없이 신 건물이나 대지에 관

한 권리로 강제로 교환 · 변경되고 이를 강학상 공용환권이라 한다. 관리처분계획은 조합원 등으로부터 분양신청을 받은 다음 이를 토대로 정비사업 시행으로 조성될 대지 및 건축물에 관한 권리를 일정한 기준하에 조합원 및 일반에 배 분하는 것과 조합원들이 부담할 사업비용 등에 관한 포괄적 계획이다. 공사가 완료되 어 관리처분계획에서 이미 정한 바에 따라 정비사업으로 조성된 대지 및 건축물 등 소 유권을 분양받을 자에게 이전하는 이전고시가 있기 전까지 관리처분계획 인가만으로 조합원은 종전 토지 또는 건축물 소유권을 상실하지 않는다. 그런데 망인이 사망한 2009. 4. 29.까지 이전고시가 있었다고 볼 증거가 없으므로 상속개시일 현재 망인이 소유하고 있던 재산은 OO동 부동산뿐이라고 보아야 한다. OO동 부동산 소유권이 관리처분계획에 따라 장차 다른 부동산으로 교환 · 변경되리라는 기대를 가지고 있었다고 하여 OO동 부동산 외에 구 상증세법에서 말하는 부동산을 취득할 수 있는 권리가 별도로 상속재산이 된다고 볼 수는 없다. 부동산소유권이 관리처분계획에 따라 장차 다른 부동산으로 교환·변경되리라는 기대를 가지고 있었다고 하여 부동산에 관한 재개발 입주권에 부동산을 취득할 수 있는 권리가 포함되어 별도로 상속재산을 구성한다고 볼 수는 없다.(의정부지방법원 2012구합572)

상속세 및 증여세법 시행령 제51조(지상권등의 평가) ① 법 제61조제3항에 따른 지상권의 가액은 지상권이 설정되어 있는 토지의 가액에 기획재정부령으로 정하는 율을 곱하여 계산한 금액을 해당 지상권의 잔존연수를 감안하여 기획재정부령으로 정하는 방법에 따라 환산한 가액으로 한다. 이 경우 그 잔존연수에 관하여는 「민법」 제280조 및 제281조에 규정된 지상권의 존속기간을 준용한다.

② 법 제61조제3항에 따른 부동산을 취득할 수 있는 권리(건물이 완성되는 때에 그 건물과 이에 부수되는 토지를 취득할 수 있는 권리를 포함한다) 및 특정시설물을 이용할 수 있는 권리의 가액은 평가기준일까지 납입한 금액과 평가기준일 현재의 프레미엄에 상당하는 금액을 합한 금액으로 한다. 다만, 해당 권리에 대하여 「소득세법 시행령」 제165조제8항제3호에 따른 가액이 있는 경우에는 해당 가액으로 한다. <개정 2015.2.3>

상속세 및 증여세법 제63조(유가증권 등의 평가) ① 유가증권 등의 평가는 다음 각 호의 어느 하나에서 정하는 방법으로 한다. <개정 2013.5.28.>

1. 주식 및 출자지분의 평가
   가. 「자본시장과 금융투자업에 관한 법률」에 따른 증권시장으로서 대통령령으로 정하는 증권시장에서 거래되는 주권상장법인의 주식 및 출자지분은 평가기준일 이전·이후 각 2개월 동안 공표된 매일의 거래소 최종 시세가액(거래실적 유무를 따지지 아니한다)의 평균액. 다만, 평균액을 계산할 때 평가기준일 이전·이후 각 2개월 동안에 증자·합병 등의 사유가 발생하여 그 평균액으로 하는 것이 부적당한 경우에는 평가기준일 이전·이후 각 2

개월의 기간 중 대통령령으로 정하는 바에 따라 계산한 기간의 평균액으로 한다.

나. 「자본시장과 금융투자업에 관한 법률」에 따른 주권상장법인으로서 대통령령으로 정하는 주권상장법인의 주식 및 출자지분 중 대통령령으로 정하는 주식 및 출자지분에 대해서는 가목을 준용한다.

다. 나목 외의 주식 및 출자지분으로서 거래소에 상장되지 아니한 주식 및 출자지분은 해당 법인의 자산 및 수익 등을 고려하여 대통령령으로 정하는 방법으로 평가한다.

2. 제1호 외에 국채·공채 등 그 밖의 유가증권의 평가는 해당 재산의 종류, 규모, 거래 상황 등을 고려하여 대통령령으로 정하는 방법으로 평가한다.

② 다음 각 호의 어느 하나에 해당하는 주식등에 대해서는 제1항제1호에도 불구하고 해당 법인의 사업성, 거래 상황 등을 고려하여 대통령령으로 정하는 방법으로 평가한다. <개정 2015.12.15.>

1. 기업 공개를 목적으로 금융위원회에 대통령령으로 정하는 기간에 유가증권 신고를 한 법인의 주식등

2. 제1항제1호다목에 규정된 주식등 중 「자본시장과 금융투자업에 관한 법률」에 따른 증권시장으로서 대통령령으로 정하는 증권시장에서 주식등을 거래하기 위하여 대통령령으로 정하는 기간에 거래소에 상장신청을 한 법인의 주식등

3. 거래소에 상장되어 있는 법인의 주식 중 그 법인의 증자로 인하여 취득한 새로운 주식으로서 평가기준일 현재 상장되지 아니한 주식

③ 제1항제1호, 제2항 및 제60조제2항을 적용할 때 대통령령으로 정하는 최대주주 또는 최대출자자 및 그의 특수관계인에 해당하는 주주등(이하 이 항에서 "최대주주등"이라 한다)의 주식등(평가기준일이 속하는 사업연도 전 3년 이내의 사업연도부터 계속하여 「법인세법」 제14조제2항에 따른 결손금이 있는 법인의 주식등 대통령령으로 정하는 주식등은 제외한다)에 대해서는 제1항제1호 및 제2항에 따라 평가한 가액 또는 제60조제2항에 따라 인정되는 가액에 그 가액의 100분의 20(대통령령으로 정하는 중소기업의 경우에는 100분의 10으로 한다)을 가산(*)하되, 최대주주등이 해당 법인의 발행주식총수등의 100분의 50을 초과하여 보유하는 경우에는 100분의 30(대통령령으로 정하는 중소기업의 경우에는 100분의 15로 한다)을 가산한다. 이 경우 최대주주등이 보유하는 주식등의 계산방법은 대통령령으로 정한다. <개정 2015.12.15.>

④ 예금·저금·적금 등의 평가는 평가기준일 현재 예입) 총액과 같은 날 현재 이미 지난 미수이자 상당액을 합친 금액에서 「소득세법」 제127조제1항에 따른 원천징수세액 상당 금액을 뺀 가액으로 한다.

(*) 경영권 프리미엄에 대한 할증이라 한다.

상속세 및 증여세법 제66조(저당권 등이 설정된 재산 평가의 특례) 다음 각

호의 어느 하나에 해당하는 재산은 제60조에도 불구하고 그 재산이 담보하는 채권액 등을 기준으로 대통령령으로 정하는 바에 따라 평가한 가액과 제60조에 따라 평가한 가액 중 큰 금액을 그 재산의 가액으로 한다.
1. 저당권, 「동산·채권 등의 담보에 관한 법률」에 따른 담보권 또는 질권이 설정된 재산
2. 양도담보재산
3. 전세권이 등기된 재산(임대보증금을 받고 임대한 재산을 포함한다)

상속세 및 증여세법시행령 제63조(저당권등이 설정된 재산의 평가) ①법 제66조에서 "대통령령으로 정하는 바에 따라 평가한 가액"이란 다음 각 호의 어느 하나에 해당하는 금액을 말한다.
1. 저당권(공동저당권 및 근저당권을 제외한다)이 설정된 재산의 가액은 당해 재산이 담보하는 채권액
2. 공동저당권이 설정된 재산의 가액은 당해 재산이 담보하는 채권액을 공동저당된 재산의 평가기준일 현재의 가액으로 안분하여 계산한 가액
3. 근저당권이 설정된 재산의 가액은 평가기준일 현재 당해 재산이 담보하는 채권액
4. 질권이 설정된 재산 및 양도담보재산의 가액은 당해 재산이 담보하는 채권액
5. 전세권이 등기된 재산의 가액은 등기된 전세금(임대보증금을 받고 임대한 경우에는 임대보증금)
6. 삭제 <1998.12.31>

② 제1항 각호의 규정에 의하여 법 제66조제1호의 재산을 평가함에 있어서 당해 재산에 설정된 근저당의 채권최고액이 담보하는 채권액보다 적은 경우에는 채권최고액으로 하고, 당해 재산에 설정된 물적담보외에 기획재정부령이 정하는 신용보증기관의 보증이 있는 경우에는 담보하는 채권액에서 당해 신용보증기관이 보증한 금액을 차감한 가액으로 하며, 동일한 재산이 다수의 채권(전세금채권과 임차보증금채권을 포함한다)의 담보로 되어 있는 경우에는 그 재산이 담보하는 채권액의 합계액으로 한다.

상속세 및 증여세법시행령 제50조(부동산의 평가) ① 법 제61조제1항제1호 단서에서 "대통령령으로 정하는 방법으로 평가한 금액"이란 다음 각 호의 어느 하나에 해당하는 개별공시지가가 없는 해당 토지와 지목·이용상황등 지가형성요인이 유사한 인근토지를 표준지로 보고 「부동산 가격공시 및 감정평가에 관한 법률」 제9조제2항에 따른 비교표에 따라 납세지관할세무서장(납세지관할세무서장과 해당 토지의 소재지를 관할하는 세무서장이 서로 다른 경우로서 납세지관할세무서장의 요청이 있는 경우에는 해당 토지의 소재지를 관할하는 세무서장으로 한다)이 평가한 가액을 말한다. 이 경우 납세지 관할세무서장은 둘 이상의 감정기관에 의뢰하여 해당 감정기관의 감정가액을 참작하여 평가할 수 있다. <개정 2015.6.1.>

1. 「공간정보의 구축 및 관리 등에 관한 법률」에 의한 신규등록토지
2. 「공간정보의 구축 및 관리 등에 관한 법률」에 의하여 분할 또는 합병된 토지
3. 토지의 형질변경 또는 용도변경으로 인하여 「공간정보의 구축 및 관리 등에 관한 법률」상의 지목이 변경된 토지
4. 개별공시지가의 결정·고시가 누락된 토지(국·공유지를 포함한다)

② 법 제61조제1항제1호 단서에서 "대통령령으로 정하는 지역"이란 각종 개발사업등으로 지가가 급등하거나 급등할 우려가 있는 지역으로서 국세청장이 지정한 지역을 말한다.

③ 법 제61조제1항제3호에서 "대통령령으로 정하는 오피스텔 및 상업용 건물(이들에 딸린 토지를 포함한다)"이란 국세청장이 해당 건물의 용도·면적 및 구분소유하는 건물의 수 등을 감안하여 지정하는 지역에 소재하는 오피스텔 및 상업용 건물(이들에 부수되는 토지를 포함한다)을 말한다.

④ 법 제61조제1항제4호 단서에서 "대통령령으로 정하는 방법에 따라 평가한 금액"이란 다음 각 호의 어느 하나에 해당하는 가액을 말한다.

1. 다음 각 목의 어느 하나에 해당하는 가액
   가. 「부동산 가격공시 및 감정평가에 관한 법률」에 따른 개별주택가격이 없는 단독주택의 경우에는 해당 주택과 구조·용도·이용 상황 등 이용가치가 유사한 인근주택을 표준주택으로 보고 같은 법 제16조제7항에 따른 주택가격 비준표에 따라 납세지 관할세무서장(납세지 관할세무서장과 해당 주택의 소재지를 관할하는 세무서장이 서로 다른 경우로서 납세지 관할세무서장의 요청이 있는 경우에는 해당 주택의 소재지를 관할하는 세무서장)이 평가한 가액
   나. 「부동산 가격공시 및 감정평가에 관한 법률」에 따른 공동주택가격이 없는 공동주택의 경우에는 인근 유사 공동주택의 거래가격·임대료 및 해당 공동주택과 유사한 이용가치를 지닌다고 인정되는 공동주택의 건설에 필요한 비용추정액 등을 종합적으로 고려하여 납세지 관할세무서장(납세지 관할세무서장과 해당 주택의 소재지를 관할하는 세무서장이 서로 다른 경우로서 납세지 관할세무서장의 요청이 있는 경우에는 해당 주택의 소재지를 관할하는 세무서장)이 평가한 가액
2. 「지방세법」 제4조제1항 단서에 따라 시장·군수가 산정한 가액이나 둘 이상의 감정평가기관에 해당 주택에 대한 감정을 의뢰하여 산정된 감정가액을 고려하여 납세지 관할세무서장이 평가한 가액

⑤ 법 제61조제2항에서 " "이란 국세청장이 평가기준일 현재의 개별공시지가에 지역마다 그 지역에 있는 가격사정이 유사한 토지의 매매실례가액을 감안하여 고시하는 배율을 말한다.

⑥ 법 제61조제1항제1호의 규정을 적용함에 있어서 개별공시지가는 <u>평가기준일 현재 고시되어 있는 것</u>**(*)**을 적용한다.

⑦ 법 제61조제5항에서 "대통령령으로 정하는 바에 따라 평가한 가액"이란 다음 계산식에 따라 계산한 금액(이하 이 조에서 "임대료 등의 환산가액"이라 한다)

을 말한다.
(1년간의 임대료 ÷ 기획재정부령으로 정하는 율) + 임대보증금
⑧ 제7항의 임대료 등의 환산가액을 적용하여 토지와 건물의 소유현황 등에 따른 가액을 계산할 때에는 다음 각 호의 방법으로 한다.
1. 토지와 건물의 소유자가 동일한 경우
토지 및 건물의 소유자가 임차인으로부터 받은 임대료 등의 환산가액을 법 제61조제1항부터 제4항까지의 규정으로 평가한 토지와 건물의 가액(이하 이 항에서 "기준시가"라 한다)으로 나누어 계산한 금액을 각각 토지와 건물의 평가가액으로 한다.
2. 토지와 건물의 소유자가 다른 경우
가. 토지 소유자와 건물 소유자가 제3자와의 임대차계약 당사자인 경우에는 토지 소유자와 건물 소유자에게 구분되어 귀속되는 임대료 등의 환산가액을 각각 토지와 건물의 평가가액으로 한다.
나. 토지 소유자와 건물 소유자 중 어느 한 사람만이 제3자와의 임대차계약의 당사자인 경우에는 토지 소유자와 건물 소유자 사이의 임대차계약의 존재 여부 및 그 내용에 상관없이 제3자가 지급하는 임대료와 임대보증금을 토지와 건물 전체에 대한 것으로 보아 제3자가 지급하는 임대료 등의 환산가액을 토지와 건물의 기준시가로 나누어 계산한 금액을 각각 토지와 건물의 평가가액으로 한다.

(*) 개별공시지가가 고시되어 있지 않은 경우에는 직전 연도의 개별공시지가가 적용된다.(대법원 99두2277)

상속세 및 증여세법시행령 제60조(조건부권리등의 평가) 법 제65조제1항의 규정에 의한 조건부권리, 존속기간이 불확정한 권리 및 소송중인 권리의 가액은 다음 각호의 1에 의하여 평가한 가액에 의한다.
1. 조건부권리는 본래의 권리의 가액을 기초로 하여 평가기준일 현재의 조건내용을 구성하는 사실, 조건성취의 확실성, 기타 제반사정을 감안한 적정가액
2. 존속기간이 불확정한 권리의 가액은 평가기준일 현재의 권리의 성질, 목적물의 내용연수 기타 제반사항을 감안한 적정가액
3. 소송중인 권리의 가액은 평가기준일 현재의 분쟁관계의 진상을 조사하고 소송진행의 상황을 감안한 적정가액

1) 평가 기준시점

• 상속

상속개시일. 피상속인의 공부상 사망일과 사실상 사망일이 다른 경우 사실상 사망일을 상속개시일로 본다.(상증세법제60조①) 상속재산가액에 합산되는 증여재산의 경우에는 증여일 현재 기준.(상증세법제60조④) 상속개시

일 전 처분재산의 경우에는 처분한 재산가액은 실제 수입금액을 기준으로 하되 그 금액을 확인할 수 없는 경우에는 처분 당시를 기준으로 하여 평가한다.

실종선고의 경우에는 실종선고일을 상속개시일로 본다.(상증세법제2조2호)

- 증여

증여재산의 취득시기. 원칙적으로는 증여일.(상증세법제60조①③, 상증세령제23조) 합산과세되는 종전 증여재산의 경우에도 각각의 증여일 현재를 기준으로 한다.

- 부동산소유권이전등기 등에 관한 특별조치법에 따른 소유권이전등기의 경우에는 사실상 취득원인에 따라 상속재산은 상속개시일, 증여재산은 등기접수일을 기준으로 한다.

2) 시가평가의 원칙(상증세법제60조①②)

① 평가기준일 전후 **6개월**(증여재산의 경우에는 **3개월**) 내의 기간 중 매매·감정·수용·경매·공매가 있는 경우에 그 가격을 말한다.(상증세령제49조①) 매매가액에는 부가가치세가 포함된다. 감정가액은 공신력 있는 감정기관 2 이상이 평가한 가액의 평균액을 말한다. 매매계약이 사후에 해제되었다 하더라도 매매 사실이 있는 경우에 해당하므로 증여 당시의 시가판단기준으로 삼을 수 있다.(대법원 2010두27936)

② 위의 ①이 없을 경우 당해 재산과 면적·위치·용도·종목 및 기준시가가 동일하거나 유사한 다른 재산에 대한 매매·감정·수용·경매 또는 공매가액이 있는 경우에는 당해 가액. 유사재산의 매매사례가액 등은 신고일까지의 가액만 인정한다.(상증세령제49조⑤) 평가기간(6개월, 3개월)을 벗어난 매매사례가액의 경우에도 평가기준일 전 2년 이내라면 평가심의위원회의 자문을 거친 경우에는 시가로 인정할 수 있다. 매매·감정·수용·경매 또는 공매가액이 있는 경우에는 이 규정을 적용하지 않는다.(보충성)

③ 평가기간에 해당하지 아니하는 기간으로서 평가기준일 전 2년 이내의 기간 중에 매매·감정·수용·경매·공매가 있는 경우 평가기준일부터 그 사례일까지의 기간 중에 주식발행회사의 경영상태, 시간의 경과 및 주위환경의 변화 등을 고려하여 가격변동의 특별한 사정이 없다고 인정되는 때에는 제56조의2제1항에 따른 평가심의위원회의 자문을 거쳐 해당 매매등

의 가액을 시가로 인정할 수 있다.(상증세령제49조①단서)

④ 상속개시 후 6개월이 지나 매매가액이나 감정가액, 또는 보상가액이 있는 경우는 시가의 범위에 포함되지 아니한다. 이러한 가액은 평가심의위원회의 시가인정 자문의 대상도 되지 않는다. 그러나 상속개시일부터 6개월 이내에 매매계약을 체결한 후 6개월을 경과하여 당초 계약시 특약(계약 당시 해당 재산의 현황에 대한 특약에 한함)에 따라 매매가액을 변경하는 경우에는 변경된 매매가액을 시가로 인정할 수 있다.

⑤ 시가로 보는 가액이 둘 이상인 경우에는 평가기준일 전후하여 가장 가까운 날에 해당하는 가액을 적용한다.(상증세령제49조②)

⑥ 토지와 그 지상 건물의 가액이 구분되지 아니하는 경우에는 부가가치세법시행령 제64조에 따라 ㉠ 감정평가가액 → ㉡ 기준시가 → ㉢ 장부가액 → ㉣ 취득가액의 순서로 안분계산한다.(상증세령제49조④단서)

⑦ **상장주식**의 경우 평가기준일 전후 각 2개월(총4개월)의 거래소 최종시세가액(종가)의 평균액.(상증세법제63조①1호가목) 이 경우에도 최대주주의 보유주식에 대하여는 20% 할증 평가한다. 비상장주식의 경우에는 일반원칙에 따르나 감정가액은 시가로 인정하지 않는다. 최대주주의 경우에는 상장주식과 마찬가지로 할증평가한다.

⑧ 예금·적금 등 : 예금잔고에 미수이자를 합한 금액에서 원천징수세액 상당액을 차감한 가액

3) 보충적 평가방법(상증세법제60조③)

보충적 평가방법은 상속개시 당시의 <u>시가를 산정하기 어려운 때</u>에 한하여 비로소 선택할 수 있는 방법인데, 그에 대한 입증책임은 과세관청에 있다.(대법원 96누9423)

① 토지

개별공시지가, 개별공시지가가 없는 경우에는 인근토지를 표준지로 보고 토지가격비준표에 의하여 납세지 관할세무서장이 평가한 금액. 형질이 변경된 토지의 경우에도 개별공시지가가 없는 경우로 보아 평가한다. 분할·합병된 토지도 형질이 변경된 토지의 평가방법을 적용하지만, 종전의 개별공시지가를 그대로 적용하는 것이 합리적이라고 인정되는 경우에는 분할 전 토지에 대한 개별공시지가나 합병 전 토지에 대한 각 개별공시지가의 합계액을 총면적으로 나눈 금액을 적용한다. 환지예정지는 종전 토지가 아닌 환지

예정지를 기준으로 평가한다.

실무는 도로의 경우, 도로의 형상이나 이용현황에 비추어 볼 때 주민들의 통행을 제한하여 도로를 배타적으로 사용하거나 그 사용료를 요구한다든지 또는 이외의 용도로 사용한다는 것은 현실적으로 불가능해 보인다면, 도로에 개별공시지가가 공시되어 있고, 도로에 대한 상속등기를 할 당시 취득세 및 등록세를 납부하였으며, 향후 주택재개발 사업 등에 따라 이 사건 도로로 실질적인 이득을 얻을 수 있을 것이 예상된다는 사정이 존재한다 하더라도 이는 등 상속개시일 당시 실질적으로 재산적 가치가 있었다고 보기는 어렵다고 하여 '0'원으로 평가하고 물납재산으로 인정해 주지도 않는다.(서울고등법원 2012누5386)

② 건물

국세청 고시가액(일반건물에 대하여 건물시가표준액표, 오피스텔·상업용건물에 대하여 국세청장이 매년 산정하여 고시하는 가액), 건설 중인 건물의 가액은 건설에 소요된 비용의 합계액으로 평가하고 건설자금에 대한 차입금 이자도 가산한다. 상속개시일 전 6개월 내에 건축한 건물의 건축가액이 확인되는 경우에는 그 가액을 시가로 본다.

신축건물 중 일부 상가(그 부수토지를 포함)만을 자녀에게 증여한 경우로서 그 신축건물의 건물부분의 신축가액이 확인되고, 사용승인일이 증여일 전 3개월 이내인 경우 증여재산가액은 ① 건물부분은 그 신축가액을 「상속세 및 증여세법」 제61조제1항제2호에 따른 기준시가로 (면적별로) 안분하여 계산하고, ② 그 부수토지는 같은 조 제1항제1호의 개별공시지가로 계산한 금액을 합하여 산정하는 것임.(상속증여세과-550, 2013.09.13.)

③ 주택

국토해양부장관이 고시하는 단독주택가격, 공동주택가격. 없는 경우에는 건물시가표준액.

④ 지상권

지상권이 설정된 토지의 가액에상속세 및 증여세법시행규칙 제16조 제1항에서 정하는 비율(연 2%)을 곱하여 계산한 금액을 해당 지상권의 잔존연수를 고려하여 환산한 가액으로 한다.(상증세법제61조③, 상증세령제51①) 이에 따라 지상권이 설정된 토지를 평가할 경우에는 위의 방법으로 평가한 지상권상당액을 공제하여야 한다.

⑤ 부동산을 취득할 수 있는 권리, 특정시설물을 이용할 수 있는 권리
평가기준일까지 불입한 금액과 평가기준일 현재의 프리미엄에 상당하는 금액을 합한 금액으로 한다.(상증세법제61조③, 상증세령제51조②) 특정시설물을 이용할 수 있는 권리의 경우도 마찬가지이다.

⑥ 비상장주식의 경우에는 가중치를 이용한 복잡한 평가방법이 마련되어 있다.

4) 사실상 임대차계약이 체결되거나 임차권이 등기된 재산의 평가특례

사실상 임대차계약이 체결되거나 임차권이 등기된 재산의 경우, 시가가 없다면 임대료 등을 기준으로 평가한 가액과 상속세 및 증여세법 제61조 제1항부터 제4항까지의 규정에 따라 평가한 보충적 평가가액 중 큰 금액을 그 재산의 가액으로 한다.(상증세법제61조⑤, 상증세령제49조) 그러나 그 경우에도 저당권 등이 설정된 재산의 평가특례가 적용되므로 임대료 등이 환산가액 또는 보충적 평가가액보다 담보하는 채권액이 크다면 담보채권액으로 평가해야 한다. 시가가 확인되는 경우에는 당연히 저당권 등이 설정된 재산의 평가특례에 따라 시가와 담보채권액 중 큰 금액으로 평가한다. 임대차계약에는 전대차계약은 포함하지 아니한다.

5) 저당권 등이 설정된 재산의 평가특례

그 재산이 담보하는 채권액(채권최고액) 등을 기준으로 평가한 가액과 상속세 및 증여세법 제60조(시가, 보충적 평가방법, 임대료 등의 환산가액)에 따라 평가한 금액 중 큰 금액을 그 재산의 가액으로 한다.(상증세법제66조) 그러나 이 경우에도 예외적으로 당해 재산의 실제가액보다 큰 금액을 채권최고액으로 하여 근저당권이 설정된 경우라면 납세의무자가인 그러한 사정을 입증하여 위 규정의 적용에서 벗어날 수 있다.(대법원 91누2137) 적용되는 담보물권은 (근)저당권, 동산·채권 등의 담보에 관한 법률에 따른 담보권, 질권, 양도담보권, 전세권(임대보증금을 받은 채권적 전세도 포함) 등이다.

근저당권이 설정된 재산의 경우 담보채권액은 채권최고액이 아니라 평가기준일 현재 남아 있는 채권액을 말한다. 그러나 설정된 채권최고액이 실제 담보하는 채권액보다 적은 경우에는 채권최고액으로 한다.(상증세령제63

조②) 위 저당권 등의 피담보채무에 대하여 신용보증기관의 보증이 있는 경우에는 담보하는 채권액에서 보증한 금액을 차감한 가액으로 한다.(상증세령제63조②) 원인무효로 말소되어야 할 근저당권설정등기에 기한 채권최고액을 가액으로 평가할 수는 없다. 공동근저당권의 경우에는 당해 재산이 담보하는 채권액을 평가기준일 현재의 가액으로 안분하여 계산한 가액으로써 평가한다.

6) 평가가액 차이에 따른 과소신고가산세 배제(국기법제47조의3④)

국세기본법 제47조의3(과소신고·초과환급신고가산세) ④ 제1항 또는 제2항을 적용할 때 다음 각 호의 어느 하나에 해당하는 경우에는 이와 관련하여 과소신고하거나 초과신고한 부분에 대해서는 제1항 또는 제2항의 가산세를 적용하지 아니한다. <개정 2015.12.15.>

1. 다음 각 목의 어느 하나에 해당하는 사유로 상속세·증여세 과세표준을 과소신고한 경우
   가. 신고 당시 소유권에 대한 소송 등의 사유로 상속재산 또는 증여재산으로 확정되지 아니하였던 경우
   나. 「상속세 및 증여세법」 제18조부터 제23조까지, 제23조의2, 제24조, 제53조 및 제54조에 따른 공제의 적용에 착오가 있었던 경우
   다. 「상속세 및 증여세법」 제60조제2항·제3항 및 제66조에 따라 평가한 가액으로 과세표준을 결정한 경우
   라. 「법인세법」 제66조에 따라 법인세 과세표준 및 세액의 결정·경정으로 「상속세 및 증여세법」 제45조의3부터 제45조의5까지의 규정에 따른 증여의제이익이 변경되는 경우(부정행위로 인하여 법인세의 과세표준 및 세액을 결정·경정하는 경우는 제외한다)
2. 「부가가치세법」 제45조제3항 단서가 적용되는 경우

12. 과세표준의 신고, 납부

상속세와 증여세는 부과과세 방식의 국세이다. 부과과세란 정부의 과세처분(세액결정)이라는 행정처분을 거쳐 납세의무를 확정하는 방식이다.(국기법제22조①, 국기령제10조의2 5호)) 이 경우에도 납세자의 과세표준 신고는 있으나 납세의무를 확정하는 효력은 없고 납세의무자에 대하여 단지 과세자료의 제출에 관한 협력의무를 지우고 있는 데 불과하다.

조세채무의 성립과 확정을 구별하는 실익은 부과권의 제척기간과 징수권의

소멸시효기간의 기산일을 정하는 기준이 된다는 점에 있다. 상속세는 납세의무가 성립한 후 신고기한 6개월이 경과하면 부과처분이 가능하므로 그 때부터 부과권의 제척기간이 기산되고(국기법제26조의2①4호, 국기령제12조의3①1호), 납부고지된 납부기한의 다음날부터 징수권의 행사가 가능하므로 그 때부터 징수권의 소멸시효기간이 기산된다.(국기령제12조의4①2호)

1) 과세표준의 신고의무자

상속인 또는 수유자.(상증세법제67조①) 상속인이 확정되지 아니하였거나 상속인이 상속재산을 처분할 권한이 없는 경우에는 추정상속인, 유언집행자 또는 상속재산관리인.(국기법제82조⑤)

2) 과세표준의 신고기한

일반적인 경우에는 상속개시일이 속하는 달의 말일부터 6개월 이내.(상증세법제67조①) 피상속인이나 상속인이 외국에 주소를 둔 경우에는 상속개시일이 속하는 달의 말일부터 9개월 이내.(상증세법제67조④) 이 경우 상속인이 외국에 주소를 둔 경우라 함은 상속인 전원이 외국에 주소를 둔 경우를 말한다. 신고기한의 기산일은 사실상의 사망일, 실종선고의 경우에는 실종선고일을 말한다. 상속인 아닌 자가 사인증여로 상속재산을 취득하는 경우에는 증여자의 사망일로부터 60일(2010. 12. 31. 이전에는 30일) 이내에 취득세(등록면허세) 신고·납부를 하여야 한다.(대법원 2013두6138) 상속인이 유증 받은 경우에는 상속과 같이 6개월 또는 9개월을 적용하나 법인이 유증 받은 경우에는 상속개시일로부터 60일 이내에 신고·납부하여야 한다.(행안부 세정 13407-아179, 1998.8.14.)

친생자존재확인의 소를 제기하여 상속세 신고기한을 경과해 단독상속인으로 확정된 경우라 하더라도 신고·납부불성실가산세가 면제되지는 않는다. 피상속인의 소유가 아닌 재산을 확정판결을 통하여 소유권을 회복한 경우 확정판결일부터 6개월이 지나면 신고·납부불성실가산세가 부과된다. 유류분우로 반환받은 재산에 대하여 상속세액을 신고·납부하는 경우에는 국세기본법의 가산세 규정이 적용되지 않는다.

3) 신고 · 납부장소

상속개시지가 국내인 경우에는 피상속인의 주소지나 거소지 관할세무서장이고, 상속개시지가 국외인 경우에는 상속재산 소재지(상속재산이 2 이상의 관할에 걸쳐 있는 경우에는 주된 재산의 소재지) 관할세무서장이다. 관할위반의 신고의 경우에도 신고의 효력에는 지장이 없다.(국기법제43조②)

4) 신고 · 납부기한의 연장

천재지변이나 그 밖의 대통령령이 정하는 사유로 신고·납부를 정해진 기한까지 할 수 없다고 인정되는 경우나 납세자가 기한연장을 신청한 경우에는 관할세무서장은 3개월 이내로 하되 1개월의 범위에서 다시 그 기한을 연장할 수 있다.(국기법제6조①)

5) 경정청구

상속세 및 증여세법 제79조(경정 등의 청구 특례) ① 제67조에 따라 상속세 과세표준 및 세액을 신고한 자 또는 제76조에 따라 상속세 과세표준 및 세액의 결정 또는 경정을 받은 자에게 다음 각 호의 어느 하나에 해당하는 사유가 발생한 경우에는 그 사유가 발생한 날부터 6개월 이내에 대통령령으로 정하는 바에 따라 결정이나 경정을 청구할 수 있다.

1. 상속재산에 대한 상속회복청구소송 등 대통령령으로 정하는 사유로 상속개시일 현재 상속인 간에 상속재산가액이 변동된 경우
2. 상속개시 후 1년이 되는 날까지 상속재산의 수용 등 대통령령으로 정하는 사유로 상속재산의 가액이 크게 하락한 경우

상속세 및 증여세법시행령 제81조(경정청구 등의 인정사유 등) ② 법 제79조제1항제1호에서 "상속회복청구소송 등 대통령령으로 정하는 사유"란 피상속인 또는 상속인과 그 외의 제3자와의 분쟁으로 인한 상속회복청구소송 또는 유류분 반환청구소송의 확정판결이 있는 경우를 말한다.

※ 귀 질의와 같이 피상속인의 유증을 받아 상속재산을 취득한 자가 「민법」 제1115조의 규정에 따라 법정상속인에게 해당 상속재산을 유류분으로 반환한 사실이 확인되는 경우 반환한 재산가액은 반환받은 상속인이 상속받은 것으로 보는 것이며 세무서장등은 법정 상속인이 해당 유류분을 반환받은 사실이 확인되는 경우 그에 따라 상속세를 경정하는 것으로 귀 질의가 이에 해당하는지 여부는 사실 판단할 사항임.

「상속세 및 증여세법」 제79조 제1항에 따라 상속세 과세표준 및 세액을 신고

한 자 또는 결정 및 경정을 받은 자가 상속재산에 대한 상속회복청구소송 등의 사유로 상속개시일 현재 상속인 간에 상속재산가액이 변동된 경우 상속회복청구소송의 확정판결이 있는 날부터 6개월 이내에 경정 청구를 할 수 있는 것임.(재산세과-751, 2010.10.13.)

6) 분할납부와 연부연납제도

납부할 금액이 1천만원을 초과하는 경우에는 납부할 금액의 일부를 납부기한이 지난 후 2개월 이내에 분할납부할 수 있다.(상증세법제70조②) 그러나 연부연납을 허가받은 경우에는 분할납부를 할 수 없다.

납부세액이 2천만원을 초과하는 경우에는 납세의무자의 신청을 받아 연부연납을 허가할 수 있다. 이 경우 납세의무자는 담보를 제공하여야 한다.(상증세법제71조①) 담보에는 금전, 유가증권, 납세보증보험증권, 은행 등의 납세보증서, 토지, 보험에 든 건물·공장재단·광업재단·선박·항공기·건설기계 등이 있다. 담보로 제공하여야 할 가액은 담보할 국세의 100분의 120(현금, 납세보증보험증권 은행의 납세보증서의 경우에는 100분의 110)이상의 가액에 상당해야 한다.(국기령제14조①) 신청기한은 납세고지서상의 납세기한까지이다. 연부연납의 허가요건이 모두 갖추어져 있다면 세무서장은 연부연납을 허가하여야 한다.(기속행위) 연부연납기간은 허가일부터 5년의 범위에서 납세의무자가 신청한 기간으로 정한다. 다만, 각 회분의 분할납부세액이 1천만원을 초과하도록 연부연납기간을 정하여야 한다.(상증세법제71조②2호) 연부연납을 허가받은 납세의무자는 각 회분의 분할납부세액에 일정한 가산율을 적용한 연부연납가산금을 보태어 납부하여야 한다.(상증세법제72조) 연부연납이 허가되지 아니한 경우에도 납부불성실가산세는 적용된다. 연부연납과 물납은 중복 적용이 가능하다.

7) 물납

상속세 및 증여세법 제73조(물납) ① 납세지 관할 세무서장은 다음 각 호의 요건을 모두 갖춘 경우에는 대통령령으로 정하는 바에 따라 납세의무자의 신청을 받아 물납을 허가할 수 있다. 다만, 물납을 신청한 재산의 관리·처분이 적당하지 아니하다고 인정되는 경우에는 물납허가를 하지 아니할 수 있다. <개정 2015.12.15.>

1. 상속재산(제13조에 따라 상속재산에 가산하는 증여재산을 포함한다) 중 부동산과 유가증권(국내에 소재하는 부동산 등 대통령령으로 정하는 물납에 충당할 수 있는 재산으로 한정한다)의 가액이 해당 상속재산가액의 2분의 1을

초과할 것
2. 상속세 납부세액이 2천만원을 초과할 것
3. 상속세 납부세액이 상속재산가액 중 대통령령으로 정하는 금융재산의 가액을 초과할 것

② 물납에 충당할 수 있는 재산의 범위, 관리·처분이 적당하지 아니하다고 인정되는 경우, 그 밖에 물납절차 및 물납신청에 필요한 사항은 대통령령으로 정한다.

상속세 및 증여세법시행령 제73조(물납신청의 범위) ① 법 제73조에 따라 물납을 신청할 수 있는 납부세액은 상속받거나 증여받은 재산 중 제74조제1항에 따라 물납에 충당할 수 있는 부동산 및 유가증권(법 제44조, 제45조 및 제45조의2에 따른 증여추정 또는 증여의제에 따라 증여의 대상이 되는 부동산 및 유가증권을 포함한다. 이하 이 조, 제74조 및 제75조에서 같다)의 가액에 대한 상속세 납부세액 또는 증여세 납부세액을 초과할 수 없다. <개정 2015.2.3.>

② 상속재산 또는 증여재산인 부동산 및 유가증권 중 제1항의 납부세액을 납부하는데 적합한 가액의 물건이 없을 때에는 세무서장은 제1항에도 불구하고 해당 납부세액을 초과하는 납부세액에 대해서도 물납을 허가할 수 있다.**(*)** <개정 2015.2.3.>

③ 제1항을 적용할 때 상속개시일 또는 증여(증여추정 또는 증여의제되는 행위를 포함한다)일 이후 물납신청 이전까지의 기간 중에 해당 상속재산 또는 증여재산이 정당한 사유없이 관리·처분이 부적당한 재산으로 변경되는 경우에는 해당 관리·처분이 부적당한 재산가액에 상당하는 상속세 또는 증여세 납부세액은 물납을 청구할 수 있는 납부세액에서 제외한다. <신설 2015.2.3.>

(*) 상속세액을 초과하는 부동산으로 물납을 신청하는 경우에는 당해 상속세를 초과하는 재산가액을 포기하는 내용의 문서를 작성하여 상속인 전원이 기명날인하고 인감증명을 첨부하여야 한다.

상속세 및 증여세법시행령 제74조(물납에 충당할 수 있는 재산의 범위등) ① 법 제73조에 따라 물납에 충당할 수 있는 부동산 및 유가증권은 다음 각 호의 것으로 한다. <개정 2015.2.3.>

1. 국내에 소재하는 부동산
2. 국채·공채·주권 및 내국법인이 발행한 채권 또는 증권과 그 밖에 기획재정부령으로 정하는 유가증권. 다만, 다음 각 목의 어느 하나에 해당하는 유가증권은 제외한다.
   가. 거래소에 상장된 것. 다만, 최초로 거래소에 상장되어 물납허가통지서 발송일 전일 현재 「자본시장과 금융투자업에 관한 법률」에 따라 처분이 제한된 경우에는 그러하지 아니하다.
   나. 법 제73조제1항에 따른 비상장주식등. 다만, 상속의 경우로서 그 밖의 다른 상속재산이 없거나 제2항제1호부터 제3호까지의 상속재산으로 상속세

물납에 충당하더라도 부족하면 그러하지 아니하다.

② 제1항에 따라 물납에 충당하는 재산은 세무서장이 인정하는 정당한 사유가 없는 한 다음 각 호의 순서에 따라 신청 및 허가하여야 한다. <개정 2015.2.3.>

1. 국채 및 공채
2. 제1항제2호가목 단서에 해당하는 유가증권(제1호의 재산을 제외한다)으로서 거래소에 상장된 것
3. 국내에 소재하는 부동산(제5호의 재산을 제외한다)
4. 제1항제2호나목 단서에 해당하는 비상장주식등
5. 상속개시일 현재 상속인이 거주하는 주택 및 그 부수토지

현금납원칙의 예외로서 다음과 같은 요건이 충족되면 세무서장은 물납을 허가해야 한다.(기속행위)

① 상속받거나 증여받은 재산 중 부동산과 유가증권의 가액이 해당 재산가액의 2분의 1을 초과할 것.(상증세법 제73조①)

② 상속세 납부세액 또는 증여세 납부세액이 2천만원을 초과하는 경우일 것.

③ 물납신청기한까지 신청을 할 것.

④ 그 부동산과 유가증권에 대해서만 물납을 신청할 수 있다.

⑤ 물납을 신청한 재산의 관리·처분이 부적당한 경우에 해당하지 않을 것.

물납을 청구할 수 있는 납부세액은 상속받거나 증여받은 재산 중 부동산과 유가증권의 가액에 대한 상속세 납부세액 또는 증여세 납부세액을 초과할 수 없다.

물납을 청구할 수 있는 납부세액 ≤ 상속세 납부세액 또는 증여세 납부세액×(부동산 및 유가증권의 가액/상속재산 또는 증여재산의 가액)(*) (*) '상속재산 또는 증여재산의 가액'과 '부동산 및 유가증권의 가액'에는 비과세되는 상속재산가액과 사전증여재산가액, 추정상속재산가액은 포함되지 아니한다.

물납의 경우에는 양도소득세도 발생하므로 주의하여야 한다. 물론 일반적인 경우에는 양도가액과 취득가액이 동일하므로 양도차익이 발생하지 아니하나, 연부연납의 경우에는 각 회분의 분할납부세액을 물납한다면 물납허가통지서 발송일 전일 현재의 물납재산평가액으로 수납가액을 결정하므로 양도차익이 발생할 수 있다. 또한 물납의 경우 증권거래세 과세대상이고, 납세의무자는 물납시 주권을 보유한 상속인이다. 물납은 재화의 공급으로 보지 아니하므로 부가가치세는 과세되지 아니한다.

또한 물납신청을 한 뒤 물납신청금액을 납부하지 않으면 납부불성실가산세의 부과대상이 되므로 주의하여야 한다.

8) 문화재 등에 대한 상속세 징수유예

상속세 및 증여세법 제74조(문화재자료 등에 대한 상속세의 징수유예) ① 납세지 관할세무서장은 상속재산 중 다음 각 호의 어느 하나에 해당하는 재산이 포함되어 있는 경우에는 대통령령으로 정하는 바에 따라 계산한 그 재산가액에 상당하는 상속세액의 징수를 유예한다.

1. 「문화재보호법」 제2조제2항제3호에 따른 문화재자료 및 같은 법 제53조제1항에 따른 등록문화재(이하 이 조에서 "문화재자료등"이라 한다)와 같은 법 제27조제1항에 따른 보호구역에 있는 토지로서 대통령령으로 정하는 토지
2. 「박물관 및 미술관 진흥법」에 따라 등록한 박물관자료 또는 미술관자료로서 같은 법에 따른 박물관 또는 미술관(사립박물관이나 사립미술관의 경우에는 공익법인등에 해당하는 것만을 말한다)에 전시 중이거나 보존 중인 재산(이하 이 조에서 "박물관자료"라 한다)

② 납세지 관할세무서장은 문화재자료등이나 박물관자료를 상속받은 상속인 또는 수유자가 이를 유상으로 양도하거나 그 밖에 대통령령으로 정하는 사유로 박물관자료를 인출하는 경우에는 즉시 그 징수유예한 상속세를 징수하여야 한다.

③ 납세지 관할세무서장은 제1항에 따른 징수유예 기간에 문화재자료등이나 박물관자료를 소유하고 있는 상속인 또는 수유자의 사망으로 다시 상속이 개시되는 경우에는 그 징수유예한 상속세액의 부과 결정을 철회하고 그 철회한 상속세액을 다시 부과하지 아니한다.

13. 과세표준과 세액의 결정

1) 법정결정기한과 고액상속인에 대한 조사의무기간

상속세 및 증여세법 제76조(결정·경정) ① 세무서장등은 제67조나 제68조에 따른 신고에 의하여 과세표준과 세액을 결정한다. 다만, 신고를 하지 아니하였거나 그 신고한 과세표준이나 세액에 탈루 또는 오류가 있는 경우에는 그 과세표준과 세액을 조사하여 결정한다.

② 세무서장등은 「국세징수법」 제14조제1항 각 호의 어느 하나에 해당하는 사유가 있는 경우에는 제1항에도 불구하고 제67조나 제68조에 따른 신고기한 전이라도 수시로 과세표준과 세액을 결정할 수 있다.

③ 세무서장등은 제1항에 따른 신고를 받은 날부터 대통령령으로 정하는 기간(이하 "법정결정기한"이라 한다) 이내에 과세표준과 세액을 결정하여야 한다. 다만, 상속재산 또는 증여재산의 조사, 가액의 평가 등에 장기간이 걸리는 등 부득이한 사유가 있어 그 기간 이내에 결정할 수 없는 경우에는 그 사유를 상속인·수유자 또는 수증자에게 알려야 한다.

④ 세무서장등은 제1항이나 제2항에 따라 과세표준과 세액을 결정할 수 없거나 결정 후 그 과세표준과 세액에 탈루 또는 오류가 있는 것을 발견한 경우에는 즉시 그 과세표준과 세액을 조사하여 결정하거나 경정한다.

⑤ 세무서장등은 제4항을 적용할 때 제1항이나 제2항에 따라 결정된 상속재산의 가액이 30억원 이상인 경우로서 상속개시 후 대통령령으로 정하는 기간 이내에 상속인이 보유한 부동산, 주식, 그 밖에 대통령령으로 정하는 주요 재산의 가액이 상속개시 당시에 비하여 크게 증가한 경우에는 대통령령으로 정하는 바에 따라 그 결정한 과세표준과 세액에 탈루 또는 오류가 있는지를 조사하여야 한다. 다만, 상속인이 그 증가한 재산의 자금 출처를 대통령령으로 정하는 바에 따라 증명한 경우에는 그러하지 아니하다.

상속세 및 증여세법 제77조(과세표준과 세액의 결정 통지) 세무서장등은 제76조에 따라 결정한 과세표준과 세액을 상속인·수유자 또는 수증자에게 대통령령으로 정하는 바에 따라 통지하여야 한다. 이 경우 상속인이나 수유자가 2명 이상이면 그 상속인이나 수유자 모두에게 통지하여야 한다. <개정 2015.12.15.>

→ 그러나 공동상속인에 대한 납세고지는 공동상속인별로 각자가 납부하여야 할 세액을 개별적으로 구분·특정하여 통지하여야 한다.

상속세 및 증여세법시행령 제78조(결정·경정) ① 법 제76조제3항의 규정에 의한 법정결정기한은 다음 각호의 1에 의한다.

1. 상속세
   법 제67조의 규정에 의한 상속세과세표준 신고기한부터 6월
2. 증여세
   법 제68조의 규정에 의한 증여세과세표준 신고기한부터 3월

② 법 제76조제5항 본문에서 "대통령령으로 정하는 기간"이란 상속개시일부터 5년이 되는 날(이하 이 조에서 "조사기준일"이라 한다)까지의 기간을 말한다.

세무서장 등은 결정된 상속재산의 가액이 30억원 이상인 경우로서 상속개시일부터 5년이 되는 날까지의 기간 내에 상속인이 보유한 재산(상속재산만이 아님)의 가액이 상속개시 당시에 비하여 크게 증가한 때에는 상속세액에 탈루가 있는지 조사하여야 한다.(상증세법제76조)

과세표준신고서를 법정신고기한까지 제출한 자는 신고 후 3년 이내에 경정청

구가 가능하다. 그 후에도 과세표준이나 세액의 근거가 되는 거래나 행위 등이 판결 등으로 확정된 경우에는 그 때부터 2개월 이내에 경정청구를 할 수 있다.

2) 가산세

국세기본법 제47조의2(무신고가산세) ① 납세의무자가 법정신고기한까지 세법에 따른 국세의 과세표준 신고(예정신고 및 중간신고를 포함하며, 「교육세법」, 「농어촌특별세법」 및 「종합부동산세법」에 따른 신고는 제외한다)를 하지 아니한 경우에는 그 신고로 납부하여야 할 세액(이 법 및 세법에 따른 가산세와 세법에 따라 가산하여 납부하여야 할 이자 상당 가산액이 있는 경우 그 금액은 제외하며, 이하 "무신고납부세액"이라 한다)의 100분의 20에 상당하는 금액을 가산세로 한다. 다만, 과세표준 신고(「소득세법」 제70조 및 제124조 또는 「법인세법」 제60조, 제76조의17 및 제97조에 따른 신고만 해당한다)를 하지 아니한 자가 「소득세법」 제160조제3항에 따른 복식부기의무자(이하 "복식부기의무자"라 한다) 또는 법인인 경우에는 각각 무신고납부세액의 100분의 20에 상당하는 금액과 수입금액에 1만분의 7을 곱하여 계산한 금액 중 큰 금액을 가산세로 하고, 「부가가치세법」에 따른 사업자가 같은 법 제48조제1항, 제49조제1항 및 제67조에 따른 신고를 하지 아니한 경우로서 같은 법 또는 「조세특례제한법」에 따른 영세율이 적용되는 과세표준(이하 "영세율과세표준"이라 한다)이 있는 경우에는 무신고납부세액의 100분의 20에 상당하는 금액과 영세율과세표준의 1천분의 5에 상당하는 금액을 합한 금액을 가산세로 한다. <개정 2013.6.7.>

② 제1항에도 불구하고 부정행위로 법정신고기한까지 세법에 따른 국세의 과세표준 신고를 하지 아니한 경우에는 무신고납부세액의 100분의 40(국제거래에서 발생한 부정행위로 국세의 과세표준 신고를 하지 아니한 경우에는 100분의 60)에 상당하는 금액을 가산세로 한다. 다만, 부정행위로 과세표준 신고(「소득세법」 제70조 및 제124조 또는 「법인세법」 제60조, 제76조의17 및 제97조에 따른 신고만 해당한다)를 하지 아니한 자가 복식부기의무자 또는 법인인 경우에는 각각 무신고납부세액의 100분의 40(국제거래에서 발생한 부정행위로 국세의 과세표준 신고를 하지 아니한 경우에는 100분의 60)에 상당하는 금액과 수입금액에 1만분의 14를 곱하여 계산한 금액 중 큰 금액을 가산세로 하고, 「부가가치세법」에 따른 사업자가 같은 법 제48조제1항, 제49조제1항 및 제67조에 따른 신고를 하지 아니한 경우로서 영세율과세표준이 있는 경우에는 무신고납부세액의 100분의 40(국제거래에서 발생한 부정행위로 국세의 과세표준 신고를 하지 아니한 경우에는 100분의 60)에 상당하는 금액과 영세율과세표준의 1천분의 5에 상당하는 금액을 합한 금액을 가산세로 한다. <개정 2014.12.23.>

③ 제1항 및 제2항에도 불구하고 다음 각 호의 어느 하나에 해당하는 경우에는

제1항 및 제2항을 적용하지 아니한다. <개정 2014.12.23.>

1. 「부가가치세법」 제53조의2에 따라 전자적 용역을 공급하는 자가 부가가치세를 납부하여야 하는 경우
2. 「부가가치세법」 제69조에 따라 납부의무가 면제되는 경우

④ 제1항 또는 제2항을 적용할 때 「부가가치세법」 제45조제3항 단서에 따른 대손세액에 상당하는 부분에 대해서는 제1항 또는 제2항에 따른 가산세를 적용하지 아니한다. <개정 2013.6.7.>

⑤ 제1항 또는 제2항을 적용할 때 예정신고 및 중간신고와 관련하여 이 조 또는 제47조의3에 따라 가산세가 부과되는 부분에 대해서는 확정신고와 관련하여 제1항 또는 제2항에 따른 가산세를 적용하지 아니한다. <개정 2014.12.23.>

⑥ 제1항 또는 제2항을 적용할 때 「소득세법」 제81조제8항, 제13항, 제115조 또는 「법인세법」 제76조제1항이 동시에 적용되는 경우에는 그 중 가산세액이 큰 가산세만 적용하고, 가산세액이 같은 경우에는 제1항 또는 제2항의 가산세만 적용한다. <개정 2014.12.23.>

※ 일반무신고와 부정무신고를 구별하고 있다.

【 제 목 】

명의신탁주식을 신고하지 아니한 경우에는 부당과소신고가산세가 적용되는 것임

【 요 지 】

명의신탁되어 있는 주식을 상속재산으로 신고하지 않은 것은 부당한 방법의 하나로 규정 하고 있는 재산을 은닉한 경우에 해당한다고 할 것이므로, 이 주식 평가액에 대하여 부당과소신고가산세를 부과한 것은 적법함.(서울고등법원 2013누14551)

국세기본법 제47조의3(과소신고 · 초과환급신고가산세) ① 납세의무자가 법정신고기한까지 세법에 따른 국세의 과세표준 신고(예정신고 및 중간신고를 포함하며, 「교육세법」 및 「농어촌특별세법」 에 따른 신고는 제외한다)를 한 경우로서 납부할 세액을 신고하여야 할 세액보다 적게 신고(이하 이 조에서 "과소신고"라 한다)하거나 환급받을 세액을 신고하여야 할 금액보다 많이 신고(이하 이 조에서 "초과신고"라 한다)한 경우에는 과소신고한 납부세액과 초과신고한 환급세액을 합한 금액(이 법 및 세법에 따른 가산세와 세법에 따라 가산하여 납부하여야 할 이자 상당 가산액이 있는 경우 그 금액은 제외하며, 이하 "과소신고납부세액등"이라 한다)의 100분의 10에 상당하는 금액을 가산세로 한다. 다만, 「부가가치세법」에 따른 사업자가 같은 법 제48조제1항·제4항, 제49조제1항, 제66조 및 제67조에 따른 신고를 한 경우로서 영세율과세표준을 과소신고(신고하지 아니한 경우를 포함한다)한 경우에는 과소신고납부세액등의 100분의

10에 상당하는 금액과 그 과소신고된 영세율과세표준의 1천분의 5에 상당하는 금액을 합한 금액을 가산세로 한다. <개정 2014.12.23.>

② 제1항에도 불구하고 다음 각 호의 어느 하나에 해당하는 경우에는 해당 호에 따른 금액을 가산세로 한다. <개정 2014.12.23.>

1. 부정행위로 과소신고하거나 초과신고한 경우: 다음 각 목의 금액을 합한 금액

가. 부정행위로 인한 과소신고납부세액등의 100분의 40(국제거래에서 발생한 부정행위로 과소신고하거나 초과신고한 경우에는 100분의 60)에 상당하는 금액. 다만, 부정행위로 과소신고(「소득세법」 제70조 및 제124조 또는 「법인세법」 제60조, 제76조의17 및 제97조에 따른 신고만 해당한다)한 자가 복식부기의무자 또는 법인인 경우에는 그 금액과 부정행위로 인하여 과소신고된 과세표준 관련 수입금액에 1만분의 14를 곱하여 계산한 금액 중 큰 금액으로 한다.

나. 과소신고납부세액등에서 부정행위로 인한 과소신고납부세액등을 뺀 금액의 100분의 10에 상당하는 금액

1의2. 삭제 <2014.12.23.>

2. 「부가가치세법」에 따른 사업자가 같은 법 제48조제1항·제4항, 제49조제1항, 제66조 및 제67조에 따른 신고를 한 경우로서 부정행위로 영세율과세표준을 과소신고(신고하지 아니한 경우를 포함한다)한 경우에는 제1호에도 불구하고 제1호에 따른 금액에 그 과소신고된 영세율과세표준의 1천분의 5에 상당하는 금액을 합한 금액으로 한다.

③ 제1항 및 제2항은 「부가가치세법」에 따른 사업자가 아닌 자가 환급세액을 신고한 경우에도 적용한다.

④ 제1항 또는 제2항을 적용할 때 다음 각 호의 어느 하나에 해당하는 경우에는 이와 관련하여 과소신고하거나 초과신고한 부분에 대해서는 제1항 또는 제2항의 가산세를 적용하지 아니한다. <개정 2014.12.23.>

1. 다음 각 목의 어느 하나에 해당하는 사유로 상속세·증여세 과세표준을 과소신고한 경우

가. 신고 당시 소유권에 대한 소송 등의 사유로 상속재산 또는 증여재산으로 확정되지 아니하였던 경우

나. 「상속세 및 증여세법」 제18조부터 제23조까지, 제23조의2, 제24조, 제53조 및 제54조에 따른 공제의 적용에 착오가 있었던 경우

다. 「상속세 및 증여세법」 제60조제2항·제3항 및 제66조에 따라 평가한 가액으로 과세표준을 결정한 경우

라. 「법인세법」 제66조에 따라 법인세 과세표준 및 세액의 결정·경정으로 「상속세 및 증여세법」 제45조의3에 따른 증여의제이익이 변경되는 경우(부정행위로 인하여 법인세의 과세표준 및 세액을 결정·경정하는 경우는 제외한다)

2. 「부가가치세법」 제45조제3항 단서가 적용되는 경우

국세기본법 제47조의4(납부불성실 · 환급불성실가산세) ① 납세의무자(연대납세의무자, 납세자를 갈음하여 납부할 의무가 생긴 제2차 납세의무자 및 보증인을 포함한다)가 세법에 따른 납부기한까지 국세의 납부(중간예납·예정신고납부·중간신고납부를 포함한다)를 하지 아니하거나 납부하여야 할 세액보다 적게 납부(이하 "과소납부"라 한다)하거나 환급받아야 할 세액보다 많이 환급(이하 "초과환급"이라 한다)받은 경우에는 다음 각 호의 금액을 합한 금액을 가산세로 한다. 다만, 「인지세법」 제8조제1항에 따른 인지세의 납부를 하지 아니하거나 과소납부한 경우에는 납부하지 아니한 세액 또는 과소납부분(납부하여야할 금액에 미달한 금액을 말한다. 이하 같다) 세액의 100분의 300에 상당하는 금액을 가산세로 한다.

1. 납부하지 아니한 세액 또는 과소납부분 세액(세법에 따라 가산하여 납부하여야 할 이자 상당 가산액이 있는 경우에는 그 금액을 더한다) × 납부기한의 다음 날부터 자진납부일 또는 납세고지일까지의 기간 × 금융회사 등이 연체대출금에 대하여 적용하는 이자율 등을 고려하여 대통령령으로 정하는 이자율
2. 초과환급받은 세액(세법에 따라 가산하여 납부하여야 할 이자상당가산액이 있는 경우에는 그 금액을 더한다) × 환급받은 날의 다음 날부터 자진납부일 또는 납세고지일까지의 기간 × 금융회사 등이 연체대출금에 대하여 적용하는 이자율 등을 고려하여 대통령령으로 정하는 이자율

② 제1항은 「부가가치세법」에 따른 사업자가 아닌 자가 부가가치세액을 환급받은 경우에도 적용한다.

③ 제1항을 적용할 때 다음 각 호의 어느 하나에 해당하는 경우에는 제1항의 가산세를 적용하지 아니한다. <개정 2015.12.15.>

1. 「부가가치세법」에 따른 사업자가 같은 법에 따른 납부기한까지 어느 사업장에 대한 부가가치세를 다른 사업장에 대한 부가가치세에 더하여 신고납부한 경우
2. 「부가가치세법」 제45조제3항 단서에 따른 대손세액에 상당하는 부분
3. 「부가가치세법」 제53조의2에 따라 전자적 용역을 공급하는 자가 부가가치세를 납부하여야 하는 경우
4. 「법인세법」 제66조에 따라 법인세 과세표준 및 세액의 결정·경정으로 「상속세 및 증여세법」 제45조의3부터 제45조의5까지의 규정에 따른 증여의제 이익이 변경되는 경우(부정행위로 인하여 법인세의 과세표준 및 세액을 결정·경정하는 경우는 제외한다)

④ 제1항을 적용할 때 제47조의5에 따른 가산세가 부과되는 부분에 대해서는 국세의 납부와 관련하여 제1항에 따른 가산세를 부과하지 아니한다.

⑤ 제1항을 적용할 때 중간예납, 예정신고납부 및 중간신고납부와 관련하여 제1항에 따른 가산세가 부과되는 부분에 대해서는 확정신고납부와 관련하여 제1항에 따른 가산세를 부과하지 아니한다.

⑥ 국세(소득세, 법인세 및 부가가치세만 해당한다)를 과세기간을 잘못 적용하여 신고납부한 경우에는 제1항을 적용할 때 실제 신고납부한 날에 실제 신고납

부한 금액의 범위에서 당초 신고납부하였어야 할 과세기간에 대한 국세를 자진납부한 것으로 본다. 다만, 해당 국세의 신고가 제47조의2제2항 또는 제47조의3제2항에 해당하는 경우에는 그러하지 아니하다.

국세기본법 제47조의5(원천징수납부 등 불성실가산세) ① 국세를 징수하여 납부할 의무를 지는 자가 징수하여야 할 세액(제2항제2호의 경우에는 징수한 세액)을 세법에 따른 납부기한까지 납부하지 아니하거나 과소납부한 경우에는 납부하지 아니한 세액 또는 과소납부분 세액의 100분의 10에 상당하는 금액을 한도로 하여 다음 각 호의 금액을 합한 금액을 가산세로 한다. <개정 2013.1.1.>

1. 납부하지 아니한 세액 또는 과소납부분 세액의 100분의 3에 상당하는 금액
2. 납부하지 아니한 세액 또는 과소납부분 세액 × 납부기한의 다음 날부터 자진납부일 또는 납세고지일까지의 기간 × 금융회사 등이 연체대출금에 대하여 적용하는 이자율 등을 고려하여 대통령령으로 정하는 이자율

② 제1항에서 "국세를 징수하여 납부할 의무"란 다음 각 호의 어느 하나에 해당하는 의무를 말한다. <개정 2013.6.7.>

1. 「소득세법」 또는 「법인세법」에 따라 소득세 또는 법인세를 원천징수하여 납부할 의무
2. 「소득세법」 제149조에 따른 납세조합이 같은 법 제150조부터 제152조까지의 규정에 따라 소득세를 징수하여 납부할 의무
3. 「부가가치세법」 제52조에 따라 용역등을 공급받는 자가 부가가치세를 징수하여 납부할 의무

③ 제1항에도 불구하고 다음 각 호의 어느 하나에 해당하는 경우에는 제1항을 적용하지 아니한다. <개정 2013.1.1.>

1. 「소득세법」에 따라 소득세를 원천징수하여야 할 자가 우리나라에 주둔하는 미군인 경우
2. 「소득세법」에 따라 소득세를 원천징수하여야 할 자가 같은 법 제20조의3제1항제1호 또는 같은 법 제22조제1항제1호의 소득을 지급하는 경우
3. 「소득세법」 또는 「법인세법」에 따라 소득세 또는 법인세를 원천징수하여야 할 자가 국가, 지방자치단체 또는 지방자치단체조합인 경우(「소득세법」 제128조의2에 해당하는 경우는 제외한다)

국세기본법 제48조(가산세 감면 등) ① 정부는 이 법 또는 세법에 따라 가산세를 부과하는 경우 그 부과의 원인이 되는 사유가 제6조제1항에 따른 기한연장 사유에 해당하거나 납세자가 의무를 이행하지 아니한 데 대한 정당한 사유가 있는 때에는 해당 가산세를 부과하지 아니한다.

② 정부는 다음 각 호의 어느 하나에 해당하는 경우에는 이 법 또는 세법에 따른 해당 가산세액에서 다음 각 호에서 정하는 금액을 감면한다. <개정 2014.12.23.>

1. 법정신고기한이 지난 후 제45조에 따라 수정신고한 경우(제47조의3에 따른 가산세만 해당하며, 과세표준과 세액을 경정할 것을 미리 알고 과세표준수정

신고서를 제출한 경우는 제외한다)에는 다음 각 목의 구분에 따른 금액

가. 법정신고기한이 지난 후 6개월 이내에 수정신고한 경우: 해당 가산세액의 100분의 50에 상당하는 금액

나. 법정신고기한이 지난 후 6개월 초과 1년 이내에 수정신고한 경우: 해당 가산세액의 100분의 20에 상당하는 금액

다. 법정신고기한이 지난 후 1년 초과 2년 이내에 수정신고한 경우: 해당 가산세액의 100분의 10에 상당하는 금액

2. 법정신고기한이 지난 후 제45조의3에 따라 기한 후 신고를 한 경우(제47조의2에 따른 가산세만 해당하며, 과세표준과 세액을 결정할 것을 미리 알고 기한후과세표준신고서를 제출한 경우는 제외한다)에는 다음 각 목의 구분에 따른 금액

가. 법정신고기한이 지난 후 1개월 이내에 기한 후 신고를 한 경우: 해당 가산세액의 100분의 50에 상당하는 금액

나. 법정신고기한이 지난 후 1개월 초과 6개월 이내에 기한 후 신고를 한 경우: 해당 가산세액의 100분의 20에 상당하는 금액

3. 다음 각 목의 어느 하나에 해당하는 경우에는 해당 가산세액의 100분의 50에 상당하는 금액

가. 제81조의15에 따른 과세전적부심사 결정·통지기간에 그 결과를 통지하지 아니한 경우(결정·통지가 지연됨으로써 해당 기간에 부과되는 제47조의4에 따른 가산세만 해당한다)

나. 세법에 따른 제출, 신고, 가입, 등록, 개설(이하 이 목에서 "제출등"이라 한다)의 기한이 지난 후 1개월 이내에 해당 세법에 따른 제출등의 의무를 이행하는 경우(제출등의 의무위반에 대하여 세법에 따라 부과되는 가산세만 해당한다)

③ 제1항이나 제2항에 따른 가산세 감면 등을 받으려는 자는 대통령령으로 정하는 바에 따라 감면 등을 신청할 수 있다.

국세기본법 제49조(가산세 한도) ① 다음 각 호의 어느 하나에 해당하는 가산세에 대해서는 그 <u>의무위반의 종류별로 각각 5천만원</u>(「중소기업기본법」 제2조제1항에 따른 <u>중소기업이 아닌 기업은 1억원</u>)을 한도로 한다. 다만, 해당 의무를 <u>고의적으로 위반한 경우에는 그러하지 아니하다</u>. <개정 2014.1.1>

1. 「소득세법」 제81조제1항, 제3항부터 제6항까지, 제12항 및 제14항에 따른 가산세
2. 「법인세법」 제76조제3항, 제5항부터 제7항까지, 제9항(제4호는 제외한다), 제10항 및 제13항에 따른 가산세
3. 「부가가치세법」 제60조제1항(같은 법 제68조제2항에서 준용되는 경우를 포함한다), 같은 조 제2항제1호·제3호부터 제5호까지 및 같은 조 제5항부터 제8항까지의 규정에 따른 가산세
4. 「상속세 및 증여세법」 제78조제3항·제5항(같은 법 제50조제1항 및 제2항에 따른 의무를 위반한 경우만 해당한다)·제12항 및 제13항에 따른 가산세**(*)**

5. 「조세특례제한법」 제30조의5제5항 및 제90조의2제1항에 따른 가산세

(*) 보고서 미제출 등 가산세, 외부전문가 세무확인불이행 가산세, 지급명세서 미제출 가산세

법률의 부지나 법률의 착오는 정당한 사유에 해당하지 않는다. 정당한 사유의 주장·입증책임은 납세자가 부담한다.

3) 제척기간

국세기본법 제26조의2(국세 부과의 제척기간) ① 국세는 다음 각 호에 규정된 기간이 끝난 날 후에는 부과할 수 없다. 다만, 조세의 이중과세를 방지하기 위하여 체결한 조약(이하 "조세조약"이라 한다)에 따라 상호합의 절차가 진행 중인 경우에는 「국제조세조정에 관한 법률」 제25조에서 정하는 바에 따른다. <개정 2014.12.23.>

4. 상속세·증여세는 제1호, 제1호의2, 제2호 및 제3호에도 불구하고 부과할 수 있는 날부터 10년간. 다만, 다음 각 목의 어느 하나에 해당하는 경우에는 부과할 수 있는 날부터 15년간으로 한다.
  가. 납세자가 부정행위로 상속세·증여세를 포탈하거나 환급·공제받은 경우
  나. 「상속세 및 증여세법」 제67조 및 제68조에 따른 신고서를 제출하지 아니한 경우
  다. 「상속세 및 증여세법」 제67조 및 제68조에 따라 신고서를 제출한 자가 대통령령으로 정하는 거짓 신고 또는 누락신고(*)를 한 경우(그 거짓신고 또는 누락신고를 한 부분만 해당한다)

4의2. 부담부증여에 따라 증여세와 함께 「소득세법」 제88조제1항 후단에 따른 소득세가 과세되는 경우 그 소득세는 제4호에 따라 증여세에 대하여 정한 기간

② 제1항에도 불구하고 제1호에 따른 결정 또는 판결이 확정되거나 제2호에 따른 상호합의가 종결된 날부터 1년, 제3호에 따른 경정청구일 또는 조정권고일부터 2개월이 지나기 전까지는 해당 결정·판결, 상호합의, 경정청구 또는 조정권고에 따라 경정결정이나 그 밖에 필요한 처분을 할 수 있다.

1. 제7장에 따른 이의신청, 심사청구, 심판청구, 「감사원법」에 따른 심사청구 또는 「행정소송법」에 따른 소송에 대한 결정 또는 판결이 있는 경우
2. 조세조약에 부합하지 아니하는 과세의 원인이 되는 조치가 있는 경우 그 조치가 있음을 안 날부터 3년 이내(조세조약에서 따로 규정하는 경우에는 그에 따른다)에 그 조세조약의 규정에 따른 상호합의가 신청된 것으로서 그에 대하여 상호합의가 이루어진 경우
3. 제45조의2제2항 또는 「국제조세조정에 관한 법률」 제10조의2제1항 및 제19조제4항에 따른 경정청구 또는 같은 법 제10조의3제1항에 따른 조정권고가

있는 경우

③ 제2항제1호의 결정 또는 판결에서 명의대여 사실이 확인된 경우에는 제1항에도 불구하고 그 결정 또는 판결이 확정된 날부터 1년 이내에 명의대여자에 대한 부과처분을 취소하고 실제로 사업을 경영한 자에게 경정결정이나 그 밖에 필요한 처분을 할 수 있다.

④ 납세자가 부정행위로 상속세·증여세를 포탈하는 경우로서 다음 각 호의 어느 하나에 해당하는 경우에는 제1항제4호에도 불구하고 해당 재산의 상속 또는 증여가 있음을 안 날부터 1년 이내에 상속세 및 증여세를 부과할 수 있다. 다만, 상속인이나 증여자 및 수증자가 사망한 경우와 포탈세액 산출의 기준이 되는 재산가액(다음 각 호의 어느 하나에 해당하는 재산의 가액을 합친 것을 말한다)이 50억원 이하인 경우에는 그러하지 아니하다. <개정 2013.1.1>

1. 제3자의 명의로 되어 있는 피상속인 또는 증여자의 재산을 상속인이나 수증자가 보유하고 있거나 그 자의 명의로 실명전환을 한 경우
2. 계약에 따라 피상속인이 취득할 재산이 계약이행기간에 상속이 개시됨으로써 등기·등록 또는 명의개서가 이루어지지 아니하고 상속인이 취득한 경우
3. 국외에 있는 상속재산이나 증여재산을 상속인이나 수증자가 취득한 경우
4. 등기·등록 또는 명의개서가 필요하지 아니한 유가증권, 서화, 골동품 등 상속재산 또는 증여재산을 상속인이나 수증자가 취득한 경우
5. 수증자의 명의로 되어 있는 증여자의 「금융실명거래 및 비밀보장에 관한 법률」 제2조제2호에 따른 금융자산을 수증자가 보유하고 있거나 사용·수익한 경우

(*) 허위신고 또는 누락신고는 단순과소신고를 의미하는 것이라고 봄이 상당하여서 채권이 상속재산 신고에서 누락된 것에 대해서는 15년의 제척기간이 적용되어야 하고 채권의 일부를 개인 용도로 사용한 것이 아닌가 하는 의심이 든다는 사정만으로는 채권이 상속재산에 포함되지 않는다고 볼 수 없음.(서울행정법원 2012구합32895)

14. 유류분의 반환과 세금 문제

1) 유류분이란 일정한 범위의 상속인이 피상속인의 재산의 일정한 비율을 확보할 수 있는 지위를 말한다. 따라서 유류분청구권이란 유류분을 침해하는 유증이나 사전증여의 효력을 빼앗는 반환청구권의 성격을 갖고 있다. 유류분청구권은 상속개시 후에는 포기할 수 있으나 상속개시 전의 포기는 인정되지 아니한다.

2) 유류분의 범위는 피상속인의 직계비속과 배우자는 법정상속분의 2분의 1, 직계존속과 형제자매는 법정상속분의 3분의 1이다. 유류분 산정의 기초가 되는 재산은 상속개시 당시의 피상속인의 소유 재산에 증여재산의 가액을 가산하고 채무 전액을 공제하여 산정한다. 그러나 가산하는 증여재산은 상속개시 전 1년간에 이루어진 것에 한한다. 상속개시 전 1년 여부는 증여계약의 체결시점을 기준으로 한다. 다만, 당사자 쌍방이 유류분 권리자에게 손해를 가할 것을 알고 증여한 때에는 1년 전에 이루어진 증여재산도 산입한다. 그러나 상속인의 특별수익분은 1년 전에 수익된 것인지 여부를 불문하고 모두 산입한다. 유류분반환청구권은 유류분권리자가 상속개시 및 피상속인이 유중·증여를 한 사실을 안 때부터 1년, 상속개시된 때부터 10년이 경과하면 시효에 따라 소멸한다.

3) 상속개시 전에 피상속인에게서 부동산을 증여받은 자가 법원의 판결로 그 부동산을 유류분권리자에게 반환하는 경우 그 반환된 재산의 가액은 상증세법상 당초부터 증여가 없던 것이 된다.(이 경우 반환한 재산가액에 상당하는 증여세액을 경정하여야 한다) 그러나 현금으로 반환하는 경우에는 양도소득세가 과세된다.

※ 피상속인의 증여에 의하여 재산을 증여받은 자가 「민법」 제1115조의 규정에 따라 증여받은 재산을 유류분 권리자에게 반환하는 경우 유류분을 반환받은 상속인은 유류분으로 반환받은 당해 재산에 대하여 상속세 납부의무를 지는 것이며, 증여받은 재산을 금전으로 환가하여 유류분 권리자에게 반환하는 경우에는 유류분 권리자는 당해 재산을 상속받아 양도한 것으로 보아 각각 상속세와 양도소득세 납부의무가 있는 것입니다. 이 경우 상속재산에 포함될 재산의 가액은 반환받는 금전에 상당하는 재산을 상속개시일 현재 「상속세 및 증여세법」 제60조 부터 제66조의 규정에 따라 평가한 가액을 적용하는 것입니다.(재산세과-35, 2012.02.02.)

※ 피상속인의 증여로 재산을 증여받은 자가 「민법」 제1115조의 규정에 의하여 증여받은 재산을 유류분 권리자에게 반환하는 경우 그 반환한 재산가액은 당초부터 증여가 없었던 것으로 보는 것임.(재산세과-332, 2011.07.11.)

4) 법정상속인이 법원의 판결로 수유자로부터 유류분을 반환받은 경우 확정판결이 있은 날부터 6월 이내에 상속세 경정청구를 하여야 한다.

15. 피상속인의 금융재산 · 부동산 조사

1) 피상속인 명의의 금융재산 확인하기

금융감독원 : 상속인 금융거래 통합조회 서비스

● 서비스 신청
- 신청인이 금융감독원 본·지원 및 국민은행, 삼성생명, 농협(단위조합 및 회원조합), 우리은행, 동양종합금융증권을 직접 방문하여 신청.

※ 통합조회시 본인인증에 필요한 핸드폰번호 또는 전자우편주소를 신청서에 기재

※ 관련 법률에 의거 신청인에 대하여 상속인 적격여부 확인

· 조회 대상 금융회사
- 은행(농·수협 포함), 증권, 보험, 우체국, 새마을금고, 종합금융, 저축은행, 여신전문금융(카드, 리스, 할부금융, 신기술금융), 신용협동조합, 한국예탁결제원, 산림조합중앙회, 신용협동조합, 한국예탁결제원(12개 금융권역)

● 조회 금융거래범위
- 피상속인 명의의 예금, 대출, 보증, 증권계좌, 보험계약, 신용카드 및 가계당좌거래 유무

· 조회결과 확인방법
- 신청서 접수일 7일 경과 후부터 금융감독원(www.fss.or.kr) 또는 e-금융민원센터(www.fcsc.kr)에 접속하여 핸드폰 등을 통한 본인인증 절차를 거친 후 조회 결과를 확인

● 구비서류
- 피상속인의 제적등본 및 신청인의 신분증

① 가족관계증명서에 사망사실 등이 기재되지 아니한 경우
- ㄱ) 피상속인 사망시 : 가족관계증명서 및 사망진단서 원본
- ㄴ) 실종시 : 가족관계증명서 및 법원판결문(실종선고) 원본

② 대리인이 신청하는 경우
- ㄱ) 상속인 등의 인감도장이 날인되어 있는 위임장 및 위임자의 인감 증명서
- ㄴ) 대리인의 신분증

2) 피상속인 명의의 부동산 확인하기

국토해양부 : 시청·군청·구청에서 조상이 소유하고 있는 토지현황을 알려주는 '조상땅찾기 제도', 시청·군청·구청 지적과

● 신청방법 및 장소
  - 피상속인이 주민등록번호가 있는 경우 국토해양부 국토정보센터나 가까운 시청·도청 및 시청·군청·구청 지적부서를 직접 방문하여 신청
  - 피상속인이 주민등록번호가 없는 경우 조상이 토지를 소유하고 있을 것으로 추정되는 지역의 관할 지적부서를 방문하여 신청

● 구비서류
  - 사망자의 제적등본, 상속인의 신분증(주민등록증 등)

※ 대리 신청하는 경우에는 위임장 및 대리인의 신분증(주민등록증 등) 지참

16. 일반적 상속설계원칙과 방안

가. 상속설계원칙

1) 장기적 플랜을 수립하라
  • 체크포인트
    ① D-10년 이전 : 공동상속인에게 합산 사전증여재산
    ② D-5년 : 상속인 아닌 자에게 합산 사전증여재산
    ③ D-1~2년 : 추정상속재산(상속개시일부터 1년(2년) 이내 2억원(5억원) 이상 처분재산(채무부담)으로 그 사용처를 밝히지 못하는 금액)
    ④ 상속개시일 : 본래의 상속재산 + 간주상속재산(보험금·신탁재산·퇴직금)

2) 피상속예정인의 재산 및 소득은 줄이고 상속예정인의 재산 및 소득은 늘리는 방향으로 설계하라.

3) 증여세, 취득세, 종합소득세, 양도소득세 등을 고려하라.

4) 상속세 납부재원을 준비하라(부동산과 금융자산을 적절히 배분하라)
재산의 일정부분을 현금화하기 쉬운 주식 등 금융자산 전환 또는 종신보험 등 활용.

나. 상속설계방안

1) 사전증여 활용방안(상속개시 전 10년 이전, 배우자 6억원, 자녀 3천만원(1,500만원), 기타 친족 500만원)
① 장래 가치가 상승할 재산부터 증여하라(상속세 누진구조)
② 임대수입 등 소득이 발생하는 재산을 증여하라(피상속예정인의 종합소득세, 재산세 및 종합부동산세 절감, 임대수입 재투자)
③ 기준시가와 시가의 격차가 큰 재산을 증여하라
④ 부담부증여를 활용하라(담보대출 부동산의 경우 채무인수)
⑤ 건물 증여시는 월세보다는 전세건물을 증여하라(보증금은 채무공제)
⑥ 주식은 되도록 일찍 증여하라(되도록 배우자가 아닌 자녀에게 증여하라)
⑦ 부동산 증여시기는 5월 31일 이전에 증여하라
⑧ 증여 후 3개월 내에는 감정평가를 받지 말라

2) 기업 상속시 비상장주식의 가치평가를 감소시켜라
급여(임원보수)설계, 배당설계, 퇴직금설계를 통한 이익금 분배와 지나친 재투자나 적립금 방지

3) 비과세제도, 과세가액불산입제도, 과세특례제도 활용
① 생명보험 가입
• 계약자를 상속인, 피보험자를 피상속예정인, 수익자를 상속인으로 하는 경우 상속세 비과세. 상속인이 미성년자인 경우에는 자금출처조사에 대비하여 사전증여를 통해 자금출처에 대한 입증자료 확보.
• 피상속예정인을 계약와 피보험자로 한 상속형 연금보험도 피상속인의 사망시 원금이 사망보험금으로 상속인에게 지급되므로 활용 가능하다.
② 금양임야 및 묘토인 농지 : 2억원 한도에서 비과세
③ 가업승계특례, 영농자녀 특례

4) 사후 상속공제와 협의분할 활용

① 배우자상속공제 : 5억원~30억원
② 일괄공제 : 5억원
③ 동거주택상속공제 : 10년 이상 피상속인과 동거한 주택을 1세대1주택자 또는 무주택자가 상속받는 경우 5억원 한도 내에서 주택가액의 40% 공제.
④ 가업상속공제 및 영농상속공제 : 최대 300억원 및 5억원
⑤ 채무공제 활용 : 채무액을 빠짐 없이 챙겨라
⑥ 차명주식은 상속재산에 합산하여 신고하라(명의신탁 해지)
⑦ 조기 처분 예정 부동산은 감정평가를 받아 기준시가보다 높은 가격으로 신고하라(양도소득세 절세)
⑧ 상속개시 후 6개월 내에 부동산을 처분하거나 담보대출을 받지 말라
⑨ 세대생략 상속을 검토하라(할증과세와 단기재상속 공제 비교)
⑩ 협의분할상속 활용

- 현금자산은 되도록 배우자에게 분할하라-타 상속인의 상속세 대납
- 부동산과 주식은 되도록 자녀에게 분할하라
- 상속등기 후 재분할하는 경우 기간에 유의하라(상속세 신고기간 후에 재분할하는 경우 증여세 과세)

⑪ 고액 상속재산의 경우 사후관리에 유의하라(30억원 이상의 경우 상속개시 후 5년간은 국세청이 조사하게 되어 있으므로 처분이나 재분배시 유의, 상증세법제76조⑤)
⑫ 가업상속공제를 받은 경우 사후관리에 유의하라(10년내 특정 사유 발생시 추징, 상증세법제18조⑤)
⑬ 신고기간 내에 신고하라(세액의 10% 공제)

5) 연대납세의무와 상속세 대납 문제

공동상속인은 각자 받은 상속재산의 한도 내에서 연대납세의무가 있는데, 그에 따라 대납한 경우에는 증여세가 비과세된다. 다만, 공동상속인 각자가 받은 <u>상속재산</u>(상속분×)을 초과하여 상속세를 대납한 경우에는 초과분에 대하여 증여세가 과세된다.

5) 상속세 납부재원

① 종신보험, ② 부동산 매도(급매 손실, 처분가액으로 상속재산 평가), ③ 물납(상속세신고시 평가가액으로 물납되는데 기준시가로 산정되는 경우 불리), ④ 담보대출(대출시 감정가액이 상속재산가액으로 평가)

Ⅱ. 증여세

1. 증여세 세금계산 구조

1) 수증자가 거주자

<table>
<tr><td rowspan="6">과세가액</td><td colspan="2">증여재산가액</td><td>국내외의 모든 재산. 증여추정재산 포함, 증여일 현재의 시가로 평가. 시가산정이 어려우면 개별공시지가 등 보충적 평가방법.</td></tr>
<tr><td colspan="2">(−)비과세 증여재산가액</td><td>국가 또는 지자체로부터 증여받은 재산, 사회통념상 인정되는 피부양자의 생활비·교육비·치료비·축하금·혼수용품</td></tr>
<tr><td colspan="2">(+)증여재산 가산금액</td><td>•재차증여 : 동일인으로부터 10년 이내 받은 증여재산가액의 합산액이 1,000만원 이상인 경우(동일인이 수증자의 직계존속이면 그 배우자도 동일인 포함)(상증세법제47조②)
•연대납부의무 없이 수증자를 대신하여 납부한 증여세
•합산배제 증여재산은 적용×</td></tr>
<tr><td rowspan="2">증여재산 차감금액</td><td>과세가액 불산입금액</td><td>공익법인 출연재산, 공익신탁재산, 장애인이 증여받은 재산(직계존비속과 친족의 증여, 5억원 한도)</td></tr>
<tr><td>채무액(수증자 입증책임)</td><td>증여재산에 담보된 채무로 수증자가 인수한 채무금액, 증여자가 타인에게 임대한 경우 임대보증금</td></tr>
<tr><td colspan="2">= 증여세과세가액</td><td></td></tr>
<tr><td rowspan="3">과세표준</td><td colspan="2">(−)수증자별 증여재산공제</td><td>•배우자: 10년간 6억원
•직계비속: 수증자별 10년간 5천만원
•직계존속: 수증자별 10년간 5천만원(수증자가 미성년자이면 2천만원)
•그밖의 친족(부계 6촌 이내, 모계 4촌 이내): 수증자별 10년간 1천만원</td></tr>
<tr><td rowspan="2">(−)과세가액 차감금액</td><td>재해손실공제</td><td>신고기한 이내 재난으로 멸실·훼손된 손실가액(손실보상금이나 구상금을 수령할 수 있는 경우는 제외)</td></tr>
<tr><td>증여재산 감정평가 수수료</td><td>•부동산 감정평가수수료는 5백만원 한도
•비상장주식 평가의뢰시 신용평가기관별, 법인별로 각각 1천만원 한도</td></tr>
</table>

<table>
<tr><td rowspan="2"></td><td></td><td></td><td>•서화·골동품 등 전문가평가수수료는 500만원 한도</td></tr>
<tr><td colspan="2">= 증여세과세표준</td><td>•일반증여재산: 위 항목 전부 공제
•명의신탁재산: 명의신탁재산의 가액-감정평가수수료
•합산배제재산
㉠ 특수관계법인의 거래이익: 증여의제이익-감정평가수수료
㉡ ㉠ 이외의합산배제재산: 증여재산가액-3천만원-감정평가수수료
•과세표준이 50만원 미만이면 비과세(상증세법 제55조②)</td></tr>
<tr><td rowspan="5">산출
세액</td><td colspan="2">(×)세율</td><td rowspan="2"><table><tr><th>과세표준</th><th>세 율</th></tr><tr><td>1억 이하</td><td>과세표준의 10%</td></tr><tr><td>5억 이하</td><td>1천만원+(1억원을 초과하는 금액의 20%)</td></tr><tr><td>10억 이하</td><td>9천만원+(5억원을 초과하는 금액의 30%)</td></tr><tr><td>30억 이하</td><td>2억4천만원+(10억원을 초과하는 금액의 40%)</td></tr><tr><td>30억 초과</td><td>10억4천만원+(30억원을 초과하는 금액의 50%)</td></tr></table></td></tr>
<tr><td colspan="2">(-)누진공제액</td></tr>
<tr><td colspan="2">=증여세산출세액</td><td></td></tr>
<tr><td colspan="2">(+)세대생략할증</td><td>세대생략증여시 30% 할증[직계비속 사망으로 인한 경우(대습증여) 제외](상증세법 제57조) - 부계·모계 포함</td></tr>
<tr><td colspan="2">=증여세산출세액 합계</td><td></td></tr>
<tr><td rowspan="6">신고
납부
세액</td><td colspan="2">(-)납부세액공제</td><td>기납부, 자진신고(10%)· 납부, 외국납부(수증자가 거주자). 제척기간만료로 증여세 부과되지 않는 경우에는 공제×.</td></tr>
<tr><td colspan="2">(-)감면세액</td><td>영농자녀 감면 등</td></tr>
<tr><td colspan="2">=결정세액</td><td></td></tr>
<tr><td colspan="2">(+)가산세</td><td>무신고(일반무신고 20%, 부정무신고 40%), 과소신고(일반 10%, 부당 40%), 납부불성실. 의무 위반의 종류별로 1억원 한도. 수정신고시 10~50% 감면.</td></tr>
<tr><td colspan="2">(-)분납·연부연납·물납</td><td>분납과 연부연납은 중복 적용 없음</td></tr>
<tr><td colspan="2">=납부세액</td><td></td></tr>
</table>

2) 수증자가 비거주자

<table>
<tr><td rowspan="6">과세가액</td><td colspan="2">증여재산가액</td><td>국내외의 모든 재산. 증여추정재산 포함, 증여일 현재의 시가로 평가. 시가산정이 어려우면 개별공시지가 등 보충적 평가방법.</td></tr>
<tr><td colspan="2">(-)비과세 증여재산가액</td><td>국가 또는 지자체로부터 증여받은 재산, 사회통념상 인정되는 피부양자의 생활비·교육비·치료비·축하금·혼수용품</td></tr>
<tr><td colspan="2">(+)증여재산 가산금액</td><td>•재차증여 : 동일인으로부터 10년 이내 받은 증여재산가액의 합산액이 1,000만원 이상인 경우(동일인이 수증자의 직계존속이면 그 배우자도 동일인 포함)(상증세법제47조②)
•연대납부의무 없이 수증자를 대신하여 납부한 증여세
•합산배제 증여재산은 적용×</td></tr>
<tr><td rowspan="2">증여재산 차감금액</td><td>과세가액 불산입금액</td><td>공익법인 출연재산, 공익신탁재산, 장애인이 증여받은 재산(직계존비속과 친족의 증여, 5억원 한도)</td></tr>
<tr><td>채무액(수증자 입증책임)</td><td>증여재산에 담보된 채무로 수증자가 인수한 채무금액, 증여자가 타인에게 임대한 경우 임대보증금</td></tr>
<tr><td colspan="2">= 증여세과세가액</td><td></td></tr>
<tr><td rowspan="4">과세표준</td><td colspan="2">(-)수증자별 증여재산공제</td><td>•배우자: 공제 불가
•직계비속: 공제 불가
•직계존속: 공제 불가
•그밖의 친족(부계 6촌 이내, 모계 4촌 이내): 공제 불가</td></tr>
<tr><td rowspan="2">(-)과세가액 차감금액</td><td>재해손실공제</td><td>신고기한 이내 재난으로 멸실·훼손된 손실가액(손실보상금이나 구상금을 수령할 수 있는 경우는 제외)</td></tr>
<tr><td>증여재산 감정평가 수수료</td><td>•부동산 감정평가수수료는 5백만원 한도
•비상장주식 평가의뢰시 신용평가기관별, 법인별로 각각 1천만원 한도
•서화·골동품 등 전문가평가수수료는 500만원 한도</td></tr>
<tr><td colspan="2">= 증여세과세표준</td><td>•일반증여재산: 위 항목 전부 공제
•명의신탁재산: 명의신탁재산의 가액-감정평가수수료
•합산배제재산
㉠ 특수관계법인의 거래이익: 증여의제이익-감정평가수수료</td></tr>
</table>

<table>
<tr><td></td><td></td><td>㉡ ㉠ 이외의합산배제재산: 증여재산가액-3천만원-감정평가수수료
•과세표준이 50만원 미만이면 비과세(상증세법 제55조②)</td></tr>
<tr><td rowspan="5">산출세액</td><td>(×)세율</td><td rowspan="2"><table><tr><th>과세표준</th><th>세 율</th></tr><tr><td>1억 이하</td><td>과세표준의 10%</td></tr><tr><td>5억 이하</td><td>1천만원+(1억원을 초과하는 금액의 20%)</td></tr><tr><td>10억 이하</td><td>9천만원+(5억원을 초과하는 금액의 30%)</td></tr><tr><td>30억 이하</td><td>2억4천만원+(10억원을 초과하는 금액의 40%)</td></tr><tr><td>30억 초과</td><td>10억4천만원+(30억원을 초과하는 금액의 50%)</td></tr></table></td></tr>
<tr><td>(-)누진공제액</td></tr>
<tr><td>=증여세산출세액</td><td></td></tr>
<tr><td>(+)세대생략할증</td><td>세대생략증여시 30% 할증[직계비속 사망으로 인한 경우(대습증여) 제외](상증세법 제57조) - 부계·모계 포함</td></tr>
<tr><td>=증여세산출세액 합계</td><td></td></tr>
<tr><td rowspan="6">신고납부세액</td><td>(-)납부세액공제</td><td>기납부, 자진신고(10%)· 납부. 제척기간만료로 증여세 부과되지 않는 경우에는 공제×.</td></tr>
<tr><td>(-)감면세액</td><td>영농자녀 감면 등</td></tr>
<tr><td>=결정세액</td><td></td></tr>
<tr><td>(+)가산세</td><td>무신고(일반무신고 20%, 부정무신고 40%), 과소신고(일반 10%, 부당 40%), 납부불성실. 의무 위반의 종류별로 1억원 한도. 수정신고시 10~50% 감면.</td></tr>
<tr><td>(-)분납·연부연납·물납</td><td>분납과 연부연납은 중복 적용 없음</td></tr>
<tr><td>=납부세액</td><td></td></tr>
</table>

2. 증여세와 소득세 및 법인세

1) 중복과세의 배제

상속세 및 증여세법 제4조의2(증여세 납부의무) ② 제1항의 증여재산에 대하여 수증자에게 「소득세법」에 따른 소득세 또는 「법인세법」에 따른 법인세가 부과되는 경우에는 증여세를 부과하지 아니한다. 소득세 또는 법인세가 「소득세법」, 「법인세법」 또는 다른 법률에 따라 비과세되거나 감면되는 경우에도 또한 같다.

2) 부당행위계산부인과 증여세

그러나 부당행위 계산부인 규정이 적용되는 경우에는 소득세와 증여세 양쪽 모두 과세할 수 있다. 판례도 이런 경우에는 이중과세로 보지 않고 있다.(대법원 98두11830)

소득세법시행령 제98조(부당행위계산의 부인) ① 법 제41조 및 제101조에서 "특수관계인"이란 「국세기본법 시행령」 제1조의2제1항, 제2항 및 같은 조 제3항제1호에 따른 특수관계인을 말한다.

② 법 제41조에서 조세 부담을 부당하게 감소시킨 것으로 인정되는 경우는 다음 각 호의 어느 하나에 해당하는 경우로 한다. 다만, 제1호부터 제3호까지 및 제5호(제1호부터 제3호까지에 준하는 행위만 해당한다)는 시가와 거래가액의 차액이 3억원 이상이거나 시가의 100분의 5에 상당하는 금액 이상인 경우만 해당한다.

1. 특수관계인으로부터 시가보다 높은 가격으로 자산을 매입하거나 특수관계인에게 시가보다 낮은 가격으로 자산을 양도한 경우
2. 특수관계인에게 금전이나 그 밖의 자산 또는 용역을 무상 또는 낮은 이율 등으로 대부하거나 제공한 경우. 다만, 직계존비속에게 주택을 무상으로 사용하게 하고 직계존비속이 그 주택에 실제 거주하는 경우는 제외한다.
3. 특수관계인으로부터 금전이나 그 밖의 자산 또는 용역을 높은 이율 등으로 차용하거나 제공받는 경우
4. 특수관계인으로부터 무수익자산을 매입하여 그 자산에 대한 비용을 부담하는 경우
5. 그 밖에 특수관계인과의 거래에 따라 해당 과세기간의 총수입금액 또는 필요경비를 계산할 때 조세의 부담을 부당하게 감소시킨 것으로 인정되는 경우

3. 증여세의 과세체계

상속세 증여세법 제2조(정의) 이 법에서 사용하는 용어의 뜻은 다음과 같다.

6. "증여"란 그 행위 또는 거래의 명칭·형식·목적 등과 관계없이 직접 또는 간접적인 방법으로 타인에게 무상으로 유형·무형의 재산 또는 이익을 이전(현저히 낮은 대가를 받고 이전하는 경우를 포함한다)하거나 타인의 재산가치를 증가시키는 것을 말한다. 다만, 유증과 사인증여는 제외한다.

상속세 및 증여세법 제4조의2(증여세 납부의무) ① 수증자는 다음 각 호의 구분에 따른 증여재산에 대하여 증여세를 납부할 의무가 있다.

1. 수증자가 거주자(본점이나 주된 사무소의 소재지가 국내에 있는 비영리법인을 포함한다. 이하 이 항에서 같다)인 경우: 제4조에 따라 증여세 과세대상이 되는 모든 증여재산
2. 수증자가 비거주자(본점이나 주된 사무소의 소재지가 외국에 있는 비영리법인을 포함한다. 이하 제5항과 제6조제2항 및 제3항에서 같다)인 경우: 제4조에 따라 증여세 과세대상이 되는 국내에 있는 모든 증여재산과 거주자로부터 증여받은 국외 예금이나 국외 적금 등 대통령령으로 정하는 재산

③ 영리법인이 증여받은 재산 또는 이익에 대하여 「법인세법」에 따른 법인세가 부과되는 경우(법인세가 「법인세법」 또는 다른 법률에 따라 비과세되거나 감면되는 경우를 포함한다) 해당 법인의 주주등에 대해서는 제45조의3부터 제45조의5까지의 규정에 따른 경우를 제외하고는 증여세를 부과하지 아니한다.

④ 제1항에도 불구하고 제35조부터 제37조까지 또는 제41조의4에 해당하는 경우로서 수증자가 증여세를 납부할 능력이 없다고 인정되는 경우에는 그에 상당하는 증여세의 전부 또는 일부를 면제한다.

⑤ 증여자는 다음 각 호의 어느 하나에 해당하는 경우에는 수증자가 납부할 증여세를 연대하여 납부할 의무가 있다. 다만, 제4조제1항제2호 및 제3호, 제35조부터 제39조까지, 제39조의2, 제39조의3, 제40조, 제41조의2부터 제41조의5까지, 제42조, 제42조의2, 제42조의3, 제45조의3부터 제45조의5까지 및 제48조(출연자가 해당 공익법인의 운영에 책임이 없는 경우로서 대통령령으로 정하는 경우만 해당한다)에 해당하는 경우는 제외한다.

1. 수증자의 주소나 거소가 분명하지 아니한 경우로서 증여세에 대한 조세채권을 확보하기 곤란한 경우
2. 수증자가 증여세를 납부할 능력이 없다고 인정되는 경우로서 체납처분을 하여도 증여세에 대한 조세채권을 확보하기 곤란한 경우
3. 수증자가 비거주자인 경우
4. 제45조의2(*)에 따라 재산을 증여받은 것으로 보는 경우

⑥ 세무서장은 제5항에 따라 증여자에게 증여세를 납부하게 할 때에는 그 사유

를 알려야 한다.

⑦ 법인격이 없는 사단·재단 또는 그 밖의 단체(**)는 다음 각 호의 어느 하나에 해당하는 자로 보아 이 법을 적용한다.

1. 「국세기본법」 제13조제4항에 따른 법인으로 보는 단체에 해당하는 경우: 비영리법인
2. 제1호 외의 경우: 거주자 또는 비거주자

[전문개정 2015.12.15.]

(*) 명의신탁의 증여의제

(**) 국세기본법 제13조(법인으로 보는 단체) ① 법인(「법인세법」 제1조제1호 및 제3호에 따른 내국법인 및 외국법인을 말한다. 이하 같다)이 아닌 사단, 재단, 그 밖의 단체(이하 "법인 아닌 단체"라 한다) 중 다음 각 호의 어느 하나에 해당하는 것으로서 수익을 구성원에게 분배하지 아니하는 것은 법인으로 보아 이 법과 세법을 적용한다.

1. 주무관청의 허가 또는 인가를 받아 설립되거나 법령에 따라 주무관청에 등록한 사단, 재단, 그 밖의 단체로서 등기되지 아니한 것(※)
2. 공익을 목적으로 출연된 기본재산이 있는 재단으로서 등기되지 아니한 것

② 제1항에 따라 법인으로 보는 사단, 재단, 그 밖의 단체 외의 법인 아닌 단체 중 다음 각 호의 요건을 모두 갖춘 것으로서 대표자나 관리인이 관할 세무서장에게 신청하여 승인을 받은 것도 법인으로 보아 이 법과 세법을 적용한다. 이 경우 해당 사단, 재단, 그 밖의 단체의 계속성과 동질성이 유지되는 것으로 본다.

1. 사단, 재단, 그 밖의 단체의 조직과 운영에 관한 <u>규정</u>을 가지고 <u>대표자나 관리인</u>을 선임하고 있을 것
2. 사단, 재단, 그 밖의 단체 자신의 계산과 명의로 <u>수익과 재산을 독립적</u>으로 <u>소유·관리</u>할 것
3. 사단, 재단, 그 밖의 단체의 <u>수익을 구성원에게 분배하지 아니할 것</u>

→ 부동산등기용등록번호를 발급받은 것은 '주무관 청의 허가 또는 인가를 받아 설립되거나 법령에 의하여 주무관청에 등록'한 것에 해당하지도 않고, '관할세무서장에게 신청하여 승인을 얻은 것'에 해당하지도 않는다.(서울고등법원 2011누29399)

상속세 및 증여세법 제47조(증여세 과세가액) ② 해당 증여일 전 <u>10년 이내에 동일인(증여자가 직계존속인 경우에는 그 직계존속의 배우자를 포함한다)으로부터 받은 증여재산가액을 합친 금액이 1천만원 이상</u>인 경우에는 그 가액을 증여세 과세가액에 가산한다. 다만, 합산배제증여재산의 경우에는 그러하지 아니하다.

1) 완전포괄주의 과세제도, 수증자과세방식

2003. 12. 31. 이전에는 증여재산의 범위를 민법상 증여로 취득한 재산과 상속세 및 증여세법상 증여로 의제하거나 추정하는 재산으로 규정하였으나, 2004. 1. 1.부터는 민법상 증여 또는 상속세 및 증여세법상 규정된 것이 아니더라도 사실상 타인으로부터 무상으로 취득한 재산이나 이익이 있는 경우에는 증여세 과세대상이 된다.

또한 우리 법은 상속세에 대하여는 유산세 방식을 채택하면서도 증여세에 대해서는 수증자과세방식을 채택하고 있다.

2) 증여시기별 · 증여자별 · 수증자별 과세

3) 재차증여재산의 합산과세

해당 증여일 10년 이내 동일인(증여자가 직계존속인 경우에는 그 직계존속의 배우자를 포함)으로부터 받은 증여재산 가액을 합친 금액이 1천만원 이상인 경우에는 그 가액을 증여세 과세가액(합산베제 증여재산의 가액은 제외)에 가산한다.(상증세법제47조②)

4. 납세의무자(상속세 및 증여세법 제4조의2)

상속세 및 증여세법 제48조(공익법인등이 출연받은 재산에 대한 과세가액 불산입등) ① 공익법인등이 출연받은 재산의 가액은 증여세 과세가액에 산입하지 아니한다. 다만, 공익법인등이 내국법인의 주식등을 출연받은 경우로서 출연받은 주식등과 다음 각 호의 어느 하나의 주식등을 합한 것이 그 내국법인의 의결권 있는 발행주식총수등의 100분의 5(성실공익법인등에 해당하는 경우에는 100분의 10)를 초과하는 경우(제16조제2항 각 호 외의 부분 단서에 해당하는 경우는 제외한다)에는 대통령령으로 정하는 방법으로 계산한 초과부분을 증여세 과세가액에 산입한다. <개정 2015.12.15.>

1. 출연자가 출연할 당시 해당 공익법인등이 보유하고 있는 동일한 내국법인의 주식등
2. 출연자 및 그의 특수관계인이 해당 공익법인등 외의 다른 공익법인등에 출연한 동일한 내국법인의 주식등

국제조세조정에 관한 법률 제21조(국외 증여에 대한 증여세 과세특례) ① 거주자가 비거주자에게 국외에 있는 재산(「상속세 및 증여세법」 제2조제1항제2호에 따른 재산 중 국외에 있는 재산은 제외한다)을 증여(증여자의 사망으로 인하여 효력이 발생하는 증여는 제외한다)하는 경우 그 증여자는 이 법에 따라 증여세를 납부할 의무가 있다. 다만, 수증자가 증여자의 「국세기본법」 제2조제20호에 따른 특수관계인이 아닌 경우로서 해당 재산에 대하여 외국의 법령에 따라 증여세(실질적으로 이와 같은 성질을 가지는 조세를 포함한다)가 부과되는 경우(세액을 면제받는 경우를 포함한다)에는 증여세 납부의무를 면제한다. <개정 2014.12.23.>

② 제1항 본문을 적용할 때 증여재산의 가액은 증여재산이 있는 국가의 증여 당시의 현황을 반영한 시가에 따르되 그 시가의 산정에 관한 사항은 대통령령으로 정한다. 다만, 시가를 산정하기 어려울 때에는 해당 재산의 종류, 규모, 거래 상황 등을 고려하여 대통령령으로 정하는 방법에 따른다. <개정 2014.12.23.>

1) 타인의 증여로써 재산을 취득한 자연인
2) 수증자가 영리법인인 경우 법인세가 부과되므로 증여세 납세의무가 없다.(상증세법제4조의2①) 명의수탁자인 영리법인이 증여세를 면제받은 경우 실제소유자(영리법인은 제외)가 증여세를 납부할 의무가 있다.
3) 비영리법인은 원칙적으로 증여세 납부의무가 있다. 비영리법인은 수익사업에 대하여만 법인세를 납부하기 때문이다.(상증세법제4조의2①②) 무상취득한 재산은 수익사업이 아니어서 법인세가 부과되지 않으므로 증여세 과세대상이다.(상증세법제4조, 상증세법제4조의2①) 그러나 본점이나 주된 사무소 소재지가 국내에 없는 비영리법인은 국내에 있는 수증재산에 대해서만 증여세를 납부할 의무가 있다. 다만, 공익법인은 일정한 요건을 갖춘 경우 증여세 과세가액에 산입하지 아니한다.(상증세법제48조①)
4) 수증자가 법인격 없는 단체인 경우 국세기본법 제13조 제4항에 따른 법인으로 보는 단체에 해당하는 경우에는 비영리법인으로 취급하여 증여세를 과세한다.(상증세법제4조의2⑦) 그 밖의 경우에는 그 단체를 거주자 또는 비거주자로 본다.(상증세법제4조⑦)
5) 원칙적으로 거주자인 수증자에게 납세의무가 있다. 그러나 거주자가 비거주자에게 국외재산을 증여할 경우에는 증여자에게 납세의무가 있다.(국제조세조정에 관한 법률제21조①) 거주자에 대하여는 모든 증여재산을 대상으로

과세하나(무제한적 납세의무) 비거주자에 대해서는 국내에 있는 증여재산에 대하여만 과세한다.(제한적 납세의무)

6) 수증자에게 증여세 납부능력이 없다고 인정되는 경우 증여세의 전부·일부를 면제한다.(상증세법 제4조의2④, 상증세법제35~37조, 제41의4) 납부능력 유무에 대한 판단의 기준시기는 증여일 현재이다. 저가·고가 양도, 채무면제, 부동산 무상사용, 금전 무상대출 등에 따른 이익의 증여에 해당하는 경우에 적용한다.

7) 증여자의 연대납세의무

① 수증자가 증여세를 체납하여 수증자의 재산에 대하여 체납처분을 하여도 조세채권 확보가 곤란한 경우, 수증자가 주소나 거소가 불분명하여 조세채권 확보가 곤란한 경우에는 증여자가 수증자와 연대하여 납부할 의무를 진다.(상증세법제4조의2⑤) 이 경우에는 세무서장은 증여자에게 통지하여야 연대납부의무가 발생하는 것이다.

② 수증자가 증여일 현재 비거주자인 경우로서 상속세 및 증여세법 제45조의 2 명의신탁재산의 증여의제에 해당하는 경우에는 증여자가 수증자와 연대하여 증여세를 납부할 의무가 있다.

③ 거주자가 특수관계자에게 자산을 증여한 후 수증자가 증여일부터 5년이내에 다시 타인에게 양도한 경우로서 증여세와 양도소득세를 합한 금액이 증여자가 직접 양도한 것으로 보아 산정한 양도소득세액보다 적은 경우에는 증여자가 직접 양도한 곳으로 간주하고, 이 경우 그 양도소득에 대하여는 증여자가 수중자와 연대하여 납세의무를 진다.(소세법제2조, 제101조) 이 경우 당초 증여받은 자산에 대하여는 증여세를 부과하지 아니한다.(소세법제101조)

④ 증여자가 연대납부의무에 따라 납부하는 증여세는 수증자에 대한 증여로 보지 아니한다.

⑤ 그러나 상속세 증여세법상 각종 이익의 증여에 해당하는 경우에는 증여자의 연대납세의무가 면제된다.(상증세법제4조의2⑤단서)

⑥ 판례는 주된 납세의무자인 수증자에 대하여 적법한 납세고지에 의한 납세의무의 확정이 있기 전에 증여자에 대하여 한 과세처분은 위법한 것이라고 하고(대법원 91누12813), 수증자에게 부과된 납세의무가 확정적으로 취소되어 버렸다면 증여자의 책임도 소멸된다(대법원 71누110)고 하여 본래 의미의 연대납세의무와는 다르게 보고 있다.

⑦ 이와 같이 증여자가 증여세를 납부할 경우 증여자는 자신의 납부책임을

이행한 것이 아니라 수증자가 납부하여야 할 증여세 상당금액을 다시 증여한 것으로서 재차 증여세를 과세할 대상이 된다고 한다.(대법원 94누3698)

5. 과세대상

1) 증여세 과세대상

상속세 및 증여세법 제4조(증여세 과세대상) ① 다음 각 호의 어느 하나에 해당하는 증여재산에 대해서는 증여세를 부과한다.

1. 무상으로 이전받은 재산 또는 이익
2. 현저히 낮은 대가를 주고 재산 또는 이익을 이전받음으로써 발생하는 이익이나 현저히 높은 대가를 받고 재산 또는 이익을 이전함으로써 발생하는 이익. 다만, 특수관계인이 아닌 자 간의 거래인 경우에는 거래의 관행상 정당한 사유가 없는 경우로 한정한다.
3. 재산 취득 후 해당 재산의 가치가 증가한 경우의 그 이익. 다만, 특수관계인이 아닌 자 간의 거래인 경우에는 거래의 관행상 정당한 사유가 없는 경우로 한정한다.
4. 제33조부터 제39조까지, 제39조의2, 제39조의3, 제40조, 제41조의2부터 제41조의5까지, 제42조, 제42조의2 또는 제42조의3에 해당하는 경우의 그 재산 또는 이익
5. 제44조 또는 제45조에 해당하는 경우의 그 재산 또는 이익
6. 제4호 각 규정의 경우와 경제적 실질이 유사한 경우 등 제4호의 각 규정을 준용하여 증여재산의 가액을 계산할 수 있는 경우의 그 재산 또는 이익

② 제45조의2부터 제45조의5까지의 규정에 해당하는 경우에는 그 재산 또는 이익을 증여받은 것으로 보아 그 재산 또는 이익에 대하여 증여세를 부과한다.

③ 상속개시 후 상속재산에 대하여 등기·등록·명의개서 등(이하 "등기등"이라 한다)으로 각 상속인의 상속분이 확정된 후, 그 상속재산에 대하여 공동상속인이 협의하여 분할한 결과 특정 상속인이 당초 상속분을 초과하여 취득하게 되는 재산은 그 분할에 의하여 상속분이 감소한 상속인으로부터 증여받은 것으로 보아 증여세를 부과한다. 다만, 제67조에 따른 상속세 과세표준 신고기한 이내에 분할에 의하여 당초 상속분을 초과하여 취득한 경우와 당초 상속재산의 분할에 대하여 무효 또는 취소 등 대통령령으로 정하는 정당한 사유가 있는 경우에는 증여세를 부과하지 아니한다.

④ 수증자가 증여재산(금전은 제외한다)을 당사자 간의 합의에 따라 제68조에 따른 증여세 과세표준 신고기한 이내에 증여자에게 반환하는 경우(반환하기

전에 제76조에 따라 과세표준과 세액을 결정받은 경우는 제외한다)에는 처음부터 증여가 없었던 것으로 보며, 제68조에 따른 증여세 과세표준 신고기한이 지난 후 3개월 이내에 증여자에게 반환하거나 증여자에게 다시 증여하는 경우에는 그 반환하거나 다시 증여하는 것에 대해서는 증여세를 부과하지 아니한다.

1) 이혼시 재산분할은 증여세 과세대상이 아니다. 위자료도 증여세 과세대상이 아니다. 위자료로 부동산을 이전해준 경우에는 양도소득세 과세대상이지 증여세 과세대상은 아니다. 다만, 조세포탈 목적이 있다고 인정되는 경우에는 예외이다.
2) 부부의 일방 명의로 부동산을 취득하였으나 그 매수대금이 다른 일방이 소유하고 있던 돈에서 충당된 경우에는 그것이 명의신탁된 것이라는 반증이 없는 한 취득자금을 증여받은 것으로 본다.(대법원 2006두8068) 또한 어는 일방의 특유재산으로 추정되는 부동산을 다른 일방이 형식적인 재판절차를 통하여 명의신탁해지를 원인으로 한 소유권이전등기를 넘겨받은 경우 이는 명의신탁해지의 형식을 빌린 증여로 본다.(대법원 98두15177)

대법원 1998. 12. 22. 선고 98두15177 판결[증여세부과처분취소]

【판시사항】

[1] 부부의 일방이 혼인중 단독 명의로 취득한 부동산을 다른 일방의 명의신탁 재산으로 인정하기 위한 요건

[2] 부부 일방의 특유재산으로 추정되는 부동산을 다른 일방이 형식적인 재판절차를 통하여 명의신탁해지를 원인으로 한 소유권이전등기를 경료받은 경우, 증여에 해당하는지 여부(한정 적극)

【판결요지】

[1] 부부의 일방이 혼인중 단독 명의로 취득한 부동산은 그 명의자의 특유재산으로 추정되므로, 다른 일방이 그 실질적인 소유자로서 편의상 명의신탁한 것이라고 인정받기 위하여는 자신이 실질적으로 당해 재산의 대가를 부담하여 취득하였음을 증명하여야 하고, 단지 그 부동산을 취득함에 있어서 자신의 협력이 있었다거나 혼인생활에 있어서 내조의 공이 있었다는 것만으로는 위 추정이 번복되지 아니한다.

[2] 혼인중 부부의 일방 명의로 취득되어 그의 특유재산으로 추정되는 부동산을 다른 일방이 형식적인 재판절차를 통하여 명의신탁해지를 원인으로 한 소유권이전등기를 경료받았다고 한다면, 그 특유재산의 추정을 번복할 만한 주장·입증이 없는 이상, 그 등기시에 명의신탁해지의 형식을 빌어 부부 사이에 당해 부동산의 증여가 이루어진 것으로 보아야 한다.

대법원 2008. 9.25. 선고 2006두8068 판결 【증여세등부과처분취소】

【판시사항】

[1] 부부의 일방이 혼인 중 단독 명의로 취득한 부동산에 대한 취득자금의 출처가 다른 일방 배우자인 사실이 밝혀진 경우, 추정되는 사실(=취득자금의 증여) 및 그 반대사실의 증명책임자

[2] 부부의 일방이 혼인 중 단독 명의로 취득한 부동산에 관하여 '특유재산의 추정'을 번복하여 다른 일방 배우자의 명의신탁 재산으로 인정하기 위한 요건

【판결요지】

[1] 과세요건사실의 존재에 대한 입증책임은 과세관청에게 있으나 경험칙에 비추어 과세요건사실이 추정되는 사실이 밝혀지면 상대방이 경험칙 적용의 대상이 되지 아니하는 사정을 입증하여야 하는바, 민법 제830조 제1항에 의하여 부부의 일방이 혼인 중 단독 명의로 취득한 부동산은 그 명의자의 특유재산으로 추정되므로 당해 부동산의 취득자금의 출처가 명의자가 아닌 다른 일방 배우자인 사실이 밝혀졌다면 일단 그 명의자가 배우자로부터 취득자금을 증여받은 것으로 추정할 수 있고, 이 경우 당해 부동산이 명의자의 특유재산이 아니고 다른 일방 배우자로부터 명의신탁된 것이기 때문에 그 취득자금을 증여받은 것으로 볼 수 없다는 점에 대하여는 납세자가 이를 주장·입증하여야 한다.

[2] 민법 제830조 제1항에 정한 '특유재산의 추정'을 번복하기 위하여는 다른 일방 배우자가 실제로 당해 부동산의 대가를 부담하여 그 부동산을 자신이 실질적으로 소유하기 위해 취득하였음을 증명하여야 하므로, 단순히 다른 일방 배우자가 그 매수자금의 출처라는 사정만으로는 무조건 특유재산의 추정이 번복되어 당해 부동산에 관하여 명의신탁이 있었다고 볼 것은 아니고, 관련 증거들을 통하여 나타난 모든 사정을 종합하여 다른 일방 배우자가 당해 부동산을 실질적으로 소유하기 위하여 그 대가를 부담하였는지 여부를 개별적·구체적으로 가려 명의신탁 여부를 판단하여야 한다.

3) 상속재산의 협의분할은 원칙적으로 증여세 과세대상이 아니나 상속인 중 1인이 그의 상속분을 초과하여 상속채무를 인수함으로써 다른 상속인이 얻은 이익에 대하여는 증여세가 과세된다. 따라서 상속등기 후 협의분할의 경우에는 상속분을 초과 취득하는 공동상속인에게 증여세 납부의무가 있다. 다만, 상속등기(법정상속등기 또는 협의분할상속등기) 후 상증세법 제67조의 상속세 신고기한(상속개시일이 속하는 달의 말일부터 6개월) 이내에 협의분할하는 경우 또는 당초 상속재산에 대하여 무효 또는 취소 등의 정당한 사유가 있는 경우에는 증여세 납부의무가 없다.(상증세법제4조③) 위의 정당한 사유는 다음과 같다. ① 상속회복청구의 소로써 확정판결이 있는 경우, ② 채권자대위권 행사로 법정상속등기가 경료된 뒤 상속인 사이에 협의분할을

하는 경우, ③ 상속세 신고기한 내에 상속세를 물납하기 위하여 법정상속등기를 하였다가 물납허가를 받지 못하거나 물납재산의 변경명령을 받음으로써 상속인 사이에 협의분할하게 되는 경우(상증세령제24조②)

4) 상속세 및 증여세법 제4조 제3항을 적용할 때 증여세 과세대상이 되는 재산이 취득원인 무효의 판결에 따라 그 재산상의 권리가 말소되는 때에는 증여세를 과세하지 아니하고, 이미 과세된 증여세는 취소한다. 다만, 의제자백 판결이나 준비서면 부제출로 인한 판결, 또는 조정결결정과 같이 형식적인 재판절차만 거친 사실이 확인되는 경우는 제외한다.(이런 경우에는 합의해제로 보아 증여세가 부과된다) 조세심판원 심결은 조건부로 증여(부담부증여)한 부동산이 수증자의 조건 불이행으로 증여원인이 무효라는 판결로 원상회복된 경우도 당초부터 증여가 없는 것으로 본다.(조정도 포함, 조심 2008서947) 친권자가 미성년자와 이해상반되는 행위를 특별대리인에 의하지 않고 한 경우에는 그 행위는 무효이므로 소유권이전등기의 말소를 명하는 판결의 유무와 관계없이 증여세 과세대상이 될 수 없다.(대법원 2010두27189) 다만, 그 증여가 부존재 또는 무효가 아닌데도 당사자 사이에 담합하여 무효인 것처럼 제소하여 받은 판결은 제외된다.(대법원 2001두9257) 사해행위 취소 소송으로 판결을 받아 소유권이 증여자에게 회복되더라도 수증자(수익자)의 증여세는 취소되지 않는다.(서울고법 2011누40846) 그러나 국가가 취소채권자인 원고로서 사해행위 취소소송을 제기하여 판결을 받은 경우, 증여세부과처분 취소소송의 피고인 행정청은 대한민국과 별개로 권리의무의 귀속주체가 되는 제3자가 아니라 대한민국의 하부기관으로서 당지 소송기술상 편의를 위하여 행정소송법에서 특별히 권리의무 귀속주체인 대한민국에 갈음하여 피고적격을 인정한 것에 불과하므로 사해행위 취소판결의 효력은 취소채권자인 대한민국뿐만 아니라 그 하부기관에 불과한 피고 행정청에도 미치는바, 이 경우에는 증여세를 부과할 수 없다.(서울행정법원 2013구합60002) 또한 증여일 이후 증여재산이 친일반민족행위자 재산의 국가귀속에 관한 특별법에 따라 친일재산으로 국가에 귀속되었다 하더라도 기납부한 증여세는 환급되지 아니한다.

5) 유증받은 상속인이 유증을 포기한 후 상속세 과세표준 신고기한 내에 공동상속인 간에 협의분할한 경우에는 상속세만 과세되고 증여세 문제는 생기지 아니한다.(증여세의 상속세에 대한 보충성)

6) 상속개시 후 최초로 공동상속인간에 협의분할할 때 특정상속인이 법정상속분을 초과하여 재산을 취득하더라도 증여세가 과세되지 아니하나, 공동상속

인 중 1인이 상속 부동산을 단독으로 상속받는 대가로 나머지 상속인들에게 현금을 지급하기로 하고 협의분할한 경우에는 나머지 상속인들의 지분에 해당하는 상속 부동산이 그 1인의 상속인에게 유상으로 양도된 것이므로 양도소득세 문제가 된다.

7) 수증자가 증여받았다가 이를 다시 증여자에게 반환한 경우는 증여계약의 해제에 의한 경우와 수증자의 반환증여의 경우가 모두 포함된다. 판례는 증여자가 증여의 목적물이 증여세 과세대상임을 알지 못하였다고 하여 착오를 이유로 증여를 취소하고 수증자도 그 취소를 전제로 증여세 과세처분의 적법성을 다투는 경우 실질적으로 증여계약을 합의해제하는 것과 동일하므로 동일한 법리가 적용되어야 한다고 한다.(대법원 2003두13465) 증여를 원인으로 한 소유권이전등기가 이루어졌다 하더라도 실제 증여행위가 부존재하는 등으로 그 등기가 원인무효라면 증여세를 부과할 수 없으므로 이미 이루어진 과세처분은 취소되어야 할 것이나, 말소등기의 방식으로 소유권을 환원한 경우에도 그것이 당사자간의 합의 내지 담합에 따른 것이라면 결국 소송이라는 방법을 통한 합의해제에 다름 아니라고 보아야 할 것이다.(대법원 98두2164)

증여 받은 후 증여재산(금전 제외)을 당사자 간 합의에 따라 증여세 신고기한(증여 받은 날이 속하는 달의 말일부터 3개월) 내에 반환하는 경우에는 처음부터 증여가 없던 것으로 본다.(상증세법제4조④) 따라서 최초의 증여는 물론, 반환시에도 증여세 문제가 발생하지 않는다. 다만, 반환 전에 증여세법 제76조에 따라 이미 증여세 과세표준과 세액결정을 받은 경우에는 그러하지 아니하다. 또한 반환은 사실상의 무상이전을 말하며, 증여자에게 이루어져야 하고, 증여재산 자체를 반환하여야지 제3자에게 반환하거나 환산하여 대금으로 반환하면 증여세가 과세된다. 판례는 명의신탁의 증여의제 규정을 적용받은 명의신탁재산을 처분하여 그 처분대금을 반환한 것은 여기에서 말하는 반환증여가 아니라고 한다.(대법원 2005두10200)

수증자가 증여재산(금전 제외)을 증여세 신고기한이 지난 후 3개월 이내에 증여자에게 반환하거나 다시 증여하는 경우 증여세를 부과하지 아니한다.(상증세법제4조④) 최초의 증여에 대하여는 증여세가 과세된다. 따라서 증여 받은 날이 속하는 달의 말일부터 6개월 이후에는 반환하더라도 최초 증여, 반환행위 모두 증여세가 과세된다.

대법원 2005. 7. 29. 선고 2003두13465 판결[증여세부과처분취소]

【판시사항】

증여세과세처분 이후에 증여자가 증여세 과세대상 여부에 관한 착오를 이유로 증여계약을 취소한 경우, 수증자가 그 착오를 전제로 과세처분의 적법성을 다툴 수 있는지 여부(소극)

【판결요지】

증여세과세처분이 있은 후에 증여계약을 해제하였음을 원인으로 한 소유권이전등기말소청구소송이 제기되어 그 승소판결이 확정되었다거나 그로 인하여 등기가 말소되었다는 사유만으로는 증여세과세처분의 적법성을 다툴 수 없다 할 것인바, 증여자가 재산을 증여하여 수증자 명의로 소유권이전등기까지 적법하게 마친 다음, 그에 대한 증여세과세처분이 있게 되자 그 증여가 증여세 과세대상이 됨을 알지 못하였다 하여 착오를 이유로 이를 취소하고, 증여세 납세의무자인 수증자 역시 그 취소를 전제로 증여세과세처분의 적법성을 다툰다면, 이는 그 착오의 내용이나 증여 의사표시를 취소하는 목적에 비추어 그 실질에 있어서는 과세처분 후 증여계약을 합의해제하는 경우로 볼 것이므로, 그 취소로 인한 증여세과세처분의 효력에 대하여도 증여계약의 합의해제에 관한 위 법리가 적용된다.

8) 종중원 명의로 등기되어 있는 종중재산을 명의신탁 해지하여 종중 명의로 환원하는 경우에는 등기원인과 관계 없이 증여세가 과세되지 아니한다.(cf. 취득세) 그러나 종중 재산을 종중원에게 무상으로 분배하는 경우에는 종중원에게 증여세가 과세된다. 교회가 분할되면서 증여를 원인으로 소유권이전등기가 되었다 하더라도 증여세를 부과할 수는 없다.

9) 공유물분할등기하는 경우에도 증여세는 과세되지 아니한다. 그러나 당초 지분을 초과하여 분할등기하거나 현질변경 등으로 가격이 상승한 특정부분을 분할받는 경우 초과된 부분과 가격 차이로 인한 이익에 대하여는 증여세가 과세된다. 교환의 경우에도 교환하는 재산 가액이 서로 다른 때에는 그 차액 상당액에 대하여 증여세가 과세된다.

10) 사전증여 받은 상속재산을 유류분으로 반환하는 경우 당초부터 증여가 없던 것으로 본다. 따라서 원칙적으로 종전 증여는 증여세 제척기간 경과 여부에 관계 없이 환급되어야 한다. 유류분 반환시 반환 받는 법정상속인 쪽에서는 상속세 납부 문제가 생기고(경정청구) 현금으로 반환하는 경우에는 반환자 쪽에 양도소득세가 과세된다.

11) 증여재산에 대하여 **수증자에게** 소세법상 소득세, 법인세법상 법인세 등이 과세(비과세, 감면의 경우도 포함)되는 경우에는 증여세 납부의무가 없다.(상증세법제4조의2②) 공동사업자 간 양도가 아닌 요인으로 지분비율이 변동되는 경우에는 소득세가 부과된다. ① 법인세법상 부당행위계산부인 규정이 적용되는 경우[법인이 자산을 특수관계인으로부터 고가 또는 저가로 양수도함에 따라 그 차익에 대하여 양도소득세가 과세(비과세, 감면도 포함)되는 경우], ② 법인이 금전배당을 지급하면서 주식수에 비례하여 배당금을 지급하지 않은 경우로서 초과금에 대하여 소득세가 과세되는 경우, ③ 수증자가 영리법인이어서 법인세를 납부하는 경우(상증세법제4조의2②)에는 증여세를 부과하지 않는다. 이를 증여세의 이중과세 조정이라 한다.

12) 거주자가 정치자금법에 따라 정당에 기부하는 정치자금에 대하여는 상속세 또는 증여세를 부과하지 아니한다.(조특법제76조②)

13) 판례는 매매계약을 체결한 후 토지거래허가가 나지 아니하자 증여를 원인으로 한 소유권이전등기를 하였다면 그 계약은 확정적으로 무효가 되었고 그 소유권이전등기 또한 무효여서 그에 대한 증여세 납부의무도 없다고 한다.(95누18383)

6. 납세지 및 과세관할

상속세 및 증여세법 제6조(과세 관할) ① 상속세는 피상속인의 주소지(주소지가 없거나 분명하지 아니한 경우에는 거소지를 말하며, 이하 "상속개시지"라 한다)를 관할하는 세무서장(국세청장이 특히 중요하다고 인정하는 것에 대해서는 관할 지방국세청장으로 하며, 이하 "세무서장등"이라 한다)이 과세한다. 다만, 상속개시지가 국외인 경우에는 상속재산 소재지를 관할하는 세무서장등이 과세하고, 상속재산이 둘 이상의 세무서장등의 관할구역에 있을 경우에는 주된 재산의 소재지를 관할하는 세무서장등이 과세한다.

② 증여세는 수증자의 주소지(주소지가 없거나 분명하지 아니한 경우에는 거소지를 말한다. 이하 이 항에서 같다)를 관할하는 세무서장등이 과세한다. 다만, 수증자가 비거주자인 경우 또는 수증자의 주소 및 거소가 분명하지 아니한 경우에는 증여자의 주소지를 관할하는 세무서장등이 과세한다.

③ 다음 각 호의 어느 하나에 해당하는 경우에는 증여재산의 소재지를 관할하는 세무서장등이 과세한다. <개정 2015.12.15.>

1. 수증자와 증여자가 모두 비거주자인 경우
2. 수증자와 증여자 모두의 주소 또는 거소가 분명하지 아니한 경우

3. 수증자가 비거주자이거나 주소 또는 거소가 분명하지 아니하고, 증여자가 제38조제2항, 제39조제2항, 제39조의3제2항, 제45조의3 및 제45조의4에 따라 의제된 경우

7. 증여재산의 취득시기

상속세 및 증여세법 제32조(증여재산의 취득시기) 증여재산의 취득시기는 제33조부터 제39조까지, 제39조의2, 제39조의3, 제40조, 제41조의2부터 제41조의5까지, 제42조, 제42조의2, 제42조의3, 제44조, 제45조 및 제45조의2부터 제45조의5까지가 적용되는 경우를 제외하고는 재산을 인도한 날 또는 사실상 사용한 날 등 대통령령으로 정하는 날로 한다.

[전문개정 2015.12.15.]

상속세 및 증여세법시행령 제23조(증여재산의 취득시기) ① 법 제31조제2항에 따라 증여재산의 취득시기는 법 제33조부터 제39조까지, 제39조의2, 제39조의3, 제40조, 제41조, 제41조의3부터 제41조의5까지, 제44조, 제45조, 제45조의2 및 제45조의3이 적용되는 경우를 제외하고는 다음 각 호의 어느 하나에 따른다. <개정 2015.2.3.>

1. 권리의 이전이나 그 행사에 등기·등록을 요하는 재산에 대하여는 등기·등록일. 다만, 「민법」 제187조에 따른 등기를 요하지 아니하는 부동산의 취득에 대하여는 실제로 부동산의 소유권을 취득한 날로 한다.
2. 다음 각 목의 어느 하나에 해당하는 경우에는 그 건물의 사용승인서 교부일. 이 경우 사용승인 전에 사실상 사용하거나 임시사용승인을 얻은 경우에는 그 사실상의 사용일 또는 임시사용승인일로 하고, 건축허가를 받지 아니하거나 신고하지 아니하고 건축하는 건축물에 있어서는 그 사실상의 사용일로 한다.가. 건물을 신축하여 증여할 목적으로 수증자의 명의로 건축허가를 받거나 신고를 하여 해당 건물을 완성한 경우나. 건물을 증여할 목적으로 수증자의 명의로 해당 건물을 취득할 수 있는 권리(이하 이 호에서 "분양권"이라 한다)를 건설사업자로부터 취득하거나 분양권을 타인으로부터 전득한 경우
3. 타인의 기여에 의하여 재산가치가 증가한 경우에는 다음 각 목의 구분에 따른 날가. 개발사업의 시행: 개발구역으로 지정되어 고시된 날나. 형질변경: 해당 형질변경허가일다. 공유물(共有物)의 분할: 공유물 분할등기일라. 사업의 인가·허가 또는 지하수개발·이용의 허가 등: 해당 인가·허가일마. 주식등의 상장 및 비상장주식의 등록, 법인의 합병: 주식등의 상장일 또는 비상장주식의 등록일, 법인의 합병등기일바. 생명보험 또는 손해보험의 보험금 지급: 보험사고가 발생한 날사. 가목부터 바목까지의 규정 외의 경우: 재산가

치증가사유가 발생한 날
4. 제1호부터 제3호까지 외의 재산에 대하여는 인도한 날 또는 사실상의 사용일
②제1항을 적용할 때 증여받는 재산이 주식등인 경우에는 수증자가 배당금의 지급이나 주주권의 행사등에 의하여 해당 주식등을 인도받은 사실이 객관적으로 확인되는 날에 취득한 것으로 본다. 다만, 해당 주식등을 인도받은 날이 불분명하거나 해당 주식등을 인도받기 전에 「상법」 제337조 또는 같은 법 제557조에 따른 취득자의 주소와 성명등을 주주명부 또는 사원명부에 기재한 경우에는 그 명의개서일 또는 그 기재일로 한다. <개정 2015.2.3>
③제1항을 적용함에 있어서 증여받은 재산이 무기명채권인 경우에는 해당 채권에 대한 이자지급사실등에 의하여 취득사실이 객관적으로 확인되는 날에 취득한 것으로 본다. 다만, 그 취득일이 불분명한 경우에는 해당 채권에 대하여 취득자가 이자지급을 청구한 날 또는 해당 채권의 상환을 청구한 날로 한다. <개정 2013.2.15>

1) 아버지가 건물을 증여할 목적으로 건축업자로부터 취득한 신축건물을 아들 명의로 소유권보존등기한 경우에는 건축비의 증여가 아닌 건물의 증여로 보아야 하고 증여시기도 그에 따라야 한다.
2) 아내가 실질소유자로서 분양권을 취득하고 그 분양대금을 남편으로부터 증여받은 금전으로 지급한 사실이 확인되는 경우에는 분양대금을 증여한 것이므로 각 분양대금을 지급한 날이 증여시기이다.

8. 증여 예시규정

1) 신탁이익의 증여

상속세 및 증여세법 제33조(신탁이익의 증여) ① 신탁계약에 의하여 위탁자가 타인을 신탁의 이익의 전부 또는 일부를 받을 수익자(受益者)로 지정한 경우로서 다음 각 호의 어느 하나에 해당하는 경우에는 원본(元本) 또는 수익(收益)이 수익자에게 실제 지급되는 날 등 대통령령으로 정하는 날을 증여일로 하여 해당 신탁의 이익을 받을 권리의 가액을 수익자의 증여재산가액으로 한다. <개정 2015.12.15.>
1. 원본을 받을 권리를 소유하게 한 경우에는 수익자가 그 원본을 받은 경우
2. 수익을 받을 권리를 소유하게 한 경우에는 수익자가 그 수익을 받은 경우
② 수익자가 특정되지 아니하거나 아직 존재하지 아니하는 경우에는 위탁자 또는 그 상속인을 수익자로 보고, 수익자가 특정되거나 존재하게 된 때에 새로운 신탁이 있는 것으로 보아 제1항을 적용한다. <개정 2015.12.15.>

③ 제1항을 적용할 때 여러 차례로 나누어 원본과 수익을 받는 경우에 대한 증여재산가액 계산방법 및 그 밖에 필요한 사항은 대통령령으로 정한다. <신설 2015.12.15.>

2) 보험금의 증여

상속세 및 증여세법 제34조(보험금의 증여) ① 생명보험이나 손해보험에서 보험사고(만기보험금 지급의 경우를 포함한다)가 발생한 경우 해당 보험사고가 발생한 날을 증여일로 하여 다음 각 호의 구분에 따른 금액을 보험금 수령인의 증여재산가액으로 한다. <개정 2015.12.15.>

1. 보험금 수령인과 보험료 납부자가 다른 경우(보험금 수령인이 아닌 자가 보험료의 일부를 납부한 경우를 포함한다): 보험금 수령인이 아닌 자가 납부한 보험료 납부액에 대한 보험금 상당액
2. 보험계약 기간에 보험금 수령인이 재산을 증여받아 보험료를 납부한 경우: 증여받은 재산으로 납부한 보험료 납부액에 대한 보험금 상당액에서 증여받은 재산으로 납부한 보험료 납부액을 뺀 가액

② 제1항은 제8조에 따라 보험금을 상속재산으로 보는 경우에는 적용하지 아니한다.

③ 삭제 <2015.12.15.>

(1) 요건

① 생명보험이나 손해보험일 것

② 보험금 수령인과 보험료 납부자가 다를 것 - 사실상 동일할 경우에는 증여세가 과세되지 않으나, 타인으로부터 보험계약기간에 재산을 증여받아 보험료를 납부한 경우에는 보험금 수령인과 보험료 납부자가 동일한 경우에도 증여세가 과세된다.(상증세법제34조①후단) 다만, 그 증여재산가액은 보험금 상당액에에서 보험금 납부액을 뺀 가액에 한한다.

③ 보험사고가 발생할 것 - 만기의 보험금 지급도 포함한다.

(2) 증여시기

원칙적으로 증여시기는 보험사고가 발생한 때이다. 그러나 피상속인이 생전증여 목적으로 보험료를 자녀 명의의 계좌에 입금한 때에는 그 입금하는 때마다 증여시기가 된다.

3) 저가 · 고가 양도에 따른 증여

상속세 및 증여세법 제35조(저가 양수 또는 고가 양도에 따른 이익의 증여)

① 특수관계인 간에 재산(전환사채 등 대통령령으로 정하는 재산은 제외한다. 이하 이 조에서 같다)을 시가보다 낮은 가액으로 양수하거나 시가보다 높은 가액으로 양도한 경우로서 그 대가와 시가의 차액이 대통령령으로 정하는 기준금액(이하 이 항에서 "기준금액"이라 한다) 이상인 경우에는 해당 재산의 양수일 또는 양도일을 증여일로 하여 그 대가와 시가의 차액에서 기준금액을 뺀 금액을 그 이익을 얻은 자의 증여재산가액으로 한다.

② 특수관계인이 아닌 자 간에 거래의 관행상 정당한 사유(*) 없이 재산을 시가보다 현저히 낮은 가액으로 양수하거나 시가보다 현저히 높은 가액으로 양도한 경우로서 그 대가와 시가의 차액이 대통령령으로 정하는 기준금액 이상인 경우에는 해당 재산의 양수일 또는 양도일을 증여일로 하여 그 대가와 시가의 차액에서 대통령령으로 정하는 금액을 뺀 금액을 그 이익을 얻은 자의 증여재산가액으로 한다.

③ 개인과 법인 간에 재산을 양수하거나 양도하는 경우로서 그 대가가 「법인세법」 제52조제2항에 따른 시가에 해당하여 그 법인의 거래에 대하여 같은 법 제52조제1항이 적용되지 아니하는 경우에는 제1항 및 제2항을 적용하지 아니한다. 다만, 거짓이나 그 밖의 부정한 방법으로 상속세 또는 증여세를 감소시킨 것으로 인정되는 경우에는 그러하지 아니하다.

④ 제1항 및 제2항을 적용할 때 양수일 또는 양도일의 판단 및 그 밖에 필요한 사항은 대통령령으로 정한다.

[전문개정 2015.12.15.]

(*) 대법원 2012두20915 판결[증여세부과처분취소]

【판시사항]】

[1] 재산을 고가로 양도·양수한 거래 당사자들이 거래가격을 객관적 교환가치가 적절하게 반영된 정상적인 가격으로 믿을 만한 합리적인 사유가 없더라도, 양수인이 그 거래가격으로 재산을 양수하는 것이 합리적인 경제인의 관점에서 비정상적이었다고 볼 수 없는 객관적인 사유가 있는 경우, 구 상속세 및 증여세법 제35조 제2항에서 정한 '거래의 관행상 정당한 사유'가 있다고 볼 수 있는지 여부(적극)

[2] 구 상속세 및 증여세법 제35조 제2항에서 정한 증여세 부과요건 중 '거래의 관행상 정당한 사유가 없다'는 점에 대한 증명책임의 소재(=과세관청)

【판결이유】

위 규정 등의 입법 취지는 거래 상대방의 이익을 위하여 거래가격을 조작하는 비정상적인 방법으로 대가와 시가와의 차액에 상당하는 이익을 사실상 무상으로 이전하는 경우에 그 거래 상대방이 얻은 이익에 대하여 증여세를 과세함으로써 변칙적인 증여행위에 대처하고 과세의 공평을 도모하려는 데 있다. 그런데 특수관계가 없는 자 사이의 거래에서는 서로 이해관계가 일치하지 않는 것이 일반적이어서 대가와 시가 사이에 차이가 있다는 사정만으로 그 차액을 거래 상대방에게 증여하였다고 보기 어려우므로, 법 제35조 제2항은 특수관계자 사이의 거래와는 달리 특수관계가 없는 자 사이의 거래에 대하여는 '거래의 관행상 정당한 사유가 없을 것'이라는 과세요건을 추가하고 있다.
이러한 점들을 종합하여 보면, 재산을 고가로 양도·양수한 거래 당사자들이 그 거래가격을 객관적 교환가치가 적절하게 반영된 정상적인 가격으로 믿을 만한 합리적인 사유가 있었던 경우는 물론, 그와 같은 사유는 없더라도 양수인이 그 거래가격으로 재산을 양수하는 것이 합리적인 경제인의 관점에서 비정상적이었다고 볼 수 없는 객관적인 사유가 있었던 경우에도 법 제35조 제2항에서 말하는 '거래의 관행상 정당한 사유'가 있다고 봄이 타당하다(대법원 2013. 8. 23. 선고 2013두5081 판결 참조).

한편 법 제35조 제2항에 따른 과세처분이 적법하기 위해서는 양도자가 특수관계가 없는 자에게 시가보다 현저히 높은 가액으로 재산을 양도하였다는 점뿐만 아니라 거래의 관행상 정당한 사유가 없다는 점도 과세관청이 증명하여야 한다(대법원 2011. 12. 22. 선고 2011두22075 판결 참조).

상속세 및 증여세법시행령 제26조(저가·고가양도에 따른 이익의 계산방법 등) ① 법 제35조제1항제1호에서 "낮은 가액"이란 양수한 재산(다음 각 호의 것을 제외한다)의 시가(법 제60조부터 제66조까지의 규정에 따라 평가한 가액을 말한다. 이하 이 조 및 제31조에서 "시가"라 한다)에서 그 대가를 뺀 가액이 시가의 100분의 30 이상 차이가 있거나 그 차액이 3억원 이상인 경우의 그 대가를 말한다. <개정 2015.2.3.>

1. 법 제40조제1항의 규정에 의한 전환사채등
2. 「자본시장과 금융투자업에 관한 법률」에 따라 거래소에 상장되어 있는 법인의 주식 및 출자지분으로서 증권시장에서 거래된 것(제33조제2항에 따른 시간외시장에서 매매된 것을 제외한다)

② 법 제35조제1항제2호에서 "높은 가액"이라 함은 양도한 재산(제1항 각호의 것을 제외한다)의 대가에서 그 시가를 차감한 가액이 시가의 100분의 30이상 차이가 있거나 그 차액이 3억원이상인 경우의 그 대가를 말한다.

③ 법 제35조제1항 각 호 외의 부분에서 "대통령령으로 정하는 이익"이란 제1항 및 제2항에 따라 계산한 대가와 시가와의 차액에서 다음 각 호의 가액 중 적은 금액을 뺀 가액을 말한다.

1. 시가에서 대가를 차감한 가액이 시가의 100분의 30 이상이거나 대가에서 시가를 차감한 가액이 시가의 100분의 30 이상인 경우에는 시가의 100분의 30에 상당하는 가액
2. 3억원

④ 법 제35조제2항에서 "대통령령으로 정하는 특수관계인"이란 양도자 또는 양

수자와 제12조의2제1항 각 호의 어느 하나에 해당하는 관계에 있는 자를 말한다.

⑤ 법 제35조제2항에서 "현저히 낮은 가액"이라 함은 양수한 재산(제1항 각호의 것을 제외한다)의 시가에서 그 대가를 차감한 가액이 시가의 100분의 30 이상 차이가 있는 경우의 그 대가를 말한다.

⑥ 법 제35조제2항에서 "현저히 높은 가액"이라 함은 양도한 자산(제1항 각호의 것을 제외한다)의 대가에서 그 시가를 차감한 가액이 시가의 100분의 30 이상 차이가 있는 경우의 그 대가를 말한다.

⑦ 법 제35조제2항에서 "대통령령으로 정하는 이익"이란 제5항 및 제6항에 따라 계산한 대가와 시가와의 차액에서 각각 3억원을 뺀 가액을 말한다.

⑧ 제1항·제2항·제5항 및 제6항의 규정에 의한 대가 및 시가의 산정기준일은 당해 재산의 대금을 청산한 날(「소득세법 시행령」 제162조제1항제1호 내지 제3호의 규정에 해당하는 경우에는 각각 동항제1호 내지 제3호에 규정된 날을 말하며, 이하 이 항에서 "산정기준일"이라 한다)을 기준으로 하되, 매매계약후 환율의 급격한 변동 등으로 인하여 산정기준일로 하는 것이 불합리하다고 인정되는 경우에는 매매계약일을 기준으로 한다.

⑨ 법 제35조의 규정을 적용함에 있어서 개인과 법인간에 재산을 양수 또는 양도하는 경우로서 그 대가가 「법인세법 시행령」 제89조의 규정에 의한 가액에 해당되어 당해 법인의 거래에 대하여 「법인세법」 제52조의 규정이 적용되지 아니하는 경우(제1항제2호의 규정에 의한 시간외시장에서 매매된 경우를 포함한다)에는 제1항 내지 제8항의 규정을 적용하지 아니한다. 다만, 거짓 그 밖의 부정한 방법으로 상속세 또는 증여세를 감소시킨 것으로 인정되는 경우에는 그러하지 아니하다.

소득세법 제101조(양도소득의 부당행위계산) ① 납세지 관할 세무서장 또는 지방국세청장은 양도소득이 있는 거주자의 행위 또는 계산이 그 거주자의 특수관계인과의 거래로 인하여 그 소득에 대한 조세 부담을 부당하게 감소시킨 것으로 인정되는 경우에는 그 거주자의 행위 또는 계산과 관계없이 해당 과세기간의 소득금액을 계산할 수 있다.

② 거주자가 제1항에서 규정하는 특수관계인(제97조의2제1항을 적용받는 배우자 및 직계존비속의 경우는 제외한다)에게 자산을 증여한 후 그 자산을 증여받은 자가 그 증여일부터 5년 이내에 다시 타인에게 양도한 경우로서 제1호에 따른 세액이 제2호에 따른 세액보다 적은 경우에는 증여자가 그 자산을 직접 양도한 것으로 본다. 다만, 양도소득이 해당 수증자에게 실질적으로 귀속된 경우에는 그러하지 아니하다. <개정 2014.1.1.>

1. 증여받은 자의 증여세(「상속세 및 증여세법」에 따른 산출세액에서 공제·감면세액을 뺀 세액을 말한다)와 양도소득세(이 법에 따른 산출세액에서 공제·감면세액을 뺀 결정세액을 말한다. 이하 제2호에서 같다)를 합한 세액
2. 증여자가 직접 양도하는 경우로 보아 계산한 양도소득세

③ 제2항에 따라 증여자에게 양도소득세가 과세되는 경우에는 당초 증여받은 자

산에 대해서는 「상속세 및 증여세법」의 규정에도 불구하고 증여세를 부과하지 아니한다.

소득세법시행령 제167조(양도소득의 부당행위 계산) ③ 법 제101조제1항에서 "조세의 부담을 부당하게 감소시킨 것으로 인정되는 때"란 다음 각 호의 어느 하나에 해당하는 때를 말한다. 다만, 시가와 거래가액의 차액이 3억원 이상이거나 시가의 100분의 5에 상당하는 금액 이상인 경우에 한한다. <개정 2012.2.2>

1. 특수관계인으로부터 시가보다 높은 가격으로 자산을 매입하거나 특수관계인에게 시가보다 낮은 가격으로 자산을 양도한 때
2. 그 밖에 특수관계인과의 거래로 해당 연도의 양도가액 또는 필요경비의 계산시 조세의 부담을 부당하게 감소시킨 것으로 인정되는 때

④ 제98조제1항에 따른 특수관계인과의 거래에 있어서 토지등을 시가를 초과하여 취득하거나 시가에 미달하게 양도함으로써 조세의 부담을 부당히 감소시킨 것으로 인정되는 때에는 그 취득가액 또는 양도가액을 시가에 의하여 계산한다. <개정 2012.2.2.>

(1) 저가양수도에 따른 증여세(취득자)·양도소득세(양도자)

구 분		과세 요건	증여재산가액
증여세	특수관계인간 거래	(시가-대가)≧30% 또는 3억원	(시가-대가)-MIN(시가×30%, 3억원)
	특수관계인이 아닌 자 간의 거래	(시가-대가)≧시가×30%	(시가-대가)-3억원
양도소득세	특수관계인간 거래	부당행위계산부인(대가와 시가의 차액 부분 추가과세)	

저가양수도(특수관계인간 거래)

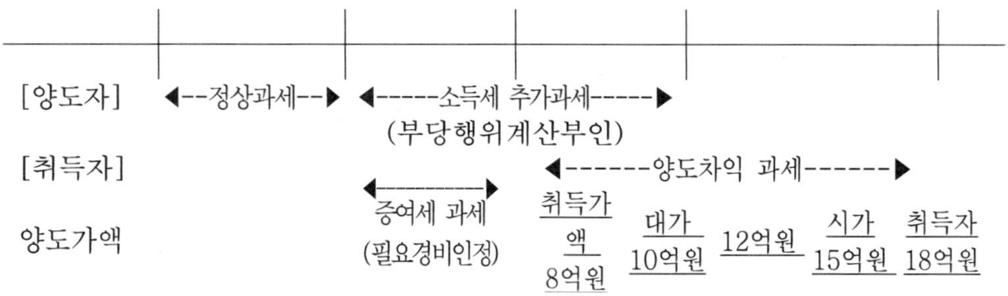

(2) 고가양수도에 따른 증여세(양도자)·양도소득세(취득자)

구 분		과세 요건	증여재산가액
증여세	특수관계인간 거래	(시가-대가)≧30% 또는 3억원	(시가-대가)-MIN(시가×30%, 3억원)
	특수관계인이 아닌 자 간의 거래	(시가-대가)≧시가×30%	(시가-대가)-3억원
양도소득세	특수관계인간 거래	부당행위계산부인(대가와 시가의 차액 부분 추가과세)	

고가양도(특수관계인간 거래)

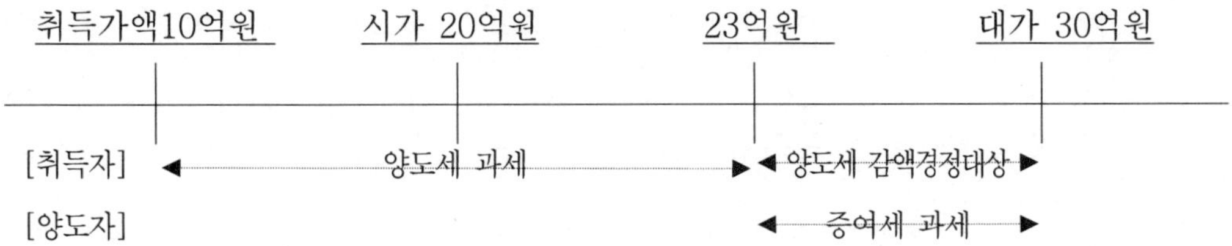

상속세 및 증여세법 제4조의2(증여세 납부의무) ④ 제1항에도 불구하고 제35조부터 제37조까지 또는 제41조의4에 해당하는 경우로서 수증자가 증여세를 납부할 능력이 없다고 인정되는 경우에는 그에 상당하는 증여세의 전부 또는 일부를 면제한다.

※ 서울행정법원 2012구합30134

【요 지】 주식의 포괄적 교환의 경우에는 저가·고가양도에 따른 이익의 증여 등을 적용하여야 한다고 해석함이 타당함

가) 주식의 포괄적 교환이란 기존의 회사(모회사가 되는 회사)가 다른 기존의 회사(자회사가 되는 회사)의 주주로부터 그 발행주식 전부를 취득하고, 자회사가 되는 회사의 주주는 모회사가 되는 회사의 신주(또는 자기주식)를 배정받아 모회사의 주주가 되는 제도로서, 주주총회의 승인 등 상법에 정하여진 일정한 절차를 거쳐야 하고 2개의 회사가 모회사와 자회사로 존속하기는 하나 실질적으로 합병되는 것과 유사한 효과가 발생한다는 점에서 합병과 유사하고, 합병을 하기 위한 전단계의 조치로서 행하여지기도 한다. 그렇다고 하더라도 자회사가 되는 회사 주주나 모회사의 입장에서는 자회사의 주식과 모회사의 신주를 서로 교환하는 것과 실질적으로 다를 바 없으므로 그 법률적 성질은 주식의 교환, 즉 재산의 양도로 볼 것이지 2개 이상의 회사가 한 회사로 되어 재산과 사원이 포괄

적으로 이전 · 수용되는 합병으로 볼 수 없다.

나) 특히 조세법의 경우 조세법률주의의 원칙상 과세요건이거나 비과세요건 또는 조세감면요건을 막론하고 조세법규의 해석은 특별한 사정이 없는 한 법문대로 해석할 것이고 합리적 이유 없이 확장해석하거나 유추해석하는 것은 허용되지 않으므로, 이 사건과 같은 주식의 포괄적 교환의 경우 비록 합병과 유사한 실질을 가지고 있다고 하더라도 교환으로 원고들이 이 사건 주식을 배정받은 이상 '합병'에 따른 이익의 증여를 규정한 상증세법 제38조에 해당한다고 할 수는 없다.

4) 채무면제 등에 따른 증여

상속세 및 증여세법 제36조(채무면제 등에 따른 증여) ① 채권자로부터 채무를 면제받거나 제3자로부터 채무의 인수 또는 변제를 받은 경우에는 그 면제, 인수 또는 변제(이하 이 조에서 "면제등"이라 한다)를 받은 날을 증여일로 하여 그 면제등으로 인한 이익에 상당하는 금액(보상액을 지급한 경우에는 그 보상액을 뺀 금액으로 한다)을 그 이익을 얻은 자의 증여재산가액으로 한다. <개정 2015.12.15.>

② 제1항을 적용할 때 면제등을 받은 날의 판단 및 그 밖에 필요한 사항은 대통령령으로 정한다. <신설 2015.12.15.>

(1) 공동상속인 중 1인이 그가 상속받은 재산을 초과하는 채무를 인수함으로써 다른 상속인이 얻은 이익에 대하여는 증여세가 과세된다.

(2) 제3자의 채무를 인수하는 조건으로 부동산을 증여받는 경우 그 채무액은 당해 증여재산가액에서 공제되지 아니하며 제3자에게 증여세가 과세된다.

(3) 연대보증인 중 1인이 변제 능력 없는 주채무자를 대위하여 채무 전액을 변제한 후 다른 연대보증인에게 구상권을 행사하지 않은 경우 다른 연대보증인이 얻은 이익에 대하여는 증여세가 과세된다.

※ 상속인은 민법 제1005조에 따라 상속개시된 때로부터 피상속인의 재산(소극적 재산인 채무를 포함)에 관한 포괄적 권리의무를 승계하는 것이므로 상속인이 승계해야 할 채무를 상속인이 아닌 손자들이 승계하여 부담한 경우에는 위1.에 따라 증여세가 과세되는 것임.(재산세과-229, 2012.06.11.)

5) 부동산 무상사용에 따른 이익의 증여

상속세 및 증여세법 제37조(부동산 무상사용에 따른 이익의 증여) ① 타인의 부동산(그 부동산 소유자와 함께 거주하는 주택과 그에 딸린 토지는 제외한다. 이하 이 조에서 같다)을 무상으로 사용함에 따라 이익을 얻은 경우에는 그 무상 사용을 개시한 날을 증여일로 하여 그 이익에 상당하는 금액을 부동산 무상 사용자의 증여재산가액으로 한다. 다만, 그 이익에 상당하는 금액이 대통령령으로 정하는 기준금액 미만인 경우는 제외한다. <개정 2015.12.15.>

② 타인의 부동산을 무상으로 담보로 이용하여 금전 등을 차입함에 따라 이익을 얻은 경우에는 그 부동산 담보 이용을 개시한 날을 증여일로 하여 그 이익에 상당하는 금액을 부동산을 담보로 이용한 자의 증여재산가액으로 한다. 다만, 그 이익에 상당하는 금액이 대통령령으로 정하는 기준금액 미만인 경우는 제외한다. <신설 2015.12.15.>

③ 특수관계인이 아닌 자 간의 거래인 경우에는 거래의 관행상 정당한 사유가 없는 경우에 한정하여 제1항 및 제2항을 적용한다. <신설 2015.12.15.>

④ 제1항 및 제2항을 적용할 때 부동산의 무상 사용을 개시한 날 및 담보 이용을 개시한 날의 판단, 부동산 무상 사용 이익 및 담보 이용 이익의 계산방법 및 그 밖에 필요한 사항은 대통령령으로 정한다. <개정 2015.12.15.>

상속세 및 증여세법시행령 제27조(부동산무상사용에 따른 이익의 계산방법 등) ① 법 제37조제1항의 규정은 부동산무상사용자의 특수관계인의 토지 또는 건물만을 각각 무상사용하는 경우에도 이를 적용하고, 수인이 당해 부동산을 무상사용하는 경우에는 다음 각호의 1에 해당하는 자를 당해 부동산의 무상사용자로 한다.

1. 당해 부동산의 실지사용자
2. 제1호의 규정에 의한 실지사용자가 불분명한 경우에는 부동산소유자와의 근친관계 및 당해 부동산사용자들의 재산상태·소득·직업·연령 등을 고려할 때 실지사용자로 인정되는 자

② 제1항 및 법 제37조제1항의 규정을 적용함에 있어서 부동산무상사용에 따른 이익의 증여시기는 사실상 당해 부동산의 무상사용을 개시한 날로 한다. 이 경우 당해 부동산에 대한 무상사용기간이 5년을 초과하는 경우에는 그 무상사용을 개시한 날부터 5년이 되는 날의 다음날에 새로이 당해 부동산의 무상사용을 개시한 것으로 본다.

③ 법 제37조제1항에서 "대통령령으로 정하는 특수관계인"이란 부동산무상사용자와 제12조의2제1항 각 호의 어느 하나에 해당하는 관계에 있는 자를 말한다.

⑤ 법 제37조제1항의 규정에 의한 부동산무상사용이익은 다음의 산식에 의하여 계산한 각 연도의 부동산무상사용이익을 당해 부동산무상사용기간을 감안하여 기획재정부령이 정하는 방법에 의하여 환산한 가액(1억원 이상인 경우에 한한다)에 의한다. 이 경우 부동산무상사용기간은 5년으로 한다.

부동산가액(법 제4장의 규정에 의하여 평가한 가액을 말한다) × 1년 간 부동산사용료를 감안하여 기획재정부령이 정하는 율

대지의 소유명의는 부의 명의로 둔 상태에서 자녀의 명의로 건축허가를 받아 건물을 자녀 명의로 보존등기 하고 그 건물신축비용은 임대보증금으로 충당하는 경우, 건물주인 자녀는 임대차보증금 전액에 대한 반환채무를 부담하는 것은 맞지만 무상으로 제공받은 대지를 유상임대하는 이익을 누리게 되므로 증여세 과세대상이 된다.

6) 초과배당에 따른 이익의 증여

상속세 및 증여세법 제41조의2(초과배당에 따른 이익의 증여) ① 법인이 이익이나 잉여금을 배당 또는 분배(이하 이 항에서 "배당등"이라 한다)하는 경우로서 그 법인의 대통령령으로 정하는 최대주주 또는 최대출자자(이하 이 조에서 "최대주주등"이라 한다)가 본인이 지급받을 배당등의 금액의 전부 또는 일부를 포기하거나 본인이 보유한 주식등에 비례하여 균등하지 아니한 조건으로 배당등을 받음에 따라 그 최대주주등의 특수관계인이 본인이 보유한 주식등에 비하여 높은 금액의 배당등을 받은 경우에는 제4조의2제2항에도 불구하고 법인이 배당등을 한 날을 증여일로 하여 그 최대주주등의 특수관계인이 본인이 보유한 주식등에 비례하여 균등하지 아니한 조건으로 배당등을 받은 금액(이하 이 조에서 "초과배당금액"이라 한다)을 그 최대주주등의 특수관계인의 증여재산가액으로 한다.

② 제1항에 따라 초과배당금액에 대하여 증여세를 부과할 때 해당 초과배당금액에 대한 소득세 상당액은 제56조에 따른 증여세산출세액에서 공제한다.

③ 초과배당금액에 대한 증여세액이 초과배당금액에 대한 소득세 상당액보다 적은 경우에는 제1항을 적용하지 아니한다.

④ 초과배당금액과 초과배당금액에 대한 소득세 상당액의 산정방법 및 그 밖에 필요한 사항은 대통령령으로 정한다.

[본조신설 2015.12.15.]

7) 금전 무상대출 등에 따른 이익의 증여

상속세 및 증여세법 제41조의4(금전 무상대출 등에 따른 이익의 증여) ① 타인으로부터 금전을 무상으로 또는 적정 이자율보다 낮은 이자율로 대출받은 경우에는 그 금전을 대출받은 날에 다음 각 호의 구분에 따른 금액을 그 금전을 대출받은 자의 증여재산가액으로 한다. 다만, 다음 각 호의 구분에 따른 금액이 대통령령으로 정하는 기준금액 미만인 경우는 제외한다. <개정 2015.12.15.>

1. 무상으로 대출받은 경우: 대출금액에 적정 이자율을 곱하여 계산한 금액

2. 적정 이자율보다 낮은 이자율로 대출받은 경우: 대출금액에 적정 이자율을 곱하여 계산한 금액에서 실제 지급한 이자 상당액을 뺀 금액

② 제1항을 적용할 때 대출기간이 정해지지 아니한 경우에는 그 대출기간을 1년으로 보고, 대출기간이 1년 이상인 경우에는 1년이 되는 날의 다음 날에 매년 새로 대출받은 것으로 보아 해당 증여재산가액을 계산한다. <신설 2015.12.15.>

③ 특수관계인이 아닌 자 간의 거래인 경우에는 거래의 관행상 정당한 사유가 없는 경우에 한정하여 제1항을 적용한다. <개정 2015.12.15.>

④ 제1항에 따른 적정 이자율, 증여일의 판단 및 그 밖에 필요한 사항은 대통령령으로 정한다. <개정 2015.12.15.>

상속세 및 증여세법 시행령 제31조의7(금전 무상대출 등에 따른 이익의 계산방법 등) ① 법 제41조의4제1항을 적용함에 있어서 1억원 미만의 금액을 1년 이내에 여러 차례로 나누어 대출받은 경우에는 그 대출받은 금액을 합산한다. 이 경우 그 금액이 1억원 이상이 되는 날을 증여시기로 본다.

※ 법 제13조 제1항 제2호에 의하여 상속세 과세가액에 포함되는 '상속개시일 전 5년 이내에 피상속인이 상속인이 아닌 자에게 증여한 재산가액'에 해당하는지 여부도 위 각 증여시기를 기준으로 결정하여야 한다.(대법원 2011두10959)

원칙적으로 상속세 및 증여세법 제41조의4 제1항은 특수관계인으로부터 대출받은 경우로 제한된다.

8) 합병에 따른 이익의 증여

상속세 및 증여세법 제38조(합병에 따른 이익의 증여) ① 대통령령으로 정하는 특수관계에 있는 법인 간의 합병(분할합병을 포함한다. 이하 이 조에서 같다)으로 소멸하거나 흡수되는 법인 또는 신설되거나 존속하는 법인의 대통령령으로 정하는 대주주등(이하 이 조 및 제39조의2에서 "대주주등"이라 한다)이 합병으로 인하여 이익을 얻은 경우에는 그 합병등기일을 증여일로 하여 그 이익에 상당하는 금액을 그 대주주등의 증여재산가액으로 한다. 다만, 그 이익에 상당하는 금액이 대통령령으로 정하는 기준금액 미만인 경우는 제외한다. <개정 2015.12.15.>

② 제1항의 경우에 합병으로 인한 이익을 증여한 자가 대주주등이 아닌 주주등으로서 2명 이상인 경우에는 주주등 1명으로부터 이익을 얻은 것으로 본다. <개정 2015.12.15.>

③ 제1항을 적용할 때 합병으로 인한 이익의 계산방법 및 그 밖에 필요한 사항은 대통령령으로 정한다. <신설 2015.12.15.>

상속세 및 증여세법시행령 제28조(합병에 따른 이익의 계산방법 등) ① 법 제38조제1항에서 "대통령령으로 정하는 특수관계에 있는 법인의 합병"이란 합병등기일이 속하는 사업연도의 직전 사업연도 개시일(그 개시일이 서로 다른 법인이 합병한 경우에는 먼저 개시한 날을 말한다)부터 합병등기일까지의 기간 중 다음 각 호의 어느 하나에 해당하는 법인간의 합병을 말한다. 다만, 다음 각 호의 어느 하나에 해당하는 법인 간의 합병 중 「자본시장과 금융투자업에 관한 법률」에 따른 주권상장법인이 다른 법인과 같은 법 제165조의4 및 같은 법 시행령 제176조의5에 따라 하는 합병은 특수관계에 있는 법인 간의 합병으로 보지 아니한다.

1. 「법인세법 시행령」 제87조제1항에 규정된 특수관계에 있는 법인
2. 제12조의2제1항제3호나목에 규정된 법인
3. 동일인이 임원의 임면권의 행사 또는 사업방침의 결정등을 통하여 합병당사법인(합병으로 인하여 소멸·흡수되는 법인 또는 신설·존속하는 법인을 말한다. 이하 같다)의 경영에 대하여 영향력을 행사하고 있다고 인정되는 관계에 있는 법인

② 법 제38조제1항에서 "대통령령으로 정하는 대주주"란 해당 주주등의 지분 및 그의 특수관계인의 지분을 포함하여 해당 법인의 발행주식총수등의 100분의 1 이상을 소유하고 있거나 소유하고 있는 주식등의 액면가액이 3억원 이상인 주주등을 말한다.(*)

③ 법 제38조제1항에서 "대통령령으로 정하는 이익"이란 다음 각 호의 이익을 말한다. 이 경우 이익을 증여한 자가 제2항에 따른 대주주 외의 주주로서 2인 이상인 경우에는 주주 1인으로부터 이익을 얻은 것으로 본다.

1. 가목의 규정에 의한 가액에서 나목의 규정에 의하여 계산한 가액을 차감한 금액이 가목의 규정에 의한 가액의 100분의 30이상 차이가 있는 경우의 당해 이익
   가. 합병후 신설 또는 존속하는 법인의 1주당 평가가액
   나. 주가가 과대평가된 합병당사법인의 1주당 평가가액×(주가가 과대평가된 합병당사법인의 합병전 주식수÷주가가 과대평가된 합병당사법인의 합병후 주식수)
2. 제4항의 규정에 의한 차액이 3억원 이상인 경우의 당해이익
3. 합병당사법인의 1주당 평가가액이 액면가액(합병대가가 액면가액에 미달하는 경우에는 당해 합병대가를 말한다)에 미달하는 경우로서 그 평가가액을 초과하여 합병대가를 주식등외의 재산으로 지급한 경우에는 액면가액에서 그 평가가액을 차감한 가액에 합병당사법인의 대주주(제2항에 규정된 대주주를 말한다. 이하 이 조에서 같다)의 주식수를 곱한 금액이 3억원 이상인 경우의 당해이익

④ 법 제38조제2항의 규정에 의한 평가가액의 차액은 다음의 산식에 의한다.

(제3항제1호 가목의 가액-제3항제1호 나목의 가액)×주가가 과대평가된 합병당사법인의 대주주의 합병후 주식수 → 합병차익

(*) 대법원 2011두18427 판결
[제 목]
다자간 합병의 경우에도 과대평가된 합병당사법인별로 그 비율을 산정함

[요 지]
증여세의 과세요건으로 합병 후 1주당 평가가액의 100 분의 30 이상일 것을 요구하고 있는데 다자간 합병의 경우에도 주가가 과대평가된 합병당사법인별로 그 비율을 산정하여 위 요건에 해당하는지 판단하는 것이 자연스러우며, 이에 비추어 보면 합병당사법인별로 그 요건 해당 여부를 판단함이 상당함.

9) 증자에 따른 이익의 증여

상속세 및 증여세법 제39조(증자에 따른 이익의 증여) ① 법인이 자본금(출자액을 포함한다. 이하 같다)을 증가시키기 위하여 새로운 주식 또는 지분[이하 이 조에서 "신주"라 한다]을 발행함으로써 다음 각 호의 어느 하나에 해당하는 이익을 얻은 경우에는 주식대금 납입일 등 대통령령으로 정하는 날을 증여일로 하여 그 이익에 상당하는 금액을 그 이익을 얻은 자의 증여재산가액으로 한다. <개정 2015.12.15.>

1. 신주를 시가(제60조와 제63조에 따라 평가한 가액을 말한다. 이하 이 조, 제39조의2, 제39조의3 및 제40조에서 같다)보다 낮은 가액으로 발행하는 경우: 다음 각 목의 어느 하나에 해당하는 이익
  가. 해당 법인의 주주등이 신주를 배정받을 수 있는 권리(이하 이 조에서 "신주인수권"이라 한다)의 전부 또는 일부를 포기한 경우로서 해당 법인이 그 포기한 신주[이하 이 항에서 "실권주"라 한다]를 배정(「자본시장과 금융투자업에 관한 법률」에 따른 주권상장법인이 같은 법 제9조제7항에 따른 유가증권의 모집방법(대통령령으로 정하는 경우를 제외한다)으로 배정하는 경우는 제외한다. 이하 이 항에서 같다)하는 경우에는 그 실권주를 배정받은 자가 실권주를 배정받음으로써 얻은 이익
  나. 해당 법인의 주주등이 신주인수권의 전부 또는 일부를 포기한 경우로서 해당 법인이 실권주를 배정하지 아니한 경우에는 그 신주 인수를 포기한 자의 특수관계인이 신주를 인수함으로써 얻은 이익
  다. 해당 법인의 주주등이 아닌 자가 해당 법인으로부터 신주를 직접 배정(「자본시장과 금융투자업에 관한 법률」 제9조제12항에 따른 인수인으로부터 그 신주를 직접 인수·취득하는 경우를 포함한다. 이하 이 항에서 같다)받음으로써 얻은 이익
  라. 해당 법인의 주주등이 소유한 주식등의 수에 비례하여 균등한 조건으로

배정받을 수 있는 수를 초과하여 신주를 직접 배정받음으로써 얻은 이익
2. 신주를 시가보다 높은 가액으로 발행하는 경우: 다음 각 목의 어느 하나에 해당하는 이익
가. 해당 법인의 주주등이 신주인수권의 전부 또는 일부를 포기한 경우로서 해당 법인이 실권주를 배정하는 경우에는 그 실권주를 배정받은 자가 그 실권주를 인수함으로써 그의 특수관계인에 해당하는 신주 인수 포기자가 얻은 이익
나. 해당 법인의 주주등이 신주인수권의 전부 또는 일부를 포기한 경우로서 해당 법인이 실권주를 배정하지 아니한 경우에는 그 신주를 인수함으로써 그의 특수관계인에 해당하는 신주 인수 포기자가 얻은 이익
다. 해당 법인의 주주등이 아닌 자가 해당 법인으로부터 신주를 직접 배정받아 인수함으로써 그의 특수관계인인 주주등이 얻은 이익
라. 해당 법인의 주주등이 소유한 주식등의 수에 비례하여 균등한 조건으로 배정받을 수 있는 수를 초과하여 신주를 직접 배정받아 인수함으로써 그의 특수관계인인 주주등이 얻은 이익
3. 삭제 <2015.12.15.>
② 제1항제1호를 적용할 때 이익을 증여한 자가 대통령령으로 정하는 소액주주(이하 이 항 및 제39조의3에서 "소액주주"라 한다)로서 2명 이상인 경우에는 이익을 증여한 소액주주가 1명인 것으로 보고 이익을 계산한다. <개정 2015.12.15.>
③ 제1항과 제2항을 적용할 때 이익의 계산방법 및 그 밖에 필요한 사항은 대통령령으로 정한다. <개정 2015.12.15.>

상속세 및 증여세법시행령 제29조(증자에 따른 이익의 계산방법 등) 참조

가장납입의 방법으로 주금을 납입한 경우에도 증여세는 과세된다.(신주발행부존재확인의 승소판결이 확정되었다 하더라도 마찬가지이다)

10) 감자에 따른 이익의 증여

상속세 및 증여세법 제39조의2(감자에 따른 이익의 증여) ① 법인이 자본금을 감소시키기 위하여 주식등을 소각하는 경우로서 일부 주주등의 주식등을 소각함으로써 다음 각 호의 구분에 따른 이익을 얻은 경우에는 감자(減資)를 위한 주주총회결의일을 증여일로 하여 그 이익에 상당하는 금액을 그 이익을 얻은 자의 증여재산가액으로 한다. 다만, 그 이익에 상당하는 금액이 대통령령으로 정하는 기준금액 미만인 경우는 제외한다. <개정 2015.12.15.>
1. 주식등을 시가보다 낮은 대가로 소각한 경우: 주식등을 소각한 주주등의 특

수관계인에 해당하는 대주주등이 얻은 이익
2. 주식등을 시가보다 높은 대가로 소각한 경우: 대주주등의 특수관계인에 해당하는 주식등을 소각한 주주등이 얻은 이익
② 제1항을 적용할 때 이익의 계산방법 및 그 밖에 필요한 사항은 대통령령으로 정한다. <개정 2015.12.15.>

상속세 및 증여세법시행령 제29조의2(감자에 따른 이익의 계산방법 등) ② 법 제39조의2제1항 및 법 제42조제1항제3호의 규정에 의한 감자에 따른 이익은 다음 각호의 1의 이익으로 한다.
1. 감자한 주식 1주당 평가액에서 주식소각시 지급한 1주당 금액을 차감한 가액이 감자한 주식 1주당 평가액의 100분의 30 이상이거나 다음 산식에 의하여 계산한 금액이 3억원 이상인 경우의 당해 이익

$$(\text{감자한 주식 1주당 평가액} - \text{주식소각시 지급한 1주당 금액}) \times \text{총감자주식수} \times \text{대주주의 감자후 지분비율} \times \frac{\text{대주주와 특수관계인의 감자주식수}}{\text{총감자주식수}}$$

2. 감자한 주식 1주당 평가액이 액면가액(주식소각시 지급한 대가가 액면가액 이하인 경우에는 당해 대가를 말한다. 이하 이 호에서 같다) 이하인 경우로서 그 평가액을 초과하여 대가를 지급한 경우에는 주식소각시 지급한 1주당 금액에서 감자한 주식 1주당 평가액을 차감한 가액이 감자한 주식 1주당 평가액의 100분의 30 이상이거나 다음 산식에 의하여 계산한 금액이 3억원 이상인 경우의 당해 이익

$$(\text{주식소각시 지급한 1주당 금액} - \text{감자한 주식 1주당 평가액}) \times \text{당해 주주의 감자주식수}$$

③ 제2항의 규정에 의한 이익의 계산은 감자를 위한 주주총회결의일을 기준으로 한다.

유상소각과 무상소각의 경우로서 불균등 감자만이 해당된다.(액면 감소나 주식병합은 포함하지 아니한다) 특수관계가 없는 경우에는 상속세 및 증여세법 제42조(그밖의 이익의 증여) 규정에 따라 증여세가 과세된다.

11) 현물출자에 따른 이익의 증여

상속세 및 증여세법 제39조의3(현물출자에 따른 이익의 증여) ① 현물출자에 의하여 다음 각 호의 어느 하나에 해당하는 이익을 얻은 경우에는 현물출자

납입일을 증여일로 하여 그 이익에 상당하는 금액을 그 이익을 얻은 자의 증여재산가액으로 한다. <개정 2015.12.15.>

1. 주식등을 시가보다 낮은 가액으로 인수함으로써 현물출자자가 얻은 이익
2. 주식등을 시가보다 높은 가액으로 인수함으로써 현물출자자의 특수관계인에 해당하는 주주등이 얻은 이익

② 제1항제1호를 적용할 때 현물출자자가 아닌 주주등 중 소액주주가 2명 이상인 경우에는 소액주주가 1명인 것으로 보고 이익을 계산한다. <신설 2015.12.15.>

③ 제1항에 따른 이익의 계산방법 및 그 밖에 필요한 사항은 대통령령으로 정한다. <개정 2015.12.15.>

상속세 및 증여세법시행령 제29조의3(현물출자에 따른 이익의 계산방법 등)

12) 전환사채 등의 주식전환 등에 따른 이익의 증여

상속세 및 증여세법 제40조(전환사채 등의 주식전환 등에 따른 이익의 증여) ① 전환사채, 신주인수권부사채(신주인수권증권이 분리된 경우에는 신주인수권증권을 말한다) 또는 그 밖의 주식으로 전환·교환하거나 주식을 인수할 수 있는 권리가 부여된 사채(이하 이 조 및 제41조의3에서 "전환사채등"이라 한다)를 인수·취득·양도하거나, 전환사채등에 의하여 주식으로 전환·교환 또는 주식의 인수(이하 이 조에서 "주식전환등"이라 한다)를 함으로써 다음 각 호의 어느 하나에 해당하는 이익을 얻은 경우에는 그 이익에 상당하는 금액을 그 이익을 얻은 자의 증여재산가액으로 한다. 다만, 그 이익에 상당하는 금액이 대통령령으로 정하는 기준금액 미만인 경우는 제외한다. <개정 2015.12.15.>

1. 전환사채등을 인수·취득함으로써 인수·취득을 한 날에 얻은 다음 각 목의 어느 하나에 해당하는 이익
   가. 특수관계인으로부터 전환사채등을 시가보다 낮은 가액으로 취득함으로써 얻은 이익
   나. 전환사채등을 발행한 법인(「자본시장과 금융투자업에 관한 법률」에 따른 주권상장법인으로서 같은 법 제9조제7항에 따른 유가증권의 모집방법(대통령령으로 정하는 경우를 제외한다)으로 전환사채등을 발행한 법인은 제외한다. 이하 이 항에서 같다)의 최대주주나 그의 특수관계인인 주주가 그 법인으로부터 전환사채등을 시가보다 낮은 가액으로 그 소유주식 수에 비례하여 균등한 조건으로 배정받을 수 있는 수를 초과하여 인수·취득(「자본시장과 금융투자업에 관한 법률」 제9조제12항에 따른 인수인으로부터 인수·취득한 경우를 포함한다. 이하 이 항에서 "인수등"이라 한다)함으로써 얻은 이익
   다. 전환사채등을 발행한 법인의 최대주주의 특수관계인(그 법인의 주주는 제

외한다)이 그 법인으로부터 전환사채등을 시가보다 낮은 가액으로 인수등을 함으로써 얻은 이익
2. 전환사채등에 의하여 주식전환등을 함으로써 주식전환등을 한 날에 얻은 다음 각 목의 어느 하나에 해당하는 이익
가. 전환사채등을 특수관계인으로부터 취득한 자가 전환사채등에 의하여 교부받았거나 교부받을 주식의 가액이 전환·교환 또는 인수 가액(이하 이 항에서 "전환가액등"이라 한다)을 초과함으로써 얻은 이익
나. 전환사채등을 발행한 법인의 최대주주나 그의 특수관계인인 주주가 그 법인으로부터 전환사채등을 그 소유주식 수에 비례하여 균등한 조건으로 배정받을 수 있는 수를 초과하여 인수등을 한 경우로서 전환사채등에 의하여 교부받았거나 교부받을 주식의 가액이 전환가액등을 초과함으로써 얻은 이익
다. 전환사채등을 발행한 법인의 최대주주의 특수관계인(그 법인의 주주는 제외한다)이 그 법인으로부터 전환사채등의 인수등을 한 경우로서 전환사채등에 의하여 교부받았거나 교부받을 주식의 가액이 전환가액등을 초과함으로써 얻은 이익
라. 전환사채등에 의하여 교부받은 주식의 가액이 전환가액등보다 낮게 됨으로써 그 주식을 교부받은 자의 특수관계인이 얻은 이익
마. 삭제 <2015.12.15.>
3. 전환사채등을 특수관계인에게 양도한 경우로서 전환사채등의 양도일에 양도가액이 시가를 초과함으로써 양도인이 얻은 이익
② 제1항에 따른 최대주주, 교부받았거나 교부받을 주식의 가액, 이익의 계산방법, 증여일의 판단 및 그 밖에 필요한 사항은 대통령령으로 정한다. <개정 2015.12.15.>

상속세 및 증여세법시행령 제30조(전환사채등의 주식전환등에 따른 이익의 계산방법 등)

13) 비상장주식 또는 출자지분의 상장 등에 따른 이익의 증여

상속세 및 증여세법 제41조의3(주식등의 상장 등에 따른 이익의 증여) ① 기업의 경영 등에 관하여 공개되지 아니한 정보를 이용할 수 있는 지위에 있다고 인정되는 다음 각 호의 어느 하나에 해당하는 자(이하 이 조 및 제41조의5에서 "최대주주등"이라 한다)의 특수관계인이 제2항에 따라 해당 법인의 주식등을 증여받거나 취득한 경우 그 주식등을 증여받거나 취득한 날부터 5년 이내에 그 주식등이 「자본시장과 금융투자업에 관한 법률」에 따라 거래소허가를 받은 거래소(이하 "거래소"라 한다)에 상장(증권시장에 상장된 것을 말한다)됨에 따라

그 가액이 증가한 경우로서 그 주식등을 증여받거나 취득한 자가 당초 증여세 과세가액(제2항제2호에 따라 증여받은 재산으로 주식등을 취득한 경우는 제외한다) 또는 취득가액을 초과하여 이익을 얻은 경우에는 그 이익에 상당하는 금액을 그 이익을 얻은 자의 증여재산가액으로 한다. 다만, 그 이익에 상당하는 금액이 대통령령으로 정하는 기준금액 미만인 경우는 제외한다. <개정 2015.12.15.>

1. 제22조제2항에 따른 최대주주 또는 최대출자자
2. 내국법인의 발행주식총수 또는 출자총액의 100분의 25 이상을 소유한 자로서 대통령령으로 정하는 자

② 제1항에 따른 주식등을 증여받거나 취득한 경우는 다음 각 호의 어느 하나에 해당하는 경우로 한다. <신설 2015.12.15.>

1. 최대주주등으로부터 해당 법인의 주식등을 증여받거나 유상으로 취득한 경우
2. 증여받은 재산(주식등을 유상으로 취득한 날부터 소급하여 3년 이내에 최대주주등으로부터 증여받은 재산을 말한다. 이하 이 조 및 제41조의5에서 같다)으로 최대주주등이 아닌 자로부터 해당 법인의 주식등을 취득한 경우

③ 제1항에 따른 이익은 해당 주식등의 상장일부터 3개월이 되는 날(그 주식등을 보유한 자가 상장일부터 3개월 이내에 사망하거나 그 주식등을 증여 또는 양도한 경우에는 그 사망일, 증여일 또는 양도일을 말한다. 이하 이 조와 제68조에서 "정산기준일"이라 한다)을 기준으로 계산한다. <개정 2015.12.15.>

④ 제1항에 따른 이익을 얻은 자에 대해서는 그 이익을 당초의 증여세 과세가액(증여받은 재산으로 주식등을 취득한 경우에는 그 증여받은 재산에 대한 증여세 과세가액을 말한다. 이하 이 조에서 같다)에 가산하여 증여세 과세표준과 세액을 정산한다. 다만, 정산기준일 현재의 주식등의 가액이 당초의 증여세 과세가액보다 적은 경우로서 그 차액이 대통령령으로 정하는 기준 이상인 경우에는 그 차액에 상당하는 증여세액(증여받은 때에 납부한 당초의 증여세액을 말한다)을 환급받을 수 있다. <개정 2015.12.15.>

⑤ 제1항에 따른 상장일은 「자본시장과 금융투자업에 관한 법률」 제8조의2제4항제1호에 따른 증권시장에서 최초로 주식등의 매매거래를 시작한 날로 한다. <개정 2015.12.15.>

⑥ 제2항제2호를 적용할 때 증여받은 재산과 다른 재산이 섞여 있어 증여받은 재산으로 주식등을 취득한 것이 불분명한 경우에는 그 증여받은 재산으로 주식등을 취득한 것으로 추정한다. 이 경우 증여받은 재산을 담보로 한 차입금으로 주식등을 취득한 경우에는 증여받은 재산으로 취득한 것으로 본다. <개정 2015.12.15.>

⑦ 제2항을 적용할 때 주식등을 증여받거나 취득한 후 그 법인이 자본금을 증가시키기 위하여 신주를 발행함에 따라 신주를 인수하거나 배정받은 경우를 포함한다. <개정 2015.12.15.>

⑧ 전환사채등을 증여받거나 유상으로 취득(발행 법인으로부터 직접 인수·취득하는 경우를 포함한다)하고 그 전환사채등이 5년 이내에 주식등으로 전환된 경우에는 그 전환사채등을 증여받거나 취득한 때에 그 전환된 주식등을 증

여받거나 취득한 것으로 보아 제1항부터 제6항까지의 규정을 적용한다. 이 경우 정산기준일까지 주식등으로 전환되지 아니한 경우에는 정산기준일에 주식등으로 전환된 것으로 보아 제1항부터 제6항까지의 규정을 적용하되, 그 전환사채등의 만기일까지 주식등으로 전환되지 아니한 경우에는 정산기준일을 기준으로 과세한 증여세액을 환급한다. <개정 2015.12.15.>

⑨ 거짓이나 그 밖의 부정한 방법으로 증여세를 감소시킨 것으로 인정되는 경우에는 특수관계인이 아닌 자 간의 증여에 대해서도 제1항 및 제2항을 적용한다. 이 경우 제1항 중 기간에 관한 규정은 없는 것으로 본다. <개정 2015.12.15.>

⑩ 제1항에 따른 이익의 계산방법 및 그 밖에 필요한 사항은 대통령령으로 정한다. <개정 2015.12.15.>

상속세 및 증여세법시행령 제31조의6(주식 또는 출자지분의 상장등에 따른 이익의 계산방법 등)

14) 합병에 따른 상장 등 이익의 증여

상속세 및 증여세법 제41조의5(합병에 따른 상장 등 이익의 증여) ① 최대주주등의 특수관계인이 다음 각 호의 어느 하나에 해당하는 경우로서 그 주식등을 증여받거나 취득한 날부터 5년 이내에 그 주식등을 발행한 법인이 대통령령으로 정하는 특수관계에 있는 주권상장법인과 합병되어 그 주식등의 가액이 증가함으로써 그 주식등을 증여받거나 취득한 자가 당초 증여세 과세가액(증여받은 재산으로 주식등을 취득한 경우는 제외한다) 또는 취득가액을 초과하여 이익을 얻은 경우에는 그 이익에 상당하는 금액을 그 이익을 얻은 자의 증여재산가액으로 한다. 다만, 그 이익에 상당하는 금액이 대통령령으로 정하는 기준금액 미만인 경우는 제외한다. <개정 2015.12.15.>

1. 최대주주등으로부터 해당 법인의 주식등을 증여받거나 유상으로 취득한 경우
2. 증여받은 재산으로 최대주주등이 아닌 자로부터 해당 법인의 주식등을 취득한 경우
3. 증여받은 재산으로 최대주주등이 주식등을 보유하고 있는 다른 법인의 주식등을 최대주주등이 아닌 자로부터 취득함으로써 최대주주등과 그의 특수관계인이 보유한 주식등을 합하여 그 다른 법인의 최대주주등에 해당하게 되는 경우

② 제1항에 따른 합병에 따른 상장 등 이익의 증여에 관하여는 제41조의3제3항부터 제9항까지의 규정을 준용한다. 이 경우 "상장일"은 "합병등기일"로 본다. <개정 2015.12.15.>

15) 재산사용 및 용역제공에 따른 이익의 증여

상속세 및 증여세법 제42조(재산사용 및 용역제공 등에 따른 이익의 증여)
① 재산의 사용 또는 용역의 제공에 의하여 다음 각 호의 어느 하나에 해당하는 이익을 얻은 경우에는 그 이익에 상당하는 금액(시가와 대가의 차액을 말한다)을 그 이익을 얻은 자의 증여재산가액으로 한다. 다만, 그 이익에 상당하는 금액이 대통령령으로 정하는 기준금액 미만인 경우는 제외한다. <개정 2015.12.15.>

1. 타인에게 시가보다 낮은 대가를 지급하거나 무상으로 타인의 재산(부동산과 금전은 제외한다. 이하 이 조에서 같다)을 사용함으로써 얻은 이익
2. 타인으로부터 시가보다 높은 대가를 받고 재산을 사용하게 함으로써 얻은 이익
3. 타인에게 시가보다 낮은 대가를 지급하거나 무상으로 용역을 제공받음으로써 얻은 이익
4. 타인으로부터 시가보다 높은 대가를 받고 용역을 제공함으로써 얻은 이익

② 제1항을 적용할 때 재산의 사용기간 또는 용역의 제공기간이 정해지지 아니한 경우에는 그 기간을 1년으로 하고, 그 기간이 1년 이상인 경우에는 1년이 되는 날의 다음 날에 매년 새로 재산을 사용 또는 사용하게 하거나 용역을 제공 또는 제공받은 것으로 본다. <개정 2015.12.15.>
③ 특수관계인이 아닌 자 간의 거래인 경우에는 거래의 관행상 정당한 사유가 없는 경우에 한정하여 제1항을 적용한다. <개정 2015.12.15.>
④ 제1항을 적용할 때 증여일의 판단, 이익의 계산방법 및 그 밖에 필요한 사항은 대통령령으로 정한다. <개정 2015.12.15.>

16) 법인의 조직 변경 등에 따른 이익의 증여

상속세 및 증여세법 제42조의2(법인의 조직 변경 등에 따른 이익의 증여)
① 주식의 포괄적 교환**(*)** 및 이전, 사업의 양수·양도, 사업 교환 및 법인의 조직 변경 등에 의하여 소유지분이나 그 가액이 변동됨에 따라 이익을 얻은 경우에는 그 이익에 상당하는 금액(소유지분이나 그 가액의 변동 전·후 재산의 평가차액을 말한다)을 그 이익을 얻은 자의 증여재산가액으로 한다. 다만, 그 이익에 상당하는 금액이 대통령령으로 정하는 기준금액 미만인 경우는 제외한다.
② 특수관계인이 아닌 자 간의 거래인 경우에는 거래의 관행상 정당한 사유가 없는 경우에 한정하여 제1항을 적용한다.
③ 제1항을 적용할 때 소유지분 또는 그 가액의 변동 전·후 재산의 평가차액 산정방법 등에 관하여 필요한 사항은 대통령령으로 정한다.

(*) 이 사건 증여세 부과처분에 대하여 피고들이 상증세법 제39조 제1항 제1호 (다)

목을 적용하여 원고들이 인수한 신주의 평가액과 그 인수가액의 차액을 증여 이익으로 계산한 것은 위법하고, 이 사건 부과처분은 주식의 포괄적 교환으로 인한 증여 이익에 대한 것으로 상증세법 제42조 제1항 제3호 법인의 자본을 증가시키는 거래에 따른 이익의 증여를 적용하여 증여세를 과세하여야 한다. 왜냐하면 완전자회사가 되는 회사의 주주가 주식의 포괄적 교환을 통하여 이익을 얻었는지 여부는 주식교환비율 산정의 기초가 된 완전자회사가 되는 회사 주식의 1주당 평가액이 상증세법상의 평가액보다 높은 가액이었는지 또는 완전모회사가 되는 회사로부터 배정받은 신주의 인수가액이 상증세법상의 평가액보다 낮은 가액이었는지 여부만에 의하여 결정되는 것이 아니라, 완전자회사가 되는 회사의 주주가 완전모회사가 되는 회사에 이전한 완전자회사가 되는 회사의 주식에 대한 상증세법상의 평가액과 완전모회사가 되는 회사로부터 배정받은 신주에 대한 상증세법상의 평가액의 차액, 즉 교환차익이 존재하는지 여부에 따라 결정된다. (대법원 2011두23047)

17) 재산 취득 후 가치 증가에 따른 이익의 증여

상속세 및 증여세법 제42조의3(재산 취득 후 재산가치 증가에 따른 이익의 증여) ① 직업, 연령, 소득 및 재산상태로 보아 자력(自力)으로 해당 행위를 할 수 없다고 인정되는 자가 다음 각 호의 사유로 재산을 취득하고 그 재산을 취득한 날부터 5년 이내에 개발사업의 시행, 형질변경, 공유물(共有物) 분할, 사업의 인가·허가 등 대통령령으로 정하는 사유(이하 이 조에서 "재산가치증가사유"라 한다)로 인하여 이익을 얻은 경우에는 그 이익에 상당하는 금액을 그 이익을 얻은 자의 증여재산가액으로 한다. 다만, 그 이익에 상당하는 금액이 대통령령으로 정하는 기준금액 미만인 경우는 제외한다.

1. 특수관계인으로부터 재산을 증여받은 경우
2. 특수관계인으로부터 기업의 경영 등에 관하여 공표되지 아니한 내부 정보를 제공받아 그 정보와 관련된 재산을 유상으로 취득한 경우
3. 특수관계인으로부터 차입한 자금 또는 특수관계인의 재산을 담보로 차입한 자금으로 재산을 취득한 경우

② 제1항에 따른 이익은 재산가치증가사유 발생일 현재의 해당 재산가액, 취득가액(증여받은 재산의 경우에는 증여세 과세가액을 말한다), 통상적인 가치상승분, 재산취득자의 가치상승 기여분 등을 고려하여 대통령령으로 정하는 바에 따라 계산한 금액으로 한다. 이 경우 그 재산가치증가사유 발생일 전에 그 재산을 양도한 경우에는 그 양도한 날을 재산가치증가사유 발생일로 본다.

③ 거짓이나 그 밖의 부정한 방법으로 증여세를 감소시킨 것으로 인정되는 경우에는 특수관계인이 아닌 자 간의 증여에 대해서도 제1항을 적용한다. 이 경우 제1항 중 기간에 관한 규정은 없는 것으로 본다.

[본조신설 2015.12.15.]

9. 증여세 과세특례

상속세 및 증여세법 제43조(증여세 과세특례) ① 하나의 증여에 대하여 제33조부터 제39조까지, 제39조의2, 제39조의3, 제40조, 제41조의2부터 제41조의5까지, 제42조, 제42조의2, 제42조의3, 제44조, 제45조 및 제45조의3부터 제45조의5까지의 규정이 둘 이상 동시에 적용되는 경우에는 그 중 이익이 가장 많게 계산되는 것 하나만을 적용한다. <개정 2015.12.15.>

② 제31조제1항제2호, 제35조, 제37조부터 제39조까지, 제39조의2, 제39조의3, 제40조, 제41조의4, 제42조 및 제45조의5에 따른 이익을 계산할 때 그 증여일부터 소급하여 1년 이내에 동일한 거래 등이 있는 경우에는 각각의 거래 등에 따른 이익(시가와 대가의 차액을 말한다)을 해당 이익별로 합산하여 계산한다. <개정 2015.12.15.>

③ 제2항에 따른 이익의 계산방법 및 그 밖에 필요한 사항은 대통령령으로 정한다. <개정 2015.12.15.>

조세특례제한법 제30조의5(창업자금에 대한 증여세 과세특례) ① 18세 이상인 거주자가 제6조제3항 각 호에 따른 업종을 영위하는 중소기업을 창업할 목적으로 60세 이상의 부모(증여 당시 아버지나 어머니가 사망한 경우에는 그 사망한 아버지나 어머니의 부모를 포함한다. 이하 이 조에서 같다)로부터 토지·건물 등 대통령령으로 정하는 재산을 제외한 재산을 증여받는 경우에는 「상속세 및 증여세법」 제53조 및 제56조에도 불구하고 해당 증여받은 재산의 가액 중 대통령령으로 정하는 창업자금[증여세 과세가액 30억원(창업을 통하여 10명 이상을 신규 고용한 경우에는 50억원)을 한도로 하며, 이하 이 조에서 "창업자금"이라 한다]에 대해서는 증여세 과세가액에서 5억원을 공제하고 세율을 100분의 10으로 하여 증여세를 부과한다. 이 경우 창업자금을 2회 이상 증여받거나 부모로부터 각각 증여받는 경우에는 각각의 증여세 과세가액을 합산하여 적용한다. <개정 2015.12.15.>

② 창업자금을 증여받은 자는 증여받은 날부터 1년 이내에 창업을 하여야 한다. 이 경우 사업을 확장하는 경우로서 대통령령으로 정하는 경우는 창업으로 보며, 다음 각 호의 어느 하나에 해당하는 경우는 창업으로 보지 아니한다. <개정 2015.12.15.>

1. 합병·분할·현물출자 또는 사업의 양수를 통하여 종전의 사업을 승계하거나 종전의 사업에 사용되던 자산을 인수 또는 매입하여 같은 종류의 사업을 하는 경우

2. 거주자가 하던 사업을 법인으로 전환하여 새로운 법인을 설립하는 경우
3. 폐업 후 사업을 다시 개시하여 폐업 전의 사업과 같은 종류의 사업을 하는 경우
4. 다른 업종을 추가하는 등 새로운 사업을 최초로 개시하는 것으로 보기 곤란한 경우, 그 밖에 이와 유사한 것으로서 대통령령으로 정하는 경우

③ 창업자금을 증여받아 제2항에 따라 창업을 한 자가 새로 창업자금을 증여받아 당초 창업한 사업과 관련하여 사용하는 경우에는 제2항제3호 및 제4호를 적용하지 아니한다.

④ 창업자금을 증여받은 자는 증여받은 날부터 3년이 되는 날까지 창업자금을 모두 해당 목적에 사용하여야 한다.

⑤ 창업자금을 증여받은 자가 제2항에 따라 창업하는 경우에는 대통령령으로 정하는 날에 창업자금 사용명세(증여받은 창업자금이 30억원을 초과하는 경우에는 고용명세를 포함한다)를 증여세 납세지 관할 세무서장에게 제출하여야 한다. 이 경우 창업자금 사용명세를 제출하지 아니하거나 제출된 창업자금 사용명세가 분명하지 아니한 경우에는 그 미제출분 또는 불분명한 부분의 금액에 1천분의 3을 곱하여 산출한 금액을 창업자금 사용명세서 미제출 가산세로 부과한다. <개정 2015.12.15.>

⑥ 제1항에 따라 창업자금에 대한 증여세 과세특례를 적용받은 경우로서 다음 각 호의 어느 하나에 해당하는 경우에는 각 호의 구분에 따른 금액에 대하여 「상속세 및 증여세법」에 따라 증여세와 상속세를 각각 부과한다. 이 경우 대통령령으로 정하는 바에 따라 계산한 이자상당액을 그 부과하는 증여세에 가산하여 부과한다. <개정 2015.12.15.>

1. 제2항에 따라 창업하지 아니한 경우: 창업자금
2. 창업자금으로 제6조제3항 각 호에 따른 업종 외의 업종을 경영하는 경우: 제6조제3항 각 호에 따른 업종 외의 업종에 사용된 창업자금
3. 새로 증여받은 창업자금을 제3항에 따라 사용하지 아니한 경우: 해당 목적에 사용되지 아니한 창업자금
4. 창업자금을 제4항에 따라 증여받은 날부터 3년이 되는 날까지 모두 해당 목적에 사용하지 아니한 경우: 해당 목적에 사용되지 아니한 창업자금
5. 증여받은 후 10년 이내에 창업자금(창업으로 인한 대통령령으로 정하는 바에 따라 계산한 가치증가분을 포함한다. 이하 "창업자금등"이라 한다)을 해당 사업용도 외의 용도로 사용한 경우: 해당 사업용도 외의 용도로 사용된 창업자금등
6. 창업 후 10년 이내에 해당 사업을 폐업하는 경우 등 대통령령으로 정하는 경우: 창업자금등과 그 밖에 대통령령으로 정하는 금액
7. 증여받은 창업자금이 30억원을 초과하는 경우로서 창업한 날이 속하는 과세연도의 종료일부터 5년 이내에 각 과세연도의 근로자 수가 다음 계산식에 따라 계산한 수보다 적은 경우: 30억원을 초과하는 창업자금

창업한 날의 근로자 수 - (창업을 통하여 신규 고용한 인원 수 - 10명)

⑦ 창업자금은 「상속세 및 증여세법」 제3조의2제1항을 적용할 때 상속재산에 가산하는 증여재산으로 본다. <개정 2015.12.15.>
⑧ 창업자금은 「상속세 및 증여세법」 제13조제1항제1호를 적용할 때 증여받은 날부터 상속개시일까지의 기간과 관계없이 상속세 과세가액에 가산하되, 같은 법 제24조제3호를 적용할 때에는 상속세 과세가액에 가산한 증여재산가액으로 보지 아니한다.
⑨ 창업자금에 대한 증여세액에 대하여 「상속세 및 증여세법」 제28조를 적용하는 경우에는 같은 조 제2항에도 불구하고 상속세 산출세액에서 창업자금에 대한 증여세액을 공제한다. 이 경우 공제할 증여세액이 상속세 산출세액보다 많은 경우 그 차액에 상당하는 증여세액은 환급하지 아니한다.
⑩ 창업자금에 대하여 증여세를 부과하는 경우에는 「상속세 및 증여세법」 제47조제2항에도 불구하고 동일인(그 배우자를 포함한다)으로부터 증여받은 창업자금 외의 다른 증여재산의 가액은 창업자금에 대한 증여세 과세가액에 가산하지 아니하며, 창업자금에 대한 증여세 과세표준을 신고하는 경우에도 같은 법 제69조제2항에 따른 신고세액공제를 적용하지 아니한다. <개정 2014.12.23.>
⑪ 제1항을 적용받으려는 자는 증여세 과세표준 신고기한까지 대통령령으로 정하는 바에 따라 특례신청을 하여야 한다. 이 경우 그 신고기한까지 특례신청을 하지 아니한 경우에는 이 특례규정을 적용하지 아니한다.
⑫ 증여세 및 상속세를 과세하는 경우 이 조에서 달리 정하지 아니한 것은 「상속세 및 증여세법」에 따른다.
⑬ 제1항을 적용받는 거주자는 제30조의6을 적용하지 아니한다.
⑭ 제1항 및 제6항을 적용할 때 신규 고용의 기준, 근로자의 범위, 근로자 수의 계산 방법 및 그 밖에 필요한 사항은 대통령령으로 정한다. <신설 2015.12.15.>

조세특례제한법 제30조의6(가업의 승계에 대한 증여세 과세특례) ① 18세 이상인 거주자가 60세 이상의 부모(증여 당시 아버지나 어머니가 사망한 경우에는 그 사망한 아버지나 어머니의 부모를 포함한다. 이하 이 조에서 같다)로부터「상속세 및 증여세법」 제18조제2항제1호에 따른 가업(이 경우 "피상속인"은 "부모"로, "상속인"은 "거주자"로 본다. 이하 이 조에서 같다)의 승계를 목적으로 해당 가업의 주식 또는 출자지분(이하 이 조에서 "주식등"이라 한다)을 증여받고 대통령령으로 정하는 바에 따라 가업을 승계한 경우에는 「상속세 및 증여세법」 제53조 및 제56조에도 불구하고 그 주식등의 가액 중 대통령령으로 정하는 가업자산상당액에 대한 증여세 과세가액(100억원을 한도로 한다)에서 5억원을 공제하고 세율을 100분의 10(과세표준이 30억원을 초과하는 경우 그 초과금액에 대해서는 100분의 20)으로 하여 증여세를 부과한다. 다만, 가업의 승계 후 가업의 승계 당시 해당 주식등의 증여자 및 「상속세 및 증여세법」 제22조제2항에 따른 최대주주 또는 최대출자자에 해당하는 자(가업의 승계 당시 해당 주식등을 증여받는 자는 제외한다)로부터 증여받는 경우에는 그러하지 아니하다. <개정 2014.12.23.>

② 제1항에 따라 주식등을 증여받은 자가 대통령령으로 정하는 바에 따라 가업을 승계하지 아니하거나 가업을 승계한 후 주식등을 증여받은 날부터 7년 이내에 대통령령으로 정하는 정당한 사유 없이 다음 각 호의 어느 하나에 해당하게 된 경우에는 그 주식등의 가액에 대하여 「상속세 및 증여세법」에 따라 증여세를 부과한다. 이 경우 대통령령으로 정하는 바에 따라 계산한 이자상당액을 증여세에 가산하여 부과한다. <개정 2014.12.23.>

1. 가업에 종사하지 아니하거나 가업을 휴업하거나 폐업하는 경우
2. 증여받은 주식등의 지분이 줄어드는 경우

③ 제1항에 따른 주식등의 증여에 관하여는 제30조의5제7항부터 제12항까지의 규정을 준용한다. 이 경우 "창업자금"은 "주식등"으로 본다.

④ 제1항에 따른 주식등의 증여 후 「상속세 및 증여세법」 제41조의3 및 제41조의5가 적용되는 경우의 증여세 과세특례 적용 방법, 해당 주식등의 증여 후 상속이 개시되는 경우의 가업상속공제 적용 방법, 증여자 및 수증자의 범위 등에 관하여 필요한 사항은 대통령령으로 정한다. <개정 2015.12.15.>

⑤ 제1항을 적용받는 거주자는 제30조의5를 적용하지 아니한다.

10. 증여추정

1) 배우자 · 직계존비속에게 직접 양도한 재산의 증여추정

상속세 및 증여세법 제44조(배우자 등에게 양도한 재산의 증여 추정) ① 배우자 또는 직계존비속(이하 이 조에서 "배우자등"이라 한다)에게 양도한 재산은 양도자가 그 재산을 양도한 때에 그 재산의 가액을 배우자등이 증여받은 것으로 추정하여 이를 배우자등의 증여재산가액으로 한다.

② 특수관계인에게 양도한 재산을 그 특수관계인(이하 이 항 및 제4항에서 "양수자"라 한다)이 양수일부터 3년 이내에 당초 양도자의 배우자등에게 다시 양도한 경우에는 양수자가 그 재산을 양도한 당시의 재산가액을 그 배우자등이 증여받은 것으로 추정하여 이를 배우자등의 증여재산가액으로 한다. 다만, 당초 양도자 및 양수자가 부담한 「소득세법」에 따른 결정세액을 합친 금액이 양수자가 그 재산을 양도한 당시의 재산가액을 당초 그 배우자등이 증여받은 것으로 추정할 경우의 증여세액보다 큰 경우에는 그러하지 아니하다. <개정 2015.12.15.>

③ 해당 재산이 다음 각 호의 어느 하나에 해당하는 경우에는 제1항과 제2항을 적용하지 아니한다. <개정 2013.5.28>

1. 법원의 결정으로 경매절차에 따라 처분된 경우
2. 파산선고로 인하여 처분된 경우
3. 「국세징수법」에 따라 공매된 경우

4. 「자본시장과 금융투자업에 관한 법률」 제8조의2제4항제1호에 따른 증권시장을 통하여 유가증권이 처분된 경우. 다만, 불특정 다수인 간의 거래에 의하여 처분된 것으로 볼 수 없는 경우로서 대통령령으로 정하는 경우는 제외한다.
5. 배우자등에게 대가를 받고 양도한 사실이 명백히 인정되는 경우로서 대통령령으로 정하는 경우

④ 제2항 본문에 따라 해당 배우자등에게 증여세가 부과된 경우에는 「소득세법」의 규정에도 불구하고 당초 양도자 및 양수자에게 그 재산 양도에 따른 소득세를 부과하지 아니한다.

상속세 및 증여세법시행령 제33조(배우자 등에게 양도한 재산의 증여추정)

③ 법 제44조제3항제5호에서 "대통령령으로 정하는 경우"란 다음 각 호의 어느 하나에 해당하는 경우를 말한다.

1. 권리의 이전이나 행사에 등기 또는 등록을 요하는 재산을 서로 교환한 경우
2. 당해 재산의 취득을 위하여 이미 과세(비과세 또는 감면받은 경우를 포함한다) 받았거나 신고한 소득금액 또는 상속 및 수증재산의 가액으로 그 대가를 지급한 사실이 입증되는 경우
3. 당해 재산의 취득을 위하여 소유재산을 처분한 금액으로 그 대가를 지급한 사실이 입증되는 경우

상속세 및 증여세법시행령 제12조의2(특수관계인의 범위) ① 법 제16조제2항 각 호 외의 부분 단서에서 "대통령령으로 정하는 특수관계인"이란 본인과 다음 각 호의 어느 하나에 해당하는 관계에 있는 자를 말한다. 이 경우 본인도 「국세기본법」 제2조제20호 각 목 외의 부분 후단에 따라 특수관계인의 특수관계인으로 본다.

1. 「국세기본법 시행령」 제1조의2제1항제1호부터 제4호까지의 어느 하나에 해당하는 자(이하 "친족"이라 한다) 및 직계비속의 배우자의 2촌 이내의 부계혈족과 그 배우자
2. 사용인(출자에 의하여 지배하고 있는 법인의 사용인을 포함한다. 이하 같다)이나 사용인 외의 자로서 본인의 재산으로 생계를 유지하는 자
3. 다음 각 목의 어느 하나에 해당하는 자
   가. 본인이 개인인 경우: 본인이 직접 또는 본인과 제1호에 해당하는 관계에 있는 자가 임원에 대한 임면권의 행사 및 사업방침의 결정 등을 통하여 그 경영에 관하여 사실상의 영향력을 행사하고 있는 기획재정부령으로 정하는 기업집단의 소속 기업[해당 기업의 임원(「법인세법 시행령」 제20조제1항제4호에 따른 임원과 퇴직 후 5년이 지나지 아니한 그 임원이었던 사람을 말한다. 이하 같다)을 포함한다]
   나. 본인이 법인인 경우: 본인이 속한 기획재정부령으로 정하는 기업집단의 소속 기업(해당 기업의 임원을 포함한다)과 해당 기업의 임원에 대한 임면권의 행사 및 사업방침의 결정 등을 통하여 그 경영에 관하여 사실상의 영

향력을 행사하고 있는 자 및 그와 제1호에 해당하는 관계에 있는 자
4. 본인, 제1호부터 제3호까지의 자 또는 본인과 제1호부터 제3호까지의 자가 공동으로 재산을 출연하여 설립하거나 이사의 과반수를 차지하는 비영리법인
5. 제3호에 해당하는 기업의 임원이 이사장인 비영리법인
6. 본인, 제1호부터 제5호까지의 자 또는 본인과 제1호부터 제5호까지의 자가 공동으로 발행주식총수 또는 출자총액(이하 "발행주식총수등"이라 한다)의 100분의 30 이상을 출자하고 있는 법인
7. 본인, 제1호부터 제6호까지의 자 또는 본인과 제1호부터 제6호까지의 자가 공동으로 발행주식총수등의 100분의 50 이상을 출자하고 있는 법인
8. 본인, 제1호부터 제7호까지의 자 또는 본인과 제1호부터 제7호까지의 자가 공동으로 재산을 출연하여 설립하거나 이사의 과반수를 차지하는 비영리법인

상속세 및 증여세법 제47조(증여세 과세가액) ① 증여세 과세가액은 증여일 현재 이 법에 따른 증여재산가액을 합친 금액[제31조제1항제3호, 제40조제1항제2호 및 제3호, 제41조의3, 제41조의5, 제42조의3, 제45조의3 및 제45조의4에 따른 증여재산(이하 "합산배제증여재산"이라 한다)의 가액은 제외한다]에서 그 증여재산에 담보된 채무(그 증여재산에 관련된 채무 등 대통령령으로 정하는 채무를 포함한다)로서 수증자가 인수한 금액을 뺀 금액으로 한다. <개정 2015.12.15.>

② 해당 증여일 전 10년 이내에 동일인(증여자가 직계존속인 경우에는 그 직계존속의 배우자를 포함한다)으로부터 받은 증여재산가액을 합친 금액이 1천만원 이상인 경우에는 그 가액을 증여세 과세가액에 가산한다. 다만, 합산배제증여재산의 경우에는 그러하지 아니하다.

③ 제1항을 적용할 때 배우자 간 또는 직계존비속 간의 부담부증여(부담부증여, 제44조에 따라 증여로 추정되는 경우를 포함한다)에 대해서는 수증자가 증여자의 채무를 인수한 경우에도 그 채무액은 수증자에게 인수되지 아니한 것으로 추정한다. 다만, 그 채무액이 국가 및 지방자치단체에 대한 채무 등 대통령령으로 정하는 바에 따라 객관적으로 인정되는 것인 경우에는 그러하지 아니하다.

(1) 요건(상증세법제44조①)

① 배우자간 또는 직계존비속 간 양도·양수

② 재산 양도(포괄적 사업양수도 포함)

명의신탁도 해당하나 양도담보는 해당하지 않는다.

(2) 특수관계자의 범위(상증세법제44조②, 상속세 및 증여세법시행령 제12조의2)

(3) 특수관계인으로부터 배우자 등에게 우회양도한 재산의 증여추정(상증세법제44조②)

(4) 추정 배제(상증세법제44조③)

직계존비속 간에 정상적인 상거래로 행하는 상품의 양도에 따라 소득세법에 의해 소득세가 부과되는 경우에도 증여로 추정하지 않는다.

(5) 이중과세의 조정(상증세법제44조④) → 경정청구로 양도소득세 환급

(6) 배우자간 직계존비속간 증여추정되는 경우 채무가 인수되지 아니한 것으로 추정(상증세법제47조③)

배우자 등이 대가를 지급한 사실이 명백히 인정되는 경우에는 배우자 등에게 양도한 재산의 증여추정 규정이 적용되지 않는다.(상증세법제44조④5호) 그러나 배우자 등이 대가를 지급한 사실이 명백할지라도 재산취득자금의 자금출처를 입증하지 못할 경우 증여세가 과세될 수 있고, 배우자 등이 시가보다 낮은 가액으로 재산을 양소하거나 배우자 등에게 시가보다 높은 금액으로 재산을 양도하는 경우에는 저가·고가 양도에 따른 이익의 증여 규정이 적용될 수 있다.

(1) 판단순서

① 먼저 증여인지 유상양도인지 구분한다. → ② 유상양도에 해당하면 양도소득세 과세대상인 경우 상속세 및 증여세법 제44조 1항의 증여추정 규정이 적용되지 아니하나 같은 법 제35조의 규정이 적용되고, 양도소득세 비과세·감면 대상인 경우 양도소득세는 비과세·감면되나 같은 법 제35조의 규정이 적용된다. → ③ 상속세 및 증여세법 제45조 및 같은 법 시행령 제34조의 규정에 따라 재산취득자금의 출처에 대한 소명을 요구받은 재산취득자가 본인의 소득금액이나 상속·증여받은 재산 및 부채를 부담하고 받은 금전 등의 자금출처를 입증하지 못하는 경우에는 그 금액에 대하여는 증여세가 과세된다.

(2) 저가양수

특수관계가 있는 자로부터 시가보다 낮은 금액으로(차액이 시가의 30% 이상 또는 3억원 이상)으로 재산을 양수한 경우를 말하고, 특수관계가 없는 자로부터 양수한 경우에는 거래관행상 정당한 사유 없이 시가보다 현저히 낮은 가액(차액이 시가의 30% 이상)으로 재산을 양수한 경우에 한하여 증여받은 것으로 추정한다.

증여재산가액(특수관계자와의 거래일 경우) = (시가-양수가액) - Min[①시가×30%, ②3억원] 증여재산가액(비특수관계자와의 거래일 경우) = (시가-양수가액)-3억원

(3) 고가양도

특수관계가 있는 자에게 시가보다 높은 가액(차액이 시가의 30% 이상 또는 3억원 이상)으로 재산을 양도한 경우를 말하고, 특수관계가 없는 자에게 양도한 경우에는 거래관행상 정당한 사유 없이 시가보다 현저히 높은 가액(차액이 시가의 30% 이상)으로 재산을 양도한 경우에 한하여 증여받은 것으로 추정한다.

증여재산가액(특수관계자와의 거래일 경우) =
(양도가액-시가)-Min[①시가×30%, ②3억원]
증여재산가액(비특수관계자와의 거래일 경우) = (양도가액-시가)-3억원

(4) 적용배제

① 전환사채 등의 주식전환 등에 따른 이익의 증여규정이 적용되는 경우
② 자본시장과 금융투자업에 관한 법률에 따라 한국거래소에 상장되어 있는 법인의 주식 및 출자지분으로서 증권시장에서 거래된 것(시간외 시장에서 매매된 것은 제외)
③ 개인과 법인 간에 재산을 양도, 양수하는 경우로서 그 대가가 법인세법상의 시가에 해당되어 해당 법인의 거래에 대하여 법인세법상 부당행위계산 부인규정이 적용되지 아니하는 경우. 다만, 거짓 그 밖의 부정한 방법으로 상속·증여세를 감소시킨 것으로 인정되는 경우에는 그러하지 아니하다.

2) 재산 취득자금 등의 증여 추정

상속세 및 증여세법 제45조(재산 취득자금 등의 증여 추정) ① 재산 취득자의 직업, 연령, 소득 및 재산 상태 등으로 볼 때 재산을 자력으로 취득하였다고 인정하기 어려운 경우로서 대통령령으로 정하는 경우에는 그 재산을 취득한 때에 그 재산의 취득자금을 그 재산 취득자가 증여받은 것으로 추정하여 이를 그 재산 취득자의 증여재산가액으로 한다. <개정 2015.12.15.>

② 채무자의 직업, 연령, 소득, 재산 상태 등으로 볼 때 채무를 자력으로 상환(일부 상환을 포함한다. 이하 이 항에서 같다)하였다고 인정하기 어려운 경우로서 대통령령으로 정하는 경우에는 그 채무를 상환한 때에 그 상환자금을 그 채무자가 증여받은 것으로 추정하여 이를 그 채무자의 증여재산가액으로 한

다. <개정 2015.12.15.>

③ 취득자금 또는 상환자금이 직업, 연령, 소득, 재산 상태 등을 고려하여 대통령령으로 정하는 금액 이하인 경우와 취득자금 또는 상환자금의 출처에 관한 충분한 소명이 있는 경우에는 제1항과 제2항을 적용하지 아니한다.

④ 「금융실명거래 및 비밀보장에 관한 법률」 제3조에 따라 실명이 확인된 계좌 또는 외국의 관계 법령에 따라 이와 유사한 방법으로 실명이 확인된 계좌에 보유하고 있는 재산은 명의자가 그 재산을 취득한 것으로 추정하여 제1항을 적용한다. <신설 2013.1.1. >

상속세 및 증여세법시행령 제34조(재산 취득자금 등의 증여추정) ① 법 제45조제1항 및 제2항에서 "대통령령으로 정하는 경우"란 다음 각 호에 따라 입증된 금액의 합계액이 취득재산의 가액 또는 채무의 상환금액에 미달하는 경우를 말한다. 다만, 입증되지 아니하는 금액이 취득재산의 가액 또는 채무의 상환금액의 100분의 20에 상당하는 금액과 2억원중 적은 금액에 미달하는 경우를 제외한다. → 입증책임 완화 <개정 2010.2.18>

1. 신고하였거나 과세(비과세 또는 감면받은 경우를 포함한다. 이하 이 조에서 같다)받은 소득금액
2. 신고하였거나 과세받은 상속 또는 수증재산의 가액
3. 재산을 처분한 대가로 받은 금전이나 부채를 부담하고 받은 금전으로 당해 재산의 취득 또는 당해 채무의 상환에 직접 사용한 금액

② 법 제45조제3항에서 "대통령령으로 정하는 금액"이란 재산취득일 전 또는 채무상환일 전 10년 이내에 해당 재산 취득자금 또는 해당 채무 상환자금의 합계액이 5천만원 이상으로서 연령·세대주·직업·재산상태·사회경제적 지위 등을 고려하여 국세청장이 정하는 금액을 말한다. <개정 2014.2.21.> → 증여추정 배제기준

증여추정 배제기준(상속세및증여세 사무처리규정제28조)

구 분		취득재산		채무상환	총액한도
		주택	기타 재산		
세대주인 경우	30세 이상	2억원	5천만원	5천만원	2억5천만원
	40세 이상	4억원	1억원		5억원
세대주가 아닌 경우	30세 이상	1억원	5천만원	5천만원	1억5천만원
	40세 이상	2억원	1억원		3억원
30세 미만인 자		5천만원	3천만원	3천만원	8천만원

※ 그러나 위 금액에 미달하더라도 취득자금이나 상환자금이 타인에게 증여 받은 사실이 객관적으로 확인되는 경우에는 증여세 과세대상이다.

(1) 증여추정의 판단기준과 입증책임

① 증여세의 부과요건인 재산의 증여사실은 원칙적으로 과세관청이 입증할 사항이므로 재산 취득 당시 일정한 직업과 상당한 재력이 있고 또 그로 인하여 실제로도 상당한 소득이 있었던 자라면 그 재산을 취득하는 데 소요된 자금을 일일이 제시하지 못한다 하더라도 특별한 사정이 없는 한 자금 출처를 명확히 밝히지 못한 부분이 다른 사람으로부터 증여받은 것이라고 인정할 수 없다.(대법원 94누9603)

② 증여세의 부과요건인 재산의 증여사실은 원칙적으로 과세관청이 입증할 사항이므로, 재산취득 당시 일정한 직업과 상당한 재력이 있고, 또 그로 인하여 실제로도 상당한 소득이 있었던 자라면, 그 재산을 취득하는 데 소요된 자금을 일일이 제시하지 못한다고 하더라도 특별한 사정이 없는 한 재산의 취득자금 중 출처를 명확히 제시하지 못한 부분이 다른 사람으로부터 증여받은 것이라고 인정할 수 없다고 할 것이나, 일정한 직업 또는 소득이 없는 사람이 당해 재산에 관하여 납득할 만한 자금출처를 대지 못하고, 그 직계존속이나 배우자 등이 증여할 만한 재력이 있는 경우에는 그 취득자금을 그 재력있는 자로부터 증여받았다고 추정함이 옳다고 할 것인데, 이와 같이 증여를 추정하기 위하여는 수증자에게 일정한 직업이나 소득이 없다는 점 외에도 증여자에게 재산을 증여할 만한 재력이 있다는 점을 과세관청이 입증하여야 할 것이다.(대법원 2003두10732)

③ 특별히 직업이나 재력도 없는 사람이 당해 재산의 취득자금 출처에 관하여 납득할만한 입증을 하지 못하고 그 직계존속에게 증여할 만한 재력이 있는 경우에는 그 재산의 취득자금을 재력 있는 직계존속으로부터 증여받았다고 추정된다고 할 것이고, 이러한 추정을 번복하기 위하여는 위 증여받은 것으로 추정되는 자금과는 별도의 재산취득자금의 출처를 밝혀 그 자금의 존재와 아울러 그 자금이 당해 재산의 재산취득자금으로 사용되었다는 점에 대한 입증까지 필요하다.(대법원 94누9603)

11. 명의신탁재산의 증여의제

1) 의의

1995. 3. 30. 제정된 '부동산 실권리자명의 등기에 관한 법률'이 부동산 명의신탁약정을 무효로 규정하면서 명의신탁자에게 일정한 금액의 과징금을 부과하는 등 부동산 명의신탁에 대하여 별도로 규제를 하게 되자, 개정된 상속세및증여세법은 명의신탁의 증여의제 규정의 적용 범위에서 부동산을 명문으로 제외함으로써 결국 '조세회피 목적의 주식 명의신탁'만이 그 주된 적용 대상으로 남게 되었다. 더구나 2004년도부터는 증여세에 완전포괄제도가 도입되면서 '증여'의 정의에 해당되지 않아 남은 두 개의 증여의제규정 중 하나이기도 하다.

명의신탁재산의 증여의제 규정은 명의신탁한 재산이 명의자에게 그 소유권이 실제로 무상이전되었기 때문에 증여세를 과세하는 것은 아니다. 명의신탁을 이용한 변칙적인 상속증여행위를 차단하고 또한 상속세 및 증여세 외에 각종 국세와 지방세 등 다른 조세를 회피할 목적으로 이용되는 것을 방지할 조세정책적인 목적에서 조세벌적 성격으로 증여와 동일하게 당연 과세하는 것이다. 헌법재판소도 거듭하여 합헌으로 판단하고 있다.

자산별 명의신탁의 세법상 규율

자산별 유형	부동산명의신탁	차명예금	주식명의신탁
내용	• 증여세가 아닌 부동산실명법상 부동산가액의 30% 과징금과 형사처벌 • 2자간명의신탁의 경우 명의신탁일부터 몇년이 지났든 세법상 피상속인의 차명재산으로서 상속재산에 포함되어 상속세 부과 • 소유권이전등기청구권 소멸시효 10년 • 과징금의 제척기간 : 명의신탁등기가 해소된 때부터 5년(대법	• 예금은 등기·등록을 요하는 재산은 아니므로 타인명의로 예금한 경우에도 명의신탁재산에 대한 증여의제 규정이 비적용. 다만, 금융실명법상 과징금 부과. • 차명예금에 대하여는 실질과세원칙에 따라 예금을 실질적으로 지배·관리한 자가 누구인지에 따라 증여세가 과세되거나 상속세가 과세됨.	• 조세회피 목적의 주식 명의신탁에 주식의 명의개서일에 증여된 것으로 보고 명의자에게 신탁주식가액에 대한 증여세 과세. • 실지소유자는 연대납세의무. 따라서 실제소유자가 대납하는 경우 재차 증여로 보지 아니함. • 최대주주의 보유주식에 대하여는 할증평가(상증세법제63조③)(중소기업은 한시적으로 제외-조특법제101조) • 증여공제의 적용 없음.(상증세법제55①1호) • 부과 제척기간은 15년.

	원 2004두2776)		• 신고불성실가산세 20%, 납부불성실가산세 10%

2) 명의신탁재산의 증여의제 법령

상속세 및 증여세법 제45조의2(명의신탁재산의 증여 의제) ① 권리의 이전이나 그 행사에 등기등이 필요한 재산(토지와 건물은 제외한다. 이하 이 조에서 같다)의 실제소유자와 명의자가 다른 경우에는 「국세기본법」 제14조에도 불구하고 그 명의자로 등기등을 한 날(그 재산이 명의개서를 하여야 하는 재산인 경우에는 소유권취득일이 속하는 해의 다음 해 말일의 다음 날을 말한다)에 그 재산의 가액(그 재산이 명의개서를 하여야 하는 재산인 경우에는 소유권취득일을 기준으로 평가한 가액을 말한다)을 명의자가 실제소유자로부터 증여받은 것으로 본다. 다만, 다음 각 호의 어느 하나에 해당하는 경우에는 그러하지 아니하다. <개정 2015.12.15.>

1. 조세 회피의 목적 없이 타인의 명의로 재산의 등기등을 하거나 소유권을 취득한 실제소유자 명의로 명의개서를 하지 아니한 경우**(*)**
2. 삭제 <2015.12.15.>
3. 「자본시장과 금융투자업에 관한 법률」에 따른 신탁재산인 사실의 등기등을 한 경우
4. 비거주자가 법정대리인 또는 재산관리인의 명의로 등기등을 한 경우

② 제1항을 적용할 때 명의자가 영리법인인 경우에는 실제소유자(영리법인은 제외한다)가 증여세를 납부하여야 한다. <신설 2015.12.15.>

③ 타인의 명의로 재산의 등기등을 한 경우 및 실제소유자 명의로 명의개서를 하지 아니한 경우에는 조세 회피 목적이 있는 것으로 추정한다. 다만, 실제소유자 명의로 명의개서를 하지 아니한 경우로서 다음 각 호의 어느 하나에 해당하는 경우에는 조세 회피 목적이 있는 것으로 추정하지 아니한다. <개정 2015.12.15.>

1. 매매로 소유권을 취득한 경우로서 종전 소유자가 「소득세법」 제105조 및 제110조에 따른 양도소득 과세표준신고 또는 「증권거래세법」 제10조에 따른 신고와 함께 소유권 변경 내용을 신고하는 경우
2. 상속으로 소유권을 취득한 경우로서 상속인이 다음 각 목의 어느 하나에 해당하는 신고와 함께 해당 재산을 상속세 과세가액에 포함하여 신고한 경우. 다만, 상속세 과세표준과 세액을 결정 또는 경정할 것을 미리 알고 수정신고하거나 기한 후 신고를 하는 경우는 제외한다.
   가. 제67조에 따른 상속세 과세표준신고
   나. 「국세기본법」 제45조에 따른 수정신고
   다. 「국세기본법」 제45조의3에 따른 기한 후 신고

④ 제1항을 적용할 때 주주명부 또는 사원명부가 작성되지 아니한 경우에는

「법인세법」 제109조제1항 및 제119조에 따라 납세지 관할세무서장에게 제출한 주주등에 관한 서류 및 주식등변동상황명세서에 의하여 명의개서 여부를 판정한다. <개정 2015.12.15.>

⑤ 삭제 <2015.12.15.>

⑥ 제1항제1호 및 제2항에서 "조세"란 「국세기본법」 제2조제1호 및 제7호에 규정된 국세 및 지방세와 「관세법」에 규정된 관세를 말한다.

⑦ 삭제 <2011.12.31.>

(*) 서울고등법원2013누45722 판결

【 제 목 】

피상속인 생전에 명의신탁된 주식을 상속·취득하였음에도 불구하고 명의개서하지 아니한 경우 명의신탁에 의한 증여의제 과세 불가

【 요 지 】

주식의 실제 소유자가 원고인지 공동상속인인지 알 수 없으며, 기존의 명의수탁자는 원고 또는 다른 공동상속인 누구와 명의신탁에 관한 합의를 해야 했는지 특정할 수 없었고, 공동상속으로 인하여 실제 소유자가 확정되지 않은 상태이어서 명의수탁자에게 명의개서 해태의 책임을 돌릴 수 없음. '소유권을 취득한 실제소유자 명의로 명의개서를 하지 아니한 경우' 부분은 기존에 명의신탁된 주식을 상속으로 취득한 경우에도 적용되고, 다만, 기존의 명의수탁자가 주식의 상속사실을 모르거나, 공동상속 등으로 인하여 실제소유자가 누구인지 몰라 명의개서를 해태하였다고 볼 수 없는 등 특별한 사정이 있는 경우에는 그 적용이 배제된다고 봄이, 헌법이 보장하는 일반적 행동의 자유에서 도출되는 자기책임의 원칙에 합치되는 올바른 해석이고, 그러한 특별한 사정이 있다는 점에 대한 증명책임은 이를 주장하는 자에게 있다고 봄이 타당하다.

서울행정법원 2013구합4484 판결

【 제 목 】

명의신탁된 주식을 상속으로 취득한 경우에는 증여의제 규정이 적용됨

【 요 지 】 기존에 명의신탁된 주식을 상속으로 취득한 경우에는 명의신탁에 따른 증여의제 규정을 적용되지 않는다고, 상속인이 장기간 명의개서를 하지 않는 경우 피상속인에게 증여세가 부과되는 모순이 발생한다고 주장하지만 원고들이 상속개시 당시부터 차명주식의 존재를 이미 알고 있었던 것으로 볼 수 있는 점 등으로 보아 상속으로 취득하였다고 달리 볼 이유가 없다. 기존에 명의신탁된 주식을 상속으로 취득한 경우에는, 상속인과 명의수탁자가 기존의 명의신탁 관계를 그대로 유지하기로 합의하거나, 상속인이 기존에 명의신탁된 주식이 있다는 사실을 인지하고, 명의수탁자가 상속이 있다는 사실을 인지하였음에도 기존의 명의신탁 관계를 해소하지 아니하고 이를 이용하는 등 상속인과 명의수탁자가 기존의 명의신탁 관계를 유지하는 것에 대하여 묵시적으로 합의하였다고 볼

만한 사정이 인정되는 경우에 한하여 이 사건 규정이 적용된다고 보아야 할 것이다. 피상속인이 명의신탁을 하여 증여세를 부과하는 것은 피상속인과 명의수탁자 사이에 이루어진 명의신탁을 대상으로 증여세를 부과하는 것인 반면, 상속인이 기존에 명의신탁된 주식을 취득하였음에도 명의개서를 하지 않아 증여세를 부과하는 것은 상속인과 명의수탁자 사이의 명시적 또는 묵시적 합의에 따라 상속인과 명의수탁자 사이에 이루어진 새로운 명의신탁을 대상으로 증여세를 부과하는 것이므로, 양자는 동일한 과세대상에 대한 이중과세라고 볼 수 없다.

대법원 2011.9.8. 선고 2007두17175 판결 【증여세등부과처분취소】

【판시사항】

[1] 명의신탁재산의 증여의제 규정인 구 상속세 및 증여세법 제41조의2 제1항의 입법 취지 및 명의신탁약정에 따른 등기 등이 강행법규 위반 등으로 무효인 경우 구 상속세 및 증여세법 제41조의2 제1항 본문이 적용되는지 여부(적극) → '갑'회사가 자사주를 개인 명의로 명의신탁하여 취득(상법 및 증권거래법 위반)

【판결요지】

[1] 구 상속세 및 증여세법(2002. 12. 18. 법률 제6780호로 개정되기 전의 것) 제41조의2 제1항의 입법 취지는 명의신탁제도를 이용한 조세회피행위를 효과적으로 방지하여 조세정의를 실현한다는 취지에서 실질과세원칙에 대한 예외를 인정한 데에 있는데, 위 규정 단서 제1호에서 말하는 조세는 증여세에 한정되지 아니하는 점, 위 규정이 재산의 실제 소유자와 명의자가 다른 경우를 규율대상으로 한다고 규정하고 있을 뿐 명의자 앞으로 된 등기 등이 법률상 유효할 것까지 요구하고 있지는 아니한 점, 명의신탁약정에 따른 등기 등이 이루어진 이상 등기 등이 강행법규 위반 등으로 무효인 경우에도 조세회피 목적은 달성될 수 있는 점 등에 비추어 보면, 명의신탁약정에 따라 실제 소유자가 아닌 제3자 명의로 이루어진 등기 등이 강행법규 위반 등으로 무효라는 이유만으로 위 규정 본문 적용이 배제되는 것은 아니다.

3) 명의신탁재산에 대한 증여의제 과세요건

(1) 등기·등록·명의개서 등이 필요한 재산 등기·등록·명의개서 등이 되어 있을 것

① 등기가 필요한 재산

권리의 이전이나 그 행사에 등기가 필요한 재산이라 함은 등기부에 소유권이 등기되어야 할 물건으로서 부동산과 **입목**, **공장재단**, **광업재단**, 선박등기법에 의한 **선박** 등이 이에 해당된다. 그러나 1995. 7. 1.부터 부동산실권리자명의등기에 관한 법률이 시행되면서 부동산을 타인명의로 명의신탁한 경우에는 동 법률에 따라 과징금이 부과되므로 명의신탁재산에 대한 증여세 과세대상에서 부동산은 제외되었다.

② 등록이 필요한 재산

권리의 이전이나 그 행사에 있어 등록이 필요한 재산이라 함은 행정관청의 등록원부에 소유권이 등록되어야 하는 재산을 말하는 것으로서, **특허권, 실용신안권, 의장권, 상표권, 저작권** 등이 있다. 또한 수산업법에 의한 **어업권**, 광업법에 의한 **광업권**, 자동차관리법에 의한 **자동차**, 항공법에 의한 **항공기**, 건설기계관리법에 의한 건설기계 등이 이에 해당된다.

③ 명의개서가 필요한 재산

권리의 이전이나 그 행사에 명의개서가 필요한 재산도 명의신탁재산의 증여의제 대상 재산에 해당하며, 여기서 명의개서란 주주명부나 사채명부 등과 같이 명부 등에 명의인의 표시를 고쳐 쓰는 것을 말한다. 명의개서 대상재산으로서 **주권**과 **사채권** 등이 있다. **골프회원권**도 이에 준하여 볼 수 있겠다.

(2) 명의신탁에 대한 당사자간 합의가 있고 명의수탁자 앞으로 등기·등록이 되거나 실제소유자 명의로 명의개서 등이 될 것

명의신탁이란 실제소유자인 신탁자와 공부상 명의자 사이에 계약에 의하여 성립되는 것으로서, 신탁자의 청약과 수탁자의 승낙에 의하여 성립된다. 즉, 신탁자와 수탁자 사이에 합의가 있어야 성립된다. 또한 명의수탁자 앞으로 등기·등록·명의개서 등이 되어 있어야 한다. 주식 등의 경우에는 실제소유자 명의로 명의개서가 되어야 한다. 따라서 주식 등의 경우에는 실제소유자로의 명의회복 시점에 증여세가 부과된다.

그러므로 실질적인 재산의 소유자가 타인의 승낙을 받지 않고 일방적으로 타인 명의로 신탁하는 경우에는 명의신탁이 아니고 타인의 명의를 도용한 것이다. 이와 같이 타인의 명의를 도용한 경우에는 과세관청은 증여세를 부과할 수 없으며, 명의도용에 대한 입증책임은 명의도용 사실을 주장하는 자에게 있다.(대법원 2007두15780)

대법원 2008.2.14. 선고 2007두15780 판결 【증여세부과처분취소】

【판시사항】

실질소유자가 명의자의 의사와 관계없이 일방적으로 명의자 앞으로 등기 등

을 한 경우, 구 상속세 및 증여세법의 증여의제 규정이 적용되는지 여부(소극) 및 그 증명책임(=명의자)

【판결요지】

구 상속세 및 증여세법(2002. 12. 18. 법률 제6780호로 개정되기 전의 것) 제41조의 2 제1항의 증여의제 규정은 권리의 이전이나 행사에 등기 등을 요하는 재산에 있어서 실질소유자와 명의자가 합의 또는 의사소통을 하여 명의자 앞으로 등기 등을 한 경우에 적용되는 것이므로 명의자의 의사와 관계없이 일방적으로 명의자의 명의를 사용하여 등기 등을 한 경우에는 적용될 수 없으며, 이 경우 과세관청이 실질소유자가 명의자와 다르다는 점만을 입증하면 되고 그 명의자의 등기 등이 명의자의 의사와는 관계없이 실질소유자의 일방적인 행위로 이루어졌다는 입증은 이를 주장하는 명의자가 하여야 한다.

(3) 명의신탁에 조세 회피 목적이 있을 것

가. 조세 회피 목적의 판단기준

조세 회피의 목적 없이 타인의 명의로 등기·등록을 하거나 소유권을 취득한 실제소유자명의로 명의개서를 하지 아니한 경우에는 증여세가 과세되지 않는다.

위 규정 단서 제1호에서 말하는 '조세 회피'의 '조세'는 증여세에 한정되지 아니하고 모든 조세를 의미한다. 명의신탁이 조세회피 목적이 아닌 다른 이유에서 이루어졌음이 인정되고 명의신탁에 부수하여 사소한 조세경감이 생기는 것에 불과하다면 그와 같은 명의신탁에 '조세회피 목적'이 있었다고 단정할 수는 없으나, 명의신탁 목적에 조세회피 목적이 포함되어 있지 않은 경우에만 위 규정 단서조항을 적용하여 증여의제로 의율할 수 없는 것이므로 다른 주된 목적과 아울러 조세회피의 의도도 있었다고 인정되면 조세회피 목적이 없다고 할 수 없다.(대법원 2007두17175) 주식의 명의신탁이 회사업무처리 절차상의 번거로움을 피하기 위한 것으로서, 위 명의신탁 당시 과점주주로서의 제2차 납세의무나 간주취득세를 회피할 목적이 있었다고 보이지 않으며, 위 명의신탁으로 인하여 회피된 종합소득세가 없는 점 등에 비추어 위 명의신탁에 구 상속세 및 증여세법 제41조의2 제1항 제1호의 '조세회피목적'이 있었다고 볼 수 없다.(대법원 2004두13936)

최근 심결례는 '조세회피목적 여부는 사후적으로 회피된 조세가 있었는지 여부를 기준으로 판단하지 않고, 명의신탁 당시에 조세회피의 개연성 여부와 조세회피와는 상관없는 불가피한 사유가 있었는지를 기준으로 판단하는 것'이라고 결정한 바 있다.

나. 조세 회피 목적이 없었다는 것에 대한 입증책임

명의신탁에 있어서 조세회피의 목적이 없었다는 점에 관한 입증책임은 이를 주장하는 명의자에게 있다.(대법원 2004두7733)

다. 조세회피목적 여부는 명의신탁 당시를 기준으로 판단

조세회피의 목적이 없었는지 여부는 명의신탁할 당시를 기준으로 판단할 것이지 그 후 실제로 조세를 포탈하였는지 여부로 판단할 것은 아니다.(서울고법 2009누38635)

라. 조세 회피 목적이 있는 것으로 추정

주식이나 출자지분 중 1997.1.1. 전에 명의신탁한 경우에는 1998.12.31. 까지 실질소유자명의로 전환하고 그 사실을 관할세무서장에게 제출하여야 한다. 이 기간에 실명전환을 하지 아니하면 조세회피의 목적이 있는 것으로 추정하여 증여세를 과세하게 되었다. 또한 1997.1.1. 이후부터 새로 명의신탁을 한 경우에는 조세회피의 목적이 있는 것으로 추정하여 증여세를 과세한다.

마. 조세 회피 목적이 없는 것으로 추정

양도자가 소득세법 제105조(양도소득과세표준 예정신고) 및 제110조(양도소득과세표준 확정신고)에 따른 양도소득 과세표준신고 또는 증권거래세법 제10조의 규정에 따른 신고와 함께 소유권 변경 내용을 신고한 경우는 조세 회피 목적이 있는 것으로 추정하지 아니한다. 여기에서 '양도자'라 함은 주식을 실제 소유자에게 양도하였으나 명의개서를 하지 않은 자를 의미하며, '소유권 변경 내용 신고'는 소득세법 및 증권거래세법에 따른 신고서류에 의하여 명의개서를 하지 않은 양도자의 양도사실이 확인되는 경우를 의미한다.

(4) 소유권에 대한 실질 소유자와 명의자가 상이할 것

명의신탁에 대한 증여의제규정을 적용하기 위해서는 등기 등이 필요한 재산의 실제소유자와 명의자가 다른 경우에 적용된다. 이 경우에 과세처분의 적법 여부를 다투는 소송의 경우에는 실제 소유자와 명의자가 다르다는 점을 입증할 책임은 과세관청에 있다.(대법원 2009두5404)

(5) 명의신탁재산의 증여의제 적용 배제

비록 명의신탁이라고 하더라도 증여세를 과세하지 아니하는 예외 규정이 있다.(상증세법제45조의2①1호, 2호, ③,⑤)

4) 부부간 명의신탁과 증여의제

부부가 혼인중 일방 명의로 주식 등을 취득한 경우 일단 명의자의 특유재산으로 추정된다. 이러한 추정을 깨뜨리고 명의신탁으로 주장하려면 취득자금의 출처가 타방 배우자라는 사실만으로는 부족하고 다른 배우자가 실질적 소유자로서 명의신탁관계를 설정한 사실관계를 입증하여야만 한다. 물론 그러한 사실은 명의자가 입증하여야 한다. 명의자가 입증하지 못한 경우에는 취득자금에 대한 증여세가 과세될 것이나 6억원 한도의 증여재산 공제가 적용될 것이다.

만약 명의신탁 사실을 입증하면 증여의제 규정이 적용되어 명의자에게 증여세가 과세될 것이나 상속세 및 증여세법 제55조 제1항 제1호에 따라 증여공제가 적용하지 않고 과세표준을 명의신탁재산의 금액으로 하고 있다. 이 규정에 대하여도 헌법재판소는 합헌을 선언한 바 있다.

부부가 혼인중 일방 명의로 부동산을 취득한 경우에는 증여의제 규정이 적용되던 구 판례에 따르면, 부가 주택을 매수하여 그 명의로 소유권이전등기를 경료함에 있어서 그 매수자금 일부를 처 소유의 가옥 매각대금으로 충당한 경우, 처가 그 주택 자금의 일부를 실질적으로 부에게 증여한 것이 아니라면 처가 위 주택 중 그 자금에 해당하는 지분을 여전히 공유하고 있다 할 것인 바 그 주택에 관하여 부 단독명의로 소유권이전등기를 마쳤다면 그 지분을 부에게 명의신탁한 것이라고 볼 여지가 있고 그것이 만약 명의신탁한 것이라면 이는 상속세법(1981.12.31. 법률 제3474호로 개정된 것) 제32조의2 제1항 규정에 의하여 위 등기를 한 날에 처가 부에게 그 지분을 증여한 것으로 간주해야 한다고 하여 부에게 명의신탁재산에 대한 증여세가 과세되는 것으로 보았다. 그러나 이제는 부동산이 증여의제 규정에서 제외되어 명의신탁이라 하더리도 증여세가 부과되지 않는다. 따라서 대법원은 다음 판례에서 보듯이 명의신탁 여부에 대한 입증요건을 강화함으로써 증여세 탈루 여지를 줄이고 있다.

대법원 2008.9.25. 선고 2006두8068 판결 【증여세등부과처분취소】

【판시사항】

[1] 부부의 일방이 혼인 중 단독 명의로 취득한 부동산에 대한 취득자금의 출처가 다른 일방 배우자인 사실이 밝혀진 경우, 추정되는 사실(=취득자금의 증여) 및 그 반대사실의 증명책임자

[2] 부부의 일방이 혼인 중 단독 명의로 취득한 부동산에 관하여 '특유재산의 추정'을 번복하여 다른 일방 배우자의 명의신탁 재산으로 인정하기 위한 요건

【판결요지】

[1] 과세요건사실의 존재에 대한 입증책임은 과세관청에게 있으나 경험칙에 비추어 과세요건사실이 추정되는 사실이 밝혀지면 상대방이 경험칙 적용의 대상이 되지 아니하는 사정을 입증하여야 하는바, 민법 제830조 제1항에 의하여 부부의 일방이 혼인 중 단독 명의로 취득한 부동산은 그 명의자의 특유재산으로 추정되므로 당해 부동산의 취득자금의 출처가 명의자가 아닌 다른 일방 배우자인 사실이 밝혀졌다면 일단 그 명의자가 배우자로부터 취득자금을 증여받은 것으로 추정할 수 있고, 이 경우 당해 부동산이 명의자의 특유재산이 아니고 다른 일방 배우자로부터 명의신탁된 것이기 때문에 그 취득자금을 증여받은 것으로 볼 수 없다는 점에 대하여는 납세자가 이를 주장·입증하여야 한다.

[2] 민법 제830조 제1항에 정한 '특유재산의 추정'을 번복하기 위하여는 다른 일방 배우자가 실제로 당해 부동산의 대가를 부담하여 그 부동산을 자신이 실질적으로 소유하기 위해 취득하였음을 증명하여야 하므로, 단순히 다른 일방 배우자가 그 매수자금의 출처라는 사정만으로는 무조건 특유재산의 추정이 번복되어 당해 부동산에 관하여 명의신탁이 있었다고 볼 것은 아니고, 관련 증거들을 통하여 나타난 모든 사정을 종합하여 다른 일방 배우자가 당해 부동산을 실질적으로 소유하기 위하여 그 대가를 부담하였는지 여부를 개별적·구체적으로 가려 명의신탁 여부를 판단하여야 한다.

5) 무상주에 대한 명의신탁재산의 증여의제 적용 여부

명의신탁 주식에 대하여 무상증자로 무상주가 명의주주에게 배정되어 명의주주로 명의개서된 경우 새로운 명의신탁으로서 증여의제 규정이 적용되는지 기존 명의신탁의 연장인지 문제된다. 대법원 판례는 자산재평가 적립금을 자본금으로 전입함에 따라 기존 주주들에게 지분비율대로 무상주가 발행된 경우에는 종전의 명의수탁주식이 실질적으로 분할된 것에 불과하여 기존의 명의수탁주식과 별도로 명의신탁받은 것으로 볼 수는 없다고 판결(2004두11220)한 바 있다. 또한 대법

원은 주식발행초과금 등과 같은 자본잉여금의 자본전입으로 배정된 주식은 실질적인 주식분할에 불과하여 기존의 명의수탁 주식과 별도로 명의신탁 받은 것으로 볼 수 없다고 판결하였다.(대법 2006두20600)

따라서 특별한 상정이 없는 한 기존의 명의신탁 주식 외에 이익잉여금의 자본전입에 따라 기존의 명의수탁자에게 그 보유주식에 비례하여 배정된 무상주는 구 상증세법 제45조의2 제1항 본문에 의한 증여의제 규정의 적용대상이 아니다.(대법 2009두21352)

대법원 2011.7.14. 선고 2009두21352 판결 【증여세부과처분취소】

【판시사항】

주식 발행법인이 이익잉여금을 자본에 전입함에 따라 기존 주식의 명의수탁자에게 보유주식에 비례하여 배정된 무상주가 구 상속세 및 증여세법 제45조의2 제1항 본문에서 정한 증여의제의 적용대상이 되는지 여부(원칙적 소극)

【판결요지】

구 상속세 및 증여세법(2007. 12. 31. 법률 제8828호로 개정되기 전의 것, 이하 '구 상증세법'이라 한다) 제45조의2 제1항의 본문은 국세기본법 제14조에서 정한 실질과세원칙에 대한 예외의 하나로서 명의신탁이 조세회피 수단으로 악용되는 것을 방지하여 조세정의를 실현하고자 하는 한도 내에서 제한적으로 적용되는 규정인 점, 주식의 실제소유자와 명의자가 다른 상태에서 주식 발행법인이 이익잉여금을 자본에 전입함에 따라 명의인에게 무상주가 배정되더라도 발행법인의 순자산이나 이익 및 실제주주의 지분비율에는 변화가 없으므로 실제주주가 무상주에 대하여 자신의 명의로 명의개서를 하지 아니하였다고 해서 기존 주식의 명의신탁에 의한 조세회피 목적 외에 추가적인 조세회피 목적이 있다고 할 수 없는 점 등을 고려하면, 특별한 사정이 없는 한 기존 명의신탁 주식 외에 이익잉여금의 자본전입에 따라 기존 명의수탁자에게 보유주식에 비례하여 배정된 무상주는 구 상증세법 제45조의2 제1항 본문에 의한 증여의제 규정의 적용대상이 아니다.

서울고등법원 2013누25773 판결

【 제 목 】

포괄적 주식교환도 유상양도에 해당하여 새로운 명의신탁으로 보는 것임

【 요 지 】

포괄적 주식교환도 유상양도에 해당하므로 종전주식의 대체물이나 변형물이라고 할 수 없고 명의수탁자가 새로이 배정받은 신주에 관하여도 명의신탁관계를 유지하려는 의사를 가졌다고 봄이 합리적임.

6) 명의신탁주식의 처분대금의 반환

주식처분대금의 반환은 별도의 증여에 해당하여 증여세의 과세대상이 된다.

대법원 2007.2.8. 선고 2005두10200 판결 【증여세부과처분취소】

【판시사항】

명의수탁자가 명의신탁주식의 매도대금을 명의신탁자에게 반환한 경우, 구 상속세 및 증여세법 제31조 제4항에서 말하는 '증여받은 재산의 반환'으로 볼 수 있는지 여부(소극)

【판결요지】

원고가 구법 제41조의2 제1항에 의하여 증여받은 것으로 의제되는 재산은 이 사건 명의신탁주식 매수대금이 아닌 이 사건 명의신탁주식 자체이고, 명의수탁자가 명의신탁재산을 처분하여 그 대금을 명의신탁자에게 반환하는 것은 조세회피목적의 명의신탁에서 당연히 예정된 행위인데, 명의수탁자가 명의신탁재산의 처분 대가 또는 가액 상당의 금전을 명의신탁자에게 반환하는 것을 증여받은 재산의 반환으로 보아 증여세를 부과할 수 없다고 해석한다면 명의신탁행위를 증여로 의제하여 과세함으로써 조세회피목적의 명의신탁을 억제하고자 하는 법의 취지가 몰각되게 되므로, 원고의 이 사건 명의신탁주식 매도대금의 반환을 구법 제31조 제4항에 규정된 '증여받은 재산의 반환'으로는 볼 수 없다고 판단하였는 바, 관계 법령과 기록에 비추어 살펴보면 위와 같은 원심의 판단은 정당하고, 거기에 증여재산의 반환과 증여세 비과세 규정에 관한 법리오해 등의 위법이 없다.

7) 증여의제 시기

(1) 원칙

권리의 이전이나 그 행사에 등기·등록 등이 필요한 재산에 있어서 실제소유자와 명의자가 다른 경우 증여의제 시기는 그 등기·등록을 한 날이다. 그와 달리 주식 등의 경우에는 주식을 명의수탁자 앞으로 명의개서한 날이다. 다만, 주식의 명의개서일부터 3월 이내에 실제소유자(명의신탁자)에게 반환하였다면 처음부터 증여가 없는 것으로 보아 증여의제 규정이 적용되지 아니한다.

(2) 장기 미명의개서 재산

매매에 의하여 주식의 소유권을 취득한 경우로서 장기간 취득자의 명의로 미개서한 것에 대하여 증여의제하는 경우 소유권취득일이 속하는 연도의 다음 연도 말일의 다음 날을 증여의제시기로 본다.

(3) 주주명부 또는 사원명부가 작성되지 아니한 경우의 증여의제 시기

상증세법제45조의 2에 따르면 주주명부 또는 사원명부가 작성되지 아니한 경우에는 법인세법 제109조 제1항 및 제119조에 따라 납세지 관할세무서장에게 제출한 주주등에 관한 서류 및 주식등변동상황명세서에 의하여 명의개서 여부를 판정한다.

8) 증여의제 재산가액의 계산

증여의제가액은 이 **증여의제일 현재**를 기준으로 명의신탁재산을 상속세 및 증여세법 제60조부터 제66조까지의 규정에 의하여 평가한 가액이 된다. 주식의 경우에는 법인의 장부가액이 될 것이다.

9) 명의신탁에 대한 증여세 부과제척기간

(1) 의의

국세부과의 제척기간은 국가가 성립된 납세의무에 대하여 국세를 부과할 수 있는 권리가 존속하는 기간을 말하는데, 이는 국세채권에 대한 권리관계를 조속히 확정시키기 위하여 설정한 기간으로서 이 기간이 경과하면 국세의 부과권은 당연히 소멸된다.

(2) 명의신탁에 대한 부과제척기간

권리의 이전이나 그 행사에 등기 등을 요하는 재산에 있어서 실제소유자와 명의자가 다른 경우에 대한 증여의제 시기는 원칙적으로 그 명의자로 등기 등을 한 날에 증여한 것으로 보아 증여세를 부과한다. 그러나 매매 등에 의하여 소유권을 취득한 경우로서 장기간 취득자의 명의로 미개서한 것에 대하여 증여의제한 경우 소유권취득일이 속하는 연도의 다음 연도 말일의 다음 날을 증여의제시기로 보아 증여세를 과세하게 된다. 이 경우에 국가가 명의신탁에 대한 증여세를 과세하는 부과권이 언제까지나 가능한 것이 아니다. 국세기본법에서 정한 국세부과의 제척기간 만료 전에 부과를 하여야 하고, 이 기간이 만료된 이후에는 국세를 부과할 수 없다.

명의신탁에 대한 증여세의 부과는 국세기본법 제26조의 2 제1항 제4호 나목에 해당하여 이를 부과할 수 있는 날로부터 15년이 경과하면 할 수 없다.(대법원 2002두2826 참조) 다만, 이 국세기본법 26조의 2 제4항에서는 그 재산가액이 50억원 이상으로서 제3자의 명의로 되어 있는 피상속인 또는 증여자의 재산을 상속인 또는 수증자가 보유하고 있거나 그 자의 명의로 실명전환을 한 경우에는 당해 재산의 상속 또는 증여가 있음을 안 날부터 1년 이내에 상속세 및 증여세를 부과할 수 있도록 특례제척기간을 정하고 있다.

10) 증여세 연대납세의무

명의신탁재산의 증여의제로 증여세가 부과되는 경우 증여세 납세의무자는 명의수탁자가 된다. 다만, 명의수탁자에게 부과되는 증여세에 대하여 납세의무 성립과 동시에 실질소유자는 명의수탁자와 연대하여 증여세를 납부할 의무가 있다.

11) 주식 등 명의신탁의 해지

(1) 의의

명의신탁 해지란 권리의 이전이나 그 행사에 등기 등이 필요한 재산에 있어서 명의수탁자 명의로 되어 있는 공부상의 소유명의를 명의신탁자인 실제 소유자 명의로 환원하는 것을 말한다.

(2) 명의신탁 해지하여 실질소유자 명의로 환원할 때 각 세법상의 취급

가. 지방세법

명의신탁을 해지하여 주주명부상의 소유명의가 회복되어 과점주주가 되었다면 과점주주에 대한 간주취득세 납부의무가 없다.(대법원 2009두7448)

나. 상속세 및 증여세법

주식을 실제 소유자가 아닌 제3자 명의로 명의개서한 경우에는 조세회피의 목적이 없다고 인정하는 경우를 제외하고는 그 명의개서한 날에 실제 소유자가 그 명의자에게 증여한 것으로 보아 증여세를 과세한다. 이 경우에 제3자 명의로 명의신탁한 주식을 명의신탁 해지하여 그 주식의 실제소유자인 위탁자 명의로 당해 주식을 환원하는 경우 그 환원하는 것에 대하여는 증여세가 과세되지 아니한다.

그러나 실질소유자 외의 자에게 무상으로 명의이전 하는 경우에는 새로운 명의신탁인 경우를 제외하고는 그 명의를 이전한 날에 실질소유자가 그 명의를 이전받은 자에게 증여한 것으로 본다.

대법원 2011.9.29. 선고 2011두8765 판결 【증여세부과처분취소】

【판시사항】

[1] 증여로 의제되는 명의신탁재산에 대하여 명의신탁을 해지하고 반환하는 경우, 구 상속세 및 증여세법 제31조 제4항을 적용할 수 있는지 여부(적극) 및 명의신탁자의 지시에 따라 제3자 명의로 반환하는 경우에도 동일하게 위 조항을 적용할 수 있는지 여부(적극)

[2] 갑이 을과 병에게 정 주식회사 발행주식을 명의신탁하였다가 명의신탁일부터 3월 이내에 각각 제3자 명의로 명의수탁자를 변경하였는데, 이에 대하여 과세관청이 을과 병에게 구 상속세 및 증여세법 제45조의2에 따라 증여세 부과처분을 한 사안에서, 을과 병에게 증여세를 부과할 수 없다고 한 사례

【판결요지】

[1] 구 상속세 및 증여세법(2007. 12. 31. 법률 제8828호로 개정되기 전의 것, 이하 '구 상증법'이라 한다)은 제31조 제4항에서 "증여를 받은 후 그 증여받은 재산을 당사자간의 합의에 따라 제68조의 증여세 과세표준 신고기한(3월) 내에 반환하는 경우에는 처음부터 증여가 없었던 것으로 본다. 다만 반환하기 전에 과세표준과 세액의 결정을 받은 경우에는 그러하지 아니하다."고 규정하면서 구 상증법 제45조의2에서 증여로 의제되는 명의신탁에 대하여 위 규정의 적용을 배제하는 규정을 따로 두고 있지 않고, 증여세 과세표준 신고기한 내에 당사자들 합의에 의하여 증여재산을 반환하는 경우나 명의신탁받은 재산을 반환하는 경우 모두 그 재산을 수증자 또는 명의수탁자가 더 이상 보유하지 않게 된다는 면에서 실질적으로 다르지 아니한 점 등에 비추어 볼 때, 구 상증법 제31조 제4항은 증여로 의제된 명의신탁재산에 대하여 명의신탁을 해지하고 반환하는 경우에도 적용된다고 보아야 하고, 이는 명의수탁자가 명의신탁받은 재산을 명의신탁자 명의로 재산을 반환하는 경우뿐 아니라 명의신탁자의 지시에 따라 제3자 명의로 반환하는 경우도 마찬가지라고 보아야 한다.

[2] 갑이 을과 병에게 정 주식회사 발행주식을 명의신탁하였다가 명의신탁일부터 3월 이내에 각각 제3자 명의로 명의수탁자를 변경하였는데, 이에 대하여 과세관청이 을과 병에게 구 상속세 및 증여세법(2007. 12. 31. 법률 제8828호로 개정되기 전의 것) 제45조의2에 따라 증여세 부과처분을 한 사안에서, 을과 병이 명의신탁받은 주식을 증여세 과세표준 신고기한인 3개월 내에 명의신탁자에게 반환하였다고 보아야 하므로, 을과 병에게 증여세를 부과할 수 없다고 한 사례.

다. 소득세법

대법원 1997. 10. 10. 선고 96누6387 판결 【양도소득세부과처분취소】

【판시사항】

[1] 명의신탁 부동산을 양도한 경우, 양도소득세의 납세의무자

[2] 자산양도차익예정신고를 명의수탁자 명의로 한 경우, 예정신고 납부세액의 공제를 배제하고 신고·납부 불성실가산세를 부과한 처분을 적법하다고 판단한 사례

【판결요지】

[1] 부동산을 제3자에게 명의신탁한 경우 명의신탁자가 부동산을 양도하여 그 양도로 인한 소득이 명의신탁자에게 귀속되었다면, 국세기본법 제14조 제1항 및 구 소득세법(1994. 12. 22. 법률 제4804호로 전문 개정되기 전의 것) 제7조 제1항 등에서 규정하고 있는 실질과세의 원칙상 당해 양도소득세의 납세의무자는 양도의 주체인 명의신탁자이지 명의수탁자가 그 납세의무자가 되는 것은 아니다.

[2] 명의신탁된 부동산의 양도로 인한 자산양도차익 예정신고·납부를 해야 하는 자는 양도의 주체인 명의신탁자라고 할 것이므로 명의수탁자의 명의로 신고·납부한 것은 납세의무자의 적법한 신고·납부로 볼 수 없다 하여 명의수탁자 명의의 신고 부분에 대한 예정신고납부세액공제를 배제하고 신고·납부불성실가산세를 부과한 처분을 적법하다고 판단한 사례.

법원의 확정판결에 따라 명의신탁 해지를 원인으로 소유권이전등기를 하여 원상회복하는 경우에는 양도소득세 과세대상이 아니다. 그러나 명의신탁된 자산이 신탁자나 제3자에게 사실상 유상으로 이전되는 때에는 양도에 해당되어 실질과세의 원칙상 명의신탁자에게 양도소득세가 과세된다. 그러나 명의신탁 사실이 드러나지 않아 명의수탁자에게 양도소득세를 과세한 처분이 당연 무효는 아니다. 양도차익의 계산에 있어서 당해 자산의 취득시기는 실지소유자 명의로의 환원 여부에 불구하고 **당초 명의자 명의로 취득할 때**가 취득일이 된다.

라. 증권거래세법

증권거래세법 제1조에 따른 주권을 증권거래세법 제2조 제3항에 따라서 계약상 또는 법률상의 원인에 의하여 **유상으로 소유권을 이전**한 경우가 아니라면, 증권거래세 과세대상이 아니다. 따라서 명의신탁의 해지는 증권거래세가 과세되지 아니한다.

12. 기타 증여의제

1) 특수관계법인과의 거래를 통한 이익의 증여의제

상속세 및 증여세법 제45조의3(특수관계법인과의 거래를 통한 이익의 증여의제) ① 법인의 사업연도 매출액(「법인세법」 제43조의 기업회계기준에 따라 계산한 매출액을 말한다. 이하 이 조에서 같다) 중에서 그 법인의 지배주주와 대통령령으로 정하는 특수관계에 있는 법인(이하 이 조에서 "특수관계법인"이라 한다)에 대한 매출액이 차지하는 비율(이하 이 조에서 "특수관계법인거래비율"이라 한다)이 그 법인의 규모 등을 고려하여 대통령령으로 정하는 비율(이하 이 조에서 "정상거래비율"이라 한다)을 초과하는 경우에는 그 법인(이하 이 조 및 제68조에서 "수혜법인"이라 한다)의 지배주주와 그 지배주주의 친족[수혜법인의 발행주식총수 또는 출자총액에 대하여 직접 또는 간접으로 보유하는 주식보유비율이 대통령령으로 정하는 보유비율(이하 이 조에서 "한계보유비율"이라 한다)을 초과하는 주주에 한정한다. 이하 이 조에서 같다]이 다음 계산식에 따라 계산한 이익(이하 이 조 및 제55조에서 "증여의제이익"이라 한다)을 각각 증여받은 것으로 본다. <개정 2015.12.15.>

수혜법인의 세후 영업이익 × 정상거래비율의 1/2[수혜법인이 중소기업(「조세특례제한법」 제5조제1항에 따른 중소기업을 말한다. 이하 이 조에서 같다) 또는 대통령령으로 정하는 중견기업에 해당하는 경우에는 정상거래비율]을 초과 l 하는 특수관계법인 거래비율 × 한계보유비율을 초과하는 주식보유비율

② 증여의제이익의 계산 시 지배주주와 지배주주의 친족이 수혜법인에 직접적으로 출자하는 동시에 대통령령으로 정하는 법인을 통하여 수혜법인에 간접적으로 출자하는 경우에는 제1항의 계산식에 따라 각각 계산한 금액을 합산하여 계산한다.

③ 증여의제이익의 계산은 수혜법인의 사업연도 단위로 하고, 수혜법인의 해당 사업연도 종료일을 증여시기로 본다.

④ 제1항에 따른 매출액에서 중소기업인 수혜법인과 중소기업인 특수관계법인

간의 거래에서 발생하는 매출액 등 대통령령으로 정하는 매출액은 제외한다. <신설 2014.1.1.>

⑤ 제1항에 따른 지배주주 및 지배주주의 친족의 범위, 특수관계법인거래비율의 계산, 수혜법인의 세후영업이익의 계산, 주식보유비율의 계산 및 그 밖에 증여의제이익의 계산에 필요한 사항은 대통령령으로 정한다. <개정 2015.12.15.>

상속세 및 증여세법 제4조(증여세 과세대상) ① 다음 각 호의 어느 하나에 해당하는 증여재산에 대해서는 증여세를 부과한다.

4. 제33조부터 제39조까지, 제39조의2, 제39조의3, 제40조, 제41조의2부터 제41조의5까지, 제42조, 제42조의2 또는 제42조의3에 해당하는 경우의 그 재산 또는 이익

이른바 '일감몰아주기'가 사회적으로 문제가 되자 특수관계법인과의 거래를 통한 이익의 증여에 대하여 증여로 의제함으로써 과세하는 제도를 신설하였다. 신설 규정은 2012. 1. 1. 이후 개시하는 사업연도 거래분부터 적용된다. 이 경우에는 수증자에게 법인세가 부과되더라도 증여세가 과세된다.(상증세법제2조②)

법인의 사업연도 매출액 중에서 그 법인의 지배주주와 특수관계에 있는 법인에 대한 매출액이 차지하는 비율이 그 법인의 업종 등을 고려한 정상거래비율(30%, 중소·중견법인은 50%)을 초과하는 경우 수혜법인의 지배주주와 그 친족이 다음 계산식에 따라 계산한 증여의제이익을 각각 증여받은 것으로 본다.(상증세령 제34조의2) 이 경우 증여의제이익의 계산은 수혜법인의 사업연도 단위로 하고 수혜법인의 해당 사업연도 종료일을 증여시기로 본다.

증여의제이익 = 수혜법인의 세후 영업이익**(*)** × 정상거래비율(30%)의 1/2을 초과하는 특수관계법인 거래비율 × 한계보유비율(3%, 중소·중견법인은 10%)을 초과하는 주식보유비율 (*) 법인세법상 영업이익 - 영업이익에 대한 법인세

2) 특수관계법인으로부터 제공받은 사업기회로 발생한 이익의 증여의제

상속세 및 증여세법 제45조의4(특수관계법인으로부터 제공받은 사업기회로 발생한 이익의 증여 의제) ① 제45조의3제1항에 따른 지배주주와 그 친족(이하 이 조에서 "지배주주등"이라 한다)의 주식보유비율이 100분의 30 이상인 법인

(이하 이 조에서 "수혜법인"이라 한다)이 지배주주와 대통령령으로 정하는 특수 관계에 있는 법인(「조세특례제한법」 제5조제1항에 따른 중소기업은 제외한다)으로부터 대통령령으로 정하는 방법으로 사업기회를 제공받는 경우에는 그 사업기회를 제공받은 날(이하 이 조에서 "사업기회제공일"이라 한다)이 속하는 사업연도(이하 이 조에서 "개시사업연도"라 한다)의 종료일에 그 수혜법인의 지배주주등이 다음 계산식에 따라 계산한 금액(이하 이 조에서 "증여의제이익"이라 한다)을 증여받은 것으로 본다.

[{(제공받은 사업기회로 인하여 발생한 개시사업연도의 수혜법인의 이익 × 지배주주 등의 주식보유비율) - 개시사업연도분의 법인세 납부세액 중 상당액} ÷ 개시사업연도의 월 수 × 12] × 3

② 제1항에 따른 증여세 과세표준의 신고기한은 개시사업연도의 「법인세법」 제60조제1항에 따른 과세표준의 신고기한이 속하는 달의 말일부터 3개월이 되는 날로 한다.
③ 제1항에 따라 증여의제이익이 발생한 수혜법인의 지배주주등은 개시사업연도부터 사업기회제공일 이후 2년이 경과한 날이 속하는 사업연도(이하 이 조에서 "정산사업연도"라 한다)까지 수혜법인이 제공받은 사업기회로 인하여 발생한 실제 이익을 반영하여 다음 계산식에 따라 계산한 금액(이하 이 조에서 "정산증여의제이익"이라 한다)에 대한 증여세액과 제2항에 따라 납부한 증여의제이익에 대한 증여세액과의 차액을 관할 세무서장에게 납부하여야 한다. 다만, 정산증여의제이익이 당초의 증여의제이익보다 적은 경우에는 그 차액에 상당하는 증여세액(제2항에 따라 납부한 세액을 한도로 한다)을 환급받을 수 있다.

[(제공받은 사업기회로 인하여 발생한 개시사업연도부터 정산사업연도까지 발생한 수혜법인의 이익 합계액) × 지배주주 등의 주식보유비율] - 개시사업연도분부터 정산사업연도분까지의 법인세 납부세액 중 상당액

④ 제1항 및 제3항에 따른 지배주주등의 주식보유비율은 개시사업연도 종료일을 기준으로 적용한다.
⑤ 제3항에 따른 증여세 과세표준의 신고기한은 정산사업연도의 「법인세법」 제60조제1항에 따른 과세표준의 신고기한이 속하는 달의 말일부터 3개월이 되는 날로 한다.
⑥ 제1항 및 제3항에 따른 주식보유비율의 계산, 제공받은 사업기회로 인하여 발생한 수혜법인의 이익의 계산, 법인세 납부세액 중 상당액의 계산, 정산방법 및 절차 등에 관하여 필요한 사항은 대통령령으로 정한다.
[본조신설 2015.12.15.]

3) 특정법인과의 거래를 통한 이익의 증여 의제

상속세 및 증여세법 제45조의5(특정법인과의 거래를 통한 이익의 증여 의제) ① 다음 각 호의 어느 하나에 해당하는 법인(이하 이 조 및 제68조에서 "특정법인"이라 한다)의 대통령령으로 정하는 주주등(이하 이 조에서 "특정법인의 주주등"이라 한다)과 대통령령으로 정하는 특수관계에 있는 자가 그 특정법인과 제2항에 따른 거래를 하는 경우에는 그 특정법인의 이익에 특정법인의 주주등의 주식보유비율을 곱하여 계산한 금액을 그 특정법인의 주주등이 증여받은 것으로 본다.

1. 대통령령으로 정하는 결손금이 있는 법인
2. 증여일 현재 휴업 또는 폐업 상태인 법인
3. 증여일 현재 제1호 및 제2호에 해당하지 아니하는 법인으로서 제45조의3제1항에 따른 지배주주와 그 친족의 주식보유비율이 100분의 50 이상인 법인

② 제1항에 따른 거래는 다음 각 호의 어느 하나에 해당하는 것으로 한다.

1. 재산이나 용역을 무상으로 제공하는 것
2. 재산이나 용역을 통상적인 거래 관행에 비추어 볼 때 현저히 낮은 대가로 양도·제공하는 것
3. 재산이나 용역을 통상적인 거래 관행에 비추어 볼 때 현저히 높은 대가로 양도·제공받는 것
4. 그 밖에 제1호부터 제3호까지의 거래와 유사한 거래로서 대통령령으로 정하는 것

③ 제1항에 따른 증여일의 판단, 특정법인의 이익의 계산, 현저히 낮은 대가와 현저히 높은 대가의 범위 및 그 밖에 필요한 사항은 대통령령으로 정한다.

[본조신설 2015.12.15.]

13. 증여세의 비과세 및 면제

1) 비과세되는 증여재산

상속세 및 증여세법 제46조(비과세되는 증여재산) 제46조(비과세되는 증여재산) 다음 각 호의 어느 하나에 해당하는 금액에 대해서는 증여세를 부과하지 아니한다. <개정 2015.12.15.>

1. 국가나 지방자치단체로부터 증여받은 재산의 가액
2. 내국법인의 종업원으로서 대통령령으로 정하는 요건을 갖춘 종업원단체(이하 "우리사주조합"이라 한다)에 가입한 자가 해당 법인의 주식을 우리사주조합을 통하여 취득한 경우로서 그 조합원이 대통령령으로 정하는 소액주주의 기준에 해당하는 경우 그 주식의 취득가액과 시가의 차액으로 인하여 받은

이익에 상당하는 가액
3. 「정당법」에 따른 정당이 증여받은 재산의 가액
4. 「근로복지기본법」에 따른 사내근로복지기금이나 그 밖에 이와 유사한 것으로서 대통령령으로 정하는 단체가 증여받은 재산의 가액
5. 사회통념상 인정되는 이재구호금품, 치료비, 피부양자의 생활비, 교육비, 그 밖에 이와 유사한 것으로서 대통령령으로 정하는 것
6. 「신용보증기금법」에 따라 설립된 신용보증기금이나 그 밖에 이와 유사한 것으로서 대통령령으로 정하는 단체가 증여받은 재산의 가액
7. 국가, 지방자치단체 또는 공공단체가 증여받은 재산의 가액
8. 장애인을 보험금 수령인으로 하는 보험으로서 대통령령으로 정하는 보험의 보험금
9. 「국가유공자 등 예우 및 지원에 관한 법률」에 따른 국가유공자의 유족이나 「의사상자 등 예우 및 지원에 관한 법률」에 따른 의사자(義死者)의 유족이 증여받은 성금 및 물품 등 재산의 가액

상속세 및 증여세법 시행령 제35조(비과세되는 증여재산의 범위등) ① 법 제46조제2호에서 "우리사주조합"이란 「근로복지기본법」 또는 「자본시장과 금융투자업에 관한 법률」에 따른 우리사주조합을 말한다.
② 법 제46조제2호에서 "대통령령으로 정하는 소액주주"란 제29조제2항에 따른 주주등을 말한다.
③ 법 제46조제4호에서 "대통령령으로 정하는 단체"란 「근로복지기본법」에 따른 우리사주조합 및 근로복지진흥기금을 말한다.
④ 법 제46조제5호에서 "대통령령으로 정하는 것"이란 다음 각 호의 어느 하나에 해당하는 것으로서 해당 용도에 직접 지출한 것을 말한다.
1. 삭제 <2003.12.30.>
2. 학자금 또는 장학금 기타 이와 유사한 금품
3. 기념품·축하금·부의금 기타 이와 유사한 금품으로서 통상 필요하다고 인정되는 금품
4. 혼수용품으로서 통상 필요하다고 인정되는 금품
5. 타인으로부터 기증을 받아 외국에서 국내에 반입된 물품으로서 당해 물품의 관세의 과세가격이 100만원 미만인 물품
6. 무주택근로자가 건물의 총연면적이 85제곱미터이하인 주택(주택에 부수되는 토지로서 건물연면적의 5배이내의 토지를 포함한다)을 취득 또는 임차하기 위하여 법 제46조제4호의 규정에 의한 사내근로복지기금으로부터 증여받은 주택취득보조금중 그 주택취득가액의 100분의 5이하의 것과 주택임차보조금중 전세가액의 100분의 10이하의 것
7. 불우한 자를 돕기 위하여 언론기관을 통하여 증여한 금품
⑤ 법 제46조제6호에서 "대통령령으로 정하는 단체"란 다음 각 호의 어느 하나에 해당하는 단체를 말한다.

1. 「기술신용보증기금법」에 의한 기술신용보증기금
2. 「지역신용보증재단법」에 따른 신용보증재단 및 동법 제35조에 따른 신용보증재단중앙회
3. 「예금자보호법」 제24조제1항에 따른 예금보험기금 및 동법 제26조의3제1항에 따른 예금보험기금채권상환기금
4. 「한국주택금융공사법」 제55조에 따른 주택금융신용보증기금(동법 제59조의2에 따라 설치된 주택담보노후연금보증계정을 포함한다)

⑥ 법 제46조제8호에서 "대통령령으로 정하는 보험의 보험금"이란 「장애인복지법」 제32조에 따라 등록한 장애인 및 「국가유공자 등 예우 및 지원에 관한 법률」 제6조에 따라 등록한 상이자를 수익자로 한 보험의 보험금을 말한다. 이 경우 비과세되는 보험금은 연간 4천만원을 한도로 한다.

2) 영농자녀가 증여받는 농지 등에 대한 감면(2007. 1. 1. 이후)

조세특례제한법 제71조(영농자녀가 증여받는 농지 등에 대한 증여세의 감면) ① 다음 각 호의 요건을 모두 충족하는 농지·초지·산림지 또는 축사용지(해당 농지·초지·산림지 또는 축사용지를 영농조합법인에 현물출자하여 취득한 출자지분을 포함한다. 이하 이 조에서 "농지등"이라 한다)를 농지등의 소재지에 거주하면서 영농[양축(養畜) 및 영림(營林)을 포함한다. 이하 이 조에서 같다]에 종사하는 대통령령으로 정하는 거주자[이하 이 조에서 "자경농민"이라 한다]가 대통령령으로 정하는 직계비속(이하 이 조에서 "영농자녀"라 한다)에게 2017년 12월 31일까지 증여하는 경우에는 해당 농지등의 가액에 대한 증여세의 100분의 100에 상당하는 세액을 감면한다. <개정 2015.12.15.>

1. 다음 각 목의 어느 하나에 해당하는 농지등
   가. 농지: 「농지법」 제2조제1호가목에 따른 토지로서 4만제곱미터 이내의 것
   나. 초지: 「초지법」 제5조에 따른 초지조성허가를 받은 초지로서 14만8천500제곱미터 이내의 것
   다. 산림지: 「산지관리법」 제4조제1항제1호에 따른 보전산지 중 「산림자원의 조성 및 관리에 관한 법률」에 따라 산림경영계획을 인가받거나 특수산림사업지구로 지정받아 새로 조림한 기간이 5년 이상인 산림지(채종림, 「산림보호법」 제7조에 따른 산림보호구역을 포함한다. 이하 이 목에서 같다)로서 29만7천제곱미터 이내의 것. 다만, 조림 기간이 20년 이상인 산림지의 경우에는 조림 기간이 5년 이상인 29만7천제곱미터 이내의 산림지를 포함하여 99만 제곱미터 이내의 것으로 한다.
   라. 축사용지: 축사 및 축사에 딸린 토지로서 해당 축사의 실제 건축면적을 「건축법」 제55조에 따른 건폐율로 나눈 면적의 범위 이내의 것
2. 「국토의 계획 및 이용에 관한 법률」 제36조에 따른 주거지역·상업지역 및

공업지역 외에 소재하는 농지등

3. 「택지개발촉진법」에 따른 택지개발지구나 그 밖에 대통령령으로 정하는 개발사업지구로 지정된 지역 외에 소재하는 농지등

② 제1항에 따라 증여세를 감면받은 농지등을 영농자녀의 사망 등 대통령령으로 정하는 정당한 사유 없이 증여받은 날부터 5년 이내에 양도하거나 질병·취학 등 대통령령으로 정하는 정당한 사유 없이 해당 농지등에서 직접 영농에 종사하지 아니하게 된 경우에는 즉시 그 농지등에 대한 증여세의 감면세액에 상당하는 금액을 징수한다.

③ 제1항에 따라 증여세를 감면받은 농지등을 양도하여 양도소득세를 부과하는 경우 「소득세법」에도 불구하고 취득 시기는 자경농민이 그 농지등을 취득한 날로 하고, 필요경비는 자경농민의 취득 당시 필요경비로 한다.

④ 제1항에 따라 감면받은 세액을 제2항에 따라 징수하는 경우에는 제66조제6항을 준용한다.

⑤ 제1항에 따라 증여세를 감면받은 농지등은 「상속세 및 증여세법」 제3조의2제1항을 적용하는 경우 상속재산에 가산하는 증여재산으로 보지 아니하며, 같은 법 제13조제1항에 따라 상속세 과세가액에 가산하는 증여재산가액에 포함시키지 아니한다. <개정 2015.12.15.>

⑥ 제1항에 따라 증여세를 감면받은 농지등은 「상속세 및 증여세법」 제47조제2항에 따라 해당 증여일 전 10년 이내에 자경농민(자경농민의 배우자를 포함한다)으로부터 증여받아 합산하는 증여재산가액에 포함시키지 아니한다.

⑦ 제1항에 따라 증여세를 감면받으려는 영농자녀는 증여세 과세표준 신고기한까지 대통령령으로 정하는 바에 따라 감면신청을 하여야 한다.

⑧ 제1항부터 제7항까지의 규정을 적용하는 경우 증여세를 감면받은 농지등의 보유기간 및 취득가액의 계산방법, 그 밖에 필요한 사항은 대통령령으로 정한다.

재촌자경농민이 재촌자경 직계비속(영농자녀)에게 2014년 12월 31일까지 농지·초지 또는 산림지(농지 등을 영농조합법인에 출자하여 취득한 지분도 포함)를 증여하는 경우 증여세를 100% 감면한다.(조특법제71조①) 그 범위는 농지는 40,000㎡ 이내, 초지는 148,500㎡ 이내, 산림지는 산림경영계획을 인가받거나 특수산림사업지구로 지정받아 새로 조림한 기간이 5년 이상인 것으로서 297,000㎡ 이내이다. 증여받은 날부터 5년 이내에 정당한 사유 없이 양도시에는 감면액을 추징한다. 증여받은 농지를 제3자에게 양도시 양도차익의 산정기준인 취득시기는 '증여자가 취득한 날'이다. 또한 감면 농지 등은 상속재산에 가산하는 증여재산에서 제외한다.(조특법제71조⑤) 증여세 감면을 받는 경우에는 농어촌특별세 납부의무도 없다.(농특법제3조)

증여세를 감면받은 농지 등을 양도하여 양도소득세를 부과하는 경우, 소득세

법에 불구하고 취득시기는 자경농민이 그 농지 등을 취득한 날로 하고 필요경비 역시 자경농민의 취득 장시의 필요경비로 한다.(조특법제71조③) 이 경우, 장기보유특별공제도 자경농민을 기준으로 하여 적용한다.

※ ① 자경농민 및 영농자녀 확인서류 : 주민등록초본, 농지원부, 자경농지 사실확인서, 농약 및 비료 구입영수증, 농약 등 판매확인서, 면세유류관리대장, 출하증명서, 신용카드전표, 이장등의 인우보증서, 농협조합원증명서, 후계농업인 선정확인서
② 거주확인서류 : 본임 명의의 전기·수도를 공급받은 내역, 인근주소지에서 진료를 받은 내역, 교통카드·신용카드 확인내역, 택배수령내역, 아파트관리비 납부내역, 거주자우선주차 확인증

3) 정당(후원회 및 선거관리위원회 포함)이 받은 적법한 정치자금의 상속세 또는 증여세 비과세(조특법제76조②③)

상속세 및 증여세법 제76조 제3항에 불구하고, 정당이나 정치인이 받은 불법 정치자금에 대하여는 증여세가 부과된다.

14. 과세가액 계산

상속세 및 증여세법 제47조(증여세 과세가액) ① 증여세 과세가액은 증여일 현재 이 법에 따른 증여재산가액을 합친 금액[제31조제1항제3호, 제40조제1항제2호 및 제3호, 제41조의3, 제41조의5, 제42조의3, 제45조의3 및 제45조의4에 따른 증여재산(이하 "합산배제증여재산"이라 한다)의 가액은 제외한다]에서 그 증여재산에 담보된 채무(그 증여재산에 관련된 채무 등 대통령령으로 정하는 채무를 포함한다)로서 수증자가 인수한 금액을 뺀 금액으로 한다. <개정 2015.12.15.>

② 해당 증여일 전 10년 이내에 동일인(증여자가 직계존속인 경우에는 그 직계존속의 배우자를 포함한다)으로부터 받은 증여재산가액을 합친 금액이 1천만원 이상인 경우에는 그 가액을 증여세 과세가액에 가산한다. 다만, 합산배제증여재산의 경우에는 그러하지 아니하다.

③ 제1항을 적용할 때 배우자 간 또는 직계존비속 간의 부담부증여(부담부증여, 제44조에 따라 증여로 추정되는 경우를 포함한다)에 대해서는 수증자가 증여자의 채무를 인수한 경우에도 그 채무액은 수증자에게 인수되지 아니한 것으

로 추정한다. 다만, 그 채무액이 국가 및 지방자치단체에 대한 채무 등 대통령령으로 정하는 바에 따라 객관적으로 인정되는 것인 경우에는 그러하지 아니하다.

상속세 및 증여세법시행령 제10조(채무의 입증방법등) ① 법 제14조제4항에서 "대통령령으로 정하는 방법에 따라 증명된 것"이란 상속개시 당시 피상속인의 채무로서 상속인이 실제로 부담하는 사실이 다음 각 호의 어느 하나에 따라 증명되는 것을 말한다. <개정 2015.2.3>

1. 국가·지방자치단체 및 금융회사등에 대한 채무는 해당 기관에 대한 채무임을 확인할 수 있는 서류
2. 제1호외의 자에 대한 채무는 채무부담계약서, 채권자확인서, 담보설정 및 이자지급에 관한 증빙등에 의하여 그 사실을 확인할 수 있는 서류

상속세 및 증여세법시행령 제36조(증여세 과세가액에서 공제되는 채무) ① 법 제47조제1항에서 "그 증여재산에 관련된 채무 등 대통령령으로 정하는 채무"란 증여자가 해당 재산을 타인에게 임대한 경우의 해당 임대보증금을 말한다.

1) 분리과세원칙

증여세의 과세원인은 증여행위이므로 개개의 증여행위마다 별개의 과세요건을 구성한다. 이러한 분리과세원칙에 대한 예외가 같은 당사자 사이에 수차 증여가 있는 경우, 이른바 재차증여의 합산과세이다.

2) 증여세 과세가액=(증여재산가액+증여재산 가산액)-비과세 재산가액-과세가액 불산입-채무액

3) 합산배제 증여재산(상증세법제47조①)

① 타인의 기여에 의한 재산가치의 증가(상증세법제32조3호나목)
② 전환사채 등의 주식전환 등에 따른 이익의 증여 중 전환사채 등에 의하여 주식으로 전환 등을 하거나 전환사채 등을 양도함으로써 얻은 이익의 증여(상증세법제40조①2호)
③ 주식 또는 출자지분의 상장 등에 따른 이익의 증여(상증세법제41조의3)
④ 합병에 따른 상장 등 이익의 증여(상증세법제41조의5)
⑤ 그 밖의 이익의 증여 중 타인의 기여에 의한 재산가치의 증가에 따른 이익의 증여(상증세법제42조④)
⑥ 특수관계법인과의 거래를 통한 이익의 증여의제(상증세법제45조의3)
⑦ 조세특례제한법 제30조의5①단서, 제30조의6③단서, 제71조⑥

4) 동일인으로부터 받은 재차증여재산의 합산과세(상증세법제47조②)

누진세율을 회피하기 위해 수 개의 재산이나 다액의 현금재산을 나누어 증여하는 것을 방지하기 위한 규정이다.

① 해당 증여일 전 10년 이내에 증여받은 재산이 있을 것
② 동일인(그 배우자 포함)으로부터 증여를 받을 것 - 조부와 조모, 부와 모는 동일인, 생부와 이혼한 생모, 부와 계모, 숙부와 숙모는 동일인 아니다.
③ 종전 증여재산가액의 합계액이 1천만원 이상일 것 - 해당 증여일의 가액은 제외한다. 1천만원 미만이면 공제액에 해당하므로 3천만원(현행 5천만원)의 공제한도액에 포함된다.
④ 합산배제 증여재산에 해당하지 않을 것

재차증여재산의 합산과세시 증여재산의 가액은 각 증여일 현재의 재산가액에 따른다. 부와 모로부터 각각 증여받았으나 그 사이에 부 또는 모가 사망한 경우에는 사망한 사람의 생전에 증여받은 재산은 합산과세하지 않는다.

5) 증여재산가액에서 차감하는 채무(부담부증여)

※ 세법상의 '부담'의 요건

① 증여일 현재의 채무일 것

따라서 부동산 증여의 경우, 소유권이전등기접수일이 증여일이므로 그 전에 증여자의 채무를 수증자가 변제하였다면 그 채무액은 공제할 수 없다. 또한 증여일 이후에 발생할 예상채무를 수증자가 부담하기로 약정하였다 하더라도 해당사항이 없다. 증여일 직전에 대출받은 채무 가운데 사실은 증여자의 채무가 아닌 위장 채무인 경우도 제외된다.

② 해당 증여재산에 담보된 채무일 것

담보채무가 아닌 일반채무까지 확대할 경우, 조세회피 목적으로 악용될 수 있어 제한하고 있다. 그러나 증여일 현재 증여자가 타인에게 임대한 경우의 임대보증금은 담보된 채무에 해당한다. 따라서 '모'의 아파트에 전세보증금을 지급하고 거주하다가 해당 아파트를 증여받는 경우에는 전세보증금을 자녀가 지급한 사실이 확인되는 경우에는 그 금액을 공제한 금액을 증여가액으로 한다. 여기의 '담보된 채무'에는 유치권으로 담보된 채무도 포함한다.

③ 실질적인 채무자는 증여자일 것

제3자 명의의 담보로 제공된 재산(물상보증)을 조건 없이 증여받는 경우에는 증여가액은 그 재산가액 전액이다. 이 경우 수증자가 담보된 채무를 변제한 경우에는 그 채무상당액을 채무자(제3자)에게 증여한 것으로 본다. 다만, 수증자가 채무자에게 구상권을 행사하는 대위변제의 경우에는 그러하지 아니하다. 수증자가 주채무자를 대신하여 변제한 채무액을 부담부증여로 인정받기 위해서는 수증자가 주채무자와 증여자를 상대로 구상권을 행사하였어야 하고 주채무자와 증여자 모두 무자력임이 입증되어야 한다.

④ 수증자가 채무를 인수할 것

증여계약서상 채무인수 내용이 기재되어야 하는 것은 아니다. 채무자의 변경여부도 판단의 기준은 아니고 실질에 따라 판단하여야 한다. 실무에서는 실제 채무자인지 여부는 대출금의 경우에는 이자지급자를, 임대보증금의 경우에는 월세수령자를 기준으로 하며, 대출금이나 임대보증금의 상환자가 수증자라면 쉽사리 부담부증여로 인정하고 있다.

채무자 명의는 제3자로 되어 있으나 명의만 차용하였을 뿐 실제 채무자는 증여자로 인정되고 증여 받은 후 수증자가 채무이자를 부담하고 채무상환을 하였다면 부담부증여에 해당한다.

수증자가 인수한 채무액이 증여재산의 가액을 초과하는 경우에는 이른바 '역증여'로서 상속세 및 증여세법 제36조에 따라 초과액에 대하여 수증자가 증여자에게 증여한 것으로 본다. 증여재산의 시가(또는 보충적 평가액)보다 당해 재산에 담보된 채무액이 더 큰 경우에는 증여재산의 가액은 상속세 및 증여세법 제66조에 따라 증여일 현재 당해 재산이 담보하는 채권액과 당해 증여재산의 시가 또는 보충적 평가액 중 큰 금액으로 평가하므로 어느 경우에나 역증여가 발생하지는 않는다.

수증자가 증여자와의 증여약정에 따라 취득하기로 되어 있던 증축건물을 쟁송을 통하여 취득하고 그 쟁송과정에에서 화해금 및 변호사보수가 지출되었다면 그 비용은 원래 증여자가 증여약정에 따라 지출하였어야 할 비용을 수증자가 대신하여 지출한 것으로서 그 금원은 증여가액에서 공제되어야 한다. 이와 달리 수증자가 목적부동산을 취득하기 위하여 당연히 지출하여야 할 취득세, 등록면허세, 국민주택채권매입비용은 법률상 그 지출의무자가 수증자로 예정되어 있으므로 이를 공제하여서는 아니되고 이 비용을 증여자가 지출한 경우에는 오히려 그 비용을 증여가액에 가산하게 된다.

6) 증여세 과세가액에 불산입하는 재산

상속세 및 증여세법 제48조(공익법인등이 출연받은 재산에 대한 과세가액 불산입등) ① 공익법인등이 출연받은 재산의 가액은 증여세 과세가액에 산입하지 아니한다. 다만, 공익법인등이 내국법인의 주식등을 출연받은 경우로서 출연받은 주식등과 다음 각 호의 어느 하나의 주식등을 합한 것이 그 내국법인의 의결권 있는 발행주식총수등의 100분의 5(성실공익법인등에 해당하는 경우에는 100분의 10)를 초과하는 경우(제16조제2항 각 호 외의 부분 단서에 해당하는 경우는 제외한다)에는 대통령령으로 정하는 방법으로 계산한 초과부분을 증여세 과세가액에 산입한다. <개정 2015.12.15.>

1. 출연자가 출연할 당시 해당 공익법인등이 보유하고 있는 동일한 내국법인의 주식등
2. 출연자 및 그의 특수관계인이 해당 공익법인등 외의 다른 공익법인등에 출연한 동일한 내국법인의 주식등

② 세무서장등은 제1항 및 제16조제1항에 따라 재산을 출연받은 공익법인등이 다음 제1호부터 제4호까지 및 제6호의 어느 하나에 해당하는 경우에는 대통령령으로 정하는 가액을 공익법인등이 증여받은 것으로 보아 즉시 증여세를 부과하고, 제5호에 해당하는 경우에는 제78조제9항에 따른 가산세를 부과한다. 다만, 불특정 다수인으로부터 출연받은 재산 중 출연자별로 출연받은 재산가액을 산정하기 어려운 재산으로서 대통령령으로 정하는 재산은 제외한다. <개정 2011.7.25.>

1. 출연받은 재산을 직접 공익목적사업 등(직접 공익목적사업에 충당하기 위하여 수익용 또는 수익사업용으로 운용하는 경우를 포함한다. 이하 이 호에서 같다)의 용도 외에 사용하거나 출연받은 날부터 3년 이내에 직접 공익목적사업 등에 사용하지 아니하는 경우. 다만, 직접 공익목적사업 등에 사용하는 데에 장기간이 걸리는 등 대통령령으로 정하는 부득이한 사유**(*)**가 있는 경우로서 제5항에 따른 보고서를 제출할 때 납세지 관할세무서장에게 그 사실을 보고하고, 그 사유가 없어진 날부터 1년 이내에 해당 재산을 직접 공익목적사업 등에 사용하는 경우는 제외한다.
2. 출연받은 재산(그 재산을 수익용 또는 수익사업용으로 운용하는 경우 및 그 운용소득이 있는 경우를 포함한다)을 내국법인의 주식등을 취득하는 데 사용하는 경우로서 그 취득하는 주식등과 다음 각 목의 어느 하나의 주식등을 합한 것이 그 내국법인의 의결권 있는 발행주식총수등의 100분의 5(성실공익법인등에 해당하는 경우에는 100분의 10)를 초과하는 경우. 다만, 제49조제1항 각 호 외의 부분 단서에 해당하는 것으로서 상호출자제한기업집단과 특수관계에 있지 아니한 공익법인등이 그 공익법인등의 출연자와 특수관계에 있지 아니한 내국법인의 주식등을 취득하는 경우로서 대통령령으로 정하는 경우와 「산업교육진흥 및 산학연협력촉진에 관한 법률」에 따른 산학협

력단이 대통령령으로 정하는 주식등을 취득하는 경우는 제외한다.
가. 취득 당시 해당 공익법인등이 보유하고 있는 동일한 내국법인의 주식등
나. 해당 내국법인과 특수관계에 있는 출연자가 해당 공익법인등 외의 다른 공익법인등에 출연한 동일한 내국법인의 주식등
3. 출연받은 재산을 수익용 또는 수익사업용으로 운용하는 경우로서 그 운용소득을 직접 공익목적사업 외에 사용한 경우
4. 출연받은 재산을 매각하고 그 매각대금(매각대금에 의하여 증가한 재산을 포함하며 대통령령으로 정하는 공과금 등은 제외한다)을 공익목적사업 외에 사용하거나 매각한 날부터 3년이 지난 날까지 대통령령으로 정하는 바에 따라 공익목적사업에 사용하지 아니한 경우
5. 제3호에 따른 운용소득을 대통령령으로 정하는 기준금액에 미달하게 사용하거나 제4호에 따른 매각대금을 매각한 날부터 3년 동안 대통령령으로 정하는 기준금액에 미달하게 사용한 경우
6. 그 밖에 출연받은 재산 및 직접 공익목적사업을 대통령령으로 정하는 바에 따라 운용하지 아니하는 경우

(*) 법령상·행정상 부득이한 사유

상속세 및 증여세법 제52조(공익신탁재산에 대한 증여세 과세가액 불산입) 증여재산 중 증여자가 「공익신탁법」에 따른 공익신탁으로서 종교·자선·학술 또는 그 밖의 공익을 목적으로 하는 신탁을 통하여 공익법인등에 출연하는 재산의 가액은 증여세 과세가액에 산입하지 아니한다. 이 경우 제17조제2항을 준용한다. <개정 2014.3.18.>

상속세 및 증여세법 제52조의2(장애인이 증여받은 재산의 과세가액 불산입)
① 대통령령으로 정하는 장애인이 그의 직계존비속과 대통령령으로 정하는 친족으로부터 재산(「자본시장과 금융투자업에 관한 법률」에 따른 신탁업자에게 신탁할 수 있는 재산으로서 대통령령으로 정하는 것을 말한다. 이하 이 조에서 같다)을 증여받고 제68조에 따른 신고기한까지 다음 각 호의 요건을 모두 갖춘 경우에는 그 증여받은 재산가액(그 장애인이 살아 있는 동안 증여받은 재산가액을 합친 금액을 말하며, 5억원을 한도로 한다)을 증여세 과세가액에 산입하지 아니한다.
1. 증여받은 재산 전부를 「자본시장과 금융투자업에 관한 법률」에 따른 신탁업자에게 신탁하였을 것
2. 그 장애인이 신탁의 이익 전부를 받는 수익자일 것
3. 신탁기간이 그 장애인이 사망할 때까지로 되어 있을 것. 다만, 장애인이 사망하기 전에 신탁기간이 끝나는 경우에는 신탁기간을 장애인이 사망할 때까지 계속 연장하여야 한다.

② 세무서장등은 제1항에 따라 재산을 증여받은 장애인이 다음 각 호의 어느 하나에 해당하면 대통령령으로 정하는 날에 해당 재산가액을 증여받은 것으로 보아 즉시 증여세를 부과한다. 다만, 대통령령으로 정하는 부득이한 사유가

있을 때에는 그러하지 아니하다.
1. 신탁을 해지하거나, 신탁기간이 끝난 경우에 그 기간을 연장하지 아니한 경우
2. 신탁기간 중 수익자를 변경하거나, 제1항제1호에 따른 증여재산가액이 감소한 경우
3. 신탁의 이익 전부 또는 일부가 해당 장애인이 아닌 자에게 귀속되는 것으로 확인된 경우

① 공익법인등이 출연받은 재산(상증세법제48조①)

그러나 공익법인등이 주식 등을 5%(10%)를 초과하여 출연받는 경우에는 그 초과부분을 증여세 과세가액에 산입한다.

※ 임야를 출연받을 당시 이미 개발 제한구역 내에 있어 그 목적사업에 사용하기 위한 종교시설의 건축이 불가능하다는 법률상 장애사유를 알았거나, 설령 몰랐다고 하더라도 조금만 주의를 기울였다면 그러한 사정을 알 수 있었으므로, 직접 공익목적사업 등에 사용하지 아니한 데에 부득이한 사유가 있었다고 볼 수 없음.(대법원 2011두25807)

② 공익신탁재산(상증세법제52조)

③ 장애인의 증여재산(상증세법제52조의2)

장애인이 직계존비속이나 친족으로부터 신탁할 수 있는 재산을 증여받아 그 장애인을 수익자로 한 신탁에 가입할 것을 조건으로 그 장애인이 살아 있는 동안에 증여받은 재산가액을 합친 금액으로서 5억원을 한도로 과세가액에 불산입한다.

7) 수증자 명의의 건물 신축

타인에게 증여할 목적으로 타인 명의로 건물을 신축하는 경우 증여의 목적물이 당해 건물인지 아니면 그 신축자금인지 문제된다. ① 신축자금을 수증자에게 주어 수증자의 노력으로 건물을 신축한 경우와 ② 증여자의 노력으로 건물을 신축하면서 단지 그 명의만을 취득자 명의로 한 경우는 구별해야 할 것이다. 상속세 및 증여세법시행령 제23조 제1항 2호에서는 건물을 신축하여 증여할 목적으로 수증자의 명의로 건축허가를 받아 건물을 완성한 경우 그 취득시기를 건물의 사용승인서교부일로 규정하고 있다. 이 경우 문언상 건물을 증여하는 것으로 되어 있지만 취득면에서는 수증자가 원시취득하는 것으로 되어 취득시기에 관한 특칙을 둔 셈이다. 이 시행령의 경우는 앞의 ②에 해당한다.

이와 달리 주식취득자금이 제3자에게서 출연된 경우 판례는 이를 주식 자체의 증여가 아닌 취득자금의 증여로 구성한다.(대법원 95누1217)

15. 과세표준의 계산

상속세 및 증여세법 제55조(증여세의 과세표준 및 과세최저한) ① 증여세의 과세표준은 다음 각 호의 어느 하나에 해당하는 금액에서 대통령령으로 정하는 증여재산의 감정평가 수수료를 뺀 금액으로 한다. <개정 2015.12.15.>

1. 제45조의2에 따른 명의신탁재산의 증여 의제 : 그 명의신탁재산의 금액
2. 제45조의3 또는 제45조의4에 따른 이익의 증여 의제 : 증여의제이익
3. 제2호를 제외한 합산배제증여재산 : 그 증여재산가액에서 3천만원을 공제한 금액
4. 제1호부터 제3호까지 외의 경우 : 제47조제1항에 따른 증여세 과세가액에서 제53조와 제54조에 따른 금액을 뺀 금액

② 과세표준이 50만원 미만이면 증여세를 부과하지 아니한다.

상속세 및 증여세법 제53조(증여재산 공제) 거주자가 다음 각 호의 어느 하나에 해당하는 사람으로부터 증여를 받은 경우에는 다음 각 호의 구분에 따른 금액을 증여세 과세가액에서 공제한다. 이 경우 수증자를 기준으로 그 증여를 받기 전 10년 이내에 공제받은 금액과 해당 증여가액에서 공제받을 금액을 합친 금액이 다음 각 호의 구분에 따른 금액을 초과하는 경우에는 그 초과하는 부분은 공제하지 아니한다. **<개정 2015.12.15.>**

1. 배우자로부터 증여를 받은 경우: 6억원
2. 직계존속[수증자의 직계존속과 혼인(사실혼은 제외한다. 이하 이 조에서 같다) 중인 배우자를 포함한다]으로부터 증여를 받은 경우: 5천만원. 다만, 미성년자가 직계존속으로부터 증여를 받은 경우에는 2천만원으로 한다.
3. 직계비속(수증자와 혼인 중인 배우자의 직계비속을 포함한다)으로부터 증여를 받은 경우: 5천만원
4. 제2호 및 제3호의 경우 외에 6촌 이내의 혈족, 4촌 이내의 인척으로부터 증여를 받은 경우: 1천만원

상속세 및 증여세법 제54조(준용규정) 재난으로 인하여 증여재산이 멸실되거나 훼손된 경우의 증여세 과세가액 공제에 관하여는 제23조를 준용한다. 이 경우 제23조제1항 중 "거주자의 사망으로 상속이 개시되는"은 "타인으로부터 재산을 증여받은"으로, "제67조"는 "제68조"로, "상속재산"은 "증여재산"으로, "상속세 과세가액"은 "증여세 과세가액"으로 보고, 같은 조 제2항 중 "상속인이나 수유자"는 "수증자"로 본다.

상속세 및 증여세법시행령 제46조(증여재산공제의 방법등) ① 법 제53조를 적용할 때 증여세과세가액에서 공제할 금액의 계산은 다음 각 호의 어느 하나의

방법에 따른다.
1. 2 이상의 증여가 그 증여시기를 달리하는 경우에는 2이상의 증여 중 최초의 증여세과세가액에서부터 순차로 공제하는 방법
2. 2 이상의 증여가 동시에 있는 경우에는 각각의 증여세과세가액에 대하여 안분하여 공제하는 방법

상속세 및 증여세법시행령 제47조(준용규정) 제20조의 규정은 증여세에 관하여 이를 준용한다. 이 경우 제20조제2항중 "상속세과세가액"은 "증여세과세가액"으로, "상속재산"은 "증여재산"으로 하고, 동조제3항중 "상속세과세표준신고"는 "제65조의 규정에 의한 신고(이하 "증여세과세표준신고"라 한다)"로 본다.

상속세 및 증여세법 제23조(재해손실 공제) ① 거주자의 사망으로 상속이 개시되는 경우로서 제67조에 따른 신고기한 이내에 대통령령으로 정하는 재난으로 인하여 상속재산이 멸실되거나 훼손된 경우에는 그 손실가액을 상속세 과세가액에서 공제한다. 다만, 그 손실가액에 대한 보험금 등의 수령 또는 구상권 등의 행사에 의하여 그 손실가액에 상당하는 금액을 보전받을 수 있는 경우에는 그러하지 아니하다.

상속세 및 증여세법시행령 제20조(재난의 범위등) ① 법 제23조제1항 본문에서 "대통령령으로 정하는 재난"이란 화재·붕괴·폭발·환경오염사고 및 자연재해 등으로 인한 재난을 말한다.
② 법 제23조제1항의 규정에 의하여 상속세과세가액에서 공제하는 손실가액은 재난으로 인하여 손실된 상속재산의 가액으로 한다.
③ 법 제23조제1항의 규정에 의한 재해손실공제를 받고자 하는 자는 기획재정부령이 정하는 재해손실공제신고서에 당해 재난의 사실을 입증하는 서류를 첨부하여 상속세과세표준신고와 함께 납세지 관할세무서장에게 제출하여야 한다.

(1) 일반증여재산의 과세표준

증여세 과세표준 = 증여세 과세가액 - 증여재산공제 - 재해손실공제 - 감정평가수수료 공제

(2) 명의신탁재산의 과세표준

명의신탁재산의 금액 - 감정평가수수료공제

(3) 증여재산공제

2인 이상의 증여가 있는 경우 증여재산공제의 방법은 상증세령제46조 제1항에 따라 다음과 같은 방법에 따른다. ① 2 이상의 증여가 이시에 발생한 경우에

는 2 이상의 증여 중 최초의 증여세 과세가액으로부터 순차로 공제하는 방법, ② 2 이상의 증여가 동시에 발생한 경우에는 각각의 증여세 과세가액에 대하여 안분하여 공제하는 방법.

증여재산가액이 증여재산공제에 미달할 때에는 무신고 하더라도 가산세 등 불이익이 없다. 나아가 증여재산공제나 재해손실공제에 따른 공제를 적용함에 착오가 있어 증여세 과세표준을 과소신고 하였다 하더라도 가산세를 적용하지는 않는다.

재해손실공제에서 보험금 등을 수령하거나 구상권의 행사로 손실을 보전받은 경우에는 그 가액은 제외한다.(상증세법제54조, 제23조①)

(4) 증여세의 과세최저한도

증여세의 과세표준이 50만원 미만이면 증여세를 부과하지 아니한다.(상증세법제55조②)

16. 창업자금 사전상속제도

조세특례제한법 제30조의5(창업자금에 대한 증여세 과세특례) ① 18세 이상인 거주자가 제6조제3항 각 호에 따른 업종을 영위하는 중소기업을 창업할 목적으로 60세 이상의 부모(증여 당시 아버지나 어머니가 사망한 경우에는 그 사망한 아버지나 어머니의 부모를 포함한다. 이하 이 조에서 같다)로부터 토지·건물 등 대통령령으로 정하는 재산을 제외한 재산을 증여받는 경우에는 「상속세 및 증여세법」 제53조 및 제56조에도 불구하고 해당 증여받은 재산의 가액 중 대통령령으로 정하는 창업자금[증여세 과세가액 30억원(창업을 통하여 10명 이상을 신규 고용한 경우에는 50억원)을 한도로 하며, 이하 이 조에서 "창업자금"이라 한다]에 대해서는 증여세 과세가액에서 5억원을 공제하고 세율을 100분의 10으로 하여 증여세를 부과한다. 이 경우 창업자금을 2회 이상 증여받거나 부모로부터 각각 증여받는 경우에는 각각의 증여세 과세가액을 합산하여 적용한다. <개정 2015.12.15.>

② 창업자금을 증여받은 자는 증여받은 날부터 1년 이내에 창업을 하여야 한다. 이 경우 사업을 확장하는 경우로서 대통령령으로 정하는 경우는 창업으로 보며, 다음 각 호의 어느 하나에 해당하는 경우는 창업으로 보지 아니한다. <개정 2015.12.15.>

1. 합병·분할·현물출자 또는 사업의 양수를 통하여 종전의 사업을 승계하거나 종전의 사업에 사용되던 자산을 인수 또는 매입하여 같은 종류의 사업을 하는 경우

2. 거주자가 하던 사업을 법인으로 전환하여 새로운 법인을 설립하는 경우
3. 폐업 후 사업을 다시 개시하여 폐업 전의 사업과 같은 종류의 사업을 하는 경우
4. 다른 업종을 추가하는 등 새로운 사업을 최초로 개시하는 것으로 보기 곤란한 경우, 그 밖에 이와 유사한 것으로서 대통령령으로 정하는 경우

③ 창업자금을 증여받아 제2항에 따라 창업을 한 자가 새로 창업자금을 증여받아 당초 창업한 사업과 관련하여 사용하는 경우에는 제2항제3호 및 제4호를 적용하지 아니한다.

④ 창업자금을 증여받은 자는 증여받은 날부터 3년이 되는 날까지 창업자금을 모두 해당 목적에 사용하여야 한다.

⑤ 창업자금을 증여받은 자가 제2항에 따라 창업하는 경우에는 대통령령으로 정하는 날에 창업자금 사용명세(증여받은 창업자금이 30억원을 초과하는 경우에는 고용명세를 포함한다)를 증여세 납세지 관할 세무서장에게 제출하여야 한다. 이 경우 창업자금 사용명세를 제출하지 아니하거나 제출된 창업자금 사용명세가 분명하지 아니한 경우에는 그 미제출분 또는 불분명한 부분의 금액에 1천분의 3을 곱하여 산출한 금액을 창업자금 사용명세서 미제출 가산세로 부과한다. <개정 2015.12.15.>

⑥ 제1항에 따라 창업자금에 대한 증여세 과세특례를 적용받은 경우로서 다음 각 호의 어느 하나에 해당하는 경우에는 각 호의 구분에 따른 금액에 대하여 「상속세 및 증여세법」에 따라 증여세와 상속세를 각각 부과한다. 이 경우 대통령령으로 정하는 바에 따라 계산한 이자상당액을 그 부과하는 증여세에 가산하여 부과한다. <개정 2015.12.15.>

1. 제2항에 따라 창업하지 아니한 경우: 창업자금
2. 창업자금으로 제6조제3항 각 호에 따른 업종 외의 업종을 경영하는 경우: 제6조제3항 각 호에 따른 업종 외의 업종에 사용된 창업자금
3. 새로 증여받은 창업자금을 제3항에 따라 사용하지 아니한 경우: 해당 목적에 사용되지 아니한 창업자금
4. 창업자금을 제4항에 따라 증여받은 날부터 3년이 되는 날까지 모두 해당 목적에 사용하지 아니한 경우: 해당 목적에 사용되지 아니한 창업자금
5. 증여받은 후 10년 이내에 창업자금(창업으로 인한 대통령령으로 정하는 바에 따라 계산한 가치증가분을 포함한다. 이하 "창업자금등"이라 한다)을 해당 사업용도 외의 용도로 사용한 경우: 해당 사업용도 외의 용도로 사용된 창업자금등
6. 창업 후 10년 이내에 해당 사업을 폐업하는 경우 등 대통령령으로 정하는 경우: 창업자금등과 그 밖에 대통령령으로 정하는 금액
7. 증여받은 창업자금이 30억원을 초과하는 경우로서 창업한 날이 속하는 과세연도의 종료일부터 5년 이내에 각 과세연도의 근로자 수가 다음 계산식에 따라 계산한 수보다 적은 경우: 30억원을 초과하는 창업자금

창업한 날의 근로자 수 - (창업을 통하여 신규 고용한 인원 수 - 10명)

⑦ 창업자금은 「상속세 및 증여세법」 제3조의2제1항을 적용할 때 상속재산에 가산하는 증여재산으로 본다. <개정 2015.12.15.>
⑧ 창업자금은 「상속세 및 증여세법」 제13조제1항제1호를 적용할 때 증여받은 날부터 상속개시일까지의 기간과 관계없이 상속세 과세가액에 가산하되, 같은 법 제24조제3호를 적용할 때에는 상속세 과세가액에 가산한 증여재산가액으로 보지 아니한다.
⑨ 창업자금에 대한 증여세액에 대하여 「상속세 및 증여세법」 제28조를 적용하는 경우에는 같은 조 제2항에도 불구하고 상속세 산출세액에서 창업자금에 대한 증여세액을 공제한다. 이 경우 공제할 증여세액이 상속세 산출세액보다 많은 경우 그 차액에 상당하는 증여세액은 환급하지 아니한다.
⑩ 창업자금에 대하여 증여세를 부과하는 경우에는 「상속세 및 증여세법」 제47조제2항에도 불구하고 동일인(그 배우자를 포함한다)으로부터 증여받은 창업자금 외의 다른 증여재산의 가액은 창업자금에 대한 증여세 과세가액에 가산하지 아니하며, 창업자금에 대한 증여세 과세표준을 신고하는 경우에도 같은 법 제69조제2항에 따른 신고세액공제를 적용하지 아니한다. <개정 2014.12.23.>
⑪ 제1항을 적용받으려는 자는 증여세 과세표준 신고기한까지 대통령령으로 정하는 바에 따라 특례신청을 하여야 한다. 이 경우 그 신고기한까지 특례신청을 하지 아니한 경우에는 이 특례규정을 적용하지 아니한다.
⑫ 증여세 및 상속세를 과세하는 경우 이 조에서 달리 정하지 아니한 것은 「상속세 및 증여세법」에 따른다.
⑬ 제1항을 적용받는 거주자는 제30조의6을 적용하지 아니한다.
⑭ 제1항 및 제6항을 적용할 때 신규 고용의 기준, 근로자의 범위, 근로자 수의 계산 방법 및 그 밖에 필요한 사항은 대통령령으로 정한다. <신설 2015.12.15.>

조세특례제한법시행령 제27조의5(창업자금에 대한 증여세 과세특례)

1) 창업자금 증여세 과세특례(조특법제30조의5)

60세 이상 부모(증여 당시 아버지나 어머니가 사망한 경우에는 그 사망한 아버지나 어머니의 부모를 포함)**가 18세 이상 자녀에게** 중소기업 창업자금을 증여하는 경우 증여시점에서는 5억원을 공제한 후 10%의 낮은 세율로 증여세를 과세하고 상속시에 기본세율로(10~50%)로 상속세를 정산하는 제도로서 수증자의 인원수의 제한은 없다.[1인당 30억 한도(창업시 10인 이상을 고용한 경우에는 50억원)로 5억원까지는 비과세, 동일인이 2회 이상 증여받는 경우에는 합산하여 적용]

2) 과세표준 계산

과세특례 적용대상 증여세 과세표준=증여세 과세가액-증여재산공제(5억원)-재해손실공제-감정평가수수료

과세특례 적용대상 증여세 과세가액= MIN(①,②)

① (증여재산가액-채무액)+ 기과세특례 적용분 증여세 과세가액

② 한도 : 30억원(한도 초과분은 누진세율 적용)

과세특례 적용 증여세 산출세액 = 과세표준×10%

직계비속 공제는 적용되지 않는다.(조특법제30조의5①, 상증세법제53조) 신고세액 공제나 연부연납은 적용하지 아니한다.(조특법30의5⑩)

3) 중소기업 창업의 범위와 기한(조특법제6조③, 조특법제30조의5②)

창업이란 조세특례제한법상 중소기업(음식점업 포함) 중 유흥주점 등 개별소비세법상 과세유흥장소, 농업 등 영농상속 공제대상 업종을 제외한 기업을 새로이 설립하는 것. 다만, 다음은 창업에 해당하지 않는다.

- 타인의 사업을 승계하거나 자산을 인수 또는 매입하여 동종 사업을 영위하는 경우
- 법인으로 전환하는 경우
- 폐업 후 동종 사업을 다시 개시하는 경우
- 사업을 확장하거나 업종을 추가하는 경우

창업의 기한은 증여받은 날부터 1년 이내인데 창업이란 납세지 관할 세무서장에게 부가가치세법상 사업자등록을 하는 것을 말한다.(조특령제27의5③)

4) 창업자금으로 증여 가능한 재산(조특령제27조의5①, 소세법제94조①)

증여재산이 현금, 채권, 상장주식 중 소액주주분이면 창업자금으로 보지만 **양도소득세 과세대상이 되는 재산**(부동산, 부동산에 관한 권리, 주식 또는 출자지분, 기타자산)은 창업자금에서 **제외**한다.(양도소득세 회피수단으로 악용 방지)

5) 창업자금 증여세 특례신청

증여세 신고기한(증여일부터 3개월 내) 내에 증여세신고서와 함께 창업자금특례신청서를 제출하여야 한다. 제출하지 않는 경우 특례규정을 적용하지 아니한다.(조특법제30의5⑪)

6) 창업자금 증여과세특례 요건

창업자금특례신청 후 다음 사항을 위반하면 이자상당액을 가산하여 증여세 또는 상속세를 추징한다.

- 창업자금을 증여받은 날로부터 1년 이내에 창업하여야.
- 창업자금을 증여받은 날로부터 3년이 되는 날까지 모두 창업목적에 사용하여야.
- 창업자금을 증여받은 후 10년 내 당해 사업을 폐업하거나 창업자금을 사업용도 외의 다른 용도로 사용해서는 안된다.
- 창업자금특례와 가업승계특례는 중복 적용 ×

7) 창업자금의 사후관리

창업자금을 증여받은 자가 창업하는 경우에는 창업일이 속하는 달의 다음달 말일이나 창업일이 속하는 과세연도부터 4년 이내의 과세연도(창업자금을 모두 사용한 경우에는 그 날이 속하는 과세연도)까지 매 과세연도의 과세표준 신고기한에 창업자금 사용명세서를 납세지 관할세무서장에게 제출하여야 한다.(조특법제30의5⑤, 조특령제27의5④) 창업자금 사용명세서 미제출시는 미제출분 또는 불분명한 부분의 금액에 3/1,000을 곱하여 산출한 금액을 미제출가산세로 부과한다.

또한 조세특례제한법 제30조의2 제6항 각 호의 경우는 상속세 및 증여세법에 따라 증여세와 상속세를 추징한다.

17. 가업승계 과세특례제도(조특법제30조의6)

조세특례제한법 제30조의6(가업의 승계에 대한 증여세 과세특례) ① 18세 이상인 거주자가 60세 이상의 부모(증여 당시 아버지나 어머니가 사망한 경우에는 그 사망한 아버지나 어머니의 부모를 포함한다. 이하 이 조에서 같다)로부터「상속세 및 증여세법」 제18조제2항제1호에 따른 가업(이 경우 "피상속인"은 "부모"로, "상속인"은 "거주자"로 본다. 이하 이 조에서 같다)의 승계를 목적으로 해당 가업의 주식 또는 출자지분(이하 이 조에서 "주식등"이라 한다)을 증여받고 대통령령으로 정하는 바에 따라 가업을 승계한 경우에는 「상속세 및 증여세법」 제53조 및 제56조에도 불구하고 그 주식등의 가액 중 대통령령으로 정하는 가업자산상당액에 대한 증여세 과세가액(100억원을 한도로 한다)에서 5억원을 공제하고 세율을 100분의 10(과세표준이 30억원을 초과하는 경우 그 초과금액에 대해서는 100분의 20)으로 하여 증여세를 부과한다. 다만, 가업의 승계 후 가업의 승계 당시 해당 주식등의 증여자 및 「상속세 및 증여세법」 제22조제2항에 따른 최대주주 또는 최대출자자에 해당하는 자(가업의 승계 당시 해당 주식등을 증여받는 자는 제외한다)로부터 증여받는 경우에는 그러하지 아니하다. <개정 2014.12.23.>

② 제1항에 따라 주식등을 증여받은 자가 대통령령으로 정하는 바에 따라 가업을 승계하지 아니하거나 가업을 승계한 후 주식등을 증여받은 날부터 7년 이내에 대통령령으로 정하는 정당한 사유 없이 다음 각 호의 어느 하나에 해당하게 된 경우에는 그 주식등의 가액에 대하여 「상속세 및 증여세법」에 따라 증여세를 부과한다. 이 경우 대통령령으로 정하는 바에 따라 계산한 이자상당액을 증여세에 가산하여 부과한다. <개정 2014.12.23.>

1. 가업에 종사하지 아니하거나 가업을 휴업하거나 폐업하는 경우
2. 증여받은 주식등의 지분이 줄어드는 경우

③ 제1항에 따른 주식등의 증여에 관하여는 제30조의5제7항부터 제12항까지의 규정을 준용한다. 이 경우 "창업자금"은 "주식등"으로 본다.

④ 제1항에 따른 주식등의 증여 후 「상속세 및 증여세법」 제41조의3 및 제41조의5가 적용되는 경우의 증여세 과세특례 적용 방법, 해당 주식등의 증여 후 상속이 개시되는 경우의 가업상속공제 적용 방법, 증여자 및 수증자의 범위 등에 관하여 필요한 사항은 대통령령으로 정한다. <개정 2015.12.15.>

⑤ 제1항을 적용받는 거주자는 제30조의5를 적용하지 아니한다.

조세특례제한법시행령 제27조의6(가업의 승계에 대한 증여세 과세특례) ① 법 제30조의6제1항에서 "대통령령으로 정하는 바에 따라 가업을 승계한 경우"란 해당 가업의 주식 또는 출자지분(이하 이 조에서 "주식 등"이라 한다)을 증여받은 자(이하 이 조, 제28조 및 제29조에서 "수증자"라 한다) 또는 그 배우자가 「상속세 및 증여세법」 제68조에 따른 증여세 과세표준 <u>신고기한까지 가업에 종사하고 증여일부터 5년 이내에 대표이사에 취임</u>하는 경우를 말한다. <개정 2015.2.3.>

② 법 제30조의6제2항에서 가업을 승계하지 아니한 경우란 제1항에 따라 가업을 승계하지 아니하는 경우를 말한다.

③ 법 제30조의6제2항 각 호 외의 부분 전단에서 "대통령령으로 정하는 정당한 사유"란 다음 각 호의 어느 하나에 해당하는 경우를 말한다.

1. 수증자가 사망한 경우로서 수증자의 상속인이 「상속세 및 증여세법」 제67조에 따른 상속세 과세표준 신고기한까지 당초 수증자의 지위를 승계하여 가업에 종사하는 경우
2. 수증자가 증여받은 주식 등을 국가 또는 지방자치단체에 증여하는 경우3. 그 밖에 기획재정부령으로 정하는 부득이한 사유에 해당하는 경우

④ 법 제30조의6제2항 각 호 외의 부분 후단에 따라 증여세에 가산하여 부과하는 이자상당액은 다음 제1호에 따른 금액에 제2호에 따른 기간과 제3호에 따른 율을 곱하여 계산한 금액으로 한다.

1. 법 제30조의6제2항 각 호 외의 부분 전단에 따라 결정한 증여세액
2. 당초 증여받은 주식 등에 대한 증여세의 과세표준 신고기한의 다음 날부터 추징사유가 발생한 날까지의 기간3. 1일 1만분의 3

⑤ 법 제30조의6제2항제1호의 경우는 다음 각 호의 어느 하나에 해당하는 경우를 포함한다. <개정 2015.2.3.>

1. 수증자가 주식 등의 증여일부터 5년 이내에 대표이사로 취임하지 아니하거나 7년까지 대표이사직을 유지하지 아니하는 경우
2. 법 제30조의6제1항에 따른 가업(이하 이 조에서 "가업"이라 한다)의 주된 업종을 한국표준산업분류에 따른 세분류가 다른 업종으로 변경하는 경우
3. 가업을 1년 이상 휴업(실적이 없는 경우를 포함한다)하거나 폐업하는 경우

⑥ 법 제30조의6제2항제2호의 경우는 다음 각 호의 어느 하나에 해당하는 경우를 포함한다. <개정 2015.2.3.>

1. 수증자가 증여받은 주식 등을 처분하는 경우. 다만, 다음 각 목의 어느 하나에 해당하는 경우는 제외한다.가. 합병·분할 등 조직변경에 따른 처분으로서 수증자가 「상속세 및 증여세법 시행령」 제15조제3항에 따른 최대주주등(이하 이 조에서 "최대주주등"이라 한다)에 해당하는 경우나. 「자본시장과 금융투자업에 관한 법률」 제390조제1항에 따른 상장규정의 상장요건을 갖추기 위하여 지분을 감소시킨 경우
2. 증여받은 주식 등을 발행한 법인이 유상증자 등을 하는 과정에서 실권 등으로 수증자의 지분율이 낮아지는 경우. 다만, 해당 법인의 시설투자·사업규모의 확장 등에 따른 유상증자로서 수증자의 특수관계인(「상속세 및 증여세법 시행령」 제12조의2제1항 각 호의 어느 하나에 해당하는 자를 말한다. 이하 이 조에서 같다) 외의 자에게 신주를 배정하기 위하여 실권하는 경우로서 수증자가 최대주주등에 해당하는 경우는 그러하지 아니하다.
3. 수증자와 특수관계에 있는 자의 주식처분 또는 유상증자 시 실권 등으로 지분율이 낮아져 수증자가 최대주주등에 해당되지 아니하는 경우

⑦ 법 제30조의6제1항에 따른 증여세 과세특례 적용대상 주식 등을 증여받은 후 해당 주식 등의 증여에 대한 「상속세 및 증여세법」 제41조의3·제41조의5 또는 제42조에 따른 증여이익(이하 이 항에서 "증여이익"이라 한다)은 증여세 과세특례 대상 주식 등의 과세가액과 증여이익을 합하여 30억원까지 납세자의 선택에 따라 법 제30조의6제1항에 따른 증여세 과세특례를 적용받을 수 있다. 이 경우 증여세 과세특례 적용을 받은 증여이익은 「상속세 및 증여세법」 제13조제3항에 불구하고 법 제30조의5제7항 및 제8항, 법 제30조의6제3항에 따라 상속세 과세가액에 가산한다.

⑧ 법 제30조의6제1항에 따른 증여세 특례대상인 주식 등을 증여받은 후 상속이 개시되는 경우 상속개시일 현재 다음 각 호의 요건을 모두 갖춘 경우에는 「상속세 및 증여세법」 제18조제2항제1호에 따른 가업상속으로 보아 관련 규정을 적용한다.

1. 「상속세 및 증여세법 시행령」 제15조제3항에 따른 가업에 해당할 것. 다만, 「상속세 및 증여세법 시행령」제15조제4항제1호는 적용하지 아니한다.
2. 삭제 <2011.6.3.>
3. 수증자가 증여받은 주식 등을 처분하거나 지분율이 낮아지지 아니한 경우로서 가업에 종사하거나 대표이사로 재직하고 있을 것

⑨ 법 제30조의6제1항 본문에서 "대통령령으로 정하는 가업자산상당액"이란 「상속세 및 증여세법 시행령」 제15조제5항제2호를 준용하여 계산한 금액을 말한다. 이 경우 "상속재산 중 가업에 해당하는 법인의 주식등"은 "증여받은 주식 등"으로 본다. <신설 2014.2.21.>

1) 18세 이상인 거주자가 가업을 10년 이상 계속하여 경영한 60세 이상의 부모(증여 당시 아버지나 어머니가 사망한 경우에는 그 사망한 아버지나 어머니의 부모를 포함)로부터 해당 가업의 승계를 목적으로 주식 또는 출자지분(증여세 과세가액 100억원 한도)을 증여받고 가업을 승계하여 증여세 과세표준 신고기한까지 가업에 종사하고 증여일부터 5년 이내에 대표이사에 취임한 경우에는 증여세 과세가액에서 5억원을 공제하고 세율을 10%으로 하여 증여세를 부과한다.
2) 창업자금과 달리 수증자 중 1인에 대하여만 적용한다. 같은 기업을 50%씩 공동경영하던 2인이 각 자녀에게 증여하는 경우에는 각 수증자별로 적용받을 수 있다. 수증자는 18세 이상의 거주자여야 하나, 가업의 승계 후 가업의 승계 당시 해당 주식 등의 증여자 및 상속세 및 증여세법 제22조 제2항의 최대주주 또는 최대출자자는 해당하지 않는다. 또한 수증자는 가업을 승계(증여세 과세표준 신고기한까지 가업에 종사하고 증여일부터 5년 이내에 대표이사에 취임하는 경우)를 말한다.
3) 증여자는 가업을 10년 이상 계속하여 경영한 60세 이상의 부모이자 중소기업의 최대주주로서 특수관계자와 합하여 발행주식총수의 50% 이상을 보유하고 있는 경우여야 한다.
4) 증여세 과세표준과 증여세 과세가액, 증여세 산출세액(조특법제30의6①)

• 과세특례 적용대상 증여세 과세표준＝증여세 과세가액-증여재산공제(5억원)-감정평가수수료 • 과세특례 적용대상 증여세 과세가액＝ MIN(①,②) ① 증여세 과세가액 ② 한도 : 100억원(한도 초과분은 누진세율 적용) • 과세특례 적용 증여세 산출세액 ＝ 과세표준×10%

4) 수증자가 대통령령으로 정하는 바에 따라 가업을 승계하지 아니하거나 가업을 승계한 후 주식등을 증여받은 날부터 10년 이내에 정당한 사유 없이 다음 각 호의 어느 하나에 해당하게 된 경우에는 그 주식등의 가액에 대하여 상속세 및 증여세법에 따라 증여세를 부과한다. 이 경우 대통령령으로 정하는 바에 따라 계산한 이자상당액을 증여세에 가산하여 부과한다.(조특법제30의6②)

1. 가업에 종사하지 아니하거나 가업을 휴업하거나 폐업하는 경우
2. 증여받은 주식등의 지분이 줄어드는 경우

18. 증여세의 세액산출

1) 세율의 적용

2) 직계비속에 대한 증여의 할증과세

상속세 및 증여세법 제57조(직계비속에 대한 증여의 할증과세) ① 수증자가 증여자의 자녀가 아닌 직계비속인 경우에는 증여세산출세액에 100분의 30(수증자가 증여자의 자녀가 아닌 직계비속이면서 미성년자인 경우로서 증여재산가액이 20억원을 초과하는 경우에는 100분의 40)에 상당하는 금액을 가산한다. 다만, 증여자의 최근친인 직계비속이 사망하여 그 사망자의 최근친인 직계비속이 증여받은 경우에는 그러하지 아니하다. <개정 2015.12.15.>

② 할증과세액의 계산방법 등 필요한 사항은 대통령령으로 정한다. <신설 2015.12.15.>

3) 기납부 증여세액의 공제

상속세 및 증여세법 제58조(납부세액공제) ① 제47조제2항에 따라 증여세 과세가액에 가산한 증여재산의 가액(둘 이상의 증여가 있을 때에는 그 가액을 합친 금액을 말한다)에 대하여 납부하였거나 납부할 증여세액(증여 당시의 해당 증여재산에 대한 증여세산출세액을 말한다)은 증여세산출세액에서 공제한다. 다만, 증여세 과세가액에 가산하는 증여재산에 대하여 「국세기본법」 제26조의2 제1항제4호 또는 같은 조 제4항에 규정된 기간의 만료로 인하여 증여세가 부과되지 아니하는 경우에는 그러하지 아니하다.(*)

② 제1항의 경우에 공제할 증여세액은 증여세산출세액에 해당 증여재산의 가액과 제47조제2항에 따라 가산한 증여재산의 가액을 합친 금액에 대한 과세표준에 대하여 가산한 증여재산의 과세표준이 차지하는 비율을 곱하여 계산한 금액을 한도로 한다.

(*) 제척기간의 만료

4) 외국납부세액공제

상속세 및 증여세법 제59조(외국 납부세액 공제) 타인으로부터 재산을 증여받은 경우에 외국에 있는 증여재산에 대하여 외국의 법령에 따라 증여세를 부과

받은 경우에는 대통령령으로 정하는 바에 따라 그 부과받은 증여세에 상당하는 금액을 증여세산출세액에서 공제한다.

19. 과세표준의 신고 및 납부

상속세 및 증여세법 제68조(증여세 과세표준신고) ① 제4조의2에 따라 증여세 납부의무가 있는 자는 증여받은 날이 속하는 달의 말일부터 3개월 이내에 제47조와 제55조제1항에 따른 증여세의 과세가액 및 과세표준을 대통령령으로 정하는 바에 따라 납세지 관할 세무서장에게 신고하여야 한다. 다만, 제41조의3과 제41조의5에 따른 비상장주식의 상장 또는 법인의 합병 등에 따른 증여세 과세표준 정산 신고기한은 정산기준일이 속하는 달의 말일부터 3개월이 되는 날로 하며, 제45조의3 및 제45조의5에 따른 증여세 과세표준 신고기한은 수혜법인 또는 특정법인의 「법인세법」 제60조제1항에 따른 과세표준의 신고기한이 속하는 달의 말일부터 3개월이 되는 날로 한다. <개정 2015.12.15.>

② 제1항에 따른 신고를 할 때에는 그 신고서에 증여세 과세표준의 계산에 필요한 증여재산의 종류, 수량, 평가가액 및 각종 공제 등을 증명할 수 있는 서류 등 대통령령으로 정하는 것을 첨부하여야 한다.

1) 신고의무자

증여세 납세의무자.(상증세법제68조①) 다만, 수증자가 영리법인인 경우에는 증여세가 면제되므로 신고의무가 없다.(상증세법제4조①)

2) 신고기한

일반적인 경우에는 증여받은 날이 속하는 달의 말일부터 3개월 이내.(상증세법제68조①) 비상장주식의 상장 또는 법인의 합병 등에 따른 신고기한은 정산기준일이 속하는 달의 말일부터 3개월이 되는 날로 한다. 정산기준일이란 상장일(합병등기일)부터 3개월이 되는 날을 말한다.(상증세법제41의3②, 상증세법제41의5③) 특수관계법인과의 거래를 통한 이익의 증여의제의 경우에는 법인세법 제60조 제1항(법인세 신고기한)에 따른 과세표준의 신고기한이 속하는 달의 말일부터 3개월이 되는 날로 한다.(상증세법제68조①)

3) 경정청구

상속세 및 증여세법 제76조(결정 · 경정) ① 세무서장등은 제67조나 제68조에 따른 신고에 의하여 과세표준과 세액을 결정한다. 다만, 신고를 하지 아니하였거나 그 신고한 과세표준이나 세액에 탈루 또는 오류가 있는 경우에는 그 과세표준과 세액을 조사하여 결정한다.

② 세무서장등은 「국세징수법」 제14조제1항 각 호의 어느 하나에 해당하는 사유가 있는 경우에는 제1항에도 불구하고 제67조나 제68조에 따른 신고기한 전이라도 수시로 과세표준과 세액을 결정할 수 있다.

③ 세무서장등은 제1항에 따른 신고를 받은 날부터 대통령령으로 정하는 기간(이하 "법정결정기한"이라 한다) 이내에 과세표준과 세액을 결정하여야 한다. 다만, 상속재산 또는 증여재산의 조사, 가액의 평가 등에 장기간이 걸리는 등 부득이한 사유가 있어 그 기간 이내에 결정할 수 없는 경우에는 그 사유를 상속인·수유자 또는 수증자에게 알려야 한다.

④ 세무서장등은 제1항이나 제2항에 따라 과세표준과 세액을 결정할 수 없거나 결정 후 그 과세표준과 세액에 탈루 또는 오류가 있는 것을 발견한 경우에는 즉시 그 과세표준과 세액을 조사하여 결정하거나 경정한다.

⑤ 세무서장등은 제4항을 적용할 때 제1항이나 제2항에 따라 결정된 상속재산의 가액이 30억원 이상인 경우로서 상속개시 후 대통령령으로 정하는 기간 이내에 상속인이 보유한 부동산, 주식, 그 밖에 대통령령으로 정하는 주요 재산의 가액이 상속개시 당시에 비하여 크게 증가한 경우에는 대통령령으로 정하는 바에 따라 그 결정한 과세표준과 세액에 탈루 또는 오류가 있는지를 조사하여야 한다. 다만, 상속인이 그 증가한 재산의 자금 출처를 대통령령으로 정하는 바에 따라 증명한 경우에는 그러하지 아니하다.

국세기본법 제45조의2(경정 등의 청구) ① 과세표준신고서를 법정신고기한까지 제출한 자는 다음 각 호의 어느 하나에 해당할 때에는 최초신고 및 수정신고한 국세의 과세표준 및 세액의 결정 또는 경정을 법정신고기한이 지난 후 5년 이내에 관할 세무서장에게 청구할 수 있다. 다만, 결정 또는 경정으로 인하여 증가된 과세표준 및 세액에 대하여는 해당 처분이 있음을 안 날(처분의 통지를 받은 때에는 그 받은 날)부터 90일 이내(법정신고기한이 지난 후 5년 이내로 한정한다)에 경정을 청구할 수 있다. <개정 2014.12.23.>

1. 과세표준신고서에 기재된 과세표준 및 세액(각 세법에 따라 결정 또는 경정이 있는 경우에는 해당 결정 또는 경정 후의 과세표준 및 세액을 말한다)이 세법에 따라 신고하여야 할 과세표준 및 세액을 초과할 때
2. 과세표준신고서에 기재된 결손금액 또는 환급세액(각 세법에 따라 결정 또는 경정이 있는 경우에는 해당 결정 또는 경정 후의 결손금액 또는 환급세액을 말한다)이 세법에 따라 신고하여야 할 결손금액 또는 환급세액에 미치지 못할 때

② 과세표준신고서를 법정신고기한까지 제출한 자 또는 국세의 과세표준 및 세액의 결정을 받은 자는 다음 각 호의 어느 하나에 해당하는 사유가 발생하였을 때에는 제1항에서 규정하는 기간에도 불구하고 그 사유가 발생한 것을 안 날부터 2개월 이내에 결정 또는 경정을 청구할 수 있다.

1. 최초의 신고·결정 또는 경정에서 과세표준 및 세액의 계산 근거가 된 거래 또는 행위 등이 그에 관한 소송에 대한 판결(판결과 같은 효력을 가지는 화해나 그 밖의 행위를 포함한다)에 의하여 다른 것으로 확정되었을 때(*)
2. 소득이나 그 밖의 과세물건의 귀속을 제3자에게로 변경시키는 결정 또는 경정이 있을 때
3. 조세조약에 따른 상호합의가 최초의 신고·결정 또는 경정의 내용과 다르게 이루어졌을 때
4. 결정 또는 경정으로 인하여 그 결정 또는 경정의 대상이 되는 과세기간 외의 과세기간에 대하여 최초에 신고한 국세의 과세표준 및 세액이 세법에 따라 신고하여야 할 과세표준 및 세액을 초과할 때
5. 제1호부터 제4호까지와 유사한 사유로서 대통령령으로 정하는 사유가 해당 국세의 법정신고기한이 지난 후에 발생하였을 때

③ 제1항과 제2항에 따라 결정 또는 경정의 청구를 받은 세무서장은 그 청구를 받은 날부터 2개월 이내에 과세표준 및 세액을 결정 또는 경정하거나 결정 또는 경정하여야 할 이유가 없다는 뜻을 그 청구를 한 자에게 통지하여야 한다. 다만, 청구를 한 자가 2개월 이내에 아무런 통지를 받지 못한 경우에는 통지를 받기 전이라도 그 2개월이 되는 날의 다음 날부터 제7장에 따른 이의신청, 심사청구, 심판청구 또는 「감사원법」에 따른 심사청구를 할 수 있다. <개정 2014.12.23.>

(*) 구 상속세 및 증여세법(2010. 1. 1. 법률 제9916호로 개정되기 전의 것) 제45조의2 제1항(이하 '이 사건 법률조항'이라 한다) 본문은 권리의 이전이나 그 행사에 등기 등을 요하는 재산(토지와 건물을 제외한다)의 실제 소유자와 명의자가 다른 경우에는 국세기본법 제14조의 규정에도 불구하고 그 명의자로 등기 등을 한 날에 그 재산의 가액을 명의자가 실제 소유자로부터 증여받은 것으로 본다고 규정하고, 단서 제1호는 조세회피의 목적 없이 타인의 명의로 재산의 등기 등을 하거나 소유권을 취득한 실제 소유자 명의로 명의개서를 하지 아니한 경우에는 그러하지 아니하다고 규정하고 있다. 이 사건 법률조항은 명의신탁제도를 이용한 조세회피행위를 효과적으로 방지하여 조세정의를 실현하기 위하여 실질과세원칙에 대한 예외를 인정한 것이다. 이러한 입법취지에 더하여 조세회피를 목적으로 명의신탁에 따른 등기 등이 일단 이루어진 이상 그 후 사해행위취소 판결에 의하여 그 등기 등의 명의가 실제 소유자 앞으로 원상회복되었다고 하더라도 사해행위취소 판결에는 소급효가 없으므로 그때까지는 명의신탁에 따른 등기 등이 유지됨으로써 조세회피의 목적이 달성되는 점 등에 비추어 볼 때, 명의신탁에 따른 등기 등이 이루어지고 그에 대하여 과세관청이 이 사건 법률조항 본문에 따라 증여세 부과처분을 한 후 그 등기 등이 사해행위취소 판결로 원상회복되었다고 하여 이 사건 법

률조항이 정한 증여의제규정의 적용이 배제되는 것은 아니라고 할 것이다.

따라서 이 사건 주식의 명의신탁에 대하여 이 사건 법률조항 본문에 따라 증여세 부과처분이 이루어진 후 국가가 청구한 사해행위취소 판결로 명의신탁이 취소되고 실제 소유자 앞으로 명의가 회복되었다고 하더라도 그때까지 유지된 명의신탁에 대하여 이 사건 법률조항이 정한 증여의제규정의 적용이 배제된다거나 위와 같이 명의신탁이 취소되었다는 사유가 구 국세기본법 제45조의2 제2항이 정한 후발적 경정청구사유에 해당한다고 할 수 없다.(대법원 2012두8151) → cf. 서울행정법원 2013구합60002

상속세 및 증여세법 제79조(경정 등의 청구 특례) ② 다음 각 호의 어느 하나에 해당하는 경우에는 그 사유가 발생한 날부터 3개월 이내에 대통령령으로 정하는 바에 따라 결정 또는 경정을 청구할 수 있다.

1. 제37조에 따른 증여세를 결정 또는 경정받은 자가 대통령령으로 정하는 부동산무상사용기간 중 부동산소유자로부터 해당 부동산을 상속 또는 증여받거나 대통령령으로 정하는 사유로 해당 부동산을 무상으로 사용하지 아니하게 되는 경우
2. 제41조의4에 따른 증여세를 결정 또는 경정받은 자가 같은 조 제1항 각 호 외의 부분 후단의 대부기간 중에 대부자로부터 해당 금전을 상속 또는 증여받거나 대통령령으로 정하는 사유로 해당 금전을 무상으로 또는 적정이자율보다 낮은 이자율로 대부받지 아니하게 되는 경우

4) 신고 · 납부장소

일반적인 경우에는 수증자의 주소지 또는 거소지. 수증자가 비거주자인 경우 또는 수증자의 주소·거소가 불분명한 경우에는 증여자의 주소지이다.(상증세법제6조②) ① 수증자와 증여자가 모두 비거주자인 경우, ② 수증자와 증여자 모두의 주소 또는 거소가 불분명한 경우, ③ 수증자가 비거주자이거나 주소 또는 거소가 분명하지 아니하고 증여자가 상속세 및 증여세법 제39조 제2항, 제39의3 제3항, 제45의3에 따라 증여의제되는 경우에는 증여재산의 소재지이다.(상증세법제6조③)

[부 록]

표로 정리하는 부동산 관련 세금 일반

부동산의 거래단계별 각종 세금

<table>
<tr><th colspan="2">구 분</th><th>세 목</th><th>세 율</th><th>주요내용</th></tr>
<tr><td rowspan="5">취득
단계
(7종)</td><td rowspan="3">국
세</td><td>상속세</td><td>10~50%</td><td>사망, 실종 : 상속인에게 과세</td></tr>
<tr><td>증여세</td><td>10~50%</td><td>무상기부, 증여 : 수증자에게 과세</td></tr>
<tr><td>인지세</td><td>개별</td><td>부동산 매매계약서, 도급계약서 등</td></tr>
<tr><td rowspan="2">지
방
세</td><td>통합취득세
(지방교육세)
(농어촌특별세)</td><td>4%
(0.4%)
(0.2%)</td><td>승계취득 : 매매, 교환, 출자, 상속, 증여
원시취득 : 간척, 신축, 증축, 재건축, 재개발
간주취득 : 지목변경, 개축(자본적 지출), 과점주주, 리모델링</td></tr>
<tr><td>등록면허세
(지방교육세)</td><td>2%
(0.4%)</td><td>등기(면허)시 납부</td></tr>
<tr><td rowspan="7">보유
단계
(9종)</td><td rowspan="4">국
세</td><td>소득세(개인)</td><td>6~38%</td><td>토지, 주택, 건물 등 임대수입에 대한 과세(개인)</td></tr>
<tr><td>법인세</td><td>10~22%</td><td>토지, 주택, 건물 등 임대수입에 대한 과세(법인)</td></tr>
<tr><td>부가가치세</td><td>10%</td><td>토지·건물임대, 개인·법인사업자에 과세. 단, 주택임대는 면세</td></tr>
<tr><td>종합부동산세
(농어촌특별세)</td><td>0.5~2%
(세액의
20%)</td><td>과세기준일 현재 주택분, 토지분 재산세 납세의무자로서 과세기준금액 초과자에게 과세</td></tr>
<tr><td rowspan="3">지
방
세</td><td>재산세</td><td>개별</td><td>과세기준일 현재 토지, 건축물, 주택, 선박 및 항공기를 사실상 소유하고 있는 자에게 과세</td></tr>
<tr><td>주민세</td><td>재산분</td><td>사업소 1㎡당 250원</td></tr>
<tr><td>지역자원시설세</td><td>0.04~0.12%</td><td>건축물, 선박</td></tr>
<tr><td rowspan="6">양도
분양
단계
(6종)</td><td rowspan="5">국
세</td><td>(양도)소득세</td><td>6~70%</td><td>토지, 건물등 양도차익에 대한 과세(비사업자)</td></tr>
<tr><td>(사업)소득세</td><td>6~38%</td><td>토지, 건물, 주택의 분양, 매매소득(사업자)</td></tr>
<tr><td>토지등
양도소득에 대한
법인세</td><td>10%</td><td>법인에 대한 양도소득세(특정부동산)</td></tr>
<tr><td>법인세</td><td>10~22%</td><td>법인의 사업소득세</td></tr>
<tr><td>부가가치세</td><td>10%</td><td>건물, 국민주택초과분 분양판매 → 과세
토지의 분양, 국민주택건설과 분양 → 면세</td></tr>
<tr><td>지
방
세</td><td>지방소득세</td><td>10%</td><td>농업소득세, 소득세, 법인세액의 각각 10% 부과</td></tr>
</table>

부동산종류별 세금

종 류	취득시	보유시	상속·증여시	양도시
상 가 (업무용 빌딩)	취득·등록면허·교육·농특세	-재산세 -종부세(부속토지의 공시지가가 합계가 40억원을 초과할 경우)	상속·증여세	-양도세 -부가가치세(사업을 통째로 매각할 때는 면세)
오피스텔	취득·등록면허·교육·농특세	-재산세(주거용으로 사용시 주택 재산세와 동일), -종부세(주거용으로 사용시 종부세 대상)	상속·증여세	-양도세(주거용으로 사용시 주택과 동일)
콘 도	취득·등록면허세, 교육·농특세(공유제로 분양해 등기한 경우만 해당)	재산세(공유제 분양의 경우)	관련 없음	양도세(보유기간 관계 없이 9~36% 누진세율 적용)

부동산임대업자의 세금

구분	**부동산 취득시**	**부동산 임대시**	**부동산 보유시**	**부동산 처분시**
과세대상	취득가액	임대사업 수익	공시가격	양도소득 양도가액
세금	취득세 건물부가가치세	부가가치세 종합소득세	재산세 종합부동산세	양도소득세 건물부가가치세

※ 건물부가가치세는 건물분 시가의 10%

부동산임대업자의 주거용·비주거용 부동산에 따른 세금 차이

구분	**부가가치세**	**소득세(*)**
주거용 부동산 임대	면세	고가주택은 1채 이상, 1세대2주택 이상 중에서 1채 이상 월세임대소득에 대하여 과세. 2011년부터는 전세보증금 임대라도 3채 이상이면 보증금 3억원 초과시 초과금액의 60%에 대해 간주임대료 과세.
비주거용 부동산 임대	과세(월세임대수입과 보증금에 대한 간주임대료)	월세임대소득과 보증금에 대한 간주임대료 과세

(*) 정부는 월세소득에 대해 1세대2주택자는 연임대소득이 2천만원 이하이면 분리과세(14%)하고 2천만원을 초과하면 종합과세, 3주택 이상이면 종합과세하는 방향으로 개정을 준비하고 있다. 1세대1주택이더라도 9억원 초과하는 고가주택은 기존대로 종합과세한다.

※ 지역별로 일정 면적 이상의 건물은 부가가치세법상 간이과세가 배제된다.

오피스텔 사용용도에 따른 세금

<table>
<tr><th colspan="2">구 분</th><th>부가가치세</th><th>양도소득세</th></tr>
<tr><td rowspan="2">업무용</td><td>과세사업용</td><td>과세, 매입세액 공제</td><td rowspan="2">주택으로 보지 않으므로 1세대1주택 비과세 또는 다주택자 중과세 제도 적용하지 않음.</td></tr>
<tr><td>면세사업용</td><td>면세, 매입세액 불공제</td></tr>
<tr><td colspan="2">주 거 용</td><td>면세, 매입세액 불공제</td><td>주택으로 보아 1세대1주택 비과세 또는 다주택자 중과세 제도 적용.</td></tr>
</table>

각종 세율조견표

(종합)소득세율표(2012~2013년)		
과세표준	세율	누진공제
0만원~1,200만원	6%	-
초과~4,600만원	15%	72만원
초과~8,800만원	24%	522만원+(4,600만원 초과금액×24%)
초과~3억원	35%	1,490만원+(8,88만원 초과금액×35%)
3억원 초과	38%	2,390만원+(1억5천만원 초과액×38%)

(종합)소득세율표(2014년 이후)		
과세표준	세율	누진공제
0만원~1,200만원	6%	-
초과~4,600만원	15%	72만원
초과~8,800만원	24%	582만원+(4,600만원 초과금액×24%)
초과~1억5천만원	35%	1,590만원+(8,88만원 초과금액×35%)
초과~	38%	3,760만원+(1억5천만원 초과액×38%)

<table>
<tr><th colspan="4">법인세율표(2012년 이후)</th></tr>
<tr><td>법인종류</td><td>과세표준</td><td>세율</td><td>누진공제</td></tr>
<tr><td rowspan="3">• 영리법인
• 비영리법인 (수익사업)
• 청산소득</td><td>2억 이하</td><td>10%</td><td>-</td></tr>
<tr><td>2억 초과~200억 이하</td><td>20%</td><td>2천만원+(2억원 초과금액×20%)</td></tr>
<tr><td>200억 초과</td><td>22%</td><td>39억8천만원+(200억원 초과금액 ×22%)</td></tr>
<tr><td>조합법인</td><td colspan="3">과세표준에 관계 없이 9%</td></tr>
<tr><td colspan="3">구 분</td><td>세 율</td></tr>
<tr><td rowspan="3">토지·주택 등 양도소득</td><td colspan="2">소득세법 제104조의 2 제2항에 따른 지정지역 안의 부동산으로 대통령령이 정하는 주택(부수토지 포함)을 양도한 경우</td><td>10%</td></tr>
<tr><td colspan="2">소득세법 제104조의 2 제2항에 따른 지정지역 안의 부동산으로 대통령령이 정하는 기간 동안 비사업용토지에 해당하는 토지를 양도한 경우</td><td>10%</td></tr>
<tr><td colspan="2">부동산가격이 급등하거나 급등할 우려가 있어 부동산가격의 안정을 위하여 대통령령으로 정하는 부동산을 양도한 경우</td><td>10%</td></tr>
</table>

※ 비영리법인의 비수익사업은 비과세된다.

<table>
<tr><th colspan="4">양도소득세율표(2014년 이후)</th></tr>
<tr><td colspan="2">과세표준</td><td>세율</td><td>누진공제</td></tr>
<tr><td rowspan="5">1년 이상 주택, 2년 이상 토지</td><td>1,200만원 이하</td><td>6%</td><td>-</td></tr>
<tr><td>초과~4,600만원</td><td>15%</td><td>108만원</td></tr>
<tr><td>초과~8,800만원</td><td>24%</td><td>522만원</td></tr>
<tr><td>초과~1억5천만원</td><td>35%</td><td>1,490만원</td></tr>
<tr><td>초과</td><td>38%</td><td>1,940만원</td></tr>
<tr><td colspan="2">1년 이상 2년 미만 보유자</td><td>40%(주택 및 조합원입주권은 기본세율)</td><td></td></tr>
<tr><td colspan="2">1년 미만 보유자</td><td>50%(주택 및 조합원입주권은 40%)</td><td>중과세 대상은 누진공제 적용×</td></tr>
<tr><td colspan="2">미등기양도</td><td>70%(중과세)</td><td></td></tr>
<tr><td colspan="2">비사업용 토지</td><td>표준세율+10%</td><td>누진공제 적용×</td></tr>
<tr><td colspan="4">장기보유 특별공제(개별공제)</td></tr>
</table>

<table>
<tr><th>보유기간</th><th>토지·건물만
(양도차익×%)</th><th>과세대상
1세대1주택(9억원
초과)(양도차익×%)</th><th>참 고</th></tr>
<tr><td>3년~4년 미만</td><td>10%</td><td>24%</td><td rowspan="8">• 보유기간 3년 미만 부동산은 공제×
• 토지·건물 외의 자산은 공제×
• 비사업용부동산 및 다주택자는 공제×
• 비과세 여부와 관계 없이 1주택이면 적용, 단 비거주자 는 제외.
•일시적 2주택으로 비과세되는 주택 적용
•거주요건 미충족으로 과세되는 주택 적용</td></tr>
<tr><td>4년~5년 미만</td><td>12%</td><td>32%</td></tr>
<tr><td>5년~6년 미만</td><td>15%</td><td>40%</td></tr>
<tr><td>6년~7년 미만</td><td>18%</td><td>48%</td></tr>
<tr><td>7년~8년 미만</td><td>21%</td><td>56%</td></tr>
<tr><td>8년~9년 미만</td><td>24%</td><td>64%</td></tr>
<tr><td>9년~10년 미만</td><td>27%</td><td>72%</td></tr>
<tr><td>10년 이상</td><td>30%</td><td>80%</td></tr>
<tr><td>1세대1주택(비과세대상)</td><td colspan="3">• 만 2년 보유(거주요건 폐지, 장기임대공동주택은 5년 거주요건 추가)
• 2주택자는 3년 내 매도의 경우 실거래가 9억원까지
• 대체취득의 경우는 기종주택 취득 후 1년 후 취득시 3년 내</td></tr>
<tr><td colspan="4">1세대2주택자도 토지·건물의 공제율에 따라 적용하여 15년까지 45% 적용</td></tr>
</table>

<table>
<tr><th colspan="9">취득세·등록면허세율표(2014년)</th></tr>
<tr><th>세목</th><th colspan="4">등기 유형</th><th>과세표준</th><th>세 율</th><th>참 고</th><th>부가세</th></tr>
<tr><td rowspan="15">취득세</td><td rowspan="3">상 속(상속인에 대한 유증)</td><td rowspan="2">농지</td><td colspan="2">2년 이상 자경농민</td><td>부동산 가액</td><td>20/1,000</td><td rowspan="15">• 취득가액이 50만원 이하일 때에는 취득세를 부과하지 아니한다(소액부징수, 지세법 §17 면세점)</td><td rowspan="15">지방교육세는 취득세율에서 20/1,000을 뺀 세율을 적용하여 산출한 세액의 20/100</td></tr>
<tr><td colspan="2">기타</td><td>〃</td><td>23/1,000</td></tr>
<tr><td colspan="3">농지 이외</td><td>〃</td><td>28/1,000</td></tr>
<tr><td rowspan="2">무상취득(증여. 사인증여, 유증)</td><td colspan="3">일반납세자</td><td>〃</td><td>35/1,000</td></tr>
<tr><td colspan="3">비영리사업자</td><td>〃</td><td>28/1,000</td></tr>
<tr><td colspan="4">원시취득</td><td>〃</td><td>28/1,000</td></tr>
<tr><td rowspan="2">신탁 부동산(수탁자 → 수익자 이전)</td><td colspan="3">일반납세자</td><td>〃</td><td>30/1,000</td></tr>
<tr><td colspan="3">비영리사업자</td><td>〃</td><td>25/1,000</td></tr>
<tr><td colspan="4">공유물·합유물·총유물의 분할</td><td>〃</td><td>23/1,000</td></tr>
<tr><td rowspan="6">그밖의 원인(유상취득)</td><td rowspan="2">농지</td><td colspan="2">신규영농</td><td>〃</td><td>30/1,000</td></tr>
<tr><td colspan="2">2년 이상 자경농민</td><td>〃</td><td>15/1,000</td></tr>
<tr><td rowspan="4">농지 이외</td><td rowspan="3">주택</td><td>6억원 이하</td><td>〃</td><td>10/1,000</td></tr>
<tr><td>초과~9억원 이하</td><td>〃</td><td>20/1,000</td></tr>
<tr><td>초과~</td><td>〃</td><td>30/1,000</td></tr>
<tr><td colspan="2">주택 이외 부동산</td><td>〃</td><td>40/1,000</td></tr>
<tr><td rowspan="7">등록면허세</td><td colspan="4">소유권보존</td><td>부동산 가액</td><td>8/1,000</td><td rowspan="7">• 산출세액이 6,000원 미만일 때는 6,000원(지세법 §28①1호가목)</td><td rowspan="7">지방교육세는 등록면허세액의 20/100</td></tr>
<tr><td rowspan="2">소유권이전</td><td colspan="3">유상</td><td>〃</td><td>20/1,000</td></tr>
<tr><td colspan="3">무상</td><td>〃</td><td>15/1,000</td></tr>
<tr><td rowspan="4">소유권 이외의 물권과 임차권의 설정 및 이전</td><td colspan="3">지상권</td><td>〃</td><td rowspan="4">2/1,000</td></tr>
<tr><td colspan="3">(근)저당권</td><td>채권(최고)액</td></tr>
<tr><td colspan="3">지역권</td><td>요역지가액</td></tr>
<tr><td colspan="3">전세권</td><td>전세금액</td></tr>
</table>

		임차권	월 차임			
	경매신청·가압류·가처분·담보가등기		신청서상 채권금액			
	청구권보전가등기		MAX[부동산가액: 매매예약금]			
	가처분		채권액, 부동산가액			
	기타(변경·경정·말소, 근저당권이나 소유권이전등기청구권에 대한 가압류가처분, 지목변경, 금지사항부기등기, (근)저당권부채권의 질권설정부기등기, 근저당권의 채무자변경, 조직변경시 소유권이전, 매매계약 해제로 인한 원상회복의 이전등기)			건당 6,000원		
	① 영리법인 설립·합병	설립과 불입(신설합병)	불입주식금액, 출자가액	4/1,000		
		자본·출자증가(흡수합병)	자본·출자증가액			
	②비영리법인 설립·합병	설립과 불입	불입주식금액, 출자가액	2/1,000		
		자본·출자증가	자본·출자증가액			
	③재평가적립금(*)	자본·출자증가	증가금액	1/1,000		
	④본점·주사무소 이전	타관 이전		신본점: 112,500	중과세율은 자	

				원 구본점: 40,200원	본금 기준으로 12/1,000(**)	
		관내 이전		112,500원		
	⑤지점·분사무소 설치	본점 이외 설치		본점: 40,200 지점별: 40,200		
		본점 관내		지점수 불문 : 40,200		
	⑥기타 등기			40,200		

※ 주택에 대해서는 지방세특례제한법 제40조의 2(주택거래에 대한 취득세의 감면) 규정과 지방세특례제한법 제36조의2(생애최초 주택 취득에 대한 취득세의 면제) 규정에 따라 감면방식으로 세율을 조정해오다가 2013년 8·28 취득세 영구인하 조치로 지방세법에 편입하였다.

(*) 자산재평가법상 자산재평가일부터 3년 이내 자본전입하는 경우에는 비과세.

(**) 대도시 내로 본점이전은 신설에 준함.

※ ①~③의 경우, 산출세액이 112,500원 미만인 때에는 112,500원(최저세액) 부과하고 중과세대상인 경우에는 3배인 337,500원으로 한다.

※ 조직변경의 경우에는 「상법」상 주식회사의 유한회사로의 조직변경은 주식회사가 법인격의 동일성을 유지하면서 유한회사로 되는 것이고, 신규출자가 이루어지지 아니하는 점을 고려할 때 설립등기(자본금의 1,000분의 4)에 대한 등록면허세 적용대상으로 볼 수는 없다 하겠으므로 기타등기에 해당하는 등록세율(23,000원→현행 40,200원)을 적용하는 것이 타당함.(조심2012지0684)]

▶ 2012. 01. 01.~2012. 09. 23.까지 유상 취득한 주택

분류		취득세	교육세	농어촌특별세		합계
				취득세액의 10%	감면세액의 10%	
1인 1주택/일시적	85㎡ 이하	2.00	0.20	-	-	2.20%

2주택, 9억원 이하	85㎡ 초과	2.00	0.20	0.10	0.40	2.70%
9억원 초과 및 다주택자	85㎡ 이하	4.00	0.40	-	-	4.40%
	85㎡ 초과	4.00	0.40	0.20	-	4.60%

▶ **2012. 09, 24.~2012. 12. 31.까지 유상 취득한 주택**

분 류			취득세	교육세	농어촌특별세		합계
					취득세액의 10%	감면세액의 10%	
1인 1주택자 및 일시적2주택자	9억원 이하	85㎡ 이하	1.00	0.10	-	-	1.10%
		85㎡ 초과	1.00	0.10	0.05	0.60	1.75%
	9억원 초과 ~12억원이하	85㎡ 이하	2.00	0.20	-	-	2.20%
		85㎡ 초과	2.00	0.20	0.10	0.40	2.70%
	12억원 초과	85㎡ 이하	3.00	0.30	-	-	3.30%
		85㎡ 초과	3.00	0.30	0.15	0.20	3.65%
다주택자	12억원 이하	85㎡ 이하	2.00	0.20	-	-	2,20%
		85㎡ 초과	2.00	0.20	0.10	0.40	2.70%
	12억원 초과	85㎡ 이하	3.00	0.30	-	-	3.30%
		85㎡ 초과	3.00	0.30	0.15	0.20	3.65%

▶ **2013. 01. 01.~2013. 6. 30.까지 유상 취득한 주택**

구 분		취득세	지방 교육세	농어촌 특별세	합 계
9억원 이하 1주택	85㎡ 이하	1%	0.1%		1.1%
	85㎡ 초과	1%	0.1%	0.65%	1.75%
12억원 이하 1주택 또는 다주택	85㎡ 이하	2%	0.2%		2.2%
	85㎡ 초과	2%	0.2%	0.5%	2.7%
12억원 초과	85㎡ 이하	3%	0.3%		3.3%
	85㎡ 초과	3%	0.3%	0.35%	3.65%

▶ **2013. 07. 01.~2013. 8. 27.까지 유상 취득한 주택**

분 류	취득세	교육세	농어촌특별세		합계
			취득세액의 10%	감면세액의 10%	

1인 1주택/일시적 2주택, 9억원 이하	85㎡ 이하	2.00	0.20	-	-	2.20%
	85㎡ 초과	2.00	0.20	0.10	0.40	2.70%
9억원 초과 또는 다주택자	85㎡ 이하	4.00	0.40	-	-	4.40%
	85㎡ 초과	4.00	0.40	0.20	-	4.60%

주택유상거래감면(지특법 제40조의2)**과 생애최초감면 적용세율 비교**

구 분		법률 개정 이전	법률 개정 이후	
		2013.1.1.~3.31.	2013.4.1.~6.30	2013.7.1.~12.31
적용세율	12억 초과	3%	3%	4%
	9억~12억, 다주택	2%	2%	
	9억 이하&1주택	1%	1%	2%
	6억 이하&생초	1%	0%	0%

※ 주택유상거래감면 규정 4%, 2%는 8.28. 취득세 영구인하조치로 6억 이하는 1%, 6억 초과~9억 이하는 2%, 9억 초과는 3%로 조정하여 다주택자에도 적용된다. 2013. 12. 26. 입법·시행되어 2013. 8. 28. 이후 매수분까지 소급 적용하고 있다.

주택의 취득세율(현행 2013.8.28. 이후)

구 분		취득세	농어촌특별세(*)	지방교육세	합 계
6억원 이하	85㎡ 이하	1%	비과세	0.1%	1.1%
	85㎡ 초과	1%	0.2%	0.1%	1,3%
6억원 초과 ~9억원 이하	85㎡ 이하	2%	비과세	0.2%	2.2%
	85㎡ 초과	2%	0.2%	0.2%	2.4%
9억원 초과	85㎡ 이하	3%	비과세	0.3%	3.3%
	85㎡ 초과	3%	0.2%	0.3%	3.5%

(*) 감면이 아닌 표준세율이므로 지방세법 제11조 및 제12조의 표준세율을 100분의2로 적용하여 지방세법, 지방세특례제한법 및 조세특례제한법에 따라 산출한 취득세액의 10%(농특세제5조①6호)로 일률적으로 적용한다.

※ 이 표는 다주택자, 고가주택 여부를 불문하고 적용한다.

상속·증여세율표

<table>
<tr><th>과세표준</th><th>세 율</th><th>증여공제</th></tr>
<tr><td>1억 이하</td><td>10%</td><td rowspan="5">배우자 : 6억원
직계 존속 : 5천만원
직계비속 : 5천만원
그 외 친인척: 1천만원</td></tr>
<tr><td>5억 이하</td><td>1천만원+(1억원 초과금액×20%)</td></tr>
<tr><td>10억 이하</td><td>9천만원+(5억원 초과금액×30%)</td></tr>
<tr><td>30억 이하</td><td>2억4천만원+(10억원 초과금액×40%)</td></tr>
<tr><td>30억 초과</td><td>10억4천만원+(30억원 초과금액×50%)</td></tr>
</table>

자금출처 배제기준

<table>
<tr><th colspan="2" rowspan="2">구분</th><th colspan="2">취득재산</th><th rowspan="2">채무상환</th><th rowspan="2">총액한도</th></tr>
<tr><th>주 택</th><th>기타 자산</th></tr>
<tr><td rowspan="2">세대주</td><td>30세 이상</td><td>2억원</td><td>5천만원</td><td rowspan="2">5천만원</td><td>2억 5천만원</td></tr>
<tr><td>40세 이상</td><td>4억원</td><td>1억원</td><td>5억원</td></tr>
<tr><td rowspan="2">비세대주</td><td>30세 이상</td><td>1억원</td><td>5천만원</td><td rowspan="2">5천만원</td><td>1억 5천만원</td></tr>
<tr><td>40세 이상</td><td>2억원</td><td>1억원</td><td>3억원</td></tr>
<tr><td colspan="2">30세미만</td><td>5천만원</td><td>3천만원</td><td>3천만원</td><td>8천만원</td></tr>
</table>

상속세·증여세 신고(납부)기한

<table>
<tr><th colspan="2">구 분</th><th>신고 기한</th></tr>
<tr><td rowspan="2">상
속
세</td><td>일반적인 경우</td><td>상속개시일이 속한 달의 말일부터 6개월 이내</td></tr>
<tr><td>피상속인 또는 상속인이 국외에 주소를 둔 경우</td><td>상속개시일이 속한 달의 말일부터 9개월 이내</td></tr>
<tr><td colspan="2">증여세</td><td>수증일이 속한 달의 말일부터 3개월 이내</td></tr>
</table>

부동산·선박·항공기의 소유권이전에 관한 증서의 기재금액별 인지세액

기 재 금 액	세 액
1천만원 초과~3천만원 이하	2만원
3천만원 초과~5천만원 이하	4만원
5천만원 초과~1억원 이하	7만원
1억원 초과~10억원 이하	15만원
10억원 초과	35만원

※ 주택의 경우에는 매매계약서상 기재금액이 1억원 이하이면 인지세 비과세
※ 일반부동산의 경우 기재금액이 1,000만원 이하인 경우 면제

<table>
<tr><th colspan="5">재산세율표</th></tr>
<tr><th colspan="2">구 분</th><th>과세표준</th><th>세율</th><th>누진공제액</th></tr>
<tr><td colspan="2" rowspan="4">주 택*</td><td>6천만원 이하</td><td>0.1%</td><td>-</td></tr>
<tr><td>6천만원 초과 1억5천만원 이하</td><td>0.15%</td><td>3만원</td></tr>
<tr><td>1억5천만원 초과 3억원 이하</td><td>0.25%</td><td>18만원</td></tr>
<tr><td>3억원 초과</td><td>0.4%</td><td>63만원</td></tr>
<tr><td rowspan="6">토지</td><td rowspan="3">종합합산</td><td>5천만원 이하</td><td>0.2%</td><td>-</td></tr>
<tr><td>1억원 이하</td><td>0.3%</td><td>5만원</td></tr>
<tr><td>1억원 초과</td><td>0.5%</td><td>25만원</td></tr>
<tr><td rowspan="3">별도합산</td><td>2억원 이하</td><td>0.2%</td><td>-</td></tr>
<tr><td>10억원 이하</td><td>0.3%</td><td>20만원</td></tr>
<tr><td>10억원 초과</td><td>0.4%</td><td>120만원</td></tr>
<tr><td colspan="2" rowspan="3">건축물</td><td>중과대상 골프장·고급오락장용 건축물</td><td>4%</td><td>-</td></tr>
<tr><td>지정주거지역·지정공장용 건축물</td><td>0.5%</td><td>-</td></tr>
<tr><td>일반건축물</td><td>0.25%</td><td>-</td></tr>
</table>

양도소득세 계산도

<table>
<tr><th>항 목</th><th>금 액</th><th>참 고</th></tr>
<tr><td>양도가액</td><td></td><td>실제 양도가(양도 당시 기준시가)</td></tr>
<tr><td>(-)취득가액</td><td></td><td>실제 취득가, 모르면 환산가. 경락대금에 포함되지 아니한 임차인의 전세보증금을 매수인이 반환한 경우 취득가액에 포함.(취득 당시 기준시가)</td></tr>
<tr><td>(-)필요경비</td><td></td><td>취득신고가의 개산공제액(0.03%) 또는 ① 취득시 부대비용: 취득세, 등록세, 양수인이 부담한 양도소득세, 법무사수수료, 등기비용, 국민주택채권 할인금액, 공증비용, 인지대, 중개수수료, 신문광고비, 분양수수료, 경매집행비용, 소송비용, 명도비용 ② 취득 후 지출비용: 용도변경·개량비용(자본적 지출액), 농지전용비용, 재건축부담금, 기반시설부담금, 불법건축물철거비용 ③ 양도비용: 계약서작성비용, 공증료, 인지대, 소개비, 중개수수료, 양도소득세 신고서 작성비용(세무사수수료)</td></tr>
<tr><td>양도차익</td><td></td><td>양도가액-취득가액-필요경비</td></tr>
<tr><td>(-)장기보유특별공제
[1세대1주택 특례 공제율은 국내 1주택 소유한 거주자에게만 적용, 비거주자는 일반부동산 공제율(최대 30%) 적용]</td><td>양도차익×공제율</td><td>
<table>
<tr><td rowspan="2">보유기간</td><td>1세대1주택 양도시</td><td>1세대1주택외의 건물, 토지 양도시</td></tr>
<tr><td>2009. 1. 1. 이후</td><td>2008. 1. 1. 이후</td></tr>
<tr><td>3년 이상~4년 미만</td><td>24%</td><td>10%</td></tr>
<tr><td>4년 이상~5년 미만</td><td>32%</td><td>12%</td></tr>
<tr><td>5년 이상~6년 미만</td><td>40%</td><td>15%</td></tr>
<tr><td>6년 이상~7년 미만</td><td>48%</td><td>18%</td></tr>
<tr><td>7년 이상~8년 미만</td><td>56%</td><td>21%</td></tr>
<tr><td>8년 이상~9년 미만</td><td>64%</td><td>24%</td></tr>
<tr><td>9년 이상~10년미만</td><td>72%</td><td>27%</td></tr>
<tr><td>10년 이상</td><td>80%</td><td>30%</td></tr>
</table>
</td></tr>
<tr><td>양도소득금액</td><td>양도차익-장기보유특별공제액</td><td></td></tr>
</table>

(-)양도소득 기본공제		미등기양도자산은 공제×, 토지·건물, 부동산에 관한 권리, 기타자산을 1유형으로, 주식·출자지분 등을 2유형으로 구분하여 각각 적용하고 국내·국외자산으로 다시 구분하여 각 연 250만원을 한도로 하므로 최대 연 1,000만원까지 공제 가능.(소세법제103조①, 소세법제118의7 ①) 그러나 같은 유형의 자산에 대하여는 연간 1회만 공제 가능. 비거주자에 대하여도 적용.
과세표준	양도소득금액-양도소득 기본공제	
(×)세율		본문 참조
산출세액		
(-)감면세액		
(-)외국납부세액공제		
결정세액		
(+)가산세		무신고, 부당과소신고, 단순과소신고, 납부불성실
총결정세액		
(-)기납부·고지세액공제		
납부세액		

상속세 계산도

(1) 거주자

상속재산가액	총상속재산가액	① 본래의 상속재산(사망, 유증·사인증여로 취득한 재산), 피상속인의 생명침해 등으로 인한 손해배상 청구권 ② 간주상속재산(보험금, 신탁재산, 퇴직금 등) ③ 추정상속재산[재산종류별 1·2/2·5원칙 : 사망전 1년(2년) 이내 2억(5억) 이상의 재산처분·채무부담으로 용도가 불분명한 금액] - 증여 사실이 확인되면 추정규정 적용 배제하고 증여세 신고 후 상속세 과세가액 가산 요
	(-)비과세재산가액	•금양임야 및 묘토인 토지 : 2억원 한도 •국가·지자체에 유증한 재산, 국가지정문화재
	(-)과세가액 불산입액	•공익법인 출연재산, 공익신탁재산
과세가액	(-)불산입채무 등	① 조세 등 공과금 - 상속개시일 현재 피상속인에게 납세의무 성립할 것, 상속인의 귀책사유 있는 가산세는 공제 불가 ② 장례비 ③ 채무 - 피상속인의 채무로서 상속인이 실제로 부담하는 채무(임대보증금, 보증채무, 연대채무, 가지급금, 기타)
	(+)증여재산	수증자가 상속인이면 10년, 상속인외이면 5년 - 증여간주·추정재산도 가산, 부담부증여라면 채무를 차감한 부분만 가산, 사전증여받은 자가 피상속인보다 먼저 사망한 경우 불가산, 비과세 증여재산, 증여세 감면 재산은 불가산, 창업자금·가업승계에 대한 증여세 과세특례가 적용되는 경우에는 기간 제한 없이 가산
	상속세과세가액	
과세표준	(-)상속공제(종합한도 적용)	•(기초공제+기타인적공제)와 일괄공제(5억) 중 큰 금액 •배우자상속공제 •가업(영농)상속공제 •금융재산상속공제 •재해손실공제 •동거주택상속공제 *단, 위 합계 중 **공제적용 종합한도**내 금액

<table>
<tr><td rowspan="2"></td><td>(−)감정평가수수료</td><td>•부동산 : 5백만원 한도(감정평가법인)
•비상장주식 : 신용평가기관 수별로 각 1천만원 한도
•서화·골동품등 : 500만원 한도(예술품감정전문가)</td></tr>
<tr><td>상속세과세표준 및 세율</td><td><table><tr><td>과세표준</td><td>세율</td></tr><tr><td>1억 이하</td><td>10%</td></tr><tr><td>5억 이하</td><td>1천만원+(1억원 초과금액×20%)</td></tr><tr><td>10억 이하</td><td>9천만원+(5억원 초과금액×30%)</td></tr><tr><td>30억 이하</td><td>2억4천만원+(10억원 초과금액 ×40%)</td></tr><tr><td>30억 초과</td><td>10억4천만원+(30억원 초과금액 ×50%)</td></tr></table></td></tr>
<tr><td rowspan="3">산출세액</td><td>(×)세 율</td><td></td></tr>
<tr><td>상속세산출세액</td><td></td></tr>
<tr><td>(+)세대생략상속분 30% 할증</td><td>상속가액이 20억원 초과시 40% 할증.
대습상속은 할증 없음.</td></tr>
<tr><td>징수유예</td><td colspan="2">(−)① 문화재자료 징수유예</td></tr>
<tr><td>세액공제</td><td colspan="2">(−)① 증여세액 공제 ② 외국납부 세액공제 ③ 단기재상속 세액공제 ④ 자진신고 세액공제</td></tr>
<tr><td>결정세액</td><td colspan="2">산출세액−징수유예−세액공제</td></tr>
<tr><td>가산세</td><td colspan="2">(+)신고[무신고(40, 20%), 과소신고(40, 10%)]·납부불성실가산세</td></tr>
<tr><td rowspan="2">납부할세액</td><td>(−)분할납부·연부연납·물납세액</td><td></td></tr>
<tr><td>(=)현금납부세액</td><td></td></tr>
</table>

증여세 계산도

1) 수증자가 거주자

<table>
<tr><td rowspan="6">과세가액</td><td colspan="2">증여재산가액</td><td>국내외의 모든 재산. 증여추정재산 포함, 증여일 현재의 시가로 평가. 시가산정이 어려우면 개별공시지가 등 보충적 평가방법.</td></tr>
<tr><td colspan="2">(-)비과세 증여재산가액</td><td>국가 또는 지자체로부터 증여받은 재산, 사회통념상 인정되는 피부양자의 생활비·교육비·치료비·축하금·혼수용품</td></tr>
<tr><td colspan="2">(+)증여재산 가산금액</td><td>•재차증여 : 동일인으로부터 10년 이내 받은 증여재산가액의 합산액이 1,000만원 이상인 경우(동일인이 수증자의 직계존속이면 그 배우자도 동일인 포함)(상증세법제47조②)
•연대납부의무 없이 수증자를 대신하여 납부한 증여세
•합산배제 증여재산은 적용×</td></tr>
<tr><td rowspan="2">증여재산 차감금액</td><td>과세가액 불산입금액</td><td>공익법인 출연재산, 공익신탁재산, 장애인이 증여받은 재산(직계존비속과 친족의 증여, 5억원 한도)</td></tr>
<tr><td>채무액(수증자 입증책임)</td><td>증여재산에 담보된 채무로 수증자가 인수한 채무금액, 증여자가 타인에게 임대한 경우 임대보증금</td></tr>
<tr><td colspan="2">= 증여세과세가액</td><td></td></tr>
<tr><td rowspan="4">과세표준</td><td colspan="2">(-)수증자별 증여재산공제</td><td>•배우자: 10년간 6억원
•직계비속: 수증자별 10년간 5천만원
•직계존속: 수증자별 10년간 5천만원
•그밖의 친족(부계 6촌 이내, 모계 4촌 이내): 수증자별 10년간 1천만원</td></tr>
<tr><td rowspan="2">(-)과세가액 차감금액</td><td>재해손실공제</td><td>신고기한 이내 재난으로 멸실·훼손된 손실가액(손실보상금이나 구상금을 수령할 수 있는 경우는 제외)</td></tr>
<tr><td>증여재산 감정평가 수수료</td><td>•부동산 감정평가수수료는 5백만원 한도
•비상장주식 평가의뢰시 신용평가기관별, 법인별로 각각 1천만원 한도
•서화·골동품 등 전문가평가수수료는 500만원 한도</td></tr>
<tr><td colspan="2">= 증여세과세표준</td><td>•일반증여재산: 위 항목 전부 공제
•명의신탁재산: 명의신탁재산의 가액-감정평가수수</td></tr>
</table>

<table>
<tr><td></td><td></td><td>료
•합산배제재산
㉠ 특수관계법인의 거래이익: 증여의제이익-감정평가수수료
㉡ ㉠ 이외의합산배제재산: 증여재산가액-3천만원-감정평가수수료
•과세표준이 50만원 미만이면 비과세(상증세법 제55조②)</td></tr>
<tr><td rowspan="5">산출
세액</td><td>(×)세율</td><td rowspan="2"><table><tr><th>과세표준</th><th>세 율</th></tr><tr><td>1억 이하</td><td>과세표준의 10%</td></tr><tr><td>5억 이하</td><td>1천만원+(1억원을 초과하는 금액의 20%)</td></tr><tr><td>10억 이하</td><td>9천만원+(5억원을 초과하는 금액의 30%)</td></tr><tr><td>30억 이하</td><td>2억4천만원+(10억원을 초과하는 금액의 40%)</td></tr><tr><td>30억 초과</td><td>10억4천만원+(30억원을 초과하는 금액의 50%)</td></tr></table></td></tr>
<tr><td>(-)누진공제액</td></tr>
<tr><td>=증여세산출세액</td><td></td></tr>
<tr><td>(+)세대생략할증</td><td>세대생략증여시 30%(20억원 초과시 40%) 할증 [직계비속 사망으로 인한 경우(대습증여) 제외](상증세법 제57조) - 부계·모계 포함</td></tr>
<tr><td>=증여세산출세액 합계</td><td></td></tr>
<tr><td rowspan="6">신고
납부
세액</td><td>(-)납부세액공제</td><td>기납부, 자진신고(10%)· 납부, 외국납부(수증자가 거주자). 제척기간만료로 증여세 부과되지 않는 경우에는 공제×.</td></tr>
<tr><td>(-)감면세액</td><td>영농자녀 감면 등</td></tr>
<tr><td>=결정세액</td><td></td></tr>
<tr><td>(+)가산세</td><td>무신고(일반무신고 20%, 부정무신고 40%), 과소신고(일반 10%, 부당 40%), 납부불성실. 의무 위반의 종류별로 1억원 한도. 수정신고시 10~50% 감면.</td></tr>
<tr><td>(-)분납·연부연납·물납</td><td>분납과 연부연납은 중복 적용 없음</td></tr>
<tr><td>=납부세액</td><td></td></tr>
</table>

2) 수증자가 비거주자

<table>
<tr><td rowspan="6">과세가액</td><td colspan="2">증여재산가액</td><td>국내외의 모든 재산. 증여추정재산 포함, 증여일 현재의 시가로 평가. 시가산정이 어려우면 개별공시지가 등 보충적 평가방법.</td></tr>
<tr><td colspan="2">(-)비과세 증여재산가액</td><td>국가 또는 지자체로부터 증여받은 재산, 사회통념상 인정되는 피부양자의 생활비·교육비·치료비·축하금·혼수용품</td></tr>
<tr><td colspan="2">(+)증여재산 가산금액</td><td>•재차증여 : 동일인으로부터 10년 이내 받은 증여재산가액의 합산액이 1,000만원 이상인 경우(동일인이 수증자의 직계존속이면 그 배우자도 동일인 포함)(상증세법제47조②)
•연대납부의무 없이 수증자를 대신하여 납부한 증여세
•합산배제 증여재산은 적용×</td></tr>
<tr><td rowspan="2">증여재산 차감금액</td><td>과세가액 불산입금액</td><td>공익법인 출연재산, 공익신탁재산, 장애인이 증여받은 재산(직계존비속과 친족의 증여, 5억원 한도)</td></tr>
<tr><td>채무액(수증자 입증책임)</td><td>증여재산에 담보된 채무로 수증자가 인수한 채무금액, 증여자가 타인에게 임대한 경우 임대보증금</td></tr>
<tr><td colspan="2">= 증여세과세가액</td><td></td></tr>
<tr><td rowspan="4">과세표준</td><td colspan="2">(-)수증자별 증여재산공제</td><td>•배우자: 공제 불가
•직계비속: 공제 불가
•직계존속: 공제 불가
•그밖의 친족(부계 6촌 이내, 모계 3촌 이내): 공제 불가</td></tr>
<tr><td rowspan="2">(-)과세가액 차감금액</td><td>재해손실공제</td><td>신고기한 이내 재난으로 멸실·훼손된 손실가액(손실보상금이나 구상금을 수령할 수 있는 경우는 제외)</td></tr>
<tr><td>증여재산 감정평가 수수료</td><td>•부동산 감정평가수수료는 5백만원 한도
•비상장주식 평가의뢰시 신용평가기관별, 법인별로 각각 1천만원 한도
•서화·골동품 등 전문가평가수수료는 500만원 한도</td></tr>
<tr><td colspan="2">= 증여세과세표준</td><td>•일반증여재산: 위 항목 전부 공제
•명의신탁재산: 명의신탁재산의 가액-감정평가수수료
•합산배제재산
㉠ 특수관계법인의 거래이익: 증여의제이익-감정평</td></tr>
</table>

<table>
<tr><td></td><td></td><td>가수수료
㉡ ㉠ 이외의합산배제재산: 증여재산가액-3천만원-감정평가수수료
•과세표준이 50만원 미만이면 비과세(상증세법 제55조②)</td></tr>
<tr><td rowspan="5">산출세액</td><td>(×)세율</td><td rowspan="2"><table><tr><td>과세표준</td><td>세율</td><td>누진공제액</td></tr><tr><td>1억 이하</td><td>10%</td><td>-</td></tr><tr><td>5억 이하</td><td>20%</td><td>1천만원</td></tr><tr><td>10억 이하</td><td>30%</td><td>6천만원</td></tr><tr><td>30억 이하</td><td>40%</td><td>1억6천만원</td></tr><tr><td>30억 초과</td><td>50%</td><td>4억6천만원</td></tr></table></td></tr>
<tr><td>(-)누진공제액</td></tr>
<tr><td>=증여세산출세액</td><td></td></tr>
<tr><td>(+)세대생략할증</td><td>세대생략증여시 30% 할증[직계비속 사망으로 인한 경우(대습증여) 제외](상증세법 제57조) - 부계·모계 포함</td></tr>
<tr><td>=증여세산출세액 합계</td><td></td></tr>
<tr><td rowspan="6">신고납부세액</td><td>(-)납부세액공제</td><td>기납부, 자진신고(10%)· 납부. 제척기간만료로 증여세 부과되지 않는 경우에는 공제×.</td></tr>
<tr><td>(-)감면세액</td><td>영농자녀 감면 등</td></tr>
<tr><td>=결정세액</td><td></td></tr>
<tr><td>(+)가산세</td><td>무신고(일반무신고 20%, 부정무신고 40%), 과소신고(일반 10%, 부당 40%), 납부불성실. 의무 위반의 종류별로 1억원 한도. 수정신고시 10~50% 감면.</td></tr>
<tr><td>(-)분납·연부연납·물납</td><td>분납과 연부연납은 중복 적용 없음</td></tr>
<tr><td>=납부세액</td><td></td></tr>
</table>

◇ **저자약력**

◇ **저자 :박 형 기**

전주고등학교 졸업

서울대학교 경영대학 경영학과 졸업

현) 법무사(서울중앙지방법무사회소속)

현) 법무사시험동우회 회장

○ 저 서

▶ 전문가와 CEO 를 위한 부동산 기업 세법과실무

[제 3 판]

상담을 위한 부동산세법 강의

2014년 7월 15일 제1판 발행
2015년 5월 10일 제2판 발행
2016년 3월 10일 제3판 발행

저 자 : 박 형 기
발행인 : 양 갑 수
발행처 : 법률&출판
등 록 : 25100-2005-000110
주 소 : 서울 서초구 법원로2길 7-4, 104호(서초동, 동용빌딩)
전 화 : 02-521-8199
팩 스 : 02-598-0332

홈페이지 : www.법률서적.한국

저자 인지

값 38,000원

ISBN 978-89-97476-45-9 93360